“十二五”国家重点
出版物出版规划项目

中国志书精品工程
High Quality Project of China's Local Records

汶川特大地震抗震救灾志

WENCHUAN TEDA DIZHEN KANGZHEN JIUZAI ZHI

《汶川特大地震抗震救灾志》编纂委员会 编

卷四

地震灾害志

方志出版社
Publishing House of Local Records

图书在版编目（CIP）数据

汶川特大地震抗震救灾志. 卷四，地震灾害志 /《汶川特大地震抗震救灾志》编纂委员会编. -- 北京：方志出版社，2015.8

ISBN 978-7-5144-1221-5

Ⅰ. ①汶…　Ⅱ. ①汶…　Ⅲ. ①抗震—救灾—概况—汶川县②地震灾害—灾区—概况—汶川县　Ⅳ. ① D632.5

中国版本图书馆 CIP 数据核字（2015）第 049097 号

汶川特大地震抗震救灾志

2008·5·12

汶

WENCHUAN
TEDA DIZHEN
KANGZHEN JIUZAI ZHI

WENCHUAN
TEDA DIZHEN
KANGZHEN JIUZAI ZHI

《汶川特大地震抗震救灾志》编纂委员会

主　任

陈奎元

副主任

吴恒权　项兆伦　张　茅　罗平飞　杨士秋　尹　力　王国庆　朱佳木
赵和平　徐经年　冯健身　赵正永

委　员

宋　涛　杨周复　刘燕华　苗　圩　丹珠昂奔　刘金国　张苏军　张少春
王世元　周　建　仇保兴　翁孟勇　王志国　矫　勇　危朝安　姜增伟
周和平　刘士余　黄淑和　支树平　张海涛　邬书林　王德学　邵琪伟
蒋坚永　周　波　郜风涛　郑立中　王守荣　王兆星　刘新华　陈文辉
史玉波　杨冬权　王石奇　孙来燕　徐德明　王昌顺　苏　和　刘　怡
李庆林　王海京　华　桦　于建伟　董贵山　刘继贤　寿晓松　陈祖武
张海鹏　刘庆柱　厉　声　王振中　景天魁　张星星　李孝聪　邹逸麟
田　嘉

办公室主任

田　嘉

办公室副主任

李富强　刘玉宏　邱新立（常务）

《汶川特大地震抗震救灾志》编纂人员

总　纂

田　嘉　　邱新立

指导专家（按姓氏笔画排序）

王卫明　王复兴　齐家璐　苏炎灶　李　云　张东升　陈泽泓　武铁良
罗保平　周　慧　赵庚奇　段育达　姜昆阳　梅　森　谭烈飞　颜小忠
颜越虎

校　核（按姓氏笔画排序）

牛润珍　毛东武　仇玉英　任根珠　刘仕仲　刘柏修　杨大明　李继隆
李维怡　张世民　陈　华　陈　野　林顺道　欧阳发　卓　林　郑汝成
郑洪英　孟庆斌　陶利辉　梁建楼　梁滨久　曾祥麟　缴世忠

编　务

段志贤　刘永强　程方勇　和卫国　王会世　曾　荣　谷春侠　李一龙
汪秀红

《汶川特大地震抗震救灾志》终审人员

朱佳木　吴恒权　项兆伦　穆　虹　姜　力　杨士秋　徐　科　王国庆
赵和平　孙原生　刘永富　江泽林　陈祖武　李孝聪

《汶川特大地震抗震救灾志·地震灾害志》编纂委员会

主　任

陈建民

副主任

赵和平　杨周复　苗　圩　罗平飞　汪　民　王铁宏　周海涛　矫　勇
张作哈

委　员

费志荣　闫　金　郭铁男　张　迅　李　嘉　隋　斌　曹德荣　都海江
梁东明　孟　冬　张　弛　鲜祖德　杨　超　吴文学　冯仁国　陈振林
臧景范　董　波　许永盛　张健德　叶银虎　黄子兴　蒋　跃　张新基
宋建新　钟小明

办公室主任

赵和平

办公室副主任

张宏卫　牛之俊　李　克　卢寿德　黄建发　唐　豹　何振德　陈　锋
顾　强　张卫星　柳　源　曲　琦　李　华　邱瑞田　吴耀强

办公室协调员

张志波　苗崇刚

《汶川特大地震抗震救灾志·地震灾害志》编纂人员

主　编

陈建民

总　纂

何永年

副总纂

费志荣　陈　锋　闫　金　顾　强　朱力平　张卫星　李　刚　柳　源
张　迅　曲　琦　李　华　李　嘉　邱瑞田　隋　斌　曹德荣　赵　雯
梁东明　曹子娟　刘　源　孟　冬　薛松岩　张　弛　鲜祖德　杨　超
吴文学　冯仁国　陈振林　臧景范　董　波　周冠华　许永盛　林　海
张键德　叶银虎　彭伟光　安　定　王　莉　吴耀强　邓昌文　姬丁义
张新基　石特临　宋建新　钟小明

编纂工作室主任

何永年

编纂工作室副主任

杨小峰　谭先锋　张　宏　王玉秀

编纂工作室成员

张志青　林志华　李宗嗣　于　洋　康雪伟　潘晓东　刘　勇　李国旺
吴志强　李先瑞　田荣君　李晓春　冯晓波　黄世敏　吴春耕　王雨亭
朱云枫　陈伟忠　陈跃红　周　宇　杨胜生　仲崇利　马贱阳　柳长森
王小利　丁以绣　张春梅　徐荣华　高广文　魏立忠　翟金良　孟　婵
李春雷　韩廷萍　刘冬竹　任育之　张风营　张　妍　陈海峰　李鹏飞
王立新　王永利　张　伟　杨志敏　徐世芳　马尔曼　刘钧军　田思亮
侯建盛　米宏亮　马　明　延旭东　杨建思　温增平　刘爱文　汪一鹏
高建国　那　燕　王玉秀　陆　鸣　蔡晋安　张国民　袁一凡　冯树文

孙士鋐　崔秋文　穆　英　王东明　张　俊　杜晓霞　程仁泉　刘　丽
张　尧　赵广平　郑　祎

编写人员

何永年　汪一鹏　史兰斌　孙士鋐　张国民　杨建思　高建国　刘慧敏
谭先锋　穆　英　陈思羽　武玉霞　王玉秀　陆　鸣　张卫东　姜昆阳
崔秋文　熊立红　刘爱文　吕红山　蔡晋安　马文乔　温增平　刘锡荟
黄　伟　李亦纲　杜晓霞　张　媛　张德成　张　俊　高继宗　苏　彦
王东明　尹　智　苏　彦　李永佳　步　兵　徐一凡　冯树文　杨小峰
那　燕

参与编写、提供资料人员（按姓氏笔画排序）

卜　键　于建慧　于　洋　于海涛　万质贵　马贱阳　马　骁　马　嘉
王　力　王业东　王立新　王永利　王　弘　王邦中　王雨亭　王国庆
王国利　王明良　王建军　王莉荣　王原群　王晓丹　王晓宇　王　铮
王　锐　韦洪莲　邓昌文　石特临　田英君　付雪华　冯晓波　冯朝晖
吕书红　朱云枫　朱文祥　朱　倩　朱慧春　刘九如　刘书峰　刘红念
刘国强　刘　茜　刘振明　刘雁飞　刘燕辉　关凤峻　江　梅　许胜伟
阮志宏　孙　岚　孙　勇　孙　倩　苏　莉　杜肤生　李万恒　李世才
李　伟　李　华　李　波　李　巍　李宗嗣　李建忠　李春雷　李保国
李俊利　李晓春　李爱民　李海琪　杨志敏　杨　沈　杨　昆　杨建勇
杨胜生　杨道兵　杨　颖　吴春耕　吴瑾冰　邱小兵　何龙娟　何　毅
沈　钢　宋春霞　张　伟　张　冲　张安福　张志彤　张　妍　张劲泉
张　昕　张建军　张星梅　张俊玲　张晓萍　张辉鹏　张新营　陈伟忠
陈华荣　陈其针　陈海峰　陈　雪　陈跃红　陈　锋　林志华　尚全民
明瑞峰　罗建平　罗建国　金　辉　周仲仁　周　宇　周　虎　周树峰
庞鸿魁　定国瑞　房　志　赵文力　赵　永　赵永涛　赵　芳　赵德辉
胡　杰　柳长森　柳　源　钟小明　段文超　姜小林　姜丽明　姚振怀
秦　勤　耿　敏　贾　丽　贾宝林　顾　强　柴随周　徐世芳　高沛娟
郭　红　郭春生　唐小平　唐素荣　陶国庆　姬丁义　黄开明　黄世敏
黄祥云　曹　杰　曹学勤　常卫华　常海莉　崔　勇　麻名更　康雪伟
谌东佑　葛学礼　董　波　蒋火华　蒋永华　韩廷萍　韩　雪　覃鑫浩
程小玲　傅兆腾　谢潇潇　褚明华　谭徐明　翟金良　潘晓东　燕　科
薛佩瑄　薛彦涛　穆祥桐　戴洪生　魏立忠

《汶川特大地震抗震救灾志·地震灾害志》审稿人员

初 审

周 慧　邱新立　罗保平　齐家璐　姜昆阳　袁一凡　薄景山　孙福梁
傅征祥

复 审

梅 森　邱新立　张作哈　赵和平　陈 重　陈 锋　达 顿　庞陈敏
刘传正　成 平　郭孟卓　孙伯涛　薄景山

凡　例

一、编纂《汶川特大地震抗震救灾志》（以下简称全志），坚持以邓小平理论、“三个代表”重要思想、科学发展观为指导，贯彻落实习近平总书记系列重要讲话精神，坚持辩证唯物主义和历史唯物主义的立场、观点和方法，存真求实，全面、客观、系统地记述汶川特大地震灾害、抗震救灾和灾后恢复重建的全过程，以存史资鉴。

二、全志设 11 卷，《总述》总括汶川特大地震灾害及抗震救灾、灾后恢复重建活动全貌，概述特点；《大事记》记述抗震救灾和灾后恢复重建中有全局性影响的大事、要事；《图志》直观再现汶川特大地震灾害、抗震救灾和灾后恢复重建的真实场景；《地震灾害志》记述地震灾区地质地貌、地震灾害成因等，反映地震破坏、次生地质灾害等对自然生态环境、经济社会发展的严重破坏和灾难性影响，以及人民生命财产的巨大损失；《抢险救灾志》记述在中共中央、国务院、中央军委的领导下，全党全军全国各族人民全力抢救人民生命财产、抢修基础设施和防治次生灾害等的全过程；《灾区生活志》记述党和政府全力实施生活救助、恢复生产、保障受灾群众生活等工作；《灾区医疗防疫志》记述各方支援，全力开展医疗救治、卫生防疫、卫生监督及恢复灾区医疗卫生服务等工作；《社会赈灾志》记述全国各地、社会各界、港澳台同胞、海外侨胞以及国际社会的捐助活动；《灾后重建志》记述灾区人民自力更生恢复生产、重建家园，以及各地对口支援和社会援建等工作；《英雄模范志》重点记述抗震救灾英雄集体和模范人物事迹；《附录》收录与抗震救灾和灾后恢复重建有关的法律法规、重要文献、部分媒体评论及文艺作品。

三、全志综合运用述、记、志、传、图、表、录等体裁，以志体为主。对影响面大、事关全局的典型、特色内容，采用专记记述；与各卷记述内容密切相关的重要文献、档案资料等，采用文献辑存方式收录于各卷正文之后。

《英雄模范志》以传记形式记述在抗震救灾中牺牲的烈士、因公殉职并受到省部级表彰的人物；以简介形式记述 2008 年 10 月 8 日中共中央、国务院、中央军委联合表彰的全国抗震救灾英雄集体和模范，国务院、中央军委记功的集体和个人，以及中央军委表彰或记功的集体和个人。

四、各卷记述时限，《总述》《大事记》《图志》《灾后重建志》和《附录》为 2008 年 5 月 12 日至 2011 年 10 月；《地震灾害志》《抢险救灾志》《灾区生活志》《灾区医疗防疫志》《社会赈灾志》和《英雄模范志》为 2008 年 5 月 12 日至 10 月 14 日。为保持记述内容的相对完整，在必要的背景内容、捐赠款物统计、与抗震救灾工作密切相关的原始文件、重大事件后续发展等方面，记述时限适当上溯、下延。

《灾后重建志》中恢复重建工作“三年”和“两年”的时间概念，从国务院制定的《汶川地震灾后恢复重建总体规划》印发之日算起。其中，“三年”指从2008年10月1日起，至2011年9月30日止；“两年”指从2008年10月1日起，至2010年9月30日止。

五、全志记述范围，涉及地震灾害的，以2008年7月22日民政部、发展改革委、财政部、国土资源部、地震局联合发布的《汶川地震灾害范围评估结果》所界定的灾区范围为准，重点记述极重灾区10个县（市）、重灾区41个县（市、区）的地震灾害及抗震救灾；涉及救灾、赈灾的，以有关主管部门公告为准；涉及灾后恢复重建的，重点为《汶川地震灾后恢复重建总体规划》所确定的规划范围，即上述位于极重灾区和重灾区的51个县（市、区），一般用“重灾地区”代指。支援抗震救灾与灾后恢复重建对口支援，以事件（事项）涉及地区为准，包括非灾区及相关国家和地区。

六、全志横分门类，纵述史实。除《总述》《大事记》《图志》《英雄模范志》《附录》外，其余各卷按篇、章、节编次，节下设目。卷首设概述，篇下设无题述，章、节下视需要设无题述。

七、全志记述顺序，灾区一般按《汶川地震灾害范围评估结果》界定的极重灾区、重灾区和一般灾区的顺序排列，非灾区按民政部《中华人民共和国行政区划手册·2009》（中国社会出版社，2009年3月版）所列行政区划顺序排列；记述国家、地区，按其英文名称首字母顺序排列。

《大事记》依时叙事，有具体时、分的事条居前，无具体时、分的排后；时间相同的，按中央国家机关、解放军和武警部队、社会团体、灾区和非灾区省（区、市），以及国家、地区和国际组织顺序排列；为体现事物的完整性，个别时间跨度较大的，或将其结果记于开始之日，或将其起始情况记于结束之时。

《英雄模范志》记述英烈人物，按教育、公安、其他行业、解放军、武警部队顺序排序，各系统内按烈士被批准的时间先后为序，时间相同者以相关文件中的排名顺序为序；其他因公殉职人物排列于烈士之后，以表彰时间为序。记述英雄集体和模范，以中共中央、国务院、中央军委表彰文件所列名单为序。由国务院、中央军委记功的集体和个人，分别排列于公安系统抗震救灾英雄集体和模范之后；由中央军委表彰或记功的集体和个人，分别排列于解放军抗震救灾英雄集体和模范之后。

《附录》按类收录文献，同类文献按公布、刊发时间顺序排列。碑文据其所在地区，按极重灾区、重灾区、一般灾区顺序排列。

八、全志记述内容涉及国家法律法规的，以其时现行者为准。

九、全志行文规范，按照全志编委会制定的《〈汶川特大地震抗震救灾志〉行文规范》执行，个别条款有所调整。

县级以上行政区划名称及其隶属关系，以民政部《中华人民共和国行政区划手册·2009》

（中国社会出版社，2009 年 3 月版）为准。乡镇名称及其隶属关系，以民政部《中华人民共和国乡镇行政区划简册 ·2010》（中国统计出版社，2010 年 9 月版）为准。国家、地区名称的规范简称，以《世界地图》（中国地图出版社，2009 年版）为准。

出现频率较高的党政机关、企事业单位、行政区划等名称，大体按照全志编委会办公室制定的《〈汶川特大地震抗震救灾志〉专有名称全称、简称使用规范》（见《索引》）使用简称；出现频率不高的部门、单位名称等，或用全称，或用约定俗成的简称。《英雄模范志》中英雄集体的名称使用表彰文件中的名称。

在上下文不产生歧义的前提下，记述汶川特大地震发生当年的事情，除《总述》“恢复重建”部分及《灾后重建志》外，其余各卷均直书月、日，不标注“2008 年”；其他年份，标明年、月、日。同一段落中连续记述同月发生的多条事项，首次出现时标注月份，后直书日期。记述灾后恢复重建工作，同一目下记述同一年度内容的，首次出现年份时注明年份，后承前省略；记述跨年度内容的，逐年注明年份。

出现频率、知名度较高的人物，首次出现时交代职务（职称），其后一般直书其名。《英雄模范志》中人物职务以表彰文件中所列职务为准。

《英雄模范志》人物传、简介所记人物，凡未注明性别、民族及学历者，分别为“男”“汉族”及“高中（含）以下”。

《附录》收入的原始文献，只校正其中的错字、漏字、衍字以及明显有误的标点符号，标题、目题版式根据全志统一要求予以调整。

记述货币，除特别注明的币种外，均为人民币。其他币种与人民币的汇率，均以当时市场汇率为准，一般不作换算。物资价值按照当年市场价格折算。

计量单位一般保持原貌，不特作统一处理，以避免换算后出现误差和约数；对“亿”“万”数据的表述，也不强求一致。

十、全志资料，主要由中央国家机关、各民主党派和人民团体、各省（区、市）、解放军、武警部队提供，个别摘引自媒体报道、官方网站、公开出版物等，一般不注明资料出处，情况特殊者随文交代。《附录》收录公布或刊发的文献，一般注明出处。

全志记述的主要灾情数据，以 2008 年 7 月 22 日民政部、发展改革委、财政部、国土资源部、地震局联合发布的《汶川地震灾害范围评估结果》为准；其他数据，以中央国家机关、各民主党派和人民团体、各省（区、市）、解放军、武警部队等提供者为准。其中，《地震灾害志》所用数据，反映灾区总体情况和川甘陕三省灾区的数据，采用《汶川地震灾害范围评估结果》中的评估数，以及民政部、发展改革委、财政部、地震局发布的《汶川地震灾害损失校核结果的报告》中的校核数；所记经济损失主要为直接经济损失，记述间接经济损失的随文说明。其他各卷数据，反映同一事物的数据，凡有校核数的用校核数，无校核数的用评估数；地方数据用各级地方政府提供的数据，专业数据用行业主管部门、专业部门提供的数据，另有少量调查数据。因统计时间、统计口径不同等因素，统计范围与统计分组可能与评估报告不完全一致，致使个别统计结果会有出入；数据亦可能因四舍五入计数保留法而出现分项之和与总数不完全一致的情况。

《灾后重建志》中涉及总体规划和专项规划实施情况的数据，由国务院汶川地震灾后恢复重建工作协调小组办公室提供，灾损数据以规划公布数据为准；其他行业（专项）情况和数据，由中央和国家机关有关部委提供；项目重建、软件支援情况和数据，由各灾区、对口支援省市和有关社会组织提供。由于灾后恢复重建项目资金来源多样，对口援建和社会支持部分项目资金只是对口支援单位的投资部分；部分项目投资规模大于援建资金规模的，包含了中央重建基金、灾区地方自筹资金，或两者兼有；两者个别数据不一致而又不便取舍时，分别交代其资料来源。

《社会赈灾志》中的统计数据，以政府职能部门统计者为准；凡未说明截止日期的，截止日期为 2008 年 10 月 14 日。

目 录

第五篇 人员伤亡、住房及城镇损毁 / 243

第七篇 工业受损 / 451

概　述

2008年5月12日14时28分，中国四川省汶川县发生8.0级特大地震。地震造成山体崩塌、滑坡、河道堰塞等自然环境的巨大破坏，大量建筑物和工程结构物倒塌、损毁，造成了惨重的人员伤亡和巨大的财产损失，给灾区的经济建设和社会发展带来了极其严重的影响。此次地震震级之高、灾害之烈、影响之巨、波及范围之广以及救灾难度之大，均属中华人民共和国建国以来所罕见。

一

汶川特大地震发生时，山崩地裂，滚石飞落，房倒屋塌，沙尘漫天，地动山摇达2分钟之久。人们惊恐失措，牲畜四处逃窜。被埋压人员的呼喊，山体崩裂的轰鸣，建筑物倒塌的巨响，混成一片。顷刻之间，数万人罹难。山河呜咽，举世同悲。

汶川地震发生后，民政部、发展改革委、财政部、国土资源部、地震局、统计局以及国家汶川地震专家委员会，会同四川、甘肃、陕西三省人民政府，通过实地调查核定和综合分析，根据地震致灾强度、灾情严重程度和地质灾害影响等因素，对汶川地震灾害进行了评估。

根据评估结果，汶川地震灾区范围包括四川、甘肃、陕西、重庆、云南、宁夏6个省（自治区、直辖市）的237个县（市、区），共4667个乡（镇）的48810个村庄，灾区总面积约50万平方公里。根据灾情轻重，将地震灾区分为极重灾区、重灾区和一般灾区。极重灾区包括四川省的10个县（市），即汶川县、北川羌族自治县、绵竹市、什邡市、青川县、茂县、安县、都江堰市、平武县和彭州市；重灾区包括四川省的29个县（市、区）、甘肃省的8个县（区）和陕西省的4个县（区），共41个县（市、区）；一般灾区包括四川省、甘肃省、陕西省、重庆市、云南省和宁夏回族自治区的186个县（市、区）。

汶川地震的极重灾区烈度高达Ⅺ度（11度），包括北川、汶川、都江堰、绵竹、什邡、青川、彭州等地，面积2419平方公里。Ⅹ度（10度）区面积3144平方公里，Ⅸ度（9度）区面积7738平方公里，Ⅷ度（8度）区面积27786平方公里，Ⅶ度（7度）区面积84449平方公里，Ⅵ度（6度）区面积314906平方公里，Ⅵ度（6度）以上的灾区面积合计达440442平方公里。

9月25日，国新办根据国务院抗震救灾总指挥部授权发布：汶川地震共造成69227人死亡、17923人失踪、374643人不同程度受伤、1993.03万人失去住所，受灾人数达4625.6万人。其中，四川省68708人遇难、17923人失踪、360796人受伤，甘肃省370人遇难、10165人受伤，陕西省125人遇难、2970人受伤，重庆市19人遇难、637人受伤。此外，云南省、河南省、湖南省和湖北省都有不同程度的人员伤亡，合计死亡5人、伤75人。

汶川地震造成的直接经济损失为8523.09亿元，川、甘、陕三省占8451.36亿元，其中四川省7717.7亿元、甘肃省505.35亿元、陕西省228.31亿元、重庆市54.07亿元、云南省16.83亿元、宁夏回族自治区0.83亿元。

二

汶川特大地震的发震时刻为2008年5月12日14时28分，震级为8.0级，震中位于四川省阿坝藏族羌族自治州汶川县（北纬31.0°、东经103.4°），震源深度为14公里，发震断层属中国南北地震带的中段即龙门山断裂带。从汶川地震发生后到10月14日止，共记录到余震3万多次，余震的震源深度均位于4～20公里，最大余震是5月25日发生在青川县的6.4级地震。这些余震主要分布在从映秀镇到青川县的龙门山断裂带的东北段，形成长达330公里，宽20～30公里的余震分布带。

汶川地震区包括青藏高原东缘及四川盆地的一部分，这里正是大体呈南北走向的著名的龙门山断裂带所在地。龙门山断裂带由若干条大型的、活动性很强的断层组成，地震大都发生在这类断层上。在以龙门山断裂带为界的东西两侧，地震活动差异明显：西侧断裂规模大，地震活动强，地震频度高；东侧断裂规模较小，地震活动较弱，地震频度相对较低。该区域在历史上曾发生过多次地震，自1630年至汶川地震前，发生8级地震1次，即1879年7月1日甘肃省武都西8级地震；发生7.0～7.9级地震4次，其中包括1933年8月25日发生在四川叠溪的$7^1/_2$级地震以及1976年8月16日和23日相继发生在四川松潘—平武之间的2次7.2级地震；发生6.0～6.9级地震10次，其中包括在龙门山断裂带的中段和南段发生的3次6～$6^1/_2$级地震，分别是1657年4月21日汶川$6^1/_2$级地震、1958年2月8日茂汶、北川6.2级地震和1970年2月24日大邑6.2级地震。龙门山断裂带的北段，无发生6级以上地震的记载。2008年汶川特大地震恰好发生在历史地震活动水平相对较低的地段。

汶川地震属于浅源地震，震区所处的地理地貌和地质构造环境复杂，诱发了大量地质灾害——山体崩塌、滑坡、泥石流、堰塞湖，加重了人员伤亡和经济损失。

地震造成地表破裂。地表破裂沿龙门山构造带的中央断裂（映秀—北川断裂）和前山断裂（灌县—江油断裂），形成走向北东、长达240公里的映秀—北川破裂带和长达72公里的汉旺—白鹿破裂带，以及一条走向北西、长约7～8公里、连接以上两条北东向地表破裂带的小鱼洞地表破裂带。断层错动引起的地表最大垂直位移达9米，最大水平位移达4.9米。

地震造成山体崩塌滑坡。汶川地震引发的岩体崩塌、滑坡和滚石达1万多处，主要在四川境内。造成死亡30人以上的滑坡点有数十处。造成人员伤亡最大的王家岩滑坡直接摧毁了北川老县城，使北川县城老城区80%、新城区60%的建筑物倒塌。县城所在地曲山镇房屋倒塌达74.6万平方米，占全部房屋的77.5%。因滑坡飞落的最大滚石达1000立方米，大规模滑坡摧毁了数百间房屋，20余幢3～6层楼房转瞬即逝，其中包括医院、幼儿园、学校和农贸市场等人口密集的建筑物，造成约3000人遇难。

地震形成堰塞湖。山体崩塌和滑坡堵塞了沟谷中的河流，形成105处有一定规模的堰塞湖，其中危险等级在中危以上的有35处。最大的是位于北川羌族自治县的唐家山堰塞湖，堰塞体横河方向长612米，顺河方向长803米，堰塞坝高82～124米，堰塞体体积达2037万立方米，上游集雨面积3550平方公里，最大可蓄水量达3.15亿立方米。其下游有130多万人口的绵阳市、运输大动脉——宝成铁路、能源大通道——兰成渝输油管道。唐家山堰塞湖对其下游上百万人的生命安全和重大基础设施造成极大威胁。

震后暴雨引发泥石流。汶川地震发生后，暴雨引发了数百处有一定规模的泥石流，特别是9月23—24日，位于极重灾区的北川羌族自治县遭到50年一遇特大暴雨的袭击，降雨量为300毫米，曲山、擂鼓、陈家坝等重灾乡（镇）的降雨量高达500毫米，全县20个乡（镇）受灾。与大暴雨相伴而至的是特大规模的泥石流，汹涌的泥石流狂泻而下，冲进北川县城，顷刻间将大半个县城淹没。

三

汶川地震给灾区的生态环境、人民生命财产和各行各业都带来了极其巨大的破坏。

地震破坏生态环境。汶川地震引发的地质灾害严重损毁了这里的自然生态环境，造成严重的水土流失，四川省仅在包括17个县（市）的生态评估区，地表覆盖破坏即达135663公顷，使四川这个享有“天府之国”美誉的中国农林畜牧业大省的土地资源遭到重大损失。其中仅汶川、绵竹、什邡三县（市）地表覆盖遭到破坏的面积就分别高达42373公顷、13698公顷和11515公顷，分别占三县（市）总面积的10.38%、11%和14.04%。生态系统被严重破坏的区域主要分布在地震烈度为Ⅹ度（10度）及以上地区。受损最严重的生态系统是森林、草地及河流湿地，其生态保护功能受到破坏。岷山与邛崃山系特别是龙门山地区，是我国生物多样性保护的重要区域，是大熊猫和川金丝猴等珍稀濒危物种的主要栖息地。这里独特的自然景观和丰富的历史文化遗产，以及受国家重点保护的珍稀野生动物和植物都遭遇到空前未有的灾难。汶川地震给灾区的农业（包括种植业、养殖业和林业）造成的直接经济损失达384.12亿元，其中四川省364.86亿元、甘肃省6.6亿元、陕西省12.66亿元；给灾区的土地资源造成的直接经济损失达278.65亿元，其中四川省262.7亿元、甘肃省9.35亿元、陕西省6.6亿元；给灾区的自然保护区造成的直接经济损失达48.78亿元，其中四川省47.3亿元、甘肃省1.28亿元、陕西省0.2亿元。

地震造成大量房屋倒塌。在极重灾区，各类房屋普遍倒塌、损毁；在重灾区，房屋遭到严重破坏，土木、砖木结构的房屋多数整体倒塌，砖混结构房屋部分毁坏。汶川地震共造成四川、甘肃、陕西、重庆、云南、宁夏6个省（区、市）城镇居民房屋受损9074.13万平方米，农村居民房屋受损1640.85万间，直接经济损失2388.64亿元。川、甘、陕三省居民房屋受损2316.91亿元，其中四川省2025.8亿元、甘肃省233.36亿元、陕西省57.75亿元。三省非住宅用房受损1722.03亿元，其中四川省1606.4亿元、甘肃省76.66亿元、陕西省38.97亿元。地震造成居民财产损失374.08亿元，其中四川省344.9亿元、甘肃省16.38亿元、陕西省12.8亿元。

地震使基础设施损毁惨重。灾区交通、通信、邮政、水利、电力、市政公用等基础设施遭到前所未有的破坏，直接经济损失高达1852.93亿元（不含房屋类损失，下同），其中四川省1663.14亿元、甘肃省114.84亿元、陕西省74.95亿元。地震及其引发的滑坡、崩塌等次生灾害导致大量公路、桥梁、隧道、交通场站、水运、民航等交通基础设施受损，其中公路受损8805条（长53295公里）、桥梁受损6140座、隧道受损156座；造成公路、水运、民航交通基础设施直接经济损失666.88亿元，其中四川省583.3亿元、甘肃省70.7亿元、陕西省12.88亿元。地震破坏了大量铁路桥梁、隧道，造成宝成铁路干线多处塌方，导致桥梁移位、垮塌，墩柱开裂；有4026延长公里的铁路线、377座（109201延米）铁路隧道、1281公里的电力线、83套电力设施和52辆机车受损，造成铁路基础设施直接经济损失207.04亿元，其中四川省164.61亿元、甘肃省1.62亿元、陕西省40.81亿元。地震造成大量的通信、邮政、水利电力、市政公用设施受损、中断运行，造成通信基础设施直接经济损失69.76亿元，其中四川省60.23亿元、甘肃省5.67亿元、陕西省3.86亿元；造成水利、电力基础设施直接经济损失469.77亿元，其中四川省430.2亿元、甘肃省24.87亿元、陕西省14.70亿元；造成市政公用基础设施直接经济损失439.48亿元，其中四川省424.8亿元、甘肃省11.98亿元、陕西省2.7亿元。

地震重创灾区工业。受灾地区的原材料工业、制造业、轻工业、电子信息业、国防工业等遭到不同程度的损毁，四川、甘肃、陕西、重庆、云南五省（市）有3.8万余家工业企业受灾，其中四川省就有21190家企业受灾，遭遇重灾的企业达6728家，有1786家企业受灾极其严重，生产不可恢复。处于四川省的攀枝花钢铁集团公司、中国第二重型机械集团公司、中国东方电气集团公司等中央企业遭到重创，特别是东方电气集团所属东方汽轮机有限公司汉旺基地遭毁灭性破坏，整个厂区和生活区几乎被夷为平地，职工和家属312人遇难，80%以上的生产设施和机器设备严重受损，生产经营全面瘫痪，直接经济损失达51亿元。川、甘、陕三省工业（含国防工业）直接经济损失647.92亿元，其中四川省627亿元、甘肃省12.92亿元、陕西省8亿元。地震造成矿山资源直接经济损失56.21亿元，其中四川省52.6亿元、甘肃省2.51亿元、陕西省1.1亿元。

地震严重影响服务业和社会事业。汶川地震对灾区的服务业（包括商业、金融业、旅游、建筑及房地产等）及对政权设施、卫生、教育、文化、科技、社会福利、环保、地震、气象、计生、广播通讯、宗教等社会事业造成严重破坏和巨大影响。灾区商业服务业的大量商品、物资、设施、设备及现金等财产严重损毁，共造成直接经济损失411.34亿元（不含房屋类建筑、建筑业和房地产业损失），其中四川省损失402.8亿元、甘肃省6.11亿元、陕西省2.43亿元；四川省、陕西省的建筑业和房地产业直接经济损失49.01亿元。地震给社会事业造成268.16亿元的直接经济损失，其中四川省236亿元、甘肃省21.39亿元、陕西省10.77亿元。极重灾区和重灾区51个县（市、区）的7444所学校遭受严重破坏，占其学校总数的59%，涉及在校学生314万名，造成教育系统直接经济损失46.76亿元，其中四川省40.74亿元、甘肃省5.41亿元、陕西省0.61亿元；地震使四川、甘肃、陕西三省的18663家卫生机构遭受损失，其中医院629所，造成卫生系统直接经济损失17.34亿元，其中四川省15.9亿元、甘肃省0.96亿元、陕西省0.49亿元；地震造成国家机关设施直接经济损失53.57亿元，其中四川省44.76亿元、甘肃省4.01亿元、陕西省4.8亿元。

地震造成灾区大量文物建筑倒塌、破坏，馆藏文物、非物质文化遗产不同程度受损，造成文化遗产直接经济损失89.66亿元，其中四川省84.2亿元、甘肃省3.95亿元、陕西省1.51亿元。

地震造成灾区驻军和武警部队营房、工作、科研设施设备，营区内道路、供电供水系统、通信线路、护坡、围墙等设施损毁严重，工作、科研设施设备遭受不同程度的损失。

四

汶川地震造成巨大灾害的原因主要有以下几个方面：

一是地震的震级高，震源浅，释放的能量巨大，地下岩层破裂持续的时间长，地震动峰值加速度大，具有极大的破坏力。

二是震区地质构造复杂，活动断层发育。发震构造——龙门山构造带中央主断裂带在印度板块向亚洲板块俯冲过程中，应力能量长期积累，最终在龙门山北川—映秀地区突然释放，形成了3条同震地表破裂带，造成地震灾区面积大、灾害影响范围广。

三是震区特殊的地理位置使城镇多沿狭长谷地而设，而谷地内河流纵横，谷地两侧山高坡陡，加之震区周边历史上地震活跃，已将山体震酥，岩石松散，极不稳定。地震发生时，除直接造成的破坏外，引发的崩塌、滑坡体倾泻而下，淹埋城镇，堵塞河流，阻断交通，滑坡体的强烈冲击进一步摧毁了前缘及周围的所有建筑。震后暴雨造成泥石流爆发，淹没了所到之处的建筑和生灵。汶川地震及其诱发的严重地质灾害既造成了人员的严重伤亡，也造成了抢险救灾的极大困难。该震区今后较长时期仍将存在次生灾害，震后4个多月的一场暴雨造成的泥石流淹埋北川旧县城就是一例。

四是建筑物的抗震设防标准不足。汶川地震前，这里的抗震设防烈度定为Ⅶ度（7度），在山区、农村，许多农舍基本没有设防。而这次8.0级地震极震区的烈度高达Ⅺ度（11度），地震动加速度达957.7厘米／秒^2，抗震能力的不足导致大批建筑物和房屋严重损毁乃至彻底倒塌，救援困难，人员伤亡和财产损失极重。同时，位于地震断层带上和断层两侧的建筑物，在强烈地震发生时受到的破坏程度和人员伤亡情况差别巨大。在地震灾区有大量房屋建在断层上，地震发生时，这类建筑物被彻底摧毁，致使人员伤亡格外惨重。而位于断层两侧的建筑物虽被严重损毁，但人员伤亡情况相对较轻。

五是减灾文化建设特别是防灾知识的宣传教育不足，大多数人防灾意识薄弱，缺乏突发性灾难事件的日常演练和应对能力，人们在遇险时不能及时采取有效的避险和自救、互救措施，从而加剧了人员伤亡。

五

汶川特大地震给人类带来诸多启示：

其一，地震灾害主要源自建筑物和各类工程结构物的破坏。因此，建筑物和工程结构物科学合理的抗震设防对于防御和减轻地震灾害极为重要。要加强抗震设防标准体系建设和抗震设防技术的创新，制定安全的、科学的抗震设防标准；严格贯彻相关的建筑抗震技术规程、规范；采用科学合理的建筑设计方案，选用优质建材和先进施工技术，确保建筑工程质量。

其二，要积极推进地震安全性评价，包括对活断层的探测研究和潜在的地质灾害环境的调查分析。在进行城镇规划建设之前，应对建设环境进行科学评估和论证，同时对原有建筑的建设环境和建筑物的抗震性能也应进行检查并重新评估。在山区，城镇不应建设在地形地貌陡峭和狭窄的河流谷地内，一定要避开活动断裂带和其他地质灾害危险地段，以降低地震时因断层错动或引发地质灾害造成破坏的风险。在平原和山前地带，还应避开易引起砂土液化或地下有溶洞分布等地质情况的不良场地，选择安全的建设环境。对于建筑物和工程结构物力求做到“地下清楚、地上结实”，这是目前阶段取得防震减灾实际效果的重要途径。

其三，防震减灾既有科学技术问题，又涉及社会管理问题。必须综合考虑监测预报、震害预防、应急救援的各个环节。当前地震预测在科学上尚未过关，必须加强综合的灾害防御体系建设，强化防震减灾社会管理和公共服务，做好应急准备，组织必要的抢险队伍以及准备必要的应急物资和避险场地，一旦破坏性地震发生，立即启动应急预案，最大限度地减轻地震灾害。

其四，要加强减灾文化建设，提高全社会的防震减灾意识，加强对公众的安全教育和地震科学知识的普及，提升全民的防震减灾科学素养，提高公众应对突发性灾难事件的避险意识以及自救、互救能力。 群众性的应急避险演练，在灾害发生时可以有效地减轻损失。

地震造成了灾难，也造就了奇迹。地震灾区的一些学校和社区由于震前坚持开展地震知识宣传和避险演练，使人们幸运地躲过了灾难。安县桑枣中学校长叶志平高度重视学校及师生安全问题，千方百计筹措资金，连续几年对教学楼进行抗震加固，同时每学期都组织学生进行紧急疏散演习。地震中，2200 多名学生和百余名教师按照平时防灾演练的程序，在 1 分 36 秒的时间内全部安全撤离到操场，安然无恙。江油市花园路初中、德阳市五中和孝泉中学等都凭借平时的防震减灾科普教育和地震避险演练，使师生员工得以安然度过劫难，出现零伤亡的奇迹。极重灾区平武县南坝镇南坝小学幼儿园中班教师王兴碧，因曾经历过 1976 年唐山大地震，经常用游戏的方式向孩子们进行地震安全教育。震前，她带领孩子们做过“地震来了快快跑”的游戏，就在汶川地震发生时，她带领孩子们迅速跑出了教室，无一伤亡，而大班和小班分别有 21 名和 30 名孩子失去了宝贵的生命。

面对汶川特大地震灾害，在中共中央、国务院、中央军委的领导下，地方各级党委、政府站在第一线组织领导抗震救灾，广大解放军指战员、武警官兵、公安干警、医务工作者、新闻工作者、科技工作者、工程建设者和志愿者在全国各族人民的支持下，迅速展开了气壮山河的抗震救灾工作。他们不怕牺牲、排除万难，连续奋战、英勇顽强，团结一致、众志成城，取得了抗震救灾的伟大胜利，谱写了惊天动地、辉煌壮丽的生命赞歌，在中华民族几千年的历史上留下了可歌可泣的一页。

第一篇

灾区概况

汶川特大地震发生后，国务院有关部门组织了地震灾害范围评估。通过全面考虑灾情程度、地震致灾强度和地质灾害的影响，确定了灾害范围类别划分的原则和方法。汶川特大地震灾区的范围确定为四川、甘肃、陕西、重庆、云南和宁夏 6 个省（区、市）的 237 个县（市、区），灾区总面积约 50 万平方公里。其中，极重灾区全在四川境内，面积为 2.6 万余平方公里；重灾区面积为 9 万余平方公里；一般灾区面积约为 38.4 万平方公里。地震灾区位于我国西部地区的川滇、川甘和川陕交界部位，重灾地区位于四川盆地的北缘——成都平原与川西高原天然分界的龙门山脉，以及甘肃陇南山地和陕南西秦岭南缘，包含一般灾区在内的整个灾区形态为不规则椭圆形，其长轴大致呈北东—南西方向。

汶川地震灾区地表由高原、山地、丘陵和平原组成，起伏巨大；城镇多沿山谷而设，人口密集，全国唯一的羌族聚居区就在这里；该区域植被丰茂，是生物多样性重点保护区域，孕育着许多珍稀动植物；自然景观和文化遗产丰富，举世闻名的都江堰水利枢纽工程就在这里。汶川地震给灾区造成惨重的人员伤亡、巨大的生存环境破坏和经济损失。

本卷所述的汶川特大地震灾区主要指极重灾区和重灾区，位于四川盆地西缘、甘肃陇南和陕西汉中盆地西南山地的交界部位，在我国的地理单元分区上属于南方分区与青藏分区的接合地带。

第一章　灾区范围和位置

第一节　灾区范围

一　范围的确定

汶川特大地震发生后，按照《汶川地震灾后恢复重建条例》（中华人民共和国国务院令第526号）和《国务院办公厅关于印发国家汶川地震灾后重建规划工作方案的通知》（国办函〔2008〕54号）的要求，民政部、发展改革委、财政部、国土资源部、地震局、统计局、国家汶川地震专家委员会会同四川、甘肃和陕西三省人民政府于7月开展汶川地震灾害范围的评估。

灾害评估坚持科学、客观、公正的原则，以行政县（县级市、城市下属的区）为评估基本单元，重点对四川、甘肃和陕西三省的灾害损失进行评估，同时兼顾其他受灾省（自治区、直辖市）的受灾情况，综合考虑受灾省（区、市）和行业主管部门统计上报的灾害损失数据，科学分析和参考有关单位的灾害损失估算结果，全面考虑灾情程度、地震致灾强度和地质灾害的影响。依据灾害范围评估原则，根据平均地震烈度、死亡和失踪人数（含万人死亡和失踪率）、倒塌房屋数（含万人倒塌房屋率）、地质灾害危险度（含万人转移安置率）等各项内容计算出综合灾情指数（Disaster Index，简称DI）。计算灾情指数时，上述各项内容的权重分配如下：平均地震烈度值权重为0.3；死亡和失踪人数、万人死亡和失踪率权重各为0.15，总权重为0.3；倒塌房屋数、万人倒塌房屋率权重各为0.1，总权重为0.2；地质灾害危险度权重为0.1，万人转移安置率权重为0.1。

最后，按照各县（市、区）综合灾情指数，依据综合灾情指数突变点，考虑受灾县（市、区）累计直接经济损失占灾害总损失份额等因素，经有关部门和四川、甘肃、陕西三省共同商定，依据以下综合灾情指数取值区间来确定灾害范围类别划分：指数大于 0.4 的县（市、区）为极重灾区，指数介于 0.4 ~ 0.15 之间的县（市、区）为重灾区，指数介于 0.15 ~ 0.01 之间的县（市、区）为一般灾区，指数小于 0.01 的县（市、区）为影响区。

二 范围

根据上述灾害范围确定的原则和方法，汶川地震灾区的范围确定为四川、甘肃、陕西、重庆、云南和宁夏等 6 个省（区、市）的 237 个县（市、区）、4667 个乡（镇）、48810 个村庄。

据民政部等五部委 7 月 11 日上报国务院抗震救灾总指挥部评估资料，灾区总面积约 50 万平方公里。其中，极重灾区全在四川境内，面积为 2.6 万余平方公里；重灾区面积为 9 万余平方公里，严重受灾地区（极重灾区、重灾区）面积约 12 万平方公里，一般灾区面积约为 38.4 万平方公里。

不同类别灾区的范围、面积见表 1。

汶川特大地震灾区范围、面积统计表

表 1　　单位：平方公里

范围类别		省份	受灾面积	小计	合计
严重受灾地区	极重灾区	四川	26410	26410	500271
	重灾区	四川	61473	90246	
		甘肃	20293		
		陕西	8480		
一般灾区		略		383615	

极重灾区 共 10 个县（市），分别是四川省的汶川县、北川羌族自治县、绵竹市、什邡市、青川县、茂县、安县、都江堰市、平武县、彭州市。

重灾区 共 41 个县（市、区），其中四川省 29 个、甘肃省 8 个、陕西省 4 个。

四川省 29 个县（市、区）：理县、江油市、广元市利州区、广元市朝天区、旺苍县、梓潼县、绵阳市游仙区、德阳市旌阳区、小金县、绵阳市涪城区、罗江县、黑水县、崇州市、剑阁县、三台县、阆中市、盐亭县、松潘县、苍溪县、芦山县、中江县、广元市元坝区、大邑县、宝兴县、南江县、广汉市、汉源县、石棉县、九寨沟县。

甘肃省 8 个县（区）：文县、陇南市武都区、康县、成县、徽县、西和县、两当县、舟曲县。

陕西省 4 个县（区）：宁强县、略阳县、勉县、宝鸡市陈仓区。

一般灾区 共 186 个县（市、区），其中四川省 100 个、甘肃省 32 个、陕西省 36 个、重庆市 10 个、云南省 3 个、宁夏回族自治区 5 个。

四川省 100 个县（市、区）：郫县、成都市金牛区、成都市青白江区、成都市新都区、成都市成华区、成都市锦江区、成都市青羊区、成都市温江区、成都市武侯区、名山县、邛崃市、金堂县、南部县、蒲江县、成都市龙泉驿区、射洪县、乐山市金口河区、巴中市巴州区、新津县、丹巴县、南充市顺庆区、夹江县、天全县、丹棱县、金川县、通江县、雅安市雨城区、洪雅县、双流县、仁寿县、乐山市沙湾区、峨边彝族自治县、康定县、沐川县、仪陇县、马边彝族自治县、井研县、南充市高坪区、彭山县、犍为县、荥经县、荣县、西充县、泸定县、乐山市五通桥区、峨眉山市、简阳市、马尔康县、青神县、南充市嘉陵区、蓬安县、资阳市雁江区、眉山市东坡区、华蓥市、平昌县、乐山市市中区、营山县、安岳县、达州市通川区、乐至县、大英县、遂宁市船山区、万源市、甘洛县、威远县、遂宁市安居区、红原县、岳池县、达县、武胜县、广安市广安区、自贡市大安区、资中县、越西县、渠县、蓬溪县、自贡市自流井区、自贡市沿滩区、富顺县、内江市东兴区、自贡市贡井区、内江市市中区、隆昌县、屏山县、宜宾县、南溪县、大竹县、宜宾市翠屏区、若尔盖县、宣汉县、美姑县、雷波县、泸县、邻水县、开江县、阿坝县、道孚县、冕宁县、九龙县、高县。

甘肃省 32 个县（市、区）：礼县、宕昌县、清水县、崇信县、天水市秦州区、临潭县、武山县、甘谷县、灵台县、平凉市崆峒区、天水市麦积区、秦安县、迭部县、张家川回族自治县、通渭县、岷县、漳县、庄浪县、渭源县、泾川县、华亭县、静宁县、陇西县、镇原县、卓尼县、定西市安定区、庆阳市西峰区、会宁县、宁县、临洮县、碌曲县、康乐县。

陕西省 36 个县（市、区）：宝鸡市金台区、南郑县、留坝县、凤县、汉中市汉台区、陇县、麟游县、太白县、宝鸡市渭滨区、眉县、西乡县、岐山县、千阳县、城固县、扶风县、凤翔县、佛坪县、镇巴县、永寿县、洋县、石泉县、周至县、武功县、乾县、彬县、长武县、咸阳市杨陵区、兴平市、西安市碑林区、汉阴县、宁陕县、紫阳县、礼泉县、西安市雁塔区、户县、西安市莲湖区。

重庆市 10 个县（区）：合川区、荣昌县、潼南县、大足县、双桥区、铜梁县、北碚区、璧山县、永川区、梁平县。

云南省 3 个县：绥江县、水富县、永善县。

宁夏回族自治区 5 个县（区）：隆德县、泾源县、西吉县、彭阳县、固原市原州区。

汶川特大地震灾区分布见图 1。图中深褐色地区为极重灾区、黄褐色地区为重灾区的县（市、区），属于这两类灾区的 3 个省、12 个地级行政区域、51 个县级行政区域占所在市（州）、县（市、区）的比例相当高（见表 2）。

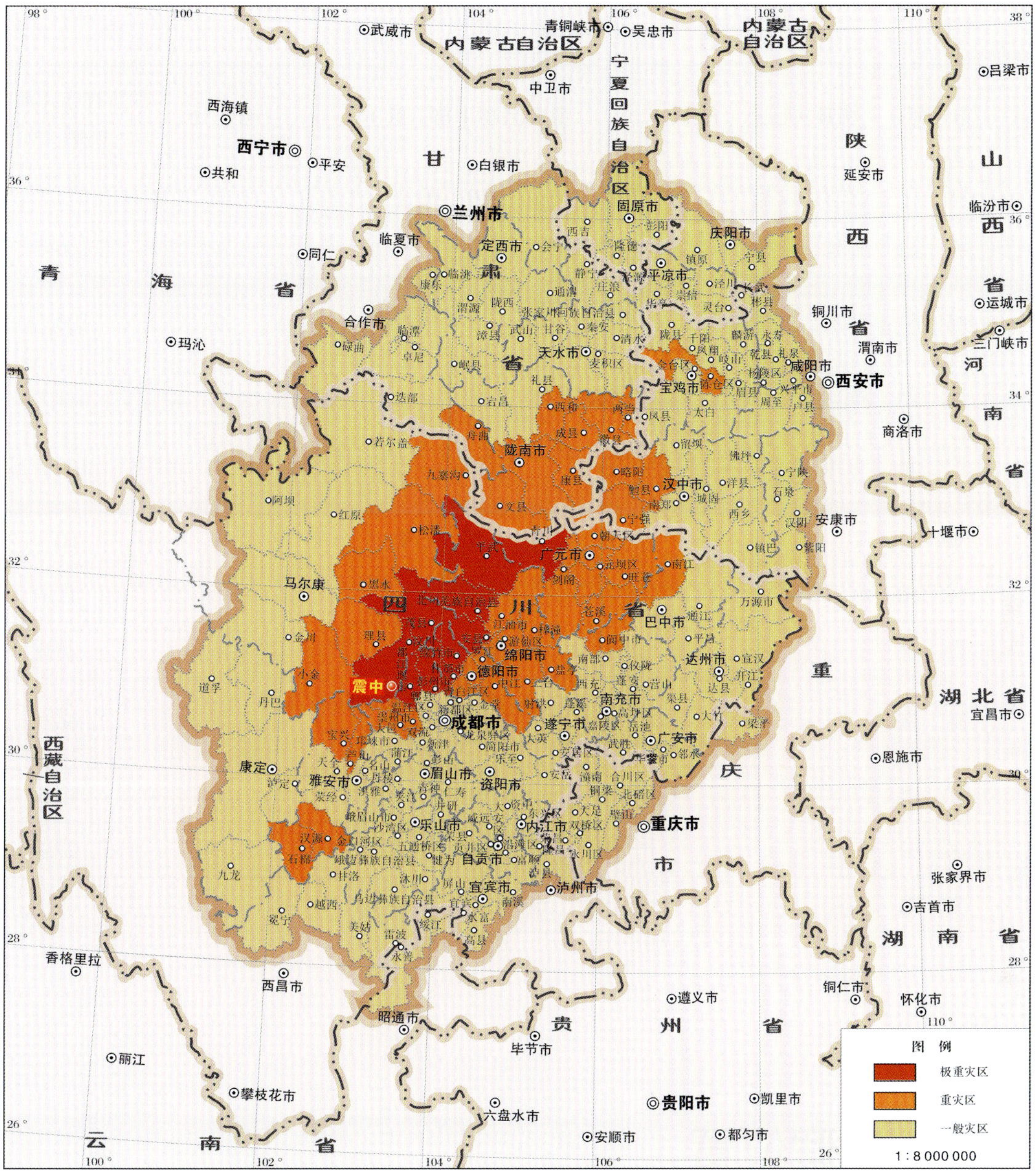

图 1　汶川特大地震灾区分布图

地震灾害主要发生在四川、甘肃、陕西、重庆、云南和宁夏，同时对中国其他广大地区产生强烈影响。除吉林、黑龙江、新疆外，北京、上海、天津、青海、山西、山东、河南、湖北、湖南、贵州、西藏、江苏、浙江、香港、澳门和台湾等地均有不同程度的震感。长沙市高楼明显晃动，持续 20 秒左右；远在千里之外的北京地区，处于静态的人也能感到震动。根据美国地质调查局发布的资料，地震波的影响远达越南河内、泰国曼谷等地，当地个别人能感到烈度达Ⅱ度的震动。

汶川特大地震极重灾区和重灾区比例一览表

表 2

省	市（州）	极重灾区县（市）	重灾区县（市、区）	合　计	占所在市（州）的比例（%）
四　川	阿　坝	汶川、茂县	理县、小金、黑水、松潘、九寨沟	7	53.8
	德　阳	绵竹、什邡	旌阳、罗江、中江、广汉	6	100
	绵　阳	北川、安县、平武	江油、梓潼、游仙、涪城、三台、盐亭	9	100
	成　都	都江堰、彭州	崇州、大邑	4	21.1
	广　元	青川	利州、朝天、旺苍、剑阁、苍溪、元坝	7	100
	雅　安		芦山、宝兴、汉源、石棉	4	50
	南　充		阆中	1	11.1
	巴　中		南江	1	25.0
甘　肃	陇　南		文县、武都、康县、徽县、西和、两当、成县	7	66.7
	甘　南		舟曲	1	12.5
陕　西	汉　中		宁强、略阳、勉县	3	27.3
	宝　鸡		陈仓	1	9.1

第二节　地理位置

根据中国地震台网测定，汶川特大地震的震中位置在四川省阿坝藏族羌族自治州的汶川县（北纬 31.0°、东经 103.4°）。地震灾区位于中国西部地区的川滇、川甘和川陕交界部位，灾区的主体部分（极重灾区和重灾区）大致在北纬 29°～34°、东经 102°～107° 之间（见图 2），位于成都盆地的北缘——成都平原与川西高原天然分界的龙门山脉，以及甘肃陇南山地和陕南西秦岭南缘，行政区划分别归属于四川省阿坝藏族羌族自治州、甘肃省陇南市以及陕西省汉中市。包含一般灾区在内的整个灾区形态为不规则椭圆形，其长轴大致呈北东—南西方向延伸。

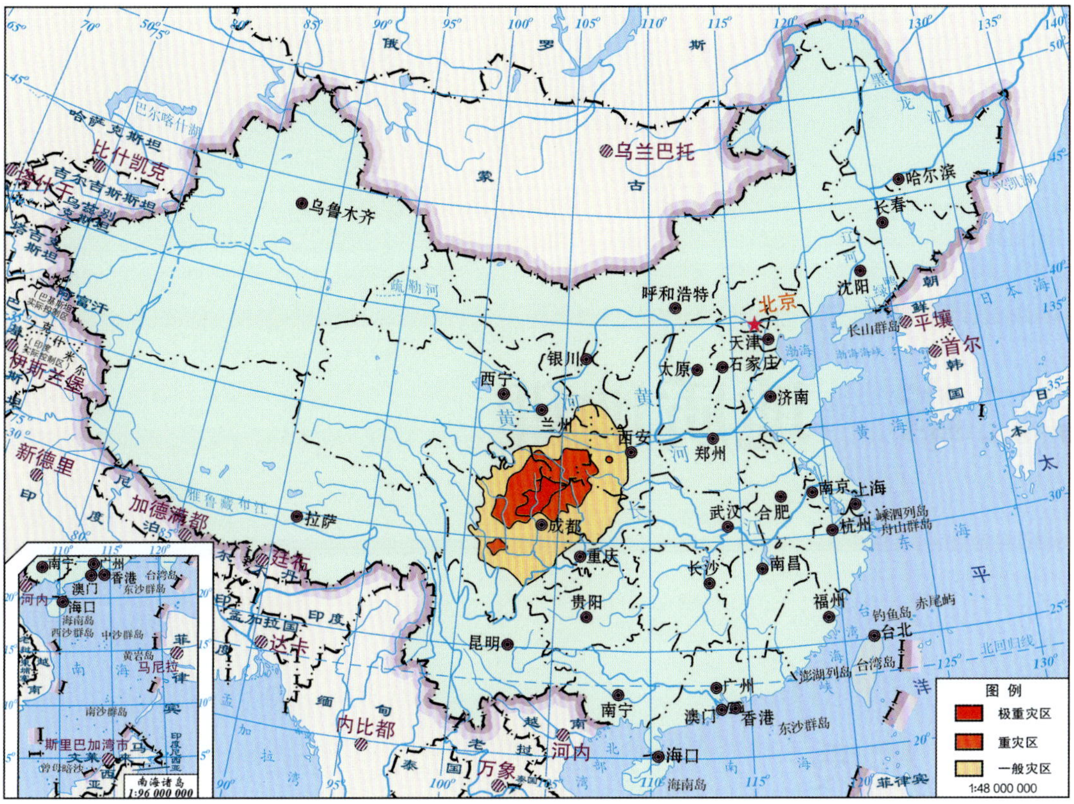

图2　汶川特大地震灾区位置示意图

第二章　地质地理

第一节　地质

汶川特大地震发生在地质构造比较复杂的地区，震中及其余震位于川西龙门山构造带的中段。龙门山构造带是中国重要的地质构造带，它既是四川盆地与青藏高原块体之间的过渡带，又是中国重要的地震带。

龙门山构造带南起四川省泸定、天全一带，经宝兴、都江堰、江油、广元进入陕西境内，全长约 500 公里，宽 30 ~ 70 公里。该构造带受西部青藏块体新构造运动的影响，形成由西北向东南推覆、滑覆的规模宏大的构造带。

龙门山构造带主要是由走向北 45° 东、倾向北西、倾角 50° ~ 75° 的 3 条逆断层组合而成，自北西到南东分别为龙门山后山断裂带（沿汶川—茂县一线分布）、中央断裂带（沿映秀—北川一线分布）和前山断裂带（灌县—安县—江油一线分布）。

中央断裂带是龙门山活动构造带的主干，其西南端起自天全西，向北东经五龙、映秀、北川、清平、茶坝、青川，通过陕西省宁强县阳平关后，北东段可延伸至汉中盆地，总的产状向北西倾斜，倾角 60° 左右。地质、地貌资料显示，中央断裂带在第四纪期间（距今 180 万年）的活动特征是逆冲兼右旋走滑。几何结构上，中央断裂带自南向北可进一步分为若干段，其中北段茶坝—林庵寺断层在中更新世有过活动，而在晚更新世以来不再活动；中段映秀—北川断层和南段盐井—五龙断层晚更新世以来仍在活动，中段的映秀—北川断层最为强烈，汶川 8.0 级特大地震贯穿了整条断层，形成了长达 240 公里的地表破裂带。地震和地表破裂资料表明，此次地震就发生在中央断裂带中间的北川—映秀断层的中段上（见图 3 的 F2-2）。

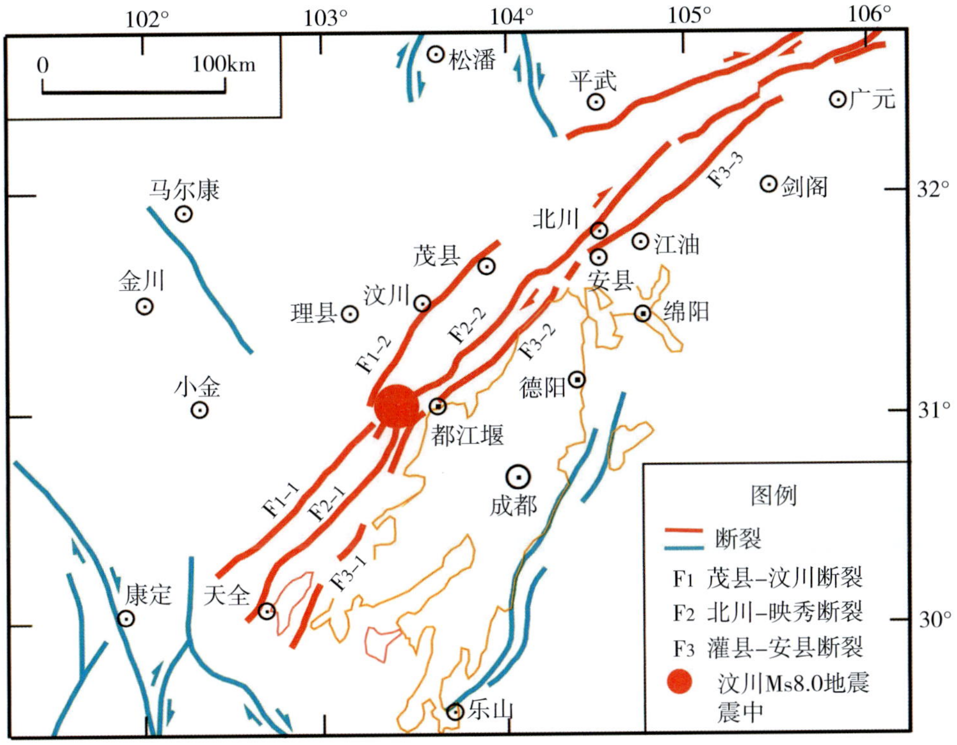

汶川特大地震断裂构造平面图

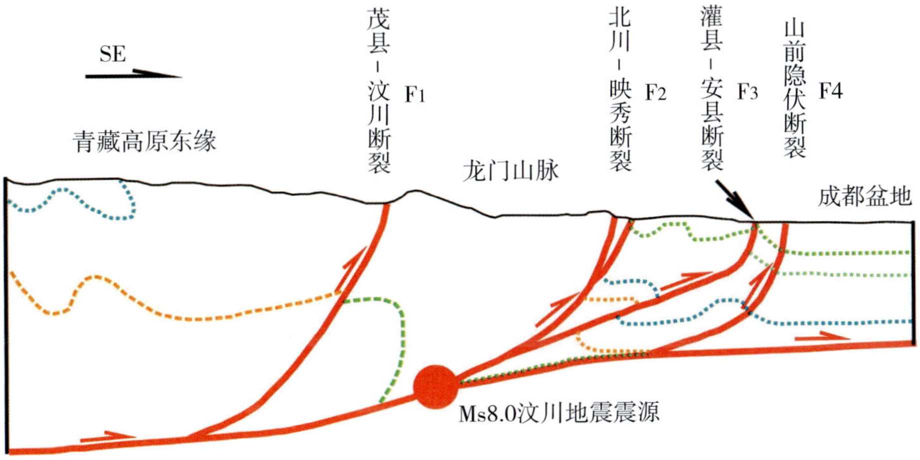

汶川特大地震断裂构造剖面图

图 3 龙门山地震带断裂构造和汶川特大地震位置示意图

第二节 地貌

从地貌上看，汶川特大地震灾区的地貌主要有 4 类，即高原、山地、丘陵和平原。从地形地势看，地震灾区的地表起伏巨大，在不到 50 公里的水平距离范围内地形高差达 5000 米左

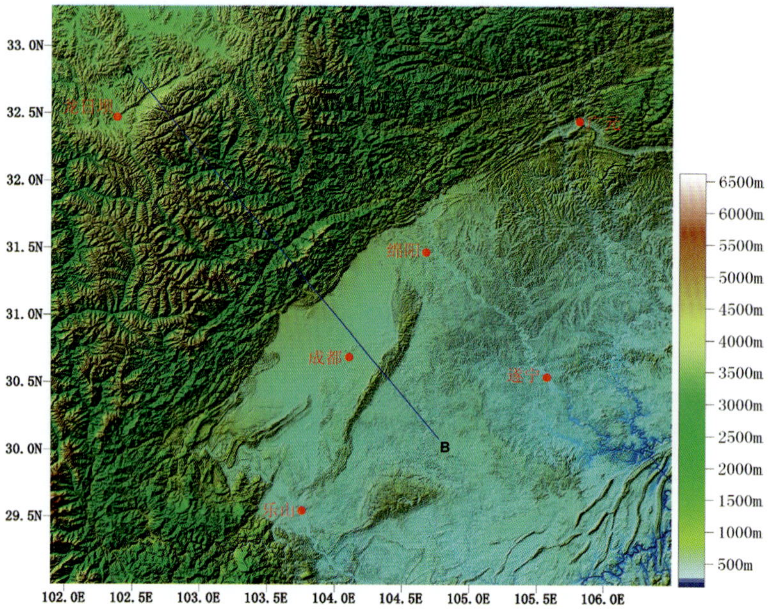

图 4　汶川特大地震灾区地势图（图中 A–B 线为地形剖面）

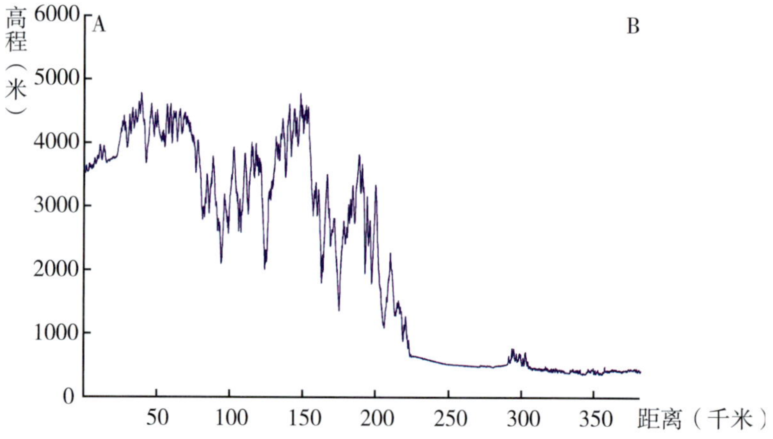

图 5　汶川特大地震灾区地形剖面图（A–B 剖面）

右，形成青藏高原周缘最大的地形梯度带。从更大的区域范围上看，该地区正处于中国地形第一阶梯向第二阶梯过渡的青藏高原东缘（见图 4）。横切该地区的地形剖面清楚地显示出这一地貌格局：川西高原的海拔高程约在 4500 米左右，至龙门山逐渐升至 5000 米后突然降低至 1000 ~ 3000 米，而成都平原海拔高程仅 500 ~ 600 米（见图 5）。

一　高原

该区高原系指龙门山以西的川西北高原，山顶面海拔高程在 4300 ~ 4500 米不等，为新近纪末期的夷平面，略呈由北西向南东方向的倾斜，仅个别山峰峰顶的海拔高程超过 5000 米，为侵蚀夷平过程的残山。大渡河、岷江、沱江和涪江等及其支流呈中深切割状态，河床海拔高程在 2000 ~ 3000 米不等，因此河流的切割深度在 1500 ~ 2500 米之间，总体表现为中深切割的高山峡谷地貌，山势无定向。仅红原—若尔盖一带因河流的溯源侵蚀作用尚未到达该区，加之构造作用的控制显示为相对完整的高原面。汶川地震的重灾区理县、小金县、黑水县、松潘县、九寨沟县等均位于高原之上。

二　山地

该区山地包括四川龙门山山区、甘肃南部陇南山地以及陕西南部秦巴山地，是地震灾区的主体地貌类型。龙门山位于成都平原西北方向，是四川盆地与川西高原的天然分界线（见图 6）。

图6　四川省龙门山（局部）

受龙门山构造带的控制，龙门山山地内的山体呈北东向的狭窄条带状分布。北川—映秀断裂与茂县—汶川断裂所夹持的地区为龙门山高山区或极高山区，海拔高程一般在 4000 ~ 4500 米以上，最高峰九顶山达 4984 米，俗称“高龙门山”，乃是北川—映秀断裂北西盘相对南东盘强烈降升的地貌效应，河流深切，形成高山峡谷地貌。北川—映秀断裂至四川盆地边缘为龙门山中、低山区，海拔高程在 1000 ~ 3000 米不等，俗称“低龙门山”，河流切割深度相对较浅且相对开阔，为中深切割的中、低山地貌。由于构造和侵蚀卸荷的共同作用，高原和山地均表现出快速的隆起抬升，加之河流的侵蚀深切形成陡峭的山峰，因此高原和山地区均常见规模不等的崩塌、滑坡体。

陇南山地位于西秦岭西缘，其西部向甘南高原过渡，北部向陇中黄土高原过渡，南部向四川盆地过渡，东部与陕西秦岭和汉中盆地连接。总体地势西北高，东南低。区内高山、深谷、丘陵、盆地错落相间，加上丰富多样的植被，形成秀丽多姿的山地景观。极重灾区和重灾区的四川省汶川、茂县、北川、青川、平武以及甘肃省的文县、康县和陇南市武都区均属于这种山地地貌类型。

陕南的秦巴山地也是汶川地震区的山地地貌的组成部分。除汉中盆地底部为平川地区以外，其余均为海拔超过千米的山岭地区，盆地南界为米仓山脉，西部与龙门山北段毗邻，东与大巴山相接。重灾区宁强县、略阳县、勉县以及宝鸡市陈仓区均分布于米仓山的北麓。

三　丘陵

该区丘陵是指四川盆地西北缘的龙门山东麓，也是汶川地震灾区地貌的主要类型。这类地貌的特点是低山起伏，山丘浑圆，排列没有一定方向；海拔高程 300 ~ 600 米不等。这一地貌类型形成了不少著名的名胜景观，如蓥华山、丹景山、龙泉山等。

四 平原

该区平原指龙门山山区东南缘与成都平原西北部交界地区。极重灾区的都江堰市、彭州市、什邡市、安县和重灾区的绵阳市涪江区、游仙区、德阳市旌阳区、江油市、旺苍县、梓潼县等都地处川西高原与四川盆地的过渡地带，兼具丘陵和平原两种地貌类型。

第三节 气候

汶川特大地震灾区的气候基本上属于亚热带湿润气候区，由于灾区面积广阔，地形地貌和海拔高差差别甚大，因此不同地段的气候各异，格局比较复杂，气温、降水、光照等分布很不均衡。气候变化的总体特点可以归纳为：从南到北随着纬度增高气温由高渐低，随着海拔高度的变化出现气候的垂直分带，同时局部的地形变化对小气候产生影响，大致形成了平原（平坝）温和、丘陵温湿、山地温凉和高山寒冷等不同的气候分区。

总体上说，龙门山以东的平原区以及陇南和秦巴山区的平坝区，气候温和，雨水充足，无霜期长，日照偏少，四季分明；春季回暖较早，夏无酷暑而多雷雨，秋有绵雨，冬无严寒而少雨雪。山区则冬长雪多寒冷，夏短多雨而凉爽湿润。龙门山以西的高原地区，受地形的控制，表现出垂直分带气候的特点。从南部山地到北部高原，由亚热带过渡到亚寒带，在垂直方向上，从河谷的亚热带直至高海拔地区青藏高原的永冻带，具备各种气候类型。

地震灾区气温变化很大，如龙门山地区，年平均气温大部为 12℃～16℃。最冷月 1 月气温大部为 0℃～-5℃；最热月 7 月气温，大多为 36℃～38℃，东北部地区达 38℃～40℃。年≥35℃高温日数，大部地区为 1～6 天，西部山区在 1 天以下；年平均气温最高的区域汉源达 17.6℃，最低的区域松潘县仅为 5.9℃。进入冬季的时间大部地区为 11 月下旬，西部和北部部分山区为 10 月下旬，松潘县最早 9 月下旬便可入冬；入春时间大部地区为 3 月上旬，西部部分地区为 4 月上中旬，松潘县最晚 5 月下旬才入春。

龙门山地区年平均降水量 600～900 毫米。年降水日数大部为 130～170 天，东北部为 110～130 天，年大雨以上的降水日数为 3～7 天，年暴雨以上的降水日数为 1～3 天。年降水量最多的区域在地震重灾地区西南部的雅安、乐山等地区，极重灾区北川羌族自治县年降水量最多达 1280 毫米以上，是四川省的暴雨中心之一，年最多暴雨日数可达 10 天；都江堰市年降雨量为 1178 毫米，而茂县和汶川的年降雨量仅为 484 毫米和 524 毫米。重灾地区雅安市年降雨量 1774 毫米，有“雨城”之称。日照的地域分布也很不均衡。汶川、茂县、汉源年日照时数在 1400～1632 小时，而位于平原（平坝）区的都江堰、北川、绵竹等地仅为 900 多小时。

由于地震灾区内的地形地貌差异极大，导致不同地段气候各不相同，即使在一市、一县范围之内也是变化多端。以汶川县为例，县内地形自东南向西北上升，气候呈比较完整的垂直分带，形成 8 个不同的自然气候区，故有“十里不同天”之说。总体特点是南湿（漩口、映秀地区）北旱（威州、绵虒地区），趋势明显，光照、气温、降水分布差别甚大，利于发展农业与多种经营生产。海拔 2000 米以下地区，年均气温 13.5℃（北部）~ 14.1℃（南部），无霜期 247 ~ 269 天，降雨量 528.7 ~ 1332.2 毫米，日照 1693.9 ~ 1042.2 小时，适宜各类动植物生长。

陇南市气候特点，一是南北温差悬殊。由东南向西北，依次从亚热带湿润气候向暖温带湿润气候、温带半湿润气候和高寒阴湿气候过渡；年平均气温北部 10℃左右，南部 15℃左右。二是垂直分带显著。东南部高山峡谷区，从河谷到山顶，随着地势逐步升高，气温急剧递减，气候由亚热带递变到暖温带、温带及寒温带，降水量则随海拔的递升而增加，地势愈高，降水量愈多。低纬度和低地势之处，气温一般都高，降水量则有高有低，与局部地形紧密相关。

第四节 水系

汶川特大地震灾区的水系分属流经龙门山地区的岷江水系，流经陇南地区和汉中盆地西缘略阳等地的嘉陵江水系，与流经汉中盆地的汉江水系。3 个水系的江河全都汇入长江。由于受到山脉地形的影响，汇入长江口的位置各不相同。上述 3 个水系仅指极重灾区和重灾区而言，属于一般灾区的水系不赘述。

一 岷江水系

岷江又称汶江、都江，全长 735 公里，流域面积 14 万平方公里。岷江水系有东西两大源头，东源出自海拔 3526 米的贡嘎岭南麓（见图 7），流向西南；西源出自海拔 4000 米的郎架岭，自北

图7 贡嘎岭南麓岷江东源头

而南，在松潘县红桥关与东源水流汇合成为干流。岷江是长江上游水量最大的一条支流，年径流量为 900 亿立方米。全河落差 3560 米，水力资源 1300 多万千瓦。流经龙门山地震灾区的岷江属于岷江的上游，较大的支流有黑水河和杂谷脑河等。支流大渡河、青衣江水力资源也很丰富，约为 3500 万千瓦。总计岷江水力资源 4888 万千瓦，占四川全省的 18.85%。川西制高点四姑娘山是岷江上游重要的集水区，为岷江提供了充沛的水源；所有山峰海拔均在 4000 米以上，许多山峰常年积雪，为天然固体水库，即使久旱不雨，因为有雪山融水补给，岷江也能获得充足水源。

受到地形制约，岷江自源头向南奔流不远，便转为东南方向切穿龙门山的走势（东北—西南方向）冲向四川盆地；当穿过龙门山进入四川盆地时，地形逐渐变缓，岷江携带的泥沙在龙门山山前都江堰市一带沉淀下来，形成大型冲积扇——成都平原。

岷江上游的河流大都奔流在高山峡谷之中，落差极大，因此蕴含着丰富的水力资源。据估计，岷江上游流域年总径流量 153.5 亿立方米，水能资源蕴藏量约 800 万千瓦，可开发水能蕴藏量 395 万千瓦，其中干流水能资源蕴藏量 428 万千瓦，可开发容量 263 万千瓦。仅汶川县水力资源蕴藏量就达 348 万千瓦，可开发量 170 万千瓦，至 2008 年初已开发 100 万千瓦，是著名的水电之乡。

二　嘉陵江水系

流经陇南地区的河流均属嘉陵江水系，包括嘉陵江干流，流经两当县、徽县东南部，甘肃境内流程 86.2 公里；西汉水流经礼县、西和县、成县、康县等四县，甘肃境内流程 205.6 公里；白龙江是嘉陵江上游的最大支流，流经宕昌、武都、文县、青川等县（区），甘肃境内流程 229.5 公里。白龙江因与秦岭、淮河同在北纬 33° ~ 34° 之间，同属 1 月 0℃等温线经过区，此线以南的江河皆不封冻，因而与秦岭、淮河同为中国地理南北方的天然分界线。嘉陵江上游流经与陇南接壤的陕西宝鸡、汉中两市。嘉陵江源头源于陕西省宁强县大安镇汉王山，经过该省凤县的东源，与发源于甘肃省天水市齐寿山的西汉水汇合，再流经陕西省略阳县，穿越大巴山，在四川广元与白龙江汇合，直至重庆朝天门汇入长江，全长 1120 公里。

三　汉江水系

发源于陕西省汉中盆地西南缘宁强县蟠塚山的汉江是长江水系最长的支流，全长 1577 公里，为中国第六大河。汉江水系的流域面积 15.1 万平方公里，是长江水系中仅次于嘉陵江流域的第二大流域。汉水从源头开始，汇集了大大小小的溪水清泉，奔流于西秦岭南麓的低山丘陵之间，由于水质清纯，水流清澈，两岸山岭多姿，风光秀丽。汉江穿行的汉中盆地美丽富饶，是著名的“北国小江南”。汉江继续东流，经安康流入鄂西，于十堰流入丹江口水库，出水库后折向东南，过襄樊、荆门等市，在武汉汇入长江。

第五节　自然资源

汶川特大地震灾区的自然环境以地貌多样、森林茂密、生物资源和矿产资源蕴藏丰厚，品类多样为特征，拥有森林、灌丛、草原、稀树草原、草甸、湿地、高山冻原以及各种农田生态系统，尤其龙门山地区的生物多样性，在中国乃至世界上都名列前茅，珍稀动植物如大熊猫、金丝猴、珙桐等，在龙门山地区以及陇南、西秦岭南麓（汉中盆地西缘）均有分布。

一　植被与动植物资源

龙门山区域植被丰茂，生物多样，是生物多样性重点保护区域，也是长江上游生态屏障重要组成部分。区内植被垂直分带特点明显：海拔 1300 ~ 2200 米的河谷底部至谷坡 300 米范围，为干旱河谷灌草丛；1600 ~ 2200 米的阴坡及沟谷，为常绿阔叶与落叶阔叶混交林；2200 ~ 3600 米为亚高山针叶林；海拔 3600 ~ 3800 米以上为高山灌丛草甸。人工栽培植被多集中于河谷地带和平原地区。

据统计，震前灾区山岭地带森林覆盖面积在 40% ~ 50% 以上。例如，极重灾区都江堰市土地面积 1207.69 平方公里，其中林业用地面积达 739.5 平方公里，森林覆盖率 61.23%，林木蓄积量为 507.8 万立方米。龙门山区域森林植被类型丰富，物种繁多，有野生植物 208 科、1063 属、2510 种，野生动物 1.1 万余种，其中脊椎动物 568 种，是大熊猫等珍稀野生动物的重要栖息地（见图 8）。

图 8　四川卧龙大熊猫栖息地

图 9　彭州市白水河国家级自然保护区

图 10　珙桐

极重灾区安县，震前境内山区植被以亚热带常绿阔叶林为主，局部高山地区为针叶林；平原区植被主要为农作物，天然植被较少，以经济庭园林木为主。丘陵区内植被稀疏，集中成片较少，树种混杂，多为散生和混生植物。西北丘陵区是重要森林植被覆盖区，多为常绿及落叶、阔叶混交林。安县森林资源林地面积 7.13 万公顷，林木蓄积 421.6 万立方米，森林覆盖率为 44%。

极重灾区彭州市的白水河自然保护区（见图 9）位于彭州市西北龙门山境内，总面积约 301 平方公里。保护区内植物多样，品种丰富，不仅有中国—日本植物区系的品种，也有中国—喜马拉雅山植物区系的品种，有维管束植物 164 科、1619 种，其中有国家一级保护植物珙桐（世界珍稀植物、中国特有物种，因花朵盛开时花瓣张开如鸟翅，俗名鸽子花，见图 10）、银杏、红豆杉、光叶珙桐 4 种，国家二、三级保护植物连香树、水青树、香果树、星叶草、独叶草、领春木、峨眉含笑、红豆树等 26 种。保护区内动物种群也属多样，计有脊椎动物 331 种，包括鸟类 166 种、兽类 97 种、爬行类 23 种、两栖类 21 种、鱼类 24 种，其中有国家一级保护动物大熊猫、金丝猴、羚牛、金钱豹、金雕、绿尾虹雉、云豹、林麝、马麝等 9 种，国家二级保护动物黑熊、毛冠鹿、大鲵、红腹锦鸡等 24 种，另有省级保护物种和该保护区特有物种多种。

为了保护丰富的动植物资源和多样的生态环境，地震灾区内有许多自然保护区，仅四川地震灾区就有 11 个国家级自然保护区（见表 3），其中卧龙、九寨沟和黄龙国家级自然保护区被列入世界人与生物圈保护区网。

四川地震灾区的国家级自然保护区一览表

表 3

自然保护区名称	所在地区	自然保护区名称	所在地区
龙溪—虹口国家级自然保护区	都江堰	九寨沟国家级自然保护区	九寨沟
白水河国家级自然保护区	彭 州	黄龙国家级自然保护区	松 潘
王朗国家级自然保护区	平 武	小金四姑娘山国家级自然保护区	小 金
唐家河国家级自然保护区	青 川	米仓山国家级自然保护区	旺 苍
蜂桶寨国家级自然保护区	宝 兴	雪宝顶国家级自然保护区	平 武
卧龙国家级自然保护区	汶 川		

陇南地区和汉中盆地西缘的植被也各有特色。陇南地区植被良好，生物资源种类繁多。由于区内地形复杂多样，光热充足，为各种动植物的繁衍生长提供了得天独厚的条件。全区有林地面积 11722.4 万公顷，自然生长的树种多达 1300 多种，其中珍贵树种 51 种；境内栖息着 300 多种野生动物，大熊猫、金丝猴等珍稀动物都有分布。此外，陇南还有中药材 1200 多种，历史上总产量占甘肃全省的 70% 以上，最大出口量占全省的 90% 左右；还有银耳、木耳、香菇、猴头、薇菜、蕨菜等 100 多种食用菌和山野菜。

汉中盆地生态环境良好，被誉为“地球同一纬度生态环境最好的区域”。这里植被丰茂，形成了植物南北共生的特点和生物种群的多样性，素有“生物资源宝库”“天然物种基因库”之称。森林覆盖率达 51.2%，植被覆盖率 56%，林地面积居陕西省第一、中国西部第二。位于秦岭南坡的汉中盆地边缘的山地拥有可利用草场 33.33 万公顷。秦巴地区有药用植物 1300 多种，居全国地市级第二位。杜仲、天麻、附子、川芎、黄檗、元胡等药用植物种植面积和产量占全国 50% 以上。野生动物有 280 多种，列为国家和省级保护的珍稀动物有大熊猫、朱鹮、金丝猴、羚牛等 42 种。

二 土壤

地震灾区土壤种类繁多，构成复杂，主要土壤类型有黄壤、褐土、棕壤、暗棕壤、灌丛草甸土、草甸土、亚高山草甸土、高山草甸土和高山寒漠土，还有少量冲积土、沼泽土和泥炭土。土壤分布特点主要有：

水平垂直的复合分布。总体上，灾区由东南向西北海拔高度逐步增加，土壤分布逐渐发生变化。例如，从汶川漩口向西北至茂县，由海拔 780 米升高至 3400 米左右，土壤的分布变化是黄壤—黄棕壤—褐壤—棕壤—暗棕壤—亚高山草甸土—高山草甸土—草甸土。

垂直分带分布。大致是平原地区、坝区和山谷分布有黄壤、褐土、棕壤，低山丘陵区分布有棕壤、暗棕壤和灌丛草甸土，高山区分布有草甸土、高山草甸土，海拔 3500 米以上的高山区分布有高山草甸土和高山寒漠土。仍以汶川县为例，从低海拔到高海拔，由映秀至卧龙至四姑娘山顶，分别是黄壤（800 ~ 1500 米）→黄棕壤（1500 ~ 2000 米）→棕壤（1800 ~ 3200 米）→暗棕壤（3000 ~ 3500 米）→棕色针叶林土（3400 ~ 4000 米）→亚高山草甸土（3800 ~ 4200 米）→高山草甸土（4200 ~ 4500 米）→高山寒漠土（4000 ~ 5000 米）。

区域分布特点。不同地区分布有不同类型的土壤。例如，高原区分布着以草甸土为主的土壤，高山区交叉分布着褐土、暗褐土、亚高山草甸土，高山峡谷区分布着新积土、黄壤、褐土、壤土等，在一些低洼地区分布着冲积土、沼泽土和泥炭土。

三　矿产资源

四川省是中国西部矿产资源大省之一，矿产资源丰富，矿种比较齐全。龙门山是矿产资源富藏地区，地质构造复杂，地层发育完整，岩浆活动频繁，成矿条件有利，特别是非金属矿产品种较多，以有色金属和化工原料矿产著称，如硫铁矿、金矿、锰矿、铝土矿、铅锌矿、铜矿、煤矿、天然气以及非金属磷、石棉、萤石、钾长石、花岗岩和大理岩等。龙门山以西的川西高原地区矿产储量丰富，品种甚多，以贵金属、稀有金属矿产为主，如金矿、银矿、铂族金属、镍矿、锂矿、铌矿、钽矿、铀矿、铅锌矿、铜矿、锡矿、汞矿，还有褐煤、泥炭及非金属矿产水晶、云母、石棉、石膏等。

甘肃省陇南地区也是矿产资源丰富地区，工业开发优势突出。已探明的金属和非金属矿产有 34 种、矿产地 445 处，其中储量大、品位高、有开采价值的金属矿有铅、锌、锑、汞、铜、金、锰、铁等，非金属矿有硅、大理石等。

西秦岭南麓的陕西省勉（县）略（阳）宁（强）地区是该省矿产富集区之一，面积有 2900 余平方公里，属于国土资源部划定的陕甘川渝有色贵金属矿产资源集中区的一部分。已发现的 92 种矿产中，探明储量的 60 多种，具有中型以上规模的 35 种，潜在经济价值约 1568 亿元。有 26 种矿产保储量、潜在经济价值列该省前 3 名，有 10 种矿产列全国前 10 位。勉（县）略（阳）宁（强）地区的金、锰、铜等有色金属储量大、品位高；汉（台）留（坝）勉（县）城（固）洋（县）西（乡）区域的石棉、海泡石、石英岩、蛇纹岩等非金属矿产富集。据汉中市国土资源局初步预测，该地区潜在的矿产资源总量为金 260 吨、银 5065 吨、铜 209 万吨。此外，还有锰矿、铬矿、钛铁矿、镍矿、熔剂石灰岩、冶金用石英岩、化肥用蛇纹岩、石膏、石棉、水泥配料用页岩、海泡石及膨润土等，其储量均占陕西省重要位置，是当地发展矿业和工业的重要资源。

第三章 人文地理

第一节 人口 民族

据2007年末统计，地震极重灾区和重灾区的人口为1986.7万人，人口密度总趋势是东高西低。以四川省龙门山地区为例，龙门山以东平原和低山丘陵地区人口密度较高，成都市、绵阳市和德阳市有关县（市、区），甘肃省陇南市武都区、文县以及陕西省勉县、宁强县、宝鸡市陈仓区等地，人口密度平均为483人/平方公里；龙门山以西地区，人口密度平均为30人/平方公里。

汶川地震灾区是中国大西南与大西北的结合部，是重要的少数民族居住区之一，民族多元化特征明显。龙门山地区的汶川、茂县、理县、黑水和北川是中国唯一的羌族聚居区，约有羌族人口32万人，也是中国唯一的羌族文化保护区，保留了大量的羌族建筑（见图11）、音乐、

图11 羌族碉楼

服饰、语言等物质文化和非物质文化遗产。此外，还分布、集聚有藏族、回族等少数民族。藏族主要分布在阿坝藏族羌族自治州和绵阳市的平武县，主要是嘉绒藏族和白马藏族。

第二节　城镇分布

地震灾区内分布有大量城镇，地震时城镇大多遭到严重破坏。地震极重灾和重灾县（市、区）人口、面积、乡镇以及民族情况见表 4 和表 5。

汶川特大地震极重灾区人口、城镇、民族统计表

表 4

县（市）	人口（万人）	乡镇（个）	辖区面积（平方公里）	民族分布
汶　川	11	6 镇 7 乡	4083	羌、汉、藏、回等民族
北　川	16	3 镇 17 乡	2869	羌、藏、回、苗、壮等民族
绵　竹	51	19 镇 2 乡	1245	汉族居多
什　邡	43	15 乡（镇）1 街道	863	汉族居多
青　川	25	9 镇 27 乡	3269	汉族居多
茂　县	11	3 镇 19 乡	4075	羌族约占 89%，少数汉族等民族
安　县	51	17 镇 3 乡	1404	回、羌、藏、苗、满等民族
都江堰	61	19 乡（镇）1 区	1208	汉族居多
平　武	19	9 镇 16 乡	5974	藏、羌、汉等民族
彭　州	79	28 乡（镇）	1420	汉族居多

说明：人口数、辖区面积来源于星球地图出版社《中国分省系列地图册・四川省地图集》，2009 年 6 月第 1 版

汶川特大地震重灾区人口、乡镇、民族统计表

表 5

县（市、区）	人口（万人）	乡镇（个）	辖区面积（平方公里）	民族分布
理　县	5	4 镇 9 乡	4318	藏、羌、汉等民族
江　油	88	21 镇 19 乡 4 街道	2720	汉族
利　州	47	7 镇 3 乡 8 街道	1482	汉族
朝　天	21	6 镇 19 乡	1618	汉族

续表 5

县（市、区）	人口（万人）	乡镇（个）	辖区面积（平方公里）	民族分布
旺　苍	45	15 镇 20 乡	2976	汉族
梓　潼	38	32 乡（镇）	1438	汉族
游　仙	53	24 乡（镇）2 街道	973	汉族
旌　阳	65	11 镇 5 街道	648	汉族
小　金	8	2 镇 19 乡	5571	藏族
涪　城	66	12 镇 2 乡 9 街道	597	汉族
罗　江	24	10 镇	448	汉族
黑　水	6	2 镇 15 乡	4154	藏族
崇　州	67	25 乡（镇）	1090	汉族
剑　阁	68	23 镇 34 乡	3204	汉族
三　台	147	41 镇 22 乡	2661	汉、回、藏、羌、彝等民族
阆　中	87	49 乡（镇）3 街道	1877	汉族
盐　亭	61	36 乡（镇）	1645	汉族、回族
松　潘	7	2 镇 23 乡	8486	藏、羌、回、汉等民族
苍　溪	78	64 乡（镇）	2330	汉族
芦　山	12	6 镇 9 乡	1364	汉族
中　江	142	29 镇 16 乡	2063	汉族
元　坝	24	9 镇 17 乡	1435	汉族居多
大　邑	51	13 镇 7 乡	1327	汉族居多，另有藏、羌等民族
宝　兴	6	3 镇 8 乡	3114	汉族居多，另有藏、羌等民族
南　江	66	48 乡（镇）	3383	汉族
广　汉	59	19 镇 5 街道	551	汉族
汉　源	32	6 区 8 镇 32 乡	2388	汉族居多，另有彝、藏、回等民族
石　棉	12	1 镇 16 乡	2678	汉族居多，另有彝、藏、回等民族
九寨沟	6	2 镇 15 乡	5286	藏、羌、回、汉、满等民族
文　县	25	20 乡（镇）	4994	汉、藏、羌、蒙、撒拉、东乡等民族
武　都	56	6 镇 38 乡	4683	汉、回、藏等民族
康　县	20	8 镇 13 乡	2958	汉族
成　县	26	13 镇 9 乡	1701	汉族
徽　县	41	7 镇 8 乡	2722	汉族
西　和	41	6 镇 14 乡	1861	汉族
两　当	5	3 镇 9 乡	1374	汉族
舟　曲	14	2 镇 17 乡	3010	汉、藏、回、满等民族

续表 5

县（市、区）	人口（万人）	乡镇（个）	辖区面积（平方公里）	民族分布
宁　强	34	6 镇 26 乡	3243	汉族
略　阳	20	11 镇 11 乡	2831	汉族
勉　县	42	25 乡（镇）	2406	汉族
陈　仓	60	18 镇	2517	汉族

说明：人口数、辖区面积来源于星球地图出版社《中国分省系列·四川省地图集》，2009 年 6 月第 1 版

灾区的人口、城镇分布极不均匀。例如，龙门山前平原丘陵区，包括崇州、大邑、都江堰、彭州、郫县、温江、什邡、江油、安县、绵竹等 10 个县（市、区），总面积约 1.97 万平方公里，总人口约 571.9 万人，村镇分布相对密集，人口密度 290 人 / 平方公里；龙门山地中央区，有汶川、北川、青川、芦山、宝兴等五县，区域总面积 14699 平方公里，总人口 70 万人，人口分布相对分散，人口密度 48 人 / 平方公里；龙门山后高山峡谷区，有茂县、理县、平武、松潘、黑水、小金等六县，区域面积 32578 平方公里，总人口 56 万人，人口密度仅为 17 人 / 平方公里，人口分布的空间差别十分明显。

第三节　文化地理

四川省龙门山地区是中国唯一的羌族聚居区，也是藏族聚居区之一，素有“藏羌文化走廊”之称。汶川特大地震灾区分布着许多富有特色的自然景观和文化遗迹，有不少还是世界级和国家级的名胜古迹，它们不仅是中华民族的珍贵文化遗产，也是宝贵的旅游资源。四川省得到联合国教科文组织“世界遗产委员会”批准的“世界文化和自然遗产”共有 6 个，其中有 4 个位于灾区之内（见表 6），而都江堰水利枢纽工程更是举世闻名（见图 12 ~ 13）。同时还拥有 9 个国家级风景区和 26 个省级风景区（见表 7）。

四川省世界文化与自然遗产名录单位一览表

表 6

名　称	所　在　地	名　称	所　在　地
九寨沟	九寨沟县	乐山大佛	乐山市市中区
黄　龙	松潘县	都江堰—青城山	都江堰
峨眉山	峨眉山市	大熊猫栖息地	汶川、小金、宝兴、崇州等地

图 12 都江堰水利枢纽工程全景

图 13 都江堰水利枢纽工程之宝瓶口

四川地震灾区国家级和省级风景区一览表

表 7

级别	名称	所在地	级别	名称	所在地
国家级	黄龙	松潘	省级	田湾河	石棉
	九寨沟	九寨沟		夹金山	宝兴
	青城山—都江堰	都江堰		叠溪—松坪沟	茂县
	剑门蜀道	剑阁		米亚罗	理县
	西岭雪山	大邑		乾元山	江油
	四姑娘山	小金		李白故里	江油
	光雾山—诺水河	南江、通江		锦屏风景区	阆中
	白龙湖	青川		灵鹫山—大雪峰	芦山
	龙门山	彭州		富乐山	绵阳
省级	蓥华山	什邡		千佛山	安县
	窦圌山	江油		三江	汶川
	佛爷洞	江油		九鼎山—文镇沟大峡谷	茂县
	罗浮山—白水河	安县		神门	南江
	云台山	苍溪		阴平古道	青川
	彭城山—七里峡	旺苍		草坡	汶川
	白龙湖	旺苍		九顶山	绵竹
	九龙沟	崇州		紫岩山	绵竹
	卡龙沟	黑水			

图 14　汉中市石门古栈道

甘肃南部的陇南市和陕南汉中市都是历史悠久的文化名城，历史文化遗产丰富，楚汉相争时期的“明修栈道、暗度陈仓”，三国时期蜀国丞相诸葛亮“六出祁山”“挥泪斩马谡”“木牛流马运送粮草”以及“姜维大战铁笼山”等历史故事均发生在这里。汉中市也以“三国文化”著称，武侯墓、张良庙以及古栈道（见图 14）等都是著名的文化遗迹。陇南地区富有回族特色的民间演唱“花儿”，汉中市的勉县民间歌舞“五节龙舞”“板凳龙舞”等均已列入联合国非物质文化遗产名录。

第四节　经济地理

地震灾区震前属于相对发达地区。以四川省龙门山地区——包括龙门山及周边 18 个县（市）（以下简称龙门山灾区）为例，其经济发展略高于四川省平均水平。按表 8 中的 18 个县（市）统计，震前的 2007 年人均生产总值四川省为 12926 元，龙门山灾区为 15399 元；龙门山灾区的人口占四川省的 7.2%，而生产总值占四川省的 8.6%。产业结构也略优于四川全省，龙门山灾区三大产业结构比例为 18.1 : 51.0 : 30.9，而四川省为 19.7 : 43.7 : 36.6。

龙门山灾区内部社会经济发展不平衡，东西部区域差异较大。东部（表 8 中的都江堰、崇州、彭州、什邡、绵竹、安县、江油）是四川省经济发达地带，是成（都）—德（阳）—绵（阳）经济圈的重要组成部分，经济发展水平不仅在四川省，而且在中国西部地区都属较好地区。而西部山区地带（表 8 中的汉源、汶川、北川、宝兴、青川、平武、茂县、黑水、小金、松潘、理县），属青藏高原组成部分，经济发展相对滞后，与东部形成强烈反差。从表 8 可见，人口密度、经济密度、经济总量、人均生产总值等重要指标，东部地区都远高于西部。东部人口密度、经济密度、经济总量和人均生产总值分别为 442.96 人 / 平方公里、766.9 万元 / 平方公里、763.1 亿元和 17333.3 元 / 人，而西部分别为 144.49 人 / 平方公里、28.4 万元 / 平方公里、137.3 亿元和 9502.4 元 / 人。在西部，即龙门山中部和后部各县社会经济发展也有巨大差别，明显的特点是，

龙门山灾区 18 个县（市）2007 年经济发展情况统计表

表 8

县（市）	面积（平方公里）	人口（万人）	人口密度（人 / 平方公里）	GDP（亿元）	人均 GDP（元）	三次产业结构比例	工业增加值占 GDP 比重（%）	农民人均纯收入（元）	地方财政一般预算收入（亿元）
汶　川	4083	10.54	26	28.8	27298	6.3 : 77.1 : 16.6	67.6	2790	3.9
北　川	2869	16.05	56	13.2	8201	32.8 : 42.1 : 25.1	29.6	2831	0.4
绵　竹	1245	51.36	413	142.5	27750	11.6 : 68.6 : 19.8	67.1	5018	6.0
什　邡	863	43.08	499	127.3	29544	12.0 : 64.5 : 23.5	62.1	5062	6.0
青　川	3269	24.8	76	13.8	5557	41.2 : 28.4 : 30.4	19.4	2683	0.5
茂　县	4075	10.93	27	10.1	9268	16.4 : 52.8 : 30.8	41.8	2475	0.3
安　县	1404	51.02	363	50.7	9943	35.5 : 39.2 : 25.2	34.5	4247	0.5
都江堰	1208	60.9	504	116.2	19083	13.3 : 36.9 : 49.8	23.9	5536	7.6
平　武	5974	18.7	31	16.3	8735	30.6 : 45.7 : 23.7	28.5	3065	0.1
彭　州	1420	79.47	560	108.4	13643	22.8 : 45.8 : 31.4	38.4	5275	3.5
理　县	4318	4.51	10	6.3	14038	12.0 : 64.2 : 23.8	42.4	2367	1.2
江　油	2720	87.86	323	138.4	15757	15.7 : 47.8 : 36.5	43.3	4349	1.1
小　金	5571	8	14	4.5	5619	22.7 : 31.2 : 46.1	9.3	2152	0.2
黑　水	4154	5.9	14	4.9	8367	19.0 : 56.5 : 24.4	21.1	1916	0.5
崇　州	1090	66.56	611	79.6	11958	23.0 : 41.9 : 35.1	32.1	5221	2.6
松　潘	8486	7.2	8	8.2	11387	20.0 : 20.2 : 59.8	2.6	2642	0.3
宝　兴	3114	5.78	19	9.1	15773	20.1 : 60.0 : 19.9	45.9	3952	0.3
汉　源	2388	32.08	134	22.1	6898	36.8 : 33.0 : 30.2	14.4	3313	0.8
18个县（市）合　计	58251	584.7	100	900.4	15399	18.1 : 51.0 : 30.9	34.7	3605	35.8
四川省	485000	8127	168	10505	12926	19.7 : 43.7 : 36.6	36.8	3547	850.3
占全省比例（%）	12	7.2	59.5	8.6	119.2	—	—	130.8	4.2

说明：资料引自陈国阶《汶川地震重建若干问题探讨》，载《山地学报》2008 年第 5 期

凡是工业比重较大的县，经济发展水平就较高，其中汶川县、理县、宝兴县第二产业的比重都占生产总值的 60% 以上；汶川县因水力发电密集第二产业比重更高达 77.1%，人均生产总值远高于其他农业县的水平，是青川县的 4.9 倍。茂县、北川、青川、平武、小金、黑水等县第一产业占生产总值比重大，青川、北川、平武、小金分别为 41.2%、32.8%、30.6%、22.7%，是典型的农业县，经济发展水平均较低。松潘县第二产业虽不发达，但以旅游业为主导的第三产业发展较好，第三产业占生产总值的 59.8%，因此人均生产总值水平也较高。

四川地震灾区范围内国有和规模以上非国有工业企业总产值震前的 2007 年为 2229.36 亿元，

占全省的20.18%，其中10个极重灾县（市）的国有和规模以上非国有工业企业总产值为706.33亿元，占四川省的比重为6.39%；GDP总计511.1亿元，占4.86%。10个极重灾县（市）人口总计366.9万，占四川省的4.51%。以上数据表明，极重灾区工业所占比重明显高于其人口、生产总值占四川省的比重，由此可以认为，四川地震灾区在该省工业生产中具有重要地位，是四川省的工业基地之一。

四川省的极重灾区工业基础雄厚，拥有一批著名企业，如绵竹市的东方汽轮机厂是中国重要的发电设备生产企业，年销售额超过100亿元；绵竹市还有国家著名的剑南春集团以及磷化工生产企业龙蟒集团等。什邡市也有多家大型企业，如宏达集团、蓝剑集团、川渝中烟什邡卷烟厂等，其中宏达集团是四川省为数不多的销售收入超过100亿元的工业集团。都江堰市也有法国拉法基水泥厂等著名企业。汶川县是阿坝藏族羌族自治州的工业区，县内的岷江干流得到一定开发，建设有映秀湾、太平驿等水电站，还有阿坝铝厂等重要工业企业。

其他重灾市、县也有各具特色的工业基础。例如，德阳市是中国重要的重型装备工业基地；绵阳市是西部科技城，电子工业、钢铁工业、汽车和配件工业具有较大的规模；江油市是重要的能源、钢铁、建材生产基地。

四川地震灾区2007年的农业总产值为780.26亿元，其中10个极重灾县（市）为186.82亿元，占四川地震灾区的23.16%。

由于历史原因和自然环境制约，甘肃省陇南市经济一度比较落后，改革开放后才有了较大发展。1978—2007年，全市固定资产投资额累计258亿元，投资总量增长9倍，生产总值由1978年的2.92亿元增加到2007年的111.8亿元；全市人均生产总值从1978年的193元增加到2007年的4067元。1978—2007年经济增长年均速度为9.7%，2007年增长速度达到12.7%。财政收入由1978年的2797万元递增到2007年的161209万元，2007年大口径财政收入、市县级财政收入增速分别达到39.16%、48.20%，居全省第三与第一位。全市工业增加值2007年达到35.32亿元，对经济增长的贡献率达40%。农民人均纯收入由1978年的51元增至2007年的1600元。2007年，全市粮食产量达89.55万吨，比1978年增加33.44万吨，基本实现粮食生产自给，蔬菜、中药材、花椒、核桃、茶叶等农业特色产业已经初具规模。

陇南市的工业以有色金属冶炼、硅铁合金、水电能源、新型建材、医药化工和农副产品加工等六大主导产业为主，其中碧口水力发电厂是白龙江梯级开发中的第一座大型水电站，被誉为白龙江上的第一颗明珠。该厂安装了3台10万千瓦机组，发电分别送往甘肃成县、陕西勉县和四川广元，平均年发电量为10亿千瓦时。大坝坝高101.8米，建成时为亚洲最高的土石混合坝。水库设计库容5.21亿立方米，具有发电、防洪、水运等综合效能。

陕西省的勉县和略阳县是工业经济较发达区域，其人口和生产总值占全市总量的58%和75%。其中，勉县以冶金、建材、食品饮料三大产业为支柱；略阳县以冶金、电力、采矿、生物、化工、建材等行业为主，是汉中市乃至陕西省重要的钢铁、黄金、化工、电力生产基地。宁强县属传统农业县，但矿产资源丰富，重点开发的有金、铜、铁、锰、石棉、铅、锌等。宝鸡市陈仓区位于秦岭北麓，农业、畜牧业发达，属陕西省畜牧大区之一；旅游资源丰富，有国家AAA级景区姜子牙钓鱼台等。

第二篇

汶川地震成因及影响

汶川特大地震是一次兼具右旋走滑的逆断层型地壳岩层破裂事件。地震的地表破裂沿龙门山构造带中央断裂（北川—映秀断裂）和前山断裂（灌县—江油断裂），形成两条走向北东、长约240公里的北川—映秀破裂带和长约72公里的汉旺—白鹿破裂带，以及一条长约7～8公里，连接两条北东向地表破裂带西段的北西向小鱼洞地表破裂带。映秀和北川地区地表破裂位移较大，断裂带上垂直最大位移9米，水平最大位移4.9米。地表破裂带所经之处，所有的山脊水系和建筑物均被错断损坏，并形成大量的滑坡、山崩和泥石流等次生地质灾害，与之对应的区域均是震灾最严重的地区。

地震发生的宏观原因，是印度洋板块向欧亚板块俯冲，造成青藏高原快速隆升导致地震。高原物质向东缓慢移动，在高原东缘沿龙门山构造带向东挤压，遇到四川盆地之下刚性地块的顽强阻挡，造成构造应力能量的长期积累，最终在龙门山北川—映秀地区突然释放。发震构造是龙门山构造带中央断裂带，在挤压应力作用下，由南西向北东逆冲运动。这次地震属于单向破裂地震，由南西向北东迁移，致使余震向北东方向扩张。

由于龙门山及邻区在大地构造上的特殊性，清光绪二十六年（1900年）后，龙门山地区曾经多次发生过强烈地震。如民国22年（1933年）8月25日，四川叠溪发生$7^1/_2$级地震，致使山崩地陷，岷江断流，积水成湖。地表裂缝纵横交错，共倒塌房屋5100余所、死亡6860余人。地震45天后，地震形成的湖堤坝溃决，又死亡2500多人。1976年8月16日和23日，在松潘、平武之间相继发生两次7.2级的强烈地震，极震区内破坏严重，砖木结构房屋大多数倒塌。震时出现崩塌、滑坡。震后降雨，泥石流淹没村庄，堵塞河道形成湖泊，道路毁坏，通讯中断。由于松潘、平武人烟稀少，这次地震造成的伤亡较少，死亡41人、重伤156人、轻伤600余人。

汶川地震强度大，震中烈度为Ⅺ度。Ⅺ度区的面积约2419平方公里，以汶川县映秀镇和北川县城为两个中心，其中映秀Ⅺ度区沿汶川—都江堰—彭州方向分布，长轴约66公里，短轴约20公里；北川Ⅺ度区沿安县—北川—平武方向分布，长轴约82公里，短轴约15公里。汶川地震影响范围非常广，多个省（区、市）和香港、澳门、台湾等地区均有震感，甚至泰国首都曼谷、越南首都河内、菲律宾、日本等地也有轻微震感。

第一章　地震观测

地震观测包括两个方面的内容：一是把地球上发生的地震记录下来，进而研究认识地震；二是对与地震发生有关的现象进行监视与观测，通过各种仪器对地球存在的地磁场、地电场、重力场、温度场、形变场及水的化学成分含量等进行检测，然后依据这些检测所获取的信息，判断地球内部哪个地方存在能量的积累，是否出现应力加剧，有无发生强震的危险。

为了对地震信息和与地震孕育、发生有关的地球物理场、地球化学场、地壳形变场等地震前兆信息进行监视与观测，以通过对地震孕育、发生的跟踪，进而实现地震预报，中国建立了包括测震台网、地震前兆观测台网，大面积流动观测网及群众性测报网组成的地震信息观测系统。地震观测是地震预报的基础，也是采取各种震灾预防措施和地震应急措施的基础。

汶川地震所处区域的龙门山构造带，历史上是一个多地震区。地球物理背景场显示这一地区地壳运动的反差大，但在 2008 年汶川地震震前数年，该地区的地震活动并没有显示明显增强的态势。龙门山地区是中国布设地震观测技术力量较强的地区，震前数年观测到若干项有一定前兆意义的异常，但因地震专业人员在认识判断上缺少经验，故未引起足够重视。

第一节　地震活动概况

一　历史地震

中国南北地震带中段的历史地震　汶川特大地震发生在中国南北地震带中段的龙门山构造带上。南北地震带中段，指从甘肃天水附近至川滇交界东段，总体呈近南北向延伸的强震发生带。

自公元前780年至公元2008年，南北地震带中段及其邻近地区（北纬27°00′～35°00′、东经99°00′～108°00′）共发生M≥7.0级地震36次。这些地震及震源区的空间分布见图15。

图15揭示历史强震活动基本上沿巴颜喀喇块体边缘分布。2008年汶川地震发生在巴颜喀喇块体的东边界龙门山构造带。从17世纪初至2008年汶川地震前的近400年中，巴颜喀喇块体东边界南段的龙门山构造带的中南段，仅发生过2次M≥6.0级地震，即清顺治十四年（1657年）汶川—茂县间的6级地震和1970年大邑西6.2级地震。然而，在相同的近400年中，巴颜喀喇块体东边界的北段（四川茂县—松潘—平武间的近南北向岷江与虎牙断裂带，以及甘肃武都—文县间的北东向文县—武都断裂带）上发生了13次M≥6.0级地震。因此2008年汶川地震发生在这

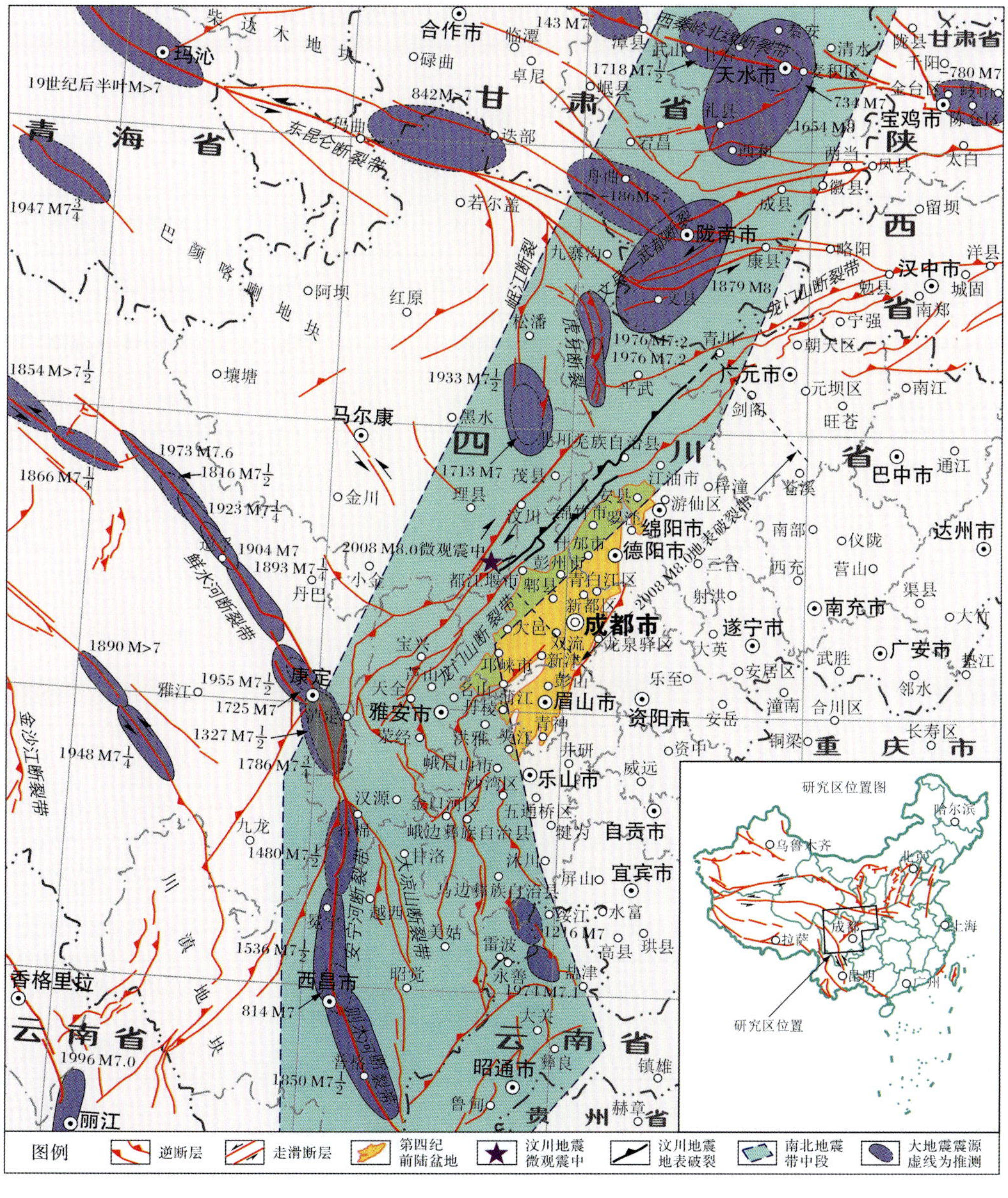

图15 公元前780年至公元2008年，南北地震带中段及其邻区M≥7.0级地震的“震源区”分布

一地区历史地震活动水平相对较低的地段。

龙门山地区的历史地震 汶川地震区包括青藏高原东缘及四川盆地的一部分。以龙门山构造带为界，区域东、西两侧的构造变形及其地震活动有着明显的差异。构造带以西的地区断裂规模大，地震活动强度大、频度高，尤其是6级以上强震主要集中于块体边界断裂上，是活动构造区；构造带以东的四川盆地，断裂构造不甚发育，规模小，地震活动弱，仅有一些零星的中强地震活动见于记载，是相对稳定区。在所选区域（北纬30°00′～33°30′、东经103°00′～106°30′）范围内，自唐贞观十二年（638年）至2007年共记载有4.7级以上地震92次，其中8级地震1次（清光绪五年，即1879年7月1日甘肃武都西8级地震）、7.0～7.9级地震4次、6.0～6.9级地震10次（见表9、图16）。

龙门山地区历史上6级以上地震统计表

表9

地震时间（年月日）	震级	震中位置		震中烈度	震中地区
		纬度	经度		
1630.01.16	$6^1/_2$	32.6	104.1	Ⅷ	四川松潘小河
1657.04.21	$6^1/_2$	31.3	103.5	Ⅷ	四川汶川
1713.09.04	7	32.0	103.7	Ⅸ	四川茂县叠溪
1748.05.02	$6^1/_2$	32.8	103.7	Ⅶ	四川松潘漳腊北
1879.07.01	8	33.2	104.7	Ⅺ	甘肃武都西
1933.08.25	$7^1/_2$	32.0	103.7	Ⅹ	四川茂汶、叠溪
1938.03.14	6	32.3	103.6	/	四川松潘南
1941.10.08	6	32.1	103.3	Ⅷ	四川黑水一带
1958.02.08	6.2	31.7	104.3	Ⅶ	四川茂汶、北川
1960.11.09	6.8	32.78	103.66	Ⅸ	四川松潘
1970.02.24	6.2	30.60	103.20	Ⅶ	四川大邑西
1973.08.11	6.5	32.93	103.90	Ⅶ	四川松潘东北
1976.08.16	7.2	32.61	104.13	Ⅸ	四川松潘、平武
1976.08.22	6.7	32.60	104.40	/	四川平武北
1976.08.23	7.2	32.50	104.30	Ⅷ	四川松潘、平武

说明：1630—1879年资料引自《中国历史强震目录》（地震出版社1995版），1933—1976年资料引自《中国近代地震目录》（中国科学出版社1999年版）。1900年以前无仪器记录资料的地震（包括部分1900年以后的地震），不能直接测定其震级，一般是依据历史记载得出震中烈度，再按烈度与震级的经验关系式得出近似震级，给出的震级值最小写至1/4。如1657年汶川—茂县间的$6^1/_2$级地震

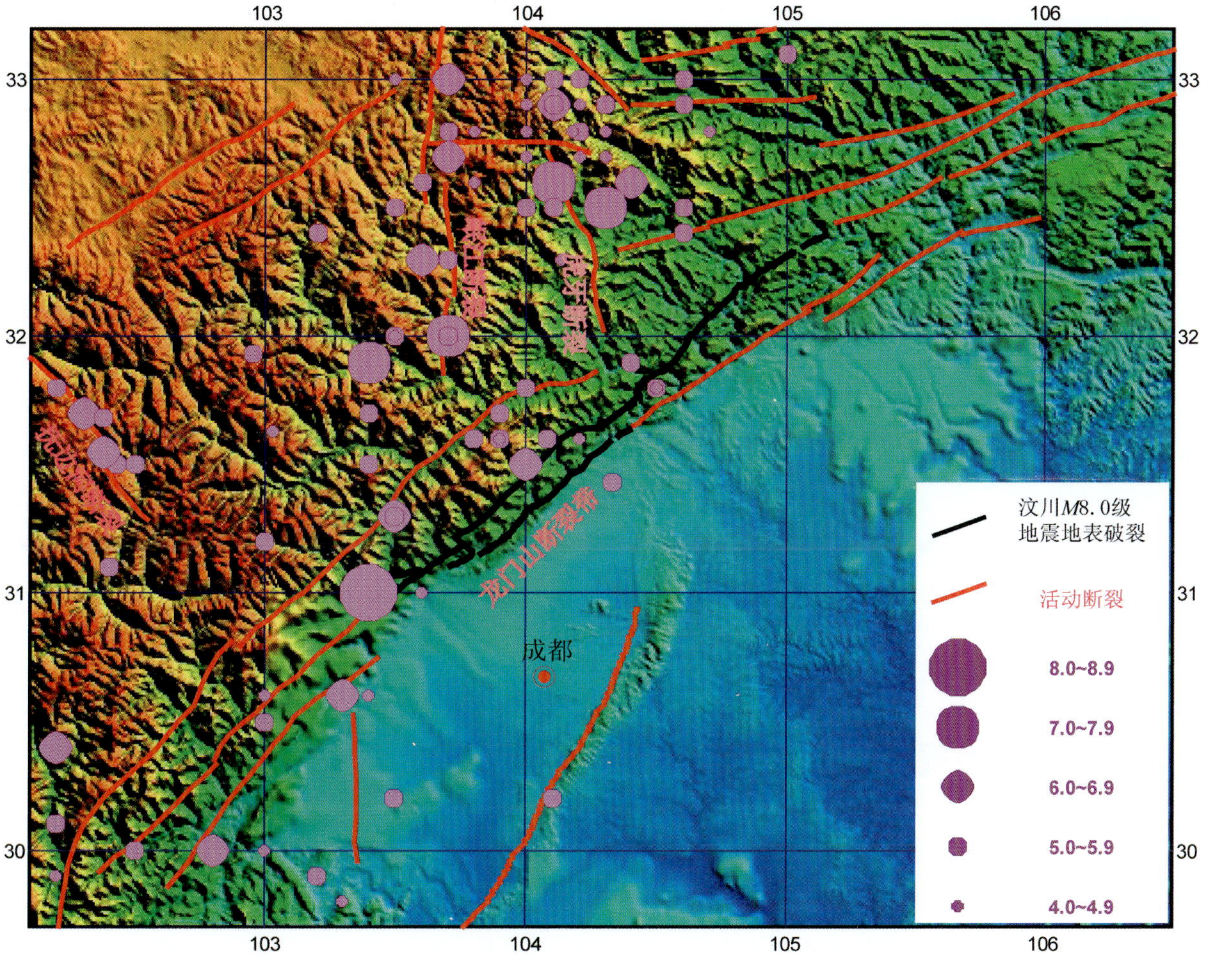

图 16　公元 638 年至公元 2008 年 5 月 12 日龙门山地区 M ≥ 4.7 级地震的震中分布

如图 16 显示，区内中强地震活动具有明显的成带分布特点，并与活动断裂分布有着密切的联系。区内西北部，沿岷江断裂、虎牙断裂与文县断裂围成一个强震活动区，发生过清光绪五年（1879 年）武都 8 级地震、1933 年叠溪 $7^{1}/_{2}$ 级地震、该区外围的 1976 年松潘—平武两次 7.2 级地震，以及多次 6 级地震，是区域内重要的强震活动区；区内东南部的四川盆地，地震活动水平明显降低，多为零星分布的 4 ~ 5 级地震，是弱地震活动区；区域中部是龙门山断裂带，为分割东、西部不同地震活动区的重要界线，该带历史上曾发生过 3 次 6 级以上地震，最大地震 6.5 级。2008 年 5 月 12 日汶川地震的震中位置在龙门山构造带中段的南端，震源体则从汶川附近向东北方向延伸，基本上包括了龙门山构造带中段的全部，其余震活动也沿该构造带分布。

根据历史记录，在汶川地震震源区分布的范围内，有 15 次 6 级以上地震。区内强震以浅源地震为主，有震源深度资料的 33 次强震中，深度在 20 公里以内的有 24 次，占总数的 72.7%；深度在 21 ~ 30 公里范围内的有 6 次，超过 30 公里的仅 3 次。

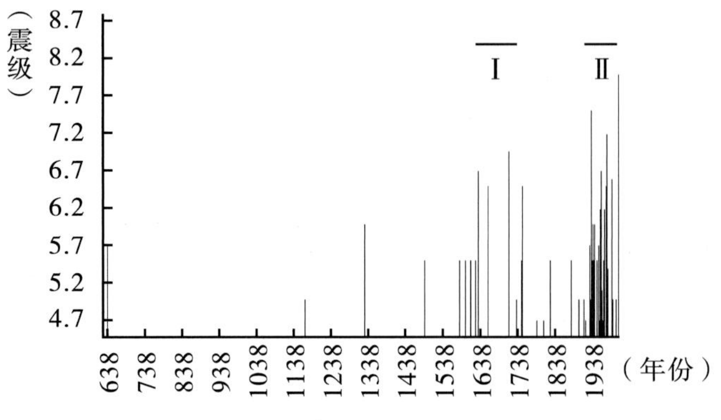

图 17　公元 638 年至公元 1938 年龙门山地区 M ≥ 4.7 级地震的震级—时间分布

龙门山地区历史强震记载始于唐贞观十二年（638 年），但此后至明万历九年（1581 年）前强震记录存在明显缺失。从资料相对完整的万历九年开始，龙门山地区强震活动时间进程呈现出一定的周期性特点，活跃期与平静期交替出现。以平静期内地震活动强度小于 6.5 级地震进行划分，在时间上可以划分出两个活跃期（见图 17）。第一个活跃期为明崇祯三年至清乾隆十三年（1630—1748 年），活跃时间 118 年，其间发生 7 级地震 1 次、6.5 ~ 6.9 级地震 3 次。第二个活跃期始于民国 22 年（1933 年），到 2008 年已持续 76 年，其间发生 8 级地震 1 次、7.0 ~ 7.9 级地震 3 次、6.5 ~ 6.9 级地震 4 次。

二　当代地震

自 1970 年以来，中国地震台网建设取得很大发展，地震监测能力有了很大提高，龙门山地区的监测能力达到 M_L2.5 级。资料显示，汶川地震前龙门山构造带小震活动持续（见表 10、图 18）。近 30 多年地震活动水平在 M_L 4 ~ 5 级，其中 1976 年、1990 年、1999 年曾发生 5 级地震，其余年份地震活动在 M_L 5.0 级以下。龙门山构造带 M_L2.5 级以上地震月频度均值为 2.5 次。

1970 年 7 月至 2008 年 5 月 11 日龙门山地区小震频次分布统计表

表 10

震级分档	M_L1.0 ~ 1.9	M_L2.0 ~ 2.9	M_L3.0 ~ 3.9	M_L4.0 ~ 4.9
地震频次（次）	9542	10974	1419	104

龙门山地区现代地震活动的空间分布（见图 19），与历史地震空间分布特征类似，小震活动存在明显的空间不均匀性，表现为小震沿活动断裂密集成带或成丛分布。在空间上主要分布在龙门山构造带南西段以及由抚边河断裂、龙日坝断裂与岷山断裂围限的区域内。

小震震源深度分布显示以浅源地震为主。在有震源深度资料的 6966 次小震中，深度在 15 公里以内的有 6288 次，占总数的 90.27%；深度在 16 ~ 30 公里范围内的有 599 次，而超过 30 公里的仅 79 次。

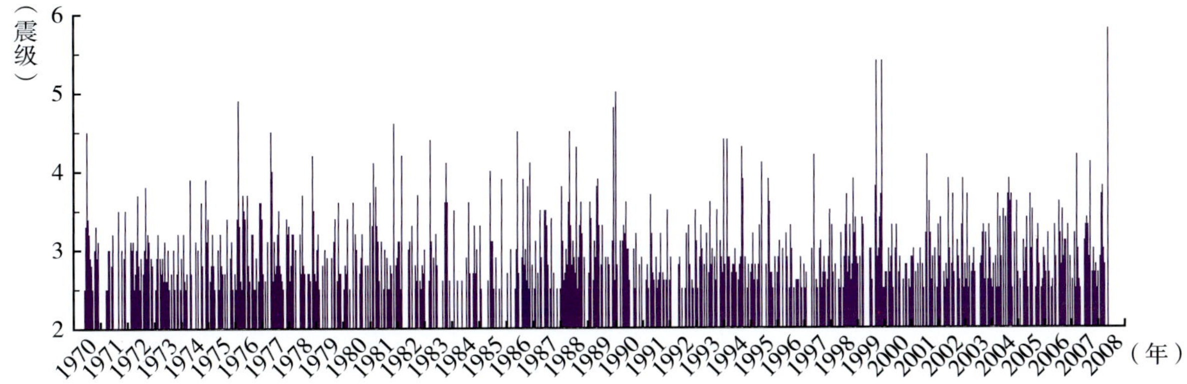

(a) 震级—时间 纵轴为震级(M_L),横轴为时间(年)

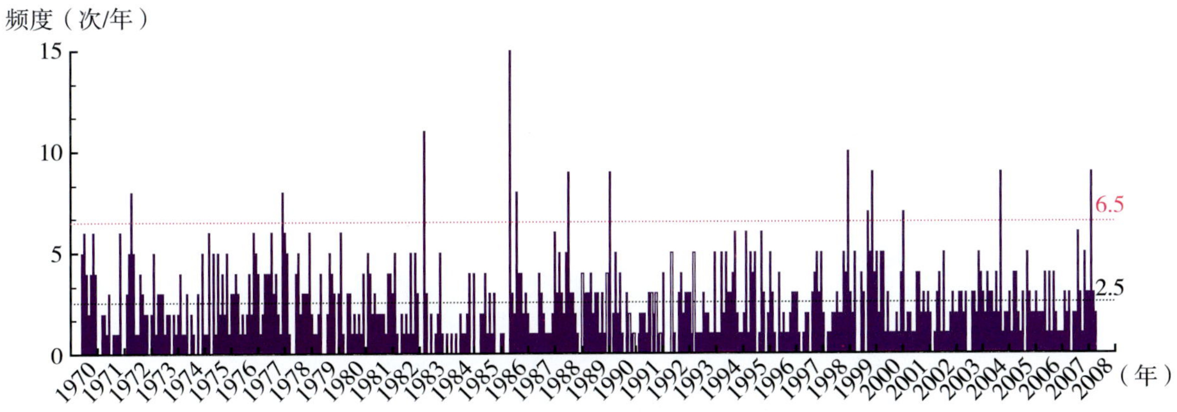

(b) 频度—时间

图 18 1970 年 7 月 1 日至 2008 年 5 月 11 日龙门山断裂带及邻区
(北纬 30° 00′ ~ 33° 30′、东经 103° 00′ ~ 106° 30′)地震活动时间序列

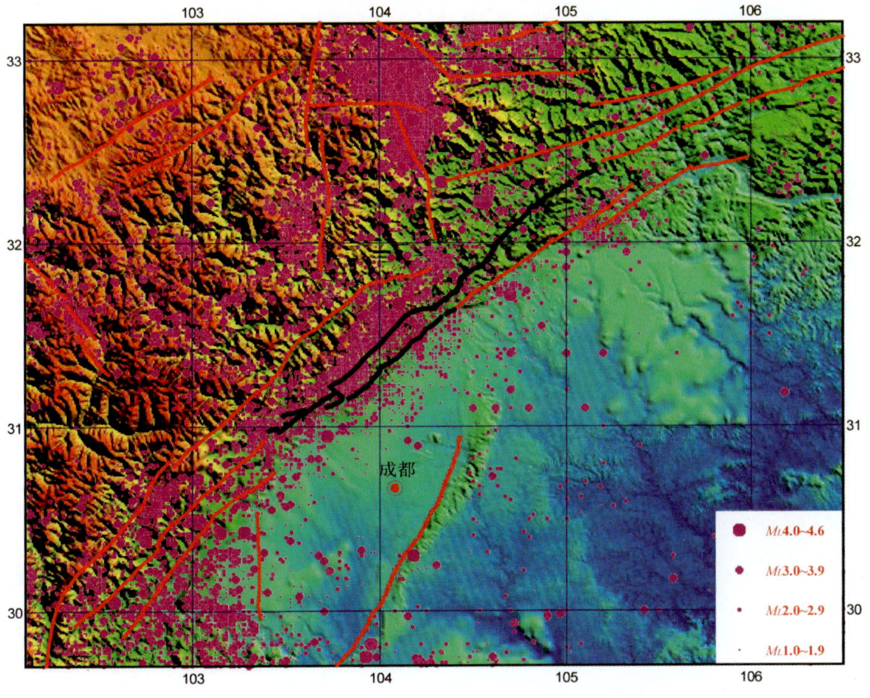

图 19 1970 年 7 月 1 日至 2008 年 5 月 11 日龙门山地区 $M_L \geqslant 1.0$ 级地震震中分布

1988 年 5 月 12 日至 2008 年 5 月 11 日的 $M_L \geqslant 2.5$ 地震的分布（见图 20）显示，在 2008 年汶川地震之前的 20 年间，龙门山构造带的中—南段（天全—北川）是地震活动密集的地带；龙门山构造带的中—北段（北川—青川）虽也有地震活动，但并不密集；而龙门山构造带最北段（青川—宁强），地震活动则很稀疏。这反映了龙门山构造带不同段落构造活动性的强、弱，即中—南段活动性强，中—北段活动性弱。

龙门山构造带地震活动自 1970 年至汶川地震前持续平稳，震中所在的北东向龙门山断裂带的地震活动无明显异常显示。直至震前 3 个月发生了一次较为显著的事件，即 2008 年 2 月 14 日在龙门山中段的紫坪铺水库附近发生了 200 多次小震，其中最大地震为 $M_L3.7$ 级；2 月 28 日又在

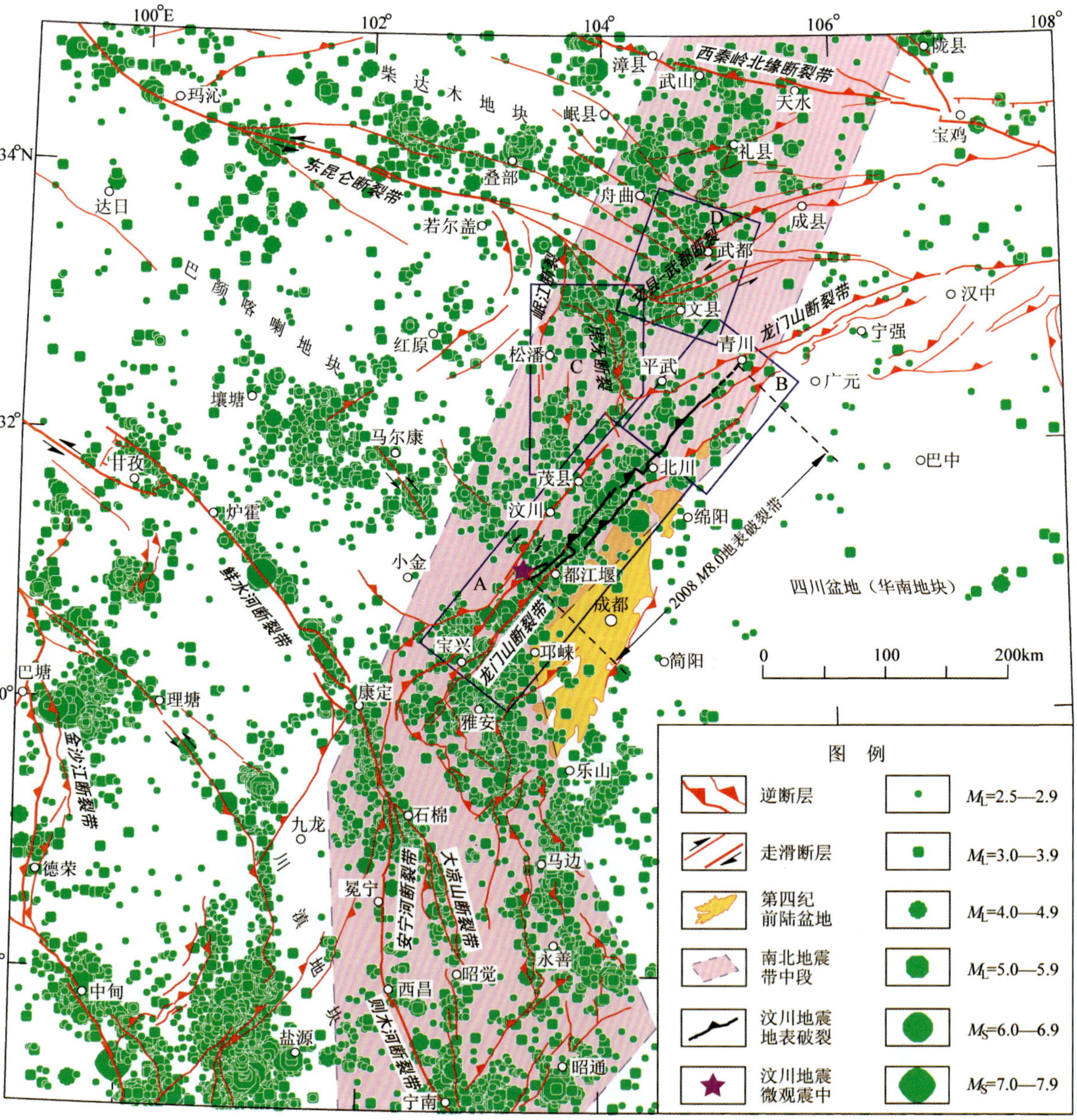

图 20　汶川特大地震前 20 年内南北地震带中段及其邻区的地震分布

都江堰发生 $M_L3.8$ 级地震。紫坪铺水库水域区位于汶川地震震中东侧 20 公里区域内（水库坝高 156 米，最大蓄水量 12 亿立方米，平常蓄水 7 亿立方米）。2 月 14 日的 $M_L3.7$ 和 $M_L3.3$ 级地震位于水库水域区南几公里，均属于龙门山中央断裂带及前山断裂带之间的北东向构造系。紫坪铺水库附近的 $M_L3.7$ 和 $M_L3.3$ 级地震的深度在 12 ~ 14 公里（汶川地震的深度为 10 ~ 20 公里）。一般认为水库诱发小震活动的深度浅，多在几公里的深度。而紫坪铺水库水域区附近的系列小震活动震源深度，多分布在 5 ~ 14 公里的深度范围，相对一般水库诱发小震活动深，很可能与汶川地震的震源有直接关联。统计世界上 100 多例水库地震（包括中国 15 例），水库地震的震级一般都小于 5 级，大于 5 级的水库地震只有 7 例，最大为 1967 年印度柯依纳水库 6.4 级地震，发生 6 级水库地震的库容都是在 27.8 亿～ 1750 亿立方米的大型水库，且震源较浅，都在几公里。所以，汶川地震不可能与紫坪铺水库有关。

第二节 地震监测

一 地震活动性监测

中国地震观测台网 中国地震观测台网（不含港澳台地区，下同）的主要功能是记录地震，它由国家台网、区域台网和流动台网组成（见图 21）。国家台网是一个覆盖全国的地震观测台网，由 145 个观测台站组成；区域台网是用于监视区域地震活动性的地震台网，中国共有 792 个区域台站，基本覆盖了地震活动频繁地区、经济发达地区和人口稠密地区；由 800 套流动设备组成的流动台网，主要用于在危险区加密观测和大震后余震活动的监测。

四川省地震区域台网由 52 个台站和 1 个台网中心组成，平均台站密度约 1 台 / 万平方公里。除甘孜藏族自治州的部分地区外，四川省其余地区地震监测能力达到 $M_L2.5$ 级，部分人口密集的大中城市地震监测能力达到 $M_L1.5$ 级。

甘肃省地震区域台网由 44 个台站和 1 个台网中心组成，平均台站密度约 1 台 / 万平方公里。甘肃省大部分地区地震监测能力达到 $M_L2.5$ 级，中东部地区及人口密集的大中城市地震监测能力达到 $M_L2.0$ 级。

陕西省地震区域台网由 31 个台站和 1 个台网中心组成，平均台站密度为 1.6 台 / 万平方公里。陕西全省地震监测能力达到 $M_L2.5$ 级，关中及陕南大部分地区地震监测能力达到 $M_L2.0$ 级，西安市及周边地区地震监测能力达到 $M_L1.5$ 级。

汶川地震的速报 5 月 12 日 14 时 28 分（精确数据为 14 时 27 分 58 秒），四川汶川发生 8.0 级地震。14 时 30 分，四川省地震区域台网得出计算机自动处理结果。14 时 33 分，区域台网通过计算机网络向中国地震局上报第一次速报结果。14 时 37 分，区域台网上报第二次

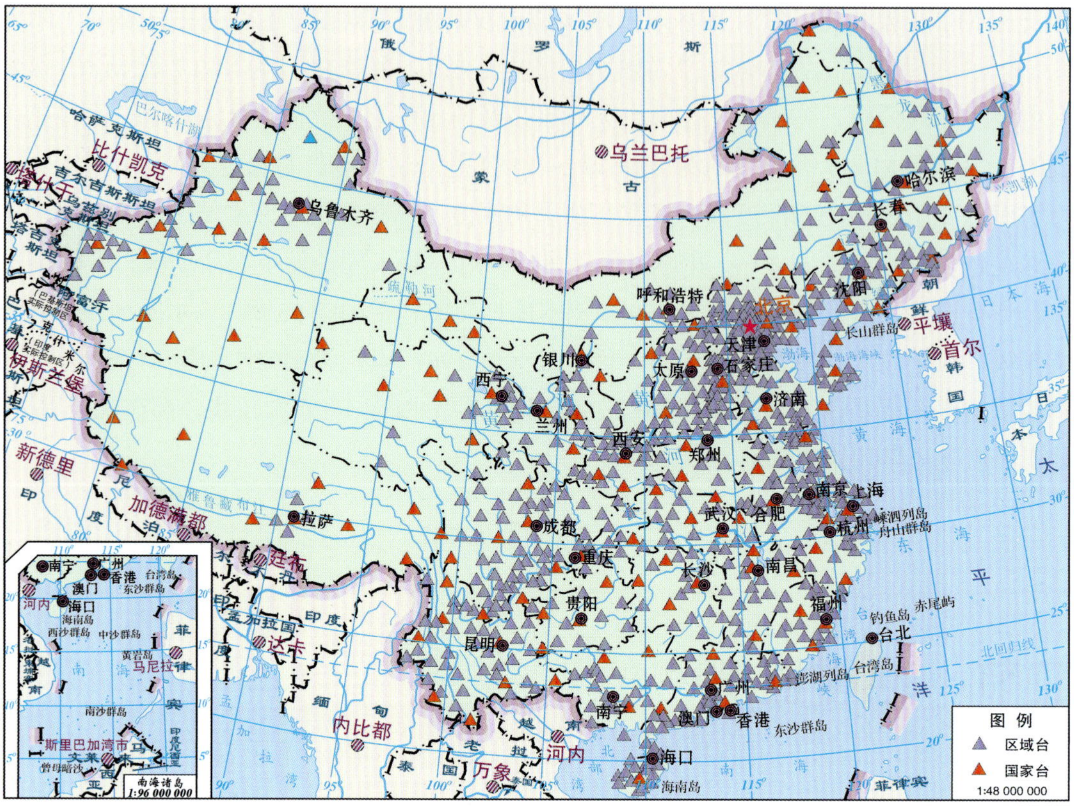

图 21　中国地震观测台网分布

速报结果，同时报四川省政府值班室。14 时 47 分，中国地震台网中心发布正式速报结果："2008 年 5 月 12 日 14 时 28 分在四川省汶川县（北纬 31.0°、东经 103.4°）发生 7.8 级地震。"并通过中国地震局上报国务院，同时通报相关新闻媒体。14 时 52 分，新华网发出第一条快讯；15 时，中央电视台整点新闻播出。

地震后，中国地震局组织有关专家利用包括全球地震台网资料在内的更多的台站资料，对这次地震的参数进行详细测定并计算了震源破裂过程，将这次地震的震级修订为 Ms8.0 级，于 5 月 18 日发布。

二　地球物理场监测

开展对地球物理场监测的目的是获取相关信息，进行地震科学研究与地震预测探索。中国开展对地球物理场监测的方法主要有地壳形变场观测、地球电磁场观测及地下流体观测等观测方法。

地壳形变场观测　地形变观测台网（见图 22）由倾斜台网、应变台网、重力台网、卫星全球定位 GPS 基准站台网、流动形变观测场地及形变台网技术中心组成。

四川省地形变台网有 16 个定点形变观测台站，主要围绕四川三大断裂带（鲜水河断裂带、

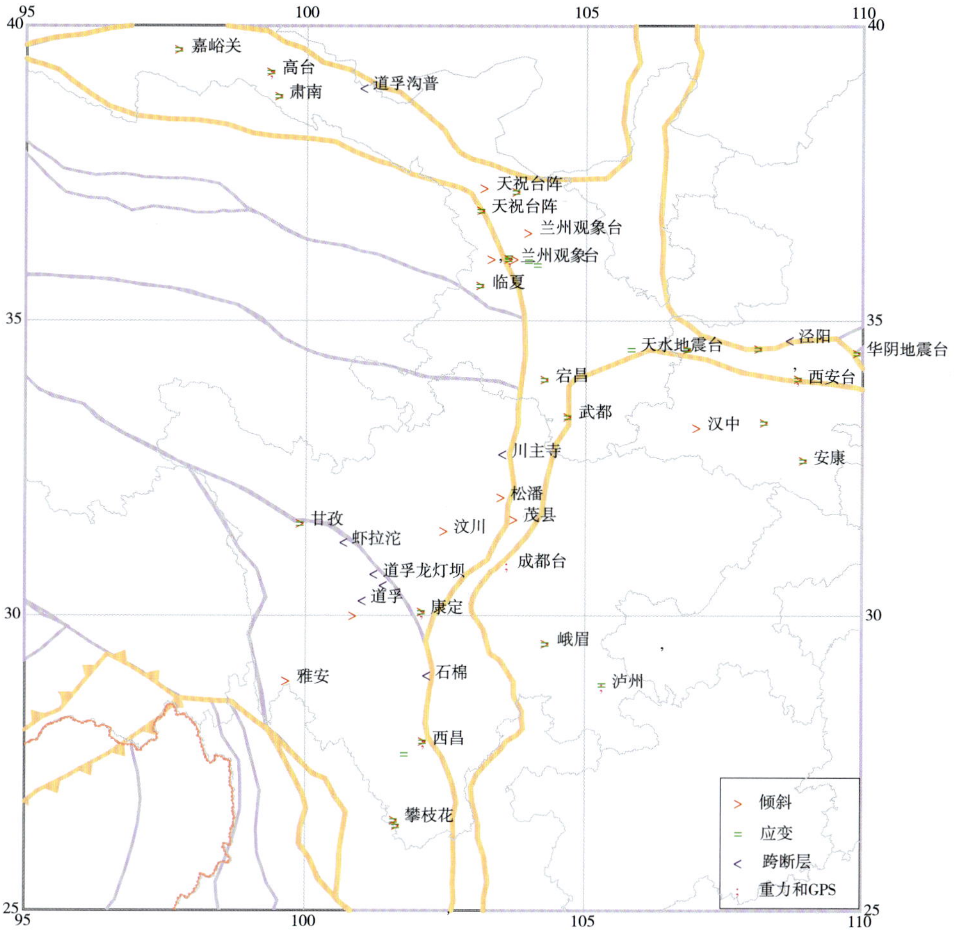

图 22　地壳形变场观测台网分布（使用构造线底图）

龙门山断裂带及安宁河断裂带）布设。16 个定点形变观测台站中，有重力观测方法的站点 4 个，有地倾斜观测方法的站点 16 个，有应变观测方法的站点 10 个。四川省有流动形变观测场地 23 个、定点蠕变观测 6 个、流动重力测网 1 个，自甘孜经成都到攀枝花分为 3 个测区。四川省 GPS 观测网络共有 21 个基准站。

甘肃省地形变台网有 11 个定点形变观测台站。其中，有重力观测方法的 2 个，有地倾斜观测方法的 9 个，有应变观测方法的 11 个。甘肃省流动重力网沿兰州—天水—武都及兰州—武威—白银布设，测网测点数 159 个、测段数 171 个，复测一次里程 9000 公里，每年进行一期复测。此外，有 27 处跨断层流动短水准观测场地。

陕西省流动观测由跨断层形变场地水准、流动重力、水准剖面、GPS 等构成。关中地区流动重力观测网覆盖面积 6 万平方公里，包含 135 个测点、119 个测段、11 个闭合环、10 条支线、25 个结点，测线总长 3100 公里，每年观测一期。跨断层形变场地共有 14 个，每年观测 3 次。关中南北向水准剖面测线（太洪线），全长 153 公里，共埋设 55 个测点，每年观测 1 次。陕西省流动 GPS 监测网主要依托中国地壳运动观测网络在陕西的 25 个 GPS 测点，加密补埋了 13 个 GPS 测点，共 38 个观测点构成。

地球电磁场观测 地球电磁场观测是通过获取表征地球内部特性及其变化的地磁场、地电场、地电阻率时空演化信息，为了解地球动力学、地球内部活动、太阳及空间活动等提供基础数据，进而捕捉与研究地震孕育、发生过程有关的电磁前兆信息。地球电磁观测网（见图23）由地电台网、地磁台网、空间观测系统（包括卫星测量、电离层观测和航空测量）、海域观测系统（包括海岛台站、海面低空测量）以及地电台网技术中心和地磁台网技术中心构成。

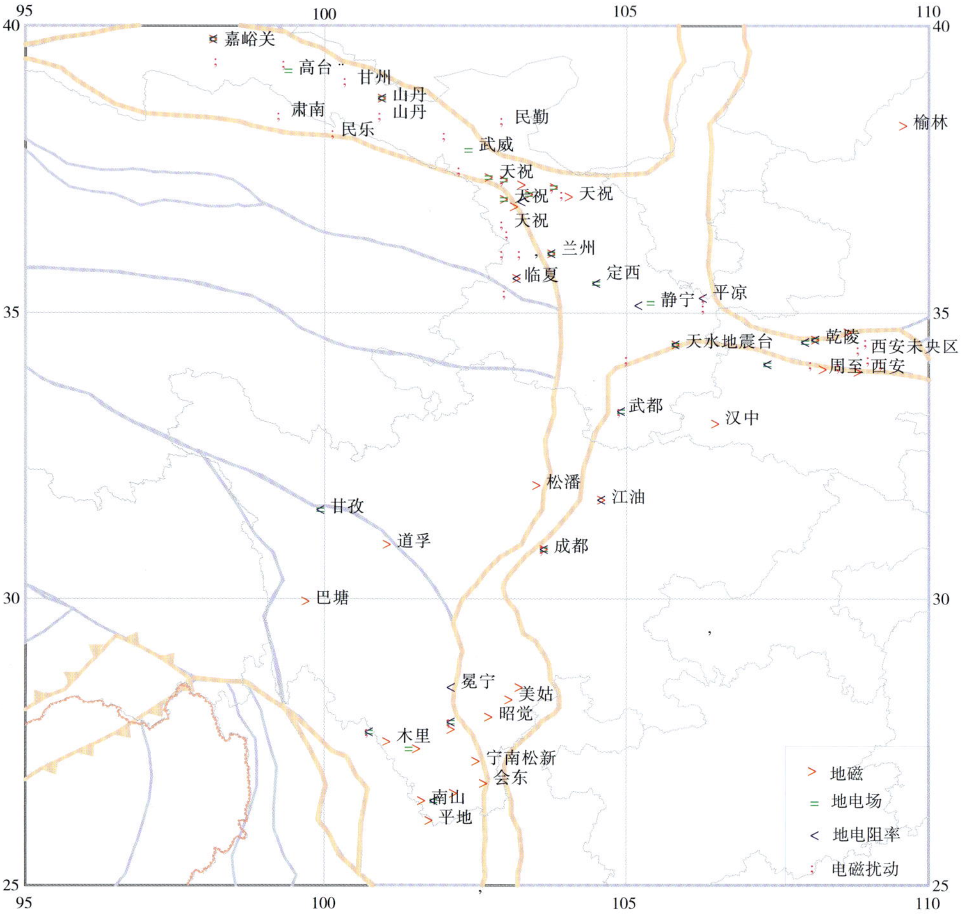

图23 地球电磁场观测台网分布（使用构造线底图）

四川省有地电观测站6个、地磁观测站16个。川西地区流动地磁测点北起甘孜县、南至石棉县，整个测区的主测线与鲜水河断裂带走向基本一致，另布设有4条垂直于鲜水河断裂带的支线，分别位于炉霍至色达、道孚至雅江、八美至丹巴、新都桥至九龙等4个方向。

甘肃省有地电观测站23个、地磁观测站13个，分别布设在祁连山地震带和南北地震带中段。

陕西省有地电观测站4个，布设在乾陵、周至、泾阳、勉县等地；地磁观测站5个，布设在周至、泾阳、勉县和西安等地。

地下流体观测 地震观测中的地下流体是指赋存地壳岩石固体格架中的水、气、油等易于流动的物质。由于地壳中的水、气、油等物质具有分布的广泛性、易流动性，以及水、油不可压缩性等特征，对地壳的动力加载作用的响应非常灵敏，与地震的孕育发生过程有密切关联。地下流体观测网（见图 24）由地下水物理观测网（井孔水位和流量）、地球化学观测网（氡、汞、气体、化学离子等）、地热观测网（井孔水温、泉水温、地温等）和流动观测技术系统及地下流体学科台网中心构成。

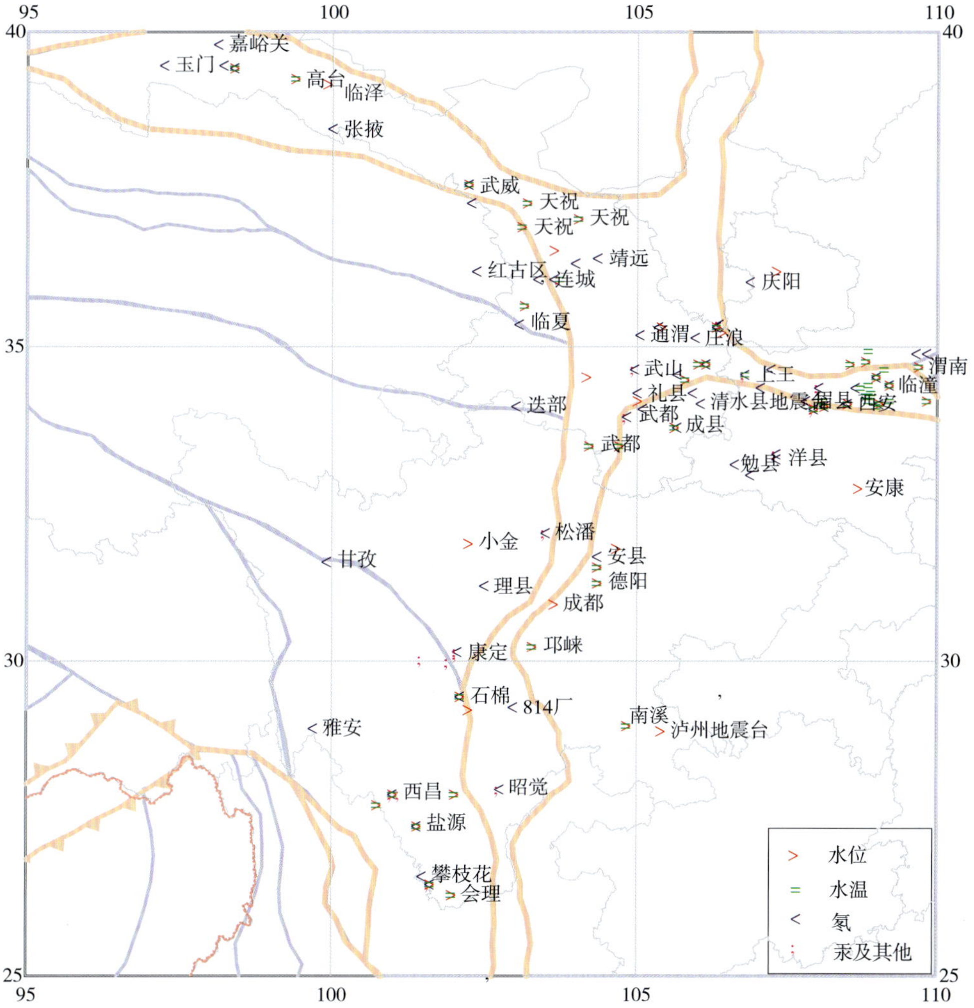

图 24　地下流体观测台网分布（使用构造线底图）

四川省地下流体台网有 53 个观测站，其中井孔水位观测站 21 个（国家和区域观测站 16 个，市、县、企业级观测站 5 个）、井孔水温观测站 11 个、氡观测站 15 个、汞观测站 6 个。

甘肃省地下流体台网有 46 个观测站，其中井孔水位观测站 13 个、井孔流量观测站 3 个、井孔水温观测站 14 个、氡观测站 14 个、汞观测站 2 个。地下流体观测站主要沿祁连山地震带和南北地震带中段布设。

陕西省地下流体台网有 27 个观测站，主要观测项目为井孔水位、井孔水温、水（气）氡、气汞等，主要分布在关中地区及陕南西部地区。

典型观测异常 GPS 观测（卫星定位系统观测）资料表明，汶川地震前区域网有明显的异常。震前区域网水平位移最显著的特点，是汶川地震发生在区域网南北地震带上位移分叉部位，即震中北部明显向东北位移，震中南部明显向东南位移，而震中附近水平位移明显小于其北面与南面的水平位移（见图 25）。

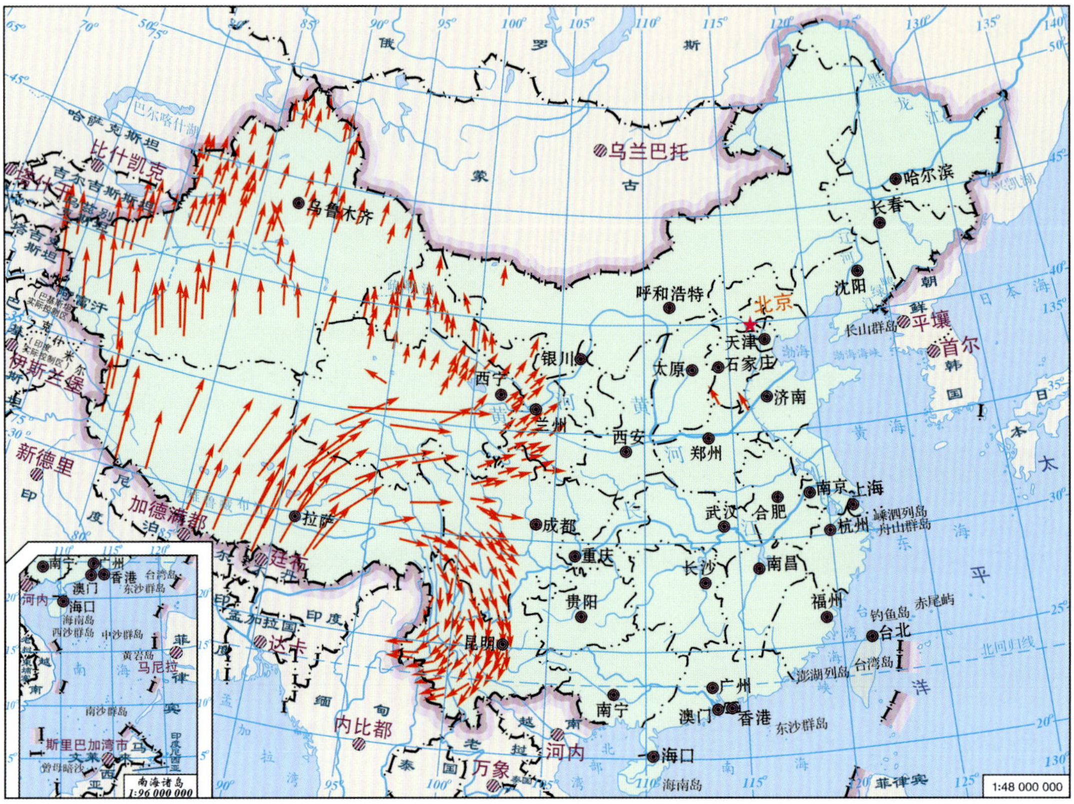

说明：图中箭头表示位移方向和位移量大小，黑点为汶川地震震中

图 25 1999—2007 年中国大陆水平位移（GPS 观测资料）

耿达短水准场地位于龙门山构造带中段，距汶川地震震中仅 13 公里，跨龙门山断裂带后山断裂。耿达场地短水准 AB 测线的变化历来较弱，其年速率仅为 0.1 毫米 / 年，年变化也不明显。2006 年 1 月观测曲线无明显变化，2006 年 5 月观测结果显示曲线出现 2.3 毫米大幅度上升变化，2006 年 9 月曲线继续出现 1.51 毫米变化，2007 年 1 月略有回复，2007 年 5 月观测时又出现 1.27 毫米的上升变化（见图 26）。当时四川省地震局对耿达场地出现的异常进行核实，认为与当地 2006 年 2 月开始修建居民房时，大型机械进场施工开挖地基影响有关，并提交了相应异常落实报告。

成都地电台位于成都市区西北 38 公里的郫县境内，该台处于龙门山构造带东侧的成都新生代凹陷盆地内。成都地电台地电阻率北东向 2006 年 8—9 月开始下降，年变形态基本不变，但 2007 年 4 月开始出现明显的破年变，降幅约 5.5%（见图 27）。

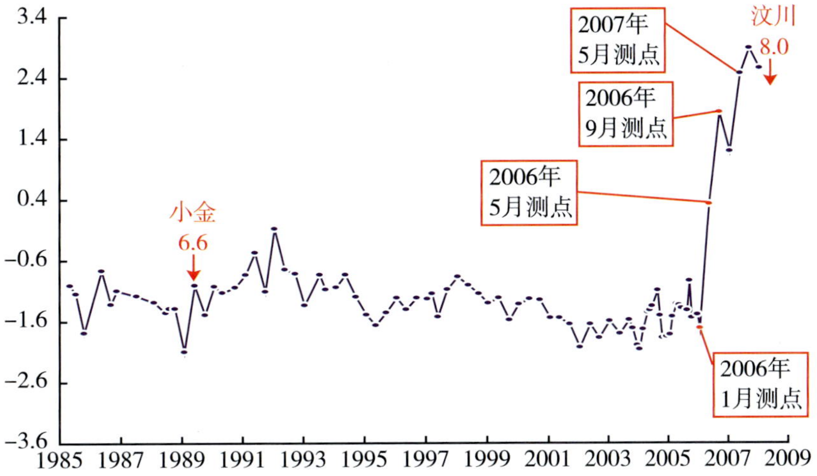

说明：横轴时间（年），纵轴（毫米）

图 26 1985—2009 年汶川耿达短水准 AB 观测曲线

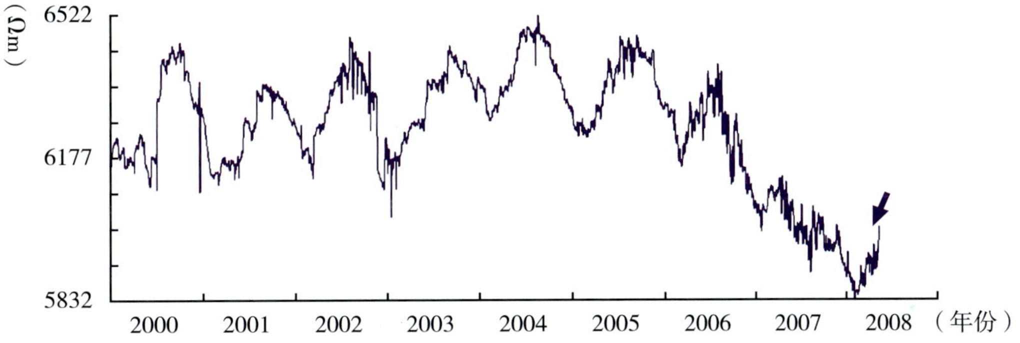

说明：横轴时间（年），纵轴电阻率（欧姆米）

图 27 2000—2008 年成都台地电阻率曲线

三 深部地球物理场

地壳构造在地表的变形，往往取决于地下深部动力学过程。深部构造主要通过地球物理场得以反映。目前，对深部构造特征的分析，主要通过人工爆破地震测深、布格重力异常及航磁异常等进行研究。

重力异常分布特征 地下物质及其密度分布不均匀引起重力的变化称为重力异常。布格重力异常是重力仪的观测结果，经过纬度改正、高度改正、中间层改正和地形改正以后，再减去正常重力值后所得到的重力差，它往往与地质构造有关。重力梯级带反映了莫霍面（地壳与地幔的分界面）深度的陡变程度，它可提供相应地壳构造变化的信息。

龙门山构造带有一条比较明显的重力梯级带（见图 28），其西侧松潘—甘孜褶皱带是变化

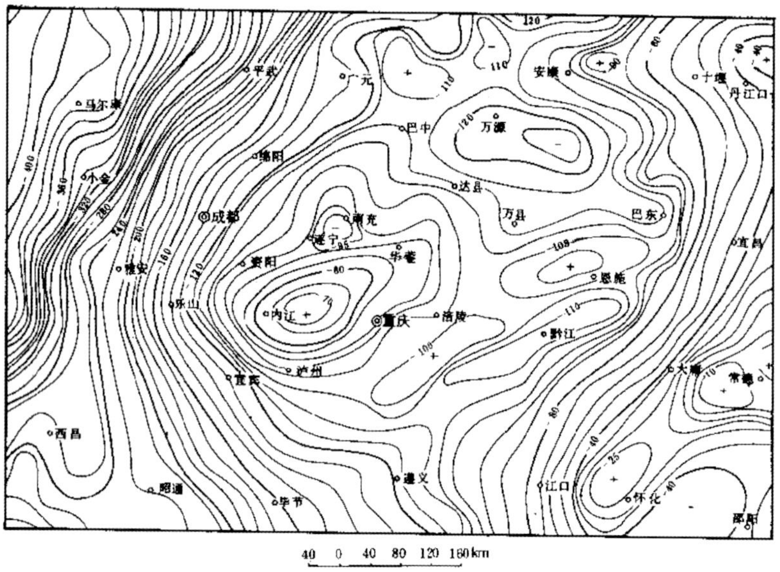

图 28　四川盆地及邻区布格重力异常

低缓的重力场区，而东侧四川盆地是变化不大的重力场区。龙门山布格重力异常值总貌为自西向东升高，形态表现为宽近 150 公里、长约 900 公里的重力梯级带，走向北北东，与区域构造线方向一致。龙门山构造带与这个重力梯级带相吻合，它是控制强地震发生的重要场所。

龙门山构造带地壳厚度自东向西急剧变厚，四川盆地地壳厚度 40 公里，自德阳向西地壳逐渐增厚，至汶川为 45 公里，马尔康地壳厚度增至近 60 公里。根据二维解释结果，龙门山重力梯级带西部的地壳底界面可能深达 62 公里左右，至龙门山东侧的地壳厚度减小至 42 公里，两者相差较大，约 16 ～ 20 公里。龙门山 150 公里宽的重力梯级带其莫霍界面从西部 60 公里上升到 44 公里，相差 16 公里。因此，龙门山重力梯级带主要是由地壳厚度变化和上地幔密度变化共同引起的。

航磁异常分布特征　航磁是一种地球物理勘探方法，它使用飞机装载的航空磁力仪，对地磁场强度进行相对的测量，然后根据磁性的差异，对测量结果进行定性和定量的综合解释，了解地质构造的特性。

位于绵阳以西的松潘—甘孜磁场区处于宽缓变化不大的面状较弱负磁异常区，西秦岭为宽缓变化不大的块状较弱磁异常区，与龙门山构造带的弱磁及向东变化为强磁异常特点明显不同，表现出两者截然不同的磁性基底构造。松潘—甘孜磁场区的东缘界线位置与安县—都江堰断裂吻合，磁场强度为 -100×10^{-9} ～ 300×10^{-9} 特斯拉。四川盆地为平缓升高磁场区，主要由 4 个正磁异常组成，磁场强度 100×10^{-9} ～ 300×10^{-9} 特斯拉，它与四川盆地的基底由前震旦纪中基性岩浆岩和片麻岩有关。川西前陆盆地具有强的磁场特征，成都—都江堰—绵阳构成的区域存在强磁异常，可能由四川盆地基底的隆起变化引起。通过航磁观测所得的地磁总场模数变化异常反映该区域，磁场东西部有明显的差异。

深部地壳结构　低速层是地震波传播速度比其上覆和下伏层都低的深部地球物理层，在地震活动中低速层起着重要的作用。根据对人工爆破地震测深等资料的二维反演结果显示，四川盆地上地壳层地震波速度平均值 5.56 公里 / 秒、厚度平均值为 18.8 公里，中地壳层地震波速度平均值为 6.49 公里 / 秒、厚度平均值为 10.5 公里，下地壳层地震波速度平均值为 6.82 公里 / 秒、厚度平均值为 15.3 公里。整个地壳地震波速度平均值 6.24 公里 / 秒，厚度平均值为 44.6 公里。龙门山构造带壳内低速层埋深在 16 ～ 19 公里之间，厚度约 2 ～ 3 公里，低速层内速度为

6.00 ～ 6.10 公里 / 秒。汶川至阿坝一线壳内低速层埋深在 19 ～ 26 公里，厚约 3 ～ 5 公里，层内速度为 5.80 ～ 5.90 公里 / 秒。松潘—甘孜地块东段上地壳层速度平均值为 5.74 公里 / 秒，厚度平均值为 24.94 公里；中地壳层速度平均值为 6.42 公里 / 秒，厚度平均值为 16.03 公里；下地壳层速度平均值为 6.81 公里 / 秒，厚度平均值为 21.24 公里；整个地壳速度平均值为 6.28 公里 / 秒，厚度平均值为 62.2 公里。龙门山地壳加厚并在四川盆地与龙门山之间形成巨大地貌反差，龙门山断裂两侧地壳结构差异明显，地壳中下部低速层普遍增厚，其原因显然与青藏高原东部的地壳运动受到四川盆地的阻挡有关，这一作用过程为龙门山地区的地壳变形和地震活动提供了深部动力来源。

第二章　汶川地震成因

地震成因迄今虽没有完全解开，但随着物理学、化学、地质学、数学和天文学等多学科交叉渗透，深入发展，地震学科已取得长足的进步。相继提出比较有影响的地震成因假说有 4 种：一是弹性回跳说。1911 年，美国地震学家理德（H.F.Reid）提出地球内部不断积累的应变能超过岩石强度时产生断层，断层形成后，岩石弹性回跳，恢复原来状态，于是把积累的能量突然释放出来，引起地震。二是岩浆冲击说。1955 年，日本松泽武雄提出的地下岩石导热不均，部分熔融体积膨胀，挤压围岩，导致围岩破裂产生地震。三是相变说。美国学者布里奇曼（P.W.Bridgman）提出地下物质在一定临界温度和压力下，从一种结晶状态转化为另一种结晶状态，体积突然变化而发生地震。四是现在比较流行的大家普遍认同的板块构造学说。1965 年，加拿大地球物理学家威尔逊（J.T.Wilson）首先提出板块概念。1968 年，法国的勒皮顺（X.Lipichon）把全球岩石圈划分成六大板块，即欧亚、太平洋、美洲、印度洋、非洲和南极洲板块。板块与板块之间的相对运动引起地壳强烈变形，地壳活动比较活跃的地带，是火山、地震较为集中的地带。

汶川地震发震的宏观原因是青藏高原长期的挤压，发震断层为龙门山构造带；发震时刻为 2008 年 5 月 12 日 14 时 27 分 58 秒，一般取为 14 时 28 分；震级为 8.0 级，地震的破裂持续时间 120 秒左右，主要能量在 20 ～ 80 秒内释放，断层破裂尺度介于 216 ～ 450 公里之间。

第一节　地震发生机理

一　地震发生的地质背景

中国是世界上地震活动强烈和地震灾害严重的国家之一。中国大陆强震分布并不均匀，其最显著的特征是西强东弱。地震活动西强东弱的原因在于中国大陆地处欧亚板块的东南部，为印度板块、太平洋板块所挟持，板块间的相对运动和板内动力作用控制着中国大陆，切割成为不同级别的活动地块。根据现今构造变形和地震活动性，中国大陆可以被分成 5 个一级活动地块和 22 个二级活动地块。中国大陆几乎所有 8 级以上的强震和 80% 以上的 7 级强震均发生在这些活动地块的边界带上。因此，活动地块边界带也就是中国重要的地震带，这就是中国大陆地震成带分布的原因。中国东部的强震主要分布于受太平洋板块和菲律宾板块俯冲作用所涉及的地区，大部分地震构造为平移断裂或正断裂型。中国西部的强震主要分布于青藏高原的周边地震带上，是由于印度板块每年以 5 厘米的运动速度向东北方向运动所致。这一板块间的相对运动导致了中国大陆内部大规模的构造变形和地震，中国大陆的地震大都是发生在 10 ~ 70 公里深度内的浅源地震，对地表形成强烈破坏。

青藏高原是由印度板块与欧亚板块碰撞及碰撞后的会聚形成。处于青藏高原东缘的龙门山及邻区在大地构造上位于特殊的接合部位，西部与青藏高原腹地相接，东部与四川盆地相邻。该区可进一步划分为松潘—甘孜褶皱带、龙门山构造带和扬子地块西缘（或华南地块）3 个构造单元（见图 29）。

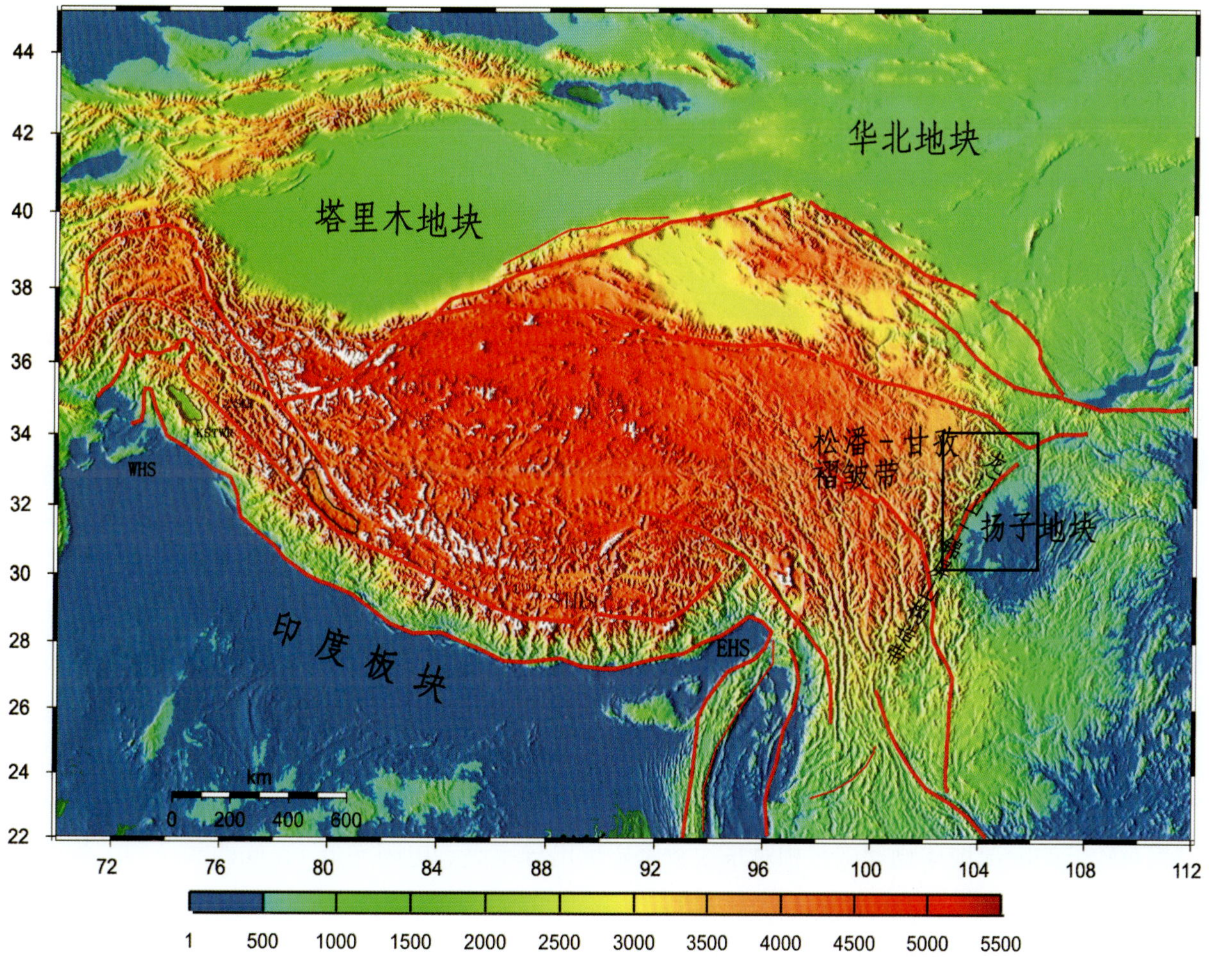

图 29　龙门山构造带的大地构造分区图

龙门山是青藏高原东缘的边界山脉，北起广元，南至天全，长约500公里，宽约30公里，呈北东—南西向展布，北东与大巴山相交，南西被鲜水河断裂相截。自西向东发育汶川—茂县断裂、北川—映秀断裂和灌县—江油断裂。总体看来，龙门山构造带的活动性在汶川—茂汶断裂、北川—映秀断裂、灌县—江油断裂和大邑断裂等断裂均可见及，各断层的平均水平位错量与垂直位错量大致相当，约为1毫米/年。就龙门山构造带中各断裂的活动性比较而言，其中的北川—映秀断裂活动性最为明显。

在深部构造上，龙门山位于中国西部南区和中部深层构造过渡带，该带的西北部为青藏高原厚地壳厚地幔区，东南部为四川盆地薄地壳薄地幔区。从龙门山前陆盆地向西部高原地壳厚度急剧增厚，形成一个莫霍面（地壳与地幔间的分界面）向西倾斜的陡变带，该带的中心线是龙门山断裂带的深部位置，其与地表位置相比较，不同程度地向西移了一段距离，表明龙门山断裂带向西倾斜。在龙门山构造带西侧20公里深度处的中地壳存在3～5公里厚的低阻低速层，因此这3条断层最后在深度20公里收敛合并为一条剪切带（见图30）。该区自北西向南东由松潘、甘孜造山带（主体）—龙门山断裂带—前陆分地带—前陆隆起带等4个构造单元构成一个完整的构造系统。

龙门山及邻区的均衡重力异常（指观测重力值经地形改正、高度改正和均衡改正后再减去正常重力值所得到的异常，可用来研究地壳的不均衡现象，确定地壳深部受力不均匀情况）显示龙门山地区的地壳尚未达到均衡，处于均衡调整状态，其中龙门山为正均衡异常，龙泉山及其以东地区为负均衡异常，而龙门山前陆盆地则处于两者之间的过渡地带，显示了从龙门山断裂带—龙门山前陆盆地—龙泉山前陆隆起的均衡重力异常由正—零—负的变化特点，上升速度约达0.6毫米/年。近年的地形变资料表明，该构造带的九顶山地区正以0.3～0.4毫米/年速度持续上升。

二　地震发生的构造模型

深浅部构造关系　龙门山构造带是青藏高原东缘的巴颜喀喇块体与华南块体的壳内构造边界，两边各具有不同的地壳结构特征。龙门山构造带东侧为四川盆地，地壳厚度为40～50公里，地壳与地幔界面向龙门山构造带一侧倾斜。龙门山构造带西侧为巴颜喀喇块体，地壳厚度为50～60公里，自西向东逐渐变薄，地壳硬度与四川盆地相比则非常软弱。由此，龙门山构造带就是柔软的巴颜喀喇块体与坚硬的四川盆地发生碰撞的边界。在龙门山构造带深部，地壳与地幔分界的莫霍面在短距离内有较大的起伏，而且岩石圈厚度在水平距离约80公里范围内由95公里加深至140公里。与此相对应，四川盆地下部的上地幔低阻层深度约100公里（低阻层是指电阻率相对较低的深部地球物理层，相对来说致密岩层电导率高、电阻率低），向西到龙门山构造带则突然间下弯到130～150公里（见图30）。

在青藏高原长期的挤压作用下，巴颜喀喇块体向东运动，而四川盆地的强硬地壳对柔软的巴颜喀喇块体具有很强的阻挡作用，导致巴颜喀喇块体内部积累了很大的能量。巴颜喀喇块体的地

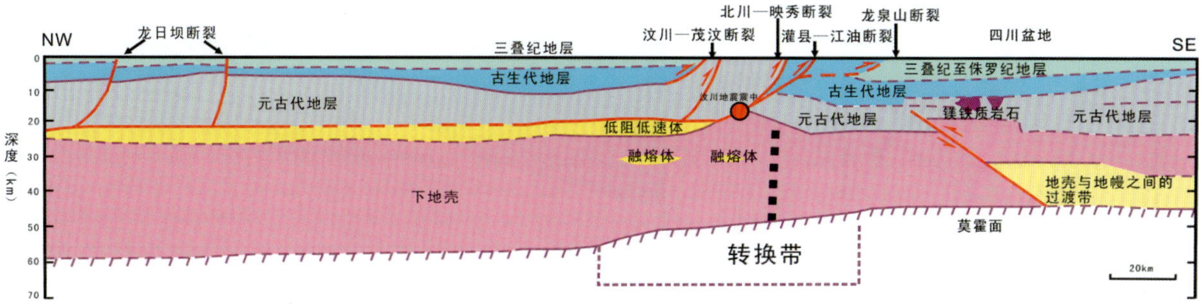

图 30 龙门山构造带深浅部构造关系示意图

壳在该能量的作用下产生强烈变形，造成上、下地壳沿着壳内低阻低速层滑动，从而形成上地壳沿壳内低阻低速层顶部边界逆冲，并通过龙门山构造带上地壳的断裂活动来释放积累的能量，形成地壳缩短和龙门山区的隆升。由于紧邻四川盆地的汶川及其邻近区域具有相对坚硬上地壳，有利于在低应变率下积累高强度应力，而巴颜喀喇块体长期变形积累的能量则成为汶川地震的动力来源。当巴颜喀喇块体长期变形积累的能量达到一定程度，超过地壳岩层的抗压强度时，发生地震。

发震构造模型 汶川地震形成了 3 条同震地表破裂带，分别是沿北川—映秀断裂分布的北川—映秀破裂带，沿灌县—江油断裂分布的汉旺—白鹿破裂带，以及这两条地表破裂带之间的小鱼洞地表破裂带。其中，北川—映秀破裂带长约 240 公里，是汶川地震的主体破裂带。该破裂带具有逆断及右旋走滑分量，自南而北右旋走滑位移逐渐加大，而垂直位移逐渐减小，到南坝以北则逐渐转变为纯走滑。汉旺—白鹿破裂带长约 72 公里，为逆冲断层，部分地段具有一定的走滑分量。小鱼洞破裂带走向西北，长约 7 ～ 8 公里，为左旋走滑断层兼有逆冲分量，为连接两条破裂带的调节断层。

龙门山构造带的活动具有明显的分段性，汶川地震地表破裂带也表现出相应的分段性。高川地区不连续的地表破裂为汶川地震地表破裂带西南段和东北段之间的构造转换带，高川南北两侧断层几何形态和运动方式有较大不同（见图 31）。

在高川以南，汶川地震地表破裂带由汶川—茂县断裂、北川—映秀断裂、灌县—江油断裂和四川盆地内的在地表无出露、潜伏地表以下的隐伏断层（包括龙泉山断裂）等，调节大部分的地壳缩短。其中北川—映秀断裂地表可见倾角大于 70°，向下倾角明显变缓，在深约 15 ～ 20 公里附近该断裂近于水平，合并入地壳中部的低速层。地震发生在北川—映秀断裂低速面转折的部位，破裂从倾角约为 33° 的断层面向上扩展。由于断面在向上延伸的过程中变陡，使得北川—映秀断裂可以调节较大分量的右旋走滑运动。除此之外，部分破裂向东南方向扩展到灌县—江油断裂上。灌县—江油断裂位于北川—映秀断裂下盘，由数条缓倾角的逆断层组成，在深约 10 公里处以较小的夹角与北川—映秀断裂合并，使得破裂能够继续向东传递，这是该断裂发生同震破裂的原因。由于灌县—江油断裂倾角仅 35°，因此只能调节逆冲分量，这与灌县—江油地表破裂带以逆冲垂直位移为主的性质吻合。

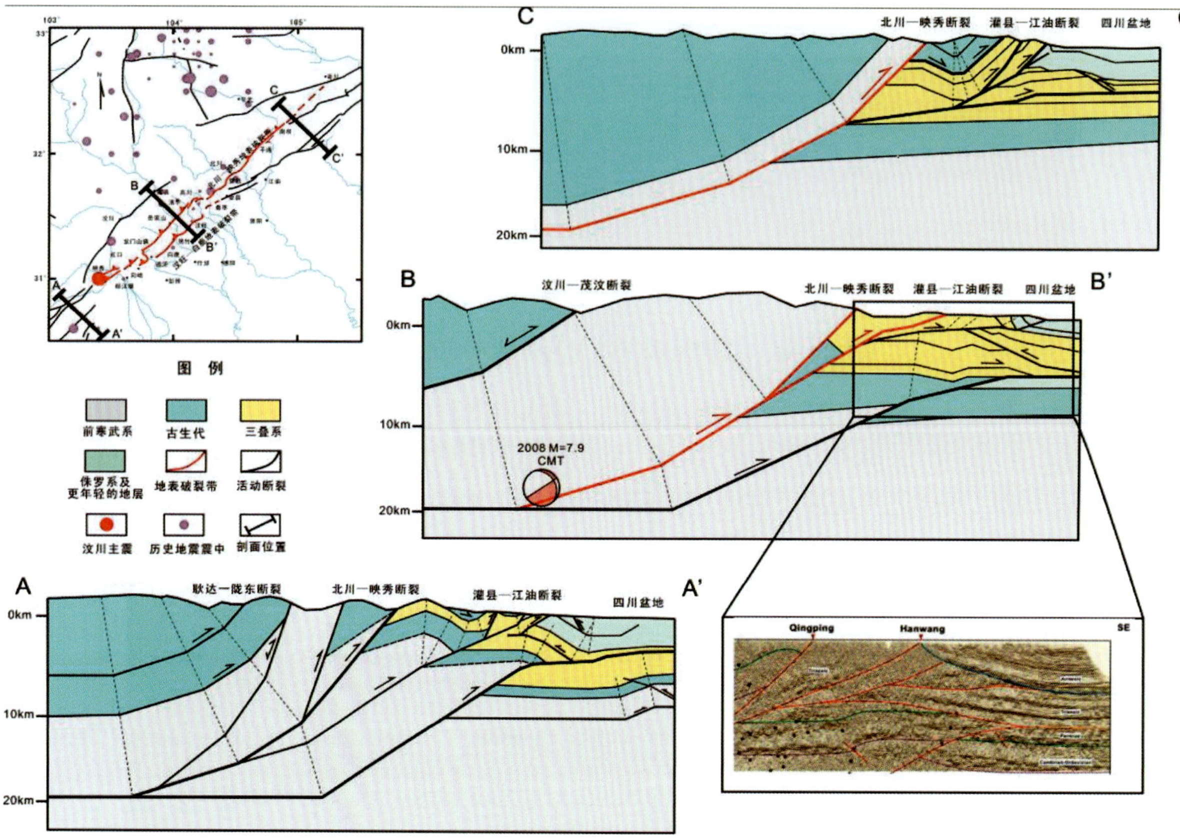

图 31 汶川特大地震发震构造

在高川以北，北川—映秀断裂的地震破裂走滑分量增加，而逆冲分量减少，绝大部分余震位于北川—映秀断裂上盘一侧，且余震分布宽度向北变窄，断层在地壳中倾角明显变陡。在南坝以北，北川—映秀断裂由出露地表转变为隐伏，且不再有地表破裂带出露，但汶川地震余震一直沿着北川—映秀断裂向北延伸。在延伸过程中，余震分布逐渐变得深而狭窄，相应的断层倾角逐渐增大，在青川附近转变为近于直立的纯走滑断层，并切割了青川断裂。灌县—江油断裂虽然在 10 公里处依旧与北川—映秀断裂合并，但两者之间的夹角增大，破裂难以传递。而北川—映秀断裂在该段垂直分量减小，水平分量增大，因此低倾角的灌县—江油断裂不能起到传递破裂的作用，这与灌县—江油地表破裂带终止于高川的现象一致。

综上所述，汶川地震发震的宏观原因是青藏高原长期的挤压使得巴颜喀喇块体向东运动，但遭受到四川盆地强硬地壳的阻挡而产生大量的应力积累，并通过上地壳沿壳内低阻低速层顶部边界逆冲，即龙门山构造带的断裂活动来释放积累的能量，形成地壳缩短和龙门山区的隆升。由于龙门山构造带活动具有分段性，积累的应力在断裂上释放也具有明显的南北差异，形成了以高川为分界，南西段以逆冲分量为主，北东段逆冲分量减少，右旋走滑分量增大的地表破裂带，其发震构造也相应地具有南北差异：南段为多条逆断层，可调节大部分的地壳缩短；北段断层倾角明显变陡，调节了更多的走滑分量。

第二节　地震参数

一　地震基本参数

汶川特大地震的发震时刻为 2008 年 5 月 12 日 14 时 28 分，震中位置为北纬 31.0°、东经 103.4°，震中位于四川省汶川县，距都江堰市 23 公里、距成都市城区 73 公里，震级为 8.0 级，震源深度为 14 公里。

国内外有 6 个研究机构开展了对汶川地震破裂过程的研究，研究结果在相应的研究机构网页上进行公布。总体上，地震破裂过程的研究结果具有较高的一致性，初步揭示了汶川地震的破裂过程细节和特征：

地震破裂持续时间 120 秒左右，破裂时间过程显示汶川地震由几次子事件组成，主要能量在 20 ～ 80 秒内释放（见图 32）。

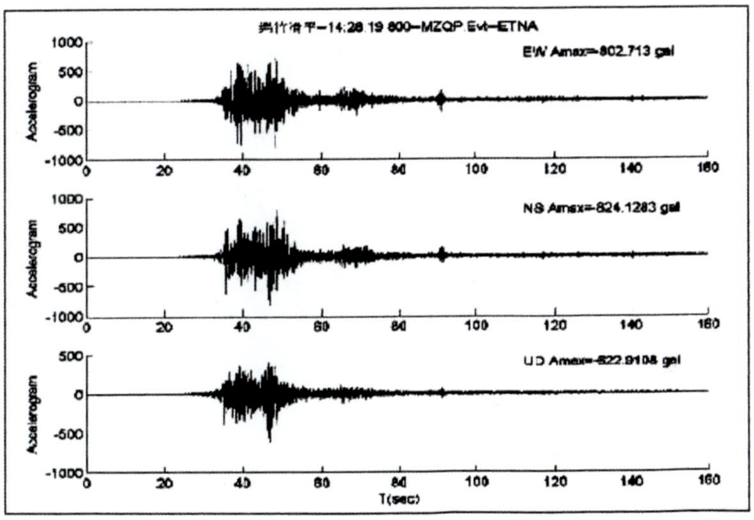

图 32　绵竹清平地震台记录的汶川地震波

断层破裂尺度介于 216 ～ 450 公里之间。

破裂自初始破裂点沿断层向北东方向单侧扩展。

多数结果显示破裂在空间上呈现分段特征。其中，西南段（都江堰—汶川）和北东段（北川—青川）两段的破裂强度远大于中间段（绵竹—安县），形成两个滑动量较大的区域，而中段滑动量相对较小。

破裂滑动方向在南西段以逆冲错动为主，兼有走滑分量；中间汶川—茂县段类似于转换带，倾滑分量显著减弱；破裂继续向北扩展后，在北东向北川—青川段错动方向以右旋走滑为主。

二　地震破裂过程

地壳岩层因受力达到一定强度而发生破裂，并沿破裂面有明显相对移动的构造称断层。地震通常是地下断层的运动（破裂）或者是地震形成的断层的运动，断层运动由 3 个量来描述：走向、倾向和滑动角。一次地震通常是一条断层活动，但对于大地震，特别是特大地震，可以是几条断层同时参与活动。岩层断裂错开的面称断层面。断层由断层面和断盘构成。断盘指断层面两侧的岩块，位于断层面之上的称为上盘，断层面之下的称为下盘，断层两侧错开的距离统称位移。按断层的位移性质，断层可分为：上盘相对下降的正断层，上盘相对上升的逆断层。正断层和逆断层的两盘相对运动方向均大致平行于断层面倾斜方向，称为倾向滑动断层。两盘沿断层走向作相对水平运动的平移断层，称走向滑动断层（简称走滑断层）。走滑断层又进一步分为右滑和左滑断层（也叫右旋或左旋）。一个观察者站在断层的一侧，面向断层，另一边的岩块向他左方滑动，就叫左滑断层，反之为右滑断层。逆断层是由于地壳收缩，受水平挤压力造成的，上盘往上移动覆盖在下盘之上。走滑断层大体上也因水平挤压形成。其差别只在于，最易释放压力的是几乎平行于挤压力的水平方向，断层面基本上是直立的，沿侧向运动。

通过地震仪器记录到的地震波形与模型计算合成的地震波形通过反演拟合，可以得到震源的时空破裂过程（即震源区地震发生时随时间不断破裂、转移等过程）。通过震源时空破裂过程的模拟，可以了解地震发生时的大致过程、不同区域的地震强度等。汶川地震的震源时空破裂过程可以分为4个阶段（见图33）。第一阶段，在时间上对应于地震开始后10秒，在空间上大体对应于震中至汶川之间的30公里长的断层段，释放了总地震矩的约7%，相当于一次 M_W7.5级地震，断层运动方式接近于逆冲。第二阶段，在时间上对应于地震开始后10～42秒，在空间上大体对应于汶川至茂县之间的100公里长的断层段，释放了总地震矩的约61%，相当于一次 M_W8.0级地震，断层运动方式以逆冲为主兼少量走滑分量。第三阶段，在时间上对应于地震发生后42～60秒，在空间上大体对应于北川至平武段附近的50公里的断层段，释放了总地震矩的约9%，

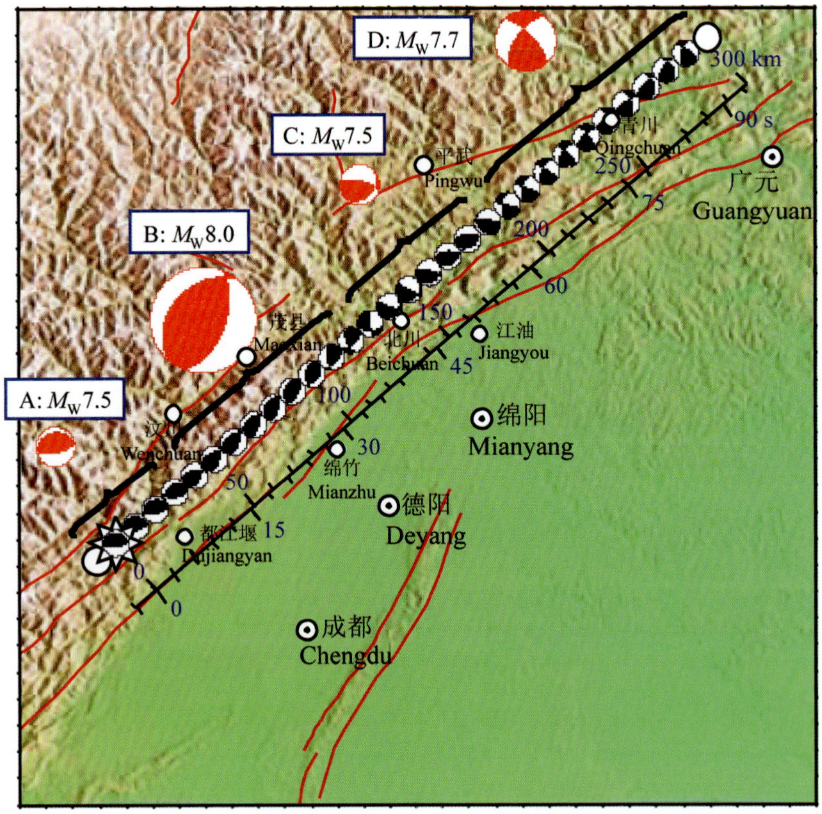

说明：黑白球为子事件震源机制，红白球为根据震源机制的时空变化划分的4个阶段（A、B、C、D）的震源机制，黑色与红色区域表示初动为膨胀的象限，白色区域表示初动为压缩的象限。白框内数字为各阶段相当的矩震级。紫色线表示主要断层

图33　汶川特大地震的震源时空破裂过程

相当于一次 M_W7.5 级地震，断层运动方式为逆冲兼走滑。第四阶段，在时间上对应于地震开始后 60 ～ 95 秒，在空间上大体对应于平武至青川附近 110 公里长的断层段，释放了总地震矩的约 23%，相当于一次 M_W7.7 地震，断层运动方式为走滑兼逆冲。总体看来，地震断层的南端近乎逆冲，随着破裂向东北方向延伸，断层的走滑分量逐渐加大。从以逆冲为主到以走滑为主的转折点在震中东北大约 190 公里的位置。

三　余震活动

汶川地震序列　地震序列是指某一时间段内连续发生在同一震源体内的一组按次序排列的地震。一个地震序列中最强的地震称为主震；主震后在同一震区陆续发生的较小地震称为余震；主震前在同一震区发生的较小地震称为前震。地震序列的类型可分为主震—余震型、前震—主震—余震型、震群型、孤立型等。

据中国地震台网中心测定，截至 2008 年 11 月 27 日，汶川地震序列已记录到余震 38290 次，其中 4.0 ～ 4.9 级 240 次、5.0 ～ 5.9 级 31 次、6.0 ～ 6.9 级 8 次，最大为 5 月 25 日青川 6.4 级地震（见表 11）。8.0 级主震释放能量为整个序列总释放能量的 98.35%，最大余震与主震的震级差为 1.6，即主震的震级高、很突出，为典型的主震—余震型地震序列。

5 月 12 日至 11 月 27 日汶川特大地震序列 5 级以上余震统计表

表 11

发震时刻（月 – 日 时 : 分 : 秒）	纬　度	经　度	深度（公里）	震　级	地　区
05–12　14:43:15.1	31.0	103.5		6.0	四川汶川
05–12　15:34:47.8	31.0	103.5	10	5.0	四川汶川
05–12　16:21:47.3	31.3	104.1		5.2	四川绵竹
05–12　17:07:03.1	31.3	103.8		5.0	四川彭州
05–12　17:23:38.5	32.3	104.8	10	5.1	四川平武
05–12　17:42:26.4	31.4	104.0		5.2	四川什邡
05–12　19:10:58.4	31.4	103.6		6.0	四川汶川
05–12　21:40:54.3	31.0	103.5		5.1	四川汶川
05–12　22:46:09.5	32.7	105.5		5.1	四川青川
05–12　23:05:29.3	31.3	103.6	17	5.0	四川彭州
05–12　23:05:42.6	31.3	103.5		5.2	四川汶川
05–12　23:28:56.2	31.0	103.5		5.0	四川都江堰
05–13　01:54:30.8	31.3	103.4	19	5.0	四川汶川
05–13　04:08:50.1	31.4	104.0		5.7	四川什邡
05–13　04:45:31.7	31.7	104.5		5.2	四川安县

续表 11

发震时刻（月－日 时：分：秒）	纬 度	经 度	深度（公里）	震 级	地 区
05–13 07:46:22.6	31.2	103.4		5.3	四川汶川
05–13 07:54:46.4	31.3	103.6		5.1	四川汶川
05–13 15:07:10.9	30.9	103.4		6.1	四川汶川
05–14 10:54:36.5	31.3	103.4		5.6	四川汶川
05–14 17:26:44.0	31.4	104.0		5.1	四川什邡
05–15 05:01:08.0	31.6	104.2		5.0	四川安县
05–16 13:25:49.0	31.4	103.2		5.9	四川理县
05–17 00:14:46.3	31.2	103.5		5.1	四川汶川
05–17 04:16:52.0	31.3	103.5		5.0	四川汶川
05–18 01:08:23.4	32.1	105.0		6.0	四川江油
05–19 14:06:54.9	32.5	105.3		5.4	四川青川
05–20 01:52:36.4	32.3	104.9		5.0	四川平武
05–25 16:21:46.9	32.6	105.4		6.4	四川青川
05–27 16:03:24.1	32.7	105.6		5.4	四川青川
05–27 16:37:53.1	32.8	105.6		5.7	陕西宁强
06–05 12:41:08.2	32.3	105.0		5.0	四川青川
06–09 15:28:36.0	31.4	103.8		5.0	四川彭州
06–11 06:23:20.2	30.9	103.4		5.0	四川汶川
07–24 03:54:46.5	32.8	105.6	10	5.6	陕西宁强、四川青川交界
07–24 15:09:28.6	32.8	105.5	10	6.0	四川青川、陕西宁强交界
08–01 16:32:44.6	32.1	104.7	20	6.1	四川平武、北川交界
08–05 17:49:18.7	32.8	105.5	10	6.1	四川青川
08–07 16:15:33.7	32.1	104.7	10	5.0	四川平武、北川交界
09–12 01:38:58.6	32.9	105.6	6	5.5	甘肃武都、陕西宁强交界

说明：资料由中国地震台网中心提供

余震活动的时间特征 汶川地震的余震活动在时间上可分为4个阶段（见图34）。第一阶段从5月12—28日，为余震密集时段，余震强度大，发生5次6级以上强余震，最大余震为25日的青川6.4级。第二阶段从5月29日至7月23日，为余震弱活动段，序列活动水平明显降低，未发生6级以上强余震，余震活动的时间间隔也逐渐增长。第三阶段从7月24日至8月7日，为强余震起伏阶段，接连发生7月24日宁强与青川交界5.6级和6.0级、8月1日平武与北川交界6.1级，以及8月5日青川6.1级地震。8月8日以后为第四阶段，表现为强起伏阶段后的调整阶段，其间仅发生1次5.5级地震。

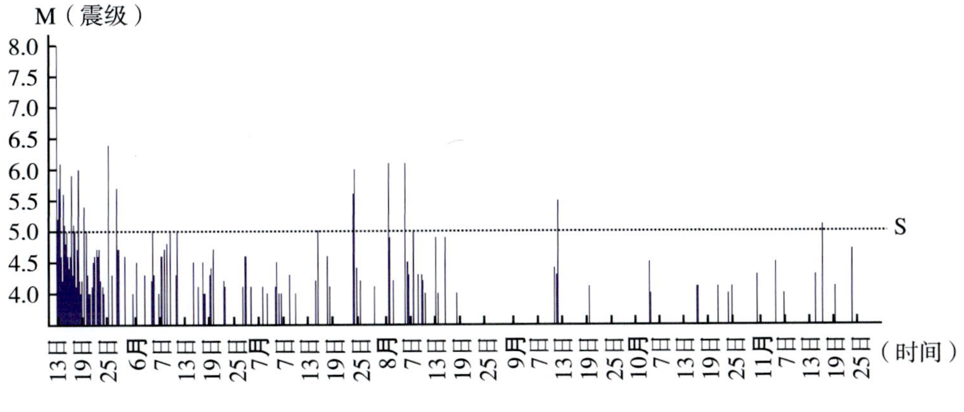

图 34　5 月 12 日至 11 月 27 日汶川序列
$M_S \geq 4.0$ 级地震时序分布

余震活动的空间特征　余震活动在空间上主要沿龙门山断裂带分布，呈北东向分布约 330 公里（见图 35）。较大余震分布具有分段活动特征，$M_L \geq 5.5$ 级余震主要分布于茂县、绵竹以南及平武以北地区，北川、安县所处的中段无较强余震发生。

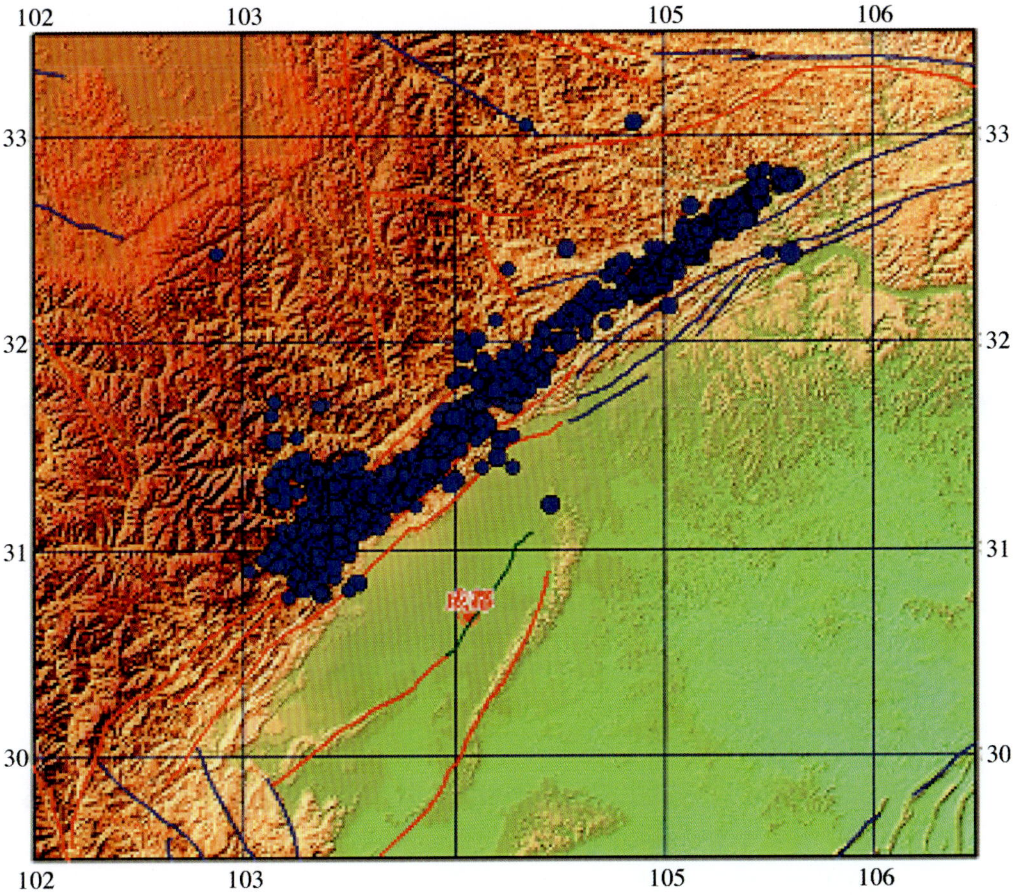

图 35　汶川地震序列余震分布

第三章 汶川地震影响

地震发生时，最基本的现象是地面的强烈振动，并由此造成地震灾害。衡量地震灾害规模的标准主要为烈度。一次地震发生后，震中区的破坏最重，烈度最高。地面的振动从震中向四周扩展，地震烈度逐渐减小。地震对地面振动的影响会导致地面出现断层和地震裂缝。大地震的地表断层常绵延几十至几百公里，往往具有较明显的垂直错距和水平错距，地表断层会大大加重地震灾害。

汶川特大地震震中区的烈度为Ⅺ度，房屋绝大多数毁坏。地震断裂延续很大，大量山崩滑坡。地震的有感范围远至 2000 公里。地震产生了 3 条地表破裂带，包括沿北川—映秀断裂展布的北川—映秀地表破裂带；沿灌县—江油断裂的汉旺—白鹿破裂带及位于北川—映秀破裂带和汉旺—白鹿破裂带之间的小鱼洞破裂带。

第一节 地震烈度

一 汶川地震烈度评定

地震烈度是表征地震造成地面及房屋等建筑物的破坏程度，它也是表示地震破坏力大小的一种方法，地震越大，震源越浅，它产生的破坏就越大，地震烈度就越大。但是，地震烈度和地震震级不同。一个地震只有一个震级，而烈度表示的是地面及房屋等建筑物受地震破坏的程度，对同一个地震，不同的地区，烈度大小是不一样的。

中国采用 12 级的地震烈度表，分别用罗马数字Ⅰ、Ⅱ、Ⅲ、Ⅳ、Ⅴ、Ⅵ、Ⅶ、Ⅷ、Ⅸ、Ⅹ、

Ⅺ和Ⅻ表示。中国国家标准 GB/T 17742—2008《中国地震烈度表》系统规定了地震烈度评定指标以及评定方法。各烈度的主要指标如下：

Ⅰ度：人无感。

Ⅱ度：室内个别静止中的人有感觉。

Ⅲ度：室内少数静止中的人有感觉。

Ⅳ度：室内多数人、室外少数人有感觉，少数人梦中惊醒。门、窗作响，悬挂物明显摆动，器皿作响。

Ⅴ度：室内绝大多数、室外多数人有感觉，多数人梦中惊醒。门窗、屋顶、屋架颤动作响，灰土掉落，个别房屋墙体抹灰出现细微裂缝，个别屋顶烟囱掉砖。悬挂物大幅度晃动，不稳定器物摇动或翻倒。

Ⅵ度：多数人站立不稳，少数人惊逃户外。房屋个别中等破坏，少数轻微破坏，多数基本完好。家具和物品移动。河岸和松软土出现裂缝，饱和砂层出现喷砂冒水。个别独立砖烟囱轻度裂缝。

Ⅶ度：房屋少数中等破坏，多数轻微破坏或基本完好，物体从架子上掉落。河岸出现塌方，饱和砂层常见喷水冒砂，松软土地上地裂缝较多。大多数独立砖烟囱中等破坏。

Ⅷ度：房屋个别毁坏，少数严重破坏，多数中等或轻微破坏。干硬土上出现裂缝，饱和砂层绝大多数喷砂冒水；大多数独立砖烟囱严重破坏。

Ⅸ度：房屋少数毁坏，多数严重和中等破坏。干硬土上多处出现裂缝，可见基岩裂缝、错动，滑坡、塌方常见；独立砖烟囱多数倒塌。

Ⅹ度：房屋大多数毁坏。山崩和地震断裂出现，基岩上拱桥破坏，大多数独立砖烟囱从根部破坏或倒毁。

Ⅺ度：房屋绝大多数毁坏。地震断裂延续很大，大量山崩滑坡。

Ⅻ度：房屋几乎全部毁坏。地面剧烈变化，山河改观。

汶川地震的烈度评定按照中国国家标准 GB/T 17742—1999《中国地震烈度表》进行，并参照了已修订但未正式发布的 GB/T 17742—2008《中国地震烈度表》。评定不同地区的地震烈度，主要根据建筑物破坏的程度和地表面变化的状况。汶川地震的评定将房屋分为 3 类：砖木或土木房屋，包括土坯墙或块石墙房屋；未设防的砖混结构房屋；按照Ⅶ度设防的砖混结构房屋。分别抗震能力赋以不同的宏观标志，以砖木或土木房屋评定烈度，与历史地震的评定标准协调一致，在此基础上用第二类或第三类房屋评定城镇烈度，对于成都、德阳、绵阳、广元以及主要县城都分别单独评定。在初期给出的等震线图基础上，又进行了复核，重点是核实确定低烈度边界线和烈度异常区。

二　汶川地震烈度分布图

汶川地震Ⅵ度（6 度）区以上面积合计 440442 平方公里（见图 36）。

Ⅺ度（11 度）区：面积约 2419 平方公里，以汶川县映秀镇和北川县城为两个中心呈长条状

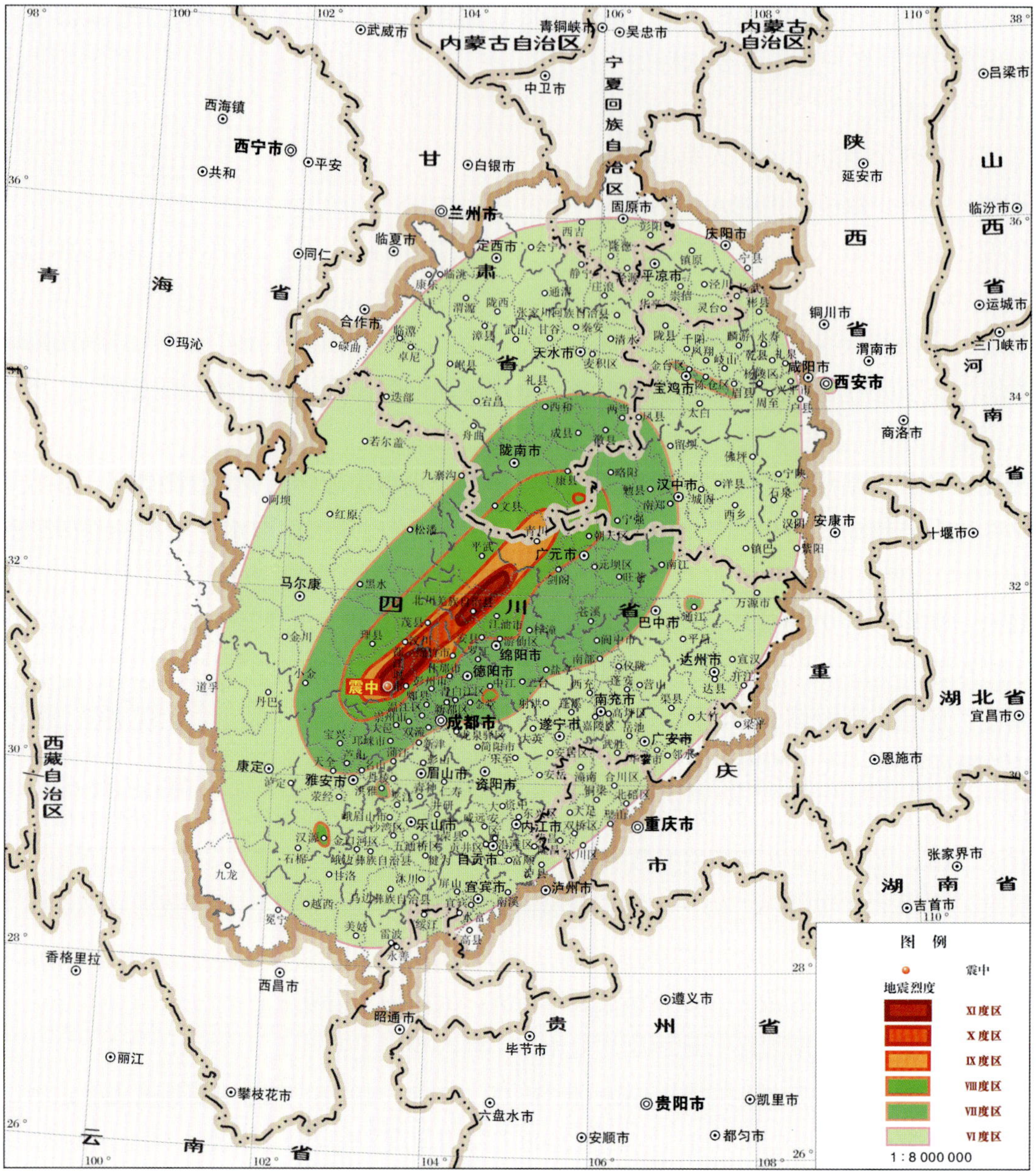

图 36　汶川特大地震烈度分布图

分布。映秀Ⅺ度区沿汶川—都江堰—彭州方向分布，长轴约 66 公里，短轴约 20 公里；北川Ⅺ度区沿安县—北川—平武方向分布，长轴约 82 公里，短轴约 15 公里。

Ⅹ度（10 度）区：面积约 3144 平方公里，呈北东向狭长展布，长轴约 250 公里，短轴约 30 公里，东北端到青川，西南端至汶川。

Ⅸ度（9 度）区：面积约为 7738 平方公里，呈北东向狭长展布，长轴约 320 公里，短轴约 45 公里。东北端到甘肃武都和陕西宁强的交界地带，西南端至汶川。

Ⅷ度（8 度）区：面积约 27786 平方公里，呈北东向不规则椭圆形状展布，东南方向受地形影响不规则衰减，长轴约 410 公里，短轴约 115 公里，西南端至四川宝兴、芦山，东北端达到陕西略阳、宁强。

Ⅶ度（7度）区：面积约84449平方公里，呈北东向不规则椭圆形状展布，东南方向受地形影响有不规则衰减，西南端较东北端偏窄，长轴约540公里，短轴约210公里，西南端至四川宝兴，东北端至甘肃两当和陕西勉县，最西为四川小金。

Ⅵ度（6度）区：面积约314906平方公里，呈北东向不均匀椭圆形展布，长轴约910公里，短轴约400公里，西南端为四川康定、石棉，东北端为甘肃灵台，最东部为重庆西部，最西边为四川丹巴，最北部达到宁夏固原、甘肃庄浪，最南为云南昭通北部。

三　汶川地震烈度分布特点

地震地质破坏控制高烈度点的分布　地震发震断层龙门山断裂的中央断裂和前山断裂错动，出露地表，形成了分别长约240公里和70公里的地表破裂带，地震还在极震区触发了大规模的滑坡、崩塌、滚石，以及泥石流、堰塞湖、砂土液化、地裂缝。断层错动、滑坡直接摧毁房屋、桥梁、道路、铁路等构筑设施，是本次地震极震区房屋破坏的重要原因。图37为Ⅹ度和Ⅺ度点与断层地表破裂带的位置，可见这些高烈度点都在断层地表破裂带上，高烈度等震线是沿发震断层的窄带状，而低烈度（Ⅵ度）衰减很慢。

高烈度衰减快　沿垂直于发震断层的方向，烈度衰减很快，在江油、安县，不到15公里的距离上从Ⅺ度、Ⅹ度变化到Ⅸ度；在绵竹、什邡、彭州，变化距离为30公里，断层西侧（上盘）的变化距离稍大些，在40公里左右。高烈度衰减快是发震断层控制高烈度的又一个表现形式。

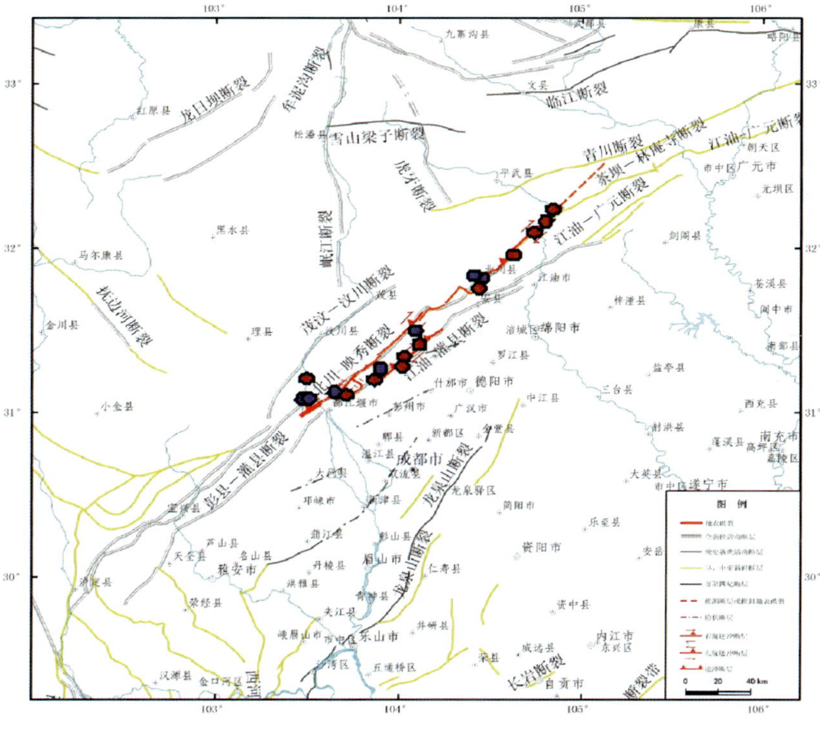

图37　汶川特大地震地表破裂与高烈度点位置

烈度在发震断层北面衰减比南面慢 这显示了断层破裂从南向北传播的方向性效应。实际上在发震断层的南端宝兴县，很难找到Ⅶ度点，现在以宝兴县硗碛藏族乡为Ⅶ度分界点，不是十分严格，因为此处与发震断层之间是山区，判定烈度有困难。Ⅵ度的分布不对称，在东北方向范围大，西南方向大渡河以西的山区震害很轻，也几乎没有滑坡等地震灾害。

震害分布轻重相间 在Ⅶ度区和Ⅵ度区，震害不是连续分布地逐渐减弱，而是轻重相间。在多数地区已是震害减弱，甚至房屋几乎看不到震害时，而后又出现震害较重的村镇，在东部的四川盆地尤为明显。这种现象给确定Ⅶ度和Ⅵ度的分界线带来困难。

地震在远场引起显著的震害 远在 300 ~ 500 公里以外的甘肃庆阳、重庆梁平、云南永善都有破坏，尽管是抗震能力弱的山区的土坯或石砌土木房屋破坏，但也说明此次地震的震级大，影响范围广。

烈度异常区 在震区虽然有若干村镇受地形和特殊场地影响，烈度高于周围，但区域不够大。形成较大区域异常的有四川汉源老县城（Ⅷ度）、陕西陈仓（Ⅶ度）和西安附近（Ⅵ度）、甘肃庆阳（Ⅵ度）、重庆梁平（Ⅵ度）、云南绥江（Ⅵ度）和水富（Ⅵ度）等地。汉源老县城烈度高，可能是因为坐落在现在还在滑动的古滑坡体上，且土层结构特殊有关。甘肃、陕西的烈度异常与远场特殊的长周期地震动有关。

有感范围 汶川地震影响范围非常广，陕西、甘肃、宁夏、天津、青海、北京、山西、山东、河北、河南、安徽、湖北、湖南、重庆、贵州、云南、内蒙古、广西、广东、海南、西藏、江苏、上海、浙江、辽宁、福建等多个省（区、市）和香港、澳门、台湾等地均有不同程度的震感。甚至泰国首都曼谷、越南首都河内及菲律宾、日本等地也有震感。

新闻媒体对汶川地震影响范围做了大量报道，有关报道内容综合如下：

北京地区产生明显震感，桌椅晃动。在东直门附近，一些公司员工迅速撤离高层建筑。

上海部分建筑物摇晃、小物件掉落，许多市民从建筑物内走出，多位市民感到头晕。

湖北省宜昌市有明显震感，办公楼晃动，许多市民涌上街头。山西部分地区、河北石家庄市区震感强烈，不少单位让员工提前下班。江苏南京市民感觉到强烈震动，许多公司和单位都停止上班。在感知地震后，贵阳市民感到恐慌，纷纷跑出屋外；除贵阳市外，贵州各地如黔南、六盘水、遵义等地都有明显震感。汶川地震发生后，广东省地震局先后收到来自湛江、汕头、韶关、珠海、河源等地群众的震情报告 2000 余人次，表明此次地震，广东各地普遍有感。

香港天文台接到多名市民报告，表示感到轻微震动和大厦摇晃，并伴有头昏的感觉。

台湾岛内各地都产生震感，持续约两分钟。台北一家电视台摄影棚内灯光设备剧烈摇晃。

在距离震中 3300 多公里的泰国首都曼谷也有明显的震感。泰国气象部门官员向路透社记者证实，位于曼谷重要商务区道路两侧的楼房持续晃动几分钟。在越南首都河内西郊，当地的高层住宅楼和办公楼都发生了持续数分钟的晃动，挂在墙上的一些物品掉落，一些人逃离建筑物。

四 各烈度区典型震害

Ⅺ度区

图 38 北川县城房屋普遍毁坏

图 39 汶川县映秀镇房屋破坏

Ⅹ度区

图 40 什邡市红白镇民房倒塌

图 41 平武县南坝镇砖混结构房屋倒毁

图 42 汶川县漩口镇一带民房破坏

图 43 绵竹市汉旺镇东汽办公楼倒塌

Ⅸ度区

图 44　都江堰市砖混结构房屋毁坏

图 45　绵竹市区房屋破坏

图 46　什邡市湔氐中学教学楼倒塌

图 47　安县砖混结构房屋局部坍塌毁坏

图 48　青川县木鱼镇中学砖混结构宿舍坍塌

图 49　文县碧口镇土木结构房屋毁坏

Ⅷ度区

图 50 江油市框架结构房屋填充墙破坏跌落

图 51 汶川县城房屋破坏

图 52 文县中庙乡两层砖混结构房屋毁坏

图 53 宁强县广坪镇房屋严重破坏

Ⅶ度区

图 54 崇州市怀远中学教学楼部分倒塌

图 55 大邑县晋原镇房屋破坏

图56　陇南市武都区马街镇土木结构房屋严重破坏

图57　勉县同沟寺镇砖木结构房屋屋架塌落

Ⅵ度区

图58　潼南县塘坝街村土木结构房屋破坏

图59　泾川县土木结构房屋毁坏

图60　水富县两碗乡土木结构房屋破坏

图61　广安市城区震后房顶散热器破坏

第二节　地表破裂

汶川特大地震产生的地表破裂主要分布于北川—映秀断裂带（中央断裂带）上，在灌县—江油断裂带（前山断裂带）上仅发现少量地表破裂带，在汶川—茂汶断裂带（后山断裂带）上尚未发现地表破裂带。

一　北川—映秀地表破裂带

在汶川地震产生的 3 条地表破裂带中，沿北川—映秀断裂带展布的北川—映秀地表破裂带是汶川地震的主体地表破裂带，西起汶川县映秀镇以西，东止于青川县红光乡东河口，总长 240 余公里。北川—映秀地表破裂带又可划分出映秀—虹口、白水河—高川和北川—南坝等次级地表破裂带。最大垂直位移出现在北川沙坝一带，达 9±0.5 米；最大水平位移出现在平武县平通一带，达 4.9±0.5 米。

映秀—虹口次级地表破裂带　映秀—虹口次级地表破裂带长约 39 公里，映秀镇一带是该段破裂较明显的地段，北岷江西岸公路形成前后两个陡坎，总计垂直位移 2.3 ～ 2.8 米。沿都江堰市虹口乡深溪沟沟谷从陈家坪到燕岩村同震断层陡坎连续，在燕岩村往北东约 100 米，陡坎与坡地上的水泥公路近直交，公路出现水平位移 4.5 米，陡坎高度 2.8 米（见图 62）。

图 62　都江堰市虹口乡燕岩村南东深溪沟地表破裂

在都江堰市虹口乡深溪村北西的灯草坪附近，河流阶地形成断坎，阶地上房屋完全倒塌，穿过阶地的水泥公路也被垂直错断形成陡坎，剖面测量得到的陡坎高度为 6.2±0.5 米（见图 63）。

白水河—高川次级地表破裂带　白水河—高川次级破裂带位于龙门山区高、中山分界附近的高山峡谷段，长约 65 公里，与映秀—虹口次级地表破裂带平行，白水河—高川与映秀—虹口两次级地表破裂带之间存在着长约 7 公里左右无地表破裂的空段。白水河—高川次级地表破裂带南东端起于彭州市中坝，在中坝北东的西龙门山镇附近垂直与水平位移分别为 1.0 ～ 2.5 米和 0.8 ～ 2.0 米，地表破裂带宽度 10 ～ 20 米。在金河磷矿分矿，地表破裂带位移量达到 3 米。

图 63　都江堰市虹口乡深溪村北西灯草坪附近地表破裂及测量剖面

（照片镜向北东）

在清平乡棋盘村附近，不同级别的河流阶地及河滩形成坎高 3.66 ~ 3.75 米高的断层陡坎（见图 64）。

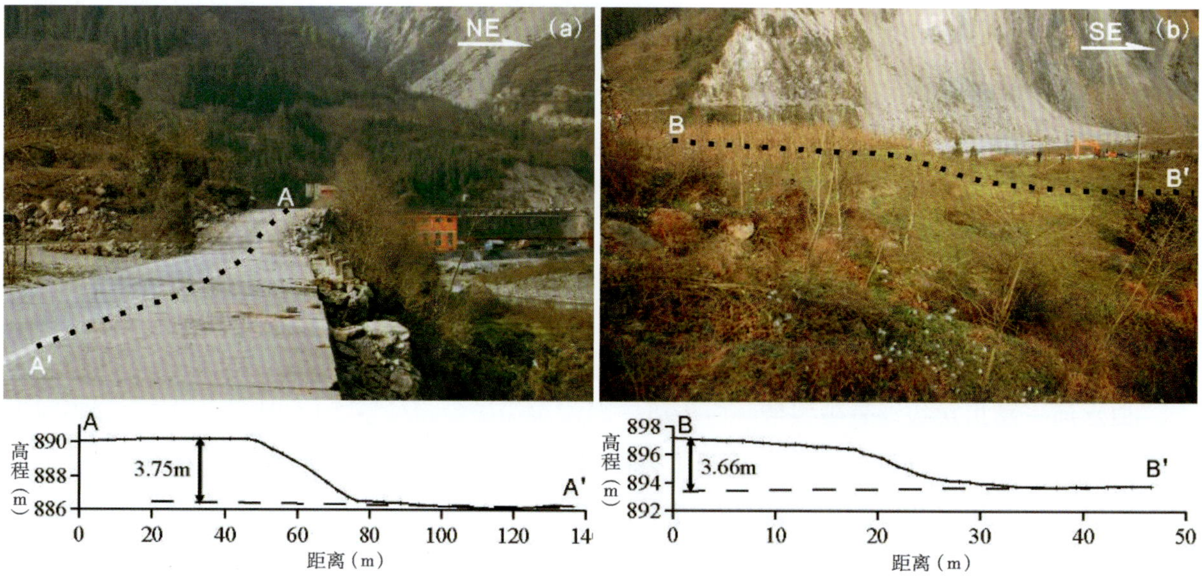

图 64　绵竹市清平乡附近水泥公路断坎和地面挠曲

北川—南坝次级地表破裂带　北川—南坝次级地表破裂带为汶川地震地表破裂带东段，破裂带南起高川北，终止于青川县红光乡东河口，也是整个地表破裂带的北端点，长约135公里。该段右旋走滑分量明显，在北川陈家坝走滑量大于垂直运动分量。汶川地震最大垂直位移量和水平位移量分别出现在该段的北川沙坝和平通桅杆村一带。擂鼓镇石岩村震前修砌的地基和平整的场地形成前后两道陡坎，实测地形显示总垂直位移约3.69米，水平位移2米。在河流高漫滩地表破裂带由北西转向北东处，破裂分为3支，剖面测量得到累积垂直3.4米。

北川县城北，经沙坝一直连续延伸到海光村，地表破裂带表现为倾向南东的正断层陡坎，沙坝一组垂直位移量达9±0.5米，水平位移2±0.5米（见图65）。

图65　北川沙坝一带地表破裂（左图房院垂直位错8.6米、右图枇杷树园垂直位错9.2米）

在平武县平通镇枣子树平通河低阶地上，地震地表破裂右旋切割与其近于直角相交的木耳地间小路，右旋位移量为3.7米，累积垂直位移量约为4.2米。南河漫滩上可见一土路，垂直位移为1.4米，水平位移为4.9±0.2米。

二　汉旺—白鹿地表破裂带

沿灌县—江油前山断裂的汉旺—白鹿地表破裂带分布于彭州市通济镇北至绵竹市汉旺镇泉新村之间，总体走向北东，长约48公里。从泉新村往北，地震陡坎不明显，但如果考虑到在安县睢水镇、安县晓坝镇和梓潼县一带存在某些小位移量的裂隙、地震时冒水、地表局部鼓包等同震地表形变迹象，则沿前山断裂的破裂带长度可达72公里。

在彭州市白鹿镇中心学校一带，是前山断裂地表破裂形迹最为明显的地段之一。白鹿中心学校两座教学楼之间的水泥操场，形成明显的地震陡坎，坎高1.8米（见图66b）。穿经庄稼地使老陡坎升高（见图66a），并在河床形成跌水和河漫滩陡坎。白鹿与八角之间的分水岭处，地表破裂形迹清晰，断裂斜穿公路，形成陡坎和密集的地裂缝，陡坎高约1.3米（见图66c），公路路面地震陡坎高约1.4米（见图66d）。

绵竹市九龙镇一带是前山断裂在山坡中观察到地表破裂形迹的另一地段。断裂连续两次穿经盘山水泥公路，形成高约1米的陡坎；断裂穿经莲花山庄的停车场，形成较宽的陡坎，坎高

图 66　前山断裂白鹿至八角分水岭附近地表破裂特征

约 2.9 米（见图 67a）；往北公路路面水泥板隆起成“人”字形（见图 67b），沿陡坎两侧民房大多坍塌。在九龙镇附近，断裂穿经河床形成跌水，穿经阶地上菜地形成陡坎，高约 2 米（见图 67c）；断裂穿经绵远河，两岸岸堤及两岸公路上均形成陡坎。砖厂废渣上陡坎高约 1 米（见图 67d）。

三　小鱼洞地表破裂带

彭州市小鱼洞地表破裂带位于北川—映秀破裂带和汉旺—白鹿破裂带之间，主体走向北西 35 ~ 40 度，近于垂直上述两条地震主地表破裂带，破裂带南部转向近南北走向在山边消失，北部在小鱼洞镇北西过河谷进入山区转为近南北向，而后又转为北西向过花花庙进入中坝盆地边缘时消失。破裂带累积长度 7 ~ 8 公里。破裂带在小鱼洞湔江化工厂西北侧庄稼地的水平滑移量为 2.7 ~ 2.9 米，陡坎高度 1.5 米左右（见图 68）。向北西一直延伸到后坝河，在河滩逐渐转向近南北走向。砂石公路和煤场地面出现 3.4 米高的陡坎，是小鱼洞地表破裂带最大垂直位移。在后坝河以西，破裂带进入山地，在龙神杠南山脊处可以看到挤压鼓包，长 6.5 米、宽 2.7 米、高 0.6 米。

图 67　前山断裂九龙至汉旺地表破裂特征

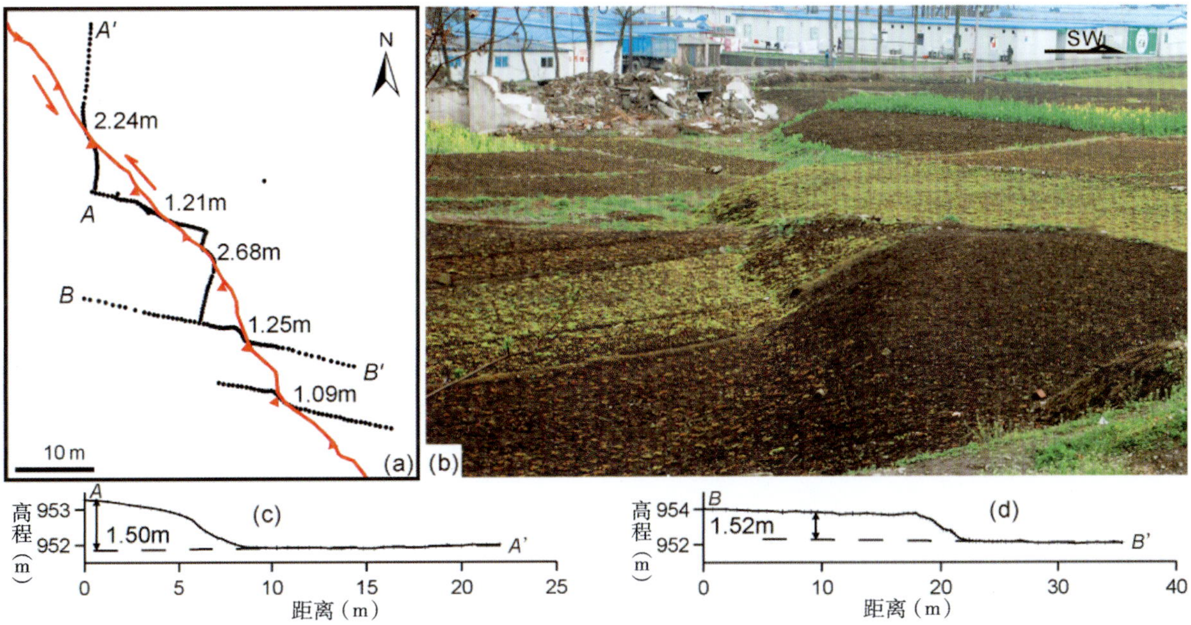

图 68　漩江化工厂西北侧地表破裂

四　地表破裂的分布特征

汶川地震的地表破裂分布呈现出 3 个特点：一是破裂变形分布在北川—映秀（中央断裂）、灌县—江油（前山断裂）和小鱼洞 3 条断裂上，中央断裂带上的垂直位移量普遍大于 3 米，总体上大于前山断裂带的 1.5 ~ 2.5 米，而小鱼洞断裂相对较小，一般在 1 ~ 1.5 米之间。二是在中央断裂带上位移分布存在两个明显的峰值区，一个出现在都江堰市虹口乡的灯草坪一带，垂直位移量可达 6.2 米；另一个出现在原北川县城北的曲山镇沙坝村一带，在 1000 余米的地段上，垂直位移量普遍大于 5 米，最大值约为 9 米；前山断裂有一个峰值区，出现在绵竹市九龙镇一带，约 3.5 米。三是中央断裂的北川以南，前山断裂变形都以逆冲为主，仅个别地点存在右旋分量，如深溪沟，而北川以北右旋分量逐步增加，曲山镇沙坝村一带为 2 ~ 3 米，平武县平通镇一带右旋分量开始大于垂直分量，极值出现在平通镇木耳地，田埂和道路水平位移达 4.9 米，接近破裂端点的大沟村，垂直位移量仅是右旋位移量的 40%。

中央断裂地表破裂近断层水平缩短量最大值，出现在都江堰市虹口乡深溪沟和北川羌族自治县擂鼓镇一带，分别为 3.4 米与 3.2 米，擂鼓镇以北逐渐减小；前山断裂地表破裂带近断层水平缩短量最大值出现在彭州市白鹿镇一带，约为 2.5 米，白鹿以北，近断层水平缩短量逐渐减小。中央断裂和前山断裂缩短量之和约为 5.3 米。

第三篇

地质灾害与环境影响

汶川特大地震发生在地质构造复杂的川西龙门山构造带中段，震中区域及其余震所处区域为高山峡谷地形、地貌。龙门山构造带是中国主要的地质构造带，它既是四川盆地与青藏高原块体之间的过渡带，又是中国主要的地震带，地质环境极为脆弱。汶川地震诱发了大量山体滑坡、崩塌、泥石流、堰塞湖等地质灾害。这些灾害沿地震带呈带状分布，规模之大、数量之多、造成损失之重，历史罕见。这一地区人口相对密集，是造成损失极为惨重的主要原因之一。

地震触发的地质灾害情况复杂，有的是和地震灾害同时形成、单独成灾；有的与地震灾害叠加在一起；有的当时只是险情隐患，此后在降雨、余震等条件下成为新的灾害或进一步提高了危险等级；还有的发生在无人区，仅对自然地理和生态环境造成了不同程度的破坏。因此，对地质灾害及其危险隐患的区分、认定和统计，对其造成的经济损失，尤其是对自然地理、生态环境破坏损失的统计、计算都是相当困难的。加之汶川地震复杂的区域地质背景，更难以形成统一的地质灾害数据和准确的经济损失数据。

地震发生后，国土资源部、水利部、中科院、长江水利委员会、国家防总办公室、武警水电部队、地震局，灾区各级政府及相关部门、院、所，组织大批专业人员，对汶川地震灾区进行系统调查和现场勘查，包括航空和遥感调查。共查明地质灾害及隐患点 2.16 万处（包括震前已经存在和地震中新产生的），约有七成为汶川地震触发的地质灾害。在地质灾害及隐患点中，滑坡 10412 处、崩塌 6602 处、泥石流 1334 处、不稳定斜坡 2692 处、其他（包括地面塌陷、地裂缝、碎屑流等）560 处。按地域分布，四川省 133 个县（市、区）共查明地质灾害及隐患点 18997 处，其中滑坡 9326 处、崩塌 5511 处、泥石流 1279 处、不稳定斜坡 2692 处，其他地质灾害 189 处；甘肃省 23 个县（区）共调查地质灾害点 2214 处，其中滑坡 891 处、崩塌 928 处、泥石流 50 处、其他地质灾害 345 处；陕西省 19 个县（区）共调查地质灾害点 389 处，其中滑坡 195 处、崩塌 163 处、泥石流 5 处、其他地质灾害 26 处。在各类地质灾害点中，四川省占 87.95%、甘肃省占 10.25%、陕西省占 1.80%；滑坡占总灾害点的 48.20%、崩塌占 30.56%、泥石流占 6.18%、不稳定斜坡占 12.46%、其他地质灾害点占 2.60%。

上述地质灾害隐患点威胁着上百万人的生命和数百亿元资产的安全。震后抗震救灾中，由于采取了积极的应急、应对措施，基本避免了次生灾害造成人员伤亡和其他可以规避的损失。

第一章　地质灾害及险情隐患

汶川特大地震触发的地质灾害种类多，破坏大。地震发震断层龙门山断裂的中央断裂和前山断裂错动，出露地表，分别形成了长约240公里和70公里的两条地表破裂带；地震触发大规模的地质灾害，使山川易色、举世罕见（见图69）。地质灾害及险情隐患以滑坡、崩塌、泥石流及

图69　汶川特大地震使山川易色——震后映秀及其北部航空影像。2008年5月18日拍摄

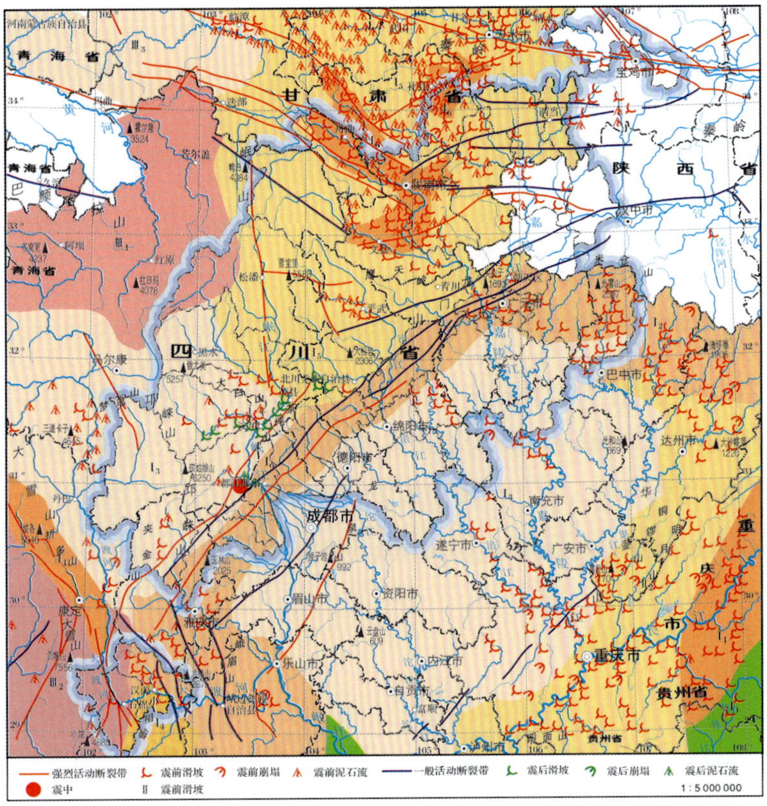

图 70　灾区地质灾害分布

堰塞湖为主，有一定规模的约 1 万多处，主要分布在四川省，有 9000 多处，其余分布在甘肃省、陕西省（见图 70）；形成的大、小堰塞湖 105 处，仅在四川灾区就有 104 处。上述地质灾害除在汶川地震时成灾外，还作为隐患，在其后的余震和降雨等诱发条件下，续发成灾，或进一步提高了危险等级。地震地质灾害除造成人员重大伤亡、房屋大量倒塌损坏、基础设施损毁、工农业生产和各项事业的重大损失外，还使生态环境遭到严重破坏。

汶川地震地质灾害有如下特点：

——地质灾害范围广，规模大，破坏力强，特别是地震烈度在Ⅸ度以上的地区表现尤为明显。

——崩塌、滑坡堆积物在强降雨条件下可进一步诱发泥石流等次生灾害。

——崩塌、滑坡灾害与岩土体工程地质条件有关。因而，这些灾害相对集中于岩性较软、构造复杂、岩体破碎、完整性差的地带。对于岩体工程性质好的地带，受局部地形地貌影响，陡坡和陡坎地带也有崩塌、滑坡发生，但规模不大、数量远不如岩土体工程性质差的地带。

——在四川盆地，一些地震烈度Ⅵ度区出现砂土液化，且出现深层土液化和沙砾土液化等特殊现象，致使液化区相当多的农田毁损、建筑物倒塌。

——地质灾害集中分布在距活动构造两公里的范围内，向外围明显减弱。但是在距离发震断层几百公里之外的地方，也有零星崩塌或滚石发生，甚至伤人。

——地质灾害在区域分布上组合特征不同，地震灾区西南部主要以崩塌灾害为主，北部主要以滑坡灾害为主。

第一节　地质灾害概况

汶川特大地震引发的地质灾害主要发生在四川、甘肃和陕西三省。结合航空遥感调查和现场勘察，急需尽快查明威胁人口多的地震地质灾害及隐患点，以最大限度地减少人员伤亡。由三省国土资源厅组织的 84 个县（市、区）的地震灾区地质灾害隐患排查组，共调查地质灾害点 8439 处，其中滑坡 4372 处、崩塌 2309 处、泥石流 515 处、其他地质灾害 1243 处，共威胁 109.37 万人；各类地质灾害中，滑坡占总灾害点的 51.81%、崩塌占 27.36%、泥石流占 6.10%、其他地质灾害点占 14.73%（见表 12、图 71）。

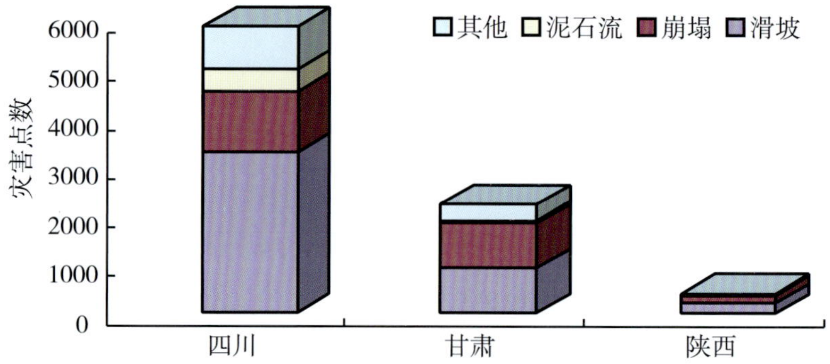

图 71　川甘陕灾区地质灾害类型统计示意图

川甘陕灾区 84 个县（市、区）地质灾害点调查情况统计表

表 12

省　份	各类地质灾害点（处）					威胁人数（万人）
	滑　坡	崩　塌	泥石流	其　他	小　计	
四　川	3286	1218	460	872	5836	62.01
甘　肃	891	928	50	345	2214	36.56
陕　西	195	163	5	26	389	7.61
合　计	4372	2309	515	1243	8439	106.18

地震灾区地质灾害类型以滑坡为主，其次为崩塌和泥石流。地质灾害主要分布在四川省，该

省地质灾害数占川甘陕三省总数的 69.16%，威胁人口数占三省总数的 58.4%；其次为甘肃省，地质灾害数占 26.23%，威胁人口数占 33.43%；陕西省地质灾害数占 4.61%，威胁人口数占 7.17%（见表 13）。

川甘陕灾区 84 个县（市、区）地质灾害及威胁人口统计表

表 13　　　　单位：%

省　份	占总灾害数	占总滑坡数	占总崩塌数	占总泥石流数	占其他灾害数	占总威胁人数
四　川	69.16	75.16	52.75	89.32	70.15	58.4
甘　肃	26.23	20.38	40.19	9.71	27.76	34.43
陕　西	4.61	4.46	7.06	0.97	2.09	7.17

在 84 个县（市、区）中，震后地质灾害点大于 500 处的县有 3 个，地质灾害点介于 100 处和 500 处之间的县有 22 个，地质灾害点小于 100 处的县有 59 个；威胁人口大于 10 万人的县有 2 个，威胁人口介于 1 万人和 10 万人之间的县有 24 个，威胁人口小于 1 万人的县有 58 个（见表 14 ~ 15）。

川甘陕灾区 84 个县（市、区）地质灾害点分布情况一览表

表 14

省　份	地质灾害点（d）		
	d ≥ 500	100 ≤ d ＜ 500	＜ 100
四　川	青　川	旺苍、彭州、茂县、汉源、苍溪、剑阁、宝兴、什邡、华蓥、汶川、利州、平武、崇州、芦山、通江、黑水、都江堰、金川、松潘、北川	南江、江油、朝天、万源、丹巴、安县、达县、丹棱、理县、绵竹、旌阳、宣汉、洪雅、大邑、巴州、邛崃、雨城、金口河、康定、泸定、石棉
甘　肃	武　都 文　县	徽县、秦州	宕昌、康县、礼县、西和、成县、武山、秦安、清水、张家川、舟曲、两当、崆峒、灵台、崇信、泾川、甘谷、迭部、合水、宁县
陕　西			宁强、勉县、西乡、略阳、凤县、汉阴、石泉、旬阳、南郑、留坝、佛坪、洋县、城固、镇巴、汉台、陇县、陈仓、渭滨、汉滨
合　计	3	22	59

说明：“d”表示地质灾害点数，如 100 ≤ d ＜ 500 表示地质灾害点大于等于 100 处，小于 500 处

川甘陕灾区 84 个县（市、区）地质灾害威胁人口情况一览表

表 15

省　份	威胁人口（r）		
	r ≥ 10 万人	1 万人≤ r < 10 万人	r < 1 万人
四　川	汶　川	茂县、理县、北川、安县、江油、平武、绵竹、青川、旺苍、都江堰、汉源、利州、苍溪、南江、通江、达县、万源、丹巴	什邡、彭州、崇州、旌阳、朝天、大邑、邛崃、宝兴、芦山、黑水、松潘、金川、剑阁、雨城、石棉、巴州、金口河、洪雅、丹棱、宣汉、泸定、康定、华蓥
甘　肃	武　都	文县、秦州、礼县、张家川、舟曲	徽县、宕昌、康县、西和、成县、武山、秦安、清水、两当、崆峒、灵台、崇信、泾川、甘谷、迭部、合水、宁县
陕　西		勉　县	宁强、西乡、略阳、凤县、汉阴、石泉、旬阳、南郑、留坝、佛坪、洋县、城固、镇巴、汉台、陇县、陈仓、渭滨、汉滨
合　计	2	24	58

说明：r 表示威胁人口数，如 r < 1 万表示受地质灾害威胁人口小于 1 万人

据对汶川地震极重灾区地质灾害点的调查，震后地质灾害点增加了 238%（见表 16），其中以崩塌增加最为显著，达 618%，远远超过其他灾种，其后为不稳定斜坡 479%、泥石流 152% 和滑坡 123%。反映出地震对山区高陡斜坡的影响差异性非常大，在山顶上的放大作用显著，导致了崩塌灾害的大量发生。从灾种占总点数的比例看，震前滑坡占到了 61%，而崩塌、泥石流和不稳定斜坡各占 13%；在震后新增的点中，崩塌占的比例最高，达 34%，随后为滑坡 31%、不稳定斜坡 27%、泥石流 8%。但是，在总的地质灾害点中，滑坡所占比例仍最高，达到 40%，崩塌仅占 27%。

汶川地震极重灾区地质灾害点调查结果统计表

表 16

县（市）	灾害点类别	灾害点数（个）				
		崩　塌	滑　坡	泥石流	不稳定斜坡	小　计
汶　川	震前已有	7	43	71	10	131
	震后新增	150	71	78	43	342
	合　计	157	114	149	53	473
北　川	震前已有	21	211	23	0	255
	震后新增	48	168	22	38	276
	合　计	69	379	45	38	531

续表 16

县（市）	灾害点类别	灾害点数（个）				
		崩　塌	滑　坡	泥石流	不稳定斜坡	小　计
绵　竹	震前已有	35	47	17	7	106
	震后新增	94	31	24	2	151
	合　计	129	78	41	9	257
什　邡	震前已有	21	57	13	11	102
	震后新增	64	8	3	–6	69
	合　计	85	65	16	5	171
青　川	震前已有	18	76	5	42	141
	震后新增	177	211	6	443	837
	合　计	195	287	11	485	978
茂　县	震前已有	8	91	16	0	115
	震后新增	67	91	29	100	287
	合　计	75	182	45	100	402
安　县	震前已有	2	25	2	6	35
	震后新增	28	37	3	2	70
	合　计	30	62	5	8	105
都江堰	震前已有	19	29	1	6	55
	震后新增	195	92	45	44	376
	合　计	214	121	46	50	431
平　武	震前已有	12	60	5	3	80
	震后新增	41	117	5	24	187
	合　计	53	177	10	27	267
彭　州	震前已有	8	70	0	71	149
	震后新增	69	43	17	58	187
	合　计	77	113	17	129	336
总　计	震前已有	151	709	153	156	1169
	各灾种比例	13%	61%	13%	13%	100%
	震后新增	933	869	232	748	2782
	各灾种比例	34%	31%	8%	27%	100%
	震后新增比例	618%	123%	152%	479%	238%
	合　计	1084	1578	385	904	3951
	各灾种比例	27%	40%	10%	23%	100%

第二节　四川灾区地质灾害

汶川特大地震发生后，根据四川省各级国土部门上报材料，全省有133个县（市、区）因地震触发地质灾害，有资料的为131个，其中地质灾害严重的42个、次重的43个、一般的46个（参见图72）。国土资源部和四川省地质灾害隐患排查工作组，对以北川、汶川、青川、绵竹、什邡、都江堰、彭州、平武、安县、茂县等42个地质灾害分布最为密集、危害也最为严重的县（市、区），开展了震后地质灾害调查工作。

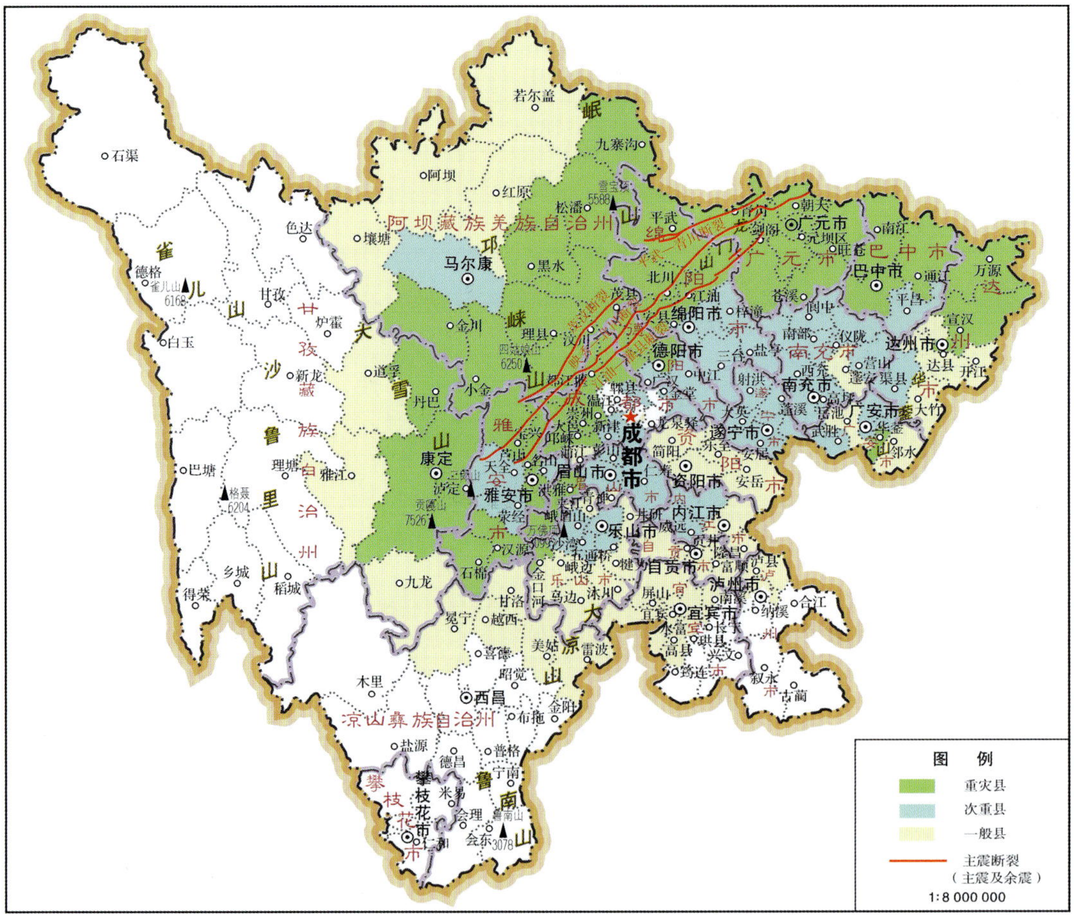

图72　四川灾区地质灾害影响分区图

一　地质灾害概况

截至6月15日，四川省42个县（市、区）共调查重大地质灾害点5836处，其中滑坡3286处、崩塌1218处、泥石流460处、其他地质灾害872处，共威胁620057人。在各类地质灾害点中，滑坡占全省地质灾害点的56.31%，崩塌占20.87%，泥石流占7.88%，其他地质灾害点占14.94%（见图73、表17）。造成灾害的主要是滑坡、崩塌和泥石流，共计4964处，占85.06%。

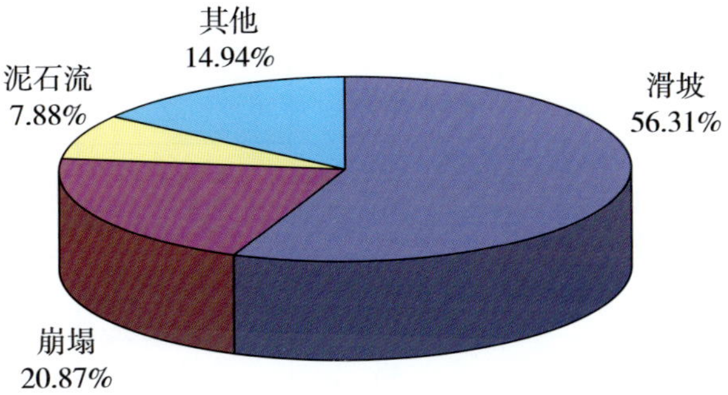

图73　四川省地质灾害类型统计示意图

四川省42个县（市、区）地质灾害点及威胁人数统计表

表17

县（市、区）	各类地质灾害点数（个）					受威胁人数（人）
	滑　坡	崩　塌	泥石流	其　他	小计	
北　川	53	40	25	0	118	34818
汶　川	78	31	67	14	190	111788
青　川	392	126	12	230	760	41245
什　邡	81	88	4	29	202	3346
绵　竹	21	10	9	5	45	16747
都江堰	54	54	27	2	137	10337
彭　州	237	99	21	15	372	6801
平　武	140	31	1	12	184	89799
安　县	37	23	4	5	69	20287
茂　县	198	60	24	20	302	19392
理　县	22	15	8	0	45	16385
江　油	53	32	0	7	92	10424
崇　州	52	117	8	6	183	1358
汉　源	203	4	20	21	248	18209
宝　兴	146	21	18	24	209	8860
邛　崃	17	6	1	0	24	1028
旌　阳	12	3	0	30	45	963

续表 17

县（市、区）	各类地质灾害点数（个）					受威胁人数（人）
	滑　坡	崩　塌	泥石流	其　他	小计	
旺　苍	193	25	0	211	429	24121
雨　城	16	2	1	5	24	218
芦　山	100	39	1	13	153	3187
朝　天	54	30	0	3	87	8192
大　邑	20	15	2	0	37	1324
松　潘	48	24	42	5	119	4441
华　蓥	133	15	7	39	194	6687
利　州	129	41	0	16	186	10989
万　源	64	6	3	7	80	10256
南　江	54	34	1	9	98	38492
丹　棱	47	7	0	0	54	3053
达　县	48	2	0	6	56	14342
剑　阁	79	45	0	90	214	8333
黑　水	50	33	45	13	141	6795
金　川	35	23	66	2	126	4897
通　江	141	8	0	2	151	18995
苍　溪	161	61	0	3	225	14066
宣　汉	29	7	0	6	42	4501
丹　巴	29	7	30	7	73	13993
洪　雅	34	3	0	3	40	1678
巴　州	8	21	0	3	32	4124
石　棉	4	1	0	1	6	470
泸　定	0	3	4	0	7	2780
康　定	4	0	5	7	16	1196
金口河	10	6	4	1	21	1140
合　计	3286	1218	460	872	5836	620057

说明：本表统计时间截至 6 月 15 日

据统计，汶川地震中造成四川灾害、面积大于 5 万平方米的滑坡有 112 处，主要分布在北纬 31° ~ 32° 、东经 103° ~ 105° 之间（见表 18）。

四川灾区主要滑坡地质灾害点统计表

表 18

滑坡名称	所在县（市）	面积（平方米）	距断层距离（米）	滑坡名称	所在县（市）	面积（平方米）	距断层距离（米）
大光包	安　县	7273719	4800	和尚桥 $3^{\#}$	都江堰	257635	10400
文家沟	绵　竹	2945520	3900	木瓜坪村	什　邡	256340	900
东河口	青　川	1283627	300	蒇棚子 $1^{\#}$	绵　竹	255296	600
郑家山	平　武	1014987	2400	东溪沟	北　川	246020	2200
水磨沟	什　邡	915608	700	窑子沟	平　武	242553	800
大屋基	安　县	792190	6900	白茶坪	都江堰	241874	4700
窝前	青　川	695672	200	长　坪	彭　州	224645	2400
大杉树	绵　竹	693687	6900	刨地里	青　川	222157	700
红石沟	安　县	687520	2240	小木岭	绵　竹	218705	2450
冰口石	彭　州	575556	12600	和尚桥 $1^{\#}$	都江堰	214020	10900
唐家山	北　川	572009	2780	柏树岭	北　川	208968	4350
花梯子沟	彭　州	541193	4980	大　湾	北　川	203959	2150
文家坝	平　武	537101	380	白果树	北　川	203246	1000
牛圈沟	汶　川	527700	300	曾家山	绵　竹	198165	11350
海心沟	绵　竹	517573	8888	张家沟	北　川	196299	640
马鞍石	平　武	509836	4200	赵家渠	青　川	193153	1300
石般沟村	青　川	496983	2300	黑滩子	安　县	182452	8900
鼓儿山	北　川	471112	0	安乐山	北　川	180809	1140
肖家山	绵　竹	465899	2900	阴山沟	北　川	177361	1300
新开洞	彭　州	449685	6800	小天地	绵　竹	175758	8200
宝藏村	安　县	418744	4030	岩羊村	北　川	174008	1600
棉角坪	北　川	377247	550	石凑子	平　武	169540	0
魏家山	北　川	358021	2120	陈家坪	安　县	169368	1050
草槽坪	安　县	354046	660	王爷庙	都江堰	167980	9300
蒇棚子 $3^{\#}$	绵　竹	353817	600	枷担湾 $1^{\#}$	都江堰	166643	7900
老鹰岩	安　县	353242	1050	金河磷矿	绵　竹	159848	2800
火石沟	安　县	322155	1400	风岩子	北　川	158468	0
张家山	安　县	306576	6000	长　滩	绵　竹	151094	6670
马槽滩	绵　竹	305989	2700	魏家沟	北　川	150818	450
谢家店子	彭　州	294256	1100	小岗剑	绵　竹	149074	6280
石板沟	青　川	288305	2400	白岩山	青　川	147940	4300
回水沱	彭　州	270980	4200	郭牛村	北　川	147554	3000
大竹坪	安　县	270692	540	和尚桥 $2^{\#}$	都江堰	147394	9600

续表 18

滑坡名称	所在县（市）	面积（平方米）	距断层距离（米）	滑坡名称	所在县（市）	面积（平方米）	距断层距离（米）
蔑棚子 2#	绵　竹	262520	600	八座坟	安　县	146272	11000
田埂里	青　川	144729	1400	夏家坪	都江堰	96345	790
红麻公	青　川	144683	350	杜家岩	青　川	94769	960
白果村	青　川	139800	300	马地坪	青　川	94633	2600
黄土梁	北　川	135084	550	毛虫山 1#	平　武	92355	1200
青龙村	青　川	134079	790	岩雕窝	青　川	92128	340
彭家山	北　川	127156	2900	窗子沟	绵　竹	91718	2200
王家岩	北　川	125381	400	小溪山	青　川	90298	1000
一把刀	绵　竹	125059	9600	西山坡	北　川	83663	1140
老虎嘴	汶　川	125039	2700	何家院	青　川	83359	1990
北川中学新区	北　川	124365	300	赵家山	青　川	82329	1000
小梅子林	绵　竹	122530	5800	柳树坪 1#	青　川	81000	780
响水石	彭　州	119194	4600	围子坪	青　川	74661	470
高家磨	平　武	115301	1600	工字坝	青　川	71221	220
枷担湾 2#	都江堰	114905	9300	马耳坪	青　川	70982	7500
大花树	北　川	113111	0	毛虫山 2#	平　武	70252	1200
王家包	北　川	112418	0	木红坪	青　川	68288	2600
建康村	平　武	111106	340	马地盖	青　川	66602	500
肖家桥	安　县	110085	3000	子溪村	平　武	57820	2400
岭　头	青　川	102116	800	柳树坪 2#	青　川	54810	1000
龙湾村	北　川	99821	650	董　家	青　川	54353	1000
张正波	青　川	99726	790	马家窝	青　川	50591	1100
南岳村	都江堰	99350	0	小屋基	青　川	50122	2100

二　地质灾害分布及规模

四川灾区地质灾害点多于 500 处的县有 1 个，即青川。地质灾害点介于 100 ～ 500 处之间的县（市、区）有 20 个，依次为旺苍、彭州、茂县、汉源、苍溪、剑阁、宝兴、什邡、华蓥、汶川、利州、平武、崇州、芦山、通江、黑水、都江堰、金川、松潘和北川。地质灾害点小于 100 处的县（市、区）有 21 个，依次为南江、江油、朝天、万源、丹巴、安县、达县、丹棱、理县、绵竹、旌阳、宣汉、洪雅、大邑、巴州、邛崃、雨城、金口河、康定、泸定和石棉。

按照地质灾害灾情和险情（隐患），对地质灾害进行分级，可分为巨型、大型、中型、小型（见表 19）。

地质灾害灾情和险情分级一览表

表 19

级别	灾　情	险　情
巨型	因灾死亡 30 人以上，或直接经济损失 1000 万元以上	受灾害威胁，需搬迁转移人数 1000 人以上，或潜在可能造成的经济损失 1 亿元以上
大型	因灾死亡 10 人以上、30 人以下，或直接经济损失 500 万元以上、1000 万元以下	受灾害威胁，需搬迁转移人数 500 人以上、1000 人以下，或潜在可能造成的经济损失 5000 万元以上、1 亿元以下
中型	因灾死亡 3 人以上、10 人以下，或直接经济损失 100 万元以上、500 万元以下	受灾害威胁，需搬迁转移人数 100 人以上、500 人以下，或潜在可能造成的经济损失 500 万元以上、5000 万元以下
小型	因灾死亡 3 人以下，或直接经济损失 100 万元以下	受灾害威胁，需搬迁转移人数 100 人以下，或潜在可能造成的经济损失 500 万元以下

根据四川省对 42 个县（市、区）4488 处有规模数据的地质灾害点的统计，巨型地质灾害点 58 处，占总数的 1.29%；大型地质灾害点 385 处，占总数的 8.58%；中型地质灾害点 942 处，占总数的 20.99%；小型地质灾害点 3103 处，占总数的 69.14%。其中，在 3286 处滑坡地质灾害点中，257 处没有规模数据；根据对 3029 个完整数据统计，巨型的占滑坡总数的 1.02%、大型的占 8.68%、中型的占 20.77%、小型的占 69.53%。在 1218 处崩塌地质灾害点中，83 处无规模数据；根据对 1135 个完整数据统计，巨型的占崩塌总数的 1.41%、大型的占 7.13%、中型的占 18.77%、小型的占 72.69%。在 460 处泥石流地质灾害点中，136 处没有规模数据；根据对 324 个完整数据统计，巨型的占泥石流总数的 3.40%、大型的占 12.65%、中型的占 30.86%、小型的占 53.09%（见表 20）。

四川灾区地质灾害类型规模统计表

表 20　　　　单位：个

灾害类型	巨　型	大型	中　型	小　型	小　计
滑　坡	31	263	629	2106	3029
百分比 %	1.02	8.68	20.77	69.53	100
崩　塌	16	81	213	825	1135
百分比 %	1.41	7.13	18.77	72.69	100
泥石流	11	41	100	172	324
百分比 %	3.40	12.65	30.86	53.09	100
合　计	58	385	942	3103	4488
百分比 %	1.29	8.58	20.99	69.14	100

四川省地质灾害点中，滑坡、崩塌、泥石流共计 4964 处，其中 476 处无规模数据。各县滑坡、崩塌、泥石流和其他的灾害点数见图 74 所示。

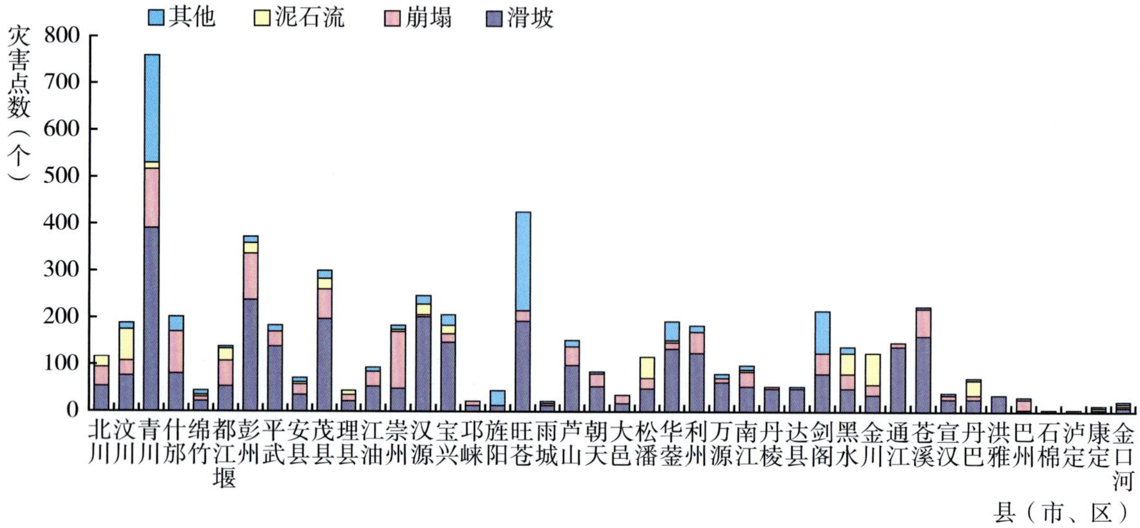

图74　四川省受灾县（市、区）地质灾害统计示意图

三　地质灾害威胁

受威胁人口多于10万的县有1个，即汶川。受威胁人口介于10万人和1万人的县（市、区）有18个，依次为平武、青川、南江、北川、旺苍、安县、茂县、通江、汉源、绵竹、理县、达县、苍溪、丹巴、利州、江油、都江堰和万源。受威胁人口少于1万人的县（市、区）有23个，依次为宝兴、剑阁、朝天、彭州、黑水、华蓥、金川、宣汉、松潘、巴州、什邡、芦山、丹棱、泸定、洪雅、崇州、大邑、康定、金口河、邛崃、旌阳、石棉和雨城（见图75）。

根据国家汶川地震灾后重建规划组第三次全体会议决定，四川省汶川地震灾后恢复重建范围为39个县（市、区）。这39个县（市、区）国土面积98039平方公里，占全省总面积的20%；人口1760万人，占全省总人口的20.1%。共查明地质灾害点8061处，其中滑坡3315处、崩塌2394处、泥石流619处、不稳定斜坡1656处、其他（如地面塌陷、地面裂缝等）77处。共有12座县城遭受83处地质灾害点的直接威胁，威胁学校的地质灾害点有109处，威胁集镇的149处，

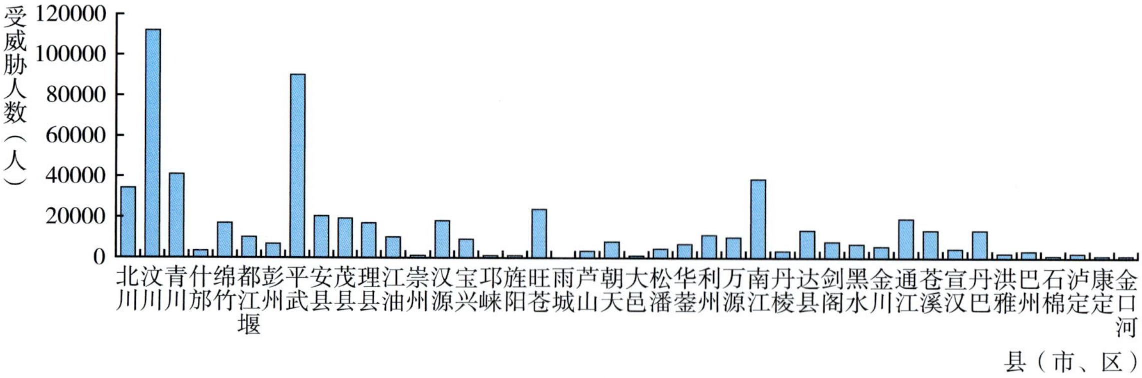

图75　四川省受灾县（市、区）地质灾害受威胁人口统计示意图

威胁聚居点的 2754 处，威胁分散农户的 3413 处，威胁工矿企业的 67 处，威胁旅游景区的 118 处，威胁道路的 1175 处，威胁水利水电的 180 处。上述地质灾害点总计威胁 15.8 万户 64 万人的生命和 303.8 亿元资产的安全。

第三节　甘肃灾区地质灾害

一　地质灾害概况

甘肃省 23 个受灾县（区）共调查重大地质灾害点 2214 处，其中滑坡 891 处、崩塌 928 处、泥石流 50 处、其他地质灾害 345 处（见图 76），威胁 365630 人。在各类地质灾害点中，滑坡占总灾害点的 40.24%、崩塌占 41.92%、泥石流占 2.26%、其他地质灾害点占 15.58%（见图 77）。

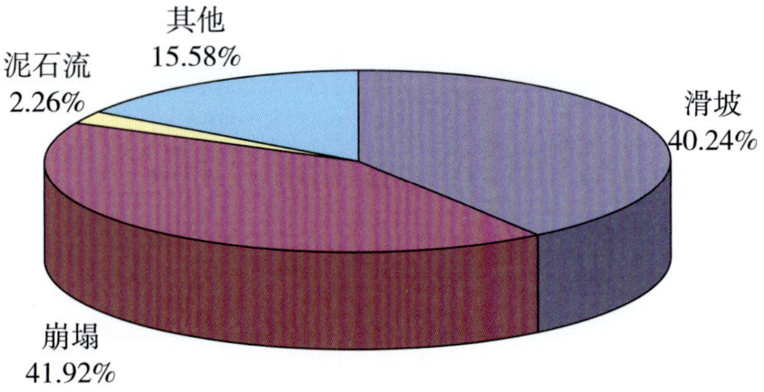

图 76　甘肃省地质灾害类型统计示意图

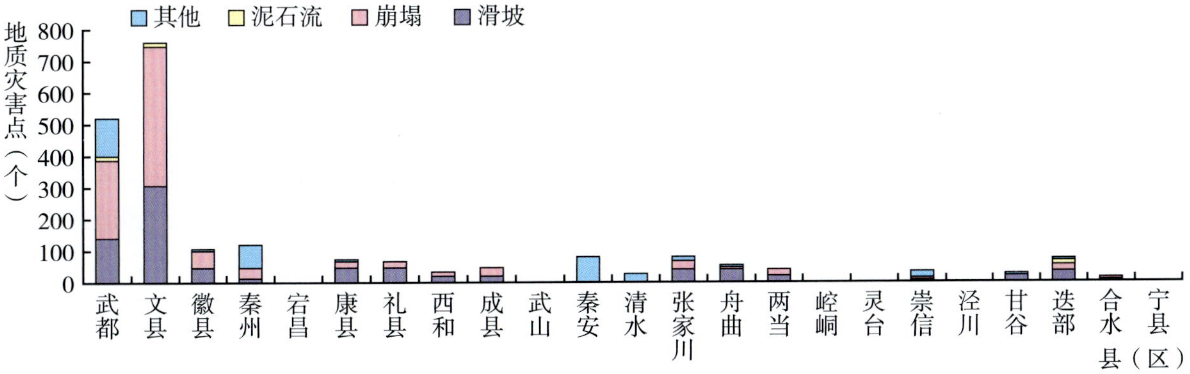

图 77　甘肃省受灾县（区）地质灾害统计示意图

二　地质灾害分布及规模

甘肃灾区地质灾害分布于 23 个县（区），灾害主要为滑坡、崩塌和泥石流。地质灾害点多于 500 处的县（区）有 2 个，即文县和武都。地质灾害点介于 100 ~ 500 处的县（区）有 2 个，即秦州和徽县。地质灾害点少于 100 的县（区）有 19 个（见表 21）。

甘肃省23个县（区）地质灾害点及受威胁人口统计表

表21

县（区）	地质灾害点数（个）					受威胁人口（人）
	滑　坡	崩　塌	泥石流	其　他	小　计	
武　都	145	242	14	115	516	162548
文　县	307	442	9	2	760	83988
秦　州	19	32	0	68	119	22865
礼　县	53	12	0	0	65	17439
舟　曲	44	5	4	4	57	15549
张家川	44	29	0	7	80	11380
宁　县	4	3	0	0	7	6600
徽　县	52	52	2	2	108	6573
秦　安	0	1	0	80	81	6351
迭　部	36	23	14	2	75	5210
康　县	49	25	0	1	75	5169
西　和	25	11	0	0	36	4608
两　当	25	16	0	3	44	3003
甘　谷	25	1	0	5	31	2603
成　县	23	24	1	6	54	2577
武　山	6	0	0	0	6	2286
清　水	1	0	0	26	27	2136
崇　信	9	3	4	22	38	1721
宕　昌	4	3	0	0	7	1278
合　水	11	1	2	1	15	806
灵　台	3	1	0	1	5	521
泾　川	5	0	0	0	5	291
崆　峒	1	2	0	0	3	128
合　计	891	928	50	345	2214	365630

甘肃省地质灾害调查点中，滑坡、崩塌、泥石流和其他地质灾害点共计2214处，其中389处无规模数据。根据1825个完成数据统计，巨型地质灾害点22处，占总数的1.21%；大型地质灾害点187处，占总数的10.25%；中型地质灾害点525处，占总数的28.77%；小型地质灾害点1091处，占总数的59.77%。

根据874处滑坡地质灾害点完整数据统计，巨型的占滑坡总数的2.17%、大型的占17.16%、中型的占35.7%、小型的占44.97%。根据903处崩塌地质灾害点完整数据统计，巨型的占崩塌总数的 0.33%、大型的占 3.76%、中型的占 21.82%、小型的占 74.09%。根据 48 处泥石流地质灾害点完整数据统计，大型的占 6.25%、中型的占 33.33%、小型的占 60.42%（见表 22）。

甘肃灾区地质灾害类型规模统计表

表 22　　单位：个

灾害类型	巨　型	大　型	中　型	小　型	小　计
滑　坡	19	150	312	393	874
百分比 %	2.17	17.16	35.7	44.97	100
崩　塌	3	34	197	669	903
百分比 %	0.33	3.76	21.82	74.09	100
泥石流	0	3	16	29	48
百分比 %	0	6.25	33.33	60.42	100
灾害点合计	22	187	525	1091	1825
百分比 %	1.21	10.25	28.77	59.77	100

三　地质灾害威胁

受威胁人口多于 10 万人的县（区）有 1 个，即武都。受威胁人口介于 10 万人到 1 万人的县（区）有 5 个，依次为文县、秦州、礼县、舟曲和张家川。受威胁人口小于 1 万人的县（区）有 17 个，依次为宁县、徽县、秦安、迭部、康县、西和、两当、甘谷、成县、武山、清水、崇信、宕昌、合水、灵台、泾川和崆峒（见图 78），总计威胁人口 36.6 万人。

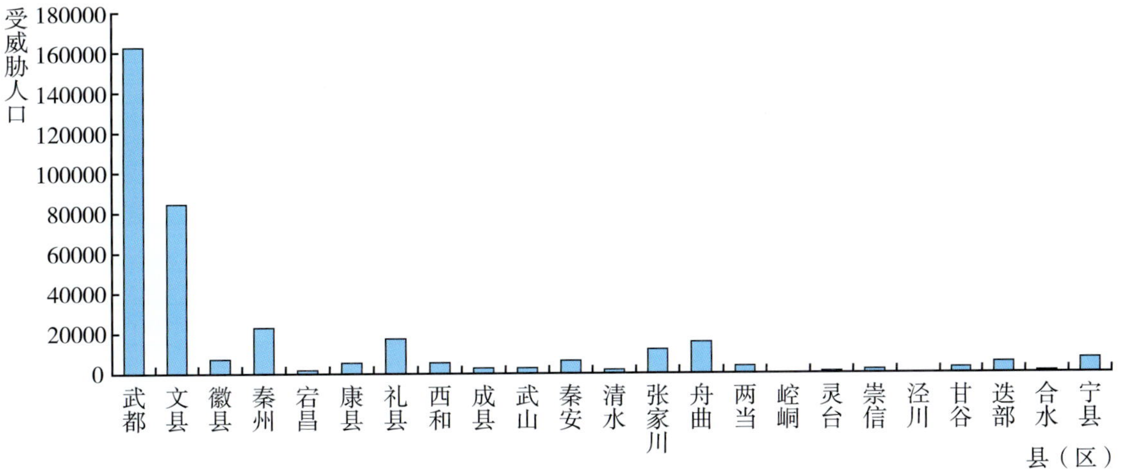

图 78　甘肃省受灾县（区）地质灾害受威胁人口统计示意图

第四节　陕西灾区地质灾害

一　地质灾害概况

陕西省19个受灾县（区）共调查重大地质灾害点389处，其中滑坡195处、崩塌163处、泥石流5处、其他地质灾害26处，共威胁76070人。在各类地质灾害点中，滑坡占总灾害点的50.13%、崩塌占41.90%、泥石流占1.29%、其他地质灾害点占6.68%（见图79、表23）。

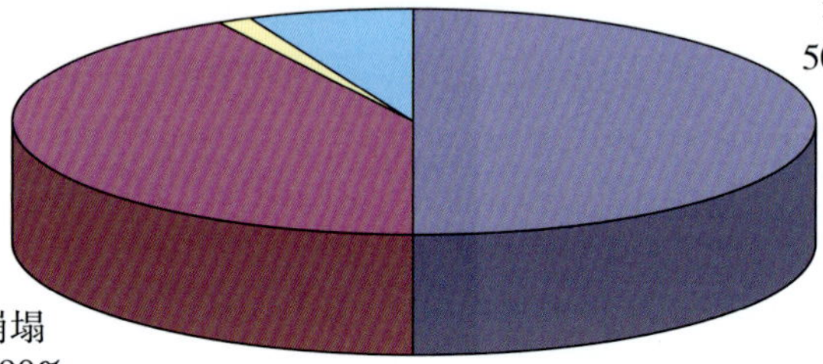

图79　陕西省地质灾害类型占比示意图

陕西省19个县（区）地质灾害点统计表

表23

县（区）	地质灾害点数（个）					受威胁人口（人）
	滑　坡	崩　塌	泥石流	其　他	小　计	
宁　强	28	28	—	17	73	4820
西　乡	8	1	—	1	10	637
略　阳	23	52	—	—	75	8403
凤　县	6	6	—	—	12	593
汉　阴	8	—	—	—	8	939
石　泉	8	1	1	—	10	—
旬　阳	14	3	1	—	18	9180
南　郑	4	9	—	2	15	2657
勉　县	27	15	2	—	44	24381
留　坝	6	12		1	19	5848
佛　坪	3	—	1	1	5	4000
洋　县	7	2	—	—	9	4948
城　固	21	2	—	—	23	1726
镇　巴	7	3	—	2	12	100
汉　台	10	3	—	—	13	807
陇　县	2	2	—	—	4	1785
陈　仓	2	16	—	—	18	2026
渭　滨	5	8	—	1	14	769
汉　滨	6	—	—	1	7	2451
合　计	195	163	5	26	389	76070

二　地质灾害分布及规模

19 个县（区）地质灾害点均少于 100 处，按照灾害数量依次为略阳 75 处、宁强 73 处、勉县 44 处、城固 23 处、留坝 19 处、旬阳 18 处、陈仓 18 处、南郑 15 处、渭滨 14 处、汉台 13 处、凤县 12 处、镇巴 12 处、西乡 10 处、石泉 10 处、洋县 9 处、汉阴 8 处、汉滨 7 处、佛坪 5 处、陇县 4 处（见图 80）。

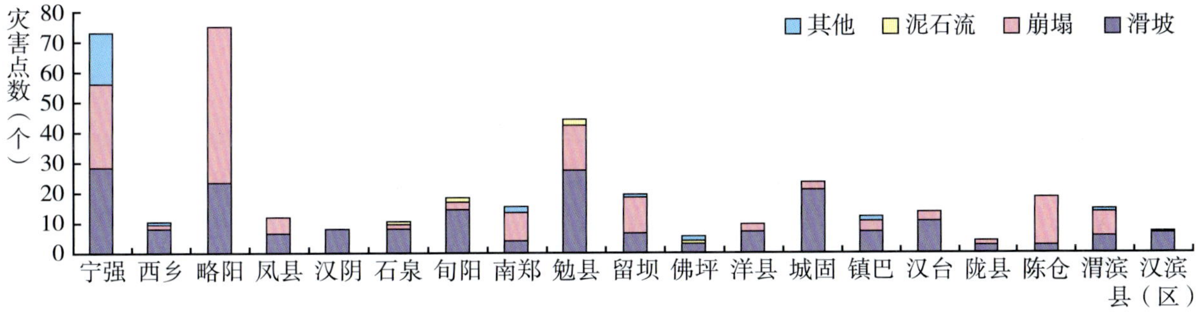

图 80　陕西省受灾县（区）地质灾害统计示意图

陕西省地质灾害调查中，滑坡、崩塌、泥石流共计 363 处，其中巨型地质灾害点 7 处，占总数的 1.93%；大型地质灾害点 34 处，占总数的 9.37%；中型地质灾害点 117 处，占总数的 32.23%；小型地质灾害点 205 处，占总数的 56.47%。滑坡地质灾害点共 195 处，其中巨型滑坡占总滑坡数的 3.08%、大型的占 11.80%、中型的占 35.38%、小型的占 49.74%。崩塌地质灾害点 163 处，其中巨型的占崩塌总数的 0.61%、大型的占 6.75%、中型的占 27.61%、小型的占 65.03%。泥石流地质灾害点共 5 处，其中中型的占泥石流总数的 60%、小型的占 40%（见表 24）。

陕西灾区地质灾害类型规模统计表

表 24　　单位：个

灾害类型	巨　型	大　型	中　型	小　型	小　计
滑　坡	6	23	69	97	195
百分比 %	3.08	11.80	35.38	49.74	100
崩　塌	1	11	45	106	163
百分比 %	0.61	6.75	27.61	65.03	100
泥石流	—	—	3	2	5
百分比 %	—	—	60.00	40.00	100
灾害点合计	7	34	117	205	363
百分比 %	1.93	9.37	32.23	56.47	100

三　地质灾害威胁

受威胁人口大于1万人的县有1个，即勉县。受威胁人口小于1万人的县（区）有18个，依次为旬阳、略阳、留坝、洋县、宁强、佛坪、南郑、汉滨、陈仓、陇县、城固、汉阴、汉台、渭滨、西乡、凤县、镇巴和石泉（见图81）。

总计威胁人口7.6万余人。

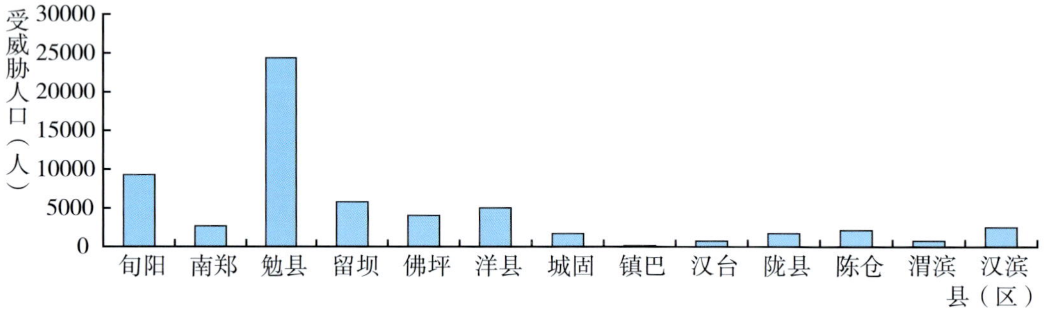

图81　陕西省受灾县（区）地质灾害受威胁人口数示意图

第二章　崩塌滑坡与泥石流

汶川特大地震发生于青藏高原东部边缘的龙门山构造带。受青藏高原与四川盆地的强烈挤压，龙门山构造带迄今仍处于活动状态，多次发生强烈地震，是中国乃至全球山脉中地形陡度最大的区带之一，在 100 公里范围内，高差超过 5500 米，形成高山峡谷，是长江上游多条河流分布区。与国内其他强烈地震明显不同，汶川地震触发大量的滑坡、崩塌、碎屑流，伴随暴雨，在岷江等流域形成多处泥石流，造成惨重的人员伤亡和巨大的财产损失。

第一节　崩塌滑坡类型

与常见滑坡明显不同的是，汶川特大地震极震区滑坡的滑床往往不具连续完整的滑面，剪出口特征不明显，呈现明显的“尖点突起”或“边缘突出”特征，反映出上部滑体被地震力振动解体，甚至抛掷后与下部滑床边缘发生撞击。根据强震地面运动记录和大量实例调查表明，在汶川地震极震区，触发滑坡的地震竖向力作用非常明显，大量滑坡经历了初始斜坡（风化碎裂岩体）—地震抛掷—撞击崩裂—高速滑流的作用过程。以阶型滑坡、凸型滑坡、勺型崩滑、坐落型（振胀型）滑坡和巨大滚石 5 种类型最为典型。

一　阶型滑坡

高位岩体被缓倾和陡立两组不连续面切割，在垂向和水平加速度作用下被抛掷，并与台缘发生撞击，下伏基岩形成明显的向外缓倾的阶型台面。在基岩平台上部堆积有上部滑体与基岩撞击后残留的松散堆积体，基岩表层和浅部被铲刮，形成次级滑动，下部形成滑坡—碎屑流堆积。

图 82　平武县平通镇牛飞村阶型滑坡

平武县平通镇牛飞村的滑坡位于中央断裂带 2 公里范围内，滑床具有典型的台阶型（见图 82），台阶纵长约 50 米、横宽可达 100 米，向坡外缓倾。滑坡母岩为早寒武纪地层，主要由板岩构成，层状结构明显，易于形成缓倾平台。在台缘撞击后形成碎屑流，冲入江中阻塞河道形成堰塞湖。同时，碎屑流继续爬升到对岸约 30 米，形成气浪溅泥堆积，阻断公路。

二　凸型滑坡

在垂向主导和水平地震加速度作用下，高位岩体被抛掷后与下伏基岩强烈撞击，散体后再次铲刮下部基岩表层，形成高速碎屑流或长程滑坡。新形成的滑床中部明显凸起。

都江堰市龙池镇滑坡位于龙门山中央断裂带范围内，滑床中部具有显著突起，突起面积占滑床总面积的 60% 以上，与传统的重力滑坡形成显著区别（见图 83）。滑坡的母岩为震旦系花岗岩，在长期的内外动力作用下，岩体表层较为破碎，但是，风化差异大，深部难以形成统一的滑

图 83　都江堰市龙池镇沙子坡凸型滑坡

带。上部滑体与基岩撞击后形成瀑布状碎屑流，堵塞河道形成堰塞湖，产生的高速气浪冲毁数间房屋，并将一位在山脚院坝里的村民推到马路对面的房顶上。

三　勺型崩滑

一般原有潜在的滑床，类似圈椅型，但崩滑体未形成典型的整体圆弧滑动。此种类型的崩滑体大多处于位置较高的陡倾斜坡上，母岩较为破碎，或为原有的老滑坡、崩塌体。因此，崩滑体高位剪出或崩落后形成长程高速碎屑流或崩塌。

汶川县百花大桥崩塌滑坡是典型的勺型崩滑，勺型崩滑体处于山体高位陡坡上。崩塌的滑坡体、碎屑流阻断道路（见图 84）。

图 84　汶川县百花大桥旁勺型崩滑

四　坐落型（振胀型）滑坡

在垂向和水平地震加速度作用下，滑坡从高位整体下坐，后缘壁陡倾，呈现高速近程滑动特征，水平滑动距离不大，通常小于垂向错动距离，滑带不明显，剪出口位置低，冲击力小。滑坡具有振动膨胀解体的特征，堆积体超覆于前缘平缓地面。

北川陈家坝滑坡是典型的坐落型滑坡，纵长 500 米、横宽 300 米、厚度 100 米，体积约 1500×10^4 立方米。滑坡从坡顶高位下坐约 100 米，水平滑移约 300 米。由于滑坡具有整体膨胀振落的特征，向三面扩展。与北川县城王家岩滑坡相比，该滑坡势能相对较小，没有气垫效应，因此未对陈家坝乡造成严重灾害（见图 85）。

北川羌族自治县擂鼓镇南滑坡，纵长 500 米、横宽 400 米、厚度 100 米，体积约 2000×10^4 立方米。滑坡从坡顶高位下坐约 100 米，水平滑移约 100 米。由于滑坡具有整体膨胀振落的特征，向三面扩展。与北川县城王家岩滑坡相比，该滑坡势能相对较小，没有气垫效应，因此未对擂鼓镇造成严重灾害（见图 86）。

图85　北川羌族自治县陈家坝乡坐落型（振胀型）滑坡

图 86　北川羌族自治县擂鼓镇坐落型（振胀型）滑坡

五　巨大滚石

汶川地震产生的强震动持续了 20 秒，使陡坡山顶的地面加速度放大效应非常明显，在北川、汶川、都江堰等地触发了大量的巨大滚石，单体滚石体积达 1000 立方米，造成了难以防范的地质灾害。

北川县城，多处巨大滚石从景家山 100 ~ 200 米高处顺坡冲入县城南城主路，阻断了通往绵阳的公路，摧毁数十辆汽车、摩托车，毁坏 10 余间房屋，造成数十人死亡。最大巨石体积达 1000 立方米（见图 87）。

汶川县映秀镇，巨大滚石从斜坡冲入居民区，导致多栋房屋被毁。巨石体积达 200 立方米（见图 88）。

都江堰市龙池旅游区公路沿线，巨大滚石从山顶 200 多米高处飞滚而下，摧毁多间房屋，阻挡道路。巨石体积达 700 立方米（见图 89）。都（江堰）汶（川）公路沿线有巨大滚石灾害（见图 90）。

安县安昌镇街道店铺发生巨大飞石灾害。飞石体积约 5 立方米，层状块石从对面山坡抛掷而下，飞行水平距离约 30 米，高差 50 米（图 91）。

图 87　北川县城巨大滚石灾害

图 88　汶川县映秀镇巨大滚石灾害

图 89　都江堰市龙池旅游区公路沿线巨大滚石灾害

图 90　都（江堰）汶（川）公路沿线巨大滚石灾害

图 91　安县安昌镇街道店铺巨大飞石灾害

第二节　崩塌滑坡灾害

一　灾难性崩塌滑坡

四川灾区崩塌滑坡灾害点数以千计，其中造成较大人员伤亡灾害的有112处，造成死亡10人以上的单体滑坡崩塌有43处，共造成1万多人死亡，经济损失难以计算（见表25）。

四川省汶川地震灾难性滑坡崩塌所致单体死亡≥10人统计表

表25

地质灾害点名称	所在地	灾害体规模（万立方米）	死亡人数（人）
王家岩（城西）滑坡	北川羌族自治县曲山镇王家岩	1000	约3000
映秀—汶川公路滑坡崩塌	都江堰—九寨沟旅游公路沿线	滑坡、崩塌密集带	1000
樱桃沟（鼓儿山）滑坡	北川羌族自治县陈家坝乡茶园梁村	188	906
东河口滑坡	青川县红光乡东河口村	1000	780
景家山乱石窖滑塌	北川羌族自治县曲山镇景家村	1000	2800
北川中学新区滑坡	北川中学新区	240	154
陈家坝场镇1号滑坡	北川羌族自治县陈家坝乡场镇	1200	400
岳家山滑坡	什邡市红白镇	—	200多
太洪村滑坡	北川羌族自治县陈家坝乡太洪村（堰塞湖）	200	150
红松电站滑坡	什邡市石亭江红松电站	100	150
陈家坝乡红岩村滑坡	北川羌族自治县陈家坝乡红岩村	480	141
黎明村滑坡	都江堰市紫坪铺镇黎明村	20	120
谢家店滑坡	彭州市龙门山镇九峰村7社	400	100
小龙潭崩塌	彭州市银厂沟景区	5.4	100
大龙潭沟口崩塌	彭州市银厂沟景区	10	100
陈家坝乡太洪村2号滑坡	北川羌族自治县陈家坝乡太洪村	500	100
罐滩滑坡	安县雎水镇罐滩	468	100
唐家山滑坡	北川羌族自治县通河口	2037	100
泰安9组崩滑体群	都江堰市青城山镇泰安村9组	120	62
谢家店子崩塌	彭州市龙门山镇九峰村	—	60多
郑家山滑坡群	平武县南坝镇新平村	1250	60

续表 25

地质灾害点名称	所在地	灾害体规模（万立方米）	死亡人数（人）
林家坝滑坡	平武县林家坝	200	60
景家山崩塌	北川县城城南主干道	50	60
韩家山滑坡群	北川羌族自治县桂溪乡杜家坝村 1 社	30	50
一把刀—小岗剑	绵竹市绵远河	滑坡、崩塌密集群	50
大岩壳—红洞子沟滑坡	青川县曲河乡建新村	70	41
大光包—红洞子沟滑坡	安县高川乡罗家大坪村	74200	38
马鞍石滑坡群	平武县水观乡马鞍石村	400	34
连盖坪滑坡	彭州市大宝镇团山村	40	30
麻园子滑坡群	平武县南坝镇新坪村麻园子	800	23
回龙沟崩塌	彭州市龙门山镇回龙沟景区	100	20
马儿坪崩塌	青川县曲河乡老场镇马儿坪	40	19
映秀牛圈沟滑坡	汶川县映秀镇牛圈沟	100	18
赵家坟滑坡	平武县南坝镇建全村赵家坟组	1250	17
九龙沟滑坡	崇州市九龙沟景区	0.5	13
窑沟社滑坡	平武县南坝镇建全村窑沟社	720	11
桂花村 1 号滑坡	都江堰市胥家镇桂花村	11	11
砂坝崩塌	汶川县砂坝	6.51	10
雁门沟右岸崩塌	汶川县雁门乡雁门沟	10	10
三江草坪村滑坡	汶川县三江乡草坪村	100	10
牛石敦不稳定斜坡	汶川县牛石敦	8	10
文家坝滑坡	平武县南坝镇文家坝	300	10
沙子坡 1 号滑坡	都江堰市龙池镇沙子坡	11	10

说明：死亡人数除尾数非 0 为确知数外，均为当时估计数

二　典型滑坡崩塌

王家岩（城西）滑坡　北川县城曲山镇面积不足 2 平方公里，坐落在湔江发育形成的狭长河谷阶地上，遭受的地震地质灾害非常严重。汶川地震发震断裂自西南向北东切穿老城和新城，沿断裂带形成强烈逆冲变形带，致使带上或两侧建筑物倒塌和严重毁坏。

北川县城城区人员伤亡的主要原因是地震造成的山体大面积滑坡。北川县城城西王家岩滑坡，滑坡灾害体规模1000万立方米，压埋4个街区，几乎摧毁半个县城，仅摧毁的3～6层楼房就达20余幢，其中包括县医院、幼儿园、曲山小学及农贸市场等人口密集建筑物，共造成约3000人遇难，成为汶川地震诱发滑坡灾害中直接死亡人数最多、影响最大的滑坡（见图92～95）。

曲山镇小学、北川幼儿园、中心小学因为背靠山体滑坡，人员伤亡惨重。

图92　崩塌、滑坡对北川县城造成毁灭性破坏

图 93 北川县城曲山镇南部王家岩滑坡

图 94 王家岩滑坡远景

图 95 王家岩滑坡近照

被压埋单位及机构有武警中队、法院、县医院、劳动局、油库、汽车维修公司、旧广播局、政协、地税局、拘留所、文体局、烟酒公司、林业站、武装部等。其中，武警中队、法院、县医院、油库、汽车维修公司、旧广播局、拘留所等靠近山体的单位，人员伤亡惨重。

樱桃沟（鼓儿山）滑坡 北川羌族自治县陈家坝乡茶园梁村樱桃沟，位于陈家坝乡老场镇后山，汶川地震期间瞬间滑移，堆积方量约800万立方米，压埋陈家坝乡老街。滑坡灾害体规模800万立方米，造成陈家坝乡906人死亡，直接经济损失1500万元（见图96）。

图96 樱桃沟（鼓儿山）滑坡

东河口滑坡 青川县红光乡东河口村滑坡灾害体规模1000万立方米，造成780人死亡，直接经济损失5000万元（见图97）。

东河口滑坡是大型滑坡，发生在深切河谷地带。地震时隆隆轰鸣，它释放的巨大能量将海拔1500米的王家山从中间错成两半，崩塌、断裂瞬间而至，上千万方巨石裹挟泥土从西向东以扇形倾泻而下，山下美丽的村庄转眼间消失，人类生活的痕迹荡然无存。碧蓝的红石河被生生截断，充满泥沙的一段河床被抬高近百米，另一段河流倒流清竹江。崩塌滑坡倾泻而下形成的巨大气浪把两旁所有树木拦腰砍断，房屋屋顶被全部掠走，崩塌滑坡体达1000万立方米以上。

图97 东河口震前震后对比（左为震前的东河口，右为震后的东河口）

图98　在东河口，一位妇女说：我的家就在这下面50米的地方

当地村民、过往行人、东河口小学师生等780人被掩埋其中。在红光乡东河口，一位妇女说：我的家就在这下面50米的地方，一瞬间就埋进去了（见图98）。

北川中学新区滑坡　北川中学新区（原曲山镇茅坝初中）滑坡灾害体规模240万立方米，造成154人死亡。北川中学新区滑坡为古滑坡和危岩体的复合。据20世纪90年代初中国水文地质工程地质勘查院909队的调查，该区为乱石窖滑坡区。滑坡长650米、宽200米，平均厚度20米，最厚达40米，前后缘高差达300米，体积约240万立方米。滑坡具有崩塌特征，以块（巨）石为主，巨石单体体积可达1000立方米，产生巨大冲击力，导致北川中学新区3层高的一排教学楼和邻近的建筑物被毁覆（见图99～101）。

滑坡还造成保险公司大楼、汽车客运中心完全倒塌，上班工作人员及周围居民只有极少数人幸免于难。

图100　滑坡后的北川中学新区遗址

图99　滑坡前的北川中学新区

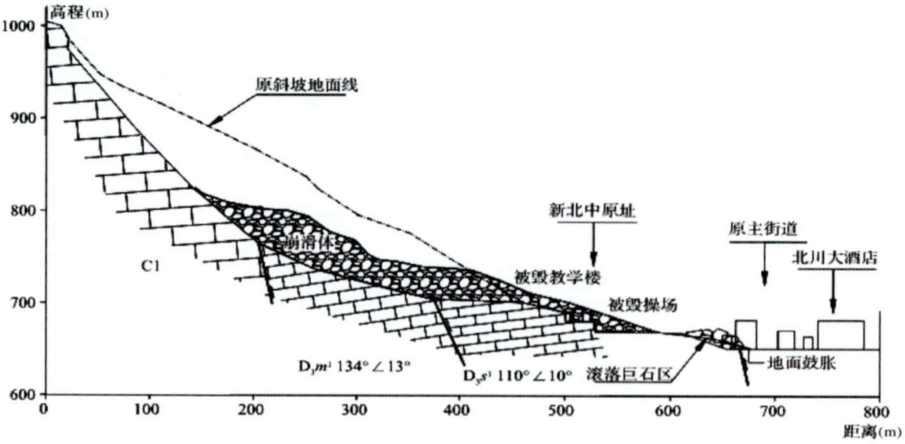

图 101　北川中学新区滑坡剖面图

岳家山滑坡　金河磷矿为全国六大磷矿之一，1961 年成立。金河磷矿有两个分矿，分布于石亭江流域的什邡市红白镇北部的崇山峻岭中，一个是马槽滩、兰家坪矿区，另一个是岳家山矿区（见图 102）。岳家山滑坡造成岳家山矿区全部被埋，有 77 人被深埋在土石之下。

图 102　震前的金河磷矿岳家山分矿生活区

据矿上留守人员廖长君回忆，地震发生时山裂开了，两边的山体发生了罕见的相向式滑坡，崩塌而下的山体掩埋了 200 多人。地震发生时，他的妻子跑出了办公大楼。按照常理，空地应该更安全。不料，那块开阔地很快就被山崩和滑坡掩埋（图 103），他的妻子被埋在楼前的废墟下面，而那座老办公楼却只被冲垮了一半（见图 104），一层车库里的汽车完好无损。

图 103　金河磷矿岳家山分矿生活区被滑坡掩埋

图 104　金河磷矿岳家山分矿尚存一半的办公楼

陈家坝乡太洪村 2 号滑坡　北川羌族自治县陈家坝乡太洪村 2 号滑坡灾害体规模 500 万立方米，造成陈家坝乡 100 人死亡，直接经济损失 110 万元（见图 105 ~ 106）。

成堂芳家住在陈家坝乡魏家山半山坡，是滑坡中的幸存者。5 月 12 日吃过午饭，她正在屋后玉米地里锄草，忽然感觉大山晃了两下，接着看到玉米地拱了起来，好像下边有个大妖怪在游动。就在她感到惊奇的时候，大山晃得越来越厉害，竖立在庄稼地里的电线杆在摇晃中倒了。她怕被电打，扭头就跑，摇摇晃晃没跑几步，便被晃趴下了。还没等她爬起来，不知哪里来的土，一下子就把她埋在了地下，突然感觉身体开始往下坠，她憋着一口气，心想这次死定了。就在下滑了约 10 秒钟后，她又感觉身体开始上升，随着上升，感觉压在身上的泥土越来越轻，很快，她的头部从土里露了出来。大约过了几十秒钟，大地平静下来，周围灰蒙蒙的一片，什么也看不见。又过了片刻，天空明亮起来，自己也

图 105　陈家坝乡场镇边的山体坍塌，房屋被埋

图 106　陈家坝乡太洪村大崩塌区

图 107　成堂芳和丈夫大难之后重逢，别是一番滋味

不知道身在何处。过了一会儿，她才发现自己所处的位置居然是她家所在的魏家山对面的半山坡，而魏家山原本翠绿的山坡，露出一大片泥土和山石，山上居住的 25 户人家全部不在了，附近勇敢村的房屋也全部坍塌。第二天，在外的丈夫找到她（见图 107）。此时她才知道全社 25 户人家中在家的 28 人除他们俩外，仅有 1 人幸免于难，但也受了伤。成堂芳说，她家住在半山腰，距谷底的垂直距离有 700 多米，而她重新从土里钻出来的位置，距离谷底也将近 200 米。也就是说，她被埋在土里，从她家所在的半山腰滑落到谷底，然后又顺势冲到了对面的半山腰上。

陈家坝乡太洪村滑坡具有明显的阶状滑坡特征（见图 108 ～ 109）。上部滑体高约 70 米、宽 100 米、纵长 50 米，体积约 35 万立方米。上部滑体与下伏基岩发生强烈撞击，并触发下部滑坡，台阶到河床高差约 150 米、宽 200 米、纵长 150 米，滑坡堆积体厚约 50 米，体积约 150 万立方米，产生滑坡坝堵塞河流，形成堰塞湖。滑坡体高位抛出后，撞击对岸高地，形成约 2 万立方米土石碎屑溅落体，同时亦形成强大气浪压覆麦田，显示气垫特征。

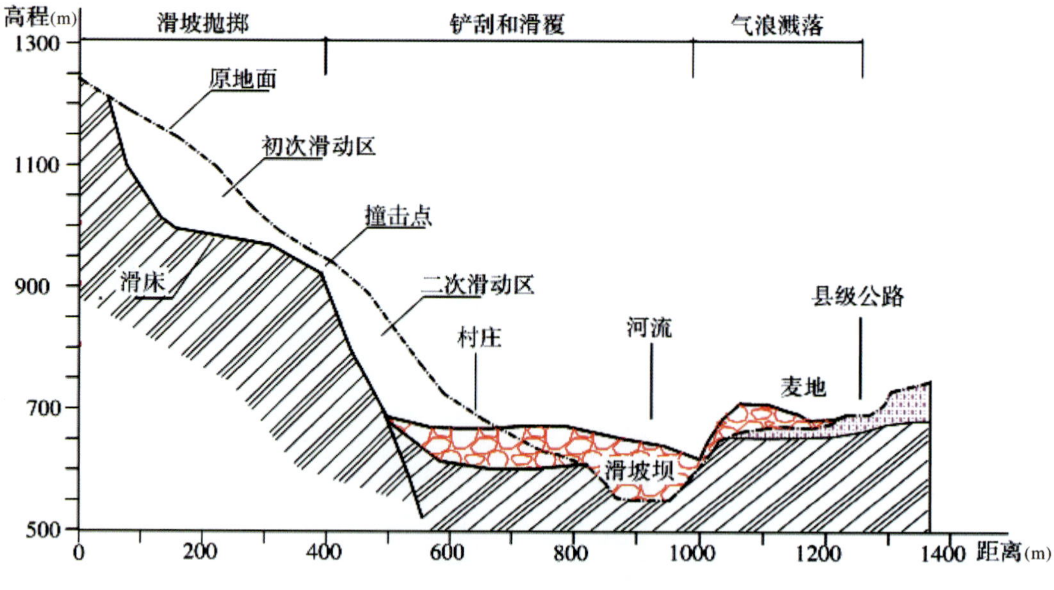

图 108　陈家坝乡太洪村阶型滑坡剖面

说明：① 太洪村阶型滑坡　② 太洪村阶型滑坡上部缓倾台面　③ 滑坡堵江形成堰塞湖　④ 阶型滑坡上部强风化碎裂母岩　⑤滑坡气浪吹覆麦田

图 109　陈家坝乡太洪村阶型滑坡

图 110　郑家山滑坡群

郑家山滑坡群　平武县南坝镇新平村郑家山滑坡群灾害体规模 1250 万立方米，造成南坝镇新平村 60 人死亡，直接经济损失 5000 万元（见图 110）。

郑家山分属平武和青川两县，整座山的两面坡均被崩开，产生滑坡。村民郭顺明说，滑下来的山体有上百米高，他的大儿子被埋在底下，整条沟大约有上百人遇难。山沟里有几户人家，村前有一个缓坡，使快速涌进村庄的泥石流停住了，大家才幸免于难。

罐滩滑坡　安县睢水镇罐滩滑坡灾害体规模 468 万立方米，造成睢水镇 100 人死亡。

地震发生时，在绵竹市绵远河、安县睢水河等山区乡镇道路和矿区道路上，正值车辆行驶高峰时间，仅睢水河沿线矿区道路，因滑坡崩塌被埋毁载重卡车即达数十辆，人员死亡以百计（见图 111 ~ 112）。

图 111　安县睢水矿区道路车辆被滑坡压埋

图 112　滑坡毁坏安县睢水矿区道路

图 113　谢家店子崩塌的砾石和泥土

谢家店子崩塌　谢家店子崩塌位于彭州市龙门山镇九峰村，在龙门山镇至银厂沟的旅游公路旁边，这里原来住有 18 户村民以及 20 余家农家乐，是从景区出来的游客歇脚、吃饭、娱乐的地方。地震时山体崩塌，数万方泥土巨石瞬间吞没 60 多人。原有几个足球场大地方，全部都是高高低低的石块、泥土（见图 113）。

大光包—红洞子沟滑坡　安县高川乡罗家大坪村的大光包—红洞子沟滑坡面积约 10 平方公里，灾害体规模 7.42 亿立方米，造成高川乡 38 人遇难，直接经济损失 2000 万元。

大光包—红洞子沟巨型滑坡是汶川地震触发的最大规模滑坡，体积达 7.42 亿立方米，形成的堰塞坝高达 690 米，是中国已知的最大规模地震滑坡和最高的滑坡堰塞坝，也是全世界已知的为数不多的几个方量在 5 亿立方米以上的超大规模滑坡之一。滑坡位于发震断层上盘，距发震断裂——映秀—北川断裂不足 7 公里。震前斜坡为三面切割的孤立型山脊，相对高差达 1500 米；斜坡岩层走向与坡面近于垂直，层面延展性极好，构成滑动面形成的基础；高强度和长持时强震地面运动是导致滑坡产生的根本因素。失稳高速下滑的坡体，形成了沿主滑方向长 4.2 公里、宽 2.2 公里的堆积体，高速流动的碎屑流越过下游侧风波岩山脊，沿红洞子沟形成了长 1 公里的碎屑流堆积区。

大光包滑坡发生于涪江上游黄洞子沟右岸，安县高川乡罗家大坪村以北。滑坡从高程约 3000 米的大光包山顶上高速下滑，阻断了高程约 1400 ~ 1500 米的黄洞子沟，并仰冲到对岸 2000 米高程以上，滑动距离长 4500 米。滑坡堆积体长 2800 米、宽 1700 ~ 2200 米，最大厚度达 580 米，若以平均厚度 200 米计，体积达 7.42 亿立方米（见图 114 ~ 117）。大光包滑坡发生于汶川地震的过程瞬间。据目击者回忆，地震发生时，山体开始强烈摇动。不到 1 分钟，只听一阵轰鸣，山体轰然而下，瞬间变色，原本晴朗的天空立刻变暗，随即粉尘夹着细砂挡住了视线；浓密的粉尘漂浮在滑坡区上空，久久难以消散，3 个小时后视距仍不足 5 米。躲在巨石后逃过劫难的目击者从山上走下时，被眼前的景象所惊呆：昔日深达 500 米以上的河坝已被巨大的碎石块填为平地，刚才还在沟内坪坝上种树、养蜂的人及自己放在路上的摩托车已不见踪影。所幸的是大光包滑坡远离人口集中的村镇，仅造成 38 人死亡、一座年产值近 2000 万元的磷矿和一家伐木场被摧毁。

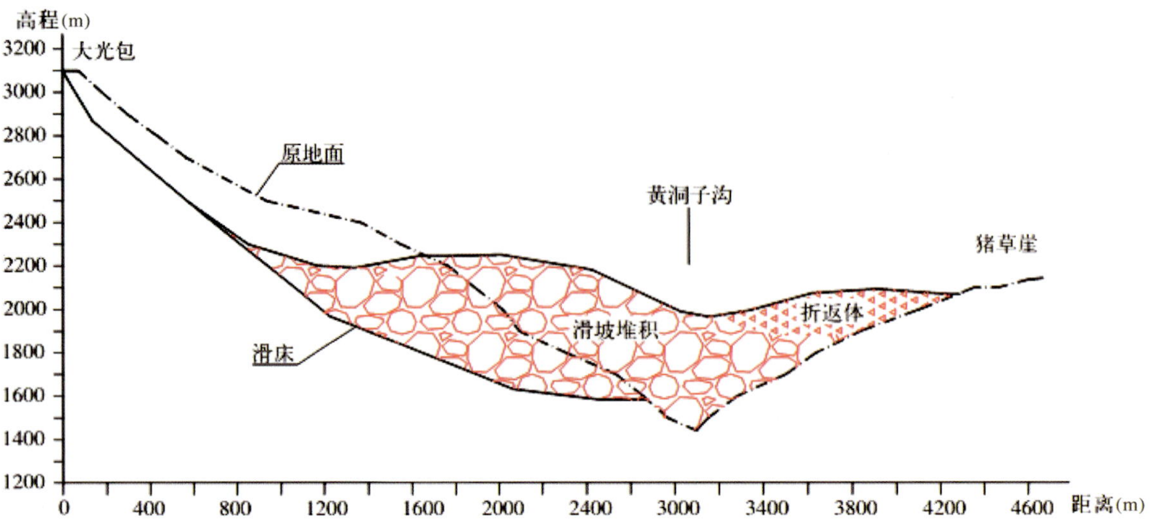

图 114　安县高川乡大光包巨型滑坡剖面图

图 115　安县高川乡大光包卫星遥感影像

图 116 大光包滑坡把 500 米深的峡谷全部填平

图 117 大光包堆积高达数百米

映秀—汶川公路滑坡崩塌 国道 213 线都江堰—汶川公路（以下简称都汶路）全长 90 余公里，沿岷江河谷两侧穿行，大致以茂汶断裂和映秀断裂为界，将沿线分为 3 段，其中映秀到汶川段为成都—九寨沟的交通要道，滑坡、崩塌密集，造成道路严重毁坏和人员伤亡（见图 118 ~ 121）。

都汶路地质灾害共发育 134 处，主要为崩塌，其次是滑坡和泥石流，其中崩塌 112 处、占总数的 83.6%，滑坡 12 处、占总数的 8.9%，泥石流 10 处、占总数的 7.5%；规模为特大型 3 处、大型 16 处、中型 45 处和小型 70 处。

崩塌绝大多数为基岩崩塌，占总数的 97.22%；其中又以倾倒式崩塌为主、占 75%，其次是滑移式崩塌、占 22.22%。崩塌以中、小型为主，占 86.6%；大型、特大型仅占 13.4%，几乎均为不稳定的崩塌，占 99.1%。

图 118 都汶路滚落的巨石

滑坡分牵引式滑坡和推移式滑坡两种，分别占总数的 83.33% 和 16.67%，其中小型滑坡占 83.33%、中型滑坡占 16.67%。牵引式滑坡是下部先滑，使上部失去支撑而变形滑动。一般速度较慢，多具上小下大的塔式外貌，横向张性裂隙发育，表面多呈阶梯状或陡坎状。推移式滑坡是上部岩层滑动挤压下部产生变形，滑动速度较快，滑体表面波状起伏，多见于有堆积物分布的斜坡地段。

图 119 汶川县漩口镇公路崩塌的巨石

图 120　滚石导致都汶路施工人员遇难

图 121　被巨石砸扁的大客车

都汶路沿岷江河谷穿越龙门山地区，地形切割深度大，河谷狭窄，岸坡高陡，为地质灾害形成提供了有利的地形地貌条件，控制了地质灾害的空间发育分布特征。调查的都汶路 112 处崩塌中，斜坡高度在 50 米以下的有 21 处，50 米以上的有 91 处；其中分布高度为 50 ～ 200 米的有 61 处、占崩塌总数的 54.46%，200 ～ 300 米的有 16 处、占崩塌总数的 14.29%，300 米以上的有 14 处、占崩塌总数的 12.50%（见图 122）。

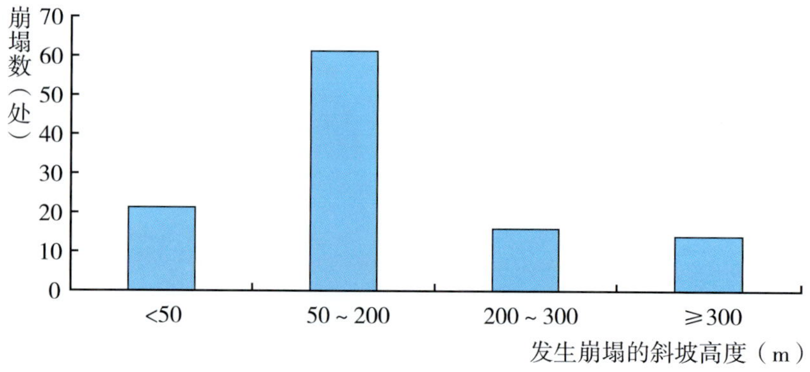

图 122　崩塌分布与斜坡高度关系直方图

发生崩塌的斜坡地形坡度一般在 60° 以上，有 66 处，占崩塌总数的 58.9%；坡度 40° ～ 60° 的有 46 处，占崩塌总数的 41.1%；40° 以下的斜坡无崩塌发育分布。50° ～ 80° 的斜坡发生崩塌的最多，分布数量为 103 处，占崩塌总数的 92.0%（见图 123）。

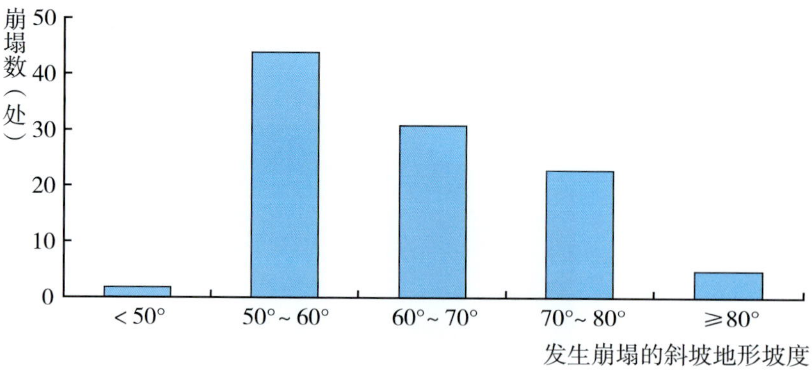

图 123　崩塌分布与地形坡度关系直方图

汶川地震都汶路所通过地带的地震烈度主要为 Ⅺ 度（11 度）和 Ⅹ 度（10 度）区，其次是 Ⅸ 度（9

度）和Ⅷ（8度）度区，地震强度大，严重破坏了地质环境，使地表30%以上被破坏地区的线路长度为50公里，主要分布在汶川至映秀地带；其他地区地表10%以下被破坏，主要分布在漩口至都江堰地带。地震产生的大量地质灾害，以映秀断裂带一带发育最为集中，直接压埋公路和桥梁、堵断交通，毁坏附属设施，破坏边坡防治工程，造成都汶路沿线交通长时间处于瘫痪状态；摧毁沿线的映秀、漩口、银杏和绵虒等城镇，以及老街、一碗水、沙坪关、桃关和羊店等村庄，群众伤亡、财产损失严重；摧毁沿线的电力和通信等基础设施，使通电和通信长时间中断；阻塞河道、淹没村庄等。

第三节　泥石流

一　泥石流规模级别划分

汶川地震泥石流分为巨型、大型、中型和小型4个级别，对应相应的泥石流体积。规模级别划分标准见表26。

泥石流规模级别划分标准

表26

级　别	泥石流（万立方米）	级　别	泥石流（万立方米）
巨　型	≥ 50	中　型	2 ~ 20
大　型	20 ~ 50	小　型	< 2

四川灾区23个县（市）泥石流灾害发育规模见表27。

四川灾区23个县（市）泥石流灾害规模统计表

表27

市（州）	县（市）	地质灾害点数	泥石流点数	泥石流灾害发育规模（个）			
				巨型	大型	中型	小型
阿　坝	汶　川	447	114	12	37	51	14
绵　阳	北　川	411	44	19	5	10	10
	平　武	276	10	1	—	3	6
	安　县	107	4	—	—	2	2

续表 27

市（州）	县（市）	地质灾害点数	泥石流点数	泥石流灾害发育规模（个）			
				巨型	大型	中型	小型
阿　坝	茂　县	401	41	6	4	13	18
	理　县	238	42	1	4	27	10
	九寨沟	171	64	10	2	17	35
	黑　水	145	46	4	8	10	24
	小　金	83	11	—	—	4	7
	松　潘	119	43	9	3	19	12
广　元	青　川	1030	7	—	—	4	3
	旺　苍	462	1	1	—	—	—
德　阳	什　邡	178	7	1	—	3	3
	绵　竹	259	41	9	9	18	5
成　都	彭　州	364	17	—	1	7	9
	都江堰	413	45	—	6	27	12
	崇　州	320	11	4	—	2	5
	大　邑	155	4	3	—	1	—
雅　安	汉　源	29	6	—	1	5	—
	宝　兴	137	17	—	—	12	5
	芦　山	177	1	—	—	1	—
	石　棉	130	42	1	—	10	31
巴　中	南　江	129	1	—	—	1	—
合　计		6181	619	81	80	247	211

说明：本表数据为制订重建规划时的统计数据

汶川地震灾区共有巨型地质灾害点 87 处，其中四川省 58 处，泥石流占 11 处。北川羌族自治县陈家坝乡 3 个村、22 个组多数被泥石流整体吞没，汶川县泥石流灾害也很严重（见表 28）。

汶川县巨型泥石流灾害统计表

表 28

地理位置	规模（万立方米）	威胁状况	治理估算经费（万元）
龙溪乡联合村十座磨组两河口	800	威胁 55 人	230
克枯乡克枯村大克枯组	600	威胁 420 人	260
克枯乡克枯村河坝组	380	威胁 350 人	350

续表 28

地理位置	规模（万立方米）	威胁状况	治理估算经费（万元）
克枯乡克枯村河坝组	350	威胁 320 人	285
绵虒镇羌锋村 2 ～ 4 组	120	威胁 440 人	478
绵虒镇三官庙村三官庙组	100	威胁 446 人	320
漩口镇古溪沟村	100	威胁 1500 人	875
三江乡草坪村 2 组	65	威胁 120 人	500
三江乡草坪村 3 组	60	威胁 555 人	600
三江乡河坝村	60	威胁 215 人	450
三江乡龙竹村 4 组	50	威胁 16 人	450
合　　计	2685	威胁 4437 人	4798

二　泥石流灾害

德阳市金河磷矿岳家山分矿泥石流　地震使岳家山分矿全部被泥石流淹埋，有 77 人被深埋在泥石之下，马槽滩、兰家坪矿区生产、办公及生活设施被全部损毁，生产井口被淹埋。被困群众 1000 余人，被困六天五夜，处于极度饥饿状态。

都江堰市向峨乡龙竹村泥石流　7 月 29 日，暴雨引发都江堰市向峨乡龙竹村 3 组、4 组、5 组山体滑坡，泥石流顺偏岩子而下，形成长 2000 米、宽 10 米的泥石流河床直奔山脚下的山溪。沿途林地被损毁 8.03 公顷、猕猴桃林 0.8 公顷，村道白云公路被冲断，近 1000 立方米的树木被卷入河中，46 户农户照明受到严重影响，经济损失 80 万元。

九寨沟县牙扎沟泥石流　位于九寨沟县漳扎镇牙扎村，8 月 20 日，受汶川地震的影响及连续降雨，导致牙扎村发生泥石流，造成 1 人死亡、2 人失踪、9 人受伤，毁损农田 30.5 公顷，直接损失 846.43 万元。

北川羌族自治县“9・24”泥石流　9 月 23—24 日，北川羌族自治县遭受了 50 年一遇的特大暴风雨袭击。截至 9 月 26 日，全县平均降雨量达 300 毫米，曲山、擂鼓、陈家坝等重灾乡（镇）降雨量累计达 500 毫米以上。特大暴雨导致北川境内大面积山洪暴发、河水猛涨、泥石流泛滥，这次暴雨一次性激发了 72 条泥石流沟的复活，造成严重的灾害。全县 20 个乡（镇）和代管的安昌镇、永安镇和黄土办事处全面受灾，受灾人口 12 万人。

“9・24”强降雨，诱发位于北川县城老城区附近的魏家沟暴发大规模的泥石流，当夜将堆积在老城区周围斜坡、沟谷的大量松散物冲下大山，从南面冲进刚刚经历过地震创伤的北川县城，淹没大半县城，造成再次灾害（见图 124 ～ 131）。

特大暴雨洪涝泥石流灾害使陈家坝乡西河、平沟、龙湾等 12 村群众被困；擂鼓镇发生泥石流（见图 132），麻柳湾村水泥厂 100 余名职工和当地群众被洪水围困；曲山镇任家坪村 90% 的板房进水，西山坡山体滑坡泥石流，冲毁房屋 10 余间，造成 432 户、1572 人受灾，失踪死亡

汶川特大地震发生前的北川老县城

汶川特大地震发生后的北川老县城

9 月 24 日泥石流发生后的北川老县城

图 124　5 月 12 日地震前后和 9 月 24 日泥石流后的北川县城

图 125　9 月 24 日从陈家坝场镇后山上冲下来的泥石流

图 126　经不住暴雨侵袭而毁坏的板房

图 127　北川县城魏家沟泥石流于 9 月 24 日凌晨 2—6 时爆发，冲出固体物质量约 60 万立方米，最大淤积厚度达 30 米，再一次严重破坏了震后的北川县城

图 128　汶川地震后的北川县委大门

图 129　泥石流后的北川县委大门

图 130　从三倒拐看大地震后的北川县城全景，红顶黄色的6层楼是林丰公司宿舍楼

图 131　从三倒拐看泥石流灾害后的北川县城全景，林丰公司的6层宿舍楼仅剩3层

图 132　北川羌族自治县擂鼓镇蒋家沟泥石流，冲出固体物质约5万立方米

22人，黄家坝、云力村大面积山体滑坡；桂溪乡境内山体持续塌方；通口镇花隆村、井泉村道路被毁，电力供应中断；安昌镇至擂鼓镇沿途山体滑坡、岩石滑落，交通阻断；唐家山堰塞湖导流槽垮塌，造成堰塞湖断流，水位不断上涨；永安镇街道洪水深达1米左右……全县死亡13人、失踪26人、受伤340余人，近5000人被困，房屋损毁4500间、垮塌1608间，直接经济损失4.97亿元。

青川县泥石流　从9月23日凌晨开始，青川灾区大部分地区开始降大到暴雨，时断时续的降雨一直持续到24日晚，局部地方降雨量超过150毫米，最高的近180毫米。青川境内的剑青公路附近，河水暴涨，山体滑坡、落石、泥石流随处可见。虽经过紧急抢险，但时断时续30个小时左右的降雨，造成青川县到24日22时30分，仍有5个乡（镇）成为交通、通信完全中断的“孤岛”，当地1.6万名干部群众受灾。

汶川县银杏乡磨子沟泥石流　受汶川地震影响，汶川县银杏乡磨子沟于两年后发生泥石流。2010年8月13—14日，汶川漩映地区突降暴雨，银杏乡磨子沟发生泥石流，规模50万立方米。汶川地震时沟内出现大量崩滑体，随之而来的暴雨诱发泥石流，阻断岷江（后被冲开），水位抬高，银杏乡一碗水村村民房屋被淹。

第四节　其他地质灾害

一　地裂缝

汶川地震发生时，北川县委礼堂前出现一道宽15厘米左右的裂缝，裂缝打开合上，又打开，又合上，并夹伤一人（见图133）。北川中学操场地面上，随着大地的晃动裂开缝隙，随着震动一开一合，并在一边拱起大包，新建标准田径运动场纵向裂开一条半米多宽的口子，四周用石料砌成的堡坎多处损毁。

北川县城所在地曲山镇村民院子里出现一条1米多宽的裂缝，一人掉入失踪；山坡上也出现一条1米多宽的裂缝。漩坪乡水泥路面突然裂开一道四五十厘米宽的裂缝，裂缝沿街道向远方延伸。

汶川县水磨镇白石村出现近东西向展布、长约1公里的地裂缝，最宽处达20厘米。在地裂缝东端，村民王进红、杨兆全家田地里出现数处规模不等的冒水现象，最大一处是杨兆全家地里出现的冒水，高达3米多，遗留喷口直径达1.5米。在该村位于河漫滩中的贾正理家的玉米地里，地震时也冒水，最高时约1米，后慢慢减小，伴有刺鼻性气味，震后5天冒水停止。

青川县城内一山梁严重变形，并出现3条主要裂缝。该山体裂缝位于青川县城区西北部的狮子梁山顶，紧临城区主要生活区。该裂缝长约1500米，拉动县城北面的山体整体下滑约1米，并导致县城街面出现明显下陷。5月18日，专家组初步查明，裂缝宽约50厘米，深约250米，长约1500米。

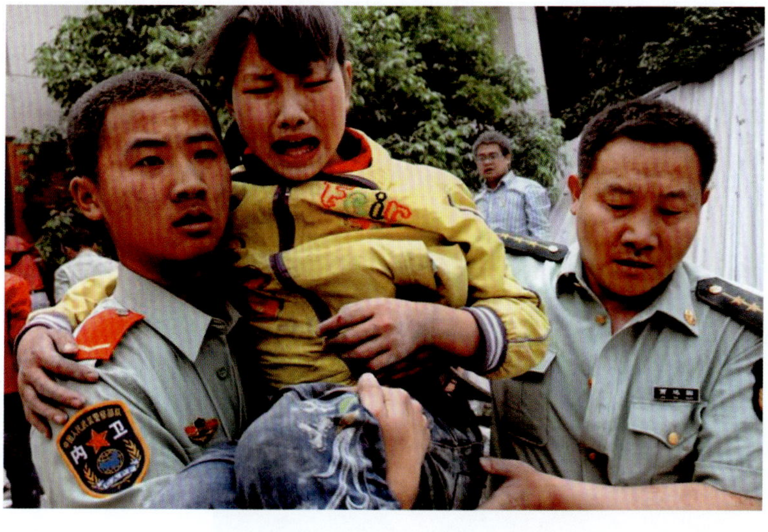

图133　北川一小女孩的脚被夹在震开的地缝中，武警北川中队副指导员贾达国（右一）和几名武警战士将其救出

二 碎屑流

汶川地震发生时，在汶川县漩口镇蔡家村何家山牛圈沟内的莲花心沟，引发总长约 3.5 公里的干性碎屑流。

5 月 26 日，阿坝藏族羌族自治州防震减灾局现场考察组对莲花心沟碎屑流进行现场调查。该碎屑流起始点位于该村莲花心沟中上段海拔 1286 米，距沟口距离约 1.5 公里，以破碎花岗岩石及沙砾为主，沙石较为紧密地堆集在山沟内，其颜色与周围山体垮塌山石颜色、形态完全不同，沙石所遗痕迹清晰可见。沙石覆盖了莲花心沟下部及与之相连的牛圈沟中段，长约 3 公里，宽约 80 ~ 100 米；同时在牛圈沟内形成一堰塞湖。工作组在现场发现莲花心沟内流水略呈紫色，部分细流中还有类似油状物漂浮在水面上。由土石组成的固体流将所过之处扫得精光，冲刷印迹如刀削般留在沟两边的山体上；印迹以上树林茂密，少有损伤；印迹之下，只有堆堆土石。固体流在倾泻过程中，曾受到山体阻拦，产生了 3 次折向，折向处有明显上扬迹象，最高处达 60 米。经测算，有 300 多万立方米的固体流在地震瞬间倾泻而下，沿牛圈沟向前推进了 2.5 公里左右。

在地震发生前，百花大桥附近山坡曾发生崩塌。地震发生期间，崩滑体沿原有的崩塌面下滑，宽约 100 米，高差约 200 米，形成长约 300 米的碎屑流。

三 地面塌陷

地面塌陷在北川、什邡等地有分布，主要是由于地震作用在瞬间挤压岩土层，引起地下水的陡升、陡降，从而引发岩溶地区的地面塌陷。塌陷主要集中在北川羌族自治县安昌镇（原属安县）的砾岩地区、香泉乡的灰岩地区、擂鼓镇郭牛村和陈山村一带灰岩地区、曲山镇景家山及什邡市等地区，呈大小不一“旋坑”点状分布。地震期间，安昌镇以北地区陆续出现大小不等的 49 个塌陷坑，最大直径达 13 米（见图 134）。未发现整体塌陷和人员伤亡，损失相对较少。

图 134 安昌镇农田中的陷坑

震后仍出现地陷。8 月 30 日凌晨 2 时左右，都江堰市玉堂镇宝瓶村罗琼书家中突然出现一面积约 2.5 平方米、深 4 米左右的地陷坑，缝纫机、衣柜等物品掉入坑中。调查中，该村村民周崇云反映说地震后 5—6 天，他家也出现类似地陷，家中钢管井陷入地中看不见了。经调查，宝瓶村小学、居民板房、水田等地在 7 月和 8 月 30 日相继发生地陷，其中 8 月 30 日突然出现大小不等的地陷共 10 余处，呈南北走向分布。专家认为地坑的出现既与古河床有关，也与居民取水有关。汶川地震只是一个诱因，使得地坑相对集中出现。

第三章　堰塞湖

截至 2008 年 6 月 21 日，汶川特大地震共形成有一定规模的堰塞湖 105 处，总体沿龙门山中央主断裂带呈北 45° 东走向分布，主要集中在四川省，有 104 处；另一处在甘肃省。其中，初期（5 月 31 日前）发现堰塞湖 35 处，包括四川省 34 处（见图 135）、甘肃省 1 处。

四川省的 104 处堰塞湖经风险评估定级，中危以上的有 35 处，主要沿沱江、涪江、岷江和嘉陵江 4 条水系，分布于 5 个市（州）的 8 个县（市）。据不完全统计，这 35 处堰塞湖威胁下游城镇以及水库、水电站等基础设施的安全，受威胁人口达 200 多万人。

堰塞湖是四川地震灾后的历史梦魇。清乾隆五十一年（1786 年）康定大地震、民国 22 年（1933 年）叠溪大地震，均发生了堰塞湖溃坝的惨剧，造成的死亡人数数倍于地震直接死亡人数。汶川地震后，由于对堰塞湖采取了积极的应对措施，历史的惨剧没有重演。

第一节　堰塞湖分布与风险评估

一　堰塞湖分布

汶川地震发生后，在短时间内形成众多堰塞湖有着深刻的自然原因。

其一是汶川地震的背景。此次地震发生在龙门山中央主断裂带上，南起映秀，北至青川，贯穿整个龙门山，长达 500 余公里。断裂总体走向北 45° 东，倾向北西，倾角 60° 左右。断裂两侧发育一系列与之平行的次级断层，在剖面上组成叠瓦状构造。汶川地震在四川灾区形成的 104 处堰塞湖，十分明显地沿该断裂走向分布（参见图 135）。

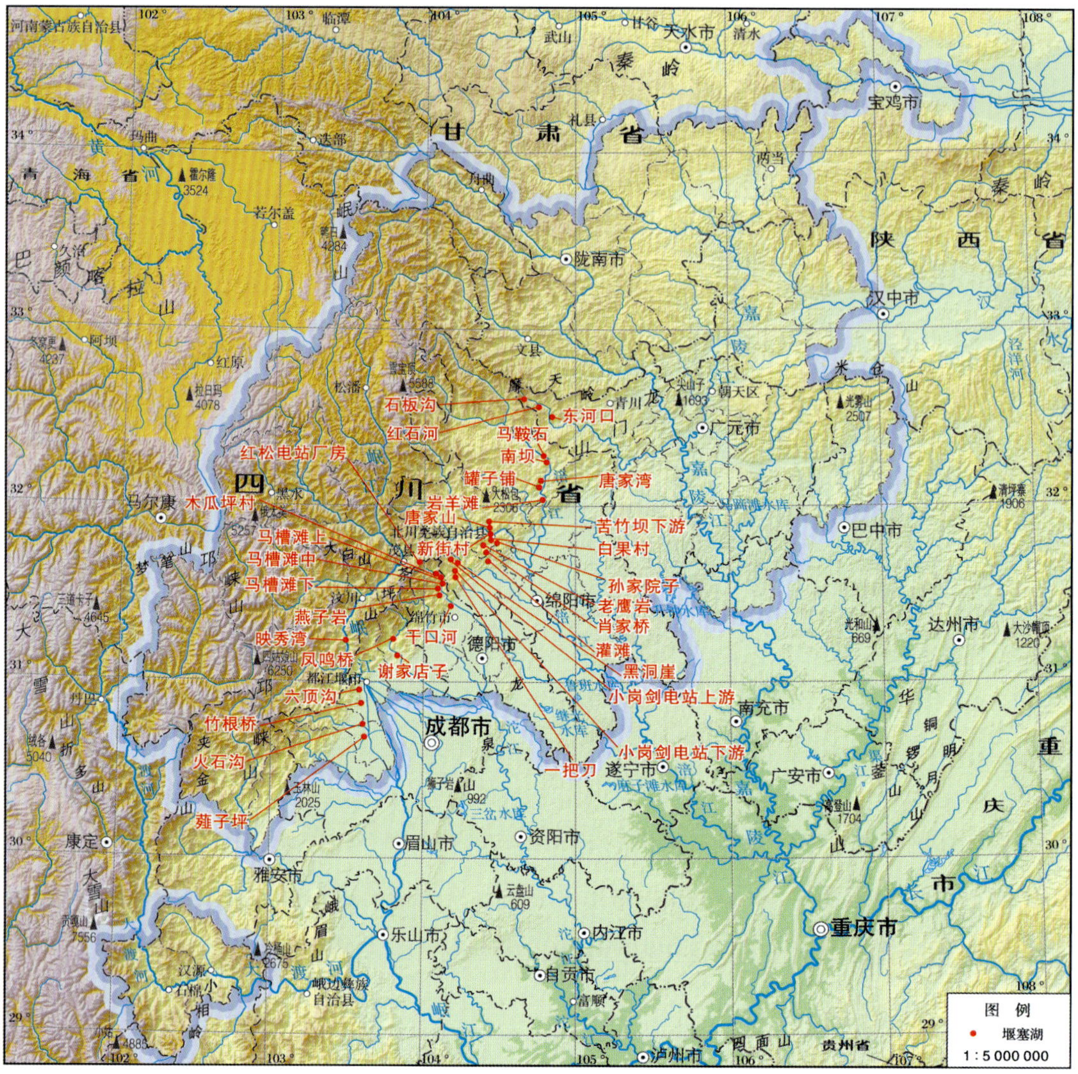

图 135　汶川地震初期发现的 34 处堰塞湖分布示意图

其二是特殊的地质、地理环境。堰塞湖的产生地区一般为中高山—高山地带，高差一般在 600 ~ 2000 米左右，这些地区雨量充沛，河流密集，河谷深切，落差大，峡谷陡峻，极易形成崩塌、滑坡、泥石流和阻塞河道的堰塞体等地震次生灾害。强烈的震动能量，特殊的地质、地理环境条件，众多水量充沛的河流，造成沿龙门山断裂带及其影响带分布的绵阳、德阳、广元、成都、阿坝等市（州）发生严重的山体滑坡，并堵塞河道形成多处堰塞湖。

初期 34 处堰塞湖具体分布情况如下：

绵阳市 13 处，其中北川羌族自治县 8 处，即唐家山、苦竹坝下游、新街村、白果村、岩羊滩、孙家院子、罐子铺、唐家湾；安县 3 处，即老鹰岩、罐滩、肖家桥；平武县 2 处，即马鞍石、南坝（文家坝）。

德阳市 11 处，其中绵竹市 4 处，即黑洞崖、小岗剑上游、小岗剑下游、一把刀；什邡市 7 处，即红松电站厂房、干河口、马槽滩上游、马槽滩中游、马槽滩下游、木瓜坪、燕子岩。

广元市 3 处，均在青川县，即石板沟、红石河、东河口。

成都市 6 处，其中崇州市 4 处，即竹根桥、六顶沟、火石沟、薤子坪；彭州市 2 处，即谢家店子、凤鸣桥。

阿坝藏族羌族自治州 1 处，在汶川县映秀湾。

至 6 月 21 日，四川地震灾区陆续又发现堰塞湖 70 处，其中绵阳市 40 处、广元市 18 处、德阳市 3 处、成都市 3 处、阿坝藏族羌族自治州 6 处，与初期发现的 34 处合计 104 处。

甘肃省的 1 处堰塞湖位于徽县嘉陵镇境内。

二　堰塞湖风险评估定级

根据国际、国内有关资料，水利部召集有关专家研究后认定，列入风险评估定级的堰塞湖须同时满足下列 3 个条件，即坝高大于 10 米、库容大于 10 万立方米、堰塞湖上游集雨面积大于 20 平方公里。

根据堰塞体的坝高、堰塞湖最大可能蓄水量、集雨面积、堰塞体结构状况、对下游可能威胁程度 5 个因素进行综合分析，按极高危险、高危险、中危险和低危险 4 个等级列出了四川省 104 座堰塞湖的基本信息和危险等级（见表 29 ～ 30）。

极高危险情（溃坝险情，以下简称极高危），是指堆积体坝高超过 80 米，堰塞湖库容超过 1 亿立方米，堆积体组成土沙较多，并且下游威胁地区有县级及以上城市或重要设施，人口密集，短期内有可能溃决的险情。

高危险情（以下简称高危），是指堆积体坝高在 50 ～ 80 米，堰塞湖库容在 1000 万～ 1 亿立方米之间，堆积体组成为土含大块石，并且下游威胁地区有乡镇或较为重要的设施，人口比较密集。

次高危险情（中、低危险情，以下简称中危、低危），是指堆积体坝高小于 50 米、堰塞湖最大库容小于 1000 万立方米，堆积体组成为大块石含土或大块石为主，或下游威胁地区有村社和居住人口。

表 29

四川省 104 处堰塞湖基本信息统计表

危险分级	堰塞湖名称	所在地	所在河流	所在流域特征		应急处理前堰塞湖情况				
				集雨面积（平方公里）	汛期平均流量（立方米／秒）	堰塞体积（万立方米）	顺河长度（米）	横河长度（米）	堰塞体高（米）	最大可能蓄水量（万立方米）
极高危（1处）	唐家山	北川曲山镇	湔　江	3550	82.1	2037	803	612	82.65 ~ 124.4	31500
高危（6处）	南坝（文家坝）	平武南坝镇	石坎河	156.2	2.94	600	700	300	25 ~ 50	1500
	肖家桥	安县千佛镇	茶坪河	154.8	9.6	400	272	198	平均 61.5	2000
	老鹰岩	安县高川乡	睢水河	27.6	1	400	200	105	平均 135	250
	石板沟	青川红光乡	清竹江	1100	—	356	300	130	27.3 ~ 31.3	1100
	小岗剑电站上	绵　竹	绵远河	258	8.43	90	300	150	62 ~ 72	850
	枷担湾	都江堰虹口乡	白沙河	164.5	12	82.4	220	200	60 ~ 80	610
中危（28处）	苦竹坝下游	北　川	湔　江	3557	82.4	200	355	104	50 ~ 60	300
	新街村	北　川	湔　江	3566	82.6	200	200	350	平均 20	190
	岩羊滩	北　川	湔　江	3754.1	91	260	250	120	30 ~ 40	1200
	唐家湾	北　川	都坝河	287	5.2	400	400	300	平均 30	1000
	孙家院子（红岩村）	北　川	都坝河	291	5.4	110	250	100	平均 30	50
	罐子铺	北　川	都坝河	295	5.5	285	100	390	平均 60	585
	小毛坡	北　川	都坝河	301	6.3	27	150	120	15	150
	马鞍石	平武南坝镇	石坎河	75.1	1.41	1120	950	270	平均 67.6	1150
	罐　滩	安县睢水镇	睢水河	215.2	7.1	100	200	40	平均 45	500
	一把刀	绵　竹	绵远河	397.5	8.53	32.9	248	57.6	26.4	250
	红石河	青川关庄镇	红石河	65	—	240	370	340	55	100
	马槽滩上	什　邡	石亭江	361.3	13.29	200	300	100	40 ~ 50	60
	马槽滩中	什　邡	石亭江	361.3	13.29	60	80	90	40 ~ 50	25
	红松电站厂房	什　邡	石亭江	397.8	13.93	25	105	113	30	76
	虎跳崖	北　川	都坝河	50	0.5	400	600	100	100	580

续表 29

危险分级	堰塞湖名称	所在地	所在河流	所在流域特征		应急处理前堰塞湖情况				
				集雨面积（平方公里）	汛期平均流量（立方米／秒）	堰塞体积（万立方米）	顺河长度（米）	横河长度（米）	堰塞体高（米）	最大可能蓄水量（万立方米）
中危（28 处）	青　林	北　川	都坝河	42	0.3	1100	650	500	120 ~ 220	350
	芭蕉坪	安　县	茶坪河	199.8	3.8	187.2	260	160	45	675
	蹇家包	安　县	茶坪河	97.8	1.8	62.4	120	130	40	216
	枳竹坪	安　县	茶坪河	49	1.2	180	300	100	60	300
	观音岩	安　县	茶坪河	48	1.2	14.4	120	60	20	100
	崖　湾	安　县	干河子	35	1	60	80	100	75	150
	鱼洞口	安　县	干河子	30	0.8	2880	800	600	70 ~ 80	500
	道砟石厂	安　县	干河子	20	0.38	2310	700	600	110	375
	窑子沟	都江堰虹口乡	白沙河	135.3	12	80.8	250	180	60	700
	关门山沟	都江堰虹口乡	白沙河	56.3	12	92.3	150	230	80	720
	小天池	绵竹天池乡	花石沟	43	—	63	150 ~ 200	100 ~ 120	23 ~ 50	200
	哈木湖	黑　水	岷　江	36	18	330	1000	120	30	360
	东河口	青川红光乡	清竹江	1180	—	136	300	313	12	300
低危（69 处）	白果村	北　川	湔　江	3574	84	40	100	200	10 ~ 20	180
	黑洞崖	绵　竹	绵远河	258	7.42	18	30 ~ 50	120	50 ~ 60	待查
	小岗剑电站下	绵　竹	绵远河	343.6	8.46	25	150	150	30	75
	干河口	什　邡	石亭江	350	12.41	—	—	—	10	50
	木瓜坪	什　邡	石亭江	361.2	8.18	6	20 ~ 30	100	15	4
	马槽滩下	什　邡	石亭江	361.3	13.29	14	60	80 ~ 100	30	10
	燕子岩	什　邡	石亭江	379.9	8.47	0.6	20	30	10	3

续表 29

危险分级	堰塞湖名称	所在地	所在河流	所在流域特征		应急处理前堰塞湖情况				
				集雨面积（平方公里）	汛期平均流量（立方米/秒）	堰塞体积（万立方米）	顺河长度（米）	横河长度（米）	堰塞体高（米）	最大可能蓄水量（万立方米）
低危（69处）	谢家店子	彭州	沙金河	217	14	18	250	70	10	100
	凤鸣桥	彭州	沙金河	217	14	24	300	80	14	180
	竹根桥	崇州	文井江	—	—	300	500	68	90	450
	六顶沟	崇州	文井江	—	—	250	500	50	60	300
	火石沟	崇州	文井江	—	—	340	500	40	120	150
	蓮子坪	崇州	文井江	—	—	400	1200	70	8	50
	映秀湾	汶川	岷江	19840	1000	12	200	60	11	35
	邓家	北川	湔江	3620	86	12	120	100	10	80
	陈家坝北	北川	都坝河	253	4.8	50	250	100	20	50
	白胡子桥	北川	都坝河	190	3.2	20	200	100	10	8
	白什	北川	青片河	46	0.3	192	600	80	40	10
	观音庙	北川	苏保河	70	1.2	20	100	50	40	15
	平溪	平武	石坎河	65	1	52	200	200	13	50
	李家院	平武	平通河	176	18	30	200	150	10	100
	苏家院	平武	石坎河	85	1.5	1.05	25	40	10.5	12
	桩桩石	平武	石坎河	71.6	1.2	0.606	20	30	10.1	10.4
	水磨河	平武	石坎河	57	0.9	1.8	30	40	15	10
	何家坝	平武	石坎河	126	2.73	1.8375	35	50	10.5	10.2
	窄狭子	江油	青江	65	1.5	6.125	50	35	35	25
	神仙磨	安县	茶坪河	154.8	2.6	2.4	60	40	10	27.2
	下窑坪	安县	茶坪河	98.8	1.8	4.725	70	45	15	90
	青水塘	安县	茶坪河	79.8	1.6	8.4	60	70	20	80

续表 29

危险分级	堰塞湖名称	所在地	所在河流	所在流域特征		应急处理前堰塞湖情况				
				集雨面积（平方公里）	汛期平均流量（立方米/秒）	堰塞体积（万立方米）	顺河长度（米）	横河长度（米）	堰塞体高（米）	最大可能蓄水量（万立方米）
低危（69 处）	苏家大滩	安　县	茶坪河	30	0.6	2.4	100	30	8	40
	柏果滩	安　县	茶坪河	28	0.6	0.72	30	20	12	13
	三岔路口	安　县	茶坪河	37.5	0.9	1.02	30	20	17	12
	柏果林	安　县	茶坪河	23	0.2	240	300	100	80	60
	大茶园	安　县	茶坪河	20	0.2	150	200	150	50	35
	八字岩	安　县	茶坪河	20.5	0.1	225	250	180	50	32
	龙王庙	安　县	茶坪河	25	1	8	100	40	20	40
	宝　藏	安　县	茶坪河	29	0.7	2.5	50	50	10	50
	宝藏四队	安　县	茶坪河	25	0.7	3	40	50	15	75
	截龙桥	安　县	干河子	39	1.1	2.45	35	50	14	40
	马落滩	安　县	干河子	42	1.1	10	100	50	20	27
	鹦哥嘴	安　县	干河子	41	1.1	24	200	80	15	24
	探沟口大河	安　县	干河子	40	1.1	10.08	70	120	12	26
	罗家大	安　县	干河子	22	0.3	5000	900	800	300	3750
	黄连树	平　武	平通河	20	0.4	11.52	120	80	12	10.1
	竹包沟	茂县东兴乡	土门河	22.26	10.6	5	60	100	10	26
	宗渠沟	茂县凤仪镇	宗渠沟	34.34	17.5	4	50	80	10	20
	十里沟	茂县渭门乡	十里沟	20.54	0.15	3	60	80	7	11
	切刀岩	汶　川	寿溪河	281	314	9.5	320	38	10	20
	塘房电站	汶　川	草坡河	224.7	189	25	300	100	12	50
	关门岩	青川房石镇	两汉河	46	80	30	210	70	21	24
	礼拜寺	青川红光乡	红石河	63	120	48	200	120	30	86

续表 29

危险分级	堰塞湖名称	所在地	所在河流	所在流域特征		应急处理前堰塞湖情况				
				集雨面积（平方公里）	汛期平均流量（立方米/秒）	堰塞体积（万立方米）	顺河长度（米）	横河长度（米）	堰塞体高（米）	最大可能蓄水量（万立方米）
低危（69处）	漆子树	青川红光乡	铁炉沟	—	—	6.8	75	45	20	12.6
	园子山	青川马公乡	雁门河	—	—	6	60	25	40	16
	蒋家院子（大沟）	青川乔庄镇	乔庄河	—	—	30	200	80	19	15.4
	杨家坪（深地湾）	青川石坝乡	两河口	—	—	8	96	40	10	13.4
	黄家湾（枫香坝）	青川石坝乡	两河口	—	—	5.8	90	54	12	12.6
	胶子村（薄家沟）	青川石坝乡	两河口	—	—	23.2	195	35	34	10.7
	锰粉厂	青川石坝乡	两河口	30	50	6.8	110	28	22	20.6
	梨儿坪（石泉岩）	青川石坝乡	两河口	—	—	5.9	111	45	11	10.7
	李家门前（马桑坡）	青川石坝乡	两河口	—	—	1.4	39	31	12	11.1
	董家河	青川石坝乡	两河口	—	—	30	208	162	30	75
	石拱坪（龙潭坡）	青川石坝乡	两河口	—	—	1624	360	320	141	27
	麻池盖	青川石坝乡	两河口	—	—	99	182	140	39	14
	孙家	青川石坝乡	两河口	—	—	2.3	48	30	16	12.7
	岩坑子（坝子溪）	青川石坝乡	两河口	—	—	31.2	260	20	60	10.5
	岩窝子（煤厂）	青川石坝乡	两河口	—	—	28.8	120	80	30	11.7
	两河口（坪上）	青川石坝乡	两河口	—	32200	18.6	160	58	20	10.9
	两岔口	绵竹天池乡	花石沟	13	—	18	50	120	23 ~ 50	22.5
	西沟	什邡红白镇	通溪河	19.4	—	78	200	100	35	70

说明：凡后经实地勘查和采取排险措施的堰塞湖，相关数据以实勘数据为准

四川省104处堰塞湖风险分级一览表

表30

危险分级	处数	堰塞湖名称	所在地	数量
极高危	1	唐家山	北 川	1处
高 危	6	肖家桥、老鹰岩	安 县	2处
		南 坝	平 武	1处
		小岗剑电站上游	绵 竹	1处
		石板沟	青 川	1处
		枷担湾	都江堰	1处
中 危	28	苦竹坝下游、新街村、岩羊滩、孙家院子、罐子铺、唐家湾、虎跳崖、青林、小毛坡	北 川	9处
		罐滩、芭蕉坪、蹇家包、枳竹坪、观音岩、崖湾、鱼洞口、道砟石厂	安 县	8处
		红松电站厂房、马槽滩上游、马槽滩中游	什 邡	3处
		窑子沟、关门山沟	都江堰	2处
		一把刀、小天池	绵 竹	2处
		马鞍石	平 武	1处
		红石河、东河口	青 川	2处
		哈木湖	黑 水	1处
低 危	69	关门岩、礼拜寺、漆子树、园子山、蒋家院子、杨家坪、黄家湾、胶子村、锰粉厂、梨儿坪、李家门前、董家河、石拱坪、麻池盖、孙家、岩坑子、岩窝子、两河口	青 川	18处
		神仙磨、下窑坪、青水塘、苏家大滩、柏果滩、三岔路口、柏果林、大茶园、八字岩、龙王庙、宝藏、宝藏4队、截龙桥、马落滩、鹦哥嘴、探沟口大河、罗家大坪	安 县	17处
		平溪、李家院、苏家院、桩桩石、水磨河、何家坝、黄连树	平 武	7处
		白果村、邓家、陈家坝北、白胡子桥、白什、观音庙	北 川	6处
		干河口、马槽滩下游、木瓜坪、燕子岩、西沟	什 邡	5处
		竹根桥、六顶沟、火石沟、蓮子坪	崇 州	4处
		竹包沟、宗渠沟、十里沟	茂 县	3处
		黑洞崖、小岗剑电站下游、两岔口	绵 竹	3处
		映秀湾、切刀岩、塘房电站	汶 川	3处
		谢家店子、凤鸣桥	彭 州	2处
		窄狭子	江 油	1处

第二节　极高危和高危级堰塞湖

一　唐家山堰塞湖

唐家山堰塞湖是汶川地震105座堰塞湖中唯一的一座极高危级堰塞湖，位于北川羌族自治县曲山镇、涪江支流通口河上游湔江河段上（在北川县城北4.6公里、曲山镇沿湔江上游3.2公里处，见图136）。唐家山堰塞坝位于四川盆地西北边缘地区，属典型中、高山峡谷地貌。堰塞坝地处青藏高原内部巴颜喀喇地块和中国东部华南地块的边界断裂——龙门山逆冲推覆构造带上。

堰塞坝右岸为唐家山，山顶高程为1580米，坡高约900米。下部坡陡，坡度约为40度，基岩裸露；上部较缓，坡度30度左右。上、下游各分布一条小型浅冲沟。

唐家山堰塞坝体由原山坡上部残坡积的碎石土和寒武系下统清平组上部基岩经下滑、挤压、破碎形成的碎裂岩滑坡组成。根据堰塞坝现场地质调查，其中碎石土约占14%、碎裂岩约占86%。堰塞体淹埋了大量村民的房屋、损毁了苦竹坝水电站。

唐家山堰塞坝横河方向长612米，顺河方向长803米，坝高82～124米，体积2037万立方

图136　唐家山堰塞体（局部）

米，上游集雨面积3550平方公里，最大可蓄水量3.15亿立方米；其下游有四川省第二大城市绵阳市等重要城市，人口130多万人；有运输大动脉宝成铁路、能源大通道兰成渝成品油输油管道等重要基础设施。兰成渝输油管道涪江穿越管线位于堰塞湖下游约60公里，该输油管道起于兰州，途经甘肃、陕西和四川三省，终点抵达重庆市，是国内唯一通向西南地区的成品油管道，输油能力达每年600万吨以上，川渝地区70%以上的成品油来自这条管线。受余震、上游降雨量、坝体地质构造等不确定因素影响，“悬湖”之水严重威胁着下游绵阳、遂宁等地人民的生命和沿途重要基础设施的安全。

漩坪乡东连曲山镇，是唐家山堰塞湖淹没的第一个乡镇。5月12日汶川地震发生后，15时许，转移到河坝的群众突然发现湔江河水在慢慢上涨；15时30分左右，因被垮塌的唐家山山体所堵，湔江河尾水已经反馈到马立岩。16时许，水位已经涨到尖石包，且速度加快，1米、1.5米、2米……17时，水位渐渐上升到黑岩湾，上涨的速度再次加快，2.5米、3米……一栋栋房屋、一排排树木慢慢从人们的视线中消失。19时许，水位急剧上升到了菜市场入口下坡处，水已没过脚踝，水位上涨速度极快，场镇上的计生站、菜市场、供电所、农技站、移动营业厅和几家个体户门面被淹没在水中。夜幕降临，水位涨到菜市场上面的公路边上，医院、邮电局、乡政府、学校、老街全部被淹，整个漩坪乡场镇被淹没了一大半。

5月13日8时许，山体再次垮塌，河道堵塞加重，水越涨越快，只差15厘米就涨到漩坪乡场镇中央公路，整个下街成为泽国，街道对面的木综厂全部被淹没。15时许，水位涨到漩坪中学大门口。14日傍晚，整个场镇低矮一点的建筑完全不见踪影，乡政府6层高的办公大楼只剩屋顶。15日早晨，从高处鸟瞰，整个场镇一片汪洋，方圆4公里范围内只有漩坪小学的房顶还若隐若现，美丽的场镇不复存在（见图137）。15日之后，水位平均以每天1.8 ~ 2米的速度上涨（见图138）。

图137　唐家山堰塞湖淹没漩坪乡场镇

说明：左上，震前两年的唐家山，河宽 102 米。2006 年 5 月 14 日拍摄
右上，堰塞湖形成后，河宽 304 米。2008 年 5 月 14 日拍摄
左下，堰塞湖形成后，河宽 520 米。2008 年 5 月 18 日拍摄
右下，堰塞湖形成后，河宽 568 米。2008 年 5 月 22 日拍摄

图 138　唐家山堰塞湖形成前后对照

禹里乡部分地区也被唐家山堰塞湖淹没，包括场镇 25 个乡级单位、6 个村、18 个村民小组、100 公顷土地、4850 间房屋、150 公里道路、6 座桥梁、1 座电站，全乡 821 户居民、3800 人的财产遭受严重损失，直接经济损失 2.5 亿元（见图 139 ~ 142）。

6 月 10 日，唐家山堰塞湖按照预定方案实现安全泄洪。险情消除后，水位基本稳定，但漩坪乡场镇仍在水下 30 多米深处，被淹没在茫茫湖水中。

6 月 11 日，下游临时转移的群众返回家园。

图 139　被唐家山堰塞湖逐渐淹没的禹里乡场镇（1）

图 140　被唐家山堰塞湖逐渐淹没的禹里乡场镇（2）

图 141　唐家山堰塞湖泄洪时的北川县城

图 142　泄洪后在北川县城留下大量漂浮物堆积

二　肖家桥堰塞湖

肖家桥堰塞湖位于安县千佛镇双电村境内，涪江一级支流茶坪河上（见图143）。肖家桥堰塞湖集雨面积154.81平方公里，5月14日经实地勘查，堆积体228万立方米，堰高65米，最大可蓄水量2000万立方米。影响人口包括安县的晓坝、桑枣、安昌、黄土、花荄、界牌等6个乡（镇）、45个村、7个社区约11.4万人，以及沿岸6个重点企业。后启动三分之一溃坝应急预案，撤离转移了下游受威胁群众。

图143　肖家桥堰塞湖。2008年6月9日拍摄

三　老鹰岩堰塞湖

老鹰岩堰塞湖位于安县高川乡，涪江一级支流凯江支流睢水河黄洞子沟中段老鹰岩水电站附近（见图144）。震后经现场勘察，老鹰岩堰塞体由两个堰塞体组成，相距约700米（湖面长度），上下两个堰塞体间分布有一个小型堰塞体。上游堰塞体规模巨大，顺沟长约1～2公里，堵塞了整个沟床。下游堰塞体横河向呈上宽下窄梯形，顶宽约240米，底宽25～60米；堰塞体顺河向底部长约500米，顶部长约130米；堰塞体高106～140米，上游坡坡度约为26度，坡比约为1∶2；下游坡坡度约为32度，坡比约为1∶1.6。体积约470万立方米。堰塞体主要由孤石和碎石组成，成分为白云岩，大于20厘米粒径石块约占80%，其中大于1米粒径石块占50%。

老鹰岩堰塞湖最大可能容量约530万立方米。

老鹰岩堰塞湖下游有重要设施和8000多名村民受到威胁，连同下游安县罐滩堰塞湖，共影响人口达51660多人。

图 144　老鹰岩堰塞湖

四　南坝（文家坝）堰塞湖

南坝（文家坝）堰塞湖位于平武县南坝镇麻家村附近，涪江一级支流石坎河上（见图 145），由河谷左岸滑坡堵塞河道形成，距离下游河口约 3.7 公里。5 月 16 日经现场勘查，堰塞体横河向顶宽约 600 米，顺河向底部长约 500 米，顶部长约 200 米；堰塞体高 25 ~ 50 米，堰塞体体积为 600 万立方米。堰塞湖最大蓄水能力为 1500 万立方米，至 6 月 10 日，蓄水量为 533 万立方米，水面距坝顶 20.55 米。影响南坝镇、灵宝寺电站、响岩镇等地区，受威胁人口 5000 余人。

图 145　南坝（文家坝）堰塞湖（镜向北东）

五　小岗剑电站上游堰塞湖

小岗剑电站上游堰塞湖位于绵竹市天池乡梅子林村，处于绵远河上、小岗剑电站上游 300 米处，距离清平乡约 6 公里（见图 146）。堰塞湖上游集雨面积 258 平方公里，水利部门组织力量于 5 月 15—30 日多次实地勘查，并制定了排险方案。堰塞体顺河长度 300 米，横河长度 150 米，堰高 62 ~ 72 米，堰体体积约为 90 万立方米。堰塞湖水面接近堰顶，蓄水量 780 万立方米。该堰塞湖影响下游绵竹市汉旺、拱星、绵远、兴隆、富新、什地及罗江县略坪等乡（镇），共计影响人口约 43388 人，为高危堰塞湖。

图146　被淹没在堰塞湖中的绵竹市天池乡政府。2008 年 5 月 16 日拍摄

六　石板沟堰塞湖

石板沟堰塞湖位于青川县红光乡境内，处在嘉陵江一级支流清江河上（见图 147 ~ 148），集雨面积 1223 平方公里。受汶川地震影响，红光乡东河口一带大量山体崩塌，在清江河及红石河上形成了东河口堰塞湖、红石河堰塞湖和石板沟堰塞湖，尤以石板沟堰塞湖危险系数最高。5 月 18 日经现场勘查，两岸山体崩塌 1000 万立方米，堰塞体顺河长度 800 米，横河长度 300 ~ 400 米，堰高 70 ~ 80 米，堰塞体体积 1680 万 ~ 2240 万立方米。堰塞湖水面至堰顶 15 ~ 20 米，堰塞湖最大蓄水量 1000 万 ~ 1100 万立方米；截至 6 月 10 日，蓄水量为 400 万 ~ 500 万立方米。石板沟堰塞湖与红石河堰塞湖、东河口堰塞湖地理位置上十分接近，3 个堰塞湖影响 1 个县城、5 个镇、3 个乡，影响人口约 16 万。后按照排险方案成功泄流。

图 147　青川县石板沟堰塞湖（镜向南东）

图 148　石板沟堰塞湖泄流。2008 年 6 月 18 日拍摄

七　枷担湾堰塞湖

汶川地震后，都江堰市白沙河上游的无人区连续形成 3 个堰塞湖，从下到上分别是枷担湾（见图 149）、窑子沟和关门山沟，总蓄水量达 1580 万立方米，对下游防洪安全构成严重威胁，其中枷担湾堰塞湖是列为唐家山堰塞湖之后四川省堰塞湖危险性居第二的堰塞湖。据成都市水务局介绍，这 3 处堰塞湖水质优异，可直接饮用，且储水量大，成都市已作计划，经过抢修泄洪明渠等除险整治工程后，枷担湾堰塞湖可达到 50 年一遇的防洪标准，可用作应急备用水源。

图 149　枷担湾堰塞湖

第三节　中、低危级堰塞湖

一　中危级堰塞湖

罐滩堰塞湖　罐滩堰塞湖位于安县涪江支流睢水河、睢水镇罐滩村境内，老鹰岩堰塞湖下游35公里处（见图150），集雨面积215.2平方公里，堆积体100万立方米，堰高45米，最大蓄水量500万立方米，影响睢水镇、秀水镇、河清镇，影响人口4.4万，根据制定的下游受威胁人员转移方案，转移受威胁群众8000人。

图150　正在应急排险的罐滩堰塞湖

苦竹坝下游堰塞湖　苦竹坝下游堰塞湖（见图151～152）位于北川羌族自治县境内、通口河上游湔江河段上，集雨面积3557平方公里。堰塞体顺河长度355米，横河长度104米，堰高60米，体积200万立方米，最大蓄水量300万立方米。与唐家山堰塞湖等共同作用，影响下游北川羌族自治县、江油市、涪城区、科学城、游

图151　唐家山堰塞湖旁边被地震损毁的苦竹坝水库。2008年5月28日拍摄

图152　苦竹坝下游堰塞湖堰塞体

仙区、农科区、三台县等，影响人口130万人。

新街村堰塞湖　新街村堰塞湖位于北川羌族自治县境内、通口河上游湔江河段上，集雨面积3566平方公里。堰塞体顺河长度200米，横河长度350米，堰高20米，体积200万立方米，最大蓄水量190万立方米。与唐家山堰塞湖等共同作用，影响下游北川羌族自治县、江油市、涪城区、科学城、游仙区、农科区、三台县等，影响人口达130万人。

一把刀堰塞湖　一把刀堰塞湖位于绵竹市天池乡境内绵远河上（见图153～157），集雨面积397.5平方公里，系绵远河最下游一个堰塞湖，下游3公里处即是中国汽轮机生产基地（东方汽轮机厂）之一的绵竹市汉旺镇。

一把刀堰塞湖堰塞体顺河长度248米，横河长度57.6米，堰高26.4米，体积32.9万立方米。截至6月10日，堰塞湖水面至坝顶0.5米，蓄水量250万立方米，入湖流量21.6立方米/秒。威胁下游绵竹市汉旺、拱星、绵远、兴

图153　航空遥感影像显示一把刀堰塞湖发育于绵远河的高山峡谷中

图154　一把刀堰塞湖右岸崩塌

图155　一把刀堰塞湖右岸崩塌

图156　一把刀堰塞湖左岸顺层滑塌面

图157　受一把刀堰塞湖威胁的群众从滑坡体上撤离

隆、富新、什地及罗江县略坪等乡（镇），影响人口约4.3万人。

红石河堰塞湖　红石河堰塞湖位于青川县关庄镇境内、嘉陵江一级支流清江河支流红石河上（见图158），集雨面积62.1平方公里。地震后，山体开裂，地表径流汇聚红光河河道，浑浊的河水汹涌流淌，汇集东河口。这里，由于山体滑坡，将清江河、红石河堵塞，形成两个堰塞湖，水量达到1.6万立方米，一旦溃坝，可造成下游水位上涨30米、淹没附近安置点。5月18日前，村民们完全撤离。

图158　红石河堰塞湖

红石河堰塞湖堰塞体顺河长度 370 米，横河长度 340 米，堰高 55 米，体积 240 万立方米，入湖流量 10 ~ 15 立方米 / 秒；截至 6 月 10 日，堰塞湖蓄水量 120 万立方米。该堰塞湖与石板沟堰塞湖等地理位置接近，共同影响下游 1 个县城、5 个镇、3 个乡约 16 万人。

马鞍石堰塞湖　马鞍石堰塞湖位于平武县南坝镇涪江支流石坎河上，集雨面积 75.1 平方公里。堰塞湖堆积体 1120 万立方米，堰高 67 米，最大蓄水量 1150 万立方米，影响上下游人口共 6000 人，全部转移。

马槽滩上游堰塞湖　马槽滩上游堰塞湖位于什邡市红白镇木瓜坪村、石亭江上，集雨面积 350 平方公里。堰塞湖堰塞体顺河长度 300 米，沿河流断面宽约 100 米，堰高 40 ~ 50 米，堰塞体体积 200 万立方米。堰塞湖水面漫过坝顶，入湖流量 13.1 立方米 / 秒；截至 6 月 10 日，堰塞湖蓄水量 60 万立方米。影响下游面积 7 平方公里、人口约 5000 人。

马槽滩中游堰塞湖　马槽滩中游堰塞湖位于什邡市红白镇木瓜坪村、石亭江上，集雨面积 360 平方公里。堰塞湖堰塞体顺河长度 80 米，横河长度 90 米，堰高 40 ~ 50 米，堰塞体体积 60 万立方米。堰塞湖水面漫过坝顶，入湖流量 15.6 立方米 / 秒；截至 6 月 10 日，堰塞湖蓄水量 25 万立方米。影响下游面积 5 平方公里、人口约 4500 人。

红松电站厂房堰塞湖　红松电站厂房堰塞湖（见图 159 ~ 162）位于什邡市红白镇、石亭江上，集雨面积 397.8 平方公里。堰塞湖堰塞体顺河长度 105 米，横河长度 113 米，堰高 30 米，体积 25 万立方米。堰塞湖水面漫过坝顶，入湖流量 17.9 立方米 / 秒；截至 6 月 10 日，堰塞湖蓄水量 76 万立方米。影响下游面积 10 平方公里，影响人口约 5000 人。

图 159　红松电站厂房堰塞湖

图 160　红松电站厂房堰塞湖泄水口

图 161　红松电站厂房堰塞湖右岸崩塌岩体

图 162　红松电站厂房堰塞湖左岸滑坡体和崩塌岩体

东河口堰塞湖　东河口堰塞湖位于青川县红光乡东河口村境内嘉陵江支流清竹江上（见图 163 ~ 164），集雨面积 1180 平方公里。堆积体体积约 136 万立方米，堰高 15 米，最大蓄水量 300 万立方米，与石板沟、红石河堰塞湖共同影响 1 个县城、5 个镇、3 个乡，影响人口约 16 万人。

二　低危级堰塞湖

黑洞崖堰塞湖　黑洞崖堰塞湖位于绵竹市清平乡岩井村绵远河上，集雨面积 258 平方公里。堰塞湖堰塞体顺河长度 30 ~ 50 米，横河长度 120 米，堰高 50 ~ 60 米，堰塞体体积 18 万立方米。堰塞湖水面到达堰塞坝顶，出库流量 22 立方米 / 秒，堰塞湖蓄水量 180 万立方米。清平乡转移群众 1.1 万人。

小岗剑电站下游堰塞湖　小岗剑电站下游堰塞湖位于绵竹市天池乡、绵远河上，集雨面积 343.6 平方公里。堰塞体顺河长度 150 米，横河长度 150 米，堰高 30 米。堰塞湖水面接近堰顶，蓄水量 75 万立方米。与上游堰塞湖共同影响下游绵竹市汉旺、拱星、绵远、兴隆、富新、什地及罗江县略坪等乡（镇），影响人口 43388 人。

映秀湾堰塞湖　映秀湾堰塞湖位于汶川县岷江干流映秀湾电站与太平驿电站之间（见图 165），堰塞体顺河长度 200 米，横河长度 60 米，堆积体约 12 万立方米。堰塞体高 11 米，回水长度约 3 公里，库容约 35 万立方米，影响人口约 1.5 万人。

图 163　东河口堰塞湖（镜向南东）

图 164　东河口堰塞湖堰塞体

图 165　映秀湾老虎嘴堰塞体下游

徽县嘉陵江堰塞湖　嘉陵江堰塞湖位于徽县嘉陵镇南 1 公里处嘉陵江畔两侧山体垮塌处（见图 166），距宝成铁路 150 公里 +300 米，在徽县火车站南约 800 米的金钻沟 109 隧道处。地震造成山体大面积滑坡，正由此经过的宝鸡开往成都方向的 21043 次货车出轨，机车起火，12 节油罐车烧毁，宝成铁路中断。同时使徽（甘肃省徽县）白（陕西省略阳县白水江镇）公路中断，威胁徽县嘉陵镇、虞关乡两地 2.1 万群众的生命财产安全，严重威胁下游略阳县等部分县（市）群众生命财产安全。滑坡体主要为岩石，约 5 万立方米，将嘉陵江拦腰截断，形成堆

图166 嘉陵江堰塞湖导流明渠。2008年5月14日拍摄

石坝，围堰高10～30米、长约100米、宽约30米，湖面回水约4公里，湖水最深处约10米，平均深度约4米，湖面宽约80米，库容约100万立方米，威胁上下游村庄、公路和铁路的安全。后按方案导流。

灾情发生后，徽县转移安置嘉陵镇群众1400多人，抢救出2名列车司机。

木瓜坪堰塞湖 位于什邡市红白镇木瓜坪村、石亭江上，集雨面积350平方公里。堰塞体顺河长度20～30米，横河长度100米，堰高15米，体积6万立方米。堰塞湖水面到达堰塞坝顶，入湖流量12.8立方米/秒；堰塞湖蓄水量10万立方米，影响下游面积4平方公里、约2000人。6月6日经爆破成功泄洪。

竹根桥堰塞湖 位于崇州市鸡冠山乡、岷江支流文井江上。堰塞体顺河长度500米，横河长度68米，堰高90米，体积300万立方米，影响下游鸡冠山、文井江等地约2200人。按方案转移人员后，5月22日爆破溢流，险情排除。

谢家店子堰塞湖 位于彭州市龙门山镇九峰村、沱江支流沙金河上。堰塞体顺河长度250米，横河长度70米，堰高10米，体积18万立方米。截至6月10日，堰塞湖水面距坝顶6米，入湖流量4立方米/秒，出湖流量4立方米/秒，蓄水量100万立方米，影响下游龙门山镇、小鱼洞镇约8000人。

凤鸣桥（大奔流子）堰塞湖 位于彭州市龙门山镇团山村沙金河大奔流子。5月12日晚，彭州市水务局接到报告，称银厂沟的河水流量突然减少。水务局专家于次日6时许进入余震不断的银厂沟实地勘查，发现山体滑坡严重，龙门山镇境内沙金河大奔流子段大面积山体滑坡直接冲入沙金河道，形成一个约有100万立方米库容的堰塞湖，水面距堰顶还有10米左右，蓄水量正在增大。15日，经勘查，堰塞体顺河长度300米，横河长度80米，堰高14米，体积24万立方米，影响下游龙门山镇、小鱼洞镇约8000人。

第四章　地质灾害危害

汶川特大地震地质灾害危害很大，本章主要记述地质灾害对公路、铁路和河道的破坏。

第一节　地质灾害对公路的破坏

地质灾害对公路及沿线交通设施造成巨大破坏。崩塌滑坡、泥石流、堰塞湖等地质灾害损毁淹没道路、桥梁，淹埋隧道洞口，严重阻断交通。其中以崩塌滑坡对公路的损毁最为普遍，对公路及交通基础设施造成的损失最大。

一　崩塌滑坡对公路的破坏

崩塌滑坡对公路破坏的分布极为广泛。四川省11条高速公路和重点公路项目、5条国道、9条省道及极重灾区和重灾区的部分县乡公路均因崩塌滑坡造成损毁，其中以国道213线因崩塌滑坡造成的损毁最为严重。崩塌滑坡对甘肃省、陕西省公路及沿线交通设施也造成不同程度的破坏。

由于汶川地震强度大，活动时间长，沿断裂带两侧的岩体遭受了极大的破坏，形成崩塌、滑坡、危岩落石等，损毁路基挡防结构，甚至形成多个滑坡体构成规模巨大的滑坡体群，滑坡群压埋和推移道路。路基上边坡病害是地震造成的分布范围最广、影响程度最严重的病害之一，尤以处于地震中央断裂带附近的公路最为明显。震中区常形成崩塌性滑坡，压埋道路或堵塞江河形成堰塞湖淹没道路，处于地震区的二级及二级以下公路多发生土质滑坡和岩质边坡崩塌，堵塞道路。

崩塌性滑坡一般发生在震中区或断层带附近地区道路，对公路威胁极大，造成断道且修复难度大。该病害在四川省道 303 线映秀至卧龙段、国道 213 线映秀至汶川草坡段最为突出。路基下边坡典型震害表现为路基错动、滑移。斜坡段半填半挖路基、高路堤、处于滑坡体上路基，均易产生路基错动、滑移。该类型病害主要发生在震中地区的公路上，以国道 213 线都江堰至汶川段、国道 303 线映秀至日隆、北川、青川、绵阳、德阳等地区公路最为典型（见图 167 ～ 171）。

图 167　国道 213 线都江堰至映秀段绕坝路 K1+650 处崩塌、滑移

图 168　国道 213 线 K1035 200 ～ K1035+280 处崩塌体压埋公路

图 169　国道 213 线 K37+080 处一碗水，上边坡基岩崩塌，落石砸断桥梁

图 170 四川省道 105 线平武县南坝镇涪江右岸段滑坡，堰塞涪江并压埋公路

图 171 四川省道 105 线北川羌族自治县擂鼓镇段崩塌巨石，巨石方量约 50 立方米

二 泥石流对公路的破坏

泥石流具有突然性以及流速快、流量大、物质容量大和破坏力强等特点。地震中，多条公路路基、桥涵等交通设施被泥石流冲毁，造成巨大损失。

四川省境内国道 108 线、212 线、213 线、317 线、318 线及省道 105 线、205 线、210 线、303 线部分路段被泥石流损毁。其中国道 213 线都江堰至汶川段发生泥石流 10 处，国道 317 线发生泥石流 66 处，省道 105 线陈家坝段道路被泥石流淹没，省道 205 线发生泥石流 58 处。此外，多处群发性泥石流灾害也对公路造成损毁。位于地震极震区的龙溪河流域在 5 月 12 日、6 月 24 日、9 月 25 日和 2009 年 7 月 17 日相继有 13 条泥石流沟暴发泥石流，危害公路 780 米（参见图 172 ~ 173）。

图 172 绵竹市 X101 K7+300 ~ K7+700 处泥石流淹埋路基

图 173 理县朴头村桥梁被地震引发的泥石流冲毁

图 174　国道 213 线 K30 处麻柳湾，岷江右岸泥石流沟口

汶川地震发生后大量滑坡体滞留坡面，在余震及降雨作用下，极易发展为泥石流。国道 213 线都江堰至汶川段 K30+300 处麻柳湾，距岷江下游映秀镇约 4.4 公里，内侧边坡陡峻。汶川地震引发大规模崩塌，淹埋公路 100 余米。震后上边坡坡面残留堆积体较多，在余震及降雨作用下，逐渐发展为坡面泥石流（见图 174）。

受地震影响，甘肃省多条公路发生泥石流灾害，阻断交通。陇南境内国道 212 线甘川路、省道 205 线江武路、省道 206 线大姚路、省养县道 484 线东青路和甘南境内国道 213 线、省道 312 线、省道 313 线多处发生大面积塌方，部分路段被泥石流淤塞。舟曲县境内省道 313 线公路梁家坝处 5 月 15 日发生泥石流塌方，累计泥石流塌方 1000 多立方米，造成公路受阻中断；土桥子处 5 月 17 日发生泥石流，造成公路损毁，交通受阻。6 月 29 日，舟曲县突降暴雨，槐树坝至大水沟口公路沿线塌方泥石流严重，交通中断。

受地震影响，陕西省汉中市境内国省道干线公路共形成高危边坡、泥石流、塌方 168 处。

三　堰塞湖对公路的破坏

四川省境内国道 212 线、213 线、317 线及省道 105 线、302 线、303 线等多条干线公路部分路段及大量农村公路被堰塞湖淹没（参见图 175 ~ 176）。因北川湔江上游 4.6 公里处唐家山山体

图 175　东河口堰塞湖淹没四川省省道 105 线公路

图 176　四川省国道 213 线 K28+500 ~ K28+860 处老虎嘴，公路右侧高陡斜坡沿外倾结构面

滑坡，形成唐家山堰塞湖，将省道 302 线禹里乡至北川 20 公里路段全部淹没；北川至东兴镇山体崩塌形成堰塞湖阻断交通。省道 303 线因沿线河道被滑坡、崩塌体压埋，河床变窄，水位抬高，形成 35 处小型堰塞湖，淹没道路。汶川县 XU09 线漩口至三江公路部分路段被堰塞湖淹没。

四　阿坝县乡公路损毁情况

阿坝藏族羌族自治州主要县乡公路损毁线路里程 1441.8 公里，灾害破坏路基长度 844.41 公里，路基沉陷及裂缝 479.33 万立方米，滑坡塌方 2120 处、2019.75 万立方米，挡土墙破坏 1293210 平方米 /7025 处，桥涵破损 9396 米 /1328 座，全部损毁里程 234.92 公里，局部损毁里程 689.48 公里，损失 119673 万元（见表 31 及图 177 ～ 178）。

阿坝藏族羌族自治州县乡公路地震损毁情况统计表

表 31

项目		地震损毁情况										
		路基损毁	路基沉陷及裂缝	滑坡塌方		挡土墙损毁		桥涵损毁		评估		经济损失
										全毁里程	局毁里程	
		公里	公里	立方米	处	立方米	处	延米	座/道	公里	公里	万元
	全州	844.41	479.33164	20197515.27	2127	1294534.12	7025	9396	1329	234.92	689.48	119673.12
其中	县道	314.9	155.915	6651518.347	850	266656	3603	3302.5	476	25.66	311.4	49229.98
	乡道	529.51	323.41664	13545996.923	1277	1027878.12	3422	6093.5	853	209.26	378.08	70443.28
	汶川	217.4	237	6407000	168	292354	920	3885	562	169.5	120.8	1952.7
其中	县道	21.5	21.5	2143000	43	55903	109	1450	207	21.5	14	258
	乡道	195.9	215.5	4264000	125	236451	811	2435	355	148	106.8	1694.7
	理县	90.6	18	984000	49	10742	95	541	65	36	26	6226
其中	县道	57.6	13	539000	11	5323	61	192	21	0	26	1943
	乡道	33	5	445000	38	5419	34	349	44	36	0	4283
	茂县	138.2	22.01264	9630530	642	919027.72	645	3201	460	22.02	116.18	69306.55
其中	县道	26	4	1820000	121	173680	121	583	90	4.16	21.84	17216
	乡道	112.2	18.01204	7810530	521	745347.72	524	2618	370	17.86	94.34	52090.55
	松潘	98.4	67.2	64500	53	5220	20	887	118	—	110.2	14744.8
其中	县道	86.9	57.7	63300	47	4966	18	845	112	—	98.7	14169.8
	乡道	11.5	9.5	1200	6	254	2	42	6	—	11.5	575
	九寨沟	52.61	14.359	111204	135	10417.4	757	250.7	10	—	139.3	7260.07

续表 31

项目		地震损毁情况										
		路基损毁	路基沉陷及裂缝	滑坡塌方		挡土墙损毁		桥涵损毁		评估		经济损失
										全毁里程	局毁里程	
		公里	公里	立方米	处	立方米	处	延米	座/道	公里	公里	万元
其中	县道	25	13.955	86100	114	1924	244	—	—	—	75.1	4881.34
	乡道	27.61	0.404	25104	21	8493.4	513	250.7	10	—	64.2	2378.728
	黑水	164.20	93.76	281.270	664	28735	415	539	98	7.4	94	13533
其中	县道	47.95	25.76	118.347	264	6860	89	192	36	1.8	25.8	5761.7
	乡道	116.3	68	162.923	400	21875	326	347	62	5.6	68.2	7771.3
	小金	83	27	3000000	416	28038	4173	92	16	—	83	6650
其中	县道	50	20	2000000	250	18000	2500	62	10	—	50	5000
	乡道	33	7	1000000	166	10038	1673	30	6	—	33	1650

图 177　拉木材的红色卡车前后被崩塌体阻挡

图 178　被崩塌的山石堵截在公路上的汽车

第二节　地质灾害对铁路的破坏

宝成铁路干线北起陕西宝鸡，南达四川成都，与成渝、成昆两线衔接，全长约669公里，是沟通西北与西南地区的铁路干线。以后相继修建了广元至普济、德阳至汉旺（德天线）、广汉至岳家山（广岳线）、青白江至都江堰等4条支线，这些铁路干线、支线在汶川特大地震中均不同程度受损（见图179）。

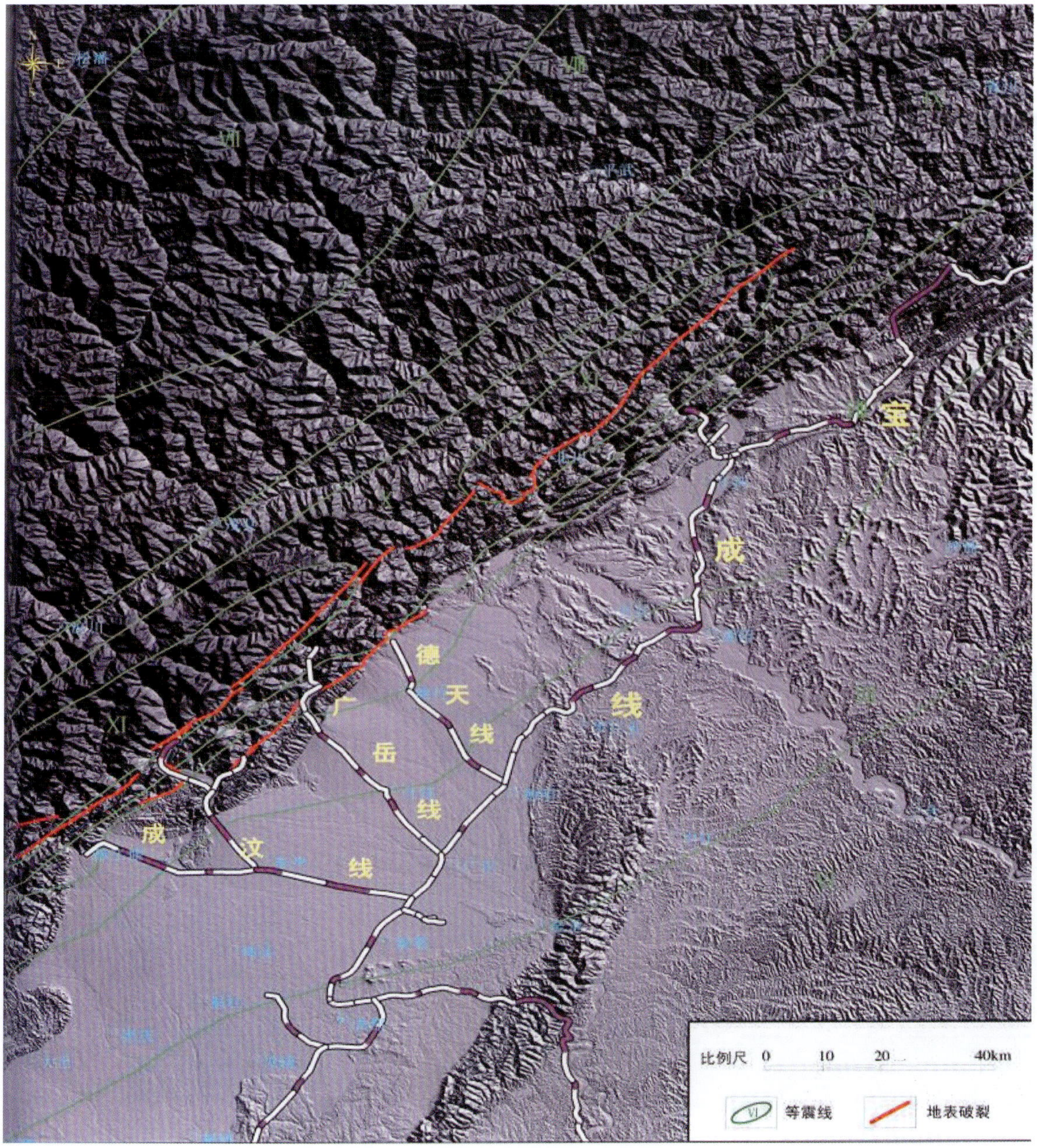

图179　受影响的灾区铁路线示意图

汶川地震地质灾害造成宝成铁路广元市境内线路中断，5000余名旅客滞留广元市。宝成铁路全线16列旅客列车受阻，滞留旅客上万人。

成都铁路局全局损毁线路2500公里、桥梁236座、隧道98座。受地震影响，宝成、成昆、达成、成渝4条主要干线和成汶、德天、广岳3条支线被迫中断行车。各次客车暂停运行后，成都至普济的7404次客车滞留在大山深处的五等小站东坝站，车上400多名旅客陷入缺水断粮的困境。地震引发宝成线清江河金龟塘段山体滑坡，200多立方米落石砸向金龟岩铁路大桥，致使12号桥墩桥台发生裂纹，桥梁横向位移30厘米，宝成线下行线行车中断。

5月13日2时10分，宝成铁路甘肃省徽县境内109隧道塌方，12节油罐车被砸、燃烧，使宝成铁路中断，线路严重受损，K291、N757次旅客列车2700余名旅客滞留广元车站管内。

在绵阳市境内，自西向东而来的地震波对宝成铁路进行了横切式的破坏，线路扭曲变形、桥梁支座螺栓剪断、梁体横向位移、隧道衬砌开裂，同时，大量山体滑坡、崩坍落石频发、路基严重下沉。情况相同的还有成汶、德天、广岳3条铁路支线。

图180　山体崩塌巨石造成什邡境内广岳铁路支线21公里处铁轨损毁

德阳市境内宝成线全线普遍遭到路基下沉（下沉严重线路长达13公里）、多座桥梁受损、钢轨扭曲变形、轨枕拉杆折断、联配零件失效等设备损害；导致线路严重缺碴，小高低、小方向、暗坑吊板十分严重；地震后雨水较多，造成线路翻浆严重（见图180～181）。境内23个营运客货车站均遭不同程度毁坏，特别是德天、广木、成汶3条支线和宝成干线间大部分车站遭到毁灭性破坏。

图181　山体崩塌滑坡碎石覆盖了什邡境内广岳铁路支线21公里处隧道口的铁轨

广岳支线65公里、德天支线42公里，全线普遍遭到路基下沉（德天线特别严重的有14公里、广岳线下沉严重的有21公里）、钢轨扭曲变形、轨枕拉杆折断、联配零件失效等设备损害，其中广岳线41公里后线路因山体滑坡无法通车，因路基下沉特别严重而封锁红白场广端线路。

第三节　地质灾害对河道的破坏

岷江为长江的一级支流，年均径流量约 90×10^9 立方米，为长江水量最大的支流。都江堰以上为岷江上游，长约 340 公里，其中都江堰—汶川河段长 80 余公里，沿途有杂谷脑河、草坡河、渔子溪、寿江、白沙河等支流汇入。此段河流处于高山峡谷区，河谷深切，河床比降为 8‰，其中福堂坝—中滩堡（映秀镇）河段 23 公里内落差 22.3 米，平均比降为 9.78‰。岷江上游河床宽一般为 80 ～ 100 米，年均输沙量为 963.5 万吨，其中 776.5 万吨输入下游、187 万吨滞留于河道。

一　地质灾害的发育特征

都江堰—汶川沿线山区地震烈度普遍超过Ⅸ度，震中映秀镇烈度达Ⅺ度，形成的崩塌（岩崩）、滑坡、泥石流、碎屑流、堰塞湖等是地震诱发的最直接、分布最广泛的次生灾害，是危害范围、程度最大的灾害类型。崩塌、滑坡体主要以崩滑群的形式连续分布于岷江干流河谷、支流及其沿线沟谷的中高山体（3000 米以下），其在运动过程中通过移动破坏、淹埋破坏两种方式造成大量山体破坏、岩石裸露，并在河谷、阶地、山坡上形成大量的松散堆积物，甚至直接阻断河流、溪流而形成堰塞湖。

都江堰—汶川河段地处泥石流活动区，地震后沿线广泛发育的崩塌、滑坡形成的方量巨大的松散堆积物为泥石流的形成提供了充沛的物源，极易暴发泥石流。根据调查，都汶公路沿线震后具有泥石流暴发条件的沟谷多达 65 条，主要分布于漩口—汶川段，其中映秀—汶川段在岷江两岸对称分布，都江堰—映秀段主要发育于岷江右岸。

地震后，泥石流具有成带分布、成群暴发的特点，汶川地震后的 7—8 月间，都汶公路沿线泥石流频繁暴发，多次阻断交通，淤积岷江河道，甚至阻断岷江。7 月 14 日 13—14 时，受暴雨激发，岷江右岸位于银杏乡一碗水村附近的张家沟暴发泥石流，泥石流物质瞬间阻断岷江。大、中型崩塌、滑坡体堆积于河道、沟谷之中，阻断河流或溪流而形成堰塞湖。地震后在岷江干流上形成老虎嘴大型堰塞湖，阻断岷江，中断交通；沿线的支沟中大多形成堰塞湖，在七盘沟、板子沟、草坝河内形成梯级堰塞湖群。堰塞湖在降雨、地下水、地表水的共同作用下，尤其是降雨的作用下，发生溃决，又会形成溃决洪水或激发泥石流，威胁沟谷下游安全。

二　地质灾害影响河道的方式

崩塌、滑坡、泥石流、堰塞湖以不同方式影响河道的变化，抗震救灾及灾后重建过程中的人为活动也对河道造成一定的影响，河道在多种因素的共同作用下发生变化。

崩塌、滑坡挤占河道 都江堰—汶川河段除了都江堰—寿江大桥段崩塌、滑坡呈点状零星分布外，其余路段多成群、成片分布于岷江干流及其支流。岷江上游地处高山峡谷区，河谷的平均坡度为 30 ~ 35 度，局部地方达 60 ~ 80 度，因此崩塌、滑坡体都顺坡堆积于坡脚、河谷处，而在紧挨河道的一侧，崩塌、滑坡体下部则直接堆积于河道中，挤占和压缩河道。崩塌、滑坡体没入河水中的部分不断受到河流的冲刷，成为高含沙水流的泥沙来源，同时由于河水的侧向淘蚀，尤其是雨季洪水期，可导致崩塌、滑坡体上部垮塌而进入河道。对河道的影响主要为单侧挤占河道和两侧顶冲挤占河道两种方式（见图 182 ~ 183）。

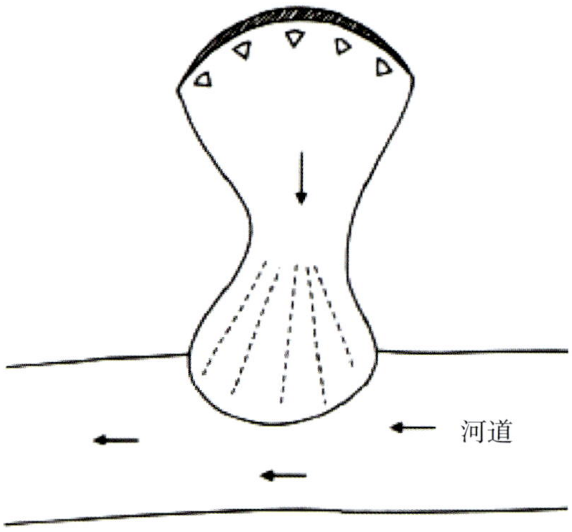

图 182 崩塌、滑坡体从河流岸一侧挤占河道

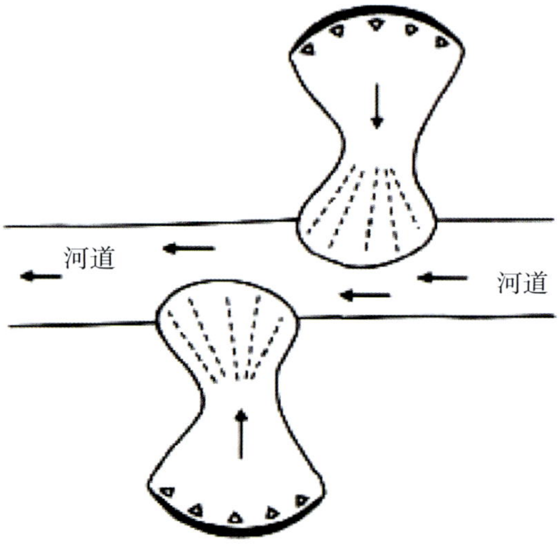

图 183 两岸崩塌、滑坡体顶冲入江挤占河道

在岷江的宽谷地段，河道多沿一侧山体发育，因此崩塌、滑坡体主要以单侧挤占河道的方式压缩河道，在峡谷区，河道蜿蜒前行于两侧山体之间，崩塌、滑坡体多以顶冲形式进入河流，挤占河道，促使河道变得愈加窄深，河曲加剧（见图 184 ~ 185）。

图 184 阿坝师范高等专科学校对岸山体崩塌，滑坡体进入岷江

图 185 都汶公路彻底关隧道南口岷江两岸崩塌，滑坡体顶冲入岷江

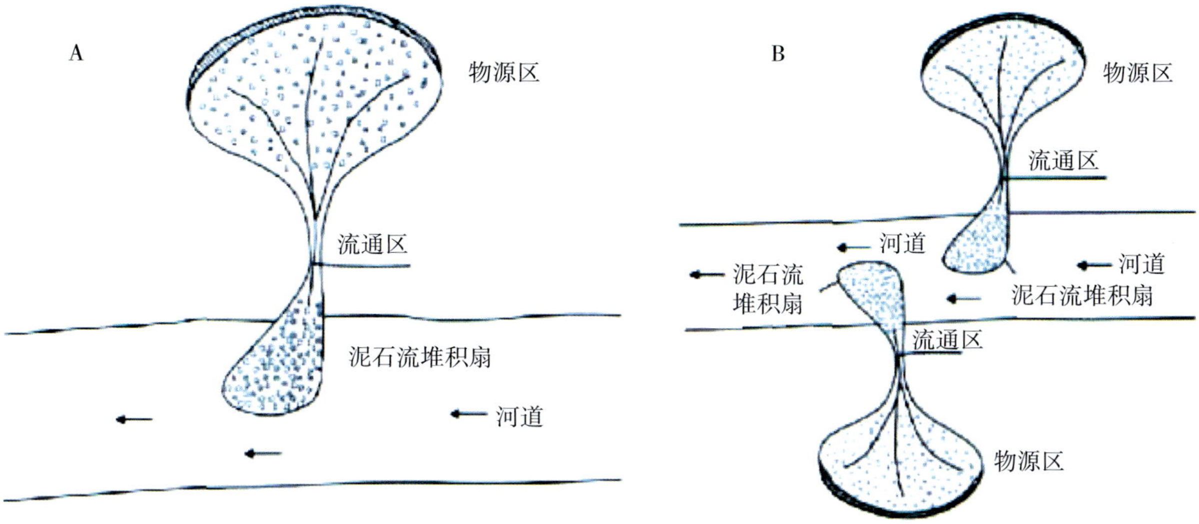

图 186　泥石流堆积物淤积河道（A），从两岸以顶冲形式淤积河道（B）

泥石流淤积河道　泥石流能在很短时间内将大量固体物质推入河道并影响河床演变。泥石流物质淤积于河道，受河流冲刷作用，一般有两种发展趋势：一是泥石流堆积扇在雨季因为流量增加，堆积物中细颗粒物质以悬移质形式随河水输移，粗颗粒和砾石则以推移质形式淤积于下游河道，淤高下游河床；二是泥石流堆积扇部分保留于原地，压缩泥石流沟口河道宽度，淤高沟口河床，从而影响河道的发育与演化。泥石流对河道的影响主要表现为两种方式：一是泥石流沟从河岸一侧进入，淤积河道（见图 186A、图 187）；二是河流两岸对称发育的泥石流沟，其堆积物以顶冲的形式淤积河道，从而影响其发育与演化（见图 186B）。

图 187　汶川县映秀镇马岩站沟泥石流堆积入江淤积河道

泥石流对河道的影响方式主要受泥石流在河流两岸的分布状况、规模、物质组成等因素的影响。都江堰—映秀河段泥石流沟主要分布于岷江右岸，以单侧淤积方式为主，淤积右岸河道；而在映秀—汶川河段则两种作用形式都有，因为泥石流沟多呈对称分布，同时地震后泥石流群发性强，顶冲沉积的形式在震后 10 ～ 20 年泥石流活跃期比较明显，造成河宽变窄、河流弯曲加剧。泥石流物质进入河道后受河水冲刷，经过二次甚至多次搬运，多淤积于河床，造成河床升高。

堰塞湖淤高河床　堰塞湖对河流的影响主要表现为抬高堰塞湖上游的河流水位，使水位升高，流速减缓。地震后，岷江干支流含沙量急剧增加，远远大于震前的 0.51 ～ 0.54 公斤 / 立方米，推移物质在泥沙中增加明显。高含沙水流携带的大量泥沙在堰塞湖所处河段发生停淤，尤其是推移物质率先沉积于河道，淤高河床；而在其堰塞湖口，水流加速，侵蚀加剧，泥沙二次启动，造成局部河床比降加大。如遇到雨季岷江发生大洪水，堰塞湖则可能发生溢流或溃决。

工程建设与灾害点处置挤占河道 地震后，为抗震救灾及灾后重建开展了大规模的抢险工程与灾害体处置工程。这些工程多依据地形条件，一般将崩塌、滑坡体就地直接弃入岷江之中而挤占河道。灾后，都江堰—汶川段最大的工程是持续3个多月的都汶公路的抢通与保通工程。工程实施过程中大量的崩塌、滑坡物质被直接推入岷江而挤占河道，使河道变窄。在大型岩崩发生的位置，巨大的石块弃入江中，不能随河水运移，多形成湍流，引起河床冲刷与强烈下切侵蚀。在都汶公路抢通过程中，为了解决路基缺失问题，工程人员于7月20日在老虎嘴实施了人工爆破，使岷江左岸约1万立方米的山体落入岷江，使河道在100～200米长度内被进一步压缩。在地震应急工程结束后，陆续展开的不稳定边坡及危崖处置、都汶公路重建、灾区重建等一系列工程还将涉及岷江两岸崩塌、滑坡及泥石流堆积扇的处理，将改变施工工地的河道，尤其是峡谷区的河道。对于工程设施而言，后期地基稳定措施会长久性地改变河道，但工程措施对河道的影响多缺乏规律性，随机性较大。

多因素综合作用改变河道 地震后，崩塌、滑坡、泥石流、堰塞湖沿都江堰—汶川河段山区广泛发育，河道的变化往往受到多种灾害类型的共同作用。崩塌、滑坡主要使岷江及其支流河道受到挤压变窄；泥石流堆积物淤积河床，挤压河道，泥石流群发与顶冲淤积使河曲加剧；受崩塌、滑坡、泥石流共同作用，河道趋向于变窄，弯曲程度加剧，河床淤积升高，受堰塞湖的作用，河床淤高效应加剧。在危岩及峡谷区，工程建设及灾害处理与崩塌、滑坡、泥石流共同作用而改变河道，加剧河道变窄、弯曲与淤高。如老虎嘴堰塞湖附近及汶川县绵虒镇辛店村下索组河道的变化，就受到崩塌、滑坡、堰塞湖、工程建设等多种因素的共同作用（见图188～189）。

图188 老虎嘴崩塌、滑坡体与公路抢修爆破岩体入江

图189 辛店村下索崩塌、滑坡体顶冲及路基施工物质入江

第五章　环境污染

汶川特大地震引发的严重地质灾害，不仅造成严重的人员伤亡和各种设施的破坏，同时还引起环境污染，包括水污染、大气污染、核设施与放射源险情等。

第一节　水污染

汶川特大地震后，各种次生灾害频繁发生，许多工矿企业生产活动受到严重影响，发生重特大环境污染事件的可能性急剧增加。地震中，汶川、茂县、北川等城市供水系统完全损毁，其他多个城市的供水系统受到不同程度的损坏，供水设施也受到相当大的影响，一些监测设备、分析设备受损。

震区城市的供水水源是当地的地表水（岷江都江堰水系、涪江水系等）或地下水（浅层地下水大口井、深井等），震后水源的水质安全受到地震引发的次生污染和灾害的影响。

地震灾区是中国生物多样性最丰富的地区之一，是四川盆地重要的水源补给区，关系到整个四川的供水安全，也是长江上游重要的水源涵养和水土保护区。水资源丰富，有几十座梯级电站，大大小小的水电站有上百座，水安全保障和供水安全问题十分突出。这个地区矿产资源丰富，地震发生之后，一些化工厂也面临着应急处置的问题，这些都为水安全保障带来了巨大的压力。

地震使水安全的应对能力受到重创。基层的环境监测设施受到严重的破坏，基本丧失了监测能力。损毁监测监察仪器设备 9955 台（套），难以及时提供监测情况。有关的档案材料和企业排污状况的信息都受到损失。

地震中 140 多个乡（镇）饮用水源地被损坏，失去供水能力，全部依靠临时性供水设施为灾民供水。城市污水处理设施受到破坏，管网损失 1458 公里。四川省 6 个重灾市（州）有 26 个城镇污水处理厂，部分受地震影响比较大，需长时间修复，影响了污水及时处理。

一　污染事件案例

金矿尾矿库垮塌事故　5 月 12 日，略阳县煎茶岭矿业公司尾矿库出现严重溃坝。根据现场勘查，该公司尾矿库四期坝发生垮塌，约 3 万立方米尾矿渣泄漏进入下游西渠沟的近 2 公里河道内，约 300 米公路被淹没，4 户民房共 20 间房屋倒塌，危险区群众全部撤离，无人员伤亡，河道下游无饮用水源地。

事发后，略阳县政府采取了紧急措施，垮塌事故未对下游水环境造成严重污染。此次事件被定性为一般突发环境事件。

垃圾渗漏液污染嘉陵江水体　汶川地震造成清风峡山体崩塌，导致广元市朝天中学、城区居民集中安置点等地的生活垃圾无法运出，严重影响小中坝附近临时集中安置点居民的生活，造成下雨天垃圾渗漏液未经处理直接流入嘉陵江水体，对嘉陵江水体造成了一定污染。

磷化厂垮塌　地震中绵竹市汉旺镇华丰磷化工公司全厂垮塌，近千立方米泥磷和 200 吨黄磷可能随溃坝（炸坝）洪水进入沱江，威胁沱江饮用水源水质。

紫坪铺水库发生油污染　都江堰市紫坪铺水库是成都市及其下游地区的主要供水水源地，供水人口 1000 万左右，库容量 3 亿立方米以上。5 月 14 日后，紫坪铺水库石油类污染物出现超标现象，库区内 9 个监测点位中有 2 个超标，17 日水库大坝下游南桥断面超标约 10 倍。库区水面有漂浮物和浮油，经判断，浮油可能由汽油、柴油、机油和动植物油组成（见图 190）。在水库临时码头周围，有大面积浮油，气味很重。据水库救灾指挥部介绍，在救灾高峰期，共有 50 艘左右的船只 24 小时不间断作业，有数艘船只倾覆（见图 191），有一些发动机和油箱沉入水库。此次油污染事件没有污染成都市饮用水水源地，成都市第六水厂取水口石油类一直未超标。此次事件被定性为一般突发环境事件。

图 190　紫坪铺水库局部水体石油类超标

根据成都市环保局监测结果，紫坪铺水库下游都江堰宝瓶口断面 5 月 20 日石油类指标为 0.4 毫克 / 升，超过地表水环境质量标准（三类水体 0.05 毫克 / 升）约 7 倍。同日，成都市第六水厂取水口监测值为 0.029 毫克 / 升，取水口上游大约 30 公里处的监测结果为 0.068 毫克 / 升。21 日，宝瓶口断面石油类指标为 0.442 毫克 / 升，超出水环境质量标准 7.8 倍。25 日以后，南桥断面石油类指标已达标。水厂紧急安装了粉末活性炭装置，储备高锰酸钾、次氯酸钠和碱液，具备应对一定程度有机物、病原微生物、重金属、还原性污染物的应急处理能力。

后期随着灾区陆路运输的开通，水上运输强度显著降低，水利、环保部门开展了紧急清理水面浮油工作，累计打捞5400立方米漂流物（浮油），水体中的石油类浓度逐渐降低。

图191 余震和滑坡造成多艘船只倾覆

铁矿尾矿库发生垮坝事件 受汶川地震灾害影响，位于青川县和江油市交界处的皇嘉农业集团雁门硫铁矿发生垮坝，大约1.5万立方米尾矿渣冲入清江河，其中有5000多立方米进入清江河，部分河道被淤塞，河水呈深灰色。

经绵阳市监测站5月24日晚监测数据显示，尾矿库上游100米、下游500米和下游5公里处的监测断面pH值分别为8.23、8.33、8.34，铜、砷、汞、镉、铅、六价铬等监测指标均未检出。由于受到上游青川县9个堰塞湖影响，当地政府组织人员紧急疏散，尾矿库未发生新的垮塌。此次事件被定性为一般突发环境事件。

医疗废水污染潜溪河和嘉陵江 广元市朝天区人民医院医疗废水处理工程设施部分受损，动力设施无法运行，医疗废水只是经过自然沉淀和厌氧处理后即排入潜溪河，再进入嘉陵江，对一河一江的水体造成了一定污染。区人民医院、区妇幼保健院、羊木镇卫生院、宣河乡卫生院等医疗卫生单位在地震中房屋受损严重，被迫迁至临时搭建的板房内开展医务工作，医疗废物和医疗污水处理难以达到环保要求，致使大部分医疗废水和医疗废物直排水体，对饮用水水源和环境造成污染。

排污造成地下水环境污染 6月2日22时，都江堰市环保局接到市抗震救灾指挥部通知，都江堰市川西化工物资有限公司自1日晚起有农药味气体排放，距离该公司300米处的岷江4号桥指挥部施工单位井水（8米深地下水）也有同样气味，220人饮用水受影响。事件发生后，环境保护部前方工作组当即赶赴事发地，现场督促、指导事故处理和企业隐患整改工作。此次事件被定性为一般突发环境事件。

硫铁矿发生井涌透水事件 6月2日，受地震影响，江油皇嘉农业集团有限公司雁门硫铁矿发生透水事件。该公司710矿矿井地下涌水加大，以往同期正常涌水量为3000立方米/天，震后涌水量达5000立方米/天以上，涌水与高温氧化后的硫铁矿反应生成硫化亚铁（呈褐红色），初步估算矿井内积存了近20万立方米井水，每天约5000立方米井水外排入清江河（嘉陵江的一级支流）。2日23时左右，该公司发现井下涌水上涨后，立即采取紧急措施进行处理。

绵阳市环保部门6月12日对清江河监测结果表明，清江河雁门断面pH值为7.88（地表水环境质量标准6～9）、溶解氧（DO）为6.10毫克/升（地表水Ⅲ类环境质量标准≥5毫克/升）、色度为 90 度（微红、无标准），硫化物、砷、铅、六价铬等重金属均未检出。此次事件被定性为一般突发环境事件。

二 饮用水污染风险

监测结果表明，绝大部分饮用水水源地符合《地表水环境质量标准》（GB 3838—2002）和《地下水质量标准》（GB/T 14848—93）III 类水质标准；累计有 160 个 · 次饮用水水源地出现部分指标超标现象，主要超标指标为氨氮或溶解氧。

地震灾区饮用水水源地水质状况总体良好。中国环境监测总站于 5 月 13 日起组织地震灾区环境监测部门利用水质自动监测站对长江等主要河流干流水质进行自动监测，并于 15 日报出第一期地震灾区饮用水水源地水质监测快报。5 月 13 日至 6 月 15 日，中国环境监测总站共计发出监测快报 33 期。监测结果表明，长江干流攀枝花龙洞断面、长江干流重庆朱沱断面（川—渝省界）、三峡水库出口宜昌南津关断面（三峡水库出水）、岷江乐山岷江大桥断面、岷江入长江口宜宾凉姜沟断面、沱江入长江口泸州沱江二桥断面、嘉陵江广元清风峡断面（陕—川省界）等主要干流断面与地震前相比，水质无明显变化。

对于饮用水水源和饮用水水质，此次地震引发的次生灾害污染风险主要包括以下几个方面：

病原微生物 汶川、北川、青川、什邡、绵竹、绵阳等重灾地区人员的重大伤亡和近 3500 万头（只）畜禽的死亡，医疗废弃物和临时安置点粪便无法及时有效处理，各水库为降低库容加大放水量，造成下游各城市地表水水源地细菌学指标大幅升高（见图 192 ~ 194）。

成都市自来水水源水 5 月 13 日以来微生物指标大幅升高，细菌总数比震前提高一个数量级，达到 3 万 ~ 7 万个 / 毫升；粪大肠菌群始终大于 1.6 万个 / 升，超出饮用水标准测定方法的上限，

图 192 用于掩埋遗体的尸坑

图 193 垃圾简易焚烧场

图 194 未及时清运的生活垃圾

超过地表水环境质量标准Ⅱ类水体 2000 个 / 升和Ⅲ类水体 1 万个 / 升的限值（见图 195）。由于地下水水源地受环境变化的影响较小，地下水水源地的微生物指标只有短期波动，尚未出现明显恶化。

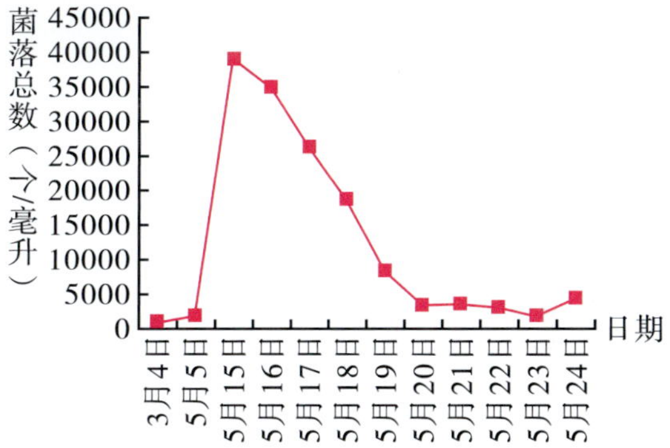

图 195 菌落总数变化趋势曲线图

绵阳市水源地在汶川地震后监测的粪大肠菌群或大肠埃希氏杆菌浓度为 2000 ～ 5000 个 / 升，基本上满足集中式生活饮用水地表水源地二类保护区的要求（地表水环境质量标准 GB 3838—2002 中规定，Ⅲ类水体粪大肠菌群浓度小于 1 万个 / 升）。5 月 18 日因上游大雨造成来水水质短暂恶化，高锰酸盐指数（CODMn）浓度达到 18.1 毫克 / 升，粪大肠菌群浓度为 1.6 万个 / 升，均超过水源水质标准要求。一天后水质恢复正常（见表 32）。

绵阳市水源水中大肠菌群统计表

表 32 　　　　**单位：个 / 升**

5 月 18 日 16000（粪）	5 月 22 日 9200（粪）	5 月 23 日 4060（埃）	5 月 24 日 5910（埃）	5 月 25 日 4780（埃）	5 月 26 日 6240（埃）	5 月 27 日 4780（埃）
5 月 28 日 5600（埃）	5 月 29 日 5040（埃）	5 月 30 日 20050（埃）	5 月 31 日 11840（埃）	6 月 1 日 5910（埃）	6 月 2 日 3640（埃）	6 月 3 日 2880（埃）

江油市水源地在汶川地震后数天内水质基本保持不变。5 月 20 日因上游大雨造成崖嘴头、城南水厂水源地来水水质短暂恶化，河水呈黑黄色，浊度达到上千 NTU（浑浊度单位），耗氧量测试因设备问题没有得到有效结果，粪大肠菌群浓度为 1 万个 / 升，均超过水源水质标准要求。

水媒病原微生物对居民饮水健康造成重大威胁，微生物风险是水源水和水厂净水工艺面临的首要风险，保障饮用水的微生物学安全，防止灾后疫情暴发，是震后供水水质安全工作的重中之重。

消杀药剂 由于上游地震重灾地区在灾后防疫处置中大量使用敌敌畏、马拉硫磷、溴氰菊酯等杀虫剂作为消杀药剂，这些杀虫剂可渗入地下并通过降雨径流进入下游水源地（见图 196 ~ 197）。

图 196 喷洒杀虫剂现场

图 197 防疫过程中投入的大量消、杀药剂也对水环境和土壤环境造成一定污染

尸体挖掘和掩埋作业现场是消毒的重点。每发现一具遇难者遗体，必须先消一遍毒后才能提取 DNA，然后再消一遍毒，之后装袋掩埋（见图 198 ~ 199）。

5 月 18 日早晨，驻滇某防化团 60 人组成的第一小队徒步穿越堵塞的公路和废墟，赶到北川中学进行消毒作业（见图 200）。

图 198 用消杀药剂喷洒尸体

图 199 用消杀药剂喷洒救援人员衣裤

图200　驻滇某防化团洗消北川中学废墟

洗消结束后，北川县城蚊蝇数量下降了95%。6月10日唐家山堰塞湖泄洪后，部队派出500余人对北川县城城区、香泉乡、通口镇等泄洪过后的水区及任家坪、北川中学等地区进行消毒防疫，消毒面积累计达18万平方米。

7月1日，卫生部发布公告，宣布没有疫情发生。

四川省各地环保部门和当地自来水公司都加强了对水源水中杀虫剂的监测。针对灾区个别地区出现了饮用水中微生物超标、水源水中检出敌敌畏等问题，卫生部等有关部委禁止在灾区使用敌敌畏以及国家明令禁用的滴滴涕、六六六等农药进行杀虫，推荐使用拟除虫菊酯类杀虫剂。成都市水源及其上游紫坪铺水库出水未检出农药。

有机污染物　震后地表水水源水中耗氧量指标比震前有一定程度的增加，成都水源水震前一般在1～2毫克/升；震后因有少量污染物进入水体，浓度在3～6毫克/升之间波动，是震前的2～3倍。

绵阳市的水源水中有机物含量较低，高锰酸盐指数（CODMn）浓度为1～2毫克/升。5月18日，上游暴雨造成涪江水质严重恶化，水色发黑，CODMn浓度达到18.1毫克/升，一天后恢复到2毫克/升以下。这是当地特有的季节水质变化，每年春夏第一次大雨会将河水汇集区内的植物腐败产物——腐殖质冲入河道，导致有机物浓度大幅升高，水体的色度、浊度也大幅升高。腐殖质会造成净水工艺效果变差，在加氯消毒时会生成较多消毒副产物（见图201）。

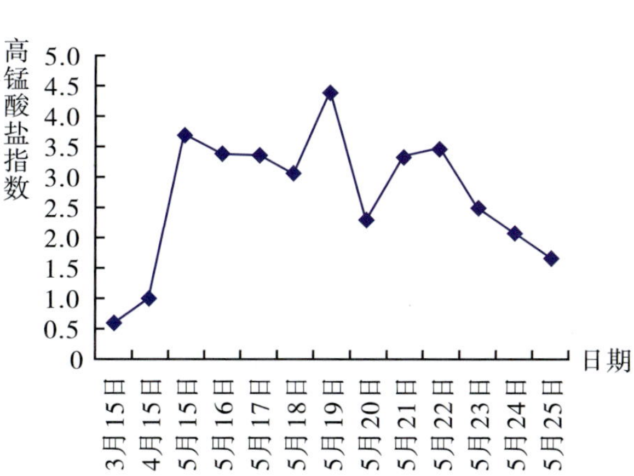

图201　地震前后成都市水源水高锰酸盐指数

环保部门接到数起化学品泄漏的报告，经查，均未影响到饮用水水源。

重金属污染 德阳、绵阳等地的化工企业较多，存在重金属泄漏风险。5 月 15 日，成都市自来水公司监测站发现水源水铅浓度为 0.07 毫克 / 升，超出饮用水水质标准（0.01 毫克 / 升）6 倍，水源水 pH 值由平时的 8.2 ~ 8.5 降低到 7.6 ~ 8.0。由于水厂工艺对铅有一定的去除能力，出厂水铅浓度没有超标。18 日后，水源水铅浓度降低到 0.002 ~ 0.003 毫克 / 升。

异味物质 在人类、动物尸体腐败过程中，会产生尸胺、腐胺等胺类恶臭物质和甲硫醇、甲硫醚等硫醇硫醚类恶臭物质。这些恶臭物质的嗅阈值很低，一般为 10ng/ 升左右（ng/ 升为嗅阈值单位），即使浓度很低，仍然会使用户对自来水的安全产生怀疑。对于有重大人员伤亡和禽畜死亡的北川、汶川、青川、什邡、绵竹等地，密切关注尸体的掩埋和处置情况，密切监测水源地水质变化。成都市自来水公司和清华大学专家赴紫坪铺水库和都江堰市聚源镇现场调研，发现水源地的恶臭味道在逐渐消散，至 5 月 20 日已经闻不到明显异味，也未收到其他地区关于水源地异味物质的报告。

第二节 大气污染

一 大气污染情况

震后监测结果表明，除少数意外事故引发大气污染事件外，地震灾区环境空气质量正常。5 月 13 日，绵竹市汉旺镇的黄磷厂垮塌造成的外泄黄磷自燃对环境空气的影响较小，环境空气中氟化物浓度基本满足《环境空气质量标准》二级标准的要求；龙蟒化工企业三分厂硫酸车间紧急停车后外泄二氧化硫烟气对环境空气的后继影响较小；30 日，受沙尘影响，西安市和咸阳市出现轻微污染，渭南为轻度污染；兰州市空气质量出现重污染，金昌市为轻微污染。

据 6 月 5 日对成都市城区、都江堰、彭州、绵阳、安县、江油、德阳、绵竹、什邡、广元、青川 11 个重灾市、县及 18 个其他环境空气质量省控城市进行监测的结果，四川省所有监测的 29 个地区环境空气质量基本良好。

阿坝环境监测站于 6 月 10—12 日对汶川县城环境空气质量进行了大气的动力采样监测，监测点位分别布设于雁门乡、县城中心（德惠超市门口）、新国旅大酒店、七盘沟村，监测项目为 pm10。监测结果表明，汶川县城空气质量 pm10 指标达不到《环境空气质量标准》（GB 3095—1996）二级标准，与灾前相比有所提高（见表 33）。

6 月 10—12 日汶川县环境空气质量状况统计表

表 33 单位：毫克 / 立方米

地 区	可吸入颗粒物 pm10	《环境空气质量标准》GB 3095—1996 二级标准	地 区	可吸入颗粒物 pm10	《环境空气质量标准》GB 3095—1996 二级标准
雁门乡	0.28	≤ 0.15	新国旅大酒店	0.53	≤ 0.15
	0.26			0.50	
	0.29			0.56	
县城中心（德惠超市门口）	0.25		七盘沟村	0.28	
	0.24			0.26	
	0.26			0.29	

说明：pm 表示可入肺颗粒物单位

二 大气污染事件

化工原料泄漏事故 汶川地震发生后，什邡市蓥峰实业有限公司和什邡市宏达化工股份有限公司受损严重，两厂厂房倒塌，当时有 100 余人被埋。蓥峰实业有限公司一个 1000 立方米的液氨球型罐和一个 400 立方米的盐酸罐出现倾斜泄漏。液氨罐中有近 400 吨液氨，因当时道路不通，难以及时开展救援，导致液氨泄漏五六个小时，对大气和水环境造成污染。宏达化工股份有限公司的硫酸罐也发生了硫酸泄漏（见图 202）。

《南方周末》5 月 22 日报道：

蓥华镇上的宏达化工厂和蓥峰化工厂的化学气体阀门出现故障。液氨、硫酸和盐酸开始泄漏，它们挥发后形成氯化氢弥漫山谷。

随着风向不断调整，刺鼻的液氨、氯化氢无

图 202 什邡市宏达化工股份有限公司硫酸罐被震倒

情地袭击了地震的幸存者，死亡的气息再次在这条狭长的山谷中弥漫。杨志清见到《南方周末》记者时说，液氨泄漏后，他感觉呼吸困难，风向下吹时，玉米叶子都枯萎了。

环境保护部西南环保督查中心与四川省环保局及时派员赴现场督查，采取初步防治措施，基本控制了泄漏，没有造成大的污染危害，但液氨罐、硫酸罐仍然存在隐患。此次事件被定性为较大突发环境事件。

液氨泄漏事故　5月13日，广元市元坝区工业发展集中区内的钏琰生物科技有限公司冻库的液氨系统出现明显滴漏，冻库周围有强烈的刺激性气味。

5月17日19时20分，由于受地震影响导致停电，青川县南郊凯歌肉联厂冻库3立方液氨储存罐阀门未关闭，管内的压力升高，加之地震引起部分结头松动，导致约3.5吨液氨发生泄漏，周围0.5公里范围内能闻到明显臭味。

漂白粉自燃事故　5月29日，受雨水冲刷，北川羌族自治县擂鼓镇附近一临时存放点大量漂白粉发生自燃，产生氯气。存放点放置着消毒干粉、漂白粉等消毒物品，附近没有群众居住。7时40分，有过路群众发现漂白粉自燃，并产生了氯气。驻扎在附近的部队闻讯后立即赶到现场进行处置（见图203）。事发后，剩余的消毒物品被转移至安全地带分类存放。

因事发紧急，最早赶去抢险的战士没有配戴口罩、眼套等防护用品，有61名战士出现呼吸困难、呕吐等症状，被送至野战医院救治。经抢救，除21名战士留院观察外，其余战士在清洗眼睛后返回了单位。所有伤员均无生命危险。

图203　5月29日，漂白粉自燃，战士在处置时被熏倒

第三节　核设施与放射源险情

一　核设施险情

汶川地震受灾地区有中国工程物理研究院、中核四川环保工程有限责任公司（以下简称中核环保公司）、中国核动力研究设计院、中核建中核燃料元件有限公司、西南物理研究院、陕西铀浓缩有限公司等拥有核设施的单位，其中中国工程物理研究院、中核环保公司核设施受地震影响损坏严重。

地震发生后，中国工程物理研究院核物理与化学研究所设施出现险情。5 月 13 日 23 时 30 分，环境保护部核与辐射安全应急工作组确认该所 A 设施厂房受损，墙体出现裂缝，必须立即对该设施进行抢修。

地震中，中核环保公司核设施受损严重。主要包括：一是该厂 G 设施厂房受地震影响，顶部严重开裂，地面建筑物侧墙开裂（见图 204），一侧墙体上部严重移位，随时有倒塌危险。由于存放在该设施内的部分放射性物质直接堆放在室内地板上，如该建筑物垮塌并遇雨水冲刷，将会有大量放射性物质随雨水排入环境，造成放射性污染。二是 K 设施顶部建筑物发生倾斜。三是 L 设施的高厅顶部几乎全部垮塌，如遇雨水冲刷，将会有放射性废水排入外环境，造成放射性污染。四是 M 设施支撑跺（砖砌）损坏，厂房有 8 根立柱不同程度与横梁断开，部分柱体从 1/3 处震垮，一些横梁支撑底座向下倾斜，厂房面临垮塌危险，将有可能砸坏排风系统。部分地下风道发生错位变形，地面开裂，如雨水进入风道，其中的放射性粉尘将被带入外环境，造成放射性污染。五是二分厂 N 设施厂房因水电中断，冷却水泵和通风系统不能运行。如不能及时进行冷却和排气，可能会引起爆燃。P 设施出现多处墙体开裂，与设施相邻的厂房地基下沉，外墙和端墙破损严重，如继续恶化将影响该设施安全。六是 Q 设施厂房地基开裂，下沉 15 ~ 20 厘米，挡土墙整体向外移 10 厘米，硬化路面开裂严重，严重危及厂房安全。七是因水电中断，该厂各核设施内的监测、通风、蒸汽等服务系

图 204　中核四川环保工程有限责任公司设施厂房侧墙严重开裂

统功能基本丧失，致使工作人员无法正常进入，设施内部系统、设备、管道及仪表等受损情况尚不清楚。八是辐射环境监测、分析仪表受损严重，辐射环境监测处于瘫痪状态。经抢险，未出现放射性泄漏。

中国核动力设计研究院在地震发生时，有 4 座设施处于停工状态，正在运行的 B 设施被紧急安全停闭。C 设施厂房里有内隔墙与结构脱开裂缝、后封堵的洞口与建筑物脱开等构造性开裂。在地震中容易开裂的部位也存在少量结构裂缝。东侧端部房屋墙壁出现新开裂。未出现放射性泄漏。

地震导致西南物理研究院院内房屋多处受损，核设施未受到明显损坏。

陕西铀浓缩有限公司地处龙门山断裂带的延长方向上，此次地震震感强烈。地震发生时个别机组电源中断，一机组出现损机，电力和静电除尘设备受损，部分厂房和办公活动用房出现裂缝、砖体脱落等情况。

二　放射性风险

因汶川地震受灾的四川省 6 个市（州）共有放射源使用单位 228 家，拥有放射源总数 1311 枚。

γ 辐照装置放射源安全风险　位于地震灾区的成都市川双辐照中心、四川省领先辐照科技开发有限公司、中国工程物理研究院核物理与化学研究所、四川省原子能院、四川省农业科学院生物技术核技术研究所等 5 家单位共有 8 座 γ 辐照装置，均使用 I 类极危险放射源。

经对 8 座 γ 辐照装置的现场排查，所有装置的屏蔽体都未见因地震造成的破坏，但部分辅助建（构）筑物有不同程度的损伤。

灾区 50 枚放射源存在重大安全隐患　地震发生后，灾区内有 50 枚在用的放射源存在重大安全隐患，需进行紧急排查和收贮。这 50 枚放射源有的是在工作中突遇地震，放射源裸露在屏蔽体之外，如东汽的一枚铱 -192 探伤放射源；有的放射源被埋在倒塌的废墟下，如什邡市新金河水泥有限公司一枚钴 -60 放射源；有的放射源是地震后缺乏看管，被不法分子盗取，如四川新康水泥厂的一枚铯 -137 放射源；更多放射源安装在厂房等建筑内，这些建筑在地震中受到严重破坏，一旦发生大的余震，随时可能倒塌。这 50 枚放射源如不能及时安全处置，将随时威胁受灾群众和救灾人员的安全，阻碍灾区抗震救灾工作的顺利进行。经抢险，所有放射源得到妥善处理。

三　辐射环境应急监测

国家辐射环境监测网设有 36 个环境 γ 空气吸收剂量率自动监测站：山东 4 个，辽宁 3 个，北京、内蒙古各 2 个，天津、河北、山西、吉林、黑龙江、上海、江苏、浙江、安徽、福建、江西、湖北、湖南、广东、广西、海南、重庆、四川、贵州、云南、陕西、甘肃、宁夏、青海、新疆各 1 个。地震期间环境 γ 空气吸收剂量率监测结果未见异常。5 月 30 日至 6 月 7 日，四川辐射站对成都（市区、都江堰、紫坪铺、彭州）、德阳（市区、什邡、绵竹、广汉）、绵阳、广元、汶川、汉源等重灾地区的饮用水水源地总 α、总 β 放射性水平进行监测。监测结果表明，饮用水水源地水体中总α、总β放射性水平均低于《生活饮用水卫生标准》（GB 5749—2006）中总α（0.5Bq/L）、总β（1βBq/L）的限值，符合饮用标准。

四川灾区在地震前已有应对核事故的应急方案和措施，在汶川地震发生后迅速启动应急预案。

5 月 13 日零时 10 分，四川省环境保护局携带便携式辐射监测仪到达中核环保公司，并立即对公司门口、T 设施厂房附近及 PX 河 S 设施周围等 4 个点进行现场监测，采集了 PX 河水进行总β放射性测量，监测结果见表 34 ～ 35。

5 月 13 日中核环保公司周边 γ 空气吸收剂量率监测结果

表 34　　单位：nSv/h

点　位	位　置	剂量率	标准差	附　注
1	中核环保公司门口	66.1	1.0	环　境
2	T 设施厂房	84.9	0.8	
3	S 设施上游 150 米	80.8	1.3	
4	PX 河 S 设施下游 150 米	106.4	0.8	

说明：nSv/h 辐射剂量率纳每小时希沃特

5 月 13—14 日 PX 河地表水样品总 β 测量结果

表 35　　单位：Bq/L

样品名称	总 β	附　注
S 设施上游（5 月 13 日）	0.00673	现场监测
S 设施上游（5 月 14 日）	0.00765	现场监测
S 设施下游（5 月 13 日）	0.0178	现场监测
S 设施下游（5 月 14 日）	0.0110	现场监测

说明：Bq 为 becquerel（贝克勒尔）的缩写，系放射性活度单位

5 月 17 日 11 时，厂外监测组抵达公司，对厂区边界上游 1.5 公里处、厂区边界下游 15 公里处、厂区边界下游 2 公里处、厂区边界处、一分厂下游（厂内）、二分厂下游（厂内）6 个点位的河水及厂外 1 公里处的井水进行监测，分析人工放射性核素铯 −137。

5 月 18 日上午，厂外监测组在厂区外围的 BLJ 采集了 3 个地表水样品和 SDZ 的井水；在厂办公区的一个车库内建立了临时办公室兼实验分析室；在帐篷边的空地上建立了临时样品处理区。下午，处理、分析采回的样品；将分析结果上报环境保护部核与辐射安全应急工作组。

厂内监测组使用车载 γ 谱仪对公司厂区进行两次辐射场巡测，同时对相关监测井进行取样。在已制定监测方案的基础上，增加了 27 # 监测井井水的采集，共采集到 S 设施 9 口监测井的水样；

在二分厂 1 # 桥下采集 PX 河（厂区地表水与地下水的受纳水体）1 个水样；在 K 设施附近监测井 13 个水样。第一次采集到该设备区域监测井和环境水样 23 个，分析氚和锶 −90 放射性浓度。

监测结果表明，厂区外围的 BLJ 水、SDZ 井水未检测到铯 −137 放射性核素，未发现中核环保公司的放射性物质进入环境，未对环境产生放射性污染。

5 月 20 日，厂内监测组对样品进行实验室分析测量。厂外监测组将采集样品送至四川辐射站，作进一步详细分析，并与地震前的监测结果作比较。

5 月 21 日，厂内监测组对厂区辐射环境进行了巡测，未见异常情况。厂外监测组对 BLJ 水进行采样分析，未检测出铯 −137 核素。

5 月 22 日上午，环境保护部调集便携式脉冲管电制冷高纯锗谱仪，紧急送往中核环保公司供监测使用。监测人员在现场用铅砖搭建了一个铅屏蔽室，用于更精确的分析。

四川辐射站监测组在 PX 河和 BLJ 分别采集了 3 个河水样品，分析测量河水样品中的总 β 浓度，同时还分析了厂外监测组 5 月 21 日采集的样品。

监测显示，中核环保公司内外辐射环境监测结果无异常。

5 月 23 日至 6 月 10 日，继续进行厂内外监测，空气、地面、地表水、地下水放射性水平无明显变化，未发现放射性污染。

地震期间，四川省环保部门还组织对中国核动力研究设计院、中物院及其周边区域、青川县关庄镇疑似退役铀矿山等单位和地区开展了辐射应急监测。监测结果表明，上述单位和区域的辐射环境质量一直保持在地震前的水平，且整体分布比较均匀，未见有局部的放射性富集区域，不会对周围环境产生明显的影响。甘肃省辐射环境监理站组织对中核龙江公司进行隐患排查和辐射应急监测，监测结果表明，尾渗水铀含量、尾矿坝下渗水排放口上游 BLJ 水铀含量、BLJ 段铀含量与地震前的监测数据相比，仍在正常范围内。

第四篇

生态环境破坏

汶川特大地震导致大范围、大面积的滑坡、崩塌、泥石流、堰塞湖，引起一系列连锁的生态破坏。大范围植被破坏，加剧了水土流失，对地表覆盖、自然生态系统（土壤、水环境、野生动植物）、自然保护区基础设施及保护区管护能力、大熊猫及其他珍稀动物栖息地都造成严重的破坏，人居环境、生存条件受到严重破坏和威胁。

据民政部等四部委 9 月 4 日地震灾损校核报告，汶川地震造成川甘陕三省土地资源直接经济损失 278.65 亿元，其中四川省 262.7 亿元、甘肃省 9.35 亿元、陕西省 6.6 亿元。

四川省国土资源厅震后将生态环境受损严重的汶川、安县、绵竹、彭州、什邡、都江堰、北川、平武、茂县、青川、江油、文县、崇州、大邑、理县、芦山、宝兴 17 个县（市）作为评估区（亦称生态重灾区），重点开展相关工作。本篇关于生态环境破坏的记述，以评估区为主。

第一章　土壤资源受损

汶川特大地震灾区土壤主要包括山地黄壤、黄棕壤、暗棕壤、亚高山针叶林土、高山草甸土等地带性土壤，以及褐土、紫色土和水稻土等。龙门山以西地区地带性土壤类型为棕壤，而河谷褐土发育充分，土壤黏性弱，结构松散，肥力较好。东部地带性土壤类型主要为黄壤及其亚类。在河谷与东部人口密集的农区，土壤类型及其次生类型丰富，肥力变化大。

地震引发高强度、大范围的山体崩塌、滑坡和泥石流，严重破坏了地震灾区原有土壤和植被，造成地表裸露，植被水土保持功能迅速丧失，水土流失范围扩大，土壤侵蚀程度增强。据测算，此次地震灾害将使损毁的森林生态系统潜在增加土壤侵蚀量 4.68 亿吨，森林生态系统水土保持价值损失 720.27 亿元。

根据四川省水利厅灾后水土流失调查，汶川地震加剧了灾区水土流失，导致水土流失面积、侵蚀强度和年均水土流失总量均有明显增加。重灾县（市、区）震后水土流失面积为 71729 平方公里，占灾区县辖区面积的 55.04%，较震前新增水土流失面积 13368 平方公里，较震前水土流失面积增加 22.91%。震后年均土壤侵蚀量为 40194 万吨，较震前增加 17661 万吨。震后的土壤侵蚀模数由震前的每年每平方公里土壤侵蚀量 3861 吨增加至 5604 吨，新增水土流失区域的土壤侵蚀模数可达每年每平方公里土壤侵蚀量 13211 吨，比震前全省平均土壤侵蚀模数高 9785 吨。

第一节　土壤土质恶化

一　地表覆盖面积锐减

据四川省国土资源厅统计，四川发生地震地质灾害 9000 余处，其中滑坡 5117 处、崩塌 3575 处、泥石流 358 处，导致地表覆盖发生剧烈变化（参见图 205 ~ 206）。地表覆盖破坏 135663 公顷，占生态重灾区 17 个县（市）国土面积的 3.03%（见表 36）。仅汶川、北川两个极重灾县县城外围 20 平方公里范围内就有 200 处泥石流、崩塌、滑坡点，导致该区域 5% ~ 8% 的地表覆盖发生严重变化。地表覆盖的剧烈变化，对地表植被、水土保持、生态环境影响巨大。

图 205　北川羌族自治县擂鼓镇凤凰山滑坡使地表发生剧烈变化

图 206　导致地表覆盖剧裂变化的北川县城魏家沟泥石流

四川省评估区 17 个县（市）地表覆盖破坏面积统计表

表 36

县（市）	国土面积（公顷）	破坏区面积（公顷）	破坏比例（%）
汶　川	408353	42373	10.38
彭　州	142024	17448	12.29
绵　竹	124554	13698	11.00
都江堰	120774	12867	10.65
什　邡	81995	11515	14.04
北　川	286234	11170	3.90
安　县	139903	9370	6.70
平　武	594645	5703	0.96
茂　县	389696	4417	1.13
青　川	320572	3069	0.96
江　油	271669	1984	0.73
崇　州	108761	878	0.81
文　县	499897	599	0.12
理　县	431860	373	0.09
大　邑	128358	130	0.10
芦　山	119060	55	0.05
宝　兴	311560	14	0.00
合　计	4479915	135663	3.03

二　土壤破坏

地震地质灾害对土壤的破坏　地震灾区的农田大多在河谷区域或山体中下部的坡地上。滑坡、山崩、泥石流等次生灾害，造成耕地大量被冲毁，表层土严重流失，农田土壤质量遭到破坏。

有毒有害物质泄漏对局部土壤的污染　地震灾区化工行业相对集中，地震造成的工矿企业污染物外泄、垃圾处理系统瘫痪等因素都在不同程度上对灾区土壤造成污染。据统计，成都、德阳、绵阳、广元、雅安、眉山、阿坝等地有上百家化工企业，76% 处于停产状态，地震造成部分化工企业生产设备和储存设施损毁，部分产品和原料泄漏，造成局部土壤污染。如川西化工有限公司尾料池在地震中受损，苯系物泄漏，造成土壤和地下水污染。监测发现，泄漏点下游 400 米处地下水中的苯超标。尽管当地环保部门已经采取应急处理措施，但由于该区域土壤质地疏松，污染物扩散速度快，土壤和地下水污染隐患依然存在。

消杀药剂对土壤的污染　为控制疫情，灾区在短时间内大量使用了各种消毒剂、杀虫剂、灭菌剂，这些化学药剂通过雨水冲淋进入土壤，也对灾区的土壤生态系统造成影响。据统计，截至6月8日，灾区防疫累计使用消杀药剂5089.2吨，累计消毒面积25.62亿平方米，消毒处理粪坑564.18万个，处理规模化畜禽养殖场37731个。灾区防疫使用的消杀药剂主要有菊酯类、有机磷类、氨基甲酸酯类和有机氯类。其中，菊酯类具有极强的土壤吸附性，有机磷和氨基甲酸酯类农药在土壤中移动性强，有机氯类农药在土壤中残留时间长，均对土壤、地下水和地表水造成不同程度的污染。

过渡性安置区对土壤的污染　灾区建设了数十万套过渡性安置房，占地总面积4000多公顷，其中，占用的耕地超过2000公顷。在过渡性安置区内，建筑材料、居民日常生活垃圾和污水排放，均造成土壤环境的污染。

其他污染　油库、加油站的储油罐破损和泄漏，教学、科研机构实验室损毁，化学药品、农药、油漆、涂料等经营场所损毁，以及遇难者遗体和大量动物尸体处理不当等造成的土壤污染问题也不容忽视。

第二节　耕地受损

据四川省国土资源部门不完全统计，由汶川地震引发的崩塌、滑坡、泥石流、堰塞湖等地质灾害造成四川灾区耕地大面积毁坏，灭失耕地达11669公顷，占极重灾区和重灾区耕地面积的1.4%。其中，耕地损失严重的有汶川、北川、平武、绵竹等县（市），尤以汶川县为最，损失耕地占全县耕地面积的14.90%（参见图207）。

受损农田主要分布于西部山区的北川和平武地区，极重灾区如汶川、茂县、北川的不少地段农田严重受损后根本无法恢复重建，导致山区耕地面积严重减少，加剧了人地矛盾，增加了震后家园重建与农村基本生活和农业生产自救的难度。

另据四川省环保部门震后调查统计，仅成都、德阳、绵阳、广元、雅安、阿坝六市（州）农田受损面积即占该区域农业面积的1.03%。

地震造成的地裂、喷沙、冒水和地气逸出等现象，直接或间接改变土壤结构和化学成分，也对耕地造成一定影响。

一　阿坝藏族羌族自治州耕地受损

根据阿坝藏族羌族自治州政府的统计，全州农田（耕地）受损1.58万公顷，损失32亿元。其中，汶川县损毁3264公顷，理县2340公顷，茂县393公顷，松潘县300公顷，九寨沟县100

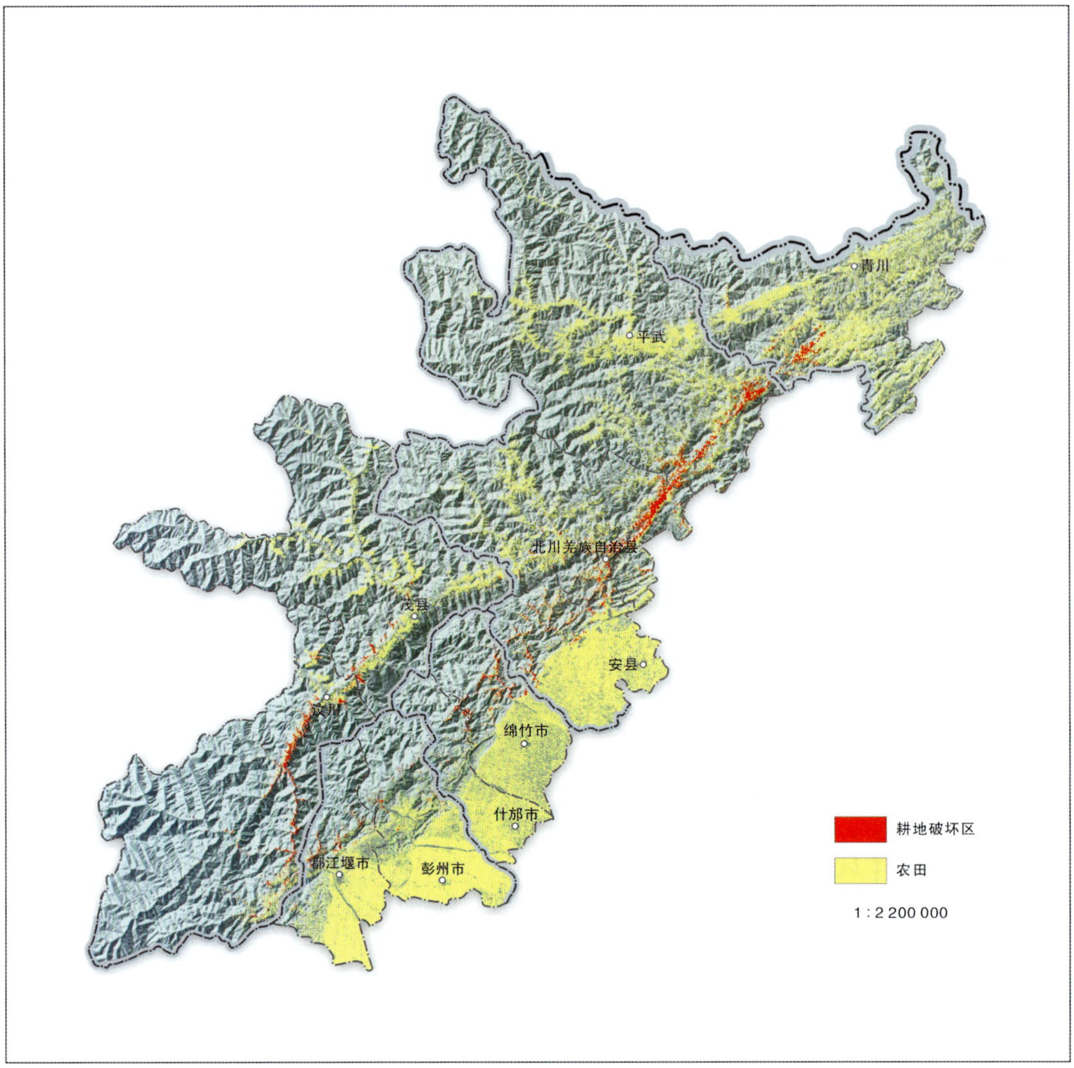

图 207　汶川地震灾区耕地破坏分布图

公顷，金川县 130 公顷，小金县 1500 公顷，黑水县 300 公顷，马尔康县 200 公顷。

受灾最为严重的是汶川县。该县的映秀镇耕地受灾 113.5 公顷，灭失 31.9 公顷，直接损失 2598 万元；威州镇受灾耕地 715.27 公顷，灭失耕地 297.9 公顷，经济损失 1.5 亿元；漩口镇受灾耕地 325.4 公顷，灭失 127.8 公顷，直接损失 6712 万元；绵虒镇耕地受损 897.9 公顷，灭失 371.3 公顷，直接损失 18621 万元；水磨镇耕地受灾 668.7 公顷，灭失 274.6 公顷，直接损失 13434 万元；三江乡耕地受灾 408.3 公顷，灭失 172.3 公顷，直接损失 8689 万元；银杏乡耕地受灾 181.6 公顷，灭失 80.5 公顷，直接损失 4137 万元；草坡乡耕地受灾 401.6 公顷，灭失 178.1 公顷，直接损失 8998 万元；克枯乡耕地受灾 297.6 公顷，灭失 125.6 公顷，直接损失 5510 万元；雁门乡耕地受灾 664.7 公顷，灭失 276.9 公顷，直接损失 13984 万元；龙溪乡耕地受灾 649.4 公顷，灭失 273 公顷，直接损失 13610 万元；耿达乡耕地受灾 203.3 公顷，灭失 93.3 公顷，直接损失 4697 万元；卧龙特别行政区耕地受灾 148.5 公顷，灭失 65.6 公顷，直接损失 3388 万元。

二　成都市耕地受损

根据成都市政府统计，灾区四县（市）即都江堰市、彭州市、崇州市、大邑县农田损毁2603.65公顷，直接经济损失9.2亿元。

四县（市）生态环境恶化，原有耕地面积为99866.3公顷，受灾耕地面积为3722.1公顷，受灾灭失耕地2462.9公顷。由于地震灾害的影响，灾区土壤已达中度至重度侵蚀。人均耕地减少13.33 ~ 73.33平方米，直接影响40万农村受灾群众收入与生活。地震前后耕地的变化情况详见表37 ~ 38。

成都市四县（市）耕地受损统计表

表37

县（市）	原有耕地面积（公顷）	受灾耕地面积（公顷）	受灾耕地灭失面积（公顷）	直接经济损失（万元）
大　邑	27706.3	135.7	135.7	8140
都江堰	7589	1400.6	867.3	39026
彭　州	53152.7	1974.3	1420.5	44422
崇　州	11418.3	211.5	39.4	435
合　计	99866.3	3722.1	2462.9	92023

成都市四县（市）人均耕地减少统计表

表38

县（市）	震前人均耕地（公顷）	震后人均耕地（公顷）	人均耕地减少量（公顷）
崇　州	0.21	0.20	0.01
大　邑	0.06	0.058	0.002
都江堰	0.227	0.22	0.007
彭　州	0.119	0.112	0.007

三　绵阳市耕地受损

根据绵阳市政府统计，全市损毁农田（耕地）4.33万公顷，其中不可恢复1600公顷，重度损毁1.29万公顷、中度损毁1.17万公顷、轻度损毁1.71万公顷。农田损毁涉及全市的9个县（市、区）、269个乡（镇）、3076个村，其中北川、平武、安县、江油等四县（市）农田损毁面积3.45万公顷，占全市总损毁面积的79.6%。

四　雅安市耕地受损

根据雅安市政府统计，农田受灾面积 2821 公顷，农田损毁 1866.7 公顷，其中全部损毁 80 公顷，损失 1600 万元。

雅安市城区农田受损 800 公顷，经济损失 60 万元；名山县 4.43 公顷耕地不同程度受损，直接经济损失 122 万元；汉源县 40 个乡（镇）均有农田受损，总面积达 466.67 公顷，直接经济损失 477 万元；石棉县农田受损 805.6 公顷，经济损失 218 万元；芦山县 69.87 公顷农田受损，经济损失 14 万元；宝兴县农田损毁 188.87 公顷，直接经济损失 245.1 万元。

五　德阳市耕地受损

据统计，德阳市下辖的绵竹市、什邡市、广汉市、中江县、罗江县、旌阳区六县（市、区），地震中损毁耕地总面积 24511 公顷，占灾前耕地总面积的 10.07%。其中，极重灾区绵竹市、什邡市耕地损毁最为严重，分别为 9729 公顷、7408 公顷，占该市灾前耕地总量的 28.39%、31.19%，占德阳市灾毁耕地总面积的 69.65%。

六　广元市耕地受损

据统计，广元市下辖的利州区（含经济开发区）、朝天区、元坝区、剑阁县、旺苍县、苍溪县、青川县等县（区）以山地为主。全市受灾耕地 2.53 万公顷，成灾 1.42 万公顷，绝收 1700 公顷。其中，朝天区 5200 公顷耕地受灾；元坝区受灾耕地 1433.3 公顷，灭失面积 6.66 公顷，直接经济损失 621.69 万元；剑阁县受灾耕地 1 万公顷，成灾 3400 公顷，经济损失 13976 万元；旺苍县耕地全毁 241.6 公顷，受损 1163.4 公顷，大量经济作物耕地受损，土地资源损失 2.37 亿元；苍溪县受灾耕地 3053 公顷，经济损失 8827.12 万元；利州区受灾耕地 194.73 公顷，直接经济损失 400 万元；青川县耕地损毁 9466.6 公顷，其中灭失 1233.3 公顷。

第二章　水资源受损

汶川特大地震对岷江、沱江、涪江、嘉陵江、青衣江等水系200余条大小河流造成影响，波及汶川县等39个县（市、区）。地震造成河道两侧山体崩塌、滑坡，形成壅塞，共造成大小堰塞湖105处，其中中危级以上堰塞湖有35处。地震造成的山体崩塌、滑坡、泥石流对下垫面造成巨大破坏，地形地貌的改变，使流域的生态环境、两岸植被、河床受到不同程度的破坏。受地震影响，降雨使各流域径流、汛期、洪水在其坡面的产汇流规律发生改变。汶川地震造成地下含水层受到强烈挤压，对地下水环境造成长期影响。加之防疫药品、生活垃圾等流入水体，对受损水域的水质造成了严重影响，并将持续相当长的时间。尤其是堰塞湖泄流后，各类污染物对下游饮用水安全产生危害。

第一节　对地表水的影响

一　对水系的影响

地震灾区受损水系主要有4条，即岷江水系、沱江水系、涪江水系和嘉陵江水系。地震对河流的破坏主要是山体崩塌、滑坡对河道造成壅塞形成堰塞湖。这些堰塞湖分布于岷江、沱江、涪江、嘉陵江四大流域各干支流上游的深山峡谷之中。

堰塞湖的生成，短期内改变了其所在河段一定范围内的河流生态和河道水文情势，造成了河道变形或堵塞、坡降改变、河流曲度改变。对于流域、区域的水文小循环来说，堰塞湖的生成造成集水水面增大，河道的湿周增大，水面水汽量也随之增大，蒸发量也会增大，其结果可能会引发局部降雨量的增加。

岷江水系影响 受龙门山断裂带抬升的影响，干流上游左岸有岷山主脉基本平行流向展延，形成分水岭，水系多为羽状分布。干流中游进入成都平原区，经都江堰水利枢纽工程的调节，分支形成水网，由天然河道干支流汇纳关系变为人工河渠的授受关系，水系基本成纺锤状分布，先从都江堰向西南渐转东南辐射，在接近龙泉山脉处又逐渐收拢，汇聚于彭山江口。

在岷江流域，受地震影响的范围主要在中游及其支流上。北至黑水、茂县、汶川，南至都江堰、崇州，在岷江干流和支流上共形成堰塞湖 14 处，其中岷江干流 1 处、主要支流文井江流域 4 处、主要支流白沙河流域 3 处、主要支流黑水河 1 处、其他支流 5 处。（参见图 208 ～ 209）

图 208 崇州市正在形成堰塞湖的河道

图 209 都江堰市枷担湾堰塞湖

沱江水系影响　上游主要有绵远河、石亭江、青白江、毗河。绵远河流域地势自西北向东南倾斜，河源分水岭九顶山高程4984米，自北向南，穿过中低山区、平原、丘陵3种地貌区。绵竹市汉旺场至彭州市关口一线以上为山区，山高坡陡，沟谷深狭，河谷多成V形；汉旺至关口一线以下为平原水网区，地势平坦，水系纵横，河床由卵石、砾石构成。

在沱江流域，受地震影响的范围在上游及其支流。堰塞湖分布在绵竹、什邡、彭州一线，在沱江干流及其支流上共形成堰塞湖16处，其中上游绵远河6处、支流沙金河2处、支流石亭江8处。

涪江水系影响　发源于松潘县黄龙乡岷山雪宝顶峰西北之雪山梁子。上游段属龙门山断裂褶皱带，变质岩发育，地面起伏大，河道行于高山峡谷中，河谷狭窄，仅平武县南坝镇一带有沿河平坝，河谷宽达300～600米。发源于龙门山脉的主要支流有通口河（湔江）、平通河、凯江、盘江、安昌河、梓江，其地形、地貌同涪江上游正流，地震发生在该区域，并形成堰塞湖。

在涪江流域，受地震影响的范围在上游支流。自北向南堰塞湖分布在平武、北川、江油、安县四县（市），在涪江支流上共形成堰塞湖52处，其中支流凯江上游睢水河流域10处、支流通口河流域15处、支流安昌河上游茶坪河流域18处（含苏保河）、支流石坎河流域7处、支流平通河2处，而蓄水最多、危险最大的是湔江的唐家山堰塞湖。

嘉陵江水系影响　在嘉陵江流域，受地震影响的范围在上游支流。因地震产生的堰塞湖共有23处，除1处在甘肃省外，全部分布在青川县境内，其中支流清水河流域3处、支流清竹江（沙河）流域19处。

二　对蓄水、输排水系统的影响

除自然形成的江河湖泊外，水库、池塘、蓄水池以及输水、排水渠道是人类修造的使用地表水的重要载体，与人类生产生活息息相关。汶川地震给灾区的水库、池塘、蓄水池以及输水、排水渠道造成不同程度的破坏，影响了地表水的正常循环、运行。特别是龙门山一带的受损严重，对下游群众生命财产安全构成威胁，给日常生活和工农业生产带来严重影响。

成都市蓄水、输排水影响　全市67座水库不同程度受损，主要分布在彭州、都江堰、大邑、蒲江、崇州、邛崃、龙泉驿、金堂、新津等9个县（市、区），包括大坝出现裂缝、滑坡、渗漏、变形，属溃坝险情水库1座、高危险性水库9座，其余57座属次高危险性水库。全市受损灌渠近千公里、排渠1047.45公里，受损山坪塘7871处、蓄水池15036处。其中，彭州市渠道震损315处、长319.5公里，影响灌面26640公顷；都江堰市严重损毁渠道440公里；崇州市支斗渠道受损146公里，渗漏严重；邛崃市受损最严重的是玉溪河灌区五绵山分干渠，影响灌溉面积7333.3公顷。

阿坝藏族羌族自治州蓄水、输排水影响　全州引水渠受损5537公里，蓄水池损坏8838个，影响灌面16667公顷。7个重灾县蓄水、输排水系统均有损毁，受损堤防101处、129.5公里。其中，汶川县10个乡（镇）损毁灌渠1430公里，损毁灌溉管网260公里、堤防11.94公里、提灌站22座；茂县2个乡水渠受损25公里，水池损毁27处；理县11个乡（镇）受损水库10座、蓄水池214处、灌渠239公里，防洪设施受损50公里，人畜饮用水工程受损22.3公里；松潘县7个乡损坏水渠10公里，并引发5处山体滑坡及3处泥石流；黑水县4个乡（镇）蓄水池受损14处，灌渠受损 18 公里，羊茸村饮水水源断流；小金县 9 个乡水池损坏 9 处、水渠等水利设施受损 82 处，24 处人畜饮水处受损；九寨沟县 4 个乡蓄水池受损 64 处、堤坝受损 15989 米、水渠受损 2674 米；马尔康县受损渠道 31 公里，水池 54 处；金川县 3 个乡受损蓄水池 6 处，饮水池 5 处。

广元市蓄水、输排水影响 剑阁县 199 座水库、389 处蓄水池、164 公里坡面水系受损，损毁河堤 11 处、26 公里，使白龙江等嘉陵江支流运行受到影响。旺苍县 55 处水库、53 处山坪塘和 947 处蓄水池受损，震损堤防 20 处、12.6 公里，灌渠 126 处、209 公里，涵洞 771 处、69.4 公里，据环保部门监测，旺苍县地表水发生复杂变化，水源地遭到破坏。苍溪县给水管道受损 46 公里，地表水严重受损。

绵阳市蓄水、输排水影响 全市共有 579 座水库、15036 处蓄水池和 7871 处山坪塘受损，4000 余公里灌渠、1047.45 公里排渠及 21683 公里渠系配套工程受损，严重影响了地表水运行。

雅安市蓄水、输排水影响 全市 49.43% 的山坪塘受损，18.7% 的灌渠受损。

第二节 对地下水与产汇流的影响

一 对地下水的影响

地震时，地下含水层在构造变动中强烈运动，从而破坏地表附近含水层的状态，使地下水重新分布，造成一些区域水位上升，一些区域水位下降。地震在一定程度上改变了区域水文地质条件，对地下水环境产生重要影响。地震中常有地裂、喷沙、冒水和地气逸出等现象，直接或间接改变区域地下水的成分和水质。同时地表大量供水管网、蓄水池等损坏，也使地下水严重受损。

地震灾区是岷江、涪江和沱江主要水源区，地震中崩塌、滑坡堵塞河道，形成众多堰塞湖，使地表结构、表层岩土水力学性质、含水层结构、坡面水动力场和地表覆被状况发生显著变化，导致区域地表水—地下水系统平衡场和水循环规律发生改变。灾区部分泉水消失、瀑布断流、河流改道，使该区域地下水资源受到影响并产生一定变化。

地震发生后，成都平原部分含水层的赋水性能发生显著改变，地下水水质也发生了明显变化，有变脏变浑的迹象。地震对地下水的影响将长期存在。

在部分平原地区，如德阳市旌阳区柏隆镇、德新镇等地，地震使部分地段浅埋含水层砂土液化，形成大量喷沙冒水点，产生地表裂缝，由于漏水，使水田变成了旱地。地震给地表水、地下水带来的损失巨大。成都、阿坝、绵阳、雅安、德阳、广元六市（州）地下水质量严重受损。

二 对产汇流的影响

产汇流的变化 汶川地震的极重灾区地形地貌有高原、山地、丘陵和平原，以龙门山断裂褶皱带高山深谷为主。这些都是影响产汇流变化的因素。

龙门山断裂褶皱带崇山峻岭连绵起伏，悬崖峭壁处处可见，坡度可达70度以上，山峰与谷地高差在1500～2500米之间。大多是坚硬的玄武岩、石灰岩、变质岩和风化岩石夹杂在一起。一旦山体外表的植被被破坏，将是泥石流和山体滑坡频繁发生地区。高山峡谷中低海拔地区以在温带干旱条件下风化发育而成的山地褐色土为主，海拔2800～4200米地带多以山地灰化土为主。

灾区植被主要分布在龙门山脉迎风坡，龙门山背风坡及山前平原、丘陵区植被较少。灾区植被种类主要有常绿阔叶林（海拔1300米以下）、常绿和落叶混合林（1300～2000米）、亚高山针叶林（2000～3200米）。

地震灾区气候差别大，气温、降水、光照分布极不均衡。重灾地区大多为高山峡谷区，山底、山腰和山顶的气候极不相同，随着海拔升高，温度随之降低，每升高100米，温度约降低0.6℃。表现为气候变化非常之大，年平均温最高的区域汉源县达17.6℃，最低的区域茂县仅为11.0℃。汶川、茂县、汉源年日照时数在1400～1632小时，而地处盆地的都江堰、北川、绵竹等灾区仅为900多小时。灾区多夜雨，夏季降水是全年最集中的时段。灾区年平均降水量一般在600～900毫米。年降水量最多的区域在重灾地区西南部雅安、乐山等地，极重灾区北川羌族自治县年降水量最多达1280毫米以上，为四川省的暴雨中心之一，年最多暴雨日数可达10天。都江堰市年降水量为1178毫米，而茂县和汶川县年降水量仅484毫米和524毫米。地震灾区是岷江、涪江和沱江主要水源区，河流水量、水质、环境状况等问题关系到成都平原乃至四川盆地数千万人口的生产、生活用水安全，关系到流域区经济社会发展，生态服务功能十分重要。

地震重灾地区所在的龙门山脉北东起广元市境内，南西到泸定县境内，全长500多公里，呈弧形，延伸形成的盆地边缘大山体与水汽来源方向正交，水汽来源丰富，造成暖湿气流急剧抬升，绝热冷却，致使水汽大量凝结，降水特别多。位于该区域的青川、北川、安县、绵竹、什邡、彭州、汶川、都江堰等县（市）洪水、暴雨量级居四川省高位，多年平均年降水量、径流深也为四川省最高值区之一。气流越过龙门山脉因山前发生降水而水分减少，空气沿背风坡下沉，按干绝热直减率增温，山后的温度比山前同高度上的温度高得多，湿度显著减少，降水量减少，这一现象被称为焚风效应。位于该区域的小金、理县、黑水、松潘等县为少雨区，多年平均年降水量、径流深是四川省的低值区之一。

地震造成的山体崩塌、滑坡以及泥石流，对下垫面及植被造成巨大破坏，在一定程度上破坏了生态环境，从而改变了产汇流震前规律。

地震致使很多河流两岸的植被遭到不同程度的破坏，或山体裸露，或山头被削平，致使降雨到达地面后直接冲刷裸露的地表，造成水土流失，导致径流进入河道，造成河水浑浊、泥沙含量大增。原来影响产汇流历时的地表植被与建筑物被损毁，可能致使降雨在坡面上的产汇流历时缩短，水流快速向河道汇集。

地震对河床也有一定程度的破坏作用，使河道变宽或变窄，水深变深或变浅，湿周变大或变小，水力半径也发生了改变，河道走向也可能因此改变，进而影响水流的流速、流向等水文要素。

地震造成的下垫面显著性破坏，改变了震区原来的产汇流规律。山体滑坡、崩塌，破坏土壤表层和植被，加剧水土流失，且极易产生泥石流，而滑坡、崩塌、泥石流极易堵塞河道，使主流改道或形成堰塞湖，对区域水文小循环产生一定的影响。由于堰塞坝对上游来水的拦截以及坝前沙石淤积，使河流含沙量大幅增加，淤积河床，抬高水位，影响河道行洪能力。同时，由于堰塞湖上游的水力坡降变小，水流速度变慢；而对于堰塞体下游，由于堰塞体抬高了河床，使得下游的水力坡降变大，水流速度变快（参见图210）。

图210　唐家山堰塞湖附近下垫面破坏，改变了原来的产汇流规律

总之，地震破坏了地表附近含水层的结构，使地下水重新分布，造成地下水位上升或下降，且影响会持续相当时间。

对河流形态的影响　地震对河流形态的影响是由断层性质及其与河流之间的位置关系决定的。根据断层两盘动向与河流流向的关系，可将地震形成的河床陡坎分为顺向陡坎和反向陡坎。断层上升一盘处于河流上游，则为顺向陡坎，形成跌水地貌；反之则为逆向陡坎，形成断塞湖。如果断层具有走滑性质，河流还会发生河道的水平错动；如果断层走向与河流近平行，断层逆冲作用还会造成河流改道。

顺向陡坎跌水。顺向陡坎形成的跌水地貌在汶川地震中较为普遍，如绵竹市汉旺镇泉新村，平武县平通镇西河床、马甲咀村、灯草坪白沙河跌水等。北川羌族自治县擂鼓镇及汶川县映秀镇是典型的顺向陡坎形成的跌水现象。

河道错动。彭州市小鱼洞因地震造成河流水平错动现象，该破裂造成河流沿破裂走向发生明显的左旋错动。

断塞湖（塘）反向陡坎的蓄水效益，会在上游造成一定的断塞现象。彭州市小鱼洞地表破裂带形成的反向陡坎造成的上游蓄水现象，形成了一个小型断塞湖。安县高川乡泉水村为一典型的断塞塘现象，该断层逆冲拱起明显，与河流拐弯两翼相交，从而形成了断塞塘地貌特征。

河流改道。北川羌族自治县曲山镇海光村、安县高川乡泉水村为典型的地震造成的河流改道现象。此断层走向与河流平行，逆冲作用使得河床整体抬升，河水倾向下盘，形成新的河道。

改变河流与地下水系统的水力联系。汶川地震震区地层岩性复杂、地形地貌多样。震区河流以及远离河流的地区（平原、山区）分布着各种类型的地下水系统（封闭的或者流动的），如岩溶水、基岩裂隙水或者孔隙潜水等。由于汶川地震断层逆冲走滑性质，在一定的地质条件下，断层（破裂）面（带）可以起到水通道的作用，从而改变河流与地下水系统之间的水力联系。

第三节　水质恶化

汶川特大地震灾区位于岷江、沱江、涪江、嘉陵江等河流的上游或源区，是长江上游生态屏障的重要组成部分，也是成都平原和四川盆地的生态屏障，发挥着重要的水源涵养与水土保持生态修复功能，其水质与成都平原乃至四川盆地数千万人口的生产与生活用水安全关系极为密切，水安全保障和供水安全问题十分突出。

地震造成自然植被严重破坏，形成片状裸露斜坡，使林区涵养水源、植被保持水土功能下降，地下水蕴藏储蓄能力减弱，对区域内江河水系的发展带来的影响深远，短期内难以改善。同时，植被的破坏，使天然水库功能受损，防洪减灾能力下降，下雨水土流失，又极易引发山体滑坡、泥石流等次生灾害；河流遇雨暴涨，无雨枯竭，给水生资源鱼类、浮游生物、水生底栖动物等的生存也带来了一定影响。

汶川地震使灾区水质量严重受损，主要有河流泥沙含量增加、水体污染和水质恶化 3 个方面。

一　河流泥沙含量增加

地震造成的山体崩塌、滑坡等，使沿河岸坡遭到破坏，加剧了水土流失，使河流含沙量大幅增加，还增加了发生泥石流的风险，对地表水、地下水、水质影响很大。泥石流缓慢阻河虽不能形成堰塞，但能形成壅塞，即造成河流过水断面变窄，水不断流，壅高上游水位，形成回淹。

9 月 24 日，北川老县城、擂鼓镇及平武县平通镇的持续降雨引发多处山体产生滑坡和泥石流。灾区河流，尤其是干流泥沙含量猛增，使下游水库淤积增加，河床抬升，影响水运和生产、生活。

在部分平原地区，如德阳市旌阳区柏隆镇、德新镇等地，强震使部分地段浅埋含水层砂土液化喷出地表，破坏地表水质，震区部分村庄的地下水出现浑浊、发黑、发黄等异常现象，随着时间推移，将会逐步恢复常态。

二　水体污染

地震造成工厂被毁、矿山塌陷、山体崩裂和泥石流频繁发生，使得岩石在震后裸露于地表，土石等堆积物经降雨径流的冲刷后进入河流水体中，特别是震区内的化工、化肥、农药企业被震损后，其生产原料和产品裸露、散落于地表，有些重金属污染物、有毒有害的有机污染物、氮、磷和农药污染物经风吹、雨淋后进入水体，造成对水质的污染。

地震中，汶川、茂县、北川等县城供水系统完全损毁，其他部分城市自来水系统遭到严重破坏，供水中断或供水困难，城乡水井井壁坍塌，井管断裂或错开、淤沙，部分饮用水泥沙含量大、悬浮物多、浑浊度高，地表水受人畜粪便、污水严重污染，造成细菌滋生，清洁、安全水源短缺。

防疫过程中使用的大量消毒剂、灭菌剂、杀虫剂等，以及生活垃圾、生活污水、腐烂尸体等，造成次生污染和细菌、病毒微生物的污染，这些污染物在震区不断积累，通过降雨径流进入水体，威胁到河流水环境和群众饮用水的安全。

三　河流水质恶化

影响水体水质的主要因素是河水补给来源，水文气候条件，流域内的岩石、土壤、植被条件和人类活动等。震后河流水质不可避免地受到震区面源污染的影响。灾区调查发现，由于河道堵塞，堰塞湖水颜色多呈绿色，且透明度较差，如北川唐家山堰塞湖。由于岸坡物质大量泻入河道，河水中的固体矿物质含量、溶解物化学成分也必然发生变化。由于河流阶地多为生活居住用地，在灾区出现重大人员伤亡的情况下，河水水质受到不同程度的影响。特别是地震破坏河床与河岸带植被，重塑了河道形态，在一定时期内影响了水量及流速，造成水体的含氧量减少，水生动植物的数量和种类减少，改变了水环境与河流生态系统结构，一定程度上恶化了区域水质，引发饮用水危机，同时加剧了中下游河流、水库的富营养化过程，水体自净能力差，削弱了水体的环境容量。

第三章　生态系统破坏

汶川特大地震导致大范围的滑坡、崩塌和泥石流，仅汶川、北川两个极重灾县的县城外围20平方公里范围内就有200处泥石流、崩塌、滑坡点，导致该区域5%～8%的地表覆盖发生严重变化，对地表植被、人居环境、基础设施等造成严重破坏，对生态环境影响巨大。汶川地震及其次生灾害等引起森林资源损失的水土保持、涵养水源、生物多样性保护和固碳等功能效益难以估计。

第一节　生态系统破坏概况

一　地表覆盖情况及破坏过程

遥感监测结果表明，滑坡、崩塌与泥石流导致评估区（生态重灾区）地表覆盖破坏135663公顷，主要分布在汶川、安县、绵竹、彭州、什邡、都江堰、北川、平武、茂县、青川、江油、文县、崇州、大邑、理县、芦山、宝兴等17个县（市），占生态重灾区17个县（市）国土面积的3.03%。其中，汶川县、彭州市、绵竹市、都江堰市、什邡市由于滑坡、崩塌与泥石流导致地表覆盖破坏的面积分别高达42373公顷、17448公顷、13698公顷、12867公顷和11515公顷，分别占五县（市）面积的10.38%、12.29%、11.00%、10.65%和14.04%。地表覆盖的剧烈变化，导致生态系统的严重破坏，生态重灾区17个县（市）自然生态系统总丧失面积为122136公顷，占生态重灾区国土和自然生态系统面积的比例分别为2.73%和3.40%。

受损生态系统的类型分布为：森林丧失97748公顷，占评估区生态系统面积的2.72%；灌丛丧失

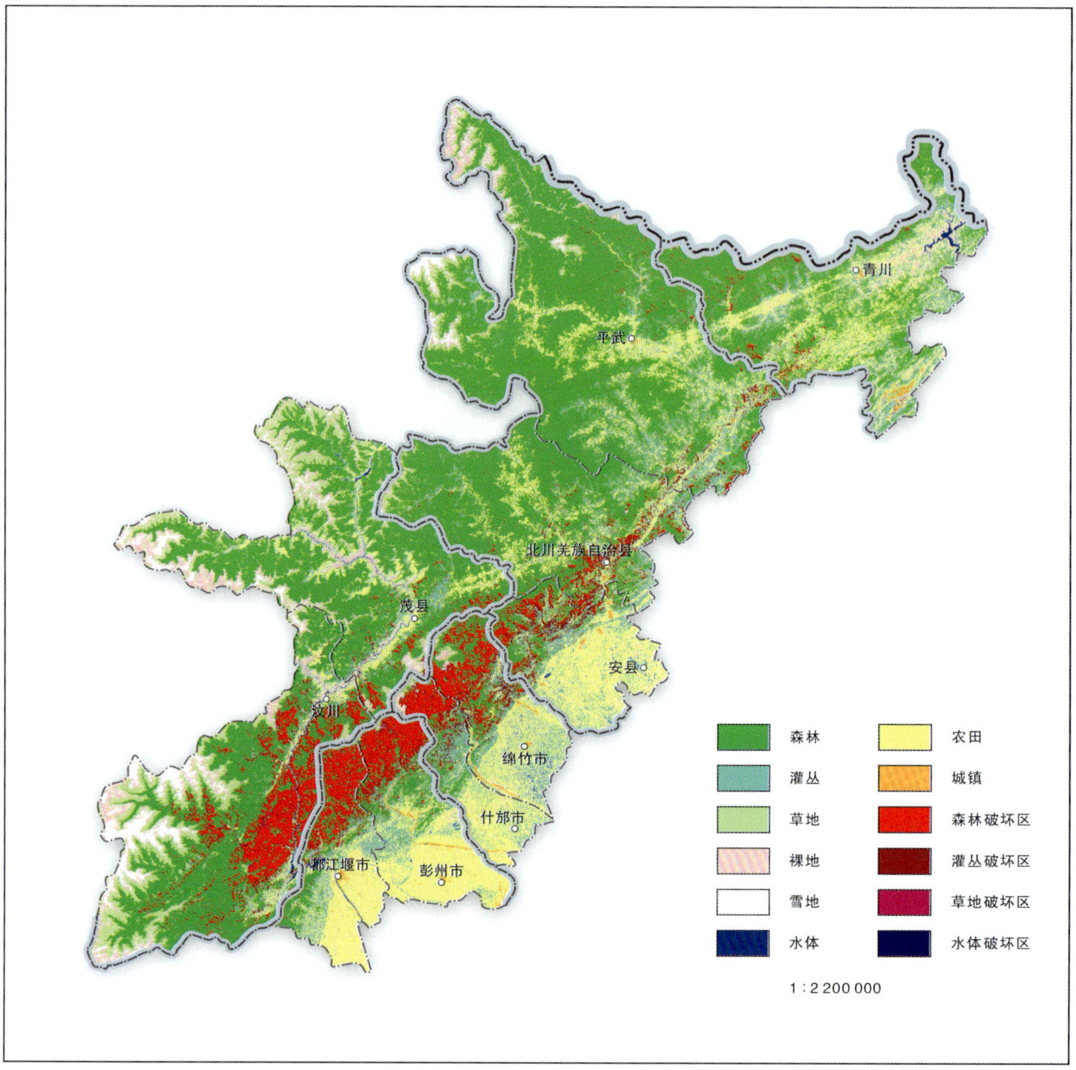

图 211　汶川地震灾区地表覆盖破坏分布图

18021 公顷，占评估区生态系统面积的 0.5%；草地丧失 4919 公顷，占评估区生态系统面积的 0.14%；河流湿地丧失 242 公顷，约占评估区生态系统面积的十万分之七（见表 39）。受损最严重的生态系

四川省评估区 17 个县（市）生态系统丧失面积统计表

表 39

生态系统面积（公顷）	各类生态系统丧失面积及丧失比例（%）						
	森　林	灌　丛	草　地	裸　地	冰雪带	河流湿地	合　计
3590743	97748	18021	4919	1157	50	242	122136
比例	2.72	0.50	0.14	0.03	—	0.007	3.40

注：因四舍五入计数保留法，分项之和与总数略有差异

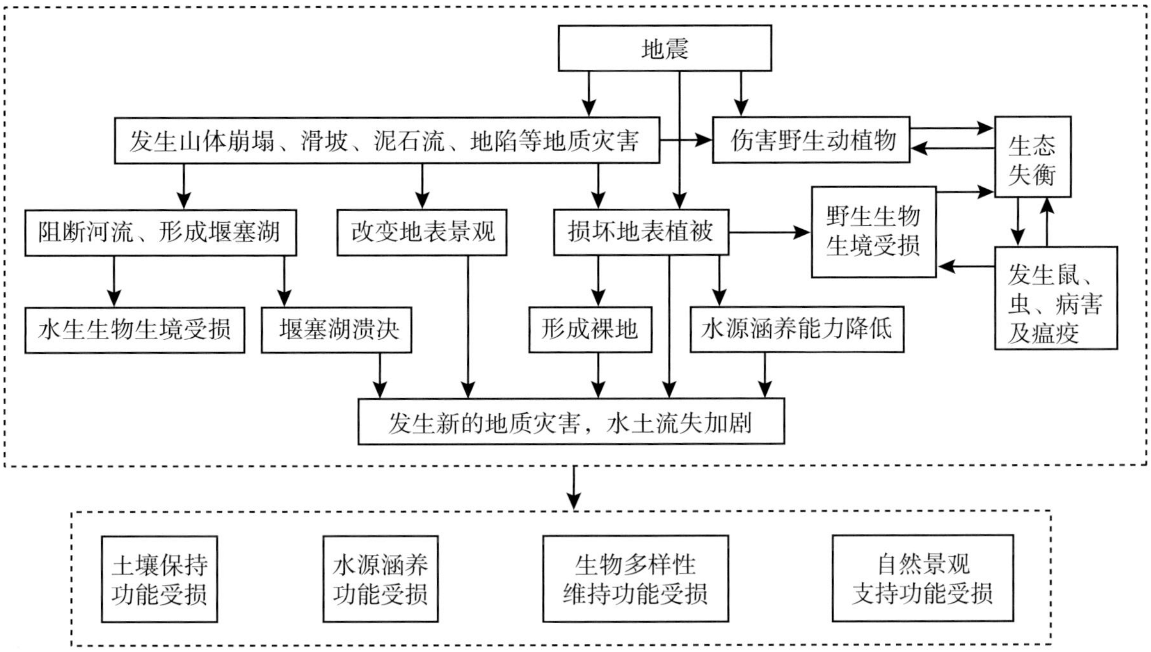

图 212　汶川地震破坏生态环境流程图

统是森林、草地与河流湿地，进而影响生态功能和生物多样性保护。由于灾区部分农田位于河谷地带和山体中下部坡地，因此土地资源受损也十分严重。汶川地震对生态环境的破坏流程见图 212。

二　评估区（生态重灾区）受损

评估区（生态重灾区）自然生态系统受损及分布情况见表 40，其中汶川县、彭州市、都江堰市、绵竹市和什邡市受破坏生态系统面积最大，分别为 39953 公顷、17210 公顷、12479 公顷、12276 公顷和 10823 公顷。若按自然生态系统受损比例，则彭州市、什邡市、都江堰市、绵竹市、安县和汶川县损失最重，分别高达 25.71%、23.41%、18.84%、13.59%、11.87% 和 10.19%（见表 41）。受损生态系统的空间分布与地震烈度的分布高度相关，主要分布在地震烈度Ⅹ（10）度及以上区域（参见图 213 ～ 214）。

四川省评估区 17 个县（市）各类生态系统丧失面积统计表

表 40　　单位：公顷

县（市）	生态系统面积	各类生态系统丧失面积						
		合　计	森　林	灌　丛	草　地	裸　地	冰雪带	河流湿地
汶　川	392094	39953	34459	3469	1348	483	0	195
彭　州	66926	17210	13862	1551	1765	31	1	0
都江堰	66254	12479	11235	985	205	46	0	8

续表 40

县（市）	生态系统面积	各类生态系统丧失面积						
		合 计	森 林	灌 丛	草 地	裸 地	冰雪带	河流湿地
绵 竹	90306	12276	10096	1771	300	108	0	1
什 邡	46238	10823	8688	1035	944	115	41	0
安 县	68220	8100	4951	3116	0	33	0	0
北 川	241187	8016	5121	2871	1	12	0	12
茂 县	357645	4010	3080	368	296	248	8	11
平 武	524616	3492	1905	1535	2	35	0	14
青 川	230382	2055	1585	464	5	2	0	0
江 油	125309	1764	1092	645	0	26	0	1
崇 州	46131	819	664	130	17	8	0	0
文 县	421908	598	557	34	6	1	0	0
理 县	424111	355	299	27	21	7	0	0
大 邑	80973	118	98	15	5	1	0	0
芦 山	102324	55	48	2	4	1	0	0
宝 兴	306120	13	10	2	1	0	0	0
合 计	3590743	122136	97748	18021	4919	1157	50	242

注：因四舍五入计数保留法，分项之和与总数略有差异

四川灾区主要县（市）生态系统丧失面积比例统计表

表 41　　　　单位：%

县（市）	森 林	灌 丛	草 地	裸 地	冰雪带	河流湿地	自然生态系统受损比例
彭 州	33.42	7.91	47.76	3.08	1.12	—	25.71
什 邡	37.25	7.77	33.51	5.83	15.38	—	23.41
都江堰	25.12	5.77	12.70	3.37	—	0.57	18.84
绵 竹	21.89	8.26	14.16	4.79	—	—	13.59
安 县	16.17	10.60	—	1.63	—	—	11.87
汶 川	13.47	17.81	2.06	1.89	—	10.31	10.19
北 川	2.61	7.44	0.01	1.43	—	5.19	3.32
崇 州	2.21	1.07	2.92	0.34	—	0.00	1.78
江 油	1.90	1.18	—	0.53	—	0.01	1.41
茂 县	1.36	1.50	0.50	0.69	0.08	0.51	1.12
青 川	1.06	0.69	0.97	0.02	—	0.00	0.89

续表 41

地 区	森 林	灌丛林	草 地	裸 地	冰雪带	河流湿地	自然生态系统受损比例（%）
平 武	0.47	2.39	0.01	0.24	—	2.42	0.67
大 邑	0.21	0.05	0.17	0.11	—	—	0.15
文 县	0.21	0.04	0.08	—	—	—	0.14
理 县	0.15	0.25	0.02	0.01	—	—	0.08
芦 山	0.06	0.01	0.09	0.11	—	—	0.05
宝 兴	0.03	—	—	—	—	—	—
合 计	2.72	0.50	0.14	0.03	—	0.01	3.40

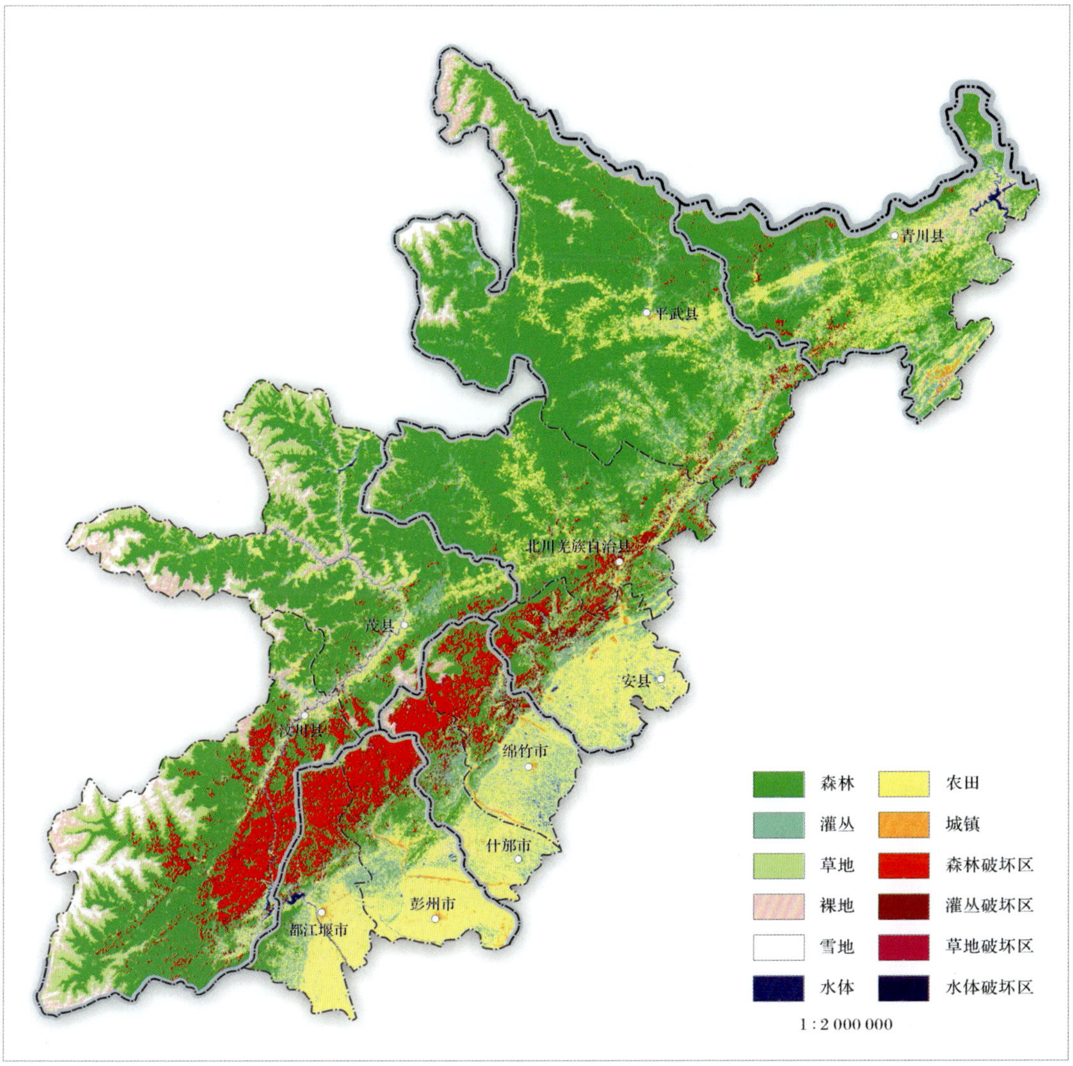

图 213 四川省评估区内生态系统破坏分布图

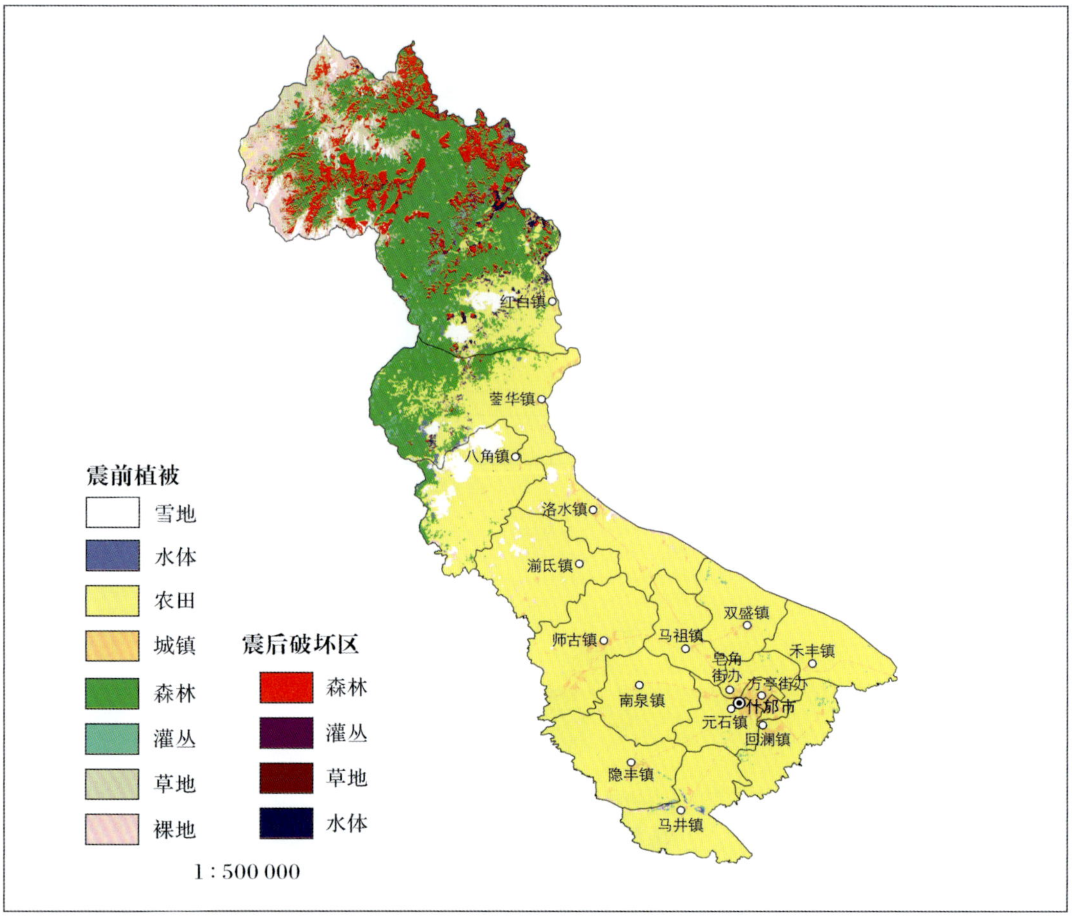

图 214　什邡市生态系统破坏分布图

第二节　森林资源受损

一　森林资源受损及功能退化

森林灌丛受损　汶川地震灾区处于中国植被交错分布的过渡带上。在灾区东部的四川盆地周西缘与北缘山地、成都平原以及川中丘陵区，地带性植被为亚热带常绿阔叶林。该区为中国历史悠久的人类聚居区与农业区，地带性植被分布面积较小，主要分布次生阔叶或混交林以及马尾松、杉木、柳杉等人工林。在四川盆地内部，主要为农田与人工植被坡地。西部高山峡谷区地带性植被比较复杂，河谷为温带针阔叶混交林及旱生灌丛。海拔向上分别为针叶林、阔叶林、灌丛和草甸。盆周山地以及西部高山峡谷区自然植被覆盖率高，一般在 25% 以上，而四川盆地内部植被覆盖率较低。

据四川省林业厅估算，该地区森林覆盖每减少一个百分点，就损失生态服务功能 2000 亿元，相当于四川全省GDP的20%。同时，近年来大量的退耕还林、长江防护林、小流域治理和天然林保护工程等生态保护工程项目以及沿河谷的坡耕地，在地震中也遭受重创。

森林生态功能严重受损　生态功能严重受损，威胁地区生态安全。生态系统严重受损对地区生态安全带来巨大风险和威胁。一是该区域每年为成都平原及长江流域提供水资源近250亿立方米，森林生态系统的破坏直接削弱了水源涵养能力，增加了山洪暴发的风险；二是森林、灌丛、草地生态系统的破坏，削弱了土壤保持能力，因此可能年增加土壤侵蚀量数百万吨；三是地表植被的破坏，增加了滑坡和泥石流发生的风险，不仅居民的生命财产安全受到威胁，还对岷江、沱江、涪江等长江上游的河道和水利工程的安全带来严重威胁。汶川地震是自有资料记载以来，对森林生态系统破坏最为严重的地震之一。

森林生态系统功能下降　地震严重破坏了地震灾区原有森林植被，地表裸露，大量泥沙进入河流，造成河道堵塞、河床抬高，增加了诱发洪涝等次生灾害的风险，直接影响长江上游的生态环境安全。据测算，此次地震灾害将使森林生态系统水土保持价值损失720.27亿元。

涵养水源效益损失　灾区森林因地质灾害发生大面积林木折干、倒伏和埋没，严重削弱了森林对降水的阻拦作用，增加了洪水流量与洪峰流量，减少了产汇流时间，导致森林涵养水源功能降低。据测算，地震灾害使损毁的森林生态系统减少水源涵养量33.4亿吨，涵养水源损失价值为261.13亿元。

固碳释氧效益损失　森林在应对气候变化、维护生态安全、推进节能减排中发挥着重要作用。各极重灾和重灾县（市、区）多为天然林资源保护工程、退耕还林工程、长江防护林体系建设工程的重点区域，生态地位十分重要。地震灾害使灾区一定区域范围内的森林蓄积量下降，大量生物体丢失在裸露地表，造成大面积碳汇转变为碳源，森林固碳能力降低，碳储量受到严重影响。据测算，地震灾害使灾区森林生态系统损失固碳释氧量0.95亿吨，固碳释氧损失价值为696.88亿元。

草场林地减少并退化　汶川地震重灾地区阿坝、绵阳、德阳、成都、广元、雅安等6个市（州），林地严重退化面积29.8万公顷，草地退化面积9.4万公顷，成都市四县（市）共损毁林地28019公顷、草地381公顷。雅安市七县一区草地受灾1640公顷。

其他损失　地震灾害除造成森林在水土保持、涵养水源、固碳释氧和生物多样性保护等方面的功能价值损失外，还使森林景观严重损毁，林木生长受到影响，生产力下降，降低了林产品潜在供给能力。特别是四川地震灾区，据初步测算，森林生产力受地震灾害以及次生灾害隐患影响，减少的生产力价值36.62亿元，恢复破碎森林景观成本达201.41亿元，森林防护功能损失价值达18.31亿元，森林生态系统恢复重建与治理需要巨大投入。

地震灾区是国内旅游观光胜地，也是重要的粮食和畜牧业区。森林景观遭到严重损毁，直接影响森林游憩、农田防护（森林防护功能）等效益的发挥。

二　重灾市州森林资源受损

阿坝藏族羌族自治州森林资源受损　全州林地损毁164740公顷，直接损失61.78亿元。其中，天然林保护工程造林52600公顷，直接损失19.73亿元；退耕还林工程造林20406公顷，直接损失7.65亿元；已郁闭成林且有蓄积的林地91733.3公顷，直接损失34.4亿元。极重灾区汶川县映秀镇林木损毁5545.4公顷，威州镇损毁林木5513.3公顷，漩口镇损毁林木5407.5公顷，绵虒镇损毁果树142638株、林木12313公顷，水磨镇损毁林木4777.9公顷，三江乡损毁林木8494.7公顷，银杏乡损毁林木22989.9公顷，草坡乡林木损毁36845.9公顷，克枯乡损毁林木2186.9公顷，雁门乡损毁林木6379.5公顷，龙溪乡损毁林木10118.7公顷。茂县凤仪镇林业植被受损3.1万公顷，渭门乡林木损毁1433.3公顷，黑虎乡2844.3公顷公益林、1436.5公顷商品林不同程度受损。

重灾区理县米亚罗镇林木受损2140公顷，杂谷脑镇经济林木受损26.7公顷、退耕还林35.9公顷损毁，甘堡乡林木13.8公顷受灾。松潘县镇坪乡林木受损53.3公顷，岷江乡破坏植被2.13公顷，镇江乡林木受损80公顷，小河乡破坏植被10.6公顷，施家堡乡林木受损6.7公顷，黄龙乡林木受损33.3公顷。黑水县芦花镇退耕还林地20.3公顷受损，麻窝乡退耕还林地37.2公顷受损，双溜索乡退耕还林地47.67公顷毁损。小金县日尔乡毁损林地157.3公顷，新格乡损毁林木面积116.7公顷，崇德乡林木面积损失达142公顷。

一般灾区金川县咯尔乡林木受损1.7公顷，安宁乡农作物及经济林木受损62.1公顷，卡拉脚乡林木受损10.7公顷，勒乌乡林木受损333.3公顷。马尔康县各乡镇生态破坏面积2479公顷、损失林木136.3公顷。

成都市森林资源受损 成都市林地受损灾区主要为都江堰市、彭州市、崇州市、大邑县。四县（市）损毁林地26993.4公顷、直接经济损失36.6亿元，各型植物受损总面积41160公顷。四县（市）自然保护区1万公顷林地受损（见表42）。

成都市四县（市）林地受损统计表

表42

地　区	彭州市	崇州市	都江堰市	大邑县	合　计
直接经济损失（万元）	192610	11150	134740	27451	365951
林地损毁（公顷）	10666.7	1326.7	12333.3	2666.7	26993.4

四县（市）震后林地损毁面积占震前（2007年）原有林地293300公顷的9.2%。

成都市林业和园林严重受损，森林（林地）植被损毁31766.7公顷，导致森林覆盖率下降：都江堰市下降5.5个百分点，彭州市下降9.6个百分点，崇州市下降1.2个百分点，大邑县下降3.52个百分点。四县（市）的林业产业基地、自然保护区、森林生态旅游资源均遭到严重毁损。

都江堰市水源地植被受损24160公顷，该市猕猴桃、杜仲、茶叶、中药材种植亦深度受创，猕猴桃受灾面积1133.4公顷，占种植面积的18.9%，直接经济损失1.42亿元；茶树毁损133.3公顷，占现有茶园面积的8.7%，直接经济损失400万元。

彭州市水源地植被损失1.7万公顷，受灾林地1.3万公顷，经济损失1.92亿元；白水河自然保护区有 4090 公顷森林受损。

崇州市林地受损 1327 公顷，全市森林覆盖率下降 1.5% 左右；鞍子河自然保护区多处受创，大熊猫栖息地植被损毁 533.3 公顷。

大邑县林地损毁 1358.7 公顷，黑水河自然保护区有 750 公顷森林受损。

成都市中心城区及各县（市、区）城镇的公园、小游园、街区绿化带等公园绿地也遭到重大损失，仅成都市中心城区的公园绿地就损毁 28.6 公顷，经济损失 579.96 万元。各县（市、区）的城镇公园绿地遭受重创，共损毁公园、小游园绿地、街区绿化带等公园绿地 175.3 公顷，经济损失 1881.83 万元。

地震造成四县（市）的林业产业基地受损。都江堰市林业产业基地损毁 5333 公顷，其中三木药材基地 3333 公顷、竹林 2000 公顷；彭州市林业产业基地损毁 5200 公顷，其中经济林 505.3 公顷、竹林 608.7 公顷、速丰林 1200 公顷，中药材基地 2732.7 公顷；大邑县速丰林损毁 400 公顷；崇州市竹林损毁 33.3 公顷；其他县（市、区）的林地也遭到不同程度的损毁。

绵阳市森林资源受损　地震导致地表松动、大面积滑坡和泥石流，造成该市 108740 公顷的森林资源不同程度受损，其中损毁生态林 51220 公顷、经济林 24686.7 公顷、竹林 5153.3 公顷（含大熊猫食用竹 3866.7 公顷）、速丰林 26213.3 公顷；森林资源数量减少，森林覆盖率下降 2.95 个百分点；林分郁闭度下降，单位面积蓄积量下降，原始林减少，森林资源质量下降。生态系统脆弱性更趋突出，主震区龙门山断裂带跨越了岷山山系和邛崃山系，多为陡峭的山地森林生态系统，本身具有一定的脆弱性，这次地震形成了大面积的裸岩，其生态系统的恢复与重建极其困难。重灾地区的林业有害生物防疫体系遭到严重破坏，加之地震直接破坏森林生态系统，大量林木折干、断梢、受损，林内卫生条件变差，极大地降低了林木自身抵御林业生物灾害的能力，引发疱锈病、落针病、林业鼠（兔）害等森林病害、虫害的概率大大增加。

林地受损面积 56820.3 公顷，损毁面积 17288.4 公顷，并有山体滑坡、泥石流形成的 28280 万立方米堆积物和 56 处堰塞湖等次生灾害，对全市森林资源构成重大潜在威胁。

种苗工程损失严重，损失大棚 5.45 万公顷、大棚苗木 50.8 万株；损失苗圃 48.5 公顷、苗木 820.8 万株；损失良繁基地 4.7 公顷；损失采穗园 13.7 公顷、穗条 205 万条；损失母树林 54.7 公顷、种子 4500 公斤；损失种子园 14.7 公顷；损失采种基地 372 公顷、种子 61150 公斤。

森林景观资源破坏严重。千佛山国家森林公园等在这次地震灾害中，地形地貌发生重大变化，景观资源丧失殆尽，直接经济损失 5.29 亿元。北川西羌九黄山猿王洞自然景观资源遭遇毁灭性破坏，直接经济损失达 4.07 亿元。12 个自然保护区 3.1 万公顷野生动植物保护及自然保护区范围内，有 1.18 万公顷的大熊猫、川金丝猴等野生动物栖息地受到破坏。

雅安市森林资源受损　林地受灾面积 2997 公顷，饮用水源地植被受损面积 7 公顷，林地损毁 3409.3 公顷，林地经济损失达 6838 万元，生态林受损 3061.3 公顷，速丰林受损 4 公顷，大熊猫食用竹林受损 40 公顷，经济林受损 338.7 公顷。地震使雅安市林业系统 5 个保护区森林生态系统损失总额 1600 多万元。其中，蜂桶寨损毁林地 338.6 公顷（其中大熊猫可食竹 40 公顷），损失 825 万元；喇叭河损毁林地 46.7 公顷，损失 175 万元；夹金山森林公园（宝兴部分）森林植被损毁 333.3 公顷，经济损失 500 万元。

德阳市森林资源受损 德阳市2个国有林场、6个国有苗圃、3个木材检查站、94个林业工作站、1个国有森工企业、4个林产加工企业、1个省级自然保护区、1个国家级森林公园和3个省级森林公园在地震中遭受重创，直接经济损失21.99亿元，其中林木损失18.34亿元、林业基础设施及其他损失3.65亿元。地震引起山河改观、地貌变迁，造成大熊猫等珍稀濒危野生动物栖息地的破碎化和孤岛化。

据不完全统计，地震使该市林木林地损毁48920公顷，占全市林地总面积的27.1%，其中天然林保护工程区林地受损44520公顷、退耕还林工程区林地受损4400公顷。

极重灾区绵竹、什邡两市毁林木林地45266.7公顷，占德阳市损毁林木林地面积的92.5%；直接经济损失16.98亿元，占德阳全市森林和林地直接经济损失的92%。绵竹市损毁林木林地11333.3公顷，直接经济损失4.25亿元；什邡市损毁林木林地面积3466.7公顷，直接经济损失1.3亿元；九顶山省级自然保护区损毁林木林地30446.7公顷，直接经济损失11.43亿元。

广元市森林资源受损 该市因地震山体滑坡造成林地损毁50580公顷。利州区林业系统遭受直接经济损失达3.38亿元，全区受损良种苗木繁育场10个（苗圃3个、种子园1个、采穗圃2个、母树林4个）、面积120公顷，损毁生态环境天然林保护2213.3公顷、退耕还林520公顷，直接经济损失1100万元。毁坏林地林木等生态资源面积2276.1公顷，占全区林地总面积的2.2%。损失森林1.324万立方米，直接经济损失8530.25万元；毁坏林木种苗基地、采种基地、母树林、种子园203.3公顷，直接经济损失599万元。利州区森林生态系统功能下降，对长江流域生态安全带来影响。

朝天区林地损毁1213.3公顷，林业直接经济损失2.46亿元。剑阁县林业经济损失16483万元，损失育苗大棚20公顷、苗圃地11.1公顷、柏木采种基地14.3公顷，损毁林地859.3公顷，6807株名木古树受损。旺苍县中药材产业受灾面积达272.9公顷，受灾茶园1400公顷，全毁茶园32公顷。

苍溪县果树、药材受损12193.3公顷，全县林业直接经济损失16050.19万元，种苗工程大棚受损624.1公顷、苗木174万株；温室受损24.3公顷、苗木0.3万株；苗圃受损45公顷、苗木304万株；母树林受损1.04公顷；地质灾害损毁天保公益林建设、退耕还林等国家林业重点工程1594.4公顷，直接经济损失5979万元。广元经济开发区损毁大棚设施16.67公顷，林木毁损0.5公顷。

第三节 生物原始生存环境部分丧失

汶川特大地震灾区，特别是岷山与邛崃山系生物多样性十分丰富，是国内生物多样性保护的关键区域，为大熊猫、小熊猫、羚牛、川金丝猴、白腰雨燕等珍稀濒危动物主要栖息地，野生大熊猫数量约占全国野生大熊猫数量的 70%。受地震产生的崩塌、滑坡、堰塞湖等影响，多数自然保护区受到不同程度的损伤，野生动植物栖息地严重受损，常绿阔叶林、常绿阔叶落叶混交林、山地灌丛、竹林生态系统等遭到严重破坏。生态系统之间景观连通性显著降低，景观破碎程度明显增加，生物多样性降低。据测算，地震灾害使灾区森林生态系统生物多样性保护损失价值达 194.91 亿元。

地震灾区保护物种主要分布在卧龙、唐家河、王朗、雪宝顶等自然保护区以及北川羌族自治县（见图 215），大熊猫、川金丝猴和羚牛 3 个关键物种在这些地区的分布密度较大。地震引发的岩石崩塌和山体滑坡，直接造成大熊猫、川金丝猴、羚牛以及其他珍稀野生动物个体的

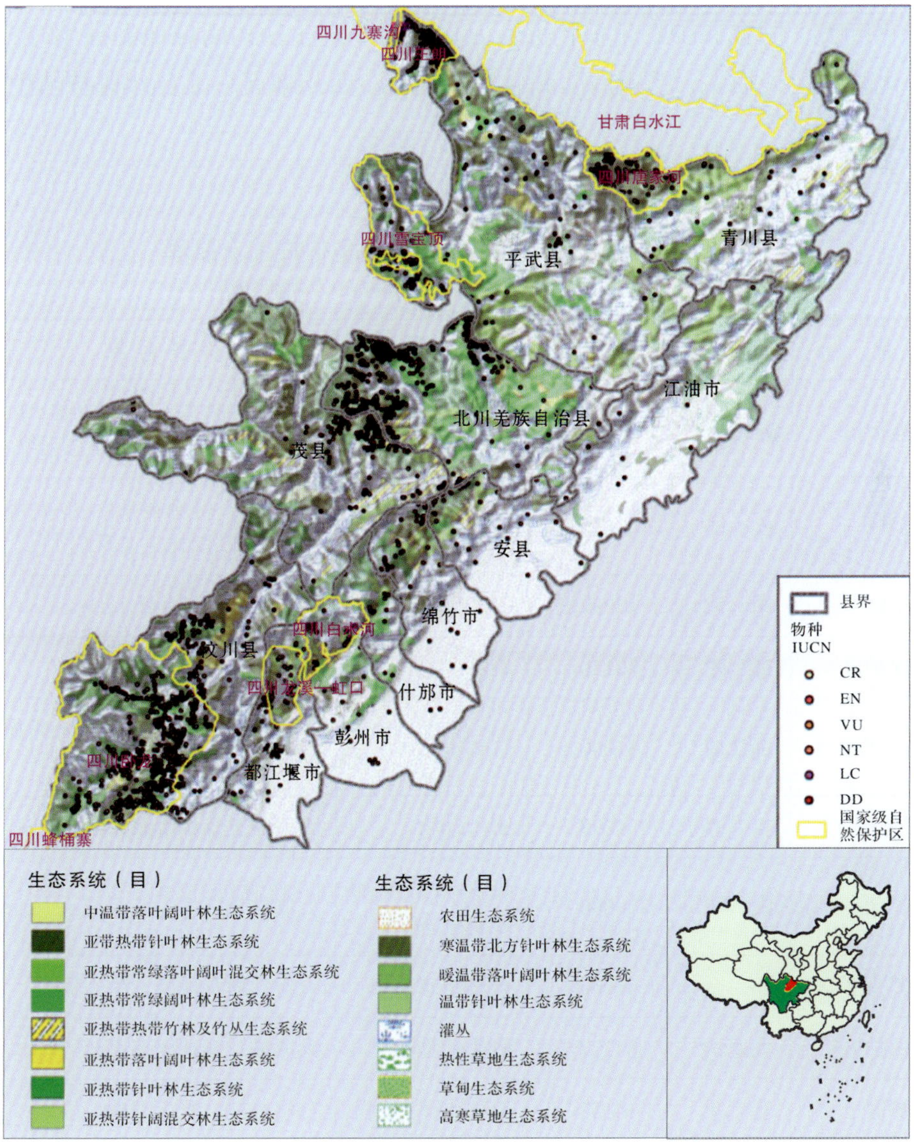

图 215　汶川特大地震部分灾区保护物种分布密度图

受伤与死亡，使栖生动物多样性受到影响。地震发生后，平武县王朗自然保护区森林植被受损3333.3公顷，灌木林地受损1000公顷。平武县雪宝顶自然保护区损毁林地1200公顷、灌木林地300公顷、竹林500公顷。北川小寨子沟、片口自然保护区，包括北川羌族自治县大熊猫栖息地在内的森林植被损毁3350公顷。北川、安县交界处的千佛山自然保护区内林地损毁5300公顷。大量林地、植被被破坏，部分动植物原始生存环境丧失，一些珍稀动植物生存、繁殖面临着威胁。

灾区植被类型主要为常绿阔叶林、常绿与落叶混交林和亚高山常绿针叶林，覆盖率一般达50%，有的高达70%以上，是长江上游水源林涵养区。灾区植物资源十分丰富，有银杏、珙桐、红豆杉等国家一级保护植物，楠木、红松等国家二级保护植物和多种省级保护植物，且多为当地特有物种。地震灾区生态系统生态服务价值占八成，经济价值仅两成，其生态保护意义极其重要。该地区每损失1公顷林地，就要减少115立方米的水源涵养能力。次生地质灾害中植被受损面积巨大，国家保护野生植物近百万株受损，野生动物栖息地受损10余万公顷，灾区生物多样化遭受重大损失，严重威胁到它们的生存。四川地震灾区自然保护区生物多样性情况见表43。

四川地震灾区自然保护区（生物多样性）一览表

表43

名　　称	所在地	面积（公顷）	保护区类型	保护对象	级别
唐家河自然保护区	青　川	40000	森林和野生动物	大熊猫、羚牛、川金丝猴、珙桐等（大熊猫及森林生态系统）	国家级
黄龙自然保护区	松　潘	63615	野生动物	大熊猫、川金丝猴、羚牛等（大熊猫及森林生态系统）	国家级
王朗自然保护区	平　武	32297	森林和野生动物	大熊猫及森林生态系统	国家级
白水河自然保护区	彭　州	30150	森林生态	大熊猫及森林生态系统	国家级
龙溪—虹口自然保护区	都江堰	31000	森林生态	亚热带山地生态系统（大熊猫及森林生态系统）	国家级
蜂桶寨自然保护区	宝　兴	39039	野生动物	大熊猫及森林生态系统	国家级
卧龙自然保护区	汶　川	200000	森林和野生动植物生态	大熊猫及森林生态系统	国家级
四姑娘山自然保护区	小　金	56000	自然生态系统	野生动物及地质、生态等	国家级
九寨沟自然保护区	九寨沟	64297.3	野生动物	大熊猫及森林生态系统	国家级
毛寨自然保护区	青　川	14150	森林和野生动物	自然植被、野生动物	省　级
东阳沟自然保护区	青　川	30760	森林和野生动物	自然植被、野生动物	省　级

续表 43

名　　称	所在地	面积（公顷）	保护区类型	保护对象	级别
小河沟自然保护区	平　武	28227	野生动物	大熊猫，川金丝猴、羚牛、珙桐等	省　级
千佛山自然保护区	北　川	17710	野生动物	大熊猫、川金丝猴、羚牛等	省　级
小寨子沟自然保护区	北　川	44391	野生动物	大熊猫、川金丝猴、羚牛及森林生态系统	省　级
片口自然保护区	北　川	82930	野生动物	大熊猫、川金丝猴	省　级
雎水海绵礁自然保护区	安　县	5230	古生物遗迹	自然遗迹	省　级
九顶山大熊猫自然保护区	茂　县	63700	野生动物	大熊猫、川金丝猴	省　级
鞍子河自然保护区	崇　州	10141	野生动物	大熊猫、川金丝猴、羚牛等	省　级
黑水河自然保护区	大　邑	39850	野生动物	大熊猫	省　级
喇叭河自然保护区	天　全	23437	野生动物	羚羊、大熊猫、川金丝猴	省　级
天全河自然保护区	天　全	13241	野生动物	野生动植物	省　级
草坡自然保护区	汶　川	55678.4	野生动物	野生动植物	省　级
宝顶沟自然保护区	茂　县	19560	野生动物	大熊猫、川金丝猴、羚牛等	省　级
米亚罗自然保护区	理　县	160731.7	森林生态	高山自然生态	省　级
白羊自然保护区	松　潘	76710	野生动物	大熊猫、雪豹等	省　级
勿角大熊猫自然保护区	九寨沟	36280.2	野生动物	大熊猫、川金丝猴、羚牛等	省　级
白河金丝猴自然保护区	九寨沟	16204.3	野生动物	川金丝猴等珍稀动物	省　级
三打古金丝猴自然保护区	黑　水	62300	森林和野生动物	川金丝猴及其生态环境	省　级
大小沟自然保护区	青　川	4067	森林生态	自然植被、野生动物	地市级
宝兴河珍稀鱼类保护区	宝　兴	528	内陆湿地	雅　鱼	地市级
什邡市蓥华山自然保护区	什　邡	10600	野生动物	大熊猫、川金丝猴	县　级
龙门山巨型冰川漂砾地质遗产自然保护区	彭　州	10000	地质遗迹	地质构造	县　级
宅垄自然保护区	小　金	25071	森林生态	猕猴等珍稀动植物	县　级
松潘龙滴水大熊猫自然保护区	松　潘	27000	野生动物	大熊猫等	县　级

第四章　自然景观毁坏

汶川特大地震使四川、陕西、甘肃三省风景名胜区蒙受重大损失。四川省旅游资源极为丰富，是我国世界自然文化遗产和重点名胜最多的省区之一。据2007年统计，四川省有国家A级旅游景区122个、其他旅游景区4000多个，当年旅游总收入1217.31亿元，为全国第九个旅游总收入突破千亿元的大省。四川省旅游资源的特点是资源丰富、数量多、类型全、分布广、品位高。陕西省则是中华文化发源地，宫阙遗址、名山古刹、黄土高原名胜，随处可见。甘肃省是中国极具西北风情的旅游大省，是中西文化交融之处，历史悠久，丝绸之路为永恒热门主题。川、陕、甘山水相连，旅游资源浑然一体。突如其来的地震灾害使三省旅游业遭受重创。以四川省为例，122个国家A级景区中有111个不同程度受损，其他4000多个旅游景区损毁500多个，当年旅游业收入同比下降10.3%。

汶川地震给四川、甘肃、陕西等省的旅游资源造成巨大破坏，很多自然景观因地震的巨大破坏或次生地质灾害而不复存在。据四川省统计，地震中景观损坏1979处。据甘肃省统计，有25个旅游景区（点）严重受损，景区（点）道路塌方达210万立方米以上。据陕西省统计，旅游资源损失15861万元。

第一节　四川省自然景观毁坏

一　成都市自然景观毁坏

崇州九龙沟受损　为省级风景名胜区，距成都市76公里，位于崇州市西北，景区主要由九龙沟水石景观、大西山原始森林景观和古寺三部分组成，以九龙沟动态水石景观最为引人入胜（见图 216）。震中景观受损 35 处，直接经济损失 1050 万元。

说明：① 受损景观——钻天峰　② 受损景观——双龙吐水

图 216　崇州市九龙沟受损景观

鸡冠山省级森林公园受损　崇州市鸡冠山天然公园位于成都平原西部边缘，背靠终年积雪不化的四姑娘山，距成都市区 96 公里，有成都市唯一的大熊猫自然保护区——鞍子河大熊猫自然保护区。鸡冠山天然公园 108 平方公里，其中约 50 平方公里区域于 2006 年获得世界教科文组织授予的“世界自然遗产”称号。景观受损 5 处，直接经济损失 150 万元（见图 217）。

图 217　鸡冠山受损景观

大邑西岭雪山受损　为国家级风景名胜区，位于大邑县境内，距成都市区 95 公里，总面积 482.8 平方公里。景观受损 3 处，直接经济损失 1000 万元。

天台山受损　为国家级风景名胜区，位于邛崃市境内，距成都市区 120 余公里，总面积 109 平方公里，山顶面积约 40 平方公里。景观受损 6 处，直接经济损失 15 万元。

龙门山（银厂沟）受损　为国家级风景名胜区，位于彭州市西北部的龙门山镇境内，距成都市区 70 多公里，由九峰山、丹景山和银厂沟 3 个景区组成，总面积约 185 平方公里。景观严重受损 15 处，直接经济损失 9500 万元。主要景点大龙潭、小龙潭被山石填埋（见图 218 ~ 219）。

丹景山受损　位于彭州市丹景山镇，距成都市区 54 公里，面积 18 平方公里，海拔 1147 米，是蜀中著名的历史文化景区之一。丹景山以丰富的古蜀文化、宗教文化和牡丹文化著称，素有“丹岳岱宗”“古唐胜迹”“丹景第一”之称。景观受损 15 处，直接经济损失 1 亿元。

图 218　震前银厂沟

图 219　震后银厂沟

回龙沟受损　位于彭州市西北部，距成都市区76公里。景观受损18处，损失3亿元（见图220～221）。

葛仙山受损　位于彭州市东北部花园沟与红岩镇白石沟之间，属于龙门山脉。相传晋道士葛永贵与道友杨升贤在该山结茅为庐，炼丹修道，羽化成仙，因此得名，又名葛家山。因山势远望如莲花，又称莲花山。景观受损8处，损失100万元。

红岩梨花坪受损　位于彭州市北部红岩镇梨花村，距彭州市区22公里，距什邡市区21公里。景观受损1处，直接经济损失282万元。

二　雅安市自然景观毁坏

周公山省级森林公园受损　位于雅安市雨城区东南、青衣江与周公河之间，属邛崃山南段余脉。主峰金船山海拔1721米。景观受损1处，直接经济损失10万元。

图220　震前回龙沟

图221　震后回龙沟

大渡河峡谷国家地质公园受损　位于雅安市汉源县与凉山彝族自治州甘洛县、乐山市金口河区接壤部位。园内山体滑坡严重，经济损失 1000 万元。

蒙顶山受损　由蒙顶山和百丈湖两个主景区组合而成，是四川省首批省级风景名胜区之一。坐落在名山县境内，蒙顶山因“雨雾蒙沐”而得名。这里因常年雨量达 2000 毫米以上，古称“西蜀漏天”。西麓雅安有“雨城”之名，又有“雅安多雨，中心蒙山”之说。整个景区都受到不同程度的破坏，面积达 54 平方公里。

三　绵阳市自然景观毁坏

绵阳市近 46 处旅游景区不同程度受损。

北川猿王洞受损　位于北川羌族自治县境内，是国家 AAAA 级旅游景区。西羌九黄山猿王洞景区是此次地震灾害及旅游景区中的重灾区之一。景区自然景观资源遭遇毁灭性破坏。景观受损 56 处，直接经济损失 2.2 亿元（见图 222 ~ 223）。

小寨子沟受损　距北川县城 93 公里，距离绵阳市区 150 余公里。景区面积 360 平方公里，是亚洲自然生态保存得较好的地区，也是全球同纬度自然生态保存较好的地区之一。景观受损 27 处，直接经济损失 5375 万元。

图 222　猿王洞尔玛古道受损

图223　猿王洞羌情园受损

药王谷受损　位于北川羌族自治县境内，距离绵阳市区60多公里。受损程度为完全损坏。景观受损16处，直接经济损失1200万元。

虎牙景区受损　位于平武县虎牙藏族乡保护区。虎牙大峡谷长30公里，平均深500米，宽10～30米。峡谷中虎牙河属涪江一级支流。峡谷中瀑布众多。景观受损5处，直接经济损失1100万元。

老君山受损　是综合性省级生态保护区，位于江油市重华镇。景区地处重华镇北部龙门山脉的南部地缘，总面积22平方公里。景观受损30处，直接经济损失4393万元。

窦圌山受损　位于江油市北25公里处，是国家AAAA级旅游景区、国家地质公园、国家重点文物保护单位。景观受损30处，直接经济损失3.6亿元。

养马峡受损　地处西部地槽区，东缘龙门山的褶皱带，属龙门山泥盆系典型的地质剖面，介于北川断裂和江油—都江堰断裂之间的藏王寨向斜核心地带。风景区位于江油市北部文胜乡境内。景观受损20处，直接经济损失2782万元。

乾元山受损　省级风景名胜区，位于江油市含增镇。景观受损40处，直接经济损失6966万元。

佛爷洞受损　位于江油市城西北14公里处，是川西北最大的喀斯特溶洞。景观受损30处，直接经济损失2693万元。

白龙宫受损　位于江油市以西18公里处。景观受损24处，直接经济损失282万元。

笼子寨受损　位于盐亭县三元乡，海拔600多米，震后完全损坏。景观受损8处，直接经济损失25万元。

千佛山国家级森林公园受损　位于安县、北川、茂县三县交界处，岷山山脉南段，海拔3033米，面积约220平方公里。景观受损8处，直接经济损失1.7亿元（见图224）。

图 224　千佛山景区受损

四　德阳市自然景观毁坏

王家坪石头谷受损　位于绵竹市清平乡湔沟村。整个景区地质构造是 2.5 亿年前随着喜马拉雅造山运动而形成的，属龙门山地质公园的一部分。景观受损 2 处，直接经济损失 1100 万元。

花石沟受损　位于绵竹市天池乡花石沟村。景观受损 6 处，直接经济损失 300 万元。

楠木沟受损　位于绵竹市天池乡，距绵竹市区 20 公里，面积 14.5 平方公里，因生长茂密楠木而得名。景观受损 10 处，直接经济损失 2.2 亿元。

云湖国家级森林公园受损　位于绵竹市清平乡，地处四川盆地西北山区，属龙门山脉九顶山支脉，距成都市区 108 公里。景观受损 10 处，直接经济损失 6800 万元。

玄郎沟受损　位于绵竹市金花镇和遵道镇交接处。景观受损 20 处，直接经济损失 5000 万元。

老熊沟景区受损　位于绵竹市西北部，距绵竹市区 21 公里，地处龙门山脉，海拔 1300 米。景区古木苍翠，山花烂漫，随季节变化而异彩纷呈。景观完全损坏 10 处，直接经济损失 5000 万元（见图 225）。

蓥华山高山景区受损 为国家级地质公园，位于什邡市区城西北部，与绵竹市、茂县、彭州市九峰山景区相邻，处于川西平原与青藏高原的过渡地带。峰顶高 3160 米，是以自然景观为主的高山风景名胜区。全部损毁，直接经济损失 3.8 亿元。

西部惊奇欢乐谷景区受损 位于什邡市红白镇，坐落于著名的省级风景名胜区蓥华山内。全部损毁，直接经济损失 2.2 亿元。

钟鼎寺—石门洞景区受损 位于什邡市蓥华镇。全部损毁，直接经济损失 1.2 亿元。

沿山旅游区受损 地处什邡市湔氐镇。部分损毁，直接经济损失 1.1 亿元。

通溪河景区受损 通溪河景区地处国家级地质公园蓥华山，位于什邡市红白镇，距什邡市区 40 公里。景区海拔 1300 ~ 1600 米，夏季均温 20℃，积雪期两个月。全部损毁，直接经济损失 1 亿元。

图 225 地震前后绵竹市老熊沟对比

五 广元市自然景观毁坏

剑门关景区受损 位于剑阁县城西 10 公里，大剑山中断处。两旁断崖峭壁，直入云霄，峰峦倚天似剑；绝崖断离，两壁相对，其状似门，故称“剑门”，享有“剑门天下险”之誉。1982 年被国务院列为国家级风景名胜区。受损程度为严重损坏。景观受损 15 处，直接经济损失 1.82 亿元。

翠云廊景区受损 位于剑阁县。翠云廊是古蜀道的一段，道路两旁柏树林立，古称剑州路柏，民间又称“皇柏”，亦称“张飞柏”。翠云廊以剑阁为中心，西至梓潼，北到昭化，南下阆中，3 条路蜿蜒 150 公里，全是林荫道，号称“三百长程十万树”。经过历朝历代无数劫难，留存至今的古柏还有 8000 多株。景观受损 2 处，直接经济损失 2000 万元。

唐家河景区受损 国家级自然保护区，位于青川县境内西北角，北与甘肃省文县境内的白水江国家级自然保护区相连，东接青川县东阳沟省级自然保护区，西与平武县毗邻，东西长约 24.5 公里，南北宽约 16.3 公里。受损程度为完全损坏。景观受损 6 处，直接经济损失 6000 万元。

广元天台国家级森林公园受损 距广元市城区约 15 公里。海拔 1500 余米，顶部有一平台，常在云雾之中，故名天台山。植被丰茂，古刹生辉，为道教名山。景观受损2处，直接经济损失2000万元。

鼓城山景区受损 省级风景名胜区，位于旺苍县北部鼓城乡境内，距县城63公里，由鼓城山、七里峡、白龙宫三大景区组成，面积100平方公里。最高点东鼓城山海拔2073米，最低点关口垭河谷海拔880米。景区以山景为主体，森林景观、野生动物、地下景观相辅相成。景观受损4处，直接经济损失2000万元。

白龙湖景区受损 位于青川县东部，川、陕、甘三省接合部，面积62平方公里。白龙湖地处岷山山脉和大巴山脉交汇处，是白龙江的一段水面，形成了集湖泊、岛屿山峦、溶洞等自然景观和丰富的历史文化遗迹为一体的风景区。景观受损4处，直接经济损失4000万元。

明月峡景区受损 位于广元市朝天区境内嘉陵江峡谷。嘉陵江水道、先秦古栈道、纤夫道、宝成铁路、108国道均从谷内通过，是著名的“中国天然交通历史博物馆”。景观受损4处，直接经济损失8000万元。

六　阿坝藏族羌族自治州自然景观毁坏

全州景观损坏533处，损失25.85亿元。

嘎达山景区受损 位于金川县西北部安宁乡一带。距县城42公里。景区面积近100平方公里，是古东女国和青藏高原上最古老的原始宗教苯波教圣地。景观损坏2处，直接经济损失875万元。

黄龙风景区受损 位于松潘县境内，西距松潘县城56公里，东离平武县城122公里，总面积4万公顷。主景区黄龙沟位于岷山主峰雪宝顶下。1982年，被国务院列为全国重点风景名胜地。1983年，被列为四川省自然保护区。1991年，被联合国教科文组织列入《世界遗产名录》。1992年，被列为世界自然遗产。先后获得世界生物圈保护区、国家地质公园、国家AAAA级旅游区、梅利娜·迈尔库里世界文化景观保护与管理国际荣誉奖。景观轻度受损12处，损失6411.06万元。

白羊自然保护区受损 中段位于松潘县白羊乡、大寨乡、大姓乡、岷江乡境内，地处岷山山脉南麓。1993年建立省级自然保护区，以保护大熊猫等珍稀野生动物及其森林生态系统为主。景观轻度受损16处，直接经济损失8548万元。

热务沟景区受损 位于松潘县南部，地处小姓乡和红土乡境内。景观轻度受损13处，直接经济损失6945万元。

花海子、绿海子景区受损 位于松潘雪宝顶东南侧，松潘古城东南70公里处，海拔2200米左右。是松潘连接平武的一处古交通要道，也是比较出名的茶马古道。景观轻度受损13处，直接经济损失8013万元。

百花娄森林公园受损 位于松潘县南部，地处小姓乡和红土乡境内。景观轻度受损12处，直接经济损失较大。

奇峡沟景区受损 位于松潘县西北部，岩羊山南坡、羊洞河支沟内，距离县城约50公里。景观轻度受损10处，直接经济损失5342万元。

理县景区受损 桃坪羌寨、毕棚沟、甘堡藏寨等景区景观完全损坏3处，损失44.4万元；未完全损坏1处，直接经济损失16.2万元。

九寨国家级森林公园受损　位于九寨沟县大录乡，距九寨沟口49公里，海拔高度2000多米。景观轻度损坏5处，直接经济损失111万元。

白河金丝猴保护区受损　位于九寨沟县城西北，距县城14公里。核心保护区面积16万余公顷。保护区成立于1963年，属省级自然保护区。景观轻度损坏8处，直接经济损失120万元。

勿角大熊猫自然保护区受损　位于九寨沟县永乐镇东南部，距县城45公里。景观轻度损坏2处，直接经济损失30万元。

达古冰川景区受损　位于黑水县芦花镇三达古村境内的达古雪山上，海拔3800～5100米处，距离县城30余公里。景区面积119平方公里。景观轻度损坏2处，直接经济损失70万元。

卡龙沟景区受损　位于黑水县北部，距成都310公里，岷山山脉南段与邛崃山脉交会处，与松潘县接壤，面积403平方公里。景区内有彩池、石林、冰川、雪山、峡谷、原始森林等自然风光、红军长征历史遗迹等。景观轻度损坏8处，直接经济损失120万元。

卧龙自然保护区受损　位于汶川县西南部、邛崃山脉东翼。最高峰为西南部的四姑娘山，海拔6250米。是大熊猫等珍稀动物及森林生态系统保护地区。多处景观受损严重。

三江生态旅游区受损　位于汶川县南部三江乡，西河、中河、黑石河在此汇合故称三江。景区总面积188平方公里，由西河风景区、中河风景区及盘龙山风景区三部分组成。景观完全损坏8处，直接经济损失125万元。

第二节　甘肃省、陕西省、重庆市自然景观毁坏

一　甘肃省自然景观毁坏

松明岩国家级森林公园受损　位于临夏回族自治州和政县南25公里处的太子山林区。景观轻度损坏4处，直接经济损失54万元。

莲花山国家级森林公园受损　位于临夏回族自治州南部。地质灾害轻度10处，直接经济损失5万元。

双塔森林公园受损　位于华池县城东山。景观轻度损坏2处，直接经济损失18万元。

灵台荆山森林公园受损　位于灵台县中台山，又称荆山。景观轻度损坏6处，直接经济损失120万元。

崇信龙泉寺景区受损　坐落在崇信县城的龙泉寺，建于元代。由龙泉寺和龙泉广场组成，面积2.47平方公里。景观轻度损坏8处，直接经济损失80万元。

徽县嘉陵江景区受损　国家AAAA级风景区。景区景观损坏造成直接经济损失1097万元。

鸡峰山国家级森林公园受损　位于成县西南15公里处的南山，为成县八景之首。景区景观损坏造成直接经济损失2085万元。

二　陕西省、重庆市自然景观毁坏

地震造成陕西省自然风景名胜资源直接经济损失共计 18930 万元，其中旅游资源损失 15861 万元、旅游企业损失 3069 万元。

重庆市受损的自然景观主要有丰都县雪玉洞景区和仙女山景区。

丰都县雪玉洞景区受损　在丰都县长江南岸，龙河峡谷险峻陡峭的岩壁之上，是溶洞型景区，占地 15 平方公里。景区有珍稀动物（猕猴、红腹锦鸡等）、溶洞、河流、瀑布。景观轻度损坏 3 处，直接经济损失 90 万元。

仙女山国家级森林公园受损　位于武隆县境乌江北岸，总面积 8910 公顷，平均海拔 1900 米，最高峰 2033 米。景观完全损坏 1 处，直接经济损失 700 万元。

白水河国家级自然保护区受损　位于彭州市境内，是1996年建立的以大熊猫等珍稀野生动植物及其生态环境为主要保护对象的自然保护区。区内的大坪保护站被强烈地震夷为平地，东林寺、王家坪、中坝保护站和王家坪环境教育中心也严重受损，全部成为危房。

四川省大熊猫自然保护区及栖息地环境不同程度受灾，成都市鞍子河、白水河、黑水河，北川羌族自治县片口、小寨子沟，安县千佛山，宝兴县蜂桶寨等自然保护区损失较大，不少保护站严重损毁。

蜂桶寨国家级自然保护区受损　蜂桶寨国家级自然保护区是大熊猫的科学发现地和模式标本产地，是四川大熊猫栖息地的核心区。1869年，法国生物学家阿尔芒·戴维在保护区内宝兴县邓池沟首次发现大熊猫，并将其介绍给全世界，其制作的标本至今仍存放在巴黎博物馆。中、外科学家先后在蜂桶寨发现并命名了151种动、植物新种，是全世界少有的天然生物基因库。外围有卧龙、黑水河、喇叭河3个自然保护区，蜂桶寨保护区处于中心地带，是邛崃山系大熊猫栖息地的关键走廊带，对大熊猫种群间基因交换具有十分重要的作用。自1983年以来，在蜂桶寨保护区范围内抢救的大熊猫有50余只，成活42只，其中放归21只、向国家提供21只。

汶川地震造成保护区内几十处山体垮塌，毁坏林地220公顷；两个基层管护站和大水沟救护中心（包括野生动物圈舍）受损，受损面积1206平方米，危房程度A级；供水主管道受损，取水口、净水池被埋；区内20处巡护便桥受损；山体垮塌阻塞河流，威胁大水沟基地的安全。地震后发现有被砸死的羚羊、岩羊、鼯鼠，没有发现大熊猫尸体。

龙溪—虹口国家级自然保护区受损　位于都江堰市，4666.7公顷森林受损，21公里河流沿岸坍塌、滑坡142处，形成45处堰塞湖，房屋倒塌9间、86平方米，形成危房3741平方米，管护道路42.5公里严重受损。科研监测、办公设备损失415.7万元（见图230～233）。成都市知名景区受损14处，重大景点16处严重破坏，直接经济损失12亿元。白水河、银厂沟、龙门山等生态旅游景区遭到毁灭性破坏。

图230　龙溪—虹口国家级自然保护区受损的龙池生态展馆

图231　龙溪—虹口国家级自然保护区受损巡护公路

图 232　龙溪—虹口国家级自然保护区的堰塞湖

图 233　龙溪—虹口国家级自然保护区的滑坡

王朗国家级自然保护区受损　保护区的平武县城后勤基地、牧羊场总部、豹子沟保护站、牧羊场和豹子沟自备电站及区内护林防火道路、林区巡护道路、旅游栈道等基础设施和部分办公设备等受损严重。保护区内山体出现不同程度的滑坡，受灾程度为中度。森林植被受损面积达 3333.3 公顷，灌木林地受损面积达 1000 公顷，为轻度受损。主要集中在竹根岔、大窝凼、二支沟等地。地震除造成部分标桩标牌倾倒以及大的宣传牌破损外，未出现大的损失，经加固和简单维修后可继续使用。两座建设于 1985 年、总装机容量 270 千瓦的自备电站损毁严重，厂房变成危房，渠道必须进行加固维修。巡山通道因地震引起的山体滑坡、树木倒塌，造成 50 公里路段损毁。给排水系统供水管线损毁 1500 米。牧羊场通信系统严重受损，通信中断。

黄龙国家级自然保护区受损　损毁林地 1200 公顷、灌木林地 300 公顷、竹林面积 500 公顷，损毁活立木蓄积 173028 立方米、“四旁”树蓄积 58.8 立方米，危房 300 平方米，防火林道垮塌 50 公里，办公设备损失 15 套，防火、巡护、宣传设备损失 61 套，其中汽车 2 辆。

四姑娘山国家级自然保护区受损　四姑娘山风景名胜区是国家 AAAA 级景区、国家风景名胜区、国家自然保护区、国家地质公园，位于小金县境内，东与卧龙自然保护区接壤，南与宝兴县蜂桶寨自然保护区相连，距成都市区 220 公里。是中国距中心城市最近的以自然生态为主，以科考、登山、探险等为辅的雪山型自然风景区。对外开放的主景区面积 450 平方公里，由四姑娘山（6250 米）、三姑娘山（5664 米）、二姑娘山（5454 米）、大姑娘山（5355 米）4 座相连雪峰而得名。因山峰奇特罕见、山顶终年积雪，被誉为“蜀山皇后”和“东方圣山”。景区以山景为主，海拔在 5000 米以上的山峰有 61 座，山与山之间串连的大小湖泊有 25 个，山间飞瀑 120 余条，有“中国大西南物种基因库”之称。景区由四姑娘山、双桥沟、长坪沟、海子沟四部分组成，主要景点分布在双桥沟、长坪沟、海子沟。地震造成景区景观损坏 51 个，直接经济损失 30119 万元。保护区办公楼中等破坏 1200 平方米，严重破坏 3500 多平方米，职工宿舍和办公楼院围墙毁坏严重。长坪沟、海子沟栈道及双桥沟保护区公路损坏 24 公里，标示标牌毁坏 56 个，共损坏 226 个，直接经济损失 345.3 万元。双桥沟小水电站完全毁坏。保护区基础设施及设备损失达 3178 万元。

景区其他设施设备损坏直接经济损失 7559.8 万元；包括轻度受损在内，累计损失 14.67 亿元。

二　甘肃省国家级自然保护区受损

白水江国家级自然保护区受损　汶川地震造成保护区直接经济损失 5323 万元。其中，管护及工务用房 2.3 万平方米损坏倒塌，直接经济损失 3450 万元；瞭望塔损坏 80 座，道路损坏损失 800 万元，桥涵损坏损失 360 万元，机关和基层单位办公设备损毁折合 280 万元，植物标本损坏损失 31 万元。

保护区下属的让水河、丹堡河、红土河、岷堡沟等 4 个保护站的办公房屋和职工宿舍成为危房，损坏房屋 3710 平方米，直接经济损失 1000 多万元。

地震造成梁家山多处滑坡和裂缝，山体滑坡滚落的岩石对保护区造成严重损坏（见图 234）。

8 月 5 日 17 时 49 分发生在青川、文县交界处的 6.1 级强余震，对管理局碧口保护站辖区造成严重破坏，国道 212 线螺旋沟大桥垮塌。管理局办公区后山山体裂缝加大；办公区地基塌陷由 3 处增加到 4 处，塌陷深度不断扩大，部分供排水设施断裂。

保护站受损　白马河流域大熊猫驯养繁殖中心活动场围墙倒塌，兽舍墙体裂缝，墙面脱落，生活区房屋变成危房。道路受损，塌方、滑坡严重。

上丹堡保护站失踪 6 人、受伤 2 人，砸死家畜、家禽 100 多头（只），倒塌房屋 40 多间，剩余 2600 多间房屋全部裂缝。办公楼向南倾斜，楼后地面垮塌 3 米多，地面裂缝。

图 234　白水江国家级自然保护区梁家山后山山体的一条裂缝

让水河、碧口保护站死亡15人、重伤7人、轻伤27人；辖区内社区95%以上房屋成为危房，倒塌房屋5270间、危房100864间。

红土河保护站地处陕甘川交界处，辖陇南市武都区三仓乡、枫相乡和洛塘镇，死亡6人、受伤36人（重伤9人）；倒塌房屋21803间、危房19358间。

三　陕西省国家级自然保护区受损

汶川地震发生后，陕西省林业厅立即组织西北动物研究所有关专家组成4个野外工作组前往大熊猫栖息地16个已建保护区和3个拟建保护区进行调查，发现秦巴山区西部和中部出现山体滑坡、泥石流、地裂缝、崩塌和滚石。其中，青木川、屋梁山、桑园、摩天岭、天华山、黄柏塬、牛尾河、佛坪、观音山、长青、太白山、老县城、平河梁和皇冠山等14个保护区滑坡百余处，最大滑坡点在屋梁山桦皮沟，约4公顷；滑坡点最多的为天华山保护区，有21处。地裂缝出现在青木川和长青，共7处，其中青木川占6处。天华山保护区发生泥石流4处。在摩天岭和娘娘山发现3处山体崩塌点。地震对秦岭地区保护区的森林植被破坏随与地震中心距离的增大而由西向东逐步减轻，青木川保护区受损森林170.7公顷，摩天岭保护区受损森林100公顷，桑园保护区受损46.7公顷。地震引起基础设施、办公设备和野外装备等受损，青木川保护区保护设施损失最为严重，摩天岭、桑园和屋梁山损失也较严重。

佛坪国家级自然保护区受损　位于秦岭中段南坡的佛坪县西北部，区内的巡护道路、防火公路、通信、电力设施和房屋严重受损。管理局机关4300平方米的办公楼和工作用房严重损坏，保护站通讯基站受损，通讯一度中断，水源、给排水管线等配套设施遭到破坏，岳坝、大古坪、三官庙、龙潭、凉风垭、西河6个保护站1800平方米房屋裂缝，直接经济损失1321万元。

长青国家级自然保护区受损　华阳、茅坪保护站区内道路塌陷、滑坡，机关办公楼出现裂痕。基层保护站点不同程度受损。杨家沟苗圃地、华阳站兵站、高峰木材检查站、茅坪站车库、油库、茅坪站东坪房屋、区内道路九池段、茅坪保护站办公用房和职工住房出现裂痕，成为危房。

天华山国家级自然保护区受损　位于秦岭中段南坡，区内巡护道路、电力设施、办公设备和房屋受损较严重，其中房屋受损面积达1200余平方米，直接经济损失达98万元。

第二节　省级自然保护区受损

一　四川省省级自然保护区受损

地震中野生动植物栖息地部分损毁的保护区有31个（其中国家级自然保护区9个）；大熊猫

自然保护区有27个，损毁大熊猫栖息地12万公顷，占受灾保护区内大熊猫栖息地总面积的8.3%。北川的四川片口省级自然保护区，北川与安县交界处的四川千佛山省级自然保护区损毁面积分别占两大保护区总面积的47%和39.2%。

草坡风景名胜区受损　属横断山脉东北端，四川盆地向青藏高原过渡的高山峡谷地带，位于汶川县城西南部草坡河流域，距成都市区117公里。境内最高海拔4852米，最低海拔1190米，藏族风情浓郁，景点分布众多，原始森林面积广阔，动物种类繁多。有常绿、落叶、阔叶混交林及适温针叶林等植被；有大熊猫、川金丝猴、白唇鹿、牛羚、小熊猫等国家级保护动物；有水质好的热水温泉、高山体能训练基地等旅游项目。

地震造成该景区供水设施完全损坏，经济损失640万元；供电设施完全损坏，经济损失650万元；通信设施完全损坏，经济损失223万元；景区公路完全损坏，经济损失1.83亿元；房屋完全损坏，经济损失3763.7万元；景观完全损坏，经济损失7308万元；景区其他设施设备完全损坏，经济损失1059.45万元。累计损失3.2亿元。

毕棚沟生态旅游区受损　系米亚罗省级自然保护区、国家级人与生物保护圈的核心区域，位于理县朴头乡境内。景区海拔在2015～5922米之间，面积613.8平方公里。景区具有典型的中国西部高山峡谷地貌特征。沟内自然环境和景观资源原始古朴，涵盖冰川、雪峰、海子、原始森林、溪流、瀑布、高山草甸、彩林等自然风光，以山雄、水异、林秀、动植物物种丰富为特色。生长着高等植物167科、703属、1010种，杜鹃品种达36种，名贵药材10余种；兽类73种，鸟类139种（亚种），两栖爬行类14种，鱼类5种，被列为国家级保护对象的动物达27种。地震造成景区供水设施完全损坏、未完全损坏19023米，经济损失585.6万元；供电设施损坏31303米，经济损失481.05万元；通信设施损坏53192米，经济损失326.36万元；景区公路损坏48公里，经济损失8.31亿元；房屋损坏1823间，经济损失5820.9万元；景观损坏57个，经济损失2.91亿元；连同其他设施设备，累计损失12.29亿元。

叠溪—松坪沟景区受损　位于茂县境内。景区为民国22年（1933年）8月25日叠溪$7^1/_2$级大地震形成，是以地震遗址、高山堰塞湖景观为主的自然风景区，是中国地震遗址保存最完整的地区之一，在全世界也极为罕见。景区面积160平方公里，核心区面积30平方公里，主要景点有叠溪地震遗址、叠溪上、下海子、叠溪古城遗址、点将台、神龟洄游、富贵山、偷油洞、玉垒洞、白石海、墨海、长海、上白腊海、下白腊海、鱼儿寨海、碧珠串连海、芳草海等。

地震造成景区供水设施损坏36259.6米，经济损失1134.9万元；供电设施损坏72500.1米，经济损失1132.1万元；通信设施损坏74158.7米，经济损失456.49万元；景区公路完全损坏20公里，损失37437万元；房屋损坏1476间，经济损失4618.1万元；景观损毁14个，损失7027.18万元；景区其他设施设备完全损坏35个，损失2543.94万元。累计损失5.48亿元。

九顶山景区受损　位于茂县境内，总面积6000余公顷。2003年景区对外开放。与西南白水河、东南千佛山自然保护区连成一体，形成完整的大熊猫栖息通道。保护区内有国家一级保护野生动物11种、国家二级保护野生动物33种。

地震造成景区供水设施损坏25899.7米，损失812.3万元；供电设施损坏51786.3米，损失808.6万元；通信设施损坏52970.4米，损失326.01万元；景区公路损坏11.5公里，损失2.12亿元；

房屋损坏 1054 间，损失 3298.63 万元；景观损失 5019.4 万元；景区其他设施设备损坏 25 个，损失 1817.1 万元。累计损失 3.35 亿元。

崇州鞍子河自然保护区受损 办公楼受损 670 平方米，职工宿舍受损 850 平方米，保护区接待中心受损 1412 平方米，护林防火瞭望台配套用房受损面积 240 平方米，保护区巡护道路有 8 公里被毁，大熊猫栖息地植被毁损 533.3 公顷。直接经济损失 8188 万元。

鸡冠山—九龙沟风景名胜区受损 保护区发生地质灾害 69 处，受损供水设施 6500 米、供电线路 10.64 万米、通信线缆 10.9 万米、游山公路 55 公里、步游道 40 公里、景区房舍 23671 间，直接经济损失 6.43 亿元。

小河沟自然保护区受损 保护区内黄羊保护站、小河沟保护站、大熊猫栖息地，大熊猫活动走廊带——毗邻保护区的平武县木皮藏族乡小河村的植被遭受不同程度损毁，破坏了生物多样性环境，严重威胁、制约了大熊猫等珍稀野生动物的活动和生活（见图 235）。

图 235 小河沟省级自然保护区滚石及滑坡

北川小寨子沟、片口自然保护区受损 管理处办公楼倒塌，各种办公设施、设备全部损毁，文件资料被埋在废墟中。各保护站设施全部损毁，办公设备大部分被毁。保护区生态环境受到破坏，森林植被损毁 3350 公顷；办公、科研、宣教、保护站点、后勤、生活服务基地等严重受损，共计 14740 平方米；竹林沟保护站的小型发电站彻底垮塌，给排水系统遭到严重破坏；公路、防火通道、巡护便道 126 公里受损，6 座桥梁垮塌。

千佛山自然保护区受损 多处山体滑坡造成区内资源大面积破坏，道路、桥梁、通信、电力全面瘫痪；保护区内野生动植物栖息地损毁 5300 公顷；保护区中重点生态系统和廊道区域受损十分严重，野生动植物廊道区域损伤达 11.6%，重点生态系统损伤高达 18.6%；保护区基层保护站、道路、水电、通信等设施设备全毁（见图 236 ～ 237）。

千佛山国家森林公园等在此次地震灾害中，地形地貌发生严重变化，景观资源丧失殆尽，直接经济损失 5.29 亿元。

雅安市喇叭河等自然保护区受损 喇叭河自然保护区经济损失 199.3 万元，损毁林地 46.7 公顷，直接经济损失 175 万元。

喇叭河自然保护区保护站站房及野生动物圈舍损失 300.19 万元。

林区基础设施及设备直接经济损失 126.33 万元。68 公里林区道路、1 座桥梁、3 座涵洞、6.23 公里给水管道（含取水口设施）、交通设备等其他设备 40 台（套）受损。

雅安市有国家级森林公园 3 个（夹金山、龙苍沟、天全二郎山）、省级 1 个（周公山），地震中受到不同程度损失。其中夹金山森林公园（宝兴部分）森林植被损毁 333.3 公顷，经济损失 500 万元。

图 236　千佛山省级自然保护区高川保护站被毁

图 237　千佛山省级自然保护区滑坡损毁植被

二　陕西省省级自然保护区受损

青木川自然保护区受损　位于岷山与秦岭交界处。地震中损毁办公用房、职工住房 2000 平方米，其中办公室 21 间 680 平方米，经济损失 197.6 万元；损毁巡护道路 5 公里、输电线路 5 公里，经济损失 13.5 万元；损坏办公仪器设备（GPS、望远镜、电脑等）11 台，经济损失 6.5 万元。直接经济损失合计 217.6 万元。

勉县云雾山廻龙潭自然保护区受损　勉县森林植被、林业基础设施损毁严重，直接经济损失 2.57 亿元；云雾山廻龙潭自然保护区基础设施损毁，直接经济损失 1156.2 万元。其中，业务用房损毁 1158 平方米，经济损失 173.7 万元；道路损毁 27 公里，经济损失 589.6 万元；通信线路损毁 78 公里，经济损失 310.8 万元；给水管线损毁 0.9 公里，经济损失 6.1 万元；供电线路损毁 19 公里，经济损失 76 万元。

桑园自然保护区受损　中心保护站 504 平方米房屋有严重裂痕，成为危房。基层保护站 630 平方米房屋出现裂缝，成为危房。道路滑坡 5 处约 1500 立方米，道路坍塌 800 米。

摩天岭自然保护区受损　机关办公楼扭曲错位，多处裂缝；电脑、饮水机等部分办公设施损坏；各保护站宿舍、办公楼围墙严重受损，滚石塌方 14 处；输电线路、通信一度中断。

米仓山自然保护区受损 龙池河西保护站房屋屋面毁坏，墙体开裂，围墙倒塌。

第三节 珍稀动物栖息地受损

中国西南地区是全球 34 个生物多样性热点地区之一，拥有 1.2 万余种高等植物，占中国高等植物总数的 30%，是世界上植物最丰富的地区之一。四川省境有五大自然地理区，气候跨热、湿、寒三带，拥有丰富的资源蕴藏量。植物种类总数逾万种，居全国第二；裸子植物种类总数居全国第一；动物种类总数居全国第二，其中脊椎动物 1100 多种，占全国总数 40% 左右，鸟、兽类种类约占全国的一半，两栖类则占 38%。中国大约 50% 的野生哺乳动物和鸟类种类栖息在这一地区，包括许多珍稀和特有的野生动物，如大熊猫、小熊猫、金丝猴、雪豹、羚牛和白马鸡等。地震的发生对这些物种的栖息地造成严重破坏，野生动植物生存受到威胁，保护面临巨大挑战。

地震灾区覆盖了以卧龙大熊猫自然保护区为中心的岷山大熊猫世界自然遗产栖息地（见图 238）。四川灾区有受国家重点保护的野生动物 116 种、重点保护植物 50 种，是四川省乃至全国自然保护区最密集的区域之一。汶川县城面积一半以上为自然保护区，北川、平武、青川境内自然保护区分布数量亦较多，是世界生物多样性热点地区和中国生物多样性保护关键地区，也是全国重要的物种基因库。地震发生后，大量林地、植被被破坏，部分动植物原始生存环境丧失，一些珍稀动植物生存、繁殖面临着威胁。

由于受地震及其次生地质灾害的影响，野生动物的生活与生存受到严重干扰。地震造成野生动物死伤或受到惊吓、生存环境受损，如造成大熊猫等动物栖息的洞穴受损或坍塌，或造成野生动物喜于居住树洞的干树倾倒，使其活动路线遭到不同程度阻隔或破坏。破坏了大熊猫等野生动物的食源，如大熊猫赖以生存的箭竹被埋没和砸毁，威胁到大熊猫等野生动物的健康和食物安全。干扰了野生动物的正常生活，大面积、大区域的山体垮塌，给大熊猫等野生动物的迁移造成自然阻隔，进一步加剧了大熊猫等被保护野生动物的濒危状况。

截至 6 月 5 日，四川省自然保护区内野生动物受伤 3600 多头（只），死亡 800 多头（只）。位于卧龙国家级自然保护区的中国大熊猫保护研究中心人工圈养的 63 只大熊猫中，1 只死亡，重伤、轻伤各 1 只。从遥感监测图像上发现，约 2 万平方公里的大熊猫栖息地位于距震中 150 公里的范围内。初步估算，受灾的野生植物濒危物种有 185 种、野生动物濒危种群有 104 种。

一 大熊猫栖息地受损

栖息地受损概况 地震灾区是大熊猫主要栖息地和大熊猫野生种群的分布区，分布有全

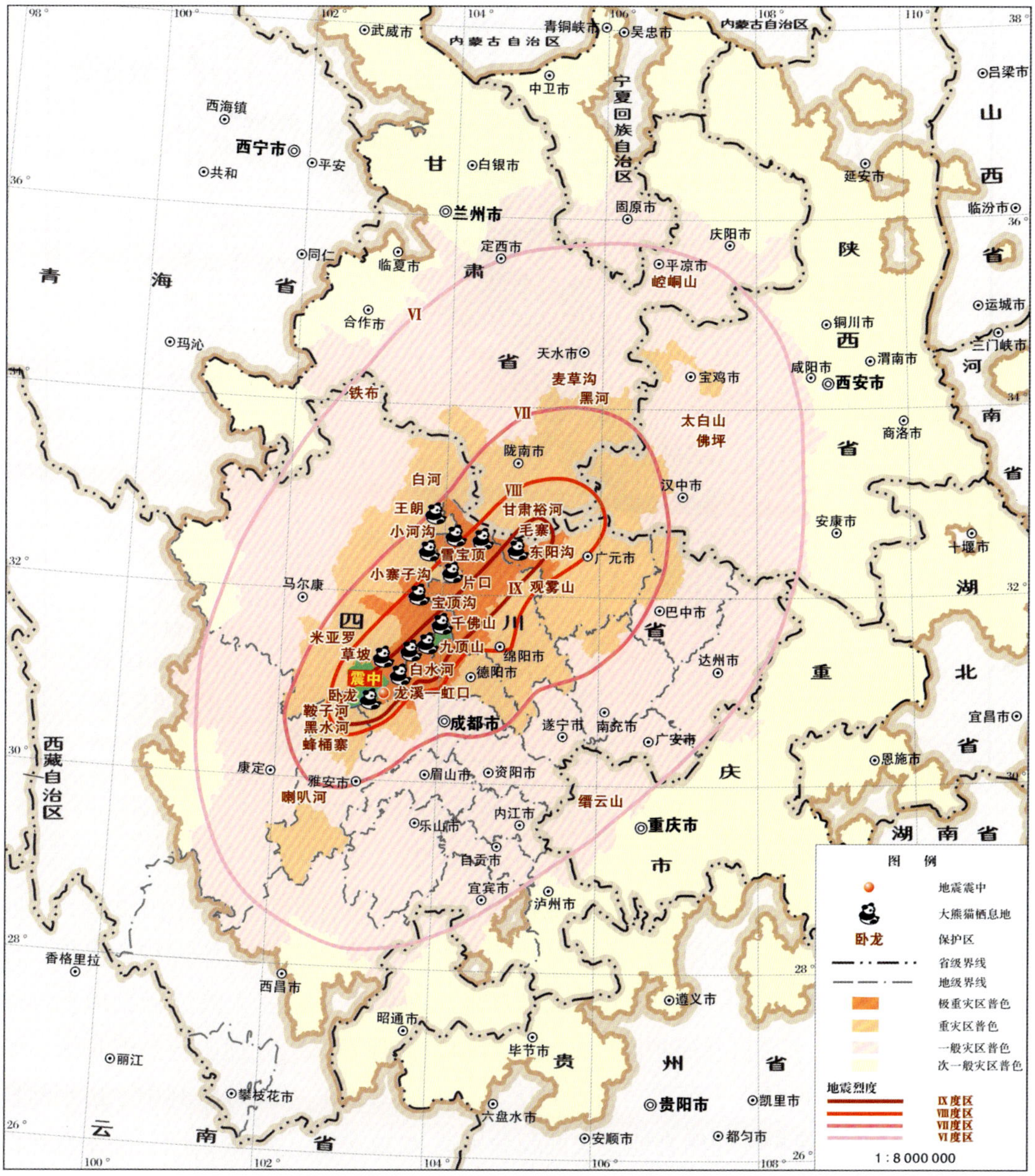

图 238　汶川特大地震灾区自然保护区及大熊猫栖息地分布图

国 70% 的大熊猫种群。地震及其次生地质灾害，导致大熊猫栖息地丧失 3.8%，11.5% 的栖息地受到影响。大熊猫栖息地的丧失，加大了栖息地的隔离，使原已严重破碎化的大熊猫栖息地雪上加霜，局部被隔离的种群由于不能交流，可能面临灭绝。同时栖息地的进一步隔离，大大增加竹子开花等自然干扰对大熊猫的危害和风险，使大熊猫的保护面临新的巨大挑战。

地震灾区 49 个大熊猫保护区拥有中国最大和最主要的野生大熊猫种群，很多自然保护区为世界自然遗产地，同时也是中国生物圈保护区网络的成员。这次地震使保护区内大熊猫栖息地遭受山体滑坡、箭竹埋没、道路毁坏等破坏（见图 239）。

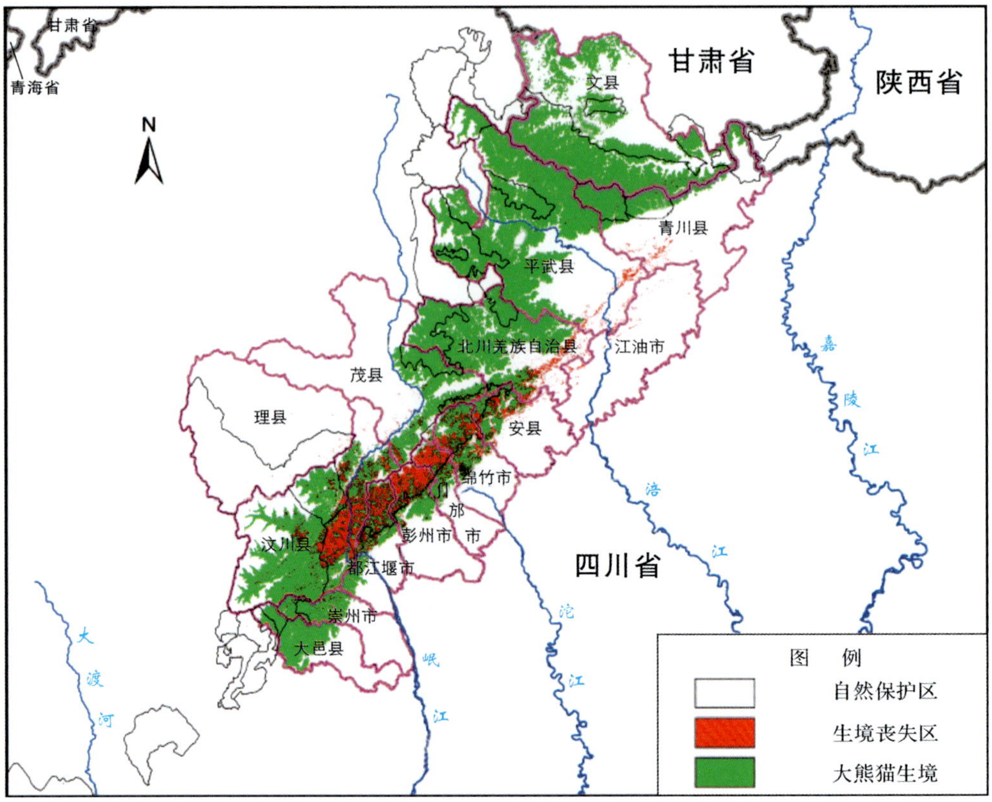

图 239　受损大熊猫生活环境分布图

四川省受灾区域内的大熊猫栖息地面积 144 万公顷，分布有野生大熊猫 1028 只，占四川全省野外大熊猫数量的 85.2%。地震地质灾害导致 27 个大熊猫自然保护区不同程度受损，损毁大熊猫栖息地面积 12 万公顷，占该区域大熊猫栖息地总面积的 8.3%。大熊猫栖息地受损最严重的自然保护区依次有白水河自然保护区、龙溪—虹口自然保护区、九顶山自然保护区、千佛山自然保护区、草坡自然保护区、卧龙自然保护区 6 个（见图 240 ~ 243）。其中，白水河自然保护区、龙溪—虹口自然保护区的栖息地丧失面积分别达 7832 公顷、7135 公顷；卧龙自然保护区及中国保护大熊猫研究中心受损严重，伤亡大熊猫 3 只。

甘肃白水江自然保护区内，白马河流域大熊猫驯养繁殖中心活动场围墙倒塌，整个兽舍墙体裂缝，墙面脱落。生活区房屋墙体发生裂缝和脱落，门窗玻璃多处破裂。接待中心的木屋倾斜，整个房屋变成危房。大熊猫的巡护道路、野外监测点、保护站、护林点、检查站等均遭受不同程度损坏。白水江保护区境内的 49 条、总长 455 公里的大熊猫巡护道路遭受严重损坏。地震造成大熊猫生态区山体滑坡，树木斜倒，改变了大熊猫原有的栖息地环境，致使大熊猫活动路线遭到不同程度阻隔或破坏。地震时乱石埋没、砸毁了部分大熊猫赖以生存的食源——箭竹，减少了大熊猫食源。

地震对当地生态和大熊猫等动物的影响主要体现在以下几方面：

地震对当地生态产生多方面破坏和影响。对生态的影响主要体现在对植被的破坏，威胁当地动植物的生存和生长，从而影响区域内的珍稀动植物资源。

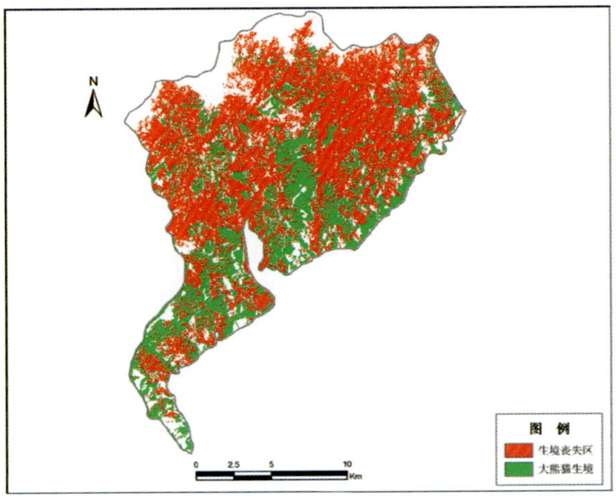

图 240 白水河自然保护区大熊猫受损栖息地分布图

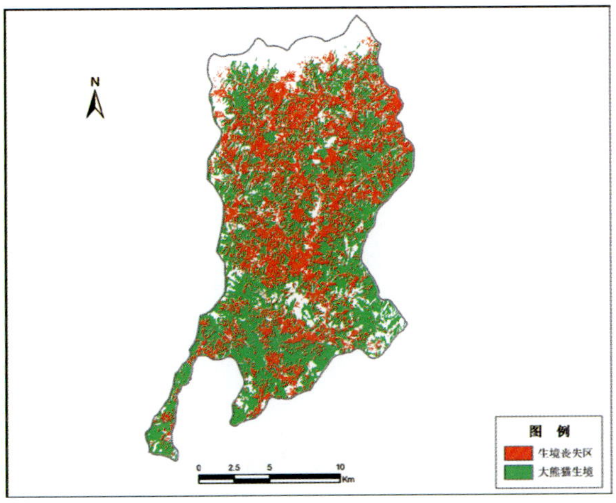

图 241 龙溪—虹口自然保护区大熊猫受损栖息地分布图

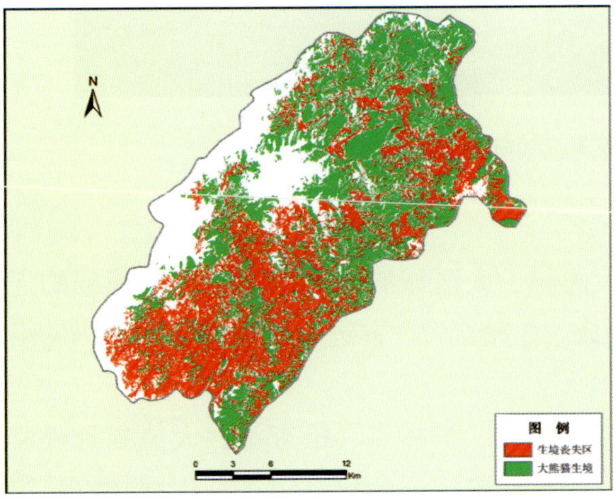

图 242 九顶山自然保护区大熊猫受损栖息地分布图

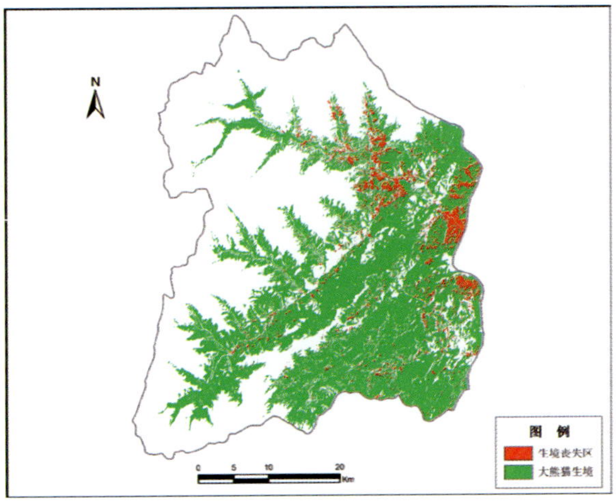

图 243 卧龙自然保护区大熊猫受损栖息地分布图

地震破坏了大熊猫的栖息地。地震导致的山体滑坡使大熊猫栖息的洞穴受损、坍塌，给震区 1000 多只野生大熊猫和其他野生动物造成很大潜在威胁。据地震发生时正在进行一年一次的大熊猫春季野外调查的调查队员反映，地震时保护区地动山摇，山体滑坡，乱石滚动，尘土弥漫，树木斜倒，动物叫声四起。在保护区内还发现了被山体滑坡滚石砸死、砸伤的獾等。

地震影响了大熊猫的食源。地震导致保护区内水体污染，埋没和砸毁了一部分大熊猫赖以生存的箭竹，影响到了大熊猫的食物供给和安全，威胁到了大熊猫的健康。

地震扰乱了大熊猫的正常繁育周期。大熊猫繁殖存在“配种难、受孕难、幼仔存活难”三大难关。5 月份正是大熊猫发情交配繁殖期，但大地震使大熊猫受到惊吓，对其繁衍极为不利。

图 244　山体垮塌压埋了卧龙大熊猫研究中心大门

地震阻断了一些地区大熊猫的生殖通道。大面积、大区域的山体垮塌，给大熊猫的迁移造成自然阻隔，使之失去相互联系的通道，形成“生殖孤岛”，进一步加剧了大熊猫的濒危现象。

保护区内的保护设施损毁严重。巡护道路、保护站、护林点、检查站、大熊猫野外监测点以及防火和通信设备均遭受不同程度的破坏，大熊猫馆、金丝猴馆、野生动物收容馆和动植物博物馆遭受不同程度损坏，严重影响了大熊猫保护和救助工作的正常开展（参见图244）。

植被破坏对大熊猫的影响　据国家林业局统计，中国共有野生大熊猫1590多只，分布于四川、甘肃和陕西三省交界的岷山、邛崃、凉山、大相岭、小相岭和秦岭等彼此孤立的6个山系里。地震中，拥有中国最大的野生大熊猫种群的岷山山系的近20个大熊猫保护区受损严重。岷山山系地跨四川、甘肃两省，野生大熊猫数量占全国的44.4%。其中，位于四川省境内的大熊猫栖息地是全球最大最完整的大熊猫栖息地，80%以上的野生大熊猫栖息于此。卧龙大熊猫自然保护区、宝兴蜂桶寨大熊猫自然保护区都位于此。龙溪—虹口自然保护区距离震中映秀仅一山之隔，震前山林植被丰富，震后满目疮痍，黄土裸露，山体成片垮塌。地震对大熊猫的直接影响在于食物被毁、巢穴被毁、熟悉的生活环境被毁3个方面。

彭州白水河保护区、卧龙大熊猫保护区、宝兴蜂桶寨自然保护区，北川、平武直到青川的唐家河保护区，甘肃白水江自然保护区，都处于岷山山系上，是大熊猫的主要栖息地。据世界自然基金会的数据，仅存的100余万公顷野外大熊猫栖息地，分布在30多个县境内，野生大熊猫被分割成 20 个孤立的小种群，面临严重的片断化和破碎化。

分布在 1300 ~ 3000 米等不同海拔的竹子每年从 3 月份开始由下而上生长，驱使野生大熊猫撵着新鲜竹笋而发生季节性迁徙，称为“撵笋”。每年 4—5 月，大熊猫的发情期与“撵笋期”同期而至，营养丰富的竹笋成了大熊猫活动的必需食物。新鲜竹笋生长的季节推迟，野生大熊猫产仔的月份也会推迟。哪个地方竹笋最多，大熊猫就到哪里，逐渐往高海拔地区走，身体状况好了，发情、产仔自然而然也就完成了。

地震使卧龙保护区 6400 公顷的植被遭到破坏，破坏区集中在海拔 2500 米以下，正是大熊猫活动最频繁的区域。“撵笋”被破坏，给野生大熊猫的生殖、迁徙、种群带来影响。

陕西省秦岭大熊猫栖息地 8 个保护区竹子出现开花、死亡现象，从分布范围看，涉及整个秦岭山区，约 1150 平方公里，长青国家级自然保护区还发现大面积竹子虫害，对大熊猫的食物造成严重威胁（见图 245 ~ 247）。

图 245　长青保护区杨家沟开花竹林

图 246　摩天岭保护区死亡竹林

图 247　长青保护区杨家沟竹子病虫害

汶川特大地震对大熊猫栖息地的影响情况统计表

表 44

保护区名称	生活环境面积（公顷）	生活环境丧失面积（公顷）	丧失比例（%）	保护区名称	生活环境面积（公顷）	生活环境丧失面积（公顷）	丧失比例（%）
白水河	16677	7883	47.3	小河沟	19311	19	0.1
龙溪—虹口	21027	7170	34.1	裕　河	14652	18	0.1
九顶山	33057	9864	29.8	宝顶沟	17141	11	0.1
千佛山	15509	1832	11.8	片　口	12876	8	0.1
卧　龙	85481	5606	6.6	白　羊	39519	16	0.0
草　坡	23984	1107	4.6	小寨子	28473	11	0.0
鞍子河	8737	166	1.9	雪宝顶	33173	5	0.0
东阳沟	19202	151	0.8	黄　龙	13458	0	0.0
唐家河	34665	199	0.6	尖　山	4105	0	0.0
白水江	146689	493	0.3	龙滴水	16510	0	0.0
毛　寨	7205	13	0.2	王　朗	11365	0	0.0
黑水河	6706	12	0.2	保护区内	635518	34595	5.4
青木川	3094	6	0.2	保护区外	580146	31779	5.5
黑水河	2903	5	0.2	合　计	1215664	66374	5.5

二　其他珍稀动物栖息地受损

地震灾害造成大面积山体滑坡、泥石流，使灾区地形变异，处于震中附近的卧龙、唐家河、白水河、龙溪—虹口等国家级自然保护区和平武、白羊、小寨子沟等省级自然保护区，遭受了灭顶之灾，珍稀动物栖息地保护面临十分严峻的形势。

灾区生活或分布的陆栖脊椎动物 419 种，其中国家一级保护野生动物除大熊猫外，还有云豹、金丝猴等 12 种，因林木遭受极大破坏，栖息地和觅食场所被破坏，地震后又正处于野生动物交配、怀孕、哺乳、产卵、孵化期，生态环境剧烈变化会严重影响种群数量的增长，部分动物失踪、死亡。国家二级保护野生动物有 47 种，其中影响极大的 23 种，影响较大的 22 种，影响轻微的 2 种。

截至 6 月，广元市野生动物死亡 4660 只、受伤 1035 只。据四川省林业厅统计，截至 6 月 9 日，地震使野生动物伤亡 40 万只，损毁野生动物圈舍 3.8 万平方米。

甘肃省白水江自然保护区让水河保护站文县范坝乡境内，抢修公路的人发现被山体滑坡滚石砸死的獾和另一只被当地人称为“岩羊”“青羊”的国家二级保护野生动物斑羚。

国家一、二级保护野生动物伤亡情况参见图 248 ～ 249。

图 248　蜂桶寨国家级自然保护区内被飞石击伤的国家二级保护动物鬣羚

图 249　唐家河自然保护区内被飞石砸死的国家一级保护动物羚牛

地震发生后，一些动物出现了异常反应。在让水河保护区清水沟大坡一带，当地群众每天都能听到青猴（短尾猴）的叫声，声音凄惨哀婉，时断时续。让水河保护站的正沟白杨岭一带，突然有成群结队的野猪出没，据目击者称，数量有数十只。据分析，这些野猪可能是其住地在地震中遭受破坏而迁徙的种群。

5 月 27 日，文县中庙乡境内大团峪河畔的刘家坪村村民发现有两只一老一少盘羊下山，在离村约两三百米的灌木林里活动，一副惊恐不安的样子。当地老百姓俗称的“盘羊”，即国家一级保护野生动物羚牛。按照其生活习惯，正常情况下一般不会下到海拔 1000 米以下地带活动。这两只盘羊到海拔 700 多米的刘家坪村一带活动，极有可能与大地震有关，可能是受到惊吓等原因，下山到浅山地带“避难”。几天后，两只盘羊回归山林。

陕西省的勉县羚牛、林麝保护及栖息地受损，造成经济损失 427.9 万元。其中，圈舍损毁 555.8 平方米，经济损失 44.5 万元；栖息地植被损毁 1000 公顷，经济损失 200 万元；救护设施损毁造成直接经济损失 183.4 万元。佛坪县因灾损失国家二级保护野生动物红腹锦鸡 150 只。

第五篇

人员伤亡、住房及城镇损毁

汶川特大地震造成大量人员伤亡和房屋受损。国新办根据国务院抗震救灾总指挥部授权发布，截至9月25日，共造成灾区69227人死亡、17923人失踪、374643人不同程度受伤（见表45），受灾人口达4625.6万人。

根据民政部等四部委9月4日灾损校核报告，川、甘、陕三省住房受损2316.91亿元，其中四川省2025.8亿元、甘肃省233.36亿元、陕西省57.75亿元；三省农村住房受损1248.43亿元，其中四川省1004.96亿元、甘肃省203.38亿元、陕西省40.09亿元；三省城镇居民住宅受损1068.48亿元，其中四川省1020.84亿元、甘肃省29.98亿元、陕西省17.66亿元。三省居民财产损失374.08亿元，其中四川省344.9亿元、甘肃省16.38亿元、陕西省12.8亿元。

截至9月25日汶川特大地震死亡、失踪、受伤人数统计表

表45　　　　单位：人

省（市）	死亡人数	失踪人数	受伤人数
四　川	68708	17923	360796
甘　肃	370	0	10165
陕　西	125	0	2970
重　庆	19	0	637
云　南	1	0	51
河　南	2	0	7
湖　北	1	0	17
湖　南	1	0	0
合　计	69227	17923	374643

说明：此表数据系国新办根据国务院抗震救灾总指挥部授权于9月25日发布

房屋垮塌是造成人员伤亡的主要原因，因房屋垮塌而罹难的人数占地震死亡人数的半数以上。山体滑坡、泥石流等将一些村庄淹埋、房屋压垮，也造成了部分人员伤亡。山体滑坡堵塞河流形成的堰塞湖，虽使个别乡镇被淹没，但因人员疏散及时，没有造成人员伤亡。由于抗震救灾措施得当，汶川地震没有发生火灾、传染病流行等次生灾害。

汶川地震造成四川、甘肃、陕西三省农村住房倒塌758.2万间，严重损毁836.4万间，轻微损毁1574.5万间；三省城市居民住房倒塌1989.8万平方米，严重损毁7078.3万平方米，轻微损毁 13975.2 万平方米，因为房屋损毁无法居住而转移安置 1510.6 多万人。

四川、甘肃、陕西三省城乡住房倒塌、损坏造成直接经济损失 2316.91 亿元，约占地震造成直接经济损失的 27.4%；重庆、云南、宁夏三省（区、市）政府上报城乡住房受损的直接经济损失 52.19 亿元，六省（市、区）城乡住房受损的直接经济损失约占地震灾害造成的全部直接经济损失的 30% 以上。造成房屋大量损毁和人员伤亡的主要原因，除了地震本身释放能量巨大破坏力极强以外，还有一些原因。一是城镇建设选址不当。汶川地震震区地质环境复杂，很多城镇、村庄的建筑物位于活动断裂带上，未避开易产生崩塌、滑坡、泥石流等地质灾害易发地区。二是建筑物抗震能力不足。由于建筑物设防标准太低，学校、医院、办公楼等公共场所地震时大量房屋受损。农村房屋基本不设防，地震造成大量民房倒塌，使人员伤亡严重。三是群众自救互救知识缺乏。地震时很多人疏散逃生不及时、措施不当，也是造成人员伤亡的原因之一。人员相对集中的学校、医院，平时重视防灾自救训练的，人员伤亡大量减少，甚至创造了无一伤亡的奇迹。

第一章　人员伤亡

汶川特大地震受灾地区包括四川、甘肃、陕西、重庆、云南、宁夏等省（区、市），总受灾面积 50 万平方公里。按受灾程度，将灾区范围类别划分为极重灾区、重灾区和一般灾区。其中，极重灾区的汶川、北川、绵竹、什邡、青川、茂县、安县、都江堰、平武、彭州 10 个县（市）全部在四川省境内，共死亡 67038 人，占地震总死亡人数的 96.8%；失踪 17645 人，占地震失踪总人数的 98.4%。重灾区 41 个县（市、区）中，四川省 29 个，共死亡 1149 人、失踪 132 人、受伤 38172 人；甘肃省 8 个，死亡 316 人、受伤 7375 人；陕西省 4 个，死亡 33 人。

建筑物大量倒塌是造成人员伤亡多的主要原因。例如，都江堰市死亡的 3091 人中，因建筑物倒塌砸死 3004 人，占死亡总数的 97%；岩石崩塌砸死 49 人，约占死亡人数的 2%。陕西省因地震死亡的 125 人中，因建筑物倒塌被埋、被砸死亡 97 人，约占 78%。

从系统或行业来看，因地震发生时，学校和幼儿园正是下午上课时间，所以伤亡特别惨重，仅四川省教育系统就死亡师生 5500 余人。汶川县映秀小学共有 473 名学生、47 名教师，地震造成 222 名学生死亡，占学生总数的 44.7%；造成 27 名教师死亡，占教师总数的 57.4%。汉旺中心幼儿园，地震时 64 个孩子正在午睡，全部被倒塌的房屋掩埋，经全力抢救，46 个孩子获救，18 个不幸遇难。平时注重防震减灾科普教育或进行防震训练的“科普示范学校”，伤亡人数明显减少。例如安县桑枣中学，地震发生后 1 分 36 秒内，2300 多名师生按平时训练要求安全疏散，无一伤亡；德阳市五中和孝泉中学教学楼受损、教室垮塌，而两所中学 5500 多名学生、教师无一伤亡。

人员死伤主要分布在地震造成的 3 条地表破裂带，即映秀—北川破裂带、灌县—江油破裂带和小鱼洞破裂带附近，呈现出比较明显的带状分布。地表破裂带所经之处，所有山脊水系和人类建筑均被错断破坏，并形成大量滑坡、山崩和泥石流等灾害，城乡建筑物倒塌严重，造成大量人员伤亡。北川县城因王家岩崩塌和滑坡导致 3000 余人死亡。汶川县映秀镇、北川县城、绵竹市汉旺镇、什邡市红白镇等亦因在地表断裂带上，人员伤亡特别严重。同样在断裂带附近，因建筑物的建筑质量、抗震程度不同，损坏也不同，造成人员伤亡情况也有很大差异。震中映秀镇木结构民居建筑物有的没有倒塌，居民伤亡较少。

第一节　四川灾区人员伤亡

国新办根据国务院抗震救灾总指挥部授权发布，截至 9 月 25 日，汶川特大地震造成四川省 68708 人死亡、17923 人失踪、360796 人受伤。伤亡人员主要集中在阿坝、绵阳、德阳、广元、成都、雅安等重灾地区。极重灾区汶川、北川等 10 个县（市）死亡 67038 人，占四川省地震总死亡人数的 97.6%；失踪 17645 人，占全省失踪总人数的 98.4%；受伤 286412 人，占全省受伤人数的 79.3%。重灾区 41 个县（市、区）中有 29 个在四川省，死亡 1154 人，占全省死亡人数的 1.7%；失踪 132 人，占全省失踪人数的 0.7%；受伤 38172 人，占全省受伤人数的 10.3%。一般灾区 186 个县（市、区），其中四川省有 100 个县（市、区），共计死亡 516 人，占全省死亡总人数的 0.7%；失踪 148 人，占全省失踪总人数的 0.8%；受伤 105244 人，占全省受伤总人数的 29.1%（见表 46）。

四川灾区死亡失踪人员情况统计表

表 46　　　　单位：人

市（州）	死　亡				失　踪			
	极重灾区	重灾区	一般灾区	小　计	极重灾区	重灾区	一般灾区	小　计
成　都	4043	89	174	4306	339	5	49	393
德　阳	17041	98	—	17139	449	11	—	460
绵　阳	21300	596	68	21964	9138	71	65	9274
广　元	4697	149	—	4846	124	2	—	126
阿　坝	19957	181	140	20278	7595	41	32	7668
雅　安	—	31	2	33	—	2	—	2
南　充	—	8	25	33	—	—	—	—
巴　中	—	2	11	13	—	—	—	—
自　贡	—	—	2	2	—	—	—	—
泸　州	—	—	1	1	—	—	—	—
遂　宁	—	—	27	27	—	—	—	—
内　江	—	—	7	7	—	—	—	—
乐　山	—	—	8	8	—	—	—	—
广　安	—	—	1	1	—	—	—	—
达　州	—	—	4	4	—	—	—	—

续表 46

市（州）	死　亡				失　踪			
	极重灾区	重灾区	一般灾区	小　计	极重灾区	重灾区	一般灾区	小　计
眉　山	—	—	10	10	—	—	—	—
资　阳	—	—	24	24	—	—	—	—
甘　孜	—	—	9	9	—	—	—	—
凉　山	—	—	3	3	—	—	—	—
合　计	67038	1154	516	68708	17645	132	146	17923

说明：此表根据四川省“5·12”抗震救灾指挥部 9 月 10 日上报数整理

一　极重灾区人员伤亡

汶川地震极重灾区均分布在龙门山地震带，涉及 6 个市（州）10 个县（市），包括成都市的都江堰市、彭州市，德阳市的什邡市、绵竹市，绵阳市的北川羌族自治县、平武县、安县，广元市的青川县，阿坝藏族羌族自治州的汶川县和茂县。极重灾区共死亡 67038 人，其中伤亡逾万人的有 3 个县（市），仅汶川即死亡 15941 人，在 10 个极重灾县（市）中伤亡最多；其次为北川死亡 15646 人，绵竹死亡 11117 人。汶川、北川、绵竹三县（市）死亡人数占极重灾区死亡总人数的 63.7%。汶川失踪人员最多，为 7595 人；其次为北川，失踪 4932 人（见表 47）。

四川省极重灾区人员伤亡失踪情况统计表

表 47　　单位：人

县（市、区）	总人口（万人）	死亡人数	受伤人数	失踪人数
汶　川	11	15941	34583	7595
北　川	16	15646	26916	4932
绵　竹	51	11117	37209	251
什　邡	43	5924	33075	198
青　川	25	4697	15469	124
茂　县	11	4016	8183	—
安　县	52	2640	88623	655
都江堰	61	3091	4388	192
平　武	19	3014	32191	3551
彭　州	78	952	5775	147
合　计		67038	286412	17645

说明：此表系根据四川省抗震救灾指挥部 9 月 10 日上报数和各市州上报资料整理而成

汶川县人员伤亡 地震造成汶川县死亡 15941 人、失踪 7595 人、受伤 34583 人，死亡和失踪人员约占全县总人口的 21.4%，占阿坝全州死亡和失踪总人数的 84.2%。各乡镇死亡人数为：映秀镇 6566 人、银杏乡 3537 人、锦虒镇 2016 人、漩口镇 1069 人、水磨镇 496 人、草坡乡 495 人、三江乡 309 人、雁门乡 286 人、耿达乡 274 人、威州镇 255 人、龙溪乡 250 人、卧龙镇 150 人、克枯乡 148 人、原白花乡 90 人。映秀镇受灾最重。

映秀镇位于汶川地震的震中区。该镇辖 7 个村和 1 个居委会，常住人口 6600 多人，加上流动人口共有 1.2 万余人。地震造成全镇 6566 人遇难，约占总人口的 55%；除去失踪的以外，仅有 2300 余人生还，其中有 1000 余名重伤员。地震使昔日生气勃勃、景色秀丽的乡镇变成一座死城（见图 250 ～ 252）。地震发生后，除极个别的木结构房屋外，全镇房屋几乎全部倒塌，成为一堆堆瓦砾。映秀小学共有 473 名学生、47 名教职工，地震时全校除两个班 60 名学生在操场上体育课外，其余全部在教室上课，地震后 300 多名师生被埋在废墟中，坍塌的教学楼里到处是呼救声。幸存的师生们用双手展开大营救，许多家长也拿着工具赶来救孩子。不久，救援队伍增加到上百人，救出了 37 名学生。至 5 月 14 日大规模救援队伍到来后，共从废墟中救出 50 名学生。此次地

图 250　汶川特大地震前的汶川县映秀镇

图 251　汶川特大地震后的汶川县映秀镇

图252 汶川县映秀镇掩埋地震死亡者现场

震，因教室倒塌造成222名学生和27名教职工遇难。国家电网映电总厂3座电站严重损毁，员工伤亡重大。距映秀镇2.8公里的老虎嘴山体崩裂滑坡，堵塞整个岷江，使其断流18个小时，致使2家工厂和1个收费站被淹。

漩口中学是阿坝藏族羌族自治州的一所重点中学，原在漩口镇，因修建紫坪铺水库而搬迁至映秀镇，有学生1527名、教师133名。地震中，教学楼、宿舍楼、办公楼倒塌，43名学生、8名教师、2名职工、2名家属遇难，27名学生、2名教师严重受伤。

北川羌族自治县人员伤亡 地震中，北川羌族自治县20个乡（镇）、278个村全部受灾，地震造成全县死亡15646人、失踪4932人、受伤26916人。县城所在地曲山镇受灾严重，老城区因王家岩发生大面积山崩，以县政府办公大楼为中心的新城区周边景家山发生大面积滑坡和岩崩，造成大多数建筑物被埋垮塌。县城学校师生伤亡严重，北川中学、曲山小学、曲山幼儿园等几乎被大地震夷为平地。卫生系统亦有大量人员伤亡。除教育、卫生系统外，县内机关和事业单位遇难人数也很大（见图253 ~ 255）。

震前，北川残疾人总数为1.2万人，地震中由于受身体条件限制，伤亡较重，共有1721人死亡、6700人受伤。震后，残疾人增至17429人，占全县总人口的12.17%。

距县城仅15公里的邓家海元村的一所希望小学，在周围建筑物全部倒塌、成为废墟时，校舍完好无损；全校483名学生以及全体教职员工全部安全撤离，无一伤亡。这座小学是1998年汉龙集团公司捐资建设的。汉龙集团在绵阳承建的其余4所学校也与该小学一样，经受住了8级地震的考验。

地震使北川羌族自治县机关事业单位遇难466人，占干部总数的22.7%。其中，县级干部遇难5人，占同级干部的17.2%；科级干部遇难75人，占同级干部的27.4%。北川县委1名常委、2名委员、县委办公室7名干部、县委职能部门30多名干部遇难。县人民代表大会187名代表中有11名遇难，人大常委会机关14名干部遇难。县政府的6层办公楼位于曲山镇禹龙中街，地震时

图 253　汶川特大地震前的北川县城

图 254　汶川特大地震后的北川县城

图 255　北川县城危家巷、曲山街地震后情况

顷刻垮塌，正在办公大楼上班的干部死伤惨重。其中，政府办公室 10 名干部遇难；县财政局 73 人中 43 人遇难；地税局 68 人中 39 人遇难；县法院 43 人中 27 人遇难；教育体育局 57 人中 31 人遇难；民政局 25 人中 14 人遇难；县公安局 23 人遇难、17 人重伤，曲山派出所 8 位干警被山体掩埋，全部失踪。政协机关办公楼和宿舍楼全部垮塌，41 名干部中，9 人遇难、8 人受伤；全县政协委员 137 人，29 人遇难。

曲山镇是北川羌族自治县县委、县政府所在地，面积 122 平方公里，震前有 25125 人，地震造成死亡 13719 人、失踪 1023 人，约占震前人口的 50%。陈家坝乡的场镇和农村房屋全部毁坏，场镇功能瘫痪，地震引发大面积山体裂缝、滑坡，形成 7 个堰塞湖，因灾死亡 728 人（其中场镇死亡245人、遇难学生82人）、失踪26人。擂鼓镇辖30个村和1个社区，因地震死亡617人、失踪13人、重伤138人。漩坪乡原是一个深山古镇，总人口9227人，羌族占76%。地震发生时，山崩地裂，山体滑坡石块泥沙倾泻而下，堵塞了湔江，形成的唐家山堰塞湖，淹没4.39平方公里，海拔740米以下成为汪洋。乡政府办公楼、卫生院、学校、商铺被淹没。禹里乡辖26个村和1个社区，人口14973人，因地震死亡283人、受伤1260人。唐家山滑坡形成的堰塞湖淹没了禹里乡整个场镇的25个乡级单位、6个村庄，7124人被迫迁移，没有造成伤亡。

通口镇常住人口7605人，地震造成75人死亡、268人受伤。小坝乡死亡115人（含辖区内13人）。桂溪乡人口11590人，其中羌族占50%以上，地震造成274人遇难、322人受伤。开坪乡人口3563人，其中羌族占79%，是一个典型的民族乡，地震造成死亡69人、受伤46人。白什乡境内有汉、羌、藏、苗4个民族，共3744人，其中少数民族3113人，占83%，地震造成全乡72人死亡、15人重伤。桃龙藏族乡3474人，其中羌族占55.2%、藏族占26.1%，地震造成58人死亡。墩上乡是2003年新建乡，地震造成14人死亡、8人失踪、67人受伤。青片乡死亡50人（其中乡境内死亡1人）、受伤34人。都坝乡境内无人死亡，仅受伤5人，但在县城上学、外出人员死亡、失踪38人。贯岭乡死亡27人、受伤126人。

北川中学是北川羌族自治县唯一的一所高中，学校有高中部、初中部，分新、老两个教学区，有47个教学班（高中29个、初中18个）、学生2793名、教职工197名。汶川地震造成新老校区733名学生、40名在职教工、8名退休教工遇难，300余名学生受伤，45名学生成为孤儿。地震发生后不到20秒，老校区1997年投入使用的5层教学办公综合楼全部垮塌；1978年建成的3层旧教学楼楼顶坍塌，千余名师生被埋；2002年投入使用的5层教学楼，一、二层因地陷全部垮塌，只剩下上面3层也严重破损，所有教学设施、设备被埋于废墟之中，许多师生遇难；能容纳2000名学生住宿的学生公寓，3000平方米的学生食堂和教工食堂，严重损坏；地震造成老校区602名学生和25名教工（含3名退休教工）遇难。在新校区，景家山突然大面积崩塌，整个校区被垮塌的山体完全压埋，只有操场上的半个篮球架和一根旗杆露在外面。地震时初一（5）班和（6）班的114名学生在老师带领下在县委礼堂参加会议，部分初三学生去了职业中学，因而幸免于难；在学校上课的师生，除了在操场上体育课的20多名学生幸存外，其余131名学生、23名教职员工（含退休教工5名）全部遇难。

地震将北川职业中学校园全部摧毁，94名学生、15名教职工遇难，10名教职工受伤；120名学生受伤，其中重伤33人、4人残疾。

曲山小学位于北川县城内，分为东西两个校区。地震中，东校区的一栋3层教学楼全部垮塌，楼梯上的师生被埋在废墟里大多遇难。从后山垮塌下来的巨石砸入教学楼，产生的巨大冲击力把教学楼的楼顶整体揭开，扬起的灰尘笼罩了幸存的师生。在西校区，从学校后面垮下来的王家岩的沙石、泥土把学校大部分建筑淹埋，淹埋厚度超过10米。未被淹埋的建筑也全部倒塌，有些建筑甚至被推移到近100米远处。山体滑坡扬起的灰尘如浓烟滚滚，即使10米之遥也无法看清。该校遇难学生391人、教师21人。

北川县直属机关幼儿园位于王家山岩脚下，地震使王家岩松散的岩体崩塌，幼儿园遭逢了毁灭性的灾难。地震发生的瞬间，教室的玻璃猛烈抖动，地面剧烈摇晃，教学楼转眼之间开始整体下沉。随后，楼后的王家岩垮塌，几乎将幼儿园全部淹埋。教学楼在滑坡的泥土中被迅速推移，到地震间歇时，已经被推移到100米之外的原县商业局的位置。幼儿园被10多米深的泥土淹埋。有459名儿童的幼儿园319名孩子遇难、占70%，29名教职工中19人遇难、占65.5%，4人受伤。

北川羌族自治县人民医院是一所集医、教、研、预防、保健为一体的"二级乙等"综合性医院，是全县的中心医院及北川的医疗急救中心。地震来临瞬间，位于县城王家岩山下的医院办公楼、住院大楼、急诊科大楼、综合大楼和数幢住宿楼被王家岩滑坡的泥土淹埋，成为一个泥土堆起的山包；位于茅坝下街的分院住院楼、家属楼垮塌严重。正在上班的医务人员和部分在家的退休人员都被埋在废墟中。地震当天，上班医务人员中仅3人被从废墟中救出，妇产科一名值班医生在地震中从三层掉到一层门诊药房处被埋，双眼及大腿等多处受伤，第二天被人救出。已经出门准备上班的中医科医生唐某与在家休息的妻子妇产科医生谢某在地震中被埋于废墟下，两人仅一墙之隔，在没有水、没有食物、没有白天黑夜的废墟里，谢某于第三天被救出，唐某于第六天被救出。全院原有在职、退休职工251人，地震中在岗职工104人、退休职工23人遇难，合计遇难死亡127人；幸存124人（退休人员39人）中，有28人不同程度受伤。

绵竹市人员伤亡 绵竹市位于四川省西北部，隶属于德阳市。地震中，所属21个乡（镇）全部受灾，死亡11117人，占总人口的2.16%强；受伤37209人，约占总人口的7.40%；致残595人，失踪251人，造成孤老8人、孤儿33人、孤残16人。死伤人数较多的是金花、清平、汉旺、九龙、天池、遵道等沿山乡（镇）。绵竹市城区92%的房屋倒塌，变成一片废墟（见表48）。

汉旺镇位于四川盆地西北部边缘，面积78.9平方公里，辖区有11个行政村，常住人口6万人（其中流动人口2.5万人），是一个农、工、商、贸、旅游全面发展的新兴工贸重镇。地震使汉旺顷刻变成一片废墟。汉旺老场镇，原是东方汽轮机厂、清平磷矿、伐木场等国有大中型企业的办公区、厂房区和生活区，在地震发生的瞬间倾覆。汉旺镇90%以上房屋被夷为平地。汉旺广场钟楼的指针，永远定格在14时28分地震发生时。全镇遇难人数1939人、失踪267人、累计受伤15487人。

汉旺镇政府办公楼建于1992年，地震中短短7秒的时间，两幢4层、一幢3层的小楼轰然倒下成为废墟，仅存一垛残破不堪的门墙。汉旺镇党委、政府机关干部职工共死亡14人、失踪3人、受伤8人。

汉旺镇医疗卫生队伍遭受严重损失，武都卫生院、汉旺人民医院、汉旺镇卫生院房屋全部倒塌毁损，职工遇难17人，受伤23人、其中重伤11人，另有8位家属受伤。

汉旺学校分为幼儿园、小学、中学、成人教育四部，占地面积93284平方米，建筑面积38951平方米，全校有76个教学班、3400余名学生。地震中，228名（其中幼儿19名）学生、21位教职工（其中退休教师2人）遇难；10位教职工和108名学生受伤，其中截肢或失去知觉的26人；学校8个教学点中的5个教学点全部被毁，未完全毁损的学校也摇摇欲坠。

武都教育中心的武都小学教学楼和幼儿园两处教学楼大部分坍塌，尚未坍塌的建筑也摇摇欲

绵竹市人员伤亡情况统计表

表 48　　单位：人

乡　镇	灾前总人数	死亡人数	受伤人数	致残人数
剑南镇	52841	198	1560	25
东北镇	22767	178	568	32
西南镇	18426	158	458	30
兴隆镇	18890	178	1025	42
九龙镇	10844	319	802	44
遵道镇	21228	402	2258	63
汉旺镇	56404	1939	15487	85
拱星镇	20173	196	1493	47
土门镇	26590	236	358	40
广济镇	23294	195	590	53
金花镇	6073	367	952	13
玉泉镇	20729	55	369	11
板桥镇	16795	92	235	9
新市镇	36203	30	452	3
孝德镇	62109	98	651	28
富新镇	35600	246	1532	27
齐天镇	15323	27	786	1
什地镇	26444	56	1290	6
绵远镇	14344	17	967	6
清平乡	5682	276	4526	15
天池乡	2810	79	850	15
外来人员	—	5775	—	—
合　计	513569	11117	37209	595

说明：此表数据来自《绵竹市汶川特大地震抗震救灾志》志稿

坠。师生 695 人（其中教师 63 人、小学生 482 人、幼儿 150 人）正在上课，教育中心在地震中疏散出 400 人左右，坍塌的建筑物至少埋压了 200 余名师生。

四川东方职业培训学院创建于 1966 年，学校拥有数控加工技术、车、钳、铣、焊、电、热处理、计算机等专业。其汉旺校区占地 2.13 公顷，是学校机械技工、数控、焊接等专业学生实习实训和生产基地。地震使汉旺校区教学楼垮掉、食堂坍塌、实习厂房被摧毁，大量设备和产品被损毁，8 位教师、10 名职工和 39 名学生遇难。

汉旺小学 7 名教师和 100 多名学生遇难，汉旺镇中心小学 87 名学生和 7 名老师遇难，汉旺幼儿园 18 个孩子遇难。东汽小学死伤惨重（见图 256）。

图256　东汽小学操场摆放的数十具遇难者遗体

东汽中学创办于1968年，是四川省首批示范性普通高中。地震中，学校顷刻间化为一片废墟。学生遇难235人、教师遇难14人，教学楼几乎完全坍塌，学生公寓、实验楼严重损毁，所有办公、教学、实验等物品损毁殆尽。

什邡市人员伤亡　什邡全市15个镇、1个街道办事处全部遭灾，受灾人口占总人口的98.19%。地震中死亡5924人，占总人数的1.35%；受伤33075人，占总人数的7.68%；因震致残850人（见表49），失踪198人。市内多处建筑物坍塌，数百人被埋，80余吨液氨泄漏。灾情最为严重的是山区和沿山乡镇，其中红白、蓥华、八角三镇80%房屋倒塌，一片片废墟，一座座坍塌的楼，歪七扭八地倒塌在地，被摧毁的房屋水泥构件露出了长短不一的支支棱棱的钢筋，不少人被埋在下面（参见图257）。

图257　解放军在什邡营救

什邡市人员伤亡情况统计表

表 49　　　　单位：人

镇（街道）	灾前总人数	死亡人数	受伤人数	致残人数
元石镇	16514	4	212	7
皂角镇	15077	9	329	13
回澜镇	24465	6	231	7
禾丰镇	25130	11	319	5
双盛镇	23832	13	756	36
马祖镇	25191	16	691	16
隐丰镇	25830	6	386	13
马井镇	28527	8	367	19
南泉镇	29930	30	446	51
师古镇	43981	65	1814	42
湔氐镇	31760	401	452	137
洛水镇	36988	654	7038	100
蓥华镇	19820	1979	7202	122
红白镇	8883	2452	4189	114
八角镇	10686	267	4184	128
方亭街道	72107	3	385	40
其　他	—	—	4074	—
合　计	438721	5924	33075	850

说明：此表数据来自《什邡市汶川特大地震抗震救灾志》志稿

青川县人员伤亡　青川县 36 个乡（镇）全部受灾，全县遇难 4697 人，失踪 124 人，受伤 15469 人、其中重伤 1522 人。青川县城后山出现 1500 米长的山体裂缝，地表破裂最大错位达 2 米，拉动县城北面山体整体下滑 1 米。因巨大山体滑坡，造成关庄镇沙坝社区和红光乡东河口村 260 户 780 人被埋在 100 多米深的泥石之下；石坝乡的青龙村、五一村、八一村、中心村等，有 800 余人被山体滑坡卷埋在山体深处。

地震造成青川县 18 所中小学的 27 名教师和 368 名学生遇难，61 人失踪，209 名师生重伤。死亡最重的是木鱼中学，由于宿舍瞬间垮塌，403 名学生被废墟掩埋，死亡 289 人。东河口村小学，所有校舍全被压埋，仅剩一面红旗在堰塞湖中飘扬。据青川县残联统计，地震中，由于残疾人行动不便，逃生受限制，全县有 376 名残疾人死亡、10 人失踪、777 人受伤。广元经济开发区死亡

5人，受伤50人、其中重伤5人。

地震使青川乡镇人员伤亡惨重。乔庄镇为青川县的政治、经济和文化中心，是全县人口居住最密集的地区。地震造成许多房屋垮塌，全镇死亡103人、受伤1014人，其中山珍市场由于房屋瞬间全部垮塌，砸、埋致死29人、伤58人。红光乡在地震中死亡404人，形成“三孤”人员79人。关庄镇死亡266人，516人受伤、其中重伤56人，失踪34人。经几次强余震，姚渡镇4人死亡，380人受伤、其中重伤18人。5月25日发生的6.4级余震，造成观音店乡43人死亡，149人受伤、其中重伤18人。曲河乡死亡85人。苏河乡死亡63人。三凤村因山崩使该村25户52人被掩埋。大院回族乡死亡59人，533人受伤、其中33人重伤。前进乡受伤351人，其中重伤21人。骑马乡死亡151人（含在木鱼镇读书的学生），受伤2648人、其中学生52人。板桥乡77人遇难、其中学生35人死亡，630人受伤、其中重伤10人。蒿溪回族乡死亡27人，396人受伤。

5月12日，石坝乡五一村一赵姓村民给孙子办满月酒，共到客人89位，14时28分正准备开席，大地开始摇晃，对面俗称为“石公坪”的整座山迅即向五一村压来，89位客人和主人全家5口全部被深埋。11日，石坝乡青龙村13辆拉运锰矿石的汽车因其中一辆出现故障，全被堵停在公路上；12日14时28分，汽车修好，13辆汽车刚启动引擎，地震发生，13辆车全部被埋。石坝乡三江村毛坪社三江锰矿，地震发生时，56岁的王某等7名矿工正在往一辆拖拉机上装矿石。刚要装满，听到东北方向有巨大响声，众人皆以为是在放炮。随即，8人被晃倒在地，瞬间，整个后山铺天盖地而来将8人全部埋住。王某在被埋164小时30分钟后被解放军救出。

地震造成严重的地质灾害，青川县718人死于山体滑坡、崩塌和泥石流，因地质灾害死亡的人数占全县死亡总数的15.3%。

茂县人员伤亡 茂县位于阿坝境域东南部，地震中分散居住在高山、高半山的农民有9万人受灾；十几座有上千年历史的高大羌碉全部损坏，大部分用石块和黄泥垒成的房子成为废墟。全县因地震死亡4016人、受伤8183人。

茂县山多，地震时发生山崩和大面积山体滑坡，造成建筑物严重破坏和人员伤亡。南新镇文镇村磨子坡位于茂县与汶川县交界处的国道213线旁，一村民在坡下空地上修建了一个修车厂，兼卖百货水果等。地震发生时，磨子坡一大片石灰岩突然垮塌，石头、气浪将一辆大卡车平推出数米远；修车厂房屋及所有车辆、人员全部被沙石压埋，无一幸免。震后群众赶来救援，挖出汽车残骸7辆，由于遇难者残骸不全，难以准确计数，遇难者在30人以上。石大关乡大店村附近有7辆旅游大客车被砸，8人遇难，13人受伤，后被当地村民救出。在回龙乡回笼饭店附近，一辆29座面包车被飞石击毁，当场死亡3人、伤6人。另有两辆大客车被砸毁，一辆行驶在沙坝与两河口之间的轿车坠入岷江，驾驶员被淹死。

安县人员伤亡 安县位于四川盆地西北，受灾人口约47万（见表50）。地震造成2640人死亡、655人失踪、88623人受伤。全县房屋80%毁损（见图258 ～ 259），其中50%垮塌。此次地震在全县引发了几百处崩塌、滑坡等地质灾害，全县因地质灾害死亡695人、失踪254人、受伤1260人。死亡百人以上的乡镇有高川乡、千佛镇、秀水镇、桑枣镇、睢水镇。

安县人员伤亡情况统计表

表 50

乡（镇）	总人口（万人）	死亡（人）	失踪（人）	受伤（人）
安昌镇	4.6	43	64	7946
桑枣镇	3.6	137	28	5820
花荄镇	5.6	70	40	9135
黄土镇	4.6	89	6	7897
塔水镇	5.0	34	9	8506
秀水镇	6.8	143	80	11317
河清镇	2.1	20	15	3484
永安镇	2.3	98	26	3853
界牌镇	2.0	3	1	42
永河镇	2.0	4	5	13
雎水镇	2.0	120	11	3200
清泉镇	1.6	6	1	2867
宝林镇	1.6	2	4	2648
沸水镇	1.5	7	4	2606
晓坝镇	1.0	74	28	1654
乐兴镇	2.1	11	0	3688
千佛镇	1.0	852	217	6957
兴仁乡	1.2	3	0	195
高川乡	0.7	871	103	4318
迎新乡	1.5	53	13	2477
合　计	52.7	2640	655	88623

说明：此表数据来自《安县汶川特大地震抗震救灾志》志稿

图 258　安县检察院震后情况

图 259　地震后的安县农技局办公大楼

桑枣中学是一所初级中学，因为教学质量高，周围家长争相把孩子送往该校学习，致使人数最多的班有 80 名学生。地震发生时，全校 2200 多名学生、百余名教师，按平时防灾疏散演练的要求，用 1 分 36 秒的时间全部撤离至操场。该校教学楼大部分开裂或成为危房，而师生则无一伤亡，这一奇迹的出现是校长叶志平注重建筑质量、注重安全教育的结果。他任校长时，接手的是一座建筑质量很差的教学楼。他上任后的第一个决心就是修好这座教学楼，让孩子们安心安全地上课。他发现新楼底楼板缝中填的不是水泥，而是水泥纸袋，便找来正规建筑公司重新浇筑混凝土，对整栋楼的 22 根承重柱子进行加粗并重新浇灌水泥。这栋当时花了 17 万元建设的教学楼，光加固就花了 40 万元，全是他左一个 5 万、右一个 5 万“化缘”而来的。他知道，当校长的第一任务是确保学生安全，故每学期都组织学生进行紧急疏散演习。对此，尽管有反对意见，但他仍然坚持不辍。在演习中，每个班的疏散路线都是固定的，学校早已画好。两个班合用一个楼梯，每班必须排成单行，要求在 2 楼、3 楼教室的学生要跑得快些，以免堵塞逃生通道；在 4 楼、5 楼的学生跑得慢些，以免造成人流积压。疏散到操场上的位置也是固定的，每班都有自己的地方。刚进行紧急疏散演习时，学生们当作是娱乐，除了觉得好玩以外，还有的认为是多此一举，后来学生教师都习惯了，每次演习都井然有序。地震发生时叶志平不在学校，教师、学生们按平时训练的要求，在地震发生的一刻，教师喊：“所有人都趴在桌子下！”学生们立即趴下去，教师则迅速把前后门打开；震动稍稍缓和，学生们立即有序地冲出教室，按熟悉的方式疏散。由于平时的演习，地震发生后，全校 2200 多名学生、上百名教师从不同教学楼、不同教室全部冲到操场，以班为单位站好，仅用时 1 分 36 秒，全校师生无一伤亡。

图 260　都江堰市向峨中学灾后情况

地震发生后，正在绵阳办事的叶志平，紧急赶回学校，看到 8 栋教学楼大部分垮塌，成为危楼，而他的学生和教师都挨得紧紧地站在操场上，教师站在最外圈像母鸡护小鸡一样守护着从 11 ～ 15 岁的娃娃们。教师们向他报告，学生没有事，教师没有事，55 岁的他，哭了。

都江堰市人员伤亡　地震使都江堰市城乡全面受灾，全市共计遇难 3091 人，其中学生 955 人；失踪 192 人；受伤 4388 人，其中学生 420 人；从废墟中救出 4325 人；因地震灾害造成新增残疾人员 312 人、孤残人员 165 人。城区灌口、幸福两镇遇难人数占全市遇难者总数的一半以上。学校、医院等人员密集地方伤亡惨重，向峨中学教学楼垮塌（见图 260），从废墟中救出 75 名学生，挖出学生遗体 340 具、教职工遗体

图 261　都江堰市向峨乡救援现场

17 具（参见图 261）。聚源中学 4 层教学楼垮塌，从废墟中救出 114 名学生，挖出学生遗体 283 具、教师遗体 6 具。新建小学 4 层教学楼垮塌，从废墟中救出学生 94 名，挖出遇难者遗体 234 具。都江堰市中医院 6 层住院部大楼垮塌，从废墟中救出受伤者 9 人，挖出遗体 159 具。

平武县人员伤亡　地震造成平武县 18.7 万人受灾，死亡 3014 人，失踪 3551 人，受伤 32191 人、其中重伤 1258 人，因地震造成孤儿 42 人、孤老 46 人、孤残 2 人。死伤最惨重的是平通镇、南坝镇、水观乡。山体滑坡将平通镇牛飞村整体压埋，地震时该村共死亡 56 人，其中 36 人被山体滑坡推到山脚下的河沟里而死亡。由于该村青壮年多在外打工，留守家里的多是老弱病残和妇女、儿童。56 岁的张茂材家里，包括老伴、女儿、女婿、2 岁的外孙、外孙的奶奶 5 口人全部遇难，张茂材因在 40 公里外的锁江羌族乡，才幸免于难。南坝镇南坝小学幼儿园中班教师王兴碧，1976 年经历过唐山地震，有一定的防震意识和经验。汶川地震前两周，曾带领中班孩子们做过“地震来了快快跑”的游戏。刚开始，她喊一声“地震来了”，娃娃们呆呆地不知该如何是好。她说：“这就不对了，应该快快往室外跑呀！”她再喊一声“地震来了”，孩子们立刻跑往室外。王兴碧做梦都没有想到这会是一次震前演习。汶川地震发生时，王兴碧的训练有了效果，中班的孩子们全都跑到室外，她最后左右手各拉一个孩子跑了出去，这时，垮塌房屋的灰尘刚刚起来。幼儿园仅 3 个班，地震中大班死亡 21 人、小班死亡 30 多人，王兴碧带的中班无一伤亡。3 个当天没来上学的孩子被砸死在家里。地震后，中班家长竞相向王老师表示感谢。

彭州市人员伤亡　彭州市受灾人口 58.7 万人，占全市总人口的 75%。地震造成该市 952 人死亡、5775 人受伤、147 人失踪。20 个乡（镇）中，19 个有人员伤亡，死亡最多的是龙门山镇，共 455 人；小鱼洞镇 1.5 万人全部受灾，死亡 99 人；磁峰镇近 2 万人受灾，死亡 88 人；桂花镇 3 万人受灾，死亡 17 人；丽春镇死亡 19 人。受伤最多者为白鹿镇，伤 1124 人；最少者为三界镇，伤 23 人。

地震中，彭州市中小学共死亡 17 人，其中教职工 2 人、学生 15 人；重伤 34 人，轻伤 122 人。

位于峡谷中隆起巨大“山丘”上的谢家店子属龙门山镇，是银厂沟景区最吸引游人的地方，旅游业具相当规模，有 30 多家“农家乐”，每日游人如织，热闹非凡。地震使谢家店子两边的山垮塌，顷刻之间，谢家店子“农家乐”设施全部倒塌，60 位村民被深埋在土石之下，在谢家店子原址上隆起了一座巨大的山丘。

二　重灾区人员伤亡

在重灾区41个县（市、区）中，四川省占29个，包括成都市的崇州市和大邑县，德阳市的旌阳区、广汉市、罗江县、中江县，绵阳市的江油市、涪城区、游仙区、梓潼县、盐亭县、三台县，广元市的利州区、朝天区、元坝区、苍溪县、剑阁县、旺苍县，阿坝藏族羌族自治州的理县、松潘县、小金县、黑水县、九寨沟县，雅安市的汉源县、宝兴县、芦山县、石棉县，南充市的阆中市，巴中市的南江县。29个重灾县（市、区），共计死亡1149人，占四川省死亡人员总数的1.7%；失踪人员132人，占四川省失踪人员总数的0.7%；受伤人员38172人，占四川省受伤人员总数的10.6%（见表51）。

四川省重灾区人员伤亡失踪情况统计表

表51

县（市、区）	总人口（万人）	死亡（人）	失踪（人）	受伤（人）	县（市、区）	总人口（万人）	死亡（人）	失踪（人）	受伤（人）
理　县	4	110	13	1642	阆　中	86	8	0	0
江　油	88	394	43	343	盐　亭	60	14	0	1938
利　州	48	61	0	2329	松　潘	7	25	12	22
朝　天	21	21	0	2744	苍　溪	77	14	0	1045
旺　苍	46	16	0	268	芦　山	12	0	0	0
梓　潼	38	20	4	5263	中　江	142	24	0	427
游　仙	52	61	16	501	元　坝	24	13	0	824
旌　阳	64	43	10	689	大　邑	51	14	0	434
小　金	8	24	14	22	宝　兴	6	3	0	338
涪　城	64	64	8	634	南　江	65	2	0	0
罗　江	24	16	0	307	广　汉	59	15	1	2383
黑　水	6	15	1	77	汉　源	32	25	0	506
崇　州	67	75	5	8775	石　棉	12	3	2	42
剑　阁	67	19	2	5583	九寨沟	6	7	1	130
三　台	146	43	0	888	合　计		1149	132	38172

说明：此表系四川省抗震救灾指挥部9月10日上报数据

三　一般灾区人员伤亡

截至9月25日，四川省一般灾区的100个县（市、区）共死亡521人，占四川省地震死亡人员总数的0.76%；失踪147人，占四川省失踪人员总数的0.8%；受伤105249人，占四川省受伤人员总数的29.2%（参见表52）。

四川省一般灾区人员伤亡失踪情况统计表

表 52

市（州）、县		总人口（万人）	死亡（人）	失踪（人）	受伤（人）
成都	郫县	48	19	12	267
	双流	93	8	0	690
	锦江	40	1	0	9
	青羊	51	10	0	26
	金牛	70	32	5	69
	成华	62	23	8	0
	武侯	80	14	0	196
	高新	—	0	2	30
	龙泉驿	56	8	0	24
	青白江	40	7	6	135
	新都	65	35	5	143
	温江	34	7	0	0
	邛崃	65	1	0	122
	金堂	86	9	11	176
自贡	贡井	29	1	0	—
	荣县	69	1	0	—
泸州	龙马潭	—	1	0	—
绵阳	市本级	—	43	65	—
	游仙区	—	25	0	—
遂宁	射洪	100	18	0	—
	安居	80	3	0	—
	船山	66	2	0	—
	蓬溪	76	2	0	—
	大英	55	2	0	—
内江	资中	132	5	0	—
	东兴	86	1	0	—
	威远	74	1	0	—
乐山	沙湾	20	5	0	—
	峨眉山	43	2	0	—
	夹江	35	1	0	—
南充	南部	126	10	0	—
	西充	64	8	0	—
南充	顺庆	63	2	0	—
	蓬安	69	2	0	—
	高坪	58	1	0	—
	嘉陵	69	1	0	—
	营山	91	1	0	—
广安	武胜	83	1	0	—
达州	开江	57	2	0	—
	通川	40	1	0	—
	万源	57	1	0	—
巴中	巴州	131	6	0	—
	通江	74	5	0	—
雅安	雨城	35	1	0	31
	天全	15	1	0	152
眉山	洪雅	34	3	0	—
	丹棱	16	3	0	—
	东坡	83	2	0	—
	仁寿	156	2	0	—
资阳	简阳	142	14	0	—
	雁江	106	9	0	—
	乐至	87	1	0	—
阿坝	金川	7	52	6	—
	马尔康	5	53	2	—
	若尔盖	7	11	0	—
	红原	4	15	0	—
	壤塘	3	9	2	—
	阿坝	6	0	23	—
甘孜	康定	11	6	0	—
凉山	丹巴	6	3	0	—
	甘洛	19	2	0	—
	美姑	20	1	0	—
合计			516	147	

说明：此表数据系四川省抗震救灾指挥部9月10日上报数

第二节 甘肃灾区人员伤亡

根据甘肃省地震局2010年11月核实资料，汶川特大地震造成甘肃省死亡365人、受伤10274人（见表53）。

甘肃灾区人员伤亡情况统计表

表53

市（州）	县（市、区）（个）	乡（镇）（个）	受灾人口（万人）	死亡（人）	受伤（人）
陇南	9	195	175.6	323	7403
甘南	8	89	36.3	15	733
天水	7	113	190.9	10	1613
平凉	7	105	19.9	8	89
庆阳	8	119	70.8	7	380
临夏	7	41	0.6	2	4
定西	7	111	22.1	0	19
白银	5	56	6.2	0	33
武威	4	34	1.0	0	0
兰州	8	82	22	0	0
合计	70	945	545.4	365	10274

说明：此表数据由甘肃省地震局提供

一 重灾区人员伤亡

文县、武都、康县、成县、徽县、西和、两当、舟曲8个重灾县（区）共死亡316人、受伤7375人（见表54）。

在遇难的316人中，173人因房屋、院墙垮塌致死，占55%；117人被地震塌方掩埋，或被落石、飞石击中而死亡，占37%；20人被地震滑坡压埋死亡，占6%；因救治无效等死亡6人，占2%。

重灾区中，有9名中小学生遇难。其中，文县碧口小学3人、文县中庙乡李家坝村学校2人、陇南市一中1人、武都区马街初级中学1人、武都区柏林乡指甲山教学点1人、成县红川中心小学1人。

甘肃省 8 个重灾县（区）人员伤亡情况统计表

表 54　　单位：人

市（州）	县（区）	死亡	受伤	市（州）	县（区）	死亡	受伤
陇　南	文　县	110	1456	陇　南	西　和	12	1405
	武　都	118	1393		两　当	1	34
	康　县	29	897	甘　南	舟　曲	15	369
	成　县	18	555	合　　计		316	7375
	徽　县	13	1266				

说明：此表数据由甘肃省地震局提供

二　一般灾区人员伤亡

一般灾区陇南、天水、平凉、庆阳、临夏 5 个市（州）14 个县（区）死亡 49 人，其中中小学生 7 人（天水市秦州区平南中学 4 人、平凉市崆峒区梨园小学 2 人、崇信县 1 人）；陇南、甘南、天水、平凉、庆阳、临夏、定西、白银 8 个市（州）32 个县（区）受伤 2899 人（见表 55）。人员伤亡主要是由地震造成的房屋、窑洞、院墙倒塌而造成的。

甘肃省一般灾区人员伤亡情况统计表

表 55　　单位：人

市（州）	县（区）	死亡	受伤	市（州）	县（区）	死亡	受伤
陇　南	礼　县	11	90	庆　阳	西　峰	0	70
	宕　昌	11	307		庆　城	0	32
甘　南	迭　部	0	285		环　县	0	59
	卓　尼	0	78		华　池	1	25
	临　潭	0	1		合　水	1	21
天　水	秦　州	6	349		正　宁	1	37
	麦　积	1	262		宁　县	0	39
	秦　安	1	199		镇　原	4	97
	甘　谷	0	196	临　夏	东　乡	0	1
	武　山	0	221		广　河	2	3
	清　水	2	207	定　西	通　渭	0	12
	张家川	0	179		漳　县	0	4
平　凉	崆　峒	5	46		岷　县	0	3
	泾　川	0	3	白　银	会　宁	0	9
	灵　台	1	23		靖　远	0	24
	崇　信	2	9	合　　计		49	2899
	庄　浪	0	8				

说明：此表数据由甘肃省地震局提供

地震造成全省教育系统16名学生遇难，187名学生和8名教师受伤，其中陇南市学生死亡9人、受伤106人，教师受伤5人；天水市学生死亡4人、受伤26人，教师受伤1人；平凉市学生死亡3人、受伤27人；庆阳市学生受伤16人，教师受伤2人；定西市学生受伤10人；兰州市学生受伤2人。

第三节　陕西灾区人员伤亡

根据陕西省抗震救灾指挥部11月2日抗震工作总结，受汶川特大地震波及，陕西省死亡125人，受伤3390人，无人失踪。多个县市受灾，其中重灾县（区）4个，即宁强县、略阳县、勉县和宝鸡市陈仓区；一般灾区36个县（市、区）。受灾人口326.56万人，其中汉中市、宝鸡市灾情严重。汉中49人、宝鸡33人、西安27人、咸阳12人、安康4人因灾死亡。死亡的125人中，由于建筑物倒塌被砸、被埋致死的有97人，占因灾死亡的77.6%；因山体滑坡被压死、砸死4人，占3.2%；因逃生措施不当跳楼摔死4人，沿消防管道滑落摔死1人，跌入水池淹死1人，占4.8%；4人在田间劳动，因电线杆被震倒而触电死亡，占3.2%；1人从建筑塔吊掉下摔死，1人从建筑脚手架上掉下摔死，占1.6%；因受伤后抢救无效等其他原因死亡12人，占9.6%（见表56）。

陕西省人员伤亡情况统计表

表56　　　　单位：个、人

地　区	县（市、区）	死　亡	受　伤	地　区	县（市、区）	死　亡	受　伤
西　安	13	27	1117	安　康	10	4	1
宝　鸡	12	33	385	商　洛	7	0	1
咸　阳	13	12	228	延　安	9	0	3
渭　南	11	0	22	杨　陵	1	0	23
铜　川	4	0	0	其　他	0	0	441
汉　中	11	49	1169	合　计	92	125	3390

说明：此表数据由陕西省地震局提供

汶川地震及其强余震波及汉中市，辖区内的11个县（区）受灾，受灾人口246.68万人。全市因灾死亡49人，其中宁强县11人、略阳县10人、勉县7人、汉台区5人、南郑县6人、城固县4人、洋县1人、西乡县4人、留坝县1人。

第二章　住房受损

汶川特大地震共造成四川、甘肃、陕西、重庆、云南、宁夏6个省（区、市）城镇居民房屋受损9074.13万平方米，农村居民房屋受损1640.85万间。据民政部等四部委9月4日灾损校核报告，川甘陕三省住房受损直接经济损失2316.91亿元，其中，四川省城镇居民房屋倒塌1916.94万平方米、严重损毁房屋6912.66万平方米，农村居民房屋倒塌635.06万间、严重损毁房屋722.19万间，直接经济损失计2025.8亿元；甘肃省城镇居民房屋倒塌65.88万平方米、严重损毁房屋95.08万平方米，农村居民房屋倒塌116.02万间、严重损毁房屋88万间，直接经济损失计233.36亿元；陕西省城镇居民房屋倒塌6.95万平方米、严重损毁房屋70.54万平方米，农村居民房屋倒塌7.14万间、严重损毁房屋26.19万间，直接经济损失计57.75亿元。另外，重庆市农村居民房屋受损14.97万间，直接经济损失计54.07亿元；云南省城镇居民房屋受损6.08万平方米，农村居民房屋受损13.89万间，直接经济损失计16.83亿元；宁夏回族自治区农村居民房屋受损17.39万间，直接经济损失0.83亿元。在上述受损的城镇和农村居民房屋中，不包括因地震造成城镇中轻微破损和基本完好房屋10960.8万平方米、农村轻微破损和基本完好房屋811.63万间，这些房屋不需修理或稍加修理即可继续使用。

居民住房在省会城市和地市级中心城市，主要有钢筋混凝土浇筑成承重梁柱，再用预制的轻质板材隔墙分户装配而成的框架结构；以砖、钢筋、水泥、沙石等为材料建造的砖混结构等现代建筑较多，占各类房屋建筑总面积的90%以上。在经济比较发达的灾区县（市、区）其他城镇，框架结构、砖混结构房屋也占有一定的比例。受灾的农村地区，房屋主要是简易房屋，有以穿斗木屋架土坯墙瓦顶，由木屋架承重、土坯墙起围护作用的土木结构；有以砖、木材为主要承重构件建造的砖木结构房屋，这些房屋基本上未经抗震设计及施工。在山区农村，或在经济发展水平比较低的地区，还有抗灾能力极差的土坯结构、石结构等房屋。

10个极重灾县（市），以汶川县映秀镇和北川县城为两个中心，震中烈度高达Ⅺ度；绵竹、什邡山区和都江堰等部分地区，地震烈度达Ⅹ度左右。灾区各类建筑和居民房屋多数或普遍毁坏，破坏程度极其惨重。同时，地震还诱发大量山体滑坡、崩塌、泥石流、堰塞湖等灾害，砸毁、淹埋了震损的房屋，加重了地震灾害，使居民住房遭到毁灭性破坏。重灾县（市、区）基本处于地震Ⅶ～Ⅸ度烈度区，震害现象主要是房屋严重破坏。土木、砖木结构房屋多数整体倒毁，或墙体倒塌、屋架倾斜，另有部分房屋墙体稍有倾斜、变形、开裂或局部墙面抹灰层脱落，普遍梭瓦、掉瓦。砖混结构房屋部分毁坏，部分构造柱断裂、墙体错位或见明显的贯通裂缝，多数墙体开裂明显；钢筋混凝土框架结构房屋部分梁柱断裂、位错，多数填充墙开裂，大多数填充墙与框架梁柱交接处裂缝明显。一般灾区各县（市、区），基本位于地震Ⅵ～Ⅶ度烈度区，震害现象主要是房屋中等破坏。部分土木和砖木结构房屋毁坏，部分房屋墙倒架歪，部分墙体局部倒塌，多数墙体开裂、梭瓦；砖混结构房屋部分墙体出现贯通裂缝，部分墙体开裂明显；钢筋混凝土框架结构部分承重构件产生轻微裂缝，多数填充墙开裂、抹灰层脱落。在其他受灾区，土木和砖木结构房屋除个别因年久失修倒塌外，主要以轻微破坏和基本完好为主，震害现象主要为墙体开裂，檐瓦掉落，少数梭瓦；砖混结构房屋，极个别墙体出现贯通裂缝，少数墙体出现显见裂纹；框架结构房屋极个别承重梁可见细微裂纹，部分填充墙开裂。

本章所述房屋破坏程度按下列标准划分：倒塌和严重破损，即多数承重构件严重破坏，结构濒于崩溃或已倒毁，已无修复可能；严重破损，即多数承重构件破坏较严重，或有局部倒塌，整体建筑修复困难；中等破损，即多数承重构件出现轻微裂缝，部分有明显裂缝，个别非承重构件破坏严重，需要一般修理才能使用；轻微破损，即个别承重构件出现可见裂缝，非承重构件有明显裂缝，不需要修理或稍加修理即可继续使用；基本完好，即建筑虽有轻微裂缝等破坏，不加修理可继续使用。

第一节　极重灾区居民住房受损

四川省10个极重灾县（市）受灾面积2.6万平方公里，均处于地震极震区，地震烈度达Ⅹ～Ⅺ度，大量城镇居民和农村居民房屋遭到毁灭性破坏，山体崩塌、滑坡、泥石流等地质灾害又进一步淹埋了震损的房屋。城乡居民住房受损情况见表57。

极重灾县（市）城镇居民住房合计受损3516.11万平方米。其中，倒塌和严重破损房屋2064.83万平方米，中等破损房屋592.38万平方米，轻微破损和基本完好房屋858.9万平方米。

极重灾县（市）农村居民房屋合计受损443.51万间。其中，倒塌和严重破损房屋357.52万间，中等破损房屋77.49万间，轻微破损和基本完好房屋8.49万间。

极重灾区居民房屋受损情况统计表

表 57

县（市）	城镇房屋受损（平方米）			农村房屋受损（间）		
	倒塌、严重破损	中等破损	轻微破损、基本完好	倒塌、严重破损	中等破损	轻微破损、基本完好
汶　川	3460900	144200	—	97811	7128	—
北　川	1484000	—	—	207307	—	—
绵　竹	2203228	1401200	575135	1096869	198448	47705
什　邡	112791	277052	520444	458400	17500	—
青　川	2204600	5200	—	264500	—	—
茂　县	2880800	110000	—	71719	42498	—
安　县	3038300	922200	495700	320158	78395	37240
都江堰	2867157	1591733	2711211	437600	171900	—
平　武	455090	357170	97325	78032	109856	—
彭　州	1941403	1115029	4189224	542800	149200	—
合　计	20648269	5923784	8589039	3575196	774925	84945

说明：北川羌族自治县因房屋资料深埋无法取出，没有房屋受损分类数据

一　汶川县居民住房受损

地震造成汶川县城乡居民住房受损严重，直接经济损失为28.61亿元。其中，城镇居民住房受损360.51万平方米，占城镇居民住房总面积的100%；农村居民住房受损10.49万间，占农村居民住房总数的99%。在城乡居民受损的房屋中，倒塌房屋60.82万间。

城镇居民住房受损　汶川县城镇（指县城和建制乡镇政府所在地，下同）居民住房砖混结构较多，钢筋使用较少，房屋抗震设防烈度为Ⅶ度。地震中，居民房屋遭到毁灭性破坏。处于烈度Ⅺ度区的水磨、漩口、百花、映秀、银杏、桃关等城镇，居民住房全部被毁成为废墟。处于烈度Ⅹ度区的三江、耿达、草坡、下索桥、绵虒、玉龙等场镇也完全被毁。处于烈度Ⅸ度区的卧龙、七盘沟、威州、雁门、克枯、下庄、龙溪等场镇，居民住房大部分被毁。映秀镇处于汶川地震的震中，灾情最为严重（见图262），倒塌房屋达46.3万平方米。水磨镇毁损44.8万平方米。威州镇倒塌38万平方米。绵虒镇受损23万平方米。卧龙特别行政区受损16.4万平方米。漩口镇受损13.5万平方米。雁门乡受损8.8万平方米。草坡乡受损3.8万平方米。耿达乡受损3.61万平方米。龙溪乡受损2.8万平方米。三江乡受损2.7万平方米。克枯乡受损2.6万平方米。银杏乡受损2.2万平方米。地震造成全县城镇居民4.2万户、10.69万人及360.51万平方米房屋受损，因房屋受

图 262　汶川县映秀镇倒塌的住宅楼

（陆鸣　摄）

损造成的直接经济损失 16.47 亿元。其中，倒塌损毁房屋 86.52 万平方米，占城镇房屋总面积的 24%；严重破损房屋 259.57 万平方米，占城镇房屋总面积的 72%；中等破损房屋 14.42 万平方米，占房屋总面积的 4%。

农村居民住房受损　农村居民住房普遍倒塌，损毁严重。汶川县农村居民住房多为 20 世纪 90 年代以前的自建房，大量使用简易的砖石、砖木、土木等结构形式，没有采取必要的加固措施，砌筑墙体的黏结材料强度差，也很少进行专门的抗震设计，地震中几乎全部受到不同程度破坏。全县农村居民房屋受损 1.84 万户、10.49 万间，直接经济损失 12.14 亿元。其中，倒塌和严重毁损房屋 9.79 万间，占当地农村居民总户数的 92%；中等破损房屋 0.71 万间，占当地农村居民总户数的 7%。特别是映秀镇处于地震的中心，农村居民住房倒塌达 1066 户、1.15 万间。水磨镇农村倒塌 2090 户、123.36 万平方米。漩口镇农村倒塌 2033 户、122.15 万平方米。威州镇农村倒塌 1864 户、110.23 万平方米。绵虒镇农村倒塌 1542 户、92.11 万平方米。雁门乡农村倒塌 881 户、51.64 万平方米。三江乡农村倒塌 785 户、45.77 万平方米。龙溪乡农村倒塌 775 户、45.02 万平方米。草坡乡农村倒塌 692 户、40.06 万平方米。银杏乡农村倒塌 652 户、37.62 万平方米。克枯乡农村倒塌604户、34万平方米。耿达乡农村倒塌386户、21.33万平方米。卧龙特别行政区农村倒塌331户、20.26万平方米等。

二　北川羌族自治县居民住房受损

北川羌族自治县城镇居民住房受损148.4万平方米，农村居民住房受损20.73万间，直接经济损失25.77亿元；在城乡居民受损的房屋中，倒塌房屋34.79万间。

城镇居民住房受损　北川城镇居民住房主要是砖混结构和砖木结构，房屋设计的抗震设防烈度为Ⅵ度，总体分布为紧凑式布局。地震中城区居民住房和各类建筑几乎被夷为平地，到处都是残垣断壁，无一间房屋可以再使用，无一条街道可以再通行。曲山镇是北川县城所在地，居民住房倒塌十分严重，老城区80%、新城区60%以上的建筑物倒塌或毁坏。地震发生后，县城周边发生大面积山体滑坡、崩塌和碎屑流，老城区有一半的居民住房和各类建筑顷刻被深埋。陈家坝乡是除县城之外北川受灾最为严重的乡镇，居民住房毁损率达100%。擂鼓镇场镇面积0.3平方公里，房屋瞬间变为废墟，倒塌5000余户、2万余间，严重毁损的危房占全部房屋的90%以上。漩坪乡位于北川中部、县城曲山镇西北，5月12日因垮塌的唐家山山体所堵，形成唐家山堰塞湖，至15日晨，整个漩坪乡场镇一片汪洋，只有漩坪小学的房顶隐约可见，场镇海拔740米以下的建筑以及577户住户的房屋整体被淹没在30多米深的唐家山堰塞湖底。地震造成全县城镇居民住房倒塌和严重受损13490户、148.4万平方米，其中倒塌房屋122.72万平方米，严重受损房屋25.68万平方米，受影响居住人口3.37万人，直接经济损失11.19亿元。

农村居民住房受损　农村羌族居民住房简陋，多为土墙草盖房或捆绑式草房、干打垒式黄泥砌石块碉房、依山的“吊脚楼”，其次是砖木结构，好的农房是砖混结构，抗震设防的房屋很少。各乡村房屋总体分布属于分散疏式布局。地震中，全县20个乡（镇）的278个行政村全部受灾，山体出现大面积滑坡，有112个村山体出现大裂缝，近30个村整村被山体滑坡和泥石流淹埋。县城以北的大水村，由于唐家山一带大面积滑坡，90%以上房屋被埋。鼓儿山山崩，将县城以东的陈家坝乡龙湾村农户住房推至数百米外的对岸，陈家坝农村地区的所有房屋全部毁损，陈家坝以西的通宝村及桂溪乡的小河村、大竹村、太洪村等村组，因山体滑坡，院落消失。禹里乡90%的房屋被毁，倒塌1.3万间。唐家山堰塞湖淹没禹里乡场镇的居民住房833户（见图263～264），沿河的水秀、紫阳、石纽、望江、湔江、慈竹6个村18个村民小组、1787户、4850间房屋被淹。任家坪村位于北川原县城南2公里的山坡上，东西两侧均为1000余米的山峰，地势高于县城100余米。9月23日凌晨至24日6时，北川一带连续降雨量达500毫米，为50年一遇的特大暴雨，造成任家坪村9社西山坡山体大面积滑坡，形成巨大的泥石流，沿魏家沟等3条山沟经任家坪朝老县城咆哮而下，所过之处，树木、房屋被一扫而光，沿途房屋废墟及震后尚未完全垮塌的房屋都被淹埋。

地震造成全县农村居民住房倒塌和严重受损20.73万间，直接经济损失14.58亿元，受影响居住人口16.1万人，严重损毁无法居住的危房占全部房屋的93%以上。

图 263　地震前的禹里乡场镇

图 264　被堰塞湖淹没的禹里乡场镇

三　绵竹市居民住房受损

绵竹市城镇居民住房受损 417.96 万平方米，农村居民住房受损 134.3 万间，直接经济损失为 85.02 亿元。

城镇居民住房受损　城镇居民住房主要集中在绵竹城区、各镇乡场镇。住房结构形式是砌体结构、框架结构、底框一砌体结构、局部底框一砌体结构，以砖混结构的 4 ~ 6 层楼房为主，有少量的底框结构住房。地震中，绵竹城区、特别是近山区及山区乡镇，如汉旺镇、清平乡砖混结构居民房屋倒塌和严重损毁（见图 265），占城镇全部房屋总面积的 63.89%，居德阳市各县（市、区）之首；基本完好的居民住房仅占 8% 左右，主要是近年新建的框架结构或半框架结构房屋。地震共造成城镇居民 4.71 万户、3.32 万套住房受损，面积 417.96 万平方米，受损房屋占城镇已登记产权房屋住宅总面积的 14%，受影响居住人口 4.71 万户、18 万人，直接经济损失 35.57 亿元。其中，倒塌和严重破损砖混结构房屋 140.76 万平方米，钢筋混凝土房屋 27.19 万平方米，底框结构房屋 18.73 万平方米，钢结构房屋 4.96 万平方米，其他结构房屋 28.69 万平方米；中等破损砖混结构房屋 89.52 万平方米，钢筋混凝土房屋 17.29 万平方米，底框结构房屋 11.91 万平方米，钢结构房屋 3.15 万平方米，其他结构房屋 18.24 万平方米；轻微破损和基本完好砖混结构房屋 36.75

图 265 震后的绵竹市清平乡房屋受损全景

（德阳市地方志办公室 提供）

万平方米，钢筋混凝土房屋 7.1 万平方米，底框结构房屋 4.89 万平方米，钢结构房屋 1.29 万平方米，其他结构房屋 7.49 万平方米。

农村居民住房受损 绵竹市农村居民住房主要以小型院落散居为主，个别坐落于各级公路沿线，房屋以砖混结构和砖木结构的小青瓦平房为主，分别占当地房屋总面积的 37.32% 和 39.75%。乡镇及沿公路有少量两层小楼，山区乡镇有少量木结构房屋，且绝大多数以砌块砖砌筑，抗震性能差。少量的两层小楼都是农户自建房，没有相应设计和修建指标，质量不高，地震中倒塌严重。处于山区的金花镇、天池乡、清平乡 3 个乡（镇）少量木结构房屋抗震性能较好，但地震中被滚落的山石、塌陷的山体或泥石流等淹埋，特别是经济强镇汉旺镇、遵道镇、九龙镇居民住房被夷为平地。地震中 21 个乡（镇）全部受灾，12.7 万户居民住房倒塌或严重受损，受灾人口达 100%。农村居民倒塌的房屋占该市倒塌房屋的 55.69%，损毁房屋占当地农村居民房屋的 90% 以上。全市房屋受损共 134.3 万间，直接经济损失 49.45 亿元。其中，倒塌和严重破损砖混结构房屋 45.95 万间，砖木结构房屋 46.01 万间，土木结构房屋 6.57 万间，木结构房屋 2.13 万间，石结构房屋 0.01 万间，其他结构房屋 9.01 万间；中等破损砖混结构房屋 2.5 万间，砖木结构房屋 5.74 万间，土木结构房屋 1.17 万间，木结构房屋 0.07 万间，石结构房屋 0.001 万间，其他结构房屋 10.37 万间；轻微破损和基本完好砖混结构房屋 1.68 万间，砖木结构房屋 1.63 万间，土木结构房屋 0.05 万间，其他结构房屋 1.42 万间。

四　什邡市居民住房受损

什邡市城镇居民住房受损 91.03 万平方米，农村居民住房受损 47.59 万间，直接经济损失 66.36 亿元。

城镇居民住房受损　什邡市城镇居民住房以砖混结构、框架结构、混合结构为主，房屋抗震设防烈度为Ⅶ度。地震造成大量住房受损，特别是红白、蓥华、八角、洛水、湔氐等沿山乡（镇），地震时山崩地裂，山河改变，居民房屋全部倒塌（见图 266），城镇倒塌和严重损毁的居民住房居德阳市各县（市、区）第二位，占其城镇全部住房的 8.02%。特别是砖混结构居民房屋损毁严重，受损面积占当地城镇住房总面积的 76.8%。全市城镇居民 3.78 万户住房受损 91 万平方米，直接经济损失 22 亿元，受损房屋占城镇已登记产权房屋住宅总面积的 29%，受影响居住人口 17 万人。其中，倒塌和严重破损的砖混结构房屋 9.53 万平方米，底框结构房屋 1.75 万平方米；中等破损的砖混结构房屋 26.89 万平方米，底框结构房屋 0.81 万平方米；轻微破损和基本完好的砖混结构房屋 42.63 万平方米，底框结构房屋 9.41 万平方米。

图 266　震后倒塌的什邡市房屋

（德阳市地方志办公室　提供）

农村居民住房受损　什邡市农村居民住房砖混结构、砖木结构分别占当地房屋总面积的 9.9% 和 88.1%，山区还有木结构房屋。地震造成 14 个乡（镇）全部受灾，5.27 万户农村居民房屋倒塌，占什邡市 15.63 万农户倒塌房屋总数的 33.75%，受损房屋占当地房屋总面积的 98%。地震中，什邡全市农村居民住房受损共 47.59 万间，直接经济损失 44.36 亿元；其中，倒塌房屋 38.22 万间，严重破损房屋 7.62 万间，中等破损房屋 1.75 万间（参见图 267）。

图267　什邡市红白镇受灾民房
（陆鸣　摄）

五　青川县居民住房受损

青川县城镇居民住房受损220.99万平方米，农村居民住房受损26.45万间，直接经济损失为45.79亿元。

城镇居民住房受损　青川县城镇居民住屋以砖混结构、砖木结构和框架结构为主，房屋抗震设防烈度为Ⅶ度。地震中，全县处于地震烈度Ⅸ～Ⅹ度区，城镇居民住房遭到有史以来破坏性最强的毁灭性灾难，城区和沙州、木鱼、板桥、乔庄、竹园、房石、蒿溪等乡（镇）居民住房受损最为严重，90%以上发生坍塌，基本上变为废墟。城镇居民住房受损共2.46万户、220.99万平方米。其中，倒塌房屋210.41万平方米，严重破损房屋10.05万平方米，中等破损房屋0.52万平方米。

农村居民住房受损　青川县农村居民住房主要为砖混结构、土木结构和木结构房屋，分别占当地农村房屋总面积的44%、29%和19%。地震中，全县35个乡（镇）农村居民住房受损严重，90%以上房屋坍塌。石坝乡、马公乡的青龙村、八一村、五一村、中心村等村庄整村被崩塌、滑坡压埋。红光乡东洞口村一带地处地震断层北东端，地震引发巨大山体滑坡，滑坡前后缘高差约300米，体积约1000万立方米，直接淹埋石板沟村、东河口村5个社、300余户、700余人的房屋。全县农村居民住房共受损26.45万间，砖混结构、土木结构住房受损分别占当地农村房屋总面积的44%和29%，直接经济损失25.49亿元。其中，倒塌房屋19.38万间，严重破损房屋52673户、7.07万间。

六　茂县居民住房受损

茂县城乡5.55万户居民住房受损，直接经济损失为26.11亿元。其中，城镇居民住房损毁299.08万平方米，农村居民住房损毁11.42万间。

城镇居民住房受损 茂县城镇居民住房全部受损，县城80%以上的房屋属重度危房，成为“未倒的废墟”。光明、富顺、土门、东兴等乡（镇）处于烈度Ⅹ度区，城镇房屋完全被毁；处于烈度Ⅸ度区的南新、凤仪、渭门、沟口、永和、黑虎、飞虹等乡（镇），居民住房大部分被毁。全县城镇居民房屋受损1.23万户、299.08万平方米，直接经济损失9.93亿元。其中，倒塌损毁房屋16.15万平方米，占当地房屋总面积的5.4%；严重破损房屋271.93万平方米，占当地房屋总面积的90.92%；中等破损房屋11万平方米，占当地房屋总面积的3.68%。

农村居民住房受损 茂县农村居民住房主要是砖混结构、砖木结构和石结构房屋。地震中，全县22个乡（镇）的149个村受灾，特别是居住在高山、高半山的9万农民全部受灾。农村居民住房全部受到不同程度破坏，80%垮塌（参见图268）。全县农村居民房屋受损4.31万户、11.42万间，直接经济损失16.18亿元。其中，倒塌和严重破损房屋7.17万间，受灾农户占当地农村居民总户数的65%；中等破损房屋4.25万间，受灾农户占当地农村居民总户数的35%。

图268 茂县南新镇白水村毁坏的石砌结构房屋

（何仲太 提供）

七 安县居民住房受损

安县城乡18.1万户居民房屋受损，城镇居民住房受损445.63万平方米，农村居民住房受损43.58万间，直接经济损失87.28亿元。

城镇居民住房受损 城镇居民住房主要是砖混结构和底框结构，分别占当地城镇房屋总面积的53.3%和37.5%，其中砖混结构使用量最大，建筑层数多为4～7层，房屋设计的抗震设防烈度为Ⅶ度，部分房屋建筑年代久远。地震中全县处于Ⅷ度以上烈度区，县城80%房屋成为危房，倒塌房屋50%以上，尤以砌体结构房屋破坏严重，破坏的形式主要是楼层窗间墙剪切破坏，横向墙体剪切破坏，建筑物整体倾斜，多数预制板楼板发生脱落；临街砌体建筑为满足商业需要，多采用底框砌体结构，在地震中底部框架破坏（参见图 269）。全县城镇居民住房受损 6.11 万户，倒塌和严重破坏的房屋 4.9 万户，总受损面积 445.63 万平方米，直接经济损失 43.29 亿元，受影响居住人口 8.73 万人。其中，倒塌和严重破损的砖混结构房屋 182.3 万平方米，底框结构房屋 106.34 万平方米，其他结构房屋 15.19 万平方米；中等破损砖混结构房屋 55.33 万平方米，底框结构房屋 32.28 万平方米，其他结构房屋 4.61 万平方米；轻微破损和基本完好砖混结构房屋 29.75 万平方米，底框结构房屋 17.36 万平方米，其他结构房屋 2.47 万平方米。

图 269 安县毁损的居民楼房

（安县地方志办公室 提供）

农村居民住房受损 安县农村居民住房主要类型为砖混结构、砖木结构和土木结构，分别占当地农村房屋总面积的 36.5%、23.5% 和 18.1%，砖木结构一般为红砖墙、木屋架、坡屋面、小青瓦房，土坯房屋较少。农村居民住房均未按照国家建设法规建造，抗震性能差。地震中，全县 20 个乡（镇）全部受灾，高川乡、千佛镇地震烈度高达Ⅺ度，其他乡镇遭受地震破坏的严重程度均属于烈度Ⅷ度以上区域，农村居民房屋普遍倒塌或严重受损（参见图 270）。永安镇、安昌镇、

图 270 安县千佛镇毁损的街道房屋

（安县地方志办公室 提供）

晓坝镇、桑枣镇、雎水镇、沸水镇6个沿山镇90%以上农房损毁；距震中较近的迎新乡、永河镇、塔水镇、河清镇、秀水镇5个乡（镇）80%以上房屋毁损；乐兴镇、黄土镇、花荄镇、界牌镇、兴仁乡、清泉镇、宝林镇等7个乡（镇）70%以上房屋毁损。由于地质灾害，有2560户农房宅基地灭失。地震造成农村居民住屋受损近12万户、43.58万间、1124.35万平方米，直接经济损失43.99亿元。其中，倒塌和严重破损砖混结构房屋2.17万间，砖木结构房屋22.74万间，土木结构房屋6.5万间，木结构房屋0.38万间，石结构房屋0.21万间；中等破损砖混结构房屋2.88万间，砖木结构房屋3.63万间，土木结构房屋0.97万间，木结构房屋0.24万间，石结构房屋0.12万间；轻微破损和基本完好砖混结构房屋0.89万间，砖木结构房屋1.98万间，土木结构房屋0.43万间，木结构房屋0.28万间，石结构房屋0.15万间。

八　都江堰市居民住房受损

都江堰市城镇居民住房受损面积717.01万平方米，农村居民住房受损60.95万间，直接经济损失为85.27亿元。

城镇居民住房受损　城镇居民住房主要是砖混结构和底框结构，分别占当地城镇房屋总面积的47.5%和46.7%，房屋抗震按国家规定设防标准为Ⅶ度。地震中，境内最高地震烈度达Ⅺ度、最低为Ⅷ度，人口集中的城区地震烈度达Ⅸ度。城区80%以上房屋成为危房（参见图271），山区和沿山区95%以上房屋垮塌。倒塌和严重破损的居民住房占成都市倒塌和严重破损房屋总面积的51.49%。地震中，城镇居民住房共受损8.59万套（其中倒塌4.58万间）、717.01万平方米，受影响居住人口7.19万户，直接经济损失41.38亿元。其中，倒塌和严重破损砖混结构房屋168.72万平方米，底框结构房屋104.88万平方米，其他结构房屋13.12万平方米；中等破损砖混结构房屋54.02万平方米，底框结构房屋89.88万平方米，其他结构房屋15.28万平方米；轻微破损和基

图271　都江堰市华夏广场整体倾斜的5层框架结构房屋
（黄世敏　摄）

本完好砖混结构房屋 117.92 万平方米，底框结构房屋 140.45 万平方米，其他结构房屋 12.75 万平方米。

农村居民住房受损　农村居民住房主要是砖混、砖木结构房屋。虹口乡、龙池镇是映秀断裂直接穿越的两个乡（镇），地震烈度达Ⅺ度，农村房屋 95% 倒塌，满目废墟（参见图 272）。紫坪铺镇、青城后山地震烈度Ⅹ度，90% 以上房屋倒塌，少量砖混结构房屋虽未倒塌，但损毁严重成为危房。大观镇西、青城山镇泰安东南、青城山镇西北、灌口镇、向峨乡、中兴镇西、玉堂镇西、幸福镇、蒲阳镇西等地，靠近沿山区域砖混及砖木结构的小型农户房屋倒塌或严重受损。离沿山稍远的其余区域，如大观镇东、中兴镇大部分平坝区，以及聚源、胥家、驾虹等平坝区域，地震烈度Ⅷ度，居民房屋如石羊镇 90% 以上农村房屋屋顶梭瓦、墙面裂缝严重。地震造成全市农村 3.03 万户村民住房轻度受损，2.45 万户村民住房中度受损，6 万余户村民住房严重破坏，1.87 万户村民住房倒塌。农村居民房屋受损共 60.95 万间，直接经济损失 43.89 亿元。其中，倒塌房屋 15.92 万间，严重破损房屋 27.84 万间，中等破损房屋 17.19 万间。

图 272　都江堰紫坪铺镇望江村灾毁农房
（都江堰市地方志办公室　提供）

九　平武县居民住房受损

平武县城镇居民住房受损 90.96 万平方米，农村居民住房受损 18.79 万间，直接经济损失为 27.58 亿元。

城镇居民住房受损　城镇居民住房以砖混结构为主，房屋设计的抗震设防烈度为Ⅵ度。地震中，全县 25 个乡（镇）全部受灾，南坝镇、响岩镇、平通镇为极重灾区，场镇居民房屋被夷为平地。其中，南坝镇 85% 的房屋倒塌，危房率达 99%，震后全镇房屋几乎全部拆除重建。地震共造成城镇居民 1.07 万套住房受损，面积 90.96 万平方米，直接经济损失 11.07 亿元，受影响居住人口 6.26 万人。其中，倒塌和严重破损的砖混结构房屋 45.51 万平方米，中等破损的砖混结构房屋 35.72 万平方米，轻微破损和基本完好的砖混结构房屋 9.73 万平方米。

农村居民住房受损 农村居民住房主要是土木结构、木结构和砖木结构房屋，当地白马人的住房主要是土墙板屋，土墙演变为竹编墙、木板墙、砖墙，房屋顶是杉木板，也有石板或青瓦盖顶，结构十分松散，抗震性能差（参见图 273）。受到地震断层错动和滑坡等影响，全县 249 个村全部受灾。地震中，农村居民住房受损 18.79 万间，直接经济损失 16.51 亿元。其中，倒塌和严重破损的砖混结构房屋 324 间，砖木结构房屋 6085 间，土木结构房屋 3.04 万间，木结构房屋 4.08 万间；中等破损的砖混结构房屋 576 间，砖木结构房屋 1.13 万间，土木结构房屋 3.64 万间，木结构房屋 6.16 万间。

图 273 平武县响岩镇中等破坏的木结构房屋

十 彭州市居民住房受损

彭州市城镇居民住房受损 724.56 万平方米，农村居民住房受损 69.2 万间，直接经济损失为 79.95 亿元。

城镇居民住房受损 城镇居民住房主要是砖混结构，房屋抗震设防烈度为Ⅶ度。受灾特重的小鱼洞、龙门山、通济、白鹿等场镇街市地面、古老街区建筑或崩裂垮塌，或呈 X 状开裂，所有街道尽被残砖断瓦覆盖，街区成为废墟（参见图 274）。全市城镇居民房屋受损共 5 万余户、724.56 万平方米，直接经济损失 26.15 亿元。受损房屋中，砖混结构房屋占当地房屋总面积的 80%，其他结构房屋占 20%；其中，砖混结构房屋倒塌和严重破损 194.14 万平方米，中等破损 111.5 万平方米，轻微破损和基本完好 418.92 万平方米。

图 274　彭州市白鹿镇老街毁损的房屋

农村居民住房受损　农村住房多数为农民自建的水泥瓦房、小青瓦房、砖混结构楼房等。山区、丘陵区居民为了生活方便，一般沿河边、顺河谷沟谷建房，因无圈梁和构造柱，抗震能力差，地震中垮塌较多，没有垮塌的也多数墙体开裂。砖混结构楼房，多被震掉预制板，或上层楼房被震垮，或楼房墙体开裂，或整体倾斜。发震断层穿越的银厂沟地区，山体滑坡严重，95% 的建筑物倒毁或严重破坏，剩余的建筑物中绝大部分为木结构房屋，基本完好或屋顶破坏，木架完好（参见图 275）。地震造成全市 20 个镇 356 个村全部受灾，受灾人口占全市总人口的 74%。全市农村居民住房受损 17.3 万户、69.2 万间，砖混结构、砖木结构和木结构房屋受损分别占当地房屋总面积的 40%、35% 和 10%，直接经济损失 53.8 亿元。其中，倒塌房屋 23.71 万间，严重破损房屋 30.57 万间，中等破损房屋 14.92 万间。

图 275　彭州市龙门山镇银厂沟倒塌的砖房

第二节　重灾区居民住房受损

一　四川省重灾区居民住房受损

四川省重灾区有29个县（市、区），受灾面积6.15万平方公里。城镇居民住房累计受损8593.85万平方米，其中倒塌和严重破损房屋1916.69万平方米，中等破损房屋3026.66万平方米，轻微破损和基本完好房屋3650.5万平方米。农村居民住房多数没有经过专业机构设计、施工，抗震性能差，地震造成住房受损967.58万间，其中倒塌和严重破损房屋312.87万间，中等破损房屋440.43万间，轻微破损和基本完好房屋214.27万间。城乡居民房屋受损情况见表58。

四川省重灾区居民住房受损情况统计表

表58

县（市、区）	城镇房屋受损（平方米）			农村房屋受损（间）		
	倒塌、严重破损	中等破损	轻微破损、基本完好	倒塌、严重破损	中等破损	轻微破损、基本完好
理　县	785700	77700	—	31306	16038	—
江　油	1470904	7018450	4032820	434096	354136	49212
利　州	6482800	4659400	—	422800	253500	—
朝　天	485400	121300	—	27816	19555	5478
旺　苍	1577200	223000	—	84949	101918	170686
梓　潼	498000	1092000	827100	251678	235582	21525
游　仙	903448	3018480	491760	161380	183697	95836
旌　阳	616300	396300	10491000	221100	147300	—
小　金	271000	61700	353100	40854	47377	—
涪　城	230194	1363295	2044943	28298	69664	29865
罗　江	529400	260753	1171247	67100	134800	—
黑　水	166300	10900	367900	27384	41327	—
崇　州	13112	176749	373693	76040	151970	140000
剑　阁	1491500	1012900	—	143100	341800	—
三　台	1177820	5642140	5060860	427933	842074	561383
阆　中	525000	1120000	2630000	32554		—
盐　亭	320178	787212	707516	36448	62516	72111

续表 58

县（市、区）	城镇房屋受损（平方米）			农村房屋受损（间）		
	倒塌、严重破损	中等破损	轻微破损、基本完好	倒塌、严重破损	中等破损	轻微破损、基本完好
松 潘	84800	243300	360000	11808	64894	—
苍 溪	331600	1372400	—	145772	251692	176496
芦 山	1680	12480	1062600	2300	44700	—
中 江	55160	247100	4012750	83498	202552	762188
元 坝	170600	235600	279200	48483	182925	30595
大 邑	325000	347000	799000	5160	12445	27350
宝 兴	4286	32467	173462	5300	36200	—
南 江	191300	106500	—	35300	46300	—
广 汉	22400	126100	541547	65400	404900	—
汉 源	115555	70935	180830	192100	76600	—
石 棉	152600	167300	—	7500	22500	—
九寨沟	167700	263100	543700	11291	55357	—
合 计	19166937	30266561	36505028	3128748	4404319	2142725

理县住房受损 理县城镇居民住房共受损 86.34 万平方米，农村居民住房受损 4.73 万间，受影响居住人口 1.89 万户，直接经济损失 8.28 亿元。

城镇居民住房以砖混结构为主，辅以钢筋混凝土结构，含框架结构、框架剪力墙、剪力墙结构、框架筒体结构和底框砖混结构。地震中，砖混结构房屋受损最大，占当地房屋总面积的 77.1%。居民房屋受损共 86.34 万平方米，直接经济损失 1.98 亿元。其中，倒塌房屋 2.59 万平方米，严重破损房屋 75.98 万平方米，中等破损房屋 7.77 万平方米，分别占当地城镇房屋总面积的 3%、75.98% 和 9%。

农村居民住房多为石结构，少量砖混结构，抗震性能差，地震中 99% 以上房屋受到不同程度破坏。受损房屋共 4.73 万间，直接经济损失 6.3 亿元，其中倒塌和严重破损房屋 3.13 万间、中等破损房屋 1.6 万间。

江油市住房受损 江油市城镇居民住房受损 1252.22 万平方米，受损房屋占全市城镇房屋总面积的 58%，受影响居住人口 25.83 万人，直接经济损失 68.44 亿元；农村居民住房受损 83.74 万间，影响 28.18 万户，直接经济损失 123.13 亿元。

城镇居民住房多采用预制板结构，承重形式多为砖混结构或底框结构，且部分建筑年代久远。地震中，砖混结构、底框结构房屋受损占总面积的 25.74% 和 9.02%（参见图 276）。其中，倒塌和严重破损的砖混结构房屋 77.94 万平方米，其他结构房屋 69.15 万平方米；中等破损砖混结构房屋 325.82 万平方米，钢筋混凝土结构房屋 126.9 万平方米，底框结构房屋 142.23 万平方

图 276　震后的江油市马角镇街道
（邓涛　摄）

图 277　江油市震后严重受损的农房
（范小克　摄）

米，其他结构房屋 106.89 万平方米；轻微破损和基本完好砖混结构房屋 151.89 万平方米，钢筋混凝土结构房屋 40.25 万平方米，底框结构房屋 52.56 万平方米，其他结构房屋 158.59 万平方米。

农村居民住房以砖混结构、砖木结构和土木结构为主，分别占当地农村房屋总面积的 65.4%、16.2% 和 11.5%，还有部分木结构、石结构房屋。地震中，全市 40 个乡（镇）全部受灾，农村居民住房受损严重（参见图 277），雁门镇、青莲镇、枫顺乡房屋倒塌严重，砖混结构房屋受损占当地农村房屋总面积的 65.4%。全市农村居民住房受损 83.74 万间、2512.33 万平方米，其中，倒塌和严重破损房屋 43.41 万间，中等破损房屋 35.41 万间，轻微破损和基本完好房屋 4.92 万间。

广元市利州区住房受损　利州区城镇居民住房受损 1114.22 万平方米，农村居民住房受损 67.63 万间，受影响居住人口 29.29 万户，直接经济损失为 114.58 亿元。

区内嘉陵片区、东城片区地震烈度为Ⅷ度区，其余片区为Ⅶ度区。地震中，白朝乡和大石镇、东坝街道房屋成片垮塌，靠近青川县的宝轮、金洞、三堆、赤化等乡（镇）的房屋 80% 以上成为危房。城镇居民住房受损共 12.03 万户、1114.22 万平方米，直接经济损失 71.29 亿元。其中，倒塌房屋 159.96 万平方米，严重破损房屋 1.9 万户、488.32 万平方米，中等破损房屋 10.13 万户、465.94 万平方米。

农村居民住房主要为砖混结构、土木结构和木结构，分别占当地农村房屋总面积的13.5%、64.4%和13.4%。地震灾害涉及全区244个村、1193个组，受损的土木结构房屋占当地农村房屋总面积的64.4%，造成16.91万户、67.63万间住房受损，直接经济损失43.29亿元。其中，倒塌房屋15.13万间，严重破损房屋27.15万间，中等破损房屋25.35万间。

广元市朝天区住房受损 朝天区城镇居民住房受损60.67万平方米，农村居民住房受损5.28万间，受影响居住人口6.73万户，直接经济损失为25.87亿元。区内东部地震烈度为Ⅶ度，西部地震烈度为Ⅷ度，25个乡（镇）普遍受灾，其中重灾人口占总人口的85.5%。

城镇居民住房受损共60.67万平方米，受影响居住人口1.6万人，直接经济损失4.77亿元。其中，倒塌房屋23.66万平方米，严重破损房屋24.88万平方米，中等破损房屋12.13万平方米。全区城镇住房需维修加固3212户，重建1448户，共计4660户。

农村居民住房主要为砖混结构、砖木结构、土木结构，分别占当地农村房屋总面积的28%、19%和43%。地震中，全区214个村、1465个组不同程度受灾，受灾严重的乡镇是羊木镇、东溪河乡、朝天镇、大滩镇、沙河镇、陈家乡、宣河乡、花石乡。地震造成农村居民住房共5.28万间受损，直接经济损失21.1亿元，受影响居住人口5.08万户。其中，倒塌和严重破损砖混结构房屋0.36万间，砖木结构房屋0.81万间，土木结构房屋1.45万间，木结构房屋0.17万间；中等破损砖混结构房屋0.79万间，砖木结构房屋0.2万间，土木结构房屋0.69万间，木结构房屋0.27万间；轻微破损和基本完好砖混结构房屋0.28万间，土木结构房屋0.17万间，木结构房屋0.1万间。

旺苍县住房受损 旺苍县城镇居民住房受损180.02万平方米，农村居民住房受损35.76万间，受影响居住人口12.29万户，直接经济损失为31.24亿元。旺苍处于地震烈度Ⅶ度区，受灾特重的五权镇居民住房大部分倒塌、倾斜，双汇镇居民住房严重垮塌。

城镇中1.75万户居民、5.23万人房屋倒塌和严重破坏，住房受损共180.02万平方米，直接经济损失15.07亿元。其中，倒塌房屋61.93万平方米，严重破损房屋95.79万平方米，中等破损房屋22.3万平方米。

农村居民住房以砖混结构、砖木结构、土木结构和木结构为主，有少量石结构房屋。地震造成农村居民住房受损35.76万间，直接经济损失16.17亿元。其中，倒塌和严重破损砖混结构房屋2.33万间，砖木结构房屋1.92万间，土木结构房屋4.21万间，木结构房屋0.83万间，石结构房屋0.08万间，其他结构房屋0.53万间；中等破损砖混结构房屋2.45万间，砖木结构房屋1.75万间，土木结构房屋2.8万间，木结构房屋1.25万间，石结构房屋0.2万间，其他结构房屋0.5万间；轻微破损和基本完好砖混结构房屋4.82万间，砖木结构房屋3.88万间，土木结构房屋5.17万间，木结构房屋2.5万间，石结构房屋0.15万间，其他结构房屋0.55万间。

梓潼县住房受损 梓潼县城镇居民住房受损241.71万平方米，农村居民住房受损50.88万间，直接经济损失26.35亿元。

城镇居民住房主要是砖混结构、钢筋混凝土结构，分别占当地城镇房屋总面积的65%和11%，房屋设计的抗震设防烈度为Ⅵ度。地震中共2.05万套住房受损，面积241.71万平方米，直接经济损失8.84亿元，受影响居住人口4.88万人。其中，倒塌和严重破损砖混结构房屋32.53万平方米，钢筋混凝土结构房屋3.45万平方米，底框结构房屋2.47万平方米，钢结构房屋11.35万平方米；中等破损砖混结构房屋70.98万平方米，钢筋混凝土结构房屋7.65万平方米，底框结构房屋5.45万平方米，其他结构房屋25.12万平方米；轻微破损和基本完好砖混结构房屋53.75万平方米，钢筋混凝土结构房屋5.78万平方米，底框结构房屋4.13万平方米，其他结构房屋19.05万平方米。

农村居民住房主要是砖混结构、砖木结构、土木结构，分别占当地农村房屋总面积的12.7%、31%和56.3%。地震中，32个乡（镇）普遍受灾，尤其是马鸣、马迎、卧龙、许州、宏仁、石台等乡（镇）农村居民房屋成片倒塌。地震造成农村居民住房受损共50.88万间、1526.36万平方米，直接经济损失17.51亿元，受影响居住人口31.28万人。其中，倒塌和严重破损砖木结构房屋5.89万间，土木结构房屋19.28万间；中等破损砖混结构房屋4.32万间，砖木结构房屋9.88万间，土木结构房屋9.35万间；轻微破损和基本完好砖混结构房屋2.15万间。

绵阳市游仙区住房受损 游仙区城镇居民住房受损441.37万平方米，农村居民住房受损44.08万间，直接经济损失为48.44亿元。

城区居民住房主要是砖混结构，占当地房屋总面积的40%，房屋设计的抗震设防烈度为Ⅵ度。地震造成3.42万套住房受损，面积441.37万平方米，直接经济损失18.18亿元，受影响居住人口6.61万人。其中，倒塌和严重破损的砖混结构房屋90.34万平方米，中等破损砖混结构房屋301.85万平方米，轻微破损和基本完好砖混结构房屋23.38万平方米、钢筋混凝土结构房屋25.8万平方米。

农村居民住房，坝区多建小青瓦和砖木、水泥结构的楼房，山区大都新建穿斗木架房，也有少数小青瓦或楼房。地震中，受灾特别严重的魏城镇场镇4000余户房屋全部倒塌或成为危房，柏林镇场镇上千户农房倒塌，忠兴、石马、新桥、玉河、街子等7个乡（镇）住房倒塌或成为危房的达70%以上。住房受损共44.08万间，其中砖混、砖木、土木、木、石结构房屋受损分别占当地农村同类房屋总面积的35.81%、58.21%、42.23%、39.29%和90.25%，直接经济损失30.25亿元。在受损的房屋中，倒塌和严重破损砖混结构房屋2.88万间，砖木结构房屋5.3万间，土木结构房屋7.42万间，木结构房屋2500间，石结构房屋400间，其他结构房屋2500间；中等破损砖混结构房屋3.28万间，砖木结构房屋6.02万间，土木结构房屋8.78万间，木结构房屋1800间，石结构房屋500间，其他结构房屋500间；轻微破损和基本完好砖混结构房屋2.14万间，砖木结构房屋3.04万间，土木结构房屋4.31万间，木结构房屋600间，石结构房屋100间，其他结构房屋165间。

德阳市旌阳区住房受损 旌阳区城镇居民住房受损1150.36万平方米，农村居民住房损毁36.83万间，因住房受损造成的12.18万户居民失去住所，直接经济损失为46.17亿元。

旌阳区撤乡并镇后，乡镇分布均匀，密度较大，大多城镇房屋按沿袭旧有格局集中分布在县、镇、乡人民政府驻地。近年进行旧城改造，城镇居民住房以砖混结构、钢筋混凝土结构为主的楼房替代了原有的木穿透结构的小青瓦传统民居，乡镇老街区砖木结构房屋居多，新街区多为砖木结构和砖混结构房屋。地震中，砖混、砖木结构房屋毁损严重（参见图278），受损面积占当地房屋总面积的 61%。全区居民住房受损 1150.36 万平方米，直接经济损失 23.39 亿元，受影响居住人口 12.18 万户、47 万人，受损房屋占当地原有房屋面积的 61.4%。其中，倒塌和严重破损的砖混结构房屋 37.59 万平方米，钢筋混凝土结构房屋 12.94 万平方米，底框结构房屋 6.16 万平方米，其他结构房屋 4.93 万平方米；中等破损的砖混结构房屋 24.17 万平方米，钢筋混凝土结构房屋 8.32 万平方米，底框结构房屋 3.96 万平方米，其他结构房屋 3.17 万平方米；轻微破损和基本完好的砖混结构房屋 639.95 万平方米，钢筋混凝土结构房屋 220.31 万平方米，底框结构房屋 104.91 万平方米，其他结构房屋 83.93 万平方米。

图 278　德阳市旌阳区因震垮塌的房屋

（德阳市地方志办公室　提供）

农村人口习惯分散居住，村庄的概念不明显，多为几户或几十户组成的聚居点，砖混结构、砖木结构房屋分别占当地房屋总面积的 12.2% 和 55.2%。地震造成全区 12 个乡（镇）受灾，柏隆镇 8 个行政村、115 个组的 92.67% 农村居民房屋倒塌或成为危房。孝泉镇所辖 13 个行政村，70.55% 农村居民房屋倒塌或成为危房，尤以红豆、黎郎、昌圆 3 个村受损最为严重，黄许、德新、扬嘉等乡（镇）农村住房受损也比较严重（参见图 279）。地震中，全区农村居民住房受损 9.21 万户、36.83 万间，直接经济损失 22.78 亿元，受损的砖木结构房屋占当地农村房屋总面积的 55.2%。其中，倒塌房屋 10.32 万间，严重破损房屋 11.79 万间，中等破损房屋 14.73 万间。

图 279　德阳市旌阳区柏隆镇清河村因震垮塌的蔡发荣家房屋（德阳市地方志办公室　提供）

小金县住房受损　小金县城镇居民住房受损 33.27 万平方米，占城镇居民住房总面积的 48.51%；农村居民住房受损 8.82 万间，占农村居民住房总面积的 97%。

城镇居民住房受损 3700 户、33.27 万平方米，直接经济损失 2.65 亿元，受影响居住人口 7720 人。其中，倒塌房屋 5.53 万平方米，占城镇房屋总面积的 8.06%；严重破损房屋 21.57 万平方米，占 31.45%；中等破损房屋 6.17 万平方米，占 9%；基本完好房屋 35.31 万平方米，占 51.49%。

农村居民住房 97% 以上受到不同程度破坏，受损 8.82 万间，直接经济损失 6.16 亿元。其中，倒塌和严重破损房屋 7428 户、4.09 万间，受灾农户占当地农村居民总户数的 45%；中等破损房屋 8614 户、4.74 万间，受灾农户占当地农村居民总户数的 52%。

绵阳市涪城区住房受损　涪城区城镇居民住房受损 363.84 万平方米，农村居民住房损毁 12.78 万间，居民住房受损 19.5 万户，直接经济损失为 93.04 亿元。

城镇居民住房以砖混结构为主，有部分钢筋混凝土结构和底框结构房屋，分别占当地城镇房屋总面积的 74.1%、4.8% 和 21.1%，房屋设计的抗震设防烈度为Ⅵ度。地震共造成城镇居民 12.27 万户住屋受损，面积为 363.84 万平方米，直接经济损失 73.99 亿元。其中，倒塌和严重破损砖混结构房屋 13.81 万平方米，钢筋混凝土结构房屋 0.59 万平方米，底框结构房屋 8.61 万平方米；中等破损砖混结构房屋 102.25 万平方米，钢筋混凝土结构房屋 6.82 万平方米，底框结构房屋 27.27 万平方米；轻微破损和基本完好砖混结构房屋 153.37 万平方米，钢筋混凝土结构房屋 10.23 万平方米，底框结构房屋 40.9 万平方米。

农村居民住房主要是砖混结构、砖木结构，分别占当地农村房屋总面积的 85%、15%，共受损 12.78 万间 383.46 万平方米，直接经济损失 19.05 亿元。其中，倒塌和严重破损砖混结构房屋 2.41 万间，砖木结构房屋 0.42 万间；中等破损砖混结构房屋 5.92 万间，砖木结构房屋 1.04 万间；轻微破损和基本完好砖混结构房屋 2.54 万间，砖木结构房屋 0.45 万间。

罗江县住房受损 罗江县城镇居民住房受损196.14万平方米，农村居民住房受损20.19万间，直接经济损失为16.22亿元。

城镇居民住房以砖混结构为主，占当地房屋总面积的49.98%。地震中，倒塌和严重受损的居民住房居德阳市各县（市、区）的第三位，占其城镇全部住房比重的7.59%。城区居民1.72万户、1.78万套住房受损，面积为196.14万平方米，直接经济损失8.41亿元，受影响居住人口3万人，受损房屋占当地已登记产权房屋面积的80.83%。其中，倒塌和严重破损的砖混结构房屋23.82万平方米，其他结构房屋29.12万平方米；中等破损砖混结构房屋15.65万平方米，其他结构房屋10.43万平方米；轻微破损和基本完好砖混结构房屋58.56万平方米，其他结构房屋58.56万平方米。

农村居民住房部分聚集在场镇，部分农户房屋成散状分布，房屋主要是砖混结构、砖木结构、土木结构，分别占当地房屋总面积的40.3%、31.4%和26.4%。地震造成全县农村1.68万户房屋倒塌和严重破坏，房屋受损20.19万间，直接经济损失7.81亿元。其中，倒塌房屋4万间，严重破损房屋2.71万间，中等破损房屋13.48万间。

黑水县住房受损 黑水县城乡居民住房直接经济损失为5.67亿元。其中，城镇居民住房受损17.72万平方米，占城镇居民住房总面积的32.51%；农村居民住房受损6.87万间，占农村居民住房总数的99%。

城镇居民住房受损3100户、面积17.72万平方米，受损房屋占城镇房屋总面积的32.51%，直接经济损失1.8亿元。其中，倒塌房屋0.28万平方米，占城镇房屋总面积的0.51%；严重破损房屋16.35万平方米，占29.99%；中等破损房屋1.09万平方米，占2%；基本完好房屋36.79万平方米，占67.49%。

农村居民住房99%以上受到不同程度破坏（参见图280），房屋受损1万户、6.87万间，直接经济损失3.87亿元。其中，倒塌和严重破损房屋2.74万间，受灾农户占当地农村居民总户数

图280 黑水县芦花镇竹格多村因震垮塌的石结构农居（中国地震局汶川地震科学考察队 提供）

的 40%；中等破损房屋 4.13 万间，受灾农户占当地农村居民总户数的 59%。

崇州市住房受损 崇州市城镇居民住房受损 56.36 万平方米，农村居民住房受损 32.29 万间，因住房受损造成 11.74 万户居民失去住所，直接经济损失为 22.69 亿元。

城区和乡镇居民住房主要是砖混结构。地震中，分布在 25 个乡（镇）规划区内的街道委员会，除桤泉镇、集贤乡、大划镇、观胜镇、济协乡 5 个乡（镇）场镇没有房屋受损之外，其他 20 个乡（镇）城区（场镇）内房屋都遭到不同程度的破坏（参见图 281），受损房屋需拆迁的 1.31 万平方米，占全市房屋总量的 0.28%，受损的砖混结构房屋占当地房屋总面积的 8%。地震共造成城镇居民 6277 套住房受损，面积 56.36 万平方米，直接经济损失 9.94 亿元，受影响人口 2.2 万人。其中，倒塌和严重破损的砖混结构房屋 1.11 万平方米，其他结构房屋 0.2 万平方米；中等破损砖混结构房屋 15.02 万平方米，其他结构房屋 2.65 万平方米；轻微破损和基本完好砖混结构房屋 31.76 万平方米，其他结构房屋 5.61 万平方米。

图 281 崇州市怀远镇因震受损的房屋

（中国地震局汶川地震科学考察队 提供）

农村居民住房主要是砖混结构、砖木结构、木结构等，受损的房屋分别占当地农村房屋总面积的 9.7%、28.05% 和 4.44%。受灾居民 6.23 万户、房屋 36.8 万间 807.33 万平方米，直接经济损失 12.75 亿元，受影响人口 21.82 万人，受损住房占当地农村房屋总面积的 42.19%。其中，倒塌和严重破损砖混结构房屋 1.9 万间，砖木结构房屋 4.94 万间，其他结构房屋 0.76 万间；中等破损砖混结构房屋 4.56 万间，砖木结构房屋 8.36 万间，其他结构房屋 2.28 万间；轻微破损和基本完好砖混结构房屋 2.1 万间，砖木结构房屋 11.2 万间，其他结构房屋 0.7 万间。

剑阁县住房受损　剑阁县城镇居民住房受损250.43万平方米，农村居民住房受损48.49万间，直接经济损失为33.46亿元。

剑阁以县城为界，西北部约占全县三分之一面积地区的地震烈度为Ⅷ度，其余区域为Ⅶ度，县境内连续发生两次4.2级和4.8级余震。全县57个乡（镇）、33个居委会受灾，县城拐枣、大仓、沙溪区域居民老式土坯房和穿斗木结构住房基本被夷为平地，砖混结构住房部分屋顶坍塌、墙体断裂、阳台垮塌等（参见图282）。毛坝、开封、武连等集镇，居民住房垮塌，结构受损，已无完好之处，数万居民无处栖身。元山、公兴、金仙、鹤龄等集镇，居民住房局部受损，震后部分居民仍然在原住房内居住。地震造成城镇居民2.78万户房屋受损，面积250.43万平方米，直接经济损失16.25亿元。其中，倒塌房屋24.68万平方米、严重破损房屋124.47万平方米、中等破损房屋101.29万平方米，受损的房屋需拆除重建112.96万平方米。

农村居民住房多数为土坯房、砖木结构住房，防震性能差，地震造成的损毁面积大、程度较深（参见图283）。地震中，全县57个乡（镇）的549个村、3618个村民小组受灾，房屋受损面积占农村房屋总面积的82.2%。上寺、下寺、开封、武连、东宝、剑门关、毛坝、张王、广坪、柳沟等乡（镇）的不少村、组、院落房屋全部倒塌，或房屋结构受损。同时，由于地震造成滑坡、地基沉降等次生灾害频发，部分位于山坡、山塘水库下游等区域的农村住房受损相对严重。地震中，农村居民住房受损12.12万户、48.49万间，受影响居住人口55.1万人，直接经济损失17.21亿元。其中，倒塌房屋3.74万间，严重破损房屋10.57万间，中等破损房屋34.18万间。

图282　剑阁县城区倒塌的居民楼
（剑阁县地方志办公室　提供）

图283　剑阁县被地震毁损的农房
（剑阁县地方志办公室　提供）

三台县住房受损　三台县城镇居民住房受损1188.08万平方米，农村居民住房受损183.14万间，直接经济损失为91.27亿元。

城镇居民住房以砖混结构为主，房屋设计的抗震设防烈度为Ⅵ度。地震造成城镇居民7.07万户住屋受损，面积1188.08万平方米，直接经济损失33.96亿元，受影响居住人口20.6万人。其中，倒塌和严重破损的砖混结构房屋43.68万平方米，其他结构房屋74.1万平方米；中等破损砖混结构房屋188.58万平方米，其他结构房屋375.63万平方米；轻微破损和基本完好砖混结构房屋214.77万平方米，其他结构房屋291.31万平方米。

农村居民住房以砖混结构、砖木结构、土木结构为主，分别占当地农村房屋总面积的19%、14%和64%。地震中，西平、凯河、上新等8个乡（镇）农村居民房屋受损严重。全县农村居民住房受损共31.8万户、183.14万间、5494.17万平方米，直接经济损失57.31亿元。其中，倒塌和严重破损的砖混结构房屋7.7万间，砖木结构房屋5.99万间，土木结构房屋27.82万间，其他结构房屋1.28万间；中等破损的砖混结构房屋15.16万间，砖木结构房屋11.79万间，土木结构房屋54.73万间，其他结构房屋2.53万间；轻微破损和基本完好房屋56.14万间。

阆中市住房受损　阆中市城镇居民住房受损427.5万平方米，农村居民住房受损3.26万间，直接经济损失为18.71亿元。

市区居民住房以砖混结构为主，砖木结构、土木结构房屋数量小，建成年代久。地震共造成城镇居民住房受损4.17万套、427.5万平方米，直接经济损失9.42亿元。其中，倒塌和严重破损的砖混结构房屋25.13万平方米，底框结构房屋15.5万平方米，其他结构房屋11.87万平方米；中等破损的砖混结构房屋53.01万平方米，底框结构房屋36.13万平方米，其他结构房屋22.86万平方米；轻微破损和基本完好的砖混结构房屋132.97万平方米，底框结构房屋80.78万平方米，其他结构房屋49.25万平方米。

农村住房主要是砖木结构、土木结构房屋。地震中，砖木结构、土木结构房屋损毁分别占当地农村房屋总面积的30%和70%，农村2.05万户居民住房倒塌和严重破坏，受损3.26万间，直接经济损失9.29亿元，其中倒塌和严重破损砖木结构房屋0.98万间、土木结构房屋2.28万间。

盐亭县住房受损　盐亭县城镇居民住房受损181.49万平方米，农村居民住房受损17.11万间，直接经济损失为39.07亿元。

城镇居民住房砖混结构、钢筋混凝土结构和框架结构房屋，分别占当地城镇房屋总面积的60%、20%和10%，房屋设计的抗震设防烈度为Ⅵ度。地震共造成城镇居民2.49万套房屋受损，面积181.49万平方米，直接经济损失16.37亿元，受影响居住人口7.9万人。其中，倒塌和严重破损的砖混结构房屋17.47万平方米，钢筋混凝土房屋7.06万平方米，底框结构房屋3.51万平方米，钢结构房屋1.08万平方米，其他结构房屋2.89万平方米；中等破损的砖混结构房屋47.3万平方米，钢筋混凝土结构房屋11.7万平方米，底框结构房屋9.15万平方米，钢结构房屋3.91万平方米，其他结构房屋6.66万平方米；轻微破损和基本完好的砖混结构房屋47.63万平方米，钢筋混凝土结构房屋7.22万平方米，底框结构房屋7.87万平方米，钢结构房屋3.16万平方米，其他结构房屋4.87万平方米。

农村居民住房主要是砖混结构、砖木结构、土木结构，有少量木结构和石结构房屋。地震中，砖木结构房屋受损占当地农村房屋总面积的60%。地震造成全县农村居民住房受损10.36万户、17.11万间，砖木结构、砖混结构和土木结构房屋受损分别占当地房屋总面积的60%、15%和10%，直接经济损失22.7亿元。其中，倒塌和严重破损的砖混结构房屋0.55万间，砖木结构房屋

2.19万间，土木结构房屋0.36万间，木结构房屋0.18万间，石结构房屋0.17万间，其他结构房屋0.19万间；中等破损的砖混结构房屋0.83万间，砖木结构房屋2.88万间，土木结构房屋0.92万间，木结构房屋0.76万间，石结构房屋0.28万间，其他结构房屋0.59万间；轻微破损和基本完好的砖混结构房屋1.1万间，砖木结构房屋3.63万间，土木结构房屋0.8万间，木结构房屋0.69万间，石结构房屋0.1万间，其他结构房屋0.89万间。

松潘县住房受损 松潘县城乡居民住房直接经济损失2.62亿元，城镇居民住房受损32.81万平方米，占城镇居民住房总面积的47.68%；农村居民住房受损7.67万间，占农村居民住房总面积的99%。城乡居民受损的房屋中，倒塌房屋3.24万间。

城镇居民住房受损3100户、面积32.81万平方米，直接经济损失1.18亿元，受影响居住人口7180人。其中，倒塌房屋1.6万平方米，占当地房屋总面积的2.33%；严重破损的房屋6.88万平方米，占当地房屋总面积的10%；中等破损的房屋24.33万平方米，占当地房屋总面积的35.36%；基本完好的房屋36万平方米，占当地房屋总面积的52.32%。

农村居民住房受损1.39万户、7.67万间，直接经济损失1.44亿元。其中，倒塌和严重破损房屋2147户、1.18万间，占当地农村居民总户数的15%；中等破损房屋11799户、6.49万间，占当地农村居民总户数的84%。

苍溪县住房受损 苍溪县城镇居民住房受损170.4万平方米，农村居民住房受损3.34万间，直接经济损失为20.15亿元。

全县处于地震烈度Ⅶ度区，地震导致的山体滑坡、崩塌和多次余震，造成城镇居民房屋严重毁损。麻纺厂片区居民住房重建户达751户，占全县城镇房屋重建总户数的34%，占县城陵江镇重建户的44%。城镇居民住房受损共170.4万平方米、直接经济损失6.48亿元。其中，倒塌房屋22.32万平方米，严重破损房屋10.84万平方米，中等破损房屋137.24万平方米。

农村居民住房主要是砖混结构、砖木结构、土木结构，分别占当地农村房屋总面积的62%、18%和11%。地震中，全县39个乡（镇）全部受灾，其中较重的乡（镇）23个，白驿、张华、福庆是房屋受损最严重的乡镇，砖混结构住房受损占当地农村房屋总面积的64%。地震共造成农村居民住房受损直接经济损失13.67亿元。倒塌和严重破损的14.58万间，包括砖混结构房屋7.59万间、砖木结构房屋4.26万间、土木结构房屋2.38万间、木结构房屋0.34万间；中等破损的23.67万间，其中砖混结构房屋12.68万间、砖木结构房屋5.86万间、土木结构房屋4.33万间、木结构房屋0.8万间；轻微破损和基本完好的17.65万间，其中砖混结构房屋8.78万间、砖木结构房屋5.86万间、土木结构房屋2.37万间、木结构房屋0.64万间。

芦山县住房受损 芦山县城镇居民住房受损107.68万平方米，农村居民住房受损4.7万间，直接经济损失为1.8亿元。

芦山县处于地震烈度Ⅶ度区域，城镇居民住房受损8973套、107.68万平方米，直接经济损失1.13亿元。其中，砖混结构房屋倒塌和严重破损的14套、1680平方米，中等破损的砖混结构房屋104套、1.25万平方米，轻微破损和基本完好的砖混结构房屋8855套、106.26万平方米。

农村居民住房受损4.7万间，直接经济损失0.67亿元。其中，倒塌房屋145户、500间，严重破损房屋550户、1800间，中等破损房屋1.38万户、4.47万间。

中江县住房受损 中江县城镇居民住房受损431.5万平方米，农村居民住房受损104.82万间，直接经济损失为47.54亿元。

城镇居民住房以砖混结构为主，占当地房屋总面积的79.8%，底框结构房屋占当地房屋总面积的14.2%，房屋抗震设防烈度Ⅵ度。20世纪90年代旧城改造，居民住房以钢筋混凝土为主的楼房替代了原有的木穿斗结构的小青瓦传统民居，城区内尚有10%未拆迁的棚户区，属小青瓦木质穿斗结构房屋。乡镇老街区木结构小青瓦屋面和砖木结构房屋居多，新街区多为砖木结构和砖混结构房屋。地震共造成城镇居民6.16万套住屋受损，面积为431.5万平方米，直接经济损失15.26亿元，受损房屋占城镇住宅面积的55.71%，受影响居住人口14万人。其中，倒塌和严重破损的砖混结构房屋0.83万平方米，其他结构房屋4.69万平方米；中等破损的砖混结构房屋8.75万平方米，底框结构房屋3.33万平方米，其他结构房屋12.64万平方米；轻微破损和基本完好的砖混结构房屋333.21万平方米，底框结构房屋63.99万平方米，其他结构房屋4.08万平方米。

农村居民为便于生活生产和发展庭院经济及养殖业，建房多选择背风朝阳的独门独院，房屋分散。大多数农民按照习惯或参照别人的住房进行建设，抗震性能差。农村土木、砖木、砖混结构房屋分别占当地房屋总面积的73.3%、17.6%和9.1%。地震中，全县农村居民房屋受损共104.82万间，直接经济损失32.28亿元。其中，倒塌和严重破损的砖混结构房屋0.15万间，砖木结构房屋0.92万间，土木结构房屋7.27万间；中等破损的砖混结构房屋1.13万间，砖木结构房屋2.98万间，土木结构房屋16.15万间；轻微破损和基本完好的砖混结构房屋8.27万间，砖木结构房屋14.57万间，土木结构房屋53.38万间。

广元市元坝区住房受损 元坝区城镇居民住房受损68.54万平方米，农村居民住房受损26.2万间，全区城乡居民5.25万户房屋受损，直接经济损失为20.88亿元。

城区和建制镇乡居民住房以砖混结构为主。地震中，全区包括红岩镇为界的西北部分地震烈度为Ⅷ度，其余地区为Ⅶ度，城镇居民住房受损5400户、68.54万平方米，受影响居住人口1.32万人，受损房屋占当地原有住房面积的33.56%，直接经济损失3.2亿元。其中，倒塌和严重破损的砖混结构房屋17.06万平方米，中等破损的钢筋混凝土房屋23.56万平方米，轻微破损和基本完好的砖混结构房屋27.92万平方米。

农村居民住房有砖混结构、砖木结构和土木结构，分别占当地农村房屋总面积的5%、4%和91%。全区农村居民住房受损26.2万间，受损的土木结构住房占当农村房屋总面积的91%，直接经济损失17.68亿元。其中，倒塌和严重破损的砖混结构房屋0.15万间，砖木结构房屋0.34万间，土木结构房屋4.36万间；中等破损的砖混结构房屋1.28万间，砖木结构房屋0.55万间，土木结构房屋16.46万间；轻微破损和基本完好的砖混结构房屋0.09万间，砖木结构房屋0.21万间，土木结构房屋2.75万间。

大邑县住房受损 大邑县城镇居民住房受损147.1万平方米，农村居民住房受损4.5万间，直接经济损失为7.74亿元。

城镇居民住房多以框架结构和砖混结构为主。地震中住房受损共1.67万户、1.48万套、147.1万平方米，受损砖混结构住房占当地房屋总面积的30%（参见图284），直接经济损失4.03

亿元。其中，倒塌和严重破损的砖混结构房屋 32.5 万平方米，中等破损砖混结构房屋 34.7 万平方米，轻微破损和基本完好的砖混结构房屋 79.9 万平方米。

农村居民住房分散，房屋以砖混结构、砖木结构、土木结构房屋为主。地震中，西岭、晋原、邮江、金星、新场等乡（镇）的村庄处于地震Ⅵ～Ⅶ度区域，住房受损 5.52 万户、4.5 万间，直接经济损失 3.71 亿元，受损房屋占当地房屋总面积的 8%。其中，倒塌和严重破损的砖混结构房屋 0.52 万间，中等破损的砖混结构房屋 1.24 万间，轻微破损和基本完好的砖混结构房屋 2.74 万间。

图 284　大邑县晋原镇受损的砖木结构房屋

（中国地震局汶川地震科学考察队　提供）

宝兴县住房受损　宝兴县城镇居民住房受损 21.02 万平方米，农村居民住房受损 4.15 万间，直接经济损失为 2.23 亿元。

城区居民住房受损共 2305 户、21.02 万平方米，直接经济损失 1.35 亿元。其中，倒塌和严重破损的砖混结构房屋 47 户、0.43 万平方米，中等破损的砖混结构房屋 356 户、3.25 万平方米，轻微破损和基本完好的砖混结构房屋 1902 户、17.35 万平方米。

农村 9 个乡（镇）的 57 个村受灾（参见图 285），灾情居雅安市各县（区）第二位。住房受损 4.15 万间，直接经济损失 0.88 亿元。其中，倒塌房屋 793 户、0.26 万间，严重破损房屋 664 户、0.27 万间，中等破损房屋 9902 户、3.62 万间。

图285 宝兴县硗碛藏族乡受损的石木结构农房
（宝兴县地方志办公室 提供）

南江县住房受损 南江县城镇居民住房受损 29.78 万平方米，农村居民住房受损 8.16 万间，直接经济损失 5.89 亿元。

城镇居民住房受损损失 2.03 亿元，受影响居住人口 4.78 万人。其中，倒塌房屋 679 户、0.39 万平方米，严重破损房屋 18.74 万平方米，中等破损房屋 10.65 万平方米。

农村居民住房受损共 2.04 万户、8.15 万间，直接经济损失 3.86 亿元，受影响居住人口 32.25 万人。其中，倒塌房屋 4865 户、1.28 万间，严重破损房屋 7060 户、2.25 万间，中等破损房屋 13659 户、4.63 万间。

广汉市住房受损 广汉市城镇居民住房受损 69 万平方米，农村居民住房受损 47.03 万间，直接经济损失为 24.32 亿元。

城镇居民住房主要以砖混结构、底框结构为主，分别占当地房屋总面积的 50% 和 30%。地震中，居民住房受损 69 万平方米，直接经济损失 13.97 亿元，受影响居住人口 9 万人。其中，倒塌和严重破损的砖混结构房屋 1.65 万平方米，底框结构的房屋 0.59 万平方米；中等破损的砖混结构房屋 9.64 万平方米，钢筋混凝土结构房屋 0.21 万平方米，底框结构房屋 2.76 万平方米；轻微破损和基本完好的砖混结构房屋 51.4 万平方米，钢筋混凝土结构房屋 1.52 万平方米，底框结构房屋 1.24 万平方米。

农村砖混结构和砖木结构房屋分别占当地房屋总面积的 64.97% 和 26.08%。地震中，农村居民住房受损 11.76 万户、47.03 万间，直接经济损失 10.35 亿元。其中，倒塌房屋 4.01 万间，严重破损房屋 2.53 万间，中等破损房屋 40.49 万间。

汉源县住房受损 汉源县城镇居民住房受损 36.73 万平方米，农村居民住房受损 26.87 万间，因住房受损造成 7.68 万户居民失去住所，直接经济损失为 25.77 亿元。

城镇居民住房受损面积 85.2%，仅城区受灾人口即有 9000 人。住房受损共 6318 套、36.73 万平方米，直接经济损失 6.48 亿元。其中，倒塌和严重破损的砖混结构房屋 2453 套、11.56 万平方米；中等破损的砖混结构房屋 1083 套、7.09 万平方米；轻微破损和基本完好的砖混结构房屋 2782 套、18.08 万平方米。

农村居民住房受损共 26.87 万间，直接经济损失 19.28 亿元。其中，倒塌房屋 11.46 万间，严重破损房屋 1.78 万户、7.75 万间，中等破损房屋 1.8 万户、7.66 万间。

石棉县住房受损　石棉县城镇居民住房受损 31.99 万平方米，农村居民住房受损 3 万间，直接经济损失为 2.77 亿元。

城镇居民 3600 户、1186 幢房屋受损，面积 31.99 万平方米，直接经济损失 1.82 亿元。其中，倒塌和严重破损房屋 1566 户、280 幢、15.26 万平方米，中等破损房屋 16.73 万平方米。

全县 17 个乡（镇）100 个村受灾，灾情居雅安市各县（区）第三。农村居民住房受损共 7754 户、3 万间，直接经济损失 0.95 亿元。其中，倒塌房屋 1006 户、0.33 万间，严重破损房屋 1273 户、0.42 万间，中等破损房屋 5475 户、2.25 万间。

九寨沟县住房受损　九寨沟县城乡居民住房直接经济损失 2.19 亿元，有 1.19 万户居民住房受损。其中，城镇居民住房受损 43.08 万平方米，占城镇居民住房总面积的 44.21%；农村居民住房受损 6.66 万间，占农村居民住房总面积的 99%。在城乡有 1.19 万户居民住房受损，直接经济损失 2.19 亿元。

城镇居民住房受损共 3934 户、97.45 万平方米，占当地城镇房屋总面积的 44.21%，直接经济损失 0.87 亿元。其中，倒塌房屋 3.6 万平方米，占当地城镇房屋总面积的 3.69%；严重破损房屋 13.17 万平方米，占当地城镇房屋总面积的 13.51%；中等破损房屋 26.31 万平方米，占当地城镇房屋总面积的 27%；轻微破损和基本完好房屋 54.37 万平方米，占当地城镇房屋总面积的 55.79%。

农村居民住房 99% 以上受到不同程度破坏，房屋受损共 6.67 万间，直接经济损失 1.32 亿元。其中，倒塌和严重破损的房屋 2053 户、1.13 万间，占当地农村居民总户数的 16%；中等破损的房屋 5.54 万间，占当地农村居民总户数的 83%。

二　甘肃省重灾区居民住房受损

甘肃省 8 个重灾县（区）处于中国的西部地区，受经济条件限制和习惯，当地城乡居民房屋结构主要是土坯房屋、土木结构、砖木结构和砖混结构。城镇居民住房因灾破坏程度主要为严重破坏和中等破坏，部分房屋完全倒塌，或承重墙严重破坏，随处可见墙面的“X”形裂缝。农村居民土坯房、土木结构、砖木结构房屋多处于海拔较高的半山腰或山顶，倒塌和严重受损较多，少数没有倒塌的房屋也无法修复，需要拆除重建。

城镇居民房屋受损 374.97 万平方米，其中，倒塌和严重破损 139.81 万平方米，中等破损 230.47 万平方米，轻微破损和基本完好 4.69 万平方米。农村居民住房受损 185.45 万间，其中，倒塌和严重破损 126.32 万间，中等破损 57.35 万间，轻微破损和基本完好 1.78 万间。城乡居民住房受损情况见表 59。

甘肃省重灾区居民房屋受损情况统计表

表 59

县（区）	城镇房屋受损（平方米）			农村房屋受损（间）		
	倒塌、严重破损	中等破损	轻微破损、基本完好	倒塌、严重破损	中等破损	轻微破损、基本完好
文 县	716500	230400	—	310600	47300	—
武 都	258000	685600	—	527500	72300	—
康 县	39500	259000	—	128700	103500	—
成 县	16200	312900	—	39300	125600	—
徽 县	40900	520400	—	33800	81900	—
西 和	23400	29100	—	85300	89600	—
两 当	29100	130700	—	31300	—	—
舟 曲	274500	136600	46900	106667	53333	17778
合 计	1398100	2304700	46900	1263167	573533	17778

文县住房受损 文县城乡居民倒塌房屋 50.42 万间。其中，城镇居民住房损毁 94.69 万平方米，农村居民住房损毁 35.79 万间，因住房受损造成 6.11 万户居民失去住所，直接经济损失为 34.3 亿元。

文县玉垒乡、范坝乡、中庙乡、尚德镇、临江乡等地的地震烈度达到Ⅷ度，靠近四川青川的部分区域达到Ⅸ度，房屋受损严重（参见图 286 ～ 287）。

城镇居民房屋受损共 1.05 万户、94.69 万平方米，直接经济损失 7.9 亿元。其中，倒塌房屋 47.05 万平方米，严重破损房屋 24.6 万平方米，中等破坏房屋 23.04 万平方米。

图 286 文县碧口镇毁坏的土木结构房屋
（中国地震局汶川地震科学考察队 提供）

图 287 文县中庙乡毁坏的两层砖混结构房屋
（中国地震局汶川地震科学考察队 提供）

农村居民房屋受损共 5.06 万户、35.79 万间，直接经济损失 26.4 亿元。其中，倒塌房屋 26.03 万间，严重破损房屋 5.03 万间，中等破坏房屋 4.73 万间。

陇南市武都区住房受损　陇南市武都区城镇居民住房受损 94.36 万平方米，农村居民住房受损 59.98 万间，直接经济损失为 49.66 亿元。

城镇居民房屋受损共 1.05 万户、94.36 万平方米，直接经济损失 4.9 亿元。其中，倒塌房屋 5.57 万平方米，严重破损房屋 20.23 万平方米，中等破坏房屋 68.56 万平方米。

农村居民房屋受损严重（参见图 288），共有 10.83 万户、59.98 万间房屋受损，直接经济损失 44.76 亿元。其中，倒塌房屋 39.23 万间，严重破损 13.52 万间，中等破坏 7.23 万间。

图 288　陇南市武都区三河镇庙坪村倒塌的民房

（民政部国家减灾中心　提供）

康县住房受损　康县城镇居民房屋受损共 3300 户、29.85 万平方米，直接经济损失 1.28 亿元。其中，倒塌房屋 0.97 万平方米，严重破损房屋 2.98 万平方米，中等破坏房屋 25.9 万平方米。农村居民住房受损 23.22 万间，其中倒塌及严重受损居屋 12.87 万间、中等破坏 10.35 万间，直接经济损失为 12 亿元（参见图 289）。

图 289　康县长坝镇付坝村倒塌的土木结构房屋
（民政部国家减灾中心　提供）

成县住房受损　成县城镇居民住房受损 32.91 万平方米，农村居民住房受损 16.49 万间，直接经济损失为 5.77 亿元。

城镇居民房屋受损共 3700 户、32.91 万平方米，直接经济损失 1.23 亿元。其中，倒塌及严重破损房屋 1.62 万平方米，中等破损房屋 31.29 万平方米。农村居民房屋受损共 4.28 万户、16.49 万间，直接经济损失 4.54 亿元。其中，倒塌及严重破损房屋 3.93 万间，中等破坏房屋 12.56 万间。

徽县住房受损　徽县城镇居民住房受损 56.13 万平方米，农村居民住房受损 11.57 万间，直接经济损失为 5.82 亿元。

城镇居民房屋受损共 6200 户、56.13 万平方米，直接经济损失 2.18 亿元；其中，倒塌房屋 0.48 万平方米，严重破损房屋 3.61 万平方米，中等破坏房屋 52.04 万平方米。农村居民房屋受损共 3.18 万户、11.57 万间，直接经济损失 3.64 亿元；其中，倒塌房屋 1.09 万间，严重破损房屋 2.29 万间，中等破坏房屋 8.19 万间。

西和县住房受损　西和县城镇居民住房受损 5.25 万平方米，农村居民住房受损 17.49 万间，直接经济损失为 8.35 亿元。

城镇居民房屋受损共 600 户、5.25 万平方米，直接经济损失 0.33 亿元。其中，倒塌房屋 0.42 万平方米，严重破损房屋 1.92 万平方米，中等破坏房屋 2.91 万平方米。农村居民房屋受损共 3.72 万户、17.49 万间，直接经济损失 8.02 亿元。其中，倒塌房屋 4.07 万间，严重破损房屋 4.46 万间，中等破坏房屋 8.96 万间。

两当县住房受损　两当县城镇居民住房受损 15.98 万平方米，农村居民住房受损 3.13 万间，直接经济损失为 3.36 亿元。

城镇居民房屋受损共 1800 户、15.98 万平方米，直接经济损失 0.74 亿元。其中，倒塌房屋 2.12 万平方米，严重破损房屋 0.79 万平方米，中等破坏房屋 13.07 万平方米。西坡镇南坪村、杨店乡颜河村两个村，由于山体滑坡，农村居民住房全部损毁。农村居民房屋受损共 7800 户、3.13 万间，直接经济损失 2.62 亿元。其中倒塌房屋 0.65 万间、严重破损房屋 2.48 万间。

舟曲县住房受损　舟曲县城乡居民住房受损严重，城镇居民住房受损 45.8 万平方米，农村居民住房受损 17.78 万间，直接经济损失为 9.26 亿元。

城区房屋主要是砖混结构、钢筋混凝土结构和底框结构房屋。地震造成城区居民住房受损

45.8万平方米，占城区房屋总面积的76%，受损的砖混结构、钢筋混凝土结构、底框结构房屋分别占同类房屋总面积的51%、85%和86%。其中，倒塌和严重破坏的混砖结构房屋13.4万平方米，钢筋混凝土结构房屋4.05万平方米，底框结构房屋1万平方米，其他结构房屋9万平方米；中等破损的砖混结构房屋6.7万平方米，钢筋混凝土结构房屋1.95万平方米，底框结构房屋0.51万平方米，其他结构房屋4.5万平方米；轻微破损和基本完好的砖混结构房屋2.3万平方米，钢筋混凝土结构房屋0.72万平方米，底框结构房屋0.17万平方米，其他结构房屋1.5万平方米。

农村居民住房以砖混结构、砖木结构、土木结构为主。地震中，全县农村居民住房受损17.78万间，受损房屋占当地农村房屋总面积的86%，直接经济损失8.86亿元，受损的砖混结构、砖木结构、土木结构房屋分别占当地同类房屋总面积的84%、79%和96%。其中，倒塌和严重破损的砖混结构房屋1万间，砖木结构房屋3万间，土木结构房屋6.67万间；中等破损的砖混结构房屋0.5万间，砖木结构房屋1.5万间，土木结构房屋3.33万间；轻微破损和基本完好的砖混结构房屋0.17万间，砖木结构房屋0.5万间，土木结构房屋1.11万间。

三 陕西省重灾区居民住房受损

汉中市宁强、略阳、勉县和宝鸡市陈仓区4个重灾县（区），经济发展水平低，居民住房只能修建土坯、土木结构的房屋，且相当一部分房屋建筑结构不合理。农村房屋损失程度高的村组几乎都建在海拔较高、地质构造疏松的半山或山顶上，而且多在滑坡体附近，加之植被稀疏，房屋地基稳定性不高。

陕西重灾区城镇居民住房受损355.37万平方米，直接经济损失3.65亿元。其中，倒塌和严重破损的房屋123.92万平方米，中度破损的房屋117.42万平方米，轻微破损和基本完好的房屋114.02万平方米。农村居民住房受损共46.18万间，直接经济损失17.08亿元。其中，倒塌房屋3.27万间，严重破损房屋9.85万间，中等破损房屋33.06万间。城乡居民住房受损情况见表60。

陕西省重灾区居民房屋受损情况统计表

表60

县（区）	城镇房屋受损（平方米）			农村房屋受损（间）		
	倒塌、严重破损	中等破损	轻微破损、基本完好	倒　塌	严重破损	中等破损
宁　强	77635	93431	259669	15702	39092	146333
略　阳	89500	140800	813500	8202	24948	101385
勉　县	951772	667035	67069	6539	26222	62476
陈　仓	120327	272963	—	2226	8262	20381
合　计	1239234	1174229	1140238	32669	98524	330575

宁强县住房受损 宁强县城镇居民住房受损43.07万平方米，农村居民住房受损20.11万间，直接经济损失为7.82亿元。

城镇居民住房按中心集镇和公路沿线分布，随着以工代赈项目的逐步实施，高寒山区农村人口逐步向集镇转移。城镇居民住房以砖混结构、土木结构房屋为主，建筑外立面体现陕西民居风格，房屋设防烈度为Ⅵ度。地震中，砖混结构房屋受损占当地城镇居民房屋总面积的72%。广坪镇为镇政府所在地，镇中砖混结构房屋普遍开裂，构造柱断裂，部分顶层坍塌，街道上梭瓦、掉瓦、屋脊倒塌现象严重（见图290），砖混结构房屋倒塌和严重破坏占5%，中等破坏占30%。全县城镇居民房屋受损共6462户、7589套、43.07万平方米，直接经济损失0.32亿元。其中，倒塌和严重破损砖混结构房屋4.17万平方米，其他结构房屋3.59万平方米；中等破损砖混结构房屋5.97万平方米，其他结构房屋3.38万平方米；轻微破损和基本完好砖混结构房屋20.78万平方米，其他结构房屋5.19万平方米。

图290 宁强县广坪镇楼房部分顶层坍塌（陕西省地震局地震应急现场工作队 提供）

农村居民住房以砖混结构及土、木、石结构为主。地震中，倒塌房屋227户、1159间，严重损坏房屋31户、207间（参见图291），需恢复重建258户、1366间；毛坝河镇余家坪位于宁强县东南面，地震时大面积山体崩塌，绵延数公里，砸坏房屋；东坝村普遍受灾，土木结构房屋严重开裂，部分房屋倒塌或屋顶坍塌，倒塌房屋共148户768间，严重损坏126户596间，需恢复重建274户1364间。地震共造成全县农村居民6.16万户、24万人受灾，住房受损共20.11万间，直接经济损失7.5亿元。其中，倒塌房屋4400户、1.57万间，严重破损房屋1.22万户、3.91万间，中等破损房屋4.5万户、14.63万间。受损的砖混结构房屋面积占当地农村房屋总面积的72%。

图291　宁强县金山寺5组毁坏的土木结构农房（陕西省地震局地震应急现场工作队　提供）

略阳县住房受损　略阳城镇居民住房受损104.38万平方米，农村居民住房受损13.45万间，直接经济损失为6.56亿元。

城镇居民住房以砖混结构、土木结构为主，房屋设防烈度为Ⅵ度。地震中，仅城区的1161幢房屋受损率就达95%以上，涉及1.28万户，受影响居住人口3.83万人，特别是土木结构房屋掉瓦普遍，梁脊错断，部分砖混房屋出现裂缝，少数旧砖混房有“X”形裂缝，严重破坏，成为危房；少数框架结构房屋填充墙有裂缝。地震造成全县城镇居民1.91万户、2.09万套住房受损，面积104.38万平方米，直接经济损失2.2亿元，受损的砖混结构房屋占当地城镇房屋总面积的60%。其中，倒塌和严重破损的砖混结构房屋5.37万平方米，其他结构房屋3.58万平方米；中等破损的砖混结构房屋8.45万平方米，钢筋混凝土结构房屋2.11万平方米，其他结构房屋3.52万平方米；轻微破损和基本完好的砖混结构房屋48.81万平方米，钢筋混凝土结构房屋12.2万平方米，其他结构房屋20.34万平方米。

农村居民住房以砖混结构、砖木结构、土木结构房屋为主。地震中，砖混结构房屋受损占当地农村房屋总面积的60%，砖木结构房屋受损占当地农村房屋总面积的5%。徐家坪镇徐家坪村辖3个村民小组，受灾143户、546人，其中44户、211间土木结构房屋倒塌，36户的土木结构房屋140间严重受损无法居住（参见图292）。位于该村的上坪村民小组受灾最为严重，全组共35户，倒塌房屋22户、110间，形成危房6户30间。经陕西省国土资源部门专家组鉴定，该组村原居住地属地质灾害点。郭镇镇木瓜院村，全村受灾240户、948人，土木结构房屋全倒14户、54间，严重受损无法居住的土木结构房屋91户、314间。

地震造成全县农村4.31万户、20.23万人受灾，房屋受损13.45万间，直接经济损失4.36亿元。其中，倒塌房屋2803户、0.82万间，严重破损房屋9017户、2.49万间，中等破损房屋3.13万户、10.14万间。

图292　略阳县徐家坪镇徐家坪村倒塌的砖木结构房屋（陕西省地震局地震应急现场工作队　提供）

勉县住房受损　勉县城镇居民住房受损168.59万平方米，农村居民住房受损9.52万间，直接经济损失为4.29亿元。

城镇居民住房主要是砖混、砖木及土木结构房屋，主要分布在城市规划区内。地震造成全县城镇居民房屋受损1.87万套、167.58万平方米。其中，倒塌和严重破损的砖混结构房屋65.43万平方米，其他结构房屋29.74万平方米；中等破损的砖混结构房屋53.36万平方米，其他结构房屋13.34万平方米；轻微破损和基本完好的砖混结构房屋3.45万平方米，其他结构房屋3.26万平方米。

农村居民住房主要是砖混结构、砖木结构及土木结构房屋，受地震及强余震影响，周家山镇娘娘庙村有23户73人、44间房屋倒塌，有156户518人、365间房屋成为危房，有394户1368人、954间房屋轻微破损，直接经济损失达865万元。村中土坯房遭到严重破坏，绝大多数土坯房承重墙倒塌或一侧承重墙倒塌（参见图293）。小砭河乡山中有滚石和小规模滑坡现象，土坯房多数有明显裂纹，部分土坯房墙体垮塌。

地震造成农村4.02万户、37.32万人受灾，住房受损9.52万间，直接经济损失4亿元。其中，倒塌房屋2369户、0.65万间，严重破损房屋1.03万户、2.62万间，中等破损房屋2.76万户、6.25万间。受损的砖混结构房屋面积占当地农村房屋总面积的65%。

宝鸡市陈仓区住房受损　陈仓区城镇居民住房受损39.33万平方米，农村居民住房受损3.09万间，直接经济损失为2.06亿元。

城区东西主街道大部分砖混、框架楼东西墙体严重裂缝，承重柱、梁倾斜错动，错距1～5厘米，大部分被破坏的建筑出现“X”形裂缝。城区居民住房共9791户、39.33万平方米受损，直接经济损失0.84亿元。其中，倒塌和严重受损房屋12.03万平方米、房屋27.3万平方米。农村居民1.09万户、41.07万人受灾，房屋受损3.09万间，直接经济损失1.22亿元；其中倒塌房屋684户、0.22万间，严重破损房屋2738户、0.83万间，中等破损房屋7505户、2.04万间。

图293　勉县周家山镇娘娘庙村倒塌的土木结构房屋
（陕西省地震局地震应急现场工作队　提供）

第三节　一般灾区居民住房受损

一　四川省一般灾区居民住房受损

四川省一般灾区分布在17个市（州）、100个县（市、区），城镇居民住房多为砖混结构、砖木结构、木结构。农村居民住房，在经济比较发达的成都平原和距城镇较近的农户住房多为砖混结构，在丘陵地区多为砖木结构、土木结构，在山区多为土木结构，也有部分木结构和少量石结构。房屋的总体抗震性能是：有少量的框架结构、钢筋混凝土结构房屋，抗震等级相对较高；建设年代早的居民房屋，抗震性能较差；地震中，修建于20世纪五六十年代的砖木结构房屋严重破损，砖混结构房屋多数严重破损；修建于20世纪七八十年代的砖混结构房屋多数中等程度破损；修建于20世纪90年代及以后的砖混结构房屋轻微破损，多数基本完好。特别是农民住房建设限于历史原因和条件限制，建筑房屋很少考虑抗震因素，地震中造成的破坏程度相对较重。

城镇居民住房受损共6686.97万平方米。其中，倒塌和严重破损的房屋254.2万平方米，中等破损的房屋341.62万平方米，轻微破损和基本完好的房屋6091.15万平方米。

农村居民房屋受损共881.24万间。其中，倒塌和严重破损的房屋119.54万间，中等破损的房屋195.63万间，轻微破损和基本完好的房屋566.08万间。一般灾区城乡居民房屋受损情况见表61。

四川省一般灾区居民住房受损情况统计表

表 61

市（州）	城镇房屋受损（平方米）			农村房屋受损（间）		
	倒塌、严重破损	中等破损	轻微破损、基本完好	倒塌、严重破损	中等破损	轻微破损、基本完好
成 都	681851	1408201	17215312	64887	92448	1030890
自 贡	29400	44618	68192	42000	—	—
泸 州	1422	27819	—	2980	14655	—
遂 宁	612124	1042068	24174091	162686	578542	2909416
内 江	13300	4500	7500	13000	—	—
乐 山	—	—	—	261000	—	—
南 充	531400	1793000	14820600	133200	170500	308600
宜 宾	43866	16313	83281	3774	20078	194
巴 中	—	—	—	116000	—	—
广 安	24242	4038	108176	387	189	285
雅 安	49785	208331	268149	61812	520494	—
达 州	—	—	—	21000	—	—
眉 山	335435	783465	1493164	246678	421808	892864
资 阳	—	—	—	7189	43576	518518
阿 坝	219200	900200	2673000	32070	93978	—
甘 孜	—	—	—	21700	—	—
凉 山	—	—	—	5000	—	—
合 计	2542025	3416151	60911465	1195363	1956268	5660767

二 甘肃省一般灾区居民住房受损

甘肃省一般灾区多处在梁峁起伏、沟壑纵横和河流切割成的沟谷地阶地貌的山区及丘陵山坡台地。在城区和乡镇规划区内，居民住房多为砖混结构、土木结构的楼房、平房，居住房屋相对集中。农村居民房屋多为群众依地势自建，以砖木结构、木结构骨架土围墙的土木结构平房或单坡屋顶房屋居多，砖混结构类型房屋极少。山区有石（砖）箍窑及生土窑洞，抗寒取暖性能较好，造价较低，但抗震性能较差。由于农民的住房大多数建在海拔较高的半山腰或山顶上，地基处理很差，地震中土木结构、砖木结构房屋受损较多。特殊的地理环境，位于不同的烈度区域，房屋设防标准的差异，使城乡居民住房在地震中不同程度受损，全省房屋毁损在空间分布上呈现“山地重于川地、农村重于城镇”的特点。城镇居民住房受损共 116.91 万平方米，其中倒塌住房 12.19 万平方米，严重破损住房 35.25 万平方米，中等破损住房 69.47 万平方米。农村居民住房受损共 163.23 万间，其中倒塌住房 54.07 万间，严重破损住房 41.9 万间，中等破损住房 67.26 万间。甘肃省一般灾区城乡居民房屋受损情况见表 62。

甘肃省一般灾区居民房屋受损情况统计表

表 62

市（州）	城镇房屋受损（平方米）			农村房屋受损（间）		
	倒　塌	严重破损	中等破损	倒　塌	严重破损	中等破损
兰　州	—	—	—	31	10370	12101
白　银	—	2887	148976	29559	18392	4052
天　水	103965	263739	230079	171469	50558	49817
定　西	—	30930	83351	1207	8322	48654
平　凉	2343	7453	49531	27966	8559	58627
庆　阳	9997	15598	62471	15567	23325	103744
陇　南	5195	23838	64338	289916	195381	318106
武　威	—	930	5270	1394	7837	—
甘　南	364	5784	49817	2116	95681	74485
临　夏	—	1300	900	1452	540	3025
合　计	121864	352459	694733	540677	418965	672611

三　陕西省一般灾区居民住房受损

陕西省一般灾区因房屋受损受影响的居住人口 330.85 万户，受灾人口 456.11 万人，受灾人口占灾区人口的 37%。地震中，汉中、宝鸡、安康、咸阳、西安五市城镇居民部分砖混结构多层楼房承重墙体出现明显裂缝，门窗破裂。土木、砖木结构房屋屋顶塌陷、裂缝普遍，围墙倒塌较多。西安市高层建筑中大量住户家电、放物架、装修等破坏严重。城镇居民住房受损共 400.4 万平方米，其中倒塌和严重破损房屋 41.29 万平方米，中等破损房屋 122.21 万平方米，轻微破损和基本完好房屋 236.9 万平方米。宝鸡、汉中、咸阳、安康、西安的乡镇农村部分土木结构房屋倒塌和严重毁坏，部分砖混结构房屋遭到中等程度破坏（参见图 294 ～ 297）。震害较轻的渭南、

图 294　户县蒋村镇宫家堡村受损的砖木结构房屋

（陕西省地震局地震应急现场工作队　提供）

图 295　南郑县城关镇何家湾村查文义家倾斜的两层半砖混结构房

（陕西省地震局地震应急现场工作队　提供）

图 296 麟游县桑树塬乡毁坏的土木结构房屋
（陕西省地震局地震应急现场工作队 提供）

图 297 凤县双石铺镇安沟村倒塌的土木结构房
（陕西省地震局地震应急现场工作队 提供）

铜川、商洛、延安、榆林五市农村，部分房屋受到损坏。农村居民住房共 52.11 万间受损，其中倒塌房屋 3.8 万间，严重破损房屋 15.07 万间，中等破损房屋 33.23 万间。全省一般灾区城乡居民房屋受损情况见表 63。

陕西省一般灾区居民房屋受损情况统计表

表 63

地 区	城镇房屋受损（平方米）			农村房屋受损（间）		
	倒塌、严重破损	中等破损	轻微破损、基本完好	倒 塌	严重破损	中等破损
西 安	120800	461300	267000	2601	4907	15341
铜 川	—	—	—	611	—	5563
宝 鸡	112073	465737	659800	14200	50657	86183
咸 阳	64100	20400	126200	4849	22608	43988
渭 南	—	—	—	818	2210	6314
延 安	—	—	—	250	—	933
汉 中	75908	186638	1316000	11669	53924	142154
榆 林	—	—	—	35	—	613
安 康	40000	88000	—	2924	16414	26361
商 洛	—	—	—	91	—	4862
合 计	412881	1222075	2369000	38048	150720	332312

四　其他省市一般灾区居民住房受损

图 298　潼南县塘坝街村损毁的土木结构房屋
（中国地震局汶川地震科学考察队　提供）

其他省市的一般灾区包括重庆市、云南省昭通市和宁夏回族自治区固原市的部分县区。

重庆市一般灾区住房受损　重庆市位于地震Ⅵ度～Ⅶ度烈度区，合川区、荣昌县、潼南县、大足县、双桥区、铜梁县、北碚区、璧山县、永川区、梁平县10个区（县）为一般灾区，农村居民住房遭受不同程度的破坏（参见图298），受损2.15万户、合计6.38万间。在受损的房屋中，倒塌和严重破损的房屋6081户、2.39万间，中等破损的房屋1.54万户、3.99万间（见表64）。重庆市受地震影响的30个区（县），农村居民住房共3.33万户、8.59万间受损，其中倒塌和严重损坏房屋1.37万户、3.85万间，中等破损房屋1.96万户、4.74万间。

重庆市一般灾区农村居民住房受损情况统计表

表64　单位：间

区（县）	倒塌、严重破损	中等破损	小　计
合　川	595	5563	6158
荣　昌	3300	4024	7324
潼　南	2914	7257	10171
大　足	5757	7359	13116
双　桥	335	65	400
铜　梁	1849	2903	4752
北　碚	784	326	1110
璧　山	638	1208	1846
永　川	1660	500	2160
梁　平	6104	10708	16812
合　计	23936	39913	63849

图 299　绥江县会仪镇三渡村 7 组垮塌的土木结构房屋
（绥江县民政局　提供）

云南省一般灾区住房受损　云南省一般灾区包括绥江、水富、永善三县，城镇居民住房分布在城区和建制乡镇，房屋以砖混结构、框架结构和砖木结构为主。农村居民多居于山区、丘陵地区，为砖混、砖木、土木、木、石结构房屋。其中，土木结构房屋分别占三县农村房屋的 60.22%、98.4% 和 70%。地震中，损毁的城镇居民住房多数出现房屋主体垮塌、地基基础倾斜、墙体撕裂、墙基下陷，结构受损，成为危房。农村简易房屋破坏比较严重，尤其是绥江县南岸镇、板栗乡、新滩镇、会仪镇及水富县向家坝镇、太平乡、两碗乡等地农村居民房屋毁损较多，部分砖混结构房屋出现墙体大面积拉裂，主体严重受损，楼板体多处开裂，阳沟垮塌，墙体装饰大面积脱落，部分土木、石结构房屋墙体倒塌、开裂，屋梁垮塌，柱子歪斜，地基下陷，房屋倾斜（参见图 299）。

城镇居民房屋受损 6.08 万平方米，直接经济损失 4.43 亿元。其中，倒塌和严重破损房屋 0.74 万平方米，中等破损房屋 0.7 万平方米，轻微破损和基本完好 4.64 万平方米。

农村居民住房受损 13.89 万间，受损房屋占当地房屋总面积的 19.9%，受影响居住人口 54.63 万人，直接经济损失 12.4 亿元。其中，倒塌和严重破损房屋 3.71 万间，中等破损房屋 0.93 万间，轻微破损和基本完好房屋 9.25 万间。全省一般灾区城乡居民房屋破坏情况见表 65。

云南省一般灾区居民房屋受损情况统计表

表 65

县　份	城镇房屋受损（平方米）			农村房屋受损（间）		
	倒塌、严重破损	中等破损	轻微破损、基本完好	倒塌、严重破损	中等破损	轻微破损、基本完好
绥　江	800	—	1760	12433	—	85674
水　富	2023	1628	38745	12674	—	—
永　善	4600	5382	5873	11963	9324	6822
合　计	7423	7010	46378	37070	9324	92496

宁夏回族自治区一般灾区住房受损　宁夏回族自治区受灾面积6162平方公里，一般灾区包括固原市的隆德县、泾源县、西吉县、彭阳县、原州区5个县（区）23个乡（镇），受灾5.37万户、人口2万人，受灾人口占灾区人口22万人的9%。地震造成五县（区）农村居民住房不同程度受损（见表66）。

宁夏回族自治区居民住房受损情况统计表

表66　　单位：间

县（区）	倒塌和严重破损	中等破损	轻微破损、基本完好	小　计
隆　德	492	5706	23700	29898
泾　源	450	49100	85057	134607
西　吉	72	—	2106	2178
彭　阳	446	—	6145	6591
原　州	—	—	592	592
合　计	1460	54806	117600	173866

固原市的5个县（区）是回族聚居地区，农村居民住房有土木结构、土砖木结构、砖混结构和石结构房屋。彭阳县纯住窑洞的达15662户、70296人，占当地农村人口的30%；房窑结合的有18027户、80736人，占当地农村人口的34.8%。大多农村居民住房建于20世纪七八十年代，房屋无地基或地基处理简单，椽檩腐朽。在山区，部分农村居民住房建于山梁峁塬的山坡上，或河谷两侧、地势较为平坦的地带，个别农村居民在山崖凿洞居住或居住在石结构的房屋中，抵御自然灾害的能力较差。地震中，土木、土砖木和石结构的房屋出现主体垮塌、高墙或屋顶垮塌、墙体倾斜、结合部错位及裂缝；砖混结构房屋主体垮塌，地基基础倾斜、墙体裂缝、墙基下陷；窑洞窑顶和崖面部分垮塌，窑内部分土方坍塌、地面出现裂缝。如隆德县联财镇的土坯房屋，地震中房屋主体垮塌（见图300）；彭阳县冯庄乡茨湾村

图300　隆德县联财镇农户主体垮塌的土坯房屋
（隆德县民政局　提供）

图 301　彭阳县冯庄乡茨湾村窑洞崖面垮塌
（彭阳县民政局　提供）

的窑洞，地震中窑洞崖面部分垮塌，窑洞内部分坍塌，窑洞内土墙被震塌（见图 301）。

农村居民住房受损 17.39 万间，直接经济损失 0.83 亿元。其中，倒塌和严重破损房屋 1460 间，中等破损房屋 5.48 万间，轻微破损和基本完好房屋 11.76 万间。

第四节　住房受损类型

汶川特大地震造成四川、甘肃、陕西、重庆、云南、宁夏等灾区大量城镇和农村房屋损毁，尽管极重灾区、重灾区、一般灾区所处的地震烈度及房屋质量有差别，遭受破坏程度也不尽相同，但房屋受损主要有以下几个明显的特点。

房屋整体倒塌　在强震作用下，房屋整体垮塌或解体性毁坏（参见图 302 ～ 305）。

图 302　北川县城倒塌的房屋

图 303　汶川县映秀镇倒塌的砖混结构房屋
（陆鸣　摄）

图 304　什邡市蓥华镇穿心店倒塌的砖木结构房屋
（什邡市地方志办公室　提供）

图 305　绥江县会仪镇三渡村 7 组垮塌的木结构房屋
（绥江县民政局　提供）

房屋底层受损　底层破坏是常见的破坏现象，尤其是底层为商店、上部各层为住宅的房屋，因底层开间大、竖向刚度不均匀，受损严重（参见图 306 ~ 308）。

图 306　北川县城底商房屋一层塌平

图 307　都江堰市 5 层底商住宅楼一层塌平倾斜
（曾德民　摄）

图308 彭州市小鱼洞3层框架结构房屋一层柱倾斜侧移
（徐友邻 提供）

房屋二层塌平 有的住宅楼二层塌平（见图309）。

图309 都江堰市华夏广场5层框架结构底部2层倒平变成3层
（葛学礼 于文拍 提供）

竖向单元破坏　有些住宅竖向单元一塌到底（见图310 ~ 312）。

图310　绵竹市汉旺镇住宅楼整体倒塌与竖向坍塌

图311　都江堰市竖向倒塌的住宅单元

图312　绵竹市汉旺镇竖向倒塌的住宅单元

墙体裂缝 承重墙出现“X”形或竖向或水平向裂缝的砖混结构房屋（见图313～315）。

图313 绵竹市某宿舍楼6层砖混结构窗下墙贯通“X”形裂缝

（李金刚 提供）

图314 房屋窗间墙出现的“X”形交叉裂缝

图315 什邡市蓥华镇一层砖混结构民居山墙裂缝

（什邡市规划和建设局 提供）

鞭梢效应 屋顶建有的阁楼、亭阁等附属建筑，地震时因震动的放大作用而被破坏（见图316 ~ 319）。

图 316 绵竹市政府楼遭鞭梢效应破坏

图 317 都江堰市被破坏的房屋楼顶的楼阁

图 318 什邡市红白镇受损的某房屋突出屋面墙（潘宠 提供）

图 319 绵竹市 5 层砖混结构顶部钟楼坠落（何春凯 提供）

楼梯间破坏 有的房屋作为逃生通道的楼梯间破坏严重（见图320～322）。

图320 被损坏的房屋楼梯间

图321 汶川县映秀镇被损毁的框架结构楼梯梁板
（白雪霜 提供）

图322 绵竹市汉旺镇某住宅楼梯间收进处坍塌
（李东彬 提供）

碰撞挤压　不同房屋之间的防震缝不够宽，两侧建筑刚度和结构类型不同，振动不同步而发生碰撞，产生破坏（见图 323 ~ 325）。

图 323　绵竹市汉旺镇两相邻房屋位移撞击形成的凹槽

（徐有邻　提供）

图 324　彼此紧靠的房屋因碰撞而遭破坏

图 325　绵竹市委党校两栋房屋倾斜挤压

（张彬彬　提供）

次生灾害破坏 地震产生了大量山体滑坡、崩塌、泥石流、堰塞湖、边坡滑移、地表裂缝和隆起等次生灾害，淹埋或损毁房屋等（见图 326 ~ 331）。

图 326 北川县城滑坡崩塌区损毁楼房

（陆鸣 摄）

图 327 大滑坡使北川羌族自治县陈家坝整个村组仅存零星建筑物

（陆鸣 摄）

图 328 滚落巨石造成北川建筑破坏

（陆鸣 摄）

图 329 北川景家山 1 号崩塌压埋房屋
（绵阳抗震救灾志办公室 提供）

图 330 彭州市白鹿镇地震断层位移造成中心学校教师宿舍倒塌（右侧教学楼轻微破坏，左侧教学楼毁坏）

（陆鸣 摄）

图 331 彭州市白鹿镇老街地震断层隆起近 3 米，断层一侧砖混和砖木结构房屋损毁

（陆鸣 摄）

第三章 “一城两镇”的毁灭

汶川特大地震使地处烈度Ⅺ度区的北川县城、汶川县映秀镇，Ⅹ度区的绵竹市汉旺镇遭到毁灭性的破坏。本章根据有关资料，将地震突然降临时，“一城两镇”幸存者瞬间的亲历、亲闻记录下来，以帮助读者感知此次大地震之惨烈。

第一节 北川县城的毁灭

北川县城位于曲山镇，面积0.7平方公里。北川—映秀断裂带由此经过，历史上附近地区虽多次发生7级以上地震，如1933年叠溪$7^1/_2$级地震、1976年松潘平武7.2级地震，但未对该地造成破坏。

一 地震瞬间、生死记忆

北川县城在汶川地震中遭毁灭性破坏，地震烈度Ⅺ度，县城基本被夷为平地，留下大片废墟。

5月12日中午，县城部分人家的自来水发生异常，水管里流出的水变得混浊，没有引起人们的注意。14时，北川中学初二（1）班正在上物理课，教师讲“磁”。讲台上的指南针发生异常，大幅度摆动，不指向南，学生不了解情况，教室里笑声一片。

14时28分，地下发出微微的震动，地面开始摇晃。人们没有在意，因为近两年北川经常发生小震。突然，大地开始疯狂地颠簸摇晃，平整的路面如巨浪起伏，一下子将走在路上的民政局工作人员王某甩了出去。他刚从地上爬起来，又蹲下去，耳边是山崩地裂时那种轰隆隆的怪响声。

地震时，首先出现强烈的地声，随之而来是强烈的震动、大地剧烈颠簸。每个人形容自己听到的地声，都不一样：在操场上体育课的学生，听到的是大型卡车驶过的声音；武警北川中队的战士说，像一个人用鼻子和肚子憋足了劲头发出的哼哼声；还有人说，声音伴随着地面的震颤，像人坐在铁轨旁，听到并感到火车从身边驶过的感觉。有人听到地底下发出“嗡嗡”的闷雷声，令人毛骨悚然。向四周看去，几乎所有的房子，被来自地底深处的巨大冲击波左一掀，右一掀，继而轰然倒塌，变成一片废墟。天空腾起一二百米高的烟尘柱，转眼天地间一片灰黑，什么也看不见。马路全都拱起来，像波浪似的，有的地方裂开了长长的口子。一个蹬三轮的人行至县政府大门前的广场时，感到三轮车车身上下乱跳，宽阔的街道中间突然隆起，接着，道路旁的一栋栋楼房开始左右摇摆，轰然坍塌。

曲山小学西校区的操场像波浪中的舢板左摇右晃，下沉又上升。师生们突然感到天黑了，巨大的黑影挟裹着强烈的气浪让人站立不稳，头晕目眩，睁不开眼。烟尘弥天，黄沙飞扬。两分钟之后，揉着眼睛的人们呛咳着看见操场上平添了一座大土山，一株十多米高的皂角树只剩下一点儿树冠。

位于县城南部任家坪的北川中学学生见到满天灰尘，逼得人必须掩住口鼻。四面山崩地裂，山体滑坡，发出可怕的咆哮；学校的围墙和四周的民房，一个接一个地倒塌。

地震时，与北川中学毗邻的中科院青年北川希望小学（即曲山镇任家坪小学）的师生无法把持重心，踉踉跄跄、跌跌撞撞跌倒在地面上。操场地面被撕开一道道口子，有的裂口达 20 厘米宽，围墙及校门全部倒塌。旧楼的屋顶被揭去掉到地上，只留下断壁残垣，几根柱头摇摇欲坠；师生们个个灰头土脸。中科院捐建的新教学楼没有倒塌，但墙体多处裂口，学校所有设施设备全部损毁。

一对逃生的父女回忆，地震发生时，地一下沉了下去，又一下把人抛了上来，如同蹦床一般，很多人落在石块上，或摔到要害，直接遇难。

县城附近大水村的吴某在日记里记述：“吃过中午饭，我和爸爸在地里干活，突然间天昏地暗，大地就像转圈，整个山和地都在晃动，我们马上就与地一起往下陷，往下翻。紧接着，到处都是垮塌的声音，两面的山全往中间挤，马上就在河面上相撞。顿时一片浓烟升起，眨眼间河面不见了，河水没了，房屋倒塌，人也不知去向。”

地震产生的巨大颠簸，使县城新城区职业中学从教室里逃出的学生，“飘”到了百米开外的山头上。落在松软泥土上的学生保住了性命，不幸落在石头和硬地上的，遇难身亡。

朱某回忆说：“我突然听见‘轰隆隆’的声音从山顶上传来，当初我以为是雷声，可紧接着，大地开始晃动起来。地震了！房屋在剧烈地摇晃，砖头碎瓦不断地从房顶上掉下。80 多岁的老母亲已被吓得不知所措，我拉起她来就朝外面跑。可刚跑到门口，强烈的摇晃就使我们母女俩跌倒在地。我扭头一看，自家的房顶迎面向我扑来。”“突然，我感觉自己被人提起来，接着又被放在地上。伴随着一声巨响，原本晴朗的天空突然黑下来，周围什么也看不见了。我听见周围房屋倒塌、山体崩塌、巨石滚落以及邻居们的哭喊声乱成一片。一块块房屋大的巨石从山上飞滚落下，冲向房屋、树木、田地、生灵。”

二　山崩地裂、河流阻断

映秀—北川断裂带从县城穿过，地震中县城多处出现沉降、隆起，造成建筑物、道路严重损毁，形成多条地表破裂带。

位于北川县城盐运公司院内的北云一水准点震后测量，水平面比震前的1997年大幅上升了4.71米；曲山镇沙坝村最大垂直位移达8.6米。位于县城桂溪一带的断裂带东侧水准点一般较震前下降0.5～0.6米。

县城的北川大酒店附近湔江湾阶地上，形成高3.1米的褶皱陡坎，水泥路面破裂，中心线右旋错动2.4米（参见图332）。

县城中心部位禹龙南街的绿宝酒店，由于地面塌陷，一层在地震震动时全部陷入地平面之下；6层楼房向北倾斜，摇摇欲坠（见图333）。

图332　北川大酒店附近地层破裂，路面塌陷

图333　整体倾斜的绿宝酒店

（姜昆阳　摄）

禹龙街上有两座同一设计、同时施工的6层住宅楼，北侧一座正位于断裂带上，全部垮塌；南侧的一座距北楼仅几米远，因不在断裂带上，虽出现多处裂缝，但没有垮塌，楼内住户得以逃生。禹龙街西部林业局有两栋楼相距8米，中间有条路，地震时两楼水平位移，变成相距不到4米。禹龙街东部曲山小学东校区门前有一条6米宽的道路，两侧各有一栋楼房，地震时两楼水平位移，两楼距离变为不到2米。

县城南1公里处的任家坪，安县—北川公路被地震断错，形成高约3米的断层陡坎。附近的排洪渠道底部北西侧隆升，渠道底部水泥板受压翘起，高近3米。

县城北部东侧山体出现垂直上升1.7米、右旋走滑3.7米的陡坎。断层附近的树木呈现“醉汉林”状态，向不同方向倾斜。

在地震中，北川县城东侧的景家山发生严重崩塌（见图334），3公里多宽的陡岩上瞬间垮塌1000多万立方米的岩石，砸向下方的学校、机关、街道和居民区，县城新城区受到毁灭性的破坏，50%的建筑被毁，造成约2800人死亡。

景家山崩塌，把位于山下的北川中学新区（分校）两座教学楼完全压埋，校舍、操场只剩下一根国旗旗杆和半个篮球架（见图335），在操场上体育课的部分学生和在县委礼堂开会的两个

图334 景家山崩塌现场

图335 被景家山滑坡压埋的北川中学新区

（姜昆阳 摄）

班的学生逃生，其余131名学生、23名教师职工被乱石压埋遇难。

滑坡的岩石砸入曲山小学的教学楼，巨大的冲击力把楼顶整体掀开。曲山小学主教学楼楼体全部开裂，剩余的残破楼体岌岌可危。西校区的大部分建筑被埋在10多米深的土石下面，有的建筑竟然被滑坡的泥土推移出百米开外。

景家山滚落的巨石冲向新城区，满街都是被砸毁的房屋和车辆。

景家山山崩压埋了北川通往绵阳的公路，曲折的盘山道上堆积着乱石，有的巨石竟然有几十立方米、百吨重量。下坡的水泥路面忽然拱起，与原来的路基高度相差约有5米之多，被扯成碎块的路面交错着堆成一堆。巨大的山体崩塌压埋了道路。巨大的坠石每块都有房子大小，把整条路堵得严严实实。

王家岩位于县城西侧，相对高度约500米，上面绿树掩映、草木葱茏。山下是县城老城区，有曲山街、危家巷等多条街道，密集分布着县政协、法院、地税局、民政局等多处机关，以及县人民医院、新华书店、北川小学、曲山幼儿园以及多家商店。地震后几十秒，王家岩暴发滑坡，上千万立方米的泥土碎石从几百米高的山上倾泻而下，迅速覆盖了大半个老城区，热闹的街道完全消失。王家岩半个山体不见了，裸露出嶙峋的山岩。王家岩滑坡（见图336～337），造成约3000人遇难。

图336　王家岩滑坡

图 337　被王家岩滑坡压埋的北川县城老城区

（姜昆阳　摄）

地税局大楼被平推 20 米远后倾覆；县人民医院的办公楼、住院楼、综合楼、急诊楼被埋没；曲山幼儿园部分教学楼被埋，一部分被推移到百米之外的原商业局位置；县新华书店大楼被从百米高空一跃而下的王家岩滑坡拦腰截断，部分楼顶飞到数百米外的茶叶公司楼顶。依山建造的房子被飞速落下的土石推着向前冲出，前面的房子被一排排推倒，一直到湔江岸边。最靠近河岸的房子，被冲下来的房子挤压，翻倒进湔江河道之中，使原来直立的河槽陡坡，变成了缓坡。

房屋坍塌和山体滑坡使得原来四通八达的街道变成了废墟或者死巷，房子的位移给救援带来了极大的困难，只能依据废墟上散落的文件判断原来是哪个单位的房子；依据画在墙上的一幅儿童画和一个破损不堪的滑梯，判断出曲山幼儿园的位置（见图 338）。

在县委大楼后几百米高的王家岩山上，有位老农赶着一头牛正准备回家，突然山崩地裂，高山瞬间滑向地面，整个山体朝县城、朝县城前边的湔江倾泻而下……赶牛的老农只觉晕眩，躺倒在地。等他清醒过来，发现自己竟然已在湔江河道里，回头一看，老牛安然无恙，正吃着河滩上的嫩草！

位于老县城以北的唐家山滑坡，距北川县城约 4.6 公里。滑坡淹埋了山脚下的农户，造成 160 人死亡。滑坡阻断湔江，形成了唐家山堰塞湖。

湔江曲折地流过北川县城，折转 180 度，汛期流量可达 82.1 立方米 / 秒。

图 338　被毁的曲山幼儿园

漩坪乡场镇位于湔江上游，距离北川县城 13 公里。5 月 12 日 15 时，地震之后半个小时，湔江水位明显缓慢增长；15 时 30 分，水面上涨到马立岩；16 时，上涨到尖石包，说明湔江被完全阻断，唐家山堰塞湖已经形成。

朱桂翠回忆说，地震发生时，她从家里逃到山坡上，“山脚下的湔江里，突然出现了一条口子，江水在瞬间消失；原本深陷在峡谷中的河道，刹那间冒出一座小山；山上很多地方也出现了裂缝，接着裂缝又一下子合拢了；一块块房屋大的巨石从山上飞滚落下……”她爬到山坡上，发现“在这座山上居住的 84 户人家，几乎滑到了山下，或者被泥石流淹埋。更可怕的是，平日里和四座山隔着一条江的唐家山，已经移过来很多，两座山几乎挨在一起，从两座山上滑下来的泥土，已经将湔江中的水彻底截断”。

地震时，北川中学平整的操场随着大地晃动裂出缝隙，随着震动一开一合，拱起原本不存在的大包。地震后，北川中学新建标准田径运动场纵向裂开一条半米多宽的口子。

赵军回忆，地震时，他从县委礼堂冲出来，半跪在礼堂外的篮球场上，发现只用右手已经无法支撑身体，地面上下剧烈抖动的幅度超过 20 厘米，他全身的肌肉也都在跟着抖，上下牙不停地磕碰。他看到北面 3 层的办公楼像定向爆破一样，整体垮塌在地面上。紧接着西边两层高的车库也塌了。县委后面不远处的山上出现了滑坡，巨石滚落的声音此起彼伏，灰尘立时弥漫在篮球场上，能见度不足半米。“我撑地的右手旁边裂开了一道 15 厘米左右的裂缝。想挪动自己，可身体根本不听使唤。这条裂缝打开、合上，又打开、又合上。”回头一看，礼堂门口掉下的墙皮压住了两个刚刚跑出的女孩。另一个女孩很惨，她小腿以下的部分被打开后又合拢的地缝夹住了！ 3 个孩子都在尖声哭喊着。得去救她们！几个人跑了过去，被墙皮压住的两个女孩很快获救。但是，被裂缝夹住的女孩，始终抽不出脚来。好在这条地缝不在水泥地上，否则女孩的脚可能会被夹断。大家手忙脚乱地开始营救，因为地缝已部分合拢，女孩的腿被死死夹住。五六个武警战士抬起一根小腿粗的木梁，插到地缝中，奋力撬动，扩张裂缝，女孩终于把腿抽了出来。

朱桂翠回忆：地震稍微平静一点的时候，丈夫就喊了一声“走，赶快上山”。说完，他就背着我的妈妈向山上走。我心里仍很害怕，紧紧跟在丈夫后面，拽住他的衣角往前走。天！我们刚走出院子，回头一看，院子里已经多了两条 1 米多宽的缝。我眼看着院子里的两把锄头掉进了缝隙。片刻之后，那条缝隙又合上了，两把锄头彻底消失。就在我还没回过神的时候，恐惧再次袭来，地面又开始颤抖，我脚下的山体又开始裂缝。情急之下，我一把抱住了一棵大树。天！我刚刚抱住大树，一条1米多宽的裂缝就出现在我的脚下，我刚刚将脚从缝隙中取出，缝隙就合上了！很幸运，我没有被裂缝吞食，但是我邻居的一个亲戚掉入缝隙，我眼睁睁地看着他消失了。

地震4个多月后，9月23—24日，北川遭遇多年未遇的特大暴雨，县城一带最大雨量达500余毫米，为50年一遇。由于地震破坏了山体构造，暴雨造成严重的泥石流灾害。

9月23日的暴雨使县城南侧任家坪村9社西山坡上方山体出现大面积滑坡，约20人被山上奔泻而下的泥石流掩埋，或死亡或失踪。大面积山体滑坡将数百间民房冲走，毁坏林地和耕地600多公顷。

9月24日2—6时，堆积在县城老城区周围的滑坡体和大量沟谷松散堆积物因强降雨诱发严重的泥石流。县城老城区南侧的魏家沟、任家坪冲出固体物质量约90万立方米，最大淤积厚度达30米，再一次严重摧毁震后的北川老县城。大规模泥石流冲下大山，从南面冲进县城，老城区大片被淹没，许多低矮建筑不见踪影。位于城西3条山沟交汇地带的县运输公司宿舍被埋，旧城区公路以及下面的排洪沟被填平。县委两幢未倒的6层宿舍楼，一幢仅剩下4层，另一幢仅剩下3层。县委大院淤满泥沙，洪水从县委门前的街面上流过，地震中未倒的数米高的县委大门只能容人趴着身子进入。县检察院地震时未倒的建筑被洪水和泥石流冲倒，仅剩下一根柱子和两边的部分墙壁。县人民医院宿舍楼3个单元地震时倒了2个单元，剩下1个单元在洪水和泥石流的冲刷下严重倾斜。

泥石流在县城南部的淤积量达400余万立方米，有的地方厚度超过10米，破坏了大量受到地震损坏的建筑，稀泥和碎石还淤积了湔江河道。

北川中学再次受到重创，学校后面的山体大面积滑坡形成泥石流。泥石流破坏了占校园面积三分之二的以体育场、食堂为主的区域，运动场内巨大的泥石流冲刷堆积后形成一个扇形大坝，扇面的“扇柄”在2公里外的曲山镇任家坪村山脊上，碗口粗的大树，或褪去树皮，光溜溜地横躺在泥潭里，或断为数截。脸盆大的石块裹挟在泥沙里，密密麻麻堆积在扇面上，泥沙在体育场里堆积了70多厘米厚。在学校食堂，就餐大厅和操作间等处塞满了厚厚的泥浆，1米左右深的稀泥差不多淹到卖饭的窗台。泥石流从多幢楼房内穿过，校园内堆积大量淤泥，形成一条2米多宽、1米多深的泄洪沟。泄洪沟里浊浪翻滚，部分坡坡坎坎的地方，形成小小的瀑布，直到学校外的安北公路上。

泥石流造成任家坪村161户502名群众无家可归，死亡、失踪21人；任家坪板房安置区内878间板房进水，损毁2间，损失棉被2136床、大米80余吨，近200户群众需要转移安置，直接经济损失300余万元。

三　县城毁灭、破坏惨烈

在汶川地震中，北川遇难15646人，失踪4932人，受伤26916人。死亡和失踪人数占县城总人数的58.67%，县城里几乎每一家都有亲人死伤。

突如其来的特大地震使县城内的机关、团体、企事业单位遭受了灭顶之灾。北川县委办公楼成为一片废墟，县人大常委会办公楼、职工宿舍楼全部倒塌，具有浓郁羌族风格的县政府6层办公楼轰然垮塌，正在上班的人员死伤惨重（见图339）。新城区小河街至茅坝北川中学新区被景家山震落的岩石所袭，沿街门面、车辆、行人为巨石所砸，面目全非。北川中学新区、自来水厂、水务农机局、羌乡农贸市场、小河街居民住房在坠石袭击中成为废墟。县城曲山镇房屋倒塌77.5%，茅坝新区60%的建筑物垮塌，县政府等机关、学校、医院、企事业单位遭受了巨大损失。

图339　被毁的北川县政府办公楼

图340　北川中学5层教学楼一二层坍塌

地震发生后，北川羌族自治县学校、医院人员伤亡惨重，损失巨大（参见图340）。北川县城的体育设施设备全部损毁。县城的风景名胜和宗教场所也被地震摧毁，有的被垮塌的山体淹埋。

北川全县60余家中小企业受损严重，直接经济损失19.5亿元。县城的羌乡民品市场遭到毁灭性的破坏，县城的饭店、酒楼、火锅店、土菜馆等在地震中全部损毁，住宿业在地震中遭到严重破坏，多家宾馆、招待所、歌城、茶楼、游戏厅等全部损毁，有的完全倒塌，有的被坍塌的山体压埋在几十米深的地下。县城金融系统33个营业网点和保险公司在地震中全部毁损。北川信用联社的办公楼倒塌（见图341），数十名职工被埋在废墟里。

图341　北川农村信用联社垮塌

北川县城内的道路，均被巨大的扭力像掰饼干一样，一块块地掰碎。县城主干道中间画出的双黄线裂开，中间相差1米有余。连接龙尾公园与新城区的吊桥，一头被抬升得离地3米有余。

在省道105线安北路，滚落下来的巨石砸毁了过往的车辆，将道路堵塞，路面和桥面被巨石砸出的窟窿随处可见。受损最严重的是任家坪至县城段。开始下坡处，路面自中线断裂，外侧隆起，高出内侧1米多；三道拐路段则堆积着从景家山滚落下来的巨大的山石，无法行车，徒步也难以翻越，撤离县城的幸存者和赶往现场的救援者只能从山坡上临时探寻的小路爬行通过。

省道302线北茂路起于县城曲山镇，经漩坪、禹里通往茂县，是损毁最严重的公路。龙尾山隧道两端的桥梁断裂，行驶在桥上的客车被困，进退不得。禹龙大桥桥面水平位移近2米，桥面断裂、垮塌。从龙尾山隧道向北，山体严重滑坡，路基大部被毁。黄土梁以上，垮塌的山体堵塞湔江，形成唐家山堰塞湖。山体垮塌时，路过的车辆或被山石砸毁，或被泥石淹埋。有一张姓司机驾驶的小型客车正行驶在黄土梁路段，见前面的公路瞬间垮塌，后面的公路连路基也不见了，慌忙弃车，带着乘客顺着山梁拼命爬向山头，才幸免于难。堰塞湖以上直至禹里乡的公路几乎全被淹没于水中。

省道105线曲桂路是县城连接东部乡镇的交通干道。曲桂路桥梁断裂，山体崩塌，县城小河段堆积着山上掉落的巨石，阻断了曲桂路的西端出口。县城至陈家坝、桂溪一带公路因塌方遭到严重破坏。临近县城的沙坝，山体塌方造成上千米公路被毁。

电力、电信设施损毁。所有电站、变电站、高低压线路均遭受严重破坏。北川供电公司各处房屋及建筑物结构破坏、倒塌，不能使用，调度大楼倒塌，成为一片废墟；调度自动化系统及通信系统全部损毁。各个变电站设备报废，多处铁塔倒塔断线，电力线路倒杆、断线普遍。县城的照明用电、动力用电全面中断。县城北部湔江上的苦竹坝电站在唐家山堰塞湖泄洪时被沙石掩埋。

中国电信北川分公司在县城的综合大楼、中心机房、11个营业厅全数损毁，通信、传输设备严重损坏，北川县城的通信全面断绝。

公共设施损毁。北川县城原有的供水管网完全被摧毁，自来水断绝。石油公司的10座加油站受损，曲山加油站只能用采样桶从油库提油，为救援车辆加注燃油。中民燃气有限公司办公楼、职工住宅、办公设备、库存设备、材料、商品全部损失；县城内的环城燃气管网、庭院管线、户内设施、配气站全部损坏，管线基本报废；排洪沟严重变形损毁（见图342）。

图342　北川县城附近的排洪沟在地震中严重变形

第二节　汶川县映秀镇的毁灭

汶川县映秀镇内有国家电网映电总厂、九寨药业集团公司等大小企业30余家，工业发达，每年为国家贡献税收达3亿多元。映秀是通往九寨沟等旅游胜地的必经之地，为旅游开设的宾馆、饭店、商店较多，商业繁华。镇内有漩口中学、映秀小学。国道213线、317线南北贯穿境内，连接都江堰市和汶川县城，省道303线连接耿达乡、卧龙镇和小金县。

1996年，映秀镇被四川省列为小城镇建设试点镇。在汶川地震发生前，映秀镇正全力打造具有浓郁民族特色的旅游消费型集镇。

一　地动山摇、恐怖回忆

5月12日14时28分，汶川地震突然爆发，映秀镇遭到烈度为Ⅺ度的毁灭性破坏。

映秀镇漩口中学教师王志华回忆说：5月12日下午开始上第一节课，刚过了几分钟，突然近处传来“轰、轰”的巨响，感觉就像压路机在地面上压，地都摇晃起来。瞬间，对面的5层实验大楼垮了。几乎同时，教学楼也摇晃着整体向前倒去。原来在3楼的教室一下子滑到了两层的高度（参见图343）。教师李文仙正在一层给孩子们上音乐课，地面猛地晃动了一下，天全变暗了，她大叫一声：“快跟着老师出来！”瞬间整栋楼倒塌下来，教学楼中学生死伤惨重。

图343　漩口中学宿舍楼底层消失

何蓉在映秀镇经营大足铁器店。地震开始时，十多秒的地动山摇，房屋剧烈摇晃，她被掀倒在地，灰尘瞬间遮蔽了一切。她说当时什么也看不见，人被呛得呼吸不得，天全黑了。大约过了两分钟，粉尘逐渐散去，旁边5层楼的映秀信用社的牌子还挂在一层，整个楼却成了一片废墟。四川电力公司在映秀镇的办事处是栋6层建筑，楼底两层整个朝前推了出去，残留的铝合金窗框被压成了尖锐的“V”字形，楼顶坍塌成破碎的砖块。

梁某住的地方距离映秀镇最繁华的街道映秀街仅1公里。他回忆说，突然听到地动山摇的巨响，赶紧往外跑，人一下子被甩起来，又掼到地上。剧烈的晃动伴随着两边山上巨石落下的声响，路基也在垮。接下来的一两分钟，天突然黑了，到处是厚厚的灰尘，刺得人睁不开眼。

宋晓梅是映秀幼儿园教师，住在镇内住宅楼里。她回忆说，先是上下抖，然后就横着摇了两下，房子就塌了。她的姐夫也在屋里，她亲眼看到他从屋子里沉下去。隔了几秒钟，她也沉下去，被埋进废墟里。

映秀小学正在上课，读书声被大地的轰鸣声掩盖，短短的几秒钟，大地剧烈地抖动，楼房毫无规律地摇晃，让人窒息，大地被撕开一道又一道裂缝，眼前昏黄一片，什么都看不清。教学楼、宿舍楼都变成了一堆堆废墟。

映秀镇的居民回忆，突然一声巨响，甚为恐怖。人们以为是修路，炸药装多了。随后又是一阵闷响，地面随之发生巨震，地声渐渐变小，但并未消失。突然间，响声增大，位置在变，地下发出轰轰轰之声，同时冒出一种带硫黄味的焦臭。地面开始上下颤动，几秒钟后，颤动增大到让人站不稳的程度。几秒之后，房屋开始倒塌，一栋3层楼房瞬间消失，灰尘扑面而来，全镇从视野中消失。岷江边上，房梁、柱头、椽子和岩石一起哗啦啦掉进江中。

跑到室外的居民看见外面黑乎乎的，什么也看不清，只听见到处都在轰隆隆地响，像是在打雷，又像有什么东西在爆炸。接着就看见四周的房子哗啦哗啦全垮了，几个高压输电的铁塔也全垮了。石头到处乱飞，旁边一座山，一下子就倒下来，冲进了岷江。

距映秀镇约5公里的重庆博赛矿业（集团）阿坝铝厂内，陈发煊说他听到了轰隆隆的声响，两层楼的小卖部一直晃个不停，地面还上下颠簸。他从小卖部跑到公路上，根本站不稳，眼睁睁看着脚下的公路裂开、合拢、又裂开，旁边食堂大楼和锅炉房相继垮塌，厂区内一座4层办公楼也轰然倒下。

吴鹏和朋友正在映秀镇的工业园区桃关村附近，距离映秀镇北10多公里。突然，地动山摇，巨大的响声炸得人头皮发麻，两边的山上往下滚石头。人被弹起来，又重重地摔到地上。前面一个人被大石块拦腰砸成两截，远处的两辆小客车被大石块压埋，只露出来一点铁皮。桃关村的楼房眼看着就垮塌了。

二　地层断裂、地表破碎

从汶川映秀经都江堰虹口至绵竹清平的地表破裂带，垂直位移3～4米，最大6.2米；水平位移2～3米，最大4.5米。地表破裂带上的民房全部坍塌。

映秀镇北岷江西岸因地层错动，形成2.3米的挤压推覆陡坎。渔子溪及西岸公路因地层断裂，形成高0.9米的陡坎。

映秀北面两幢并排修建的框架结构楼房，主体工程已完工，其设计、内部结构、施工条件完全相同，其中一幢横跨映秀断裂带的楼房全部毁坏，紧邻的另一幢则基本完好。

地震造成映秀四周的山体崩塌，大块的巨石从山顶不断滚下，“哗啦啦”的山体滑坡之声不绝于耳。周围的山上多见滑坡的痕迹，裸露的岩石面与青翠的植被形成鲜明的对比。滑坡造成大段公路被毁，百花大桥等桥梁被毁。山坡上许多石头滚落，有的落在山脚，有的翻过公路滚进岷江。其中一块长11米、高8米、宽3米的巨石滚过公路，倒插在江边，成为地震的标志。

映秀镇北至草坡乡间，沿岷江及其支流峡谷产生大量山崩和滑坡，致使交通中断。映秀镇中滩堡村4组被地震山体崩塌淹埋，山脚的几栋房子连同里边的12口人全部被埋在乱石下。映秀镇磨子沟出现山体崩塌群，崩塌体长约300米、宽约70米、高约100余米，状如圆锥体，体积180万立方米，都汶路收费站被埋，造成人员伤亡、道路阻断，并阻断岷江，形成堰塞湖。

地震在牛圈沟内的莲花心沟引发总长约3.5公里的干性碎屑流。

牛圈沟长约3公里，在映秀镇西北，是一条又窄又深的小沟壑，因沟里有一块酷似睡牛的巨石而得名，沟两边分别属于映秀镇张家坪和漩口镇蔡家村。当地群众说，地震时出现了巨大而恐怖的爆炸声，震耳欲聋，烟雾弥漫。牛圈沟旁的山体瞬间垮塌，碎屑流从莲花心沟爆发，迸射出的石块高达百余米直接撞到对面山上，又如流水般冲进主沟，击飞的石头如同子弹一般四处飞溅。经测算，300多万立方米的碎屑流在瞬间倾泻，以极高的速度，沿牛圈沟向前推进了2.5公里左右，在牛圈沟形成了一个宽约130米、长约800米、厚80米的岩石堆积区。堆积区顶端由于沙石的阻隔形成了宽约100米、长约300米的围堰。岩石流喷射出的"瀑布"口处，碎屑流将所过之处扫得精光，两侧山体露出了原岩，棱角分明的冲刷印迹如刀削般留在沟两边的山体上。印迹以上，树林茂密，少有损伤；印迹之下，堆堆土石，别无他物。碎屑流在倾泻过程中，曾受到山体阻拦，产生了3次折向，折向处有明显上扬迹象，最高处达60米。

据阿坝藏族羌族自治州防震减灾局考察组现场调查，碎屑流喷发起始点位于莲花心沟中上段，海拔1286米，距沟口约1.5公里，以破碎花岗岩及沙砾为主，沙石均较为紧密地堆集在山沟内，其颜色与周围山体垮塌山石颜色、形态不同，沙石所遗痕迹清晰可见。沙石覆盖了莲花心沟下部及与之相连的牛圈沟中段，长约3公里，宽约80～100米。莲花心沟内流水略呈紫色，部分细流中还有类似油状物漂浮在水面上。

地震发生时，蔡永福在牛圈沟口的地里干活。他说，开始只听到从山上传来两声巨响，震得耳朵嗡嗡响，听不见别的声音，紧接着地上腾起满天的灰尘，人们面对面却彼此看不见。人就像筛子中的豆子，没有方向地弹起落下，落下又被弹起。许多人被埋在了这些石头底下，至今连遗体都没找着。

地震发生时，何家山的姚建兵和表弟王学兵正准备到莲花心沟的地里干活。他们回忆说，当时看到石头被冲起有30多层楼房那么高，大的石头有面包车那么大，这些石头像炮弹似的，直接冲到对面的山上，然后又反弹回来撞到另一座山上，如此反复几次沿山谷向下滚落。凡是被石头撞击的地方，山体就垮下一片。姚建兵被弹起一尺多高摔倒在地，头部、背部都被摔伤。

牛圈沟山坡上的许多松树被喷涌出来的乱石砸断。喷发点周围的山头整体坍塌，形成一个个巨大的滑坡体，有的地方两座山连为了一体。当地群众把碎屑流喷发形象地称为"山开花"。

地震发生时，莲花心沟山谷出现长达数百米裂缝，蓝白色泥沙从中大量喷涌而出。羌族女孩令某的家被喷出的砂石部分掩埋。蓝色的砂土和碎石填平了两公里多长、近百米深的山谷，形成一个近200米宽的大斜坡。溪流被砂石分成若干股在斜坡上流淌，流向山下的岷江。两边山上原来都是红土和褐土，土质紧密，而堆满山谷的淡蓝色砂土则是喷涌之物。

村民聂某的双亲被掩埋在砂石之下。她说，地震时谷底刹那间出现一条巨大的裂缝，石块和砂土从裂缝中喷涌而出，先猛烈撞击左侧的山谷，随后又弹向右侧。约两分钟后，灰尘散尽，大地停止摇晃，山谷顿时不见了踪影，近10户人家就此被埋、消失。至6月22日，在山谷中淡蓝色砂石的尽头，仍有一条巨大裂缝，裂缝中还隐约冒出淡淡的青烟。

当地人对记者说："地震发生时简直就像火山喷发！嘭的一声巨响后，就看见山顶上炸开一个大洞，像挤牙膏一样炸出很多东西。地震后，我曾爬上过莲花心山顶，山顶大洞翻滚出来的石头和外面山上的石头不一样，石头的颜色灰白，就像烈火烤过又冷却的石头。”

地震造成牛圈沟内33户居民房屋被埋，23人遇难。

地震后，睡牛石不知所踪，牛圈沟内的房屋或倒塌或被深埋，曾经山清水秀的河谷被喷发的砂石填满，河谷溪水断流。莲花心沟被喷发的岩石填埋了一大半，变成一个高而阔的大河床。2009年9月发生泥石流，填满了牛圈沟，形成一个深达数十米、宽约50米的大峡谷，谷底溪水潺潺。在堆积区的顶端形成一个长约300米、宽约100米的堰塞湖。泥石流的末端直通岷江。

汶川地震导致映秀一带大范围滑坡、崩塌和泥石流，地表覆盖发生严重变化，对地表植被、人居环境等造成严重破坏。地震造成水土严重流失，地裂、喷沙、冒水和地气逸出等现象，直接或间接改变土壤结构和化学成分。灾区部分农田位于河谷地带和山体中下部坡地，许多土地资源被滑坡、泥石流、洪水淹没和冲毁。

映秀镇耕地受灾113.5公顷，灭失31.9公顷；林木损毁5545.4公顷，森林生态严重破坏，直接削弱了水源涵养能力，增加了山洪暴发、滑坡和泥石流发生的风险，不仅使居民的生命财产安全受到威胁，也对岷江河道和水利工程的安全造成严重威胁。

三　人员伤亡、场镇毁灭

映秀镇是汶川县灾情最为严重的乡镇。全镇1.2万余人，因地震6566人遇难、3712人受伤。房屋全部垮塌，地震使昔日山清水秀、商业繁华的旅游城镇变成一座死城。

映秀镇损失耕地63.47公顷，损毁道路69.5公里，通信线路受损32公里，输电线路受损46公里，水、电、道路、通信等基础设施全部被毁，全镇27家企业损毁，教育、医疗、卫生、广播电视等社会事业、企业、工农业、社会事业、旅游业等损失惨重。

图344　漩口中学倒塌的教学楼

（姜昆阳　摄）

映秀街道两旁的楼房全部被摧毁，有的成了两三米高的乱石堆，有的随着陆续发生的余震相继倒塌。漩口中学教学楼有半截斜埋在地下（参见图344），与教学楼组合在一起的实验大楼被夷为平地，旁边的宿舍楼一座垮塌，另一座呈S形状倾斜。

映秀幼儿园是两层砖木结构的楼房，地震后，一层几乎陷进了地里，只露出10厘米左右的窗口；二层的屋顶和水泥碎片一起塌了下去。

映秀镇政府工作人员在地震中全部被埋，只有5人逃出，其中2人重伤。主要担负国家电网映电总厂守卫任务的武警四川省总队阿坝支队六中队，地震中营房倒塌，7位战士在岗位上牺牲。

映秀农贸市场完全损毁，中国建设银行映秀分理处员工住宅全部倒塌，中国人民财产保险股份公司映秀营销服务部被夷为平地，东风汽车公司技术服务部厂房倒塌（见图345）。

图345　映秀镇倒塌的东风汽车公司技术服务部厂房

映秀是成都平原通往四川西北部地区的交通要道，通过映秀镇的国道213线、省道303线、都汶高速公路，被地震严重破坏（参见图346），映秀成为“孤岛”。

映秀段桥梁普遍受损，百花大桥地处漩口镇和映秀镇交界处，全长500米，桥面断裂，桥墩震毁，第五联跨倾斜倒塌，其余各跨主梁移位45～90厘米，最终整体性倒塌（见图347）。

都江堰至汶川段共有10座隧道，6座隧道损毁较严重。友谊隧道长961米，隧道内两次衬砌开裂严重，左侧拱墙鼓裂，拱部钢筋

图346　国道213线被毁

图 351　倒塌的东汽叶片分厂办公楼

公楼随着震波左右摇晃，很快就整体下陷了一层。楼道和两侧的办公室顷刻间摔得粉碎，办公大楼断为两截，两端向中间呈马鞍形倾斜（见图 351）。分厂厂房的房顶轰然塌落，几十名职工当即被埋。办公楼和 80% 的厂房倒塌，专家和职工 39 人遇难，多名职工受伤，多台精密数控设备毁损。数控加工工段是东汽最大的核心车间，设备价值 1.9 亿元。上千平方米的车间完全垮塌，成为一片废墟，屋面板、钢筋混凝土屋架、天窗架等物件扭曲、混杂在一起，车间里价值几千万元的叶片成品、半成品被埋。

工具分厂是东汽专用工具的生产基地，办公楼垮塌，满地瓦砾砖块。数控厂房、技术经营部全部坍塌，没有倒塌的也都变成危房，资料室位于办公楼底层，变成了废墟，几代人积累起来的 30 多万份图纸被埋压。工具分厂的综合信息管理系统，是指挥分厂生产经营的中枢，储藏管理数据的服务器在受损的办公楼上，受到极大威胁。

焊接分厂职工 29 人因厂房垮塌遇难。真空电子束焊机是公司的重点设备，地震中严重受损。隔板工段的房顶完全垮塌，四面的墙壁向外倾斜。残缺不全的墙体仅靠几根歪斜的梁柱支撑，频繁的余震使得吊在房梁上的预制板左摇右晃，随时可能坠落。

铸造公司分厂办公楼与厂房被拉开了很大一道口子，楼梯垮塌，24 米跨度的加工车间全部垮塌。铸造部重要物资被埋，其中有价值超过 20 亿元的贵重金属。

东汽 12 层办公大楼变成危楼，玻璃窗全被震坏，碎玻璃散落一地，墙体错位，顶层剥落。资料室的防盗门受损变形无法打开。几十万件极其宝贵的科技档案资料存放在大楼顶部，受到严重威胁。

东汽档案情报大楼遭受严重破坏。装备技术有限公司厂房房顶全部消失，只剩下残余框架连着严重变形的窗户，风电事业部 40% 的钢板件被埋在废墟里，机修分厂办公楼半边楼垮塌，车间整个房顶坍塌，预制板被钢筋连接着铺天盖地砸下，地面所有物资全被瓦砾压埋。自备电站电气楼 2 ~ 5 楼全部垮塌。厂区地下水管网被震坏。厂内 65 台变压器在地震中损失了 80%。多栋住宅楼在顷刻之间彻底倒塌夷为平地。

地震发生时，东汽等企业正在生产，退火炉、加热炉等车间都在使用中，电力、天然气、高温蒸汽全速运行。职工们冲到各阀门站点，不到 10 分钟的时间关断了天然气，不到 20 分钟关断了氧气罐。东汽能源处立即启动应急预案并成立抢险自救队，迅速展开能源抢险，紧急有效地切断配气站气源、电源，截断水源，防止了可能发生的次生灾害。

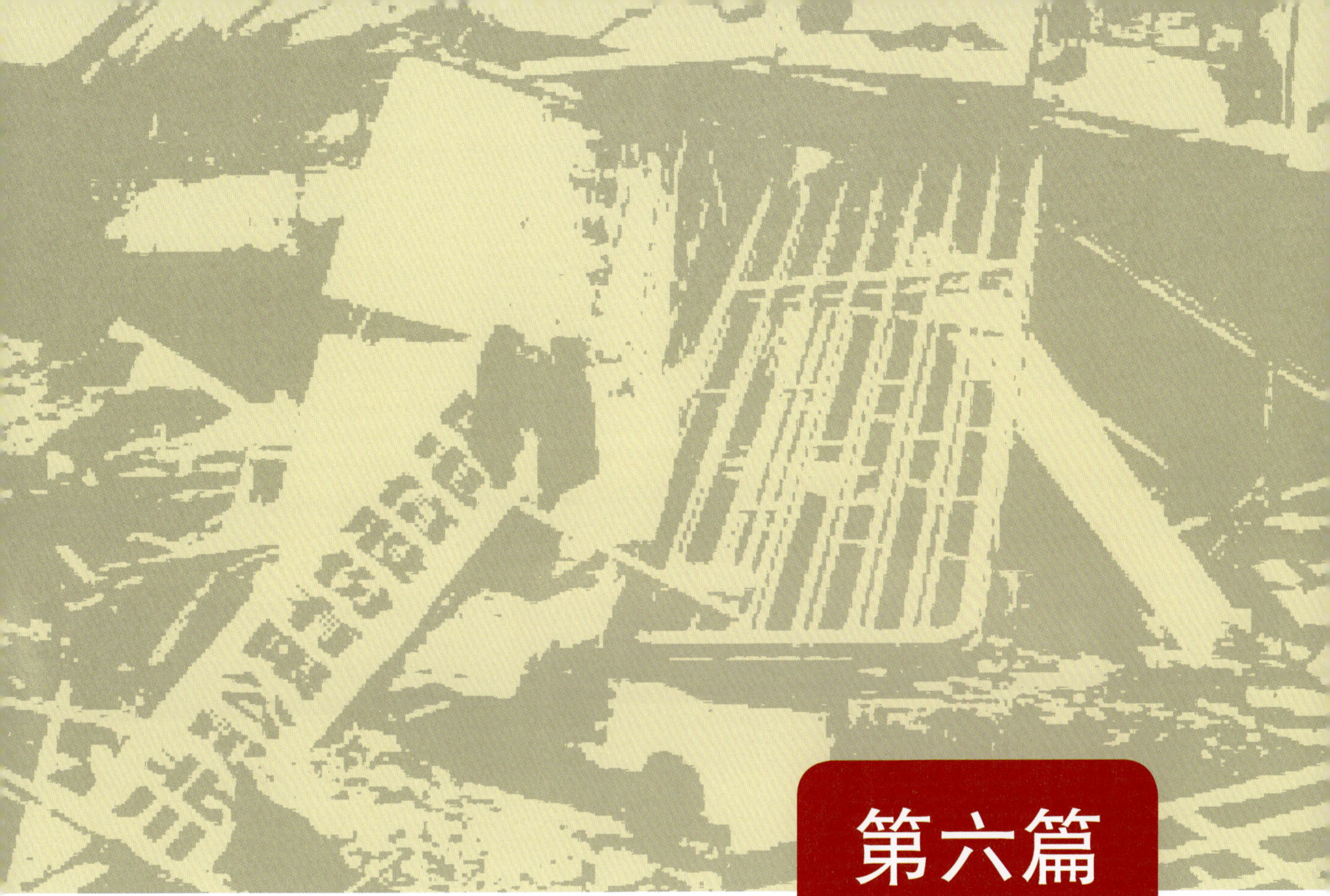

第六篇

基础设施受损

汶川特大地震给灾区基础设施造成了极其严重的破坏。受损的基础设施包括公路、铁路、水运、民航、通信、邮政、电力和水利等设施。通往极重灾区的国道108线、213线、317线和省道302线完全中断。地震造成铁路7条主干线和3条支线运输受阻，民航设施遭到严重破坏，21个机场及空管运行指挥设施受损。强烈地震对电力系统运行产生巨大冲击，大批输电线路和变电站损毁和停运。灾区通信设施遭到大面积破坏，邮路和快递不畅，水利工程严重受损。

据民政部等四部委9月4日灾损校核报告，川、甘、陕三省灾区基础设施直接经济损失共1852.93亿元，其中四川省1663.14亿元、甘肃省114.84亿元、陕西省74.95亿元。基础设施分项：三省公路、水运、站房等交通设施共损失666.88亿元，其中四川省583.3亿元、甘肃省70.7亿元、陕西省12.88亿元；市政公用设施439.48亿元，其中四川省424.8亿元、甘肃省11.98亿元、陕西省2.7亿元；水利、电力设施469.77亿元，其中四川省430.2亿元、甘肃省24.87亿元、陕西省14.7亿元；铁路设施207.04亿元，其中四川省164.61亿元、甘肃省1.62亿元、陕西省40.81亿元；通信设施69.76亿元，其中四川省60.23亿元、甘肃省5.67亿元、陕西省3.86亿元。

第一章　交通设施受损

汶川特大地震及其引发的山体崩塌、滑坡、泥石流和堰塞湖等地质灾害，给灾区的交通设施造成的破坏是空前的。地震灾区，特别是处于崇山峻岭之中的严重受灾地区，崩塌、滑坡、泥石流在其所到之处，冲垮、砸毁、压埋、淹没公路、铁路、桥梁、隧道，壅塞、阻断河流，中断水路，损毁站房、码头、加油站和附属设施、建筑，造成交通中断、空管运行指挥设施受损，紧急救援难以实施。

据民政部等四部委 9 月 4 日灾损校核报告，川、甘、陕三省公路、水运、站房等交通设施直接经济损失 666.88 亿元，其中四川省 583.3 亿元、甘肃省 70.7 亿元、陕西省 12.88 亿元；铁路设施直接经济损失 207.04 亿元，其中四川省 164.61 亿元、甘肃省 1.62 亿元、陕西省 40.81 亿元。

第一节　公路设施受损

汶川特大地震及其余震对公路设施造成了严重破坏，其中四川、甘肃、陕西等省的公路设施损毁最为严重，云南、重庆、湖北、河南等省（市）也不同程度受损。地震造成全国 24 条高速公路、163 条国道和省道干线、8618 条农村公路受损，损毁公路里程 53295 公里、桥梁 6140 座、隧道 156 条。公路交通站场房屋、交通配套设施等也受到不同程度损害（见图 352）。

四川省 30 条高速公路和重点公路项目，19 个市（州）、150 个县境内的 21 条国省干线公路、2.9 万公里农村公路受损。国道 213 线映秀至汶川段、省道 303 线映秀至耿达段、省道 302 线禹里至北川县城段遭到毁灭性破坏。特别是地震重灾地区成都、德阳、绵阳、广元、雅安、阿坝 6 个市（州）境内的 88 个县及 1204 个乡（镇）的公路基础设施严重受损，

资料来源：国家测绘局

图 352　汶川特大地震灾区公路交通网络及破坏情况示意图

通往汶川、茂县、北川、青川、平武、卧龙等重灾地区及 254 个乡（镇）、2114 个建制村的公路交通一度完全中断。39 个县级以上客运站、342 个农村客运站不同程度损毁。甘肃省共有 76 条国、省干线公路，3992 条农村公路不同程度受损，受损总里程 18344 公里，受损桥梁 1303 座、隧道 22 条。陇南、甘南 2 个市（州）8 个县（区）农村公路累计损毁约 5518 公里，104 条乡道、1251 条村道交通中断。灾区内共计损坏县级客运站 10 个、乡镇级客运站 18 个。陕西省共有 9 条高速公路、38 条国省道、715 条农村公路受损，受损公路里程 10681 公里。公路边坡塌方、落石及挡墙垮塌 7310 处；路基沉陷 519 处；790 座桥梁、463 道涵洞、35 座隧道受损；27 个收费站、2 个服务区、776 个道班和段站房出现裂缝或围墙倒塌。重庆市共有 483 座桥梁、23 座隧道受损。云南省受损公路 1364 公里，其中农村公路受损 95 条 276 公里，路基坍方 44 万立方米，受损桥梁 19 座 976 延米，受损涵洞 60 道。

一　国道受损

汶川地震造成四川、甘肃、陕西等省多条国道受损。国道 108 线（北京—昆明）、212 线（兰州—重庆）、213 线（兰州—磨憨）、317 线（成都—那曲）、318 线（上海—聂拉木）5 条公路四川段严重受损。其中，213 线都江堰段、阿坝段，108 线广元朝天段，317 线汶川、理县、马尔康段，212 线苍溪、利州、青川段交通中断。5 条国道公路四川境内路段受损里程 1251 公里、桥梁 184 座（10883 延米）、隧道 11 座（4678 延米）（见表 67）。国道 108 线陕西城固至宁强段、国道 212 线甘肃宕昌至罐子沟段亦受损严重。

四川灾区国道地震损毁情况统计表

表 67

路线名称	受损路段起点桩号	受损路段讫点桩号	路线里程	路基宽度	路基路面损坏	路基沉陷及路面裂缝	滑坡塌方		受损桥梁		受损隧道		全毁里程	局毁里程
			公里	米	公里	处	万立方米	处	延米	座	延米	道	公里	公里
国道 108	K1851	K2039	1209	12	188	319	83.5	206	5668	95	3521	5	0	188
国道 212	K704	K869	452	12	165	312	8.5	161	2991	41	0	0	104	61
国道 213	K609	K1074	917	12	465	224	31.0	565	944	22	1157	6	118	347
国道 317	K0	K317	868	12	317	1240	19.0	600	715	13	0	0	59	258
国道 318	K2636	K2752	1310	12	116	15	0.8	25	565	13	0	0	0	116

说明：表中国道 213 线损毁数据不包括映秀至汶川段二级公路

国道 108 线受损　国道 108 线起点为北京天宁寺，终点为云南昆明，全程 3356 公里，经过北京、河北、山西、陕西、四川和云南六省（市）。

四川境内路段全长 1254 公里。路线经过地区的最高地震烈度为Ⅸ～Ⅺ度，全线滑坡 206 处、83.5 万立方米，受损桥梁 95 座、5668 延米，隧道 5 座、3521 延米，沿线交通安全设施严重受损。主要受损路段在广元市、绵阳市、德阳市境内，以及雅安市的名山县、雨城区、汉源县境内。广元市朝天区路面损毁 20 公里；火神庙处公路上方滑坡长 120 米，坍塌土石方 5000 立方米，将该路段全部埋没，中断了青林乡、马家坝乡的交通；明月峡危岩垮塌长达 100 米，坍塌石方 2 万立方米，使朝天至羊木片区 4 个乡（镇）和沙河片区 3 个乡（镇）交通中断；绵阳酒店垭至大庙段山体塌方造成路基路面严重损坏。

陕西境内主要经过渭南、西安和汉中三市，全长约 747 公里；公路标准以二级为主。震害主要集中在汉中市的城固县、勉县和宁强县，受灾里程约127公里。路基路面垮塌10处1.7万立方米，影响公路里程约23公里；受损桥梁13座862延米、隧道2座823米。

国道212线受损　国道212线起点为甘肃兰州，终点为重庆的内环绕城高速，全程1302公里，经过甘肃、四川和重庆三省（市）。

四川境内路段全长452公里。路线经过地区的最高地震烈度为Ⅸ～Ⅺ度，四川段全毁104公里，局部损毁61公里，总计受损165公里。该线广元市境内路段严重受损，尤其是广元至青川段受山体坍塌、滑坡影响，多处交通中断。白龙湖岸滑坡导致路面开裂、沉降。青川县、利州区境路段滑坡161处8.5万立方米，路基路面垮塌312处20万立方米，受损桥梁41座2991延米（参见图353）。

图353　8月5日，6.1级余震发生后国道212线螺旋沟桥完全坍塌

甘肃境内由兰州经临洮、渭源、岷县、宕昌、武都、文县，至甘、川交界处的罐子沟，公路等级为二、三级。省内全长704公里，受灾路段长302公里。汶川地震对宕昌至罐子沟段公路设施造成严重震损。地震造成滑坡71处、2.2万立方米；路基路面垮塌196处、69万立方米，影响公路里程约72公里；受损桥梁10座、245延米，隧道1座。

国道213线受损　国道213线，起点为甘肃兰州，终点为云南磨憨，全程2827公里，四川境内路段全长955公里，是汶川地震中受损最为严重的干线公路。都江堰、汶川、茂县、松潘、若尔盖境内路段受损特别严重，路段经过地区的最高地震烈度为Ⅸ～Ⅺ度。四川境内公路全毁118公里，局部损毁347公里，总计受损里程465公里，桥梁受损22座944延米。四川境内路段全线滑坡565处31万立方米，路基路面垮塌2243处计108万立方米。全毁、局部损毁的公路中，以都江堰至映秀、映秀至汶川段损毁最为严重。

国道213线都江堰至映秀段为三级公路，全长39公里，位于汶川地震发震断裂——映秀至北川断裂的下盘，崩塌、滑坡共计56处，路基开裂、滑移、沉陷普遍。此外，地震诱发上边坡岩体崩塌、滑移导致公路被压埋，坡面泥石流导致公路被冲毁和淹埋。绕坝路K1+650处、K1011+500处塌方量超过5000立方米，K1024+300、1023+800、K1027+850等处有巨石崩塌阻断道路。桥梁普遍受损，其中4座桥损毁严重。蒙子沟桥汶川端路基左侧上方塌方约6000立方米，中断交通；寿江大桥映秀岸山体滑坡，致使1号、2号桥墩倾斜、开裂，梁体向映秀方向纵移，导致第一跨接近落梁。百花大桥遭到严重损毁，全桥38根墩柱中倒塌、压溃24根，第五联跨5×20米连续完全倾斜倒塌，其余各跨主梁移位值达45～90厘米（见图354）。渔子溪桥的三跨主梁横移，从支座上掉落于墩台上，桥面下陷，呈S状扭曲；1号桥墩下陷并向下流侧偏移。国道213线都江堰至映秀段共有隧道3座，均严重受损。友谊隧道（962米）施工缝几乎全部开裂，整个隧道路面开裂严重，裂缝纵横交错，仰拱大幅隆起，致使路面呈倒V字形，二衬砌几无完好地段，破坏部位主要在两侧拱腰与拱顶，严重破坏段拱墙环向钢筋扭曲外凸、混凝土压溃脱落、局部发生垮塌，导致车辆无法通行。白云顶隧道（406米）都江堰端洞口坡体崩塌，映秀端挡土墙开裂，隧道洞身主要震害为施工缝开裂及局部细小结构性裂缝，但在距映秀端洞口60米附近隧道发生严重破坏，二衬错台近40厘米，环向钢筋严重弯曲外凸，混凝土局部垮塌，路面裂缝密布，错台达20厘米以上（见图355）。马鞍石隧道（477米）主要震害形式为施工缝开裂、路面开裂及二衬开裂、映秀端洞口边仰坡崩塌破坏。

国道213线映秀至汶川段沿岷江峡谷两岸展布，经草坡、绵虒至汶川，位于汶川地震发震断裂——映秀至北川断裂的上盘。映秀至汶川段分为新路和老路。新路接都映高速公路K25处为二级公路，长56公里，2007年底建成通车；老路为原213线，三级公路，长57公里。其中，映秀至草坡段老路总长27.84公里，滑坡、泥石流、崩塌等灾害损毁路基22.11公里，占该段总长80%，段内桥梁除少数几座石拱桥保存完好外，其余梁、板式桥梁均严重受损，2座桥梁被震垮。K28+350～K29+660因山体崩塌形成堰塞湖，淹没公路。上游至K30+400路

图354　国道213线百花大桥第五联完全倒塌

基均被堰塞湖淹没，区间有两处大型崩塌。该段总共有 27 处滑坡、崩塌，塌方量巨大。映秀至草坡段新路总长 27.2 公里，塌方 37 处，道路损毁 12.89 公里，扣除隧道长度，道路损毁率为 65%。K28+400 ~ K30+100 处大型滑坡，长 1500 米，滑坡体堵塞岷江河道，形成高 10 米的堰塞湖，并将新 213 线国道收费站深埋其下。映秀至草坡桥段老路除少数几座石拱桥尚保存完好外，其余梁、板式桥均受损严重，2 座桥梁被震垮。新路共有 20 座大中小桥，其中大桥 12 座、中桥 7 座、小桥 1 座。所有桥梁震害都比较严重，其中，K28+636.75 顺河大桥（8×20 米预应力空心板桥），完全被大型崩坡压埋；K37+080 一碗水中桥（8 米 +3×20 米 +16 米预应力空心板桥），第一至四孔被塌方体砸断；K44+235 彻底关大桥（11+30 米工字梁 +2×20 米空心板桥），跨越岷江的第一至三孔被崩塌巨石撞毁，接彻底关隧道的第十三孔被山体崩塌压埋，9 号、10 号桥墩被飞石损害；接福塘坝隧道的 K47+315 福塘坝中桥（2×20 米预应力混凝土板桥），被山体塌方完全砸垮；K49+281.79 桃关大桥（5×30 米预应力混凝土工字梁），第一至三孔被山体塌方砸断，第四孔随时垮塌；K52+405 草坡桥大桥（5×30 米预应力混凝土工字梁），第一至三孔被山体塌方砸断。此路段有皂角湾隧道（1925 米）、毛家湾隧道（399 米）、彻底关隧道（403 米）、福堂坝隧道（2385 米）、桃关隧道（625 米）、草坡隧道（759 米）、单坎梁子隧道（1555 米）等 7 座隧道。隧道洞身结构无明显震害，主要震害是崩塌落石堵塞洞口（见图 356 ~ 360）。

图 355　国道 213 线白云顶隧道边墙溃裂、钢筋扭曲

国道 213 线汶川至松潘段受损路段约占此路段的 40%。茂县县城近城区域约 20 公里中，受损 12 公里；距离茂县约 10 公里的燕子岩段，山体滑塌高度达 300 ~ 400 米。

国道 317 线受损　国道 317 线起点为四川成都，终点为西藏那曲，全长 2034 公里。在四川境内，317 线起于成都绕城高速公路犀浦立交桥，经郫县、都江堰、汶川、理县、马尔康、炉霍、甘孜（县）、德格等地，全长 972 公里。受损严重路段经过地区的最高地震烈度为Ⅸ ~ Ⅺ度。

图 356　国道 213 线崩滑体压埋公路段及映秀岷江大桥

图 357　国道 213 线一碗水山体崩塌落石砸断桥梁

图 358　国道 213 线连山村约 30 立方米的巨石阻断公路

图 359　桃关隧道映秀端洞门墙断裂

图 360　福堂坝隧道映秀端洞口被崩塌岩体压埋

在四川境内，国道 317 线全线滑坡 600 处 19 万立方米，遇泥石流 66 处 2.4 万立方米，路基路面垮塌 1240 处 47 万立方米，全毁 59 公里、局部损毁 258 公里。主要震损路段在汶川、理县、马尔康境内，路基、路面受损 317 公里，桥梁受损 13 座。国道 317 线卓克基至汶川段是最先打通的震后前往汶川县城的西线道路的最后一段，也是西线最危险路段。卓克基至刷马路口 49 公里为四级公路；刷马路口经理县至汶川 153 公里为三级公路。古尔沟至理县段主要震害形式是危岩崩塌和溜塌落石，主要分布于古尔沟上游约 7 公里至古尔沟下游 10 公里的红叶电站以及朴头乡至理县县城段。两段公路内侧高陡岩质边坡受地震及余震影响，风吹、降雨常引发崩塌落石，严重威胁行车安全。朴头乡至理县间的高家庄超高边坡（高度超过 100 米），坡度几乎垂直，岩石裂隙非常发育，受余震影响，常发生危岩滚落、飞石，对行车安全造成极大威胁，该段是西线进入汶川的咽喉路段。理县至汶川段主要震害集中在汶川县城至城郊 10 公里路段，理县与汶川交界处高边坡路段长，稳定性差，崩塌落石时常压埋阻断公路（见图 361）。

图 361　崩塌落石阻断国道 317 线

国道 318 线受损　国道 318 线起点为上海，途经浙江、安徽、湖北、重庆、四川，终点为西藏友谊桥，全长 5476 公里。国道 318 线重庆境内梁平县 K1906 + 750（石河沟）滑坡 10 余万立方米、公路桥梁开裂 8 座，涵洞损毁 59 处，公路挡墙损毁 41 处，路基沉降 14 处，坍方 31 处，危岩 5 处。该线四川境内路段全长 1348 公里，从川渝边界大竹县石桥铺镇入川，受损严重路段经过地区的最高地震烈度为Ⅸ～Ⅺ度。主要震损路段在大邑、邛崃、天全、泸定等县境内，路基、路面受损 116 公里，桥梁受损 13 座 565 延米。雅安至甘孜段滑坡共 25 处 0.8 万立方米，路基路面垮塌 15 处、1.8 万立方米。

二　省道受损

四川省道受损　汶川地震造成四川省30条高速公路和10条省干线公路严重受损。省高速公路及省属重点项目共有298.5公里路基、159公里路面、563座桥梁（约8.6万延米）、42座隧道（约4.8万延米）受损。在建都（江堰）映（映秀）高速损毁最为严重（见表68）。四川省19个市（州）、150个县（市、区）境内的10条省干线公路严重受损。省道105线（成都—青川）、106线（川西环线）、205线（九寨沟—遂宁）、210线（马尔康—飞仙关）、211线（马尔康—石棉）、301线（南坪—红原）、302线（万源—阿坝）、303线（映秀—炉霍）、305线（隆昌—雅安）、306线（乐山—汉源）10条干线公路3391公里路段严重受损和断道。其中，105线北川、青川、平武段，302线北川、茂县、黑水段，205线平武段，303线丹巴、小金、汶川段，210线宝兴、小金、马尔康段，211线康定、丹巴段的公路交通一度中断。成都、德阳、绵阳、雅安、阿坝、甘孜等市（州）境内的省道公路受损里程1791公里，受损桥梁322座、隧道14座（见表69）。

四川省主要高速公路地震损毁情况统计表

表68

线路名称	受损路段起点桩号	受损路段讫点桩号	路基损坏	路面损坏	滑坡塌方		挡土墙破坏		受损桥梁	
			公里	立方米	立方米	处	立方米	处	延米	座
都（江堰）映（映秀）高速公路	K0	K26	25.06	5000	150800	15	5000	10	3030.7	35
成（都）绵（阳）高速公路	K0	K92	0.12	2450	0	0	0	0	579.2	10
绵（阳）广（元）高速公路	K91	K319	14.50	176	1492	42	1739	13	17480.0	125
成（都）灌（都江堰）高速公路	K0	K40	21.04	0	0	0	0	0	852.9	6
成（都）彭（州）高速公路	K0	K21	21.00	0	0	0	0	0	720.0	7
成（都）温（江）邛（崃）高速公路	K2494	K2559	36.40	0	0	0	0	0	1898.7	10

都映高速。起于都江堰市城南石马巷，接成灌高速公路聚源收费站，经玉堂、龙池，止于映秀镇，全长25.86公里。都映高速路基震害主要类型有填方路基沉陷及边坡破坏、路面开裂，挡墙移位、坍塌以及山体崩塌、落石等。都映高速25.06公里路基完全损毁，滑坡塌方15.08万立方

四川省省道公路地震损毁情况统计表

表 69

线路名称	受损路段起点桩号	受损路段讫点桩号	路线里程	路基宽度	路基路面损坏	路基沉陷及路面裂缝	滑坡塌方	
			公　里	米	公　里	处	万立方米	处
省道 105	K0	K352	383	12	352	969	41	704
省道 106	K27	K223	527	12	195	129	5	283
省道 205	K52	K321	490	12	269	743	63	79
省道 210	K0	K206	345	12	206	53	11.3	18
省道 211	K0	K86	353	12	86	110	8	110
省道 301	K30	K51	261	12	21	33	12	261
省道 302	K660	K1056	1190	12	396	34	0.7	7
省道 303	K0	K196	487	12	196	53	81	1860
省道 305	K202	K240	293	12	38	0	0	0
省道 306	K108	K137	176	12	29	34	4	26

线路名称	受损桥梁		受损隧道		全毁里程	局毁里程
	延　米	座	延　米	道	公　里	公　里
省道 105	4668	96	1982	2	156	196
省道 106	2569	52	0	0	0	195
省道 205	593	16	0	0	37	232
省道 210	992	15	0	0	0	206
省道 211	208	8	1000	1	0	86
省道 301	13	1	0	0	0	21
省道 302	4605	111	192	3	96	300
省道 303	1330	25	1940	3	56	140
省道 305	27	1	0	0	0	38
省道 306	991	6	5069	5	0	29

说明：下表与上表横向承接

米，挡墙破坏 10 处 5000 立方米；全段 37 座桥梁中 35 座损毁，共计 3030.7 延米，其中 1 座桥完全垮塌、20 座桥成为危桥。都江堰至映秀共有隧道 4 座，均不同程度受损。

图 362　都映高速庙子坪岷江特大桥第十跨引桥落梁

庙子坪岷江特大桥，又名紫坪铺大桥，跨越紫坪铺水库和岷江，都江堰端接董家山紫坪铺隧道，汶川端连接龙洞子隧道。桥梁全长 1436 米，全宽 22.5 米。大桥距震中映秀约 5 公里，地震烈度达Ⅺ度。地震造成主桥 5 号桥墩墩底开裂，10 片 50 米长的 T 字形梁掉入紫坪铺水库，直接导致已经初具通车条件的大桥从中间断裂（见图 362）。汶川端的引桥整体横向偏位明显，防震挡块损毁严重，全桥支座普遍存在较严重的变形、移位、脱空失效等现象。部分桥墩出现环向裂缝，主桥盆式支座失效，导致交界墩处主桥桥面与两岸引桥桥面的高程存在明显高差，横向也有明显错位。主跨箱内有明显裂纹，成都岸边跨 17 米处箱梁形成环状裂纹。

新房子大桥桥面连接处混凝土开裂，墩台帽上纵横向防震挡块大部分开裂破坏，伸缩缝处防撞护栏普遍挤压开裂。桥墩偏移，导致连续梁与 T 型梁之间存在近 70 厘米错位（见图 363），左线都江堰岸桥台后接挡墙垮塌。都映高速映秀岷江大桥梁体旋转横移（见图 364），映秀收费站顺河桥桥墩倒塌，桥面板垮塌，完全被破坏。

都映高速共有 4 座隧道，即紫坪铺隧道（3881 米）、龙洞子隧道（1024 米）、龙溪隧道（3691 米）和烧火坪隧道（450 米）。汶川地震断层破裂横穿龙溪隧道，造成洞室整体坍塌近 200 米，

图 363　都映高速新房子大桥梁体移位

图 364　都映高速映秀岷江大桥梁体旋转横移

素混凝土衬砌段开裂、剥落、大面积垮塌，钢筋混凝土衬砌段剥落、钢筋弯曲外露；隧道的进口端4个段落整体坍塌，损坏极其严重；出口端洞口山体崩塌、仰坡支护破损严重。多段衬砌出现施工缝开裂错台严重、被压碎网裂钢筋裸露甚至大面积破损垮塌，隧道仰拱向上隆起，中央排水沟破坏堵塞，初期支护侵限、钢拱架及工字钢扭曲变形，喷射混凝土大面积掉块。

图 365　都映高速龙溪隧道拱顶整体坍塌

龙洞子隧道右线出口仰坡坍塌，洞口被埋，洞门墙损坏。洞内二次衬砌开裂变形较严重，有渗漏水现象，仰拱隆起，部分段落二衬坍塌。

图 366　都映高速龙洞子隧道映秀端仰坡崩塌堵塞洞口

紫坪铺隧道进口边、仰坡防护开裂损坏。衬砌多处结构裂缝错台，并与仰拱及填充形成贯通裂缝，裂缝宽最大达20毫米。仰拱及填充出现隆起、开裂、错台等严重破坏现象，仰拱填充开裂最大达200毫米，局部产生脱离现象，同时相应部位的沟槽开裂、错台也非常严重。烧火坪隧道映秀洞口仰坡开裂、坍塌；卧龙端洞口山体垮塌，压埋洞口，衬砌开裂、渗水、局部掉块、钢筋压曲、环向施工缝开裂、错台（参见图365 ~ 366）。

省道105线。起自成都市绕城高速公路崇义立交桥，经彭州、什邡、绵竹、安县、北川、青川，止于川陕交界的石嘴子，全长383公里。彭州经北川至青川（沙州）段公路，其中彭州至绵竹段为二级公路，绵竹至北川公路段为一级、二级公路，北川至青川段为二级、三级公路，青川至沙州为三级公路。公路经过地形分为两类：彭州—绵竹—安昌段为平原地形，安昌—北川—青川—沙州段为山区地形。线路走向为北东走向，并与汶川地震的发震断层——龙门山中央断裂带走向大致平行。路线经过地区的地震烈度为Ⅶ～Ⅺ度不等。

省道105线路基、路面受损352公里，桥梁受损96座、4668延米（参见图367 ~ 368），隧道受损2座、1982延米。全线滑坡704处、41万立方米，路基路面垮塌969处、26万立方米，公路全毁156公里、局部损毁199公里。该线震害主要发生在彭州、什邡、绵竹、北川、安县、江油、青川等县（市）境内，北川、南坝至青川（沙州）路段位于中央断裂的上盘，距断层较近，并在北川县城附近与汶川地震发震断层相交错。从北川的擂鼓至青川的石嘴子、青川的乔庄至沙州、北川至安县道路完全中断；平武南坝至北川桂溪段山体崩塌，约7公里路线被埋，平武县平通镇南形成巨大堰塞湖；青川至分水垭段约41公里路段发生路基沉陷、塌方、堰塞湖等灾

图 367 省道 105 线北川县城附近公路错断

图 368 省道 105 线南坝新桥大部分梁板坠落、桥墩倾斜

害。什邡市原四平镇段公路及右侧砂土发生液化，江油市陈家坝泥石流淹没公路。路线与断层交叉路段的桥梁如井田坝大桥、陈家坝大桥、南坝旧桥、南坝新桥完全损毁，牛角垭隧道（1614米）地震震害较为明显，主要震害是隧道二次衬砌裂缝较多，局部裂缝较密集，多处拱顶有起皮、脱落现象，部分拱顶剥落、衬砌钢筋变形，部分施工缝开裂、错台、渗漏水。

省道 106 线。川西环线，起自蒲江县，经邛崃、大邑、崇州、都江堰、彭州、什邡、中江、资阳、眉山、仁寿、丹棱等地，止于丹棱县与蒲江县交界处，全长 527 公里。线路经过地区的最高地震烈度为Ⅸ～Ⅺ度。震害主要发生在都江堰市、安县、大邑县、什邡市、德阳市旌阳区、丹棱县等境内路段。全线路基、路面受损 195 公里，桥梁受损 52 座 2569 延米。

省道 205 线。起自九寨沟县，经平武、江油、绵阳、三台、射洪、遂宁，止于重庆潼南界，全长 490 公里。路线处于山岭重丘地带，受损严重路段经过地区的地震烈度为Ⅸ～Ⅺ度。震害主要发生在九寨沟、平武、江油等县（市）境内路段。全线路基、路面受损 269 公里，全滑坡 79 处63 万立方米，泥石流 58 处 1.2 万立方米，桥梁受损 16 座 593 延米。

省道 210 线。起自马尔康县的卓克基，经小金、宝兴、芦山，止于雅安市飞仙关，全长345 公里。路段经过地区的地震烈度为Ⅶ～Ⅷ度。震害主要发生在马尔康、小金、宝兴等县境内路段。路基主要震害为边坡坍塌、路面损坏、排水系统受损等。夹金山越岭路段排水系统较差，造成路基损害；梦笔山越岭路段的水泥混凝土路面出现断板、局部凹陷等损害。全线滑坡18 处 11.3 万立方米，路基路面垮塌 53 处 43 万立方米，公路局部损毁 206 公里，桥梁受损 15座 992 延米。

省道 302 线。起自万源市，经达州、巴中、南充、绵阳、广元、阿坝，止于川、青两省交界的分水岭，全长 1190 公里。受损严重路段经过地区的地震烈度为Ⅷ～Ⅺ度。震害主要发生在北川、茂县、江油、黑水段。该线 7 处滑坡、0.7 万立方米，全线路基、路面受损 396 公里，垮塌 34 处、

6万立方米，全毁96公里，局部损毁300公里，桥梁受损111座4605延米、隧道3座192延米。

该路极重灾区范围内的路段（北川羌族自治县曲山镇至禹里乡）的震害主要为唐家山堰塞湖淹没公路，曲山镇至茂县东兴乡山体崩塌形成堰塞湖阻断交通，北川羌族自治县通口镇至邓家坝由于塌方引起路基滑移。

图369　遭受严重破坏的省道302线龙尾山湔江河大桥

龙尾山湔江河大桥严重受损。北川县城石蓑衣大桥垮塌。龙尾山湔江河大桥（总长210米、跨径11×20米）发生两个方向的位移，原桥梁纵向向北川县城方向位移2米，整个桥面向下游发生位移，最大位移约2米；大桥靠北川县城侧第四跨垮塌桥板5块，第八跨桥墩断裂，仅能通行行人（见图369）。石蓑衣大桥（总长110米、桥宽7.5米），北川县城侧第三、四跨桥墩断裂，第三、四、五跨桥面垮塌，大桥不能通行。

省道303线。起自汶川县的映秀，经小金、丹巴、道孚等地，止于炉霍，全长487公里，为四川省横穿东西地区的重要干线公路，分别在达维和丹巴与省道210线和省道211线相连接。全线路基、路面受损196公里，滑坡1860处，公路全毁56公里，局部损毁140公里。映秀至日隆段长147公里，地震烈度为Ⅷ～Ⅺ度。震前该路沿线风光秀美，2006年在原路基础上按二级公路改建，地震时映秀至卧龙段已完成路面铺筑，卧龙至日隆段则完成路基及部分路面施工。震后公路两侧山体形成大面积滑坡、崩塌和泥石流，沿线河道被严重压缩，河床变窄，水位抬高，并受连续崩塌体影响，形成35处小型堰塞湖。映秀至耿达7公里道路，80%左右道路被严重淹没或损毁。全线桥梁受损25座，其中完全损坏2座，被山体塌方完全淹埋2座，局部受损21座。映秀湾电站附近的渔子溪1号大桥、渔子溪2号大桥被滚落巨石

图370　省道303线崩塌体压埋盘龙山隧道出口并砸断渔子溪1号桥

图 371　省道 303 线崩落块石击毁渔子溪 2 号桥

砸坏，桥面倾覆，损坏严重（见图 370 ~ 371）。全线有盘龙山、耿达、花岩子 3 座隧道，均不同程度受损，盘龙山隧道洞门局部被巨石砸损，耿达隧道映秀端明洞洞顶被垮石砸坏，花岩子隧道轻度受损。

甘肃省道受损　汶川地震波及甘肃省 10 个市（州）的 70 个县（市、区），陇南、甘南、天水等市（州）交通基础设施遭到严重损毁。甘肃省共有 76 条国、省干线公路、3992 条县乡公路不同程度受损，损毁 18344 公里。干线公路共造成塌方（落石）3052 处、693 万立方米，路基沉陷 1516 处、166 万平方米，路基缺口 1385 处、22 万立方米，路面沉陷、裂缝、翻浆等 658 公里，桥梁裂缝、梁体位移、破损、桥台开裂、防护工程破损、桥头沉陷等 253 座、10177 延米，涵洞板体及拱圈开裂、八字墙分离等 1064 道，隧道衬砌开裂、侧墙移位 2054.3 米，渡槽板体开裂、桥台裂缝 34 座、660.8 米，挡土墙 616 处、25 万立方米，护坡 692 处、14 万立方米，边沟（排水沟）273084 米，总段、县段办公楼、养管站、收费站等发生房屋裂缝和墙体损坏共 1278 间、5 万平方米，围墙倒塌 11467 米，损坏防撞墙 3010 米、防撞墩 16152 米、标志标牌 359 块、示警桩 25056 根（以上数据含国道损毁）。

省道 205 线。起点为徽县江洛镇，终点为陇南市武都区。全长 161 公里，路线等级为二级，地震中全线受损。

省道 306 线。起点为徐家店，终点为合作市。路线全长 105 公里，三级公路。地震对徐家店至祁山堡段 45 公里路段造成严重震损。

省道 307 线。起点为陕甘交界处的白河沟，终点为望关。路线全长 50 公里，三级公路，地震中全线受损。

省道 313 线。起点为两河口，与国道 212 线相接，终点为黑水沟。全长 70 公里，路线等级为二级、三级结合。地震中全线受损。

省道 206 线。8 月 10 日零时 12 分、31 分、56 分和 12 时 38 分在四川青川和甘肃文县交界处分别发生 4.0 级、4.2 级、4.3 级、4.0 级共 4 次余震，文县碧口镇震感强烈。多次强余震致使碧口段 206 线（大姚路）K99+400 左侧山体坍塌，1.2 万余立方米坍塌的山体埋没了路基，造成交通中断。

陕西省道受损　地震中，陕西省主要受灾地区为以宁强为中心，向东北方向涵盖汉中市、宝鸡市、咸阳市、西安市、安康市在内的弧形区域内，共有 9 条高速公路、30 条国省干线公路

（含两条到养县道）、715 条农村公路受损。西汉、西宝、绕城、机场、咸永、西潼、西铜、延黄、西禹等 9 条高速公路共受损桥梁 57 座、13620 延米，受损隧道 3 座、500 延米，路基路面塌方和沉陷 10 处，受损收费站 27 个、收费所机关 9 个，服务区 2 处房屋发生不同程度的破损。国省干线公路边坡及挡土墙坍塌 523 处，受损隧道 31 座、12464 延米，受损桥梁 283 座、27091 延米，49 道涵洞出现裂缝等震害；公路管理机关办公楼 42 处、家属楼 15 处、治超检测站 6 处、道班 190 处受损。

省道 210 线。主要经过宝鸡、汉中两市，麟游白家西坡北至留坝段全长 238 公里；公路标准以二级、三级为主。震害主要集中在汉中市境内，受灾里程约 42 公里。路基沉陷垮塌 12 处 1.8 万立方米，影响公路里程约 3 公里；受损桥梁 1 座 45 延米。

省道 309 线。勉县至略阳段，主要位于汉中市境内，全长 118.69 公里；线形设计标准以四级为主，部分路段采用三级标准。地震造成滑坡崩塌 19 处 6.1 万米立方米，桥梁受损 4 座 629 延米，隧道受损 1 座 518 米，受损里程约 99 公里。

三　县乡公路受损

四川省县乡公路受损　四川省的县乡农村公路在汶川地震中遭受巨大破坏，其中尤以成都、德阳、绵阳、广元、雅安和阿坝等 6 个市（州）的情况最为严重。全省 2.9 万公里农村公路受损，通往汶川、茂县、理县、北川、青川、平武等重灾地区以及 254 个乡（镇）的公路交通一度完全中断。

成都市境内的县乡公路全毁 436.7 公里，局部损毁 466.05 公里，桥涵损毁（坏）14608 延米。德阳市境内的县乡公路全毁 1693.66 公里，局部损毁 1221.78 公里，桥涵损毁（坏）3826 座（道）29839 延米。其中，绵竹、什邡两个极重灾县（市）的道路损毁近 90%，清平、天池、红白、蓥华 4 个乡（镇）因山体滑坡造成全线断道。绵阳市因地震造成的路基塌方、滑坡、沉陷等原因，境内县乡公路全毁 410.77 公里、局毁 2207.03 公里，桥涵损毁（坏）6685 座（道）37330 延米，使 97 个乡（镇）的公路交通受阻，其中 48 个乡（镇）的公路交通被完全阻断。广元市境内的剑（阁）青（川）公路等县道、东河口至红光等乡道损毁极其严重。全市县乡公路全毁 373.84 公里、局毁 2216.09 公里，桥涵损毁（坏）7478 座（道）57462 延米。极重灾区青川县的所有对外公路交通全部中断，通往县内所有乡镇的公路均遭受不同程度破坏，受困人口达 25 万人。雅安市境内的县乡公路全毁 6.2 公里、局部损毁 769 公里，桥涵损毁（坏）1035 座（道）12234 延米，经济损失 66761.7 万元。阿坝藏族羌族自治州境内的汶川、理县、茂县、松潘、九寨沟、黑水、小金 7 个重灾县的县乡公路损毁尤为严重。全州县乡公路全毁 234.93 公里、局部损毁 689.48 公里，桥涵损毁（坏）1329 座（道）9396 延米。

什邡市广青公路起于广汉市，止于什邡市红白镇青牛沱，全长约 64 公里，路基宽度 8 ~ 12 米，水泥混凝土路面，1997 年按二级公路标准改建。其沿线接什邡市洛水镇、蓥华镇、红白镇等，是什邡市通往山区乡镇、重点企业的重要通道。广青公路广汉市至蓥华镇为平原段，地震对公路总体影响不大，蓥华镇之后为山区段，公路受损严重。烂柴湾发生长约 100 米、高 50 ~ 60 米的

图 372　广青公路红白镇段完全坍塌的红东大桥

图 373　广青公路红白镇段迎新桥垮塌

塌方，塌方量约 1.5 万立方米；烂柴湾与红白镇之间多处塌方，掩埋道路半幅以上。通往岳家山的红东大桥为宽 8.5 米、跨径 100 米的单跨拱桥，震后完全垮塌（见图 372）。红白镇段迎新桥为单跨石砌小拱桥，震后也完全垮塌（见图 373）。

绵竹市绵茂公路是德阿公路的重要组成部分，是进出阿坝的重要生命线。绵竹至汉旺段位于平原区，震害小，而汉旺至清平黑洞崖山区段地震灾害十分严重，黑洞崖以北一段矿山路完全损毁（参见图 374 ~ 375）。

图 374　绵茂公路小木岭接待站。左图拍摄于 2005 年 4 月；右图为震后照片，公路和房屋被黑洞崖堰塞湖淹没

图 375　干沟上游两公里处的绵茂公路。左图拍摄于 2008 年 4 月；右图为震后照片，瀑布消失、公路被埋

汉旺至清平 16 公里的道路附近分布有一把刀、老虎嘴和小岗剑等多处堰塞湖，储水量近千万立方米，一把刀堰塞湖淹没公路 1 公里，小岗剑堰塞湖淹没道路 2 公里，黑洞崖堰塞湖淹没道路 1.5 公里。绵茂公路在 K16+700 处被中央断裂带错断，公路隆起，高度达 4 米（见图 376）。该段路桥梁损毁严重，K5+650 高桥被堰塞湖泄洪冲毁，K15+500 清平乡桥错位约 40 厘米，K18+800 小拱桥完全垮塌。

图 376　中央断裂带错断绵茂公路，抬升高度 4 米

汶川县道 XU09 漩三路起于漩口镇三江大桥，途经水磨镇，止于三江乡，全长 20 公里，是汶川县重要旅游公路。地震造成路基、路面和公路沿线设施严重损坏，黑龙潭和陈家山发生大型崩塌，压埋道路，壅塞河道，部分道路被堰塞湖淹没。

彭州市彭银路全长 40 多公里，是彭州市通往银厂沟风景区的主要道路。银厂沟风景区位于龙门山中央断裂带上，在地震中几乎全毁。彭银路靠近极震区，多处被损毁，至少有 5 处大规模塌方，小鱼洞大桥垮塌，通济大桥出现移位。小鱼洞桥于 1998 年开工修建，1999 年竣工通车，是彭州至银厂沟公路间的一条重要桥梁。该桥总长 187 米，主桥主跨 40 米、宽 12 米，四跨连续钢构桥。震后小鱼洞大桥附近有断层地表破裂出露，连续钢构桥的钢架拱产生了塑性铰，从东向西第一跨和第二跨的桥面产生明显的损伤，第三跨和第四跨发生落梁破坏，第四个桥墩发生明显倾斜（见图 377）。

图 377　彭银公路小鱼洞大桥的两跨桥梁倒塌

都江堰市深溪沟公路由于位于龙门山断裂附近，都江堰市通往虹口乡的深溪沟公路受损严重，特别是山区部分。崩塌巨石砸毁公路，山体滑坡压埋公路，路基损毁。

安县地方道路损毁严重，XB35、墩秀路部分道路等被肖家桥堰塞湖、高川堰塞湖群淹没，塌方、落石砸毁道路及车辆（见图 378 ~ 379）。

图 378　安县高川乡堰塞湖淹没公路、车辆

图 379　安县墩秀路崩塌落石压埋公路，砸坏车辆

四川省主要受灾市（州）县乡公路地震损毁情况统计表

表 70

市（州）	地震损毁情况					
	路基损毁（公里）	路基沉陷及裂缝（公里）	滑坡塌方		挡土墙损毁	
			立方米	处	立方米	处
成　都	895.75	823.90	1191700	1801	1267751	430
德　阳	2787.00	2320.21	13196916	1901	791978	1648
绵　阳	2323.40	1543.70	29504778	1751	3289389	1128
广　元	2168.77	899.42	7750744	25848	2007854	8272
雅　安	677.06	272.95	6759055	6057	895809	2436
阿　坝	844.41	479.30	20197515	2127	1294534	7025

市（州）	地震损毁情况			
	桥涵损毁		全毁里程	局毁里程
	延　米	座/道	公　里	公　里
成　都	14608	325	406.70	466.10
德　阳	29839	3826	1693.56	1221.78
绵　阳	37330	6685	410.77	2207.03
广　元	57462	7478	373.84	2216.09
雅　安	12234	1035	6.20	769.00
阿　坝	9396	1329	234.92	689.48

说明：上表与下表横向承接

甘肃省县乡公路受损　地震造成甘肃省 104 条乡道、1251 条村道交通中断。其中，路基沉陷裂缝 7697.31 公里，滑坡塌方 9854 处、1622.47 万立方米，挡墙坍陷和断裂等 60041 延米、267557 立方米，桥梁受损 424 座、19177 延米，涵洞受损 1593 道、11936 米，办公住房受损 626 间、9293 平方米。甘南、陇南、定西农村公路受灾比较严重。

甘南藏族自治州县乡公路、桥梁受到不同程度的破坏。全州 382 条公路受损中断，造成 2500.55 公里路基沉陷、裂缝；路基滑坡、塌方 748 处、124.9 万米立方米；受损大小桥梁 281 座、6374 延米；20 处站、道班房不同程度受损。舟曲县县乡公路受损 46 条 320 公里，40 公里路基出现沉陷裂缝，桥梁受损 62 座 1668 延米，70% 的新建、改建公路项目不同程度受到影响。合作市受损公路 33 条、217.6 公里，塌方滑坡 142 处、36.7 万立方米；沉陷塌陷 54 处、22 万立方米；

毁坏砂石路面381896平方米、沥青路面26354平方米；涵洞损毁214延米，需要维修加固219米；防护损毁500立方米；桥梁严重损毁3座、119.5延米，一般性损毁4座、229.2延米。临潭县县道6条、30公里，乡道6条、22公里，村道54条、70公里受损。玛曲县受损县道4条、61公里，乡道2条、24公里，村道21条、72公里；路基沉陷、裂缝164公里，滑坡塌方52.1万立方米，挡墙470处、2040立方米，桥梁8座、148延米，涵洞197道、1280.5延米。迭部县38条、553.75公里农村公路受损，桥梁142座、137延米受损。碌曲县67条、556.4公里县乡道路受损，塌方滑坡271处、21.6万立方米，防护工程受损70处、768立方米，涵洞受损272道、1768延米，桥梁受损11座、242延米。

陇南市74个乡（镇）1343个村道路中断，被困群众约87.3万人。全市7454.54公里县乡公路受损，滑坡、塌方9437处、840万立方米，损坏挡土墙58379米、254450立方米，受损桥梁208座（其中吊桥84座），受损涵洞1435道。

定西市县乡公路损坏严重，危桥133座，路基滑坡、塌方170处、57.2万立方米，路面裂缝、沉陷194.6公里，挡土墙损坏1600立方米。

陕西省县乡公路受损 汉中市、宝鸡市、西安市、安康市、咸阳市、商洛市、渭南市、铜川市、延安市、榆林市各地715条县乡公路不同程度受损，累计受损里程10537公里，其中宝鸡、汉中受损最为严重。路基沉陷509处，滑坡塌方746处、39.23万立方米，损毁挡墙6041处、49822.6立方米，桥梁452座、41895延米，隧道1座、54延米，涵洞414道，道班房514处、7284平方米。

汉中市有432条、4084公里县乡公路不同程度受损，受损桥梁176座、20630延米；隧道1座、54延米，涵洞187道、1143延米，塌方352处、21.17万立方米，路基沉陷、裂缝316处、19.17公里，道班房受损401间、6215平方米。破坏比较严重的路线有宁强何万路、大禅路，略阳接大路、略药路、略观路，南郑汉通路、新铁路、小西路，勉县茶庙路等（见表71）。

汉中市县乡公路地震灾害损失情况统计表

表71

县（区）	公路（条/公里）	桥梁（座/延米）	隧道（道/延米）	道班房（间/平方米）
汉　台	15/273	1/2260	—	17/127
南　郑	14/286	22/2340	—	19/273
城　固	14/348	9/1480	—	51/527
洋　县	16/332	39/3150	—	21/440
西　乡	10/210	9/1710	—	26/489
勉　县	12/276	9/3330	—	62/964
略　阳	78/679	10/1520	—	90/2220
宁　强	147/625	39/2420	—	59/453
镇　巴	101/734	24/1890	—	19/454

续表 71

县（区）	公路（条 / 公里）	桥梁（座 / 延米）	隧道（道 / 延米）	道班房（间 / 平方米）
留　坝	3/94	5/240	1/54	23/175
佛　坪	22/227	9/290	—	14/93
合　计	432/4084	176/20630	1/54	401/6215

说明：损失情况不含城市道路

宝鸡市有 53 条、1184 公里县乡公路不同程度受损，受损桥梁 52 座、3150 延米，涵洞 57 道、72 延米，滑坡、塌方 125 处、4.93 万立方米，路基沉陷、裂缝 129 处、11.75 公里，道班房受损 36 间、313 平方米（见表 72）。

宝鸡市县乡公路地震灾害损失情况统计表

表 72

县（区）	公路（条 / 公里）	桥梁（座 / 延米）	道班房（间 / 平方米）
渭　滨	2/83	6/360	—
金　台	2/89	—	—
陈　仓	4/114	3/260	13/59
凤　翔	—	7/490	3/34
岐　山	22/204	11/440	—
扶　风	3/53	3/170	—
眉　县	—	2/120	—
千　阳	4/128	2/90	12/124
陇　县	8/210	10/510	8/96
麟　游	7/238	3/150	—
太　白	1/65	3/90	—
凤　县	—	2/470	—
合　计	53/1184	52/3150	36/313

说明：损失情况不含城市道路

四　客运场站受损

地震给灾区公路运输行业带来巨大损失，特别是沿龙门山中央断裂带两侧的成都、阿坝、德阳、绵阳、广元等市（州）部分地区的最高地震烈度达Ⅹ度以上，使当地道路运输行业受灾情况严重，部分设施遭到毁灭性破坏。公路运输管理机构经济损失 1.26 亿元；道路客货运输企业、汽车维修企业和汽车驾驶培训学校经济损失 10.69 亿元，损毁客车 99 辆、货车 161 辆，损坏客车 659 辆、货车 833 辆。四川九寨运业有限责任公司经济损失 9000 万元，四川省广元公路运输集团有限责任公司经济损失 1.1 亿元，四川富临运业集团有限责任公司经济损失 2 亿元。

四川省 39 个县级以上客运站、344 个农村客运站遭受不同程度的毁损，经济损失高达 41342 万元。其中，12 个县级以上客运站需重建、27 个需修复，经济损失 20906 万元；129 个农村客运站需重建、215 个需修复，经济损失 20436 万元。成都市县级以上客运场站受损较轻，都江堰客运中心、彭州客运中心、大邑客运站，站房局部受损，对旅客运输造成的影响较小。德阳市有 6 个县级以上客运场站不同程度受损，其中罗江汽车站受损最为严重，2 根框架梁形成贯通裂缝，混凝土破裂，结构整体倾斜，墙体倒塌。绵阳市受损县级以上车站 9 个，其中北川和平武客运站完全倒塌。广元市 7 个车站受损严重，青川汽车客运中心站所有梁、柱节点完全破裂，支撑柱、梁形成贯通裂缝。雅安市 4 个县级以上汽车站受损，其中汉源汽车客运站 7 处梁、柱节点完全破裂，支撑柱、梁形成贯通裂缝，结构整体倾斜 10 度；宝兴汽车站 3 根承重柱产生横向裂缝、局部破坏，30% 墙体整体开裂、倒塌。阿坝藏族羌族自治州 8 个县级以上汽车站受损，其中理县旅游客运中心 4 处柱、梁节点破坏，墙体形成贯通裂缝、整体开裂；茂县客运中心 40% 楼板塌落，60% 墙体垮塌；汶川汽车站地基下沉 0.2 米，8 处梁、柱节点完全破裂，支撑柱、梁形成贯通裂缝；九寨沟沟口汽车站场坝受损 5282 平方米，墙面受损 11746 平方米。南充市、巴中市各有一个县级以上汽车站受损。

第二节 铁路设施受损

汶川特大地震造成宝成铁路、成昆铁路、陇海铁路天宝段等 7 条主要干线，以及成汶、德天、广岳 3 条铁路支线运输中断（见图 380）。受灾地区铁路严重落石塌方 50 处，线路受损累计 1281 公里；桥梁受损 281 座，隧道受损 151 座，电气化接触网损坏 61 公里，通信信号设备受损 66 处，机车车辆报废 60 辆。地震发生时，全路共有 31 列客车、2 万多名旅客和 149 列货物列车在途中滞留，236 列客车停运。受地震影响，宝成线 109 隧道南口山体坍塌，运行至该段的 21043 次货物列车撞上巨石，机车和 17 节车辆脱线，12 节油罐车在隧道内起火，导致宝成线运输中断。地震还造成铁路职工及家属 74 人死亡、706 人受伤，房屋倒塌 61.36 万平方米，其中生产用房 29.2 万平方米、办公用房 3.26 万平方米、职工住宅 28.9 万平方米。

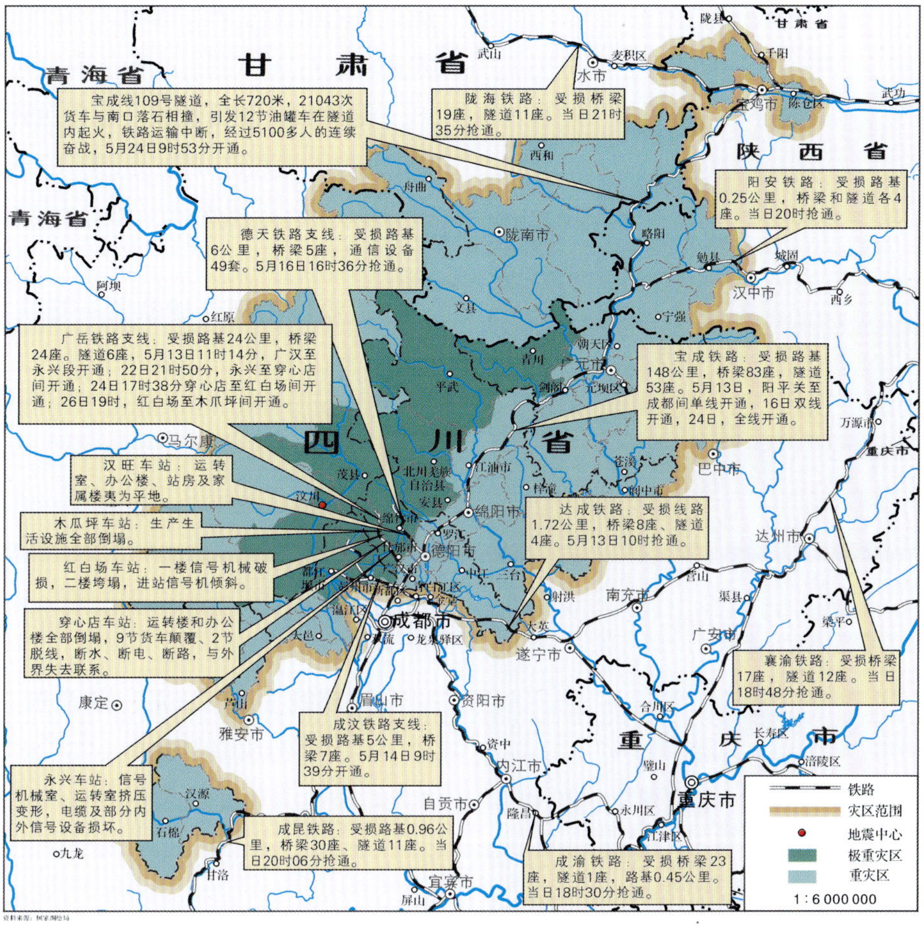

图 380　汶川特大地震灾区受损铁路分布示意图

一　干线铁路设施受损

宝成线（陕西宝鸡—四川成都）　宝成线全长约669公里。地震造成路基受损148公里（见图381）；桥梁受损83座；隧道受损53座；供电线路损坏138.5公里、设备受损101台（座），低压电缆线路受损470.2公里，44站43个区间断电；供水设施受损58台（座）；60个车站的信号设备受损，信号机毁坏1655架，道岔损坏345组，继电器损坏1.1万台，通信电缆线路损坏74.8公里；通信设备受损279套；生产房屋倒塌169处，倒塌和严重受损28.61万平方米。宝成铁路纵贯广元、江油、绵阳、德阳等重灾地区，德天、广岳两支线连接绵竹、什邡等重灾地区，是抗震救灾的重要通道。尽早打通受损铁路，对于运送抗震救灾物资、转运地震受伤群众等，具有极为重要的作用。

成昆线（四川成都—攀枝花段）　全长749公里。地震造成路基受损0.96公里，桥梁受损30座，隧道受损11座，生产房屋严重受损3.25万平方米。

成渝线（四川成都—重庆）　全长504公里。地震造成路基受损0.45公里，桥梁受损23座，

图 381　汶川特大地震造成宝成铁路严重损坏
（曹宁　摄）

图 382　断层穿过绵竹市汉旺镇造成铁路损坏

隧道受损 1 座，生产房屋严重受损 0.68 万平方米。

陇海线（陕西潼关—甘肃兰州段）　全长 825 公里。地震造成桥梁受损 19 座；隧道受损 11 座；生产房屋倒塌 4 处，倒塌和严重受损 4.32 万平方米。

襄渝线（湖北胡家营—重庆段）　全长 663 公里。地震造成桥梁受损 17 座，隧道受损 12 座，生产房屋倒塌和严重受损 0.85 万平方米。

阳安线（阳平关—安康）　全长357公里。地震造成路基受损 0.25 公里；桥梁受损 4 座；隧道受损 4 座；生产房屋倒塌 4 处，倒塌和严重受损 0.83 万平方米。

达成线（达州三汇—成都东）　全长 353 公里。地震造成路基受损 1.72 公里，桥梁受损 8 座，隧道受损 4 座，生产房屋严重受损 0.47 万平方米。

二　支线铁路设施受损

德天线（德阳—汉旺）　全长 42 公里，4 个车站。地震造成 6 公里路基受损（参见图 382）；桥梁受损 5 座；低压电缆线路受损 8.6 公里，4 个车站 4 个区间断电；供水设施受损 8 台（座）；4 个车站信号设备、1 个道口信号机械室受损，损坏信号机 34 架、道岔 35 组；通信设备受损 49 套；生产房屋倒塌 7 处，倒塌和严重受损 2.14 万平方米。地处德天支线终端的汉旺站距震中汶川县映秀镇只有 80 公里，车站运转室、办公楼、站房及家属楼全部坍塌，被夷为平地。

广岳线（广汉—岳家山）　全长 65 公里，10 个车站。地震造成路基受损 24 公里；桥梁受损 24 座；隧道受损 6 座；低压电缆线路受损 21.3 公里，10 个站 10 个区间断电；供水设施受损12台（座）；9个车站信号设备受损，其中4个车站信号设备全部损毁，损坏信号机52架、道岔40组；通信设备受损116套，永兴、雪门寺、穿心店、红白场、木瓜坪等5个站通信机房垮塌，铁路运输调度指挥通信设备全部损坏；生产房屋倒塌37处，倒塌和严重受损3.21万平方米，其中永兴、雪门寺、穿心店、红白场、木瓜坪站生产生活设施严重垮塌，木瓜坪站全部倒塌（参见图383 ~ 384）。

图383　广岳线什邡市洛水—蓥华段滚落的巨石砸坏铁轨

（谭存华　摄）

图384　成都铁路局穿心店站车厢翻倒、铁轨扭曲

（胡兴勇　摄）

成汶线（青白江—都江堰）　全长60公里，6个车站。地震造成5公里钢轨变形，路基下沉；桥梁受损7座，其中蒲阳河2号桥梁体有不同程度位移，第六孔最为严重，该孔左片梁向左横移100毫米，右片梁向左横移180毫米，支座螺栓折断，梁中缝隔板被震落，道砟散落到桥下；低压电缆线路受损12.8公里，6个车站6个区间断电；供水设施受损7台（座）；5个车站信号设备受损，损坏信号机39架、道岔41组、信号电缆12公里；通信设备受损25套；生产房屋倒塌12处，倒塌和严重受损1.52万平方米。

广旺线（广元南—普济）　全长82.758公里，10个车站。地震造成31公里路基受损，桥梁受损3座，隧道受损4座，4个车站给水管网及排水设施受损，9个车站的信号及通信设备受损，生产房屋严重受损2.56万平方米。

三　车站设施受损

地震造成位于龙门山断裂带上的永兴、雪门寺、穿心店、红白场、木瓜坪、岳家山和汉旺等

图 385　成都铁路局绵阳车务段永兴车站受损情况

（曹宁　摄）

火车站的生产生活设施严重损毁，其中木瓜坪车站和汉旺站的运转室、办公楼、站房及家属楼全部坍塌，车站瞬间被夷为平地。汉旺站全站 27 名职工有 13 名职工及家属遇难。宝成铁路德阳、绵阳、江油、广元等主要车站候车室出现裂缝，不能正常使用。成都铁路局绵阳车务段永兴车站受损情况见图 385。

四　宝成线 109 隧道起火

宝成铁路是中国西北进入四川的南北大通道。汶川特大地震造成西安铁路局管内宝成线 109 隧道南口坍塌，行驶至此的 21043 次货车与落石相撞，导致满载 530 吨汽油的 12 节油罐车在隧道内燃烧起火，铁路运输中断（见图 386）。

5 月 12 日 14 时 25 分，西安铁路局新丰镇机务段 21043 次货物列车从甘肃徽县车站开出。列车编组 40 节，总重 3150 吨，其中装运汽油的罐车 12 节，装有钢卷、饲料、麸皮、小麦芽、润滑油、线材、面粉、玉米的平板（棚）车共 28 节。14 时 28 分，当列车以 51 公里时速行至线路 151 公里处时，突然，大地剧烈颤动，山摇车晃，列车紧急制动后以每小时 20 公里的速度与隧道出口 151.198 公里至 151.24 公里处山体塌方落下的巨石（约 2 万立方米，最大块石 300 立方米）相撞，导致列车脱轨，两名机车乘务员受伤，机车被大量落石压埋在 109 隧道里，12 节油罐车起火。隧道南出口塌方处有落石 2 万立方米，隧道中部落石约 12 万立方米，部分棚洞和正洞被落石砸毁，形

图 386　宝成铁路 109 隧道火灾现场

（杜宝同　摄）

成堰塞体，部分堵塞了嘉陵江。嘉陵江畔的公路也被塌方落石阻断，隧道附近2公里范围内堆积落石近3万立方米。隧道内火势凶猛，12节油罐车随时都有发生剧烈爆炸的危险，影响周围6公里范围内的群众的安全，形势严峻。经过现场抢险救援人员的不懈努力，24日恢复通车。

第三节　水路设施受损

汶川特大地震造成四川、甘肃、陕西、重庆等省（市）航道、船闸、码头、渡口和房站等设施不同程度受损。地震及其所引发的滑坡、崩坍、落石、泥石流、堰塞湖和溃坝等次生灾害，对四川省区域内水运交通基础设施造成严重破坏。

一　航道及航道设施受损

汶川地震引起灾区水路航道两岸山体滑坡、塌方，造成航道堵塞、航道设施（含船闸）损坏等；堰塞湖泄水时对航道的冲刷，致使局部河段形成滩险，严重影响船舶通航。

地震造成四川省的北川、平武、安县、涪城、盐亭、三台、朝天、利州、苍溪、元坝、青川、阆中、南部等重灾地区航道堵塞16处，船闸闸坝受损3处，航标、信号台等其他航道设施受损3处（见表73）。

四川航道及航道设施损毁情况一览表

表73

管　段	受损项目	损毁情况
北　川	湔江航道禹里乡至龙凤镇	38公里航道堵塞、形成滩险
平　武	涪江航道	堵塞约50万立方米
安　县	白水湖库区航道	5公里航道堵塞、形成滩险
	金溪湖库区航道	4公里航道堵塞、形成滩险
涪　城	涪江东方红大桥至涪江三桥	5公里航道堵塞、形成滩险
	安昌江南河坝至三江口	3公里航道堵塞、形成滩险
盐　亭	麻秧船闸	严重受损
	两河船闸	严重受损
	玉龙船闸	严重受损
三　台	涪江大桥至文峰电站大坝	2公里航道堵塞、形成滩险
	涪江塘坊阁至明台电站大坝	2公里航道堵塞、形成滩险

续表 73

管 段	受损项目	损毁情况
朝 天	嘉陵江明月峡航道	山体滑坡航道堵塞
利州、苍溪、元坝	嘉陵江昭化至涧溪口段	航道堵塞、形成滩险
利 州	嘉陵江广元至昭化段	27 公里航道堵塞、形成滩险
青 川	白龙湖库区航道	62 公里航道堵塞、形成滩险
元 坝	青牛信号台	墙体裂缝、房顶损坏
苍 溪	鸳溪信号台	墙体裂缝、房顶损坏
元 坝	红岩信号台	墙体裂缝、房顶损坏
阆 中	嘉陵江瓦滩子至王八滩	10 公里航道堵塞、形成滩险
	东河航道	32 公里航道堵塞、形成滩险
南 部	干树子至老鸦滩	12 公里堵塞、形成滩险
	嘉陵江凤凰滩至狮子石段航道	10 公里堵塞、形成滩险

地震造成甘肃省徽县嘉陵江段因山体滑坡，河道中形成 100 米长、30 米宽的堵塞坝体，回水达到 2000 余米。

地震造成重庆市吴江航道段 7 座信号台和渠江航道段 2 座信号台受损。潼南琼江大滩、太安、二滩，綦江清溪河沾滩、铜梁小安溪大庙、琼江中和、荣昌濑溪河路孔船闸或闸工房出现裂纹。

地震造成长江泸州航道局合江航道管理处、泸州航道管理处、江津航道管理处、朱沱航道管理处、白沙航道管理处、长江重庆航道局重庆航道管理处、丰都航道管理处、奉节航道管理处所属信号台不同程度受损。

二 码头渡口及水运房站受损

码头渡口受损 汶川地震造成大面积山体崩塌、滑坡，将码头压埋、外推；强烈的地震使码头圬工砌体向河心方向滑移，造成码头沉陷、开裂、变形及配套设施受损；部分渡改人行桥直接垮塌或结构性破坏，致使两岸交通中断。

地震造成四川省成都、德阳、绵阳、广元、雅安、阿坝、南充、遂宁等重灾地区码头及渡口改造项目受损 134 个。

甘肃省 55 处水运码头出现不同程度裂缝、损坏。其中，陇南碧口库区和白龙湖库区部分码头损毁，庆阳、平凉等地 13 处码头受损，护岸塌方 500 立方米。

陕西省汉中、安康、商洛、宝鸡等市水运基础设施遭到不同程度损坏，全省 14 处码头出现裂缝、断裂甚至坍塌；宁强县水田坪码头部分坍塌。

重庆市万州玉松煤炭公司码头、杨根码头、云阳镇瑛码头、永川利亚达码头、北碚毛背沱码头等出现不同程度裂纹。

水运房站受损　汶川地震造成四川省海事监管工作房垮塌，倾斜、开裂，监管设施设备受损，监管系统部分瘫痪，无法正常运行。成都市、德阳市、绵阳市、广元市、雅安市、阿坝藏族羌族自治州、南充市海事监管工作房、监管设施设备受损45处。

地震造成甘肃省陇南市碧口库区和白龙湖库区海事管理站房损毁，受损房站共计2895平方米。陇南市地方海事局办公地点在重灾区文县碧口镇，大部分办公设备损坏，办公和家属楼地基下沉，地面开裂，墙面裂缝，部分水运海事工作车船受损。

地震造成陕西省5个候船室墙体出现裂缝，15处站房受损。汉中市、宝鸡市、安康市、商洛市航运、海事部门办公楼、候船大厅、仓库等设施遭到不同程度损坏。

重庆市合川航道管理段、乌江航道管理段、潼南梓潼码头、云阳县镇瑛港务公司部分办公楼、码头遭到破坏。綦江铜梁船闸所所辖部分闸工房出现裂缝。

地震造成长江航道局所属长江重庆航道局、长江重庆航道工程局、长江泸州航道局、长江宜宾航道局在地震中有一定损失，部分办公用房、基层站点、信号台、职工宿舍、仓库等出现墙体受损变形、地基沉陷、墙面裂痕等情况。

第四节　民航设施受损

汶川特大地震是使国内民航基础设施首次遭受严重破坏的地震，运输救灾物资和人员的空中通道受到影响。民航四川省成都双流、达州、九寨黄龙、南充、绵阳及重庆市万州机场等21个机场受损；民航西南空管局部分雷达、西北空管局及上述21个机场的空管运行指挥设施受损；国航西南分公司、国航重庆分公司、川航、东航西北公司、鹰联航6家航空公司受损；中国航油集团西南公司的成都储油库、业务油库、绵阳、九黄机场的供油站和加油站受损；民航飞行学院所属的新津、广汉、绵阳、遂宁4所分院受损；民航西北管理局、民航陕西监管办、民航二所等单位受损。地震灾害共造成民航直接、间接经济损失约12.5亿元。

一　空管设施受损

汶川特大地震灾害造成空管局部分雷达、天线罩、内话系统等空管设备损坏。民航西南空管局办公、生产用房及设施设备直接经济损失1069.56万元，间接损失达680.65万元，总计损失达1750.21万元。民航西北空管局及下属民航甘肃空管分局、民航青海空管分局多幢建筑物、构筑物设施和设备受到不同程度的损害和损坏，直接或间接影响了安全运行保障工作。

民航西南空管局受损 西南空管局位于成都双流机场，距离震中映秀仅92公里，空管保障设施设备及房屋建筑不同程度地受到破坏，雷达信号中断，使空管保障一度中断。

西南空管局办公区建筑物受损。西南空管局一、二、三办公区建筑受损严重。一办公区建筑面积5200平方米、二办公区建筑面积4040平方米、三办公区建筑面积7100平方米，总投资1300余万元。地震造成办公用房天棚、门窗受损，墙体裂缝、墙面损坏，静电地板损坏，玻璃墙面损坏，直接损失达300万元。

地震造成民航西南空管局成都地区15个导航台站受损需要维修加固。成都场内雷达站和广元雷达站房屋出现裂缝，天线塔铁楼梯与平台有裂缝，围墙沉陷；成都牧马山THALES雷达部件损坏，天线旋转铰链摩擦产生大量金属碎屑，雷达信号暂时中断，需要大修后才能正常工作；邵通和广元雷达站天线塔楼梯与平台连接处出现裂缝、道路路肩损坏、配电房地基沉陷；广元、成都场内雷达站天线罩破裂；广元雷神雷达天线旋转铰链损坏，直接经济损失22万元；成都气象雷达功放损坏；成都内话系统损坏。成都系统2套EPOS、2套触摸屏损坏；成都TES卫星传输设备损坏CU板1块；成都800兆集群系统主设备功放损坏2块；成都生产运行计算机损坏9台、显示器损坏10台；富加、五风导航台UPS电池损坏，等等。

重庆空管分局管制中心大楼墙体填充墙出现多处裂缝，裂缝最长达7米，停车场混凝土地面开裂、沉陷；重庆空管分局一碗水雷达站甚高频围墙出现多处裂缝，800兆机房挡土墙出现裂缝；重庆空管分局涪陵导航台部分围墙垮塌；云南、贵州、重庆导航台站用房裂缝，围墙裂缝。

此外，房屋检测，房屋结构加固，雷达及导航设备检测，设备维修后校飞等间接损失费用680.65万元。

民航西北空管局受损 西北空管局咸阳机场航管楼工程属咸阳机场扩建工程分项工程，建于1989年10月，现浇钢筋混凝土指挥塔及3层框架办公楼，建筑面积6814.67平方米，是机场组织和飞行指挥的中心。楼内主要设备为航行情报、通信、管制、气象等多种现代化设备和导航台的集中监控系统，是空管交通管制服务和航空安全的重要保障设施和专业人员日常工作场所、西北空管生产运行中心。汶川地震造成咸阳机场塔台塔楼摆动，塔体和航管楼体间有明显的裂开痕迹，大块的水泥块脱离，塔台塔体和地面开裂较大。塔楼塔体向东倾斜，倾斜率达1/400。航管楼内部分填充墙开裂；5处防火门变形，门扇不能正常开关；区域管制室、进近管制室、培训中心教师的防静电地板大片的龙骨变形，部分防静电地板塌陷。地震造成咸阳机场航管楼内机房7台柜式空调室内机倒地损坏。

西安小烟庄导航台职工宿舍和食堂严重受损，屋顶坍塌；机房墙体裂缝加大，人字形屋面部分塌陷。

地震造成西北空管局的卫星通信中断，雷达、甚高频、自动转报、管制卫星电话信号的传输中断，严重影响空管安全保障，并对抗震救灾造成不小的影响。

地震造成西北空管局安康二次雷达站围墙四处开裂，部分墙基下陷，专用道路水泥路面和路基多处塌陷，路面开裂下陷。

地震造成西北空管局气象楼及气象雷达站雷达塔摇摆，塔体和气象楼之间连接缝损坏严重；

气象楼内多处出现裂缝和裂纹。

宁陕 NDB 导航台机房墙体出现裂缝、屋面漏水，值班用房承重墙开裂严重，导航台围墙倾斜，墙体裂缝。

西北空管设备安装公司砖混结构 3 层办公楼主体开裂严重，主要承重墙体出现大量裂缝，预制楼板与墙体连接处明显错缝。

西北空管局甘肃分局。航管楼、气象雷达塔、信标台是甘肃空管分局的生产保障设施，2001 年建成投入使用。地震后，航管楼内多处机房、走廊墙面出现不同程度的裂缝和裂纹，屋顶防水层出现裂缝；向信标台机房部分地基下沉、墙面出现裂缝。

西北空管局青海分局。西北空管局青海空管分局曹家堡机场办公楼为两层临时办公楼，建成于 1997 年，砖混结构。地震使该建筑向西南倾斜，一、二层开裂变形。室内过道、大厅地坪多处出现不规则裂缝，南立面承重墙变形，房屋整体出现险情，为整幢 D 级危房。

二　机场设施受损

汶川特大地震造成民航四川省成都双流、达州、西昌等机场，陕西省咸阳、汉中、安康等机场，青海省西宁机场，甘肃省庆阳、嘉峪关等机场，重庆市万州机场等 21 个机场的设施设备及基础设施受损，造成机场系统损失 8715 万元。

在西南地区，地震造成该地区机场经济损失合计 3556.81 万元，成都双流、西昌、达州机场的设施设备及基础设施防雷设施受损。地震影响进港航班 169 个，出港航班 108 个。因地震导致双流机场关闭和航班延误损失 158 万元，生产业务量下降 30%。

成都双流机场受损　四川省机场集团有限公司所辖的成都双流机场震前安全形势总体良好，顺利实现了第 20 个安全年目标。汶川地震及其余震造成机场候机楼、支线候机楼、执勤用房、飞行区管理用房、旅客过夜用房、机场候机楼和楼内配套系统设施设备（含通信系统、弱电系统、航显系统、空调系统、计算机服务设施等）受损，双流机场急救站、库房综合楼等在建工程、110KV 变电站、培训中心、旅客过夜用房、货站、医救中心、食堂综合楼、安检综合用房不同程度受损。

地震中双流机场候机楼供电线路受损，强、弱电线管脱落，长约 1.2 万米；候机楼屋面多处渗水；墙面裂缝长达 600 米；室内消防管道多处爆裂，阀门、报警、喷淋探头被震坏；候机楼高压配电屏震坏 5 面，低压配电屏震坏 7 面；部分通信系统中断，部分通信机坠落摔坏；候机楼音响系统、变频器、指挥调度台部分功能失效、X 光机图形工作站受损；机房消防设施受损；候机楼航显系统中的 3 台显示屏受损，共用电视系统及 UPS 电源主板、电路受损。

航站楼空调系统受到不同程度损坏。一些高速运转的空调设备损坏，部分热力地沟沟壁产生裂纹、漏水；26 条登机桥及配件，电梯、步道、扶梯不同程度受损。

双流机场支线候机楼天棚脱落约 960 平方米，天花板及龙骨变形、脱落 1800 平方米，候机厅墙体出现裂纹、裂缝，膏灰脱落；供电线路受损，强、弱电线管脱落，长达 1 万米；机场消防站多处开裂、屋面渗水，空调热力地沟受损，消防水池开裂渗水，消防管道多处受震爆裂；变电站综合楼、货运楼、仓库墙体裂缝；候机楼双通道X光机、移动式X光机的发电机严重受损；旅客过夜用房出现竖向裂缝；值勤用房多处开裂；安检站综合用房大厅、办公室廊道、楼梯间墙体出现大量裂缝、裂纹。

四川达州机场受损 地震造成机场围界变形、倒塌，防雷设施严重损坏；特种车库和工作用房多处损坏：办公楼承重墙出现斜向贯通裂纹，楼内房间隔墙多处出现水平裂纹和斜向裂纹，大部分承重墙顶部砖块断裂、剥落，机场其他生产用房有35处受损。

四川西昌机场受损 避雷器损坏。

在西北地区，地震对该地区机场造成不同程度损毁。

西部机场集团本部受损 受5月25日、27日余震影响，西部机场集团本部办公楼墙体多处出现裂缝、吊顶脱落、破损，消防管道再次出现破裂。

陕西西安咸阳国际机场受损 多幢建筑、墙面、屋面裂缝和瓷砖破损，泾河排污管道沿线部分塌方，机场办公楼、机电公司办公楼、实业公司机场宾馆、配电室等均有不同程度的裂缝；2号航站楼与联廊连接部位发生轻微移位。5月25日余震发生后，新东门大队值班楼、工作人员检查室检查分队值班室和海航联络道检查室墙体变形，产生裂缝。

陕西汉中机场受损 候机楼、航管楼出现明显裂纹，消防通道围墙倒塌。

陕西安康机场受损 部分围墙倒塌，通信设备天线变形，飞行区约700米的围界倾斜、裂缝、损坏；机场招待所、办公平房、航管楼、公安分局办公楼和车库等多处裂缝；机场导航台围墙、设备机房、值班人员生活用房多处开裂，墙皮震脱；营区鱼塘防水地基损坏，渗漏严重；受5月25日、27日余震影响，机场部分建筑物裂缝加大，飞行区围界倾斜；综合楼出现裂纹；跑道围界部分倾斜。

陕西延安机场受损 在5月25日余震中机务工作用房多处损坏；民航宾馆及附属两层简易房屋墙面多处损坏、裂缝，地基下沉；飞行区围界多处破损；生活区供、排水管网、供暖管网损坏，管道、地沟漏水；变电中心、安检站、生活区围墙倾斜、裂缝。

陕西榆林机场受损 老机场售票处、行政办公楼房顶、墙面有裂缝，地面有突起。锅炉管道多处断裂，水塔及管道多处损坏。

青海西宁曹家堡机场受损 飞行区围界严重倾斜；机场东南蒸发池以西围网内侧发生土崩，引起局部山体滑坡，导致围网损坏50米；地震造成场前区塌陷，面积50平方米；国际口岸一处烟囱折断。

甘肃庆阳机场受损 塔台楼顶及办公楼楼顶吊顶掉落；中心变电站柴油发电机底座产生裂缝，油机出现故障，无法运行；32号跑道距中心圆700米处出现2厘米宽的裂缝；全向信标台散水地基下沉5～5.5厘米；中心变电站墙体裂缝；跑道出现10条横向裂缝（最长处14.5米、最宽处1厘米）、1处横向鼓包（长12米、高出地面1.5厘米）。

甘肃嘉峪关机场受损 地震造成供电中断，信标台、南下滑台、南近台等重要导航台点无工作电源，影响航路导航及起降。

甘肃天水军民合用机场受损 跑道及滑行道出现多处裂缝、掉边、掉角和局部起伏变形等情况，损坏道面3780平方米；机场在建工程供、排水管道不同程度损坏。

三 油料设施受损

汶川地震造成中国航油集团西南公司、中国航油集团西北公司、陆地石油四川公司设施设备严重损失，直接经济损失达 1344.65 万元。

中国航油集团西南公司受损 地震造成中国航油集团西南公司成都本部、绵阳供应站、九黄供应站等不同程度受损，损失达 558 万元。

九黄供应站罐区地面沉陷、出现裂缝，泵房墙壁、地基出现大量裂缝。泵机进出口油罐被挤压上行约 2 厘米，但未出现断裂和渗油。另有 4 个油罐表面存在异常斑点。

绵阳供应站业务油库围墙裂缝；皂角铺油库配电间被烧毁，栈桥有拉裂现象；公司办公大楼墙体开裂、瓷砖脱落；部分玻璃破裂，吊顶扣板破损；储油库消防棚墙足有裂缝，高压线压断；业务油库油泵棚照明灯两个固定支座松脱，与自控室沉降连接处损毁，4 号油罐倒液；位仪油封倒轨松动渗油；老区宿舍楼有裂缝；航空加油站办公楼有裂缝；计检中心修理库墙体开裂。

中国航油集团西北公司受损 汶川地震造成中国航油集团西北公司设备设施损坏，损失 312.65 万元。

陕西咸阳航空供油部油库控制仪表、变频器、压力变送器、防雷避雷装置等出现故障。低压配电室墙体裂缝，局部下沉。罐区防火堤、消防池墙体裂缝，高压配电间墙体裂缝、下沉。长陵油库至机场输油管线及道路局部地基下沉，管线裸露、损坏，机坪阀室裂缝、下沉、渗水。

陕西汉中供应站业务油库南围墙垮塌，消防水池渗水严重。陕西咸阳油研中心两台自动馏程测定仪电路接触短路，仪器主板烧毁。甘肃兰州龙泉卸油站油库避雷塔歪斜，消防水池渗漏，值班用房墙体裂缝、下沉。

陆地石油四川公司受损 汶川地震给中国航油集团陆地石油四川公司各加油站、油库及公司大楼造成约 474 万元的经济损失。

3 号、10 号及 6 号油库不同油罐罐体细微倾斜，油罐环墙基础有裂纹，与油罐排污管线连接处水泥块脱落，静电接地点连接处有拉伸变形。发油台主体框架结构与两侧砖混结构有明显裂纹。

绵阳开发区加油站加油岛区域回填下沉，表面地砖起拱、开裂，加油棚的承重柱有损。绵阳开发区加油站、新都区阳光加油站、青白江区阳光加油站、广汉向阳加油站、广汉城南加油站共有 17 台加油机损坏，14 台加油机出现机械故障。

四 民航教育科研营运单位设施受损

中国民用航空飞行学院受损 中国民用航空飞行学院位于广汉市，校园建筑面积 72 万多平方米。本部的多栋建筑物因建设年代较早、防震标准较低，在汶川地震中受损较重。其中，中度破坏建筑面积 8000 平方米，表现为部分框架梁有微裂缝；严重破坏建筑面积 1 万平方米，表现为承重结构及构件严重受损。机关办公楼、后勤楼、教学行政楼被鉴定为危房。

新津分院两部甚高频电台损坏，遂宁航站的建筑局部受损，绵阳分院初教 1、2、3 机库框架柱断裂，填充墙损坏严重，5 号机库网架拉杆脱落、弯曲，三角支撑架基础钢板拉裂；办公楼填充墙部分拉裂、吊顶损坏；广汉分院德阳侧方向台严重损坏。

民航第二研究所受损 民航第二研究所位于成都市二环路南二段，是中国民航唯一应用技术开发型研究所。地震造成的设施设备损失 1783.4 万元，其中无法修复需要更新或重建的设施设备达 300 余万元。科研楼明显倾斜，并在已加固墙体处又出现沉降裂缝；部分框架梁、柱节点出现剪刀裂缝，原加固的梁板出现新的裂缝及变形，整幢建筑物有超过 50% 的维护墙及填充墙出现裂缝，电梯间处的楼梯间墙体有垮塌危险。抗震救灾应急支出 130 万元，运营损失 358.02 万元。

中国航空集团公司受损 地震当日有 110 个后续航班被取消，成都方向灾后 3 天进出港航班正常率仅为 3.5%。截至 6 月 20 日，中航集团因地震灾害取消航班 1737 班、经济损失为 2.03 亿元，调整航班 13604 班、经济损失为 1.65 亿元，合计经济损失 3.68 亿元。

地震造成中航集团的员工宿舍、出勤楼、办公用房、维修基地、食堂、机库、航材库等建筑不同程度受损，其中西南分公司的出勤楼、部分宿舍、运控中心、维修基地等受损严重。地震使西南分公司基础设施损失共约 3182 万元，其中培训班飞行训练中心梁体出现裂缝、客舱部围墙及办公楼地面开裂，成都空港货站微机房失火，机场单身宿舍、客舱部门卫室、库房、车队值班室等房屋严重损毁。

第二章 通信设施受损

汶川特大地震造成四川、甘肃、陕西、重庆和云南等省（市）通信基础设施不同程度破坏，其中四川、甘肃和陕西三省损失最为严重。据民政部等四部委 9 月 4 日灾损校核报告，通信设施直接经济损失合计 69.76 亿元，其中四川省 60.23 亿元、甘肃省 5.67 亿元、陕西省 3.86 亿元，在新中国历次自然灾害中损失最为严重。

地震前，电信运营企业主要有中国电信集团公司、中国移动通信集团公司、中国网络通信集团公司、中国联合通信有限公司、中国铁路通信公司、中国卫星通信集团公司。2008 年 5 月 24 日，按照国家有关要求，电信运营企业重组，形成 3 家新的电信运营公司。鉴于汶川地震发生时 6 家电信运营公司尚未重组，遭受破坏的通信基础设施分属于上述 6 家公司各自垂直管理运营的通信网络，这些通信网络相互独立，本章仍按照 6 家通信网络分别记述其受损情况。

第一节 中国电信设施受损

中国电信所属四川、甘肃、陕西、重庆、云南等省（市）公司（以下分别简称四川电信、甘肃电信、陕西电信、重庆电信和云南电信）的生产经营、通信基础设施在地震中遭受极大的破坏。四川省 11 个县、甘肃省 5 个县的通信光缆大面积中断，与外界通信几乎全部阻断；县城内通信多数正常，乡镇通信几乎全部阻断。兰州—西宁—拉萨骨干光缆中断，导致到乌鲁木齐、广州、拉萨等部分长途线路中断，受影响用户约 1000 万户，占四川、甘肃、陕西、重庆和云南电信总用户数的 19%。

中国电信在地震中共损毁建筑物104.38万平方米，小灵通基站11609个，光缆、电缆15068.5皮长公里，交换、数据、传输设备14760台，受损的油机、电源和蓄电池约873个，受损车辆415台。直接经济损失累计37.889亿元，由于用户流失、通信中断、话费减免、无偿服务等预计收入减少29.54亿元，因灾害增加成本费用支出合计21.2亿元。

一 四川电信设施受损

四川电信48个县通信受损，其中汶川、黑水、茂县、理县、北川、平武、青川七县通信阻断，地震时与外界失去联系。受影响电信用户约770万户，其中固定电话用户464万户、小灵通用户148万户、村通用户76万户、宽带用户82万户。四川电信折合总计32.9亿元的通信网络资产在地震中遭到毁损。

四川电信建筑物受损 四川电信建筑物毁损面积71.78万平方米，直接经济损失13.6778亿元。其中，毁损业务用房面积50万平方米，经济损失11.29亿元。

成都分公司建筑物受损面积111352.54平方米，直接经济损失28081.59万元。其中，都江堰分公司灾情最严重，建筑物受损面积约10071.58平方米、2716.15万元。都江堰分公司位于都江堰城区的71局的局房和主营业厅遭受中等破坏，72局的局房成危房；乡镇38处局点中有34处房屋遭到不同程度破坏，其中7处危房，龙池、龙景、向峨等7处山区机房垮塌；震后，8个营业网点不能使用。彭州分公司受损建筑物面积约8653.68平方米、直接经济损失1907.16万元；共有11个接入局房屋受损，彭州市内的接入局14处围墙垮塌。成都电信彭州市新兴模块局框架结构两层楼房成为危房（见图387）。

德阳分公司受损建筑面积约8.75万平方米，直接经济损失13552.17万元。其中，68处房屋完全损毁，76处房屋需要维修，12处生产用房需要加固；全市员工房屋倒塌30处，危房170处，严重受损232处；农村代理人员房屋倒塌23处，危房35处，严重受损21处。

图387 成都电信彭州市新兴模块局楼房受损

绵竹通信枢纽大楼位于绵竹市剑南镇桂园路，4层砖混结构，建筑面积1196平方米，主要用作机房及传输、交换汇接点。地震中严重损毁（见图388），三、四层倒塌，一、二层损毁严重，通信全部中断。地震发生时，公司网络部维护中心、业务稽核中心、装维中

图 388 震后的绵竹通信枢纽大楼

心有 18 人在该楼上班。由于工作人员疏散及时，方法得当，在三、四层倒塌前的片刻，全体人员疏散到安全位置，未造成人员伤亡。

绵竹市公司办公楼位于绵竹市剑南镇玉妃路中段，建筑面积 3284 平方米，主要用途是办公和机房。地震中该房屋受到破坏，地震发生时在该楼上班的有公司管控、区域营销中心、城区客户部、政企客户部、网络部等部门工作人员 100 余人，由于疏散及时、互相帮助、方法得当，未造成人员伤亡。

绵阳分公司房屋受损面积 164804 平方米，其中完全损毁 127 处、职工住房损毁 53477 平方米。绵阳分公司局所受损 442 个，受损面积 9.6 万平方米。北川分公司电信综合楼建成于 1998 年 8 月，建筑面积 2572.94 平方米，共 7 层，主要用途是办公楼、机房与营业厅。地震中整个大楼完全倒塌（见图 389），楼内 24 名工作人员中有 17 人遇难。

图 389 倒塌的北川分公司电信综合楼

图 390　震后的青川县电信公司办公综合楼

广元分公司建筑物受损 279 处，总面积 7.28 万平方米。其中，青川县公司通信机房和办公楼垮塌，朝天区通信机房和办公楼、利州区宝轮镇通信机房和办公楼及小西街办公楼成为危房。青川县电信公司办公综合楼建筑面积 1381.3 平方米，砖混结构，5 层，用于电信营业、设备机房、生产办公。地震使得第五层垮塌、整栋楼的楼梯全部垮塌，造成 20 名员工中 2 人遇难、1 人重伤、1 人轻伤（见图 390）。

地震还造成四川电信在四川省内其他地区约 28.14 万平方米的建筑物损坏。

四川电信设备损毁　四川电信 2665 个局所通信受灾，330 个局所通信全部中断。固定电话交换中断 60 万门，宽带中断 8 万余线。有线传输设备毁损 2035 套，价值 3.256 亿元；交换设备毁损 1578 套，价值 1.3813 亿元；数据通信设备毁损 1823 套，价值 2.9168 亿元；企业信息系统设备（发电油机）毁损 1867 台，价值 0.3734 亿元；应急通信设备（蓄电池）毁损 4768 组，价值 0.4577 亿元；空调电源设备毁损 2665 套，价值 0.7995 亿元；运输设备（车辆）毁损 126 辆，价值 0.252 亿元；其他设备毁损 308910 套，价值 1.133 亿元。

四川电信设施受损　四川电信无线通信设施破坏十分严重，无线传输设备（基站设备）毁损 10228 套，移动通信设备（基站铁塔）毁损 198 座，小灵通基站损毁 10228 个。四川电信长途传输网络受损严重，其中汶川—理县—米亚罗段、九环线光缆汶川—茂县—较场—镇江关段、九环线九寨沟—平武—南坝—江油段、茂县—黑水光缆、成都—都江堰—映秀段以及成雅、雅康、康马一线等通信光缆完全阻断。光缆、电缆累计受损 1.03 万皮长公里，倒杆、断杆 4.1 万余根。

成都分公司小灵通基站、村通基站损毁共计 6766 个，光缆损毁 192 皮长公里，电缆损毁 711 皮长公里，其中成都市成华分公司损毁基站 2298 个。都江堰分公司原有小灵通基站被直接摧毁 1779 个；291 个天网点位中有 222 处遭到破坏，剩余 69 处也因供电原因不能正常工作；光缆损毁 86 皮长公里，电缆损毁 256 皮长公里。彭州分公司有 1239 个小灵通基站受损，其中 9 个小灵通基站从高处坠下损毁；42 个基站建在屋顶，由于房屋已经被鉴定为危房，无法恢复和拆毁；87 个基站线路严重受损，无法在短时间恢复通信。通信电缆损失 201 皮长公里，光缆线路（含杆路）损失 91 皮长公里。

德阳分公司损毁交换接入点 45 个，村通、小灵通基站损毁 829 个，倒断电杆 1 万余根，电缆损毁 1026 皮长公里。

绵阳分公司北川通信系统基本上被摧毁，平武、安县、江油和绵阳市区等通信设施受到严重破坏，梓潼、盐亭、三台等县（市）也受到重大影响。北川曲山、陈家坝、擂鼓、禹里、漩坪，安县桑枣、秀水、塔水、河清，江油马角坝、永胜、枫顺，平武南坝、平通、水观等乡（镇）受灾特别严重，通信机房全部垮塌，交换、传输、电源、小灵通基站全部损毁，光缆、电缆等传输线路无一幸免。绵阳分公司无线基站损毁507个，小灵通室内分布系统、通信机房的基站控制器CSC亦受到不同程度的损坏。绵阳分公司光缆损毁782皮长公里，电缆损毁1382皮长公里；交换及传输设备损毁近13万线，传输设备损毁4000E1端口。

广元分公司小灵通基站损坏362个，村通基站损坏30个。广元至剑阁、青川两县的通信全部受阻，其余5个县（区）部分中断。全市141个乡（镇）、1500个行政村通信中断，全网中断率达60%，其中青川县36个乡（镇）、268个行政村全部中断。光缆中断1450皮长公里、电缆中断4300皮长公里11万线对。受损通信光缆634皮长公里、电缆906公里，通信管道152公里，通信电杆倒杆、断杆22045根，近10%的杆路倒损。

阿坝分公司329个通信基站因灾受损。汶川、茂县、理县、黑水4个县城长途通信光缆中断，固定电话、小灵通、村通和宽带业务全部中断；全州88个乡（镇）、357个行政村、127个接入点通信全部中断。阿坝分公司通信光缆因灾受损1946皮长公里、电缆因灾受损502皮长公里。

除上述市州之外，四川省其他地区还有约1405个小灵通、村通基站损毁，2218.69皮长公里光、电缆受损。

二　甘肃电信设施受损

甘肃电信陇南、甘南、天水、平凉、庆阳、定西、兰州、白银、临夏、武威10个市（州）52个县（市、区）出现不同程度灾害损失，其中陇南地区9个县（区）、甘南地区8个县（市、区）受灾严重。兰州—西宁—拉萨光缆（骨干光缆）中断，导致到乌鲁木齐、广州、拉萨等部分长途线路中断。造成兰州—成都一级光缆中断，文县、康县、舟曲、迭部等县的通信全部阻断，成县部分区域通信发生阻断情况，30万用户通信受到影响。地震造成甘肃电信直接经济损失2.21亿元。

甘肃电信建筑物受损　甘肃电信建筑物毁损面积22万平方米，其中业务用房毁损15.9万平方米，损失0.86亿元。陇南、甘南、天水等分公司的部分房屋倒塌或成为危房，平凉、定西、庆阳、临夏、兰州、白银等市（州）分公司，以及省电信传输局和省实业公司的房屋出现墙体裂缝，内外装饰物脱落，屋面裂缝、门窗变形等情况。需要维修的房屋约有22万平方米，其中陇南市10.3万平方米、甘南藏族自治州1.3万平方米、天水市2.4万平方米、平凉市1.3万平方米、定西市0.8万平方米、庆阳市0.7万平方米、临夏回族自治州0.6万平方米、兰州市1.1万平方米、白银市0.5万平方米、省电信传输局0.6万平方米、省实业公司2.4万平方米。

甘肃电信设备受损　甘肃电信通信设备受损严重。固定电话交换中断30万门，宽带中断0.65万余线。数据路由器、交换机及宽带接入设备、波分设备等通信设备受损共259台，经济损失500万元。油机、电源和蓄电池受损1200万元。通用设备等其他资产受损1000万元。7.49万部各类通信终端因地震受到损毁，其中来电显示功能固定电话11588部、小灵通1520部、村通终端39612部、村通天线19967套、宽带ADSL终端875部、各类公用电话终端1370部、762部卫星电话受损，合计损失1509万元。

甘肃电信设施受损 甘肃电信小灵通基站损毁865个，村通基站损毁48个，基站合计损失4499.9万元，光缆、电缆累计受损3623公里，倒杆、断杆2.168万余根，受损光缆、电缆、通信管道和杆路合计损失0.65亿元。其中，陇南地区损毁小灵通基站679个，损失3144万元；损毁村通基站22个，损失446.07万元；损毁光缆1847皮长公里，损失1714.05万元；电缆860.56皮长公里，损失1445.84万元。甘南地区损毁小灵通基站165个，损失645万元；损毁村通基站18个，损失148.49万元；损毁电缆145.05皮长公里，损失433万元。天水地区损毁小灵通基站16个，损失64万元；损毁村通基站8个，损失35.26万元；损毁电缆149.6皮长公里，损失74.42万元。平凉地区损毁小灵通基站5个，损失17.15万元；损毁电缆24.8皮长公里，损失86.82万元。传输局损毁一级干线光缆56皮长公里，损失167.12万元；损毁二级干线光缆196皮长公里，损失440.44万元；损毁电缆344皮长公里，损失453.14万元。

三　陕西电信设施受损

汶川地震使陕西省10个地市电信分公司受到不同程度的影响。其中，毗邻四川省的汉中、安康、宝鸡等3个地市分公司，特别是汉中市宁强、略阳、勉县和宝鸡市陈仓区4个县（区）灾情最为严重。陕西电信有90万户固定电话用户、16万户宽带用户、13万户村通信用户、32万户小灵通用户受到影响，直接经济损失2.77亿元。

陕西电信建筑物受损 陕西电信局受损房屋总面积10.6万平方米，倒塌或需重建房屋面积4260平方米，接入网机房受损1283平方米，办公楼受损7.08万平方米，职工住宅受损2.97万平方米，其中倒塌或需重建房屋面积2570平方米。

陕西电信安康分公司恒口通信楼建筑面积2311.63平方米，5层，楼顶是陕西移动公司60米高的移动铁塔。地震发生时，通信大楼剧烈晃动，与旁边的宿舍楼、连接楼梯和移动公司两层楼发生碰撞，尤其是与移动公司两层楼、楼梯碰撞严重，致使通信大楼二层的东墙倒塌，楼内多处填充墙开裂，通信大楼与其楼梯、宿舍楼向南位移近2厘米。

陕西电信设备受损 陕西电信10个本地网24个县通信遭受较重影响。受灾接入点有9个，总容量3548门，直接经济损失367.32万元；受灾局所198个，经济损失61万元。汉中分公司损坏数据路由器等设备10台，经济损失4.4万元；宝鸡分公司损坏蓄电池组123组。

陕西电信设施受损 陕西全省468个通信基站受到不同程度损坏，直接经济损失1351.61万元。其中，村通基站43个（汉中分公司33个、宝鸡分公司10个），损失144.45万元；小灵通基站425个（汉中分公司277个、安康分公司86个、宝鸡分公司62个），损失1207.16万元。全省共断、倒杆4900根（汉中分公司2268根、宝鸡分公司1580根、安康分公司442根、渭南分公司610根），损失196万元。

陕西省1145皮长公里光、电缆受损，直接经济损失2877.9万元。其中，一级干线光缆1.7皮长公里，损失7.4万元；二级干线光缆3.83皮长公里，损失11.22万元；本地光缆232.56皮长公里，损失436.52万元；本地电缆907.39皮长公里，损失2422.76万元。光缆受损最严重的是宝鸡和汉中，宝鸡本地网累计受损光缆 84.16 皮长公里、汉中本地网累计受损光缆 148.4 皮长公里；电缆受损最严重的是汉中、安康、宝鸡，汉中本地网累计受损电缆 356.17 皮长公里、安康本地网累计受损电缆 150 皮长公里、宝鸡本地网累计受损电缆 140.36 皮长公里。受损车辆 13 辆，损失 15.7 万元。办公家具、仪器仪表损失 156 万元。

汉中分公司广坪镇街道光电缆覆盖宁强县的广坪、青木川两镇，地震前有固话 1500 户、宽带 160 户、小康通 1700 户，地震中遭受重度损毁。宁强毛坝河至巴山杆路建于 1999 年，有 12 芯、4 芯光缆各一条，承载 390 户固话、40 户宽带、600 户小康通用户的通信服务，地震中山体大面积垮塌以及建筑物倒塌，损毁该杆路 4.5 公里。

安康分公司紫阳县公司毛坝—麻柳 12 芯本地光缆，属于 2007 年完工的县乡扩容光缆，地震后因山体滑塌损毁电杆 5 根、拉线 2 处，12 芯光缆中断，导致麻柳镇、麻柳火车站交换点 620 余户固话语音用户、70 户宽带业务用户，以及麻柳镇政府、公安、邮政等专线通信阻断。

四　重庆、云南电信设施受损

重庆电信设施受损　地震后重庆公司网络运行处于基本正常状态。在电路运行方面，仅在地震发生时因话务量瞬间急剧攀升出现网络忙，长途话务量达到春节期间话务高峰期的 3 ~ 5 倍，为历史之最。经过操作维护中心连续 4 个小时迅速紧张的疏导和控制，地震当晚，包括彩铃业务在内的所有网络运行业务完全回归正常、平稳。

地震导致奉节、大足、黔江、南川、永川、巴南 6 个分公司有 13 处接入网点机房或家属院房屋出现裂缝。重庆电信通信设施总体运转情况良好，部分局房站点和通信线路受损。重庆公司操作维护中心、重要客户保障中心、上清寺分公司等单位共有 11 处接入网点机房和五里店 IDC 机房出现裂缝，但未危及设备和人身安全。重庆公司网络设备一、二级干线和主要设备未受损。重庆公司潼南等 4 个分公司有部分杆路发生偏杆倒杆情况，但各分公司主要生产经营活动未受到影响。

云南电信设施受损　地震使昭通市的永善县、绥江县、盐津县、大关县、鲁甸县、彝良县、巧家县、威信县、昭阳区 9 个县（区）的通信设施不同程度受损。云南电信昭通分公司所辖 12 个接入网、2 个模块局、5 个局所、1 个 450M 移动基站房屋轻度受损，墙体出现裂缝，绥江分公司关口模块局通信中断，传输线路受损 0.5 皮长公里，断杆、倒杆 27 根。云南电信累计受影响用户 80 户，经济损失 52.83 万元。

第二节　中国网通设施受损

中国网通所属四川、甘肃、陕西、重庆等省（市）分公司（以下分别简称四川网通、甘肃网通、陕西网通、重庆网通）总计经济损失 12.21 亿元，其中直接经济损失 2.75 亿元，因灾增加的成本费用支出 3.99 亿元，因灾减少收入 3.33 亿元，其他经济损失 2.14 亿元；1512 个基站受到不同程度的损坏；通信网络、办公用房、机房等设施受到极大破坏，涉及 22 个县的网络与业务受到影响；477 处局房（含办公与营业用房）受损，部分机房严重损坏；1043.7 皮长公里光电缆受损（主要受损段位于四川都江堰—汶川、汶川—马尔康、汶川—松潘段），累计倒杆 4126 余处。

一　四川网通设施受损

汶川地震发生前，四川网通固定资产原值 35.8 亿元，光缆维护里程 4400 皮长公里，其中西渝线（西安—重庆）、兰成线（兰州—成都）、杭福贵成线（杭州—福州—贵州—成都）、广北昆成线（广州—北海—昆明—成都）等 4 条一级干线途经四川，省内全长 2929 皮长公里。省内所辖 21 个本地网，全省交换网容量为 263.81 万门（含 PSTN、NGN、SCDMA），全省 SCDMA 网共有基站 2500 余个，容量近 175 万门。各类用户总量 170 万户。

地震后，四川网通通信网络、生产用房遭到极大破坏。阿坝、成都、绵阳、德阳、广元、雅安等 6 个分公司属重灾地区，涉及 18 个县的网络与业务，直接受损的固话及宽带数据用户 7.25 万户，通信受其影响较重的用户 44.3 万户。全省 309 个局受损，建筑物受损 5.04 万平方米，包括省公司办公楼、海特机房、“10060”热线中心，以及阿坝、成都、绵阳、德阳、广元、雅安等地的综合、生产用房，主要是墙体裂缝、墙面脱落、装饰受损以及墙体断裂、沉陷。交换系统、传输系统、电力系统、网管系统、营账及支撑系统等通信设备严重受损，直接经济损失 6463 万元。地震造成1501个基站中断，其中126个SCDMA基站因房屋倒塌，完全报废；4000余处杆路受损；972 皮长公里光电缆受损。全省实物资产原值直接损失 2.54 亿元，其中线路设备损毁 1.9 亿元。

二　甘肃网通设施受损

地震中，甘肃网通经过兰州、平凉、天水、陇南、临夏等 5 个市（州）的 14.5 公里一级干线光缆和 16.5 公里二级干线光缆受损。兰州、平凉、甘南等地 4 公里管道受损。陇南、天水、白银、临夏等 4 个市中心机房受损。兰成一级干线光缆中断，陇南业务全阻。地震发生当日突发大量话务，导致兰州、庆阳、平凉、天水、陇南等市部分大灵通基站网络拥塞。地震造成甘肃网通经济损失 1975 万元，其中直接经济损失 527 万元、间接经济损失 1448 万元。89 所通信局房、5 处营业厅、5 处办公楼受损；5 套局用设备、2 个基站受损；光缆线路损坏 32 公里，电杆损坏 124 根。

三　陕西网通设施受损

地震发生后，陕西网通语音、传输、数据等专业网络的骨干网及本地网总体运行基本正常。受损情况主要包括：24 处机房墙面和地面出现裂缝，其中汉中新民中学 SCDMA 机房等 6 处机房受损严重，实施了整体搬迁；西安 2 处光纤交换机损坏；宝鸡 4 组电池严重漏液、4 处光纤交换机损坏；汉中机房大面积停电导致机房电池、交换设备损坏，基站抱杆受到破坏，36.2 皮长公里光缆受到破坏，44 处杆路受到破坏。

四　重庆网通设施受损

地震发生后，重庆网通语音、传输、数据等专业网络的骨干及本地网均运行正常，各机房设备完好。有 37 处机房墙面和地面出现裂缝，其中都市信息港机房、外滩机房等 10 处机房受损，安全隐患严重。都市信息港机房钢筋混凝土楼板上出现多条裂缝，裂缝宽度超过 1 毫米、长度超过 1 米，深度从地面面层算起为 35 ～ 40 毫米。南岸区南坪中心机房震后在板顶梁边位置出现多条通长裂缝，宽度均超过 1 毫米，超过正常使用时的允许裂缝宽度 0.3 毫米。大足邮亭段围墙垮塌，3.5 公里二级干线光缆被压坏中断。

第三节　中国移动设施受损

中国移动所属四川、甘肃、陕西、重庆等省（市）公司（以下分别简称四川移动、甘肃移动、陕西移动和重庆移动）共 96 个市、县和 1263 个乡（镇）移动通信受到较大影响。各省公司通信基础设施及营业、办公局房、传输网络均有不同程度的损坏，造成了巨大的经济损失，四川移动的损失尤为严重。

一　四川移动设施受损

地震前，四川移动用户 2304.7 万户，光缆维护里程 108254 皮长公里。其中，西成线（西安—成都）、西成渝线（西安—成都—重庆）、内昆线（内蒙古—昆明）、川藏线（四川—西藏）等 4 条一级干线途经四川，省内全长 2821 皮长公里，省内所辖二级干线光缆全长 7543 皮长公里，本地网及其他光缆全长 97889 皮长公里；通信杆路共计 1623810 根。全省交换机容量 3814 万，HLR 容量[①] 4958 万，基站 16721 个。

地震造成四川移动直接经济损失 14.7 亿元，因灾通信费损失 13.7 亿元，救灾投入 12.3 亿元。四川移动建筑物受损 665 处，其中局房 44 处、办公楼 172 处、营业厅 440 处，其他建筑物 9 处，受损面积共 531967 平方米；传输设备损毁数量 667 台，损失 4317 万元。通信基站损毁 2726 个，通信杆路损毁 74186 根，光缆损毁 6799 皮长公里，其中省内二级干线损毁 866 皮长公里、本地网

① HLR 容量（Home Location Register），归属位置寄存器，是移动网络中存储永久用户信息的主数据库，用户存储归属移动用户的签约数据和位置信息。

及其他光缆损毁5933皮长公里。

四川移动6个本地网在地震中不同程度受灾。其中，灾情最严重的是成都、德阳、绵阳、广元和阿坝五市（州），尤以都江堰、彭州、绵竹、什邡、北川、安县、平武、青川、汶川、茂县10个县（市）的建筑物和通信设备设施损毁最为严重。阿坝地区传输网的省内传输干线损毁比例为85%，本地传输损毁比例为93%；其他受灾地市传输损毁比例均在20%左右。据5月12日15时的统计，四川全省试呼次数达到2.6亿次，是日常同时段的4倍；成都地区试呼次数达到日常同时段的3倍。大话务量导致交换机负荷过高、信道拥塞，导致短信下发困难，接通成功率降至75%。

四川移动建筑物受损 四川移动的局房、办公楼、营业厅等通信建筑物破坏严重，累计665处通信局房不同程度受损、其中261处严重垮塌，661个营业厅无法正常营业，经济损失巨大。尤以成都、德阳、绵阳、广元、阿坝五市（州）建筑物破坏情况最为严重。

成都分公司建筑物受损304处，其中局房15处、办公楼37处、营业厅252处，受损面积共222911.22平方米。都江堰分公司建筑物受损22处，其中局房1处、办公楼2处、营业厅19处，受损面积共4748平方米。彭州分公司建筑物受损17处，其中办公楼1处、营业厅16处，6个营业厅房屋严重受损，10个营业厅房屋遭受不同程度的破坏，受损面积共2915平方米。崇州分公司建筑物受损72处，其中基站机房38处、办公楼2处、营销中心6处、营业厅26处，受损面积约4140平方米。

德阳分公司建筑物受损84处，其中局房5处、办公楼9处、营业厅70处，受损面积共25318.54平方米。绵竹分公司建筑物受损23处，其中办公楼1处、营业厅22处，受损面积共4244平方米。什邡分公司建筑物受损21处，其中办公楼2处、营业厅19处，受损面积共5116平方米。汉旺合作营业厅、洛水镇新宇专营店完全损毁，需要重建。

绵阳分公司建筑物受损42处，其中局房2处、办公楼17处、营业厅23处，受损面积共46468平方米。北川分公司综合楼、办公楼和营业厅在地震中完全损毁，需要重建。安县分公司建筑物受损9处，其中办公楼2处、营业厅7处，受损面积共3922平方米。平武分公司建筑物受损2处，其中办公楼2处，受损面积共1640平方米。北川分公司综合楼位于曲山镇茅坝上街9号，为5层框架结构，面积700平方米。建筑物位于河滩低洼地带，属回填用地；建筑物填充墙的厚度12厘米，承重墙的厚度24厘米，二次装修隔断多采用玻璃墙分隔。地震发生时，该建筑底楼现浇柱部分断裂，建筑整体下沉，一、二层完全垮塌成为废墟，原建筑的三层变成一层（见图391），15名

图391 倒塌的中国移动北川分公司综合楼

员工被掩埋。其中，9 名员工被掩埋后从废墟中爬出逃生，1 名员工被埋 92 个小时后被救出，其余 5 名员工遇难。

北川分公司营业厅位于曲山镇老街，7 层砖混结构，营业厅位于一层，面积 51 平方米。地震发生后，该建筑物受左右相邻建筑撞击，楼梯垮塌，建筑从高至低墙面断裂，结构完全破坏，建筑整体垮塌，6 名营销人员全部遇难。建筑垮塌后，王家岩山体出现大面积滑坡，厚层土石将该建筑完全压埋（见图 392）。

图 392　中国移动北川分公司营业厅被王家岩滑坡压埋

广元分公司建筑物受损 17 处，其中局房 2 处、办公楼 6 处、营业厅 8 处、其他 1 处，受损面积 14609 平方米。青川分公司建筑物受损 2 处，受损面积共 502.72 平方米，直接经济损失 2140 万元。广元分公司综合办公楼、方维街营业厅和剑阁分公司办公楼遭受中等破坏，需要加固维修；青川分公司办公用房和嘉鑫基站机房受损严重，需拆除重建。

阿坝分公司建筑物受损 25 处，其中局房 1 处、办公楼 10 处、营业厅 8 处、其他 6 处，受损面积共 11555.4 平方米。汶川分公司建筑物受损 4 处，受损面积共 1280 平方米。茂县分公司建筑物受损 3 处，受损面积共 980 平方米。在阿坝分公司受损的建筑中，映秀片区营销中心受损严重，需拆除重建；汶川分公司办公室、理县分公司营业厅、汶川分公司传输机房和茂县分公司营业厅遭受中等破坏，需加固维修。

汶川分公司位于汶川县岷江路 1 号，砖混结构，占地面积 300 多平方米。地震发生后，办公室天花板全部坍塌，电脑等办公设施全部被摇落，地板及墙面多处出现大裂缝，办公设施损毁严重。

四川移动设备受损 汶川地震造成四川移动 3 个交换机全部阻断，传输设备损毁严重，其中成都、德阳、绵阳、广元、阿坝五市（州）传输设备损毁情况最为严重。

成都分公司传输设备损毁 46 台，价值 710 万元。其中，都江堰分公司传输设备损毁 23 台，彭州分公司传输设备损毁 8 台。

德阳分公司传输设备损毁 295 台，价值 670 万元。其中，绵竹分公司传输设备损毁 144 台，什邡分公司传输设备损毁 96 台。

绵阳分公司传输设备损毁 126 台，价值 724 万元。其中，北川分公司传输设备损毁 32 台，安县分公司传输设备损毁 32 台，平武分公司传输设备损毁 26 台。

广元分公司传输设备损毁 130 台，价值 1950 万元。其中，青川分公司传输设备损毁 60 台。

阿坝分公司传输设备损毁 84 台，价值 212 万元。其中，汶川分公司传输设备损毁 25 台，茂县分公司传输设备损毁 18 台，理县分公司传输设备损毁 23 台。

四川移动设施损毁 四川移动通信基站（含铁塔）和光缆（含杆路、管道）损毁严重，大量基站中断、退服，全省通信全阻，经济损失和社会影响巨大。图 393 所示为四川移动通信网络受灾中断示意图。

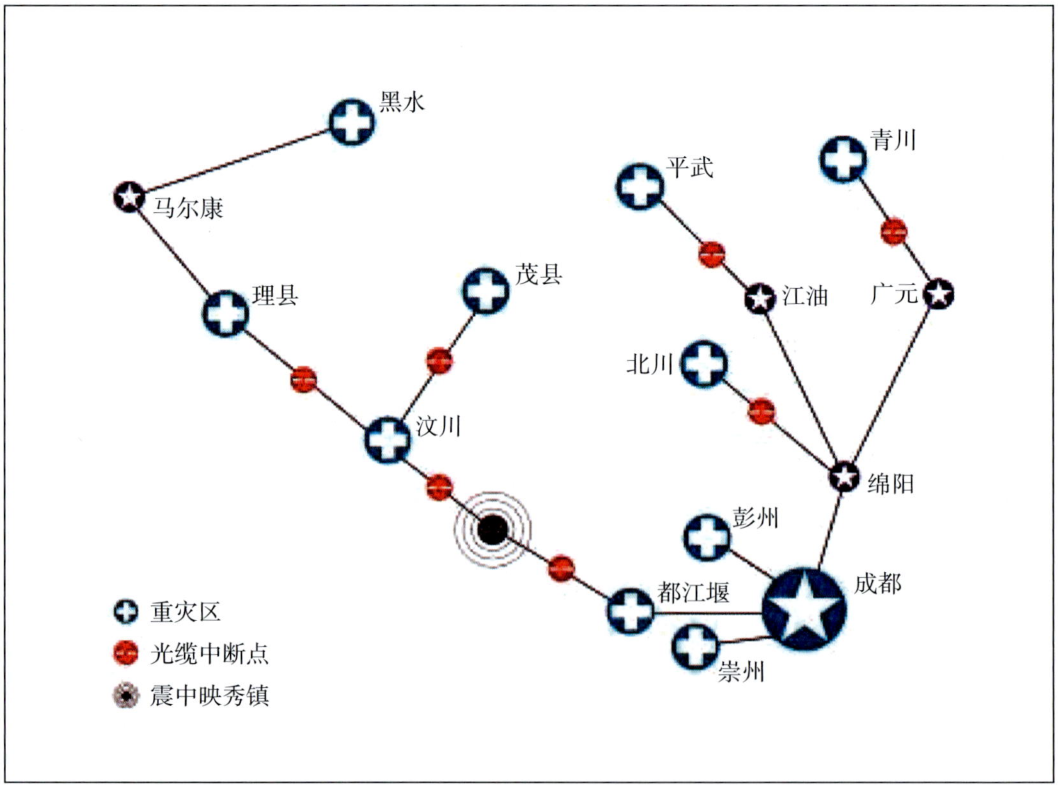

图 393　四川移动公司通信网络受灾中断示意图

成都分公司共有移动通信基站4872个，光缆维护里程为11850.12皮长公里，通信杆路103689根。地震造成基站损毁677个，光缆损毁966皮长公里，通信杆路损毁380根，共计损毁设备价值11810万元。都江堰分公司基站损毁134个，价值4760万元；光缆损毁372皮长公里，价值260.4万元；通信杆路损毁140根。彭州分公司基站损毁131个，价值4052万元；光缆损毁385皮长公里，价值269.5万元；通信杆路损毁136根。崇州分公司基站损毁45个，价值720万元；光缆损毁145皮长公里，价值101.5万元；通信杆路损毁70根。在成都分公司所有受损基站中，崇州大坪基站、崇州琉璃村基站和龙池景区基站受损严重，需拆除重建。

都江堰龙池景区基站位于都江堰国家级森林公园龙池公园内，1999年建成开通使用。房屋面积约350平方米，为独幢两层砖混结构。该楼房距离震中映秀镇只有5公里，房屋60%坍塌，基站设施、设备严重损毁，基站退服，需要拆除重建。

崇州大坪基站位于崇州市文井江镇沿山公路旁的山顶，建筑面积24平方米，砖混结构平房，水泥现浇屋顶。2008年3月25日开通投入使用，主要覆盖范围包括文井江镇大坪村及鸡冠山部分旅游沿线方圆1.5～2公里半径区域。地震前，该基站日均话务量保持在25爱尔兰左右（爱尔兰＝单位时间内呼叫次数与每次平均通话时间的乘积）。地震使大坪基站房屋墙体一面垮塌、三面严重受损。基站内设备幸存，依靠蓄电池继续维持运作（见图394）。截至5月13日23时，大坪基站的日均话务量猛增至57.43爱尔兰，较震前增加2.3倍。至14日，蓄电池耗光停止工作。为保障通信，临时搭建帐篷机站。

图394　震后的崇州大坪基站

德阳分公司地震前有通信基站529个，光缆维护里程为3459皮长公里，通信杆路52603根。汶川地震发生后，基站损毁323个，价值2449万元；光缆损毁821皮长公里，价值1231.5万元；通信杆路损毁8000根。绵竹分公司基站损毁54个，价值942万元；光缆损毁330皮长公里，价值990万元。什邡分公司基站损毁23个，价值4143万元；光缆损毁170皮长公里，价值255万元。在德阳分公司所有受损基站中，绵竹中心基站受损严重，需拆除重建。

绵竹中心基站主要覆盖绵竹中心城区的广场周围、老政府、军分区、民政局等重要区域，全天话务量约780爱尔兰，忙时话务量约为150爱尔兰。地震使重达4吨的基站铁塔拦腰折断，倒落地面，造成绵竹市中心城区的通信受到严重影响（见图395）。

图395　绵竹中心基站铁塔地震后折断

绵阳分公司拥有移动通信基站785个，光缆维护里程为5386皮长公里，通信杆路71979根。地震后，移动通信基站损毁295个，价值16677.87万元；光缆损毁1438.585皮长公里，价值4432.83万元；通信杆路损毁15698根，价值2903.47万元。北川分公司基站损毁40个，光缆损毁411皮长公里。安县分公司基站损毁54个，光缆损毁108皮长公里。平武分公司基站损毁44个，光缆损毁215皮长公里。在绵阳分公司所有受损基站中，北川太洪基站、北川曲山镇—唐家山传输光缆受损严重，需拆除重建。

北川太洪基站位于北川羌族自治县陈家坝乡马鞍村，属于高山基站，铁塔高度约50米，为当地1000余人提供移动通信服务。地震后，当地山体出现大面积滑坡，太洪基站铁塔与基站机房从山顶滚落，所有设备损坏，无法提供通信服务（见图396）。

图396　扭成麻花状的北川太洪基站铁塔

北川曲山镇—唐家山传输光缆长约 40 公里，地震中全部损毁，北川 12 个乡（镇）3 万余客户通信中断，北川关内成为通信“孤岛”。

广元分公司拥有移动通信基站 496 个，光缆维护里程为 4064.177 皮长公里，通信杆路 48386 根。地震后，基站损毁 277 个，光缆损毁 500 皮长公里，通信杆路损毁 5480 根。青川分公司基站损毁 126 个，价值 9870 万元；光缆损毁 450 皮长公里，价值 1350 万元。在广元分公司所有受损基站中，青川县城 1 号站受损严重，需拆除重建；房石基站遭受中等破坏，需加固维修。

青川县城 1 号站占地面积 100 平方米，基站机房为两层砖混结构，72 平方米，主要服务于青川县城。地震造成山体震荡、滑坡，致使基站铁塔整体倾斜，机房整体结构变形，需拆除重建（见图 397）。

图 397　青川县城 1 号站震后铁塔弯折、机房开裂

房石基站主要覆盖区域为青川县房石镇。地震后围墙、油机房全部垮塌，活动基站板房局部受损，后侧出现较大裂缝，最宽达到 500 毫米，板房板材多处掉落，但勉强能够维持通信需求（见图 398）。

图 398　震后的房石基站

阿坝分公司拥有移动通信基站 526 个，光缆维护里程为 7654.17 皮长公里，通信杆路 134180 根。地震后，基站

图 399　汶川 03 基站机房被山体滑坡完全推倒，设备全毁
（刘爱文　摄）

损毁 108 个，光缆损毁 2401 皮长公里，通信杆路损毁 4.15 万根，价值 6517.09 万元。汶川分公司基站损毁 35 个，价值 1459 万元；光缆损毁 620 皮长公里，价值 2485 万元。茂县分公司基站损毁 31 个，价值 983 万元；光缆损毁 600 皮长公里，价值 2470 万元。理县基站受损 21 个，价值 833 万元。在阿坝分公司所有受损基站中，汶川大坪基站、汶川 03 基站、汶川羌锋基站、汶川板桥基站和核桃坪—卧龙传输光缆受损严重，需拆除重建。

汶川大坪基站，建于 2003 年 7 月，覆盖汶川大坪村及沿线公路，覆盖区域约方圆 5 公里，地震前每日话务量均在 70 爱尔兰左右。地震后，该基站严重受损，铁塔不能使用，蓄电池损坏不能使用，基站机柜倒地，部分载频摔坏不能使用。

汶川 03 基站，主要覆盖汶川县城、阿坝师范高等专科学校和国道 213 线，覆盖人口 1000 余人，属大配置重要基站。地震后，机房和基站设备随山体一起滑塌，被完全压埋，基站内设备全部损毁（见图 399）。

汶川羌锋基站，属村通扶贫工程。主要覆盖绵虒镇羌锋村和国道 213 线。地震后，该基站机房被震塌，机房内设备短路被完全烧毁。

汶川板桥基站，建于 2003 年 10 月，主要服务于绵虒镇板桥村和国道 213 线。地震后，该基站机房被山上滚落的巨石砸穿，基站内的全部设备损毁，通信中断。

核桃坪—卧龙传输光缆属阿坝本地网和二级干线传输线路，长约 20 公里，位于震中映秀镇周边地区。地震后，该段光缆几乎完全损毁，为阿坝分公司受损最严重的传输线路段之一，造成卧龙地区 9 个基站全部中断。震后一月，通过在小金—卧龙—耿达方向沿河道布放临时光缆，恢复了该线路的光缆通信。

二　甘肃移动设施受损

甘肃移动有移动通信基站5666个，交换容量694万门，光缆维护里程为45453皮长公里，其中跨省一级干线（西安—兰州—新疆、兰州—西宁、兰州—银川）2297皮长公里，省内二级干线全长4517皮长公里。

地震造成甘肃移动受灾严重，直接经济损失1.38亿元；其中，通信设备直接损失3853万元，设施8060万元，建筑物1952万元，间接损失3321万元。甘肃移动5个本地网不同程度受到地震影响，其中最严重的为陇南、甘南2个市（州），尤以文县、武都、康县、成县、徽县、西和、两当、舟曲8个县（区）受损最为严重。

甘肃移动局房、办公楼、营业厅、基站机房等通信建筑物合计毁损687间，损毁面积6.2万平方米。陇南地区有1处镇公司综合楼倒塌，2处县公司综合楼成为危房，7处市、县公司综合楼和11处营业厅需维修，文县碧口镇、宕昌县、礼县3个综合楼受损严重，需拆除重建；甘南地区的舟曲县有1处通信综合楼受损需维修，7处通信基站房屋需重建，19处通信基站房屋、2处营业厅需进行维修。

甘肃移动的通信设备合计损坏2262套，其中基站设备1369套、电池134套、开关电源63套、空调损坏50套。62个基站损毁，584个基站受损，30处天线支架受损，43座铁塔基础受损，光缆受损线路达3556公里（其中陇南3516公里、甘南40公里），部分市州公司生产楼配套设施损毁，全省本地网中断90处。

三　陕西移动设施受损

汶川地震前，陕西移动有通信生产楼11幢，光缆维护里程为5.68万皮长公里。其中，一级干线光缆沿西武、西太、西郑、西兰、西成等方向通达全国各地，省内段落全长1716公里；二级干线光缆贯通全省各主要节点，全长3781公里。

地震造成陕西移动直接损失达2519万元。地震发生后受巨大的话务量冲击，移动通信网极限拥塞，网络质量急剧下降，移动电话无法正常使用。5月13日凌晨2时，全省电话拥塞现象才得到缓解，网络基本恢复正常。在几次较强余震后，网络话务量均明显增加，网络出现短时拥塞。

陕西移动建筑物受损　陕西移动127个营业厅不同程度受损，其中28个受损严重，成为危房，营业厅损失752万元；全省45处局房受损，房屋等设施损失363万元。汉中市10处办公楼、13处营业厅、261处基站机房受损。宝鸡市受损的办公楼、营业厅、基站机房30处。陕西移动省公司通信枢纽楼墙面出现裂缝、柜架倒塌、吊顶及照明用具脱落等现象。

汉中分公司机关办公楼五层新增机房开裂，楼面漏水。汉台区办公楼墙体20余处严重开裂，多处营业厅受损。勉县办公楼墙体30余处开裂，地面4处开裂，东北角地基下沉。略阳办公楼多处严重开裂、伸缩缝加宽，多处营业厅受损。宁强办公楼房屋多处严重开裂，羌州路营业厅成为危房。

宝鸡分公司办公楼、市区高新分公司、马营路生产楼交换机房、家属楼、陈仓区中心营业厅不同程度受损，市区高新分公司的办公场所被定为危楼，物流中心库房、十里铺库房墙体裂缝。凤翔分公司办公楼墙体裂缝，吊顶斜落。凤县中心营业厅出现较大裂缝。陈仓分公司办公楼大院50米围墙全部倒塌。

安康分公司恒口营业部办公楼多处出现裂痕，楼顶铁塔出现较大角度倾斜，大楼无法正常使用，存在倒塌危险；其他办公楼均有细微裂缝。

陕西移动设备设施受损 陕西移动10个本地网通信设施中，宁强、略阳、勉县、陈仓4个县（区）损毁最为严重。陕西移动设备类损失1404万元。539个通信基站直接受灾，719个通信基站退服（含基站设备、铁塔、抱杆、天馈等），受损线路光缆961公里，倒断杆210根。中断传输222皮长公里。

5月12日地震当天，陕西移动汉中分公司800余个通信基站退服率达到34%，桅杆和传输杆路倾斜、折断，光缆受损，受灾通信线路长达1000多公里。毗邻四川广元的略阳县、宁强县通信几乎完全阻断。地震发生后10分钟，汉中分公司中断基站91个。地震后半个小时，部分县区拉闸限电，中断基站达到278个。汉中分公司传输线路和传输设备受损多达77处，略阳县的干河坝至吴家河段光缆线路，多根通信杆被滚石砸倒，光缆挂断；宁强县的庙坝—石棉矿段线路，因山体滑坡砸断杆路导致光缆中断；宁强县的庙坝段光缆线路，因山体滑坡和滚石将杆路砸断，26公里处光缆被毁；留坝县的青桥铺—蚂蟥沟段光缆线路，多处电杆因山体落石砸断杆路。地震发生后，汉中市出现电话严重拥塞现象，负荷均超过100%，话务量负荷是平日的5倍，互联互通电路超负荷95%，长途电路负荷是平日的7倍，汉中市各县区移动客户电话几乎无法接通，影响范围较广。

地震后，宝鸡分公司的网络话务量猛增，是平时的10倍，网络拥塞严重，通话困难。眉县槐芽段、太白县白云乡—古迹街段、扶风县太白乡—三官庙段传输光缆被倒塌物砸断，50多个基站通信中断。受地震灾害影响，凤翔、岐山、扶风、太白全县停电，宝鸡市共有276个基站受到影响。

地震造成安康分公司90个基站退服，31座铁塔拉线受损，1座铁塔需拆除搬迁，28座基站机房出现裂缝或下沉。

四 重庆移动、云南移动设施受损

汶川地震给重庆移动造成1240.2万元的直接经济损失。其中，建筑物受损114间，经济损失314.4万元；传输设备54套，损失126万元；基站设备173套，损失218万元；电源设备155套，损失101.5万元；发电机（油机）18台，损失12.6万元；蓄电池77组，损失184.8万元；其他设备25套，损失37.7万元；重庆公司受损通信杆路53根，损失31.8万元；通信线路55.1皮长公里，损失59.5万元；基站铁塔24座，损失153.9万元。

地震造成云南移动建筑物受损31处、10100平方米，受损通信杆路176根，受损通信光缆224皮长公里，基站317个，直接经济损失2855万元。

第四节　中国联通设施受损

中国联通所属四川、陕西、甘肃、重庆4个省（市）分公司（以下分别简称四川联通、陕西联通、甘肃联通、重庆联通）在汶川特大地震中遭受严重损失，多处光缆阻断、基站断电、站房坍塌、设备损毁，导致基站退服，无法提供通信服务。中国联通直接经济损失87658万元，间接经济损失16617万元（主要包括灾区减免、赠送话费，坏账提取，以及基站退服造成的业务时长损失等）。

一　四川联通设施受损

地震前四川联通固定资产原值为140.46亿元，长途干线光缆线路9900皮长公里，其中一级干线3100皮长公里、二级干线6800皮长公里；已建成本地传输网光缆线路54518皮长公里。全省GSM网共有基站8000余个，无线容量850万线；CDMA网共有基站4300个，无线容量378万线，数据用户容量57万线。地震后，四川联通直接经济损失达71932万元，其中建筑物损失6000万元，数据设备损失332万元，基站设备损失2.15亿元，光缆传输损失1.68亿元，发生抢险费用2.73亿元。因减免话费、赠送话费、坏账等间接损失达1.45亿元。

四川联通建筑物受损　四川联通共有424处建筑物受损，面积13.82万平方米，损失6000万元。所属成都、绵阳、广元、德阳、乐山、自贡、南充、遂宁8个分公司受损建筑物包括10个局用综合楼（绵阳、广元两幢综合楼，遂宁、南充、乐山、德阳、自贡、成都茶店子和科华北路枢纽局房）、1001呼叫中心，以及严重受损站房254处，轻微受损站房905处。主要震害表现为墙体裂缝、墙面脱落以及围墙、堡坎出现断裂、沉陷等，需进行维修、加固处理。

四川联通设备和设施受损　四川联通301个G网基站受损或损坏，其中220个可维修开通、91个需替换建设；140个C网基站受损或损坏，其中60个可维修开通、80个需替换建设，经济损失2.15亿元；此外，通信设备损失332万元。灾损光缆8808皮长公里，微波138跳，传输设备791端，损失1.68亿元。成都、德阳、绵阳、广元、阿坝、雅安6个重灾市（州）光缆中断2916皮长公里，传输节点中断905个，电源19套受损，55个站房出现断裂等情况。省内二级干线九环线西北环都江堰至汶川、北川至平武光缆线路中断，3.8万根通信杆路损毁。

二　甘肃联通设施受损

地震前甘肃联通光缆维护里程为3.67万皮长公里，其中8条一级干线，省内全长6200皮长公里。全省长途交换网按地理区域划分为14个汇接区，14个长途局对全省各节点形成全覆盖，网络规模达16826万路端，实占率64%，全省TDM交换网容量为70万门（含局用、有线、无线接入网)。地震发生后,陇南、甘南地区遭受严重破坏,天水、定西、白银、兰州、临夏、平凉、庆阳等地区也遭受不同程度破坏,直接经济损失 2636.783 万元,间接损失 500 万元。

甘肃联通建筑物受损 甘肃全省 22 栋办公楼、31 处营业厅、211 个基站机房受损,其中基站机房严重损坏需要搬迁的 36 个,一般损坏 58 个,围墙倒塌出现裂缝的 70 个,地坪损坏的 47 个;损失 942.073 万元。

甘肃联通设备和设施受损 陇南、甘南、天水地区 41 个基站的开关电源损坏,陇南、甘南地区 4 个基站的蓄电池损坏,陇南地区配电箱、切换箱、基站传输设备严重损坏,损失 314.8 万元。甘肃联通全省光缆线路损坏 251.5 公里,杆路损坏 474 公里,损失 1077.91 万元。

三 陕西联通设施受损

陕西联通共有局房 14 处,总面积 114591.8 平方米。一级干线光缆维护里程为 1854 皮长公里,二级干线光缆线路总长度 3468 皮长公里,本地传输网络光缆线路总长度约 30837 公里。全省共建设西安、咸阳、宝鸡、渭南、铜川、延安、榆林、汉中、安康、商洛等 10 个本地传输光网络。基站系统共有 BSC 65 个、基站 5452 个、载频 31330 块,无线网络容量为 133365.86Erl,用户容量约 951.97 万户。

地震发生后,陕西联通省际一级干线光缆线路和本地网光缆线路遭受严重损失,光缆杆路大面积倒杆斜杆,管道变形、塌陷严重,部分租用电路因灾无法保障通信正常,在光缆断裂后即造成该站点业务丢失,造成通信中断。西安、汉中局用机房受损,西安、宝鸡、咸阳、渭南、汉中等地交换机负荷接近 100%,各地市均出现话务严重溢出、网络阻塞情况。多处基站机房出现裂缝,铁塔、抱杆、天馈系统出现不同程度的倾斜。各地市综合楼、营业厅及县级分部办公营业厅遭受不同程度的损害。宁强、略阳办公营业厅成为危房。CDMA 移动通信网 61 个基站、7 套传输设备、230.5 公里架空光缆受损。各地市均出现传输中断及基站退服,影响用户 150 多万户,宁强、略阳两县受灾最为严重。

地震造成陕西联通直接经济损失 12982.3 万元。受损基站机房、局房、综合楼和营业厅等房屋共 638 间,受损通信基站 2230 个,受损交换设备 2 套,数据设备 130 套,传输设备 195 套,动力电源配套设备 455 套。

陕西联通建筑物受损 陕西联通因震灾受损基站机房、局房、综合楼和营业厅等 638 处,包括 3 处中心机房、192 处基站机房,直接经济损失 361.6 万元;营业场所修复费用 1872.99 万元。汉中市综合通信枢纽楼多处出现裂纹,略阳、南郑办公房裂缝,成为危房。宁强办公楼墙面裂缝,围墙倒塌。汉台城区金江营业厅室、略阳金家河基站机房、横现河办事处房屋出现裂缝;硖口驿至阁老岭光缆受损,硖口驿基站机房地基下陷 1 厘米,并有裂缝;接官亭基站机房出现裂缝,房顶渗漏。

陕西联通设备受损 陕西联通设备损失合计约 5802.6 万元,包括传输设备受损 237 套,直接经济损失 677 万元;蓄电池受损 292 组,直接经济损失 588 万元;170 台发电机等电源设备受损,直接经济损失 596.3 万元;516 个基站设备不同程度受损,直接经济损失 2656.5 万元;铁塔、桅杆、空调等受损228处，直接经济损失1284.8万元。陕西联通分公司主要受损地域为汉中、宝鸡、安康，造成基站G网主设备、配套设备，蓄电池、应急油机等电源设备，以及基站铁塔、抱杆、天馈系统不同程度损坏。

陕西联通设施受损　陕西联通受损通信基站2230个，受损线路光缆961公里，倒断杆210根，杆路受损1574.5公里；电力引入线受损13公里，变压器15台。杆路受损直接经济损失5174.5万元，电力引入及变压器直接经济损失54万元。在光缆线路方面，一级干线西安—成都中断，西安—汉中省内二级干线中断，本地网宝鸡—汉中跨地区622环中断，本地网略钢基站光缆中断。由于山体塌方、滑坡、地面下陷等原因，多处通信杆路倒塌，拉线被拔出地面，光缆被落石、震倒的杆子砸断。西宝成一级干线降帐—杨家湾、凤州中继站因为109隧道塌方阻断干线通信数十小时。

四　重庆联通设施受损

地震发生后，重庆联通语音、传输、数据等专业网络的骨干网及本地网除特殊时点（5月12日14时28分至16时、5月19日19时至20时）出现短时间拥塞外，各机房设备完好，未出现人员伤亡及通信故障，总体运转情况良好。有部分局房、基站和通信线路等因地震受损，受损资产总额为107.37万元。

重庆联通建筑物受损　位于重庆市的中心枢纽楼南方花园局房楼高7层，使用面积6000平方米，1997年建成，1998年被重庆联通购买投入使用。由于南方花园局房原设计用途为工业厂房，设计荷载400千克/平方米，设防烈度Ⅵ度，设计标准低于通信机房标准。震后经专家检测，有梁、板裂缝近30根，板裂缝近20根（其中严重的有8根），最大裂缝超过1毫米，必须整体加固和修补。涪陵局房也出现不同程度的裂缝。重庆联通受损站房24个，受损资产额为7.9万元。

重庆联通设备设施受损　重庆联通市电引入线受损12.5公里，变压器受损3个，40座铁塔受损，部分光缆线路中断、杆路倾倒，本地网架空线路重庆和万州业务区部分线路受影响，受损架空传输线路20公里，经济损失39.47万元。

第五节　中国铁通设施受损

中国铁通所属四川、甘肃、陕西等省（市）公司（以下简称四川铁通、甘肃铁通、陕西铁通）共22个市、县通信在汶川特大地震中受到较大影响，通信基础设施、营业厅、办公局房均有不同程度损坏。203处通信机房受损，其中20余处严重垮塌，28个营业厅无法正常营业，房屋受损面积4.1万平方米，缆线损失964.62皮长公里，直接经济损失1.51亿元。

一　四川铁通设施受损

四川铁通通信网络覆盖全省除甘孜、阿坝外的其余19个市（州），有833个交换局点，交换机用户线总容量达94万线，宽带设备用户端口约25万个。地震中受损传输设备67套，交换设备2万余线，宽带设备4000余端口；受损光缆、电缆线路800余皮长公里；损毁机房、营业厅、办公场所共计165处，面积16731平方米。合计直接经济损失12018.2万元，其中房屋损失5531.6万元、缆线设备损失6486.6万元。

四川铁通建筑物受损　四川铁通在铁路宝成正线、德天支线、成汶支线上及江油、绵阳、德阳、成都地区的部分通信楼、通信机房、营业厅、办公楼因震灾出现裂缝，成为危房。受损房屋165处，严重损坏需拆除重建的有18处、3172平方米，其余均为轻微损坏，需要进行抗震加固。永兴、雪门寺、穿心店、红白场、木瓜、汉旺站坪等9站共215平方米通信机房垮塌，被夷为平地，成为废墟。20世纪70年代广木支线开通时启用的穿心店铁通通信机房，砖混结构，地震烈度达Ⅺ度，该建筑在地震中垮塌。罗妙真—斑竹园区间的6处中继机房以及沙溪坝、东坝、罗妙真等3个小站机房均受地震影响出现墙体开裂、地基下沉情况。

绵阳无线检修所老式砖混结构，无构造柱、圈梁等抗震构造措施，面积为270平方米。地震时该建筑物右侧与相邻建筑墙体互相碰撞，使其正立面右侧与相邻墙体接触处底部砌体受挤压，引起墙体砌体错位，造成部分砌体压碎。部分内、外墙在门窗洞处，地震时受到弯剪破坏，引起洞口角部上、下出现水平裂缝。其右侧一房间内砖柱底部震后形成错动的水平裂缝，如进一步加剧，有导致预制空心板脱落的危险。该建筑经鉴定为危房，需拆除重建。

四川铁通设施受损　四川境内宝成线德阳至广元34个站停电，成昆线尼日至普雄等5站电源中断，德天线汉旺站及广岳线永兴至木瓜坪等9站通信机房垮塌，两条铁路支线沿线光电缆多处损毁，全线通信中断。本地网共计2个端局、33个模块局通信中断，81个交换局不同程度受损，受损设备309台套，影响固网用户2万余户、宽带4000余户，本地网光电缆线路受损855.3皮长公里。

二　甘肃铁通设施受损

甘肃铁通成立于2001年3月8日，下设兰州、酒泉、武威、白银、平凉、天水6个地市分公司，兰州、武威和直属3个通信段，以及甘肃铁通工程公司和网络公司。

地震中，平凉、白银、天水、陇西、兰州、打柴沟等地的部分通信楼的地基、墙体及屋顶不同程度受损，受损房屋18间，建筑面积3449平方米。兰平光缆会宁—镢口间由于山体滑坡造成架空干线光缆160米被埋，天水车站塔钟设备受损，合计损失500万元。

三　陕西铁通设施受损

陕西铁通成立于2001年4月12日，下设10个地市分公司、52个县（区）支局、84个营业网点。

地震造成陕西铁通经济损失 2616 万元。

陕西铁通建筑物受损 陕西铁通房屋损毁共计 38 处（栋），建筑面积总计 20887 平方米，合计损失 2500 万元。经鉴定为严重损毁，需拆除重建的房屋有 3 处、共 2055 平方米，其余为轻微损坏，需做加固处理。虢镇通信楼位于宝鸡市陈仓区，总建筑面积约 930 平方米。地震使该楼严重损坏，每层墙体均有裂缝，多为 X 形，最大裂缝宽度 15 毫米，墙体错位 20 毫米。阳平关通信综合楼（老通信楼），建筑面积 800 平方米。该建筑受损严重，墙体裂缝最宽处 30 毫米，墙体错开约 50 毫米，承重墙体中大多出现斜裂缝，窗户玻璃约 30% 碎裂。略阳通信教育市场楼，建筑面积 618 平方米。地震中该建筑遭到严重损坏，承重墙体均出现斜向贯通裂缝，需拆除重建。略阳通信楼，建筑面积约 1843 平方米，地震中该建筑遭到中等损坏，楼梯间上部上屋面处损坏严重，砖砌体裂缝多处开裂，墙体裂缝最宽处 30 毫米，墙体错开约 40 毫米，40% 的幕墙玻璃破碎，幕墙与结构的连接部位已经开裂松动。

陕西铁通设备设施受损 陕西铁通损坏光缆 4.62 皮长公里、电缆 5.21 皮长公里，其中宝成线 109 隧道塌方损坏 36 芯光缆干线 3 皮长公里、电缆 3 皮长公里。损坏电杆 133 根、铁塔 3 座。传输设备损坏 14 套，直接经济损失 781.6 万元。其中，宝鸡地区虢镇城域网传输框损坏，略阳地区 SDH 传输 155 光口板损坏，西安西站铁路综合信息网 AR46 路由器 16 口 FE 板故障，导致业务中断。

第六节 中国卫通设施受损

中国卫通在四川省设有省级分公司和 4 个地市级分公司，在陕西、甘肃、云南、重庆设有省（市）级分公司。在极重灾区和重灾区 51 个县（市、区）及一般受灾地区无房屋损失，无人员伤亡，只是通信设备有一定程度的损失：四川公司 1 台 NGN 网络 TMG8010 网关及 2 组电池损坏，直接经济损失 40 万元；四川、甘肃两省村通工程，直接经济损失 936 万元，其中广元、绵阳两个地区全部村通电话 284 套卫星移动终端震后仅有 43 部仍开通运行，损失 240 万元；陇南、甘南地区有 337 套 VSAT 和 38 套村通工程用卫星移动通信终端中断通信，损失 696 万元。

第三章　邮政设施受损

灾区邮政业在汶川特大地震中遭受的直接经济损失约 10.5 亿元。邮政企业生产楼受损 1021 处，其中四川省 950 处、甘肃省 30 处、陕西省 41 处。全国邮政网点受损 1185 处，其中四川省 781 处、甘肃省 264 处、陕西省 120 处、云南省 20 处。

公路、铁路和航空邮路运行均受到汶川地震影响，灾区邮政企业累计积压、滚存邮件和快件 6998 袋、10 万余件。

邮政企业受损汽车 27 辆，损毁摩托车 18 辆，损毁计算机及其他配套设备 6507 台，143 台 ATM 机出现故障，3794 处配套设施损毁。地震造成邮政信息网络受损，成都至绵阳、阿坝两地邮政信息网络曾一度中断，19 个县及所辖支局的邮政服务受到影响，876 个电子汇兑网点和 671 个储蓄系统网点停业。

20 家快递公司的 9 件快件被埋或丢失。仅四川省就有 14 家快递公司的办公楼出现裂缝，120 处场地受损，1690 平方米住宅倒塌，30367 件快递邮件积压延误。

第一节　四川省邮政设施受损

汶川特大地震造成四川邮政房屋大量损坏。邮政生产营业用房共计毁损 950 处，毁损面积 811663 平方米，直接经济损失 25191 万元。邮政房屋垮塌的，包括北川羌族自治县局，平武县局，汉源县局，汶川县映秀支局，汶川县漩口水磨支局，江油市马角坝支局，旺苍县五权支局、双汇邮政所，绵阳市游仙区魏城镇支局，梓潼县仁和支局、许州支局、黎雅支局，广元市利州区羊木支局，郫县唐昌支局，绵竹市汉旺、遵道、九龙、清平等地局所，以及什邡局三水、红白等支局。邮政房屋严重受损、无法使用的，包括绵阳市局，都江堰市局，安县局，青川县局，彭州市白水河支局，崇州市街子支局，三台县芦溪支局，旺苍县局、国华邮政支局、嘉川邮政支局、木门邮政支局、英萃邮政所、尚武邮政所，江油市局，绵竹市局、绵竹市汉旺支局，安岳县驯龙支局，什邡市局，四川省邮电印制厂办公楼第三层部分垮塌。

四川省邮政设备毁损 6049 台（套），直接经济损失 41025 万元。其中，损毁生产办公设备 2227 台（套），直接经济损失 1962 万元；损毁配套设施 3797 台，直接经济损失 288 万元；损失业务资金 212 万元；损毁邮件产生赔偿损失 112 万元。

地震造成邮路阻断，邮件损失，业务资金损失。铁道邮路方面，宝成线、达成线中断，成渝线、成贵线、成昆线时断时通，火车接发邮件工作极为困难。航空邮路方面，5 月 12 日下午成都进出口航班全部停飞。汽车邮路方面，一级干线邮路成都—昌都邮路雅安到康定段，可以缓慢通行，但路上不时有飞石下落；二级干线邮路成都到马尔康、黑水、九寨沟、石棉的 4 条邮路中断。邮区内邮路方面，7 个市（州）21 条邮区邮路中断。地震当日，绵阳—北川汽车邮路的一辆邮车被埋，带运的 1 袋机要文件、47 袋普通邮件全部损毁。

一　阿坝地区邮政设施受损

汶川县映秀支局垮塌成废墟、漩口水磨支局局房损毁。汶川县局及其所属绵虒邮政所房屋严重受损。茂县邮政局局房损坏。

省中心至阿坝藏族羌族自治州邮政信息网络因通信电路故障，5 月 12 日中午开始中断，涉及 1 个州中心、12 个县中心。13 日 16 时 27 分，省中心至阿坝通信恢复正常，但仍有 5 个县局的市县网络处于中断状态。876 个电子汇兑网点和 671 个储蓄系统网点停业，143 台 ATM 机出现故障。此外大量营业终端设备损坏。

成都至马尔康邮车及驾押人员滞留在汶川县局，阿坝藏族羌族自治州局物流运输车辆滞留在绵虒至汶川段，驾驶员徒步走到汶川局。

二　绵阳地区邮政设施受损

北川羌族自治县局营业厅、邮件处理中心、支局房屋近 5800 平方米及非生产用房、邮政宾馆近 2700 平方米垮塌毁坏，所有办公场地（除擂鼓、通口房屋为危房外）、生产设施设备、用品用具、生产用车全部损毁。

绵阳市邮政局所属县局办公楼完全损毁 2 幢（北川 1 幢、安县 1 幢）、5700 平方米，部分损毁 26 幢、48340 平方米；支局（所）完全损毁 30 幢、25742 平方米，部分损毁 100 幢、27550 平方米。地震中，绵阳市邮政企业损毁电子计算机、路由器、打印机、UPS 电源等设备 388 台，损毁车辆 18 辆。

北川邮政局大楼位于曲山镇禹龙中街 8 号，框架结构，面积 2600 平方米。地震中梁柱断开，外墙断裂，倒塌成为废墟。

绵阳—平武邮路受阻，邮路中间很多山体大面积滑坡，多处发生严重垮塌，通信瘫痪，平武与外界失去联系。唐家山堰塞湖险情影响绵阳邮政，30个邮政营业网点暂停营业，全市25个乡（镇）暂时无法投递。至8月25日，所有中断营业的网点和投递点恢复正常。

三 德阳地区邮政设施受损

德阳邮政设备设施共计损毁3429台，邮政网点安防设施全部损失。

绵竹市邮政局所属局（所）办公、营业用房垮塌严重。汉旺、遵道、九龙、清平等地局（所）房屋全部垮塌。绵竹市局办公大楼、处理场所均成严重危房。什邡市邮政局所属局（所）均受到损坏，三水、红白等支局（所）全部塌陷，市局办公大楼出现严重裂缝，不能使用。

四 成都地区邮政设施受损

成都市邮政局所属郫县唐昌支局局房垮塌。都江堰市局（见图400）、彭州白水河支局、崇州市街子支局局房严重受损无法使用。四川省邮电印制厂办公楼三层部分垮塌。全市邮政系统房屋受损总计4.6万平方米，损失邮政车辆8台。地震后成都至阿坝等9个市（州）、县邮路中断，汶川、都江堰等重灾地区邮件、报刊大量积压，投递工作基本停滞。

图400 严重受损的都江堰市邮政局幸福路营业网点
（李崇宪 摄）

五 广元地区邮政设施受损

旺苍县五权邮政支局、双汇邮政所房屋被夷为废墟，3个邮政支局和2个邮政所房屋楼层发生断裂，随时有垮塌危险；县局综合办公楼整层楼房严重损坏；白水邮政支局房屋主体墙多处出现断裂、地基沉陷，被鉴定为危房。

青川、剑阁两局县中心、所有网点通信全部中断。5月29日，旺苍至巴中省道202线发生山体大面积滑坡，造成山体部分分离，泥石流肆虐，上千立方米的两块巨石横阻道路中央，广元局运钞车被困无法前往。

六　其他地区邮政设施受损

雅安市的汉源县邮政局生产办公楼垮塌；机关主办公楼严重裂缝、部分垮塌，受损面积 1500 平方米；县城内顺城街营业厅、文化路营业厅、文化路邮政储蓄所不能继续使用；宜东、清溪、大树、乌斯河等营业网点不同程度受损。

雅安邮区中心局、百丈湖邮电山庄西楼、邮电宾馆等建筑开裂、变形，一支局、二支局、西门支局等城市支局有不同程度的开裂，晏场支局屋顶基本损毁。荥经县局邮政大楼顶楼承重柱、内外墙有裂缝。芦山县局生产用房墙体开裂、房顶瓦损毁，县局北街邮政营业厅、邮件封发室，墙体多处开裂。宝兴县局邮件分发室主梁震裂。雅安市邮政局天全局、现业局、荥经局、宝兴局、名山局 UPS 电源、PC 机、路由器、交换机、终端机、打印机、传真机、电子秤、柴油发电机等大量设备遭到不同程度损毁，其中荥经局计算机、终端设备报废（含受损）14 台，受损金额约 10 万元。

达州市邮政局办公楼墙壁多处裂缝，邮件处理中心枢纽楼墙体、火车站邮件转运室和市局速递物流公司墙体裂缝严重。宣汉县局及所属 6 个支局房屋裂缝严重。万源市局沙滩支局营业室严重裂缝，黄钟支局房屋成危房。开江县局（所）房屋均出现不同程度的损伤，受损严重。渠县局 3 个支局墙体多处出现较大裂缝，基本成为危房；3 个支局房屋墙体裂缝严重，县局门卫值班室和县局办公大楼有严重裂缝。大竹县局 4 处支局房屋有不同程度裂缝。

巴中市邮政局南江县正直邮政支局成为危房。

攀枝花市邮政局米易县垭口、撒莲等邮政所房屋 1000 余平方米受损。市邮政局特快专递 PC 机、票据打印机等设备损坏 15 台，烂泥田网点所属 NCR ATM 卡笼烧毁。

第二节　甘肃省邮政设施受损

甘肃省邮政企业在地震中受损房屋达 294 处，其中陇南、天水、庆阳、临夏、平凉 5 个市（州）局办公楼受损，出现墙体裂缝，墙皮脱落、吊顶坍塌。文县碧口、范坝、玉垒、丹堡等 4 个邮电所房屋倒塌。宕昌、成县、康县、文县、西和等 25 个县局生产楼墙体、横梁裂缝，楼内水管迸裂；264 处营业网点不同程度受损，其中 112 个网点房屋坍塌或成危房。

甘肃省邮政损毁投递及揽收车辆 2 辆、投递摩托车 18 辆；损毁计算机、路由器、交换机、刷卡器、密码键盘、营业终端、邮资机、ATM 机及其他邮政设施设备 228 台（套），经济损失 300 万元，损坏办公、生产设备 150 万元。

截至 5 月 18 日，甘肃省邮政公司进川邮件积压、滚存 576 袋。19 日陇南发生一次强余震，导致积压邮件达到 804 袋；21 日，文县道路损坏严重，邮政车无法通行。全省邮政运输积压云、贵、川、渝邮件 870 袋。

一　陇南地区邮政设施受损

陇南市局及8个县局9栋生产楼出现大面积墙体脱落、裂缝、吊顶坍塌；全市110个农村分支机构89个严重受损，21个受损较轻。全市邮政倒塌房屋111间、1781平方米，严重受损形成危房401间、19387平方米，裂缝、倾斜952间32302平方米，损失电脑、复印机、UPS等生产及办公设备270件。5月12日下午全市所有网点全部停业，直接经济损失达4836万元。

二　甘南地区邮政设施受损

舟曲县邮政局10个邮政所和2个邮件转运站房屋墙体裂缝、屋顶坍塌，大梁断裂，严重受损房屋2196平方米，经济损失263.52万元；一般性破坏房屋100平方米，经济损失6万元。

临潭县邮政局4个邮政所及县局墙体出现裂缝，部分成为危房，严重受损房屋1800平方米，经济损失216万元；一般性破坏房屋906平方米，经济损失54.36万元。

卓尼县邮政局7个邮政所房屋墙体出现裂缝，2个邮政所受损严重，成为危房，严重受损房屋680平方米，经济损失81.6万元；一般性破坏房屋2916平方米，经济损失174.96万元。

迭部县邮政局6个邮政所墙体出现裂缝，屋顶塌陷，成为危房。一般性破坏房屋4754.6平方米，经济损失285.28万元。

碌曲县邮政局、夏河县邮政局、玛曲县邮政局及其下属邮政所不同程度受损。

以上合计严重受损房屋6450平方米，经济损失774万元；一般性破坏房屋9078.6平方米，经济损失544.716万元，总计经济损失1318.716万元。

截至6月17日，甘南邮政邮运汽车受损2辆，经济损失40万元；电子计算机、路由器、营业终端、交换机、各类打印机、复印机、验钞机、邮资机、UPS、电视监控系统等设备受损172台（套），经济损失92万元；总计设备经济损失132万元。

第三节　陕西省邮政设施受损

汶川特大地震造成陕西省邮政信息网络中断，全省17个市、县和106处网点受到不同程度的影响，257处网点停止营业。陕西省市、县邮政局有41幢生产楼出现裂纹、裂缝，120个支局（所）房屋损毁严重，38处营业房屋、食堂、围墙、厕所、油机房垮塌。截至5月20日，地震造成邮政设备、设施损毁，损坏空调、路由器、终端、打印机、点钞机49台，损坏发电机、变压器、配电柜5部，损坏监控系统1部、电梯4部，损坏办公设备55台（部），造成经济损失3269.52万元。

一　汉中地区邮政设施受损

汉中市邮政局 9 栋县局生产楼、54 处农村支局所和部分生产设施设备不同程度受损，直接经济损失 1628.35 万元。宁强县局办公楼楼体裂缝、顶棚垮塌、房屋间墙错位，县局仓库屋檐裂缝；广坪支局小二楼及平房发生坍塌，生产办公楼梁柱横向断裂成为危房；铁锁关支局办公楼墙壁错位并出现较大裂缝，为危房；燕子砭支局、阳平关支局、代家坝支局、大安支局生产楼多处发现裂痕，房屋结构受损。略阳县局生产楼受损，办公设备损坏；徐家坪支局、白水江支局、横现河支局、何家岩支局、硖口驿所、乐素河代办所房屋裂缝，屋顶防水层严重损坏，部分房屋成为危房。南郑县局大河坎支局楼梯、围墙坍塌，油机房房屋被毁，变压器、发电机和配电柜被砸毁（见图 401）；县局生产楼裂缝；南海支局、高台支局、黄官支局、青树所、新集支局、城东支局建筑物毁损。勉县局、西乡县局、镇巴县局、留坝县局、洋县局、佛坪县局和汉中市局建筑物和生产办公设备也遭受多处毁损。

图 401　震后的南郑县邮政局大河坎支局（王慧敏　摄）

二　宝鸡地区邮政设施受损

宝鸡市邮政局多处建筑物出现裂缝，市局火车站转运楼、市局综合办公楼和开发区邮电所墙体开裂，屋面漏水，水、暖管道损坏。眉县局、凤翔县局、陈仓区局、麟游县局、千阳县局、太白县局、凤县局、陇县局、岐山县局等县（区）局及所属支局、所，多处办公房、营业室墙体裂缝，吊顶掉落，大楼玻璃幕墙损坏，大门变形；多处停车棚、烟囱、围墙倒塌；个别房屋因地基塌陷或受损严重成为危房。凤翔县局及支局生产办公设备因高压线短路烧毁终端 7 台、打印机 7 台、点钞机各 3 台，直接经济损失 300.93 万元。

宝鸡市邮政局直接经济损失 600.93 万元。

三　其他地区邮政设施受损

安康市邮政局多处建筑物出现裂缝，部分建筑物垮塌或成为危房，直接经济损失 314.21 万元。安康市局邮政大楼墙体出现 30 余处裂缝，机房毁损严重；石泉县局大楼前墙面出现 3 处裂口；紫阳县局校场坝支局营业楼垮塌房屋 1 间；宁陕县局江口支局房屋出现裂缝，成为危房。

商洛市邮政局经济损失 181.76 万元。其中，山阳县西照川邮政支局，镇安县米粮支局、高峰支局生产楼出现裂缝；柞水县蔡玉窑支局、凤凰支局、曹坪所，以及商州分局黑山支局营业楼损坏。

铜川市邮政局经济损失 48.82 万元。市局新区邮政综合楼、城关分局、五一路分局楼面裂缝；宜君县局楼房、锅炉房裂缝；耀州区局杏树坪所监控烧毁，稠桑所 2 楼楼顶裂缝。

渭南市邮政局建筑物损坏、管道断裂，共计损失 296.8 万元。其中，渭南市局、潼关局办公楼裂缝；太要支局南楼，澄城县冯原支局、煤矿支局、寺前邮政所、刘家洼邮政所墙体裂缝；华阴局生产办公楼裂缝，地下管道多处爆裂。

咸阳市邮政局经济损失 43.25 万元。其中，永寿县农村支局所路由器烧毁，马坊、店头、甘井邮政所生产楼裂缝；泾阳县局云阳支局分发投递室、彬县邮政局生产大楼裂缝严重，成为危房。

延安市邮政局经济损失 14 万元。其中，市局食堂倾斜裂缝，锅炉房烟囱严重倾斜；甘泉县局 4 个邮政所出现房屋裂缝、瓷片脱落现象。

西安市邮政局办公、营业、住宅房屋损坏及其他损失 50 万元。其中，电子商务局、商业函件局、临潼区局、纺织城分局、高陵县局、户县局生产办公楼出现裂纹；临潼区局、纺织城分局、韩森路分局、钟楼分局、户县局、尚勤路分局、周至县局下属 15 个所营业厅（室）房屋毁损，2 个支局职工食堂毁损。

西安邮区中心局房屋、设备损坏以及生产成本增加损失 83.8 万元。

第四节　重庆、云南、宁夏邮政设施受损

重庆市邮政管理局、市邮政公司部分局房墙体出现不同程度的裂缝，门窗变形，供水供气管道破裂。全市有 35 个邮政企业受灾。

云南省昭通市 20 个局所的房屋不同程度受损，市局抽水房和库房墙体严重开裂，被鉴定为危房；大关县邮政局、昭阳区邮政局、永善县邮政局、彝良县邮政局有 19 个支局（所）房屋出现裂缝和外墙瓷砖脱落。

宁夏回族自治区固原市邮政办公、营业用房，特别是农村支局（所）的房屋墙体出现不同程度裂缝，其中原州区、彭阳县、隆德县、泾源县、西吉县共有 65 间办公楼、83 间营业厅受损，经济损失超过 100 万元。

第四章　水利电力设施受损

汶川特大地震给四川、甘肃、陕西、重庆、云南等省（市）的水利、电力设施造成巨大破坏。地震及其引发的地质灾害威胁水库、堰塞河道、破坏堤防和灌渠，影响灌溉和泄洪；破坏发电和输、变电设施、设备，造成供电中断，大面积停水、停电，给国民经济发展和人民生活带来极大影响，也给抗震救灾造成巨大困难。

据民政部等四部委 9 月 4 日灾损校核报告，川、甘、陕三省水利、水电等设施直接经济损失 469.77 亿元，其中四川省 430.2 亿元、甘肃省 24.87 亿元、陕西省 14.7 亿元。

第一节　水利设施受损

汶川特大地震使四川、甘肃、陕西、重庆、云南等省（市）水利工程与设施遭受严重破坏，大量水库、堤防、水闸、农田水利设施和水文监测设施等严重损毁，造成防洪、灌溉、供水系统等大面积瘫痪，严重威胁着人民群众饮水和生命财产安全。经及时抢修加固，没有发生溃坝、决口等事故。

一　水库受损

在汶川地震中，四川、甘肃、陕西、重庆、云南、贵州六省（市）共有 2566 座水库遭受不同程度损坏，其中大型（库容量超过 1 亿立方米）5 座、中型（库容量 0.1 亿～ 1 亿立方米）76 座、小型（库容量少于 0.1 亿立方米）2485 座。

四川省共有1997座水库在地震中遭受不同程度损坏，占全省水库总数的27%，其中大型4座、中型61座、小（1）型（库容100万～1000万立方米之间）331座、小（2）型（库容100万立方米以下）1601座。有溃坝险情水库69座，其中小（1）型19座、小（2）型50座；高危险情水库310座，其中中型15座、小（1）型67座、小（2）型228座；次高危险情水库1618座，其中大型4座、中型46座、小（1）型249座、小（2）型1319座。绝大多数水库发生大坝裂缝、滑坡、漏水等险情，还有部分水库遭到较严重的结构性破坏。受损水库主要分布在成都、德阳、绵阳等17个市（州）、96个县（市、区），影响60多个县城以上的城市、1630多个乡（镇）、636个学校、243个灾民安置点、913处重要交通干线等的安全，影响耕地33.33余万公顷，影响蓄水80074万立方米。

甘肃省共有28座农业灌溉水库受损，占灾区水库总数的21%，其中小（1）型14座、小（2）型14座。28座水库中，陇南市13座、临夏回族自治州5座、天水市4座、庆阳市2座、白银市2座、平凉市1座、兰州市1座。除兰州市皋兰县黑石水库为新建水库外，其余27座水库在地震前均为病险水库（3类坝）。水库受损影响7个市（州）15个县（市、区），影响灌溉面积1.152万公顷，同时威胁下游24个村镇43.46万人的生命财产安全。震损农业灌溉水库直接经济损失3950.28万元。

陕西省共有126座水库在地震中遭受不同程度损坏，其中大型1座、中型5座、小（1）型35座、小（2）型85座，占全省水库总数的12%，占受灾地区水库总数的17.6%。其中，汉中市81座，占汉中市水库总数的27.8%；宝鸡市26座，占宝鸡市水库总数的20.3%；安康市7座，占安康市水库总数的6.5%；商洛市7座，占商洛市水库总数的14.3%；西安市5座，占西安市水库总数的5.4%。受损水库中，被确定为高危险情的有18座，占震损水库总数的14%；次高危险情的有106座，占震损水库总数的84%；一般险情的有2座，占震损水库总数的2%。这些受损水库，影响到下游3座城市（汉中市北郊、宝鸡市市区及高新区、商州区市区）、5座县城（陇县、千阳、麟游、扶风、汉阴）的供水和防洪安全，其中6家工厂、2条铁路（阳安、陇海铁路）、3条公路（108国道、西安至汉中高速公路、宝鸡至平凉公路）、3.6万公顷耕地、104万人受到直接影响。

重庆市共有352座水库在地震中遭受不同程度损坏，分布于32个区（县），占全市水库总数的12.5%。其中，中型7座、小（1）型51座、小（2）型294座；土石坝303座、拱坝40座、重力坝9座；高危险情33座，包括中型1座、小（1）型6座、小（2）型26座；总库容3.4417亿立方米。

云南省共有51座水库在地震中遭受不同程度损坏。其中，中型3座、小（1）型23座、小（2）型25座，直接经济损失近1亿元。震损水库范围涉及4个市（州）16个县（区）。其中，昭通市震损25座，包括中型1座、小（1）型8座、小（2）型16座，分布于9个县（区）；楚雄彝族自治州震损3座，包括中型2座、小（1）型1座，分布于2个县；丽江市震损22座，包括小（1）型13座、小（2）型9座，分布于4个县；红河哈尼族彝族自治州震损1座，包括小（1）型1座，分布于1个县。水利设施受灾影响人口达130万人，其中供水直接影响人口30万人，直接经济损失28161万元。

贵州省共有12座水库在地震中遭受不同程度损坏，均为小型水库，主要分布在黔中、黔北、黔东南和黔西北，受损水库影响人口27.5万人、耕地400公顷。

四川省受损较重水库　四川省震损水库中，69座水库有溃坝险情（见表74），310座水库有高危险情。

四川省有溃坝险情水库统计表

表74

水库名称	市（州）	县（市、区）	所在乡镇	坝　型	最大坝高（米）	总库容（万立方米）	集雨面积（平方公里）	所在流域
东　河	成　都	彭　州	丹景山镇	土石混合坝	21.20	219.00	3.2	沱　江
青　山	德　阳	旌　阳	双东镇	均质土坝	6.90	12.10	1.2	沱　江
八　一	德　阳	罗　江	鄢家镇	均质土坝	10.50	14.00	0.11	涪　江
庙儿嘴	德　阳	罗　江	鄢家镇	均质土坝	11.00	26.00	0.08	涪　江
彭家坝	德　阳	罗　江	金山镇	均质土坝	14.00	250.00	5	涪　江
卧　龙	德　阳	绵　竹	东北镇	均质土坝	10.30	15.00	0.23	沱　江
双　龙	德　阳	绵　竹	东北镇	均质土坝	11.50	7.91	0.23	沱　江
上风波塘	德　阳	绵　竹	东北镇	均质土坝	5.44	11.60	0.685	沱　江
下风波塘	德　阳	绵　竹	东北镇	均质土坝	6.10	11.40	0.685	沱　江
白　溪	德　阳	绵　竹	汉旺镇	均质土坝	14.96	102.00	2.1	沱　江
柏　林	德　阳	绵　竹	汉旺镇	均质土坝	18.00	245.00	3.17	沱　江
九岭院	德　阳	绵　竹	汉旺镇	均质土坝	14.00	21.00	0.37	沱　江
红刺藤	德　阳	绵　竹	汉旺镇	均质土坝	10.00	17.00	0.13	沱　江
八　角	德　阳	绵　竹	汉旺镇	均质土坝	10.00	17.00	0.13	沱　江
新油房	德　阳	绵　竹	汉旺镇	均质土坝	20.20	57.00	0.24	沱　江
小柏林	德　阳	绵　竹	汉旺镇	均质土坝	15.00	14.20	0.111	沱　江
马尾河	德　阳	绵　竹	汉旺镇	均质土坝	13.00	45.00	10.4	沱　江
团　结	德　阳	绵　竹	九龙镇	均质土坝	12.00	39.60	0.1	沱　江
丰　产	德　阳	绵　竹	九龙镇	均质土坝	9.00	16.80	2.13	沱　江
联　合	德　阳	绵　竹	遵道镇	均质土坝	7.50	12.40	0.615	沱　江
陈家湾	德　阳	绵　竹	遵道镇	均质土坝	19.00	49.40	0.12	沱　江
民　乐	德　阳	绵　竹	土门镇	均质土坝	7.30	106.50	3.7	沱　江
太　平	德　阳	绵　竹	遵道镇	均质土坝	23.20	147.00	0.57	沱　江
公墓志	德　阳	什　邡	洛水镇	均质土坝	21.00	14.00	4.17	沱　江
建　兴	德　阳	中　江	富兴镇	均质土坝	18.40	155.00	18.09	涪　江
文　林	广　元	苍　溪	岳东镇	混合型土坝	41.80	361.00	4.6	嘉陵江
大洋沟	广　元	苍　溪	陵江镇	心墙石渣坝	46.00	978.00	25.34	嘉陵江
长　河	广　元	剑　阁	圈龙乡	均质土坝	8.00	86.00	6.7	嘉陵江

续表 74

水库名称	市（州）	县（市、区）	所在乡镇	坝　型	最大坝高（米）	总库容（万立方米）	集雨面积（平方公里）	所在流域
渔儿沟	广　元	利　州	三堆镇	均质土坝	14.00	17.60	1.03	白龙江
石道角	广　元	元　坝	白果乡	均质土坝	17.00	12.00	1.1	嘉陵江
红　花	广　元	元　坝	射箭乡	均质土坝	20.00	15.00	0.9	射箭河
双石桥	绵　阳	安　县	花荄镇	土　坝	—	27.00	—	涪　江
韦家沟	绵　阳	安　县	花荄镇	土　坝	—	10.00	—	涪　江
大松树	绵　阳	安　县	花荄镇	土　坝	—	22.50	—	涪　江
蒋家祠	绵　阳	安　县	花荄镇	土　坝	—	10.00	—	涪　江
五　一	绵　阳	安　县	睢水镇	土　坝	—	100.00	—	涪　江
丰　收	绵　阳	安　县	秀水镇	土　坝	—	196.00	—	涪　江
绵　江	绵　阳	涪　城	龙门镇	均质土坝	18.70	67.00	1	涪　江
观音堂	绵　阳	江　油	八一乡	均质土坝	8.00	18.00	0.4	涪　江
吴家大堰	绵　阳	江　油	大康镇	均质土坝	8.00	10.92	0.11	涪　江
狮儿河	绵　阳	江　油	大堰乡	均质土坝	17.40	360.00	4.3	涪　江
园　门	绵　阳	江　油	方水乡	均质土坝	18.00	115.00	3	涪　江
马凤庵	绵　阳	江　油	贯山乡	均质土坝	14.50	21.00	0.8	涪　江
合　作	绵　阳	江　油	九岭镇	均质土坝	6.00	14.80	0.19	涪　江
六角堰	绵　阳	江　油	九岭镇	均质土坝	6.40	14.80	0.5	涪　江
岐　山	绵　阳	江　油	龙凤镇	均质土坝	21.00	126.00	2.8	涪　江
幸　福	绵　阳	江　油	双河镇	均质土坝	14.00	20.00	0.5	涪　江
许家桥	绵　阳	江　油	新安镇	均质土坝	12.00	47.80	1.1	涪　江
老土地	绵　阳	江　油	新春乡	均质土坝	18.50	21.00	1	涪　江
新埝河	绵　阳	江　油	义新乡	均质土坝	14.80	95.00	2.5	涪　江
向家沟	绵　阳	江　油	永胜镇	黏土斜墙堆石坝	45.70	297.00	8.8	涪　江
洞子沟	绵　阳	江　油	战旗镇	均质土坝	18.00	40.00	1	涪　江
胜　利	绵　阳	江　油	重华镇	均质土坝	40.20	580.00	9.8	涪　江
印盒山	绵　阳	三　台	立新镇	—	—	266.00	—	涪　江
高毡帽	绵　阳	三　台	立新镇	—	—	64.00	—	涪　江
高　兴	绵　阳	三　台	新鲁镇	—	—	10.00	—	涪　江
大　田	绵　阳	三　台	忠孝乡	—	—	12.00	—	涪　江
杨湾寺	绵　阳	盐　亭	金孔镇	土　坝	9.80	27.75	1.29	梓江支流
崇　林	绵　阳	游　仙	朝真乡	均质土坝	7.40	28.99	0.9	涪　江
长道沟	绵　阳	游　仙	东宣乡	均质土坝	10.20	31.30	0.35	涪　江
团　结	绵　阳	游　仙	仙海区	均质土坝	7.70	20.00	1.12	涪　江

续表 74

水库名称	市（州）	县（市、区）	所在乡镇	坝　型	最大坝高（米）	总库容（万立方米）	集雨面积（平方公里）	所在流域
三　要	绵　阳	游　仙	仙海区	均质土坝	6.50	14.10	0.39	涪　江
金　花	绵　阳	游　仙	街子乡	均质土坝	18.60	393.00	1.38	涪　江
新　桥	绵　阳	梓　潼	建兴乡	均质土坝	17.00	13.80	4.1	涪　江
水井湾	绵　阳	梓　潼	石台乡	均质土坝	12.00	46.20	1.1	涪　江
三清观	绵　阳	梓　潼	文昌镇	均质土坝	12.90	107.00	3.7	涪　江
玉　华	绵　阳	梓　潼	仙鹅乡	均质土坝	13.50	36.70	0.9	涪　江
栏　杆	绵　阳	梓　潼	许州镇	均质土坝	9.40	26.00	1.4	涪　江
金　华	绵　阳	梓　潼	马迎乡	均质土坝	12.60	59.10	2.4	涪　江

说明：“—”表示无上报内容及数据

紫坪铺水库。位于成都市西北 60 公里的都江堰市紫坪铺镇境内的岷江上，下游距都江堰市区 9 公里，上游 26.5 公里与映秀湾电站尾水相衔接。大坝为混凝土面板堆石坝，最大坝高 156 米，总库容 11.12 亿立方米，是以灌溉和供水为主，兼顾发电、防洪、环境保护、旅游等综合效益的大（1）型水利工程，也是都江堰和成都市的水源工程。电站装机 4×19 万千瓦，年平均发电量 34.17 亿千瓦时。2000 年工程设计时，坝体挡水建筑物地震设防烈度为Ⅷ度，其余永久建筑物设防烈度为Ⅶ度，2005 年蓄水并开始发电。

紫坪铺水库大坝距离汶川地震震中映秀镇 17 公里，地震后电站机组全部停运，下游岷江断流。虽然紫坪铺大坝经受住了强地震的考验，但枢纽工程各建筑设施均遭受到不同程度的震损、震害（见图 402）。

图 402　震损的紫坪埔水库闸房

500千伏送出线路避雷器因震倒塌；两相GIS出线套管与阻波器连接线被拉断；一相电容式电压互感器底座槽钢、螺栓被拉变形。1～4号主变压器本体均有不同程度移位，并造成部分封母主变侧瓷盆外围密封全部拉开。厂房工业电视、火灾报警和通信系统控制屏均因震倒塌，线路拉断。主厂房主体结构基本无损，但框架柱出现水平贯通裂缝，连接梁出现裂缝，填充墙局部开裂，与副厂房之间连廊沉陷50厘米左右。副厂房主体结构无损，但室外地面沉陷造成室外台阶及坡道破坏，以及散水和散水处填充挡墙破坏；中央控制室吊顶出现严重垮塌；与电缆廊道交接处止水局部有渗水现象。发电引水隧洞进水塔局部产生裂缝，塔上集控室受损；进水口2000千牛双向门机出现较大位移，门架有变形，大车行走电机摔坏，回转机构齿轮损坏；下游河道混凝土护岸部分边坡及护岸道路开裂、破损。

大坝的基本蓄水功能没有受到较大影响，但产生了一定的局部震损，发生较明显震陷，最大沉降量744.3毫米，位于大坝最大断面坝顶附近；坝坡向下游方向发生水平位移超过300毫米。面板与河谷接缝（周边缝）处发生较大位移，右坝肩745米高程附近（接近河谷底部）周边缝错动较明显；部分面板间的结构缝也发生错台，并发生挤压破坏。845米高程二、三期混凝土面板施工缝错开，最大错台达17厘米；部分混凝土面板与垫层间有脱空现象，最大脱空23厘米。坝顶防浪墙基本完好，个别部位发生挤压破坏和拉开现象，坝顶下游侧交通护栏大部分遭到破坏。靠近坝顶附近的下游坡面干砌石块松动并伴有向下的滑移。渗漏量也较地震前有所增加，但总量不大。

溢洪道闸室多处发生裂缝，框架结构启闭机室的3根承重柱被剪断，钢筋外露；下段954米高程以上边坡坡体变形超过20毫米；陡槽段永久缝错台。1号、2号泄洪洞进水塔受震局部产生裂缝；进水塔启闭机室受震损毁。龙抬头段结构缝损坏14处，边顶和底板均有损坏，为变形缝开裂、底板结构缝周边混凝土破坏，橡胶止水外露并伴有渗漏水情况；导泄结合段环氧砂浆损坏共70处，面积约310平方米。2×3600千牛卷扬式启闭机卷筒轴承座及轴承严重破坏，电阻柜倾倒，启闭机不能运行。启闭机室50吨桥机大车轨道移位，小车移位，设备不能工作。400千牛启闭机机架明显变形和移位，机构破坏严重，电控柜摔坏，设备不能工作。闸室电梯轿厢位移，轨道扭曲，设备不能工作。2号泄洪洞4500/1200千牛液压启闭机远地控制系统盘柜报废，现场控制盘柜部分电气元件摔坏，控制回路不能正常工作。冲砂放空洞的工作闸门下游至出口段混凝土衬砌表面有局部损坏脱落坑槽，面积约80平方米，主要集中在施工缝、结构缝周边。

地震发生后，电站送出线路开关跳闸，运行中的1号和2号机组事故停机，1号机组过速事故落门，4台机组停运，厂用电源中断。至5月17日电站恢复发电，机组共停运125小时，损失发电量3500万千瓦时，直接经济损失1000万元。

岷江上游地震毁坏的建筑物、林木、油污及动物尸体等随水漂流到紫坪铺水库，堆积在坝前。坝前水面一度出现6万多平方米的漂浮物带，严重影响水库水质和下游用水安全。地震造成26.5公里长的紫坪铺库区沿岸山体大面积滑坡、塌岸，地形地貌、植被发生巨大改变，地质灾害风险增大；震后库周及上游地区大量泥沙淤积在紫坪铺水库。

汶川地震导致紫坪铺水库工程直接经济损失3.5亿元、间接经济损失4.55亿元，灾后恢复重建投资需5.36亿元。

武都水库。位于绵阳市，是四川省调水补水网络的重要水源工程，具有防洪、灌溉、发电以及工业和生活供水等综合效益，控灌绵阳市的江油、梓潼、游仙、三台、盐亭，遂宁市的射洪，广元市的剑阁，南充市的南部，共 4 个市 10 个县（市、区）13.33 余万公顷农田，受益人口 1000 余万。地震中，上下游围堰拉裂，大坝主体工程裂缝现象突出，设施设备严重受损。工程现场的大型施工设备受损 600 台套，1.3 万平方米的办公生活房屋出现严重拉裂和垮塌现象。

继光水库。位于中江县继光镇兴中村观音桥附近，距县城 37 公里，坝址位于郪江支流龙台河中上游，于 1977 年 5 月动工，1980 年配套工程全面竣工。校核洪水位 478.5 米，总库容 9936 万立方米；正常蓄水位 476 米，相应库容 7971 万立方米；设计灌溉面积 2.39 万公顷。枢纽工程由拦河大坝、溢洪道、放空洞及放水设施等建筑物组成，是一座以灌溉为主的都江堰人民渠七期工程的充囤水库。地震造成大坝下游坝坡浆砌条石局部拱起、外移，坝顶路面与其下部的条石脱空，产生 15 条纵、横向裂缝，缝宽约 2 ～ 3 毫米，最大达 50 毫米；大坝垂直位移增加 43 毫米，水平位移增加 32 毫米；坝体及坝基的渗漏量加剧，由地震前 29.53 升 / 秒增加到 37.9 升 / 秒，增加了 8.37 升 / 秒；放空洞闸门和启闭机损坏，无法运行；左右岸放水隧洞局部有垮塌、损坏，渗漏严重。继光水库受损，影响灌溉面积 1.54 万公顷，对下游 9 个场镇、31 所学校共计 16 万人造成威胁，影响城南高速公路和成达铁路的安全运行。

上游水库。位于绵阳市涪城区河边镇上游湖山村境内，安昌河右岸一级支流草市河上。水库正常蓄水位高程为 550.947 米，总库容为 1176 万立方米，灌溉面积 2593 公顷。水库设计有 4 条干渠，总长度 54.7 公里。地震造成大坝坝顶沉降 3 厘米，向下游水平位移 10 厘米；大坝上游坝坡局部塌陷。大坝上游坝坡共有 3 条纵向裂缝，裂缝均位于大坝中部，高程 546.5 ～ 547 米，裂缝最大宽度约 1 厘米；下游坝坡有多条纵向裂缝，其中 4 条裂缝较大，分别位于大坝中部高程 551.2 米、550.2 米、549.6 米、548.4 米的坝坡上，裂缝最大宽度约 1 厘米。大坝检查廊道渗漏，二级马道有集中渗漏点。坝顶上游护栏损毁，上游预制混凝土护坡部分损毁；下游一级马道排水沟上游侧有错台，错台约 5 厘米。左灌溉涵管沿坡的进水管卧管及水平放水涵管段裂缝，漏水严重，漏水量约 0.93 立方米 / 秒；右灌溉涵管进水塔井壁混凝土剥落并有不规则的裂缝，井壁亦有裂缝。

工农水库。距广元市 72 公里，是一座以灌溉为主，兼有防洪、水产养殖等综合效益的中型水利工程。坝高 29.94 米，总库容 1303 万立方米，设计灌溉面积 2220 公顷。地震造成大坝、溢洪道、放水、放空设施及管理房等出现严重震损。大坝坝顶中部 80 米范围内发生沉降，最大值约 10 厘米；坝顶约 10 米范围内发现纵向裂缝，缝宽 3 ～ 5 厘米、深 1.56 ～ 2.73 米；坝左端出现贯穿性横缝，缝宽 3 ～ 5 厘米；上游坝坡沉陷 6 ～ 10 厘米，护坡浆砌三角形预制块搭接部位出现隆起、挤压破坏。溢洪道两侧陡岩多处掉块、垮塌，边墙多处出现裂缝、错位、砂浆脱落。放水涵洞闸门漏水量增大；启闭机横梁出现裂缝；竖井井壁砂浆剥落，并出现水平裂缝；涵洞顶部、底板、边墙多处出现裂缝。放空洞闸门失灵，无法启闭。放空隧洞多处变形、开裂，局部垮塌。水库管理房（包括灌区管理房）震损严重，有 2000 平方米房屋成为危房。

白水湖水库。位于安县睢水镇和沸水镇境内、涪江二级支流秀水河支流白水河上，是一座以灌溉为主，兼有发电、防洪、水产养殖、旅游观光等综合效益的中型水利工程。水库枢纽工程建成于1958年，由大坝、溢洪道、放水洞、放空洞、引水二大渠组成。水库大坝为均质土坝，坝高24.4米，坝顶高程664.4米，总库容1672万立方米，设计灌溉面积2333公顷，灌区总人口5.28万人。白水湖水库距离北川较近，靠近龙门山断裂带，地震中遭到严重破坏。水库大坝坝顶、内坡和右坝肩出现7条纵向裂缝、8条横向裂缝，裂缝长310米、宽1～6.7厘米，最长一条裂缝长69米；大坝内坡干砌预制混凝土块护坡在660米高程整体下滑距离1.5～6.7厘米，内坡局部出现隆起或塌陷变形，大量细砂从干砌预制混凝土缝中溢出，反滤料遭到破坏；护坡及下游排水设施破坏；大坝上游左右岸坡坡度较陡，局部震损坍塌；大坝及坝肩地震后渗漏量增加，闸室段和泄水明渠段均出现局部渗漏现象；放水洞和放空洞出口尾渠为20世纪70年代修筑的三合土渠道，此次地震震损较为严重，出现裂缝及坍塌，渗流量加大，影响正常运行；1200平方米管理房屋垮塌；灌区渠系多处垮塌，不能正常向灌区供水和排洪。二大渠引水枢纽工程的取水枢纽拦河坝、冲砂闸、进水闸被山体滑坡损毁、压埋，拦河坝多处裂缝，进水闸、冲砂闸闸墩断裂，闸门严重变形，启闭设施破坏，闸房垮塌。渠首500米渠道被左岸滑坡体损毁，大量滑坡体堆积在进水口前和渠道上，1100米沿山、沿河渠道护坡垮塌。1280米渠道出现纵横向裂缝或滑坡，620平方米管理房垮塌。二大渠引水完全中断。

柏林水库。位于绵竹市城北12公里处、汉旺镇凌法村境内，属沱江水系绵远河支流。设计总库容245万立方米，是一座以灌溉、防洪为主，兼有养殖、发电等综合效益的水利工程。设计灌溉面积600公顷，控灌汉旺、兴隆、东北等镇，年产鱼量3万公斤，年发电量200万千瓦时。柏林水库为均质土坝，坝轴线为U型，坝轴线总长1194米，最大坝高为23.8米。水库建于20世纪50年代，1981年、1985年、1994年、2002年、2003年多次进行加固扩建。地震造成坝顶、上游坝坡裂缝严重，下游坝坡局部下挫。大坝裂缝包括纵缝13条、横缝4条；溢洪道控制闸启闭机房倒塌，1台启闭机电机接线盒损坏。交通桥及工作桥断裂，闸墩根部断裂。

白溪水库。地处汉旺镇白溪口村境内沈家槽沟太鹏寺山脚下，属沱江水系绵远河支流。设计总库容102万立方米，是一座以灌溉为主，兼有防洪、养鱼等综合效益的水利工程。该水库设计灌溉面积133.33公顷，可灌溉绵竹市汉旺、拱星、绵远及安县雎水4个镇，年产鱼1万公斤。白溪水库建于20世纪五六十年代，1977年、1986年、1995年、1996年多次采取整治措施，2003—2004年对水库溢洪道进行扩建。地震造成大坝纵缝2条、横缝6条，水库副坝出现坝前滑坡，滑坡体长约105厘米、宽约20米；溢洪闸右侧翼墙震裂，边墩上部震裂。放水洞洞身震损，开裂严重。

甘肃省受损较重水库　甘肃省重点震损水库为黄江水库，位于西和县黄江峡口，为小（1）型水库，1960年7月建成投入运行，总库容436万立方米，大坝为土石混合坝，最大坝高33米，坝顶长45米。坝顶高程1826米，正常蓄水位1818.2米，水库有效灌溉面积186.67公顷。地震造成下游坝址处渗流量明显加大，渗漏量达到30升/秒，渗水点明显增多，较大的渗水点达到7个，较震前增加6个；水质变黑，并携带大量粉质泥沙，为高危险情，影响下游12个村、3.2万人的生命财产安全。

陕西省受损较重水库　庆家寨水库位于陕西省勉县老道寺镇张家湾村，1979年建成运行，为均质土坝，最大坝高 24 米，坝长 112 米，坝顶宽 5 米，总库容 45 万立方米。有效灌溉面积 100 公顷。地震造成大坝的坝顶中部出现 3 条宽 3 ～ 5 毫米的横向裂缝；大坝顶部附近的背坡出现 4 条宽 3 ～ 5 毫米的纵向裂缝。

段家峡水库位于陕西陇县曹家湾镇段家峡村，总库容 1832 万立方米，是一座以灌溉为主，兼有防洪、发电、养殖等效益的中型水利工程，由拦水坝、溢洪道和放水洞三部分组成。大坝为均质土坝，最大坝高 43 米。地震造成坝面迎水坡浆砌石护坡出现宽约 1 ～ 1.5 毫米裂缝上百条；背水坡的回填土方出现两条明显的竖向裂缝。输水洞局部变形损坏。输水洞工作桥横梁和桥面出现裂缝。溢洪道与右坝肩结合处的挡土墙出现裂缝。

重庆市受损较重水库 重庆市重点震损水库有 3 座，即垫江红旗水库、奉节县青莲溪水库、涪陵区龙桥水库。垫江红旗水库副坝右坝肩的坝坡上出现浑水涌漏，实测漏水量 20 立方米 / 秒；大坝右坝肩 1/3 坝高以下坝体有渗漏水逸出；左坝肩坝后岩体层间加大；400 伏动力电源线电杆折断，造成上坝电力线中断；右坝间上游约 20 ～ 30 米处出现山体垮塌。奉节县青莲溪水库大坝基础帷幕灌浆破坏，造成渗流量加大。涪陵区龙桥水库大坝内坡出现滑坡，滑坡呈 3 道滑弧，滑弧靠左坝端，最上道滑弧离坝顶约 4 米，整个滑弧在坝的中部靠左坝端，3 道滑弧总长达 60 余米，其中最长的一条长 30 余米，裂缝宽 10 ～ 30 毫米。

云南省受损较重水库 云南省重点震损水库有 10 座，包括昭通市的永善县云荞水库、鲁甸县猫鼻子水库、昭阳区官闸水库和保山圩水库、威信县扎西水库，楚雄彝族自治州的牟定县中屯水库、元谋县麻柳水库，以及丽江市的玉龙纳西族自治县白汉场水库、永胜县苦荞坪水库、宁蒗彝族自治县巴东湾水库。

贵州省受损较重水库 贵州省洼基河水库位于盘县松河彝族乡泥木嘎村，建成于 1982 年，水库为小（2）型蓄水工程，总库容 35 万立方米。地震造成大坝出现裂痕。坝下游面左岸 2 条张性水平裂缝，长约 1 米，宽约 5 毫米；右岸低于坝顶约 6 米处有垂直向裂痕；大坝中心底孔闸门房受外力影响有明显移位迹象；坝下游面受应力影响有 7 处附着物脱落，大坝渗漏严重，中部外凸变形，原底孔无法开启。

二 堤防水闸受损

堤防受损 在地震中，四川、陕西、云南、重庆、甘肃五省（市）共有堤防受损 1412 处、1337 公里。

地震造成四川灾区堤防出现垮塌、裂缝、滑坡、沉陷、管涌等多种险情（参见图 403）。震损堤防共计 706 处，长度 894.16 公里，其中裂缝 403 处，脱、滑坡 286 处，沉陷（塌坑）264 处，管涌 5 处，其他 84 处；出险堤防共计直接经济损失 23.41 亿元。重大险情 106 处、占震损堤防总数的 15%，长度 194.92 公里、占总长度的 21.8%；较重险情 276 处、占震损堤防总数的 39.1%，长度 303.69 公里、占总长度的 33.96%；一般险情 324 处、占震损堤防总数的 45.9%，长度 395.55 公里、占总长度的 44.24%。震损堤防影响人口约 1010 万人、耕地约 3.73 万公顷，造成直接经济损失 20.7 亿元。

图 403　石亭江堤防滑坡

地震造成甘肃省陇南、甘南、天水、定西、临夏 5 个市（州）29 个县（市、区）的河道堤防工程受损，总计有 444 处 336 公里，涉及河流 69 条，影响 72.9 万人防洪安全，影响耕地 5666.67 公顷，造成直接经济损失 2.44 亿元。其中，陇南市 2.03 亿元、天水市 1932 万元、甘南藏族自治州 1414 万元，受灾最重；临夏回族自治州 488 万元、定西市 261 万元，受灾次重。从分布看，两当、武都、宕昌、文县、西和五县（区）受灾最重，直接经济损失在 4150 万元至 2600 万元之间；康县受灾次重，直接经济损失 980 万元；徽县、礼县等县（市、区）为一般受灾区，直接经济损失在 420 万元至 50 万元之间。

地震造成陕西省汉中、宝鸡、安康境内汉江、嘉陵江干支流及渭河干流部分堤防工程出现裂缝、堤面脱落滑塌、沉陷，涵闸和护基坝沉陷、裂缝，防浪墙裂缝等不同程度损毁。地震损毁堤防 99 处、49.9 公里，其中堤防垮塌 50 处、17.2 公里，堤基沉陷 22 处、8 公里，堤防裂缝 27 处、24.7 公里；护基坝毁坏 25 座，涵闸 16 座，护堤建筑物毁坏 14 座。震损堤防影响人口 36.26 万人、耕地 1.36 万公顷、4 个集镇、1 个县城、1 个地级城市及省、县、乡级公路 4 条。其中，汉中市损坏的河道堤防主要集中在略阳县、宁强县、勉县，影响 23.43 万人、1.02 万公顷耕地；宝鸡市堤防损毁主要集中在陈仓区、太白县、凤县，影响 12.83 万人、耕地 0.34 万公顷。

重庆市 20 个区（县）87 处堤防出险，总长度 50.25 公里，直接经济损失 8959 万元。5 个区、县 18 处河道出现淤堵，总长度 5.81 公里，河道内淤堵方量 11.67 万立方米，直接经济损失 675 万元。

云南省小河流、山区性河流较多，河道堤防较零星分散，多数建在人口聚集的坝区、城边、集镇、村庄等地。昭通市的鲁甸、彝良、威信三县 9 条河堤防影响保护区 28850 人、1773.33 公顷耕地，地震造成堤防受损 6.2 公里，其中裂缝 46 处，沉陷 23 处，脱、滑坡 7 处，堤防工程直接经济损失 675 万元。

水闸受损　水闸受损主要集中在四川省。四川省大、中、小（1）型水闸共 412 座，其中大型 31 座、中型 88 座、小（1）型 293 座，多数建成于 20 世纪 60 至 90 年代，主要作用是灌溉、节制、防洪等。地震受损水闸共 303 座，其中大型 23 座、中型 63 座、小（1）型 217 座，具体分布情况见表 75。

地震给上述地区的水闸造成不同程度的损坏。大多数水闸主要是闸房遭到较大破坏，部分水闸闸室发生位移，闸门启闭困难。地震损坏最为严重的是绵竹市官宋硼堰取水枢纽水闸，已无法正常运行，整体报废重建。

四川省水闸受损情况统计表

表 75　　单位：座

管理单位	大型	中型	小（1）型	合计
都江堰灌区管理局	6	49	145	200
成都市水务局	2	9	39	50
绵阳市水务局	7	2	18	27
德阳市水利局	6	0	0	6
广元市水利局	0	1	0	1
绵竹市水利局	1	0	3	4
广汉市水利局	1	2	12	15

三　灌区受损

四川省灌区受损　汶川地震给四川灾区灌溉工程造成极其严重的破坏。损坏渠道占全省灌溉渠道总长度的 10%，渠系建筑物 24972 处，取水枢纽 1217 处，影响灌溉面积近 80 万公顷（占全省有效灌溉面积的 29%），直接经济损失 53.68 亿元。四川省 21 个市（州）以下管理的灌溉工程均遭到不同程度的破坏，德阳、绵阳、广元、成都、阿坝、雅安等重灾地区损失最为惨重。渠道损毁 12384 公里，渡槽损毁 1083 处，222 处倒虹管变形，853 处隧洞垮塌，损毁小型渠系建筑物 20275 处、涵洞 1067 处、山坪塘 41176 处、石河堰 2699 处，出现不同程度损毁的提灌站达 5106 处。共有 38.09 万公顷灌溉面积受到影响不能正常灌溉，灾后重建工程投资估算 350900 万元。据都江堰、玉溪河、长葫、通济堰、升钟、武引、九龙滩、石盘滩、青衣江等 9 个大型灌区统计，地震共损坏骨干输水渠道 126.28 公里，取水枢纽、干支渠分水闸和重点建筑物（渡槽、隧洞、涵洞、倒虹管、桥梁等工程）230余处，管理闸（站）房受损破坏严重，受损面积12.37万平方米。因工程损坏导致57.23万公顷耕地受到影响，不能正常灌溉。

甘肃省灌区受损 甘肃灾区内143个灌区844.22公里渠道、2366座水工建筑物、35个灌溉泵站遭到不同程度的破坏，受损集雨水窖39475眼、混凝土集雨场9.1万平方米、塘坝60座、机电井858眼，影响灌溉面积9.6万公顷。

陕西省灌区受损 在陕西省12个大型灌区中，羊毛湾、石堡川、东雷一黄、二黄和洛惠渠等5个灌区受地震影响轻微，石门、冯家山、宝鸡峡、石头河、泾惠渠、桃曲坡和交口抽渭等7个灌区受地震影响较重，其中石门、冯家山、宝鸡峡、石头河和泾惠渠等5个灌区受损严重，包括大型灌区水库枢纽受损2座、渠道40.7公里，受损建筑物652座、生产生活设施19884平方米。

重庆市灌区受损 重庆市26个区（县）的110座灌区建筑物和207.82公里渠系不同程度受灾，影响灌溉面积1.77万公顷，占全市有效灌溉面积的3%。

云南省灌区受损 云南省元谋大型灌区受损严重，影响灌溉供水。元谋麻柳水库和灌溉干渠的设计灌溉排涝面积0.55万公顷，主要出险情况为甘塘1号、2号隧洞受损。1号隧洞拱顶预制块断裂，裂痕最大1.7厘米，错位10厘米，横向最大3厘米。边墙起拱线接头错位严重，底板严重变形。2号隧洞拱顶预制块断裂，错位10厘米，横向最大4.5厘米。昭通市昭阳区苏家院灌区骡马河水库低沟、守望灌区卡子支沟等均出现渠首建筑物垮塌、开裂等情况。鲁甸县茨院回族乡的白庙大站、新石桥站、沿闸村甘闸站及桃源回族乡铁家村羊耳圩站、文屏镇民富社区站受损，受损泵站均出现不同程度的水泵和管道受损。昭阳区跳墩河灌区跳墩河水库南北干渠、丽江市古城区东山河、曲靖市会泽县迤车镇迤车东、西干渠等分布于昭通市、丽江市、曲靖市共254条干支渠均不同程度开裂、沉陷、垮塌。

四 农田水利设施受损

四川省农田水利设施受损 四川省农田水利设施严重受损40260处，中等受损51561处，轻微受损54816处。

成都市灌排工程共震损渠道3062处、计约832公里，渠系建筑物2233处，影响灌溉面积5.33万公顷，直接经济损失3.56亿元。从灌溉工程受损情况看，震损灌溉工程严重地区为都江堰、邛崃、彭州、崇州、大邑等县（市）；工程分类上，以山丘区渠道震损为主，其次是拦河坝、渠系上的闸门、渡槽等建筑物，山丘区的塘堰、蓄水池也遭受一定的损失。

德阳市渠道共损坏57625处、总长6462.76公里，渠系建筑物受损共22018处；山坪塘、蓄水池、水窖等小型水利设施受损5725处，其中山坪塘1795处，占全市13507处山坪塘总数的13.3%。

绵阳市共有9416公里渠道、90处提灌站、33654口山坪塘和多数石河埝、蓄水池等水利工程毁损，直接经济损失36.78亿元，其中渠系直接经济损失30.72亿元、小微型蓄引提水设施直接经济损失6.06亿元。

雅安市共有906公里渠堰受损，其中渠道902.81公里、渡槽99处1.39公里、倒虹管4处0.15公里、隧洞31处1.05公里、其他小型渠系建筑物104处，致使2.63万公顷耕地和43.71万人的生产生活用水受到影响，直接经济损失 1.57 亿元。

甘肃省农田水利设施受损　陇南、甘南、天水、平凉、庆阳、定西、临夏、兰州、白银 9 个市（州）35 个县（市、区）农田水利设施受损，其中建筑物 2366 座、受损渠道长 844.22 公里，影响灌溉面积 9.59 万公顷，经济损失 3.28 亿元。

陕西省农田水利设施受损　陕西省严重受损中型灌区 10 个、小型灌区 78 个，自流引水工程 154 处，泵站 89 座，机井 494 眼，塘窖 305 处，渠道建筑物 322 座，渠道管道 220.1 公里，管理设施 26 处。

云南省农田水利设施受损　云南省农村灌溉设施受损建筑物共 320 座，受损渠道长 3280 公里，影响灌溉面积 1.35 万公顷，直接经济损失 5511 万元。

五　农村供水工程受损

四川省 19 个市（州）、涉及 139 个县（市、区）各类农村供水工程震损 422768 处，其中分散工程 417765 处、集中工程 5003 处。重度损坏的工程有 154180 处，其中集中工程 1926 处、分散工程 152254 处；中度损坏的工程有 157228 处，其中集中工程 1353 处、分散工程 155875 处；轻度损坏的工程有 111360 处，其中集中工程 1724 处、分散工程 109636 处。震损农村供水工程造成灾区农村群众 1121.73 万人的饮用水困难。

甘肃省震损农村供水工程主要分布在陇南、甘南、天水、平凉、庆阳、定西、临夏、兰州、白银 9 个市（州）56 个县（市、区）732 个乡（镇）4428 个行政村。震损人饮设施 1951 处、集中供水水源 1671 处、供水管道 5792.35 公里；蓄水池震损 1321 座，其中塌陷 737 座、裂缝 584 座；水塔倒塌 46 座，塔身倾斜、裂缝 166 座；水窖破损、裂缝 8.58 万眼；水厂厂房地基下沉 28 处，净化和机电设备损坏 1355 台（套）；管理房倒塌、裂缝 380 间。农村供水工程震损直接影响到 9 个市（州）56 个县（市、区）732 个乡（镇）4428 个行政村的用水问题，影响人口 297.83 万人，其中 98.6 万人发生暂时性的饮水困难，影响范围比较大。重灾地区陇南市、舟曲县影响人口 133.5 万人。农村供水工程设施震损造成直接经济损失 5.54 亿元。

陕西省震损农村供水工程 1284 处，其中汉中市 527 处、宝鸡市 450 处、西安市 15 处、咸阳市 174 处、安康市 96 处、杨陵示范区 22 处。受损供水设施中有 55 眼机井发生井管弯曲、井壁破裂，684 座水塔发生倒塌、倾斜、裂缝和地基沉陷，284 座蓄水池出现裂缝、坍塌，641 公里供水管网发生管道扭曲、断裂和渗漏，463 处其他供水设施发生不同程度损坏。全省城乡供水设施因灾造成直接经济损失 1.64 亿元，其中汉中市 0.56 亿元、宝鸡市 0.67 亿元。影响汉中、宝鸡、咸阳、安康、西安五市和杨陵示范区的 37 个县（市、区），影响供水人口 136.9 万人。

重庆市有 33 个区（县）343 处水源设施和水厂制水设施因震损毁，损毁供水管道 823.2 公里，直接经济损失 21560 万元，受影响人口 153.7 万人。

云南省乡村供水设施影响范围涉及 14 个县（区），受影响人口 30 万人。受影响水源设施 1632 处，受影响供水管道 2377 公里，输水管道受损严重，水池开裂漏水，水窖拉裂等灾情严重影响灾区的正常供水，直接经济损失 3778 万元。

六　水文测报设施受损

地震造成四川、重庆、甘肃、陕西、云南五省（市）和长江、黄河两个流域管理机构的水文测报设施设备损毁严重，主要表现在设备设施无法正常使用。受损水文站的观测道路、护坡等基础设施出现垮塌、下陷，存在严重的安全隐患；水尺、水准点、断面标志、水位观测井、水位计管道、水文缆道等测验设施变形、位移或毁损；水位计、雨量计等监测设备损坏严重。设施设备的功能受到不同程度的破坏，正常的水文测验工作难以开展。测验环境突发变化。震区很多河段以及上下游所发生的山体滑坡、河道堵塞等，改变了原有断面和河段的控制条件，使原来的水位流量关系发生很大变化，增加了流量测验、预测预报和资料整编的难度。

四川省受灾范围涉及全省所有的9个二级水文水资源勘测局，共有14个机关、1个水文巡测基地、117个水文站、430个雨量站遭受不同程度的损失。其中，都江堰、汉王场、北川等水文站受到的灾害是毁灭性的。受损设施设备包括36790平方米的水文站房、66座缆道、43个测井、665平方米观测场和观测道路等水文测报基础设施，以及263套水文测验设备、4720米报汛线路、252套报汛设备、71套水质设备、949套办公设备等。经四川省政府指定的灾损评估机构中科院成都山地研究所进行灾损评估，全省水文基础设施直接经济损失11.5亿元。

甘肃省的陇南、临洮、庆阳、定西4个基层局及其所属的谈家庄等17个水文站，陇南水环境监测分中心，陇南、武都等2个水文基地受到严重破坏。经统计，含办公设施、生活设施，共有14108平方米办公楼、仓库、观测房等不同程度出现裂缝、倾斜、坍塌等险情，倒塌围墙2631米、大门2处，损毁测验、化验设备、办公设备共109台（套）、护坡160平方米、观测道路1000米、供电线路250米、供水管道150米、蓄水池1座，初步统计直接经济损失2779.02万元。

陕西省4个机关、1个水文勘测队和32个水文站遭到不同程度毁损。受损生产生活用房22947平方米、测验仪器设备325台（套），直接经济损失4174.4万元。

重庆市50个水文测站（点）、8405平方米站房、478台（套）设备因震损坏，直接经济损失约为6243万元。损毁形式主要表现为水文站办公房、测验房墙体出现裂缝，测验、实验设备仪器损毁，缆道地锚桩、观测道路损坏，室外供电线路、通信线路倒塌断裂。

云南省丽江分局基地及昭通、丽江、楚雄、德宏下属的19个水文站遭受损失，4562平方米房屋、51套设备受到损坏，直接经济损失1000万元。

长江水利委员会的上游水文水资源勘测局局机关及其辖区的站队、荆江水文水资源勘测局和汉江水文水资源勘测局辖区的部分站队遭受重大损失。20个水文站受到重创，水文测验设施设备损毁严重，8座缆道、63项测验基础设施、15台（套）测验设备、40余处报汛设施受到不同程度损毁；11562平方米的生产生活用房出现墙体裂缝、地面开裂、天花板脱落等现象而成为危房，直接经济损失2740.4万元。

黄河水利委员会系统，地震造成上游水文水资源勘测局和三门峡水文水资源勘测局下属的7个水文站、1个水文基地不同程度受损，损坏设备34套、站房1490平方米，直接经济损失670万元。

第二节　电力设施受损

汶川特大地震对四川、甘肃、陕西、重庆的电力系统运行和电力设施造成巨大破坏。电力设施包括火力发电厂、水力发电站、各级电压变电站、输电线路、配用电系统和通信营销系统等。处于重灾地区的四川电网，仅成都、德阳、绵阳、广元、阿坝、巴中六市（州）地震瞬间损失负荷400万千瓦，占地震前电力负荷的75%以上。地震使一批水、火电机组跳闸、停运或与系统解列，部分电厂和机组遭到严重损毁，发电负荷大幅下降；各级电网输变电设施受到严重损坏，一大批输电线路和变电站损毁、停运，电力中断，造成大面积停电。供电网络及其电力设施的严重破坏使国民经济和人民生活受到巨大影响，也给抗震救灾带来巨大困难。

地震后各级电力企业坚守岗位，临危不惧，迅速调集人力和物资，采取紧急排险抢修和临时应急发电等措施，为抢救生命、抗震救灾、医疗、通信、灾民安置等提供了电力保障。至5月31日，四川重灾地区包括成都、德阳、绵阳、广元地区已经恢复供电258个乡（镇）、3290个村、180.31万用户；27日前已恢复了东汽等123家重要用户供电。6月12日，四川省电力负荷已经恢复到地震前正常负荷的90%以上。

一　四川省电力设施受损

四川电网包括四川电力公司管理的国家电网和市县电力公司管理的地方电网，其中四川电力公司承担的供电人口占全省人口78%，供电量占全省用电量的85.18%。地震前四川省统调用电负荷为1310万千瓦，其中成都306.4万千瓦、德阳106.9万千瓦、绵阳56万千瓦、广元39万千瓦、阿坝9万千瓦、巴中8.5万千瓦，六市（州）共计用电负荷525.8万千瓦。

汶川地震灾害造成四川电力公司电力设施资产直接损失106.5亿元，中国华能四川公司资产直接损失1.89亿元，中国华电四川公司资产直接损失8.8亿元，四川巴蜀电力开发公司直接资产损失9.81亿元。

地震造成1座大型火力发电厂（巴蜀江油发电厂，装机容量126万千瓦）严重破坏；713座水电站受损，其中，2.5万千瓦及以上的大中型水电站36座、总装机容量505.8万千瓦，2.5万千瓦以下的677座、共206.2万千瓦。受损的大中型水电站分布在岷江流域、涪江流域、青衣江流域、嘉陵江流域和大渡河流域，受灾最为严重的是位于岷江流域的水电站。岷江流域的绝大多数水电站和涪江流域的部分电站因送出工程严重受损而停止运行，青衣江流域、嘉陵江流域及大渡河流域仅个别电站停止运行。

地震后，四川电网用电负荷为852.2万千瓦，与灾前相比损失负荷34.9%，其中受灾较为严重的成都、德阳、绵阳、广元、阿坝五市（州）和巴中负荷仅有128万千瓦，与灾前相比损失负荷75.7%（见表76）。

汶川特大地震损失用电负荷统计表

表 76

地　　区	地震前负荷（万千瓦）	地震后负荷（万千瓦）	地震失去负荷（万千瓦）	失去负荷 %
成　　都	306.4	106.9	199.5	65.1%
德　　阳	106.9	10.9	96.0	89.8%
绵　　阳	56.0	1.1	54.9	98%
广　　元	39.0	8.3	30.7	78.7%
巴　　中	8.5	0.8	7.7	90.6%
阿　　坝	9.0	0	9.0	100%
六地区合计	525.8	128.0	397.8	75.7%
全 网 合 计	13100	852.2	457.8	34.9%

四川电力公司经营区域的 60 个县受灾，其中最严重的有 10 个县（市），即彭州、都江堰、绵竹、什邡、中江、北川、江油、安县、青川、剑阁。停电用户累计 405.07 万户，其中城市用户 110.08 万户、农村用户 294.99 万户，涉及 1392 个乡（镇）、10965 个村。130 家重要用户受灾停电，其中重要的工业用户有阿坝铝厂、启明星铝业公司、821 厂、东汽等。

北川、理县、茂县、小金、松潘、汶川六县的地方电网在汶川地震中严重受损，震前供电区域包括 101 个乡（镇）、747 个村、108507 个用户，震后 83 个乡（镇）、629 个村、88794 个用户供电中断，停电区域达到 80% 以上。

火电站受损　巴蜀电力开发公司系统各火电、水电企业均地处龙门山断裂带中心或紧邻区域，地震中，人员伤亡巨大，发电设备、生产建（构）筑物及生活设施受损严重，火电企业直接经济损失约 6.21 亿元。

巴蜀公司所辖分公司巴蜀江油发电厂总装机 126 万千瓦，拥有 2×33 万千瓦燃煤发电机组（31 号、32 号机组）；控股的四川巴蜀江油燃煤发电有限公司拥有 2×30 万千瓦机组（33 号、34 号机组），委托巴蜀江油发电厂代管。地震后机组全部停运。

地震中，2×33 万千瓦机组汽轮机、烟囱、冷却塔和升压站严重受损，31 号机组跳闸，2×30 万千瓦机组中 33 号机组受灾最为严重，汽轮机房顶垮塌，汽轮发电机组和两台小汽轮机被废墟掩埋。

地震造成机组生产设备器件损毁严重，锅炉空预器冲洗水泵等部分设备被埋，高温高压管道、风道等部分设备系统保温脱落，楼梯平台等部分设施、设备变形，压力管道移位、破损。电气部分变压器受损，部分线路开关、刀闸、支柱瓷瓶损坏及机构变形，部分变压器脱轨，32 号机组电除尘器阳极板大部分脱落等。燃料除灰部分胶带机回程水平托辊多处脱落、卸煤站基础下沉、部分设备变形等。31 号、32 号机组汽机主厂房 B 排柱运转层有多根破坏性开裂，B 排柱牛腿出现压损裂痕；33 号机组汽机房顶垮塌，外墙窗户全部散落，31 号、32 号机组烟囱 50 ～ 90 米标高内衬及连接平台垮塌，180 米标高出现多条的竖向裂纹。220 千伏、500 千伏升压站部分电流互感器（CT）、电压互感器（PT）和瓷瓶断裂，线路有部分拉掉情况，220 千伏升压站 3 组出线被拉断。部分设备基础裂纹，大部分围墙垮塌。铁路专用线损毁严重、钢轨变形、地基严重沉降，办公楼、燃料管理系统机房、制氢站严重受损，厂站至燃料管理网络交换机约 1000 米光纤受损。

水电站受损　四川电网的特点是水电比重大，水电站量多面广。水电设施在地震中破坏比较严重，受损水电站共 822 座，其中四川省 481 座，主要是成都、德阳、绵阳、广元、雅安和阿坝等地区的中小型梯级水电。四川省的众多水电站比较集中地分布在川西北的河流山谷地带，靠近地震震中地区，地质灾害非常严重。滚石、泥石流、塌方等掩埋了水电站的厂房和河道，砸毁了各种水电设施，导致水电站直接损毁、停止运行。有的水电站本身虽未受严重损坏，但因输电线路受损也被迫停止运行。各大中型水电站的大坝经受住了严峻考验，虽有下沉、错位、裂纹等危险因素发生，但没有出现垮坝等灾难性事件。

四川电力公司水电站受损。地震中，国家电网公司系统下属水电站受到不同程度的损毁，包括映秀湾水力发电总厂直接管理的 3 座水电站（映秀湾电站、渔子溪电站和耿达电站）、四川电力公司控股的岷江水电股份公司管理的 5 座水电站（铜钟电站、下庄电站、草坡电站、沙牌电站和福堂电站）。其中，位于地震震中区域的映电总厂的 3 座电站受到严重的损毁，电力生产厂房全部成为废墟。小金、黑水、理县、剑阁等地方管理的水电站在地震中也受到严重影响。

映秀湾电站位于岷江干流，闸坝在映秀镇上游，距映秀镇约 12 公里。映秀湾电站厂房枢纽包括主、副厂房、交通洞、出线洞、尾水隧洞等建筑物。厂房为地下式，装机为 3×4.5 万千瓦，总容量 13.5 万千瓦。地震造成厂房门口段山体垮塌严重，交通洞到安装间约有 150 米被水淹没，深度 2 米左右（发电机层），电站大尾水岷江出口处被土石所埋。开关站断路器、隔离开关、避雷器、电压互感器折断损坏，电流互感器瓷套被飞石击中部分损坏。3 台发电机组停机。地震造成电站大坝下沉，漂木道导墙有明显裂缝，取水口导墙错位，主坝与副坝之间错位，5 孔泄洪闸和 1 孔漂木道弧形门严重变形，闸室铺盖及护坦受损，溢流坝毁坏，闸门启闭机及其他各类闸门不同程度受损，启闭机房、值班房严重受损，闸首配电设备毁坏。地震后，映秀湾电站 1 号、2 号两台水轮发电机组发电受阻，影响电站最大出力 8 万千瓦，每天损失发电量 192 万千瓦时。

渔子溪电站系跨流域电站，闸坝上距耿达厂房 1.5 公里，下至映秀镇约 11 公里。地下式厂房在映秀镇上游 1 公里处的岷江右岸。电站采用低闸隧洞引水径流发电，装机为 4×4.0 万千瓦，总容量 16 千瓦。地震造成厂房门口垮塌严重，开关楼垮塌被泥石所埋，开关设备损坏，发电机层被水淹没 1 米左右，电站至调压井道路完全损毁，且边坡不稳定。电站闸首三孔泄洪闸闸门损坏被冲走，非溢流坝被泥石流淹埋，3 号泄洪闸全部堵塞，2 号泄洪闸填塞三分之一。闸门启闭机及其他各类闸门不同程度受损，引水系统支洞道路毁坏，大坝监测系统、闸首配电设备毁坏。地下厂房损坏严重。前引渠全部被崩塌的山体压埋；坝体下游右岸山体垮塌，将大坝下游水位抬高，从而抬高了水库水位，将水引至引水隧洞；沉砂池左边墙全部倒塌。大坝泥石流进入交通洞约 40 米。地震后，渔子溪电站 1 号、3 号和 4 号等 3 台水轮发电机组发电受阻。

耿达电站闸坝上距耿达乡 12 公里，下至映秀镇约 24 公里，窑洞式厂房位于渔子溪的左岸。电站用低闸隧洞引水径流式发电，装机为 4×4.0 万千瓦，总容量 16 万千瓦。地震造成厂房门口及一次二次副厂房垮塌且全部被埋，1 号、2 号主变被埋，开关站设备损坏，厂房发电机层以下被水淹，发电机组及其他主设备基本完好，至调压井道路被损毁。电站闸首大坝溢流坝段与非溢流坝段之间钢轨错位，库区及大坝下游堆积大量垮塌山体，沉砂池部分被埋且部分侧墙垮塌，至沉砂池、大坝公路毁坏，启闭机房及值班房严重受损，大坝监测系统毁坏，闸首配电设备不同程度受损。地震后，耿达电站3台水轮发电机组发电受阻。

中国华能四川水电分公司水电站受损。地震造成中国华能四川水电公司下属7个流域公司、13座发电厂、41台机组（188.1万千瓦）以及正在施工的5个基建项目（红岩、阴坪、宝兴、硗碛尾工、青居船闸）遭到不同程度的破坏和损失。4台机组（26万千瓦）受损、6台机组（30万千瓦）因送出线路受损无法正常供电，基建项目停工。

四川水电分公司的大多数办公建筑及13个水电站受损，其中太平驿电站受损最为严重。

太平驿公司太平驿电站位于汶川县，距映秀镇7.8公里左右，电站装机容量4×6.5万千瓦，总容量26万千瓦。地震中电站大坝和引水系统、厂房建（构）筑物和机电设备、电站送出线路、厂区控制楼以及厂内交通道路等均遭严重破坏，4台机组全停。电站大坝左岸1号上坝公路回填素混凝土被溢流洪水淘刷形成宽30米、深6～7米冲沟，5号泄洪闸门被洪水冲走；1～5号泄洪闸、漂木闸、引渠闸启闭房被飞石砸损；闸室均有严重开裂及结构错断现象，启闭房墙体有不同程度损伤，左岸边坡出现大的山体滑坡，坝基未见异常；右岸边坡完整，4号、5号坝段被山体滑坡压埋；大坝自动监测设施和人工监测设施不同程度损毁。上下游左右岸护岸损毁，坝体排水廊道沉降缝部位多处漏水，部分止水外露；右岸连接坝段与储门槽坝之间发生约5厘米的不均匀沉陷，排砾廊道被滑坡体压埋。闸首控制楼及配电室墙体震裂，屋顶多处被山石砸穿。大坝现场办公楼垮塌被漫坝江水冲走。3号坝段后柴油发电机房损毁。电站厂房被尾水倒灌导致淹没至发电机层，1～4号机组及其所属设备全部被水淹没，公用系统和10千伏、400伏系统被水淹没，出线平台和110千伏、220千伏设备部分损坏。220千伏线路开关站改造后、尚未移交省电网公司的两基铁塔及线路（平山线、平回线）遭到严重损坏；厂区至坝区、映秀湾至调压井、开关站至映秀镇的三回10千伏厂用线路严重损坏；厂区控制楼的开关站严重损坏，映秀库房部分损坏；开关站场内公路和厂房交通桥局部损坏；厂内交通道路的上坝公路和上调压井公路损毁。

巴蜀电力开发公司水电站受损。巴蜀电力开发公司系统的各企业均处于震中龙门山断裂带中心或紧邻区域，人员伤亡巨大，发电设备、生产建（构）筑物及生活设施受损严重，其中水电企业直接经济损失3.6亿元。巴蜀公司下辖6个控股水电企业，包括什邡巴蜀金河电力有限公司，下辖金河二级、三级电站，总装机18.2万千瓦；绵竹巴蜀水电开发有限公司，下辖小木岭一级、二级电站，总装机23万千瓦；四川卧龙巴蜀龙潭水电有限责任公司，下辖龙潭电站，装机24万千瓦；北川巴蜀通口河流域电力开发有限责任公司，下辖通口电站，装机容量为45万千瓦；四川西部能源股份公司，下辖全资郫县水电厂，由留驾、先锋、新民3个电站组成，总装机13.2万千瓦；江油巴蜀通口河电力有限公司，下辖香水电站，装机20万千瓦。地震中，所有水电机组共计22台、143.4万千瓦容量全部停运。其中，什邡巴蜀金河公司所辖电站完全毁损；在建金河一级电站（2×0.3万千瓦）基本摧毁，无继续修建价值。

什邡巴蜀金河电力有限公司下辖金河二级（2×7.5万千瓦）、三级（2×1.6万千瓦）电站，总装机容量18.2万千瓦。电站距汶川直线距离20公里。地震中，金河二级站全部垮塌，被山体滑坡深度压埋；金河三级站厂房、设备受损严重。

金河二级电站取水口的底格栅坝、沉砂池、进出水闸被崩塌的山体压埋约10米深，电站前池上方整个山顶全部坍塌。电站前池连同隧洞长200米建筑物随山体坍塌消失，压力管道明管段被压埋数十米深。电站厂房周围的山体垮塌十分严重，塌方体将二级电站厂区建筑物（发电厂房、升压站、办公生活区）全部深度压埋，已看不见任何痕迹，整个电站遭到毁灭性破坏。金河三级电站主、副厂房均受到严重破坏，主、副厂房承重柱、墙体有明显裂缝。9月下旬的连续强降雨引发洪水，冲毁了防洪墙、高压室、中控室等建筑和设备，主厂房部分墙体被冲毁，设备全部被洪水和泥沙淹没。由于金河二级电站损毁，金河三级已无发电水源，现存的设施、设备已基本无发电利用价值。

中国华电四川分公司水电站受损。中国华电四川公司所属9家企业不同程度受损，其中四川华电杂谷脑水电开发有限责任公司、四川华电紫兰坝水电开发有限责任公司和中国华电宝珠寺水力发电厂受损严重；位于内江市的内江发电总厂、宜宾市的宜宾发电总厂和宜宾发电公司、广安市的广安发电有限责任公司、西昌市的西溪河水电开发有限责任公司、成都市的成都华电三源热力公司，生产设备和生活设施不同程度受损。

杂谷脑水电公司是中国华电控股的国有企业，负责杂谷脑河干流狮子坪（3×6.5万千瓦）、红叶二级（3×3.0万千瓦）、薛城（3×4.6万千瓦）和古城（3×6.0万千瓦）电站的开发建设，总装机60.3万千瓦。狮子坪电站、红叶二级电站、薛城电站位于理县境内；古城电站闸首位于理县境内，厂房位于汶川县境内。红叶二级和薛城电站已建成投产，地震中，大量设备、建筑物和送出线路损坏严重，机组被迫停运；狮子坪和古城电站正在建设之中，工程设施损坏严重，其中古城电站项目部营地后坡山体大规模垮塌，被迫停止建设。

变电站受损 四川电网共有35千伏及以上变电站814座，其中500千伏18座、220千伏94座、110千伏351座、35千伏351座。地震造成171座变电站停运，其中地处重灾地区的成都、德阳、绵阳、广元电业局和阿坝公司共占151座，损失用电负荷397.8万千瓦。其中，17座变电站完全损毁，包括500千伏变电站1座（茂县变电站）；220千伏变电站4座，包括阿坝2座（二台山、银杏）、绵阳2座（安县、大康）；110千伏变电站5座，包括德阳2座（穿心店、汉旺）、绵阳3座（擂鼓、晓坝、辕门坝）；35千伏变电站7座，德阳1座（遵道）、广元1座（苟家垭）、绵阳5座（墩上、龙尾、通口、小坝、禹里）。

地震对电网的破坏程度与距震中的距离和地震断裂带的走向密切相关，破坏的具体特征基本相同。主要造成变压器脱轨移位，套管断裂喷油着火；变电站内各种瓷套类的开关设备、避雷器、电流电压互感器、支柱绝缘子的断裂和倾倒；变电站的主要建筑主控制楼（室）和设备构、支架损毁较少。地震对输电线路的破坏主要是杆塔结构倾斜、变形、裂纹，导线断线，杆塔基础及堡坎坍塌松动。少数变电站、线路损毁特别严重，需要原地或异地重建；多数损坏是局部的，短期内可以恢复。

四川电力公司成都电业局变电站受损。该局共有35千伏及以上变电站170座，其中500千伏变电站4座、220千伏变电站21座、110千伏变电站85座、35千伏变电站60座。地震造成56

座变电站受损，包括500千伏变电站1座、220千伏变电站14座、110千伏变电站18座、35千伏变电站23座，合计损失负荷199.5万千瓦。

500千伏蜀州变电站坐落于崇州市白头镇菜花村，有1号变压器1组，容量为100万千伏安，电压等级有500千伏、220千伏、35千伏3种。地震造成35千伏I–2号电容器31560接地刀闸支柱瓷瓶3只受震断裂，主变套管A相渗油，分段213开关C相套管出现裂纹和渗油。

220千伏聚源变电站位于都江堰市聚源镇三星村2组，共有主变2台，变电总容量为30万千伏安，电压等级有220千伏、110千伏、10千伏3种。地震造成聚源站5个220千伏断路器发生事故跳闸，220千伏源太北线265开关A相支柱绝缘子断裂，2651、2652 A相刀闸断裂；2号主变220千伏侧支持绝缘子断裂，C相避雷器断裂，2号主变瓦斯保护和高后备保护动作跳开三侧断路器，220千伏一段母线差动保护动作跳闸，造成变电站220千伏系统失压。站用变失压；直流蓄电池位移导致蓄电池组连接线断裂、脱落；全站直流失压。

110千伏灌县变电站位于都江堰市金凤山，共有主变2台，总容量6.3万千伏安，电压等级有110千伏、35千伏、10千伏3种。地震使1号主变和2号主变被甩下主变基础，受损严重，已不能使用；10台110千伏隔离开关位移倾斜，弯曲变形严重，已不能使用；设备故障造成110千伏灌县站全站失压。

地震对成都电业局35千伏变电生产设备的损坏最为严重，共造成29座35千伏变电站不同程度损坏，其中23座受损全站失压，磁峰站、青山站、小鱼洞站、大宝站、天马站、中兴站、白沙站、白水河站等8座变电站严重损坏。

四川电力公司德阳电业局变电站受损。德阳电业局拥有35千伏及以上变电站64座，其中500千伏变电站1座、220千伏变电站7座、110千伏变电站36座、35千伏变电站20座。地震导致52座变电站受到不同程度的损坏，其中500千伏1座、220千伏7座、110千伏24座、35千伏20座。地震中39座变电站全部停电，损失负荷96万千瓦。地震后，绵竹全市停电，旌阳、广汉、什邡、罗江、中江的大部分地区停电。

110千伏汉旺变电站位于汉旺镇柏林村，1965年8月建成投运，共有主变压器（下简称主变）2台，总容量6.3万千伏安。电压等级有110千伏、35千伏、10千伏3种。地震后110千伏汉旺变电站I号、II号主变位移，套管渗油；II号主变35千伏母线避雷器损坏；110千伏雎汉线1531号、1533号刀闸，110千伏汉香线1523号刀闸弯曲变形。由于地震后汉旺站负荷大幅度下降，已无使用价值，未恢复。

110千伏穿心店变电站位于什邡市蓥华镇，距什邡市区约30公里，2006年10月20日建成投运。全站有三相两圈有载调压油浸风冷变压器1台，容量为3.15万千伏安，电压等级有110千伏、10千伏两种。地震后110千伏穿心店变电站I号主变位移，套管渗油；110千伏母线受损；110千伏万穿线122号开关受损；10千伏开关柜及保护屏不同程度受损。由于地震后周围地区滑坡严重，穿心店站废弃。

35千伏遵道变电站位于绵竹市遵道镇场口村，距绵竹市约8公里，1998年7月建成投运。共有主变2台，总容量1.6万千伏安。电压等级35千伏、10千伏。地震后变电站I号套管渗油，35千伏母线及其直降变受损，I号主变35千伏侧5011号负荷刀闸、II号主变5021号负荷刀闸弯曲变形，35 千伏进线阻波器、母线避雷器损坏。I 号主变 35 千伏侧 5011 号负荷刀闸高压跌落丝具、II 号主变 5021 号负荷刀闸高压跌落丝具、35 千伏直降变高压跌落丝具、35 千伏母线避雷器高压跌落丝具均不同程度受损。

四川电力公司绵阳电业局变电站受损。绵阳电业局 220 千伏系统 7 座变电站中有 5 座停运，110 千伏系统 31 座变电站中有 22 座变电站停运，35 千伏变电站有 18 座停运，累计损失负荷 54.9 万千瓦。

地震后，江油市、北川羌族自治县停电。绵阳电业局在地震中有 12 座变电站受到严重损毁，包括 500 千伏茂县变电站，220 千伏安县和大康变电站，110 千伏辕门坝、晓坝和擂鼓变电站，110 千伏通口升压站，5 座 35 千伏变电站（龙尾站、禹里站、通口站、小坝站和墩上站）。

500 千伏茂县变电站位于茂县凤仪镇静州村，海拔约 1630 米，是阿坝藏族羌族自治州首座超高压枢纽变电站，担负着岷江中上游地区丰富水电资源的汇集和外送任务，为四川电网提供重要的电源支撑。2006 年 11 月，由绵阳电业局接管运行维护工作。站内有 2 台主变压器，总容量 150 万千伏安，站内设备较为先进。地震造成变电站 1 号主变高压侧 A 相套管法兰底座、瓷套裂口，高压侧 B 相套管炸裂，高压侧 C 相套管炸裂、起火，主变大盖着火，主变风扇、二次线缆烧坏；高压侧三相套管将军帽与瓷套间存在明显裂纹；主变 220 千伏侧避雷器倾斜、底座断裂；主变 35 千伏侧总路干式电流互感器倾斜；2 号主变高压侧 C 相套管炸裂；高压侧三相套管将军帽与瓷套间存在明显裂纹；主变 220 千伏侧避雷器倾斜、底座断裂；主变 35 千伏侧总路干式电流互感器倾斜。500 千伏 GIS 设备场地有部分散落的垫片、螺帽；500 千伏茂谭一二线电抗器 A、B、C 三相和中性点电抗器套管底座裂纹，油外渗；35 千伏 I 段母线电压互感器熔断器保险脱落，8 号站用户变压器至 CT 的引线脱落；9 号站用户变压器呼吸器脱落。通讯蓄电池和 2 组蓄电池移位，少数电池损坏。

220 千伏安县变电站位于安县至北川主干公路旁，距离安昌镇约 4 公里。该站 1972 年 6 月正式投入运行，主要起着沟通川西北电网和四川 220 千伏主网的作用，并连接转供绵阳、德阳地区 110 千伏电网负荷。变电站主变 2 台，容量 2×12 万千伏安。由于安县变电站靠近龙门山地震带，受地震影响严重。2 台主变倾斜移位、漏油，套管全部断裂；220 千伏 2 组开关、16 组隔离开关、4 组电流互感器、电压互感器、避雷器以及 110 千伏 2 组开关、5 组电流互感器、1 组避雷器损坏；35 千伏设备全部毁损。站内建筑物主控制楼、高压室严重坍塌，全部线路跳闸，整个变电站瘫痪。

110 千伏辕门坝变电站室外设备基本损毁殆尽，室内设备多数被垮塌的建筑物损毁。设备损坏严重，2 号主变压器严重漏油，主变高压侧套管断裂；110 千伏开关损坏 1 台，电流互感器损坏 3 台，电压互感器损坏 3 台，隔离刀闸损坏 3 台，避雷器损坏 3 台；6 千伏开关损坏 10 台，电流互感器损坏 21 台，PT 损坏 3 台，隔离刀闸损坏 19 组，损坏避雷器 24 只，站用变压器 2 台；站内的低压屏、保护屏、直流屏损坏，蓄电池组垮塌损坏，微机五防系统损坏。

四川电力公司广元电业局变电站受损。广元电业局共有 220 千伏变电站 3 座、220 千伏开关站 1 座、110 千伏变电站 15 座、35 千伏变电站 23 座。地震造成广元电网跳闸停运的变电站共计 33 座，其中 220 千伏变电站 2 座、110 千伏变电站 14 座、35 千伏变电站 17 座，损失地区负荷 30.7 万千瓦。地震后，青川、剑阁全县停电。

220千伏袁家坝变电站是广元电网220千伏枢纽变电站，1998年6月30日投运。该站共设有3个电压等级220千伏、110千伏和10千伏；共有2台主变，容量均为12万千伏安。地震造成袁家坝220千伏Ⅰ母、Ⅱ母管母折断变形，4台沈开LW-6型开关倒塌损坏，1号主变位移脱轨（移位2～3厘米），2号主变位移（移位3～4厘米），1号主变110千伏侧避雷器引线脱落，1号、2号主变中性点地刀折断，2号主变10千伏侧母线桥变形支柱瓷瓶部分损坏，220千伏Ⅱ母隔离刀闸倒塌12组，母线支柱瓷瓶倒塌9支，220千伏Ⅰ母线支柱瓷瓶倒塌2支，部分母线支柱瓷瓶倾斜，110千伏有2路出线线路侧耦合电容器引流线各断一相，直流系统蓄电池损失1组，围墙倒塌200余米。

110千伏竹园变电站为广元电网110千伏枢纽变电站，担负着对青川县竹园镇及竹园电气化铁路牵引站的供电任务，位于青川县竹园镇，1996年5月18日投运。该站共有两个电压等级110千伏和10千伏；有主变1台，容量为4万千伏安。地震造成1号主变喷油脱轨，A、B相套管漏油，110千伏中性点接地开关倾斜变形，间隙电流互感器漏油，中性点避雷器裂纹，110千伏5台少油式开关支柱断裂、4只电流互感器喷油，1011号刀闸支柱绝缘子断裂。

35千伏苟家垭变电站有主变1台，型号为S10-6300/35，是三相油浸变压器，额定容量为6300千伏安；有直降变1台，型号为S9-30/35，额定容量为30千伏安。地震后，主变移位7厘米，控制屏、配电屏移位，35千伏开关断裂，直流、继保、通信自动化等一、二次设备受到不同程度损坏。

四川省电力公司阿坝公司变电站受损。阿坝藏族羌族自治州共有258万千瓦水电装机，通过500千伏茂县变电站、220千伏二台山开关站送出。地震造成阿坝公司一座220千伏变电站、一座220千伏开关站严重损坏。

220千伏银杏变电站位于震中映秀镇，是四川省第一个220千伏户外组合电器变电站，有变压器2台，额定容量15万千伏安，主要担负桃关、水磨两个工业园区及周边居民生活用电，同时还担负着州内甘堡、理县、铜钟、南新、中坝、南二站、草坡、沙牌、金波电站的送出任务。地震造成山体滑坡，银杏变电站整体被埋，全站报废（见图404）。

图404　地震前（左图）后（右图）的220千伏银杏变电站

220 千伏二台山联合开关站（以下简称二台山开关站）位于二台山上，1986 年 4 月基本建成并送电。二台山开关站汇集了映秀、渔子溪、耿达、太平驿、黑土坡 5 个电站总装机容量 65.35 万千瓦的发电机组，直接向成都电网供电。由于地处震中区域，二台山开关站严重损毁，构架全部毁坏，13 台 220 千伏断路器以及隔离开关、PT、CT 等所有电气设备全部毁坏，导致水电送出通道全部中断。

输电线路受损　四川电网共有 35 千伏及以上输电线路 1777 条，其中 500 千伏线路 41 条、220 千伏线路 337 条、110 千伏线路 796 条、35 千伏线路 603 条。地震造成输电线路累计停运 274 条，其中 500 千伏系统输电线路停运 4 条，有 2 条受到不同程度损坏；220 千伏系统输电线路停运 46 条，有 38 条受到不同程度损坏（其中阿坝 6 条、德阳 1 条、绵阳 6 条、广元 13 条、成都 12 条）；110 千伏系统输电线路停运 118 条，有 44 条受到不同程度损坏（其中德阳 2 条、绵阳 17 条、广元 15 条、成都 10 条）；35 千伏系统输电线路停运 106 条，有 50 条受到不同程度损坏（其中德阳 1 条、绵阳 23 条、广元 11 条、成都 15 条）。

在停运受损的输电线路中有 28 条受到严重损毁，包括 500 千伏 2 条（茂谭一线、茂谭二线）；220 千伏 19 条，其中阿坝 6 条（州茂线、薛州线、红薛线、竹茂线、福银线、茂永线）、成都 12 条（福回一线、福回二线、平回线、源山南线、源山北线、平山线、映山线、渔山东线、渔山西线、耿山南线、耿山北线、青山线）、绵阳 1 条（江山线）；110 千伏 1 条（阿坝映灌线）、35 千伏 6 条（见表 77）。

四川电力公司输电线路严重损毁情况统计表

表 77　　　　单位：条

管理单位	500 千伏线路		220 千伏线路		110 千伏线路		35 千伏线路	
	震　前	震后损毁	震　前	震后损毁	震　前	震后损毁	震　前	震后损毁
成都电业局	10	0	72	12	179	7	102	6
德阳电业局	8	0	20	0	72	0	29	0
绵阳电业局	2	0	16	1	62	0	55	0
广元电业局	0	0	13	0	41	0	29	0
阿 坝 公 司	2	2	6	6	0	0	0	0
合　　计	22	2	127	19	354	7	215	6

四川电力公司成都电业局输电线路受损。地震前，成都局共有 35 千伏及以上输电线路 363 条、总长 5044 公里。其中，500 千伏线路 10 条，长度 574 公里；220 千伏线路 72 条，长度 1790 公里；110 千伏线路 179 条，长度 1724 公里；35 千伏线路 102 条，长度 956 公里。

地震中，成都电网遭受严重破坏，都江堰、彭州大部分地区停电，大量的生产设备停运。共有 25 条输电线路严重损毁，其中 220 千伏线路 12 条、110 千伏线路 7 条、35 千伏线路 6 条；受到不同程度损坏的输电线路还有 500 千伏线路 1 条、110 千伏线路 10 条、35 千伏线路 15 条。

500千伏紫景线2～12号塔段铁塔变形，导线断股掉线；110千伏中官线（110千伏长官线同塔）78号、79号铁塔基础堡坎严重受损，基础外露，铁塔变形，导线断股；110千伏映青线映灌段1～28号严重损毁、铁塔变形、倒落，导地线破损，28～63号（丁家坪—灌县站）与110千伏映青线62号终端塔变形、基础坍塌、导地线破损，64～170号（灌县站—彭州市丽春镇）损毁、混凝土杆移位、水泥层脱落；35千伏映都线铁塔变形、倒落，导地线断落，全线损毁；灌县站—白水河35千伏灌白线1～86号全线严重损毁，杆塔变形、倒落，导地线破损；35千伏灌白铜支线铁塔变形、倒落，导地线断落，全线损毁。

四川电力公司德阳电业局输电线路受损。该局担负着德阳地区旌阳、广汉、什邡、绵竹、罗江、中江六县（市、区）近5900平方公里的供电任务，拥有35千伏及以上输电线路129条、共1670公里。其中，500千伏输电线路8条、224公里，220千伏输电线路20条、631公里，110千伏输电线路72条、563公里，35千伏输电线路29条、252公里。

地震中，德阳电网遭受严重破坏。德阳市属绵竹全境、旌阳、广汉、什邡、罗江、中江的大部分地区停电，大量的输配电设备停运。500千伏输电线路停运1条、220千伏输电线路停运5条、110千伏输电线路停运17条、35千伏输电线路停运19条。500千伏谭龙一线49号堡坎垮塌，谭龙二线22号、75号、76号堡坎垮塌；220千伏华丰线95号电杆严重裂缝；110千伏万穿线27号、29号、36号、37号、45号塔严重倾斜，水穿线3号、8号塔严重倾斜；35千伏汉遵线44号杆倒杆断线。

四川电力公司绵阳电业局输电线路受损。该局拥有35千伏及以上输电线路135条，其中500千伏线路2条、220千伏线路16条、110千伏线路62条、35千伏线路55条。地震中，绵阳电网遭受严重破坏，500千伏茂谭一、二线毁损，220千伏江山线损毁，11条线路停运；110千伏有52条线路停运；35千伏有41条线路停运。

500千伏茂谭一、二线为茂县至德阳线路，全长2×127.8公里，主要按同塔双回路建设。线路于2007年9月投运，是500千伏茂县变电站的重要输出通道，绵阳电业局负责运行维护其1～208号段线路。地震使3段线路出现山体滑移倒塔，共计倒塔2处，塔头损毁变形1处，塔身倾斜及塔材变形10处，堡坎垮塌15处，裂缝27处。

220千伏江山线损毁。220千伏线路有25处地质问题、山体滑坡，20处基础堡坎垮塌，10处杆塔倒塌，8处杆塔受损（倾斜、变形、裂纹），1处架空导线受损，1处电杆拉线受损严重。

110千伏线路有16处地质问题、山体滑坡，29处基础堡坎垮塌，18处杆塔受损（倾斜、变形、裂纹），13处拉线系统受损，3处架空线受损。

35千伏线路有2处地质问题、山体滑坡，1处基础堡坎垮塌，1处杆塔倒塌，9处杆塔受损（倾斜、变形、裂纹），35处拉线系统受损，4处架空线受损。

四川电力公司广元电业局输电线路受损。该局共有35千伏及以上输电线路83条，总长1778公里。其中，220千伏13条，总长571公里；110千伏41条，总长769公里；35千伏29条，总长439公里。

地震造成70条输电线路跳闸停运。31条总长176.81公里输电线路受损，其中220千伏输电线路9条65公里、110千伏输电线路12条79.24公里、35千伏输电线路受损10条。地震中塔基裂纹、滑坡及杆塔变形的输电线路包括220千伏7条17基，分别为宝丰西线、宝袁I线、宝袁II线、袁赤二线、袁天线、赤白线、赤天二线；110千伏9条29基，分别为轮沙线、轮竹线、袁轮线、三沐北线、白三线、白南线、白铁线、三沐南线、轮三线；35千伏9条44基，分别为沐青线、沐沙线、大柳线、沐姚线、松双线、乔三线、旺卢线、旺木线、大元线。

四川电力公司阿坝公司输电线路受损。地震前该公司共有500千伏输电线路2条（茂谭一二回线，同塔双回）共60.6公里、220千伏输电线路6条共235公里。地震中，阿坝公司管辖的220千伏红薛线、薛州线、州茂线、茂永线、竹茂线、福银线均受到巨大损坏，6条220千伏线路全部损毁。全州供电与水电送出全部中断。220千伏福银线全线已无法恢复；州茂线67号倒塔、断线，15号、31号、48号塔基础严重受损，需要迁移塔位，输电通道地质破坏严重；红薛线22号、23号导线被飞石打断，7号、8号、18号、49号塔基础严重受损，需要迁移塔位，输电通道地质破坏严重；竹茂线145号、158号塔基础严重受损，需要迁移塔位，输电通道地质破坏严重。其余各塔均有不同程度的附属设施损坏及部分塔材变形、绝缘子爆裂等情况。

配用电设施受损 地震前四川电网共有10千伏线路11349条，其中城网5473条、农网5876条。地震造成四川电网10千伏配网线路损毁46条，其中绵阳30条、德阳16条；损毁供电所118个，主要分布于阿坝、成都、绵阳、德阳、广元、内江等地区。

四川电力公司成都电业局配用电设施受损。该局所辖配电网共有开闭站29座、配电站1828座、环网柜725座，箱式变5839座。配电网线路共753条，线路长度5774公里。地震损毁成都电业局环网柜3台、分支箱8台、箱变1台、配电线路605公里、配电变压器7台。地震造成40多万客户供电受阻，5500户供电用户设备损坏，其中工业类用户2500户、非工业类用户3000户，受损的变压器容量约390万千伏安。

四川电力公司德阳电业局配用电设施受损。该局共有10千伏城网线路197条，线路长度1011.09公里。地震中，绵竹、什邡地区共有配网16条线路损毁。地震造成220010户供电用户受阻，其中居民用户216920户，工业用户3090户。工业客户315千伏安以上的1289家几乎全部停产，全市龙头企业10户、高危客户19户，重要用电客户157户都不同程度受到影响。

四川电力公司绵阳电业局配用电设施受损。该局共有城市10千伏配电线路100条，10千伏线路总长度576公里，配电变压器512台；10千伏环网柜73台；10千伏农电线路9450公里，低压线路43818公里，配变12313台。地震造成绵阳电业局30条10千伏配网线路损毁，其中安县6条、江油2条、北川22条，受损线路长度179公里，变压器受损79台、环网柜受损4台。10千伏农电线路损毁143公里，低压线路损毁986公里，配电变压器损毁589台，配电室垮塌831座，配电箱损毁501个，10千伏柱上开关109个。地震造成绵阳供区大面积停电，停电客户达到80%～90%，约18万城网用电客户停电。

四川电力公司广元电业局配用电设施受损。该局直供区拥有10千伏配电线路4643公里，配电变压器3835台、28.8万千伏安。地震造成广元电业局损坏（毁）配电线路24公里；城市配网损坏公变46台，容量0.94万千伏安；断路器损坏6台，杆塔66基。广元市国家电网供区农村电网10千伏倒杆326基、断杆184根、断线303公里、损毁配电变压器172台/9025千伏安；380

伏线路倒杆674基、断杆312基、断线288公里；220伏线路倒杆1745基、断杆1256基、断线1934公里；农村户表损毁35043户。

广元电业局担负广元四县三区1.63万平方公里、26.56万用户（拥有营业户数3.75万户、农村客户22.81万户）的供电任务。全市范围内共有直供客户3.75万户，5月12日全部停电长达7个小时。在133家高危及重要客户中，启明星铝业损失最为严重，直接经济损失达0.9亿元，间接经济损失为2.5亿元；荣山煤矿6300千瓦自备发电厂完全损毁，6.3千瓦配电开关间已成为危险建筑，配电线路37基电杆严重倾斜；川北监狱6300千瓦自备发电厂处于半损毁状态；宝成线4家电气化铁路牵引站处于半停运状态；煤矿及非煤矿山企业，部分配电设备损毁、配电室倾斜或垮塌。

地震造成广元电业局房屋垮塌，计量装置损毁，共损失低压单相表计9263只、低压三相表计2289只，低压互感器1084只，高压计量表计215只，组合互感器92套，有12套计量检定装置不能正常使用。

四川电力公司阿坝电力公司配电设施受损。该公司有配变台区17台，10千伏线路2条、长度21公里，低压线路18公里。供电用户及配电设施全部位于汶川地震震中区域，营业大厅整体垮塌，线路及其他配电设施全部损毁，造成映秀镇电网瘫痪。阿坝公司一般供电用户66个，其中趸售用户5个，直供区映秀镇及所辖5个村用户61个。由于映秀镇处于地震震中，两条10千伏供电线路和直供区内的61个用户全部毁损。

地方电网受损 北川、汶川、理县、茂县、小金、九寨沟六县地方电网资产直接损失7.12亿元。六县地方电网因灾受损停运110千伏变电站2座、110千伏输电线路1条、35千伏变电站19座、35千伏输电线路36条、10千伏配电线路1963公里，配电变压器1048台（见表78）。

汶川特大地震造成六县地方电网受灾情况统计表

表78

类　别		震前电网状况	因灾停运	需重建	需抢修恢复
110千伏	变电站（座）	2	2	1	1
	线　路（条）	1	1	0	1
35千伏	变电站（座）	28	19	3	16
	线　路（条）	50	36	6	30
10千伏线路（公里）		4082	1963	235	1728
10千伏配变（台）		2832	1048	51	997
低压线路（公里）		12952	6771	111	6660
行政乡镇（个）		101	83	0	83
行政村（个）		747	629	59	570
客户数（户）		108507	88794	1634	87160

六县地方电网受损。汶川、理县、茂县、北川、小金、松潘六县地方电网在地震前共有110千伏变电站2座、线路1条，35千伏变电站28座、线路50条，10千伏线路4081.6公里、配变2832台，低压线路12952.2公里；共有101个乡（镇）、747个村，供电户数108507户。地震造成6个重灾县地方电网停运110千伏变电站2座、线路1条，35千伏变电站19座、线路36条，10千伏线路1963公里、配变1048台，低压线路6771公里；共有83个乡（镇）、629个村，供电户数88794户停电。

汶川县地方电网在地震前共有110千伏变电站1座、线路1条，35千伏变电站5座、线路15条，10千伏线路515公里、配变378台，低压线路1340公里；共有8个乡（镇）、75个村、供电户数11120户。因灾停运110千伏变电站1座、线路1条，35千伏变电站5座、线路9条，10千伏线路277公里、配变237台，低压线路840公里；共有8个乡（镇）、75个村、供电户数11120户停电。

理县地方电网在地震前共有35千伏变电站4座、线路18条，10千伏线路459公里、配变377台，低压线路1453公里；共有13个乡（镇）、81个村、供电户数8521户。因灾停运35千伏线路18条，10千伏线路209公里、配变36台，低压线路374公里；共有13个乡（镇）、81个村、供电户数8521户停电。

茂县地方电网在地震前共有110千伏变电站1座，35千伏变电站9座、线路5条，10千伏线路664.3公里、配变695台，低压线路3216.2公里；共有22个乡（镇）、149个村，供电户数32000户。因灾停运110千伏变电站1座，35千伏变电站9座、线路5条，10千伏线路241.9公里、配变214台，低压线路2392公里；共有22个乡（镇）、149个村、供电户数24413户停电。

北川羌族自治县地方电网在地震前共有35千伏变电站2座、线路2条，10千伏线路1239公里、配变405台，低压线路3655公里；共有12个乡（镇）、157个村、供电户数1.99万户。因灾停运35千伏变电站2座、线路2条，10千伏线路661公里、配变291台，低压线路1305公里；共有12个乡（镇）、157个村，供电户数1.99万户停电。

小金县地方电网在地震前共有35千伏变电站3座、线路4条，10千伏线路511.3公里、配变520台，低压线路1900公里；共有21个乡（镇）、143个村、供电户数22345户。因灾停运35千伏变电站3座、线路2条，10千伏线路485公里、配变247台，低压线路1738公里；21个乡（镇）、143个村、供电户数22345户停电。

松潘县地方电网在地震前共有35千伏变电站5座、线路6条，10千伏线路693公里、配变457台，低压线路1388公里；共有25个乡（镇）、142个村、供电户数14621户。因灾停运10千伏线路89公里、配变23台，低压线路121公里；共有7个乡（镇）、24个村、供电户数2495户停电。

成都市官仓电厂受损。该厂是彭州市的一家地方电力企业，有发电机组6台，总装机容量8720千瓦；另有彭州境内30余座、装机1.44万千瓦的并网小水电站；网内总装机2.31万千瓦。输配电网络有35千伏变电站4座（岷齿、白鹿、九陇、官仓），变压器容量42.9兆伏安；35千伏输电线路8条88公里；10千伏输配线路23条390公里；在什邡万春110千伏变电站并网。供电范围有彭州市红岩镇、葛仙山镇、敖平镇、军乐镇、九陇镇、通济镇、白鹿镇、银厂沟风景区和什邡市的隐丰镇、民主镇（部分村），供区面积达417平方公里，涉及4万余农户、人口14.5万人。

地震灾害造成该厂供电区的银厂沟、白鹿、思文、红岩等供电所及网络损毁严重；岷齿变电站、银厂沟供电所、银厂沟电站在地震中全部损毁。官仓电站前池和厂房受损，机组瘫痪，并网的万春110千伏变电站受损，整个供区全面停电。

在电网输配方面，地震共造成该厂35千伏线路倒杆5根、严重受损杆塔38基（根），断线3.5公里；10千伏线路倒杆278根、断线24公里；低压线路倒杆3245根、断线243公里；另不同程度损毁输配电设备108台（套）、调度通信设备8台。厂房及供电所等建筑物受损3800余平方米，专职电工房屋倒塌85户。

广元青川地方电力公司受损。地震造成35千伏变电站3处（关庄、曲河、青溪）、线路35公里受损严重，经济损失2000万元；10千伏线路受损约480公里，经济损失约2300万元；低压线路受损1600公里，受损台区279台，经济损失约6900万元；水电站730千瓦装机容量全部受损。

绵阳苦竹坝发电有限公司受损。公司在距北川县城2公里处的湔江苦竹坝，位于唐家山堰塞湖下游约1.2公里处。公司拥有发电厂3座（苦竹坝、曲山、团结），总装机容量1.74万千瓦，装机容量1.46万千瓦，35千伏线路80余公里。

苦竹坝发电厂装机容量为3×4000千瓦，地震时大坝安全无位移，主、副厂房及办公楼等均未垮塌。6月11日唐家山堰塞湖泄洪后，苦竹坝电厂的主厂房、中控室、升压站、检修车间、食堂、公司机关办公楼、宿舍楼及铁合金厂等全部被砂石淹埋。

曲山发电厂装机容量为3×1250千瓦，地震时厂房虽进水，但主、副厂房较完好，前池、办公室、引水渠道被山石部分淹埋。唐家山堰塞湖泄洪后，取水口被冲毁，该电厂主、副厂房及办公室等全部损毁。

团结发电厂装机容量为2×800千瓦，地震时机电设备、主副厂房等均不同程度受损，取水口到前池8.1公里长的引水渠道全部损毁。

二　其他省市电力设施受损

汶川特大地震使甘肃南部电网遭受严重破坏，碧口、汉坪嘴、金口坝等水电站全部停运。1座330千伏变电站、1座220千伏变电站、4座110千伏变电站、63座35千伏变电站停运；2条220千伏线路、9条110千伏线路、73条35千伏线路、337条10千伏线路跳闸或停运，使甘肃电网负荷由736.2万千瓦下降到702万千瓦，减少负荷34.2万千瓦，其中陇南市20.5万千瓦、天水市2.2万千瓦、平凉市4.5万千瓦、庆阳市7.0万千瓦。陇南市负荷下降了83.7%，文县供电全部中断。甘肃电力公司经营区域内5个市（州）、31个县（市、区）、370个乡（镇）和5866个行政村，共有87.87万用户受到影响，直接经济损失4.2亿元。

汶川地震使陕西电网遭受严重破坏，略阳火电厂及部分水电厂机组解列或因设备受损而停运。地震使陕西电网负荷由震前的707万千瓦降至520千瓦，减少负荷187万千瓦，下降了26.7%，其中西安市63万千瓦、渭南市10万千瓦、咸阳市30万千瓦、宝鸡市38万千瓦、汉中市32万千瓦、安康市4万千瓦。汉中市和宝鸡市负荷停运损失率分别达到61.5%和53.5%。电网有4座35～110千伏变电站停运，有109条10～330千伏线路跳闸停运。陕西电网公司经营区域内2个市、6个县（市）、92个乡（镇）和1142个村，共有15.2万用户受到影响，直接经济损失7亿元。

汶川地震使重庆电网遭受严重破坏，双槐电厂、重庆发电厂共3台机组由于震动过大而跳闸和减负荷，电网频率、电压、潮流大幅波动，部分工业用户跳闸，甩掉负荷80万千瓦，电网有110千伏和35千伏线路各一条、10千伏线路21条跳闸，减少负荷84万千瓦，下降17.2%。重庆电力公司经营区域内13个区（县）、21个乡（镇）和73个村共有10.65万用户用电受到影响，直接经济损失2.3亿元。

火电站受损　汶川地震造成陕西省略阳发电厂3号（5万千瓦）、6号（33万千瓦）机组受损严重，汽轮机、锅炉等设备和送出线路严重损坏，2台机组相继跳闸与系统解列。地震使略阳发电厂88台设备不同程度受损，23处生产性房屋建筑物遭到破坏，电气检修楼成为危房。同时，非生产房屋建筑物也遭受重大损失，大部分原有和在建建筑物不同程度受损。

地震造成重庆市重庆发电厂集控室地面摇晃，仪表显示2台20万千瓦发电机组汽轮机轴承震动突然增大，控制盘上显示器剧烈震动，值班室人员手动快速减负荷，1号机组从20万千瓦减少到7万千瓦，2号机组由17万千瓦减到3000千瓦，2号锅炉紧急按灭火器处理。地震后逐步恢复正常。

水电站受损　甘肃省汉坪嘴电站位于白水江下游文县境内，上距文县县城46公里，下距碧口镇32公里。电站装有3台2.4万千瓦混流式水轮发电机组，总装机容量7.2万千瓦。2005年7月首台机组投产发电，同年9月3台机组全部投产发电。地震前，汉坪嘴水电站1号、2号机组各带1.9万千瓦负荷运行，3号机组备用，大坝及机组运行正常。地震造成汉坪嘴水电站大坝护坡约120米发生塌落，排沙洞、溢洪洞多处被落石砸损，坝体背水侧混凝土防护栏杆倒塌、排水沟拉裂损坏、干砌块石护坡部分倒塌受损，上坝公路不均匀沉降，并有多处裂缝。坝前左岸边坡落石严重，砸坏栏杆、围墙及部分水工建筑物。右岸坝前约250米处有约6000立方米的滑坡体滑入水库。

地震造成陕西省境内28座水电站不同程度受损，直接经济损失3000万元。其中，规划区内受损水电站8座，直接经济损失863.2万元。略阳县葫芦头水电站主厂房、办公楼成为危房，发电设备停用。宁强县有7座水电站受损，其中柿子坝电站山体垮塌，引水隧道堵塞32米，发电机组受损；东方红水电站山体垮塌，引水隧道受损30米，发电机组受损；广坪水电站发电机组受损、移位；清河水电站山体垮塌，引水隧道堵塞11米，发电机组移位；元坝子水电站发电机组移位；石羊栈水电站山体垮塌，引水隧道受损10米，发电机组受损；二郎坝水电站引流洞进口启闭机闸室顶部裂缝，岩体松动，副坝下游道路有10米长的纵向裂缝，生活区住房有不同程度裂缝、损伤。

变电站受损　甘肃电网1座330千伏变电站、1座220千伏变电站、4座110千伏变电站、63座35千伏变电站停运。各级电压等级设备都有不同程度损坏。成县2号主变110千伏B相套管位移破裂，10千伏3支套管破裂；旱阳变电站主变220千伏3相套管破裂；陇南市何家湾变电站110千伏主变高压套管位移破裂。

甘肃电力公司天水供电公司。地震造成天水电网330千伏天成线在陇南侧解环。110千伏社棠变、莲花变各一台组主变跳闸，天水市麦积区35千伏甘泉、党川、百花、麦积、关庄、吴差等7个变电站全停。损坏35千伏开关1台、35千伏刀闸4组、35千伏电压互感器1台、35千伏避雷器4只，10千伏开关5台、10千伏刀闸1组、10千伏电流互感器1台、综自系统和通信系统各1套、10千伏变压器116台。

甘肃电力公司天水超高压输变电公司。330千伏成县变电站的两组220千伏开关瓷柱断裂，电流互感器套管损坏；隔离开关口上、下口有裂纹，主变套管严重移位、喷油。330千伏保护小室直流蓄电池全部从支架上跌落损坏，直流消失。

220千伏旱阳变电站是甘肃地区首座220千伏采用GIS设备的综合自动化变电站，是连接甘肃、陕西、四川三省的枢纽站，承担甘肃电网南电北调（碧口电厂送甘肃电网）任务。地震造成旱阳变严重损坏，变电站全停。1号主变高压侧A、B、C三相套管断裂掉落、喷油；主变充氮灭火控制装置，220千伏保护装置，蓄电池均倒地；220千伏GIS设备基础地面局部下沉，地角螺丝拔起、基础位移；站区围坪护坡、电缆沟有倒塌、裂纹、扭曲。

甘肃电力公司陇南供电公司。330千伏成县变电站2台220千伏变压器停电。220千伏旱阳变电站全停（1台220千伏变压器停电）；4座110千伏变电站全停，其中8台110千伏变压器停电，包括何家湾2台主变、文县1台主变、玉垒2台主变、两水2台主变、徽县1台主变；33座35千伏变电站全停，分别为支旗、店村、土蒿坪、范坝、玉垒、中庙、南河、南阳、兴化、哈达堡、临江、兴寨、理川、沙湾、桥头、临江、城郊、尚德、中寨、安昌河、云台、豆坪、大堡、铜钱、阳坝、扬店、西坡、盐关、马泉、祁山临时、银杏、嘉陵等变电站。

陕西电网3座110千伏变电站、1座35千伏变电站停运。地震后陕西电网35千伏及以上变电站设备累计受损125座，其中330千伏16座、220千伏1座、110千伏79座、35千伏29座。35千伏及以上变压器受损53台，其中330千伏7台、220千伏2台、110千伏38台、35千伏6台。35千伏及以上断路器受损共计117台，其中330千伏10台、220千伏4台、110千伏59台、35千伏44台。

重庆电网1座35千伏变电站停运。

输电线路受损 地震造成甘肃电网2条220千伏线路、9条110千伏线路（其中8条停运）、73条35千伏线路、337条10千伏线路跳闸。其中，35千伏输电线路倒杆9基，倒铁塔6基，杆体裂纹44基，断线8处。

甘南供电公司。110千伏宕（昌）—舟（曲）线沿线出现山体滑坡，杆塔不同程度受损。

天水供电公司。110千伏天社（330千伏天水变电站至110千伏天水市麦积区社棠镇变电站）等6条线路沿线山体滑坡造成杆塔受损、塔基沉陷。其中，110千伏天社线4基塔严重倾斜，36号塔基础严重裂陷，35千伏线路倒杆1基。

平凉供电公司。35千伏线路杆塔受损44处；10千伏线路倒杆16基，断线30处，涉及线路长度9.65公里。

庆阳供电公司。110千伏线路杆塔受损70处；10千伏线路断线60处，涉及线路长度132公里。

天水超高压输变电公司。220千伏旱成线（陇南市220千伏旱阳变电站至成县）1基塔倒塔，4基塔部分主材被落石砸弯严重损毁，47基杆塔回填土下沉，有不同程度塌方。330千伏天成线（天水 330 变电站至成县）有 11 基杆塔附近山体有不同程度的塌方现象；2 基铁塔被埋 1.5 米，塔材被砸弯。

陇南供电公司。7 条 110 千伏线路跳闸停电；64 条 35 千伏线路停电，其中农网 35 千伏线路 38 条、地调直调 26 条（含大用户及小水电）；203 条 10 千伏线路停电。文县电网（不含碧口）10 千伏线路停电 27 条，碧口电网（不含文县电网）10 千伏线路停电 14 条，武都电网 10 千伏线路停电 37 条，成县电网 10 千伏线路停电 12 条。

地震造成陕西电网 10 千伏及以上输电线路 109 条停运，其中 330 千伏 1 条、220 千伏 2 条、110 千伏 4 条、35 千伏 3 条、10 千伏 99 条。陕西电网 10 千伏及以上输电线路基础受损累计 2111 基 /446 条，其中 330 千伏 209 基 /20 条、220 千伏 30 基 /3 条、110 千伏 791 基 /111 条、35 千伏 229 基 /36 条、10 千伏 852 基 /276 条。

地震造成重庆电网 23 条 10 千伏及以上线路停运，其中 110 千伏 1 条、35 千伏 1 条、10 千伏 21 条。

配用电设施受损　地震造成甘肃电力公司所辖 337 条 10 千伏配电线路和 1.45 万台配电变压器不同程度受损停电，影响到 87.87 万户用电客户的用电。甘肃电力公司南部电网遭受的破坏最严重。截至 5 月 31 日，地震造成陇南、天水、平凉地区的间接损失电量共计 1.18 亿千瓦时。在受损最严重的陇南地区，锌冶炼企业、铅锌矿和碧口地区的铁合金企业全部停产，负荷只达到震前的 20%。

地震造成陕西电力公司累计停电台区 2475 个、25876 户，1000 多户工业用户停产。在比较重要的大工业用户中，35 千伏略阳钢厂于 5 月 12 日 14 时 30 分用电全停，2 号高炉损失特别严重，3 号高炉风口全烧；宝鸡太白金矿公司于 12 日 14 时 28 分用电全停。

地震造成重庆电网 1090 个配电台台区、106473 用电客户停电。

第五章　市政公用设施受损

市政公用设施主要包括：城市道路桥梁、供水设施、排水设施、供气设施、环境卫生设施、城市照明设施等。

汶川特大地震使市政公用设施损毁严重。据民政部等四部委 9 月 4 日灾损校核报告，汶川地震造成市政公共设施损失 439.48 亿元，其中四川省 428.8 亿元、甘肃省 11.98 亿元、陕西省 2.7 亿元。据不完全统计，四川、陕西、云南等省城镇道路严重受损 2600 公里，桥梁严重受损 200 余座；供水管网受损超过 14000 公里，水厂受损 254 个，影响用水人口超过 800 万；排水管线严重受损 598 公里；供气管线严重受损 1800 余公里，储气罐严重受损 454 个；环卫及城市照明等设施受损严重。

第一节　道路桥梁受损

四川省部分市（区）的城市道路、桥梁震害情况见表 79，陕西省城市桥梁震害情况见表 80，云南省城市道路、桥梁震害情况见表 81。

四川省城市道路、桥梁震害情况统计表

表 79

项 目	结构类型	破坏等级			合 计	经济损失（万元）
		基本完好或轻微破损	中等破损	严重破损或倒塌		
城市道路（米）	柏油路面	1723094	542614	216096	2481804	102004.96
	混凝土路面	572871	709994	2176093	3458958	710875.86
	石路面	12410	44278	33027	89715	8800.00
城市桥梁（座）	混凝土	146	211	113	470	278668.40
	钢结构		13	8	21	2650.00
	石结构	27	67	72	166	9480.40

陕西省城市桥梁震害情况一览表

表 80

城 市	桥 梁 名 称	受 损 情 况
西安（20 座）	大兴路立交桥	匝道梁 43 跨全部出现不同程度位移，最大位移 43 厘米，有落梁危险，51 个支座损坏，14 条伸缩缝拉裂破损，最大缝宽 50 厘米，主线桥混凝土碎裂，钢筋变形外露
	新筑灞河桥	全桥梁底裂缝
	华清路浐河桥	36 个支座脱空
	东元路高桥	5 处梁端与盖梁挤死
	长乐长缨高桥	4 处梁端与盖梁挤死
	太白路立交桥	主线桥 6 条伸缩缝挤死
	互助路立交桥	2 条伸缩缝挤死
	高新四路高架桥	8 条伸缩缝损坏
	西二环高架桥	3 个挡块挤裂
	田家湾浐河桥	1 个挡块维修
	北二环工农路跨线桥（施工中）	主桥 3 处梁体位移 11 厘米，5 支座扣梁、挡块损坏
	西三环 C05 标段三桥立交桥	桥面结构偏移 23 厘米
	南三环浐河特大桥	出现 17 厘米裂缝，5 厘米错台，1 支座脱落
	东三环长乐路立交桥	匝道伸缩缝变形，防护栏拉裂
	市高架快速后围寨立交桥	B 匝道和缝平移 8.5 厘米
	市高架快速后围寨立交桥	A 匝道分流平移 3 厘米
	市高架快速干道一期东段 1 号桥	伸缩缝错位
	市高架快速干道一期东段 2 号桥	上行 6 孔连续箱梁平移 5 厘米，下行 7 孔平移 6 厘米
	市高架快速干道一期	伸缩缝损坏，防护栏断裂，支座破坏
	市高架快速干道一期	续建现浇箱梁结合段挤压破碎

续表 80

城　市	桥梁名称		受损情况
宝鸡（8 座）	金渭大桥		6 条纵缝，北端第一伸缩缝严重受损
	南关立交桥		伸缩缝积压受损，梁板位移 2 ～ 4 厘米
	胜利渭河大桥		老桥 T 型梁出现裂纹，横隔板断裂，伸缩缝挤压变形
	西关立交桥		伸缩缝积压受损，梁板位移
	汉江大桥 2 号桥		桥基错位
	略阳县	计生站 桥	—
		东关桥	—
		嘉陵江大桥	—
安康（1 座）	白河县	白河大桥	—

云南省城市道路、桥梁震害情况统计表

表 81

项　目	结构类型	破坏等级			合　计	经济损失（万元）
		基本完好或轻微破损	中等破损	严重破损或倒塌		
城市道路（米、所占比例）	柏油路面	—	500	—	500	800.00
		—	100%	—	100%	
	混凝土路面	1500	300	80	1880	117.00
		72%	15%	0.4%	87.4%	
	石路面	20000	60300	100000	1080300	3276.00
城市桥梁（座）	混凝土	8	—	—	—	380.00
	钢结构	—	—	—	—	—
	石结构	2	—	—	—	260.00

第二节　供水排水设施受损

一　供水设施受损

四川省部分市（区）的城市供水设施震害情况见表 82、图 405，陕西省城市供水设施震害情况见表 83，云南省城市供水设施震害情况见表 84。

图 405　供水管线断裂

四川省城市供水设施震害情况统计表

表 82

项目	结构类型或设施	破坏等级			合　计	经济损失（万元）
		基本完好或轻微破损	中等破损	严重破损或倒塌		
水泵房（平方米）	混凝土	7131	25206	3470	35807	5834.08
	砖　混	4351	13877	15512	33740	9593.88
	石结构	150	1028	—	1178	87.36
清水池（平方米）	混凝土	71135	50396	64286	185817	8868.60
	砖　混	41818	1820	14888	58526	21826.00
	石结构	5150	3459	7360	15969	1841.71
设　备（台）	变压器	110	87	97	294	3091.00
	开关柜	367	266	389	1022	4207.90
	水　泵	262	222	354	838	2439.90
输、供水管线（米）	钢　管	719595	691249	695795	2106639	32212.90
	混凝土管	256731	66875	121993	446729	25074.91
	铸铁管	201522	268790	324283	794595	54596.05
	球墨铸铁管	51974	74171	42178	168323	2952.07
	PE 管	143321	109150	101055	353526	5153.65
	PVC 管	115230	40303	317315	472848	6575.06
	PPR 管	66915	5105	504108	576128	6653.00

陕西省城市供水设施震害情况统计表

表 83

地　区	受损水厂个数（座）	供水管网受损数量（处）
西安市	4	5
宝鸡市	2	36
宝鸡市陈仓区	—	11
咸阳市	1	—
铜川市	1	7
渭南市	1	7
汉中市	2	139
南郑县	2	120
商洛市	—	6
杨陵区	2	1
安康市	—	5
合　计	15	337

云南省城市供水设施震害情况统计表

表 84

项　目	结构类型	破坏等级			合　计	经济损失（万元）
		基本完好或轻微破损	中等破损	严重破损或倒塌		
清水池（平方米）	混凝土	1340	1210	4325	6875	765.00
	砖　混	376	505	823	1704	296.00
	石结构	—	—	—	—	—
输、供水管线（米、所占比例）	钢　管	5200	11000	14800	31000	3818.00
	混凝土管	2956	4724	9320	17000	1365.00
	铸铁管	—	—	—	—	—
	球墨铸铁　管	1050	2000	3650	6700	200.00
		7.5%	14.3%	26%	48%	
	PE 管	—	—	—	—	—
	PVC 管	8564	9280	29846	47690	98.00
	PPR 管	—	—	—	—	—

二　排水设施受损

四川省部分市（区）的城市排水设施震害情况见表 85，云南省城市排水设施震害情况见表 86。

四川省城市排水设施震害情况统计表

表 85

项　目	结构类型或设施	破坏等级			合　计	经济损失（万元）
		基本完好或轻微破损	中等破损	严重破损或倒塌		
污水泵房（平方米）	混凝土	2950	6220	2175	11345	20670.00
	砖　混	1990	9301	5576	16867	2111.50
污水池（平方米）	混凝土	54890	55665	6300	116855	3811.04
	砖　混	1334	2939	2252	6525	635.00
设　备（台）	变压器	17	526	521	1064	612.49
	开关柜	16	78	932	1026	641.92
	水　泵	31	33	48	112	1143.31
排水管线（米）	混凝土管	1118628	546677	473602	2123747	103638.41
	其他管线	5770	29281	125326	160377	3955.24

云南省城市排水设施震害情况统计表

表 86

项　目	结构类型	破坏等级			合　计	经济损失（万元）
		基本完好或轻微破损	中等破损	严重破损或倒塌		
排水管线（米、所占比例）	混凝土管	—	—	—	—	—
	其他管线	—	3000	—	3000	544.00
		—	100%	—	100%	

第三节　供气设施受损

四川省部分市（区）的城市天然气供气设施受损情况见表 87。云南省城市天然气供气管线中等程度破损，受损钢管 2500 米。

四川省城市天然气供气设施震害情况统计表

表 87

项　目	结构类型或设施	破坏等级			合　计	经济损失（万元）
		基本完好或轻微破损	中等破损	严重破损或倒塌		
压缩机房（平方米）	混凝土	725670	16270	91060	833000	833.20
	砖　混	2951	620	1850	5421	761.30
设　备（台）	变压器	435	312	31	778	174.20
	开关柜	6442	52	43	6537	190.00
	压缩机	23	5	4	32	195.00
储气罐（个）	钢　罐	546	35	454	1035	2852.70
供气管线（米）	钢　管	5876369	15456724	1813644	23341817	138933.40

第四节　环境卫生与城市照明设施受损

一　环境卫生设施受损

四川省部分市（区）的城市环境卫生设施震害情况见表 88。

四川省城市环境卫生设施震害情况统计表

表 88

项　目	结构类型或设施	破坏等级			合　计	经济损失（万元）
		基本完好或轻微破损	中等破损	严重破损或倒塌		
垃圾收集点（平方米）	混凝土	12030	5118	2487	19635	901.60
	砖　混	5014	16600	20270	41884	5512.60
垃圾处理设备（台）	垃圾清运车	213	50	61	324	1614.00
	道路保洁车	185	153	98	436	303.80
垃圾处理设施（个）	垃圾处理厂	15	44	95	154	36338.00
	粪便处理厂	—	17	101	118	1002.00
公共厕所（个）		224	287	215	726	10817.00

二　城市照明设施受损

四川省部分市（区）的城市照明设施震害情况见表 89，云南省城市照明设施震害情况见表 90。

四川省城市照明设施震害情况统计表

表 89

项　目	类型	破坏等级			合　计	经济损失（万元）
		基本完好或轻微破损	中等破损	严重破损或倒塌		
景观照明设施	设备（组）	62037	28550	9246	99933	14204.72
	射灯、灯箱（组）	2380	616	477	3473	350.94①
路　灯	路灯（盏）	58216	27962	42474	128652	13329.74
	控制柜、灯柱（个）	33	185	10	228	164.50
	电缆、电线（米）	531757	22942	12189	566888	332.95
	广告灯箱（个）	—	—	51	51	45.00

说明：①其中射灯 20 组，损失 0.86 万元

云南省城市照明设施震害情况统计表

表 90

项　目	破坏等级			合　计	经济损失（万元）
	基本完好或轻微破损	中等破损	严重破损或倒塌		
路灯（个、所占比例）	2	74	—	76	0.80
	—	12%	—	12%	

第七篇

工业受损

汶川特大地震给四川、甘肃、陕西等省（市）灾区的工业造成巨大灾害，原材料工业、制造工业、消费品工业、电子信息业、国防工业以及其他工业遭受了不同程度的毁坏。震区企业生产、办公用房和职工住房大片倒塌、损坏，设备、设施和物资严重受损，四川、甘肃、陕西、重庆、云南五省（市）3.8万余家工业企业受灾。据民政部等四部委9月4日灾损校核报告，川、甘、陕三省工业直接经济损失647.92亿元（不含房屋类损失），其中四川省627亿元、甘肃省12.92亿元、陕西省8亿元。

四川省是工业大省，重工业、消费品工业和国防工业在全国占有举足轻重的地位。地震中共有21190家企业受灾，约占全省企业的1/3，其中重灾企业6728家，约占全省受灾企业的32%；1786家企业受灾极其严重，生产不可恢复，占受灾企业的8.4%强。汶川、北川、绵竹、什邡、青川、茂县、安县、都江堰、平武、彭州10个极重灾县（市）工业经济遭到极为惨重的破坏，理县等29个重灾县（市、区）的工业经济严重受损。驻四川中央企业的重工业、轻工业以及国防工业企业遭到重创，直接经济损失达120亿元，其中东方电气集团、中国石油、中国石化、中化集团等集团公司及攀枝花钢铁（集团）公司、中国二重集团公司受损尤其严重，特别是东方电气集团所属东方汽轮机有限公司汉旺基地受到毁灭性破坏。

甘肃省受灾工矿企业共761家，其中年产值500万元以上规模企业279家，占全省规模以上企业总数的23%。地震造成厂房大面积严重裂缝、倒塌，设备损坏。受灾企业主要分布在9个市（州），其中陇南市424家、天水市106家、甘南藏族自治州49家。陇南市受灾最为严重，绝大多数工业企业停工停产。

陕西省11个市、区共1516家工业企业不同程度受灾，受灾较严重的有882家，其中规模以上企业554家，占62.8%。汉中、宝鸡两市灾情最重，震后多数工业企业一度停产，其中汉中市略阳、南郑、宁强和勉县的企业全部停产。汉中钢铁有限公司、三星轧钢有限公司等企业严重受损。

第一章　原材料工业受损

原材料工业包括钢铁、有色金属、石油、化工、建材、采矿等行业，是国民经济重要基础产业。汶川特大地震给四川、甘肃、陕西等省的原材料工业造成巨大的损失，直接经济损失 256.96 亿元，其中钢铁工业损失 7.77 亿元、有色金属工业损失 33.8 亿元、石油工业损失 35.22 亿元、化工工业损失 110.21 亿元、建材业损失 50.29 亿元、采矿业损失 19.67 亿元。

第一节　钢铁工业受损

汶川特大地震给四川、甘肃、陕西等省钢铁工业带来不同程度的破坏，造成 7.77 亿元的直接经济损失（不含生产附属设施经济损失）。主要钢铁生产企业，如攀枝花钢铁（集团）公司（以下简称攀钢）和新兴铸管集团有限公司等生产设施、基础设施和生产经营活动都直接受到地震影响，造成严重经济损失。

一　生产设施受损

地震灾区钢铁工业生产设施严重受损，生产单位全部停工停产，造成直接经济损失 7.77 亿元。其中，中央钢铁企业直接经济损失 5.21 亿元，四川省地方钢铁企业直接经济损失 1.99 亿元（见表 91），陕西省和甘肃省地方钢铁企业直接经济损失 0.57 亿元。

中央和四川省地方钢铁企业生产设施受损情况统计表

表 91

企业类型	房屋受损		设备受损		其他损失（万元）	小计（万元）
	面积（平方米）	经济损失（万元）	设备数量（台）	经济损失（万元）		
中央企业	1327000	23446	2042	28700	—	52146
四川地方企　业	36443	346	—	280	19285.4	19911.4
合　计	1363443	23792	—	28980	—	72057.4

攀钢四川长城特殊钢有限责任公司（以下简称攀长钢），是中国重点特殊钢科研和生产基地、国家重点军工配套企业和四川省大型骨干企业。该企业震前形成了“特钢生产工艺优、专用设备配套全、科研开发实力强、产品技术含量高”的企业特色，拥有世界一流水平的精密无缝钢管生产线，具有攀长钢特色的大型材、中型材、扁钢、锻钢、精密钢管等产品遍销全国各地及海外。攀长钢的 4 个生产区分别位于江油市境内的中坝、厚坝、含增、武都等镇，均处在龙门山地震带东缘。地震造成攀长钢厂房受灾 70% 以上，厂房、职工住宅楼墙面大面积严重破裂、坍塌，受损面积达 132 万平方米，生产陷入完全停顿。其中，厂房建筑损毁报废 63 栋、2.4 万平方米，占厂房总面积的 1.8%；中度及其以上受损房屋 85 万平方米，占厂房总面积的 63%；150 栋办公楼不同程度受损，其中 30 栋楼直接报废。生产办公房屋损毁造成直接经济损失 2.31 亿元。4 个生产区大型材 ф825 初轧机基础严重变形移位，初轧机主传动中心线和水平发生严重错位；3150 挤压机基础移位，产品精度受影响；高合金工模具钢、不锈钢亮银材、合金钢炼钢连铸、军工用钢等主要生产线及设备严重受损无法修复，炼钢、特冶、轧钢、焊管钢丝生产线现有设备均不同程度受损，共计损毁设备 1969 台（套），其中生产及科研辅助设备报废 1014 台（套）。设备设施损毁造成直接经济损失 2.87 亿元。总计经济损失 5.18 亿元。与北川县城相距 15 公里、位于含增镇的特冶分厂，厂房设备损失惨重。另一个损失惨重的炼钢分厂位于靠近平武县的武都镇，7 个车间仅剩 2 个，其他车间都需要重修或重建。

在地震中，攀钢成都钢铁有限公司竖炉车间、一烧车间、二烧车间、二矿车间、原料车间、收料车间、2 号高炉、3 号高炉、4 号高炉、动力车间、转炉炼钢厂、棒材厂、线材厂、508 周轧厂、特管厂、159 连轧管厂、电炉炼钢厂等部分厂房墙体及立柱开裂、结构受损；动力厂 7 万立方米高炉煤气柜变形，密封件损坏；竖炉车间竖炉砖墙大面积垮塌，水梁烧坏；电除尘烟囱倾斜。

攀钢金山耐火材料公司一分厂原料厂房东面墙体错位、倾斜，成型厂房东西两面墙倾斜、裂缝严重，其他厂房也有数处不同程度的裂缝、松动、错位，办公楼多处墙体有明显裂缝，成型混碾机因屋面裂缝漏雨被浸湿损坏，厂房内行车轨道变形。攀钢成都板材公司办公楼有轻微裂缝。

新兴铸管集团川建管道有限公司位于崇州市，紧邻汶川县。地震造成公司加工车间厂房、管件生产车间厂房、原料仓库、职工食堂建筑主体开裂，2 座水塔主体断裂，受损厂房等建筑面积超过 7000 平方米；产成品严重损坏；地下电路、气路、冷却管道、液压系统严重损坏；机器设

度受损，地处柏隆镇的德阳市柏隆管业有限责任公司受损最严重，全厂倒塌房屋 3552 平方米、围墙 230 米，厂房受损 2 万平方米、直接经济损失 152 万元，机械设备受损 74 台（套）、直接经济损失 35.5 万元，企业基本处于瘫痪和停产状态。

绵阳市冶金工业直接经济损失 2.35 亿元。绵阳市永安金属材料公司厂房受损 5600 平方米、经济损失 447 万元，设备受损 2 台（套）、经济损失 53 万元，合计直接经济损失 500 万元。平武县锰业集团有限公司办公楼、车间厂房倒塌 6 万平方米，设备损毁，变成一片废墟。地震中，企业 20 多年积累的各种历史资料全部丢失；公司下属的石坎锰粉厂损失 5600 万元，红旗锰粉厂损失 2000 万元，冶炼厂损失 1400 万元，涪江电锰厂损失 5000 万元，渣厂及环保设施损失 1000 万元，办公楼损失 2000 万元，造成直接经济损失 1.7 亿元。平武县有色金属选冶公司房产受损 2 万平方米，部分设备受损。平武县四川雪山实业有限公司 1.8 万平方米厂房倒塌（见图 406），设备全部损毁，公司毁灭，直接经济损失 6000 万元。

图 406　四川雪山实业有限公司厂房全部倒塌
（工业和信息化部　提供）

广元市有色金属工业直接经济损失 37895 万元。广元启明星铝业直接经济损失 3 亿元。变电设施严重受损，供电中断，导致电解槽大部分损坏，少数报废，产品损失严重；多处围墙倒塌；碳素高楼部分墙体坍塌。关联企业金圣铝合金、金泰铝业直接经济损失达 1500 万元。青川县青云上锰业有限公司位于马公、石坝等极重灾乡镇的矿山公路、矿井等基础设施严重损毁，5000 平方米厂房严重损毁，机械设备严重受损 76 台（套），办公综合楼垮塌 500 平方米，厂房、机械设备等固定资产损失 815 万元；原材料、在制品、产成品等流动资产损失 915 万元；直接经济损失 1730 万元。青川县天运金属有限责任公司厂房严重受损 3000 平方米，设备受损 94 台（套），直接经济总损失 470 万元。青川电解锰公司直接经济损失 4195 万元，其中厂房损失 2.3 万平方米，机械设备受损 180 台套，报废 30 台（套），固定资产损失 3250 万元，原材料、在制品、产成品等流动资产损失945万元。

阿坝藏族羌族自治州有色金属和冶金工业直接经济损失167904.8万元。全州规模以上冶金企业18户受损，直接损失94681.8万元。受损企业主要集中在地震极重灾县汶川县、茂县和重灾县理县境内。汶川县12户企业中，阿坝华西电冶公司直接损失1904.5万元，阿坝禧龙工业硅有限责任公司直接损失1.1亿元，汶川县申广实业有限公司直接损失1.09亿元，四川岷江硅业集团有限责任公司直接损失1.06亿元，阿坝顺鑫冶炼有限责任公司直接损失16139万元，汶川县宇宫碳素有限公司直接损失3204.3万元，汶川精石硅业有限公司直接损失4052万元，汶川潘达尔硅业有限责任公司直接损失9066万元，汶川三力铁合金有限责任公司直接损失3700万元，四川红佳瑞冶金发展有限公司直接损失4619万元，汶川嘉铣硅业有限公司直接损失1182万元，阿坝恒兴特种合金有限公司直接损失1291万元。茂县2户企业中，茂县天和硅业有限公司直接损失1030万元，茂县金元铁合金有限公司直接损失771万元。理县2户企业中，四川理成特种硅业有限责任公司直接损失6984万元，芦山铁合金厂理县分厂直接损失7745万元。马尔康县境内马尔康阳光硅业有限公司直接损失9万元。小金县境内天行健硅业有限公司直接损失500万元。阿坝全州规模以上有色金属企业有9家因灾受损，直接损失73223万元。汶川县境内博赛矿业阿坝铝厂地处漩口镇，是重庆市在四川省投资的最大企业。地震中，该厂老电解铝生产系统厂房坍塌，主体装备及其配套设施全部损毁；新生产线部分电解槽下沉，场内给排水管网系统、空压站、办公楼、化验室、220千伏开关站及供变电系统严重损毁，直接经济损失5亿元。阿坝广盛锂业有限责任公司直接损失10553万元。理县境内的金谷园铝业有限责任公司直接损失4630万元。松潘县境内的四川岷江电解锰厂直接损失2939万元。九寨沟县境内的紫金矿业有限公司直接损失2300万元。四川马脑壳金矿开发有限责任公司直接损失2123万元。马尔康县境内的马尔康县锂业技术发展有限责任公司直接损失480万元。金川县境内的观音桥锂业公司直接损失198万元。

雅安市有色金属工业企业直接经济损失4941万元，冶金工业企业直接经济损失3600万元，合计经济损失8541万元。

甘肃省有色金属工业受损 甘肃省有色金属企业直接经济损失8474.08万元。其中，房产损毁15085平方米，经济损失1642.5万元；设备损毁89台（套），经济损失1765万元；其他损失5066.58万元。文县的鑫海矿业有限公司、荣昌铁合金有限责任公司、明达铁合金有限公司、碧兴铁合金厂、尚德铁合金厂、荣兴铁合金厂、众鑫矿业有限责任公司、碧口玉源铜业有限责任公司、鑫磊选矿厂、明辉硅业有限公司10家企业厂房受损15085平方米，经济损失1642.5万元；设备损失、受损89台（套），经济损失1765万元；其他损失1293.38万元；直接经济损失共计4700.88万元。文县10户硅铁生产企业的厂房大面积倒塌、裂缝，被迫停产。永靖县恒大工贸有限责任公司直接经济损失280万元。舟曲县2家铁合金企业厂房多处裂缝，矿热炉受损；其他设备附属物都不同程度损坏，直接经济损失1493.2万元。徽县鸿远公司是以开发黄金资源为主的国有控股企业，位于嘉陵镇通天坪，距离县城40公里，地震导致输电线路1.3公里完全损坏，生产厂房和围墙出现裂缝，造成直接经济损失2000多万元。地震造成成州锌业公司焙烧炉炉体严重倾斜、移位，炉体内壁裂缝。

二　生产附属设施等受损

中冶集团成工建设有限公司所属9个生活区共27栋总计5.6万余平方米的住宅出现不同程度损毁，成都生活区的3栋住宅楼和江油生活区的2栋住宅结构受损严重；江油生活区的其余7栋住房需加固后才能使用；另有需要局部维修的房屋33万平方米。地震使中冶集团建工有限公司受损房屋共316间，其中厂房23间。中冶集团实久建设有限公司都江堰4栋家属楼8000平方米严重受损成为危房，90套住房严重受损，房屋柱、梁不同程度倾斜，填充墙千疮百孔，全部成为危房，导致员工及家属300余人受灾，以致90户住户被安置在郫县钢构厂厂房内；都江堰职工自购房和租用房均成危房。中冶集团实久公司郫县生活小区、成都大厦的员工住房共计近1300套出现不同程度的裂纹。中国化工蓝星机械职工住宅楼遭到震灾破坏，其中重度受损的职工住房有3幢共2186平方米；中度受损的有12幢，面积37092平方米；轻度受损的有12幢，面积16918平方米。地震导致西电集团职工生活区多处平房出现墙体裂纹、倾斜和楼板裂缝；多层住宅楼在震后出现多处裂缝，部分烟囱倒塌；1部电梯钢缆出轨、1部电梯线路拉断导致停运数小时，高层消防蓄水箱拉裂；楼体墙面产生裂纹、部分住户瓷砖脱落和墙体出现不同程度的裂缝。地震造成绵阳市涪城区中海特钢有限责任公司的生活用房843平方米受损，折合财产损失共计46万元。

陕西省勉县汉中八一锌业有限公司的锅炉、烟囱、氧化车间、输电线路等设施、设备报废，致使该企业无法正常运行。汉中市停水停电，当地锌厂生产受到影响，影响产量近20万吨。

第三节　石油工业受损

汶川特大地震给灾区石油工业造成35.22亿元的直接经济损失，其中生产设施受损31.17亿元、生产附属设施等损失4.05亿元。中国石油直接经济损失26.12亿元，其中生产设施受损24.24亿元、生产附属设施等损失1.88亿元。中国石化直接经济损失9.1亿元，其中生产设施受损6.93亿元、生产附属设施等损失2.17亿元。

一　生产设施受损

地震造成石油工业生产设施受损31.17亿元。中国石油生产设施经济损失24.24亿元，其中房屋损毁114.7万平方米，经济损失8.11亿元；设施、设备损毁2177台（套），经济损失8.06亿元；其他损失8.07亿元。中国石化生产设施损失6.93亿元，其中房屋损毁24.68万平方米，经济损失0.57亿元；设施、设备损毁428台（套），经济损失4.6亿元；其他损失1.76亿元。

中国石油生产设施受损　中国石油11家企业的厂房、办公用房、库房等倒塌，屋顶及墙面开裂、破损，地基下陷，受损总面积114.7万平方米，直接经济损失75148.7万元（见表93），其中四川销售公司2座办公楼倒塌，2座办公楼彻底损毁，受损面积86593平方米，直接经济损失38171万元。西南油气田公司南充炼油化工总厂房屋开裂35处、储罐基础倾斜。川西北气矿甲醇厂8000平方米办公楼及厂房、120米堡坎受损，厂房受损合计48万平方米，直接经济损失26300万元。长庆油田公司科研综合楼和长庆大厦出现大量竖向通缝、14部电梯轨道变形受损。西峰油田指挥中心综合楼填充墙裂缝严重，大路沟首站站外山体大面积滑坡，首站房屋墙体、围墙受震破裂严重，直接经济损失5181万元。

中国石油所属公司生产办公用房受损情况统计表

表93

企业名称	受损面积（平方米）	直接经济损失（万元）	企业名称	受损数量（平方米）	直接经济损失（万元）
四川销售公司	86593	38171	甘肃销售公司	5648	511.85
西南油气田公司	480000	26300	重庆销售公司	1529	43
川庆钻探工程公司	266315	—	长庆油田公司	234241	5181
兰成渝输油公司	1680	161.25	化工与销售西南公司	2400	180
中国石油天然气运输公司	13090	3129.36	四川石化公司	34869	705.24
陕西销售公司	20637	766	合　计	1147002	75148.7

地震造成中国石油8家企业的油气田设施、油气场站、油气管道、天然气净化、炼油、油库和加油（气）站等主要生产设施和其他设备设施严重破坏，直接经济损失80582.96万元。其中，部分油气田企业的油气井场（站）因山体滑坡受损，10236米的围墙出现垮塌、裂缝，部分注水站、输油泵房地板破裂、地基下陷。有343座油气场站受损，其中西南油气田公司218座、直接经济损失6774万元，长庆油田公司107座、直接经济损失820万元，地震还造成长庆油田公司虎狼峁塞360开发井地基下陷、井筒变形，彻底损坏报废，直接经济损失245万元。地震造成川庆钻探工程公司毁损机械设备372台（套），经济损失4381.06万元；西南油气田公司川中油气矿井场污水池渗漏71处，直接经济损失126万元；西南油气田公司装备制造公司部分行车及其他设备35台（套）受损。长庆油田公司部分跨越基础裂缝、塌陷、滑坡，输油管线、注水管线出现裸露、悬空或断裂；兰成渝输油公司管道跨越发生位移20厘米、垫片破碎，2家企业输油管道损毁28处、430米，直接经济损失254.5万元；2家企业输气管道受损，其中西南油气田公司除苍龙输气管道拉裂外，输气管道的堡坎、护坡出现不同程度的沉降、坍塌，部分管道出现露管和管道变形，管道损毁60条，直接经济损失2194万元；长庆油田公司有10处150米输气管道出现裸露、悬空，直接经济损失60万元。西南油气田公司有2座天然气净化厂受损，损毁天然气净化设施1套，直接经济损失590万元，其中中坝净化厂受

损严重，生产装置设备及管道、电气及照明系统、仪表设备、安全环保设施均受到不同程度损害。此外，该公司70台（套）炼化设施受损，直接经济损失985.4万元，其中川西北气矿受损68台（套）、直接经济损失975.2万元，南充炼油化工总厂受损2台（套）、直接经济损失10.2万元。

兰成渝输油管道起点为兰州北滩油库，连接成都和重庆，是通向西南地区的重要成品油输送管道，川渝地区70%以上的成品油来自这条管线。地震使兰成渝管道光缆中断，在康县牛头山至安乐河段等几处光缆线路被滚石砸断。由于建成了环状网路，光缆中断未对数据传输产生影响，北京油气调控中心可以继续监控管道全线。广元、德阳等站场外供电中断，成都输油站过滤器发生故障。虽然管道线路所通过的地区烈度最大值为Ⅷ度，沿线部分地段出现塌方，但是兰成渝管道于5月13日就恢复输油，对抗震救灾发挥了重要作用。

中国石油6家销售企业油库的部分设施、设备、工艺管线损坏，部分油罐基础下沉，建（构）筑物出现裂缝，重要建筑物结构受损，个别围墙岗楼出现倒塌等现象。有50座油库不同程度受损，其中严重受损5座，直接经济损失9530万元（见表94）。中国石油所属企业的加油站站房墙体开裂，整体下沉，立柱断裂变形、网架锈蚀严重拉裂变形，罩棚立柱沉降、倾斜，条石堡坎开裂沉降，站内围墙倒塌，地面裂缝沉降，加油岛下沉或震裂，加油机、发电机、稳压器等主要机械设备严重损坏。山体滑坡还致使部分加油站遭受严重损毁，加油站罐区、房屋、罩棚、加油机、管线等均被山石压埋或砸坏。6家企业1137座加油（气）站不同程度受损，其中彻底损坏39座，直接经济损失54818万元（见表95）。

中国石油所属油库受损情况统计表

表94

企业名称	油库（座）	直接经济损失（万元）	企业名称	油库（座）	直接经济损失（万元）
四川销售公司	23	6677	青海销售公司	2	131
陕西销售公司	13	220	西藏销售公司	1	64
甘肃销售公司	3	140	合计	50	9530
重庆销售公司	8	2298			

中国石油所属加油（气）站受损情况统计表

表95

企业名称	受损加油（气）站（座）	直接经济损失（万元）	企业名称	受损加油（气）站（座）	直接经济损失（万元）
四川销售公司	751	50358	西南油气田公司	9	102
陕西销售公司	186	725	长庆油田公司	1	30
甘肃销售公司	115	3037	合计	1137	54818
重庆销售公司	75	566			

中国石化生产设施受损　地震灾区中国石化13家企业的生产用房、科研办公用房倒塌、承重结构严重损坏、墙体开裂，直接经济损失6182万元（见表96）。其中，西南油气分公司受损房屋73229平方米，直接经济损失2018万元；西南石油局受损房屋89082平方米，直接经济损失1772万元；石油工程西南有限公司受损房屋45273平方米，直接经济损失1691万元；销售川渝分公司受损房屋2400平方米，直接经济损失130万元；其他企业生产办公用房直接经济损失571万元。地震造成中国石化地震野外采集设备、钻测录工程的部分采集传输设备、科研仪器设备等各类生产设备以及电脑、打印机等办公设备大量受损，直接经济损失2514万元，其中设备损失严重的企业主要有西南石油局损失739万元、胜利油田分公司损失599万元、勘探南方分公司损失215万元。

中国石化所属公司生产办公用房受损情况统计表

表96

企业名称	受损面积（平方米）	直接经济损失（万元）	企业名称	受损面积（平方米）	直接经济损失（万元）
西南油气分公司	73229	2018	川气东送建设工程指挥部	—	66
西南石油局	89082	1772	勘探南方分公司	—	40
石油工程西南有限公司	45273	1691	河南油田分公司	—	26
销售川渝分公司	2400	130	北京龙禹石油化工公司	—	21
贵州石油分公司	—	129	西安石化分公司	—	15
工程建设公司	—	195	润滑油重庆分公司	—	5
河南石油分公司	—	74	合　计	—	6182

地震造成中国石化开发、施工井，油气集输场站、管线，加油站、油库及其他设备设施受损，直接经济损失30129万元。其中，西南油气分公司、勘探南方分公司部分勘探开发井钻前施工现场垮塌，围墙、道路破裂塌陷，油水罐基础断裂，放喷池局部垮塌，泥浆材料雨淋后报废；部分井井下垮塌，导致井漏、气窜、卡钻；部分新开井空气钻、泡沫钻新工艺不能按设计使用。共计造成68口施工井受损（见表97），直接财产损失1.33亿元。西南油气分公司、西南石油局11条油气集输管线受损，受损管线总长度165.9公里，直接经济损失7722万元。其中，新场—

中国石化所属公司勘探开发井受损情况统计表

表97　　单位：口

企业名称	探　井	开发井	小　计
西南油气分公司	14	22	36
勘探南方分公司	32	0	32
合　计	46	22	68

彭州输气管线（全长53.5公里，建于1991年，输气量20万立方米/日，向什邡、彭州等地区供气）和袁家—塔水输气管线（全长20公里，建于1996年，输气量18万立方米/日，向略坪、安县等地区供气）经鉴定属于基本报废；袁东线、黄金线、德绵线、袁塔线、金大线、新青线、新彭线垮塌8640立方米，天然气泄漏管线长度20.8公里；河巴线输气管线堡坎、护坡、护坎垮塌、开裂700余处；花巴线堡坎、护坡、护坎垮塌、开裂1200余处。西南油气分公司226座油气集输场站以及西南石油局8座配气站严重受损，场站围墙、水塔倒塌；部分输气管道破裂、阀门损坏、底座下沉、管汇管线变形，直接经济损失4252万元。其中，川西采气厂209个站场水塔损坏，倒塌围墙55.32公里，损毁值班房36825平方米。地震造成中国石化多座油库配电系统受损、栈桥错位、墙体倒塌或出现断裂，加油站油管下沉、管线错位、油管变形、罩棚损坏、围墙坍塌等损坏。其中，销售川渝分公司位于安县、什邡、绵虒等重灾地区的10座加油站报废（见图407），43座加油站以及3座油库受损，直接经济损失2434万元；云南石油分公司位于四川眉山、乐山、资阳等地的22座加油站损坏，直接经济损失324万元；销售西北分公司西安油库以及汉中、宝鸡地区37座加油站受损，直接经济损失406万元。地震造成中国石化其他设备设施受损，直接经济损失1678万元。其中，西安石化分公司动力锅炉砖砌烟囱上部坍塌，烟道开裂，原油车间设施损坏，直接经济损失355万元；胜利油田分公司井队机器设备、泥浆储备罐等损坏，直接经济损失333万元；润滑油重庆分公司西南石油局、云南石油分公司等6家分公司共损失396万元。

图407 被完全压埋的中国石化绵虒加油站

（国资委 提供）

二 生产附属设施等受损

地震造成石油工业生产附属设施等损失4.05亿元。其中，中国石油所属企业的道路、桥涵、钻前工程、通信、水电公用设施等遭受严重破坏，直接经济损失超过1.88亿元，生活设施住房受损23277户、157.85万平方米，医疗卫生、托儿所等配套服务设施损毁21.3万平方米。中国石化其他损失合计2.17亿元，其中大量职工住房倒塌、结构损坏、墙体开裂，报废住宅546套，损坏住宅5424套，经济损失1.55亿元。

中国石油生产附属设施损失　中国石油在油气田和企业的道路、钻前工程、通信、水电公用设施等方面亦遭受严重破坏。地震造成部分在建和已完工的钻前工程、道路等出现路基滑坡、塌方塌陷，边坡、堡坎垮塌，井场路面严重塌方，桥涵出现裂缝。中国石油灾区4家企业的油田道路、桥涵受损造成直接经济损失6604万元（见表98）。

中国石油所属公司道路、桥涵受损情况统计表

表98

企业名称	道路及地面建设	桥涵（座）	直接经济损失（万元）
长庆油田公司	31条（92处、15300米）	33	642
川庆钻探工程公司	13处	2	3153
西南油气田公司	36条（89400米）	—	—
兰成渝输油公司	20余处	3	2809
合　计	—	38	6604

地震造成部分通讯交换机、电话机电源短路而损毁，光缆通讯机柜倾倒并起火烧毁，光缆被塌落的巨石砸断，部分微波、无线基站围墙垮塌。兰成渝输油公司1套通信设施损毁；西南油气田公司51条通信线路受损，网络及数据采集与监视控制系统设备损坏55台。中国石油通信设施受损直接经济损失664.76万元（见表99）。

中国石油所属公司通信设施受损情况统计表

表99

企业名称	通信线路（条/处）	网络设施（台/套）	直接经济损失（万元）
西南油气田公司	51	55	542.76
兰成渝输油公司	5	1	42
化工与销售西南公司	—	2	80
合　计	56	58	664.76

地震造成中国石油电力线路及设备受损42台，其中长庆油田公司8条线路发生闪停，烧毁变压器7台，累计停井3126口，直接经济损失330万元；西南油气田公司有15座井站供电设施

受到不同程度损害。中国石油6家企业的生产和矿区生活基地的水、暖、电、信、路等基础设施、辅助建筑以及围墙、水塔、路灯等配套设施遭受损毁。西南油气田公司10座井站生活水罐及给排水管线受到不同程度损害。6家企业经济损失合计约1.12亿元（见表100）。

中国石油所属公司矿区公用设施损失情况统计表

表100

企业名称	经济损失（万元）	企业名称	经济损失（万元）
西南油气田公司	9893	兰州石化公司	488
陕西销售公司	36	青海油田公司	330
西北销售公司	425	合计	11245
宝鸡石油机械公司	73		

地震导致中国石油川渝及陕甘地区10家企业的职工住宅楼不同程度受损。损毁多以高层、多层建筑为主，大部分墙体预制板出现裂缝，多处房屋倒塌，涉及住宅2.3万户，总建筑面积157.9万平方米，其中轻微损坏建筑面积86.6万平方米、中等破坏建筑面积49.8万平方米、严重损坏建筑面积21.5万平方米（见表101）。此外，其他房屋也不同程度受损，主要包括住宅小区配套建设的社区服务用房、医疗卫生、托幼园所、活动场所、大门值班室等，受损总建筑面积21.3万平方米。

中国石油所属公司职工住房受损情况统计表

表101

企业名称	轻微损坏		中等破坏		严重损坏		小计	
	户数（个）	面积（平方米）	户数（个）	面积（平方米）	户数（个）	面积（平方米）	户数（个）	面积（平方米）
西南油气田公司	6850	357189	4956	396668	2341	136135	14147	889991
四川销售公司	3514	299978	1152	70565	807	62270	5473	432812
陕西销售公司	266	23492	—	—	48	3130	314	26622
西北销售公司	421	23427	174	14889	94	5177	689	43494
甘肃销售公司	—	—	115	9384	56	4520	171	13904
重庆销售公司	537	30423	—	—	34	3277	571	33700
宝鸡石油钢管公司	331	17780	—	—	—	—	331	17780
宝鸡石油机械公司	1268	96124	18	1162	—	—	1286	97286
青海油田公司	223	17967	—	—	—	—	223	17967
长庆油田公司	—	—	72	4950	—	—	72	4950
合计	13410	866380	6487	497618	3380	214509	23277	1578506

中国石化生产附属设施损失 地震导致中国石化灾区大量职工住房倒塌、结构损坏、墙体开裂，受损住宅达5970套，受损面积56.2万平方米，直接经济损失1.5453亿元。其中，严重损毁住宅546套，面积8.96万平方米，经济损失0.76亿元（见图408、表102）。地震导致中国石化西南油气分公司紧急关停油气生产井830余口，其中778口油气重开时不能正常恢复生产，直接财产损失6225万元。

图408 中国石化倒塌的员工住房

（国资委 提供）

中国石化所属公司职工住房损失情况统计表

表102

单位名称	受损住宅			其中：报废住宅		
	数 量（套）	面 积（平方米）	经济损失（万元）	数 量（套）	面 积（平方米）	经济损失（万元）
西南油气分公司	125	18298	962	68	11301	698
西南石油局	5019	427322	8451	259	40861	2731
石油工程西南有限公司	747	104982	5037	158	27788	3210
勘探南方分公司	2	370	56	2	370	56
销售川渝分公司	77	11151	947	59	9283	928
合 计	5970	562123	15453	546	89603	7623

第四节 化工工业受损

汶川特大地震给化工工业造成110.21亿元的直接经济损失，其中生产设施受损102.06亿元、生产附属设施等损失8.25亿元。中央企业中，中国化工直接经济损失5.95亿元，其中生产设施受损4.6亿元、生产附属设施等损失1.35亿元。地方企业中，四川省地方企业直接经济损失104.24亿元，其中生产设施受损97.34亿元、生产附属设施等损失6.9亿元；甘肃省地方企业生产设施直接经济损失1146万元。

一 生产设施受损

地震造成化工工业生产设施受损102.06亿元（见表103）。中国化工经济损失4.6亿元，其中中国化工所属德阳昊华清平磷矿有限公司（以下简称清平磷矿）损失4.1亿元，所属蓝星机械有限公司损失5100万元。四川省地方化工企业损失97.34亿元，其中房屋损毁197.84万平方米，经济损失26.18亿元；设备损毁30262台（套），经济损失27.9亿元；其他损失43.26亿元。甘肃省地方化工企业损失1146万元，其中房屋损毁4000平方米，经济损失320万元；设备损毁12台（套），经济损失550万元；其他损失276万元。

灾区化工企业生产设施受损情况统计表

表103

企业类型	房屋损毁（平方米）	房屋经济损失（万元）	设备损毁（台/套）	设备经济损失（万元）	其他损失（万元）	经济损失小计（万元）
央企化工企业	231640	25950（含其他）	226	20150	—	46100
四川地方化工企业	1978404	261806.7	30262	279018.39	432574.91	973400
甘肃地方化工企业	4000	320	12	550	276	1146
合计	2214044	288076.7	30500	299718.39	432850.91	1020646

地震给四川省磷化工企业带来巨大损失。磷矿企业首当其冲，受到毁灭性破坏。四川省是中国重要的磷矿资源地之一，全省共有磷矿开采和生产企业45家，其中受损企业达21家，受损面积46.7%。地震使四川省主要磷矿区地表建筑全面倒塌或被压埋，矿区公路、铁路、供电、供水系统全部损坏，占全省磷矿石产量60%的矿山基地损毁瘫痪。磷化工生产企业同样受到地震冲击，全省150家磷化工生产企业中受损企业达67家，受损面积达到45%。德阳是全国重要的

磷化工基地，100 多家磷矿和磷化工企业全部停产，受损严重。宏达集团、蓥峰实业、龙蟒集团 3 家重点企业经济损失高达 57 亿元，什邡市金河磷矿、四川威特福等大型骨干企业遭受沉重的打击。

清平磷矿位于德阳市北端边缘龙门山中南段大山深处，是由中国化工所属中国昊华化工（集团）总公司与德阳市政府国有资产监督管理委员会共同出资组建成立的国家大型矿山企业，年产磷矿百万吨，是全国六大化学矿山之一。汶川地震使清平磷矿遭受巨大损失，造成 89 人死亡、10 人失踪、128 人受伤，80% 矿井井口被埋、900 多名井下作业人员被困，3000 多名职工及家属被困山中，十里矿区成为“孤岛”，经济损失 4.1 亿元。全公司 13 公里工作区域和汉旺工作区域内职工住房及办公楼房、后勤辅助车间等建筑物被震垮和震损，整个矿区 180 栋生产、生活用房无一幢完好，房屋损毁总数面积达 18 万平方米、10455 间，房产及其他损失 25950 万元。矿井 80% 井口被毁被埋，一半井巷渗水，井下通风管道、供电电缆、供水管道、井巷设施被毁，通往井口的道路严重损毁，井巷系统损失达 8650 万元。运矿系统损失严重，运矿矿仓、堡坎、水池、运矿索道、护坡等矿山建筑设施损毁价值 3000 万元。突如其来的地震灾难将正在公路上进行运输作业的 4 辆货运车辆、3 辆拖拉机和 8 辆小车压埋和砸损。停于车库的汽车被垮塌的房屋砸毁 15 辆，损毁和损坏电机车、空气压缩机、凿岩机、绞车、电扒、局扇、钻机等矿山专用设备，损毁和损坏锅炉、水泵、电焊机等矿山通用设备，损毁和损坏变压器、发电机等矿山通用电力器材、检测仪表以及办公设施、用品，损失 3400 万元。各项档案基础资料大部分被毁，损失难以计算。

位于什邡市马祖镇隶属于中国化工的蓝星机械有限公司，与震中汶川映秀直线距离仅有 70 公里。地震破坏了公司的车间厂房 18 幢、面积 45940 平方米，办公楼及附属建筑 8 幢、面积 5700 平方米。地震破坏的设备包括 1200 吨水压机 1 台、整体退火窑 1 台、10 吨电弧炉 1 台、元素快速分析仪 1 台、216 天然气专用线路 20 公里、2000 包扎机 1 台、数控等离子切割机 1 台、12 米创边机 1 台、500 安手弧焊机 30 台、1250 安自动焊机 2 台、110 千瓦井式炉控制柜 5 台、5 米立车 1 台、3.4 米立车 1 台、5 ~ 50 吨起重机 43 台、600 ~ 1000 安配电柜 20 个、办公电脑 40 台、金工设备 13 台、行车轨道 34 台等，合计为 196 台（套），造成经济损失达 5100 万元。

四川省化工工业生产设施损失 97.34 亿元，其中电石行业损失 2.88 亿元、尿素生产设施受损 0.64 亿元。

成都市化工工业经济损失 28040 万元。成都华融化工有限公司厂房坍塌面积 3.2 万平方米，厂房受损面积 2.6 万平方米，直接经济损失达 1200 万元；报废设备 76 台（套），受损设备 80 台（套），损失 440 万元；合计直接经济损失 1640 万元。成都晋林工业制造有限公司厂房受损面积 13.85 万平方米，损失金额达 5800 万元；报废设备 1 台（套），受损设备 59 台（套），损失金额达 350 万元；合计直接经济损失 6150 万元。都江堰成渝正峰盐化工有限责任公司是一家民营企业，地震中 500 平方米厂房成为危房，水塔、球罐及部分设备损坏严重，受灾损失 150 万元。都江堰西马碳素有限公司是一家民营企业，地震中损毁建筑物 5400 平方米，计 300 万元；损毁主要设备石墨化电炉 11 台及供电变压器，计 500 万元；在制品 300 吨及产成品损失 500 万元；直接财产损失 1300 万元。彭州市长城节能公司损失 0.94 亿元，虹光化工公司损失 0.65 亿元，新科油化公司损失 0.29 亿元。

德阳化工工业经济损失780941.69万元。金河磷矿是全国六大化学矿山之一，遭遇了毁灭性的破坏，岳家山分矿全部被泥石流淹埋，马槽滩和兰家坪两个矿区的生产、办公和生活设施全部损毁；通往矿山的公路、铁路和输电线全部中断；直接经济损失70828万元，其中房产损失53168万元、设备设施损失17170万元、其他损失490万元。绵竹是全国四大磷矿生产基地之一，同时还有煤、水泥矿等。地震将这些资源压埋在大山中，除磷矿本身的损失外，还对绵竹市支柱产业之一的磷化工业造成致命冲击。龙蟒集团在绵竹的磷酸盐生产基地全部受损，倒塌和受损厂房36.74万平方米，受损设备11742台（套），直接经济损失达14.79亿元。四川龙蟒钛业股份有限公司的5台废酸浓缩塔变形损毁，2台回转干燥窑内衬变形，3根烟囱倾倒；四川龙蟒磷制品公司一分厂生产厂房全部坍塌，二、三分厂烟囱全部倒塌、工艺槽严重损毁；德阳龙蟒磷制品公司氢钙、磷铵、硫酸装置烟囱全部倒塌，经济损失约10亿元。位于什邡市蓥华镇穿心店的四川蓥峰实业有限公司下属磷铵厂、硫酸厂、复合肥厂的厂房几乎全部倒塌，化工厂厂房全部倒塌（见图409），设备损坏严重；氮肥厂、编织厂等厂房和设备部分受损。由于蓥峰实业有限公司穿心店生产基地处在强震区，人员伤亡惨重，财产损失巨大。该公司办公房屋、生产厂房全部倒塌，机器设备绝大部分损毁，直接损失共计14.8亿元，其中房屋倒塌损坏共计31.8万平方米、损失5.1亿元，设备损坏2200余台（套）、损失5.2亿元，物资、产品等损失4.5亿元。

图409　四川蓥峰实业有限公司穿心店厂区厂房倒塌

（程启凌　摄）

四川宏达集团有限公司生产性厂房受损67万平方米，其中坍塌65万平方米、受损2万平方米，经济损失125276万元；生产性设备设施损坏共计8610台（套），经济损失15亿元。宏达集团磷化工公司位于什邡市的年产10万吨磷铵基地全部被夷为平地，位于洛水的其他生产设备、厂房也受损严重，该公司直接经济损失7.68亿元。位于什邡市蓥华镇的四川宏达集团磷化工公司穿心店基地的厂房只剩下水泥柱，遭受毁灭性破坏（见图410）。湿法磷酸制5万吨精细磷酸盐、

图 410　四川宏达集团磷化工公司穿心店基地完全损毁

（周文杰　摄）

锌精矿矿渣中贵金属提取、20 万吨锌合金、磷石膏制 20 万吨高强度石膏粉等生产线几乎完全损毁；45 万吨磷酸一铵、50 万吨硫酸、10 万吨磷酸氢钙、10 万吨复肥、10 万吨电解锌等生产线部分厂房和设备受损，直接经济损失 7.6 亿元。

四川绵竹川润化工有限公司为基础化工、精细化工和化机产品的综合性化工企业，工厂设备、厂房、供水、供电系统受到不同程度毁坏，直接经济损失 3597 万元。四川金路集团股份有限公司生产性厂房受损 21.21 万平方米，其中坍塌 3.89 万平方米、受损 17.32 万平方米，损失 10312.7 万元；生产性设备设施损坏共计 873 台（套），损失 24027.99 万元；公司直接经济损失 34340.69 万元。德阳市旌阳区有化学品生产、经营、使用企业 177 家，均不同程度受损。受损最严重的有 9 家，主要是德阳市南塔化工有限责任公司厂房、烟囱严重受损；柏隆花炮厂部分工房受损，水塔严重受损；双江化工厂烟囱受损，顶部 10 米左右断裂；合力化工厂厂房部分受损，烟囱受损严重；孝泉化工多个厂房有较大裂缝；扬嘉磷化工多个厂房有较大裂缝，设备受损，管道撕裂，直接经济损失 1000 余万元。

绵阳市化工工业经济损失 62450 万元。绵阳市银河集团华意达化工有限公司两条红矾钠生产线以及配套设施的生产厂房、库房和设备严重受损，直接经济损失 1.1 亿元（见表 104 ~ 105）。

华意达化工有限公司房屋建筑物受损情况统计表

表 104

受损部门	受损情况	建筑面积（平方米）
焙烧二车间	车间办公楼、库房、烘干房、回转窑等建筑多处裂缝、围护墙倒塌、房梁与支撑柱连接处断裂	8250
发电车间	水处理综合池损坏，原煤堆棚剪力墙与上部砖墙明显裂纹，热电机组烟囱倒塌，热电厂墙体损坏	1295
制粉车间	球磨机厂房立柱、横梁多处断裂	350
焙烧一车间	1号、2号、3号、4号、5号回转窑围护墙、烟箱损坏，烟囱倒塌，车间屋面檀条变形，屋面瓦严重损坏，楼梯平台损坏，梁与立柱接点断裂，顶部损坏，库房地面出现裂纹，余热锅炉楼板损坏	7720
水选车间	厂房维修室、电控室倒塌，围护墙损坏，支撑柱顶部断裂，楼梯损坏	1280
制粉车间	磨机房选粉机围护墙倒塌，2.4米球磨机房顶部房柱断裂、部分倾斜，厂房操作室墙体裂纹、围护墙倒塌，3号烘干灶垮塌	1340
红矾纳车间	12吨锅炉烟囱倒塌，结构柱、梁局部断裂	2100
2万吨铬盐项目	新建项目恢复重建	30000
合　计		52335

华意达化工有限公司生产线及设备设施受损情况统计表

表 105

受损部门	受损设施设备名称	损失金额（万元）
焙烧一车间	1号、2号、3号、4号、5号回转窑，1号余热锅炉，4号窑冷却机	298.5
制粉车间	烘干机、垃圾焚烧炉、操作室电控柜	22.9
红矾钠车间（8000吨线）	2楼水雾除尘器、乙炔减压器、操作室仪表、列文蒸发器、母液地池、电控柜	102.84
红矾钠车间（3万吨线）	8000吨中和吸收塔、碱液储罐、硫酸氢钠地池、控制室、吸收塔、冷却塔、二次蒸发器	71.6
红矾钠车间（2万吨）	列文蒸发器（280平方米）、板框压缩机（50平方米）、二次蒸发器（50平方米）、中和反应槽、中和吸收塔、结晶器、硫酸氢钠地池、DCS系统（分布式控制系统）	311.6
焙烧二车间	6号回转窑（Y4080）、制粉磨机电控柜、6号窑电控室（DDG）、浸取洗水泵、浸取牵引装置、浸取配电柜、动态浸取、熟料链斗机、余热锅炉、窑尾引风机、静电除尘器、蒸汽管道（DN500）、浸取槽车、洗水管道（DN80）、电焊机（BX400A）、电缆线槽、管架	363.76
水选车间	成球机、真空转鼓过滤机、操作室电控柜	148
铬酐车间	吸收塔、硫酸氢钠地池、硫酸氢钠高位槽	11.2
合　计		1330.4

绵阳市安剑化工有限公司4条铬粉生产线和1条红矾钾生产线的生产车间、库房和设备受损，直接经济损失1500万元。绵阳市崴尼达化工有限公司年产600吨的VK3生产线车间、库房和设备受损，直接经济损失2000万元。绵阳市新一美化工有限公司吡啶甲酸铬、草酸铬等生产线车间、库房和设备受损，直接经济损失150万元。安县银河建化集团有限公司化工、水泥生产线全面停产，成品、半成品、原（燃）材料大量受损，雎水井水泥熟料车间和石灰石矿山损毁；4条红矾钠生产线、1条铬酸酐生产线以及锅炉、余热电站等工程的生产厂房、库房、职工宿舍、办公楼，设备严重受损。公司化工厂、水泥厂两大生产线主体设备及建筑在地震中均遭受严重破坏，办公大楼及部分职工住宿楼严重损坏，无法使用，经济损失达4亿元，其中厂房受损9万平方米、经济损失1.08亿元，设备受损5700台（套）、经济损失2.92亿元。安县启明星磷化工公司经济损失0.78亿元，其中厂房受损6万平方米、经济损失0.38亿元，设备受损2800台（套）、经济损失0.4亿元。

阿坝藏族羌族自治州规模以上化工企业有7户企业因灾受损，直接经济损失62140万元。汶川县境内的汶川众成冶炼有限责任公司直接损失5161万元、阿坝富奇冶炼有限公司直接损失962万元、汶川县双鼎冶炼有限责任公司直接损失6593万元、四川岷江电化有限公司直接损失12886万元、阿坝广盛化工有限责任公司直接损失8802万元、汶川顺发电熔冶炼有限公司直接损失26136万元、汶川县湘宁氯酸盐有限责任公司直接损失1600万元。

雅安市化工工业经济损失3642万元。四川雅化实业集团公司所属雅安公司房屋损坏约4000平方米；办公楼及部分建筑物局部损坏开裂；31#库边坡滑坡，大水冲进库房，库区电子监控系统严重损坏；直接经济损失3155万元。名山县化工行业共计5家企业受损，直接经济损失达487万元。

南充市化工类企业经济损失529万元。四川阆中化工有限公司经济损失117万元。地震造成南江县翔鸽化工有限公司生产厂房受损4000平方米，设备受损56台（套），直接经济损失328万元。

地震使电石（碳化钙）行业受损严重。四川省共有电石生产企业22家，其中受损企业7家，直接经济损失2.88亿元。汶川、北川是四川省电石的主产区，共有生产企业6家，其中位于震中映秀、水磨一带的有众成冶炼、岷江电化、顺发冶炼、富奇冶炼等5家企业，位于北川的有茂发电化1家企业，上述6家企业共有电石炉22台，产能为56万吨，占全省的55%。地震使上述企业遭受重大损失，直接经济损失2.88亿元。

四川省尿素生产企业直接经济损失6390万元。受灾的尿素生产企业有4家，分别是四川美丰化工公司、川化股份公司、成都玉龙公司和成都玖源化工公司，合计产能约占全省的42%。其中，四川美丰化工公司的德阳公司和绵阳分公司受灾比较严重，厂房、设备、烟囱及电力、供水系统、天然气管道和民用建筑损坏、砸伤、拉裂、倒塌。据统计，地震造成美丰化工公司直接经济损失6390万元。其他数家中型碳铵企业，如江油胜峰、德阳南塔、中江东辉、广宇化工、三台化工、旺苍化工等受灾比较严重，这些企业的碳铵产量占全省的40%以上。另外，灾区的氯碱、精细化工，以及橡胶、塑料加工等企业也遭受了不同程度的损失。

自贡市盐化工企业总计7家企业受损。昊华西南化工有限公司被迫关停2条生产线；张化公司烟囱顶部垮塌，电解车间厂房拉梁断裂4根，部分墙体出现裂纹，2号机组管道垫子拉断，盐酸合成炉震裂；久大盐业集团公司所属玻钢公司围墙垮塌，10万吨真空制盐车间墙体出现裂纹。

甘肃化工行业经济损失1146万元。甘肃仓晟矿业有限公司石坊碳酸坝厂经济损失810万元，其中厂房受灾3500平方米，损失280万元；设备损失10台，损失530万元。文县宁氏矿业有限责任公司经济损失60万元，其中厂房受灾500平方米，损失40万元；设备损失2台，损失20万元。徽县宝徽植物生化公司直接经济损失96万元。永靖县盐锅峡氯化石蜡厂直接经济损失180万元。

二　生产附属设施等受损

地震造成化工产业附属设施等经济损失达8.25亿元。其中，中国化工损失合计1.35亿元，包括倒塌职工住房112992平方米，损坏成危房30490平方米，基础及生活设施受损0.35亿元，其他损失近1亿元。四川省石化企业其他损失合计6.9亿元，其中四川蓥峰实业有限公司穿心店生产基地处在强震区，职工宿舍全部倒塌；金河磷矿原材料和产成品损失2.4亿元；蓥峰实业原材料和产成品损失4.5亿元。

地震造成中国化工所属清平磷矿汉旺销售中心火车货运专用铁路线300米路基塌陷，300米钢轨全部扭曲变形，机车头被严重砸坏，20世纪90年代建的火车运输自动卸矿仓支离破碎，损失600万元。清平磷矿矿区公路有20处垮塌，其中大塌方有9处，最高的塌方的高度有120米，造成经济损失760万元。汉清公路从山外的汉旺镇到清平乡共16公里全部瘫痪，公路被垮崩的山体全部压埋，遭破坏程度是因地震被毁公路中最严重的。汉旺至磷矿4座公路桥梁全部被损毁，天池大桥和绝缘大桥全部垮塌，磷矿团结大桥和汉旺绵远河大桥严重受损。清平磷矿3条总长80公里的通讯光缆线路全部被毁，3个交换机站倒塌；公司有线电视20个卫星接转设备和5000米电视光缆被毁；经济损失达500万元。震毁清平磷矿（汉龙线）高压输电线路35千伏16公里，损失300万元；震毁10千伏双回至火地7公里供电线路，损失70万元；震毁6千伏8公里线路，损失50万元；震毁35千伏变电站、配电房，损失15万元；震毁燕子岩箱式变电站，损失68万元；震毁坑内供电线路和生活照明线路损失300万元；发电站装机容量800千瓦发电房毁坏，1200米引水渠道全部被埋，闸门沉沙池严重损坏。矿内电力系统损失总额达1270万元。所属蓝星机械有限公司基础设施受损：厂区内1000米长的道路遭到破坏；电缆多处受损，电柜受损12个；水塔遭到中度破坏，水管断裂；以上损毁造成经济损失约252万元。

清平磷矿倒塌职工住房112992平方米，计6468间、1847户；损坏成危房30490平方米，计1830间、522户。矿区生活供水管线15公里长，均穿行在山沟悬崖边，全部被垮塌的山体砸毁，经济损失156万元。山体垮塌崩落造成矿区范围面积20平方公里植被被破坏，生长了几十年上百年的杉树、松树被损毁，火地林场10平方公里原始森林损毁，再恢复到震前水平需要几十年的时间。蓝星公司水塔遭到中度破坏，水管破裂，职工生活用水中断，天然气管道震断，天然气泄漏，工人及时关闭阀门，消除了危险。四川蓥峰实业有限公司穿心店生产基地职工宿舍全部倒塌。

清平磷矿生产库存物资毁损总计1650万元。其中，损失原煤326吨、水泥100吨、木材100立方米，价值33万元；交电材料6155件，损失10万元；氧气乙炔瓶76瓶，损失2.5万元；五金日杂材料17962件，损失11万元；配件37272件，损失41万元；机电配材369216件，损失20万元；钢材142吨，损失40万元；低值易耗品一批，损失43万元；13个生产工区二级库房库存各种生产生活物资、配件全部被毁，损失750万元；医院的医药药品和医疗设备器械损失180万元；销毁炸药、雷管、导火索等价值达46万元。清平磷矿流动资产损失8300万元，其中原材料损失792万元，产成品损失90万元，其他损失7418万元。四川省金河磷矿流动资产损失2.4亿元，其中原材料损失1.4亿元、产成品损失1亿元。四川蓥峰实业有限公司下属磷铵厂、硫酸厂、复肥厂原料、半成品、产成品及其他损失约4.5亿元。

安县银河建化集团有限公司损失纯碱、硫酸等原料2000吨，熟料、碱性液等半成品5200多吨，红矾钠产品80吨，铬酸酐110吨。华意达化工有限公司损失纯碱、硫酸等原料800吨，熟料、碱性液等半成品2600多吨，红矾钠产品50吨，氧化铬半成品50吨，产品50吨。绵阳市安剑化工有限公司损失原料葡萄糖120吨、铬粉产品300吨、红矾钾20吨。绵阳市崴尼达化工有限公司损失原料50吨、半成品30吨、VK3产品20吨。绵阳市新一美化工有限公司损失原料和半成品2吨、产品近1吨。

第五节　建材工业受损

汶川特大地震给建材工业造成了502904.04万元的直接经济损失，其中生产设施受损435533.84万元，生产附属设施、原材料、产成品等其他损失67370.2万元。中材集团直接经济损失9447.32万元，其中生产设施损失1547.32万元、生产附属设施等损失7900万元；中国建材集团直接经济损失4200万元，其中生产设施损失1165万元、生产附属设施等损失3035万元；四川省地方建材企业直接经济损失486261.87万元，其中生产设施损失429998.37万元、生产附属设施等损失56263.5万元；甘肃省地方建材企业损失1550.25万元，其中生产设施损失1378.55万元、生产附属设施等损失171.7万元；陕西省地方建材企业生产设施损失1444.6万元。

四川威特福、利森水泥等大型骨干企业遭受沉重打击，水泥企业损失达70%。

一　生产设施受损

汶川地震造成建材工业生产设施435533.84万元的经济损失。其中，中材集团损失1547.32万元，中国建材集团损失1165万元，四川省建材企业损失429998.37万元，甘肃省建材企业损失1378.55万元，陕西省建材企业损失1444.6万元（见表106）。

地震灾区建材业生产设施受损情况统计表

表 106

企业类型	房屋受损（平方米）	房屋经济损失（万元）	设备受损（台/套）	设备经济损失（万元）	经济损失小计（万元）
中央建材企业	1500	603	—	562	2712.32
四川地方企业	595639	152870.7	7782	112347	429998.37
甘肃地方企业	7347	573.85	—	—	1378.55
陕西地方企业	1480	—	—	—	1444.6
合　计	605966	—	—	—	435533.84

说明：部分企业经济损失有房屋、设备分类，多数企业损失没有分类，损失直接计入“经济损失小计”

中央建材企业生产设施受损　地震造成中材集团所属地勘四川总队及成都院办公楼楼体开裂；中材集团汉江部分建筑物及大型水泥制造设备开裂，水泥生产线全面停工，造成直接经济损失 1547.32 万元。

中国建材集团所属都江堰瑞泰科技公司主要生产玻璃熔窑耐火材料，共 1500 平方米厂房中度受损，100 多米围墙和 1 座烘干窑倒塌，生产设备受到不同程度损坏，企业设备损失 562 万元，房产损失 603 万元，共计 1165 万元。

四川省建材业生产设施受损　四川省建材企业生产设施受损 429998.37 万元，其中有分项统计的房产损毁 595639 平方米、经济损失 152870.7 万元，设备损毁 7782 台套、经济损失 112347 万元，其他未分项统计的生产设施受损直接计入经济损失小计。

成都市建材工业生产设施直接经济损失 50321.8 万元。有分项统计的房产损失 1732 万元、设备损失 3984 万元。

都江堰拉法基水泥有限公司属中外合资企业，拥有两条 3500 吨 / 日生产线，年生产能力 320 万吨，是成都市最大水泥生产企业，地震中厂房、设备受损严重，直接经济损失 3 亿元。宝山企业集团包括彭州市宝山保温建材厂、白水河选矿厂、宝山滑石粉厂等企业，地震中厂房倒塌损毁，设备全部被压埋，直接经济损失 5716 万元，其中机器设备损失 3984 万元、房屋建筑物损失 1732 万元。珠峰陶瓷损失 4800 万元。亚东水泥损失 2600 万元。成都嘉华特种工程材料有限公司地震中厂办公楼、厂房以及生产设施、设备、备用配件等损坏严重，直接经济损失 2300 万元。都江堰珠峰承包单位有限公司是新建成的民营企业，总资产 1.1 亿元，其中固定资产 8600 万元，拥有 3 条墙地砖生产线，年产 300 万平方米，地震中装备毁损严重，原料制备和配料系统完全破坏，经济损失 1600 万元。都江堰市铁峨玻璃制品厂，企业投产 2 年，年产玻璃制品 1700 吨，地震中，企业资产 1500 万元全部损失。都江堰市长城玻璃制品厂是一家乡镇企业，刚投入生产 3 个月，年产玻璃制品能力约 900 吨，地震发生后，企业资产全部损失。都江堰恒池玻璃钢厂是新建企业，生产玻璃钢桥架，地震时刚投产 1 个月，新建成的办公楼等建筑成了危房，损失超过 1000 万元。成都恒达光学有限公司是中外合资企业，以生产玻璃二次成型品为主业，地震中厂房及设备全毁。成都环宇热缩材料厂部分厂房和生产线受损，损失440万元。地震造成成都国光线缆有限责任公司厂房受损严重，1号厂房、包漆车间和4台包漆机器损坏，4条生产线损毁2条，直接经济损失365.8万元。

德阳市建材工业生产设施直接经济损失4.19亿元。德阳四川玻璃纤维集团公司98幢房屋受损，面积15万平方米，其中危房33幢，损失3.72亿元；生产设备设施受损1173套，损失4700万元。

绵阳市部分建材工业企业生产设施损失298938.7万元，受损情况见表107。

绵阳市部分建材工业企业生产设施受损情况统计表

表107

企业名称	房屋受损			仪器设备受损			经济损失小计（万元）
	受损（平方米）	坍塌（平方米）	经济损失（万元）	受损（台/套）	报废（台/套）	经济损失（万元）	
绵阳凯特玻璃制品有限责任公司	1269	1065	51	—	—	—	51
绵阳市立洁日化有限责任公司	9000	3690	134.7	—	—	—	134.7
绵阳建丰林产有限责任公司	—	5000	200	—	—	—	200
绵阳市盐亭恒港化建公司	3500	800	105	6	1	100	205
北川羌族自治县建诚木业公司	12348*		9298	7	—	2100**	11398
北川新峰水泥厂	—	—	—	—	—	—	400
北川规矩特性水泥有限责任公司	—	—	—	—	—	—	3300
北川鑫鑫页岩砖厂	全部倒塌		—	—	—	—	820
绵阳市东辰磁材有限责任公司	5000	2000	—	56		—	930
绵阳西磁磁电有限责任公司	3500	—	—	6	2	—	600
江油市材料工业企业（受损企业506户）	—	—	71100	—	—	54000	125100
四川东材科技集团股份	—	—	800	—	—	1500**	2300
四川富升节能建材有限责任公司	—	—	—	—	—	—	8
安县建材企业（受损7户）	—	—	—	—	—	—	30700
安县浮山水泥集团有限责任公司	160000*		8700	7	—	11000**	19700
安县银河建化集团有限责任公司	90000*		10800	5700		29200**	40000
天力机械集团泗坪水泥厂	20000*		250	—		300**	550
四川亚东水泥有限责任公司	—		—	—		—	1000
四川玻纤有限责任公司	71900*		11500	—		—	53700
四川省川建管道有限责任公司	—		—	—		—	2000
四川艺精长远超硬材料有限责任公司	—		—	—		—	2242
合　计	—		—	—		—	298938.7

说明：*受损、倒塌未分开统计，**上报数据只给出经济损失数（总数），未给出损失分项数；部分企业经济损失没有分类给出，直接计入“经济损失小计”

北川羌族自治县建诚木业公司下属3个分厂的厂房、5套人造板设备及2套浸渍纸设备均受到严重的破坏，直接经济损失11398万元。其中，损毁房屋12348平方米，厂区土地损毁24658平方米，经济损失9298万元；林业基地损失1400余公顷，损失金额2100万元。

江油市材料工业企业在地震中遭受重创，企业受损面达100%，企业全部停产。全市受灾工矿企业506户，规模工业企业受损45户，直接经济损失12.51亿元，其中企业厂房受损折合金额7.11亿元、机器设备损失5.4亿元。安县银河建化集团有限公司化工、水泥生产线全面停产，睢水井水泥熟料车间和石灰石矿山损毁；公司化工厂、水泥厂两大生产线主体设备及建筑在地震中均遭受严重破坏，办公大楼等建筑严重损坏，已无法使用，经济损失达4亿元，其中厂房受损9万平方米、经济损失1.08亿元，设备受损5700台（套）、经济损失2.92亿元。地震造成四川天力机械集团公司所属泗坪水泥厂高45米的烟囱纵向曲线裂缝长度达30～40米、宽度1～5毫米，直接经济损失100万元；所属矿机厂的热处理车间和电器厂的金工车间及电子大楼受损特别严重，受损面积2万余平方米，损失150余万元；铁合金厂设备损失和停产损失近300万元；紧邻铁合金厂的龙岗山山体滑坡隐患，对铁合金厂造成严重威胁。四川玻纤有限责任公司已建厂40年左右，房屋（厂房、宿舍）、设施大多陈旧，地震造成公司受损房屋面积大，许多生产设施遭受不同程度的损坏，生产、经营全面停顿，原材料、半成品及成品损毁严重，经济损失达5.37亿元，其中厂房、库房、办公楼、辅助房、公共设施房损坏7.19万平方米（包括拉丝车间、退并三车间、织造二车间、复材厂、天龙公司等）、经济损失1.15亿元。四川省川建管道有限公司是西南地区及中国西部地区最大的供水管道生产厂家，地震中机加工车间、管件内外防车间、材料库房、水塔等建筑物严重损毁，形成危房或危险建筑物；退火炉、冲天炉、电炉、行车、离心机、制芯系统等大中型设备损坏较为严重，地震时正在作业的退火炉、行车、制芯系统设备损坏相当严重；地震造成4个生产车间有2个不能再进行生产，经济损失达到2000多万元；机加工车间厂房严重受损，管件车间屋面框架主体构件开裂，设备破坏严重；公司核心生产车间铸管二车间冲天炉损坏，离心机设备基础变形，地下电路、气路、冷却管道、液压系统损坏严重；退火炉炉体变形严重，冷却系统损坏严重；行车轨道断裂、压板全部损坏；四车间沙箱设备基础变形，沙箱脱轨倒塌；天然气输送管道受损不能通气；高压输送线路受损，供电能力不足。

广元市建材工业生产设施损失主要集中在青川县，共10家建材厂矿企业遭受损失，矿山道路、矿井严重损毁，厂房严重受损4.53万平方米，332台（套）机械设备受损，直接经济损失5463万元（见表108）。10家建材企业中，鑫发矿业有限公司受损最重，达1550万元。其中，厂房严重受损8000平方米，损失640万元；矿山道路、矿井严重损毁、46台（套）机械设备受损，直接经济损失为910万元。明达玻璃（成都）有限公司青川硅砂分公司1.85万平方米厂房严重受损，矿山道路严重损毁，20台（套）机械设备受损，直接经济损失570万元。俸佳硅矿有限公司3000平方米厂房严重受损，矿山道路严重损毁，34台（套）机械设备受损，直接经济总损失435万元。金辉石业有限责任公司位于青溪镇和平村的厂区道路损毁4.5公里，矿山道路损毁5.2公里，直接经济总损失为315万元。

青川县建材工业企业损失情况统计表

表 108

企业名称	厂房受损（平方米）	设备受损（台/套）	经济损失（万元）
金辉石业有限责任公司	—	—	315
鑫发矿业有限公司	8000	46	1550
山东高速青川天然沥青开发有限公司	—	—	298
俸佳硅矿有限公司	3000	34	435
明达玻璃（成都）有限公司青川硅砂分公司	18500	20	570
兴凤石英砂有限责任公司	1000	56	375
龙泉硅矿有限公司	1000	40	385
双龙砂业发展有限责任公司	4000	60	500
顺安矿业开发有限公司	4700	36	500
华英矿业有限责任公司	5100	40	535
合　计	45300	332	5463

阿坝藏族羌族自治州建材工业规模以上建材企业有 4 户在地震中受损，直接经济损失 28235.67 万元。其中，汶川县境内四川治权集团紫坪水泥有限责任公司经济损失 16439 万元，阿坝四 A 公司经济损失 8518.67 万元，汶川朋成水泥有限公司经济损失 653 万元，九寨沟县水泥公司经济损失 2625 万元。

雅安市建材工业生产设施遭受经济损失 6560 万元。

南充市建材工业直接经济损失 535.2 万元。其中，南充市建材类企业损失 235.2 万元，阆中光明玻璃制品有限公司损失 300 万元。

巴中市南江县 4 家建材企业和 50 家砖厂损毁厂房及辅助房屋 11267 平方米，损毁设备 243 台（套），直接经济损失 1644 万元。其中，南江县乐坝水泥有限责任公司生产厂房及辅助房屋受损 1867 平方米，设备损失 5 台（套），损失 220 万元；南江县水泥有限公司生产厂房及辅助房屋受损达 3200 平方米，设备损失 18 台（套），损失 340 万元；南江县强盛建材有限责任公司生产厂房及辅助用房严重受损 3000 平方米，设备受损 210 台（套），损失 503 万元；南江县霞石矿业有限公司厂房受损 3200 平方米，设备受损 10 台（套），损失 281 万元；50 家砖厂厂房、设备、窑炉、道路受损，损失 300 万元。

甘肃省建材工业生产设施受损　甘肃省建材工业直接经济损失 1378.55 万元，其中房屋损毁 7347 平方米、经济损失 573.85 万元。

陇南市的徽县小河水泥有限公司经济损失 647 万元；文县玉丰水泥厂、武都水泥厂、康县水泥厂等建材企业的窑炉裂缝；西和县晚峡水泥公司厂房受损 380 平方米，经济损失 80 万元；何坝木器厂厂房受损400平方米，经济损失20万元；二建公司厂房受损650平方米，经济损失50万元；

业和宏泰公司4家公司经济损失762.4万元。

重庆市采矿企业受损 重庆市采矿企业因灾遭受经济损失约1亿元，其中万盛、渝北、武隆等地煤矿因停产损失3200万元；梁平县25家矿山企业因灾导致停产、矿场塌方、厂房和设备受损等，经济损失达6800万元。

二 生产附属设施等受损

地震造成采矿企业附属设施等损失合计6.31亿元，其中四川省6亿元、甘肃省3071.6万元。

宝兴县采矿企业11座电站停产；35千伏以上输电线路受损22公里、10千伏以下输电线路受损31公里，27台变压器损坏，新增受损输电线路5公里。电网35千伏以上输电线路和部分输电线路铁塔受损，变电设施、自动化系统和11个台区受损。四川省南江铁山冶金矿业有限公司咸丰电站多处裂口并错位，成为危房，西清至柳湾、贵民至汇滩10千伏输电线路倒塌，黄马寨、五铜包厂房及矿区公路80%垮塌，秦源雪水业公司高位蓄水池严重移位、楼梯垮塌，墙体出现大量裂纹，厂房玻璃全部破碎，地面有7厘米左右的裂缝，沙坝渠堰70%被毁。德阳市天池集团铁路被毁2191米，经济损失550万元；架空电缆被毁21.27万米，经济损失1800万元；道路、桥梁、供水、供电、供气等公共设施遭到严重破坏，经济损失2000万元。

德阳市天池集团地处龙门山地震活动断裂带，距震中映秀不足28公里。地震使职工住宅58栋（2610户）、单身宿舍1300间全部损毁，6000余人无家可归，房屋建筑物垮塌面积104.53万平方米，经济损失4.36亿元。广元市广旺能源集团所属居民住房损毁倒塌7119间、面积19.84万平方米；宝轮院煤矿子弟校教学楼成为危房，技工学校男生宿舍已无法使用，国际大酒店损毁严重，生活、服务设施总计损失1亿元。旺苍煤铁厂职工住房损毁严重，直接经济损失2000万元以上。荣山煤矿2.3万平方米职工住房成危房，7700平方米垮塌。四川省南江矿业集团有限公司职工宿舍、职工医院、职工俱乐部、浴室，咸丰铁矿职工住宿楼、水马门铁矿、宏源矿业及乐坝产品发运站职工住宿楼发生垮塌、开裂、变形等不同程度损毁。四川省南江铁山冶金矿业有限公司新住宿楼墙体错位，裂口多，部分基础下陷，第四层楼毁坏垮塌，旧住宿楼主墙体出现倾斜裂纹，地基沉陷，室内房间横直裂纹多，形成危房，公司常住职工200余人无处居住。

舟曲县两家采矿企业100米高压线、2台75千伏安变压器，以及4根水泥高压线电线杆损坏；21米矿洞坑道变形；3公里公路垮塌；厂房、办公楼、职工宿舍多处裂缝，部分设备损坏，直接经济损失151.6万元。成县锌宇集团公司锌冶炼厂和选矿厂职工宿舍楼、家属楼等出现裂缝；宇丰大酒店主体建筑出现裂缝，室内设施受损，造成直接经济损失1720万元。成县毕家山矿业公司游乐城办公楼、综合楼及游泳馆出现裂缝。成州国际大酒店主体建筑出现裂缝，室内设施受损严重，直接经济损失1200万元。

第二章　装备制造业受损

汶川特大地震给机械、汽车等装备制造业造成巨大损失，直接经济损失 89.39 亿元。其中，机械工业直接经济损失 85.86 亿元，汽车工业直接经济损失 3.53 亿元。直接经济损失中，中央企业损失 61.95 亿元，地方企业损失 27.44 亿元。

第一节　机械工业受损

汶川特大地震给灾区机械工业造成 85.86 亿元的直接经济损失，其中生产设施受损 85.3 亿元、基础设施和生活设施等生产附属设施损失 0.56 亿元。直接经济损失中，中央企业损失 60.72 亿元，地方企业损失 25.13 亿元。中央企业中，中国二重损失 5.96 亿元，东方电气集团所属企业东方汽轮机有限公司损失 51 亿元，东方电机有限公司损失 2 亿元，中国机械集团损失 5400 万元，中国南车损失 1.15 亿元，西电集团损失 460 万元。地方企业中，四川省地方企业损失 25.1 亿元，甘肃省地方企业损失 324 万元。

一　生产设施受损

地震造成灾区机械工业生产设施损失 85.3 亿元，其中中央企业损失 60.54 亿元、地方企业损失 24.76 亿元。在中央企业中，中国二重损失 5.8 亿元，东汽损失 51 亿元，东方电机有限公司损失 2 亿元，中国机械损失 0.54 亿元，中国南车损失 1.15 亿元，西电集团损失 460 万元（见表 110）。地方企业中，四川省损失 24.73 亿元，甘肃省损失 324 万元。

主要机械企业生产设施受损情况统计表

表 110

企业名称	房屋损毁（平方米）	经济损失（万元）	设备损毁（台/套）	经济损失（万元）	其他损失（万元）	小计（万元）
中国二重	90000	—	470	—	—	58000
东方电气集团东汽	250000	100000	5000	400000	10000	510000
东方电机有限公司	460000	5000	—	5000	10000	20000
中国机械集团	30932	5270	—	—	130	5400
中国南车	—	—	61	—	—	11542
中国西电	—	300	—	155	5	460
合　计	830932	110570	5531	405155	20135	605402

中央企业生产设施受损　中国二重是中国最大的重大技术装备研制基地之一，是国资委管理的重要骨干企业之一，总部位于德阳市，占地面积 261.1 万平方米，总资产近 188 亿元，在册职工 12906 人。中国二重是中国最大的冶金成套设备、核电、水电、火电成套铸锻件、重型压力容器、大型传动件、大型成套航空模锻件等重大技术装备制造基地。50 年间，中国二重先后为冶金、矿山、能源、交通、汽车、石油化工、航空航天等国民经济各部门和国防建设提供了上百万吨重大技术装备，在国民经济和国防建设中发挥着不可替代的重要作用。地震造成该集团经济损失达 5.8 亿元。厂房破坏，建（构）筑物受损面积约 9 万平方米，坍塌面积约 8000 平方米。集团公司下属 10 个单位计 18 处建筑为危房，需拆除重建处理；集团公司下属 10 余个单位的房屋出现危险点及危险构件。位于地震极重灾区绵竹市境内的二重清平靶场遭受毁灭性破坏，库房、修理车间、炮台、招待所、围墙等建（构）筑物全部损坏。设备毁损（报废）46 台，主要包括炼钢 40 吨电炉的本体、龙门架、倾斜机构、行走机构严重受损，高压隔离开关、精密天平、光线示波器、单梁吊、恒温恒湿机等被毁，部分计量仪器损坏，315 吨行车轨道严重变形，DKZ6.3 米立车传动件损坏等。损坏各类设备 424 台，主要包括金属切削设备、锻造设备、起重设备、工业炉窑、检测设备以及传媒设备、办公设备等。

东汽隶属于东方电气集团，是中国研究、设计、制造大型电站设备的高新技术国有骨干企业，是全国机械工业百强企业和三大汽轮机制造基地之一，也是四川省重大技术装备制造基地的龙头企业，总资产 187 亿元。2007 年东汽年销售收入 120 亿元，已累计生产各种类型电站设备 1000 余台，装机容量超过 1.8 亿千瓦，产品遍布全国 27 个省（区、市）和世界多个国家。东汽位于绵竹市汉旺镇，地震中损失巨大。仅仅 80 秒钟，公司汉旺基地受到毁灭性破坏，东汽职工和家属 312 人遇难，1400 余人受伤，共有 216 处建筑物和构筑物倒塌，80% 的生产设施和机器设备严重受损，生产经营全面瘫痪，直接经济损失达 51 亿元。以精密仪器、各类数控加工机房为主的设备 5000 多台损坏或报废。东汽叶片分厂、一分厂、三分厂、焊接分厂、船机分厂、金工分厂、装备公司、铸造公司、工模具公司、技校等生产基地和绝大部分生活区建筑物严重损坏和垮塌，约 25 万平方米的厂房、住房倒塌（见图 412 ~ 413）。东汽所属企业东方电机有限公司是中国发电

图 412　完全损毁的东汽焊接分厂

（周文杰　摄）

图 413　东汽主机一分厂厂房倒塌、设备损毁

（国资委　提供）

设备制造特大型企业，也是涉及国民经济命脉的重点骨干企业。地震造成公司11栋建筑严重损坏，337栋建筑物中等损坏、面积46万平方米。厂区建筑物、设备及在制品损失总计约2亿元，其中建筑物损失5000万元、设备设施损失5000万元。

中国机械集团下属5家单位在地震中受到不同程度损失。5家单位受损厂房和住宅2823间、直接经济损失约5430万元。其中，第一建设工程公司、西南工程学校和邛崃市中机建水质净化有限公司倒塌房屋322间，严重损毁841间，总计30932平方米，直接经济损失5270万元；集团下属重庆仪表材料研究所生产用蓄水池出现裂纹并漏水，部分车间、科研大楼、办公楼屋面出现裂纹。

中国南车所属各单位在汶川地震中受到不同程度的破坏，共有134座厂房及生产设施、109台（套）设备、211栋住房、39处公共设施因地震受损，造成直接经济损失11542万元。眉山车辆有限公司33座厂房及生产设施出现裂纹；成都机车车辆有限公司38座厂房受损，其中车辆公司卧铺检修厂房、电机分厂线圈厂房成为危房，电机分厂主厂房、氮化厂房、电器大楼、总配电室重度受损；资阳机车有限公司63座厂房、办公楼出现地基变形，承重梁、承重墙及墙体裂纹，部分房屋成为危房。眉山车辆有限公司48条1300余米天车轨道变形、6台数控设备毁损。成都机车车辆有限公司411－22双梁行车、015－016数控立式车床、331－47箱式变电站、533－10井式气体氮化炉、741－6试验控制设备、741－12玻璃钢冷却塔等33台（套）设备设施受损。资阳机车有限公司22台（套）各型设备因基础变形，设备精度受到影响；4支曲轴、1台机体及其他一些加工中的零部件因地震损坏。

西电集团所属企业的厂房和其他建筑物受损约308处，直接经济损失300万元，主要为烟囱倒塌、围墙倒塌、平房塌陷、建筑物墙体开裂、玻璃震裂、墙面瓷砖剥落。西电集团所属西安西电变压器有限责任公司电抗器厂房里用于产品出厂试验的电容器塔在地震中震坏，直接经济损失155万元；13部行车出现不同程度的轨道变形和啃轨现象，经济损失5万元。西电集团所属西安高压电器研究院有限责任公司3台试验设备受到不同程度的损坏，其中2250千伏安变压器上级大球因地震旋转了约30度，与分压器间的连接线（蛇皮管）被拉断，造成上级、中级出现漏油现象；4800千伏冲击电压发生器的北侧支撑筒下部第一、二节筒间出现错位；1800千伏分压器因地震造成碰撞引起顶部变形。

四川省企业生产设施受损　成都市机械企业生产设施损失达17.74亿元。房屋受损20.5万平方米，经济损失93538万元；设备损毁720台（套），经济损失4870万元；其他损失78992万元。

普什宁江机床有限公司、四川都江机械有限责任公司、成都晋林工业制造有限责任公司等一批重点机械企业受损严重。其中，普什宁江机床有限公司损失严重，新厂区办公楼受损，老厂区厂房垮塌，家属区17幢住房严重受损，直接经济损失3.86亿元。四川都江机械有限责任公司损失0.6亿元，成都晋林工业制造有限责任公司损失6300万元。都江堰市光明光电有限责任公司7条中低档光学仪器生产线熔炉地震中全部损毁，1.1万平方米厂房损坏，损失共计4000万元。都江堰市宏明模具有限责任公司主要产品是冲压模具，厂方损失大，部分设备受损，损失约300万元。宁江集团位于都江堰市，是小型精密数控机床生产企业，分新旧两个厂区。集团总资产15.6

亿元，在职员工 2906 人，是都江堰市第二大纳税工业企业。地震中集团资产损失 6.5 亿元，旧厂区办公用房、生产厂房和设备严重受损，新厂区办公用房部分损坏。宁江机床股份有限公司厂房坍塌面积 18 万平方米，厂房受损面积 17.4 万平方米，经济损失 4.99 亿元。报废设备 31 台（套），受损设备 682 台（套），经济损失 3500 万元。都江电力设备厂是老国有企业，厂房毁损严重，经济损失 2700 万元，其中房屋 1772 万元、设备 170 万元。四川大邑远昌机械制造有限公司是农业等机械产品铸造和加工企业，房屋受损，部分设备受损，损失 900 万元。大邑县桐林铸造实业有限公司约 2 万平方米厂房受损，近万平方米办公用房成为危房，有 7 台中频炉及其他设备部分损坏。大邑县水轮机厂厂房受损严重，损失 166 万元。

德阳市机械行业受灾损失约 4.9 亿元。其中，房屋受损 8.49 万平方米，经济损失 3200 万元；设备损毁 1700 台（套），经济损失 4.5 亿元；其他损失 777 万元。德阳嘉龙机械有限公司办公用房在地震中倒塌，生产车间墙体垮塌，配电房全部毁损，部分机床设备受损，经济损失 710 万元。

位于江油市的四川矿山机器（集团）有限责任公司在地震中厂房全部损毁，11 栋建筑严重损坏，面积 1.8 万平方米，受损设备 1700 台（套），损失比例 88%；直接经济损失 4.5 亿元。绵阳新华内燃机股份有限公司主要生产发动机配件，年产 10 万件。地震中，房屋受损 5.36 万平方米，直接经济损失共计 2803 万元；技术中心卧式加工中心 HM500 受损 12 台；立式加工中心 LM1000 受损 16 台，精度和主轴都受到损害；活塞突出量测量机、回转力矩及轴向检测机位置变化，传感器损坏，油缸脱落。绵阳新鸿机械制造有限公司房产受损 0.85 万平方米，坍塌 0.48 万平方米，直接经济损失 420 万元；设备受损 1 台，经济损失 10 万元。

雅安市机械工业企业直接经济损失 7108 万元，其中房屋受损面积 150561 平方米、损失 4615 万元，设备及设施受损 169 台（套）、损失 2493 万元。

南充市机械类企业财产损失 85 万元。四川省新岷江人造板机器有限责任公司主要生产人造板成套设备，50% 的产品出口，地震中主要厂房受损严重，经济损失 3034 万元，其中房产 570 万元、设备 927 万元、流动资产 1479 万元。地震造成华丰公司高精度冲床、模具等设备受损严重，直接经济损失 7000 万元。

甘肃省企业生产设施受损　甘肃省机械行业损失 324 万元。武威市正邦内燃机配件有限责任公司厂房受损面积达到 3000 平方米，直接经济损失 270 万元。甘肃华腾石油机械制造有限公司厂房裂缝 12 处，经济损失 26 万元。永靖县盐锅峡直接经济损失 28 万元。平凉市崆峒区红峰机械公司双氧水分厂 7 台设备严重受损。亨达机械公司 1 台龙门导轨磨因地震造成机床地基、床身变形，液压系统损坏，机床丧失精度，无法工作。

二　生产附属设施等受损

地震造成机械工业生产附属设施等损失 5566 万元，其中基础和生活设施损失 1810 万元，产成品损失 3756 万元。其中，中央企业损失 1828 万元，地方企业损失 3738 万元。

中央企业生产附属设施等受损 中国二重道路破坏，厂区内3条铁路钢轨、道岔、枕木等受损。主干网络三级交换机受损断电，导致公司部分网络中断。1万米市话通讯电缆，22块电缆盖板，8套人孔井圈、盖，364块接线模块等损坏。电力设施被破坏，电力总降压站受损，701变压器室受损，变电站被毁。能源设施2000立方米制氧机可倾轴瓦损坏，7台锅炉给水系统受损、圆盘除渣器损坏。

二重生活区职工住房67栋、11万平方米、2790户成为危房，直接经济损失1650万元。

东汽投资100多万元，投运仅12天的程控交换机系统因地震而瘫痪。公司共5000余台用户的通信业务、宽带上网业务及传真等通信全部中断。手机及无线通信业务瞬间中断。3条受电回路110千伏香山变电站、110千伏龙桥变电站受损严重，公司供电全部中断。厂区内的4个10千伏高压配电室均遭到重创，最为严重是第二配电室，墙体开裂、柱头倾斜、地面下沉近30厘米。贯通厂区的几条主要高压电缆也被山体下滑撕裂。变压器绝大多数损坏，许多电力设备被深埋、毁坏，整个东汽的电力系统严重瘫痪。5层高的电气大楼和2层办公楼倒塌，化学楼和锅炉房严重损毁，WGZ/35/39煤粉炉和SHL10/13A燃气锅炉完全报废；FBC—650炉的辅助设备损毁；锅炉控制系统被砸坏；新建的水处理设备损毁，4台给水泵、4台引送风机报废；8个配电柜损毁；75米高的烟囱倒塌。动力网管绝大多数支架、管道脱落变形，一部分厂房垮塌。水泵的井管多数被震得倾斜，造成水泵不能工作。地下网管受损。氧气站震垮，两个空压站房震垮。地震中倒塌的墙体将分馏塔控制柜和预冷机砸成一堆废铁，整个空气分离设备损毁而无法生产氧气。空压机被垮塌的预制板砸毁。东汽储运中心新成品库房顶和墙体垮塌，压坏2辆货车、2辆轿车，储运中心的产品入库、发货物流中断。

东汽汉旺家属区遭到严重破坏，98栋住宅中，10栋倒塌，22栋位于滑坡及泥石流高危地带、64栋的主体结构主要受力构建受损严重，必须拆除。

中国机械集团下属重庆仪表材料研究所1栋职工住宅楼部分倒塌，53间职工住宅出现较大裂纹；下属成都工具研究所职工住宅869间受损，直接经济损失160万元。

中国南车及所属6家企业通信设施损坏，地震时成都公司、成都厂手机等无线通信和固定电话通信全部中断，办公自动化网络中断；成都公司天然气管道破裂。另外6家企业职工住房损坏，其中眉山厂4栋112户住房重度受损、21栋652户住房中度受损、85栋2262户住房轻度受损，成都厂5栋492户住房重度受损、4栋123户住房中度受损、18栋170户住房轻度受损，资阳厂2栋40户住房重度受损、61栋2137户住房中度受损、11栋住房轻度受损，眉山厂9处公共设施受损，成都厂业务楼、文化楼、影剧院、游泳池、员工食堂、澡堂等6处公共设施不同程度受损，资阳厂单身宿舍、幼儿园等24处公共设施不同程度受损。

西电集团西安西电变压器有限责任公司由于地震停电，使正在进行浇注的12个铁芯饼报废，直接损失18万元。

地方企业生产附属设施等受损 四川省企业生产附属设施等损失3738万元。其中，绵阳新华内燃机股份有限公司原材料受损20万元，产成品受损5万元，在制品受损5万元。绵阳新鸿机械制造有限公司在制品受损40万元；雅安市机械工业企业产品、材料及其他损失3668万元。

第二节　汽车工业受损

汽车工业是四川工业重点培育的潜力产业之一，已形成以中型载货汽车、中轻型客车、越野车、微型车、天然气汽车、改装车、专用车等整车为龙头，以汽油发动机、车桥、方向机、轴瓦等关键零部件为配套的汽车产业体系，构成了以成都为中心、资阳和绵阳为两翼的汽车产业带。汶川特大地震给汽车产业造成了3.53亿元的直接经济损失，其中生产设施损失3.33亿元、生产附属设施等损失0.2亿元。主要汽车企业新华公司损失8203万元；东风汽车公司直接经济损失4002万元，其中生产设施受损2502万元，因停产受损1500万元；四川省地方汽车企业直接经济损失23068.5万元，其中生产设施损失22603.5万元、原材料产成品等其他损失465万元。

一　生产设施受损

汶川地震给灾区汽车工业造成3.33亿元的生产设施损失。其中，新华公司损失8203万元，东风汽车公司损失2502万元，四川省地方汽车企业损失22603.5万元（见表111）。

汽车工业企业生产设施受损情况统计表

表111

企业名称	房屋受损		设备受损		其他经济损失（万元）	经济损失小计（万元）
	面积（平方米）	经济损失（万元）	数量（台/套）	经济损失（万元）		
新华公司	53644	2803	263	5400	—	8203
东风汽车公司	—	200	—	2002	300	2502
四川省地方汽车企业	48650	13825.84	166	939.5	7838.16	22603.5
合　计	102294	16828.84	429	8341.5	8138.16	33308.5

地震造成新华公司厂房受损53644平方米，在建6万辆整车项目地坪开裂、钢筋混凝土梁断裂，隔墙垮塌，直接经济损失2803万元；发动机系列设备受损263台（套），直接经济损失5400万元；合计经济损失8203万元。

东风汽车公司下属南充汽车有限公司直接经济损失2502万元。其中，车辆损坏损失300万元；配件物资损失2000万元；生产设备、设施损失2万元；房屋损坏10余间，直接经济损失200万元。

四川都江机械有限责任公司以生产汽车零部件为主，资产总额3.3亿元，年产值1.5亿元。地震中，张家湾厂区灾害严重，冲焊车间、冲压车间及材料仓库均发生墙体及部分屋盖构架件坍塌，电力设施受损，造成直接经济损失6000万元。成都华宇汽车有限责任公司以生产山川客运汽车为主业，产量为每年500辆，年产值3800万元。地震中主要是办公楼损毁，经济损失200万元。都江堰山川减震器厂主要产品是汽车零部件，在地震中库房受损，经济损失700万元。绵阳市汽车及零部件产业直接经济损失1.47亿元，其中房屋受损47850平方米（其中坍塌15450平方米），经济损失1.38亿元；设备受损163台（其中报废47台），经济损失938.5万元（见表112）。

绵阳市汽车及零部件工业企业损失情况统计表

表112

企业名称	房产受损		设备受损		经济损失小计（万元）
	面积（平方米）	经济损失（万元）	数量（台/套）	经济损失（万元）	
方向机厂劳动服务公司	2300	11980.84	5	10	11990.84
德鑫机械有限公司	4250	184	12	9.5	193.5
华驰方向机有限公司	35000	1300	120	450	1750
重业齿轮有限公司	2300	50	14	270	320
三力股份有限公司	3600	248	—	—	248
华晨瑞安汽车零部件有限公司	—	—	9	182	182
高新区万方机械有限公司	300	30	1	16	46
博蓝科技有限责任公司	100	3	2	1	4
合　计	47850	13795.84	163	938.5	14734.34

雅安市汽车加工企业直接经济损失64万元。其中，厂房及房屋受损面积800平方米，损失30万元；设备、设施及其他损失34万元。

二　生产附属设施等受损

地震造成灾区汽车工业附属设施等损失1965万元，其中东风汽车公司损失1500万元、绵阳市有关企业损失465万元。

绵阳华瑞汽车有限公司电、液、气压系统受损，排屑机构倾斜、移位。

东风汽车公司因停产造成直接经济损失1500万元。绵阳汽车方向机厂劳动服务公司产成品损失50万元，原材料损失5万元，产成品损失2万元，在制品损失3万元。绵阳华驰方向机有限公司原材料损失30万元，产成品损失35万元，在制品损失30万元。绵阳市重业齿轮有限公司原材料损失10万元，产成品损失80万元，在制品损失100万元。绵阳华晨瑞安汽车零部件有限公司原材料损失22万元，产成品损失96万元，在制品损失2万元。

第三章　消费品工业受损

汶川特大地震给灾区印刷、造纸、塑料制品、纺织、医药、食品、烟草等消费品工业造成巨大的损失，直接经济损失229.67亿元。其中，四川省近600家印刷、造纸和塑料制品工业企业严重受损，损失5.03亿元；纺织企业损失2.03亿元；医药企业损失8.79亿元，涉及中国生物技术集团公司、四川保宁制药有限公司、四川滕王阁制药有限公司、雅安三九药业有限公司等医药企业；四川省和陕西省有357家食品企业严重受损，损失207.19亿元；四川省和陕西省烟草企业损失6.63亿元。

第一节　印刷、造纸和塑料制品工业受损

汶川特大地震给四川灾区的印刷、造纸和塑料制品等工业企业造成巨大的损失，近600家企业严重受损，合计损失50360.47万元，其中生产设施受损47498.77万元、生产附属设施等损失2861.7万元。

一　生产设施受损

地震给四川省印刷、造纸和塑料制品等企业生产设施受损造成的经济损失共计47498.77万元，其中房产损失25054.57万元、设备损失8528.8万元、其他生产设施损失13915.4万元。

成都市80户企业受损，厂房受损9277.37万元，设备受损1814.6万元，合计损失11091.97万元。都江堰九兴印刷有限公司厂房损坏600万元。南充市该类企业经济损失980.4万元。南江

县印刷包装有限公司厂房受损975平方米，设备受损13台（套），直接经济损失58万元。四川锡城纸业有限公司是老国企改制的民营企业，总资产7680万元，其中固定资产3643万元。受地震冲击，该公司厂房和办公室部分倒塌，多成危房，资产损失共2728万元，其中房产损失2177万元。堂宏集团的10多个公司财产损失达8177万元，车间、仓库等半数出现不同程度的垮塌、裂缝和倾斜。

绵阳市主要印刷、造纸、塑料制品等工业企业在地震中遭受不同程度的破坏，合计经济损失约2.42亿元（见表113）。

绵阳市主要印刷、造纸、塑料制品等工业企业受损情况统计表

表113

企业名称	房产受损（平方米）	房屋坍塌（平方米）	房屋经济损失（万元）	设备受损（台/套）	设备经济损失（万元）	经济损失小计（万元）
绵阳飞鹏皮业有限公司	12000	500	—	500	—	4700
四川绵阳超兰卫生用品有限公司	8000	—	120	11	30	150
绵阳市涪城区天华包装有限公司	18000	—	303.2	5	50	353.2
绵阳市宏益塑料制品有限公司	1000	—	50	2153	1800	1850
绵阳蓝天纸业公司	3000	—	60	500	120	180
绵阳新鸿宇印刷公司	6000	—	100	15	400	500
绵阳龙华薄膜有限公司	97000	—	85	5	235	320
绵阳涪海塑料制品有限公司	6000	2000	180	20	40	220
绵阳市高新区际华三五三六职业装有限公司	10000	3000	4200	156	300	4500
绵阳高新区三阳塑胶有限责任公司	13000	—	600	24	900	1500
绵阳全丰印务有限责任公司	50000	12000	3176	8	600	3776
四川宏发包装印务有限公司	500	—	30	3	100	130
四川宏拓印务有限责任公司	3629	—	50	—	—	50
四川长虹包装印务有限公司	4500	—	90	3	35	125
四川科伦发豪包装公司	1200	—	140	3	20	160
四川侨安纸业公司	5000	—	500	6	200	700
四川正德实业发展公司	6000	—	60	1	133	193
四川大发木艺包装有限责任公司	10000	12000	60	5	580	640
安县纸业公司	37000	—	2140	70	523	2663
安县金鑫纸业	5600	3300	894	148	648.2	1542.2
合　　计	297429	—	—	—	—	24252.4

说明：绵阳飞鹏皮业有限公司房产和设备受损未分列，只在合计中显示

甘肃省通渭县盘纸厂2430平方米办公用房、1860平方米车间受损，经济损失162万元。

二 生产附属设施等受损

汶川地震使四川省印刷、造纸、塑料制品等工业企业基础设施损失100万元，生产受阻损失2761.7万元，经济损失共计2861.7万元。

昊柏生物科技有限公司化验室检测仪器破坏，罐体和管道发生移位，水塔出现裂痕，直接经济损失100万元。

成都市80户印刷、造纸、塑料制品等工业企业生产受阻损失计374.7万元。南充市印刷、造纸、塑料制品等工业企业停产及在建项目受阻损失1058万元。绵阳市有11家印刷、造纸、塑料制品等工业企业因地震造成原材料损失570万元，产成品受损409万元，在制品受损350万元，共计损失1329万元（见表114）。

绵阳市印刷、造纸、塑料制品工业企业原材料等受损情况统计表

表114　　单位：万元

企业名称	原材料受损	在制品受损	产成品受损
四川绵阳超兰卫生用品有限公司	30	—	—
绵阳高新区三阳塑胶有限责任公司	—	50	—
绵阳市高新区际华三五三六职业装有限公司	30	200	70
绵阳涪海塑料制品有限公司	25	10	10
四川正德实业发展公司	90	—	70
绵阳新鸿宇印刷公司	—	—	42
四川侨安纸业公司	50	40	80
四川科伦发豪包装公司	5	—	5
绵阳蓝天纸业公司	120	—	80
四川长虹包装印务有限公司	20	—	2
绵阳市丰收塑料有限责任公司	200	50	50
小　计（不完全统计）	570	350	409
合　计（不完全统计）	1329		

第二节 纺织工业受损

纺织工业是四川省和甘肃省的传统工业，四川省的棉纺织、丝绸、化纤、服装业为主的纺织工业规模稳居西部前列。汶川特大地震给四川省和甘肃省纺织企业造成经济损失20259.99万元，

其中生产设施受损16728.39万元、生产附属设施等损失3531.6万元。

一　生产设施受损

四川省和甘肃省部分纺织企业因生产设施受损经济损失共计16728.39万元，其中有分项统计的房产受损3779.7万元、设备受损855万元（见表115）。

四川、甘肃两省部分纺织企业生产设施受损情况统计表

表115

企业名称	房产受损（万平方米）	坍塌（万平方米）	房屋经济损失（万元）	设备受损（台/套）	设备经济损失（万元）	经济损失合计（万元）
四川银河地毯有限公司财产损失	—	—	—	—	—	649
四川省信达丝绸有限公司	—	—	—	—	—	560
四川汇诚纺织置业有限公司	—	—	—	—	—	960
四川阆中锦洋丝绸有限公司	—	—	—	—	—	180
四川省梓潼县绿深丝绸有限责任公司	3.6	0.23	852.1	4	—	852.1
四川省梓潼县临江苎麻纺织有限责任公司	1.44	—	730	—	—	730
四川雪松麻业有限公司	0.98	—	24.6	—	—	24.6
四川省盐亭县志达丝绸有限责任公司	0.41	0.15	158	75	150	308
四川省盐亭县绿神丝绸有限责任公司	0.95	—	200	8	60	260
盐亭县山江丝绸有限责任公司	0.38	0.11	103	55	150	253
盐亭县金孔丝绸厂	0.23	0.1	104	31	120	224
盐亭县华美丝织有限责任公司	0.3	0.07	126	5	50	176
绵阳市奇昌制衣有限公司	0.45	—	119	2	45	164
绵阳市同益丝绢有限公司	0.41	0.25	199	45	120	319
浙江金鹰股份绵阳绢麻纺织有限公司	4.74	—	764	—	—	764
安县花荄丝绸有限公司	—	—	400	—	160	560
四川恒创特种纤维有限公司	—	—	—	—	—	2860
江油俊华纺织	—	—	—	—	—	2879
雅安市纺织业企业	—	—	—	—	—	400
南充市纺织业企业	—	—	—	—	—	2980
嘉腾纺织公司	—	—	—	—	—	500
甘肃省平凉市崆峒区轻纺行业	—	—	—	—	—	125.69
合　　计	—	—	—	—	—	16728.39

说明：部分企业房产和设备受损未分列，只在合计中显示

二　生产附属设施等受损

四川省纺织工业在汶川地震中由于基础设施受损和生产受阻共计损失 3531.6 万元。

由于此次地震的冲击力很大，造成梓潼县临江苎麻纺织有限责任公司脱胶污水处理设施、压力管道及循环管道不同程度的损坏。

四川省 8 家纺织企业在汶川地震中停产及在建项目受阻损失 2522.6 万元，原材料受损 331 万元，产成品受损 289 万元，在制品受损 389 万元，共计损失 3531.6 万元（见表 116）。

四川省部分纺织企业生产受阻受损情况统计表

表 116　　　　单位：万元

企业名称	停产及在建项目受阻损失	原材料受损	产成品受损	在制品受损
四川银河地毯有限公司	199	—	—	—
四川省信达丝绸有限公司	106.8	—	—	—
四川汇诚纺织置业有限公司	450	—	—	—
四川阆中锦洋丝绸有限公司	150	—	—	—
浙江金鹰股份绵阳绢麻纺织有限公司	—	150	230	334
四川省雪松麻业有限公司	—	29	21	—
四川省梓潼县临江苎麻纺织有限责任公司	—	152	38	55
南充市纺织类企业	1616.8	—	—	—
小　　计	2522.6	331	289	389
合　　计	3531.6			

第三节　医药工业受损

在汶川特大地震的影响下，四川省的医药企业直接经济损失 87939.4 万元，其中生产设备受损 59738.6 万元、生产附属设施等损失 28200.8 万元。

一　生产设施受损

地震对四川省医药企业生产设施造成直接经济损失 59738.6 万元。

成都市医药工业 43 户企业受损，厂房受损 17942.6 万元，设备受损 2984.44 万元，合计损失 20927.04 万元。其中，都江堰市医药行业 6 家企业直接经济损失 5663 万元。中国生物技术集团公司（简称中国生物）在川企业有两家，分别是成都生物制品研究所（简称成都所）和成都所控股的成都蓉生药业有限责任公司（简称蓉生公司）。地震导致成都所和蓉生公司部分建筑墙体开裂，生产设备出现移位或损坏，无法正常生产，经济损失 1718 万元。蓉生公司在四川省的多家单采血浆站受损，其中位于都江堰市和什邡市的单采血浆站完全损毁，中江、仁寿、金堂、简阳、南江等地的单采血浆站也出现房屋局部受损情况。

广元蓉成制药有限公司直接经济损失 1570 万元。综合楼 2 楼全部开裂，整体错位，部分倒塌，化验检测设备全部损毁；综合制剂车间为网架彩钢结构，车间内空调机组及部分设备移位，车间内部分房间处于半垮塌状态；提取车间为 3 层框架结构楼，出现地基上抬、开裂，车间建筑整体向后倾斜；成品库、辅料库、中药材库等库房房体出现大面积开裂；门卫室、车库垮塌，公司部分围墙垮塌；锅炉房垮塌、配电房垮塌损毁；公司设施设备损毁 120 台（套）。

南充市医药类经济损失 1940.4 万元。阆中四川滕王阁制药有限公司经济损失 890 万元。阆中四川保宁制药有限公司经济损失 1050.4 万元。

雅安三九药业有限公司房屋部分损失为 364 万元，科技楼成为危房，不能继续使用；部分厂房和设施的墙体裂断、倒塌，内墙普遍裂缝。

阿坝全州规模以上中药材加工企业有两家因灾受损，直接损失 24028 万元。其中，九寨沟天然药业集团有限责任公司损失 23528 万元，红原宇妥有限责任公司损失 500 万元。

绵阳市 8 家生物医药企业生产设施受损 3305.76 万元（见表 117）。

甘肃省通渭县通广药材公司车间 245.5 平方米损坏，经济损失 14.85 万元。

绵阳市部分生物医药企业受损情况统计表

表 117

企业名称	房产受损（万平方米）	坍塌（万平方米）	房屋经济损失（万元）	设备受损（台/套）	设备经济损失（万元）	经济损失小计（万元）
四川华西动物药业有限公司	0.295	—	175	10	30	205
绵阳市贝多生化有限责任公司	0.95	0.45	470	133	370	840
绵阳天达康药业有限公司	0.05	—	30	—	—	30
四川龙海洋动物药业公司	0.2	—	70	8	80	150
四川精尖动物药业有限公司	0.2	—	40	10	290	330
绵阳天雄中药饮片有限公司	0.334	—	46	24	25	71
绵阳一康制药有限公司	0.77	—	1239.76	23	390	1629.76
永兴隆医药保健品公司	0.028	—	50	—	—	50
合　计	2.827	0.45	2120.76	208	1185	3305.76

二　生产附属设施等受损

四川省医药企业在汶川地震中由于基础设施受损和生产受阻共计损失 28200.8 万元。

地震造成中国生物技术集团公司成都生物制品研究所和成都所控股的成都蓉生公司、四川滕王阁制药有限公司、四川保宁制药有限公司、雅安三九药业有限公司、四川华西动物药业有限公司、绵阳市贝多生化有限责任公司、绵阳一康制药有限公司的供电、供水系统全面损毁。

四川省医药企业由于停产及在建项目受阻损失、材料损失共计28200.8万元。其中，停产及在建项目受阻损失27827.5万元，原材料损失152万元，产成品受损202.5万元，在制品受损18.8万元。

成都市医药产业停产及在建项目受阻损失995.5万元；都江堰市医药行业6家企业全部受灾，在建和技改工业项目受损2个，受阻损失4120万元。四川保宁制药有限公司停产及在建项目受阻损失100万元。四川滕王阁制药有限公司停产及在建项目受阻损失300万元。

绵阳市8家医药企业生产受阻或受损21303.3万元（见表118）。雅安市医药工业企业，产品、材料及其他损失70万元，企业停产经济损失1112万元。南充市医药产业停产及在建项目受阻损失200万元。

广元蓉成制药有限公司共有24个品种近40吨中药浸膏因冷库损坏和震灾期间停电，发生霉变无法使用；车间在线半成品全部报废；成品车间石膏吊顶等垮塌导致部分成品报废。

绵阳市部分医药企业生产受阻或受损情况统计表

表118　　　　单位：万元

企业名称	停产及在建项目受阻损失	原材料受损	产成品受损	在制品受损	小　计
绵阳一康制药有限公司	—	—	2	8	10
绵阳天雄中药饮片有限公司	—	27	59	10	96
四川精尖动物药业有限公司	—	20	40	—	60
四川龙海洋动物药业公司	—	—	50	—	50
永兴隆医药保健品公司	—	5	30	—	35
四川华西动物药业有限公司	—	—	20	—	20
绵阳市贝多生化有限责任公司	—	30	1.5	0.8	32.3
绵阳生物医药产业	21000	—	—	—	21000
合　计	21000	82	202.5	18.8	21303.3

第四节　食品工业受损

四川、甘肃、陕西三省有357家食品企业在汶川特大地震中严重受损，合计损失207.19亿元，其中生产设施受损131.87亿元、生产附属设施等损失75.32亿元。

一　生产设施受损

四川、甘肃、陕西三省食品企业的生产设施受损达 131.87 亿元。其中，四川省食品企业损失 130.8 亿元，甘肃省食品企业损失 4999.64 万元，陕西食品企业损失 5654 万元。

四川省是食品生产加工大省，食品工业是四川省工业的支柱产业之一。四川省规模以上食品工业企业主营业务收入规模居全国第三，其中白酒产业方面的优势最为明显，有“中国白酒金三角”之称。在汶川地震中，四川省的食品产业遭到严重破坏。

成都市食品工业中 126 户企业受损，厂房受损 12645.88 万元，设备受损 4570.78 万元，其他损失计 1204.4 万元，合计损失 18421.06 万元。

德阳市受灾食品企业 114 户，经济损失 108.17 亿元。企业生产厂房受损共计 6819 万平方米，其中坍塌 51 万平方米、受损 6768 万平方米，经济损失 14.59 亿元；生产设施设备受损共计 10653 台（套），其中报废 3463 台（套）、受损 7190 台（套），经济损失 6.55 亿元。

四川剑南春（集团）有限责任公司位于绵竹市，总资产 48 亿元，员工 7000 余人，被誉为“中国白酒行业三巨头”之一。公司主营产品中国名酒剑南春曾 60 多次荣获国家级和国际质量金奖。“剑南春”被认定为中国驰名商标，远销美国、德国、西班牙、新加坡、马来西亚等 30 多个国家和地区。地震造成剑南春集团直接经济损失 58.02 亿元。厂房、营业用房受损面积达 25 万多平方米，包装车间、制曲车间、酿酒车间、五粮粉碎车间各种设备以及水、电、气、通讯管网全部受损，公司正常生产经营中断。储存基础酒的陶罐碰撞破裂严重，各类基础酒损失 1/3 左右，已包装好的成品酒损失 80% 左右。其主要受损的是车间厂房和基础酒。公司包装二车间厂房全部坍塌，包装一车间和三车间等 25 万平方米厂房严重受损，酒罐大量破裂，占半成品 40% 左右的 2 万吨基础酒和陈年酒成品酒流失，酿酒车间酿酒窖池和部分设备损坏。

雅安市食品及农产品加工企业直接经济损失 2667 万元。其中，名山县最为严重的是食品生产企业，共 28 家企业受损，而仅茶叶生产企业即达 20 家，茶叶加工企业屋面普遍被掀翻，加上雨水过大，造成库房进水、产品受到损失，直接经济损失达到 986 万元；酒类生产企业 5 家，窖池进水、粮食原料和包装物受潮损坏，天雨酒厂 180 余万元包装物全部损坏，蜀乡酒厂 5000 吨原料和 150 万元包装物进水，直接经济损失达到 717 万元；粮油生产企业 2 家，直接经济损失达 102 万元。

广元市骨干企业川珍实业有限公司直接经济损失 4105 万元，其中，造成较大损失的项目主要有 2008 年初竣工投产的 2200 平方米的菌种繁育中心全毁，水电设施、机器设备等损毁，经济损失 902 万元；1200 平方米粉丝粉条厂全部垮塌，损失 125.8 万元；围墙、办公楼垮塌，损失 107 万元；农产品生产车间、香辣食品生产车间、黑木耳营养粉生产车间严重损毁，损失 1050 万元；原材料、在制品等流动资产损失 846 万元。广元市凯歌牧业有限公司直接经济损失 3035 万元，其中房产受损 2.1 万平方米、坍塌 1.8 万平方米，房屋经济损失 2345 万元；设备受损 257 台（套），经济损失 690 万元。

绵阳市食品工业财产损失达到 17.7 亿元。相关企业生产厂房受损共计 6819 万平方米，其中坍塌51万平方米、受损6768万平方米，折合人民币14.59亿元；生产设备受损9540台（套），经济损失1.28亿元。

绵阳市四川省自然天堂茶业有限公司位于市区的1个主厂、位于产茶区乡镇的3个分厂及北川羌族自治县桂溪乡的1个转运站，厂房、附属设施、办公大楼、2个专卖店、14个商铺等全部坍塌，直接经济损失4267万元。公司376台（套）设备全部损毁被埋，价值1600万元。生产基地价值270万元的附属设施全部损毁；茶叶制品及材料被淹埋、烧毁，价值1690万元；运输设备3台损毁，价值30万元。茶叶基地损失1850万元。位于北川羌族自治县漩坪乡的玫瑰加工厂是新上项目，投资200余万元，地震前设备已调试完毕，玫瑰花已收购在库，原定于5月13日试机生产，地震后加工厂被唐家山堰塞湖完全淹没。公司玫瑰花基地、玫瑰花大棚及实验室、玫瑰精油提取设备、玫瑰加工厂厂房改造损失1130万元，林地损失1200万元，应收货款无法回收损失522万元，绵阳公司办公大楼损失500万元。公司总计损失超过1.3亿元。

平武雪山实业公司地处平武县南坝镇，地震使2.5万平方米厂房被夷为平地，151台（套）设备全部毁损，损失流动资金2802万元。震后，该企业不复存在。

绵阳市部分食品企业生产设施受损情况见表119。

绵阳市部分食品企业生产设施受损情况统计表

表119

企业名称	房产受损（万平方米）	坍塌（万平方米）	房屋经济损失（万元）	设备受损（台/套）	设备经济损失（万元）	经济损失小计（万元）
绵阳丰谷酒业公司	—	—	27000	597	10100	37100
绵阳奇恒食品有限责任公司	0.153	—	21.8	—	—	21.8
绵阳双汇食品有限责任公司	0.4	0.003	152	—	—	152
四川将台酒业有限公司	1.1965	0.2708	586.87	—	—	586.87
四川亿赛青农食品有限公司	0.4	—	270	—	—	270
绵阳市天成肉食品有限公司	0.49	—	171	2	43	214
四川圣迪乐村生态食品有限公司	1.639	0.65	985.75	—	—	985.75
四川宏鑫粮油有限责任公司	0.27	0.08	96	41	600	696
安县食品企业	—	—	—	—	—	5000
北川大禹野生食品公司	—	3.2	—	8200	—	12800
北川盐业支公司	—	—	—	—	—	300
北川羌族自治县俏泉茶叶有限公司	—	—	—	—	—	1448.42
北川羌族自治县擂鼓镇五星茶厂	—	—	—	30	—	650
盐亭县食品产业	0.94	0.37	422	143	425	847
平武雪山实业公司	2.5	—	—	151	—	2802
合　　计	7.9885	4.5738	29705.42	9164	11168	63873.84

四川省部分食品企业生产设施受损情况见表120。

四川省部分食品企业生产设施受损情况统计表

表120

企业名称	经济损失小计（万元）	企业名称	经济损失小计（万元）
广元市凯歌牧业有限公司	3035	四川省贵妃酒厂	500
白龙茶叶公司	1250	蓝剑啤酒公司	5000
南江县加工制造行业	2587.4	皇名苑茶厂	237
四川南充鸿宇冷冻食品有限公司	355	都江堰青城贡品堂茶叶有限公司	3207
四川张飞牛肉有限公司	90	都江堰宝灌来饮料食品有限公司	3000
四川保宁醋有限公司	51	都江堰市青城米业有限责任公司	300
四川省阆州醋业有限公司	32.8	都江堰兴达食品有限公司	1010
四川阆中王中王酿造有限公司	9	四川光雾山茗兰茶业有限公司	200
四川阆中煜群农产品开发有限公司	150	剑南春集团	580200
四川省巴中罐头食品厂	356	南江县米仓林业集团有限公司	501
四川原池酒业有限责任公司	310	广元市川珍实业有限公司	4105
四川博伟肉食品有限公司	70	合　　计	606756.2
龙川酒业有限公司	200		

甘肃省食品制造业在汶川地震中遭受了很大的损失。据统计，部分企业房产受损67948.5平方米，直接经济损失4999.64万元（见表121）。

甘肃省部分食品企业生产设施受损情况统计表

表121

企业名称	房产受损（平方米）	经济损失（万元）	企业名称	房产受损（平方米）	经济损失（万元）
西和县商贸食品有限公司	740	63	通渭县阳光面粉公司	100	5
通渭县春寅乳业公司	200	6	通渭县百源成粮油公司	620	25
通渭县飞天粉丝公司	1000	85	通渭县乐百味公司	350	29.7
通渭县温泉味精公司	1368.5	158.64	定西石羊倍里工贸有限公司	20	148.3
通渭县晓铃商贸公司	50	12	金徽酒业集团	63000	4457
通渭县伟东面粉公司	500	10	合　　计	67948.5	4999.64

陕西省食品企业受损5654万元。其中，勉县食品企业主要有建兴农业科技有限公司、春光油脂有限公司、华丰油脂有限公司等中型企业和10余户小型企业，地震中3户中型企业烟囱损毁4根，油罐、处理池损坏，8户小企业房屋、围墙不同程度受损。

二　生产附属设施等受损

汶川地震造成四川省食品企业生活设施损失210万元，生产受阻损失75.3亿元，共计75.32亿元。安县肉联厂制冷系统受到破坏，液氨外泄，对环境造成威胁。剑南春集团水、电、气、通讯管网全部受损。

长赤翡翠米业公司9栋住宿楼不同程度出现地基沉陷，墙体开裂，损失210万元。剑南春集团职工住房绝大部分已成危房。

四川食品企业停产及在建项目受阻损失67.86亿元。德阳市受灾食品企业114户，停产损失38.9亿元，在建项目受阻损失9.04亿元。绵阳市食品产业停产及在建项目损失达到17.5亿元；生产经营损失7.44亿元，其中停产损失6.57亿元、重大项目建设受阻折合损失近1亿多元。在绵阳市食品产业134户规模以上企业中，126户受到不同程度损坏，流动资产损失2.77亿元，其中原材料损失1.57亿元、产成品损失5200万元、其他损失6800万元。

四川省部分食品企业生产受阻和产品损失情况见表122。

甘肃省成县红川酒业公司直接经济损失3232万元。

四川省部分食品企业生产受阻和产品损失情况统计表

表122　　单位：万元

企业名称	停产及在建项目受阻损失	原材料损失	产成品损失	在制品损失
四川保宁醋有限公司	0.6	—	—	—
四川鸿宇冷冻食品有限公司	375	—	—	—
四川省阆州醋业有限公司	86	—	—	—
四川阆中王中王酿造有限公司	18	—	—	—
四川阆中煜群农产品开发有限公司	80	—	—	—
南江县加工制造行业	100	—	—	—
四川省巴中罐头食品厂	2925	—	—	—
四川雪山实业有限公司	—	1200	1200	—
广元市川珍实业有限公司	—	—	—	846
广元市凯歌牧业有限公司	550	529	—	1282
白龙茶叶公司	—	736	—	—
丰谷酒业	—	—	10000	—
都江堰兴达食品有限公司	—	—	1000	—
小　计	4134.6	2465	12200	2128
合　计	20927.6			

第五节　烟草工业受损

汶川特大地震给四川省和陕西省烟草工业造成巨大损失，多家烟草企业严重受损，经济损失 66251.66 万元。其中，由于生产设施受损造成经济损失 62490.27 万元，生产附属设施等损失 3761.39 万元。

一　生产设施受损

四川省和陕西省烟草工业因生产设施受损，经济损失 62490.27 万元。

四川省烟草行业 2007 年总产值为 731.51 亿元，烟草行业的代表企业川渝中烟工业公司成立于 2003 年，是烟草行业唯一的跨省大型卷烟工业企业，下辖四川烟草工业公司、重庆烟草工业公司两个子公司及所属的成都卷烟分厂、什邡卷烟分厂、西昌卷烟分厂、绵阳卷烟分厂、重庆卷烟分厂、涪陵卷烟分厂、黔江卷烟分厂、长城雪茄烟厂 8 个生产厂。公司共有员工 1.3 万多人，资产总额 150 亿元，拥有国内一流、国际先进的技术装备。地震中川渝中烟工业公司总部及所属四川烟草工业有限责任公司什邡、绵阳、成都分厂和长城雪茄烟厂遭受不同程度破坏。企业财产受到重大损失，直接经济损失超过 3 亿元。川渝中烟工业公司总部办公楼受损严重，楼内侧墙体出现 7 条横向裂缝，临街外墙体出现多处不规则裂纹，每层大楼走廊都被撕裂。长城雪茄烟厂房屋建筑受损，西顺城街成品库房墙体严重裂缝，需拆除新建；生产生活两用水塔严重倾斜；生产大楼、制丝厂房、餐厅、烟叶库、生产大楼附属房、综合厂房等需部分修复重建，制造部大楼墙体多处开裂，设备严重移位并部分受损；车间吊顶全部损毁；外围墙倒塌 200 米左右。

四川烟草工业有限责任公司绵阳分厂房屋建筑受损严重，生产车间、综合仓库、办公楼成为危房；新发酵室提升机井道多处开裂；综合楼（含职工食堂）礼堂主墙裂缝，吊顶脱落，食堂门口墙面断裂。生产设备严重位移，有的遭到损毁。卷接机组、辊压法薄片生产线、叶丝膨胀机、梗丝膨化干燥塔、电梯等 127 处生产车间设备设施严重损坏，损失约 4000 万元。成都分厂办公楼墙体多处裂缝，联合工房天花板多处脱落，3 根主梁产生裂缝，卷包生产设备多处移位，3 个库房墙体多处裂缝，联合工房、办公楼、多宝寺老厂、龙潭寺仓库、龙泉仓库、资阳嘴棒厂等多处房屋建筑受损，经济损失 700 万元。办公区域位于成都分厂联合工房内的川渝中烟技术中心的香精香料室器皿损坏较多，样品基本损毁；卷接机组、制丝设备大多出现不同程度的位移；辅料、成品高架库出现位移。什邡分厂资产损失约 7000 万元，其中固定资产损失 5000 万元、流动资产损失 2000 万元。房屋建筑物受损，办公楼部分楼层裂缝，新修段一层沉降约 5 厘米；卷包车间天花板大部分脱落，靠近储丝房围墙部分倒塌；平房车间 3 米跨通道接缝间歇增大 5 ~ 6 厘米；成品库内墙体向内倒塌，其他建筑物填充墙与梁、柱发生部分位移，仓库与车间连接部分松动；李子园仓库3号、4号库墙面裂缝、倾斜，两处围墙倒塌；两路口仓库半数房屋出现裂缝，围墙倒塌；新坪仓库围墙倒塌；制丝及卷包设备严重位移，并部分受损；水幕除尘器严重破坏，无法修复；2号锅炉左右集箱与墙体保温材料发生位移；元烟线两根厂外高压线的瓷瓶严重倾斜。

陕西中烟工业公司因地震经济损失6845.15万元。其中，宝鸡卷烟厂（含旬阳生产厂）经济损失3920.99万元，汉中卷烟厂经济损失2720.63万元，延安卷烟厂经济损失200万元，公司本部及卷烟材料厂经济损失3.5万元。地震使汉中卷烟厂2号烟叶库的墙体裂缝；3号烟叶库的墙体严重裂缝，北侧几个框架柱根部表面破损。

二　生产附属设施等受损

地震造成四川省烟草企业的基础设施损失20万元，生活设施损失400万元，生产受阻或受损3341.39万元，共计经济损失3761.39万元。

地震造成四川烟草工业有限责任公司绵阳分厂配电室顶部裂缝；川渝中烟工业公司总部及所属四川烟草工业有限责任公司什邡、绵阳、成都分厂和长城雪茄烟厂的供电、供水设施受到不同程度的损坏。长城雪茄烟厂员工宿舍受损严重，有的已成危房。成都分厂锅炉、电梯、消防等设备设施受损。什邡分厂2座水塔报废，锅炉烟囱4处断裂。

四川烟草工业有限责任公司成都分厂部分员工宿舍墙体变形并出现裂缝，成都、资阳宿舍部分受损。绵阳分厂、什邡分厂员工宿舍受损严重，部分成为危房。

四川烟草工业有限责任公司原材料损失1748万元，产成品受损174万元，在制品受损184万元。什邡分厂部分卷烟成品、辅料、烟梗报废。成都分厂部分烟支、烟丝、嘴棒、烟梗报废，估算损失达35.39万元。川渝中烟工业公司长城雪茄烟厂部分烟支、烟丝、烟胚、烟叶报废，损失约200万元。

第四章　电子信息产业受损

四川省的电子信息产业起步早，是继珠三角、长三角、环渤海地区之后的第四大电子信息产业基地。2007 年，四川省电子信息产业实现主营业务收入 929.3 亿元，居西部地区第一、全国第十位。在汶川特大地震中，四川省电子行业受灾企业 183 户，直接经济损失 110.64 亿元，其中电子基础工业损失 69.45 亿元、电子信息产品制造业损失 41.19 亿元。

第一节　电子基础工业受损

电子基础工业包括电子元件、器件、仪器仪表等电子基础产品制造业。四川省电子基础工业在汶川特大地震中遭受经济损失 69.45 亿元，其中生产设施受损 56.27 亿元、生产附属设施等损失 13.18 亿元。

一　生产设施受损

四川省电子基础工业的生产设施在地震中受损严重，经济损失 56.27 亿元。其中，厂房损失超过 245.48 万平方米，经济损失 13.12 亿元；设备损失 4775 台（套），经济损失 23.6 亿元。部分电子基础企业生产设施损失情况见表 123。

四川省部分电子基础企业生产设施受损情况统计表

表 123

企业名称	房产受损（平方米）	坍塌（平方米）	房屋经济损失（万元）	设备受损（台/套）	设备经济损失（万元）	经济损失小计（万元）
081 电子集团	159000	—	66	758	—	34700
四川天邑集团有限公司	2700	4500	731	—	200	931
四川中雅科技有限公司	—	—	81.8	22	—	81.8
德阳惠源电子有限公司	450	1000	860	17	150	2050
青城山东软软件园区	—	—	10202	—	445	10647
华亿通科技有限公司	400	—	40	1	0.5	40.5
建诚电子有限公司	1400	—	168	26	50	218
灵通电子	—	1150	—	20	—	40
川西电缆	580	981	50	—	—	50
四川富润数码科技有限责任公司	2000	—	30	16	170	200
四川科鹰电子有限公司	1600	—	160	16	5	165
四川长新制冷部件有限公司	3000	—	1	23	70	71
普思电子有限公司	50000	—	20	140	400	420
黄河电子	960	—	38	7	60	98

德阳市旌阳区孝泉镇惠源电子有限公司经济损失 2050 万元，其中主要车间成为危房不能使用，直接损失 740 万元。切割车间 450 平方米房屋破裂、倒塌成为危房不能使用，直接损失 120 万元；院墙倒塌 100 余米，水塔破裂成为危险建筑，不能使用，直接损失 15 万元；车间内有 17 台生产设备报废，直接损失 150 余万元；45 台生产设备遭受一定程度破坏。

绵阳市的电子信息工业在地震中受损严重（参见表 124）。企业房屋、设备、仪器、产品、存货等不同程度被损坏，部分人员伤亡，科研生产一度被迫全面停止，重大项目的科研、生产受到严重影响，直接经济损失 51.27 亿元。其中，厂房损失超过 222.52 万平方米，占总面积的 50% 以上，经济损失 11.88 亿元；设备损失 3729 台（套），占总数的 20% 以上，经济损失超过 23.45 亿元，其他损失 15.94 亿元。

九洲集团因地震损坏的房屋面积共计约 70 万平方米，损坏的设备仪器共计 490 台（套），其中完全损坏的设备仪器共计 227 台（套），下属公司元器件、原材料、在制品和产成品等存货损失共计 19110 万元，因地震造成的道路、水电管网等其他损失计 1395 万元，合计直接经济损失 7.359 亿元。

华丰公司特种连接器生产厂房 1 幢（3 层）、机加生产厂房 1 幢（3 层）在地震中坍塌损毁，冲压生产厂房、电镀生产厂房、模具加工厂房、机加厂房（平房）、压铸生产厂房和高低频连接器装配厂房等受损严重。地震时刻正值生产时间，大多数生产设备因剧烈震动和突然断电断气导致非正常停机，造成部分设备、模具和在制工件损坏。地震共造成 212 套设备损坏，其中大型关键设备 43 台（套），损失约 2000 万元。破坏严重的设备主要包括多台进口精密高速冲床、数控加工中心、数控车床、高温高速注塑机以及附带的辅助设备及模具等。部分设备的精度无法恢复，只能考虑购置替换。

绵阳市部分电子基础企业生产设施受损情况统计表

表 124

企业名称	房产受损（平方米）	房屋坍塌（平方米）	房屋经济损失（万元）	设备受损（台/套）	设备经济损失（万元）	经济损失小计（万元）
绵阳市和利科技实业有限公司	2300	—	35	—	—	35
绵阳启明星电子有限责任公司	—	—	476	—	—	476
绵阳市科城钨材料有限公司	5300	2700	1430	73	83	1513
绵阳西磁科技开发公司	3531	—	500	6	13	513
绵阳赛茂高技术开发总公司	3000	—	100	20	670	770
绵阳高新区鸿强科技有限公司	3700	4100	200	33	20	220
绵阳凯厦科光电器有限责任公司	21000	8000	570	195	1070	1640
绵阳市九洲数视通公司	13000	—	100	7	19.85	119.85
四川鸿欧显示器件有限公司	98000	33000	67000	315	210000	277000
绵阳市维博电子有限责任公司	2000	—	200	200	300	500
绵阳市塞龙电子有限公司	500	—	100	11	50	150
绵阳新亚科技有限公司	1308	285	20.0733	4	133	153.07
高新区科光宏盛线缆有限公司	1000	—	100	23	136	236
绵阳高新区大利电子有限公司	5500	—	55	13	4	59
绵阳泰源原电子有限责任公司	11500	500	1202	39	250	1452
四川宏发电声有限公司	760	—	7.9	162	59.4	67.3
开元磁材	—	—	—	—	—	1712
湖山公司	—	—	—	—	—	686
灵通公司	4200	—	—	25	—	275
北川启明星电子公司	—	—	—	—	—	7710
华丰公司	—	—	4000	—	2000	6000
合　　计	176599	48585	76095.9733	1126	214808.25	301287.22

二　生产附属设施等受损

四川省电子基础工业基础设施在地震中损失 5558.5 万元，生产受阻损失 126209.15 万元，经济损失共计 131767.65 万元。

绵阳启明星电子有限责任公司 1 座变电站、1 套废水处理设施、2 套纯水系统在地震中严重损毁，设备设施共计损失 4870 万元。地震造成东软软件园区基础设施和后勤保障设施损失共计

384万元，华丰公司基础设施损失300万元，四川中雅科技有限公司废水处理设备及基础设施损失4.5万元。

绵阳启明星电子有限责任公司位于北川羌族自治县曲山镇下茅坝的职工宿舍楼在地震中倒塌。081电子集团生活设施受损16万平方米，620户居民房屋垮塌，无家可归。

九洲集团因地震生产停产给科研项目研制和生产任务交付进度造成直接影响，在研的166项科研项目的进度受到不同程度影响。生产经营方面需履行的约1.2亿元产品订货合同面临巨大的交付压力。

绵阳市部分电子基础产业在地震中由于停产及在建项目受阻损失1180万元，原材料损失1215万元，产成品损失1031.7万元，在制品损失1092.45万元，经济损失共计4519.15万元（见表125）。

绵阳市部分电子基础企业生产受阻或受损情况统计表

表125　　单位：万元

企业名称	停产及在建项目受阻损失	原材料损失	产成品损失	在制品损失
四川中雅科技有限公司	280	—	—	3.2
绵阳市九洲数视通公司	—	—	2	33.75
绵阳凯厦科光电器有限责任公司	—	—	86	40
普思电子有限公司	—	20	30	30
四川长新制冷部件有限公司	—	40	—	—
绵阳高新区鸿强科技有限公司	—	600	350	400
绵阳西磁科技开发公司	—	250	20	30
四川富润数码科技有限责任公司	—	—	200	200
绵阳市科城钨材料有限公司	—	7.3	14	2
建诚电子有限公司	—	1	1	—
四川宏发电声有限公司	—	34.7	26.7	58.5
绵阳泰源电子有限责任公司	—	102	72	85
四川华丰企业集团有限公司	900	160	230	210
合　　计	1180	1215	1031.7	1092.45

第二节　电子信息产品制造业受损

电子信息产品制造业包括电子通信设备、广播电视设备、家用视听设备和电子计算机等电子信息产品制造行业。四川省电子信息产品制造业在汶川特大地震中直接经济损失41.19亿元，其中生产设施损失24.33亿元、生产附属设施等损失16.86亿元。

一 生产设施受损

四川省电子信息产品制造业由于生产设施受损造成经济损失24.33亿元。

四川省集祥锂业有限公司的主要产品为手机锂电池等，因震房屋和部分设备受损，损失金额400万元。绵阳灵通电讯设备有限责任公司主要生产通信设备，在地震中，房产受损200平方米，设备受损17台，经济损失共计160万元。

四川长虹集团始创于1958年，历经多年的发展，成为集电视、空调、冰箱、IT、通讯、网络、数码、芯片、能源、商用电子、电子产品、生活家电及新型平板显示器件等产业研发、生产、销售、服务于一体的多元化、综合型跨国企业集团。2005年，长虹跨入世界品牌500强。由于地震的巨大冲击，长虹集团直接经济损失高达16.92亿元。大部分厂房、仓库、办公大楼因灾出现开裂，其中厂房135.07万平方米受损，生产设备、仪表损坏2113台（套），共计损失1.97亿元。动力系统受到破坏，彩电、空调、冰箱各类生产线遭到损坏，关键精密生产设备损坏严重。

九洲集团是国内重要的电子企业，在数字电视前端设备、机顶盒及LED（半导体照明）等民用产品方面也处于国内领先地位。地震造成企业建筑物、设备、仪器、存货等损失，军工、数字电视、LED等业务受损。房屋损坏约70万平方米，设备仪器损坏490台（套），直接经济损失7.36亿元。其中，九洲电器在地震中经济损失共计5.22亿元。老厂区受损较重，地震严重破坏了九洲跃进路厂区的厂房，25幢建筑均不同程度受损。因地震损坏的房屋面积约70万平方米，危房达3.5万平方米，直接财产损失4.5亿元；设备仪器损失共计412台（套），其中完全损坏的共计264台（套），经济损失7233万元。

二 生产附属设施等受损

地震使四川通信产品和视听产品制造业的附属设施、产成品和在制品受损16.86亿元。

地震造成长虹公司供电、供水系统、动力系统等附属设施出现垮塌，使得公司的正常生产无法进行。长虹集团生活区房屋建筑因灾出现开裂，部分附属设施垮塌，房屋受损130万平方米，损失4.28亿元。地震使九洲集团职工住宅受到不同程度的损坏，其中10幢职工住宅成为危房，500多人无家可归。长虹集团在建的项目部分墙体开裂，支架、管道变形，工艺、工程设备移位，损失9.12亿元；长虹集团很多产品及半成品受到严重损坏，其中产品受损5403台（套），损失1.55亿元。

绵阳灵通电讯设备有限责任公司产成品损失50万元，在制品损失50万元。

地震造成九洲电器原材料、制成品等方面的存货损失共计1.9亿元，部分国家重点项目进展受影响。

第五章　国防工业受损

汶川特大地震受灾地区是中国国防科技工业的重要战略基地。地震中，一些国防工业企业受灾，部分军工科研生产仪器设备、大型科研设施、公共基础设施、职工生活设施等遭严重损毁，部分工业企业厂房坍塌，水、暖、电、气系统全部瘫痪，工艺管线断裂、移位等，部分科研生产任务遭受不同程度的影响。地震造成国防工业设施直接经济损失 66.6 亿元，其中核工业经济损失 31.6 亿元、航天工业经济损失 6.6 亿元、航空工业经济损失为 18.2 亿元、船舶工业经济损失 0.7 亿元、兵器工业经济损失 4.7 亿元、军事电子工业经济损失 4.8 亿元。

第一节　核工业受损

受汶川特大地震影响，中国工程物理研究院（以下简称中物院）、中核集团和中核建设集团等核工业基地的科研生产仪器设备、大型科研设施、科研用房和职工住房、配套设施等遭到不同程度破坏，经济损失达 31.6 亿元，其中生产设施损失 19.4 亿元、基础设施损失 3.1 亿元、生活设施损失 9.1 亿元。

中物院是国防科学技术重要科研事业单位。地震造成中物院科研生产、基础设施和职工生活设施多处不同程度损毁，经济损失共计 16.6 亿元。

中核集团是由国资委直接监管的特大型国有独资企业，拥有企事业成员单位近 100 家，在职职工约 10 万人，拥有核电、核燃料、核应用技术三大支柱产业。汶川地震使得中核集团下属的 14 个成员单位受灾，科研生产设施损毁严重，部分单位厂房坍塌，水、暖、电、气系统瘫痪，工艺管线断裂、移位；住宅与生活设施大面积倒塌、开裂，经济损失共计 12.5 亿元。

中核建设集团所属二三建设公司和二四建设公司遭到较大的破坏，经济损失约2.5亿元。

一　生产设施受损

地震对中物院、中核集团和中核建设集团的生产设施造成的直接经济损失共计19.4亿元。其中，厂房损毁造成经济损失9.2亿元，设备损毁造成经济损失8.2亿元，其他设施损毁等造成经济损失2亿元（见表126）。

主要核工业企业生产设施受损情况统计表

表126　　　　单位：亿元

企业名称	厂房损失	设备损失	其他损失	经济损失小计
中物院	2.9	7.1	1.6	11.6
中核集团	6.3	1.1	—	7.4
中核建设集团	—	—	0.4	0.4
合　计	9.2	8.2	2	19.4

中物院厂房倒塌面积6000平方米，受损面积563328平方米，经济损失2.9亿元；主工艺设备仪器损坏2885台（套），其中损毁1111台（套），经济损失7.1亿元。

中核集团四川环保工程有限责任公司是遭受地震破坏较严重的企业。地震发生后，多处建筑出现裂缝，基础下沉，出现地裂缝，部分地面隆起，墙体倾斜，断裂、错位，个别建筑震倒；道路被毁，多处断裂、塌陷；输变电设备受损，供电系统电缆多处损坏；通信线路受损；风机、吊车等设备和大量仪器仪表不同程度受损。

中核集团核动力院是从事核反应堆工程研究、设计、试验和运行的综合性基地，建成的国内第一座高通量工程试验堆，是国内自行设计、建造，并拥有完全自主知识产权的多功能综合性试验堆，主要承担核电站燃料组件、堆用材料及部件的辐照考验，以及同位素生产等任务。地震发生时，伴随着隆隆的地声，地面剧烈起伏颠簸，试验堆主操控室墙上的钟表猛烈摇晃，监控屏的指针剧烈抖动，天花板被扭曲撕裂，操纵台电话机被甩到地上。厂房外烟囱大幅度摇摆，附近的山坡上岩石滚落，尘土飞扬。人们头晕目眩，站立不稳。在紧急时刻，高通量工程试验堆值班长易逸按照紧急应急处置程序要求，采取紧急停堆措施，及时化解了可能出现的反应堆燃料元件高温损毁、放射性外溢、核泄漏、污染环境的事故风险。在地震中，中核集团核动力院厂房（包括办公场所）损毁严重，损毁建筑面积8.2万平方米。院试验厂房主厂房内部分房间、辅助系统建筑物等在地震中不同程度受损。主厂房工艺房间现浇板出现横向裂缝，钳工间部分承重砖柱出现横向贯穿裂缝，部分墙体出现严重裂缝，无法使用。为厂房提供冷却水的泵房墙体部分开裂。地震中，某厂区主厂房阀门间及办公室约120平方米建筑物有不均匀的沉降；厂房屋面防水层损伤，部分房间渗水、漏水。111楼一层配电间及实验室受损，出现断裂、不规则裂缝；实验室3根承重梁梁端开裂。112 楼实验室受到严重损坏，梁柱 1/3 处开裂，梁顺向移位，填充墙严重开裂。

地震中，中核集团四川红华实业有限公司生产厂房、库房等建筑物多处受损、裂缝，部分围墙倒塌、倾斜或裂缝。库房墙体裂缝严重，部分圈梁裂缝，地基局部沉降，存在较大安全隐患。受地震影响，四川红华实业有限公司厂外单位遭受较大损失，设备损坏严重；厂房墙体裂缝，屋面开裂，支撑柱断裂，烟囱裂缝。电站厂房墙体、屋面裂缝、输电线塔基裂缝，电杆松动断裂，拉线移位损伤，公路多处岩石崩塌，部分围墙倒塌、裂缝。

地震灾害造成中核建设集团二四建设公司办公楼、二公司办公楼、工业设备安装公司办公楼及生活服务公司办公楼墙体开裂、下沉和部分柱子断裂。工业设备安装公司的结构车间、机修车间墙体及屋面、地面受损严重。二四公司在地震中损坏 4 台塔吊、3 台升降机、1 座混凝土搅拌站、4 台搅拌机、3 辆机械翻斗车、2 套钢筋设备、2 台变配电设备、23 台办公设备和试化验设备，损失 103.8 万元。

二　生产附属设施等受损

灾区核工业基础设施受损严重，直接经济损失 3.1 亿元，其中中物院 2.4 亿元、中核集团 0.6 亿元、中核建设集团 0.1 亿元。地震造成中物院供水、供电、供气系统和交通道路、通信设施等多处损毁，多台变压器受损，部分高、低压电线、电缆等损坏，高压电缆支架倒塌，配电设备损坏；多处供水管道破裂，供水铸铁管道多处暗漏；天然气管网基础位移、塌陷，管道破损或连接处有泄漏，多只天然气阀门拉裂。山区科研场所道路破坏严重，多处已不具备通行条件，受损道路总计约 40 公里，经济损失 4000 万元；多处桥梁受损，1 座桥梁垮塌，经济损失 2000 万元。中核集团灾区部分单位水、暖、电、气系统全部瘫痪，工艺管线断裂、移位，公用基础设施损毁造成经济损失 5585 万元。中核建设集团基础设施经济损失约 1258 万元。

灾区核产业职工生活设施受损严重，直接经济损失 9.1 亿元，其中中物院 2.6 亿元、中核集团 4.5 亿元、中核建设集团 2 亿元。地震造成中物院职工住宅与生活设施普遍受损，其中 168 栋职工住宅严重受损，经济损失 1.24 亿元；职工生活配套用房受损约 11 万平方米，多处建筑物墙体开裂、错位，天花板和外层墙面脱落，水电气设施严重毁坏，115 部电梯变形，2 所幼儿园、3 家医院、科学会堂、职工文化活动中心、花园、综合楼等部分建筑经鉴定为危房，经济损失约 1.4 亿元。中核集团受灾单位职工住宅与生活设施大面积倒塌、开裂，有的单位 80% 职工住房成为危房，住宅损毁，经济损失共计 4.03 亿元。中核集团四川环保工程有限责任公司生活区受损房屋 132 栋，总面积 200278 平方米。中核集团四川红华实业有限公司住宅生活基地楼房普遍受损，墙面、墙体、屋面及横梁端部出现不同程度裂缝，屋面瓦滑落，上下水管破裂，部分围墙倒塌、倾斜或裂缝。其中，49 号、50 号住宅楼墙面、屋面、楼地面及墙体多处竖向、水平裂缝，楼板裂缝多处有错位现象，部分圈梁纵向断裂，局部地基下沉。核动力院职工住宅和营房 45 幢、63452 平方米的承重结构开裂。地震中中核集团二八〇研究所住宅楼屋顶塌陷，房屋多处墙体拉裂，无法居住，直接经济损失约 188 万元。中核建设集团职工生活设施受损，直接经济损失 2 亿元。二四建设公司住宅楼受到不同程度损毁，受损房屋共计 26 幢、29980 平方米，564 户受灾，其中严重破坏的楼房共计18幢、19693平方米、387户。二三公司四川基地职工住房受灾面积达180052平方米，经济损失约10210万元。

第二节 航天工业受损

汶川特大地震对航天科技集团和航天科工集团的生产设施、基础设施和职工生活设施造成严重破坏，直接经济损失6.6亿元，其中生产设施4.6亿元、基础设施1.2亿元、生活设施0.8亿元。

航天科技集团在四川、陕西及甘肃的航天动力技术研究院、中国空间技术研究院、航天推进技术研究院、四川航天技术研究院、中国航天时代电子公司5个院级单位的44个厂、所（公司）在地震中受灾，直接经济损失6.3亿元。其中，位于四川地区的下属单位受灾最为严重，建筑物不同程度损毁；办公设备、仪器设备和产品、原材料、元器件等被砸坏；一些大型、精密、贵重、稀有的设备和数控设备受强烈震动影响，出现液压系统损坏、精度超差等现象，正在生产、加工中的产品受损或报废；水、电、气基础设施也遭到严重破坏。

航天科工集团在地震中受灾的单位主要有成都航天通信设备有限责任公司、航天工业供销西南公司（成都）、航天信息四川金穗高技术有限公司（成都）、绵阳灵通电讯设备有限公司、西安长峰机电研究所、陕西航天建筑工程公司（西安）、国有江河化工厂等7家单位。受灾单位的直接经济损失达3000万元。

一 生产设施受损

地震对航天科技集团和航天科工集团生产设施造成的直接经济损失共计4.6亿元。其中，厂房损毁造成经济损失1.6亿元，设备损毁造成经济损失1.2亿元，其他生产设施损毁造成经济损失1.8亿元（见表127）。

航天两大集团生产设施受损情况统计表

表127 单位：亿元

企业名称	科研生产设施损失			经济损失小计
	厂房	设备	其他	
航天科技集团	1.5	1	1.8	4.3
航天科工集团	0.1	0.2	—	0.3
合计	1.6	1.2	1.8	4.6

航天科技集团航天动力技术研究院厂房、库房、试验室共33栋在地震中受损，受损总面积为10972平方米，损失为1966万元。部分厂房立柱出现裂纹，伴随不同程度倾斜，较多厂房发生墙体裂缝、地面下沉、钢梁支架从墙体中拉开、水泥脱落、门窗玻璃破裂等现象，部分厂房发生塌陷；在山区的厂房受损较为严重；西安航天动力测控技术研究所试验室震后出现建筑裂缝。由于多台高精度加工和测试设备、大型吊车在地震发生时正在工作，地震震动导致设备出现基础变形、设备碰撞、跌落等情况，多台设备受损严重。院属单位受损设备19台，损失为1046万元。

航天科技集团中国空间技术研究院西安分院科研生产厂房损坏600平方米、经济损失68万元，设备设施损坏2台、经济损失20万元。兰州空间物理研究所生产厂房墙面和房顶出现裂缝，1台设备受损，综合科研楼山墙、地面出现裂纹。

航天科技集团航天推进技术研究院试验区周围山体岩石滚落、库房及试验室严重受损。3台高压气瓶，2台供电及供气监控系统主机、吊车、精密机床、测试系统、光纤内窥镜、精密仪器、2部电梯等13台（套）科研生产仪器设备受损严重，无法修复。

航天科技集团四川航天技术研究院科研生产用房受损94栋，受损面积535089平方米，经济损失11067万元；生产设备仪器受损1351台（套），经济损失4796.66万元；服务业设备仪器受损237台（套），经济损失478万元。

航天科工集团成都航天通信设备公司生产厂房墙面、墙体、外墙、围墙开裂，屋面防水层破坏、屋顶开裂，总计受灾建筑面积达74056平方米。公司49台数控精密设备受损严重。地震造成公司生产设施直接经济损失1139万元，其中厂房和住宅损失370万元，设备损失769万元。

航天科工集团中国航天工业供销西南公司（成都）办公、库房、宿舍墙体裂缝，直接经济损失131万元。四川金穗高技术有限公司（成都）墙体出现裂缝。其他灾区公司办公楼同样出现了裂痕，广元办公楼成为危房，直接经济损失11万元。

航天科工集团绵阳灵通电讯设备有限公司的办公楼、厂房墙体撕裂、倾斜面积890平方米，屋顶塌落面积460平方米，97套灯具和25台仪器设备受损，直接经济损失272.5万元，其中厂房和基础管网损失166万元、设备损失106.5万元。

航天科工集团陕西航天建筑工程公司机械设备毁损造成损失1178.8万元。4台塔吊毁损变形、损失约609万元，各种机具、脚手架材料等损失约380万元。

二　生产附属设施等受损

航天工业基础设施在地震中受损，造成直接经济损失1.2亿元。

航天科技集团航天动力技术研究院水电气系统、交通道路、通信设施等基础设施受到不同程度损坏，部分围墙倒塌，水塔倾斜。西安航天化学动力厂部分供水供气系统断裂，道路塌陷。陕西延风汽车修配厂一处水塔倾斜，塔身水泥脱落。西安航天动力机械厂分厂供水主管道出现变形、漏水。兰州空间物理研究所一条低压电缆敷设管孔发生错位，造成两条1200米长的低压电缆受压卡死，无法更换电缆，直接经济损失30万元；高压配电室的高低压配电柜发生位移，连接错位，6台变压器发生轻微位移。一车间高低压配电室山墙有两处贯通裂缝，长度大约4米左右，裂缝最宽处达15厘米。供水房多台上水泵发生不同程度位移，连接错位。四川航天技术研究院基础设施受损，资产损失10471万元。其中，供电设施损毁36台配电柜、26台高压开关、1台1250千伏安变压器、油浸纸绝缘电线7000余米、电缆沟1000余米，受损资产约850万元；通信设施受到较大影响，主干道电缆严重受损，通信管道部分出现裂纹，受损资产100万元；给水管道受损4000余米，受损资产约550万元。航天科工集团绵阳灵通电讯设备有限公司供水系统设施损毁，损失约135万元。

航天工业系统生活设施因灾受损，造成直接经济损失8000万元。

航天科技集团四川航天技术研究院职工住宅171栋受损，受损面积343114平方米，经济损失3533万元。中国空间技术研究院西安分院职工住房受灾3100平方米，经济损失51万元。兰州空间物理研究所5栋职工住宅楼出现不同程度裂缝，面积约5000平方米。

航天科技集团航天动力技术研究院老区4栋住宅楼出现多处裂缝、伸缩缝前后错位等现象，其中43号、44号居民楼震后多处出现裂缝，成为危房。职工住房受损面积为6000平方米，经济损失900万元。航天动力技术研究院所属厂房及设备在地震中受损，其中临近震中地区的公司建筑物及设备受到严重破坏。厂房受损总面积为3350平方米，损失493万元。陕西航天医院住院楼、手术室及多台设备受损严重；职工培训学校教学楼、宿舍楼出现多处裂缝；医院、学校总计受损面积为4050平方米，经济损失405万元；医院设备12台受损，经济损失243万元。

航天科工集团成都航天通信设备有限责任公司综合楼和部分房屋外墙裂缝，个别建筑物整体下陷，直接经济损失200万元。公司幼儿园和职工住宅部分房屋屋顶瓦块滑落，外墙裂缝。航天科工集团绵阳灵通电讯设备有限公司职工住房受损86户，定为危房而停止使用的32户。陕西航建公司住宅小区房屋直接经济损失103万元。

航天科技集团中国空间技术研究院兰州空间物理研究所供货进度受到影响。部分企业厂房损坏，处于停产状态，影响了产品的正常生产和交付。航天动力技术研究院多项在建工程的施工现场多处出现避雷塔倒塌、围墙倒塌、未成型浇灌混凝土构件损毁等灾情，在建工程损失为2710万元。其中在建的西安航天化学动力厂施工现场出现4处围墙倒塌，施工塔吊臂折断，使得已建成的结构损坏。在建的西安航天动力技术研究所厂房避雷塔被震倒，试验楼框架模板破裂。由于地震影响，四川航天技术研究院长征机械厂厂房旁一座避雷塔底端塔架严重变形；部分厂房空调主机换热器损坏，压缩机烧毁，控制系统局部损坏，通风风管局部震裂，部分风管连接处脱落；新建厂房空调机组表冷器破裂，电机被烧。四川达宇特种车辆制造厂某技改项目厂房受损，需局部进行维修。四川航天技术研究院成品2974件受损。

航天科工集团绵阳灵通电讯设备有限公司10余项生产合同履约受到地震的影响。公司科研办公楼施工因震停止，建设进度受到严重影响。陕西航天建筑工程公司23个基层单位的47个在建建筑遭到破坏。成都航天通信设备公司因受地震影响，产品研制进度以及部分供货渠道受到影响。

第三节　航空和船舶工业受损

一　航空工业受损

地震给中国航空工业第一集团公司（以下简称中航一集团）和中国航空工业第二集团公司（以下简称中航二集团）等有关单位造成比较严重的损失，生产设施和生活设施遭到破坏，直接经济损失为18.2亿元，其中生产设施经济损失12.1亿元、基础设施经济损失2.1亿元、生活设施经济损失4亿元。

中航一集团遭受地震破坏，造成直接经济损失14亿元。主要受灾单位有中国燃气涡轮研究院、成都飞机工业公司、成都航空仪表公司、成都飞机设计研究所等单位，特别是中国燃气涡轮技术研究院损失严重，80%房屋受损。

中航二集团汉中航空工业有限公司总部及所属16家企事业单位受到较大损失。部分厂房和设备（设施）、住宅和生活设施等不同程度受损，经济损失约4.2亿元。

生产设施受损　地震对中航一集团和中航二集团的生产设施造成的直接经济损失共计12.1亿元，其中厂房损毁造成经济损失4.6亿元、设备损毁造成经济损失6.8亿元、其他生产设施损毁造成经济损失0.7亿元（见表128）。

航空工业两大集团生产设施受损情况统计表

表128　　单位：亿元

企业名称	科研生产设施损失			经济损失小计
	厂　房	设　备	其　他	
中航一集团	3.1	6.2	0.2	9.5
中航二集团	1.5	0.6	0.5	2.6
合　计	4.6	6.8	0.7	12.1

汶川地震对中航一集团中国燃气涡轮研究院造成的破坏较大，致使科研生产设施和生活设施无法使用。受损严重的主要是高位水池和试验厂房。高位水池严重破坏，周边出现环形裂纹；试验厂房大部分受损。中航一集团成都飞机工业公司受损机械设备396台（项），主要为数控设备、精密设备、起重设备以及立体刀具库和模具库，其中数控设备（含精密设备）142台、起重设备（含客货电梯）245台、立体刀具库和模具库4个、其他设备5台。部分锅炉有不同程度的损坏，6台锅炉炉墙与钢结构发生位移，存在安全隐患。地震对成都飞机设计研究所32栋科研和辅助用房造成不同程度的损害。在建工程科研综合楼施工塔机倾斜、支撑架管松动移位、底板出现裂缝。

各种设备损失173.7万元左右。厂房控制柜损坏；显示系统投影器损坏；PC计算机和服务器电源损坏12台，电源损坏1台，阵列盘损坏1台；交换机损坏2台，通信总交换机损坏1套；电梯、电源、门禁设备、监控设备等受到不同程度损坏。研究所所属各企业房屋受损，损失58万元。

中航二集团汉中航空工业有限公司16家单位受到地震较大破坏，160多栋各类厂房（办公楼）、385台（套）各类设备和部分基础设施受损。

生产附属设施等受损 航空工业基础设施直接经济损失2.1亿元，其中中航一集团损失1.8亿元、中航二集团损失3000万元。

地震发生后，中航一集团中国燃气涡轮研究院科研供电系统、生产用水系统、油库供油系统基本瘫痪，军工科研生产用电、冷却水、用油供应困难。成都飞机工业公司的2个天然气球罐受损，4000米左右高压电缆损坏，造成区域性停电。中航二集团汉中航空工业有限公司有17座烟囱和水塔被震损。

航空工业生活设施受损严重，直接经济损失4亿元，其中中航一集团损失2.7亿元、中航二集团损失1.3亿元。

中航一集团中国燃气涡轮研究院职工住宅受损严重的近10万平方米。某新区职工住宅19栋共668户受损比较严重，出现较大的裂纹和破损，受损面积5.34万平方米；某地区职工住宅48栋，墙体和承力墙出现裂纹，其中22栋共722户受损严重，面积达5万平方米。

中航一集团成都飞机设计研究所有36栋住宅、275户住房受损。在建的7.29万平方米住房，墙体开裂，外墙瓷砖脱落，损失200万元以上。

中航一集团成都飞机工业公司受地震影响，7894件零件报废或待技术处置。

中航二集团汉中航空工业有限公司190余栋住宅楼受损。

二　船舶工业受损

主要船舶工业企业中船重工集团分布在重庆、陕西、云南等地区的成员单位受到汶川地震波及，部分厂房和设备不同程度受损。地震造成超过24.8万平方米房屋和275台（套）设备受损，直接经济损失7000万元，其中生产设施损失4000万元、基础设施损失1000万元、生活设施损失2000万元。

中船重工集团生产设施受损直接经济损失4000万元，其中厂房3000万元、设备设施1000万元。集团公司位于重庆市的16家企业都不同程度受到地震的影响，部分建筑物墙体开裂、倾斜。集团公司下属的西安船舶设备公司部分单位不同程度受损，其中陕西柴油机重工有限责任公司4个分厂的厂房围墙倒塌近1000米，铸造一分厂20米高烟囱倒塌，砸毁两座退火窑和自行车棚；6个分厂的10余台天车因导轨变形位移无法正常使用；陕西柴油机重工有限责任公司、西安东风仪表厂、热加工工艺研究所、西安精密机械研究所等单位建筑物多处墙体出现倾斜、裂缝、变形、位移，墙皮大面积脱落。

地震对船舶工业系统基础设施造成破坏，直接经济损失1000万元。船舶工业系统生活设施因震遭受直接经济损失2000万元。

第四节　兵器工业和军事电子工业受损

一　兵器工业受损

汶川地震对四川省、甘肃省、陕西省、重庆市的兵器工业造成损失，建筑物损毁，供水、供电、交通、通信中断，生产设备受损，生产被迫停止，正常的生产、工作、生活秩序被突如其来的地震灾害打乱，经济损失合计4.7亿元，其中生产设施3.1亿元、基础设施3000万元、生活设施1.3亿元。

兵器工业集团在四川、重庆、陕西、甘肃等地的18个企事业单位遭到不同程度破坏，经济损失合计约1.42亿元。

兵器装备集团地处四川省的企事业单位受灾较大，经济损失3.3亿元。

生产设施受损　地震对兵器工业集团和兵器装备集团的生产设施造成直接经济损失共计3.1亿元（见表129）。其中，厂房损毁造成损失1.8亿元，设备损毁造成损失4000万元，其他生产设施损毁造成损失9000万元。

中国兵器工业两大集团生产设施受损情况统计表

表129　　单位：亿元

企业名称	科研生产设施损失			小　计
	厂　房	设　备	其　他	
兵器工业集团	0.4	0.1	0.1	0.6
兵器装备集团	1.4	0.3	0.8	2.5
合　计	1.8	0.4	0.9	3.1

兵器工业集团陕西北方动力有限责任公司厂房多处墙体、立柱出现裂缝和结构性损伤，受损厂房建筑面积8.6万平方米，厂房损毁造成经济损失2546万元。西安东方集团有限公司6栋建筑物梁、柱等结构件受损，受损面积达5600平方米，其中1栋建筑被迫停用；另有8栋建筑约4.6万平方米墙体龟裂。泸州北方化学工业有限公司本部研发中心大楼横墙出现不同程度的裂缝；物资储运公司库房轴线屋面梁均在中间跨支座处出现竖向裂缝；技术图书馆部分基础出现下沉现象；工厂部分围墙出现裂纹、沉陷、倾斜及倒塌现象；转运站后墙体、砖壁柱都出现不同程度的裂缝；某库房三榀梁下部均出现纵向裂缝，部分槽形板板肋开裂，部分库房出现墙体拉裂，部分承重墙出现贯通裂纹；受地震作用影响，天然气、蒸汽、供水管网出现长约300米的局部拉裂情况，产生泄漏现象。西安应用光学研究所厂房及建筑物多处

出现裂缝及变形，围墙倒塌20余米，受损面积共约2600平方米，经济损失228万元；受损重要仪器设备32台（套），严重受损3台（套），日常办公设备和家具多处损坏，经济损失200万元。西南技术物理研究所工作区大部分房屋受损，墙体、地面产生大小不一的裂缝，部分天花板脱落，门窗损坏，受损面积约8.7万平方米，损失约180万元；仪器设备47台（套）受损，经济损失2953万元；科研生产装备3台（套）损坏，经济损失88.2万元。西安近代化学研究所围墙发生倒塌或出现裂缝；损毁2台（套）设备，损失70万元。西安北方惠安化学工业有限公司直接经济损失479.16万元。

兵器装备集团西南自动化研究所近1.3万平方米建筑不同程度受损，304台（套）设备受损，直接经济损失2800万元。其中，2栋建筑面积7000平方米办公楼损毁；科研楼、数控部营销楼受损严重；礼堂等多处建筑受损，围墙倒塌近50米，多处堡坎受损。部分重灾地区企业遭受毁灭性重创，生产经营全面中断。兵器装备集团建安工业有限责任公司是全国轻、微型汽车车桥、轿车悬架、空气滤清器的主要生产基地。地震造成该公司固定资产经济损失2190万元。陵川特种工业有限责任公司生产建筑、动力管网、生产设备、民用建筑等在地震中遭受不同程度的损坏，直接经济损失3476万元。四川宁江精密工业有限责任公司厂房受损4.2万平方米，设备受损254台（套），直接经济损失约5000余万元。四川华庆有限责任公司厂房、设备直接经济损失3388万元，受损面积21万平方米（其中生产区5.1万平方米），设备受损534台。兵器装备集团晋林工业公司生产区房屋多处开裂，机加工房发生大面积拉裂，办公楼多处开裂，生产区等围墙垮塌。

生产附属设施等受损 兵器工业基础设施受损，直接经济损失0.3亿元。

兵器工业集团公司供水、电力、供气、道路、通信等基础设施受损，造成613万元经济损失。兵器工业集团陕西北方动力有限责任公司生产区内道路局部受损、水管破裂、地下混凝土给水管道扭曲、电网中断，损失280万元。西安现代控制技术研究所某烟囱上半部出现3道裂缝，最长约15米、最宽处约8厘米，烟囱倾斜严重。陕西北方动力有限责任公司锅炉房西山墙开裂，圈梁拉断；运煤廊砼立柱断裂，梁、柱钢筋外露，锈蚀严重，现浇廊底板拉裂；碎煤间墙体开裂，错位严重；邻楼部分与锅炉房墙体拉开，梁出现斜裂缝。泸州北方化学工业有限公司供能系统烟道出现多处裂缝，损坏严重；锅炉房屋面防水层拉裂。

兵器装备集团公司陵川特种工业有限责任公司、晋林工业公司等部分管网受损。四川宁江精密工业有限责任公司路面1.1万平方米、围墙2100米、电线4000米、电缆2000米、变压器1台、其他电器件6套、供水管网1000米、水泵3个、阀门56个、排污管道900米、地下管网1800米受损。

兵器工业生活设施受损，直接经济损失1.3亿元。

兵器工业集团职工住房及生产厂房等直接经济损失6830万元。该集团陕西北方动力有限责任公司受灾严重的有4个家属村，受损楼房26栋，经济损失6859万元。西安东方集团有限公司福利区受损建筑92栋，其中1栋住宅楼和1栋幼儿园教学楼结构受损，其余90栋住宅墙面出现不同程度的裂纹；14部电梯受损。四川亚大公司处于重灾地区，地震致使部分围墙倒塌，员工宿舍楼出现较大裂缝，无法居住。西安北方庆华机电集团有限责任公司123户生活用房受损，面积达 1.1 万平方米。西安应用光学研究所居民住宅楼及社区卫生服务中心多处出现裂缝及变形，受损面积约 2716 平方米，经济损失 163 万元。

兵器装备集团职工住宅损毁造成直接经济损失 6000 万元。四川宁江精密工业有限责任公司职工住宅 132 套受损，其中倒塌和严重受损的有 56 套，受损金额达 2320 万元。受地震影响，西南自动化研究所 12 栋职工住宅受到不同程度损伤，其中 2 栋受损严重。

兵器工业集团西南技术物理研究所因地震造成供电中断，导致在制品报废，直接损失 125 万元。兵器装备集团成都光明光电股份有限公司成都光明本部由于地震造成供电中断，致使所有生产线上的大量在制品报废。

二　军事电子工业受损

汶川地震灾害给中国电科集团和中国电子集团造成不同程度的损失。军事电子工业因灾经济损失达 4.8 亿元，其中生产设施 3.4 亿元、基础设施 5000 万元、职工生活设施 9000 万元。

生产设施受损　在汶川地震中，中国电科集团地处四川、重庆、甘肃和陕西的 10 个成员单位遭受不同程度的损害，共 500822 平方米科研生产用厂房受损，其中 68775 平方米损毁、432047 平方米损坏；179749 平方米民品生产厂房受损；受损设备 2282 台（套）。四川大型试验设施受损严重，需拆除大修和部分重建，试验室垮塌报废。受灾的某试验场，多栋楼房倒塌，备件被埋，正在测试的一些设备受损。

中国电子集团驻川企业个别单位出现办公楼开裂，家具、天花板、门窗被震坏的情况，部分财产损失。

生产附属设施等受损　中国电科集团四川试验场区水、电、气、通信、网络和废水处理设施全部损坏；道路出现多处裂缝，围墙倒塌，跨铁路桥梁支柱倾斜。中国电科集团约有 605714 平方米职工住房受损。受灾单位装备、科研生产试验设备、房屋、基础设施和关键物资被损毁或被倒塌建筑压埋，致使一些科研、生产和试验难以开展。部分配套生产单位受地震影响，不同程度地推迟了产品交付，导致部分装备和产品的研制和交付计划进度受到影响。四川试验设施和试验室受损，导致测试、试验资源紧张，一些关键试验项目无法开展。

第六章　工业园区及乡镇（街道）工业受损

在汶川特大地震中，工业园区和乡镇（街道）企业遭到严重破坏，造成直接经济损失 455.36 亿元，其中工业园区经济损失 153.13 亿元、乡镇（街道）企业经济损失 302.23 亿元。工业园区及乡镇工业受损主要集中在四川省，该省 44 个工业园区企业和基础设施遭到不同程度破坏，大批乡镇（街道）企业被摧毁，16208 户中小企业受灾。

第一节　工业园区受损

汶川特大地震对工业园区（含各类开发区和工业集中发展区，下同）的经济冲击较大，造成经济损失达 153.13 亿元。四川省 44 个工业园区企业和基础设施均遭到不同程度损坏，其中国家级工业园区 2 个、省级以上工业园区 17 个、市（州）和县（市、区）级工业园区 25 个。川苏都江堰科技产业园区、彭州工业开发区、什邡城南新区、绵竹剑南春工业集中发展区、安县花荄工业开发区、江油工业园区、剑门工业园区、阿坝工业园区等 14 个工业园区的道路、电力、供水、供气、环保治污等基础设施损坏较为严重。阿坝的桃关、漩口工业园基本上被夷为平地，北川、青川、汉源三县工业园区的企业厂房毁损严重，难以修复。

彭州市工业开发区始建于 1992 年 8 月，开发区规划面积 11.9 平方公里，震前园区已初步形成以医药化工、新型建材、机械制造、家具、食品、服装为主导的六大产业。地震中有 94 家企业遭受不同程度的损失，16 家在建企业、78 家建成企业停工停产，直接经济损失约 6700 万元。

川苏都江堰科技产业园创建于2005年10月，是成都市规划的汽车零配件生产基地和以机电产业为主导的特色产业园区。规划面积6.67平方公里。至2008年5月地震前，有55个在建项目、39个竣工项目，其中有拉法基水泥厂、普什宁江机床等规模以上企业21家，投资1亿元以上的项目有11家，5000万元以上的项目有11家。地震使园区工业遭受前所未有的沉重打击，在建项目全部停建，所有企业全面停产，园区工业瞬间瘫痪。厂房严重损坏，机械设备严重损毁，企业直接损失13.16亿元。整个园区基础设施受损项目30个，直接经济损失6.31亿元。园区水、电设施受损严重。园区的四通自来水厂建筑物损坏，部分供水设施损坏，取水井损坏。室外供水管道、企业内供水网络都遭受程度不同的破坏。园区的蒲阳变电站建筑物损坏，部分变压器损坏，电杆倾倒，路灯损坏，泰兴路电力排管受损，电力井、电力线沟等供电设施严重损坏。企业内部供电设备、供电线路均遭受程度不同的破坏。天然气配气站遭破坏，输气管道均遭受程度不同的损坏。园区企业内部供气配套设施、输气管道损坏。中国电信、中国移动、中国联通在该园区设置的通讯基站均遭破坏，电讯线杆倾倒，通讯电缆线损坏，通信中断。交通严重破坏，园区纵横交通道路共有12条，其中6条损坏严重，路基沉陷、路面开裂；桥梁损坏1座，沟渠损坏500米。多处排水管道损坏严重。园区企业80%的建筑受到程度不同的破坏，其中倒塌房屋200余间、计5000平方米，严重破坏4000余间、计9.5万平方米。园区管委会原党政机关办公楼严重损坏，成为危房，须拆除。在建办公大楼中度损坏，园区管委会办公大楼严重损坏，办公设备、设施损毁严重，共造成经济损失95665万元。

德阳市全市各工业园区受灾企业达781户、经济损失达113.57亿元，其中房屋受损面积达247.31万平方米、经济损失25.75亿元。受灾企业中规模以上企业326户受损，财产损失和生产受阻损失计102.2亿元，其中房屋受损面积达175.8万平方米、经济损失14.36亿元（见表130）。

德阳市工业园区企业受损情况统计表

表130

工业园区	企业受损（家）	房屋受损（万平方米）	设备受损（台/套）	经济损失（亿元）
德阳市旌阳区工业集中发展区	200	64.3	7480	20.6
罗江县工业集中发展区	17	3.76	261	2.88
广汉经济开发区	186	37.22	919	9.15
绵竹新市、剑南春工业集中发展区	56	78.46	21159	72.6
中江县工业集中发展区	42	11	455	1.22
中江仓山工业集中发展区	21	3.47	52	1.1
什邡市城南新区	5	1.42	610	1.18
什邡市灵杰工业集中发展区	21	2.8	—	0.23
德阳高新技术产业园	233	44.88	2210	4.61
合　计	781	247.31	33146	113.57

绵阳市高新区、经济开发区和科创园区3个主要工业园区经济损失39.11亿元，其中财产损失13.64亿元、停产及在建项目损失25.47亿元。绵阳市高新区全部工业经济损失13.38亿元，其中财产损失4.84亿元、停产及在建项目损失8.54亿元；经济开发区全部工业经济损失13.69亿元，其中财产损失1.05亿元、停产及在建项目损失12.64亿元；科创园区全部工业经济损失11.51亿元，其中财产损失7.52亿元、停产及在建项目损失3.99亿元。绵阳科技城科教创业园区有19户工业企业受损，33人受伤，直接损失4.47亿元，重大项目建设受阻损失0.97亿元。其中，厂房坍塌面积共计1.39万平方米，损失0.23亿元；厂房受损面积32.97万平方米，损失32.97亿元；生产设备受损977台（套），损失6000万元；其他财产损失2.36亿元。

广元市元坝区受损工业企业主要是集中在元坝工业发展集中区的73家，受损率为65%，受损机械设备4910台，损失12359万元；受损厂房面积达15万平方米，损失13179万元，受损率为45%，工业企业直接经济损失达26650万元。煤炭企业垮塌巷道4700余米，受损机械设备21台，损失达1205万元。

南充市全市工业园区经济损失4528.8万元。其中，财产损失2656万元，停产及在建项目受阻损失1872.8万元。

第二节　乡镇（街道）工业受损

汶川特大地震摧毁了大批乡镇（街道）企业，许多企业厂房垮塌、设备损毁、人员伤亡。四川省共有16208户中小工业企业受灾，死亡职工1542人，直接经济损失达302.23亿元，其中德阳市104.8亿元、绵阳市99亿元、阿坝藏族羌族自治州97亿元、南充市1.43亿元。

德阳市所辖绵竹市汉旺镇位于四川中北部盆地边缘，面积78.9平方公里。镇内除分布着全国三大汽轮机生产企业之一的东汽、全国四大磷矿基地之一的清平磷矿、省内黄磷生产规模最大的中外合资企业华丰磷化工公司和汉旺黄磷有限责任公司等规模以上企业17家外，还有镇村两级工业企业145家，基本形成以机械加工、矿山采掘为主体，建工建材为优势，磷化工业为龙头的工业格局。2007年，全镇工业生产总值131亿元，财政总收入近3亿元。汶川地震使汉旺镇顷刻变成一片废墟，全镇145家乡镇工业企业全部受损，直接经济损失高达80亿元。旌阳区乡镇（街道）企业在地震中遭受重创，因震经济损失达24.8亿元。旌阳区孝泉镇乡镇企业受损81家，直接经济损失7.71亿元，其中厂房受损20.04万平方米、直接经济损失5.76亿元，机械设备2320台、直接经济损失1.95亿元。旌阳区柏隆镇5个规模以上企业受损严重，共造成损失10.24亿元。旌阳区德新镇规模企业共有20余个主车间受损，面积达1.5万平方米、经济损失648万元，设备受损44台、经济损失439.25万元。旌阳区黄许镇受灾企业96家，直接经济损失4.99亿元。旌阳区东湖乡7家企业的厂房、围墙和机械设施受损，直接经济损失达828万元。旌阳区天元镇辖区企业也受到不同程度的损害，大多数企业厂房墙体倾斜，机械设备被砸坏，造成300余家生产性企业停产。旌阳区扬嘉镇共有企业40家，均遭受不同程度的损失，经济损失16815万元。旌阳区工农街道办辖区68家企业不同程度受损。

绵阳市所辖北川羌族自治县360余家中小企业遭受严重损失，直接经济损失19.5亿元。安县乡镇企业全部停产，厂房损毁201万平方米，设备损坏1.8万台（套），一批在建重大项目停工。平武县200余家中小企业遭受重创，规模以上企业损毁11家，工厂停工，厂房设备设施、产品和材料严重受损，直接经济损失18.1亿元。江油市工矿企业受损530家，受损率达98%以上，其中146家规模以上工业企业全部受损，厂房倒塌、危房面积558万平方米，设施设备损毁4.4万台（套），直接经济损失30亿元。涪城区240家工矿企业受损，厂房受损118万平方米，设备、设施受损4973台（套），直接经济损失22.2亿元。游仙区233家工业企业受损，直接经济损失4.02亿元，其中95家规模企业中有84家受灾。梓潼县企业财产损失3.36亿元。三台县受损企业325家，其中规模以上工业企业76家，损毁厂房22.21万平方米，损毁设备设施2700台（套），直接经济损失2.48亿元。盐亭县工矿企业受灾99家，损毁设备、设施1558台（套）。仙海水利风景区6家工矿企业受损，损毁厂房3110平方米。

阿坝藏族羌族自治州所辖汶川县水磨镇位于汶川县东南部山区，为高山峡谷地区，有水泥厂、纸厂、酒厂、砖厂、石灰窑、矿山等66家，地震中45家工业企业受损，直接经济损失24.17亿元。茂县72家工矿企业受损，其中规模以上工业企业11家，包括东兴乡盐化厂、电石厂，洼底乡硅石矿山，雅都乡盐化厂、葡萄种植基地，凤仪镇九峰药业、领地酒庄、绣庄，南新镇天和硅业、鑫盐化工、金元铁合金、格桑花牦牛角梳厂等，厂房倒塌33.7万平方米，损毁设备、设施243台（套），工业产品和材料严重受损，直接经济损失72.83亿元。

南充市9个县（市、区）均有强烈震感，367个乡（镇）不同程度受灾，工业企业损失1.43亿元，其中生产经营损失7794万元；设施设备受损153台（套），损失1597万元；厂房受损187间，损失4863万元。

第八篇

农 业 受 损

四川、甘肃、陕西、重庆、云南等省（市）的农业在全国占有重要地位，其中四川省是中国西部最重要的粮食和副食品基地，粮食生产在全国具有重要地位和特殊贡献，不仅是全国粮食主产区，也是中国西部唯一的主产区，特别是稻谷的种植面积和产量在全国名列前茅，自古有“天府之国”的美称。四川省还是全国的畜牧业大省，2007年猪牛羊肉产量占全国的8.72%、猪肉产量占全国的9.52%，均居全国第一。四川省也是全国林业资源大省，属全国第二大林区，全省植被类型繁富，景观多样性丰富，是全国甚至全球的植物区系和自然植被类型最为繁盛的地区之一。此外，四川省的综合农业机械化水平较高，农业集约化水平居全国前列。

汶川特大地震给灾区的种植业、林业、畜牧业、渔业等造成严重损失，四川省受灾最为严重。地震造成四川、甘肃两省约12.8万公顷耕地受损，18.17万公顷粮食作物受灾；四川、甘肃、陕西三省损毁林地面积48.6万公顷，约占灾区林地面积的3.66%；四川、甘肃、陕西、重庆、云南五省（市）死亡畜禽3495.61万头（只），倒塌圈舍3191.67万平方米，畜牧产业链同时遭受巨大损失；四川、甘肃、陕西、重庆四省（市）渔业受灾面积3.4万公顷，损失成鱼2.75万吨、鱼种2937吨；地震还给四川、甘肃、陕西、重庆、云南五省（市）的农业机械、能源设施造成了不同程度的损失。据民政部等四部委9月4日灾损校核报告，川甘陕农业直接经济损失384.12亿元（不含房屋类损失），其中四川省364.86亿元、甘肃省6.6亿元、陕西省12.66亿元。

第一章 种植业受损

四川省农业素有精耕细作的传统，形成了夏收作物、秋收作物、晚秋作物一年三季的耕作制度，2007 年末耕地面积 394.59 万公顷、农作物播种面积 976.73 万公顷，人均耕地 0.045 公顷；耕地有效灌溉面积 249.98 万公顷，占耕地面积的 63.35%；其中旱涝保收面积 172.96 万公顷，占耕地面积的 43.83%。盛产水稻、小麦、棉花、玉米、红薯、甘蔗、油菜籽、蚕丝、柑橘等农作物，还出产虫草、贝母等多种珍贵药材。

甘肃省农作物资源丰富，小麦、玉米、马铃薯是三大主要粮食作物。2007 年末耕地面积 344.9 万公顷，有效灌溉面积 105.58 万公顷。农村人均耕地 0.193 公顷。

陕西省的种植业以一年两熟或两年三熟为主，是小麦、玉米、棉花、油料和豆类等农作物的主要产区。2007 年末耕地面积 404.9 万公顷，有效灌溉面积 85.6 万公顷。人均耕地 0.107 公顷。

汶川特大地震造成川甘两省约 12.8 万公顷耕地受损，经济损失 39.29 亿元；约 18.17 万公顷粮食作物受灾，其中水稻受灾 1.4 万公顷、小麦受灾 3.57 万公顷、玉米受灾 7.73 万公顷、马铃薯受灾 5.47 万公顷；四川省经济作物受灾 6.93 万公顷，成灾 4.73 万公顷，绝收 1.47 万公顷（不含油料作物），经济损失 33.69 亿元。

第一节 耕地及生产条件受损

四川省 6 个重灾市（州）的农业人口占全省的 24.8%，农林牧渔业总产值占全省的 31.4%，耕地面积、粮食产量分别占全省的 27.9% 和 26.5%。39 个极重灾和重灾县（市、区）的农业人口占全省的20.2%，粮食产量、蔬菜产量、水果产量约占全省的四分之一，其中油菜籽产量占全省的31.9%。

39个极重灾和重灾县（市、区）耕地面积87.99万公顷，占四川省的22.3%。灾前农业生产设施具有一定规模，拥有农田排灌沟渠18620公里、蓄水池37.24万口、山坪塘9.49万座、田间作业道16939公里、农业生产大棚20343万平方米、养蚕大棚859.5万平方米。此外，各级农技推广服务机构、农民培训中心和农科院所灾前共有办公、培训、科研等业务用房230多万平方米，有办公设备、检测检验和科研等仪器14.6万台（套）。分布在6个重灾市（州）的农业科研院所有四川省农科院、绵阳市农科所、广元市农科所、阿坝藏族羌族自治州农科所、成都市农林科学院作物所、成都市农林科学院园艺所6个单位，拥有试验地331.88公顷、办公业务用房30.62万平方米、办公设施设备756台（套）、仪器设备1937台（套）、大棚和网室5.49万平方米，固定资产总值36813万元。

灾区耕地损毁分为重度、中度、轻度3级：重度损毁农田指震后表土被泥石、沙砾覆盖达30%以上，或土层被冲毁30%以上，或地埂垮塌30%以上，或田间基础设施损毁50%以上，基本不能种植作物的农田；中度损毁农田指震后表土被泥石、沙砾覆盖达10%～30%，或土层被冲毁10%～30%，或地埂垮塌10%～30%，或田间基础设施损毁30%～50%，可种植、但已造成耕地生产能力严重下降的农田；轻度损毁农田指震后表土被泥石、沙砾覆盖10%以下，或土层被冲毁10%以下，或地埂垮塌10%以下，或田间基础设施损毁30%以下，对耕地生产能力造成一定影响的农田。直接经济损失为损毁农田恢复重建和完全新建耕地的投入，间接经济损失为损毁农田3年的粮油、经济作物、蔬菜水果生产等经济损失。

汶川地震中，12.8万公顷农田、2800余公里田间沟渠、6300多公里田间作业道、3229万平方米温室大棚不同程度受损，1865个农技推广服务体系遭到不同程度破坏，蚕业基础设施、农业生产生活设施、农贸市场等也不同程度受损。

一　耕地受损

四川省耕地受损　汶川地震造成四川省20个市（州）不同程度受灾，其中阿坝、成都、德阳、绵阳、广元、雅安6个市（州）的汶川、茂县、理县、松潘、小金、黑水、都江堰、彭州、崇州、什邡、绵竹、北川、安县、平武、江油、青川、剑阁、汉源18个县（市）受灾特别严重，不仅给人民群众的生命财产造成重大损失，也给农田造成重大损毁，耕地表土被冲毁或被泥石、沙砾覆盖，地面开裂、沉降，田埂、田间基础设施严重垮塌，耕层土壤结构破坏、肥力衰减，耕地质量及生产能力严重下降。截至6月28日，四川省共有11.2万公顷农田受损、经济损失38.9亿元。其中，绵阳市农田受损面积4.33万公顷（包括全部损毁1.45万公顷、严重损毁1.17万公顷、一般损毁1.71万公顷），直接经济损失10.7亿元；阿坝藏族羌族自治州农田受损面积1.41万公顷；成都市农田受损面积2.26万公顷。部分极重灾和重灾县（市、区）的农田受损情况见表131、图414～417。

四川省部分极重灾和重灾县（市、区）农田受损情况统计表

表 131

地　区	受损面积（万公顷）	灾　情	地　区	受损面积（万公顷）	灾　情
绵　竹	>0.67	—	崇　州	0.021	0.004 万公顷不能修复
什　邡	0.07	经济损失 4400 万元	盐　亭	0.051	0.013 万公顷重度损毁
安　县	0.61	—	大　邑	0.014	0.013 万公顷重度损毁
都江堰	0.13	0.08 万公顷不能修复	汶　川	0.011	0.003 万公顷灭失
平　武	1.17	—	北　川	0.938	0.872 万公顷为耕地
彭　州	0.23	开裂、滑坡	茂　县	0.005	—
梓　潼	0.002	经济损失 112.8 万元	理　县	0.015	0.002 万公顷灭失

图 414　地震造成大面积滑坡覆盖青川县红光乡数百亩耕地

（四川省农业厅　提供）

图 415　绵竹市稻田塌陷毁损
（四川省农业厅　提供）

图 416　什邡市农田裂隙近 30 厘米
（四川省农业厅　提供）

图 417　西和县蒿林乡卢庄村滑坡损坏农田。2008 年 5 月 16 日拍摄
（青卫　摄）

汶川地震引发山体滑坡、泥石流、地层断裂等次生灾害，共造成 6.74 万公顷农田损毁。其中，旱地损毁 4.57 万公顷、水田损毁 2.17 万公顷；重度损毁的农田 0.48 万公顷、占损毁总量的 7.1%，直接经济损失 8.9 亿元；中度损毁的农田 1.32 万公顷、占损毁总量的 19.6%，直接经济损失 5.31 亿元；轻度损毁的农田 4.94 万公顷、占损毁总量的 73.3%，直接经济损失 3.28 亿元；共造成直接经济损失 17.49 亿元，间接经济损失 30.7 亿元。阿坝、成都、德阳、绵阳、广元、雅安 6 个市（州）损毁农田面积 5.36 万公顷，占全省损毁面积的 79.46%，主要集中在汶川、北川、安县、都江堰、青川等 21 个极重灾和重灾县（市、区）。

汶川地震共造成四川省近 10 万个（口）山坪塘、提灌站、拦河坝、蓄水池、沉沙池等农田水利工程出现垮塌、沉降、渗透等损毁；2200 公里农田排灌渠出现断裂、压埋、垮塌，其中严重损毁67公里；近1.33万公顷坡耕地的地埂及地面出现开裂、凸出，如遇强降雨极有可能引发大面积垮塌，次生灾害隐患严重。特别是这些耕地多是山区原本就不多、最肥沃、质量最好的耕地，地质灾害损毁造成损失巨大、影响长久。

汶川地震后，四川省共形成104处一定规模的堰塞湖，其形成、除险及泄洪对灾区农业生产造成一定损失，一是堰塞湖水位上升过程中，上游周边部分耕地及农作物被淹没、大量泥沙覆盖耕地表面，无法耕种，共有0.34万公顷耕地被淹没；二是堰塞湖泄洪时淹没冲毁农作物，其中0.07万公顷农作物被淹没、0.04万公顷农作物被冲毁；三是群众撤离及原蓄水的塘、库、堰等水利设施放水影响农作物收获、播栽和田间管理。5月下旬至6月初，为保证唐家山堰塞湖安全泄洪，20多万群众撤离家园10多天，导致0.48万公顷蔬菜和中药材等不能及时收获，1.77万公顷秋粮作物不能及时播种，2万多公顷在田农作物不能及时管理；涪江沿岸及附近13个镇的塘、库、堰全部放水，造成0.36万公顷农田得不到有效灌溉。

甘肃等地耕地受损 汶川地震发生后，由于山体滑坡和泥石流等次生灾害，甘肃省共有1.6万公顷耕地受损、5.73万公顷农作物受灾。其中，文县因地震造成山体滑坡引发落石，加之震后的泥石流及洪、雹灾害，致使0.26万公顷农田损毁，农作物受灾面积0.72万公顷（包括粮食作物0.47万公顷、马铃薯0.07万公顷、油菜0.08万公顷、早玉米0.02万公顷、小杂粮0.03万公顷、其他0.05万公顷），经济作物受灾面积0.36万公顷（包括茶叶0.23万公顷、纹党参0.07万公顷、蔬菜0.05万公顷、水果0.01万公顷）；成县共有340公顷耕地中度损毁，经济损失约2550万元；徽县有15个乡（镇）因地震造成农田受损36.4公顷，经济损失约1092万元；西和县共有146.67公顷农田受损，其中完全损毁13.33公顷、严重损毁66.67公顷、一般损毁66.67公顷，经济损失220万元（参见图417）；两当县损毁耕地0.09万公顷；舟曲县农田受损0.21万公顷，其中0.01万公顷农田损毁。

重庆市梁平县曲水乡龙山村农作物受灾面积17.33公顷，其中稻田受灾13.33公顷、耕地受灾4公顷。

二 田间沟渠和作业道受损

田间沟渠受损 四川省39个极重灾和重灾县（市、区）灾前共有农田排灌沟渠18620公里，排灌渠道400公里。汶川地震造成2200公里农田排灌沟渠出现断裂、被埋、垮塌，致使大面积稻田无法继续栽种；77.9公里国有农场（含省属场站）排灌渠道损毁。

甘肃省陇南市排灌沟渠受损10公里（其中重度毁损3.2公里、轻度毁损6.8公里），蓄水池重度毁损520口。据统计，武都区优质核桃示范园损毁河堤0.6公里、引水渠1.8公里，两当县田间沟渠受损11公里，舟曲县农田水渠受损20条共69.1公里。

陕西省眉县的齐镇、营头镇、常兴镇、首善镇、青化乡等乡（镇）的田间灌溉沟渠出现开裂、渗漏，一些灌溉暗管出现多处断裂；县园艺场的深井严重变形，造成出水量大量减少；县原种场的灌溉主渠道开裂；共有10余公里的田间沟渠受损。

地震造成云南省田间沟渠受损410公里。

田间作业道受损　四川灾区灾前共有田间作业道16939公里，汶川地震造成田间耕作道路损毁1600公里，近1.33万公顷坡耕地的地埂及地面出现开裂、凸出，对农业生产造成一定影响。

甘肃省田间作业道损毁4720公里，其中8个重灾县（区）损毁田间作业道3100公里。文县田间作业道损毁7.5公里；陇南市武都区田间作业道损毁8.76公里；成县田间作业道损毁7.5公里；两当县田间作业道损毁17公里；徽县田间作业道受损354公里，塌方917处234公里，还有45.9万立方米挡墙受损，经济损失约741万元。

三　温室大棚受损

四川省温室大棚受损　四川灾区原有农业生产大棚20343万平方米，占全省的57.7%；养蚕大棚859.5万平方米，占全省的26.7%。汶川地震中，农业生产大棚损毁7.6万个、2441万平方米；蚕业生产小蚕共育室损毁4.1万平方米、养蚕大棚损毁71万平方米，造成经济损失约3.5亿元。成都市大棚损毁283.92万平方米，食用菌棚损毁43.64万平方米，其中彭州市大棚损毁9000个、面积200万平方米，崇州市大棚损毁822个、面积49.32万平方米，大邑县大棚损毁2万平方米。绵阳市大棚损毁25219个，经济损失10219万元。德阳市大棚损毁2.15万个（其中绵竹市蔬菜大棚损毁11780个）、面积952万平方米，经济损失1.31亿元。资阳市大棚损毁39773平方米（其中简阳市37993平方米、乐至县1780平方米），直接经济损失108万元。自贡市蔬菜大棚、植保观测圃大棚受损20.02万平方米，经济损失54.7万元。

什邡、绵竹、彭州、都江堰、青川、平武、安县、江油、汉源等县（市）是四川省食用菌和蔬菜主产区，地震造成这些地区的食用菌和蔬菜生产设施损毁严重。其中，食用菌菌棚的损毁占全省损毁大棚的80%以上，致使5亿袋食用菌损毁（见图418）。什邡市2008年的食用菌种植规模为2.7亿袋，主要分布在湔氐、洛水、师古等重灾镇。地震造成该市食用菌产业直接经济损失9.6亿元，其中2亿袋食用菌绝收，直接经济损失8亿元；0.5亿袋食用菌减收，直接经济损失1.3亿元；食用菌大棚损毁近7000个，直接经济损失0.3亿元。

图418　垮塌的绵竹市食用菌大棚

（四川省农业厅　提供）

地震还造成盐亭县大棚损毁100个；射洪县瞿河、双溪、东岳、玉太4个乡大棚毁损18个、2420平方米，直接经济损失12.2万元；简阳市蔬菜大棚受损30575平方米，直接经济损失39.66万元；食用菌大棚受损4616.67平方米，直接经济损失173.81万元。

甘肃省温室大棚受损 汶川地震造成甘肃省603.53公顷日光温室和大棚受损，出现不同程度的墙体开裂或倒塌、立柱倾斜、钢架断裂、棚杆错位、棚膜或玻璃破裂等现象，造成种植的蔬菜和农作物被压埋、棚膜损坏、种子和肥料损失。陇南市共有4285座日光温室和7616座大棚在地震中损毁。其中，文县7.33公顷220座日光温室、6.67公顷250座大棚严重受损；文县农业示范园区的温室大棚也严重受损，且因房屋倒塌压埋农资4.7吨，经济损失400万元；武都区2100座日光温室、2200座大棚倒塌（参见图419），经济损失1330万元，种子、肥料和农具等各类生产资料被淹没、损毁或丢失，经济损失48.4万元；康县23座日光温室、18座塑料大棚受损，温室大棚受损面积1.33公顷，经济损失160万元；成县23座日光温室、2134座大棚受损（包括蚕棚147座、菇棚130座、蔬菜大棚1857座），3850间烤烟房受损（其中倒塌1253间），经济损失125.3万元；徽县的伏家、泥阳、栗川、城关、银杏树5个乡（镇）有100座日光温室受损，经济损失449.4万元；西和县30座日光温室重度受损、面积1.5万平方米，50座日光温室轻度受损、面积2.5万平方米，200座塑料大棚损坏、面积4万平方米，经济损失120万元，蒿林农业高新技术示范园区10座二代节能日光温室、20座日光温室、100座塑料大棚受损，经济损失70万元；两当县6座日光温室倒塌、面积700平方米，60座温室大棚严重受损、面积1.33万平方米。

图419 地震造成陇南市武都区日光温室损坏（武都区蔬果中心 提供）

甘南藏族自治州的舟曲县18万平方米的温室大棚受损，迭部县13330平方米的温室大棚受损。平凉市159座日光温室受损、面积15.9万平方米，其中庄浪县6座日光温室受损、面积6000平方米；静宁县153座日光温室受损、面积15.3万平方米，经济损失61.32万元；泾川县36座日光温室受损。定西市的通渭、陇西、临洮、漳县、岷县等共有1028座日光温室受损，出现墙体开裂或坍塌、屋面受损等现象；漳县387间日光温室缓冲房和岷县239座塑料大棚在地震中受损。

陕西省温室大棚受损 汶川地震造成陕西省2052座蔬菜大棚受损，3940座食用菌大棚、31棚3.17万筒袋料棚架倒塌，1117间蚕室倒塌，505张桑蚕受损，直接经济损失约5300万元。其中，温室和大棚重度损毁1184个、面积97.1万平方米，轻度损坏354个、面积23.5万平方米，经济损失1514万元。宝鸡市损毁日光温室455座、蔬菜大中棚358座、养蚕大棚160座，其中陈仓区损毁蔬菜日光温室160座、16万平方米；渭滨区受损大棚44座、14674平方米；金台区日光温室倒塌4座2667平方米、受损12座8667平方米，蔬菜大棚倒塌2座80平方米、受损3座90平方米，食用菌大棚受损2座；田奔农业发展有限公司有6个温室损坏严重，后壁和山墙整体垮塌，蔬菜大棚损毁800座、72.6万平方米，食用菌大棚毁损210座、16.8万平方米；千阳县3座油桃日光温室受损严重，35座蔬菜大棚受损（参见图420），1310座养蚕大棚受损（其中出现裂缝的1015座，倒塌的295座）；岐山县倒塌大棚25座，受损20座；麟游县蔬菜大棚倒塌9座；凤翔县蔬菜大棚倒塌46座、受损300座；眉县15座蔬菜大棚墙体倒塌，20座蔬菜大棚墙体开裂。

图420 千阳县寇家河乡新兴村日光温室蔬菜棚棚顶和墙体受损。2008年5月18日拍摄

四 农业服务机构设备设施受损

四川省农技用房及设备受损 地震造成四川省20个市（州）、107个县（市、区）1501个乡（镇）的农技推广服务体系受到不同程度损坏，极重灾区、重灾区的农业科技服务体系损失惨重，共损毁办公业务用房50.3万平方米、仪器设备24624台（套），房屋和仪器设备损毁率分别达61.1%和51.8%，直接经济损失88842万元。其中，市、县、乡镇农业推广服务机构损

毁房屋 43.3 万平方米，仪器设备 24478 台（套），直接经济损失 80719.54 万元；农科院（所）损毁房屋 7 万平方米、办公设施和仪器设备 146 台（套）、试验地 112.2 公顷、大棚和网室 9133 平方米、试验材料（亲本）27278 份，直接经济损失 8122.46 万元；44 个县（市、区）农业局的土肥站办公室、土肥化验室、化验仪器设备、玻璃器皿、测土配方施肥土壤样品、改田改土仪器设备、电脑、GPS、各类档案资料等受损。

成都市农业、水产服务体系办公业务用房严重损毁 7251 平方米，直接经济损失 2094 万元；基层农业片区服务站办公业务用房严重损毁 3026 平方米，直接经济损失 162.5 万元。农业基层服务机构各类设备设施损毁 1544 台（套）、经济损失 1.66 亿元，其中农业科研院所业务设备设施损毁 31 台（套）；都江堰市仪器设备损毁 808 台（套），直接经济损失 1365 万元；彭州市农业系统办公业务用房损毁 11 万平方米，各类办公设备损毁严重，122 家农资“放心店”和 62 家生活资料“放心店”损毁；大邑县办公及生产用房损毁 12.1 万平方米，设备损毁 53 台（套），部分设备器材和药品受损，县、乡镇两级农业服务体系、农产品检测及质量安全体系受到影响，不能及时开展服务和质量检测工作。

绵阳市农业服务体系业务用房、检测检验用房损毁 30.94 万平方米，各类设施设备损毁 11927 台（套），经济损失 63992.5 万元。其中，市农业局房屋损毁 2.46 万平方米，设施设备损毁 1396 台（套），经济损失 15110.3 万元；市农业科学研究所房屋损毁 1.05 万平方米，设施设备损毁 64 台（套），经济损失 2035 万元；县（市、区）农业局、农场、乡镇农技站、农经站、蚕桑站等房屋损毁 27.43 万平方米，设施设备损毁 10467 台（套），经济损失 46847.2 万元。

广元市各类设施设备损毁 1531 台（套），直接经济损失 1.575 亿元。其中，乡镇农技农经站损毁设施设备 560 台（套），直接经济损失 3623 万元；极重灾区青川县农技站损失严重（参见图 421）。

图 421　在地震中损毁的青川县骑马乡农业技术服务站。2008 年 5 月 15 日拍摄（四川省农业厅　提供）

阿坝藏族羌族自治州农业局、农业科学院部分办公用房和生活用房，以及汶川、理县、茂县三县农业局与县域内绝大多数乡镇农技站的办公、住宿、库房等建筑物在地震中倒塌或成为危房，受损面积在4万平方米以上。1栋2400平方米县农业局的办公楼，13间近2000平方米的乡镇农技站工作生活用房，2个仓库和19个服务站点1930平方米的办公用房，以及4栋1万余平方米职工住宿房在地震中遭到破坏成为危房。

德阳市所辖绵竹市20个乡镇农业技术推广站中的13个完全倒塌，7个严重受损；房屋垮塌还造成农技推广技术资料大量丢失。

简阳市农业局办公楼、农广校的办公业务用房在地震中严重受损，出现多处贯穿性开裂。市园艺场的办公楼和职工宿舍楼出现房屋开裂、倾斜和地基下沉，受损面积4600余平方米，直接经济损失500万元。市良种场的418平方米办公用房和3223平方米职工宿舍受损严重，出现墙体开裂或错位、顶梁断裂等现象，造成直接经济损失185万元。市棉花原种场445平方米办公业务用房和5235平方米职工宿舍受损严重，直接经济损失205万元。

汶川地震还造成各市（州）及县（市、区）部分种子管理部门的办公室、检验用房和仓库开裂成为危房。北川羌族自治县种子管理站办公楼被夷为平地，植物检疫实验室办公设施及仪器设备严重损毁。汶川、茂县、理县、北川、青川等地的实验室办公设施及仪器设备全部损毁，其他重灾区的实验室办公设施及仪器设备均有不同程度损坏，经济损失高达数千万元。这些设备的损毁使检验工作不能正常进行，不能及时提供科学的执法依据，为植物检疫执法、签证带来极大不便。

甘肃省农技用房及设备受损　汶川地震造成甘肃省364个农业服务体系遭到不同程度损毁，倒塌房屋5600间、11.2万平方米。陇南市市直农牧系统办公楼受损3488平方米，全市基层乡站受损366个，受损房屋6035间、97245平方米，良种繁育体系受损18040平方米，县（区）农技推广服务体系业务用房受损774间、31132平方米。其中，文县农牧局机关办公楼房屋受损94间、2795平方米，全县20个乡（镇）的基层农技站、畜牧兽医站、碧口农业综合区域站和农机农经站原有房屋166间、3085平方米，地震中倒塌或成为危房的113间、2225平方米；武都区32个乡镇农技站倒塌及严重损毁房屋82间、1640平方米，轻度裂缝需加固维修170间、3400平方米；农牧局机关、种子管理站、农经局等12个单位的270间、4860平方米办公房屋及设备严重受损；康县农牧局机关、局属各单位749间、14980平方米房屋受损，局属各乡站房屋768间、15360平方米受损；成县农牧系统15488平方米房屋受损，经济损失1822.56万元；徽县农业服务体系1953间、39067平方米办公用房受损，经济损失4716万元；西和县农牧局和农技中心共79间、2163平方米办公用房受损，直接经济损失2556.6万元，县农机服务中心综合楼受损严重造成室内设施被震落摔碎；两当县乡镇农综站61间、1470平方米办公用房严重受损。

甘南藏族自治州的舟曲、迭部、临潭、卓尼四县农业服务机构共有5495平方米办公业务用房受损。其中，舟曲县11个乡镇农技站以及县农技站、种子站、农经站共有3660平方米办公业务用房受损，迭部县1个乡镇农技站和县良种场的855平方米办公业务用房受损，临潭县7个乡镇农技站共41间、820平方米办公业务用房受损，卓尼县1个乡镇农技站160平方米办公业务用房受损。

汶川地震造成甘肃省364个农业服务体系受损，损毁仪器设备859台（套）。其中，陇南市农技仪器设备受损191台（套），直接经济损失1286万元；农业科研所校仪器设备受损299台（套），直接经济损失173万元；农业有害生物预警体系仪器设备受损336台（套），直接经济损失71万元；良种繁育体系仪器设备受损33台（套），直接经济损失343万元。文县农牧系统及下属单位的各类办公、化验和检测设备不同程度受损。康县龙神茶叶有限公司及其他6家茶叶生产企业设备及厂房受损，其中受损设备6台（套）。成县农牧系统办公设施及仪器设备损坏严重，115台（套）办公设施及仪器受损，直接经济损失162.5万元。两当县仪器设备损毁折价3万元，办公设施损毁折价2.4万元。定西市的漳县农业局、农技中心以及11个乡（镇）、2个中心乡镇农技区域站共有133台（套）农产品检测设备受损，直接经济损失98万元。

陕西省农技用房及设备受损 汶川地震造成陕西省农业系统12.9万平方米办公业务用房受损，经济损失7724.2万元。其中，宝鸡市陈仓区农广校15间办公室和教室的墙体裂缝长达40多米、最宽裂缝3.5厘米，区农技中心、种子管理站、农经站等5600平方米办公用房多处出现裂缝；麟游县农业系统3个单位2708平方米办公生活用房受损；凤翔县农业系统20个单位256间、2574平方米办公业务用房受损；眉县农经站、原种场、园艺场等单位共6180平方米办公业务用房受损；太白县农业系统4191平方米办公用房受损；扶风县经作中心、县畜牧中心及乡镇兽医站1703平方米办公用房和1座水塔受损；千阳县、凤县和陇县农业系统办公业务用房的受损面积分别为8530平方米、1710平方米和538平方米。

汶川地震造成千阳县农业系统受损仪器设备21种、2226台（套），其中南寨镇三合村32座渗灌池受损，简易果库受损22座，县园艺工作站果库受损0.12公顷，县农业技术推广中心土肥、农产品、病虫检测和办公设备受损19种、2172台（套）。宝鸡市陈仓区秦丰种业有限公司种子精选加工、包装、计量设备和封口机、精选机等设备和22台检验设备均遭损毁。

五 桑蚕、农贸市场及其他设施受损

汶川地震中，四川省蚕业系统累计直接经济损失8.3亿元，其中39个极重灾和重灾县（市、区）蚕业系统直接经济损失6.3亿元。受灾严重的地区主要为民政部等五部委经评估确定的极重灾区和重灾区，包括北川、汶川等县（市、区）。

受地震及次生灾害的影响，四川省共损毁桑园0.86万公顷（其中重度损毁0.4万公顷）、蚕房181.9万平方米（其中重度损毁48.2万平方米）、共育室8.5万平方米（其中重度损毁2.1万平方米）、养蚕床36.9万张（其中1.8万户5.9万张绝收）、蚕茧1300多吨、蚕具500余万件，损毁生产和办公用房28.8万平方米。此外，还有大量的蚕种、蚕茧加工、蚕种冷库和蚕茧收购站等储藏设施设备遭到严重破坏。四川省蚕业基础设施损失累计7.9亿元，占该业灾害损失的绝大部分。

绵阳市春蚕床损失 24715 张，桑园受损 1900 公顷，直接经济损失 5005.2 万元；苍溪县蚕业桑园受损 200 公顷，蚕房受损 13015 平方米，直接和间接经济损失 908.45 万元。

地震还损毁四川农业系统的电力、通信线路 60 公里，排灌渠道 77.9 公里，以及一批生产生活设施设备。593 个农产品市场、1862 个农民专业合作组织受灾，交易厅（棚）和房屋 235 万平方米、设备 2284 台（套）受损。

汶川地震造成甘肃省 99 个农产品集贸、批发市场受损，倒塌房屋 245 间 5100 平方米，倒塌围墙 4954 米，墙体开裂 7980 米，交易棚损坏 3.12 万平方米，交易场地受损 2.34 万平方米。5 个县级和 20 个乡镇级农业信息服务平台受损，损失计算机、交换机等各类电子设备 510 台（套）。其中，陇南市农业信息服务体系受损 400 平方米、经济损失 83 万元，其他经济损失约 6700 万元；漳县 4 个乡镇农贸市场部分地面和院墙出现裂缝、经营棚面部分脱落、946 平方米院墙倒塌，受损面积 2570 平方米，经济损失 102 万元。

第二节　粮食作物受损

四川省是全国粮食主产区之一，粮食播种面积、产量多年来位居全国第五。稻谷种植面积和产量占全国 7% 以上，稻谷产量居全国第五。水稻、小麦、玉米、甘薯产量分别占粮食总产量的 46.89%、14.92%、19.91% 和 10.6%。地震灾区粮油作物播种面积和产量在全省的比重超过 20%，是四川省优质水稻、饲用玉米、专用马铃薯、“双低”油菜主产区（双低油菜是指油菜籽中芥酸含量低，同时菜籽饼中硫甙含量也低的油菜品种）。特色经济作物和蚕桑在当地农业和农村经济中占有十分重要的地位，是农民增收的主渠道。

甘肃省的粮食作物以小麦、马铃薯和玉米为主，其中小麦种植面积超过粮食播种面积的三分之一。

陕西省粮食作物主要以小麦、玉米、水稻、马铃薯、甘薯、大豆、谷糜为主。

汶川特大地震共造成约 18.17 万公顷粮食作物受灾，其中水稻受灾 1.4 万公顷、小麦受灾 3.57 万公顷、玉米受灾 7.73 万公顷、马铃薯受灾 5.47 万公顷。

一　水稻、小麦受损

水稻受损　四川省灾前的水稻播种面积 203.62 万公顷、总产量 1419.7 万吨，在地震中受损严重。绵阳市水稻受损 0.72 万公顷；什邡市由于地震造成水利设施受损，输水渠道无法正常输水，致使 0.67 万公顷水稻栽插推迟，水稻收成受到影响。

甘肃省水稻受灾面积 40 公顷，其中陇南市水稻播种面积 1887 公顷，受灾 40 公顷，减产 26.59 万公斤。

陕西省汉中地区因山体滑坡及局部冰雹灾害损毁水稻秧苗79.33公顷。

重庆市梁平县发生山体滑坡，导致稻田开裂、水流失，水稻无法收获，经济损失10万元。

小麦受损 四川省灾前小麦种植面积131.68万公顷，总产量451.7万吨。汶川地震中，小麦生产遭受重大损失。成都市小麦、玉米和马铃薯等粮食作物绝收面积0.17万公顷、占粮食种植面积的0.71%，受损面积0.52万公顷、占粮食种植面积的2.23%，损失粮食2.1万吨，其中都江堰小麦损失0.03万公顷。绵阳市小麦等粮食作物受灾5.99万公顷，其中小麦1.85万公顷。绵阳市小麦播种面积11.95万公顷，损毁1.31万公顷。什邡市小麦因成熟后无法及时收割减收面积0.27万公顷，损失产量4900吨，直接经济损失784万元。

甘肃省8个重灾县（区）粮食作物受灾面积2.44万公顷，其中小麦受灾面积0.97万公顷。陇南市20%的小麦受灾，受灾面积0.139万公顷。其中，徽县小麦受灾0.002万公顷，两当县小麦受灾0.04万公顷，西和县小麦受灾0.097万公顷，经济损失667.8万元。甘南藏族自治州因山体滑坡、山崖土坎塌垮压埋小麦地0.009万公顷，其中舟曲县0.006万公顷、迭部县0.003万公顷。天水市冬小麦受灾504.47公顷，其中9公顷绝收，造成经济损失152.8万元。

陕西省汉中市因震后山体滑坡及局部冰雹灾害，损毁小麦地654.8公顷。宁强县以小麦为主的粮油作物受灾害影响2353公顷。略阳县小麦损失60公顷。

二 玉米、马铃薯等作物受损

玉米受损 四川省灾前种植玉米面积133.05万公顷，总产量602.8万吨。汶川地震造成玉米受灾5.33万公顷，成灾3万公顷，绝收1.13万公顷。其中，都江堰市受灾0.03万公顷；绵阳市受灾1.69万公顷；简阳市受灾0.2万公顷，包括0.07万公顷需重新补种、0.13万公顷需改种其他作物。

甘肃省陇南市约32.4%的玉米受灾，受灾面积2.1万公顷，减产9751万公斤，其中徽县受损7公顷、两当县867公顷。甘南藏族自治州因震后山体滑坡、山崖土坎塌垮压埋玉米地20公顷，其中舟曲县13公顷、迭部县7公顷。

陕西省汉中市因山体滑坡及局部冰雹灾害，损毁玉米769.93公顷。宁强县以玉米为主的粮油作物受灾害影响2353.33公顷。略阳县玉米地受损58.59公顷。

重庆市梁平县玉米受损折价2万元。

马铃薯受损 四川省灾前马铃薯种植面积10.87万公顷，总产量36万吨。汶川地震造成马铃薯受灾5.47万公顷，成灾2.73万公顷，绝收1.33万公顷，其中都江堰市损失0.02万公顷；绵阳市受灾1.26万公顷；简阳市直接受灾0.07万公顷，需增种0.07万公顷；灾区个别乡镇马铃薯发生了晚疫病，导致减产20%～30%。

甘肃省陇南市马铃薯受灾3800公顷，减产1203.53万公斤，其中两当县受损130公顷。甘南藏族自治州因山体滑坡、山崖土坎塌垮压埋马铃薯地40公顷，其中舟曲县33公顷、迭部县7公顷。

陕西省汉中地区因地震造成山体滑坡及局部冰雹灾害，损毁马铃薯533公顷，略阳县受损7.5公顷。

其他粮食作物受损 汶川地震造成四川省除水稻、小麦、玉米、马铃薯外的其他粮食作物受损4620公顷。绵阳市震前引进魔芋种125吨，预计栽种1100公顷，刚在示范基地下种，未及发芽就遭遇地震，共损失456.67公顷，经济损失超过1200万元。

重庆市梁平县的甘薯、豆类等粮食作物在地震中受损，经济损失1万元。

第三节 经济作物受损

四川省经济作物资源丰富，品种繁多，种植的油、棉、麻、蔗、桑、菜、茶、果、花（花卉）、药、烟等经济作物具有相当优势，形成以阿坝藏族羌族自治州为主的秋淡时节蔬菜、特色水果生产基地，以都江堰、彭州为主的猕猴桃生产基地，以绵竹、什邡、剑阁为主的早熟梨生产基地，以彭州、什邡为主的蔬菜、食用菌及中药材生产基地，以北川、青川为主的优势茶叶和中药材生产基地。2007年，四川省各类经济作物播种面积134.83万公顷。

甘肃省经济作物主要有油菜籽、胡麻、棉花、药材、蔬菜和瓜类。

陕西省主要经济作物是以棉花、油菜籽、花生、蔬菜、中药材、烤烟、瓜果类为主的一年生经济作物及以果树、蚕桑、茶叶为主的多年生经济作物。

截至5月22日16时，汶川特大地震造成四川省经济作物受灾6.93万公顷，成灾4.73万公顷，绝收1.47万公顷（不含油料作物），经济损失33.69亿元。

一 油菜籽受损

四川省是中国西部油菜籽主要生产区，2007年油菜籽产量152.5万吨，占全国的14.4%，列全国第二、西部第一。灾区油菜籽播种面积24.33万公顷，总产55万吨，分别占全省的30.5%和31.9%。灾前，汶川、北川、茂县、彭州、崇州、都江堰、绵竹、什邡、安县、平武、青川、汉源、理县等13个县（市）的油菜籽种植面积5.15万公顷；汶川地震中有0.72万公顷油菜籽受灾，损失产量1.5万吨，占全省夏油产量的0.8%。

地震造成四川省油菜籽受灾2.87万公顷，成灾0.93万公顷，绝收0.4万公顷。其中，成都市油菜籽和蔬菜等经济作物绝收面积0.36万公顷、占经济作物种植面积的4.6%，受损面积0.93万公顷、占经济作物种植面积的12%，损失产量10.53万吨；绵阳市油菜籽栽播面积10.04万公顷，损毁1.43万公顷；平武县油菜籽减收2625吨，同比减少22%以上；汶川县油菜籽损失0.04万公顷；自贡市油菜籽损失59.2吨。

据四川省农业厅统计，截至5月14日，全省已收割油菜籽49.67万公顷，占应收面积的

60%，比上年同期少收 20 万公顷。截至 5 月 17 日，重灾地区尚有 40% 的油菜籽未收割。

甘肃省陇南市灾前种植油菜籽面积 1.14 万公顷，地震中受灾 0.51 万公顷，减产 678 万公斤，其中文县因地震造成山体滑坡引发落石，加之震后的泥石流、雹洪灾害等，油菜籽受灾面积 0.08 万公顷；徽县油菜籽受损 4 公顷；两当县油菜籽受损 33.33 公顷。甘南藏族自治州因山体滑坡、山崖土坎塌垮压埋油菜地 33.47 公顷，其中舟曲县 26.47 公顷、迭部县 7 公顷。天水市冬油菜籽受灾 96 公顷，造成经济损失 31.72 万元。

陕西省油菜籽等经济作物在地震中不同程度受损。其中，汉中市汉台区油菜籽损失 350 万公斤；略阳县油菜籽受损 14.5 公顷；宁强县小麦、油菜籽等农作物受灾面积 2153 公顷，成灾 1993 公顷，绝收 680 公顷，直接经济损失 690.6 万元。汉中市因山体滑坡及局部冰雹灾害损毁油菜籽 2433.8 公顷。

二　蔬菜受损

四川省震前蔬菜产量 2714 万吨，占全国的 4.8%，占西部地区的 23.7%。四川灾区蔬菜种植面积 38.9 万公顷，总产量 991.5 万吨，产值 131.8 亿元，分别占全省的 55.81%、33.03% 和 36.3%。

地震造成四川灾区山体滑坡、水系破坏、生产失管、劳力缺失、运输受阻，致使蔬菜主产区的成都、阿坝、德阳、绵阳、广元、雅安等市（州）蔬菜损失巨大。据四川省农业厅统计，蔬菜受灾面积5.6万公顷，成灾3.33万公顷，绝收1.33万公顷。其中，广元市蔬菜等经济作物受灾 5.17 万公顷、成灾 2.14 万公顷、绝收 0.4 万公顷；绵阳市经济作物受灾 5.18 万公顷，其中蔬菜 1.38 万公顷；自贡市蔬菜等经济作物受灾面积 0.04 万公顷，直接经济损失 800 万元，间接经济损失 9 万元；汶川县蔬菜受灾 0.04 万公顷，占全县蔬菜种植面积的五分之一；安县蔬菜受损 0.17 万公顷，占全县蔬菜种植面积的三分之一，造成巨大经济损失；平武县蔬菜产量与 2007 年同期相比减收 46.2%。

甘肃省露地蔬菜受灾 0.64 万公顷，成灾 0.13 万公顷，绝收 0.05 万公顷。陇南市蔬菜种植面积 2.73 万公顷，受灾 0.76 万公顷，减产 21038.05 万公斤；其中两当县蔬菜受损 0.003 万公顷；西和县蔬菜受灾 0.003 万公顷，绝收 0.007 万公顷，直接经济损失 267.8 万元。天水市蔬菜受灾 0.01 公顷，经济损失 209.9 万元。

陕西省蔬菜因灾重度毁损 80 公顷，轻度毁损 253 公顷。

三　其他经济作物受损

汶川地震造成四川省水果受灾面积 1.33 万公顷，成灾 0.93 万公顷，绝收面积 0.27 万公顷，经济损失 3.1 亿元。茶叶受灾面积 1.6 万公顷，成灾 1.2 万公顷，绝收面积 0.33 万公顷，经济损失 2.5 亿元。食用菌损毁 5 亿袋、经济损失 10 亿元。中药材受灾面积 0.67 万公顷，绝收面积 0.07 万公顷，经济损失 0.9 亿元。蚕桑损失 1.69 亿元。茶树、果树毁树、毁园 0.18 万公顷，经济损失

10.5 亿元。约 100 家茶叶加工企业的生产车间、房屋倒塌，造成生产设备及产品受损，经济损失 3 亿元。中药材加工企业经济损失 2 亿元。

甘肃省陇南市灾前种植水果面积 1.25 万公顷，地震中受灾 0.24 万公顷，减产 550 万公斤；灾前种植茶叶面积 1 万公顷，地震中受灾 0.25 万公顷，减产 21.4 万公斤；灾前种植蚕桑面积 0.47 万公顷，地震中受灾 0.06 万公顷，减产 1180.5 万公斤。徽县烤烟、桑园、果园受损 1 公顷，两当县中药材受损 333 公顷（参见图 422）。

图 422　两当县鱼池乡双场村中药材受损。2008 年 5 月 14 日拍摄

（刘克荣　摄）

陕西省宁强县茶叶、蔬菜、蚕桑、水果等特色作物受灾 0.18 万公顷；略阳县白石沟乡食用菌受损 2.1 万筒。

重庆市梁平县曲水乡因山体滑坡造成 50 棵果树受损。

第二章　林业受损

汶川特大地震灾区是全国森林资源的主要分布区之一，也是大熊猫等珍稀野生动物的主要栖息地和自然保护区分布较为集中的区域。地震中，灾区林业损失严重，林业系统共死亡 230 人，受伤 1064 人，失踪 194 人，受灾 10.9 万人；四川、甘肃、陕西等省的 39 个国有重点森工企业、32 个地方森工企业、273 个国有林场、207 个国有苗圃、61 个自然保护区、1315 个林业工作站等共计 2715 个林业基层单位，以及四川卧龙、甘肃白水江、陕西佛坪国家级自然保护区管理局和西南航空护林总站成都航站等 4 个中央直属林业单位基础设施损失惨重；林区大量房屋垮塌或成为危房，道路、输电线路、通信线路、输水管道损毁严重。

地震中，大熊猫等野生动物主要栖息地遭受重创，49 个大熊猫自然保护区不同程度受损，12 万公顷大熊猫栖息地严重损坏，占重灾地区大熊猫栖息地总面积的 8.3%；栖息地的破坏对大熊猫的生存繁衍产生严重的影响。地震还造成山体滑坡、泥石流、堰塞湖等次生灾害，对林木、林地破坏严重，森林资源及其生态系统也受到严重破坏。其中，四川省受灾林地面积 32.87 万公顷，造成局部地区森林覆盖率下降，森林生态功能衰退。灾区的林区基础设施损毁也非常严重，许多国有林场、管护站点被夷为平地，一些森工企业的房屋、交通、供电、供水等基础设施在地震中遭受很大破坏，不少基层单位丧失基本生产生活条件。

由于震后灾区道路、通讯等基础设施破坏严重，通过现场调查搞好损失评估存在很大困难，针对不能深入灾区实地调查、无法直接获取灾区信息的情况，林业系统采用先进的科技手段，利用遥感卫星图片的判读来获取相关数据资料，在短时间内对林业震灾损失与影响进行了评估，重点包括森林、野生动植物等资源以及林区道路、房舍、防火设施、水电桥梁等基础设施的损失情况评估。

第一节　林地受损

为掌握汶川特大地震灾区森林资源和林地损失情况，林业部门在震后立即开展了调查评估工作，通过收集卫星影像、航摄像片、基础地理信息等数据资料进行评估，为掌握灾情奠定了基础。地震灾害对森林资源和林地的损失和影响评估的主要技术流程见图 423。

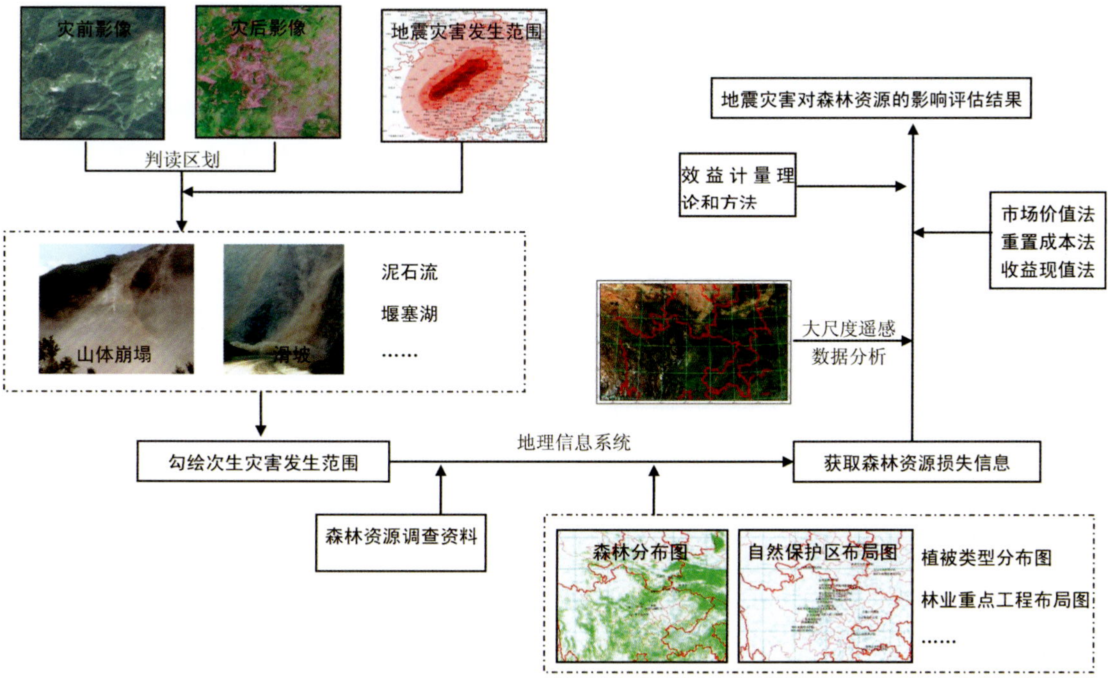

图 423　地震灾害对森林资源和林地的影响评估技术流程图

汶川地震及其触发的大范围的山体崩塌、滑坡、滚石和堰塞湖等地质灾害，造成大量的林地、林木被摧毁、淹埋、淹没，森林资源损失惨重（参见图 424）。根据遥感监测分析和典型调查等资料，参照当地活立木蓄积储备价值和灾害迹地森林植被修复基准投资等指标，对地震灾区的森林资源损失进行初步评估，得出因滑坡、崩塌、滚石以及堰塞湖淹没等造成四川、甘肃和陕西三省损毁林地面积 48.6 万公顷、约占灾区林地面积的 3.66%。其中，损毁森林 33.5 万公顷、占损毁林地总面积的 68.93%，损毁新造林地 3.8 万公顷、占损毁林地总面积的 7.82%；损毁其他林地 11.3 万公顷、占损毁林地总面积的 23.25%。林木蓄积损失 2461.56 万立方米，约占灾区林木蓄积的 3.12%。地震造成林地、林木直接经济损失 166.34 亿元。

竹林损失情况。灾区分布着箭竹等大熊猫的主要食物竹种，汶川地震共损毁竹林 0.46 万公顷，占森林损毁面积的 1.36%，损失竹子 11975.08 万株；直接经济损失 6158.6 万元。特别是绵竹、北川、安县、青川和彭州 5 个县（市）竹林损毁面积均超过 400 公顷，直接经济损失超过 540 万元，一定

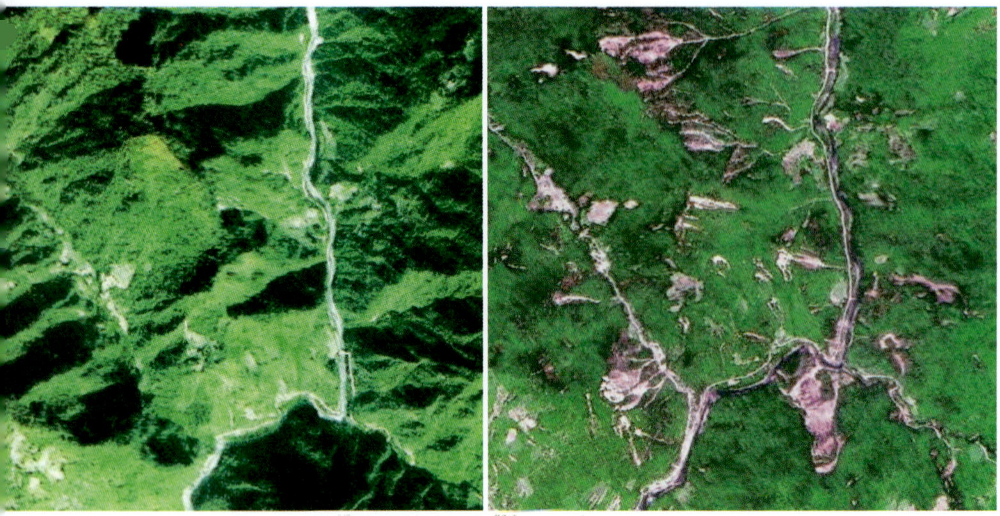

图 424　北川羌族自治县森林灾前与灾后影像对照

程度上影响了当地大熊猫主食的持续供给。

未成林造林地损失情况。地震造成未成林造林地大量损毁，受灾面积3.77万公顷，直接经济损失3.39亿元。其中，汶川、北川、安县、青川、茂县、都江堰和绵竹7个县（市）损毁1.33万公顷，直接经济损失1.8亿元。受损的未成林造林地大部分是天然林资源保护工程、退耕还林工程和速生丰产林工程建设的成果。

林木蓄积损失情况。灾区损失林木蓄积2461.56万立方米，占灾区林木蓄积的3.12%，直接经济损失112.47亿元。其中，损失森林蓄积2389.81万立方米，占林木蓄积损失量的97.09%；损失针叶林蓄积1177.52万立方米，占林木蓄积总损失量的49.27%，直接经济损失55.8亿元；损失阔叶林蓄积1207.44万立方米，占森林蓄积损失量的50.53%，直接经济损失55.43亿元；损失其他林木蓄积4.85万立方米，占林木蓄积总损失量的0.20%，直接经济损失1.26亿元。

公益林损失情况。地震灾区是国家重点公益林建设的主要实施区域，汶川地震引发的次生灾害使灾区公益林遭到严重破坏，共损毁公益林面积35.19万公顷，占损毁林地总面积的72.41%，直接经济损失39.43亿元；损失公益林蓄积1939.19万立方米，占损失森林总蓄积的81.14%，直接经济损失90.52亿元。其中，损毁森林面积25.98万公顷，直接经济损失27.61亿元；森林蓄积损失1939.19万立方米，直接经济损失90.52亿元；损毁竹林0.33万公顷，损失竹子8761.03万株；损毁其他公益林面积9.2万公顷，直接经济损失11.82亿元。

四川、甘肃、陕西三省的各种森林资源和林地损失具体数据见表132 ~ 134。

川、甘、陕三省地震灾区森林资源直接经济损失统计表

表132

省份	林地、林木直接经济损失（万元）					
	林地损失	林木损失				合计
		针叶林	阔叶林	其他	小计	
四川	443700.0	403345.60	379954.40	—	783300.00	1227000.0
甘肃	36566.71	120460.80	116356.65	12235.09	249052.54	285619.25
陕西	58440.00	34086.10	57948.90	349.80	92384.80	150824.80
总计	538706.71	557892.50	554259.95	12584.89	1124737.34	1663444.05

川、甘、陕三省地震灾区森林资源损失面积、蓄积统计表

表 133

省份	工程类别	林地面积（万公顷）	林木蓄积（万立方米）	森林										未成林地面积（万公顷）	其他林地面积（万公顷）
				合计		针叶林		阔叶林		竹林		其他			
				面积（万公顷）	蓄积（万立方米）	面积（万公顷）	蓄积（万立方米）	面积（万公顷）	蓄积（万立方米）	面积（万公顷）	株数（万株）	面积（万公顷）	蓄积（万立方米）		
四川	天保	1.80	50.72	0.80	50.72	0.27	27.51	0.30	23.21	0.23	3257.35	—	—	0.43	0.57
	退耕	1.63	60.85	0.91	60.85	0.38	31.11	0.41	29.74	0.12	1705.16	—	—	0.46	0.26
	其他	29.45	1846.68	19.57	1774.93	9.51	949.74	9.95	825.19	0.11	7012.57	—	—	0.7	9.18
	小计	32.88	1958.25	21.28	1886.5	10.16	1008.36	10.66	878.14	0.46	11975.08	—	—	1.59	10.01
甘肃	天保	7.85	357.21	7.25	357.21	2.13	120.46	3.27	232.72	—	—	1.85	4.03	0.37	0.23
	退耕	3.01	—	1.58	—	0.63	—	0.39	—	—	—	0.56	—	1.03	0.40
	小计	10.86	357.21	8.83	357.21	2.76	120.46	3.66	232.72	—	—	2.41	4.03	1.40	0.63
陕西	天保	3.23	146.1	2.39	146.1	0.8	48.7	1.57	96.58	—	—	0.02	0.82	0.16	0.68
	退耕	1.64	—	1.02	—	0.34	—	0.67	—	—	—	0.01	—	0.62	—
	小计	4.87	146.1	3.41	146.1	1.14	48.7	2.24	96.58	—	—	0.03	0.82	0.78	0.68
总计	天保	12.88	554.03	10.44	554.03	3.2	196.67	5.14	352.51	0.23	3257.35	1.87	4.85	0.96	1.48
	退耕	6.28	60.85	3.51	60.85	1.35	31.11	1.47	29.74	0.12	1705.16	0.57	—	2.11	0.66
	其他	29.45	1846.68	19.57	1774.93	9.51	949.74	9.95	825.19	0.11	7012.57	—	—	0.7	9.18
	小计	48.61	2461.56	33.52	2389.81	14.06	1177.52	16.56	1207.44	0.46	11975.08	2.44	4.85	3.77	11.32

说明：“天保”指天然林资源保护工程，“退耕”指退耕还林工程，“其他”指天保、退耕外的其他项目

汶川地震中公益林损失面积、蓄积统计表

表 134

省份	项目	合计	森林										其他公益林
			合计		针叶林		阔叶林		竹林		其他		
		面积（万公顷）	面积（万公顷）	蓄积（万立方米）	面积（万公顷）	蓄积（万立方米）	面积（万公顷）	蓄积（万立方米）	面积（万公顷）	株数（万株）	面积（万公顷）	蓄积（万立方米）	面积（万公顷）
四川	小计	23.17	15.79	1440.10	7.68	784.72	7.78	655.38	0.33	8761.03	—	—	7.38
	其中：自然保护区	9.16	7.49	758.67	3.96	435.56	3.44	323.11	0.09	2322.16	—	—	1.67
甘肃	小计	7.15	6.78	352.99	1.97	120.27	3.10	232.71	—	—	1.71	0.01	0.37
	其中：自然保护区	2.18	2.18	159.70	0.55	60.94	0.88	98.76	—	—	0.75	—	—
陕西	小计	4.88	3.42	146.10	1.14	48.70	2.25	96.58	—	—	0.03	0.82	1.46
	其中：自然保护区	0.50	0.35	14.80	0.12	4.93	0.23	9.87	—	—	—	—	0.15
合计	小计	35.20	25.99	1939.19	10.79	953.69	13.13	984.67	0.33	8761.03	1.74	0.83	9.21
	其中：自然保护区	11.84	10.02	933.17	4.63	501.43	4.55	431.74	0.09	2322.16	0.75	—	1.82

一　四川省林地受损

汶川地震中，四川省森林损毁面积最大，损失最为严重，共损毁森林面积 21.28 万公顷，直接经济损失 28.71 亿元。其中，北川、汶川、青川、平武、安县、绵竹、什邡、茂县和都江堰 9 个县（市）损毁森林面积达 17.33 万公顷，占全省地震灾区损毁森林面积的 81.47%，直接经济损失 23.39 亿元。

地震还造成四川省林木蓄积严重受损，共损失林木蓄积 1958.25 万立方米，直接经济损失 78.33 亿元，占川甘陕三省灾区林木蓄积总损失量的 79.55%；其中，滑坡、崩塌和滚石等次生灾害共造成林木蓄积损失 1943.4 万立方米，直接经济损失 77.74 亿元，占全省林木蓄积总损失量的 99.24%。汶川、北川、青川、茂县、平武、安县和什邡 7 个县（市）林木蓄积损失 1435.19 万立方米（参见图 425 ~ 430），直接经济损失 57.41 亿元，占三省灾区林木蓄积总损失量的 58.30%。

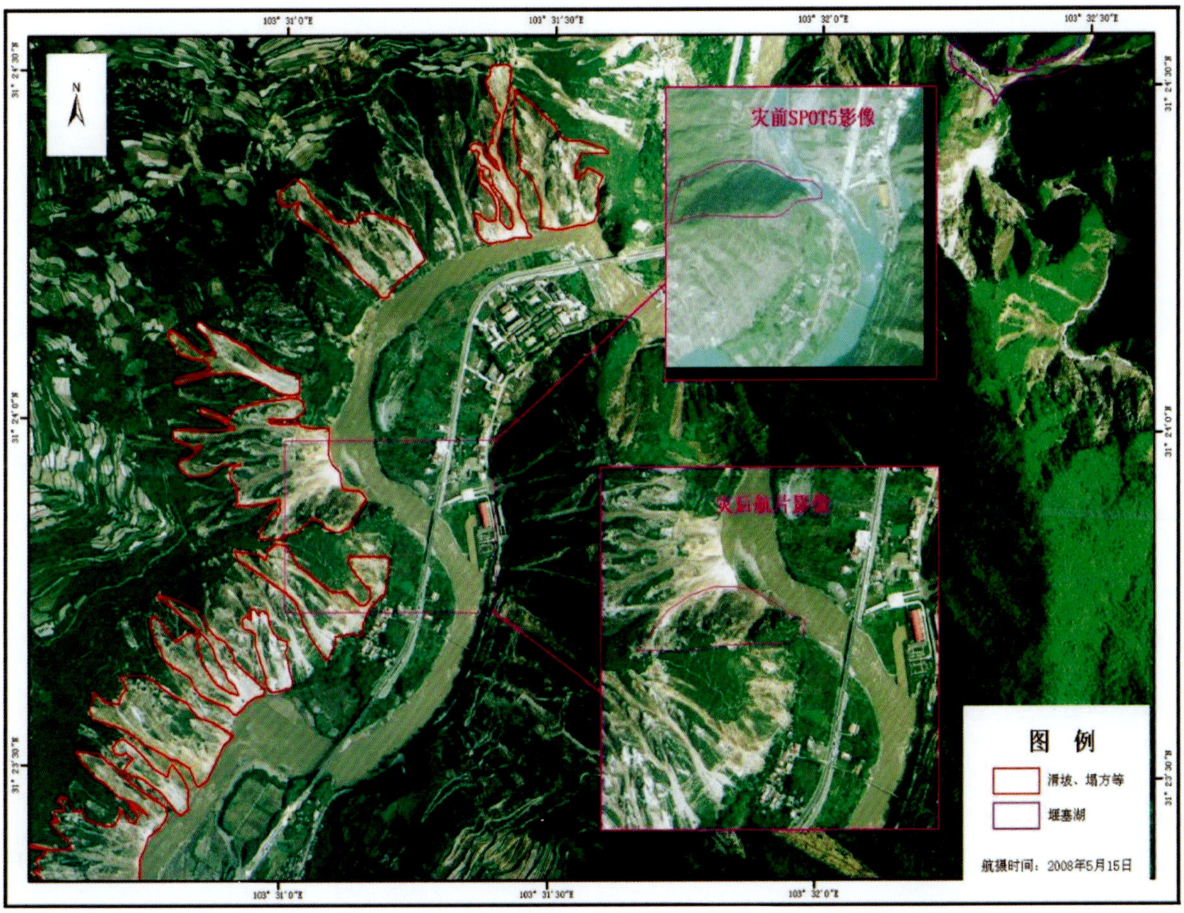

图 425　汶川县绵虒镇局部地区滑坡、塌方等灾害损坏林地航拍图

图 426　江油市山体滑坡损毁坡面林地

（四川省林业厅　提供）

图 427　什邡市山体崩塌滑坡损毁柳杉林地

图 428　北川羌族自治县山体崩塌损毁林木

（四川省林业厅　提供）

图 429 都江堰市紫坪铺水库周围山体滑坡摧毁林地

（四川省林业厅 提供）

图 430 卧龙自然保护区林地损毁情况

（四川省林业厅 提供）

地震给灾区的林业建设造成巨大破坏，林业生态体系遭受严重破坏。地震造成绵阳市损失林木 2.1 亿株，南充市因山体滑坡损毁林地 1200 公顷、损失 336 万元；世行项目林因山体滑坡损毁林地 1.5 万余公顷，其中“森林资源发展和保护项目”8000 公顷、“国家造林项目”2600 公顷、“贫困地区林业发展项目”1700 公顷、“林业持续发展项目”2700 公顷、“林业发展项目”3 公顷。

二 甘肃省林地受损

汶川地震造成甘肃省林业系统损毁林地 10.86 万公顷，直接经济损失 28.56 亿元。

陇南市生态林受损 5.17 万公顷，经济林受损 2.33 万公顷，省级自然保护区及野生动物栖息地受损 1.01 万公顷，林区滑坡 48 处（参见图 431），崩塌 6 处；共造成经济损失 22.04 亿元，其

图 431 文县山体滑坡损毁林地

中直接经济损失 4.91 亿元、间接经济损失 17.13 亿元。

舟曲县林地受灾 37 处 128.4 公顷，包括有林地 9.07 公顷、灌木林地 15.13 公顷、未成林造林地 101.67 公顷、宜林地 2.53 公顷。其中，滑坡全毁 24.47 公顷，崩塌全毁 5.33 公顷，滑坡崩塌受损 98.6 公顷；林木损失蓄积 564.7 立方米；经济损失共计 228.8 万元。滑坡和崩塌全毁的林地中，林地、林木均被巨石和石砾压埋损毁；受损林地中部分林木和幼树因石块翻滚造成腰折、翻蔸、断梢，部分林木因滑坡造成压埋、拔除、劈裂、折枝，林地大面积严重裂缝，逐渐形成不规则侵蚀沟；由于部分灾区处在白龙江沿岸，在强降雨情况下引发山体滑坡，对当地生态安全构成严重威胁。

三　陕西省林地受损

图 432　宁强县高寨子镇薛家坝村退耕还林地损毁。2008 年 5 月 23 日拍摄

（罗建明　摄）

图 433　宁强县毛坝河镇大竹坝村林地损毁。2008 年 5 月 24 日拍摄

（罗建明　摄）

汶川地震造成宁强、勉县、略阳等县（市、区）林地损毁严重。宁强县因滑坡、滚石填埋森林面积 176.13 公顷，损失林木蓄积 1.38 万立方米（参见图 432 ~ 433），经济损失 725.3 万元。勉县因山体滑坡导致封山育林损毁 2900 公顷，经济损失 704 万元；飞机播种封山育林面积损毁 2000 公顷，经济损失 705.2 万元；人工造林损毁 2400 公顷，经济损失 2827.2 万元。略阳县因山体滑坡减少森林面积 8633 公顷、森林蓄积 39.2 万立方米。宝鸡市陈仓区森林受灾面积 298.13 公顷，其中幼龄林 91.33 公顷、中龄林 164.47 公顷、近成熟林 42.33 公顷；未成林造林地受灾面积 775.73 公顷，其中天然林保护 765.73 公顷、三北防护林 10 公顷。佛坪县森林受损面积 43.33 公顷，损失森林蓄积 450 平方米，未成林造林地受损面积 6.67 公顷。

南郑县受灾的乔木林中，幼龄林基本以近 5 年新造林地为主，其他多以中龄林和近熟林居多；受灾树种以杉树、油松、马尾松为主，分布在全县 24 个乡（镇）和 2 个国有林场中，经济损失 1670 万元。经济林受损主要包括油茶、茶叶、核桃、厚朴、花椒等 5 类。其中，油茶受损面积 1700 公顷，损失 30 万元；茶叶受损面积 400 公顷，损失 300 万元；厚朴受损面积 100 公顷，损失 39 万元；核桃受损面积 30 公顷，损失 10 万元；花椒受损面积 30 公顷，损失 10 万元。

第二节　种苗受损

汶川特大地震造成四川、陕西、甘肃、重庆四省（市）林木种苗生产基地损失严重，共有 17.33 万平方米办公用房、326.67 公顷苗圃、2.8 万平方米温室、24.8 万平方米大棚，671.27 公顷良种基地、585.33 公顷采种基地、140 公里道路受损，对林木种苗基地建设与管理造成极大影响。地震造成灾区林木种苗损毁 3309.2 公顷、苗木损失 8.5 亿株，经济损失 6.8 亿元，其中四川省损毁林木种苗生产基地 1751.87 公顷，损失种苗 3.7 亿株，经济损失 2.95 亿元。

一　四川省种苗受损

地震造成四川省损失苗圃 302 公顷、良繁基地 150 公顷、采穗圃 190 公顷、采种基地 585 公顷，直接经济损失 36558 万元。其中，四川省国有林木种苗系统损毁育苗地 122.6 公顷、苗木 4177 万株、采种林 1015.3 公顷，年种苗生产能力下降 2 亿株以上；损毁业务用房 6166 平方米、新增危房 47005 平方米，损毁道路 23.7 公里、给排水管道 159.3 公里、供电线路 42 公里、通信线路 15 公里、育苗机械 71 台（套）。地震还造成部分种子基地被山体滑坡覆盖，林木种苗持续供给能力受到严重影响。特别是北川羌族自治县国有苗圃、阿坝藏族羌族自治州种苗站及种子仓库、理县种苗站及种子库受灾最为严重，需要迁址重建。部分市（州）和县（市、区）的种苗受损情况见表 135、图 434。

四川省林木种苗损失情况统计表

表 135

市（州）	单位	损失面积（公顷）	经济损失小计（万元）	苗圃		良繁基地		采穗圃		采种基地	
				损失面积（公顷）	经济损失（万元）	损失面积（公顷）	经济损失（万元）	损失面积（公顷）	经济损失（万元）	损失面积（公顷）	经济损失（万元）
成都	彭州	1	42	1	27	—	—	—	—	—	—
	小计	1	42	1	27	—	—	—	—	—	—

续表 135

市（州）	单位	损失面积（公顷）	经济损失小计（万元）	苗圃		良繁基地		采穗圃		采种基地	
				损失面积（公顷）	经济损失（万元）	损失面积（公顷）	经济损失（万元）	损失面积（公顷）	经济损失（万元）	损失面积（公顷）	经济损失（万元）
德阳	绵竹	80	2040	—	—	—	—	—	—	80	840
	什邡	60	1530	—	—	—	—	60	630	—	—
	小计	140	3570	—	—	—	—	60	630	80	840
绵阳	北川	73	2200	20	540	—	—	13	140	40	420
	平武	305	8007	12	330	0.07	1	0.4	5	293	3080
	江油	10	322	5	126	5	56	—	—	—	—
	涪城	24	705	7	180	—	—	—	—	17	175
	盐亭	10	387	8	216	—	—	—	—	2	21
	梓潼	26	768	6	166	—	—	—	—	20	210
	游仙	1	34	1	22	—	—	—	—	—	—
	小计	448	12423	59	1580	5	57	13	145	372	3906
广元	青川	129	4772	89	2412	—	—	40	420	—	—
	苍溪	53	2094	45	1215	—	—	8	84	—	—
	旺苍	27	868	11	293	3	32	13	140	—	—
	剑阁	11	465	11	299	—	—	—	—	—	—
	利州	22	795	14	380	—	—	8	84	—	—
	元坝	47	1718	32	864	—	—	15	154	—	—
	朝天	43	1270	10	270	—	—	33	350	—	—
	市本级	4	182	4	117	—	—	—	—	—	—
	小计	336	12164	216	5850	3	32	117	1232	—	—
雅安	汉源	2	70	2	45	—	—	—	—	—	—
	小计	2	70	2	45	—	—	—	—	—	—
阿坝	汶川	0.07	2	—	—	0.07	1	—	—	—	—
	理县	134	3653	1	34	133	1600	—	—	—	—
	茂县	136	3540	3	90	—	—	—	—	133	1400
	州本级	28	1059	20	539	8	98	—	—	—	—
	小计	298	8254	24	663	141	1699	—	—	133	1400
南充	阆中	1	35	—	11	1	8	—	—	—	—
	小计	1	35	—	11	1	8	—	—	—	—
合计		1227	36558	302	8176	150	1796	190	2007	585	6146

说明：市（州）本级指市（州）直接管理的范畴，良繁基地指良种繁育基地。资料由四川省林业厅提供

图 434　彭州市苗圃因震损毁

地震造成绵阳市损毁苗木 1741.3 万株；广元市苗圃房屋垮塌 2920 平方米，形成危房 1100 平方米，损毁大棚 11.1 万平方米、温室 2000 平方米、办公及育苗设备 166 台（套）；眉山市良种苗木繁育场受损 9 个。

二　甘肃省、陕西省种苗受损

甘肃省种苗受损　地震造成甘肃省林木种子、苗木生产繁育基地受损 1.69 万公顷（其中严重受损 1.18 万公顷、一般性受损 0.51 万公顷），直接经济损失 11792 万元；主要原因是地震及其引发的滑坡、塌方、泥石流、地基下陷开裂等次生灾害影响。地震还造成温室受损 91420 平方米，大棚受损 1960 平方米，各种林业生产设备、设施不同程度毁坏，直接经济损失 479.6 万元。

陕西省种苗受损　地震造成陕西省林木种苗系统损毁房屋 10600 平方米、温室 9800 平方米、大棚 1200 平方米，经济损失约 1012 万元。其中，损毁苗圃 4625 平方米，经济损失 468.2 万元；良种基地和采种基地损毁房屋 5975 平方米、水塔 3 座、水管 2100 米、道路 1.4 公里、晒场 620 平方米，经济损失约 543.8 万元。

勉县种苗生产基地损毁 104 公顷，经济损失 154.6 万元；温室大棚损毁 560 平方米，经济损失 117.1 万元；育苗设施损毁造成直接经济损失 403.9 万元。宁强县损毁苗圃地 2.6 公顷，各类苗木 110 多万株，经济损失 27.7 万元。南郑县中心苗圃所育绿化大苗受损 6.67 公顷，损失 15 万元；县国有碑坝林场所育绿化幼苗受损 3.33 公顷，损失 80 万元；各乡镇苗农所育常规苗木花卉受损

23.33 公顷，损失 50 万元。宝鸡市陈仓区苗圃地受损 8.97 公顷，占苗圃地总数的 42.3%，其中针叶播种苗 4.91 公顷、阔叶树苗 1.33 公顷、绿化大苗 2.73 公顷。

第三节 天然林资源保护工程受损

汶川特大地震给天然林资源保护工程区（以下简称天保）的森林工业企业（以下简称森工企业）及职工造成重大人员伤亡和经济损失。四川、甘肃、陕西、重庆四省（市）直接经济损失共计 249384 万元，其中公共用房受损 95.2 万平方米，经济损失 104817 万元；道路受损 703.5 公里，给水管线受损 8346 公里，供电线路受损 2070 公里，林木种苗等其他经济损失 42475 万元。灾区天保工程区国有森工企业的具体受损情况见表 136，北川羌族自治县天保工程区的受损情况参见图 435。

灾区天然林资源保护工程区国有森工企业受损情况统计表

表 136

省（市）	公共用房		道　路		给水工程		供电线路		其他损失（万元）	经济损失小计（万元）
	面积（万平方米）	经济损失（万元）	损失量（公里）	经济损失（万元）	损失量（公里）	经济损失（万元）	损失量（公里）	经济损失（万元）		
四川	66.3	81471	315	75052	1169	16348	1782	8820	31796	213487
甘肃	25.71	21307	134	—	173	—	231	—	10679	31986
陕西	1.32	904	235	1273	2	10	45	225	—	2412
重庆	1.87	1135	19.5	37	7002	206	12	121	—	1499
合计	95.2	104817	703.5	76362	8346	16564	2070	9166	42475	249384

绵竹市是长江上游水源林涵养区，森林面积大、蓄积量高，生态区位十分重要，是第一批四川省天然林保护工程示范县。汶川地震给绵竹市天保工程造成毁灭性的破坏，全市天保工程区林木受损面积 2.33 万公顷、道路损坏 50 公里、房屋损毁近 5 万平方米、输电线路损毁 21 公里。省级九顶山自然保护区及区内国家级云湖森林公园的基础设施损毁殆尽。地震引发的山体滑坡、泥石流、堰塞湖等次生灾害对天然林资源和生态系统造成严重破坏，大部分林区难以进入，地震对生态环境的破坏难以准确评估。

图 435 北川羌族自治县天保工程区森林灾前与灾后影像对照

第四节 退耕还林工程受损

四川、甘肃、陕西、重庆四省（市）的 84 个退耕还林工程县在 1999—2007 年累计完成退耕还林任务 120.19 万公顷（其中退耕地造林 53.59 万公顷、荒山荒地造林 62.02 万公顷、封山育林 4.58 万公顷），涉及 227.26 万退耕农户、904.35 万人。汶川特大地震中，84 个退耕还林工程县受灾较重，其中四川、陕西、甘肃三省的 51 个退耕还林工程县（市、区）受灾面积 8.5 万公顷（包括退耕地造林 3.57 万公顷、荒山荒地造林和封山育林 4.93 万公顷），涉及 32.8 万退耕农户（包括绝户 38 户）。在这些受灾的退耕还林工程中，需要通过重新造林或封山育林恢复植被的为 3.57 万公顷，需要通过补植补造恢复的为 4.93 万公顷。

地震发生前，四川省 6 个重灾市（州）的 39 个重灾县（市、区）完成退耕还林任务 38.87 万公顷（其中退耕地造林 19.6 万公顷、荒山荒地造林 17.6 万公顷、封山育林 1.67 万公顷），涉及 121.3 万退耕农户、424.8 万人。其中，都江堰、彭州、崇州、绵竹、什邡、北川、平武、江油、安县、青川、汉源、汶川（含卧龙）、茂县、理县 14 个重灾县（市）完成退耕还林任务 15.13 万

图 436　汶川县退耕还林工程区灾后（福卫二号卫星）影像

公顷（其中退耕地造林 8.16 万公顷、荒山荒地造林 6.33 万公顷、封山育林 0.64 万公顷），涉及 33.9 万退耕农户、120.6 万人。地震造成四川省退耕还林地受损 1.07 万公顷，根据国家退耕还林工程投资标准和实施年度计算，直接经济损失 20412 万元。汶川县的退耕还林工程受损情况见图 436。

汶川地震发生前，甘肃省陇南、甘南、天水 3 个市（州）23 个县（区）累计完成退耕还林任务 45.2 万公顷（其中退耕地造林 16.64 万公顷、荒山荒地造林 27.15 万公顷、封山育林 1.41 万公顷），涉及退耕农户 61.65 万户、276.19 万人。地震造成退耕还林工程受损面积 6.51 万公顷（其中退耕地 2.22 万公顷、荒山造林 4.29 万公顷），损失面积 2.9 万公顷（其中退耕地 0.92 万公顷、荒山造林 1.98 万公顷），涉及农户 9.95 万户。市、县、乡三级退耕还林工程管理办公用房受损 112 间，护林房受损 1819 间，电脑损坏 82 台，工程管理档案柜受损 154 个（套），部分退耕还林农户管理档案被压埋。

地震发生前，陕西省汉中、宝鸡、安康三市的 16 个退耕还林工程县完成退耕还林任务 30.14 万公顷（其中退耕地造林 13.84 万公顷、荒山荒地造林 15.27 万公顷、封山育林 1.03 万公顷），涉及退耕农户 44.11 万户、187.5 万人。地震造成退耕还林地受灾 1.22 万公顷，荒山荒地造林受灾 1.25 万公顷。

地震发生前，重庆市铜梁、潼南、大足、荣昌、梁平五县完成退耕还林任务 9.36 万公顷（其中退耕地造林 4.28 万公顷、荒山荒地造林 4.44 万公顷、封山育林 0.63 万公顷），涉及 36.6 万退耕农户、138.9 万人。由于汶川地震未在重庆造成大面积的滑坡，因此对退耕还林地的影响较小。

第五节　林业附属设施受损

一　四川省林业附属设施受损

汶川地震中，四川省林业系统的生产设施、公共服务设施、行政管理设施、产业设施等各项基础设施受损严重。

地震损毁林业系统办公用房19.89万平方米、生产用房42.78万平方米、林区公路0.18万公里（参见图437）、桥梁0.47万延米、涵洞0.05万座、防火便道0.27万公里、输电线路0.27万公里、通信线路0.17万公里、给水管道0.15万公里、电站67座、瞭望台230座、生产设备1.5万台（套），经济损失281505万元；其他林业生产设施经济损失70061万元；林业生产设施经济损失合计351566万元（见表137、表138）。由于护林防火设施和道路的损毁，加上森林损毁形成的大量可燃物，使森林火灾发生的概率和防火难度进一步增大。

图437　地震中损毁的彭州林区公路
（四川省林业厅　提供）

四川省林业生产设施中办公和生产用房损失情况统计表

表137

单　位	办公用房		生产用房		经济损失
	受损面积（平方米）	经济损失（万元）	受损面积（平方米）	经济损失（万元）	小计（万元）
成　都	10463	1569	48768	7315	8884
德　阳	14195	2129	28198	4230	6359
绵　阳	28334	4250	77348	11603	15853
广　元	30279	4543	93497	14025	18568
雅　安	5990	900	18884	2833	3733
阿　坝	94526	14178	101021	15154	29332
南　充	0	0	360	54	54
巴　中	3064	460	8719	1308	1768
卧龙保护区	7170	1076	44940	6741	7817
大渡河造林局	2350	353	5447	817	1170
省林业科技推广站	2510	377	590	89	466
合　计	198881	29835	427772	64169	94004

表 138

四川省林业生产设施中基础设施损失统计表

单位	经济损失小计（万元）	林区公路		桥梁		防火便道		输电线路		通信线路		给水管道		电站		瞭望台		生产设备		其他损失（万元）
		受损数量（公里）	经济损失（万元）	受损数量（延米）	经济损失（万元）	受损数量（公里）	经济损失（万元）	受损数量（公里）	经济损失（万元）	受损数量（公里）	经济损失（万元）	受损数量（公里）	经济损失（万元）	受损数量（座）	经济损失（万元）	受损数量（座）	经济损失（万元）	受损数（台、套）	经济损失（万元）	
成都	22553	213	7455	380	318	568	5680	377	1885	515	2576	263	1576	1	1200	11	400	1588	1364	99
德阳	14656	146	5110	504	534	68	680	146	730	84	420	82	492	2	800	53	2040	5799	2353	1497
绵阳	98546	345	12075	810	519	799	7990	659	3295	400	2000	184	1107	17	8485	58	1920	2328	3941	57214
广元	32304	232	8120	510	438	838	8380	945	4725	530	2650	358	2146	11	420	54	1520	3207	2690	1215
雅安	6247	116	4060	98	89	73	730	14	70	10	48	25	147	5	172	12	340	114	213	378
阿坝	42705	589	20615	1306	946	268	2680	378	1892	112	558	138	828	19	2799	33	1000	1264	4195	7192
南充	500	—	—	—	—	31	310	—	—	—	—	—	—	—	—	3	120	30	50	20
巴中	2151	41	1435	70	42	27	270	63	315	—	—	4	26	4	63	—	—	—	—	—
卧龙保护区	36874	148	5180	1050	1158	—	—	71.0	355	21.0	105.0	413.00	2478	8	22750	3	80	857	2322	2446
大渡河造林局	163	—	—	—	—	—	—	10.0	50	—	—	5.00	30	—	—	3	80	5	3	—
省林业科技推广站	39	—	—	—	—	—	—	—	—	—	—	1.50	9	—	—	—	—	1	30	—
合计	256738	1830	64050	4728	4044	2672	26720	2663	13317	1671	8357	1473.5	8839	67	36689	230	7500	15193	17161	70061

地震损毁林业系统公共服务设施办公用房 12 万平方米、办公设备 1381 台（套），损毁学校 1.52 万平方米、医院 0.95 万平方米，直接经济损失 22422.7 万元（见表 139）。行政管理设施办公用房损毁 9.73 万平方米、设备损毁 4093 台（套），直接经济损失 16944 万元。产业管理用房损毁 1.94 万平方米、生产用房损毁 17.54 万平方米、设备损毁 234 台（套），使灾区林业产业基地的供给能力和企业的生产能力大幅下降；损毁林业生态旅游接待用房 17.55 万平方米、栈道和旅游便道 910.5 公里和价值 25479 万元的其他旅游设施设备，直接经济损失 120675 万元（见表 140），导致大部分景区几乎丧失接待能力，对灾区区域经济发展和灾后恢复重建起到严重的制约作用。

四川省林业公共服务设施损失统计表

表 139

单　位	经济损失小计（万元）	办公用房		办公设备		学　校		医　院	
		受损面积（平方米）	经济损失（万元）	受损数量（台、套）	经济损失（万元）	受损面积（平方米）	经济损失（万元）	受损面积（平方米）	经济损失（万元）
成　都	1222	7587	1139	81	83	—	—	—	—
德　阳	1805.7	10155	1524	318	71.7	—	—	1400	210
绵　阳	4656.5	29890	4487	490	169.5	—	—	—	—
广　元	8393.8	53814	8075	457	318.8	—	—	—	—
雅　安	443	2800	421	20	22	—	—	—	—
阿　坝	2395.7	10170	1526	12	20.7	—	—	5660	849
南　充	450	3000	450	—	—	—	—	—	—
巴　中	335	2225	334	1	1	—	—	—	—
卧龙保护区	2721	392	59	2	20	15216	2282	2400	360
合　计	22422.7	120033	18015	1381	706.7	15216	2282	9460	1419

地震中，四川省国有林场办公用房垮塌 52615 平方米，新增危房 55240 平方米。其他用房垮塌 2750 平方米，新增危房 9930 平方米。林区道路损毁 1075.9 公里，桥梁垮塌 12 座、268 米，受损 27 座、408 米，涵洞垮塌 438 座，受损 199 座。输电线路损毁 437.7 公里，通信线路损毁 236.5 公里，损毁电站 8 座，损毁输水管道 291 公里。瞭望台垮塌 21 座、受损 37 座，垮塌防火检查站 14 座、990 平方米，损毁防火等其他设备 1535 套，垮塌物资储备库 31 座、1020 平方米，垮塌专业队营房 7 座、440 平方米。林场苗圃垮塌房屋 1250 平方米，新增危房 90 平方米；损毁大棚 240 平方米，损毁林地 2 万公顷。

地震造成全省森林防火基础设施损毁严重。办公用房垮塌 1548 平方米，危房 6463 平方米；指挥中心垮塌 773 平方米，危房 2799 平方米；物资储备库垮塌 4570 平方米，危房 16648 平方米；

四川省林产加工、林业生态旅游损失情况统计表

表 140

单位	产业损失小计（万元）	林产加工								林业生态旅游					
		林产加工损失小计（万元）	管理用房		生产用房		设备		产成品等其他损失（万元）	生态旅游损失小计（万元）	游客接待用房		旅游设施设备		
			受损面积（平方米）	经济损失（万元）	受损面积（平方米）	经济损失（万元）	受损数量（台、套）	经济损失（万元）			受损面积（平方米）	经济损失（万元）	栈/便道数量（公里）	经济损失（万元）	其他损失（万元）
成都	5848	5049	—	—	23660	3549	12	1500	—	799	5000	649	22	150	—
德阳	8877	300	—	—	2000	300	—	—	—	8577	22214	4443	47	290	3844
绵阳	65901	33980	15500	2326	127170	19077	41	9970	2607	31921	75565	15113	691	6638	10170
广元	11520	7487	3200	478	22540	3381	181	2880	748	4033	20364	3433	91	530	70
阿坝	6240	—	—	—	—	—	—	—	—	6240	2400	3480	35	1065	1695
巴中	389	105	700	105	—	—	—	—	—	284	—	—	13	284	—
卧龙保护区	21900	—	—	—	—	—	—	—	—	21900	50000	10000	11.5	2200	9700
合计	120675	46921	19400	2909	175370	26307	234	14350	3355	73754	175543	37118	910.5	11157	25479

扑火队营房垮塌4320平方米，危房3996平方米；瞭望台垮塌121座，受损120座；防火检查站垮塌2996平方米；防火宣传碑损毁77座；防火道路损毁2961公里；损毁防火车辆40辆、短波电台124部、超短波电台385部，林火监测系统3套；直接经济损失11.88亿元。

地震造成6个重灾市（州）和卧龙特别行政区的127个林业站全毁，372个林业站成为危房，分别占林业站总数的20%和58.8%；设有林业员的265个农业服务中心，13个中心房屋全毁，113个中心成为危房；损毁电脑、GPS、办公桌椅等设备1528台（套），以及摩托车73辆、护林防火车6辆；地震还造成林业站6人死亡，58人受伤。西南航空护林总站成都站在地震中遭受经济损失68.7万元，其中综合楼和职工活动室受损400平方米，经济损失约3.5万元；供水管网受损138米，经济损失约3万元。天全县天然林资源保护工程区林区的公路、房屋、水电、森林管护和封山育林巡山便道、便桥、围栏、标志牌等设施不同程度损坏，直接经济损失111.15万元。

二　甘肃省林业附属设施受损

地震造成甘肃省林业系统各类房屋、基础设施、森林防火设施和职工个人财产受损严重，直接经济损失69704.63万元（不含职工住房损失）。

各类房屋倒塌及受损总面积51.64万平方米，直接经济损失46598.53万元。其中，林业单位业务用房受损36.83万平方米，直接经济损失38283.74万元；教育类用房受损11.71万平方米，各类教学设备、设施不同程度受损，直接经济损失4887.49万元；卫生类房屋受损1.5万平方米，医疗器械、器皿不同程度损坏，直接经济损失1752.27万元；文化类房屋受损0.03万平方米，直接经济损失19.98万元；公检法司和消防类房屋受损1.42万平方米，部分办公设备、设施不同程度损坏，直接经济损失1437.23万元；其他房屋受损0.15万平方米，直接经济损失217.82万元。

交通、水利、电力、通信等各类基础设施直接经济损失20563.01万元。其中，城市（镇）基础设施直接经济损失3670.97万元（供排水设施损失1916.47万元、供电设施损失1754.5万元）；重要基础设施直接经济损失16103.5万元（道路损失25425.5万元、电源及电网损失57万元、通信损失621万元）；水利基础设施直接经济损失222.4万元（塘坝损失100万元、堤防损失122.4万元）；森林公园旅游景区酒店受损3799平方米，各类设施、设备不同程度受损，直接经济损失566.14万元。

各类森林防火设施直接经济损失1779.32万元，包括49个防火瞭望塔、51个中继台、10块太阳能光电板、426公里防火作业便道不同程度受损。林业职工家用电器、家具等个人财产损失763.77万元。

地震造成陇南市林业系统损毁公共用房6574间、98636.3平方米，损坏供水设施管网45.8公里、蓄水池33个，供电线路97.5公里、水电站3座、变压器3台、电线杆40根，林区道路292.5公里、桥梁8座、涵洞24处，通信线路60公里、基站4座，瞭望塔12座、中继台34台，防火作业便道360.5公里、防火设施设备6台（套），林业生产设施设备456台（套），加油站1座，森林景区道路78.2公里，观景凉亭12个，景区招待所1800平方米。

陇南市武都区林业系统有15个林业站不同程度受损，共损毁业务用房119间、1956平方米、办公设备45台（套）、生活用水管线5.6公里、电力线路15公里，部分林区交通、水电、通讯一度中断，林区桥梁、涵洞、护坡等出现坍塌、裂缝或滑坡，造成经济损失。

舟曲县林业系统损毁267间、5340平方米办公用房、4000米机械围栏、700米灌溉水渠、2辆防火车、1座防火瞭望塔、100公里护林防火公路、340米围墙、128.4公顷林地受损，直接经济损失1783.96万元。

文县林业局的8个基层林业站遭受严重损失，受损房屋88间、1716平方米，经济损失199万元。

天水市各县林业站的办公用房和相关设施破坏严重，共有129间办公用房墙体出现裂缝、地基后移、围墙垮塌，一些日光温室等生产设施受损严重，经济损失约300万元。天水市的世界银行贷款林持续发展项目在地震中遭受经济损失72.12万元，其中764座管护棚中有453座不同程度受损（88座倒塌、365座出现裂缝），直接经济损失69.96万元；林区作业道路损毁7.2公里，经济损失2.16万元。地震造成项目债务损失349540元，包括秦安县35座管护棚，债务损失151200元；清水县19座，债务损失53900元；麦积区413座，债务损失59100元；武山县16座，林道7200米，债务损失85340元。

三　陕西省林业附属设施受损

地震造成陕西省倒塌房屋102696间，损坏房屋597112间，严重影响了林业系统正常的生产生活。全省10个市不同程度受灾，损毁非居民住宅164672平方米、居民住宅121575平方米；损毁林区道路14条547.52公里、给水管线38.6公里、供电线路94.2公里、通信线路54.1公里、桥梁2座133延米，涵洞塌陷2座，电线杆裂缝25根，水管破裂360米，锅炉倒塌1座，锅炉房烟筒倒塌2处；损毁温室24458平方米、大棚4210平方米；损毁瞭望台22座、防火物资储备库1140平方米、专业队营房375平方米；损毁电脑、空调等办公设备6套（台）。陕西省林业系统直接经济损失共计86265.95万元，其中林业居民住宅损失约6233.16万元，林业非居民住宅损失约13138.79万元，林业生产设施、野生动植物等损失约4599万元，森林受损约62295万元。

地震中，汉中、宝鸡两市受灾最重，安康、西安、咸阳等市受灾也较为严重。汉西林业局出现房屋墙体破坏、水塔开裂倾斜、道路塌方、电力中断等现象，经济损失约1170万元；太白林业局出现房屋开裂、烟囱倒塌，1500台（套）加工成品受损，经济损失56万元；宁东林业局中心苗圃、西安林化厂的房屋和车间遭到破坏。汉中市林业系统972间房屋、1980米围墙、56公里道路、2公里供水管线、10台设备受损，直接经济损失4832.5万元。宝鸡市林业系统242间房屋、1924米围墙、2座水塔、1座防火设施、2座桥梁、2座涵洞、360米水管、1座锅炉、10公里道路受损，经济损失1125万元。西安市现代化综合苗圃7800平方米温室大棚受损，蓝田、长安、周至等地的林场管护站和办公用房受损。安康市林业系统1名职工受伤，市蚕种场、蚕研所3口生产机井报废，2座水塔严重倾斜，10间300平方米房屋成危房；汉滨、石泉、岚皋和旬阳共有166间3920平方米房屋受损。咸阳市林业系统受损房屋1059平方米、围墙695米，经济损失80.8万元，其中杨陵区农林局办公楼出现墙体开裂、窗户震裂等现象。

图 438　宁强县林业系统房屋损毁
（宁强县林业局　提供）

地震造成宁强县林业系统损毁房屋 329 间 9520 平方米、林区道路 8 公里、电力线路 3.5 公里、给水管线 4.9 公里、防火瞭望塔 2 座、各类设备器材 46 台（架）、围墙 1200 米（参见图 438），直接经济损失约 1680 万元。

地震造成略阳县林业系统 24 个基层单位和 21 个乡镇天保站不同程度受损，共损毁基层林业单位房屋 230 间，局机关综合办公楼 3009 平方米，林区道路 26 公里，供水管道 3.5 公里，道路边坡、护坡垮塌 2350 米，围墙 640 米，办公设备摔损严重，直接经济损失约 1610 万元。

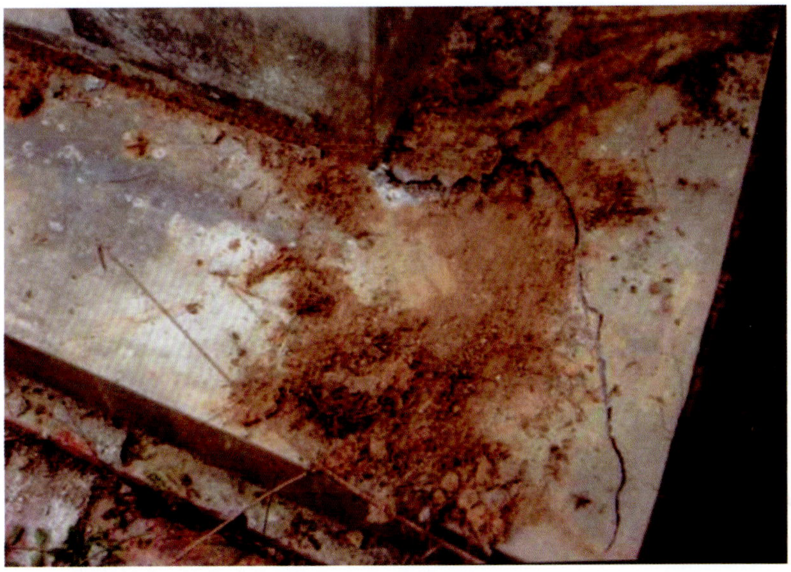

图 439　勉阳中心管护站水塔裂缝。2008 年 7 月 10 日拍摄

地震造成勉县林业系统基础设施严重损毁，经济损失 17074.9 万元。其中，局机关和基层站所业务用房损毁 70901 平方米，经济损失 10635.2 万元；林区道路损毁 176.9 公里，经济损失 3890.9 万元；给水管线损毁 29.3 公里，经济损失 211.3 万元；供电线路损毁 72.08 公里，经济损失 288.3 万元；通信线路损毁 132.9 公里，经济损失 531.7 万元；野生动物救护临时饲养圈舍损毁 67 平方米，经济损失 5.3 万元；苗圃用房损毁 2755 平方米，经济损失 330.6 万元；其他设备损毁造成经济损失 1181.6 万元（参见图 439）。

此外，地震还造成宝鸡市陈仓区 815 公里林区道路全部受损；汉中市汉台区林业工作中心及下属基层站的生产、办公及住宿用房受损 38 间 684 平方米，损毁生产温室 1520 平方米、水塔 1 座、供水管道 800 米、围墙 110 米，经济损失 77 万元；佛坪县林业系统 152 间 4250 平方米办公房屋受损，直接经济损失 340 万元；留坝县林业系统 6973 平方米房屋严重受损，5938 平方米房屋一般性受损，直接经济损失 1192.2 万元；南郑县林业局 3600 平方米的办公楼出现倾斜，严重受损；太白县林业局卧龙寺管理处办公区、生活区大量住房开裂变形，围墙倒塌 880 米，2 座水塔裂缝错位。

四　其他省市林业附属设施受损

地震造成重庆市林业基层单位受损严重，73 个国有林场中有 50 个受地震波及，主要集中在渝东南和三峡库区。国有林场和苗圃等林业基层单位基础设施损失共计 6319 万元，其中单位公共用房和职工个人住房等受损约 5000 间 10 万平方米，经济损失 6000 万元；受损输电线路 11.6 公里、电杆 136 根，经济损失 121 万元；受损给水管线 6742 米、蓄水池 500 立方米，经济损失 150 万元；因山体滑坡、塌方等造成林区道路受损 56 公里，经济损失 48 万元。

地震造成云南省水富县林业局及 3 个乡镇林业站的办公用房、天保管护房（护林点）受损 4221 平方米，直接经济损失 332 万元，其中办公用房受损 3006 平方米、经济损失 276 万元。绥江县林业职工住宿楼、林区派出所和检查站等房屋受损 1578 平方米。

第三章　畜牧业受损

四川省是全国重要的畜产品基地，猪、水禽、兔和蜂蜜产量多年来位居全国第一。2007年，全省生猪出栏10040.31万头，出栏肉牛418.76万头，出栏肉羊2941.26万只，畜牧业经济总产值为1827.1亿元。畜牧业的发展，为农业增效、农民增收、农村繁荣作出了重要贡献，成为四川省的基础产业和农村经济的支柱产业。39个极重灾和重灾县（市、区）畜牧业在全省具有举足轻重的地位。2007年，39个极重灾和重灾县（市、区）生猪出栏2308.44万头，占全省总数的22.99%；肉牛出栏82.94万头，占全省总数的19.81%；肉羊出栏488.67万只，占全省总数的16.61%；家禽出栏11236.3万只，占全省总数的19.59%；肉类总产量295.7万吨、禽蛋总产量52.65万吨、奶总产量10.22万吨，分别占全省的19.72%、19.32%和30.27%。汶川特大地震中，四川省畜牧业受到极为严重的破坏，导致商品畜禽生产、良种畜禽供种、饲料兽药等投入品供应、畜产品加工流通、畜牧兽医技术服务、动物疫病防控乃至草原生态保护等能力明显削弱。

地震造成四川、甘肃、陕西、重庆、云南五省（市）死亡畜禽共3495.61万头（只），倒塌圈舍3191.67万平方米。四川、甘肃、陕西三省畜牧业因灾直接经济损失分别为221.62亿元、2.82亿元、2.21亿元，分别占该省农业因灾直接经济损失的68.41%、39.94%、58.07%。其中，四川省畜牧业的损失具有以下三大特点：

一是受灾波及范围广，因灾损失巨大。地震造成四川全省20个市（州）139个县（市、区）受灾，其中极重灾区和重灾区涉及8个市（州）、39个县（市、区）、1204个乡（镇）、2792万人。地震造成四川全省畜牧系统死亡19人、失踪13人、受伤232人，直接经济损失221.62亿元。全省死亡畜禽3383万头（只），占整个灾区的96.78%；倒塌畜禽圈舍2882.32万平方米①，占整个灾区的90.31%。

39个极重灾和重灾县（市、区）死亡畜禽3192.95万头（只），倒塌畜禽圈舍2759.77万平

① 倒塌畜禽圈舍数未包括“7·20”特大暴雨、“9·24”洪灾、泥石流造成死亡畜禽数量和毁损圈舍。

方米，各县（市、区）受损情况见表141。其中，10个极重灾县（市）死亡畜禽1215.21万头（只），倒塌畜禽圈舍1873.79万平方米，直接经济损失134.04亿元。畜牧业遭受的严重破坏制约了牧业增效、农民增收，造成四川灾区农民当年人均减收101.15元，特别是灾损严重的汶川县等18个县（市）农民当年人均减收816.42元。

四川省39个极重灾和重灾县（市、区）畜牧系统直接经济损失情况统计表

表141

县（市、区）	畜牧业直接经济损失（万元）	县（市、区）	畜牧业直接经济损失（万元）	县（市、区）	畜牧业直接经济损失（万元）
汶　川	65711.00	游　仙	35640.59	中　江	49883.63
北　川	76615.67	旌　阳	19724.11	元　坝	39456.64
绵　竹	521060.25	小　金	16905.36	朝　天	27945.61
什　邡	116055.59	涪　城	20559.01	旺　苍	57423.41
青　川	105676.65	罗　江	17674.45	大　邑	1189.80
茂　县	96933.73	黑　水	12819.80	宝　兴	4179.50
安　县	126806.76	崇　州	7455.55	南　江	1787.96
都江堰	64719.86	剑　阁	69610.02	广　汉	4274.00
平　武	69359.29	三　台	12874.82	汉　源	4687.24
彭　州	97450.51	阆　中	4044.54	石　棉	2245.00
理　县	56712.75	盐　亭	15273.97	九寨沟	6333.24
江　油	208919.99	松　潘	4550.79	合　计	2178595.74
利　州	31921.75	苍　溪	81916.90		
梓　潼	18086.10	芦　山	4109.90		

二是次生灾害使畜牧业灾损进一步加大。汶川地震中形成的多处堰塞湖在除险泄洪过程中，造成泄流流经地区的畜禽圈舍被淹没，无法转移的部分畜禽被淹死；堰塞湖周边磷酸盐矿停止开采也导致饲料添加剂生产停工。唐家山堰塞湖泄洪前20多万群众紧急撤离家园10多天，致使畜牧业再生产能力进一步遭到重创。震后，灾区生产、生活用水紧张，造成四川、甘肃、重庆三省（市）6032万头（只）畜禽缺水，其中猪525万头、禽和兔5289万只、牛74万头、羊144万只，分别占三省（市）灾区存栏总量的26.8%、23.3%、17.7%和28.4%。

三是受灾辐射面宽。畜牧业受损的不仅是畜禽养殖，还涉及养殖的上游产业，如饲料工业、兽药工业和其下游的畜产品加工业等。汶川地震造成四川全省300余家饲料企业受损；19家兽药企业毁损房屋4.5万平方米，造成药品和设备毁损，导致停产，直接经济损失0.37亿元；115家畜产品加工企业受损损失10.12亿元。还造成四川草原植被遭到严重损毁，长江、黄河上游生态屏障遭到严重破坏，危及国家生态安全；动物疫病防控体系的破坏，对动物疫病防控、畜产品安全构成严重威胁，直接影响到灾区乃至全国公共卫生的安全。

第一节　畜禽养殖圈舍受损

汶川特大地震造成四川、甘肃、陕西、重庆、云南五省（市）灾区倒塌畜禽圈舍3191.67万平方米，其中四川省2882.32万平方米、甘肃省256.06万平方米、陕西省36.7万平方米、重庆市12.77万平方米、云南省3.82万平方米。灾区养殖户圈舍损毁严重，导致养殖生产萎缩，畜禽交易价格下跌。成都、德阳、绵阳、广元、雅安五市的仔猪和二杂母猪（二杂母猪指两个不同品猪交配所产的后代母猪，如用长白猪Landrace公猪和约克猪Yorkshine母猪交配所生的后代母猪）价格较灾前分别下跌19.69%和10.64%。其中，绵阳市仔猪价格跌幅最大，跌幅达33.64%；德阳市母猪价格跌幅最大，跌幅达23%。

一　四川省养殖圈舍受损

地震造成四川省重灾地区39个县（市、区）畜禽圈舍倒塌2759.77万平方米，占全省灾区畜禽圈舍倒塌总面积的95.75%；直接经济损失98.66亿元，占灾区畜禽圈舍倒塌经济总损失的97.41%；重灾地区的具体受损情况见表142，其中汶川、茂县、理县、松潘、小金、黑水、都江堰、彭州、崇州、什邡、绵竹、北川、安县、平武、江油、青川、剑阁、汉源18个县（市）共倒塌畜禽圈舍2397.93万平方米，户均倒塌畜禽圈舍15平方米（参见图440）。

图440　震毁的崇州市羊马镇刘伏华养鸭场。2008年6月4日拍摄

（贾涛　摄）

四川省重灾地区圈舍受损情况统计表

表 142

县（市、区）	禽畜圈舍		县（市、区）	禽畜圈舍	
	倒塌面积（平方米）	经济损失（万元）		倒塌面积（平方米）	经济损失（万元）
汶　川	327180	16359.00	青　川	932000	31688.00
北　川	1200000	36000.00	茂　县	330160	16508.00
绵　竹	5600000	280000.00	安　县	2969600	89088.00
什　邡	1970140	59103.00	都江堰	1800793	54023.79
平　武	963000	28890.00	三　台	18700	561.00
彭　州	2645000	79350.00	阆　中	112425	2248.50
理　县	508000	32268.00	盐　亭	17160	514.80
江　油	3471300	104139.00	松　潘	3200	160.00
利　州	285100	9693.40	苍　溪	756000	25704.00
朝　天	284000	9656.00	芦　山	50737	1522.11
旺　苍	528000	17952.00	中　江	82000	3210.00
梓　潼	292475	8774.25	元　坝	424013	14416.44
游　仙	264944	7948.32	大　邑	17110	513.30
旌　阳	251052	3388.42	宝　兴	33850	1016.00
小　金	193000	6705.00	南　江	6200	900.00
涪　城	78644	2359.32	广　汉	62035	1861.05
罗　江	16900	5070.00	汉　源	96700	3010.00
黑　水	34170	1025.00	石　棉	23580	718.00
崇　州	219094	5244.00	九寨沟	13440	672.00
剑　阁	716000	24344.00	合　计	27597702	986603.70

2007 年年底，阿坝藏族羌族自治州的汶川、理县、茂县、黑水、小金、金川、九寨沟、马尔康、松潘 9 个县共有 104262 个商品猪养殖户（场）。地震造成 9 个县共 80173 个养殖户（场）、88.8533 万平方米猪舍受损，平均每户（场）受损面积为 11.1 平方米，养殖户（场）猪舍受损率平均为 79.9%。其中，汶川、茂县两县共损毁猪舍面积 44.3928 万平方米，平均每户（场）受损面积为 17.8 平方米；理县桃坪等 11 个乡（镇）的 7910 户养殖户、28 个养殖场、34 个专业合作社的畜禽圈舍毁损 59.64 万平方米，经济损失 32268 万元。

地震造成绵阳市畜禽圈舍倒塌 927.5823 万平方米，直接经济损失 27.828 亿元；震后的次生灾害导致畜牧业损失进一步加剧。此次地震造成绵阳市形成 55 处堰塞湖，其中唐家山堰塞湖泄流流经 5 个县（市、区）的 33 个乡（镇）、142 个村、424 个社；堰塞湖泄流共淹没、冲毁畜禽圈舍 33.3 万平方米。9 月 24 日前后，北川等 9 个县（市、区）普降大到暴雨，导致山洪暴发，造成山体滑坡、泥石流等灾害，136个乡（镇）受灾，36.67万平方米畜禽圈舍被淹没、冲垮，31.71万平方米畜禽圈舍不同程度受损。

都江堰市在2007年8月至2008年2月期间共投资8694万元，其中上级财政投资850万元、本级财政投资448万元、业主投资5249万元、贷款2147万元，新建70个生猪标准化规模养殖场（养殖小区）。地震造成这70个生猪标准化规模养殖场（养殖小区）的圈舍、兽医室、饲料间等基础设施平均损毁31%以上，经济损失2800多万元，其中向峨乡李兴贵、董宗洲和胥家镇李波等3家猪场畜禽圈舍和配套建筑物全部倒塌。

地震还造成罗江县37个规模养殖场受损，倒塌畜禽圈舍15.96万平方米，场均倒塌圈舍4313.51平方米；广元市畜禽圈舍倒塌392.5万平方米，受损84.7万平方米，占全市圈舍总面积的32.5%。

二 甘肃、陕西等省（市）养殖圈舍受损

甘肃省养殖圈舍受损 地震造成甘肃省受灾地区倒塌毁损畜禽圈舍256.0622万平方米。其中，陇南市33.87万间畜禽圈舍受损，占全市畜禽圈舍的26.8%，经济损失7.09亿元；平凉市畜禽圈舍受损8.7554万平方米，其中牛棚2121座、鸡舍240座；天水市畜禽圈舍受损22.9866万平方米，经济损失3453.42万元，受损圈舍中倒塌7.9万平方米、严重损毁8.797万平方米、一般损毁6.2892万平方米，分别占受损圈舍的34.37%、38.27%、27.26%。

陕西省等地养殖圈舍受损 地震造成陕西省受灾地区倒塌毁损畜禽圈舍36.7万平方米。其中，宁强县26个乡（镇）畜禽圈舍毁损，圈舍倒塌15.9万平方米，轻度损毁21.3万平方米，占全县圈舍总面积的10%；经济损失2443万元，占畜牧业基础设施经济损失的77%。汉中市15个种畜禽场受损，其中种猪场11个、种禽场1个、种牛场2个、矮种马场1个；倒塌圈舍10441平方米，其中种猪场倒塌9531平方米、种禽场倒塌90平方米、种牛场倒塌800平方米、矮种马场倒塌200平方米；包括佛坪县共3723间约6.7万平方米圈舍不同程度受损，直接经济损失121.32万元。

地震造成重庆市倒塌毁损畜禽圈舍12.77万平方米。其中，合川区倒塌畜禽圈舍0.72万平方米，经济损失70.37万元；潼南县畜禽圈舍倒塌0.94万平方米；梁平县猪圈舍受损3450间、禽舍受损850间、兔舍受损98间；铜梁县畜禽圈舍倒塌2850平方米。

地震造成云南省受灾地区倒塌毁损畜禽圈舍3.817万平方米。

第二节 畜禽受损

汶川特大地震中畜禽损失的主要原因包括圈舍垮塌砸死、压死畜禽；山体滑坡掩埋畜禽；圈舍损毁，畜禽逃逸流失；断水断电断饲、堰塞湖泄流以及灾后暴雨引发山体滑坡、泥石流等

导致畜禽死亡。其中，以圈舍垮塌砸死压死畜禽损失量为最大，占因灾畜禽损失总量的95%。地震造成四川、甘肃、陕西、重庆、云南五省（市）畜禽死亡3495.61万头（只），其中四川省3383万头（只）、甘肃省20.11万头（只）、陕西省57.3万头（只）、重庆市33.98万头（只）、云南省1.22万头（只），分别占五省（市）因灾死亡畜禽的96.78%、0.575%、1.64%、0.97%、0.035%。

一　四川省畜禽受损

地震造成四川省损失畜禽3383万头（只），经济损失699196万元。其中，大牲畜30.67万头，经济损失110911万元；猪340.33万头，经济损失442135万元；羊58.49万只，经济损失33042万元；家禽2554.76万只，经济损失69633万元；兔398.75万只，经济损失43475万元。39个极重灾和重灾县（市、区）的大牲畜和猪、羊、禽、兔死亡数量分别占全省因灾死亡畜禽总量的98.1%、97.1%、92.6%、95.28%、86.3%，大牲畜和猪、羊、禽、兔死亡造成的经济损失分别占全省大牲畜和猪、羊、禽、兔经济损失的98.38%和97.97%、93.72%、95.92%、91.98%。

成都市畜禽死亡194.77万头（只），占该市畜禽存栏总量的2.69%，其中生猪死亡8.04万头（含母猪3.53万头），占生猪存栏总量的1.43%；家禽死亡178.83万只，占家禽存栏总量的2.69%。都江堰市畜禽死亡24.82万头（只），占畜禽存栏量的8.6%，直接经济损失2231万元；生猪死亡1.3万头，占生猪存栏总量的4.8%；家禽死亡22.4万只，占家禽存栏总量的8.6%。彭州市畜禽死亡156.5万头（只），占畜禽存栏量的23.5%，直接经济损失10613.5万元；其中生猪死亡4.88万头，占生猪存栏总量的13.3%；家禽死亡151.1万只，占家禽存栏总量的24.1%（参见图441）。

图441　彭州市通济镇桥楼村一养鸡场被毁，造成鸡大量死亡。2008年5月16日拍摄
（彭州市畜牧局　提供）

绵阳市畜禽死亡1152.24万头（只），其中大牲畜7.64万头、猪126.78万头、羊12.36万只、禽851.13万只、兔154.33万只，经济损失201056.12万元。北川羌族自治县畜禽死亡106.4万头（只），其中种畜禽3.16万头（只）、商品畜禽103.24万头（只），生猪12.55万头、牛1.77万头、羊6.58万只、禽54.62万只、兔29.58万只，经济损失2.71亿元（其中种畜禽损失0.23亿元）。因地震引发的次生灾害也使畜牧业损失加剧，唐家山堰塞湖泄流造成无法转移畜禽死亡105.15万头（只），其中猪5.15万头、牛0.21万头、羊8.2万只、家禽91.59万只。9月24日前后，绵阳市北部遭受暴雨导致山体滑坡、山洪暴发和泥石流，造成全市死亡畜禽21.8万头（只），其中猪1.15万头、牛0.06万头、羊1.64万只、家禽18.42万只、兔0.53万只。

广元市畜禽死亡772.99万头（只），其中牛4.56万头、猪83.54万头、羊12.12万只、禽544.09万只、兔128.68万只，死亡率分别为灾前存栏量的10.2%、29.2%、16.9%、24.9%、19.1%。能繁母猪死亡2.97万头，占灾前存栏总量的11.1%；死亡的4.56万头牛中，母牛占50%以上；死亡的能繁母羊、优质母兔，分别占死亡羊、兔总量的50%以上和40%以上。其中，青川县死亡畜禽342.6万头（只），猪、牛、羊、禽、兔的死亡率分别为73.6%、59.6%、69.7%、90.1%、89.3%；全县36个乡（镇）200多个村的生猪存栏由18.48万头降至4.89万头，家禽存栏由292.24万只降至29.44万只，兔存栏由63.47万只降至6.77万只，牛存栏由5.2万头降至2.1万头，羊存栏由8.85万只降至2.68万只。旺苍县19328户养殖户、147个养殖场受损，分别占该县养殖户和养殖场的27%和16.3%；死亡25.3万头（只）畜禽，占2007年出栏总量的4.79%，其中猪、牛、羊、禽、兔的死亡量分别占2007年出栏量的15.96%、14.94%、6.03%、1.46%、11.88%（参见图442）。

阿坝藏族羌族自治州的汶川、理县、茂县、黑水、小金、九寨沟、松潘七县的70273个养殖户（场）受损，约占2007年年底养殖户（场）数量的80.36%；其中七县的受损数量分别为16044、8322、18954、10797、15674、441、41户（场），受损率分别为100%、100%、100%、

图442 广元市朝天区羊木镇文笔村死亡的生猪

（广元市畜牧食品局 提供）

99.89%、99.89%、4%、0.61%。共有56.69万头猪死亡，经济损失36631.52万元；平均每个受损养殖户（场）死亡猪8.068头，经济损失5212.75元。

德阳市的中江县死亡大牲畜1.1万头、猪15.5万头、羊1.8万只、禽161.02万只、兔0.0723万只，其中牛、猪、羊、禽、兔死亡量分别为震前存栏量的8.28%、14.26%、7.11%、12.65%、0.0044%。

巴中市11.05万头（只）畜禽死亡，经济损失590万元。其中，巴州区兴旺蛋鸡场因圈舍垮塌压死种鸡5000只，因震后停电造成10万只待出壳小鸡死亡；南江县黄羊有限公司北牧集团死亡羊500余只。

乐山市、广安市和南充市的部分县区也受到地震次生灾害的波及，7月20日的暴风雨袭击造成103.8727万头（只）畜禽死亡，其中猪9314头、羊303只、禽102.49万只、兔4222只、牛23头。

二　甘肃、陕西等省（市）畜禽受损

甘肃省畜禽受损　地震造成甘肃灾区损失畜禽199558头（只），其中牛19103头、猪25937头（含母猪1573头）、羊16458只、家禽136363只、马驴骡1405匹、兔292只。各市州的畜禽死亡情况详见表143，其中陇南市共有4991头奶牛、肉牛死亡，21503头猪死亡，死亡量分别占该市牛、生猪存栏量的0.97%、1.59%。

甘肃省部分地区畜禽死亡情况统计表

表143

地　区	死亡总数（头、只）	牛（头）	猪（头）		羊（只）	家禽（只）	马类（匹）	兔（只）
			小　计	其中母猪				
陇　南	123955	4991	21503	390	9724	87303	434	—
天　水	4050	29	106	26	74	3761	8	72
甘　南	28106	13598	3704	1104	3813	6152	839	—
庆　阳	2548	68	56	12	2123	26	64	211
平　凉	39905	194	320	20	247	39121	14	9
定　西	994	223	248	21	477	—	46	—
全　省	199558	19103	25937	1573	16458	136363	1405	292

甘肃省农垦集团有限责任公司共有430头黄牛死亡、逃逸，造成经济损失258万元。其中，张老寺农场死亡、逃逸166头，直接经济损失99.6万元；万宝川农场死亡、逃逸264头，直接经济损失158.4万元。

陕西省畜禽受损　地震造成陕西省受灾地区损失畜禽573004头（只），其中猪32139头、牛3353头、羊20594只、禽和兔516918只。汉中市各县区畜禽死亡情况详见表144。

汉中市畜禽损失情况统计表

表 144

县（区）	畜禽死亡受损							
	猪		牛		羊		鸡	
	数量（头）	经济损失（万元）	数量（头）	经济损失（万元）	数量（只）	经济损失（万元）	数量（只）	经济损失（万元）
宁　强	1444	144.4	41	8.2	49	1.47	1416	4.248
略　阳	62	6.2	24	4.8	69	2.07	113	0.339
勉　县	1960	196	48	9.6	0	0	9537	28.611
南　郑	2131	213.1	24	4.8	0	0	4860	14.58
汉　台	303	30.3	3	0.6	0	0	2526	7.578
西　乡	4	0.4	4	0.8	0	0	0	0
城　固	206	20.6	0	0	0	0	2100	6.3
佛　坪	5	0.5	0	0	0	0	0	0
镇　巴	52	5.2	3	0.6	10	0.3	576	1.728
洋　县	738	73.8	0	0	0	0	6500	19.5
留　坝	17	1.7	8	1.6	0	0	0	0
合　计	6922	692.2	155	31	128	3.84	27628	82.884

其他省市畜禽受损　地震造成重庆市受灾地区损失畜禽 339841 头（只），其中猪 13253 头、牛 281 头、羊 3233 只、禽和兔 323073 只、马 1 匹。梁平县猪死亡 1900 头，其中仔猪 987 头、育肥猪 670 头、母猪 231 头、公猪 12 头，母猪流产 86 胎；家禽死亡 28900 只，其中种禽 3510 只、商品禽 25390 只；兔子死亡 1570 只，其中商品兔 1428 只、种兔 142 只，母兔流产 45 窝。荣昌县铜鼓镇 30 万只蛋鸡产蛋率下降 5% ~ 8%，每天少产蛋 10 万 ~ 15 万枚。

地震造成云南省受灾地区损失畜禽 12191 头（只），其中猪 1830 头、牛 136 头、羊 1258 只、禽兔 8912 只、马 55 匹。

第三节　畜禽繁育设施受损

汶川特大地震对灾区畜禽繁育体系造成严重破坏，致使繁育种畜禽特别是良种种畜禽供种短缺，对灾区畜牧业持续发展造成严重影响。

一　四川省畜禽繁育设施受损

地震造成四川灾区131个种畜禽场受灾，其中种猪场81个、种牛场4个、种羊场8个、种禽场18个、种兔场20个，损失种畜禽131万头（只）。

成都、绵阳、德阳、广元、雅安、阿坝六市（州）是四川省畜牧业主产区，震前已初步形成以原种场、扩繁场、商品场为载体，以县、镇、乡为依托的畜禽良种扩繁和改良推广站。以生猪、家禽为主的畜牧业已成为六市（州）农民增收和农村经济发展的重要支柱产业，比较健全的良繁体系保证了当地畜牧业的稳定发展。截至2007年年底，六市（州）已建成种畜禽场200个，存栏种畜禽212.1622万头（套、只）。其中，规模以上种猪场82个，存栏种母猪4.05万头；种禽场62个，存栏种母禽208.3万套；种牛场3个，存栏种母牛1249头；种羊场14个，存栏种母羊1573只；种兔场39个，存栏种母兔205万只；猪人工授精站点161个，存栏种公猪4992头，牛冷冻精液配种站点61个；阿坝蜜蜂资源保种繁育场5个、扩繁场20个，种蜂7500群。地震使六市（州）良种繁育体系遭到严重破坏：一是种畜禽场供种能力显著下降。地震不仅造成种畜禽场圈舍损毁、种畜禽死亡，震后电力、交通中断，断水、断料等问题还进一步加大了种畜禽场的损失；种畜禽损失特别是种猪损失，导致四川畜禽生产供种能力显著下降。二是县、乡两级人工授精服务体系遭到严重破坏。灾区改良站点种猪圈舍损毁2.136万平方米，房屋损毁1.02万平方米，人工授精设施设备损坏1290台（套），直接经济损失巨大，难以在短时间内恢复正常的改良配种任务。三是种畜禽损失造成畜牧业生产能力降低。全省死亡能繁母猪18.45万头，按每窝产8头仔猪、每头母猪每年产两窝计算，直接减少仔猪295万头。地震中，汶川、茂县、理县、松潘、小金、黑水、都江堰、彭州、崇州、什邡、绵竹、北川、安县、平武、江油、青川、剑阁、汉源18个极重灾和重灾县（市、区）共损毁种猪场56个，占全省种猪场的12.5%；死亡种猪2.29万头，占全省存栏种猪的8.62%。此外，还损毁种牛场2个，死亡种牛8头；损毁种羊场2个，死亡种羊22只；损毁种禽场17个，死亡种禽8.88万只；损毁种兔场17个，死亡种兔1.92万只（参见图443）；倒塌圈舍6.5万平方米，受损圈舍12.38万平方米，直接经济损失8196.65

图443　青川县长毛兔科研中心所属川北种兔基地兔场毁坏。2008年5月31日拍摄

（广元市畜牧食品局　提供）

万元。广元市能繁母猪死亡 2.96 万头，占灾前全市能繁母猪总数的 11.1%；死亡牛 4.6 万头，其中能繁母牛占 50% 以上；死亡羊 12.1 万只，其中能繁母羊占 50% 以上；死亡兔 128.7 万只，其中能繁母兔占 40% 以上。

地震发生前，茂县已建成适度规模种猪场 3 个、种鸡场 1 个、种兔场 3 个、猪人工授精点 6 个、存栏种公猪 42 头、蜜蜂资源保种繁育场 1 个、蜜蜂扩繁场 1 个、种蜂 1000 群，种畜禽棚圈面积 8 万平方米。地震造成全县 3 个种猪场和 1 个种鸡场全部损毁，死亡种猪 0.2 万头、种鸡 0.5 万只，还造成 2 个种兔场损毁，死亡种兔 0.4 万只；种畜禽圈舍倒塌 6 万平方米。

地震发生前，北川羌族自治县建有 PIC（即 PIG IMPROVEMENT COMPANY 缩写，1962 年成立于英国的全球最大的猪育种改良公司，PIC 为该公司的品牌名称）原种猪场 1 个、祖代场 1 个、商品猪场 31 个、DLY（指外种猪杜洛克、长白、约克杂交所形成的猪的新品系，亦称外“三杂”猪）生猪商品猪场 3 个、肉牛养殖场 2 个。2007 年，全县生猪出栏 22 万头，牛出栏 3 万头，白山羊出栏 26 万只，小家禽出栏 106 万只，肉类总产量 2.24 万吨，畜牧业总产值 4.52 亿元，占农业总产值的 51.3%。农民现金收入三分之一来自畜牧业，2007 年人均 156 元。汶川地震中，畜禽圈舍倒塌 110 余万平方米，造成全县种畜禽供给能力下降 65% 以上；畜禽死亡占全县存栏总量的 65%，不仅造成养殖农户人均直接经济损失近千元，而且还严重影响了该县畜牧业发展和农民增收。

位于北川羌族自治县的四川省大禹野生食品有限公司 PIC 邓家祖代种猪场建于 2003 年，建场后陆续从英国引进 PIC 祖代种猪 1600 头，地震发生前已发展到种猪 8000 余头。该场为西南地区最大的 PIC 祖代种猪场，对绵阳市乃至四川省生猪产业发展具有举足轻重作用。地震造成该场员工死亡 9 人，80% 员工受伤，2.5 万平方米圈舍全部损毁，砸死种猪 300 余头，逃逸 3000 余头，直接经济损失 1.2 亿元（参见图 444）。存活的 5000 余头种猪露宿废墟，缺水缺料，面临死亡威

图 444 四川省大禹野生食品有限公司北川羌族自治县曲山镇邓家 PIC 祖代种猪场圈舍被夷为平地。2008 年 5 月 26 日拍摄

（绵阳市畜牧兽医局 提供）

胁；由于该场距湔江 30 米，与水面垂直高度不足 3 米，震后还受到唐家山堰塞湖溃堤淹没的威胁，后在解放军救援部队和当地政府关心协调下及时得到转移，未扩大损失。

二　其他省市畜禽繁育设施受损

地震造成陕西省汉中市 15 个种畜禽场受损，2833 头（只、羽）种畜禽死亡，1.04 万平方米畜禽圈舍毁损，直接经济损失 371.3 万元（含饲料设备和饲料损失）。具体的损失情况见表 145。

汉中市种畜禽场损失情况统计表

表 145

类　别	受灾场数（个）	种畜禽死亡数（头、只、羽）	圈舍倒塌损毁（平方米）	饲料设备设施损失（万元）	饲料损失（吨）	经济损失（万元）
种猪场	11	730	9531	3	3	306.6
种禽场	1	2100	90	—	—	5
种牛场	2	—	800	—	—	57
其他场	矮马场 1 个	3	20	—	1	2.7
合　计	15	2833	10441	3	4	371.3

地震发生前，重庆市潼南县花岩镇农怀村饲养种鸡 4000 只，每只鸡年平均产种蛋 110 ~ 120 枚，产蛋期较长，要到当年 9 月底才停止产蛋。地震发生后，种鸡普遍产生较强应激反应，产蛋量明显减少，产蛋期也明显缩短；每只种鸡产蛋量平均为 50 个左右，停止产蛋期也提前至当年 7 月份，仅此一项，当年经济损失就达 40 万 ~ 50 万元。

第四节　畜牧业服务设施受损

汶川特大地震造成灾区畜牧业系统公共服务体系、技术支撑体系遭受严重损失。四川、甘肃、陕西、重庆、云南五省（市）的各类业务用房、实验室房屋和仪器设备遭到不同程度破坏，造成服务能力削弱，服务水平降低，直接影响畜牧业增效和农牧民增收。

一　四川省畜牧业服务设施受损

地震造成四川灾区县级以上畜牧系统公共服务体系、技术支撑体系各类业务用房、实验室房屋受损 100.36 万平方米、倒塌 44.9 万平方米，经济损失 13.01 亿元；毁损仪器设备经济损失 2.5 亿元。省级畜牧服务体系和各市州畜牧服务体系的具体受损情况见表 146。

四川省省级和 20 个受灾市（州）畜牧服务体系受损情况统计表

表 146

单 位	房屋受损倒塌			设施经济损失（万元）
	受损（平方米）	倒塌（平方米）	经济损失（万元）	
省 级	7200	0	—	500
成 都	147704	75914	14783.1	1239.44
德 阳	115173	82088	18780.6	974.99
绵 阳	81041	71769	16980.5	6197.02
广 元	96100	124650	44150	1170
雅 安	36969	12315	5098.72	847.29
阿 坝	58063	54798	15431	13097.00
自 贡	7320	0	366	0
泸 州	1775	0	177.5	—
遂 宁	24565	0	1160	44.34
内 江	7544	1580	522.55	14.3
乐 山	9741	1070	345.84	—
南 充	43076	3065	1682.41	185.69
眉 山	55107	2775	3507.55	593.43
宜 宾	11865	920	247.3	3
广 安	12488	820	478.326	0
达 州	12150	—	852	12.93
巴 中	37170	9808	3316.93	47.92
资 阳	232216	7230	1428	6
甘 孜	4820	—	697.5	17.43
凉 山	1490	160	94.15	—
合 计	1003577	448962	130100	24950.78

地震发生时，绵阳市畜牧兽医局办公楼发生多处断裂，二层及三层墙体大面积垮塌。当日 15 时 10 分许，位于办公楼 6 楼的兽医诊断室因楼板断裂造成电线短路引发起火（见图 445），造成经济损失约 1250 万元。地震还造成绵阳市动物防疫检疫仪器设备 6498 台（套）受损，畜牧兽医机构 285 台（套）办公设备受损，直接经济损失 0.62 亿元。

图 445　绵阳市畜牧兽医局办公楼火灾现场及火灾中化为灰烬的实验室仪器设备。2008 年 5 月 12 日拍摄

（绵阳市畜牧兽医局　提供）

地震造成四川省 1467 个乡镇畜牧兽医站受损，占全省畜牧兽医站总数的 33.32%；4381 间 83.33 万平方米各类业务用房损毁。39 个极重灾和重灾县（市、区）共 1021 个乡镇畜牧兽医站受损，占全省因灾受损乡镇畜牧兽医站的 81.87%；共有 45.96 万平方米办公及业务用房损毁，其中倒塌 42.07 万平方米；直接经济损失约 11 亿元。动物防疫设施设备和冷链体系经济损失 2.32 亿元。39 个极重灾和重灾县（市、区）畜牧服务体系损毁、倒塌办公及业务用房分别占全省的 46.13%、93.7%；损毁办公、业务用房和动物防疫设施设备冷链设备经济损失分别占全省的 84.54%、94.88%。严重受灾地区县、乡两级畜牧业服务设施受损情况参见图 446。

图 446　震毁的什邡市红白镇畜牧兽医站。2008 年 5 月 16 日拍摄

（德阳市畜牧食品局　提供）

地震造成广元市元坝区畜牧食品局机关综合办公楼、各乡镇畜牧兽医站、畜禽改良站、科技培训机构、动物冷链房屋等办公和业务用房不同程度倒损，办公、动物防疫、动物卫生执法等设备、仪器、车辆不同程度受损。朝天区畜牧食品局机关和各乡镇畜牧兽医站的动物防疫用酶标仪、识读器、冰箱（柜）、电脑、显微镜、电子天平等设施设备全部受损。青川县的畜牧食品局办公设施也遭到破坏（见图 447）。

图447　震毁的青川县畜牧食品局办公大楼。2008 年 6 月 1 日拍摄

（广元市畜牧食品局　提供）

地震造成阿坝藏族羌族自治州损毁动物疫病诊断监测仪器 3609 台（套）、疫苗 33 万毫升、药品 2250 件。其中，茂县各类仪器设备受损经济损失 1241 万元（见图 448），黑水县损毁动物防疫监督、动物疫病检测设施设备 162 台（套）。

图448　茂县动物卫生实验室散落打碎的实验药品。2008 年 6 月 19 日拍摄

（阿坝藏族羌族自治州畜牧兽医局　提供）

地震造成都江堰市农村发展局损毁办公设施、动物疫病监测和无规定动物疫病区、冷链体系、动物免疫标志及疫病可追溯体系等实验仪器、设备、设施183台（套），直接经济损失400万元。28个乡镇畜牧兽医服务站损毁、遗失设备和工具1032台（套），直接经济损失610万元。损失动物免疫疫苗256万头份（疫苗单位，一头牲畜的使用量，称“头份”）。

大邑县农村发展局动物防疫体系经济损失576.65万元。其中，各类办公和业务用房受损2000平方米、围墙倒塌1000米，经济损失560万元；损毁动物疫病诊断仪器9台（套），经济损失7.2万元；损毁180平方米门窗和多处墙体，经济损失6万元；损毁办公电脑3台，经济损失2万元；损毁玻璃器皿等200件，经济损失0.85万元；损毁动物疫苗冷藏用冰箱2台，经济损失0.6万元。

巴中市的南江县畜牧食品局动物防疫冷链设施损毁196台（套），巴州区动物防疫冷链设施损毁193台（套）。

二　甘肃省畜牧业服务设施受损

地震造成甘肃省畜牧兽医服务保障体系受损严重，共160个乡镇畜牧兽医站、3.58万平方米办公及业务用房，以及大量办公及防疫设施设备和冷链体系损毁。其中，陇南市动物防疫体系办公及业务用房受损5000平方米（参见图449），畜牧兽医服务体系办公及业务用房受损38057平方米。

甘南藏族自治州县级畜牧服务机构业务用房受损2115平方米，乡镇级畜牧业服务机构业务用房倒塌872平方米，严重受损4533平方米，一般受损5863平方米；畜牧服务机构倒塌围墙229米，严重受损496米，一般受损393米；动物防疫监督、动物疫病检测仪器设备严重受损188台（套）。

图449　震损的徽县嘉陵镇畜牧兽医工作站。2008年5月18日拍摄
（甘肃省兽医局　提供）

天水市 81 个乡镇畜牧兽医站办公及业务用房受损 15409 平方米。其中，1753 平方米房屋倒塌；13656 平方米办公及业务用房因地基下陷或墙体开裂成为危房（严重损毁 8238 平方米、一般损毁 5418 平方米），直接经济损失 925.05 万元。秦州区 16 个乡镇畜牧兽医站 3220 平方米办公及业务用房受损，直接经济损失 294.6 万元；麦积区 14 个乡镇畜牧兽医站 2788 平方米办公及业务用房受损，直接经济损失 210.27 万元；甘谷县 7 个乡镇畜牧兽医站 1463 平方米办公及业务用房受损，直接经济损失 92.58 万元；武山县 7 个乡镇畜牧兽医站 528 平方米办公及业务用房受损，直接经济损失 39.6 万元；秦安县 8 个乡镇畜牧兽医站 1760 平方米办公及业务用房受损，直接经济损失 70.6 万元；清水县 14 个乡镇畜牧兽医站 2550 平方米办公及业务用房受损，直接经济损失 62.4 万元；张家川回族自治县 15 个乡镇畜牧兽医站 3100 平方米办公及业务用房受损，直接经济损失 155 万元。

平凉市 19 个乡镇畜牧兽医站 1075 平方米办公及业务用房倒塌。定西市乡镇畜牧兽医站 43 间 590 平方米办公及业务用房损毁，17 台（套）动物疫病检测设备和 3200 余件器具损毁，直接经济损失 63.97 万元。

三　陕西等省（市）畜牧业服务设施受损

地震造成宁强县 6 个乡镇兽医站办公及业务用房倒塌，11 个乡镇兽医站办公及业务用房成为危房，共 79 间 3259 平方米，直接经济损失 317.6 万元；9 个乡（镇）116 间 2455 平方米兽医站办公及业务用房不同程度受损，直接经济损失 144.99 万元；县、乡镇损坏办公、防疫冷链、配种设备 165 台（套），直接经济损失 26 万元。其中，县畜牧兽医局办公及业务用房 110 间 3150 平方米受损，直接经济损失 91 万元；新建成的动物实验室化验大楼出现墙体开裂、顶层构架断裂；60 间 1050 平方米的动物疫病预防控制中心办公室和防疫物质储备库平房出现墙体开裂、屋顶破坏；损坏仪器设备 27 台（套）（参见图 450）。

图450　在地震中严重受损的宁强县毛坝河畜牧兽医工作站（宁强县兽医局　提供）

略阳县畜牧兽医总站和20个乡镇兽医站70间1402平方米办公及业务用房受损（其中严重受损43间860平方米、受损27间542平方米），经济损失113万元；损毁电脑、打印机、动物防疫器械诊疗包等设备设施116台（套），直接经济损失6.45万元。

宝鸡市市、县、乡三级动物防疫机构9628平方米办公及业务用房受损，1923平方米倒塌，经济损失677万元；部分乡镇畜牧兽医站办公、动物检测、动物防疫设备仪器受损。其中，凤县、陇县、岐山等6个县（区）57个乡镇畜牧兽医站倒塌办公及业务用房1843平方米，经济损失119.13万元；太白县高龙乡等畜牧兽医站损坏仪器设备22台（套），经济损失11.7万元；麟游县天堂公路动物防疫监督检查站160平方米宿舍、办公楼墙体开裂，经济损失9.2万元。

汉中市市、县、乡三级畜牧部门174个服务机构受损，办公及业务用房损毁26015平方米，直接经济损失1300.75万元；倒塌4853平方米，直接经济损失485.3万元。

地震造成重庆市各区、县农业（畜牧）局办公及业务用房多处受损，6880平方米房屋成为危房，经济损失800万元。其中，梁平县农牧局综合办公楼楼梯间倒塌，原县畜牧局办公大楼成危房；市畜牧科学研究院办公楼出现墙体、地面开裂等结构性破坏40余处，6幢3000平方米的教学用房屋顶大面积损坏，实验仪器设备损坏22台，损毁车辆1辆，直接经济损失60余万元。

地震造成云南省3个县的57个乡镇兽医站受损，约2万平方米的办公及业务用房成为危房，直接经济损失4664万元。

第五节　畜牧业产业链受损

一　草原植被受损

四川省是中国草资源大省，也是全国五大牧区之一。四川省天然草原位于长江、黄河上游，草原面积2090万公顷，占全省辖区面积的43%，其中可利用草原面积为1770万公顷。可利用草原主要集中在川西北的阿坝藏族羌族自治州、甘孜藏族自治州和凉山彝族自治州，总面积1390万公顷。另外，四川省盆周山地、盆中地区还零星散布着一些天然草原，面积分别为540万公顷、110万公顷。四川省还有丰富的人工草地资源，2003年已建成人工草地60.53万公顷。2007年年底，全省退牧还草面积436.67万公顷。

汶川地震造成四川灾区草地毁损16.91万公顷，其中天然草原毁损13.14万公顷、人工草地毁损2.14万公顷、围栏草地毁损1.43万公顷、牧草种子基地毁损0.2万公顷，经济损失2.17亿元，天然草原、人工草地、围栏草地毁损量分别占全省的0.744%、3.53%、0.558%。其中，民政部等五部委地震灾害评估范围确定的北川、汶川等39个极重灾和重灾县（市、区）损毁草地

16.67 万公顷（天然草原 13.03 万公顷、人工草地 2.1 万公顷、围栏草地 1.34 万公顷、牧草种子基地 2000 公顷），经济损失 2.16 亿元。部分极重灾和重灾县（市、区）的具体受损情况见表 147。汶川、茂县、理县、松潘、小金、黑水、都江堰、彭州、崇州、什邡、绵竹、北川、安县、平武、江油、青川、剑阁、汉源 18 个极重灾和重灾县（市、区）损毁草地 14.39 万公顷，其中天然草原 11.8 万公顷、人工草地 1.36 万公顷、围栏草地 1.03 万公顷、牧草种子基地 2000 公顷，经济损失 1.86 亿元。天然草原、人工草地、围栏草地、牧草种子基地和经济损失分别占全省因灾毁损的 89.75%、63.42%、72.39%、100% 和 85.71%，有关受损情况参见图 451 ～ 453。

四川省部分极重灾和重灾县（市、区）草地受损情况统计表

表 147

县（市、区）	损毁草地面积（公顷）	县（市、区）	损毁草地面积（公顷）	县（市、区）	损毁草地面积（公顷）
汶　川	18667	平　武	2667	松　潘	20667
北　川	4667	理　县	17667	苍　溪	1367
绵　竹	10667	江　油	3067	旺　苍	4033
什　邡	6000	利　州	3433	宝　兴	1680
青　川	12300	小　金	9333	汉　源	2400
茂　县	16000	黑　水	11667	九寨沟	5667
安　县	4000	崇　州	373	合　计	160070
都江堰	2848	剑　阁	900		

此外，地震共损毁四川草原基础设施 2.7 万平方米，毁损的草原基础设施全部集中在汶川县等 18 个极重灾和重灾县（市、区）。

图 451　严重被毁的黑水县围栏草坡（阿坝藏族羌族自治州畜牧兽医局　提供）

图 452　汶川地震余震时汶川县威州镇山体滑坡破坏草坡场景

图 453　震毁的汶川县绵虒镇和平草山草坡
（阿坝藏族羌族自治州畜牧兽医局　提供）

天然草原是长江、黄河水系源头及上游水源涵养区，也是四川省绿色生态屏障的重点建设区和畜牧业的重要基地。地震对四川天然草原、人工草地、围栏草地的破坏，不仅影响了长江、黄河上游的生态屏障建设，还使四川省特别是其少数民族地区的畜牧业遭受重创。

阿坝藏族羌族自治州 10.07 万公顷草原植被遭受破坏，直接经济损失 28.37 亿元。其中，汶川县 1.87 万公顷草地毁损，经济损失 566 万元；理县 1.77 万公顷草地毁损，毁损面积占该县可利用草场面积的 23.76%（理县有草场面积 10.69 万公顷，可利用草场面积 7.47 万公顷）；地震还造成理县 340 公里高山牧道损毁，经济损失 102 万元。

广元市毁损天然草场 76 公顷、人工草场 5333 公顷（参见图 454）。绵竹市损毁天然和人工牧草资源 6700 余公顷，占该市饲草资源总量的 75%。

图 454　青川县山体滑坡造成山地植被被毁
（广元市畜牧食品局　提供）

地震对四川省饲草资源造成极大破坏，导致四川省饲草料经济损失13.463亿元。其中，汶川县等18个重灾县（市、区）饲草料经济损失11.6065亿元，占全省饲草料损失的86.21%。

地震造成陕西省草原植被严重受损，特别是原种植在25度以上坡地的优质牧草基地破坏严重。原有草地水利设施全部损毁，山体滑坡，草场资源无法利用；破坏了交通道路，牧草资源无法运输。全省受灾草地面积1.4万公顷，76%的受灾草原集中在4个重灾县（区），共受灾1.06万公顷，其中宁强县3200公顷、略阳县2900公顷、陈仓区2100公顷、勉县2400公顷。

二　饲料加工企业受损

四川省是饲料工业大省，在全国占有举足轻重的地位。2007年，该省共有饲料企业968个，工业饲料产量632万吨，总产值逾200亿元。汶川地震中，四川省饲料行业损失严重，全省300余家饲料企业受损（其中94家严重受损），造成受损饲料企业上千名员工伤亡，63.15万平方米厂房、价值2800多万元的设备和5200多万元的原料及成品毁损。地震造成灾区饲料业遭受严重破坏，因饲草饲料短缺，灾区畜牧业的发展受到制约。

地震前，绵阳、德阳、成都、广元、雅安五市饲料产业在四川省占有重要地位，饲料产量占四川省饲料总产量的55%。地震造成5个市43家饲料企业受损，共损毁生产厂房56.55万平方米，设施设备经济损失9.37亿元，原料及半成品成品等经济损失1.598亿元，直接经济损失16.97亿元。

部分极重灾和重灾县（市、区）饲料企业厂房毁损57.53万平方米，经济损失21.56亿元；设施设备经济损失0.22亿元；原材料及成品损失0.496亿元；饲料企业直接经济损失22.276亿元，部分极重灾和重灾县（市、区）受损情况见表148。

四川省部分极重灾和重灾县（市、区）饲料工业受损情况统计表

表148

县（市、区）	饲料工业损失			
	厂房		设施设备损失（万元）	原材料及成品损失（万元）
	受损面积（平方米）	经济损失（万元）		
北　川	3210	565.67	76	53
绵　竹	389523	186376.15	0	0
什　邡	20952	14914.09	0	1819
茂　县	24937	2343.73	110	0
安　县	16900	1221.79	271.33	186
都江堰	8720	822.36	28	31
理　县	1000	164.47	70	0
江　油	18840	3115.57	937.2	631.6
梓　潼	3040	82.24	0	0
游　仙	36010	3497.38	49	2

续表 148

县（市、区）	饲料工业损失			
	厂　房		设施设备损失（万元）	原材料及成品损失（万元）
	受损面积（平方米）	经济损失（万元）		
旌　阳	11100	346.57	36	196
涪　城	12690	599.15	195.52	1420.22
罗　江	8420	913.99	200	180
崇　州	4780	159.77	100.5	62.1
阆　中	0	0	0	325.47
盐　亭	900	4.11	0.85	0
中　江	4430	171.87	18	39.4
广　汉	9690	304.98	45	14.5
汉　源	167	19.62	48	0
合　计	575309	215623.51	2185.4	4960.29

饲料级磷酸盐是四川省饲料添加剂的拳头产品，全省有饲料级磷酸盐企业 35 家，产量占全国的 60% 以上，主要分布情况为：德阳市 17 家、绵阳市 4 家、自贡市 6 家、眉山市 1 家、成都市 1 家、内江市 3 家、乐山市 2 家、雅安市 1 家。2007 年，四川省饲料级磷酸盐总产量为 148 万吨，其中德阳市 114 万吨、绵阳市 16 万吨，两市饲料级磷酸盐产量占到四川全省总产量的 88%。地震造成全省 22 家饲料级磷酸盐企业严重损毁，其中德阳市 17 家、绵阳市 4 家、雅安市 1 家。

四川省共有 3 家饲料级硫酸锰生产企业，其中广元市 2 家、绵阳市 1 家，总计年产饲料级硫酸锰 1.5 万吨左右。汶川地震中，这 3 家企业全部遭到损毁。

地震中，四川省共有 25 家饲料级磷酸盐、饲料级硫酸锰企业受损，共损毁厂房 53.16 万平方米、损毁设备设施约 8.808 亿元、损毁原料和饲料成品约 1.502 亿元，直接经济损失 15.95 亿元。

图 455　四川龙蟒集团受损厂房一隅。2008 年 5 月 30 日拍摄
（钱亮　提供）

全国最大饲料级磷酸氢钙生产企业四川龙蟒集团在地震中遭到严重破坏。其中，位于绵竹市遵道镇的一分厂全部被毁、三分厂大部分被毁，位于绵竹市区附近的二分厂生产厂房成

为危房（参见图 455）。地震中，该集团所辖的 5 家分厂共有 800 余名员工伤亡，36.74 万平方米厂房和建筑物倒塌，5871 台（套）机器设备毁损，40 多公里矿道和 22 口矿井被摧毁。

位于安县秀水工业园区的绵阳市神龙饲料有限公司，专业从事饲料级磷酸氢钙、饲料级磷酸二氢钙生产，年产饲料级磷酸氢钙 8 万吨、饲料级磷酸二氢钙 3 万吨、白磷肥 3 万吨、硫酸 10 万吨、优质矿磷石 20 万吨。汶川地震中，该公司烟囱错裂，生产车间损毁 18 间，设备损毁 29 件（套），600 米输气管道严重变形，饲料原料损毁 34 吨，成品饲料损失 20 吨，公司和厂区供电、供水等设施破坏严重（见图 456 ~ 457），直接经济损失 930 万元。

地震造成仁寿县 8 家饲料企业受损，4500 余平方米厂房和仓库倒塌或墙体开裂，8 台检测和化验设备仪器毁损，直接经济损失 650 余万元。

图 456　绵阳市神龙饲料有限公司烟囱错裂。2008 年 5 月 19 日拍摄

（绵阳市畜牧兽医局　提供）

图 457　绵阳市神龙饲料有限公司生产设备遭受严重破坏。2008 年 5 月 19 日拍摄

（绵阳市畜牧兽医局　提供）

地震对四川灾区饲料生产造成严重破坏，对饲料工业发展也造成严重影响。一是灾区饲料生产能力遭到严重破坏。据四川省畜牧食品局在《汶川地震灾后重灾区饲料业恢复重建规划》一文中分析，地震使重灾地区饲料生产企业年生产能力减少 150 万吨，占全省饲料生产能力近 1/4；饲料级磷酸盐产能损失 100 万吨，占全省饲料级磷酸盐产能的 2/3。二是灾区饲料市场严重萎缩。饲料产品销售半径小，一般就地销售。地震发生后，灾区畜禽数量锐减，圈舍修复、畜禽填栏补槽尚待时日。饲料市场需求下降，制约着饲料生产的恢复发展。三是地震造成的次生灾害使四川灾区的饲料级磷酸盐企业雪上加霜。震后在绵竹市清平、天池两乡形成的堰塞湖，使位于这两乡的磷矿矿区无法开采，导致该地生产停滞。四是地震造成部分交通中断，致使运力矛盾凸现。饲料用玉米、豆粕、鱼粉等原料入川困难，使许多购销合同难以履约，导致灾区豆粕月缺口量 4 万吨。饲料原料求大于供，导致市场价格上扬，其中磷酸氢钙市场售价较震前平均上涨 15% 以上，玉米、豆粕价格较 2007 年同期分别上涨 15% 和 50%，德阳市的磷酸氢钙、磷酸二氢钙销售价格震后涨幅达 63.93%、40%。

由于地震对畜牧业和饲料生产企业的破坏，加之饲料原材料价格上涨等因素，2008 年四川省饲料产量增幅较 2007 年回落 13.44 个百分点（2007 年较 2006 年相比增幅为 16.6%，2008 年较 2007 年相比增幅仅为 3.16%）。

此外，地震造成四川省养殖户（场）饲草饲料损失 13.463 亿元，其中绵阳、德阳、成都、广元、阿坝、雅安六市（州）损失饲草料 79.91 万吨。地震还造成甘肃、陕西两省灾区分别损失饲草料 1.8 万吨和 4.1 万吨，造成重庆市潼南县损失饲料 3 吨。

三　畜产品加工和流通企业受损

地震使四川灾区畜产品加工体系和市场体系遭到重创，全省 99 家畜产品加工企业不同程度受损。其中，国家级农业产业化重点龙头企业 3 家、省级龙头企业 13 家、市级龙头企业 61 家；生产厂房损毁 35.29 万平方米，生产线及设施设备损毁 610 台（套），经济损失 5.04 亿元。在受灾企业中，汶川、茂县、理县、松潘、小金、黑水、都江堰、彭州、崇州、什邡、绵竹、北川、安县、平武、江油、青川、剑阁、汉源 18 个县（市、区）的畜产品加工企业生产厂房损毁 27.53 万平方米，经济损失 4.84 亿元。

地震直接导致四川省畜产品加工生产能力和生产量下降，外销停滞，经济效益锐减。地震发生后，全省猪肉外销同比下降 31.15%、出口下降 67.11%。

地震中，四川省共有 513 家畜产品专业市场、27 个配送中心、8400 个畜产品及饲料兽药、牧草种子等畜牧生产投入品经营（门店）网点受损，其中 6 家农业部定点市场受损严重，房屋及交易棚损毁 1.15 万平方米，设备损毁 3 台（套），市场内交易畜禽死亡 3500 头（只）、肉类产品损失 20 吨，直接经济损失 736 万元（见表 149）。地震造成畜产品专业市场、配送中心、畜牧生产投入品经营（门店）网点营销房屋及交易厅棚损毁 83.9 万平方米，经济损失 10.12 亿元，其中汶川县等 18 个县（市、区）损毁 53.55 万平方米、经济损失 8.3 亿元，分别占全省的 63.83%、82.02%。

农业部定点畜产品市场受损情况统计表

表 149

市场名称	基础设施受损		场内交易畜禽产品受损（吨、头、只）	经济损失（万元）
	房屋（平方米）	设备（台/套）		
江油川北仔猪批发市场	896	—	1500（头）	170
绵阳鸿通农产品交易市场	2500	2	2000（头）	112
广汉禽苗市场	5000	1	—	200
成都市青白江区唐家寺牲畜交易市场	500	—	—	30
泸州仔猪批发市场	400	—	—	24
巴中市巴州区西城农产品批发市场	2230	—	20（吨）	200
合　计	11526	3	3500（头），20（吨）	736

地震造成都江堰市畜产品加工企业和市场体系破坏严重，其中祥瑞肉类加工有限公司 854 万元的设施设备及原料、产品受损，82 个兽药经营门市部 40 余万元药品和设施受损，牧业技术推广合作社 28 万元的兽药药品和基础设施受损。

地震造成广元市 10 家畜产品加工企业、127 个畜产品专业市场受损，生产、营业用房分别倒塌 7.8 万平方米、1.2 万平方米，受损 22.4 万平方米（参见图 458）。该市重点畜产品加工企业和专业市场直接经济损失分别为 1.07 亿元、2.8 亿元。

地震中，绵阳市畜产品加工、流通等企业房屋损毁 30.74 万平方米，设备损毁 888 台（套），交易棚损毁 2.37 万平方米，43 个畜产品批发、交易市场和 4019 个饲料、兽药、畜禽及产品交易网点受损严重。

此外，地震对灾区畜产品加工体系和市场服务体系的破坏，导致畜牧产业链中加工、流通链条变得比较脆弱，带动畜牧产业发展和农民增收的能力削弱。受地震影响，外地在宁强县从事动物及其产品经营的 500 余商贩撤离该县，造成该县近 10 万头生猪滞销，进而导致宁强县畜产品价格下跌。震前该县市场活猪、活鸡价格分别为每公斤 14.4 元和 20 元，震后分别降为每公斤 12.4 元和 16 元；震前猪肉、禽蛋价格分别为每公斤 24 元和 10 元，震后降为每公斤 20 元和 9 元。地震造成宁强县畜产品加工和流通的经济损失 2000 余万元。

图 458　倒塌的青川县黄坪乡畜牧兽医站饲料兽药经营门市部。2008 年 6 月 1 日拍摄

（广元市畜牧食品局　提供）

第四章 渔业受损

汶川特大地震渔业受灾区域属中国内陆淡水渔业较发达地区，也是四川省、甘肃省、陕西省和重庆市的水产品主产区。绝大部分区域属于长江流域，位处长江上游。区域内有平原、丘陵、高山、高原等多种地形地貌，海拔高差大，气候类型多样，降雨充沛，江河纵横，湖泊水库星罗棋布，水环境复杂多样，水资源和鱼类资源丰富。渔业受灾区域内自然分布的鱼类有230多种，其中主要经济鱼类有50多种，特有鱼类30多种，另外还有蛙、龟、鳖、大鲵等两栖、爬行类生物；水生植物种类也很丰富，达100多种。

2007年，四川省水产养殖面积16万公顷，水产品总产量91.05万吨，渔业经济总产值181.72亿元；甘肃省水产养殖面积1.22万公顷，水产品总产量1.15万吨，渔业经济总产值1.49亿元；陕西省水产养殖面积6782公顷，水产品总产量5.03万吨，渔业经济总产值13.38亿元；重庆市水产养殖面积3.71万公顷，水产品总产量18.53万吨，渔业经济总产值40.54亿元。

汶川地震造成四川省、陕西省、甘肃省、重庆市受灾地区的渔业遭受重大损失。渔业职工宿舍、办公和生产用房被毁或严重受损，大量的鱼池池埂断裂垮塌，震裂移位，池底开裂渗漏，水面网箱损毁；鱼池进排水渠断裂垮塌或被崩塌的泥石压埋堵塞；苗种繁育设施、进场公路、输电线路被毁或受损；大量成鱼、苗种、亲鱼集中死亡、逃逸或震后陆续死亡。特别是沿龙门山一带的一批水产养殖场和苗种繁育基地被完全震毁，遭受毁灭性灾难。

第一节 普通渔业受损

汶川特大地震对渔业的破坏性强，波及范围广，受灾面积大，受损程度不同，共造成渔业受灾面积 3.4 万公顷，损失成鱼 2.75 万吨、苗种 2937 吨。渔业受灾特点主要如下：

一是震中汶川县映秀镇至北川、青川以及川、陕、甘交界区域地震断裂带，离这条断裂带越近的渔业生产基地灾害损失越惨重。这条断裂带两侧 20 ～ 30 公里范围以内的渔场、水产养殖基地、水产苗种繁育基地，在地震中几乎都遭受了毁灭性灾难。都江堰市虹口乡、彭州市银厂沟等冷水鱼养殖带，什邡、绵竹、安县、北川、平武、江油、青川、利州、汶川、茂县以及四川、甘肃、陕西交界区域靠近这条地震断裂带的渔场和水产养殖基地都处于这个范围。凡在这个范围内的水产养殖企业和农户的鱼池、苗种孵化设施、网箱养鱼设施、网围栏养鱼设施，温室大棚、进排水渠、办公和生产生活用房、围墙、进场公路、供电设施等无一幸免，基本上都被震毁。现场人员说："地震突然袭来，地动山摇，鱼池内掀起 1 米多高的阵阵水浪，池鱼乱窜，地面建筑物强烈摇晃，人无法站立。顷刻间，四周山体崩塌，滚石倾泻而下，地面各种建筑物陆续垮塌，尘埃弥漫。山体崩塌、建筑物垮塌等各种声响混杂其间，不绝于耳，呈现大难临头的景象。鱼池引水渠、池埂震垮，池底震裂，池水迅速流失，池鱼一部分被水冲走，留下的在一片残垣断壁中挣扎。"整个过程和情景极其恐怖（参见图 459 ～ 460）。

图 459 彭州涌泉冷水渔业有限公司小鱼洞渔场的死鱼。2008 年 5 月 16 日拍摄

（杨雪松 摄）

图 460 彭州涌泉冷水渔业有限公司死亡的鲟鱼亲鱼。2008 年 5 月 16 日拍摄

（杨雪松 摄）

二是汶川至青川地震断裂带，向四周距离超过 30 公里以上后，渔业破坏程度和灾害损失明显减轻，并随着距离延伸呈逐步递减的情形，但是在个别地区出现起伏。超过 30 公里以外地区渔业灾损情况主要表现为鱼池池埂垮塌、移位变形，池埂、池底开裂、沉陷，进排水沟渠垮埂、塌陷，产孵设施损坏，养殖鱼种、成鱼逃逸或因漏水、缺水来不及抢救而死亡，这一区域渔业受

灾绝大部分属这种情况。

汶川地震对渔业造成的次生灾害主要表现在：强烈的震动引起池塘、河流、湖泊、水库等水体底部物质翻上来，使水浑浊，氨、亚硝酸盐等有害物质含量升高，水质变差，导致养殖鱼死亡；震动和噪声刺激鱼类神经，使鱼处于焦躁不安的状态，出现跳跃、狂游，强烈的应激反应，导致鱼类死亡；死鱼未被捞起来，引起水污染，又导致死鱼；水利设施受到损害，无法保证正常蓄水供水，水质下降，导致死鱼；灾区水库为防范余震和保证安全，普遍大幅度降低水位，减少库内蓄水，水库内养殖的鱼提前捕捞上市或转移到其他地方养殖，造成经济损失。这类间接灾害和经济损失范围广，持续时间长，从地震发生开始到 6 月底，不少鱼塘还出现死鱼现象。此外，地震灾害对渔业的间接影响还表现在水产品滞销积压，市场价格普遍下降。例如眉山市水产品日外销量比地震前下降了 30% ～ 40%，到 6 月底，有 25 亿尾名优水产种苗积压无法售出。全市成鱼销售价格平均下降 20%；东坡区思濛镇花池村生产的鲶鱼，地震前成都市场销售价格为 14 元 / 公斤，地震后下降到 11 元 / 公斤，且销量大幅减少。水产种苗市场价格较 2007 年同期下降 30% ～ 50%，当地繁育的黄颡鱼水花鱼苗，上年同期价格为 80 元 / 万尾，地震后价格 20 元 / 万尾；花鲇鱼苗震前价 800 元 / 万尾，震后价 500 元 / 万尾；斑点叉尾鮰水花鱼苗 2007 年同期价 240 ～ 280 元 / 万尾，2008 年 6 月初市场价 140 ～ 160 元 / 万尾。地震过后，还出现了鱼饲料、鱼药等鱼需物资价格上涨、原材料供应趋紧，运输成本增加、生产用电紧张、用水压力增大等现象。

地震中渔业损失特别惨重，除震级高、烈度大、破坏力强外，渔业生产设施和地面建筑本身在建设时质量标准低、未考虑防震抗震措施也是一个重要因素。

四川省渔业受损涉及 16 个市（州）及所辖的 103 个县（市、区）。全省渔业系统 6 人死亡、16 人受伤，水产养殖受灾面积 3.33 万公顷（其中鱼池受损 1.13 万公顷，网箱损毁 20 公顷），损失成鱼 27500 吨、苗种 2937 吨，直接经济损失 14.41 亿元。

成都市人员受伤 3 人、死亡 2 人，渔业受灾面积 3000 公顷（其中鱼池受损 1900 公顷），损失成鱼 2600 吨、苗种 173.2 吨，渔业直接经济损失 4.31 亿元。

绵阳市人员受伤 13 人、死亡 4 人，渔业受灾面积 1.03 万公顷（其中鱼池受损 3300 公顷），损失成鱼 9000 吨、苗种 1113.3 吨，直接经济损失 3.82 亿元。

德阳市渔业受灾面积 2600 公顷（其中鱼池受损 1300 公顷），损失成鱼 8500 吨、苗种 113 吨，直接经济损失 3.28 亿元。

广元市渔业受灾面积 7600 公顷（其中鱼池受损 300 公顷），损失成鱼 4700 吨、苗种 982 吨，直接经济损失 1.56 亿元。

阿坝藏族羌族自治州渔业受灾面积 17.05 公顷（其中鱼池受损 9.87 公顷），损失成鱼 97 吨、苗种 6 吨，直接经济损失 882.2 万元。

甘肃省渔业受损涉及陇南市等 4 个市（州）。其中，陇南市养殖池塘受损 230 个、6.08 万平方米，网箱养殖受损 756 平方米，良种繁育场受损 2 个、760 平方米，渔业经济损失 0.26 亿元；甘南藏族自治州玛曲渔场死亡虹鳟适龄亲鱼 685 尾、金鳟适龄亲鱼 276 尾、虹鳟鱼 3 万多尾、大规格鱼种 1.5 万余尾，临潭县受灾面积 0.33 公顷；天水市受损鱼池 16.23 公顷，死亡成鱼 4.15 吨，直接经济损失 28.1 万元；庆阳市渔业受灾面积 19700 平方米，鱼池受损面积 19.67 公顷，损失成鱼和苗种共 7.5 吨，经济损失共计 94 万元。

陕西省渔业受损涉及 19 个县（区），渔业受灾面积 693.3 公顷，水产品损失 2767 吨，损失鱼池 351.9 公顷，直接经济损失 6781.8 万元。

第二节　特色渔业受损

四川、甘肃、陕西、重庆三省一市的渔业经过长期发展，逐步形成了具有明显地域特征的特色渔业。养殖方式主要分为 3 种：一是池塘养殖。在三省一市具有悠久养殖历史并传承至今，是广为采用的水产养殖方式，广布区域内宜渔地区，多数养殖面积在几亩到十几亩，也有不少成片集中几十亩、几百亩的养殖池塘。2007 年，四川、陕西、甘肃、重庆池塘养殖面积分别为 8.59 万公顷、2338 公顷、834 公顷、1.44 万公顷，养殖产量分别为 41.94 万吨、3.45 万吨、8434 吨、11.75 万吨。二是水库湖泊养鱼。主要采用向库内投放鱼种鱼苗和水面架设网箱的方式养鱼。2007 年，四川、陕西、甘肃、重庆水库养殖面积分别为 5.84 万公顷、3588 公顷、1.13 万公顷、1.66 万公顷，养殖产量分别为 18.59 万吨、9600 吨、1229 吨、2.44 万吨。三是稻田养鱼。2007 年，四川、陕西、甘肃、重庆稻田养鱼面积分别为 31.13 万公顷、223 公顷、64 公顷、7.56 万公顷，养殖产量分别为 17.56 万吨、115 吨、33 吨、1.21 万吨。除上述 3 种主要养殖方式外，还有河沟等其他养殖方式，占的比例较小，产量也不大。

从水产养殖品种适宜水温方面分类，在这些区域养殖并形成一定规模的品种可分为温水性、冷水性鱼类。温水性鱼类，是四川盆地及陕西等地广为养殖的品种，以“四大家鱼”（青鱼、草鱼、鲢鱼、鳙鱼）和鲫鱼等为主，品种达 30 多个，其养殖面积和产量最大。冷水性鱼类，又分为冷水性和亚冷水性，主要养殖区域在四川盆地周边山区及沿龙门山一带，养殖品种主要为虹鳟、金鳟和鲟鱼以及裂腹鱼等。2007 年，四川省冷水鱼产量近 8000 吨，陕西省、甘肃省有一定产量。这类鱼虽然产量不大，但价值高、效益好、潜力大、前景广；与休闲渔业结合，助农增收带动作用明显，也是渔业出口创汇的潜在优势品种之一。

一　水产良种场受损

水产良种场在地震中遭受重大损失，其受灾特点是范围广，程度不同，损失有大有小。受损单位既有水产良种场，又有众多的农民养殖户；损失情况既有全部损毁的，又有部分损失的，也有少量损失的。地震灾害损失从局部看，数量不大，但累加起来损失重大。比较典型的水产原良种场如下：

德阳市穗丰水产良种繁育场位于什邡市洛水镇朱家桥村，有养殖水面 10 余公顷，鱼苗和鱼种培育池 300 多个、亲鱼池 40 多个、孵化槽 40 个、工厂化养殖用生物滤池 300 平方米、沉淀池

图 461　德阳市穗丰水产良种繁育场房屋垮塌。2008 年 5 月 14 日拍摄

（何强　摄）

800 平方米，是一家专门从事名、特、优水产苗种繁育生产的重点企业，年繁育各类鱼苗、鱼种 8 亿多尾，担负着德阳市和省内约 2667 公顷鱼池及网箱的鱼苗、鱼种供应，产品还远销陕西、云南、贵州等省。地震造成该场损失惨重，员工轻伤 2 名，亲鱼池、苗种培育池、产卵、孵化繁育设施、进排水沟、围墙、管理房和附属设施等全部垮塌损毁（见图 461），死亡各种亲鱼近 2.5 万公斤、苗种 66 万尾，直接经济损失 863 万元。

绵竹市鱼种站有 25 名员工，各类鱼池 4.35 公顷，占地 6.76 公顷，专门从事鱼类繁殖、良种培育，年生产各类水花 3 亿尾、鱼种 6000 万尾、成鱼 70 吨，供给省内外渔场，是四川省渔业重点场站之一。地震造成该站受损严重，4.35 公顷鱼池全部垮塌裂缝；生产管理用房 1700 平方米，办公用房 300 平方米，职工宿舍 1000 平方米，饲料加工房、机械设备全部损毁报废。鱼种站共计损失成鱼 50 吨、苗种 4200 万尾，直接经济损失 1070 万元。

绵阳市新水产生物技术发展有限公司是四川省重要的杂交鲶苗种繁育基地和绵阳市农业产业化龙头企业，地震中各类生产设施严重损毁。鱼池受灾 9.33 公顷，损毁进排水沟 230 米，池埂裂缝 1600 余米，垮塌围墙 2600 米、大棚繁育温室 6000 平方米、生产生活用房 1200 平方米，损毁输电线路 500 米、锅炉房烟囱 2 个，损失大口鲶苗种 200 万尾，死亡成鱼 164 吨，直接经济损失 750 万元。

绵阳华晟水产品公司地处江油市九岭辖区，是市级产业化龙头企业，也是绵阳市水产科技园企业之一。在地震中损坏产孵设施 2 套，管理、经营用房 3000 多平方米，鱼池垮塌、开裂 16.67 余公顷（参见图 462），损失亲鱼 40 组（草鱼 20 组、鳙鱼 10 组、白鲢 10 组）、草鱼水花 1500 万尾，垮塌围墙 6000 余米，损坏水塔 2 处、生产道路 1000 米、输电线路 2000 米，鱼池进排水渠断裂受损 500 米，经济损失 520 余万元。

地震造成绵阳市游仙区石板镇跃进水库鱼苗培育基地鱼池池底裂缝渗漏，池埂垮塌，受灾鱼池面积1.33公顷，死亡各类鱼苗300万尾，损坏生产生活用房1800平方米，损毁进排水沟150米，直接经济损失50万元。

图462 绵阳华晟水产品公司渔场鱼池开裂。2008年5月14日拍摄

绵阳市游仙区柏林镇战备水库鱼苗培育基地在地震中出现鱼池池埂垮塌，池底裂缝，震毁鱼池1.67公顷，损毁进排水沟200米、生产生活用房2000平方米，死亡各类鱼苗30万尾，直接经济损失70万元。

青川县大鲵驯养繁殖基地共5处，拥有亲鲵65组、养殖面积0.98公顷、生产用房800平方米；都处于沿河流上游地形复杂地段，加之处于极重灾区，受损特别严重。地震造成养殖池震裂、设备砸毁、水源中断、房屋垮塌，损失亲鲵162公斤，经济损失102.3万元。

广元市水产良种场位于利州区东坝万源村，占地5.33公顷，养殖鱼池4.67公顷，是广元市唯一的专业化、标准化、规模化水产良种生产繁育基地，属四川省水产重点良种场站。地震造成该场房屋、围墙裂缝错位，鱼池、池埂下沉断裂，引水渠、倒虹管和进排水系统破损，鱼池全部出现渗漏，经济损失242万元。

二 商品鱼养殖场受损

池塘养殖受损 冷水性鱼类养殖，大多采用池塘养殖方式，用大流量流水高密度养殖，主要养殖品种是从北美等国外引进的鲑鳟鱼类和本地驯化的裂腹鱼类，有虹鳟、金鳟、鲟鱼、裂腹鱼等品种。冷水性鱼类的养殖因对水温、水质的特殊要求，一般都建在海拔较高、水温不超过20℃、水质清澈且有不间断流量的山区溪沟和河边。四川省的冷水性鱼类养殖主要分布在都江堰、彭州、崇州、大邑、什邡、绵竹、北川、利州、青川和雅安、凉山的部分县；陕西省的冷水性鱼类养殖主要分布在宝鸡、汉中的部分县；甘肃省的冷水性鱼类养殖主要分布在文县、康县等区域。这些区域在地震中损失特别严重，如都江堰市虹口乡、彭州市银厂沟、崇州市文井江沿岸的冷水鱼养殖基地和与之结合的休闲渔业基地基本被毁，灾害损失极为惨重，其他养殖区域也遭受不同程度的损失。比较典型的有以下企业和生产基地：

彭州涌泉冷水渔业有限公司，位于彭州市银厂沟风景区，拥有小鱼洞和东林寺两个冷水鱼养殖基地，离震中映秀约30公里。震前四周山区植被茂密，溪水清凉，清澈见底，基地利用这一得天独厚的资源发展冷水鱼养殖，经过10多年发展，冷水鱼年生产能力达到350吨，产品畅销成都及周边市场，部分初加工产品还远销到欧美市场，同时带动银厂沟至彭州市区近30公里沿线农户发展“住农家院、吃冷水鱼”的旅游休闲业，成为带动一方百姓致富的龙头企业。地震发

其他鱼类养殖。除冷水性鱼类养殖外，四川省其他鱼类养殖受损比较严重的还有：

才源生态养殖场，地处德阳市旌阳区石亭江畔的天元镇白江村 4 组。地震中该场 12 公顷鱼池池底、池埂大面积发生严重裂缝，有的缝隙宽达 10 厘米左右，池水渗漏速度快，部分个体小的苗种随缝隙漏掉消失。灾害发生时，尽管组织大量人员抢救，但因突发性强、时间短，仅几小时鱼池就全部干涸，造成鱼苗、鱼种死亡 54.3 吨。

广汉市金角养殖场拥有鱼池 18 公顷，地震发生时，该场鱼池池底多处成圆柱形散孔冒泡，直径 15 ~ 50 厘米，像开水翻滚，水先呈深黑色浑浊，后逐渐呈乳白色，池水水位迅速下降，在很短的时间内鱼池池水基本漏干，各鱼池内养殖的鲈鱼、武昌鱼、叉尾鮰、鲤、草、鲢大量死亡，死亡成鱼个体 1 ~ 2 公斤、鱼苗个体 5 ~ 10 厘米。5 月 14—16 日期间，18 公顷池鱼几乎全部死亡，只打捞起 500 余公斤鱼转移到其他受灾较轻的鱼池。地震共造成该场 96 吨鱼死亡。

安县花荄雍峙渔场是安县重要的渔业生产基地，在地震中鱼池受灾面积 7.33 公顷，损毁进排水沟 180 米，池底裂缝渗漏，池埂垮塌，毁坏生产生活用房 3000 平方米；死亡各类鱼苗 500 万尾、死亡成鱼 90 吨；直接经济损失 260 万元。

绵阳市涪城区震华水产公司 3.33 公顷鱼池池埂断裂、池底裂口、引水渠道损毁，530 余米地下水管破裂、供水中断，1500 余米防洪堤受损，500 米生产道路、1100 米围墙垮塌，损失加州鲈亲鱼 100 组，逃逸、死亡鱼种 700 余万尾，经济损失 350 余万元。

绵阳市高新区永兴镇飞牛坝村为渔业专业村和水产产业化示范村。地震造成该村 387 户渔民全部受灾，33.73 公顷鱼池池埂垮塌开裂，房屋受损 3400 余平方米，村内桥梁、防洪沟、进排水渠也严重损坏，经济损失 593 万元。

江油市绿溪特种水产养殖公司在地震中有 8 公顷鱼池垮塌或裂口，产孵设施全部损坏，损毁房屋 2500 平方米、围墙 2400 米，损失亲鱼 156 尾、鱼种 720 万尾，直接经济损失 190 万元。

北川羌族自治县森林雨大鲵养殖有限公司在地震中因山体移位滑坡，大部分生产用房和生产设施被埋，损失亲鲵 40 尾、幼鲵 168 尾，经济损失 200 万元。

三台县团结水库渔场、新德渔场鱼池裂口、垮塌 6.67 公顷，损失苗种、成鱼 100 余吨，经济损失 200 余万元。

盐亭县毛公生态农场是集渔业和畜禽生态养殖为一体的产业化基地，占地 100 公顷左右，是绵阳市市级养殖龙头企业和名优鱼类生态养殖企业。地震中，池埂开裂 33 处 1500 米，工厂化产孵设施 1000 余平方米、进排水沟 800 米、输电线路 500 米受损，大鲵养殖鱼池基础 600 平方米被震松导致防水层出现裂缝，胭脂鱼苗逃逸 10 万尾、死亡 2 万多尾，经济损失 222.8 万元。

绵阳市的莲花湖生态旅游开发有限责任公司在地震中损坏产孵设施 1 套，管理、经营用房 450 多平方米毁损，4 公顷多鱼池垮塌、开裂，损坏输电线路 2000 米，水库泄洪逃逸成鱼 8 吨、鱼种 2 吨，经济损失 120 余万元。金明水产公司、腾达水产公司、众鑫水产公司江河养殖脉冲电拦鱼设施损失 28 道，经济损失 80 余万元。

在陕西省，地震造成勉县75公顷池塘池埂出现断裂、错位、渗漏，236处特种养殖场不同程度受损，1930米进排水系统受损，导致池水恶化，损失鱼苗、成鱼43吨。

武功县第一鱼种场占地面积3公顷，拥有两层砖混办公楼1座、渔业物资库房2座、鱼种池12口面积1.6公顷，供电、井渠、看护设施齐全。地震造成鱼种场围墙倒塌或倾斜，库房部分屋顶坍塌，墙体裂缝，鱼池部分裂口，损失严重。

汉中市所辖县区渔业设施在地震中均不同程度损毁，宁强、略阳、南郑、勉县等损毁较为严重。受损主要为池埂垮塌、开裂、漏水，养殖鱼严重缺氧导致死亡、减产。汉中市重要的大鲵栖息地略阳大鲵自然保护区损毁河堤150米、房屋4处312平方米、围墙350米、驯养繁殖池1550平方米、供水管道1030米，大鲵孵化、繁育设施受损严重。

在重庆市，大足县雍溪养殖场鱼塘面积约9.33公顷，地震造成鱼塘垮塌10米左右，5月14—19日，鱼塘持续出现死鱼，共死鱼500多公斤，直接经济损失近1万元。此外，大足县智凤镇和石马镇的鱼塘在地震中遭到破坏，出现鱼塘堤坝垮塌、鱼塘周围开裂漏水等现象，并陆续出现死鱼，共造成550公斤鱼死亡，直接经济损失7500元。

合川区垮塘11口，坎裂163处，毁堤632米，渔业受灾面积60.68公顷，经济损失145.21万元；损失鱼种520公斤、成鱼2.8万公斤，经济损失105万元。

北碚区部分鱼池受地震影响，池坎出现不同程度的裂口渗漏，一些鱼池因蓄水无法满足生产需要，被迫进行放水整治。其中，水土、蔡家岗、静观、复兴等镇共有300余口、约66.67公顷鱼池受灾。

铜梁县重庆天盛龙源实业有限公司损失长薄鳅种苗2万尾，经济损失4万元；损失大口鲶种苗3万尾，经济损失1.8万元；逃逸罗非鱼1吨，经济损失1.5万元。

水库湖泊养殖受损 地震造成处于龙门山区一带的水库湖泊养殖遭受严重损失，其余地区水库湖泊养殖也遭受不同程度损失。

比较典型的广元市白龙湖水产养殖基地，位于利州区和青川县境内，是20世纪90年代建设宝珠寺水电站形成的水库，水域面积6000多公顷。湖区是著名的自然风景区，湖区的农田在电站蓄水时被淹没，坡地已退耕还林，当地农民大多“靠水吃水”，从事水产养殖业和由此延伸的游钓休闲、餐饮、饲料业。2007年水产养殖产量1.28万吨，占到广元市水产品产量的40%左右，是库区移民增收的主要来源。白龙湖上游无污染源，湖里出产的鱼与野生鱼相差无几，卖相好，价格高，被誉为“川北渔业明珠”。地震发生时，水体剧烈震荡，形成波浪冲击水面上的养殖网箱至湖岸边。湖中多处泛起2～10平方米大小不等的水泡，致使湖水极度浑浊，水位急剧下降，这种现象持续约一个星期。突如其来的水势变化和强烈震荡使鱼类受到极度惊吓，狂奔乱跳，受伤严重，之后较长时间停止进食。因地震引发水浪冲击和水位大幅度变化，部分网箱被撕裂或被击散架，部分网箱的缆绳极度松弛或拉断，导致网箱倾斜或发生位移，部分敞口网箱沉没于水面之下，鱼类大量逃逸。因地震引发水体急剧流动，湖底废气、淤泥上翻，水质下降，受伤鱼来不及治疗，感染鱼病，致使鱼类大量死亡。整个白龙湖受损网箱面积18.6公顷、成鱼2382吨、苗种654吨，面积533公顷的库汉围栏养殖场拦鱼设施严重被毁，养殖鱼大部分逃逸，渔业直接经济损失9175万元。

陕西省勉县37座水库坝体不同程度受损，坝体出现裂缝、滑坡渗漏等；庆家寨等11座水库被列为高危水库，采取空库运行，其余水库不同程度降低水位运行，造成水库水产品减产287吨。永寿县团结水库周围1200立方米土方塌方，导致库内严重淤积，水质恶化，污染迅速扩散，使库内1.5吨成鱼大量浮头缺氧窒息死亡。

其余处于灾区的各种类型水库由于受到不同程度的破坏，成为震损和病险水库。四川省有1069座水库被震损，重庆市大足县有351处各类山坪塘被震损。各级政府和渔业行政主管部门为防止次生灾害、确保安全，震后对这类水库迅速采取大幅度降低水位措施，库内的水产养殖采取相应紧急措施，或迅速转移到其他地方养殖，或捕捞上市，避免造成较大的经济损失。

第三节　渔业附属设施受损

汶川特大地震除对渔业生产设施造成严重破坏、经济损失巨大外，对渔业其他设施也造成了严重破坏。渔业生产基地、渔场的各类房屋、围墙、进场公路、各级水产管理部门和水生动物防疫检疫站办公用房、检验检测设施等均在地震中遭到破坏。

四川省渔业生产用房共计受损22.24万平方米，各级水产管理部门和水生动物防疫检疫机构办公用房共计受损2.1万平方米。成都市损毁进排水渠道4730米，围墙受损倒塌8380米；德阳市损毁进排水沟渠4.55万米、围墙4.31万米、设备243台（套）；绵阳市损毁进排水沟渠25.77万米，损坏仪器设备71套；广元市损毁饲料加工厂1座、水产品加工厂2座、水产加工冻库2座（参见图467）。

图467　倒塌损毁的青川县白龙湖水产饲料厂。2008年5月14日拍摄

甘肃省渔业生产用房受损668平方米、办公用房受损1073平方米。临潭县冶力关虹鳟渔场围墙受损550米，进水口管道受损20米。

陕西省渔业生产生活用房受损2.96万平方米。勉县渔场进排水渠系受损1930米，无坝堰渔场垮塌围墙326米。略阳县大鲵自然保护区损毁河堤150米、围墙350米、供水管道1030米。

第五章　农业机械受损

汶川特大地震发生前，四川、甘肃、陕西、重庆、云南五省（市）耕、种、收综合机械化作业水平分别为23%、29.6%、41.9%、17%、28.57%，农业机械化在农业生产中起着极为重要作用。汶川地震给四川、甘肃、陕西、重庆、云南等省（市）农机系统造成严重破坏，农机系统经济损失合计43.96亿元，其中四川省42.78亿元、甘肃省0.43亿元、陕西省0.41亿元、重庆市0.14亿元、云南省0.2亿元。地震共造成四川、甘肃、陕西三省农机具损毁10.26万台（套），机电提灌站及设备损毁1.43万座，农机库棚损毁31.55万平方米，业务用房损毁23.44万平方米，机耕道损毁2.3公里。其中，51个极重灾和重灾县（市、区）农机具损毁9.42万台（套），农机库棚损毁23.78万平方米，提灌站损毁1万座，机耕道损毁2.26万公里，农机推广服务业务用房18.8万平方米，直接经济损失39.44亿元。

地震中，农机系统的破坏造成受灾地区农机作业、农副产品和生产资料运输、农田排灌等难以正常开展，农业生产综合保障能力明显降低，极重灾区和重灾区的粮食生产和农民增收受到严重影响。民政部等五部委地震灾害评估范围确定的51个极重灾和重灾县（市、区）机电提灌站损毁42%，农机库房损毁9.3%，机耕道损毁0.8%，农机具损毁7.3%。此外，农机公共服务能力也受到严重影响，51个极重灾和重灾县（市、区）近80%的农机站业务用房遭到损毁，办公设备和交通工具损坏，农机队伍人员伤亡，短期内难以开展有效的农机推广、培训、维修、安全监理等服务工作。

地震使灾区农民的生产生活受到严重影响。机具和道路等农业基础设施严重损毁，部分受灾地区农业机械无法作业，劳动力成本增加，每亩耕种收割增加成本100元左右。部分灾区农民无力支付农机维修和零配件购买费用，甚至要求退掉震前已购买的农机具。

地震造成农机监理装备严重损毁，农机安全技术检验手段受损，应急管理条件丧失，使农机安全生产压力加大。

第一节　机电提灌站受损

机电提灌站是农业机械化至关重要的内容之一，其建设是农田水利基本建设的重要组成部分。汶川特大地震造成四川、甘肃、陕西、重庆、云南五省（市）机电提灌站损毁14779座，经济损失10.87亿元，导致农田灌溉困难，给灾区农业生产和生活造成严重影响。其中，五省（市）的机电提灌站损毁数量分别为13071座、860座、409座、436座、3座，经济损失分别为107453万元、509万元、76万元、621万元、45万元。

一　四川省机电提灌站受损

四川省田高水低的自然特征决定了农业生产和农民生活对机电提灌设施的依赖性。全省震前共有农机提灌站39137座、设备51757台（套），农村提灌机械总动力为36.5万台/312万千瓦（固定提灌站装机59910台/131万千瓦，流动提水机械拥有量30万台/181万千瓦），形成常年提水40亿立方米灌溉面积93万公顷的能力，提灌站总价值达60亿元以上。其中，成都、绵阳、德阳、广元、雅安、阿坝6个重灾市（州）拥有农机提灌站16069座、设备26887台（套）、453417千瓦。

地震造成四川省提灌站损毁13071座、396237千瓦，直接经济损失107453万元。6个重灾市（州）损毁提灌站9519座、250670千瓦（其中全毁157471千瓦），损毁提灌机械10512台（套），其中成都市损毁提灌站442座、11659千瓦；德阳市损毁提灌站4630座、81697千瓦；绵阳市损毁机电提灌站3020座、98224千瓦（参见图468）；雅安市损毁提灌站205座、7314千瓦；阿坝藏族羌族自治州损毁提灌站235座、11547千瓦，损毁泵房869.6平方米、设备266台（套），直

图468　江油市损毁的提灌设备。2008年6月6日拍摄
（四川江油市农机局　提供）

接经济损失2525万元；广元市损毁提灌站987座，损毁泵房20140平方米，损毁机电设备1213台、40229千瓦，直接经济损失11585.7万元。39个极重灾和重灾县（市、区）提灌站的受损情况见表150。

39个极重灾和重灾县（市、区）提灌站受损情况统计表

表150

县（市、区）	损毁数量（座）	损毁功率（千瓦）	县（市、区）	损毁数量（座）	损毁功率（千瓦）
汶　川	79	4860	罗　江	814	13100
北　川	56	797	黑　水	28	850
绵　竹	2700	33423	崇　州	35	550
什　邡	99	3546	剑　阁	177	6152
青　川	96	2945	三　台	286	16380
茂　县	35	2700	阆　中	81	3100
安　县	1156	15486	盐　亭	155	7462
都江堰	70	2350	松　潘	31	80
平　武	92	2665	苍　溪	286	18568
彭　州	135	2820	芦　山	27	540
理　县	26	780	中　江	717	25751
江　油	765	31632	元　坝	21	2100
利　州	82	2872	大　邑	12	233
朝　天	125	1980	宝　兴	5	144
旺　苍	200	5612	南　江	55	11500
梓　潼	90	8503	广　汉	100	2562
游　仙	290	11174	汉　源	33	780
旌　阳	200	3315	石　棉	6	210
小　金	22	1320	九寨沟	4	228
涪　城	130	4125	合　计	9321	253195

此外，绵竹市损毁设备2757台（套），经济损失共11239万元；德阳市旌阳区提灌站直接经济损失345万元；什邡市提灌站直接经济损失1595.7万元，造成3300多公顷农田灌溉困难；汉源县提灌站直接经济损失165万元；汶川县损毁设备134台（套）、泵房395平方米，直接经济损失1120万元；理县损毁设备26台（套）、泵房178平方米，直接经济损失130万元；茂县损毁设备54台（套），直接经济损失1050万元；小金县损毁设备29台（套），直接经济损失110万元；黑水县损毁设备4台（套），直接经济损失26万元。

地震还造成自贡市损毁提灌站364座、12961千瓦，泸州市损毁43座、427千瓦，遂宁市510座、29837千瓦，内江市570座、23478千瓦，乐山市203座、5753千瓦，南充市557座、22461千瓦，眉山市466座、13597千瓦，宜宾市58座、1505千瓦，广安市55座、2540千瓦，达州市197座、3555千瓦，巴中市128座、13696千瓦，资阳市387座、15560千瓦，甘孜藏族自治州12座、180千瓦，凉山彝族自治州1座、19千瓦。

二　其他省机电排灌站受损

地震造成甘肃省受灾地区损毁排灌站860座、设备3100台（套）、13950千瓦。其中，陇南市损毁排灌站泵房7120平方米、设备1700台（套）；甘南藏族自治州损毁排灌站泵房3.998万平方米；平凉市损毁水塔108座，其中破坏严重的79座、倒塌的29座；天水市麦积区损毁排灌站1座。

地震造成陕西省受灾地区排灌站动力机械泵房损毁409座、2057平方米，设备452台（套）受损，泵房、设备完全报废，直接经济损失76万元。

第二节　农机具受损

汶川特大地震中，四川、甘肃、陕西、重庆、云南五省（市）受灾地区农机具毁损104170台（套），直接经济损失3.5034亿元。其中，四川省毁损农机具87011台（套），直接经济损失2.9903亿元；甘肃省毁损农机具11670台（套），直接经济损失2383万元；陕西省损毁农机具3933台（套），经济损失1618万元；重庆市毁损农机具75台（套），直接经济损失98万元；云南省毁损农机具1481台（套），直接经济损失1032万元。

一　四川省农机具受损

拖拉机受损　2007年，四川省各种拖拉机拥有量为197079台，总价值45.73亿元。汶川地震中，全省受损拖拉机9688台，受损率为4.92%，直接经济损失19376万元。其中，成都、德阳、绵阳、广元、阿坝、雅安6个重灾市（州）震前拖拉机拥有量95778台，汶川地震造成9242台拖拉机受损，其中全毁5624台。

联合收割机受损　四川省震前拥有各种联合收割机7261台，其中高性能联合收割机1200台，总价值5.43亿元。汶川地震造成956台联合收割机受损，受损率为13.17%，直接经济损失2868万元。其中，成都、德阳、绵阳、广元、阿坝、雅安6个重灾市（州）拥有收割机5603台，地震中受损951台，其中全毁482台。

其他农机具受损　震前四川省拥有小型动力耕整机、播种机、插秧机、秸秆粉碎机和植保、脱粒及农副产品加工机械等425.76万台（套）。汶川地震造成全省其他农机具受损76367台（套），受损率为1.8%，直接经济损失7659万元。其中，成都、德阳、绵阳、广元、阿坝、雅安6个重灾市（州）其他农机具拥有量为114.11万台（套），地震中受损7.06万台（套）。

成都市损毁农机具907台（套），其中大邑县30台（套）、都江堰市207台（套）、彭州市670台（套）。

德阳市损毁农机具13522台（套），其中旌阳区62台（套）、中江县237台（套）、罗江县805台（套）、广汉市80台（套）、什邡市5838台（套）、绵竹市6500台（套）。

绵阳市损毁农机具25051台（套），其中涪城区348台（套）、游仙区1873台（套）、三台县359台（套）、盐亭县1357台（套）、安县2525台（套）、梓潼县1907台（套）、北川羌族自治县3868台（套）、平武县3061台（套）、江油市9753台（套）。

广元市损毁农机具28533台（套），其中市中区315台（套）、朝天区298台（套）、旺苍县5台（套）、青川县21918台（套）、剑阁县1469台（套）、苍溪县4528台（套）。

雅安市损毁农机具567台（套），其中雨城区57台（套）、名山县48台（套）、荥经县48台（套）、汉源县320台（套）、石棉县10台（套）、宝兴县84台（套）。

阿坝藏族羌族自治州损毁农机具12220台（套），其中汶川县4910台（套）、理县520台（套）、茂县3967台（套）、松潘县4台（套）、九寨沟县2台（套）、小金县2803台（套）、黑水县14台（套）。

地震中，其他市州的农机具也遭受损失，其中自贡市荣县7台（套）、遂宁市75台（套）、乐山市66台（套）、南充市1456台（套）、眉山市627台（套）、宜宾市823台（套）、广安市132台（套）、达州市464台（套）、巴中市764台（套）、资阳市1702台（套）、甘孜藏族自治州康定县5台（套）、凉山彝族自治州昭觉县65台（套）。

二　其他省农机具受损

汶川地震发生前，甘肃省农机总动力为1686.32万千瓦，拥有拖拉机46.15万台、联合收割机2630台、拖拉机配套农具86.83万台（套），农机总价值108.07亿元。

地震造成甘肃省受灾地区损毁农机具11670台（套），直接经济损失2383万元。其中，拖拉机（含配套农具）损毁3500台（套），直接经济损失1328万元；联合收割机损毁70台，直接经济损失245万元；其他动力耕整机，农副产品加工机械损毁8100台（套），经济损失810万元（参见图469 ~ 470）。

地震造成陇南市损毁农机具8460台（套）（参见图469、图470）；甘南藏族自治州损毁农机具1628台（套）；庆阳市损毁农机具580余台（套），其中376台（套）无法修复，造成230户农机户经济损失470余万元；定西市损毁农机具700余台（套）；天水市损毁农机具610余台（套），造成250余户农机户经济损失近500万元。

地震造成陕西省受灾地区农机具损毁3933台（套），经济损失1618万元。其中，因山体滑

图 469 陇南市武都区旧城山农机库棚中损毁的饲草粉碎机。2008 年 6 月 7 日拍摄

（刘兴旺 摄）

图 470 陇南市武都区旧城山农机库棚中因地震灾害被砸埋的柴油机。2008 年 6 月 7 日拍摄

（刘兴旺 摄）

坡等因素损毁拖拉机 433 台，完全报废 134 台，严重损坏 260 台，经济损失 1080 万元；损毁联合收割机 8 台，完全报废 5 台，经济损失 82 万元；损毁农副产品加工机械 760 台（套），完全报废 240 台（套），严重损坏 520 台（套），经济损失 224 万元；损毁配套机具和微耕机 2732 台，完全报废 640 台，严重损坏 2092 台，经济损失 232 万元。

第三节 农机附属设施受损

一 农机库棚受损

地震造成四川、甘肃、陕西、重庆、云南五省（市）农机库棚毁损 32.24 万平方米，直接经济损失 14838 万元。其中，四川省农机库棚毁损 27.18 万平方米，直接经济损失 13630 万元；甘肃省农机库棚毁损 3.52 万平方米，直接经济损失 528 万元；陕西省农机库棚毁损 0.85 万平方米，直接经济损失 273 万元；重庆市农机库棚毁损 0.5 万平方米，直接经济损失 197 万元；云南省农机库棚毁损 0.19 万平方米，直接经济损失 210 万元。

四川省农机库棚受损　地震造成四川省受灾地区损毁农机库棚 27.18 万平方米，直接经济损失 13630 万元。

成都市损毁农机库棚 3.51 万平方米，其中青白江区 850 平方米、金堂县 2580 平方米、温江区 426 平方米、郫县 1000 平方米、大邑县 900 平方米、新津县 100 平方米、都江堰市 2.8 万平方米、彭州市 1200 平方米。

德阳市损毁农机库棚 12.91 万平方米，其中旌阳区 650 平方米、中江县 1896 平方米、罗江县 1.59 万平方米、广汉市 3250 平方米、什邡市 9.28 万平方米、绵竹市 1.46 万平方米。

绵阳市损毁农机库棚 4.23 万平方米，其中涪城区 1780 平方米、游仙区 1620 平方米、三台县 1650 平方米、盐亭县 674 平方米、安县 7204 平方米、梓潼县 3000 平方米、北川羌族自治县 800 平方米、平武县 267 平方米、江油市 2.53 万平方米。

广元市损毁农机库棚 1.35 万平方米，其中市中区 2095 平方米、朝天区 6110 平方米、青川县 200 平方米、剑阁县 1170 平方米、苍溪县 3894 平方米。

雅安市共损毁农机库棚 5656 平方米，其中雨城区 260 平方米、名山县 1850 平方米、荥经县 1345 平方米、汉源县 201 平方米、宝兴县 2000 平方米。

阿坝藏族羌族自治州共损毁农机库棚 2270 平方米，其中理县 1400 平方米、黑水县 870 平方米。

地震中，其他市州的农机库棚也遭受损失，其中自贡市 260 平方米、遂宁市 4528 平方米、内江市 160 平方米、乐山市 382 平方米、南充市 8190 平方米、眉山市 13475 平方米、宜宾市 1125 平方米、广安市 926 平方米、达州市 402 平方米、巴中市 1607 平方米、资阳市 3931 平方米、甘孜藏族自治州 144 平方米、凉山彝族自治州 320 平方米。

甘肃省、陕西省农机库棚受损　地震造成甘肃省受灾地区损毁农机库棚 3.52 万平方米，经济损失 528 万元。其中，陇南市损毁 2.16 万平方米（参见图 471），庆阳市损毁 297 间、5095 平方米，定西市损毁 300 间、4000 平方米，天水市损毁 297 间。

地震造成陕西省受灾地区损毁农机库棚 8484 平方米，经济损失 273 万元。其中，宁强县农机库棚垮塌 91 间。

图 471　倒塌的陇南市武都区旧城山农机库棚。2008 年 6 月 7 日拍摄

二　机耕道受损

地震造成四川、甘肃、陕西、重庆、云南五省（市）机耕道毁损 2.329 万公里，直接经济损失 25.45 亿元。其中，四川省毁损 2.24 万公里，直接经济损失 25.36 亿元；甘肃省毁损 500 公里，直接经济损失 327 万元；陕西省毁损 180 公里，直接经济损失 200 万元；重庆市毁损 77 公里，直接经济损失 60 万元；云南省毁损 177.5 公里，直接经济损失 266 万元。

四川省机耕道受损　地震造成四川灾区机耕道路面、路基、桥梁、涵洞、护坡等损坏、垮塌，共计毁损 2.24 万公里，直接经济损失共计 25.36 亿元。

成都市损毁机耕道 441 公里，其中青白江区 20 公里、金堂县 20 公里、大邑县 30 公里、都江堰市 276 公里、彭州市 88 公里、崇州市 7 公里。

德阳市损毁机耕道 1685 公里，其中旌阳区 246 公里、中江县 185 公里、罗江县 103 公里、广汉市 80 公里、什邡市 171 公里、绵竹市 900 公里。

绵阳市损毁机耕道 4576 公里，其中涪城区 86 公里、游仙区 160 公里、三台县 231 公里、盐亭县 165 公里、安县 858 公里、梓潼县 151 公里、北川羌族自治县 1065 公里、平武县 1040 公里、江油市 820 公里。

广元市损毁机耕道 5088 公里，其中市中区 268 公里、朝天区 2595 公里、旺苍县 848 公里、青川县 500 公里、剑阁县 450 公里、苍溪县 427 公里。

雅安市损毁机耕道 903 公里，其中雨城区 110 公里、名山县 71 公里、荥经县 224 公里、汉源县 236 公里、石棉县 115 公里、天全县 11 公里、芦山县 41 公里、宝兴县 95 公里。

阿坝藏族羌族自治州共损毁机耕道 7297 公里，其中汶川县 1550 公里、理县 1381 公里、茂县 1909 公里、松潘县 213 公里、九寨沟县 400 公里、金川县 179 公里、小金县 1076 公里、黑水县 494 公里、马尔康县 70 公里、壤塘县 25 公里。

地震中，其他市州的机耕道也遭受损失，其中自贡市 16 公里、遂宁市 74 公里、乐山市 509 公里、南充市 311 公里、眉山市 103 公里、宜宾市 32 公里、广安市 99 公里、达州市 313 公里、巴中市 70 公里、资阳市 804 公里、甘孜藏族自治州 30 公里、凉山彝族自治州昭觉县 5 公里、泸州市纳溪区 3 公里。

甘肃省、陕西省机耕道受损　地震造成甘肃省受灾地区机耕道损毁 500 公里，经济损失 327 万元。其中，陇南市损毁机耕道 130 公里。

地震造成陕西省受灾地区损毁机耕道 180 公里，经济损失 200 万元。

三　农机系统办公设施受损

地震造成四川、甘肃、陕西、重庆、云南五省（市）受灾地区农机系统办公用房及基础办公设施遭到严重破坏，共损毁业务用房 25 万平方米，经济损失 2.54 亿元。各省市损毁业务用房面积分别为 20.26 万平方米、1.01 万平方米、2.17 万平方米、1.43 万平方米、1400 平方米，经济损失分别为 2.27 亿元、575 万元、1462 万元、427 万元、229.8 万元。此外，地震还造成五省（市）受灾地区价值 1029.56 万元的办公等基础设施毁损。

四川省农机系统办公设施受损　地震造成四川省农机系统办公用房损毁 20.26 万平方米，经济损失 2.27 亿元。其中，四川省农机研究设计院办公房、水泵实验室及农副产品加工试验室等业务用房损坏 6550 平方米，直接经济损失 135 万元；四川省农机鉴定站办公房、实验室、农机零配件检测楼等业务用房损坏 4400 平方米，直接经济损失 83 万元；各受灾市州农机系统办公用房毁损 19.42 万平方米，经济损失 2.26 亿元。6 个重灾市（州）农机系统办公用房的受损情况为：成都市损毁 7660 平方米，经济损失 1532 万元；德阳市损毁 35467 平方米，经济损失 5570 万元；绵阳市损毁 44687 平方米，经济损失 6172 万元；广元市损毁 50268 平方米，经济损失 5879 万元；雅安市损毁 19556 平方米，经济损失 1011 万元；阿坝藏族羌族自治州损毁 4171 平方米，经济损失 531 万元。部分极重灾和重灾县（市、区）农机系统办公用房的具体受损情况见表 151。

四川省部分极重灾和重灾县（市、区）农机系统办公用房受损情况统计表

表 151

县（市、区）	损毁面积（平方米）	经济损失（万元）	县（市、区）	损毁面积（平方米）	经济损失（万元）
汶　川	1200	140	小　金	585	123
北　川	3700	820	涪　城	9470	1020
绵　竹	14600	2920	罗　江	3000	367
什　邡	2180	547	黑　水	1600	160
青　川	5000	200	剑　阁	1070	188
茂　县	420	51	三　台	6198	682
安　县	7970	1592	阆　中	200	3
都江堰	2410	482	盐　亭	683	62
平　武	2000	255	松　潘	60	7
彭　州	2200	440	苍　溪	13288	1183
理　县	182	30	芦　山	640	100
江　油	6769	920	中　江	3000	87
利　州	4300	375	元　坝	17000	2550
朝　天	6200	1114	宝　兴	1200	160
旺　苍	3410	272	汉　源	9041	387
梓　潼	750	76	石　棉	1540	93
游　仙	7147	745	合　计	151700	19800
旌　阳	12687	1649			

地震造成其他受灾市州农机系统办公用房受损情况如下：自贡市损毁5438平方米，经济损失186万元；遂宁市损毁4885平方米，经济损失197万元；内江市损毁1488平方米，经济损失16万元；乐山市损毁345平方米，经济损失12万元；南充市损毁1353平方米，经济损失52万元；眉山市损毁7335平方米，经济损失461万元；广安市损毁6910平方米，经济损失297万元；达州市损毁2482平方米，经济损失174万元；巴中市损毁1560平方米，经济损失474万元；资阳市雁江区损毁120平方米，经济损失3万元；甘孜藏族自治州损毁266平方米，经济损失20万元；凉山彝族自治州雷波县损毁240平方米，经济损失36万元。

甘肃省、陕西省农机系统办公设施受损 地震造成甘肃省农机系统业务用房损毁面积1.01万平方米，经济损失575万元。其中，陇南市农机系统办公房屋、设施损失约为343万元（参见图472）；甘南藏族自治州的舟曲、卓尼、迭部、临潭4个县农机系统损毁房屋48间、1153平方米，其中舟曲县办公用房受损644平方米；定西市通渭县农机局办公楼受损严重，震后停用；天水市农机系统坍塌、损毁办公用房14间。

图472 20世纪60年代修建的成县小川镇农机站办公房在汶川地震中倒塌。2008年6月7日拍摄

（刘兴旺 摄）

地震造成陕西省农机系统办公用房损毁21696平方米，毁坏5400平方米，直接经济损失1462万元。其中，汉中、安康、宝鸡三市农机部门损毁办公楼31栋、388间、1.6万平方米。南郑、宁强、周至、宁陕等12个县农机部门办公楼均有不同程度损坏，其中宁强县农机系统损毁办公、生活用房70间、1400平方米，直接经济损失79.8万元，占整个农机系统直接经济损失的29.6%。

第六章　农村能源设施受损

农村能源是指沼气、秸秆、薪柴等生物质能和用于农村生产生活的太阳能、风能、地热能等非化石能源。近些年，四川、甘肃、陕西、云南和重庆等省（市）一直以农村沼气建设（农户用沼气、养殖场沼气、生活污水净化沼气等）为重点，大力开展农村可再生能源的开发、利用和常规能源的节约，扎实推进农村能源建设的各项工作，在解决能源短缺、增加农民收入、改善生态环境、提高生活质量等方面发挥了重要作用。汶川特大地震中，灾区的农村能源设施遭到严重破坏，一些地区的沼气池出现扭曲、断裂、下沉、垮塌等现象，导致沼气池停用；沼气灶具及配件、省柴节煤炉灶和太阳能灶等设施被损毁；农村能源机构的办公用房及设施设备也遭到破坏；农村能源设施损失惨重，对灾区的农业生产生活造成一定影响。

第一节　沼气设施受损

农村沼气建设是农村基础设施建设的重要内容，是农村能源建设的重点工作，也是生态环境保护事业的亮点。沼气除用作燃料外还可用于照明和取暖，沼液、沼渣还是高效有机肥料，通过开展“三沼”（沼气、沼渣、沼液）的综合利用，把农村的“三废”（秸秆、粪便、垃圾）变为“三料”（燃料、饲料、肥料），既解决了农村燃料问题，还改善了环境卫生，有利于农村能源的节约利用、农村环境的保护和农村社会经济的可持续发展。

一　户用沼气设施受损

汶川地震发生前，四川省农村户用沼气池保有量 403 万口，占适宜农户的 35%，受益农民 1410 万人。2007 年年底，甘肃省 10 个受灾市（州）农村户用沼气数量分别为陇南市 31683 户、甘南藏族自治州 10433 户、庆阳市 31138 户、平凉市 30914 户、天水市 49366 户、定西市 41477 户、临夏回族自治州 27723 户、白银市 19043 户、兰州市 12434 户、武威市 10164 户。2007 年年底，重庆市建有农村户用沼气池 81.9 万口，占总农户的 11.45%，有 78.26 万农户使用沼气池，使用率为 95.52%；建有沼气工程 529 处，总容积 4.23 万立方米，年处理畜禽粪污 190 万吨。

汶川地震严重损坏了以沼气池为主的农村能源设施，造成很多沼气池破坏严重、直接损毁、无法修复，只能原址重建或易地建池。沼气池的破坏类型可以分为 3 种：一是沼气池断裂破碎，在强烈地震波的作用下沼气池的池体结构发生扭曲、断裂、破碎；二是沼气池填埋下沉，由于滑坡等次生灾害和地震纵波作用造成沼气池池体整体下沉；三是沼气池整体垮塌，在强烈地震波作用下沼气池整体垮塌或因建筑物倒塌、土方塌落、滚石等导致沼气池整体垮塌。其中，沼气池断裂破碎属地震直接导致的破坏；沼气池填埋下沉和整体垮塌属地震次生灾害间接导致的破坏。在此次地震中，地震直接导致的破坏比间接导致的破坏严重。

地震还造成沼气池池底、发酵间池墙（包括池墙上到出料间洞口上方过梁）、拱盖、水压间池墙以及进料管等部位出现裂缝导致沼气池漏水漏气，进料管、水压间、拱盖、池底等与沼气池池墙结合部位发生错位导致沼气池漏水漏气。对于破坏程度较轻的通过修复可投入使用，破坏程度较重的只能重建。江油市对沼气池损坏部位按 10 类进行统计分析，发现沼气池池底部位损坏率最高；损坏率在 40% ~ 50% 之间的有 3 类，即池墙与进料管结合部、池墙上到出料间洞口上方过梁处、出料间；其他 7 类部位损坏率均在 20% 左右。自贡市损毁的户用沼气池中，进料间占 15%、出料间占 11%、发酵间占 65%、提料器占 5%、输气管占 3%、其他占 1%，损坏主要集中在发酵间。

废弃的沼气池会造成严重的二次损害，如不及时填埋、继续产气且不通风容易发生爆炸；一些废墟下的沼气池不易被发现，可能造成人员坠落；在没有技术人员指导下到井里清理料渣，也很容易发生危险。

地震造成四川省 20 个市（州）、135 个县（市、区）共损毁户用沼气池 52.41 万口，占原保有量的 13.1%，直接经济损失 16 亿元。其中，整体破坏和因农房垮塌导致毁坏报废的沼气池 27.46 万口，受损沼气池 24.95 万口（池体结构受损 17.89 万口、管线灶具破损 7.06 万口）。39 个极重灾和重灾县（市、区）损毁户用沼气池 41.94 万口，占损毁总数的 80%，直接经济损失 14.38 亿元；其中，整体破坏和因农房垮塌导致毁坏报废的沼气池 26.48 万口，受损沼气池 15.46 万口。汶川、茂县、理县、松潘、小金、黑水、都江堰、彭州、崇州、什邡、绵竹、北川、安县、平武、江油、青川、剑阁、汉源 18 个县（市）损毁户用沼气池 23.24 万口，占损毁总数的 44.34%，直接经济损失 8.27 亿元。其中，整体破坏和因农房垮塌导致毁坏报废的沼气池 16.55 万口，受损沼气池 6.69 万口（池体结构受损 4.79 万口、管线灶具破损 1.9 万口）。

甘肃省陇南、甘南、天水、定西、平凉、庆阳 6 个市（州）的 36 个县（市、区）共 16408 户“一池三改”户用沼气设施受损，其中损毁 2412 户、损坏 13996 户。陇南市沼气池损毁 1730 户，损坏 7304 户。

陕西省 5 个市 52 个县（市、区）损毁户用沼气池 9043 户，直接经济损失 2700 万元，其中报废沼气池 1651 户、受损 7392 户。

重庆市共有 11027 户用沼气池受损（涉及 25 个区县），16 处沼气工程受损（涉及 7 个区县）。云南省绥江、永善、水富三县共有 3935 户沼气池不同程度受损，直接经济损失 1471.69 万元。

地震除造成沼气池的破坏外，还造成沼气灶具及配件的损坏。部分沼气管路随受损墙体发生脱落、断裂、错位、弯曲、变形等损坏；有些调控器被砸坏、调控器与输气管接头松动、内部结构损坏，脱硫剂接触空气致热烧坏脱硫器；沼气灶具被砸坏，与输气管接头松动或脱离，或被雨水锈蚀等（参见图 473）。

图 473　彭州市红岩镇官仓村被砸烂的沼气灶具、电饭煲等。2008 年 5 月 13 日拍摄

二　其他沼气设施受损

除户用沼气外，四川省还拥有养殖场大中型沼气工程 838 处，总容积 18.93 万立方米，年处理畜禽粪污量 592 万吨。其中，51 个重灾县（市、区）拥有养殖场沼气工程 384 处，总容积 8.5 万立方米。地震中，全省养殖场沼气工程受损 106 处，容积 1.4 万立方米，直接经济损失 1032 万元。成都市损毁沼气工程 69 处，容积 17250 立方米，直接经济损失 909.5 万元，其中毁坏不可修复的 45 处、容积 9800 立方米，受损可修复的 24 处、容积 7450 立方米。

汶川地震还造成灾区城镇大部分生活污水净化沼气池损毁停用。重灾地区绵阳市损毁 1359 处、74675 立方米，毁损面达 70%，直接损失金额 5581.9 万元；其中，完全毁损 1046 处、44785 立方米，损坏 313 处、29890 立方米。德阳市损毁 1083 处、90650 立方米；其中，完全毁坏 436 处、

3.39 万立方米，损坏 647 处、56750 立方米。北川羌族自治县城 104 处生活污水净化沼气池全部被摧毁；江油市城区生活污水净化沼气池毁损报废 90 处，占城区净化池总数的 62%；安县城区 74% 的净化池毁损报废；自贡市生活污水净化沼气池损毁 7 处，占净化池总数的 22%，直接经济损失 29 万元。

第二节　农村其他能源设施受损

汶川特大地震还造成灾区的省柴节煤炉灶、太阳灶和太阳能热水器等农村能源设施受损。德阳市损毁省柴节煤炉灶 50285 户，其中完全毁坏 31280 户、损坏 19005 户。广元市受损太阳能热水器 10120 户，其中严重报废 3564 户、轻微受损 6556 户；受损省柴节煤炉灶 66160 户，其中严重报废 27708 户、轻微受损 38452 户。甘南藏族自治州损毁太阳灶 2163 台。

地震中，农村能源机构和乡村服务网点的各类设施损毁严重，造成农村能源系统服务能力明显减弱。极重灾区的农村能源机构和乡村服务网点办公用房基本垮塌或受损，各类设施设备破坏严重，服务能力大幅减弱。重灾县区的农村能源机构房屋不同程度损毁，部分地方只能在外搭建临时棚屋办公。

四川省共有 80 个县级以上农村能源机构设施损毁，其中县级机构 73 个、市级机构 6 个、省级机构 1 个；地震造成办公用房垮塌 3347 平方米，受损 12068 平方米，直接经济损失 2189 万元；办公设备毁坏 450 台（件、套），经济损失 394 万元；库存物资毁坏 32171 台（件、套），经济损失 300 万元。重灾县区受损农村能源机构 45 个，办公用房垮塌 3347 平方米，受损 8899 平方米，直接经济损失 1759.25 万元；办公设备毁坏 389 台（件、套），经济损失 284.8 万元；库存物资毁坏 25387 台（件、套），经济损失 223 万元。绵竹市震前共有乡村沼气服务网点 121 个、服务覆盖 683 个行政村，地震中，45 个服务网点房屋倒塌，服务设施和货物器材严重毁损；36 个服务网点轻度毁损；40 个服务网点基本完好；直接经济损失 210.38 万元。安县共有 34 个沼气物业管理网点设施被毁，砸毁沼气服务专用三轮车 27 辆，物资器材、办公设备损失殆尽，直接经济损失 52.5 万元。平武县响岩、豆叩、南坝三镇和北川羌族自治县陈家坝乡等地一大批沼气服务站在地震中被废墟压埋，财产损失严重。

甘肃省部分市、县农村能源机构办公场所和办公设备受损。陕西省略阳县服务站损毁业务用房 14 间，经济损失近 20 万元。

第九篇

商业、服务业和建筑业受损

汶川特大地震给四川、甘肃、陕西、重庆、云南、宁夏六省（区、市）的商业、服务业和建筑业造成了空前巨大的损失。受灾地区山崩地裂，房倒屋塌，人员伤亡惨重，经营场所、基础设施大部损毁，大量商品、物资、设施、设备及现金等财产严重损毁，部分县（市、区）灾情极为严重。据民政部等四部委9月4日灾损校核报告，川、甘、陕三省商业、服务业直接经济损失共411.34亿元（不含房屋类损失），其中四川省402.8亿元、甘肃省6.11亿元、陕西省2.43亿元。据地方政府有关部门的调查数据，川、陕建筑业和房地产业直接经济损失49.01亿元。

地震给四川、甘肃、陕西、重庆、云南五省（市）的商业（包括商品交易市场、商品批发、物流、商品零售、餐饮住宿、外贸和其他商贸服务企业）造成直接经济损失343.51亿元。其中，商品交易市场损失69.96亿元，商品批发业损失21.51亿元，物流业损失6.28亿元，商品零售业损失67.09亿元，餐饮住宿业损失102.45亿元，外贸业损失55.07亿元，其他服务业损失21.15亿元。在五省（市）的商贸服务业中，四川省损失331.09亿元，甘肃省损失8.28亿元，陕西省损失3.03亿元，重庆市损失1.01亿元，云南省损失0.09亿元。

地震给四川、甘肃、陕西、云南、重庆、宁夏六省（市、区）的金融服务业（包括银行业、保险业、证券业）造成了43.61亿元的直接经济损失。其中，银行业损失40亿元、保险业损失1.81亿元、证券业损失4129.22万元，金融监管机构损失1.39亿元。在六省（市）的金融服务业中，四川省损失35.68亿元，甘肃省损失3.67亿元，陕西省损失2.88亿元，云南省损失0.2亿元，重庆市损失1.18亿元，宁夏回族自治区损失60万元。

四川、甘肃、陕西、重庆、云南、宁夏等地是国内旅游风景名胜地区，旅游业集中。特别是四川，丰富而独特的旅游资源使旅游业成为四川省的优势产业。地震给四川省旅游业造成了非常严重的破坏，也给甘肃、陕西、重庆、云南、宁夏等省（市、区）的旅游业带来沉重的打击。地震对旅游业的破坏主要表现在旅游道路、通讯、供水、供电等基础设施，景区景点、游客中心、旅游宾馆等旅游接待设施严重损坏；卫生设施、安全和防护设施、标志系统等公共服务设施大量损毁；旅游行政部门、企事业单位办公用房及设施设备严重损毁。受地震影响，受灾地区旅游团全面退团，旅游企业停业，造成巨大的直接或间接损失。

地震造成建筑业直接经济损失33.72亿元，房地产业损失15.29亿元。在建筑业和房地产业经济损失中，四川省损失48.28亿元，陕西省损失0.65亿元。

第一章　商业受损

汶川特大地震给四川、甘肃、陕西、重庆、云南五省（市）的商业（包括商品交易市场、商品批发业、物流业、商品零售业、餐饮住宿业、外贸业和其他商贸服务业）造成直接经济损失343.51亿元。其中，四川省331.09亿元、甘肃省8.28亿元、陕西省3.03亿元、重庆市1.01亿元、云南省0.09亿元。在五省（市）商业损失中，商品交易市场损失69.96亿元，商品批发业损失21.51亿元，物流业损失6.28亿元，商品零售业损失67.09亿元，餐饮住宿业损失102.45亿元，外贸业损失55.07亿元，其他服务业损失21.15亿元（见表152）。

灾区商业地震损失情况统计表

表152　　单位：万元

项　目	四　川	甘　肃	陕　西	重　庆	云　南	小　计
商品交易市场	661424.4	35651.4	1156	1261.1	101.3	699594.2
商品批发业	195993.5	9550.05	3390.38	6172.3	—	215106.23
物流配送业	58336.05	1290	3086	115	—	62827.05
商品零售业	632972.68	24215.28	13196.52	256.3	268	670908.78
餐饮住宿业	1010062.09	8478.28	5454.2	9.3	500	1024503.87
外贸业	548592.06	2098.3	5	—	—	550695.36
其他商贸服务业	203569.25	1540.9	4052.63	2270.33	72	211505.11
合　计	3310950.03	82824.21	30340.73	10084.33	941.3	3435140.6

第一节　商品交易市场受损

汶川特大地震给四川、甘肃、陕西、重庆、云南五省（市）商品交易市场造成69.96亿元的直接经济损失，其中四川省661424.4万元、甘肃省35651.4万元、陕西省1156万元、重庆市1261.1万元、云南省101.3万元。在五省（市）商品交易市场损失中，农贸市场损失195131.6万元，农产品批发市场损失47633.7万元，畜产品批发市场损失2554万元，消费品批发市场损失322585.6万元，生产资料批发市场损失31166.3万元，家装建材市场损失48391.1万元，粮油市场损失18870万元，其他市场损失33261.9万元（见表153）。

灾区商品交易市场地震损失情况统计表

表153　　单位：万元

项　目	四　川	甘　肃	陕　西	重　庆	云　南	小　计
农贸市场	175480.8	17669.9	906	973.6	101.3	195131.6
农产品批发市场	45664	1849.7	120	—	—	47633.7
畜产品批发市场	2074	480	—	—	—	2554
消费品批发市场	318052.8	4382.8	50	100	—	322585.6
生产资料批发市场	30099.3	1067	—	—	—	31166.3
家装建材市场	44897.6	3330	80	83.5	—	48391.1
粮油市场	15624	3246	—	—	—	18870
其他市场	29531.9	3626	—	104	—	33261.9
合　计	661424.4	35651.4	1156	1261.1	101.3	699594.2

一　农贸市场受损

地震给四川、甘肃、陕西、重庆、云南五省（市）农贸市场造成极大损失，共损毁五省（市）农贸市场761家、经营场所1030815.5平方米，同时损毁大量商品、物资、设施、设备及现金等财产，共造成直接经济损失195131.6万元（见表154）。

灾区农贸市场地震损失情况统计表

表154

损失项目	四　川	甘　肃	陕　西	重　庆	云　南	合　计
损毁农贸市场数（家）	644	67	32	14	4	761
经营场所受损（平方米）	621511	355083.6	26345.9	26975	900	1030815.5
直接经济损失（万元）	175480.8	17669.9	906	973.6	101.3	195131.6

四川省损毁农贸市场644家，损毁营业房621511平方米，损毁商品、设施、设备及其他财产等，共造成直接经济损失175480.8万元（见表155 ～ 156）。

四川省农贸市场地震损失情况统计表

表155

市（州）	受损农贸市场数（家）	经营场所受损面积（平方米）	直接经济损失（万元）	包含县（市、区）
成　都	327	168475	50029	都江堰、彭州、大邑
广　元	16	17220	11308.5	青川、利州、朝天、元坝
绵　阳	134	161252	35876	北川、安县、平武、江油、梓潼、三台、盐亭、游仙、涪城
德　阳	67	117807	45369	绵竹、罗江、中江
阿　坝	21	96254	23783	汶川、茂县、理县、小金、黑水、九寨沟、金川
雅　安	21	15485	1782	芦山、宝兴、汉源、石棉、雅安市区、名山、天全
南　充	9	12560	5380	阆中、南部、仪陇
遂　宁	34	22642	1166	船山、安居、大英、蓬溪
巴　中	5	1356	633.6	南江、通江、巴州
资　阳	2	2350	55	简阳
眉　山	8	6110	85	仁寿
甘　孜	—	—	13.7	道孚
合　计	644	621511	175480.8	46个县（市、区）

极重灾区损失惨重。汶川县5家农贸市场全部损毁，其中经营场所20824平方米，房屋损失金额1838万元，市场设备设施及商品财产损失2792.4万元，共计直接经济损失4630.4万元。茂县5家农贸市场全部损毁，其中经营场所6000平方米，直接经济损失620万元。平武县南坝镇农贸市场在汶川地震中完全损毁。该农贸市场是南坝镇唯一的市场，也是平武县第二大市场，位于南坝镇中心区，其主体由钢架大棚、交易台、商业门面、住宿楼、办公楼和停车场组成，总面积5000平方米。地震发生前，在南坝镇农贸市场76间门面和1200平方米交易大棚里，很多顾客正在挑选各自喜爱的商品，叫卖声、讨价还价声响成一片，2楼茶楼30多位顾客正在休息饮茶，3楼住家家属还在午休。地震突然发生，钢架大棚瞬间损毁，营业门面、住宿楼、办公楼顷刻坍塌，农贸市场在地震中瞬间消失了，正在午休的17名家属和正在消费的顾客约120人全部遇难。地震损毁营业房面积5000平方米，造成直接经济损失2445万元，其中农贸市场营业门面、办公楼、住宿楼房屋及设施设备损失2200万元，市场内商品、运输车辆、现金等损失245万元。

极重灾区农贸市场地震损失情况统计表

表 156

县（市）	农贸市场数（家）	完全损毁农贸市场（家）	部分损毁农贸市场（家）	损毁经营场所面积（平方米）	直接经济损失（万元）
汶　川	5	5	—	20824	4630
北　川	12	5	7	15000	19520
绵　竹	25	15	10	100000	37000
什　邡	—	—	—	—	—
青　川	—	—	—	1100	170
茂　县	5	5	—	6000	620
安　县	20	2	18	16178	1388
都江堰	31	21	10	100000	35000
平　武	8	2	6	25100	7530
彭　州	37	30	7	42350	12025
合　计	143	85	58	326552	117883

重灾区受损严重。大邑县东门综合市场是20世纪80年代建成并投入使用的，共4层、1.5万平方米。地震导致墙体多处裂缝，房屋主体严重倾斜。部分办公室的门窗已扭曲变形，无法打开。市场内水产品摊区房屋受损严重，市场整体屋面均受到很大程度损坏，屋顶漏水率达70%，电力设施、管网设施以及市场内道路路面损坏严重，直接经济损失1200万元。苍溪县7个农贸市场在地震中严重受损，其中晟北农贸市场、岳东农贸市场污水处理设施及化粪池受到破坏，大棚垮塌；东溪兔毛交易市场在地震中遭到严重破坏，地震使3000平方米交易市场房屋垮塌，市场地面地陷、开裂，800平方米的商业用房屋垮塌，550米围墙垮塌，500个交易摊点受损，仓储、办公设备损坏，造成直接经济损失300余万元；龙山药材苗木交易市场1.5万平方米交易市场房屋垮塌，2.35万平方米的市场地面地陷、开裂，1300米围墙垮塌，800个交易摊点受损，仓储、办公设备损毁，造成直接经济损失430余万元。地震使巴中市5个农贸市场遭到破坏，其中南江县断渠特色农产品交易市场水、电线路受损，跨沟桥梁垮塌，4栋房屋横梁断裂，主体墙壁倒塌，库房商品损毁，造成直接经济损失366.6万元；乐坝农产品综合市场在地震中3栋房屋横梁断裂，墙壁裂缝，雨篷损毁1056平方米，地面产生裂缝、沉降面积达1356平方米，直接经济损失69万元；朝阳农贸市场大棚倒塌三分之二，地板裂缝2000多平方米，西边的围墙全部倒塌，三道大门垮了两道，直接经济损失70多万元。

甘肃省农贸市场营业房、设施、商品等均不同程度受到地震破坏，重灾区受损严重，造成经营场所房屋及库房出现不同程度的地基沉陷、裂缝，办公室和宿舍墙体出现裂缝。全省共损毁67家农贸市场，损毁营业房355083.6平方米；损坏商品、设施设备及其他损失等共造成直接经济损失17669.9万元（见表157）。文县4家农贸市场受损面积1.41万平方米，受损金额273.5万元。一座农贸市场400平方米钢塑大棚被震塌，直接经济损失48.5万元。西和县何坝镇农贸市场96间商铺损毁，墙面脱落，地面裂缝，受损面积1530平方米，造成直接经济损失112万元；洛峪镇农贸市场 68 间营业商铺墙体严重破坏，地面裂缝、墙面脱落，受损面积 986 平方米，造成直接经济损失 57.6 万元。

甘肃省农贸市场地震损失情况统计表

表 157

市（州）	受损农贸市场数（家）	经营场所受损面积（平方米）	直接经济损失（万元）	包含县（区）
陇　南	47	272717	15281.5	文县、武都、康县、成县、徽县、西和、两当、礼县
天　水	14	40366.6	2104.4	清水、武山、甘谷、麦积、秦安、张家川
甘　南	5	42000	274	舟曲、临潭、迭部、卓尼、碌曲
庆　阳	1	—	10	—
合　计	67	355083.6	17669.9	20 个县（区）

说明：庆阳市资料未明确所属具体县（区）

陕西省农贸市场营业房、设施、商品等均不同程度受到地震破坏，宁强、略阳、勉县等重灾区受损严重，主要是部分房屋损毁，经营场所及库房墙体普遍开裂，交易大棚损坏，办公室和宿舍出现裂缝，水电设施受损。全省共损毁 32 家农贸市场，损毁营业房 26345.9 平方米；损坏商品、设施设备及其他财产等共造成直接经济损失 906 万元（见表 158）。

陕西省农贸市场地震损失统计表

表 158

地　区	受损农贸市场数（家）	经营场所受损面积（平方米）	直接经济损失（万元）	包含县（区）
汉　中	27	20788	682.7	宁强、略阳、勉县、南郑、汉台、城固
宝　鸡	4	3581.9	201.6	凤县、麟游、太白
咸　阳	1	1976	21.7	—
合　计	32	26345.9	906	10 个县（区）

说明：咸阳市资料未明确所属具体县（区）

重庆市合川区、荣昌县、铜梁县 14 家农贸市场遭到破坏，损毁各类营业房、仓库、大棚、市场管理办公室等面积 26975 平方米，损毁大量附属设施、设备和仓储物品，共造成直接经济损失 973.6 万元。

云南省绥江县、水富县、永善县 4 家农贸市场遭到破坏，损毁各类营业用房 900 余平方米，共造成直接经济损失 101.3 万元。

四川、甘肃、陕西三省部分重灾区农贸市场地震损失情况见表159。

部分重灾区农贸市场地震损失情况统计表

表159

省	县（市、区）	严重损毁农贸市场数（家）	部分损毁农贸市场数（家）	经营场所损毁面积（平方米）	直接经济损失（万元）
四　川	理　县	3	1	—	8000
	江　油	—	25	29649	2215
	利　州	—	—	2476	5000
	朝　天	1	—	2000	300
	梓　潼	—	17	48313	2518
	游　仙	—	12	16000	1382
	小　金	1	—	2200	2177
	涪　城	—	20	11072	583
	罗　江	—	—	17807	777
	黑　水	1	—	2800	731.8
	三　台	—	26	4200	523
	阆　中	—	1	6760	1500
	盐　亭	—	14	6918	468
	苍　溪	7	—	42300	2946
	芦　山	—	1	—	50
	中　江	2	39	—	3480
	元　坝	—	5	5822	2911
	宝　兴	—	3	1000	170
	南　江	—	3	3056	505.6
	汉　源	—	2	585	30
	石　棉	7	—	22600	2120
	九寨沟	—	4	29680	5623.8
甘　肃	文　县	—	4	14100	273.5
	武　都	—	16	—	284
	康　县	1	5	22900	1291
	成　县	—	8	50029	5521
	徽　县	—	4	85380	6822
	西　和	—	3	3026	—
	两　当	—	4	10011	529
	舟　曲	—	—	10000	130
陕　西	宁　强	—	—	7500	375
	略　阳	—	—	—	80
	勉　县	—	16	9600	150

二　农产品批发市场受损

地震给四川、甘肃、陕西三省农产品批发市场造成巨大损失，共损毁农产品批发市场 60 家，损毁营业场所面积 295955.4 平方米，造成直接经济损失 47633.7 万元（见表 160）。

农产品批发市场地震损失情况统计表

表 160

损失项目	四　川	甘　肃	陕　西	合　计
损毁农产品批发市场数（家）	40	19	1	60
经营场所受损面积（平方米）	248321	46434.4	1200	295955.4
直接经济损失（万元）	45664	1849.7	120	47633.7

地震损毁四川省农产品批发市场营业房 248321 平方米，损坏商品、设施设备及其他财产等，共造成直接经济损失 45664 万元（见表 161）。极重灾区绵竹市 6 家农产品批发市场全部遭到严重损毁，损毁农产品市场营业房 2.4 万平方米。什邡市农产品批发市场在地震中受到严重破坏，损毁营业房 8.45 万平方米，损毁商品 4000 万元，造成直接经济损失 20970 万元。北川羌乡民品市场遭到毁灭性破坏，损毁营业房 26120 平方米，造成直接经济损失 1.3 亿元。重灾区南江县洛坪农产品批发市场基础设施损失严重，市场地板断裂 4500 平方米；126 个门面房屋墙壁断裂，瓷砖脱落；畜禽市场楼房严重倾斜；80% 的摊位被撕裂拉垮；136 个市场门店标志标牌断裂坠落；4000 平方米市场大棚垮塌，直接经济损失 322 万元。

四川省农产品批发市场地震损失情况统计表

表 161

市（州）	受损农贸市场数（家）	经营场所受损面积（平方米）	直接经济损失（万元）	包含县（市、区）
成　都	3	23551	398	都江堰、彭州、大邑
绵　阳	16	—	2076	北川、安县、平武、江油、三台、盐亭、游仙、涪城
德　阳	10	211210	39418	绵竹、什邡、罗江、旌阳
阿　坝	4	7960	2880	松潘、九寨沟
雅　安	1	—	75	汉源
南　充	1	500	280	仪陇
巴　中	3	5100	457	南江、通江、巴州
资　阳	2	—	80	简阳
合　计	40	248321	45664	24 个县（市、区）

甘肃省共损毁19家农产品批发市场，损毁营业房46434.4平方米，损坏商品、设施设备及其他财产等，共造成直接经济损失1849.7万元（见表162）。重灾区成县果品蔬菜批发市场在地震中受到严重破坏，营业用房严重损坏3500平方米，基础设施严重损坏2500平方米，造成直接经济损失540万元。徽县陇南蔬菜批发市场损坏营业用房、大棚等1600平方米，损坏设施设备、商品等，造成直接经济损失120万元，损坏部分设施设备9万元，损毁商品6万元。天水市17家农产品批发市场遭到破坏，共造成直接经济损失1189.7万元。

甘肃省农产品批发市场地震损失情况统计表

表162

地　区	受损农产品批发市场数（家）	经营场所受损面积（平方米）	直接经济损失（万元）	包含县（区）
陇　南	2	7600	660	成县、徽县
天　水	17	38834.4	1189.7	武山、麦积、秦安、张家川
合　计	19	46434.4	1849.7	6个县（区）

陕西省汉中市农产品批发市场遭到破坏。其中，重灾区勉县农产品批发市场营业房墙体开裂，交易大棚损坏渗漏，受损面积约1200平方米，直接经济损失约120万元。

三　畜产品批发市场受损

四川、甘肃两省的9家畜产品批发市场的营业用房、设备设施、商品产品等在地震中受到不同程度损害，损坏营业房3.36万平方米，造成直接经济损失2554万元。

地震损毁了四川省3家畜产品批发市场7600平方米营业房，损坏产品商品、设施设备及其他财产等共造成直接经济损失2074万元。巴中市畜产品批发市场遭到破坏，造成直接经济损失800万元，其中南江县黄羊交易市场受损严重，交易市场羊舍及职工宿舍垮塌20余间、约800平方米，死亡羊500余只，公司办公楼垮塌350平方米，加工厂450平方米厂房遭到不同程度损坏，与市场连接的桥梁垮塌。南充市畜产品批发市场遭到破坏，其中阆中市张飞牛肉有限公司川北肉牛交易市场遭到严重破坏，受损房屋4000余平方米，设备损毁70余台，折合损失1040万元。

地震共损毁甘肃省6家畜产品批发市场营业房2.6万平方米，损坏商品、设施设备及其他财产等共造成直接经济损失480万元。重灾区舟曲县畜产品批发市场遭到严重破坏，直接经济损失70万元，其中损毁各类营业用房4000平方米，直接经济损失50万元；损毁商品6万元，其他财产3万元；畜产品批发市场仓储及附属设施损毁等造成直接经济损失11万元。

四　消费品批发市场受损

四川、甘肃、陕西、重庆四省（市）的293家消费品批发市场的营业用房、设备设施、商品产品等在汶川地震中受到不同程度损害，损坏营业房254530.3平方米，造成直接经济损失322585.6万元。

四川省526家消费品批发市场受到不同程度的损毁，据统计，损毁营业房675878平方米；损坏商品、设施、设备及其他财产等共造成直接经济损失336002.8万元（见表163）。青川县40家消费品批发市场遭到严重损毁，直接经济损失21.2亿元。利州区57家损毁，直接经济损失32280万元。北川羌族自治县3家消费品批发市场在地震中遭到严重破坏，曲山镇的县消费品批发市场、陈家坝乡消费品批发市场和桂溪乡消费品批发市场遭到毁灭性破坏，损毁营业房1.2万平方米，造成直接经济损失1.3亿元。安县受地震破坏的市场共计8个，损毁营业房24130平方米，损毁商品657万元，损失现金126万元，造成直接经济损失2327万元，其中完全损毁的有3家，损毁营业房8360平方米，直接经济损失1275万元。绵竹市5家消费品批发市场全部遭到严重损毁，损毁营业用房2万平方米，造成直接经济损失7400万元；什邡市消费品批发企业在地震中受到严重损毁，造成直接经济损失1.6亿元。

四川省6个重灾市（州）消费品批发市场地震损失情况统计表

表163

市（州）	受损市场数（家）	经营场所受损面积（平方米）	直接经济损失（万元）	包含县（市、区）
成　都	303	460858	17950	都江堰、彭州、大邑、崇州、邛崃
广　元	127	—	251906	利州、朝天、元坝、剑阁、青川、苍溪
绵　阳	30	58960	20939.4	北川、安县、江油、三台、游仙、涪城
德　阳	11	151000	41320	绵竹、什邡、旌阳
阿　坝	54	5060	2927.4	小金、黑水、松潘、金川
雅　安	1	—	960	汉源
合　计	526	675878	336002.8	25个县（市、区）

甘肃省消费品批发市场营业房、设施、商品等均不同程度受到地震损害，共损毁消费品批发市场营业房36950.3平方米，损坏商品、设施设备及其他财产等共造成直接经济损失4382.8万元（见表164）。其中，陇南市消费品批发市场遭到严重破坏，共造成直接经济损失3518.4万元，仅重灾区成县河东区综合批发市场即损毁营业用房、基础设施1.52万平方米、经济损失1518.4万元，河东区商贸一条街损毁营业用房、基础设施16667平方米，经济损失2000万元。

甘肃省部分消费品批发市场地震损失情况统计表

表 164

市（州）	经营场所受损面积（平方米）	直接经济损失（万元）	包含县
白　银	4000	800	会宁
陇　南	31867	3518.4	成县
天　水	1083.3	64.4	秦安
合　计	36950.3	4382.8	3 个县

陕西省汉中市消费品批发市场遭到破坏。其中，镇巴县商品交易市场遭到严重破坏，造成直接经济损失 50 万元；县城商贸城 249 间房屋均出现裂纹，其中 10% 房屋裂纹较大，达 1000 余平方米。

重庆市大足县龙水五金投资有限公司消费品批发市场遭到破坏，大棚受损 2000 平方米，造成直接经济损失 100 万元。

五　生产资料批发市场受损

生产资料批发市场包括农业生产资料批发市场和其他生产资料批发市场。四川、甘肃两省共有 55 家生产资料批发市场在汶川地震中受到不同程度损害，共损坏营业房 220655 平方米、直接经济损失 31166.3 万元。其中，28 家农业生产资料批发市场遭到破坏，共损坏营业房 34505 平方米、直接经济损失 5833 万元；27 家其他生产资料批发市场遭到破坏，共损坏营业房 186150 平方米、直接经济损失 25333.3 万元。

据统计，地震损毁了四川省 7 家农业生产资料批发市场的商品、设施设备等，损毁营业房 21340 平方米，共造成直接经济损失 4766 万元。极重灾区茂县一家农业生产资料批发企业在地震中遭到严重破坏，造成直接经济损失 4522 万元，其中损毁营业用房 19940 平方米、经济损失 2628 万元，职工宿舍损毁 15720 平方米、经济损失 1751 万元；损毁损失商品 80 万元；设备设施及应用信息系统、车辆损毁损失 63 万元。地震使四川省 27 家其他生产资料批发市场受损，营业房损毁 186150 平方米；损坏商品、设施设备及其他财产等共造成直接经济损失 25333.3 万元（见表 165）。

四川省其他生产资料批发市场地震损失情况统计表

表 165

县（市、区）	损毁批发市场数（家）	损毁经营场所面积（平方米）	损毁商品金额（万元）	直接经济损失（万元）
北　川	2	7000	—	5498
江　油	3	46100	150	2046
三　台	9	6502	—	576

续表 165

县（市、区）	损毁批发市场数（家）	损毁经营场所面积（平方米）	损毁商品金额（万元）	直接经济损失（万元）
盐　亭	2	688	—	51.8
游　仙	1	1000	—	90.5
涪　城	5	2560	—	1196
什　邡	1	20000	70	475
旌　阳	4	102300	2665	15400
合　计	27	186150	2885	25333.3

地震对甘肃省 21 家农业生产资料批发市场造成破坏，损毁营业房 13165 平方米，损坏商品、设施设备及其他财产等共造成直接经济损失 1067 万元。

六　家装建材市场受损

汶川地震给四川、甘肃、陕西、重庆四省（市）的 40 家家装建材市场造成不同程度的破坏，损毁经营场所 206276 平方米，造成直接经济损失 48391.1 万元（见表 166）。

家装建材市场地震损失情况统计表

表 166

项　　目	四　川	甘　肃	陕　西	重　庆	合　计
损毁家装建材市场数（家）	35	3	1	1	40
经营场所受损面积（平方米）	149336	54840	2100	—	206276
直接经济损失（万元）	44897.6	3330	80	83.5	48391.1

四川省 35 家家装建材市场，营业房损毁 149336 平方米；损坏商品、设施设备及其他财产等共造成直接经济损失 44897.6 万元（见表 167）。成都市 3 家家装建材市场遭到破坏、直接经济损失 18225 万元，其中都江堰市蜀西商城批发市场完全损毁 4.89 万平方米，损坏设备设施 192 套，直接经济损失共 1.59 亿元。德阳市 8 家家装建材市场遭到破坏、直接经济损失 1.1 亿元，其中绵竹市 7 家家装建材市场有 4 家全部遭到严重损毁、3 家部分受损，全市损毁家装建材市场营业用房 2.8 万平方米，损毁商品 3400 万元；旌阳区恒大投资发展有限公司围墙损毁、墙体和玻璃幕墙破裂，直接经济损失 1800 万元。绵阳市 18 家家装建材市场遭到破坏、直接经济损失 14512.5 万元，其中北川羌族自治县 5 家家装建材市场遭到严重破坏，损毁营业用房 1 万平方米，直接经济损失 1.2 亿元；安县秀水建材市场完全损毁，损毁营业房 3889 平方米、经济损失 487 万元；安县花荄建材市场部分损毁，损毁营业房 2690 平方米、经济损失 302 万元。南充市 2 家家装建材市场遭

到破坏、直接经济损失367.1万元，其中西充县东方花园建材市场在地震中遭受较为严重的破坏，办公楼大门右侧外墙竖向裂缝，商住楼承重墙端部多处裂缝，外部弧形墙体横斜裂缝，商住楼伸缩缝前后错位10厘米、上下错位7厘米，楼板严重变形，大门承重大梁开裂，损毁总面积3289平方米、直接经济损失249.1万元。

四川省6个重灾市（州）家装建材市场地震损失情况统计表

表167

市（州）	受损市场数（家）	经营场所受损面积（平方米）	直接经济损失（万元）	包含县（市、区）
成　都	3	59206	18225	都江堰
广　元	1	20000	750	利州
绵　阳	18	32161	14512.5	北川、安县、江油、三台、盐亭、游仙、涪城
德　阳	8	28000	11000	绵竹、旌阳
阿　坝	3	180	43	金川
南　充	2	9789	367.1	仪陇、西充
合　计	35	149336	44897.6	14个县（市、区）

甘肃省陇南市3家家装建材市场营业房、设施、商品等受到地震不同程度的损害，造成直接经济损失3330万元。成县家装建材市场在地震中遭到严重破坏，直接经济损失3200万元，其中成县建材批发市场商住楼、营业用房、基础设施损毁2.8万平方米，经济损失1400万元；成县工业品批发市场商住楼、营业用房、基础设施损毁2.5万平方米，经济损失1800万元；徽县世安物资公司损坏营业用房、商品库房等1840平方米，损坏设施设备、商品等造成直接经济损失130万元，其中损坏部分设施设备价值18万元，损毁商品价值15万元。

陕西省凤县建材家居市场在地震中遭到严重破坏，墙体开裂2厘米，多处成为危楼。受损房屋75间、2100平方米，共造成直接经济损失80万元。

重庆市合川区的重庆西北装饰建材市场损失83.5万元。其中，损毁彩钢2750平方米，损毁钢管、支架720平方米，直接经济损失61万元；损毁市场电路设施，直接经济损失1.3万元；损毁塑钢门窗1227平方米，直接经济损失20.1万元；损毁隔墙，直接经济损失1.1万元。

七　粮油市场受损

汶川地震中，四川、甘肃两省的粮油市场营业场所受损66587平方米，直接经济损失18870万元。

德阳市粮油市场营业房、设施、商品等均不同程度受到地震损害。其中，绵竹市粮食系统房屋、粮仓倒塌损毁，粮食受损，绵竹城区省粮食储备库损失比较严重。全市损毁倒塌仓房530个、仓容近10万吨，附属设施损毁1393.4万元；粮食受损1万余吨；办公楼损失32084平方米，经济损失2780万元，其他损失4236万元。特别是城区省粮食储备库的仓储设施遭受严重破坏，粮食加工能力几乎瘫痪，粮食购销网点基础设施损毁。据统计，地震共损毁四川省粮油市场商品、设施设备及其他财产等共造成直接经济损失15624万元。

陇南市粮油市场损毁营业房面积34503平方米，共造成直接经济损失3246万元。其中，康县4家粮贸市场受损营业用房9780平方米、经济损失686万元，分别是阳坝粮贸市场营业用房受损4000平方米，经济损失410万元；铜钱粮贸市场营业用房受损1180平方米，损失56万元；云台粮贸市场严重受损，营业用房受损3000平方米，损失160万元；大南峪粮食专业市场营业用房损坏1600平方米，损失60万元。成县粮油批发市场商住楼、营业用房、基础设施损毁1.8万平方米，造成经济损失2200万元。成县河东区粮食储备库在地震中遭到严重损坏，库房、基础设施损毁3173平方米，造成直接经济损失194万元。西和县粮食系统在地震中遭到严重破坏，造成直接经济损失360万元，其中粮食局办公房580平方米、粮食批发市场营业房170平方米严重破坏，损失69.6万元；2幢粮食储备库裂缝，4幢粮食储备库倒塌，损毁1980平方米，损失192万元；1处面粉加工厂820平方米厂房严重破坏，损失98.4万元。

八　旧机动车、农贸综合等其他商品交易市场受损

四川、甘肃、重庆三省（市）45家旧机动车、农贸综合等其他商品交易市场受到地震破坏，共损毁经营场所255966平方米，造成直接经济损失33261.9万元（见表168）。

川、甘、渝三省（市）其他商品交易市场地震损失情况统计表

表168

项　　目	四　川	甘　肃	重　庆	合　计
其他市场损毁数（家）	38	6	1	45
经营场所受损面积（平方米）	184275	54691	17000	255966
直接经济损失（万元）	29531.9	3626	104	33261.9

据统计，地震共损毁四川省其他商品交易市场经营场所面积184275平方米，损坏商品、设施设备及其他财产等共造成直接经济损失29531.9万元（见表169）。阿坝藏族羌族自治州普兰特旧机动车交易市场有限公司受损严重，直接经济损失191万元，职工财产损失115万元，共造成经济损失586万元。成都市30家其他商品交易市场遭到破坏，共造成直接经济损失19795.9万元以上。其中，都江堰其他商品交易市场17个，损毁面积59206平方米。都江堰荷花池市场受损1万平方米，设备设施受损1000台，物资受损470吨，直接经济损失500万元。交易市场15个损失共8300万元，完全受损房屋3万平方米，部分受损5000平方米，直接经济损失5000万元；设备损失300万元；物资损失500吨、3000万元。新东门市场交易大厅严重毁坏，房屋主体结构严

重破坏，房屋开裂垮塌，毁坏 2.5 万平方米；其余边棚营业用房不同程度地出现裂缝，部分围墙倒塌。德阳市 6 家其他商品交易市场遭到破坏，共造成直接经济损失 9100 万元，其中 4 家严重损毁、2 家部分受损。绵竹市损毁其他商品交易市场营业用房 2.4 万平方米，其中损毁商品 2400 万元。内江市其他商品交易市场遭到破坏，其中东兴区胜利镇西林综合批发市场在地震中遭到破坏，损毁营业用房 1.68 万平方米，直接经济损失 50 万元。

四川省其他商品交易市场地震损失情况统计表

表 169

市（州）	其他市场受损数（家）	经营场所受损面积（平方米）	直接经济损失（万元）
成　都	30	143475	19795.9
德　阳	6	24000	9100
阿　坝	1	—	586
内　江	1	16800	50
合　计	38	184275	29531.9

甘肃省其他商品交易市场共损毁营业房 54691 平方米；损坏商品、设施设备及其他财产等共造成直接经济损失 3626 万元。陇南市其他商品交易市场遭到破坏，直接经济损失 3050 万元，其中成县汽车交易市场在地震中受损严重，市场营业用房、基础设施损毁 31830 平方米，直接经济损失 2400 万元；成县旧货市场在地震中遭到严重损坏，市场营业用房、基础设施损毁 8100 平方米，直接经济损失 650 万元。天水市 4 家其他商品交易市场遭到破坏，直接经济损失 576 万元，其中武山县商品交易市场在地震中遭到严重破坏，损毁市场面积 14761 平方米；在武山县受损市场中，鸳鸯农贸综合市场损毁市场面积 6400 平方米、直接经济损失 226 万元，洛门肉品交易市场损毁市场面积 5361 平方米、直接经济损失 200 万元。

重庆北部合州旧货交易市场在地震中墙体撕裂 500 米，损毁市场各类顶棚、盖瓦 1.7 万平方米，直接经济损失 104 万元。

第二节　商品批发企业受损

汶川特大地震给四川、甘肃、陕西、重庆四省（市）的商品批发企业造成 21.51 亿元的直接经济损失，其中四川省 195993.5 万元、甘肃省 9550.05 万元、陕西省 3390.38 万元、重庆市 6172.3 万元。遭受地震损失的商品批发企业包括农业生产资料批发企业、农畜产品批发企业、食品饮料批发企业、家装建材批发企业、纺织服装及日用品批发企业、医药及医疗器材批发企业、矿产品建材及化工产品批发企业、机械设备五金交电及电子产品批发企业、烟草商业企业和粮油批发企业等（见表 170）。

四省（市）商品批发企业地震损失情况统计表

表 170

单位：万元

类　　别	四　川	甘　肃	陕　西	重　庆	小　计
农业生产资料批发企业	8231.4	775	—	—	9006.4
农畜产品批发企业	66881.1	151.3	—	—	67032.4
食品饮料批发企业	37118.1	856	550	107	38631.1
家装建材批发企业	11943.7	41	—	—	11984.7
纺织服装及日用品批发企业	12529.9	—	—	—	12529.9
医药及医疗器材批发企业	549	370.4	343.8	—	1263.2
矿产品建材及化工产品批发企业	—	—	52	100	152
机械设备五金交电及电子产品批发企业	755	561	41	—	1357
烟草商业企业	16900	1298.35	2403.58	5872.3	26474.23
粮油批发企业	25622.3	—	—	93	25715.3
其他批发企业	15463	5497	—	—	20960
合　　计	195993.5	9550.05	3390.38	6172.3	215106.23

一　农业生产资料批发企业受损

在汶川地震中，四川、甘肃两省的农业生产资料批发企业均不同程度受到地震损害，重灾地区的农业生产资料批发企业营业房、设施、商品等受损严重。据统计，地震共损毁两省农业生产资料批发企业经营场所 48291 平方米，损毁商品、设施设备及其他财产等造成直接经济损失 9006.4 万元。其中，四川省 70 家农业生产资料批发企业受损，损毁营业房 47312 平方米，损毁商品、设施设备及其他财产等造成直接经济损失 8231.4 万元；甘肃省损毁营业房 979 平方米，损毁商品、设施设备及其他财产等造成直接经济损失 775 万元（见表 171）。

川、甘两省农业生产资料批发企业地震损失情况统计表

表 171

类　　别	四　川	甘　肃	合　计
损毁农业生产资料批发企业数（家）	70	—	70
经营场所受损面积（平方米）	47312	979	48291
直接经济损失（万元）	8231.4	775	9006.4

四川省农业生产资料批发企业在地震中损失严重的有阿坝藏族羌族自治州和绵阳市。阿坝藏族羌族自治州22家农业生产资料批发企业遭到破坏，共造成直接经济损失3671.5万元。其中，汶川县共有乡镇农资批发店16家，地震中房屋受损2400平方米，直接经济损失3644.8万元；县农资有限责任公司共辖6个农资店，地震中营业房受损220平方米，设备、房屋、库存货物共损失26.7万元。绵阳市共有19家农业生产资料批发企业遭到破坏，造成直接经济损失3588万元。安县鑫隆植保有限公司遭受地震完全损毁，损毁房屋1828平方米，损失297万元；安县粮丰农资有限公司、安县三和科技种业服务有限公司受到地震破坏，损毁房屋3055平方米，损失418万元；安县受地震破坏的3家农业生产资料企业共计损毁房屋4883平方米，损毁商品价值15万元，直接经济损失共计715万元。江油市遭地震破坏的农业生产资料企业2家，损毁营业房4780平方米，商品损失52万元，共造成直接经济损失1360万元，其中农业生产资料专业市场损毁营业房2500平方米，商品损失35万元，造成直接经济损失750万元；金强农资有限公司损毁营业房2280平方米，商品损失17万元，造成直接经济损失610万元。三台县在地震中有绿洲农资公司等8家农业生产资料企业遭到部分损毁，营业房受损2670平方米，直接经济损失215万元。盐亭县农业生产资料企业在地震中遭到部分损毁的有2家，损毁营业用房441平方米、磷肥30吨、办公桌椅1台、农药类810瓶等，经济损失112万元。绵阳市涪城区市农资公司2家农业生产资料批发企业和大丰公司在地震中损毁营业房825平方米，直接经济损失436万元。广元市25家农业生产资料批发企业遭到破坏，共造成直接经济损失100.5万元，其中利州区农资公司在地震中遭受了重大经济损失，公司在利州区所建的1家农资配送中心、24家农资农家店的房屋坍塌、毁损，面积达2650平方米。乐山市夹江县川农化工有限公司遭到严重破坏，共造成直接经济损失56.4万元。南充市2家农业生产资料批发企业遭到破坏，共造成直接经济损失665万元，其中阆中市农业生产资料企业门市部、仓库等损毁营业面积共17910平方米，直接经济损失达561万元；屋顶垮塌、货架倾倒造成农药瓶破损、污染达2987件，污染种子4000公斤，直接经济损失达40多万元；办公设备及用于收购种子的各类机器、设施因灾损失近45万元。雅安市农业生产资料批发企业名山县富民农药连锁责任公司商业基础设施、物资损失严重，库房受损约2500平方米，物资受损100吨，直接经济损失150万元（见表172）。

四川省部分农业生产资料批发企业地震损失情况统计表

表172

市（州）	受损农业生产资料批发企业数（家）	直接经济损失（万元）
广　元	25	100.5
绵　阳	19	3588
阿　坝	22	3671.5
雅　安	1	150
南　充	2	665
乐　山	1	56.4
合　计	70	8231.4

甘肃省陇南市农业生产资料批发企业遭到地震破坏，其中礼县供销系统17个基层社、3个分社供销商场及县社办公楼房受损，房屋共计受损405间、979平方米，直接经济损失775万元。

二 农畜产品批发企业受损

汶川地震造成四川省、甘肃省农畜产品批发企业营业场所受损20920.8平方米，直接经济损失67032.4万元。其中，四川省农畜产品批发企业营业用房损毁19556平方米，损毁商品、设施设备及其他财产等直接经济损失共计66881.1万元；甘肃省农畜产品批发企业营业用房损毁1364.8平方米，损坏商品、设施设备及其他财产等直接经济损失共计151.3万元（见表173）。

川、甘两省农畜产品批发企业地震损失情况统计表

表173

项　　目	四　川	甘　肃	合　计
经营场所受损面积（平方米）	19556	1364.8	20920.8
直接经济损失（万元）	66881.1	151.3	67032.4

阿坝藏族羌族自治州26家农畜产品批发企业遭到破坏，其中松潘县农畜产品批发企业均在地震中部分受损，受损面积2080平方米，直接经济损失800万元。德阳市农畜产品批发企业遭到破坏，共造成直接经济损失48882.1万元。绵阳市18家农畜产品批发企业遭到破坏，造成直接经济损失17199万元（见表174）。其中，北川农畜产品企业在地震中遭到严重破坏，造成直接经济损失14512万元，仅羌禾高山生态蔬菜专业合作社、畜兴兔业合作社、森山绿色蔬菜专业合作社和晒金养殖专业合作社在地震中就损毁营业用房6300平方米，直接经济损失3320万元。安县6家农畜产品企业遭受地震破坏，损毁房屋11390平方米，造成直接经济损失1168万元，其中安县大正养殖有限公司遭受地震完全损毁，损毁房屋4816平方米，经济损失547万元；安县金星牧业有限公司、绵阳市森泰农业开发有限公司、安县永丰奶牛厂等5家企业受到部分损毁，损毁房屋6574平方米，损失621万元。江油市遭地震部分损毁的农畜产品企业有2家，损毁营业用房3560平方米，商品损失72万元，共造成直接经济损失1285万元。游仙区堂宏集团游仙区茧丝绸公司部分损毁，损毁经营用房2800平方米，造成直接经济损失234万元。

四川省部分农畜产品批发企业地震损失情况统计表

表174

市（州）	受损批发企业数（家）	直接经济损失（万元）	市　州	受损批发企业数（家）	直接经济损失（万元）
绵　阳	18	17199	德　阳	—	48882.1
阿　坝	26	800	合　计	44	66881.1

天水市麦积区金苹果商贸有限公司营业综合楼遭到部分破坏，直接经济损失 77.8 万元；办公楼损毁 420.82 平方米，直接经济损失 22.3 万元；商店损毁 315.7 平方米，直接经济损失 15.5 万元；仓库损毁 598.6 平方米，直接经济损失 35.7 万元。

三 食品饮料批发企业受损

四川、甘肃、陕西、重庆四省（市）247 家食品饮料批发企业在地震中遭受不同程度破坏，四省（市）食品饮料批发企业营业场所损毁达 27856 平方米，商品、设施设备损坏及其他损失等造成直接经济损失 38631.1 万元（见表 175）。其中，四川省食品饮料批发企业经济损失 37118.1 万元，甘肃省食品饮料批发企业经济损失 856 万元，陕西省食品饮料批发企业经济损失 550 万元，重庆市食品饮料批发企业经济损失 107 万元。

四省（市）食品饮料批发企业地震损失情况统计表

表 175

类　　别	四　川	甘　肃	陕　西	重　庆	合　计
食品饮料批发企业受损数（家）	147	7	88	5	247
经营场所受损面积（平方米）	9300	12496	5100	960	27856
直接经济损失（万元）	37118.1	856	550	107	38631.1

遭受地震灾害严重的阿坝藏族羌族自治州，有 63 家食品饮料批发企业遭到破坏，直接经济损失 3952.1 万元。其中，汶川县 40 家食品饮料批发企业，在地震中完全损毁 14 家、部分损毁 26 家，营业房损毁 4680 平方米，直接经济损失 3109 万元。茂县食品饮料批发企业直接经济损失达 350 万元，有 12 家食品批发企业遭到地震严重损坏，造成房屋损坏 1800 平方米，经济损失 270 万元；设备设施损失 20 万元；商品损失 60 万元。黑水县 11 个食品饮料批发企业在地震中部分损毁，损毁营业房 910 平方米，直接经济损失 68.5 万元，损毁商品金额 423.4 万元。什邡市食品批发企业在地震中受到严重破坏，造成直接经济损失 2.9 亿元。南充市阆中副食品批发市场遭到地震破坏，商业铺面房顶垮塌 11 间，副食商品受损 1000 件，经济损失 53 万元。

地震还造成酒类企业的损失。大邑县 80 余家酒类企业的直接损失在 4000 万元以上。地震造成酒类企业酿酒车间屋顶脱落掉瓦，部分结构断裂，车间严重漏雨和大面积积水，窖池大部分灌水；部分贮酒罐倾斜、破裂甚至倒塌，大部分贮酒坛被撞破；灌装和包装车间屋架和结构受损严重，压片脱落，雨水渗漏，造成酒瓶被砸坏以及包装材料报废；多数水塔出现裂缝甚至断裂错位，基本报废，大部分酿酒车间的烟囱倒塌，墙壁倾斜。大邑县白酒行业 72 家规模以上企业中有 68 家受损，其中包括龙川、贵妃、原池等规模型企业。贵妃酒厂损失超过 1000 万元，泰丰、泗兴、原池等 7 家企业损失超过 100 万元。

甘肃省陇南市 3 家食品饮料批发企业遭到破坏，造成直接经济损失 406.2 万元，其中成县饮食专业市场营业用房、基础设施损毁4000平方米，造成直接经济损失240万元。天水市4家食品饮料批发企业遭到破坏，造成直接经济损失449.8万元，其中天水糖酒副食站在地震中损毁营业用房3850平方米、直接经济损失401万元。

陕西省汉中市87家食品饮料批发企业遭到破坏，造成直接经济损失400万元，其中宁强县85个食品批发企业在地震中遭受损失，受损面积5100平方米，经济损失165万元。西安市酿造公司紫燕分公司酱油车间，内墙约980平方米墙体瓷砖鼓胀脱落，原菜车间受损需重建，厂区大门塌陷，机关一幢两层楼墙体及地面出现多处裂缝，5号楼楼面防水开裂，造成房屋漏水，共造成直接经济损失67.5万元。

重庆市合川区食品企业直接经济损失101万元，重庆德佳食品（集团）有限公司、重庆市永生食品有限公司、合川食品公司、糖酒公司4家企业遭到地震部分破坏。

四　家装建材批发企业受损

四川、甘肃两省69家家装建材批发企业在地震中损毁经营场所47149平方米，造成直接经济损失11984.7万元（见表176）。其中，地震损毁四川省67家家装建材批发企业，损毁营业房45949平方米，损坏商品、设施设备及其他财产等共造成直接经济损失11943.7万元。甘肃省2家家装建材批发企业，损毁营业房1200平方米，损坏商品、设施设备及其他财产等共造成直接经济损失41万元。

川、甘两省家装建材批发企业地震损失情况统计表

表176

项　　目	四　川	甘　肃	合　计
损毁家装建材批发企业数（家）	67	2	69
经营场所受损面积（平方米）	45949	1200	47149
直接经济损失（万元）	11943.7	41	11984.7

四川省部分家装建材批发企业地震损失情况见表177。阿坝藏族羌族自治州43家企业遭到破坏，造成直接经济损失4316.7万元。其中，汶川县弘正建材有限公司、阿坝明锐建材有限公司、阿坝亚欣水泥销售公司及5家个体建材批发企业房屋受损1600平方米，设备设施及建材损失2725万元，造成直接经济损失2965万元；茂县15家家装建材批发企业遭到地震严重损坏，造成经营门面严重损坏1150平方米，直接经济损失460万元，设备设施损失30万元，商品损失300万元；黑水县3家家装建材批发企业部分损毁，损毁营业房290平方米，直接经济损失23.2万元，损毁商品价值178.3万元；松潘县20家家装建材批发企业房屋损毁1006平方米，直接经济损失600万元。绵阳市24家家装建材批发企业遭到破坏，共造成直接经济损失7627万元。其中，北川羌族自治县3家家装建材企业在地震中遭到严重破坏，损毁营业用房5000平

方米，公司仓储及附属设施损坏等共造成直接经济损失 5500 万元；安县 10 家家装建材企业受到部分损毁，损毁房屋 26680 平方米，损毁商品等共造成直接经济损失 391 万元；江油市 1 家家装建材企业遭地震损毁营业用房面积 6711 平方米，商品损失 180 万元，造成直接经济损失 790 万元；涪城区 10 家家装建材批发企业，损毁营业房 3512 平方米，造成直接经济损失 946 万元。

甘肃省天水市麦积区一家家装建材批发企业遭到破坏，库房损毁 1200 平方米，直接经济损失 36 万元。

四川省部分家装建材批发企业地震损失情况统计表

表 177

市（州）	受损家装建材批发企业数（家）	直接经济损失（万元）
绵　阳	24	7627
阿　坝	43	4316.7
合　计	67	11943.7

五　纺织服装及日用品批发企业受损

四川省纺织服装及日用品批发企业在汶川地震中受损严重，全省共损毁 176 家纺织服装及日用品批发企业，损坏商品、设施设备及其他财产等共造成直接经济损失 12529.9 万元（见表 178）。

四川省部分纺织服装及日用品批发企业地震损失情况统计表

表 178

市（州）	受损纺织服务及日用品批发企业数（家）	直接经济损失（万元）
绵　阳	128	11230
阿　坝	32	1163.6
眉　山	1	19.9
遂　宁	15	116.4
合　计	176	12529.9

绵阳市受灾比较严重，有 128 家纺织服装及日用品批发企业遭到破坏，共造成直接经济损失 11230 万元。其中，安县 20 家企业受到部分损毁，损毁房屋 22110 平方米，损毁商品价值 256 万元，共造成直接经济损失 3737 万元；江油市遭地震部分损毁的企业或商业网点共有 45 家，损毁营业面积 6543 平方米，造成商品损失 450 万元，共造成直接经济损失 2760 万元；三台县 18 家企业遭到部分损毁，受损营业房 3618 平方米，造成直接经济损失 322 万元；盐亭县纺织服装及日用品企业在地震中损毁营业用房 98 平方米、布匹 1100 米、货柜货架 51 套、化妆品 310 瓶等，经济

损失61万元；涪城区15家纺织服装及日用品批发企业损毁营业房1.51万平方米，造成直接经济损失4350万元。

阿坝藏族羌族自治州32家纺织服装及日用品批发企业遭到破坏，共造成直接经济损失1163.6万元。其中，茂县3家批发企业严重损毁、9家严重损坏，经营铺面损坏3000平方米、经济损失450万元，商品损失230万元；黑水县6家批发企业在地震中部分损毁，损毁营业房480平方米，直接经济损失40.3万元，损毁商品金额296.7万元；金川县14家批发企业遭严重破坏，损毁房屋940平方米，造成直接经济损失146万元，其中6家严重损毁540平方米、损失73万元，8家部分损毁400平方米、损失28万元，损毁商品价值45万元。遂宁市的大英县蓬莱服装批发市场等15家企业营业用房部分损毁1263平方米，造成直接经济损失116.4万元。

六　医药及医疗器械批发企业受损

汶川地震损毁四川、甘肃、陕西三省医药及医疗器械批发企业经营场所10704平方米，损坏商品、设施设备及其他财产等共造成直接经济损失1263.2万元。其中，损毁四川省9家医药及医疗器械批发企业，经营场所7500平方米，损坏商品、设施设备及其他财产等共造成直接经济损失549万元；损毁甘肃省医药及医疗器械批发企业经营场所1804平方米，损坏商品、设施设备及其他财产等共造成直接经济损失370.4万元；损毁陕西省医药及医疗器械批发企业经营场所1400平方米，损坏商品、设施设备及其他财产等共造成直接经济损失343.8万元（见表179）。

川、甘、陕三省医药及医疗器材批发企业地震损失情况统计表

表179

项　　目	四　川	甘　肃	陕　西	合　计
经营场所受损面积（平方米）	7500	1804	1400	10704
直接经济损失（万元）	549	370.4	343.8	1263.2

四川省三台县5家医药及医疗器械批发企业遭到破坏，受损营业房2310平方米，造成直接经济损失257万元。小金县医药公司损毁营业房811平方米，造成直接经济损失157万元。遂宁市安居区海天药业有限公司4300平方米的药品库房顶部震垮，墙体开裂造成经济损失21.6万元；药械药品摔坏损失98.4万元；共造成直接经济损失120万元。平昌县医药总公司归仁巷的2家中药饮品库房出现墙体与柱梁脱裂。

甘肃省陇南市2家医药及医疗器械批发企业在地震中遭到地震破坏，造成直接经济损失240.2万元。其中，徽县汇康医药公司损坏营业用房、药品库房等594平方米，损坏设施设备、商品，造成直接经济损失95万元；西和县康福来医药有限公司药材加工厂房1210平方米遭到严重破坏，造成直接经济损失145.2万元。

陕西省汉中市5家医药及医疗器械批发企业在地震中遭到破坏，共造成直接经济损失236余万元。其中，城固县药材公司遭到严重破坏，造成直接经济损失100万元；佛坪县药材公司房屋受损，危房20间，直接经济损失76万元；镇巴县药材公司遭到严重破坏，造成34间约740平方米库房、职工宿舍及办公用房不同程度受损，直接经济损失约30余万元。麟游县药材公司库房受到破坏，受损100平方米，直接经济损失30.3万元。周至县药材公司7间房屋倒塌，造成危房93间，造成直接经济损失74.2万元。

七 矿产品建材及化工产品批发企业受损

陕西省、重庆市矿产品建材及化工产品批发企业不同程度受到汶川地震损害，造成直接经济损失152万元。其中，陕西省一家矿产品建材及化工产品批发企业遭到破坏，造成直接经济损失52万元；重庆市一家矿产品建材及化工产品批发企业遭到破坏，造成直接经济损失100万元。

陕西省佛坪县物资公司在地震中遭到严重破坏，其房屋受损，造成危房15间。重庆市荣昌县重庆物通民用爆破器材有限公司1000平方米的库房在地震中受损。

八 机械设备五金交电及电子产品批发企业受损

汶川地震造成四川、甘肃、陕西三省机械设备五金交电及电子产品批发企业直接经济损失1357万元（见表180）。其中，四川省32家企业经营场所损毁约4500平方米，损坏商品、设施设备及其他财产等共造成直接经济损失755万元；甘肃省五金交电及电子产品批发企业损毁经营场所7927平方米，损坏商品、设施设备及其他财产等共造成直接经济损失561万元；陕西省五金交电及电子产品批发企业直接经济损失41万元。

川、甘、陕三省机械设备五金交电及电子产品批发企业地震损失情况统计表

表180

项　目	四　川	甘　肃	陕　西	合　计
经营场所受损面积（平方米）	4500	7927	—	12427
直接经济损失（万元）	755	561	41	1357

四川省阿坝藏族羌族自治州31家机械设备五金交电及电子产品批发企业地震中遭到破坏，共造成直接经济损失733万元。其中，茂县22家五金交电及电子产品企业严重受损，房屋损毁3500平方米、直接经济损失420万元，损毁商品价值130万元；金川县9家五金交电及电子产品企业严重受损，损毁房屋920平方米、损失金额120万元，损毁商品价值63万元。巴中市1家机械设备五金交电及电子产品批发企业遭到破坏，共造成直接经济损失22万元。

甘肃省机械设备五金交电及电子产品批发企业受损以天水市为主，其中麦积区鑫天源商贸有限公司商住楼损毁 5367 平方米，直接经济损失 481 万元；综合办公楼损毁 2560 平方米，直接经济损失 80 万元。

陕西省宝鸡市 2 家机械设备五金交电及电子产品批发企业遭到破坏，共造成直接经济损失 35.5 万元。其中，凤翔县五金公司直接经济损失 33.7 万元。

九　烟草商业企业受损

汶川地震使中国烟草总公司下属的四川省公司、甘肃省公司、陕西省公司、云南省公司等烟草商业企业受损。地震造成四省烟草商业企业直接经济损失达 2.647 亿元，造成企业办公经营用房、物流配送中心、烟叶站点及烟叶生产基础设施严重受损。

四川省公司所属的成都、德阳、绵阳、广元、雅安、阿坝、凉山、攀枝花 8 个市（州）烟草公司及其下属的 55 个县级营销部受灾严重，共有办公经营用房、物流配送中心、烟叶站点等 105 处生产经营建筑设施严重或较严重受损，受损面积共计 20.18 万平方米，直接经济损失 1.69 亿元。

甘肃省公司所属陇南、天水、定西、庆阳、平凉、兰州、甘南、临夏 8 个市（州）烟草公司及所属各县级营销部的办公楼、仓库、营业网点和职工宿舍楼遭受不同程度的损失，直接经济损失达 1298.35 万元。

陕西省公司共有 32 栋办公楼、14 栋家属楼出现不同程度裂缝，20 个烟叶库房、19 个水池、11 口水窖受损，2543 座烤房受损或倒塌，直接经济损失达 2403.58 万元。

云南省公司所属楚雄、昭通等市（州）公司受灾，烟叶站点、烤房及烟叶生产基础设施受损严重，直接经济损失达 5872.3 万元。

办公经营用房受损　办公经营用房损失涉及四川、甘肃、陕西三省烟草商业系统。

四川省烟草商业系统办公经营用房损失严重（见表 181）。地震造成四川省烟草商业企业成都、绵阳、德阳、广元、雅安、阿坝、凉山 7 个市（州）局（公司）及所属单位 105 处生产经营设施、职工住房严重或较严重受损，64 处办公经营用房受损，面积达 112064 平方米，其中完全损毁 6 处，给办公经营、物流配送造成极大困难。成都市烟草公司所属大邑、温江营销部办公楼成为危房；都江堰市烟草公司办公楼及所属金叶宾馆损失严重，都江堰市局（公司）撤出办公楼，另择址办公。绵阳市烟草公司所属北川羌族自治县、江油市、平武县、三台县、梓潼县营销部及游仙区营销部魏城客户服务大厅受损，北川、江油、三台、梓潼等县局（营销部）撤出办公楼，另择址办公；绵阳五牛大酒店房屋建筑及各种设施设备均受到不同程度损坏，直接经济损失 3506 万元。地震造成广元市局（公司）办公楼成为危房，震后市局（公司）在帐篷内办公。雅安市烟草公司荥经县、汉源县营销部受损。阿坝藏族羌族自治州烟草公司位于汶川县映秀镇秀坪街的经营用房及茂县、理县、汶川县、九寨沟县营销部损毁，阿坝州局（公司）在建办公楼损毁、直接损失 362 万元，阿坝州局（公司）13 个县局（营销部）受灾面达 100%，汶川、理县、茂县 3 个县局（营销部）受灾严重。凉山彝族自治州烟草公司西昌市营销部受损，被鉴定为危房。

四川省烟草商业系统办公经营用房损失情况统计表

表 181

市（州）	受损建筑物（处）	受损建筑物（平方米）	完全损毁（处）
成　都	9	32200	—
广　元	19	20981	2
绵　阳	10	8981	1
德　阳	12	35000	—
阿　坝	11	10600	3
雅　安	2	2508	—
凉　山	1	1794	6

四川省烟草公司绵阳市公司北川营销部综合楼（见图 474），有住房 20 套，其中 4 套住房和一层门面作为办公用房。2006 年，对综合楼进行羌族风貌改造，并再次对办公室进行装修，购置了办公用具等设施，楼高 6 层，总面积 2154 平方米。地震中，楼房剧烈震颤、瞬间粉碎性垮塌，营销部资产全部损毁，直接经济损失 169.2 万元（见图 475）。

中国烟草总公司甘肃省公司所属陇南市烟草公司有 18 栋办公楼受损，其中危房 3 栋，墙体裂缝严重的 7 栋；天水、定西、庆阳、平凉、兰州、甘南、临夏 7 个市（州）烟草公司及所属各县营销部办公楼遭受不同程度的损失。

图 474　震前带有羌族风貌的绵阳市烟草公司北川营销部综合楼

（工业和信息化部　提供）

图 475　在地震中垮塌的绵阳市烟草公司北川营销部综合楼

（工业和信息化部　提供）

陕西省烟草公司受损的32栋办公楼主要包括：西安市烟草公司及所属周至分公司、户县分公司、蓝田分公司，宝鸡市烟草公司办公楼，汉中市烟草公司及所属留坝县分公司商贸大楼、略阳县分公司、勉县分公司、宁强县分公司办公楼及下属阳平关客户服务大厅等单位，损失程度均为轻度和重度裂缝。

烟叶收购站点受损 四川省有70处烟叶收购站点受损，受损面积2.65万平方米。其中，德阳市公司烟叶站点受损6处，受损面积7713平方米，倒塌5处；广元市公司烟叶站点受损5处，受损面积2780平方米，严重破坏2处；凉山彝族自治州受损烟叶工作站点26个，面积达1.6万平方米；攀枝花市公司烟叶工作站点受损26个。陕西省的宝鸡市所属1座烟站受损，咸阳市烟草公司乾县、永寿县、长武县、旬邑县公司所属的11座烟站受损（参见图476），损失合计35.3万元。云南省烟草公司所属楚雄彝族自治州烟草公司12座烟站受损，损失约2260万元；昭通市烟草公司所属的巧家县蒙姑烟叶工作站、镇雄县鱼洞烟站碗水收购点、镇雄县鱼洞烟站青杠收购点、镇雄县仁和烟站笔花收购点、镇雄县以勒烟站受损，经济损失共计262.3万元。

图476　旬邑县分公司烟站房屋损毁（工业和信息化部　提供）

烤房及配套设施受损 地震使四川、云南、陕西、甘肃四省产烟区烟叶生产基础设施遭受损失，四川、云南两省较为严重。四川省烤房受损19936座，烟水配套工程受损932处；陕西省烤房受损2543座，烟水配套工程受损30处；云南省烤房受损6520座，烟水配套工程受损2663处；甘肃省烤房受损770座，烟水配套工程受损7处。

四川省广元市烤房垮塌2349座，受损较严重的烤房10095座；烟水配套工程垮塌103处，受损829处（见图477）。德阳市晾晒棚垮塌512座。凉山彝族自治州烟草公司所属的会理县、会东县、盐源县营销部多处烟叶生产基础设施严重受损，水窖受损 12658 口（其中 4087 口全部损毁），损失 1504 万元；沟渠受损 17 条，损失 441 万元；水池受损 1 口，损失 5 万元；基本烟田受灾 321.4 公顷，损失 289 万元；烤房受损 11243 座，损失 1481 万元。攀枝花市烟草公司所属的仁和区、米易县、盐边县烟叶生产基础设施受损，其中水窖受损 9167 口，损失 816 万元；沟渠受损 47 条，损失约 626 万元；水池受损 265 口，损失约 626 万元；普改密烤房受灾 2351 座，损失约 1102 万元；密集式烤房受灾 519 座，损失约 663 万元；普通烤房受灾 5823 座，损失约 5997 万元；山坪塘受损 17 座，损失约 248 万元；机耕道受损 12.75 公里，损失约 29 万元。

图 477　广元市烟叶烤房受损
（工业和信息化部　提供）

陕西省烤房损坏主要集中在汉中市的 6 个种烟县，1856 座烤房受损，其中倒塌损毁 321 座，有 12.13 公顷烟田无法种植烟叶。宝鸡市烟草公司 335 座烤房受损。安康市、咸阳市烟草公司分别有 100 座、206 座烤房受损。

云南省的楚雄彝族自治州烟草公司烤房受损 1053 座，经济损失共计约 1600 万元，其中普通烤房受损 703 座、密集烤房受损 350 座（倒塌 52 座）；武定县已衣乡烤房垮塌（见图 478）。昭通市烟草公司 2005 年前修改的老烤房受损 3229 座，受损金额为 163.85 万元；2005 年后新建、改造标准化烤房受损 2238 座，受损金额为 290.74 万元；受损水窖（水池）2663 口，受损金额为 471.66 万元；受损管道、沟渠 45410 米，灌桩 464 根，闸阀 258 个，受损金额为 63.56 万元。

图 478　武定县已衣乡烟叶烤房垮塌
（工业和信息化部　提供）

汶川地震使灾区部分烟草商业企业财产、项目等受损，有关情况参见表182～183。

灾区部分烟草商业企业地震损失情况统计表

表182　　单位：万元

公司名称	财产损失	停建、在建项目损失	合　计
成都市烟草公司	126.9	—	126.9
德阳市烟草公司	53.34	—	53.34
绵阳市烟草公司	600	—	600
广元市烟草公司	319.94	201	520.94
雅安市烟草公司	24.46	—	24.46
阿坝藏族羌族自治州烟草公司	2402	419	2821
都江堰市烟草公司	7761.64	633.35	8394.99
凉山彝族自治州烟草公司	—	—	5120
攀枝花市烟草公司	—	—	11857
汉中市烟草公司	462.80	—	462.80
宝鸡市烟草公司	1513.80	—	1513.80
西安市烟草公司	15.20	—	15.20
咸阳市烟草公司	—	—	171.56

四川省烟草商业企业受灾损失分类统计表

表183

类　　别	受损数量	经济损失（万元）
办公经营用房、物流配送中心、烟叶站点等受损（平方米）	201813	16089
水窖受损（口）	21825	2320
2005年以来行业补助建成的沟渠受损（条）	64	1067
水池受损（口）	266	631
普改密烤房受灾（座）	3619	1863
密集式烤房受灾（座）	539	683
普通烤房受灾（座）	15778	6697
山坪塘受损（座）	17	248
机耕道受损（公里）	12.75	29

烟叶生产受损　四川省烟叶产区中，广元市有9200多户、德阳市有6451户烟农不同程

度受灾，损失主要集中在有九省晒烟生产基地之称的剑阁县和盛产什邡晒烟的什邡市。由于烤房、烟农房屋垮塌，烟田冲毁，严重影响烤烟移栽、晒烟采摘和调制，广元市烟叶移栽整体结束时间推迟10天，且部分地区发生弱苗、死苗、缺苗等现象；德阳市晒烟采摘、调制工作被迫中断，对烟叶后期质量产生较大影响。地震发生时，有些地区正值烟叶烘烤收购季节，给烘烤烟叶造成严重损失。攀枝花市烟草公司所属的仁和、米易、盐边等县（区）在烤烟叶损失约1.186亿元（损失统计按照现行修复建设成本计算），烟叶损失约2.65万担。凉山彝族自治州烟草公司烤房受损的同时，在烤烟叶损失5120万元，烟叶损失约2万担。汉中市6个种烟县中，有29个乡（镇）117个村的1194户烟农受灾，占烟农总户数的44%；有12.13公顷烟田无法种植烟草。

卷烟销售受损　阿坝、绵阳、德阳、广元、雅安、成都等地烟草公司部分零售客户的住房或经营场所倒塌或成为危房，无法继续经营，零售减少。加上灾区群众外出避难、灾后消费能力降低等因素，使卷烟销量和结构受到一定影响。部分市州烟草公司的物流配送仓储中心受损严重，库存卷烟需大量转移。由于部分灾区交通道路严重受损，无法及时送货，震后成都市有1000余户零售户无法正常经营，卷烟直接销量减少7000余箱；汶川、理县、茂县、黑水4个县卷烟经营中断，其余9个县卷烟经营转为坐销；有1466户零售户受灾，占零售户总数的42.8%。2008年5月12日至6月8日，阿坝藏族羌族自治州烟草公司卷烟销售量同比下降56%，销售收入同比下降55%。汉中市受灾卷烟零售户1000余户，受灾客户占全市客户总数的7.35%，所属11个县（区）的卷烟零售户普遍关门歇业，宁强县、略阳县部分送货线路中断，库存锐减，无烟可卖。

十　粮油批发企业受损

汶川地震造成四川省、甘肃省粮油批发企业直接经济损失25715.3万元。其中，地震损毁四川省粮油批发企业营业用房6.4万平方米，损坏粮油商品、设施设备等造成直接经济损失25622.3万元。地震损毁甘肃省粮油批发企业，造成直接经济损失93万元。

四川省部分粮油批发企业地震损失情况见表184。

四川省部分粮油批发企业地震损失情况统计表

表184

市（州）	受损粮油批发企业数（家）	直接经济损失（万元）
德　阳	—	15624
阿　坝	16	9069
甘　孜	7	130.3
雅　安	4	799
合　计	27	25622.3

德阳市粮油批发企业遭受地震破坏最为严重，造成直接经济损失15624万元。其中，绵竹市粮食系统房屋、粮仓倒塌损毁，粮食受损，城区的省粮食储备库损失严重，损毁倒塌仓房530个、仓容近10万吨，附属设施损毁1393.43万元，办公楼损失32084平方米，直接经济损失2780万元，其他损失4236万元；特别是城区省粮食储备库的仓储设施遭受严重破坏，粮食购销网点基础设施损毁。阿坝藏族羌族自治州16家粮油批发企业遭到严重破坏，造成直接经济损失9069余万元。损失州级储备大米350吨、稻谷205吨、青稞100吨，县级储备大米200吨、青稞50吨。松潘县超市、粮油销售部门损失面粉27吨、大米60吨、食用油3吨。茂县一家粮油企业在地震中遭到严重破坏，造成直接经济损失9069万元，房屋损毁31560平方米，经济损失达5258.7万元；设施设备损失2122万元，直接经济损失为3690.3万元；损毁商品价值120万元。雅安市4家粮油批发企业受灾严重，共造成直接经济损失799万元。其中，芦山县粮油购销储备公司直接经济损失130万元，公司1号仓屋面损坏，造成350吨左右的黄谷发生霉变。汉源县九襄粮油食品站粮油仓储设施及其所属粮油蔬菜综合市场遭到严重破坏，造成直接经济损失539万元；粮油仓容受损12658吨，损失519万元；粮油蔬菜综合市场受损面积165平方米，损失20万元。石棉县惠丰粮油公司食用油库遭到地震破坏，屋面毁损，墙面开裂，造成直接经济损失130万元。甘孜藏族自治州7家粮油批发企业遭到严重破坏，共造成直接经济损失130.3万元。其中，丹巴县粮油公司在地震中遭受经济损失125.1万元，主要包括巴底粮站仓库屋脊等垮塌，经济损失42.6万元；边耳粮站仓库房屋大面积出现裂缝，经济损失21.3万元；半扇门粮站仓库房屋出现大面积裂缝，经济损失21.1万元；粮油公司部分房屋成为危房，经济损失15万元；巴旺粮站仓库出现大面积裂缝，经济损失25.1万元。

十一　其他商品批发企业受损

四川省、甘肃省的其他商品批发企业在汶川地震中受到不同程度损害。地震使168家其他商品批发企业受灾，损毁经营场所面积336204平方米，共造成直接经济损失20960万元。其中，地震损毁四川省166家日用消费品配送企业营业用房面积274412平方米，损坏商品、设施设备及其他财产等，共造成直接经济损失15463万元；损毁甘肃省2家日用消费品配送企业营业用房面积61792平方米，损坏商品、设施设备及其他财产等，共造成直接经济损失5497万元（见表185）。

川、甘两省其他商品批发企业地震损失情况统计表

表185

项　　目	四　川	甘　肃	合　计
其他批发企业受损数（家）	166	2	168
经营场所受损面积（平方米）	274412	61792	336204
直接经济损失（万元）	15463	5497	20960

四川省绵阳市 132 家其他商品批发企业遭到严重破坏，共造成直接经济损失 13037 万元。其中，平武县遭受部分损毁的其他粮油企业 6 家、设施设备 5 套，损毁营业房 10670 平方米，造成直接经济损失 5000 万元；江油市遭地震部分损毁的其他商品批发（其他）企业 1 家，损毁营业用房 5701 平方米，商品损失 50 万元，造成直接经济损失 242 万元；盐亭县其他（综合性）小型批发企业遭到部分损毁的有 12 家，损毁营业用房 541 平方米，造成直接经济损失 173 万元；游仙区其他粮油购销公司部分损毁，损毁经营用房 3500 平方米，造成直接经济损失 296 万元；涪城区 112 家其他商品批发企业损毁营业房 234840 平方米，造成直接经济损失 7326 万元。阿坝藏族羌族自治州有 33 家其他商品批发企业遭到严重破坏，共造成直接经济损失 1746 万元。其中，理县 30 家其他商品批发企业中有 10 家完全损毁、部分损毁 20 家，损毁面积 1.5 万平方米，直接经济损失 1569 万元。资阳市有一家其他商品批发企业受损，直接经济损失 680 万元（见表 186）。

甘肃省陇南市 2 家其他商品批发企业遭到破坏，共造成直接经济损失 5497 万元。其中，成县红川酒业销售公司办公楼、厂房、库房、综合楼、基础设施损坏 36792 平方米，造成经济损失 3697 万元；工业品批发市场在地震中遭到严重损坏，市场营业用房、基础设施损毁 2.5 万平方米，造成经济损失 1800 万元。

四川省部分其他商品批发企业地震损失情况统计表

表 186

市（州）	其他批发企业受损（家）	直接经济损失（万元）	市（州）	其他批发企业受损（家）	直接经济损失（万元）
绵　阳	132	13037	资　阳	1	680
阿　坝	33	1746	合　计	166	15463

第三节　物流企业受损

汶川特大地震给四川、甘肃、陕西、重庆四省（市）的物流企业造成 6.28 亿元的直接经济损失，其中四川省 58336.05 万元、甘肃省 1290 万元、陕西省 3086 万元、重庆市 115 万元。在四省（市）的物流企业中，日用消费品物流企业损失 33737.6 万元，农畜产品物流企业损失 2904 万元，农资物流企业损失 8840.1 万元，第三方物流企业损失 15280 万元，烟草物流企业损失 2065.35 万元（见表 187）。

川甘陕渝四省（市）灾区物流企业地震损失情况统计表

表 187　　单位：万元

企业类别	四　川	甘　肃	陕　西	重　庆	小　计
日用消费品物流企业	32691.6	860.0	86.0	100.0	33737.6
农畜产品物流企业	2726	178	—	—	2904
农资物流企业	8573.10	252	—	15	8840.10
第三方物流企业	12280	—	3000	—	15280
烟草物流企业	2065.35	—	—	—	2065.35
合　　计	58336.05	1290	3086	115	62827.05

一　日用消费品物流企业受损

汶川地震给四川、甘肃、陕西、重庆四省（市）物流企业造成极大损失。极重灾区经营场所、基础设施大部分损毁，房倒屋塌，满目疮痍；部分受损严重。重灾区受损严重，很多房屋、部分经营场所、库房、办公室和宿舍出现不同程度的地基沉陷，墙体普遍出现裂缝，造成大量危房。地震共损毁四省（市）物流配送企业 72 个，损毁经营场所面积 215252 平方米，同时损毁大量物资、设施、设备及现金等财产，共造成直接经济损失 33737.6 万元（见表 188）。

川、甘、陕、渝四省（市）日用消费品物流企业地震损失情况统计表

表 188

项　　目	四　川	甘　肃	陕　西	重　庆	合　计
配送企业受损数（家）	66	2	3	1	72
经营场所受损面积（平方米）	164855	48250	1147	1000.0	215252
直接经济损失（万元）	32691.6	860.0	86.0	100.0	33737.6

四川省日用消费品物流企业营业房、设施、商品等均不同程度受到地震损害，且重灾地区受损严重，造成房屋及库房倒塌，地基沉陷，办公室和宿舍损毁，墙体出现裂缝。据统计，地震共损毁四川省 66 家日用消费品物流企业，营业房损毁面积 164855 平方米，加上损坏商品和设施设备等，共造成直接经济损失 32691.6 万元（见表 189）。

四川省日用消费品物流企业地震损失情况统计表

表 189

市（州）	受损企业数（家）	受损场所面积（平方米）	经济损失（万元）	市（州）	受损企业数（家）	受损场所面积（平方米）	经济损失（万元）
成　都	1	4300	516	南　充	1	380	420
广　元	4	12450	2803	遂　宁	2	5480	292
绵　阳	18	36125	7058	甘　孜	16	300	15.6
德　阳	16	97000	17420	巴　中	3	1500	557
阿　坝	4	7320	3550	合　计	66	164855	32691.6
雅　安	1	—	60				

甘肃省日用消费品物流企业的损失主要发生在甘南藏族自治州和陇南市，营业房、设施、商品等均不同程度受到地震损害，且重灾地区受损严重，造成房屋及库房出现不同程度的裂缝，地基沉陷，办公室和宿舍墙体出现裂缝。据统计，地震共损毁全省日用消费品物流企业营业房48250平方米，加上损坏商品和设施设备等，共造成直接经济损失860万元。

陕西省日用消费品物流企业地震损失主要发生在汉中市和咸阳市，营业房、设施、商品等均不同程度受到地震损害，造成房屋及库房出现不同程度的裂缝、地基沉陷，办公室和宿舍墙体出现裂缝。据统计，地震共损毁全省日用消费品物流企业营业房1147平方米，损坏商品、设施设备等共造成直接经济损失86万元。

重庆市一家日用消费品物流企业遭到破坏，公司1000平方米的库房受损，造成直接经济损失100万元。

二　农畜产品物流企业受损

汶川地震给四川、甘肃两省农畜产品物流企业造成极大损失。9家农畜产品物流企业经营场所受损50886平方米，造成直接经济损失2904万元（见表190）。

川、甘两省农畜产品物流企业地震损失情况统计表

表 190

项　　目	四　川	甘　肃	合　计
农畜产品物流企业受损数（家）	4	5	9
经营场所受损面积（平方米）	13886	37000	50886
直接经济损失（万元）	2726	178	2904

地震损毁四川省4家农畜产品物流企业，损毁营业房13886平方米，损坏农畜产品、设施设备等共造成直接经济损失2726万元。其中，阿坝藏族羌族自治州农畜产品物流企业经营场所受

损3300平方米，经济损失760万元；绵阳市农畜产品物流企业经营场所受损10586平方米，经济损失1966万元。

三　农资物流企业受损

汶川地震给四川、甘肃两省和重庆市农业生产资料物流企业造成极大损失，共有48家农资物流企业受损，损毁经营场所139748平方米，造成直接经济损失8840.1万元（见表191）。

川、甘、渝三省（市）农资物流企业地震损失情况统计表

表191

项　　目	四　川	甘　肃	重　庆	合　计
农资物流企业受损数（家）	41	5	2	48
经营场所受损面积（平方米）	107748	32000	—	139748
直接经济损失（万元）	8573.1	252	15	8840.1

四川省农资物流企业营业房、设施、商品等均不同程度受到地震损害，共损毁全省41家农资物流企业，营业房损毁107748平方米，商品、设施设备损坏等共造成直接经济损失8573.1万元（见表192）。

四川省农资物流企业地震损失情况统计表

表192

市（州）	受损农资物流企业数（家）	经营场所受损面积（平方米）	直接经济损失（万元）
广　元	6	19250	1850.5
绵　阳	7	28084	3526
德　阳	2	35000	502
阿　坝	1	4000	750
雅　安	19	9820	758
南　充	2	3510	539
遂　宁	2	6684	485.6
巴　中	2	1400	162
合　计	41	107748	8573.1

甘肃省农资物流企业的损失主要发生在甘南藏族自治州的舟曲、临潭、迭部、卓尼和碌曲等县。营业房、设施、商品等均不同程度受到地震损害，造成房屋及库房出现不同程度的裂缝，地基沉陷，办公室和宿舍墙体出现裂缝。地震共损毁全省农资配送企业营业房3.2万平方米，损坏商品、设施设备及其他财产等共造成直接经济损失252万元。

重庆市农资仓库和农资物流中心来苏场仓库受损，仓库屋顶垮塌，部分农资商品受损；废旧物资回收有限公司火车站农资物流中心遭到严重破坏，屋顶垮塌，隔墙严重倾斜，围墙倒塌，大部分商品受损；造成直接经济损失 15 万元。

四　第三方物流企业受损

汶川地震给四川、陕西两省第三方物流企业造成极大损失。第三方物流是服务性行业，是区别于供应方和需求方的第三方，是一种专业化的物流组织，帮助企业运输、仓储、控制库存、处理库存信息等。地震中共有 42 家第三方物流企业受损，损毁经营场所 6.91 万平方米，造成直接经济损失 15280 万元（见表 193）。

川、陕两省第三方物流企业地震损失情况统计表

表 193

项　　目	四　川	陕　西	合　计
损毁第三方物流企业数（家）	41	1	42
经营场所受损面积（平方米）	69100	—	69100
直接经济损失（万元）	12280	3000	15280

四川省第三方物流企业营业房、设施、商品等均不同程度受到地震损害，且重灾地区受损严重，造成墙体垮塌，屋面裂缝，地基、管道、路面及墙体开裂、倾斜。地震共损毁全省 41 家第三方物流配送企业，经营场所损毁 6.91 万平方米，设施设备受损 41 台（套），损毁物流配送车辆 4 辆，加上损坏商品及其他损失等，共造成直接经济损失 12280 万元（见表 194）。

四川省第三方物流企业地震损失情况统计表

表 194

市（州）	受损第三方物流企业数（家）	经营场所受损面积（平方米）	直接经济损失（万元）	包含县（区）
广　元	25	5000	890	青川、苍溪
绵　阳	3	4600	4228	北川、三台、涪城
阿　坝	7	1300	4468	汶川
雅　安	4	4000	682	雨城、荥经
遂　宁	1	54200	200	—
资　阳	1	—	10	—
合　计	41	69100	12280*	10 个县（市、区）

说明：遂宁市、资阳市资料未明确所属县（区），直接经济损失合计中含未单列的设备、商品及其他损失

陕西省宝鸡华誉物流有限公司的一家第三方物流企业遭到严重破坏，仓库、办公楼等部分基础设施受损，共造成直接经济损失3000万元。

五　烟草物流企业受损

在汶川地震中，烟草商业系统的物流企业受到重创。地震造成四川省烟草物流企业经营场所受损60363.3平方米，直接经济损失2065.35万元，其中德阳、广元、阿坝等市（州）及都江堰烟草公司物流中心不同程度损坏。

都江堰新建烟草物流中心项目地基、设施破坏严重，与物流中心配套用房的楼梯断裂，受损4480平方米，为严重破坏，直接经济损失633.35万元。德阳市烟草公司物流中心受损1处、7440平方米，烟叶仓库受损1处、7974平方米。绵阳市烟草公司卷烟仓库受损3处、2619平方米，其中严重破坏1处。广元市烟草公司卷烟仓库受损4处、3653平方米，完全倒塌1处；在建物流中心受损24695.3平方米，直接经济损失201万元。雅安市烟草公司名山县营销部仓库受损。中国烟草四川进出口有限责任公司烟叶仓库成为危房。攀枝花市烟草公司物流中心受损1894平方米，攀枝花市盐边烟叶仓储中心综合用房及仓库受损。位于汶川县映秀镇的阿坝烟草物流中心卷烟仓库、办公楼、映秀镇职工周转住房、映秀镇秀坪街经营用房全部损毁（见图479），受损面积7028平方米，房屋设施直接损失1231万元；物流中心11名职工被埋身亡，4人受伤，2745箱卷烟（5万支/箱）因受仓库墙体垮塌挤压，出现不同程度损坏。

图479　在地震中损毁的阿坝藏族羌族自治州烟草物流中心
（工业和信息化部　提供）

地震造成甘肃省烟草公司14座烟叶、卷烟仓库受损。陕西省的西安市局物流中心受损，宝鸡市、汉中市、咸阳市烟草公司所属的20座烟叶、卷烟仓库受损580.8平方米。云南省昭通市烟草公司烟叶经营部大院村仓库受损。

地震给物流中心的卷烟配送工作造成较大影响。部分市州烟草专卖局（公司）的物流配送仓储中心受损严重，库存卷烟需大量转移。部分灾区交通道路严重受损，无法通行或实行了交通管制，加上油料限量供应，给卷烟物流配送造成极大的困难。

第四节　商品零售业受损

汶川特大地震给四川、甘肃、陕西、重庆、云南五省（市）的商品零售业造成了67.09亿元的直接经济损失，其中四川省632972.68万元、甘肃省24215.28万元、陕西省13196.52万元、重庆市256.3万元、云南省268万元。在五省（市）的商品零售企业中，百货企业损失111285.98万元，超市损失328122.93万元，便利店损失72016.5万元，食杂店损失4570.53万元，农家店损失36930.7万元，购物中心损失8233.24万元，专业店损失16765.1万元，专卖店损失8390.8万元，加油站损失16319.9万元，其他商品零售企业损失68273.1万元（见表195）。

五省（市）灾区商品零售企业地震损失情况统计表

表195　　单位：万元

企业类别	四　川	甘　肃	陕　西	重　庆	云　南	小　计
百货企业	94971.41	13027.63	3103.17	183.77		111285.98
超　市	320099.64	2479.92	5528.84	12.53	2	328122.93
便利店	70331.5	1565	—	—	120	72016.5
食杂店	4113.53	457	—	—		4570.53
农家店	29779.2	4323.69	2711.81	—	116	36930.7
购物中心	8178	39.74	15.5	—	—	8233.24
专业店	16521.8	243.3	—	—	—	16765.1
专卖店	8091	290	9.8	—	—	8390.8
加油站	13330.8	1789	1110.1	60	30	16319.9
其他零售企业	67555.8	—	717.3	—	—	68273.1
合　计	632972.68	24215.28	13196.52	256.3	268	670908.78

一　百货业受损

地震给四川、甘肃、陕西、重庆的百货业造成严重破坏。据统计，四省（市）的4341家百货企业受损，房屋损毁699830.11平方米，直接经济损失111285.98万元（见表196）。

川、甘、陕、渝四省（市）百货企业地震损失情况统计表

表 196

项　　目	四　川	甘　肃	陕　西	重　庆	合　计
损毁百货企业数（家）	3454	26	853	8	4341
经营场所受损面积（平方米）	460312	175362.71	63776.4	379	699830.11
直接经济损失（万元）	94971.41	13027.63	3103.17	183.77	111285.98

四川省百货企业受损 3454 家，房屋损毁 460312 平方米，加上商品、设施设备及其他损失等，共造成直接经济损失 94971.41 万元（见表 197）。

四川省百货企业地震损失情况统计表

表 197

市（州）	受损百货企业数（家）	经营场所受损面积（平方米）	直接经济损失（万元）	包含县（市、区）
成　都	6	10400	2853.64	都江堰、成都市区
广　元	29	10935	1864.2	剑阁、元坝
绵　阳	3003	408054	58966	北川、安县、平武、江油、三台、盐亭、涪城
阿　坝	409	27253	30949.95	汶川、茂县、理县、小金、黑水、松潘、九寨沟、金川
雅　安	2	—	178	汉源、石棉
遂　宁	1	1500	3	遂宁城区
巴　中	2	100	13.2	通江、巴州
资　阳	1	1500	80	简阳
眉　山	1	570	40	仁寿
甘　孜	—	—	23.42	道孚
合　计	3454	460312	94971.41	27 个县（市、区）

四川省极重灾区百货企业损失惨重（见表 198）。

汶川县共有大小百货店 127 家，地震中位于映秀镇、漩口镇的 55 家百货店完全损毁，其余 72 家为重度破坏，房屋受损 6350 平方米，直接经济损失 2280 万元，其中设备设施及商品损失 1311 万元。北川羌族自治县 4 家百货公司全部损毁，直接经济损失 1120 万元，其中位于北川县城的百货公司被坍塌的山体压埋在几十米深的山石土层中，损毁营业用房 3600 平方米，直接经济损失 620 万元；陈家坝乡、漩坪乡、擂鼓镇百货公司全部损毁，损毁营业用房 3000 平方米，直接经济损失 500 万元。都江堰市百货零售企业包括太平洋服装城、华龙商贸、生得良装、盛聚兴商贸有限公司和酒久九商贸中心，共损毁 5400 平方米，经济损失 2703.64 万元。其中，太平洋服装城损毁业务用房 500 平方米、设备设施 150 套、物资 1 万件，价值共 335 万元；华龙

商贸业务用房完全损毁 1200 平方米，设备设施 5 台、物资 25 吨，直接经济损失共 1153.2 万元；盛聚兴商贸有限公司直接经济损失 413.02 万元，其中业务用房完全损毁 1200 平方米、直接损失 170.5 万元，设备设施损失 16 台、135.41 万元，物资损失 352 吨、价值 80.96 万元，其他损失 14 项、损失金额 26.15 万元；酒久九商贸中心损失门市房 200 平方米、价值 80 万元，损毁商贸库房 500 平方米、价值 450 万元，物资损失 300 吨。

部分极重灾县（市）百货企业地震损失情况统计表

表 198

县（市）	百货企业数（家）	完全损毁百货企业数（家）	部分损毁百货企业数（家）	损毁场所面积（平方米）	直接经济损失（万元）
汶　川	127	55	72	6350	2280
北　川	4	4	—	6600	1120
茂　县	16	1	15	2858	438
安　县	590	186	404	73512	3269
都江堰	5	2	3	5400	2703.64
平　武	2270	580	1690	125100	48770

四川省部分重灾区百货零售企业受损严重（见表 199）。

四川省江油市百货零售企业部分损毁的有 351 家，完全损毁的有 3 家，损毁营业房 7.16 万平方米，商品损失 1250 万元，直接经济损失 4150 万元。其中，江油汇星购物中心损毁严重，损毁营业房 1.16 万平方米，商品损失 450 万元，直接经济损失 1150 万元；家福来电器商场损毁营业房 8600 平方米，商品损失 150 万元，直接经济损失 750 万元。

四川省部分重灾县（市、区）百货企业地震损失情况统计表

表 199

县（市、区）	百货企业数（家）	严重损毁百货企业数（家）	部分损毁百货企业数（家）	损毁场所面积（平方米）	直接经济损失（万元）
理　县	64	29	35	1400	800
江　油	354	3	351	71600	4150
小　金	40	—	—	6500	66.57
三　台	181	—	181	3768	417
涪　城	6	—	6	33560	1160
黑　水	120	—	—	9600	1100.38
盐　亭	1	—	1	202	80
松　潘	33	—	—	245	1500
汉　源	1	—	1	—	18
石　棉	1	—	1	—	160
九寨沟	4	—	4	—	3055

甘肃省百货企业房屋、商品、设备设施遭到不同程度的损坏，重灾区受损严重，造成经营场所房屋及库房出现不同程度的地基沉陷、裂缝，办公室和宿舍墙体出现裂缝。地震共造成甘肃省26家百货企业不同程度损坏，经营场所损毁175363平方米，直接经济损失13027.63万元（见表200）。文县商品零售企业遭到严重破坏，直接经济损失645万元；百货大楼严重受损，直接经济损失230万元；文县糖酒公司营业大楼1200平方米严重受损，直接经济损失180万元；第二百货公司大楼1100平方米严重受损，直接经济损失165万元；碧口糖酒站企业营业楼400平方米严重受损，直接经济损失60万元；碧口盐业站库房100平方米倒塌，直接经济损失10万元。西和县北商场遭到破坏，直接经济损失25万元，其中1～8号两层营业楼、1～5号钢架大棚损失最为严重，落水管道普遍断裂脱落、屋顶裂缝渗水、大棚玻璃钢瓦破损，童装市场区180平方米地面下沉；县城联华百货公司超市部分货架倾倒，致使调味品、化妆品、酒类等易碎商品部分损毁；联华百货有限责任公司所属经营网点受损16户，经营场所墙体裂缝、货物部分受损。

甘肃省百货企业地震损失情况统计表

表200

市（州）	百货企业受损数（家）	经营场所受损面积（平方米）	直接经济损失（万元）	包含县（区）
白　银	1	23000	3000	会宁
甘　南	12	60000	800	舟曲、临潭、迭部、碌曲
陇　南	11	63560	3602.53	文县、康县、成县、徽县、西和
庆　阳	1	—	16	宁县
天　水	1	28802.71	5609.1	天水市区
合　计	26	175362.71	13027.63	12个县（区）

陕西省853家百货企业受到不同程度损坏。房屋损毁63776.4平方米，遭受直接经济损失3103.17万元（见表201）。宁强县和勉县是陕西省的重灾区。宁强县有708家商品零售企业遭受损失，受损8100平方米，直接经济损失126.5万元，其中兴隆百货公司部分损毁400平方米，直接经济损失27.5万元。勉县有55个百货零售网点营业房墙体开裂，商品损毁，受损面积约3200平方米，直接经济损失约180万元。

陕西省百货企业地震损失情况统计表

表201

地　区	百货企业受损数（家）	场所受损面积（平方米）	直接经济损失（万元）	包含县（区）
宝　鸡	13	43488.4	2235.21	凤县、岐山、凤翔、麟游
汉　中	837	20092	860.96	宁强、勉县、南郑、汉台、洋县
咸　阳	3	196	7	武功、乾县、彬县
合　计	853	63776.4	3103.17	12个县（区）

重庆市合川区、铜梁县、永川区有8家百货企业遭受严重破坏，损毁营业用房379平方米，直接经济损失183.77万元。其中，合川区百货公司四商店门市营业用房外墙空鼓脱落，立梁垮塌，立柱损落，损坏379平方米，直接经济损失117万元。

二 超市受损

汶川地震给四川、甘肃、陕西、重庆、云南五省（市）的超市造成严重破坏。五省（市）的1028家超市受损，房屋损毁1269963平方米，直接经济损失328122.93万元。其中四川省969家，损毁房屋1196304平方米，直接经济损失320099.64万元；甘肃省26家，损毁房屋58864平方米，直接经济损失2479.92万元；陕西省22家，损毁房屋14705平方米，直接经济损失5528.84万元；重庆市9家，损毁房屋90平方米，直接经济损失12.53万元；云南省2家，直接经济损失2万余元（见表202）。

五省（市）灾区超市地震损失情况统计表

表202

项　　目	四　川	甘　肃	陕　西	重　庆	云　南	合　计
损毁超市数（家）	969	26	22	9	2	1028
经营场所受损（平方米）	1196304	58864	14705	90	—	1269963
直接经济损失（万元）	320099.64	2479.92	5528.84	12.53	2	328122.93

四川省超市受损969家，房屋损毁1196304平方米，直接经济损失320099.64万元（见表203）。汶川县有鑫兴连锁超市、阿坝德惠商贸公司汶川分公司、汶川九运连锁店等连锁直营店8家，其中4家营业房完全损毁、4家部分损毁，共计损毁营业房2708平方米，直接经济损失1155万元。其中，九运连锁店损失120万元、德惠商贸公司损失140万元、鑫兴连锁超市直接经济损失895万元。德阳市148个超市受损869960平方米，直接经济损失284167.2万元。其中主要受损的超市有：家得利超市受损9000平方米，经济损失3500万元（见图480）；融融百货超市受损9240平方米，经济损失920万元；红旗超市受损480平方米，经济损失200万元；诚实超市受损700平方米，经济损失105万元；美佳超市受损1700平方米，经济损失450万元。

四川省超市地震损失情况统计表

表203

市（州）	受损超市数（家）	场所受损面积（平方米）	直接经济损失（万元）	包含县（市、区）
成　都	10	59980	1121.5	都江堰
广　元	2	6500	760	苍溪
绵　阳	738	224550	26819.8	北川、安县、平武、江油、梓潼、三台、盐亭、涪城

续表 203

市（州）	受损超市数（家）	场所受损面积（平方米）	直接经济损失（万元）	包含县（市、区）
德　阳	148	869960	284167.2	绵竹、什邡、广汉、罗江、中江、旌阳
阿　坝	36	11388	4490.94	汶川、茂县、理县、小金、黑水、松潘、金川
雅　安	11	14180	1054	汉源、雅安城区、荥经
南　充	9	7805	1486	阆中、南部、仪陇
巴　中	11	—	111.52	通江、平昌
眉　山	1	601	8	仁寿
内　江	1	1300	43.26	内江城区
甘　孜	2	40	37.42	丹巴
合　计	969	1196304	320099.64	34 个县（市、区）

图 480　在地震中损毁的德阳市家得利超市

（商务部　提供）

甘肃省 15 个县（区）的 26 个超市在地震中受到严重破坏，房屋损毁 58864 平方米，直接经济损失 2479.92 万元（见表 204）。在重灾区徽县，超市均不同程度遭到破坏，直接经济损失 1570 万元。徽县大华公司损坏营业用房、商品库房等 9000 平方米，加上损坏的设施设备、商品，直接经济损失 1080 万元。徽县家园超市损坏营业用房、商品库房等 860 平方米，连同损坏的设施设备、商品，直接经济损失 110 万元。徽县汇康超市损坏营业用房、商品库房等 2020 平方米，连同损坏的设施设备、商品，直接经济损失 210 万元。徽县太平洋超市损坏营业用房、商品库房等 2000 平方米，加上损坏的设施设备、商品，直接经济损失 170 万元。

甘肃省超市地震损失情况统计表

表 204

市（州）	超市受损数（家）	场所受损面积（平方米）	直接经济损失（万元）	包含县（区）
甘 南	5	19000	212	舟曲、临潭、迭部、卓尼、碌曲
陇 南	15	38064	2095.8	文县、陇南市区、康县、成县、徽县、两当、宕昌
庆 阳	1	—	4	庆阳市区
天 水	5	1800	168.12	秦州、秦安
合 计	26	58864	2479.92	15 个县（区）

陕西省的宝鸡市和汉中市有 22 家超市在地震中遭受严重的破坏，房屋损毁 14705 平方米，直接经济损失 5528.84 万元。其中，宝鸡市超市受损 4 家，房屋损毁 10220 平方米，直接经济损失 4579.49 万元；汉中市超市受损 18 家，房屋损毁 4485 平方米，直接经济损失 949.35 万元，其中汉台区大型商场、超市遭受重创，受损面积 2750 平方米，仅财产和物品等直接经济损失就达 419.8 万元。

重庆市有 9 家超市受损，房屋损毁 90 平方米，直接经济损失 12.53 万元。其中，永辉超市梁平店部分墙体发生裂纹，超市入口处地板砖震坏约 55 平方米；红洋超市墙体出现长约 3 米的裂纹；金利源服装超市卷闸门错位，部分墙体天花板出现约 30 ～ 40 米长裂纹。

云南省永善县 2 家超市受损，直接损失 2 万余元。

三 便利店受损

在汶川地震中，四川、甘肃、云南三省共有 3392 家便利店受损，房屋损毁 424231 平方米，直接经济损失 72016.5 万元。其中，四川省 3032 家，直接经济损失 70331.5 万元；甘肃省 358 家，直接经济损失 1565 万元；云南省 2 家，直接经济损失 120 万元（见表 205）。

川、甘、滇三省便利店地震损失统计表

表 205

项 目	四 川	甘 肃	云 南	合 计
便利店损毁数（家）	3032	358	2	3392
经营场所受损面积（平方米）	330180	93051	1000	424231
直接经济损失（万元）	70331.5	1565	120	72016.5

四川省便利店受损 3032 家，其中严重损毁 30 家、部分损毁 3002 家；房屋损毁 330180 平方米、损失 69080 万元，商品损失 446 万元，设备设施及其他损失 805.5 万元，直接经济损失

70331.5 万元。阿坝藏族羌族自治州便利店受损 70 家，其中严重损毁 17 家、部分损毁 53 家；房屋损毁 2880 平方米、损失超过 160 万元，商品损失 426 万元，设备设施及其他损失 341.5 万元，共遭受直接经济损失 927.5 万元。德阳市 2880 个零售网点受损，受损面积 32.5 万平方米，房屋损失达 6.8 亿元。雅安市宝兴县 82 家便利店遭到破坏，其中 13 家遭到严重破坏、69 家遭到部分破坏，损毁各类营业用房 2300 平方米、损失 920 万元，损毁商品价值 20 万元，设备设施及其他损失 464 万元，共造成直接经济损失 1404 万元。

甘肃省便利店受损 358 家，损毁营业房 93051 平方米，直接经济损失 1565 万元。甘南藏族自治州便利店受损严重，损毁营业房 7.7 万平方米、损失 460 万元，商品损失 68 万元，设备设施损失 29 万元，其他损失 38 万元，共遭受直接经济损失 595 万元。陇南市便利店 356 家遭受不同程度破坏，店面及商品直接损失 340 万元，尤其是重灾区碧口区域便利店被毁 68 家，直接损失 176 万元，酒类、副食品损失 32 万元。天水市秦州区农村便利店遭受较大破坏，倒塌 27 处、940 平方米，严重损毁 310 处、12379 平方米，一般损毁 70 处、2732 平方米，直接经济损失 630 余万元。

云南省昭通市 2 家日用品便利店遭到严重破坏，损毁营业用房 1000 平方米、损失 100 万元，损毁商品 20 万元，直接经济损失 120 万元。

四　食杂店受损

汶川地震使四川、甘肃两省 1067 家食杂店受损，损毁经营场所 99475 平方米，直接经济损失 4570.53 万元。其中，四川省受损食杂店 1066 家，经济损失 4113.53 万元；甘肃省食杂店经济损失 457 万元。

四川省受损的 1066 家食杂店中，175 家完全损毁，891 家部分损毁，房屋受损 30475 平方米，损失 128 万元，商品损失 95 万元，经济损失 4113.53 万元。其中，阿坝藏族羌族自治州受损食杂店 440 家，172 家完全毁损，268 家部分毁损，房屋受损 14090 平方米，商品损失超过 95 万元，全州直接经济损失共 2225.7 万元。绵阳市受损食杂店 626 家，其中 3 家完全毁损、623 家部分毁损，房屋受损 16385 平方米，全市直接经济损失 1887.83 万元。

甘肃省甘南藏族自治州食杂店遭到地震破坏，损毁各类营业用房 6.9 万平方米、损失 225 万元，损毁商品 17 万元，设备设施等损失 66 万元，经济损失 457 万元。

五　农家店受损

地震中，四川、甘肃、陕西、云南四省共有 6597 家农家店受损，房屋损毁 242521 平方米，直接经济损失 36930.74 万元（见表 206）。其中，四川省受损农家店 3578 家，直接经济损失 29779.24 万元（见表 207）；甘肃省受损农家店 2845 家，直接经济损失 4323.69 万元；陕西省受损农家店 154 家，直接经济损失 2711.81 万元；云南省受损农家店 20 家，直接经济损失 116 万元。

川、甘、陕、滇四省农家店地震损失情况统计表

表 206

项　　目	四　川	甘　肃	陕　西	云　南	合　计
农家店受损数（家）	3578	2845	154	20	6597
经营场所受损面积（平方米）	181942	31438	28361	780	242521
直接经济损失（万元）	29779.24	4323.69	2711.81	116	36930.74

四川省受损农家店 3578 家，完全损毁超过 631 家；房屋受损 181942 平方米，共造成直接经济损失 29779.2 万元。地震造成农家店房屋倒塌，地基沉陷，墙壁破裂，顶板脱落，地板下陷，商品损毁。

四川省农家店地震损失情况统计表

表 207

市（州）	农家店受损数（家）	场所受损面积（平方米）	直接经济损失（万元）	市（州）	农家店受损数（家）	场所受损面积（平方米）	直接经济损失（万元）
成　都	448	—	4200	南　充	60	1900	172.7
绵　阳	1978	101677	15029.34	巴　中	133	4740	612.5
德　阳	—	33890	4762.5	眉　山	74	5000	116.7
阿　坝	562	16950	4217.5	甘　孜	15	—	20
雅　安	114	5000	347	合　计	3578	181942	29779.24
遂　宁	194	12785	301				

安县“万村千乡市场工程”农家店震灾破坏严重。此类农家店是绵阳市华蜀物资有限公司在安县 18 个乡（镇）中组建的 95 个农家店构成的华蜀连锁超市，对保障安县乡村的商品供应、方便村民购物、活跃农村经济发挥了重要作用。在汶川地震中，这类农家店损毁严重，损毁经营用房 3884 平方米，损失 372.8 万元，店铺设施设备及装修损失 55 万元，货物商品等损失 40 万元，共造成直接经济损失 467.8 万元。

甘肃省受损农家店 2845 家，大多数为部分损毁，房屋受损 31438 平方米，直接经济损失 4323.69 万元。甘南藏族自治州农家店损毁各类营业用房 8000 平方米，直接经济损失 52 万元。陇南市受损农家店共 500 多家，完全损毁 15 家，房屋受损 21295 平方米，直接经济损失 4122.4 万元。天水市 12 家农家店遭到部分破坏，损毁营业用房 2143 平方米，直接经济损失 149.29 万元。

陕西省受损农家店 154 家，房屋受损 28361 平方米，直接经济损失 2711.81 万元。宝鸡市受损农家店 73 家，房屋受损 13761 平方米，直接经济损失 2099.31 万元。其他市、县受损农家店 81 家，房屋受损 1.46 万平方米，直接经济损失 612.5 万元，其中地震造成汉中市供销合作联社危房

425 间、危楼 4 幢、商品损失 19.7 万元。

云南省昭通市受损农家店共 20 家，房屋受损 780 平方米，直接经济损失 116 万元。

六 购物中心受损

四川、甘肃、陕西三省有 12 家购物中心在地震中遭到破坏，损毁经营场所 35550 平方米，造成经济损失 8233.24 万元。其中，四川省损毁购物中心 9 家、34630 平方米，房屋、商品和设备设施等经济损失达 8178 万元；甘肃省损毁购物中心 2 家、620 平方米，经济损失达 39.74 万元；陕西省损毁购物中心 1 家、300 平方米，经济损失达 15.5 万元（见表 208）。

川、甘、陕三省购物中心受损情况统计表

表 208

项 目	四 川	甘 肃	陕 西	合 计
购物中心受损数（家）	9	2	1	12
经营场所受损面积（平方米）	34630	620	300	35550
直接经济损失（万元）	8178	39.74	15.5	8233.24

四川省北川购物中心遭到严重破坏，损毁营业用房 6500 平方米，加上仓储及附属设施损坏等共造成直接经济损失 6150 万元。阿坝藏族羌族自治州 2 家购物中心完全损毁，损毁面积 2980 平方米，房屋损失 486 万元，商品损失 70 万元，设施设备损失 1022 万元，办公用品损失 30 万元，共造成直接经济损失 1608 万元。德阳市 3 家购物中心遭到严重破坏，2 家遭到部分破坏，损毁各类营业房 4000 平方米，共造成经济损失 274 万元。内江市东兴区商场遭到破坏，损毁营业用房 1.5 万平方米，直接经济损失 40 万元。遂宁市安居区 2 家购物中心受损，房屋受损 6150 平方米，货架震倒震裂，贵重电器设备和商品摔坏破损，流液浸湿污染，造成商品损失 106 万元。

甘肃省庆阳市购物广场装饰脱落，墙体开裂；天水市购物中心墙体损毁共 620 平方米，直接经济损失 39.74 万元。

陕西省永寿县工美公司槐花购物中心严重破坏，倒塌库房 300 平方米，直接经济损失 15.5 万元。

七 专业店受损

汶川地震中，四川、甘肃两省各类专业店受损 398 家，经济损失 16765.1 万元。其中，四川省各类专业店受损 393 家，受损营业房 32130 平方米，经济损失 16521.8 万元。甘肃省各类专业店受损 5 家，经济损失 243.3 万元（见表 209）。

川、甘两省专业店地震损失情况统计表

表 209

项　　目	四　川	甘　肃	合　计
专业店受损数（家）	393	5	398
经营场所受损面积（平方米）	32130	—	32130
直接经济损失（万元）	16521.8	243.3	16765.1

成都市专业店受损 1.53 万平方米，经济损失 9900 万元。其中，永乐家用电器连锁店完全毁损 3800 平方米，电脑、路由器等设备毁损 40 台，库存彩电、洗衣机等多台损坏，直接经济损失 2680 万元。宏达通讯受损 80 平方米，手机及配件部分损坏经济损失 130 万元。嘉城电子商场、龙翔通讯、德贝厨卫专卖店共毁损 3000 平方米，经济损失 500 万元。浙文眼镜店毁损 300 平方米，设备设施毁损 50 台，物资损失 1 万件，经济损失 380 万元。汶川县共有各类专业店 386 家受损，其中 139 家完全毁损、247 家部分毁损，营业房受损 16830 平方米，经济损失 6615.8 万元。

天水市专业店受损严重，20 家铝塑加工及玻璃经营户总计经济损失达 139.6 万元。

八　专卖店受损

地震造成四川、甘肃、陕西三省专卖店经营场所受损 17182 平方米，直接经济损失 8390.8 万元（见表 210）。其中，四川省专卖店受损 75 家，经营用房损毁 12680 平方米，损失 5887 万元；商品损失超过 104 万元，直接经济损失 8091 万元。甘肃省专卖店经营用房损毁 4400 平方米，直接经济损失 290 万元。陕西省专卖店经营用房损毁 102 平方米，直接经济损失 9.8 万元。

川、甘、陕三省专卖店地震损失情况统计表

表 210

项　　目	四　川	甘　肃	陕　西	合　计
专卖店受损数（家）	75	—	1	76
经营场所受损面积（平方米）	12680	4400	102	17182
直接经济损失（万元）	8091	290	9.8	8390.8

都江堰市 13 家专卖店受到损失，包括森马专卖店、报喜鸟服饰店、七匹狼服装专卖店、安踏专卖店等都遭到不同程度的破坏，毁损面积 5335 平方米，经济损失 3731.5 万元（见表 211）。阿坝藏族羌族自治州专卖店受损 49 家，其中严重损毁 26 家、部分损毁 23 家，损毁营业房 4250 平方米，损失 2097 万元，商品损失超过 30 万元，直接经济损失 2127 万元。北川羌族自治县专卖店遭到严重破坏，劲霸男装专卖、西域骆驼专卖、以纯专卖、北川圣婴专卖等 10 家专卖店遭到

毁灭性的破坏，损毁营业用房3000平方米，专卖店仓储及附属设施损坏，共造成直接经济损失2100万元。南充市仪陇县天龙酒业有限公司所属酒类专卖店受损严重，房屋损毁200平方米，生产经营设备严重受损，损失90万元；专卖店的酒水损失严重，损坏各类酒水350余件，损失70万元；公司直接经济损失160万元。

陇南市两当县天香手工馍加工配送中心遭受破坏，损坏加工用房1000平方米，营业用房1400平方米墙裂缝，房脊塌陷，共造成直接经济损失270万元。

都江堰市专卖店地震损失情况统计表

表211

专卖店名称	经营场所受损（平方米）	设备设施受损（台）	物资受损（件）	直接经济损失（万元）
森　马	120	45	2350	192
报喜鸟服饰	130	50	3500	185
啄木鸟	320	100	6500	135
七匹狼服装	450	120	5800	310
与狼共舞	560	150	8000	585
安踏运动鞋	450	120	5800	393
罗亚努服饰	150	39	5500	150
千　牌	80	25	2500	87
绅士服装	100	40	2500	257
红蜻蜓	80	25	3000	90
特步运动鞋	2670	—	—	1000
克克女鞋	120	2	4000	310
富康购物	105	1	125	37.5

九　加油站受损

四川、甘肃、陕西、重庆、云南五省（市）加油站在汶川地震中遭到不同程度的破坏，200家加油站受损，直接经济损失16319.9万元（见表212）。其中，四川省加油站受损78家、32194平方米，直接经济损失13330.8万元；甘肃省加油站受损21家、44123平方米，直接经济损失1789万元；陕西省加油站受损83家、直接经济损失1110.1万元；重庆市加油站受损12家，直接经济损失60万元；云南省加油站受损6家，直接经济损失30万元。

五省（市）加油站地震损失情况统计表

表 212

项　　目	四　川	甘　肃	陕　西	重　庆	云　南	合　计
加油站受损数（家）	78	21	83	12	6	200
经营场所受损面积（平方米）	32194	44123	—	—	—	76317
直接经济损失（万元）	13330.8	1789	1110.1	60	30	16319.9

四川省阿坝藏族羌族自治州 22 家加油站受损，其中全部损毁 8 家、部分损毁 14 家；营业房损毁 16730 平方米、损失 8044.4 万元，商品损失超过 97 万元，设备设施损失 205 万元，经济损失共计 8402.3 万元。绵阳市加油站受损 55 家，其中全部损毁 3 家、部分损毁 52 家；房屋损毁 15464 平方米、损失 1403.53 万元，设备设施损失 2000 万元，经济损失共 4918.53 万元。

甘肃省陇南市 21 家加油站不同程度受灾，房屋受损 8132 平方米、损失 645 万元，设备设施损失 658 万元，直接经济损失 1589 万元。甘南藏族自治州多个县加油站受损 35991 平方米、损失 156 万元，设备设施损失 22 万元，仓储及附属设施等损失 54 万元，经济损失共 200 万元。

陕西省部分加油站出现站房墙壁裂缝、罩棚损坏、围墙倒塌、水塔裂缝、罐坑裂缝、操作井裂缝、机房裂缝、地面裂缝等现象，有的受山体滑坡影响无法经营。汉中市汉台区长庆油田加油站罐区 80% 预制板塌陷，自备发电机烧坏，4 号储油罐废弃。中国石油西安销售分公司 9 个片区和西安市区的 48 家加油站遭受地震破坏。其中，户县片区 3 个加油站分别出现围墙倒塌、水塔裂缝、罐坑裂缝；周至片区 7 个加油站分别出现围墙倒塌、水塔倒塌、罐区下沉、操作井裂缝、机房裂缝、地面裂缝。临潼片区 4 个加油站分别出现围墙倒塌、站房墙体开裂；长安片区有 10 座加油站分别出现围墙裂缝、水塔倾斜、站房裂缝；高速片区有 3 座加油站分别出现罐区下沉；铜黄片区有 2 座加油站分别出现罐区下沉；市区有 13 座加油站分别出现围墙倒塌、窗户破碎、罐区围墙倾斜裂缝、人孔井裂缝、营业室办公室屋顶裂缝、罐区下沉、地面塌陷。

十　其他零售企业受损

四川省、陕西省的其他商品零售企业在汶川地震中损毁经营场所 441334 平方米，直接经济损失 68273.1 万元（见表 213）。其中，四川省 3076 家其他商品零售企业受损，损毁经营场所 435834 平方米，直接经济损失 67555.8 万元（见表 214）；陕西省 11 家其他商品零售企业受损，损毁经营场所 5500 平方米，直接经济损失 717.3 万元。

川、陕两省其他商品零售企业地震损失情况统计表

表 213

项　　目	四　川	陕　西	合　计
其他零售企业受损数（家）	3076	11	3087
经营场所受损面积（平方米）	435834	5500	441334
直接经济损失（万元）	67555.8	717.3	68273.1

德阳市其他商品零售服务网点共 1920 个受损，受损面积 353700 平方米，损毁商品金额超过 8615 万元，经济损失合计 45200 万元。绵阳市其他零售企业受损 984 家，其中全部损毁 237 家、部分损毁 747 家，房屋损毁 56849 平方米，房屋、商品和设备设施共遭受直接经济损失 10995 万元。阿坝藏族羌族自治州其他商品零售企业受损 152 家，其中全部损毁 55 家、部分损毁 97 家，房屋损毁 12555 平方米，直接经济损失 9192.8 万元。阆中市东方广场商业中心遭到严重破坏，受损营业用房 10600 平方米，直接经济损失 1500 万元。

四川省部分其他商品零售企业地震损失情况统计表

表 214

市（州）	其他零售企业受损数（家）	经营场所受损面积（平方米）	直接经济损失（万元）
广　元	1	1000	600
绵　阳	984	56849	10995
德　阳	1920	353700	45200
阿　坝	152	12555	9192.8
遂　宁	16	1130	35
内　江	1	—	18
巴　中	1	—	15
南　充	1	10600	1500
合　计	3076	435834	67555.8

陕西省 11 家其他商品零售企业受损，受损面积超过 5500 平方米，直接经济损失 717.3 万元。汉中市汉台区 8 家其他零售企业受损，面积 5500 平方米，主要营业用房、库房、职工宿舍出现房檐断裂、顶部脱落、房顶部分墙体脱落等，经济损失 699.3 万元。天汉大厦一层营业厅及四层、五层、主附楼沉降缝震裂，西附楼四层一处过梁震裂，主楼五至十层西墙多处震裂。汉中市第二食品公司机关院原职工食堂烟囱震倒，塌陷 6 间平房；武乡站院内有 10 余米高的烟囱受损，危及周边数十户住户及房屋安全；龙江站院内 10 余米高烟囱顶部震塌，砸坏屋面 2 间。咸阳市其他零售企业受损 3 家，房屋损毁 31 间，直接经济损失 18 万元。

第五节　餐饮住宿业受损

汶川地震给四川、甘肃、陕西、重庆、云南五省（市）的餐饮住宿业造成102.45亿元的直接经济损失，其中四川省1010062.09万元、甘肃省8478.28万元、陕西省5454.2万元、重庆市9.3万元、云南省500万元。在五省（市）的餐饮住宿业中，星级宾馆饭店损失179510.21万元，其他住宿企业损失211287.32万元；大中型餐饮企业损失238340.44万元，其他餐饮企业损失395365.9万元（见表215）。

五省（市）餐饮住宿业地震损失情况统计表

表215　　单位：万元

项　目	四　川	甘　肃	陕　西	重　庆	云　南	小　计
星级宾馆饭店	176662.85	2195.76	645.8	5.8	—	179510.21
其他住宿企业	203428.9	3621.82	4234.7	1.9	—	211287.32
大中型餐饮企业	236368.24	1850	120.6	1.6	—	238340.44
其他餐饮企业	393602.1	810.7	453.1	—	500	395365.9
合　计	1010062.09	8478.28	5454.2	9.3	500	1024503.87

一　星级宾馆饭店受损

汶川地震给四川、甘肃、陕西、重庆四省（市）的82家星级宾馆饭店造成不同程度的破坏和损失，共损毁经营场所461306平方米，造成直接经济损失179510.21万元（见表216）。

四省（市）星级宾馆饭店地震损失情况统计表

表216

项　目	四　川	甘　肃	陕　西	重　庆	合　计
宾馆饭店受损数（家）	65	6	9	2	82
经营场所受损面积（平方米）	398710	54500	8096	—	461306
直接经济损失（万元）	176662.85	2195.76	645.8	5.80	179510.21

四川省星级宾馆饭店受损65家，直接经济损失176662.85万元（见表217）。地处极重灾区的汶川县三江生态旅游区三星级酒店潘达尔森林大酒店损毁8300平方米，房屋、洗衣房、锅炉房及配电控制房等配套设施共损失2606万元。茂县国际大酒店和茂县鑫茂宾馆等7家星级宾馆受损，其中设施设备损失534万元、附属设施损失327.6万元。安县绵州温泉酒店、启明星温泉酒店完全损毁，损毁房屋26257平方米，经济损失4986万元。国宾饭店损毁房屋202间、10716平方米，其中客房6625平方米、餐厅2591平方米、其他房间1500平方米，经济损失13649万元。月亮湾酒店损毁房屋141间、10095.1平方米，其中客房6882.28平方米、餐厅1064.7平方米、其他房间2198.13平方米，经济损失2940万元。鹤翔山庄损毁房屋124间、6416平方米，其中客房3980平方米、餐厅1263平方米、其他房间1200平方米，经济损失3200万元。巴中市南江县金惠宾馆的住宿大楼、餐饮、娱乐等服务设施严重损毁，大部分墙体开裂；枫叶大酒店两栋住宿大楼及餐饮、娱乐设施严重损毁，部分墙体开裂倒塌；金惠宾馆的南江黄羊美食城地板开裂，部分墙体裂缝、倒塌，设施设备损毁，食品被污染。广元市利州区喜来登商务休闲中心墙体断裂、开缝，吊顶脱落，局部外墙倒塌，地面装饰下沉裂缝，设施、设备、物资严重受损。苍溪县梨都宾馆建筑面积12957平方米，地震灾情十分严重，西楼、南楼和西北楼3幢主要营业场所成为危房，经济损失达2000多万元。

四川省星级宾馆饭店地震损失情况统计表

表217

市（州）	宾馆饭店受损数（家）	场所受损面积（平方米）	直接经济损失（万元）	包含县（市、区）
成　都	13	67177	47907.8	都江堰
广　元	3	6000	3570	利州、剑阁、苍溪
绵　阳	23	145511	32378	北川、安县、平武、江油、梓潼、三台、涪城
德　阳	3	71932	60800	绵竹、中江、旌阳
阿　坝	16	105590	30611.45	汶川、茂县、小金、黑水、金川
巴　中	3	—	1140	南江
南　充	4	2500	255.6	阆中、西充
合　计	65	398710	176662.85	22个县（市、区）

北川羌族自治县星级宾馆饭店遭到严重破坏，完全损毁2家，损毁营业房15980平方米，直接经济损失11147万元。北川大酒店一二层完全塌陷，损毁营业房12620平方米，直接经济损失4350万元；损毁设施、设备1000台，直接经济损失3450万元。华兴大酒店是北川最大的餐饮企业，由客房部、超市、餐饮部、茶楼和歌城等组成。酒店楼高8层，位于县城商业繁华区。地震发生前夕，华兴大酒店跟往常一样，生意红火、顾客盈门。在一层的超市里，70多位顾客正在挑选各自喜爱的商品；在三层的茶楼，由于天气炎热，早已座无虚席，50多位顾客正在休闲饮茶；

在四至六层的客房部，有旅客正在午休。汶川地震突然降临，华兴大酒店顷刻间倒塌，39 名员工和约 200 名顾客全部遇难。地震造成该酒店直接经济损失 3689 万元，其中华兴大酒店房屋及设施损失 2487 万元，华兴宾馆设备设施损失 91.5 万元，华兴超市商品、设施、现金等损失 365 万元，华兴电器、商品、设施及现金损失 342 万元，华兴餐饮部的食品及设备损失 191.7 万元，华兴茶楼的茶叶、设备、设施损失 47.8 万元。

都江堰市烟草公司所属金叶宾馆，是一家四星级涉外旅游饭店，属都江堰市重点旅游酒店，占地面积 3.78 公顷，建筑面积 1.43 万平方米。地震造成宾馆主楼中餐厅、西餐厅及大堂严重垮塌，客房区域二、三层承重主梁断裂、楼梯断裂，餐厅外围楼梯区域完全垮塌，梯道及内装建筑完全裸露在外；会议中心楼顶垮塌，通往二、三层的金属楼梯扶手严重变形，多功能厅内装建筑垮塌、背后贵宾休息区至楼梯通道处倒塌，配电房及空调机房严重倒塌；商务楼多处地裂严重，造成承重主梁断裂，内里楼道、走廊通道严重垮塌变形，整体倾斜；配电房外转墙体倒塌，10 千伏高压电缆垮塌；水疗中心恒温游泳池损毁，墙面倒塌；网球场大面积裂口；屋顶钢架结构大面积弯曲，玻璃幕墙局部损坏；化粪池由于地裂，出现多处宽窄不一的裂痕裂口，地面严重凹凸不平；宾馆外转护栏和围墙全部倒塌，除正门建筑未倒塌及员工餐厅外主体建筑对面约 10 多米的围栏未倒外，其他区域均严重垮塌。地震中宾馆损毁房屋 167 间、21060 平方米，其中客房 11066 平方米、餐厅 3084 平方米、其他房间 6910 平方米，经济损失 7000 万元。

甘肃省星级宾馆饭店受损 6 家，房屋损毁 5.45 万平方米，经济损失 2195.76 万元。陇南市星级宾馆饭店受损 4 家，房屋损毁 5.45 万平方米，经济损失 2180 万元。成县成州国际大酒店营业用房、基础设施损坏 1.25 万平方米，经济损失 500 万元；金成大厦营业用房、基础设施损毁 14750 平方米，经济损失 590 万元；玉龙宾馆营业用房、基础设施损毁 2.45 万平方米，经济损失 980 万元；鑫海大酒店营业用房、基础设施损毁 2750 平方米，经济损失 110 万元。庆阳市正行德工贸集团庆阳伉佳大酒店墙体出现裂缝。天水市秦安县唯一一家星级宾馆秦融宾馆，损毁墙体 700 平方米。

陕西省汉中市星级宾馆饭店受损 9 家，房屋损毁 8096 平方米，经济损失 645.8 万元。勉县聚仙楼大酒店、定军山宾馆、石化商务大酒店 3 个星级宾馆营业楼墙体多处开裂，烟囱倒塌，受损面积约 2000 平方米，经济损失约 300 万元。汉台区大型宾馆、酒店等住宿企业受损 5704 平方米，经济损失近 300 万元。

重庆市合川区 2 家星级宾馆饭店墙砖损坏、水管爆裂，设施设备部分受损，房屋开裂，经济损失 5.8 万元。

二　其他住宿企业受损

地震给四川、甘肃、陕西、重庆四省（市）的 1558 家其他住宿企业带来巨大损失，经营场所受损 759445 平方米，直接经济损失 211287.32 万元（见表 218）。

四省（市）其他住宿企业地震损失情况统计表

表 218

项　　目	四　川	甘　肃	陕　西	重　庆	合　计
企业受损数（家）	1484	26	46	2	1558
场所受损面积（平方米）	674578	72872	11810	185	759445
直接经济损失（万元）	203428.9	3621.82	4234.7	1.9	211287.32

四川省其他住宿企业受损 1484 家，房屋损毁 674578 平方米，直接经济损失 203428.9 万元，其中尤以成都、广元、绵阳、阿坝等市（州）损失巨大（见表 219）。

四川省其他住宿企业地震损失情况统计表

表 219

市（州）	其他住宿企业受损数（家）	场所受损面积（平方米）	直接经济损失（万元）	包含县（市、区）
成　都	26	118806	119541	成都市区、都江堰
广　元	242	177020	22498	青川、旺苍
绵　阳	603	195809	30799	北川、安县、平武、江油、三台、盐亭、游仙、涪城
阿　坝	598	169513	30456.37	汶川、茂县、理县、小金、黑水、松潘、九寨沟、金川
遂　宁	3	950	29	—
内　江	7		18.2	—
巴　中	2	180	21.8	—
资　阳	1	12100	30	—
甘　孜	2	200	35.53	丹巴、道孚
合　计	1484	674578	203428.9	22 个个县（市、区）

说明：遂宁市、内江市、巴中市、资阳市资料未明确所属具体县（市、区）

阿坝藏族羌族自治州其他住宿企业受损 598 家，其中全部损毁 122 家、部分损毁 476 家；房屋损毁 169513 平方米，共遭受直接经济损失 30456.37 万元。汶川县共有其他住宿企业 92 家，完全损毁 55 家，部分损毁 37 家，总损毁面积 75122 平方米，直接经济损失 16650 万元。其中，阿坝藏族羌族自治州迎宾馆有限责任公司受损 15837.05 平方米，经济损失 3387.9 万元；映秀宾馆受损 2500 平方米，经济损失 1586 万元；映电宾馆受损 3593 平方米，经济损失 2311 万元；凯逸酒店受损 4988 平方米，经济损失 1400 万元；新国旅大酒店受损面积 7227 平方米，经济损失 1028 万元；汶川羌维旅业有限责任公司受损面积 4778 平方米，经济损失 800 万元。茂县 30 家其他住宿企业遭到严重破坏，其中 15 家旅馆全部损毁、15 家旅馆部分损毁，房屋损毁 12818 平方米，直接经济损失 2759.88 万元；设施设备损失 500 万元。理县 85 家其他住宿企业遭到严重破坏，其中 42 家完全损毁、43 家部分损毁；损毁住宿业房屋 1.25 万平方米、经济损失 2835 万元，设施损失 665 万元，直接经济损失 3500 万元。

都江堰市有社会宾馆、商务酒店 5575 间客房受损，损失 119541 万元。其他住宿企业 26 家受损，毁损面积 118806 平方米；商务酒店损毁客房 1510 间，经济损失 32378 万元，其中世纪云锦商务酒楼损毁 3200 平方米、房间 51 间，经济损失 400 万元。都江堰市远豪商务酒楼损毁 2900 平方米、房间 62 间，经济损失 800 万元。西京商务酒楼损毁 4800 平方米、房间 74 间，经济损失 2056 万元。天恒大酒楼损毁 6378 平方米、房间 100 间，经济损失 3200 万元。攀煤宾馆损毁 11050 平方米、房间 179 间，经济损失 3430 万元。锦弘集团损毁 505684 平方米、房间 486 间，经济损失 7588 万元。

广元市其他住宿企业受损 242 家，房屋损毁面积 177020 平方米，共遭受直接经济损失 22498 万元。青川县其他住宿企业受损单位 200 家，损毁营业房 174320 平方米，直接经济损失 22000 万元。

绵阳市其他住宿企业受损 603 家，房屋损毁 195809 平方米，直接经济损失 30799 万元。北川羌族自治县其他住宿企业遭到严重破坏，其中绿宝宾馆、银泉大酒店、信合宾馆、邮政宾馆、农行招待所、工行招待所、发行招待所、新华宾馆、九龙宾馆和长龙宾馆等 20 家住宿企业全部损毁，损毁营业用房 12200 平方米，直接经济损失 12600 万元。安县受地震破坏的住宿企业共计 228 家，损毁营业房 85122 平方米，直接经济损失 3196 万元；完全损毁的有高川、千佛、沸水、晓坝、桑枣、雎水、秀水等乡（镇）的 37 家住宿企业，损毁营业房 29374 平方米，经济损失 1266 万元；18 个乡（镇）部分损毁的住宿企业有 191 家，损毁营业房 55748 平方米，经济损失 1930 万元。平武县其他住宿企业全部损毁 5 个，部分损毁 9 个，损毁营业房屋 32827 平方米，直接经济损失 9841 万元（见表 220）。

部分极重灾县（市）其他住宿企业地震损失情况统计表

表 220

县（市）	其他住宿企业数（家）	完全损毁数（家）	部分损毁数（家）	损毁场所面积（平方米）	直接经济损失（万元）
汶　川	92	55	37	75122	16650
北　川	20	20	—	12200	12600
青　川	200	—	—	174320	22000
茂　县	30	15	15	12818	2759.88
安　县	228	37	191	85122	3196
都江堰	30	21	10	100000	35000
平　武	14	5	9	32827	9841

甘肃省其他住宿企业26家受损，房屋损毁72872平方米，经济损失3621.82万元。陇南市其他住宿企业受灾最重，18家其他住宿业房屋损毁25152平方米，经济损失3235万元。其中，文县宾馆遭到严重破坏，墙体裂缝1680平方米，餐厅楼顶塌陷102平方米，直接经济损失230万元。地震造成武都宾馆地基下沉，1200平方米房屋严重裂缝，经济损失460万元。徽县住宿企业均遭到不同程度的破坏，徽县宾馆、金地宾馆、金瑞宾馆、荣生宾馆、商业宾馆5家宾馆损坏营业用房、库房等4100平方米，造成经济损失365万元，其中损坏设施设备85万元。两当县7家其他住宿企业受损，其中两当饭店、两当宾馆、鸿泰商务酒店、故道宾馆、新世纪大酒店、长寿乡村宾馆6家受到中度破坏，墙体裂缝9700平方米，楼顶塌陷1920平方米，经济损失1523万元；张家宾馆遭到严重破坏，倒塌房屋16间1600平方米，楼房墙体裂缝2000平方米，经济损失372万元。宕昌县2家宾馆受损，宕昌宾馆受损2650平方米，经济损失285万元；天园宾馆墙体裂缝200平方米，经济损失2.1万元。

陕西省其他住宿企业受损46家，房屋损毁11810平方米，经济损失4234.7万元。宝鸡市其他住宿企业受损7家，房屋损毁6860平方米，经济损失2020.3万元，其中陈仓区天外天大酒店宾馆楼体多处裂缝，填充墙墙体大面积裂缝，内装修80%遭到损坏；餐饮楼墙体多处裂缝，玻璃墙、内装修40%遭到损坏，地面多处出现裂缝；东楼、浴池楼、连接楼墙面出现裂缝和墙皮脱落；家属楼楼体外墙和室内局部出现裂缝，楼顶瓦架倒塌；玻璃、电视机、空调、电梯、音像餐具、供水、灯具等设施受损严重，经济损失1353万元。汉中市其他住宿企业受损34家，房屋损毁4570平方米，经济损失2200万元，其中宁强县其他住宿企业29家遭受损失，受损面积2900平方米，经济损失485万元。

重庆市合川区2家旅馆房屋开裂，受损面积185平方米，经济损失1.9万元。

三　大中型餐饮企业受损

汶川地震给四川、甘肃、陕西、重庆四省（市）的1753家大中型餐饮企业造成巨大损失，经营场所受损935614.7平方米，直接经济损失238340.44万元（见表221）。

四省（市）大中型餐饮企业地震损失情况统计表

表221

项　目	四　川	甘　肃	陕　西	重　庆	合　计
大中型餐饮企业受损数（家）	1743	5	3	2	1753
经营场所受损面积（平方米）	890194.7	43910	1510	—	935614.7
直接经济损失（万元）	236368.24	1850	120.60	1.60	238340.44

四川省大中型餐饮企业受损1743家，房屋损毁890194.7平方米、经济损失30725.6万元，商品损失28700.3万元，设备设施等损失1183.42万元，经济损失共236368.24万元（见表222）。

阿坝藏族羌族自治州大中型餐饮企业受损69家，其中全部损毁12家、部分损毁57家，房屋损毁134270.7平方米、损失29655.6万元，商品损失超过43.3万元，设备设施损失1025万元，其他损失0.42万元，经济损失共34650.32万元。其中，茂县25家大中型餐饮业中2家完全损毁、23家部分损毁，房屋损毁104892平方米、经济损失21383万元，设施设备损失345万元，经济损失共21728万元；理县36家大中型餐饮业遭到损毁，其中26家部分损毁、10家完全损毁，损毁房屋约2万平方米、经济损失7320万元，设施设备损失680万元，经济损失共8000万元；黑水县8家大中型餐饮业部分损毁。都江堰市大中型餐饮企业26家受损，毁坏面积39023平方米、经济损失18453.5万元。德阳市大中型餐饮企业受损1620家，房屋损毁超过68.3万平方米，商品损失2.83亿元，经济损失共17.72亿元。绵阳市大中型餐饮企业受损18家，房屋损毁31729平方米、经济损失1070万元，商品损失357万元，设备设施损失超过158万元，经济损失共5832.22万元。

四川省大中型餐饮企业地震损失情况统计表

表222

市（州）	餐饮企业受损数（家）	场所受损面积（平方米）	直接经济损失（万元）	包含县（市、区）
成　都	26	39023	18453.50	—
绵　阳	18	31729	5832.22	江油、梓潼、游仙、涪城
德　阳	1620	683000	177200	—
阿　坝	69	134270.7	34650.32	茂县、理县、黑水
南　充	5	600	150	南充市区、阆中
内　江	1	372	4.20	—
巴　中	4	1200	78.00	通江、平昌
合　计	1743	890194.7	236368.24	12个县（市、区）

说明：成都市、德阳市、内江市资料未明确所属具体县（市、区）

甘肃省大中型餐饮企业受损5家，房屋损毁43910平方米，直接经济损失1850万元。陇南市大中型餐饮企业受损3家，房屋损毁4.2万平方米，直接经济损失1680万元。其中，成县金成大厦遭到严重损坏，营业用房、基础设施损毁14750平方米，直接经济损失590万元；玉龙宾馆遭到严重损坏，营业用房、基础设施损毁2.45万平方米，直接经济损失980万元；鑫海大酒店遭到严重损坏，营业用房、基础设施损毁2750平方米，直接经济损失110万元。天水市大中型餐饮企业受损2家，房屋损毁1910平方米，经济损失共170万元。

陕西省汉中市大中型餐饮企业受损3家，房屋损毁1510平方米，经济损失120.6万元。

重庆市合川区大中型餐饮企业受损2家，主要为门窗损坏、酒类商品及用具损坏，经济损失1.6万元。

四 其他餐饮企业受损

汶川地震给四川、甘肃、陕西、云南四省的6575家其他餐饮企业造成巨大损失，经营场所受损770109.5平方米，直接经济损失395365.9万元（见表223）。

四省其他餐饮企业地震损失情况统计表

表223

项目	四川	甘肃	陕西	云南	合计
其他餐饮企业受损数（家）	6518	26	30	1	6575
经营场所受损面积（平方米）	698083.5	67380	4486	160	770109.5
直接经济损失（万元）	393602.1	810.7	453.1	500	395365.9

四川省其他餐饮企业受损6518家，损毁经营场所698083.5平方米，直接经济损失393602.1万元（见表224）。

四川省其他餐饮企业地震损失情况统计表

表224

市（州）	其他餐饮业受损数（家）	场所受损面积（平方米）	直接经济损失（万元）	包含县（市、区）
成都	1418	199307	70286	都江堰、彭州
广元	1183	77800	33564	青川、旺苍、元坝
绵阳	3158	249770.20	40903.60	北川、安县、平武、江油、梓潼、三台、盐亭、游仙、涪城
德阳	21	—	222805	绵竹、什邡、罗江
阿坝	727	169107.30	25944.30	汶川、茂县、理县、小金、黑水、九寨沟、金川
遂宁	6	1649	71.40	船山、安居、大英
巴中	4	450	17.00	通江
甘孜	1	—	10.79	道孚
合计	6518	698083.5	393602.1	29个县（市、区）

位于极重灾区的其他餐饮企业地震损失巨大（见表225）。彭州市龙门山部分山体滑坡，公路撕开裂口，桥梁垮塌，两边高山合拢，填平了山沟，栈道山路全部毁灭，8公里沿路众多民房

被掩埋，知名景点瞬间消失，银厂沟景区的826家乡村酒店、农家乐、46户餐饮、533户住宿点全部损毁，直接经济损失4.13亿元。绵阳市其他餐饮企业受损3158家，房屋损毁249770.2平方米，直接经济损失40903.6万元。其中，北川羌族自治县餐饮业遭到严重破坏，直接经济损失10363万元；荣森饭店、羌寨大酒楼、小茅屋、寇氏鱼庄、北川森林雨火锅店、密林毛肚王火锅、易老五土菜馆、绿宝火锅、北川南方鸭肠王、左记酒家和羌山缘饭店等饭店全部损毁，共损毁营业用房9000平方米，直接经济损失8300万元；金城尔玛、云中羌寨、五龙羌寨和西窝羌寨等100家饭店部分损毁，共损毁营业用房5000平方米，直接经济损失2063万元。安县餐饮企业因地震完全损毁的有高川、千佛、沸水、晓坝、桑枣、睢水、秀水、迎新等乡（镇）的84家餐饮企业，损毁营业房12930平方米，经济损失791万元；18个乡（镇）受到部分损毁的餐饮企业有384家，损毁营业房22867平方米，经济损失1523万元；全县受地震破坏的餐饮企业共计468家，损毁营业房3.58万平方米，损毁商品517.49万元，损失现金236万元，直接经济损失2314万元。平武县其他餐饮企业全部损毁367家，部分损毁380家，损毁营业房屋49405平方米，直接经济损失15420万元。

极重灾区其他餐饮企业损失情况统计表

表225

县（市）	其他餐饮企业数（家）	完全损毁数（家）	部分损毁数（家）	场所受损面积（平方米）	直接经济损失（万元）
汶　川	279	144	135	55800	9501.5
北　川	112	12	100	14000	10363
绵　竹	12	7	5	141650	76400
什　邡	8	5	1	3500	146000
青　川	420	420	—	63600	31000
茂　县	45	13	32	9300	1566
安　县	468	84	384	35797	2314
都江堰	13	13	—	199307	28986.1
平　武	747	367	380	49405	15420
彭　州	1405	1405	—	—	41300
合　计	3509	2470	1037	572359	362850.6

甘肃省部分市（州）其他餐饮企业受损26家，房屋损毁67380平方米，直接经济损失810.7万元（见表226）。文县文洲酒楼营业厅墙面裂缝200平方米，直接经济损失8万元。成县风味小吃市场遭到严重损坏，市场营业用房、基础设施损毁2500平方米，直接经济损失147万元。徽

县餐饮企业均不同程度地遭到破坏，直接经济损失385万元；徽县政府宾馆餐厅、徽县慧发酒店、清真马氏餐饮、聚鑫阁酒店、秦妈火锅城、商业宾馆餐厅、伊馨园火锅城、皇城香府等8家饭店损坏营业用房、库房等4000平方米，损坏设施设备，直接经济损失385万元，其中设施设备损失105万元。舟曲县其他餐饮企业遭到破坏，直接经济损失21万元，其中损毁各类营业用房1万平方米，经济损失11万元；损毁设备设施等经济损失6万元；损毁仓储及附属设施等经济损失3万元。

甘肃省部分市（州）其他餐饮企业地震损失情况统计表

表226

市（州）	其他餐饮企业受损数（家）	场所受损面积（平方米）	直接经济损失（万元）	包含县（区）
甘　南	5	50000	105	舟曲、临潭、迭部、卓尼、碌曲
陇　南	11	10700	541	文县、成县、徽县、宕昌
庆　阳	2	—	6.2	庆阳市区
天　水	8	6680	158.5	武山、秦安
合　计	26	67380	810.7	12个县（区）

陕西省其他餐饮企业受损30家，房屋损毁4486平方米，经济损失453.1万元。其中，汉中市的勉县其他餐饮企业受损27家，经营场所受损3000平方米，经济损失350万元；镇巴县其他餐饮企业经营场所受损900平方米，经济损失75万元；洋县其他餐饮企业经营场所受损82平方米，经济损失25.1万元。咸阳市其他餐饮企业经营场所受损504平方米，经济损失3万元。

云南省昭通市市区人民西路原发展计划局楼下的4间餐饮店面毁损160平方米，墙体严重开裂。

第六节　外贸业受损

汶川特大地震给四川、甘肃、陕西三省的外贸业（包括农产品外贸、工业品外贸和纺织品外贸）造成总计55.07亿元的直接经济损失，其中四川省548592.06万元、甘肃省2098.3万元、陕西省5万元。在三省外贸企业中，农产品外贸企业损失31603.94万元，工业品外贸企业损失501647.3万元，纺织品外贸企业损失17444.12万元（见表227）。

川、甘、陕三省外贸企业地震损失情况统计表

表 227　　单位：万元

企业类别	四　川	甘　肃	陕　西	小　计
农产品外贸企业	30325.64	1278.3	—	31603.94
工业品外贸企业	500922.3	720	5	501647.3
纺织品外贸企业	17344.12	100	—	17444.12
合　计	548592.06	2098.3	5	550695.36

一　农产品外贸业受损

汶川地震给四川、甘肃两省 50 家农产品外贸企业造成极大损失，共损毁经营场所 89324 平方米，同时损毁大量商品、物资、设施、设备及现金等财产，共造成直接经济损失 31603.94 万元（见表 228）。

川、甘两省农产品外贸企业地震损失情况统计表

表 228

类　　别	四　川	甘　肃	合　计
企业受损数（家）	37	13	50
经营场所受损面积（平方米）	82952	6372	89324
经营场所损失（万元）	938	—	938
商品损失（万元）	581	—	581
设备损失（万元）	5442	—	5442
直接经济损失（万元）	30325.64	1278.3	31603.94

四川省农产品外贸企业受损 37 家，房屋损毁 82952 平方米、损失达 1804.46 万元，商品损失 1321 万元，设备设施损失 6695.2 万元，直接经济损失 30325.64 万元（见表 229）。极重灾区北川羌族自治县农产品外贸企业遭到严重破坏，县内四川省自然天堂茶叶有限公司全部损毁，损毁营业用房面积 1.4 万平方米，仓储及附属设施损坏等共造成直接经济损失 12690 万元。绵阳市豪茂魔芋食品有限公司、圣鼎民乐丝绸有限公司、神龙饲料有限公司 3 家农产品外贸企业部分损毁，损毁房屋 2800 平方米，损毁商品 233 万元，直接经济损失 1780 万元。平武县全部损毁农产品外贸企业 1 家，部分损毁 3 家，损毁房屋和营业面积 24480 平方米，直接经济损失 2313 万元。

四川省农产品外贸企业地震损失情况统计表

表 229

地　区	农产品企业受损数（家）	房屋受损面积（平方米）	房屋损失（万元）	商品及其他损失（万元）	设施设备损失（万元）	直接经济损失（万元）	包含县（市、区）
成　都	14	8000	—	260	4107	6839.98	都江堰、大邑
广　元	1	4900	458	193	48	699	—
绵　阳	15	61652	270	233	1287	19657	北川、安县、平武、江油、梓潼、盐亭、游仙
德　阳	1	6000	800	500	1229	2529	—
雅　安	2	—	30	135	—	330	—
巴　中	4	2400	246.46	—	24.2	270.66	通江、巴中
合　计	37	82952	1804.46	1321	6695.2	30325.64	

说明：广元市、德阳市、雅安市、巴中市资料未明确所属具体县（市、区）

甘肃省农产品外贸企业受损 13 家，经营场所损毁 6372 平方米，直接经济损失 1278.3 万元（见表 230）。陇南市农产品企业受损 5 家，经营场所损毁 2252 平方米，直接经济损失 1060 万元。地处重灾区的文县农产品外贸企业遭受地震破坏，直接经济损失 850 万元。甘肃美华特种养殖有限公司以养殖、出口虹鳟鱼为主，是一家非公有制企业，厂房设施受损 900 平方米，经济损失 130 万元。庆阳市宝源果蔬食品有限公司建筑物墙体开裂，地基下陷，墙体倾斜，受损严重。甘肃泰膳食品有限公司养殖场墙体倒塌，机井震塌，不能供水。环县荣发农副产品工贸有限公司车间大梁裂开、倾斜、墙体松动，裂缝 5 ~ 10 厘米。

甘肃省农产品外贸企业地震损失情况统计表

表 230

地　区	农产品外贸企业受损数（家）	经营场所受损面积（平方米）	直接经济损失（万元）	包含县
陇　南	5	2252	1060	文县、康县
庆　阳	6	—	63	庆阳（陇东）、庆城、环县
天　水	2	4120	155.3	武山
合　计	13	6372	1278.3	6 个县

二　工业品外贸业受损

四川、甘肃、陕西三省共有 134 家工业品（不含纺织品）外贸企业在汶川地震中受到不同程度的破坏和损失，损毁经营场所 21.68 万平方米，经济损失达 501647.3 万元（见表 231）。

川、甘、陕三省工业品外贸企业地震损失情况统计表

表 231

类　　别	四　川	甘　肃	陕　西	合　计
企业受损数（家）	131	2	1	134
经营场所受损面积（平方米）	211560	5240	15	216800
厂房和设备设施损失（万元）	43231	—	—	43231
商品损失（万元）	1702	—	—	1702
直接经济损失（万元）	500922.3	720	5	501647.3

四川省成都、德阳、广元、绵阳四市工业品外贸企业受损 131 家，房屋损毁 211560 平方米，厂房和设备设施损失 43231 万元，商品损失 1702 万元，直接经济损失 500922.3 万元（见表 232）。成都市工业品外贸企业受损 27 家，房屋损毁 2 万平方米，厂房及设备损失 20579 万元，商品损失 180 万元，经济损失 42411.3 万元。德阳市工业品外贸企业受损 61 家，经济损失 40.9 亿元，其中工业品外贸企业 8 家受损，损失达 15.9 亿元，仅龙蟒集团受损即达 13.6 亿元；生产型外贸企业 53 家受到严重破坏，直接经济损失 25 亿元。广元市工业品外贸企业受损 5 家，房屋损毁 37680 平方米，损失 4409 万元，商品损失 204 万元，设备设施损失 3510 万元，直接经济损失 8123 万元。其中，元坝区外贸企业共有 4 家，房屋受损 21357 平方米，损失 3484 万元；商品损失 204 万元，设备设施受损严重，毁损率达 47%，受损 3280 万元。绵阳市工业品外贸企业受损 38 家，其中全部损毁 4 家、部分损毁 34 家，房屋损毁 153880 平方米、损失 6322 万元，商品损失 1318 万元，设备设施损失 8411 万元。其中，处于极重灾区的安县华意达化工有限公司、绵阳市威尼达化工有限公司完全损毁，损毁房屋 3540 平方米，经济损失 1884 万元。

四川省部分工业品外贸企业地震损失情况统计表

表 232

市（州）	企业受损数（家）	房屋损毁面积（平方米）	厂房及设施设备损失（万元）	商品损失（万元）	直接经济损失（万元）	包含县（市、区）
成　都	27	20000	20579	180	42411.3	成都市区、都江堰、大邑
广　元	5	37680	7919	204	8123	元坝
绵　阳	38	153880	14733	1318	41388	安县、平武、江油、梓潼
德　阳	61	—	—	—	409000	—
合　计	131	211560	43231	1702	500922.3	8 个县（市、区）

说明：德阳市资料未明确所属具体县（市、区）

甘肃省陇南市工业品企业受损2家，房屋损毁5240平方米，直接经济损失720万元。其中，陇南利特硅公司是文县一家生产、出口硅铁的私营企业，年创外汇70万美元，地震中损毁厂房3440平方米，毁坏部分机器设备，直接经济损失500万元；陇南顺天硅铁公司在地震中损毁厂房1800平方米，毁坏部分机器设备，直接经济损失220万元。

陕西省乾县工业品公司遭到破坏，直接经济损失5万元。公司营业楼出现15处裂缝，最大裂缝宽1厘米，最长裂缝48米。

三　纺织品外贸业受损

四川、甘肃两省纺织品外贸企业有17家在汶川地震中受损，房屋损毁52633平方米，设备设施等损失严重，直接经济损失17444.12万元。其中，四川省受损15家，约一半严重损毁；房屋损毁52233平方米，损失5850万元，商品损失245万元，设备设施等损失3289万元，直接经济损失17344.12万元。甘肃省纺织品外贸企业损毁2家，损坏房屋面积400平方米，直接经济损失100万元（见表233）。

川、甘两省纺织品外贸企业地震损失情况统计表

表233

省	地　区	企业受损数（家）	房屋损毁面积（平方米）	房屋损失（万元）	设施设备损失（万元）	商品损失（万元）	直接经济损失（万元）
四　川	成　都	2	2000	4430	2100	90	3822.62
	广　元	2	4930	1120	139	30	1849
	绵　阳	8	41803	—	1050	125	9922.5
	德　阳	2	—	—	—	—	1420
	内　江	—	—	300	—	—	300
	巴　中	1	3500	—	—	—	30
	小　计	15	52233	5850	3289	245	17344.12
甘　肃	陇　南	1	400	—	—	—	95
	庆　阳	1	—	—	—	—	5
	小　计	2	400	—	—	—	100
合　计		17	52633	5850	3289	245	17444.12

第七节　其他商贸服务业受损

汶川特大地震给四川、甘肃、陕西、重庆、云南五省（市）的其他商贸服务业造成总计21.15亿元的直接经济损失，其中四川省203569.25万元、甘肃省1540.9万元、陕西省4052.63万元、重庆市2270.33万元、云南省72万元。在五省（市）的其他商贸服务业中，修理业损失1303.8万元，中介服务业损失11815.1万元，娱乐休闲业损失18707.6万元，再生资源回收企业损失2108.4万元，生猪屠宰企业损失39237.9万元，肉类、成品油及其他重要商品储备库损失21121.86万元，其他服务企业损失117210.45万元（见表234）。

五省（市）其他商贸服务业地震损失情况统计表

表234　　单位：万元

项　　目	四　川	甘　肃	陕　西	重　庆	云　南	小　计
修理业	1303.8	—	—	—	—	1303.8
中介服务业	11815.1	—	—	—	—	11815.1
娱乐休闲业	18707.6	—	—	—	—	18707.6
再生资源回收企业	1386.8	717.6	—	4	—	2108.4
生猪屠宰企业	36184	311	562.95	2107.95	72	39237.9
肉类、成品油及其他重要商品储备库	19214.28	299.3	1449.9	158.38	—	21121.86
其他服务企业	114957.67	213	2039.78	—	—	117210.45
合　　计	203569.25	1540.9	4052.63	2270.33	72	211505.11

一　修理、中介、娱乐休闲、资源回收业受损

汶川地震使阿坝藏族羌族自治州18家汽车修理企业受损，其中完全损毁2家、部分损毁16家，房屋受损3160平方米，损失653万元，设备设施损失20万元，直接经济损失1303.8万元。

阿坝藏族羌族自治州14家中介服务店受损，其中完全损毁5家、部分损毁7家，房屋损毁30490平方米、损失4168万元，商品及固定资产直接损失7304.4万元，设施设备损失32万元，直接经济损失11815.1万元。

地震对四川省娱乐休闲业损害较大，其中阿坝、成都、德阳、绵阳的720家娱乐休闲场所受损，损毁房屋121130平方米，直接经济损失18707.6万元（见表235）。

四川省部分市（州）娱乐休闲业地震损失情况统计表

表 235

市（州）	场所受损数（家）	房屋损毁面积（平方米）	房屋损失（万元）	设施设备损失（万元）	商品损失（万元）	现金损失（万元）	直接经济损失（万元）
成　都	14	—	—	—	—	—	—
绵　阳	56	12450	—	—	—	—	4257.4
德　阳	420	33600	4746	2800	168	10	7724
阿　坝	230	75080	—	490.7	—	—	6726.2
合　计	720	121130	12295	3290.7	168	10	18707.6

四川、甘肃、重庆三省（市）17 家再生资源回收企业经营场所在地震中受损 95237 平方米，设备设施损失 237 万元，直接经济损失 2108.4 万元。

四川省 7 家再生资源回收企业房屋损毁 15967 平方米，设备设施损失 204 万元，直接经济损失 1386.8 万元。其中，汶川县 2 家再生资源回收企业遭到严重破坏，共损毁房屋 6660 平方米，直接经济损失 330 万元。绵阳市 4 家再生资源回收企业遭到破坏，完全损毁 1 家，部分损毁 3 家，损毁房屋 9307 平方米，直接经济损失 1036.8 万元。内江市隆昌县金属回收有限公司办公室墙体出现明显裂缝，经济损失 20 万元。

甘肃省 9 家再生资源回收企业房屋及大棚损毁 79270 平方米，损失 684.6 万元，设备设施损失 12 万元，仓储及附属设施等损失 21 万元，直接经济损失 717.6 万元。其中，甘南藏族自治州再生资源回收企业房屋与大棚损毁 7.4 万平方米、损失 352 万元，设备设施等损失 33 万元，直接经济损失 385 万元；陇南市 8 家再生资源回收企业房屋、大棚与设施损毁 5270 平方米，直接经济损失 332.6 万元。

重庆市永川区废旧物资有限公司板桥生资门市部受损，墙体部分垮塌，部分商品受损，直接经济损失 4 万元。

二　生猪屠宰业受损

汶川地震给四川、甘肃、陕西、重庆、云南五省（市）的 482 家生猪屠宰企业造成损失，受损经营场所面积 269663 平方米，造成直接经济损失 39237.9 万元（见表 236）。

五省（市）生猪屠宰企业地震损失情况统计表

表 236

项　　目	四　川	甘　肃	陕　西	重　庆	云　南	合　计
企业受损数（家）	421	10	15	33	3	482
场所受损面积（平方米）	218888	28100	4115	18560	—	269663
直接经济损失（万元）	36184	311	562.95	2107.95	72	39237.9

四川省421家生猪屠宰企业受损，损毁房屋218888平方米，直接经济损失36184万元（见表237）。

四川省生猪屠宰企业地震损失情况统计表

表237

市（州）	企业受损数（家）	场所受损面积（平方米）	直接经济损失（万元）	包含县（市、区）
广　元	8	35939	7119.77	青川、广元、苍溪
绵　阳	304	97960	14003.34	北川、安县、平武、江油、三台、盐亭、游仙、涪城
德　阳	45	20550	7098	罗江、绵竹、什邡、广汉、中江、旌阳
阿　坝	12	17400	4606.3	汶川、茂县、理县、黑水、松潘、九寨沟、金川
雅　安	4	2720	700	宝兴、石棉、天全
遂　宁	29	1113	115.2	安居
巴　中	6	1085	625	南江、通江、巴州
南　充	4	34620	1630	阆中、南部
眉　山	7	7501	200.5	仁寿
甘　孜	2		85.89	丹巴、道孚
合　计	421	218888	36184	35个县（市、区）

极重灾区汶川县3个定点生猪屠宰场中的1个完全损毁、2个部分损毁，总损毁2600平方米、直接经济损失266万元。茂县凤仪生猪定点屠宰场房屋2400平方米完全损毁，直接经济损失260万元，附属设施倒塌、机器设备损失40万元，生猪死亡200头左右、损失20万元。德阳市38个生猪屠宰经营服务店全部受损，受损面积为8740平方米，房屋及设施损失2185万元，商品损失699万元，直接经济损失2884万元；旌阳区生猪屠宰企业共6家受损，其中1.1万平方米营业房损毁，直接经济损失4100万元。青川县生猪屠宰生产厂房全部垮塌，造成损失1498.17万元，其中加工车间毁坏6间（2367平方米），损失294万元；冷库7间1163平方米全毁，损失181.43万元；生产线和机械设备严重损毁，报废机械设备61台，损失683.62万元；办公厂房损毁16间316平方米，经济损失28.8万元；电脑办公设施损失6.2万元；垮塌围墙1036米，经济损失304.12万元。北川羌族自治县4家生猪屠宰企业遭到严重破坏，其中完全损毁的生猪屠宰厂3家、部分损毁的1家，共损毁营业用房1200平方米、直接经济损失630万元。安县24个生猪屠宰厂损失极为严重，完全损毁的7个、部分损毁的17个，损毁房屋1.4万平方米，其中完全损毁3500平方米、部分损毁5300平方米、轻微损毁5200平方米，损毁设备、设施109台，损毁商品20万元，全县直接经济损失1095万元。

平武县屠宰企业全部损毁 4 家、部分损毁 4 家，损毁屠宰房屋 1.37 万平方米，直接经济损失 6141 万元（见表 238）。

部分极重灾县生猪屠宰企业地震损失情况统计表

表 238

县	生猪屠宰企业数（家）	完全损毁企业数（家）	部分损毁企业数（家）	损毁场所面积（平方米）	直接经济损失（万元）
汶　川	3	1	2	2600	266
北　川	4	3	1	1200	630
青　川	1	1	—	3921	2011.77
茂　县	1	1	—	2400	260
安　县	24	7	17	14000	1095
平　武	8	4	4	13700	6141
合　计	41	17	24	37821	10403.77

甘肃省 10 家生猪屠宰企业房屋损毁 2.81 万平方米，直接经济损失 311 万元（见表 239）。其中，重灾区舟曲县生猪屠宰企业直接经济损失 130 万元，损毁各类营业用房 1 万平方米，直接经济损失 116 万元，损毁设备设施等直接经济损失 11 万元，仓储及附属设施损毁等损失 3 万元。陇南市武都区汉王生猪屠宰场厂房及办公房墙体裂缝，直接经济损失 30 万元。康县生猪定点屠宰场厂房 900 平方米严重损毁，直接经济损失 65 万元。

甘肃省生猪屠宰企业地震损失情况统计表

表 239

市（州）	企业受损数（家）	场所受损面积（平方米）	直接经济损失（万元）	包含县（区）
甘　南	5	27000	201	舟曲、临潭、迭部、卓尼、碌曲
陇　南	2	900	95	武都、康县
庆　阳	2	—	2.8	西峰、华池
天　水	1	200	12.2	清水
合　计	10	28100	311	10 个县（区）

陕西省 15 家生猪屠宰企业受损，房屋损毁 4115 平方米，直接经济损失 562.95 万元（见表 240）。其中，重灾区勉县中宝农业公司、利民生猪屠宰厂 2 家企业出现墙体开裂，围墙倒塌，冷库受损，受损面积 650 平方米，直接经济损失 300 万元。

陕西省生猪屠宰企业地震损失情况统计表

表 240

地 区	企业受损数（家）	场所受损面积（平方米）	直接经济损失（万元）	包含县（区）
汉 中	13	3660	509.6	勉县、南郑、汉台、西乡、镇巴、洋县
西 安	1	300	37.65	周至
咸 阳	1	155	15.7	永寿
合 计	15	4115	562.95	8 个县（区）

重庆市生猪屠宰企业受损 33 家，房屋损毁 18560 平方米，直接经济损失 2107.95 万元（见表 241）。主要损毁情况是屠宰厂房垮塌，屋顶震裂，墙身破裂，生产车间的热水池、冷水池不同程度开裂，储备库墙体严重变形、倾斜，设施设备损坏。

重庆市生猪屠宰企业地震损失情况统计表

表 241

区（县）	企业受损数（家）	经营场所受损面积（平方米）	直接经济损失（万元）
合 川	12	960	187.55
大 足	1	700	35
双 桥	1	—	17
铜 梁	2	—	5.6
璧 山	2	6500	250
永 川	15	10400	1612.8
合 计	33	18560	2107.95

云南省昭通市 3 家生猪屠宰企业受损，直接经济损失 72 万元。水富县屠宰场周边发生两处山体滑坡，地面多处开裂、沉陷，墙体多处震裂，房顶受损，生产经营受到影响。

三 肉类、成品油及其他重要商品储备库受损

汶川地震给四川、甘肃、陕西、重庆四省（市）的 991 家肉类、成品油（食用）及其他重要商品储备库造成损失，经营场所受损 149014 平方米，直接经济损失 21121.86 万元（见表 242）。

四省（市）肉类、成品油及其他重要商品储备库地震损失情况统计表

表 242

项　　目	四　川	甘　肃	陕　西	重　庆	合　计
企业损失数（家）	961	6	19	5	991
经营场所受损面积（平方米）	98421	3309	2251	45033	149014
直接经济损失（万元）	19214.28	299.3	1449.9	158.38	21121.86

四川省肉类、成品油及其他重要商品储备库受损961个，房屋损毁98421平方米，商品损失1451万元，直接经济损失19214.28万元（见表243）。其中，绵阳市肉类、成品油及其他重要商品储备库受损958个，房屋损毁93621平方米，商品损失1321万元，直接经济损失18505.28万元。北川羌族自治县商品储备库遭到严重破坏，曲山仓库、茅坝仓库、擂鼓仓库、永成仓库、禹里仓库、小坝仓库、坝底仓库、东兴仓库、华兴仓库等20个储备库完全损毁，损毁营业用房5000平方米，直接经济损失4042万元。安县受地震破坏的肉类、成品油、粮油储备库共计56家，损毁房屋57062平方米，损毁商品851万元，直接经济损失7610万元，其中完全损毁的16家，损毁房屋22020平方米，损失2897万元；部分损毁的40家，损毁房屋35042平方米，损失4713万元。江油市遭地震部分损毁的肉类、成品油及其他重要商品储备库20家，完全损毁的9家，共损毁营业面积4006平方米，商品损失470万元，直接经济损失3510万元。盐亭县肉类、成品油及其他重要商品储备库遭到损毁的有817个，其中完全损毁286个，损毁营业房13037平方米，加油机和成品油储存罐等设备设施损毁88台，经济损失122万元。

四川省部分肉类、成品油及其他重要商品储备库地震损失情况统计表

表 243

市、县	储备库受损数（家）	受损面积（平方米）	商品产品损失（万元）	直接经济损失（万元）
绵阳市小计	958	93621	1321	18505.28
北川	20	5000	—	4042
安县	56	57062	851	7610
江油	29	4006	470	3510
盐亭	817	13037	—	122
游仙	33	11300	—	2590.28
涪城	3	3216	—	631
内江市小计	3	4800	—	129
仪陇	1	800	130	230
石棉	2	4000	—	350
合　计	961	98421	1451	19214.28

甘肃省肉类、成品油及其他重要商品储备库受损6家，房屋损毁3309平方米，直接经济损失299.3万元。其中，陇南市成县河东区粮食储备库遭到严重损坏，库房、基础设施损毁3173平方米，直接经济损失194万元。庆阳市甘肃正行德工贸集团庆阳鑫龙肉类加工有限公司建筑物墙体开裂，制冷车间部分制冷管道变形，外管道保温层脱落严重，库房地基下陷，基本报废，损失76万元。天水市秦安县其他重要商品储备库遭到部分损毁，储藏室倒塌，仓库墙体损毁，直接经济损失29.3万元。

陕西省肉类、成品油及其他重要商品储备库受损19家，房屋损毁2251平方米，经济损失1449.9万元。汉中市肉类、成品油及其他重要商品储备库受损17个，房屋损毁2251平方米，经济损失1112.4万元。粮食企业下属13个粮站共计156间房屋全部受损，军粮供应点及设施受损严重，直接损失840万元；盐业公司6间库房260平方米出现局部地基下沉，墙体裂缝，5间办公用房墙壁出现裂缝，围墙倒塌40平方米，合计损失50万元。城固县盐务管理局遭到严重破坏，经济损失8.6万元。西安市肉类、成品油及其他重要商品储备库受损2个，直接经济损失337.5万元，其中西安方欣食品有限公司直接经济损失61万元。

重庆市合川区、大足县肉类、成品油及其他重要商品储备库5家受损，房屋损毁45033平方米，损坏商品储备库消防水池、路坝围墙等附属设施，储备冷库开裂，直接经济损失158.38万元。

四　其他服务业受损

汶川地震给四川、甘肃、陕西三省的其他服务业造成巨大损失，共有8715家其他服务企业遭受损失，经营场所受损达597187平方米，直接经济损失117210.45万元（见表244）。

川、甘、陕三省其他服务企业地震损失情况统计表

表244

项　　目	四　川	甘　肃	陕　西	合　计
其他服务企业受损数（家）	8679	5	31	8715
经营场所受损面积（平方米）	559397	2740	35050	597187
直接经济损失（万元）	114957.67	213	2039.78	117210.45

四川省其他服务企业受损8679家，房屋损毁559397平方米，直接经济损失114957.67万元（见表245）。阿坝藏族羌族自治州共有其他服务企业405家，地震中完全损毁144家、部分损毁261家，营业房损毁100373平方米，经济损失18632.4万元，其中商品损失351万元、设备设施损失300万元。青川县鸿运酿造厂办公区及生产区房屋全部垮塌，其中厂房1400平方米、办公室60平方米，35万元调味品生产设备被掩埋于废墟之中，直接经济损失210万元。广元市元坝区其他服务企业受损8家，房屋受损8500平方米、损失1955万元，损失商品17万元，受损设施价值563万元，损毁率为52%。苍溪县陵江供销合作社生物有机肥厂房屋顶倾斜，屋面垮塌，墙

体错位开裂，直接经济损失350余万元，机器设备6套、三相电线路1200米被地震损坏，直接经济损失200余万元，其他损失50余万元。北川羌族自治县其他商贸服务企业完全损毁的有7家，损毁营业用房2000平方米，直接经济损失2200万元；部分损毁的3家，损毁营业用房1000平方米，直接经济损失656万元；全县共损毁营业用房3000平方米，直接经济损失2856万元。安县聚安民用爆破器材有限公司、高新蔬菜种业服务有限公司、龙安种业有限公司、天诚大药房连锁有限公司、蓝焰燃气有限公司、黑农夫食品有限公司、日杂废旧棉麻有限公司等14家其他服务企业遭受地震完全损毁，损毁房屋18705平方米，损失4537万元；18个乡（镇）受到部分损毁的其他服务企业有50家，损毁房屋40411平方米，损失9074万元；全县受地震破坏的其他服务企业共计64家，损毁房屋59116平方米，损毁商品2383万元，直接经济损失13611万元。平武县被全部损毁的其他服务企业280家，部分损毁的580家，损毁房屋和营业用房42836平方米，直接经济损失30995万元。南充市仪陇县2条商业步行街遭到地震破坏，造成街面损毁1450平方米，直接经济损失472万元。

四川省其他服务企业地震损失情况统计表

表245

市（州）	企业受损数（家）	场所受损面积（平方米）	直接经济损失（万元）	包含县（市、区）
阿　坝	405	100373	18632.40	—
巴　中	7	3621	539.4	南江、通江、巴州、平昌
德　阳	1	47480	3101	旌阳
广　元	11	17460	4450	青川、元坝、苍溪
绵　阳	8252	389013	87452.65	北川、安县、平武、江油、盐亭、游仙、涪城
南　充	2	1450	472	仪陇
遂　宁	1	—	310.22	—
合　计	8679	559397	114957.67	17个县（市、区）

说明：阿坝、遂宁资料未明确所属县（区）

甘肃省其他服务企业受损5家，房屋损毁2740平方米，直接经济损失213万元。陇南市两当县一鑫物资有限公司办公用房墙体裂缝500平方米，房顶坍塌250平方米，直接经济损失70万元。龙维煤炭公司遭受严重破坏，其中倒塌大棚1400平方米，办公用房100平方米，直接经济损失76万元。三木煤炭公司受到中度破坏，损坏煤炭大棚350平方米，直接经济损失15万元。春辉液化气站中度破坏，其中办公用房100平方米，加气房300平方米，造成直接经济损失32万元。天水市清水县商务办公楼遭到严重破坏，楼顶及房屋墙面出现严重裂缝，损坏房屋10间240平方米，直接经济损失20万元。

陕西省其他服务企业受损31家，房屋损毁35050平方米，直接经济损失2039.78万元（见表246）。宁强县其他商贸服务业房屋受损9166平方米，损失1473.3万元。其中，宁强县游仙茧丝绸有限责任公司部分损毁，受损面积1400平方米，直接经济损失50万元。茧丝绸行业直接损失340万元，其中缫丝企业损失70万元，东桑西移工程损失210万元，全县20家烘茧灶、12家茧灶出现裂缝，需重建，烘茧灶损失60万元。轻工总公司直接损失713.3万元，其中公司4层办公楼楼内办公用品、招待所设施、供水管道、照明线路损失325万元；一幢1200平方米的家属楼成为严重危楼，损失350万元；所属企业房屋、商品等资产损失38.3万元。物资总公司直接损失370万元。两幢面积2078平方米的家属楼，损失360万元；总公司及民爆公司办公场所墙体裂缝，损失10万元。勉县13个蚕茧收烘站和37户小蚕共育室出现墙壁裂缝，茧灶烟囱倒塌，屋顶损坏，受损面积800平方米，直接经济损失80万元。南郑县茧丝绸行业损毁面积3744平方米，连同设备、蚕茧等经济损失165.01万元。城固县汉中泛亚绿色食品有限公司遭受严重破坏，经济损失271万元，公司柑橘生态示范园艺场6间土木结构职工住房倒塌；16间土木结构职工住房墙体裂缝严重，屋顶屋架断裂变形严重、多处塌垮；19间砖混结构职工住房屋顶变形，23处墙面裂缝，屋顶垮塌，面积645平方米，直接经济损失56万元；公司柑橘保鲜库及柑橘加工车间厂房6间墙体断裂，屋顶塌垮；8间办公用房墙体和楼梯过道出现裂缝，面积300平方米，经济损失29万元；陕南柑橘苗木脱毒繁育基地1.9万平方米工厂化温室育苗大棚出现垮塌，棚膜破损，地下水网及渠系损毁，经济损失186万元。城固县物资总公司地震损失0.75万元。咸阳市其他服务企业受损4家，直接经济损失38.3万元。

陕西省其他服务企业地震损失情况统计表

表246

县（区）	企业受损数（家）	经营场所受损面积（平方米）	直接经济损失（万元）
宁　强	—	9166	1473.3
勉　县	13	800	80
南　郑	—	3744	165.01
留　坝	5	—	4.42
汉　台	6	760	7
城　固	3	19720	271.75
武　功	3	458	8.3
礼　泉	1	402	30
合　计	31	35050	2039.78

第二章　金融业受损

汶川特大地震给金融业（主要指银行业、保险业和证券业）造成了重大经济损失。四川、甘肃、陕西、云南、重庆、宁夏等地震灾区的众多金融企业分支机构遭到不同程度的破坏，直接经济损失 43.61 亿元。其中，银行业营业网点受损 2550 个，办公用房坍塌 123 处，经济损失 40 亿元；保险公司有 35 家分支机构遭到不同程度的破坏，经济损失超过 100 万元的有 11 家，直接经济损失 1.81 亿元；证券期货行业办公、营业场所及设备毁损造成的直接经济损失达 4129.22 万元；金融监管机构有 20 家地级中心支行、85 个县级中心支行、6 个银监局、50 个银监分局、2 个证监局、1 个保监局遭受不同程度的损失，经济损失 1.3 亿元。从区域来看，四川省金融业损失 35.68 亿元，甘肃省金融业损失 3.67 亿元，陕西省金融业损失 2.88 亿元，云南省金融业损失 0.2 亿元，重庆市金融业损失 1.18 亿元，宁夏回族自治区金融业损失 60 万元（见表 247）。

地震灾区金融业损失情况统计表

表 247　　　　单位：万元

业　别	四　川	甘　肃	陕　西	重　庆	云　南	宁　夏	小　计
银行业	330225.00	32000.00	25000.00	11498.29	1296.00	—	400019.29
保险业	13999.93	930.72	2536.63	284.25	302.50	60.00	18114.03
证券业	3758.15	299.07	72.00	—	—	—	4129.22
金融监管	8778.25	3500.00	1201.04	10.00	392.60	—	13881.89
合　计	356761.33	36729.79	28809.67	11792.54	1991.10	60.00	436144.43

第一节 银行业受损

汶川特大地震给中国银行业造成了人员伤亡和重大经济损失，四川、甘肃、陕西、云南、重庆、宁夏等地震灾区的众多银行企业分支机构遭到不同程度破坏。

四川省银行业遭受重大经济财产损失，受损银行业网点1551个，占全省银行业网点的12.27%，造成经济损失33.02亿元。其中，极重灾区10个县（市）银行企业自身损失为10.35亿元，占全省银行企业地震自身损失的31.33%；重灾区29个县（市、区）银行企业自身损失为22.68亿元，占全省银行企业地震自身损失的68.67%。

甘肃省部分地区银行业金融机构在地震中受到一定程度的破坏和损毁，直接经济损失3.2亿元。受地震波及，甘肃省8个重灾县（区）银行机构有245个办公用房和营业网点受损，其中严重损毁的有114个、部分损毁的有131个。地震造成8个重灾县（区）银行机构办公、营业网点等用房损失1.44亿元。经测算，8个重灾县（区）银行机构信贷资产因灾损失0.94亿元，不良贷款增加0.74亿元。地震发生当天，由于网络通信和电力供应中断，8个重灾县（区）有257个银行机构营业网点中断营业。

陕西省银行业经济损失近2.5亿元。损失较为严重的汉中市和宝鸡市银行机构直接经济损失1.43亿元，其中汉中市1亿元、宝鸡市4265万元。汉中市共有76家网点遭受不同程度的破坏，宝鸡市共有22家银行业办公楼、40个营业网点用房及4个银行机构职工住宅楼发生倒塌、地基下沉、墙体断裂、饰物脱落等损坏。受地震的影响，电力供应、网络通信中断，受灾地区金融服务系统无法正常运行。

重庆市银行业在地震中经济损失11498万元。农业银行重庆市分行共有29个分支机构报告受灾，受灾网点共计81个，经济损失达8424万元。重庆农村商业银行139个网点受到地震不同程度的影响，多处房屋出现裂缝、漏水情况，部分成为危房，因灾经济损失3000万元。建设银行重庆市分行有14个分支行的8幢办公大楼和24个营业网点的房屋局部受损，共造成建筑物墙面24处开裂，经济损失74.29万元。

云南省银行业在地震中经济损失1296万元。昭通市银行业在地震中遭到破坏，经济损失600万元。永善县银行业金融机构经济损失400万元。绥江县银行业直接经济损失97.5万元，其中营业用房损坏6650平方米，直接经济损失88万元；损坏设备、设施20台（套），损失9万元。水富县银行业在地震中遭到破坏，直接经济损失89万元，其中损坏营业用房2591平方米、职工住宅814平方米；损坏设备、设施24台（套），直接经济损失12万元。

一 经营活动受损

汶川地震发生后，四川省银行机构受损网点数量1551个。银行信贷资产损失累计112.54亿元，不良贷款新增额累计为215.81亿元。金融服务受到严重影响的地区主要是阿坝、绵阳、德阳、广元、成都等市（州），其中阿坝藏族羌族自治州83家网点全部或部分丧失经营活动能力，因地震导致银行信贷资产损失17.6亿元，不良贷款新增额为54.1亿元，主要集中于汶川、茂县、理县、小金、松潘、黑水、九寨沟。绵阳市及所辖县（市、区）454家网点严重丧失经营活动能力，因地震导致银行信贷资产损失33.58亿元，不良贷款新增额为46.11亿元，主要集中于北川、安县、江油、三台、平武。北川银行企业在地震中遭到严重破坏，直接经济损失8.64亿元，5家银行的26个网点和机构遭到严重破坏，丧失经营活动能力。位于北川县城的农行、农发行、邮政储蓄银行、富民村镇银行及农村信用联社被全部破坏，农村信用联社领导班子成员和中层干部无一生还，因地震导致金融信贷资产损失7.51亿元，不良贷款新增额为13.05亿元。

德阳市252家网点全部或部分丧失经营活动能力，因地震导致银行信贷资产损失26.58亿元，不良贷款新增额为36.91亿元，主要集中于绵竹、什邡、罗江、广汉。

广元市329家网点全部或部分丧失经营活动能力，因地震导致银行信贷资产损失18.76亿元，不良贷款新增额为18.89亿元，主要集中于青川、旺苍、剑阁、苍溪。

成都市240家网点全部或部分丧失经营活动能力，因地震导致银行信贷资产损失4.89亿元，不良贷款新增额为26.92亿元。其中，都江堰市银行机构直接经济损失1.38亿元，9家银行25个网点和机构遭到严重破坏，丧失经营活动能力；位于蒲阳路的中国银行支行倒塌，遭到全部破坏；因地震导致银行信贷资产损失0.71亿元，不良贷款新增额为17.51亿元。彭州市银行机构直接经济损失1.22亿元，4家银行的33个网点和机构遭到严重破坏，丧失经营活动能力；位于龙门山镇、小鱼洞镇、通济镇的农业银行、农村信用社、邮政银行网点遭到全部破坏；因地震导致银行信贷资产损失4.12亿元，不良贷款新增额为8.4亿元。

四川省部分极重灾县（市）金融服务受损情况见表248。

四川省部分极重灾县（市）金融服务受损情况统计表

表248

县（市）	网点受损（个）	信贷损失（万元）	不良贷款新增（万元）	县（市）	网点受损（个）	信贷损失（万元）	不良贷款新增（万元）
汶　川	20	64744	52582	青　川	37	32565	30362
北　川	26	75065	130485	茂　县	16	7947	41862
绵　竹	63	156026	141437	安　县	34	34680	64656
什　邡	55	42648	82394	都江堰	93	7120	175092

甘肃省8个重灾县（区）银行机构信贷资产因灾损失0.94亿元，不良贷款增加0.74亿元（见表249）。257个银行机构营业网点在汶川地震发生当天下午中断营业；114个营业网点由于房屋受损，中断营业时间超过半天。陇南市武都区6家银行的31个网点和机构遭到严重破坏，丧失经营活动能力。5家银行的50个网点和机构遭到部分破坏，只具有局部的业务经营活动能力，因

地震导致银行信贷资产损失 4303 万元。文县、徽县、康县、成县、西和、两当、舟曲均遭受不同程度的损失。

甘肃省金融服务受损情况统计表

表 249

县（区）	网点受损（个）	信贷损失（万元）	不良贷款新增（万元）	县（区）	网点受损（个）	信贷损失（万元）	不良贷款新增（万元）
武　都	83	4303	—	西　和	26	234	—
文　县	28	398	4284	两　当	17	666	—
徽　县	28	1947	—	舟　曲	15	42	115
康　县	31	188	2920	合　计	244	9409	7418
成　县	16	1631	99				

陕西省略阳县 2 家银行的 6 个网点和机构遭到严重破坏，丧失经营活动能力；2 家银行的 11 个网点和机构遭到部分破坏，只能进行局部业务经营活动。因地震导致略阳县金融机构信贷资产损失 4498.49 万元，不良贷款新增额为 1.0557 亿元。宁强县 5 家银行的 12 个网点和机构遭到严重破坏，丧失经营活动能力；5 家银行的 27 个网点和机构遭到部分破坏，只具有局部的业务经营活动能力，金融机构信贷资产损失 2.37 亿元，不良贷款新增额为 348 万元。勉县 1 家银行的 1 个网点和机构遭到严重破坏，丧失经营活动能力；4 家银行的 15 个网点和机构遭到部分破坏，只具有局部的业务经营活动能力，金融机构信贷资产损失 8334 万元，房屋、设备损失 803 万元，不良贷款新增额为 400 万元。

二　办公用房受损

汶川地震对四川、甘肃、陕西、重庆银行机构办公用房破坏极为严重。四川省 39 个重灾县（市、区）银行机构有 1469 处办公用房和营业网点受损，其中严重损毁 614 个、部分损毁 855 个。地震损毁 39 个极重灾和重灾县（市、区）银行机构各类用房 179 万平方米，直接经济损失 25.73 亿元。甘肃省 8 个重灾县（区）银行机构有 245 处办公用房和营业网点受损，其中严重损毁 114 个、部分损毁 131 个，造成银行机构办公、营业网点等用房损失 1.44 亿元。陕西省汉中市共有 76 家银行机构网点遭受不同程度的损害。重庆市银行机构有 255 处办公用房和营业网点受到不同程度损坏，经济损失 1.15 亿元。

阿坝藏族羌族自治州银行业 859313.52 平方米各类用房损毁，83 个网点和机构遭到严重破坏，位于映秀的建设银行、农村信用社、农业银行全部损毁。绵阳市银行机构办公用房损毁严重。其中，北川羌族自治县农村信用合作联社办公大楼在地震中损毁，房屋损失 30582 平方米，经济损失 5975 万元；中国农业发展银行北川支行营业办公楼全部倒塌，直接经济损失 1008.9 万元。安县农村信用合作联社损毁各类营业用房和办公用房 62593.83 平方米。绵竹市 8 家银行机构，63个营业网点不同程度受损，经济损失2.5亿元。位于绵竹市三星街的中国银行绵竹市支行办公营业大楼全部倒塌，伤亡23人，其中支行职工伤亡13人中死亡9人、重伤3人、轻伤1人。位于绵竹市金花镇、九龙镇、清平乡龙王庙村、遵道镇和江油市武都镇的6个营业网点全部遭到破坏。地震造成办公营业大楼倒塌，致使信用社职工4人死亡、2人重伤、2人轻伤。什邡市银行机构直接经济损失8150多万元。雅安市银行机构办公用房受损10369平方米，直接经济损失3426万元。

陇南市银行机构办公用房损失较重。位于武都区的农业发展银行、农业银行、建设银行陇南市分行办公楼遭到全部破坏，损毁各类用房3.17万平方米，直接经济损失4622.26万元，其中损毁办公大楼8座、房屋1.81万平方米，损毁营业网点75个、营业用房1.36万平方米。地震导致银行信贷资产损失4303万元。文县30个银行机构中，房屋严重受损需拆除重建的机构网点22个，房屋损失3521.5万元；中国工商银行文县支行办公大楼成为危房；中国农业银行文县支行碧口办事处和中国建设银行文县支行营业大楼严重受损；中国邮政储蓄银行文县支行1个机构网点严重受损。甘南藏族自治州银行机构37个网点受损，损失1475万元。天水市秦州区银行机构24个网点受损。平凉市银行机构18个网点受损，直接经济损失542.1万元。庆阳市银行机构48个网点受损，直接经济损失400多万元。定西市银行机构59个网点受损，房屋损失918万元。

宝鸡市陈仓区31个银行营业网点损毁各类营业用房21531.72平方米；凤县银行机构各类营业用房不同程度受损，直接经济损失80万元；渭滨区银行机构44个网点的各类营业用房遭到损坏，直接经济损失近2000万元；眉县银行机构中5个机构网点损毁各类营业用房350平方米；岐山县4个银行机构网点因损毁各类营业用房，造成直接经济损失86.6万元；凤翔县银行机构7个网点损毁各类营业用房200多平方米；麟游县银行机构损毁各类营业用房1250平方米。汉中市宁强县银行机构有9个营业网点遭到严重损毁，各类营业用房受损32223平方米，直接经济损失4279万元；略阳县银行机构营业场所有危房11746平方米，经济损失3901.36万元。

三　设备设施受损

在地震中，四川省受灾地区银行营业场所的电子设备被大量震坏，ATM机（银行自动柜员机）损失严重，部分受灾严重的网点营业设施几乎全部报废。银行网络及系统设备等设施损毁，直接经济损失1.61亿元；银行辅助及附属设施损毁，直接经济损失5100万元。陕西、甘肃、宁夏等地银行机构的设备及办公用品也有不同程度损失。

位于震中汶川县的各银行机构营业设备及办公用品受损情况严重，丧失经营活动能力。什邡市银行机构机器设备损失1.2亿元，中江县7个银行业金融机构设备损失74.6万元。位于广元市利州区工农镇的农村信用合作社工农信用社机具、设备被毁。北川羌族自治县银行业金融机构电子设备损失1.14亿元。中国邮政储蓄银行绵阳市分行直属支行网络和系统设备以及各类单册等流动资产损毁，造成直接经济损失170余万元。江油市银行机构办公设备损坏，直接经济损失927万元。梓潼县邮政储蓄银行部分办公设备损坏，直接经济损失780万元。

地震造成陕西省宁强县银行机构设备损失 429 万元，其他地区金融机构设备损失 29 万元。地震造成云南省昭通市银行机构设备、设施损坏，直接经济损失 20 多万元。

四　生活设施受损

四川省位于极重灾区的银行机构职工住宅楼全部倒塌，重灾区部分职工宿舍楼严重受损。甘肃省 9 家银行机构职工住宅楼成为危房，需拆除重建。陕西省宝鸡市 4 个银行机构职工住宅楼倒塌，职工住宅楼及财产累计损失 5 亿元。

阿坝藏族羌族自治州 5 家银行机构职工住宅楼在地震中全部倒塌。德阳市银行机构职工房屋受损 30305 平方米、经济损失 3000 多万元。北川羌族自治县银行机构因地震导致职工房屋损失 30582 平方米，经济损失 5975 万元。安县银行机构职工宿舍楼全部倒塌或受损，直接经济损失 400 多万元。开江县农村信用联社 9 家信用社营业用房或职工住房遭到破坏，造成经济损失 188 万元。

甘肃省陇南市银行机构中国工商银行文县支行家属楼受损成为危房，需拆除重建。

陕西省宝鸡市共有 4 家银行机构职工住宅楼发生倒塌、地基下沉、墙体断裂、饰物脱落等损坏。

云南省昭通市水富县银行机构职工住宅受损 814 平方米。

第二节　证券业受损

在汶川特大地震中，灾区证券期货行业办公、营业场所及设备毁损共造成直接经济损失 4129.22 万元。

四川省是汶川地震的重灾地区，省内 201 个证券期货经营网点中，有 170 个位于灾区。震灾造成四川证券期货经营机构直接损失 3758.15 万元，其中营业场所严重受损 28 家、部分受损 64 家，受损 23888 平方米，机器设备损毁 4930 套。极重灾区的汶川、都江堰、彭州，重灾区的崇州、江油等地证券期货经营机构的房屋和交易设备毁损严重，正常的交易秩序遭受严重影响。阿坝藏族羌族自治州和兴证券马尔康营业部及汶川服务部交易大厅墙壁和办公室内墙垮塌，砸坏服务部几乎所有设施。所租用的阿坝电大综合楼 2 楼多功能厅损毁严重，计算机及通信设备受损 71.42 万元，其他设备设施受损 2.7 万元，直接经济损失 82.13 万元。德阳市区 4 家证券办公场所全部受损，直接经济损失 226 万元，其中办公营业用房受损 5490 平方米，直接经济损失 164 万元；机器设备损失价值 62 万元。中信建投证券广元营业部受到一定程度的损害，办公设备、电子机具损失 35 万元。绵阳市证券业受损网点 11 个，损坏房屋 15040 平方米，损失设备 635 台（套），直接经济损失 1489.26 万元。

四川省部分地区证券经营机构受损情况见表 250。

四川省部分地区证券经营机构受损情况统计表

表 250

县（市、区）	房屋受损面积（平方米）	房屋经济损失（万元）	设备经济损失（万元）	其他经济损失（万元）	总经济损失（万元）
汶　川	130	8	71.43	2.7	82.13
绵　竹	800	17.7	41.9	—	59.6
什　邡	1400	26.73	45.16	13.19	85.08
都江堰	1040	22.17	22.11	1.5	45.78
彭　州	990	3	56	—	59
江　油	7850	316	220	300	836
利　州	1500	35.6	35	—	70.6
旌　阳	5490	164	62	—	226
崇　州	500	2.3	2	—	4.3
三　台	—	—	7	2	9
阆　中	30	0.8	0.95	—	1.75
中　江	1150	22	—	—	22
广　汉	2228	25	24.83	—	49.83

甘肃省受灾地区 5 家证券期货经营机构遭受不同程度的损坏，直接经济损失 299.07 万元。其中，天水市秦州区华龙证券天水营业部房屋、财产损失较重，直接经济损失 298.07 万元。

陕西省西安、宝鸡、汉中等地区证券期货经营机构遭受不同程度的灾害损失。其中，宝鸡市陈仓区西部证券宝鸡营业部营业场所遭破坏较重，造成直接经济损失 72 万元。

第三节　保险企业受损

汶川特大地震中，35 家保险公司在四川、甘肃、陕西、重庆、云南、宁夏等地震灾区的分支机构遭到不同程度的破坏（见表 251）。

六省（区、市）保险公司地震损失情况统计表

表 251　　单位：万元

公司类别	四　川	甘　肃	陕　西	重　庆	云　南	宁　夏	小　计
财产保险	7279.04	292.45	1971.56	0.00	0.00	60.00	9603.05
人身保险	6720.89	638.27	565.07	284.25	302.50	0.00	8510.98
合　计	13999.93	930.72	2536.63	284.25	302.50	60.00	18114.03

地震中，经济损失超过100万元的保险公司有11家。四川地震灾区的保险公司经济损失达13999.93万元，占灾区保险行业地震经济损失的77.28%。地震极重灾区10个县（市）保险公司经济损失为4105.15万元，地震重灾区29个县（市、区）保险公司经济损失为4328.81万元，分别占四川省的29.32%和30.92%。位于重灾地区的阿坝藏族羌族自治州保险公司损失390.3万元、成都市损失4444.73万元、德阳市损失3453.22万元、绵阳市损失3207.01万元、广元市损失1487.87万元。

一　财产保险公司受损

在汶川地震中，15家财产保险公司在四川、甘肃、陕西、宁夏等地震灾区的分支机构受损，5名员工遇难，21人受伤，直接经济损失达9603.05万元，其中4家保险公司的损失超过100万元，分别是人保财险8887万元、太平洋财险194.93万元、平安财险160.83万元、中华联合财险147.98万元。

四川省有15家财产保险公司的分支机构受损，经济损失7279.04万元。人保财险四川省分公司是四川省经济损失最大的财产保险公司，建筑物损失5621.37万元，设备损失665.61万元，其他资产损失237.5万元，总经济损失达6560.48万元。

阿坝藏族羌族自治州在地震中有3家财产保险公司的分支机构受损。位于震中汶川县的财产保险公司分支机构经济损失达362.34万元。人保财险汶川支公司损毁办公楼631平方米，经济损失达346.5万元。中华联合财险阿坝中心支公司本部职场受损980平方米，汶川县映秀服务点房屋全部垮塌。平安财险四川省分公司汶川营销部办公职场严重受损，天花板脱落，墙体开裂。

成都市有9家财产保险公司的分支机构在地震中受损。人保财险成都市分公司，办公楼受损5252.7平方米，损坏办公楼4座，经济损失743.83万元；办公设施和设备损失30万元。人保财险都江堰市支公司办公楼受损2572.18平方米，加上办公设施和设备损失，经济损失145万元；彭州市支公司办公大楼受损1168.6平方米，经济损失96.83万元。太平洋财险在成都地区的经营机构受到地震破坏，经济损失38.03万元。太平洋财险都江堰市营销服务部在地震中成为危房，受损241.7平方米，经济损失30万元。都邦财产保险股份有限公司在都江堰市、彭州市的营销服务部损毁职场用房310平方米。法国安盟保险公司成都市分公司，在地震中损毁12个营销服务部。

德阳市有10家财产保险公司的分支机构在地震中受损。人保财险德阳市分公司房屋受损24955平方米，全部经济损失达2474.95万元。人保财险绵竹中心支公司汉旺办事处综合楼倒塌，损毁建筑6927平方米，经济损失1123.9万元。太平洋财险德阳中心支公司及其所辖的3个营销服务部在地震中受损，营业和办公场所受损1170平方米。什邡营销服务部和绵竹营销服务部丧失业务经营能力，经济损失43.6万元。天安保险股份有限公司德阳中心支公司所辖绵竹、广汉、什邡3个营销服务部的营销职场及办公设施设备受损，经济损失20.14万元。中华联合财险德阳中心支公司办公职场及绵竹支公司、什邡营销部、罗江营销部等6个机构受损1500平方米，经济损失18.21万元。

绵阳市有13家财产保险公司的分支机构在地震中受损。人保财险绵阳市分公司本部及12家支公司遭到严重破坏，经济损失达973.26万元。人保财险北川支公司损毁1幢办公楼、717.79平方米，4名员工遇难，办公设备、设施和客户资料、2辆查勘车全部埋在废墟中，经济损失152.02万元。安县、平武、江油支公司的经济损失分别为273万元、168万元和105万元。中华联合财险绵阳中心支公司办公职场受损1200平方米，受损车辆6辆，损失现金和办公设备，经济损失30.89万元，其中北川营销服务部办公场地垮塌（见图481），损失现金10.83万元，所有办公设备及固定资产全部损毁。太平洋财险绵阳中心支公司江油、安县营销服务部受损建筑物1066平方米，损毁车辆1辆，经济损失41.9万元。平安财险绵阳中心支公司江油营销服务部职场地面下沉成为危房，经济损失10万元。天安保险股份有限公司绵阳中心支公司本部及4家营销服务部受损，经济损失24.96万元。

图481　中华联合财险北川营销服务部垮塌

（保监会　提供）

广元市有4家财产保险公司的分支机构在地震中受损。人保财险广元市分公司8家县（区）分支机构及下设机构受损，有7家机构无法营业，损毁办公楼3座、各类用房6908平方米，经济损失1287万元。人保财险青川支公司办公大楼垮塌，电脑网络全部损毁，损毁电脑设备30余套，附属办公设备全部损毁，经济损失360万元；利州区支公司870平方米办公楼成为危房，经济损失300万元；剑阁支公司损毁办公用房800平方米，经济损失450万元。中华联合财险广元中心支公司及4家营销部1244平方米办公用房受损，其中青川县营销部办公职场完全垮塌，经济损失10.91万元。太平洋财险广元中心支公司及下属6个营销服务部受损建筑1186.74平方米，其中青川营销服务部严重损坏，支公司经济损失18.27万元。

甘肃省地震灾区有5家财产保险公司的分支机构受损，经济损失292.45万元。受损最严重的是人保财险甘肃省分公司，经济损失 277.3 万元。陇南分公司及 11 个分支机构中，市分公司办公楼受损，经济损失 60 万元；文县支公司、碧口办事处、成县支公司、两当县支公司办公楼损毁，经济损失 177.3 万元。人保财险天水分公司及下属 5 个支公司受损，经济损失 40 万元。平安财险甘肃分公司陇南和天水两家中心支公司租赁的职场受损，经济损失 5.2 万元，其中陇南中心支公司受损 500 平方米，经济损失 5 万元。中国大地财产保险股份有限公司甘肃分公司天水营销服务部办公室墙体、办公设施设备受损，经济损失 6.38 万元。

陕西省地震灾区有 5 家财产保险公司的分支机构受损，经济损失 1971.56 万元。人保财险陕西省分公司经济损失达 1567 万元，其中宝鸡分公司经济损失 372.5 万元、汉中分公司 310 万元、安康分公司 377 万元。

人保财险宁夏分公司办公楼受损，墙体多处出现裂缝，经济损失 60 万元。

二　人身保险公司受损

在汶川地震中，共有 20 家人身保险公司在四川、甘肃、陕西、重庆、云南等灾区的分支机构受损，9 名员工遇难，53 人受伤，经济损失达 8510.98 万元。有 7 家保险公司的损失超过百万元，分别是中国人寿损失 6097.6 万元、泰康人寿损失 654.85 万元、新华人寿损失 556.59 万元、平安人寿损失 342.99 万元、太平洋人寿损失 253.81 万元、人民人寿损失 235.08 万元、太平养老损失 130 万元。

四川省 20 家人身保险公司的分支机构在地震中受损，经济损失 6720.89 万元。中国人寿四川省分公司是四川省经济损失最大的人身保险公司，265 家分支机构受损，其中 77 家损毁；建筑物受损 15.6 万平方米，其中损毁办公楼 34 座、营业网点 43 个，损毁 3.8 万平方米，经济损失 4059 万元；设备损失 245 万元；其他财产损失 162 万元；全部经济损失 4466 万元。

中国人寿四川省分公司有 3 个在阿坝藏族羌族自治州的分支机构在地震中受损。其中，汶川县支公司租用的办公楼损毁，损毁营业网点 1 个、营业用房 126 平方米；损毁设备 36 台、汽车 1 辆，经济损失 12.84 万元；九寨沟县支公司损坏办公楼 1 座，建筑面积 738 平方米，经济损失 15.59 万元。

成都市 15 家人身保险公司的分支机构在地震中受损。中国人寿成都市分公司经济损失 711.69 万元，其中损毁办公大楼 34 座、19912.72 平方米，损毁营业网点 29 个、营业用房 1338 平方米，损毁住宅楼 4 处、227 平方米，损毁设备、设施 55 台（套），损毁汽车 2 辆。中国人寿都江堰支公司位于都江堰市新马路的办公用房墙体、楼梯、地板、天棚严重受损成为危房，支公司损坏各类建筑 2077.36 平方米，经济损失 274.42 万元。中国人寿彭州市支公司有 3 个网点全部倒塌，损毁各类建筑 504 平方米，经济损失 23.89 万元。中德安联人寿保险有限公司都江堰营销部职场在地震中垮塌，经济损失 29.18 万元。中英人寿保险有限公司四川分公司都江堰营销服务部 500 平方米职场损毁，经济损失 24.2 万元。泰康人寿都江堰支公司损毁房屋 346 平方米。华泰人寿保险股份有限公司都江堰、彭州、双流营销服务部在地震中受损（见图 482）。

图482　华泰人寿都江堰营销服务部在地震中受损
（保监会　提供）

德阳市有12家人身保险公司的分支机构在地震中受损。中国人寿德阳市分公司损毁各类建筑2.36万平方米，损毁设备设施123台（套），损毁辅助及附属设施77台（套），经济损失500万元。绵竹支公司损毁办公大楼1座，损毁各类建筑6500平方米，损毁设备设施及辅助、附属设施48台（套）；什邡支公司损毁各类建筑3100平方米，损毁公司网络及系统设备、设施和辅助及附属设施59台（套）。平安人寿德阳中心支公司本部主体结构严重受损无法使用，经济损失202万元。太平洋人寿德阳中心支公司本部在地震中被毁，损毁建筑1745.28平方米，经济损失59.57万元。泰康人寿德阳中心支公司有5家支公司遭到破坏，损毁建筑2101.23平方米，其中绵竹支公司职场被毁，全部经济损失81.02万元。

图483　倒塌成废墟的中国人寿北川支公司
（陈黎明　摄）

绵阳市有12家人身保险公司的分支机构在地震中受损。中国人寿绵阳分公司建筑物受损42743平方米，其中损毁14766平方米，损毁网络系统设备设施及其他设备设施500台（套），损毁汽车5辆，经济损失1355.66万元。其所辖北川支公司在地震中5名员工遇难，损毁建筑995平方米（见图483），损毁网络和设备设施及其他设备设施33台（套），损毁车辆3辆，经济损失95万元；江油支公司损毁办公楼1座、6565平方米，其他网点营业用房3923平方米，损毁设备、设施59台（套），经济损失1012万元。新华人寿绵阳中心支公司涪城区的办公场地，在地震中严重倾斜，损毁建筑1800平方米，经济损失406.35万元。泰康人寿绵阳中心支公司房屋损毁699平方米，经济损失31.51万元。太平人寿江油营销服务部损毁房屋15间，损坏建筑1421平方米，经济损失10.94万元。太平人寿绵阳中心支公司损毁建筑1867.6平方米，经济损失16.8万元。平安人寿绵阳中心支公司江油、三台、梓潼、安县营销服务部受损，经济损失35.58万元。

广元市有6家人身保险公司的分支机构在地震中受损。中国人寿广元市分公司办公用房、职场受损9660平方米，损毁设备设施165台（套）、汽车1辆，经济损失270万元。其中，青川县支公司损毁办公楼1座、605平方米，经济损失49万元（见图484）；利州区支公司损毁办公楼1座、营销部2处，损毁建筑2451平方米，经济损失62万元；剑阁县支公司损毁办公楼1座、1320平方米，经济损失49万元。泰康人寿广元中心支公司损毁515平方米职场，经济损失21万元。太平洋人寿广元中心支公司在地震中被完全破坏，损毁建筑1503.97平方米，经济损失35.69万元。人保人寿广元中心支公司职场受损，经济损失35.9万元，损毁办公设备6.7万元，共计经济损失42.6万元。

图484　受损的中国人寿青川县支公司办公楼

（保监会　提供）

甘肃地震灾区有3家人身保险公司的分支机构受损。中国人寿甘肃省分公司建筑损坏17368平方米，加上机器设备、办公设备及办公家具损坏，经济损失633.5万元。中国人寿陇南分公司受损建筑2217平方米，经济损失168.81万元；庆阳分公司经济损失170.63万元；天水分公司损坏建筑9244平方米，经济损失共200.4万元。泰康人寿天水中心支公司麦积营销服务部办公楼受损严重，电梯变形，职场无法使用，经济损失4.77万元。

陕西地震灾区有3家人身保险公司的分支机构受损。中国人寿陕西省分公司损毁办公楼5座、营业网点5个，经济损失533.7万元。中国人寿汉中分公司22家营销机构受到地震破坏，其中3家遭到严重破坏，损毁办公楼2座、营业网点1个，损毁建筑1868.8平方米，全部经济损失143.61万元；宝鸡分公司损毁1家营销机构，经济损失132.57万元。泰康人寿陕西分公司宝鸡、汉中市中心支公司及其下属营销服务部损毁350平方米，陈仓区营销服务部遭到严重破坏，南郑县营销服务部部分损毁。

重庆市有4家人身保险公司在地震灾区的分支机构受损。中国人寿重庆市分公司本部、巴南、永川、南川、黔江、璧山、梁平6个支公司办公楼受损，3个营销网点建筑物受损，经济损失161.9万元。新华人寿重庆分公司本部及其所辖10个区（县）的分支机构受损，经济损失41.05万元。人民人寿重庆分公司本部及所辖5个支公司、8个营销服务部受损，受损房屋85间，经济损失80.73万元。

中国人寿昭通市分公司及其3个支公司建筑物受损2904.82平方米，经济损失302.5万元。其中，分公司本部受损1067.48平方米，经济损失171.03万元；绥江县支公司受损260.8平方米，经济损失18.68万元；永善县支公司受损960平方米，经济损失60.47万元；盐津县支公司受损616.54平方米，经济损失52.32万元。

第四节　金融监管机构受损

汶川特大地震使金融监管机构受灾严重。四川、甘肃、陕西、重庆、云南、宁夏六省（市、区）共20家人民银行地市中心支行、85个人民银行县级支行、6个银监局、50个银监分局、2个证监局和1个保监局遭受不同程度的损失。地震造成四川、甘肃部分中心支行征信、支付结算、国库、现金发行业务系统不能正常运行，造成人民银行分支机构经济损失1.3亿元。

四川省辖内人民银行分支机构经济损失8778.25万元。其中，地震极重灾区的10个县（市）人民银行分支机构经济损失4947.2万元，占全省人民银行经济损失的56.36%；处在重灾区的29个县（市、区）人民银行分支机构损失3831.05万元，占全省人民银行地震损失的43.64%。

甘肃省重灾区的8个县（区）人民银行系统有8处办公用房和营业网点受损，其中严重损毁5处、部分损毁3处。地震造成8个重灾县（区）人民银行系统办公、营业网点等用房经济损失3500万元。地震发生当天，由于网络通信和电力供应中断，8个重灾县（区）人民银行一度与外界无法联系，内联网运行中断，征信、支付结算、国库、现金发行业务系统停止运行。

陕西省的汉中市、宝鸡市中心支行机关和15个县（区）支行在地震中不同程度受损，损失1201.04万元。人民银行汉中市中心支行机关和7个县支行受灾损失747.35万元，其中营业办公楼损失276.23万元、职工家属楼损失471.12万元。宝鸡市中心支行机关和8个县（区）支行办公区及家属区均出现不同程度的墙体裂缝等破损现象，经济损失453.69万元，其中陈仓区受灾严重。

云南省的昭通市、丽江市、曲靖市3个市人民银行县支行受地震影响经济损失392.6万元，其中昭通市损失160万元、丽江市损失62万元、曲靖市损失170.6万元。

汶川地震使银监会系统受到严重损失，四川省的德阳、绵阳、巴中、广元分局，甘肃省的陇南、甘南分局，陕西省的宝鸡、铜川分局，重庆市的万州分局，云南省的昭通分局等10家银监分局及辖内60余家监管办事处严重受损。绵阳银监分局3名职工于5月12日在执行北川羌族自治县农村信用社现场检查任务时，遭遇地震，因联社7层楼房全部倒塌，包括这3名职工在内的39人被深埋废墟中，不幸遇难。

一　金融监管设施受损

汶川地震造成四川、甘肃、陕西部分人民银行、中心支行网络系统设备损坏，网络、通信系统中断，银行征信、支付结算、国库、现金发行业务系统不能正常运行。地震当天，汶川、松潘、茂县、理县等地因通信和网络中断，人民银行征信、支付、现金发行等系统不能正常运行。绵竹、什邡、中江、广汉支行无法办理支付结算、国库以及征信等业务；旌阳区人民银行中央银行会计集中核算业务因绵竹网点网络中断，中心支行核算系统无法结账，系统无法运行。平武、江油、三台会计、国库业务系统瘫痪，办公自动化和账户、征信管理等业务系统瘫痪。旺苍支行国库、会计、发行、征信等系统不能正常运行；青川发行库严重毁损，不能正常使用。阆中市人民银行计算机主机房因地震造成UPS电源发生短路起火爆炸，导致主机房被烧毁，房内电子设备绝大部分毁坏，计算机网络中断，中央银行会计核算系统、国库综合核算系统、支票影像交换系统、征信管理系统和办公自动化系统等全部陷入瘫痪。崇州市支行因办公自动化服务器被墙体脱落的瓷砖击中，导致电源被切断而中断服务。彭州市人民银行地震当天机房电源损坏，网络中断，中央银行会计集中核算、征信、国库、账户管理等系统业务不能正常办理。

甘肃省由于网络通信和电力供应中断，人民银行陇南市中心支行一度与外界无法联系，内联网运行中断，征信、支付结算、国库业务系统停止运行，与辖区8个县（区）支行均出现网络中断，造成国库会计核算业务无法正常开展，国库资金当日未能按时上划。由于房屋受损和网络中断，导致企业和个人信用信息基础数据库数据上报和联网查询业务中断两天。徽县、康县、成县、两当县人民银行由于停电、停水，网络通信中断，征信、支付结算、国库、现金发行业务系统停止运行，造成国库会计核算业务无法正常开展。地震发生当天，由于停电、停水，网络通信中断，位于重灾区的人民银行文县支行网络瘫痪，征信、支付结算、国库、现金发行业务系统停止运行，服务器与陇南市中心支行网络通信出现中断，造成国库会计核算业务无法正常开展；由于房屋受损和网络中断，全县30个银行业金融机构营业网点因灾中断营业。西和县由于网络通信和电力供应中断，人民银行西和县支行网络瘫痪，征信、支付结算、国库、现金发行业务系统停止运行，服务器与陇南市中心支行网络出现中断，造成国库会计核算业务无法正常开展；由于房屋受损和网络中断，导致企业和个人信用信息基础数据库数据上报和联网查询业务中断。舟曲县人民银行由于网络通信和电力供应中断，征信、支付结算、国库、现金发行业务系统停止运行，其中支付结算、国库、现金发行业务系统停止运行 3 个小时，企业和个人信用信息基础数据库数据上报和联网查询业务中断。

陕西省略阳县、勉县受余震不断和企业停产影响，征信数据报送的及时性受到影响，贷款卡发放和年审业务无法正常进行。

二　办公用房受损

人民银行在灾区的各级分支机构均遭受不同程度损失，尤其是阿坝、德阳、绵阳、广元和陇南 5 家中心支行办公用房受损严重，42 家县支行办公楼遭到严重破坏，房屋出现大面积裂缝、部分墙体垮塌。阿坝藏族羌族自治州各支行损毁各类用房 1800 平方米，直接经济损失 500 万元，其中损毁办公楼 2 座、1607 平方米，损毁营业网点 1 个，营业用房 200 平方米，主要位于汶川（见图 485）；德阳市损毁办公楼 5 座、3.23 万平方米，直接经济损失 1700 万元，其中绵竹、什邡支行损失占全市的 55.96%；绵阳市损毁各类用房 1.36 万平方米，直接经济损失 3500 万元，其中办公用房 1.12 万平方米、营业用房 0.24 万平方米，安县、北川、平武三县支行的损失占全市的 53.45%；广元市损毁各类用房 1.47 万平方米，直接经济损失 1600 万元，主要位于青川、旺苍、苍溪（参见图 486）。陇南市损毁各类用房 1.86 万平方米，直接经济损失 3000 万元，其中损毁办

图 485　受损的人民银行汶川支行办公楼
（中国人民银行　提供）

图 486　受损的人民银行青川支行办公楼
（中国人民银行　提供）

公楼 8 座、1.84 万平方米。

德阳银监分局房屋受损 3900 多万元，办公楼成为危房；绵阳银监分局楼体严重破坏，直接经济损失 1000 多万元；广元银监分局临时办公楼成为危房；阿坝银监分局办公用房遭到严重破坏。

陇南银监分局办公楼严重受损；庆阳银监分局办公楼主体地基沉降，供水、供暖管道出现渗水。

宝鸡银监分局办公用房整体受损，墙体严重开裂达到 63 处；铜川银监分局办公用房不同程度出现裂缝。

重庆保监局办公房屋墙体震裂。

四川、甘肃、陕西三省的人民银行办公楼和营业用房受损情况见表 252。

川、甘、陕三省人民银行办公楼和营业用房受损情况统计表

表 252

省	县（市、区）	各类用房（平方米）	其中：办公用房（平方米）	直接损失（万元）	省	县（市、区）	各类用房（平方米）	其中：办公用房（平方米）	直接损失（万元）
四　川	汶　川	1807	1607	500.0	四　川	盐　亭	1259	1164	112.0
	绵　竹	1987	1987	888.0		苍　溪	4326	4326	86
	什　邡	1801	1801	81.0	甘　肃	陇　南	6993	6827	2257.3
	青　川	3894	3894	380.0		文　县	2824	2824	456.7
	安　县	2500	860	1600.0		康　县	1054	1054	33.8
	都江堰	4380	4380	1125.0		成　县	1483	1483	118.6
	平　武	2700	2700	270.0		徽　县	1335	1295	63.2
	彭　州	2012	2012	70.0		西　和	2571	2571	376.1
	江　油	2717	2317	1377.0		两　当	1224	1224	54.4
	利　州	3422	3422	751		舟　曲	1078	1078	141.9
	旺　苍	1689	1689	200.0	陕　西	略　阳	1387	1387	390.0
	梓　潼	2836	1691	114		宁　强	3405	1510	1050.0
	旌　阳	23199	23199	562		勉　县	2100	2100	40.0
	三　台	1600	800	31.2					

三　营业设备和物品损失

汶川地震给四川、甘肃、陕西营业设备和办公用品造成严重损失。受灾营业场所电子设备大量震坏，部分受灾严重的网点营业设施几乎全部报废。四川省 39 个极重灾和重灾县（市、区）

人民银行分支机构的网络及系统设备设施损毁367套，直接经济损失400万元；辅助及附属设施损毁58套，直接经济损失1000万元。四川证监局、陕西证监局办公场所在地震中不同程度受损。四川证监局地震直接经济损失12.5万元，其中网络及系统设施、电子设备等共造成直接经济损失7.58万元，电脑、打印机、空调等设备直接经济损失2.68万元，其他资产直接经济损失2.23万元。陕西证监局办公场所及部分办公设备受损，损失合计10.28万元。

四川、甘肃、陕西三省部分金融监管机构网络系统设备损失情况见表253。

川、甘、陕三省部分金融监管机构网络系统设备损失情况统计表

表253

省	县（市、区）	网络系统设备受损（套）	经济损失（万元）	省	县（市、区）	网络系统设备受损（套）	经济损失（万元）
四川	汶川	132	600.0	甘肃	文县	19	24.09
	绵竹	126	90.0		武都	50	62.9
	什邡	11	11.0		康县	15	18.8
	青川	56	30.0		成县	17	20.25
	都江堰	45	31.0		徽县	19	20.5
	安县	12	27.0		西和	16	20.36
	彭州	4	3.0		两当	13	15.5
	江油	15	18.0		舟曲	24	31.3
	旺苍	25	50.0	陕西	宁强	—	90.0
	旌阳	8	107.0		略阳	1	280.0
	剑阁	29	5.2		勉县	—	1.0
	苍溪	22	12.1				

四　生活设施损毁

四川省位于极重灾区的金融监管机构职工住宅楼全部倒塌，重灾区部分职工宿舍楼严重受损。甘肃省9家金融监管机构职工住宅楼成为危房，需拆除重建。人民银行略阳县支行办公楼和职工住宅楼损失315.56万元。人民银行宁强县支行1号家属楼地基下陷，墙体多处出现整体开裂，楼顶裂缝宽10余厘米，各项受灾损失105万元。人民银行勉县支行办公楼及职工家属楼楼板裂缝13处，楼板与墙之间裂缝15处，长达120米。

第三章　旅游业受损

汶川特大地震受灾地区是国内旅游风景名胜地区，尤其四川、甘肃、陕西、云南等地是国内旅游业集中地区。四川省丰富而独特的旅游资源使其旅游业成为全国旅游的优势产业。2007 年，四川省旅游总收入一举突破千亿元大关，达到 1217.31 亿元，超过全国旅游总收入的 10%，旅游业已真正成为四川省的支柱产业。但是突如其来的汶川地震给四川省旅游业造成了非常严重的破坏，也给甘肃、陕西、云南等省的旅游业带来沉重打击。地震对四川、甘肃、陕西、云南等省的旅游业造成损失 296.74 亿元，其中四川省 290.94 亿元、甘肃省 2.94 亿元、陕西省 1.68 亿元、重庆市约 7600 万元、云南省 4115 万元、宁夏回族自治区 110 万元。

旅游业的损失含建筑物、基础设施、生活附属设施和设备设施损失，主要集中在旅游道路、通信、供水、供电等基础设施，景区景点、旅游宾馆等旅游接待设施严重损坏；游客中心、卫生设施、安全和防护设施、标志系统等公共服务设施大量损毁；旅游行政部门、企事业单位办公用房及设施设备严重损毁。此外，受地震灾害影响，受灾地区旅游团全面退团，旅游企业停业，也造成巨大的直接或间接损失。

第一节　旅游景区设施受损

汶川特大地震给四川、甘肃、陕西、重庆、云南、宁夏六省（区、市）旅游景区设施造成了 175.08 亿元的巨大损失。据统计，四川全省景区 4000 多个，地震中 497 个旅游景区设施不同程度受损，直接经济损失 170.18 亿元，其中重灾地区的 347 个景区设施损失占全省受损景区的 99.3%。甘肃省 25 个旅游景区（点）设施均遭不同程度破坏，直接经济损失达 2.34 亿元。陕西省 11 个旅游景区设施在地震中受损，直接经济损失 14291 万元。重庆市 14 个旅游景区设施受损，直接经济损失 6981 万元。云南省 9 个旅游景区设施受损，直接经济损失 4115 万元。宁夏回族自治区 1 个旅游景区设施受损，直接经济损失 110 万元。

一　自然景区设施受损

汶川地震给四川、甘肃、陕西、重庆、云南、宁夏六省（区、市）的自然景区设施造成 108.89 亿元的巨大损失。其中，四川省 98 个自然景区设施损失 105.73 亿元，甘肃省 13 个自然景区设施损失 1.85 亿元，陕西省 2 个自然景区设施损失 1868 万元，重庆市 14 个自然景区设施损失 6981 万元，云南省 9 个自然景区设施损失 4115 万元，宁夏回族自治区 1 个自然景区设施损失 110 万元。

四川省自然景区设施受损　四川省自然景区设施受损严重，受损具体情况见表 254。

四川省部分自然景区设施地震损失情况统计表

表 254　　单位：万元

地区	景　　区	给排水设施	电力设施	通信设施	公路、道路	房屋建筑	其他设施、景观、藏品	合　计
成都	崇州九龙沟	100	200	200	38850	9748	8170	57268
	崇州鸡冠山	—	220	220	126660	3040	6054	136194
	崇州白塔湖		4	4	2625		15	2648
	大邑西岭雪山风景区	290	61.5	31.6	2916	1600	518.7	5417.8
	邛崃天台山	60	1105	—	4025	1200	1060	7450
	蒲江石象湖	—	—	—	—	40.5	9	49.5
	彭州龙门山（银厂沟）景区	340	720	640	19200	9430	68790	99120
	彭州丹景山	150	160	160	600	3700	130	4900
	彭州回龙沟	130	200	190	5100	4900	37150	47670
	彭州莲花湖	40	50	40	3600	670	100	4500
	彭州葛仙山	40	80	70	4500	75	37	4802
	彭州三昧水	40	40	60	2400	100	30	2670
	新津老君山	1800	2160.0	1440	1870	2250	1087	10607
	都江堰市水磨黄龙观	640	680	165	14698	3114.05	1234.26	20531.31
德阳	王家坪石头谷	600	200	690	6300	790	1720	10300
	花石沟	300	580	280	4600	280	1660	7700
	绵竹楠木沟	700	800	320	2300	700	1680	6500
	绵竹云湖国家森林公园	620	700	270	2500	5040	1770	10900
	绵竹玄郎沟	470	490	300	4800	2850	4090	13000

续表 254

地区	景　　区	给排水设施	电力设施	通信设施	公路、道路	房屋建筑	其他设施、景观、藏品	合计
德阳	汉旺镇老熊沟	—	—	—	500	—	—	500
	什邡西部惊奇欢乐谷	—	—	—	—	—	—	112000
	什邡钟鼎寺—石门洞景区	—	—	—	—	—	—	23000
	什邡通溪河	—	—	—	—	—	—	10000
	什邡罗汉寺—马祖故里	—	—	—	—	—	—	1000
绵阳	北川猿王洞	4000	3500	500	12500	25000	25500	71000
	北川小寨子沟	2100	2600	—	1720	787	1638	8845
	北川药王谷	370	170	—	1720	3900	220	6380
	平武虎牙景区	592	830	100	4933	473	70	6998
	安县白水湖	15	12	160	1870	2313	1234	5604
	安县千佛山	—	—	—	—	—	—	52885
	窦圌山	8700	10440	6960	1940	7500	5616	41156
	江油养马峡	1100	1320	880	1750	1500	788	7338
	江油乾元山	2300	2760	1840	1628	1200	1466	11194
	江油佛爷洞	728	874	582	684	600	536	4004
	江油白龙宫	200	240	160	400	400	158	1558
广元	剑阁剑门关	1588	2211	560	2800	14800	6156	28115
	剑阁翠云廊	528	442	140	50	1200	1940	4300
	青川唐家河景区	402	2211	560	3500	2400	2200	11273
	旺苍彭城山	—	552.6	—	1750	—	380	2682.6
	广元白龙湖	—	110.5	—	—	600	510	1220.5
	广元明月峡	—	—	—	506	—	290	796
	天台山	0.2	—	—	123	1753	5415	7291.2
雅安	雨城周公山	—	—	—	—	—	—	21
	宝兴陇东镇东拉山大峡谷	—	50	—	1234	—	4	1288
	荥经泥巴山	—	—	—	210	—	72	282
	宝兴扑鸡沟	—	—	—	725	—	4420	5145
	宝兴铁坪山	—	—	—	360	—	4	364
	汉源大渡河峡谷国家地质公园	—	—	—	1200	—	—	1200
	芦山青衣江漂流	—	—	—	—	—	27	27
	芦山大川河	—	—	—	6200	—	—	6200
	名山蒙顶山	190	—	—	550	110	175	1025
	名山百丈湖	—	—	—	—	50	—	50
	名山万亩生态观光茶园	—	—	—	—	80	—	80
	天全喇叭河	—	—	10	1700	100	10	1820
	荥经龙苍沟	—	—	—	1550	—	—	1550
	荥经云峰寺	—	—	—	400	—	—	400

续表 254

地区	景　　区	给排水设施	电力设施	通信设施	公路、道路	房屋建筑	其他设施、景观、藏品	合计
阿坝	小金夹金山	—	—	—	2375	2500	59	4934
	金川嘎达山景区	16	26	30			12	84
	金川情人海景区	16	16	—	3004.5	359	96	3491.5
	梨花红叶景区	22	32	45	—	186	18	303
	金川索乌山	11	5				5	21
	松潘黄龙风景区	2978	2537	849.7	9136.4	14628.8	9822.6	39952.5
	松潘白羊自然保护区	—	—	—	14618	—	—	14618
	热务沟	—	—	—	9136.4	—	—	9136.4
	松潘县花海子—绿海子景区	—	—	—	5481.8	—	—	5481.8
	松潘百花娄森林公园	—	—	—	3654.6	—	—	3654.6
	理县毕棚沟风景区	585.67	481.05	326.36	83113	5820.9	3498.56	93825.54
	九寨沟神仙池风景区	624	640	180	160	204	1311.62	3119.62
	九寨沟白河金丝猴保护区	811	896	264	—	330	1735.39	4036.39
	世外桃源休闲	1248	1204	413.4	18661	8597.5	3767.4	33891.3
	九寨沟白马风情园	194.48	60.9	10	—	180	763.8	1209.18
	九寨沟勿角自然保护区	436.8	384	256	—	78	849.39	2004.19
	黑水达古冰川	260	2136	245	30122	2866	6758	42387
	黑水卡龙沟	316	156	300	5350	150	816	7088
	黑水色尔古景区	2289	639	500	62	2600	200	6290
	壤塘野人大峡谷	24.54	25.62	24.53	316	78	7.24	475.93
	壤塘海子山景区	16.248	19.09	15.68	—	39	8.442	98.46
	中壤塘景区	29.259	28.8	27.11		171	242.88	499.05
	壤塘上杜柯景区	14.778	17.89	8.709	421.33	117	10.86	590.57
	汶川卧龙自然保护区	870	880	330	—	4697	5280.4	12057.4
	汶川三江生态旅游区	750	760	310	73240	4369	4362.54	83791.54
	汶川草坡风景名胜区	640	650	223	18310	3763.7	1135.9	24722.6
	汶川雁门沟大峡谷	550	580	175	—	3050	941	5296
	映秀圣湖	660	700	165		3751.5	1168.21	6444.71
	茂县叠溪—松坪沟景区	1134.93	1132.1	456.3	37437	4618.08	2961.34	47739.75
	茂县九顶山	812.28	808.6	326.2	21208	3298.63	2062.79	28516.5
	茂县宝顶沟自然保护区	162.22	162.24	65.22	—	659.7	363.42	1412.8
	茂县土地岭森林公园	194.65	194.12	78.33	—	791.71	436.1	1694.91
	茂县牟托村生态农业旅游区	356.7	355.76	143.7	—	1451.4	799.53	3107.09
	茂县营盘山遗址	64.7	64.69	26.12	—	263.89	145.37	564.77
	小金四姑娘山景区	3394.28	3287	1447	80854.4	16191.52	8964.9	114139.10
	马尔康卓克基景区	290	260	180	3200	645	420.8	4995.8

图 487　被破坏的西岭雪山风景区公路

（国家旅游局　提供）

西岭雪山国家级风景名胜区。位于成都市西部大邑县境内，总面积 483 平方公里。景区内最高峰庙基岭海拔 5364 米，矗立天际，终年积雪。唐代大诗人杜甫寓居成都草堂时曾眺望此景，写下了“窗含西岭千秋雪”的名句。景区集林海雪原、高山气象、险峰怪石、奇花异树、珍禽稀兽、激流飞瀑等景观于一体，是国家 AAAA 级风景名胜区。地震时基础设施、景观景点、公路和设备设施等严重受损。前山管理用房因滚落巨石击穿墙体和地震波震裂，严重损毁 5 栋 2100 平方米；滑雪场 4 栋房屋出现倾斜、墙体开裂等情况；有 4 处接待站 520 平方米受到轻度损毁，3 处约 350 平方米严重损毁，倒塌 3 处约 460 平方米；通往前山茶地坪的道路共 9 公里，因地震开裂塌陷，因巨石滚落和山体滑坡造成部分路段阻隔；通往后山鸳鸯池的道路约 10 公里，公路垮塌、山体滑坡、路基沉降垮塌，高飞水路段因大面积山体滑坡路基垮塌堵塞；前山上山观景游道因地震损毁 2400 米，路基开裂塌陷 1200 米；后山高飞水观景游道约 2 公里全部掩埋垮塌，阴阳界游道 1 公里路基开裂塌陷；景区内共有 66 座木桥和 3 座铁索桥不同程度受损，其中 25 座木桥和 1 座铁索桥受损严重，需拆除重建，其他桥梁需要维修维护，双鸳公路小河子搭桥桥基开裂；前山景区损毁水池 30 立方米，管网达 8000 米，排水管网损毁 2500 米；后山牦牛沟拦水大坝开裂，6000 米供水管道多处被山体滑坡滑落的大石砸坏；景区 4 条客运索道钢缆脱落、支架基础开裂变形；7 个监控摄像头和 5 套传输配套设施因山体滑坡严重损坏，无法接收信号传输；为景区供电的 35 千伏高压线路 1 处铁塔严重倾斜，约 3000 米线路受损。多处通信光缆被山体滑坡、落石砸断。累计损失 5417.8 万元。西岭雪山风景区公路破坏情况见图 487。

龙门山（银厂沟）国家级风景名胜区。位于距成都市区 89 公里的彭州市龙门山镇，地处白水河国家森林公园、白水河国家自然保护区。银厂沟的海拔在 2000 米左右，沟内奇峰叠峙，云蒸霞蔚。峡谷低处，古木蔽天。景区景色四季各异，春日杜鹃似海，冬日银装素裹，盛夏金秋则林森葱郁，清流急湍，飞漱其间，是蜀山蜀水的经典代表。银厂沟所在的龙门山是国家首批公布的

图 488　地震前后银厂沟旅游索桥

（国家旅游局　提供）

国家地质公园。汶川地震使银厂沟受到重创，道路、旅游索桥和景区建筑严重损毁（见图 488），山体滑坡和滚落的巨石摧毁、改变了原有的秀美、奇绝景观，许多旅游设施遭到破坏，很多昔日美景再无踪迹，经济损失 99120 万元。

北川西羌九黄山猿王洞风景区。地处成都至九寨沟旅游环线上，占地面积 15 平方公里，属省级风景旅游区、市级重点文物保护单位。猿王洞溶洞是川西北地区罕见的高山溶洞群，溶洞内游程达 5.8 公里，溶洞经地下水和大自然千百万年的冲刷、溶蚀，形成了千姿百态、鬼斧神工的溶洞奇观。地震造成景区所有的上山道路、索道、宾馆等旅游设施、设备几乎全部毁坏，损失达 7.1 亿元。

安县千佛山。景区老街、藏羌艺术宫、接待中心建筑严重损毁，栈道损毁，景区内大面积地形地貌发生变化，通往景区的道路被大量塌方损坏，损失达 52885 万元。

西部惊奇欢乐谷。位于什邡市西北红白镇境内蓥华山谷，离红白镇近 20 公里，与绵竹、茂县、彭州九峰山景区相连，属于川西平原与青藏高原的过渡地带。峰顶海拔 3160 米，是以自然景观为主的高山风景名胜区。有佛光、云海、日出、圣灯、云瀑等壮阔的景观。西部惊奇欢乐谷是四川西部首家主题公园与风景名胜相结合的第二代旅游产品，由高山峡谷风景区、欢乐谷、中心康体休闲区三大部分构成，充分体现了惊、险、奇、欢乐的主题，集自驾游、观光游、探险、休闲、欢乐于一体。亲眼看见地震摧毁欢乐谷的人说，汶川地震发生时，“两座大山猛烈相撞，瞬间分裂成了三座山”。景区内 20 多家宾馆和农家乐被垮塌的山体彻底淹埋、进山的唯一道路被彻底阻断、景区圈养的狮子、老虎四处逃窜，西部惊奇欢乐谷遭遇毁灭性破坏，景区设施全部损毁，直接经济损失 2.2 亿元；钟鼎寺—石门洞景区设施全部损毁，直接经济损失 1.2 亿元；沿山旅游区设施部分损毁，直接经济损失 1.1 亿元；通溪河景区设施全部损毁，直接经济损失 1 亿元；罗汉寺—妈祖故里景区设施全部损毁，直接经济损失 1000 万元。以上所有景区共有旅游公路 11 条，总计 139.6 公里，完全损毁 118.6 公里，部分受损 21 公里，直接经济损失 11.2 亿元。

卧龙自然保护区。位于汶川县西南部、邛崃山脉东南坡，距成都市区 136 公里，交通便利。保护区始建于 1963 年，面积 2000 平方公里，是中国最早建立的综合性国家级自然保护区之一，是国家和四川省命名的“科普教育基地”“爱国主义教育基地”。1980 年加入联合国教科文组织“人与生物圈”保护区网，并与世界野生生物基金会合作建立中国保护大熊猫研究中心。卧龙自然保护区、三江生态游区、草坡风景名胜区、雁门沟大峡谷、映秀圣湖、水磨黄龙观、萝卜寨、西羌第一村各类设施在汶川地震中完全损坏（见图 489 ～ 490），直接经济损失 152842.93 万元。

毕棚沟风景区。位于理县朴头梭罗沟境内，距理县县城 11 公里，距成都市区 201 公里，海拔 2015 ～ 5922 米，面积 613.8 平方公里。毕棚沟风景区东连卧龙国家级自然保护区，南

图 489　完全损坏的卧龙自然保护区山门入口

（国家旅游局　提供）

图 490　被滑坡压埋的卧龙景区内道路

（国家旅游局　提供）

接小金县四姑娘山风景区，北接米亚罗、古尔沟温泉，并与四姑娘山、卧龙国家级自然保护区共同构成“大熊猫走廊世界遗产地”。汶川地震造成理县毕棚沟风景区直接经济损失93825.54万元。

甘肃省自然景区设施受损 地震波及甘肃省的陇南市、天水市、甘南藏族自治州、临夏回族自治州、庆阳市、平凉市等市（州）。据各市（州）旅游局初步统计，这次灾害造成部分旅游景区（点）景观设施和房屋受损或倒塌，基础设施损坏，进入景区（点）的道路中断，部分旅游星级饭店主楼和裙楼交接层面及大厅过道、墙面开裂、剥落，服务设施受损。陇南、天水、平凉、庆阳、甘南、临夏和定西旅游业受地震灾害影响较大，尤其是陇南市有25个旅游景区（点）遭到不同程度的破坏，景区供水设施、电力设施和通信设施及其他服务设施严重受损，景区（点）道路塌方达210万立方米以上。在地震中陇南市13个自然景区旅游设施受损，经济损失1.85亿元。武都区万象洞景区设施及洞内设施损坏，经济损失3558万元。文县天池景区山门、接待中心房屋损坏1870平方米，经济损失1485万元；景区设施损坏，经济损失447万元。邱家坝度假村接待中心房屋损坏100平方米，经济损失60万元。康县阳坝国家AAAA级旅游景区多处塌方、滑坡，景区设施损坏，经济损失5160万元。徽县三滩景区多处道路塌方、设施损坏，经济损失1747万元；嘉陵江景区厕所损坏3个，河道淤塞，景区其他设施损坏，经济损失1097万元。成县鸡峰山景区业务用房损坏1800平方米，经济损失2085万元。两当县云屏三峡景区游客接待中心设施损坏，经济损失1510.9万元；张果老登真洞景区栈道损坏、业务用房损坏84平方米，损失380万元。西和县观山植物园景区戏台墙体损坏178平方米；景区房屋损坏5间48平方米，三清殿山墙损坏；朝阳双层观景亭地上建筑物损坏，经济损失187万元；隍城森林公园景区围墙252平方米损坏，损失72万元；晚霞湖景区幕霞码头亭子廊柱损坏，地面裂缝，码头设施损坏，景区凉亭损坏等造成损失688万元。

陕西省自然景区设施受损 地震造成陕西省自然景区设施损失1868万元。宁强县汉水源森林公园，月亮山庄、月亮湖休闲度假区房屋墙体多处裂缝，游览步道损毁4公里，经济损失658万元。略阳县五龙洞森林公园12.5公里游道严重受损，480米护坎和2座桥梁倒塌，1200平方米房屋严重受损；地基下沉；住宿房屋内服务设施严重损坏，损失1210万元。

重庆、云南、宁夏自然景区设施受损 地震造成重庆市景区受损14个，损失6981万元；云南省旅游景区9个受损，损失4115万元；宁夏回族自治区西吉县火石寨国家地质森林公园旅游设施损坏，损失110万元。

二　人文景区设施受损

汶川地震给四川、甘肃、陕西等省的人文景观、设施造成661902.2万元的巨大损失，其中四川省64.45亿元（参见表255）、甘肃省4979.2万元、陕西省12423万元。

四川省人文景区设施受损 四川省在地震中有很多古镇受到重创，如阆中古城、三星堆遗址等都受到严重的损失。

四川省部分人文景区设施地震损失情况统计表

表 255 单位：万元

地区	景 区	给排水设施	电力设施	通信设施	公路道路	房屋建筑	其他设施、景观、藏品	合 计
成都	崇州市街子古镇	114.8	16	16	10500	20412	4026	35084.8
	崇州市罨画池	—	—	—	—	240	—	240
	大邑县西岭雪山滑雪场	86	165.4	114.5	4715	2400	5630	13110.9
	大邑县建川博物馆	10	5	—	—	110	2120	2245
	大邑县刘氏庄园	23	35	—	—	1450	24.8	1532.8
	大邑县安仁古镇	—	—	—	—	230	80	310
	邛崃市平乐古镇	12.2	400	—	4	3579	57	4502.2
	邛崃市临邛古城	10	—	—	50	3269	1550	4879
	蒲江县西来古镇	—	—	—	—	15	—	15
	成都游乐园	—	—	—	—	76.6	—	76.6
	彭州市小鱼洞古镇	70	70	40	2400	1200	135	3915
	彭州市红岩梨花坪	30	30	30	—	628	—	718
	彭州市阳平观	20	20	—	300	56	42	438
	桂花三圣寺、桂陶古窑遗址	24	20	10	600	106	61.2	821.2
	彭州市白鹿镇	80	100	100	9600	4624	196	14700
德阳	绵竹市中国年画村	120	180	150	1230	280	1140	3100
	德阳市剑南老街历史文化旅游区	160	910	140	70	4260	360	5900
	广汉市三星堆	30	10	—	—	300	1390	1730
	德阳庞统祠墓园	—	—	—	—	—	—	2350
	德阳万佛寺宝峰寺	—	—	—	—	—	—	200
	德阳李调元纪念馆	—	—	—	—	—	—	120
	中国・罗江县现代诗歌博物馆	—	—	—	—	—	—	165
	德阳李调元故里旅游区	—	—	—	564	120	—	684
	棚花村乡村旅游接待中心	—	—	—	—	—	—	5600
	什邡市农家乐	—	—	—	—	152000	—	152000
绵阳	北川羌族自治县大禹纪念馆	800	400	300	2260	3200	1580	8540
	安县温泉公司	100	10	—	4060	929	400	5499
	安县罗浮山羌王城	200	—	—	30	152	180	562
	江油市李白纪念馆	1600	1920	1280	90	2700	947	8537
	江油市李白故里	1800	2160	1440	150	2250	1083	8883
	梓潼县七曲山	6	—	5	200	1946	540	2697
	大佛寺	34.6	—	—	54	332.4	306	727
	三台县云台观	25	15	—	150	250	50	490
	三台县郪江古镇	50	60	30	50	700	230	1120

续表 255

地区	景　　区	给排水设施	电力设施	通信设施	公路道路	房屋建筑	其他设施、景观、藏品	合　计
绵阳	三台县杜甫纪念馆	180	150	90	1210	1090	278	2998
	盐亭县嫘祖陵	35	3	5	1000	155	372	1570
	盐亭县嫘祖纪念馆	10	2	—	5	80	71	168
	盐亭县千佛山	750.2	2228		14245	10321	773	28317.2
	盐亭县笼子寨	55	50	35	725	150	232	1247
广元	广元皇泽寺—千佛岩	—	—	—	—	1020	—	1020
	苍溪县红军渡	528	1105	—	250	1200	2880	5963
	旺苍县红军城	61	52	39	—	—	75	227
	广元昭化古城	1600	2211	—	3000	29860.00	6270	42941
	广元川洞庵	—	—	140	400	—	279	819
雅安	上里古镇（白马泉）	7	—	—	—	—	21	28
	宝兴县邓池沟天主教堂	—	—	—	786	—	32	818
	石棉县安顺场	—	—	—	—	80	—	80
阿坝	金川县观音庙	54	29	16	—	—	84	183
	松潘县松州古城	1276.28	1087	364.2	—	1187.7	—	3915.18
	理县桃坪羌寨	2662.14	2778.9	652.82	25972.50	8731.35	2673.02	43470.73
	理县甘堡藏寨	588.33	374.12	103.85	—	5529.86	923.68	7519.84
	壤塘县棒托寺	15.86	19.09	9.40	—	129	14.47	187.82
	壤塘县日斯满巴碉楼	19.31	19.52	16.58	52.68	98	12.11	218.2
	汶川县西羌第一村	420	440	260	—	3483.1	1086.9	5690
	汶川县萝卜寨	665.48	674	160	16479	4285.25	1225.45	23489.18
	茂县黑虎羌寨	486.4	485.14	195.63	13278	1979.18	1122.49	17546.84
	茂县金龟堡银龟堡及羌域文化旅游区	32.4	420.76	13.04	—	131.95	72.68	670.83

世界遗产地青城山—都江堰国家级风景名胜区。位于都江堰市，景区内二王庙古建筑群全部损毁。秦堰楼、伏龙观、建福宫、天师洞、上清宫、老君阁等多处古建筑和都江堰博物馆及陈列馆、游客中心严重受损。景区内游步道、标志标牌等设施也不同程度地遭到损毁。青城后山、外山、龙池、虹口景区多处山体滑坡、坍塌，生态植被遭到严重破坏。虹口漂流河道堵塞，码头、房屋等设施全部被毁。两家四星级酒店严重毁损，二王庙、翠月湖、成铁青城山庄等三星级宾馆部分建筑受损，商务酒店、社会旅馆损坏高达 90%，农家乐损坏达 85%。旅游公路方面，成灌高速、川西旅游环线、龙池、虹口、青城山、普照寺、莲花湖等 25 条旅游公路，全里程 301.527 公里，均遭受不同程度的损坏，滑坡、塌方、路面开裂等情况十分严重。青城后山、龙池、虹口等山区旅游公路多处路段路基、桥梁垮塌或被山体塌方填埋。

作为都江堰市重要支柱产业的旅游业遭受重创、损失巨大，主要景区景点、旅游道路桥梁、餐饮住宿等设施遭到严重破坏和毁损，全市旅游业处于停业状态，对12万从业人员造成严重影响。全市旅游业直接经济损失高达101.62亿元，其中景区景点损失约76亿元、旅游基础设施损失约8.65亿元、宾馆饭店等旅游企业损失约16.97亿元。

窦圌山省级风景名胜区。窦圌山又名圌山，位于江油城北20公里的涪江东岸。相传唐代彰明（今属江油市）主簿窦圌隐居于此，故名。李白少年时曾游此山，题诗“樵夫与耕者，出入画屏中”，此句后被国民党元老于右任手书镌刻于山中石碑之上。窦圌山海拔1140米。山巅三峰拔地而起，峰顶各有古庙1座，名东岳、窦真、鲁班。三峰之中唯西峰有险路可通，其余两峰由上下两根铁索组成悬桥相连。峰下不远处为云岩寺，始建于唐，明末焚于兵火，清雍正三年（1725年）重修。寺内珍藏有道教文物“飞天藏”。“飞天藏”又名“星辰车”，宋淳熙八年（1181年）建，元至正间（1341—1368年）重修，车高9.82米，直径7米，上下共4层，上雕塑有天宫楼阁，腰檐上装饰有斗拱，每层雕有执笏人物，形神自如，体态潇洒，衣纹流畅；木柱及额枋上均施沥粉彩绘，精美巧妙，具有历史、科学、艺术价值，属道教文物。1988年，云岩寺被公布为全国重点文物保护单位。汶川地震发生后，云岩寺古建筑群受损严重，山顶上的玉皇殿、窦真殿、十王殿、超然亭、东岳殿5座建筑全部倒塌，铁索桥断裂；云岩寺古建筑群娘娘殿整体垮塌，春台真武殿整体垮塌，文武殿、天王殿、大雄殿、星辰殿、卧佛殿、因果堂等都不同程度受损，飞天藏殿两侧山墙、后金墙垮塌严重，墙体倒塌面积约250平方米，瓦屋面部分滑落，百位皇林多处房檐倒塌，塑像倒塌；通往窦圌山景区的道路严重损毁（参见图491），多处游道损坏，上山索道部分机站房垮塌，整个景区损失达5.95亿元。

图491　窦圌山景区游道被震毁（国家旅游局　提供）

江油市李白纪念馆。建筑90%成为危房，损失4979万元，需全部拆除重建。

平武县报恩寺景区。“敕修大报恩寺功德碑”护墙断裂，房檐倾倒，山门内的哼哈二将塑像损坏，护墙垮塌、断裂严重，山门屋脊檐角、吻兽脱落，寺内旅游服务设施被砸毁，游客中心房屋开裂，成为危房，损失6306万元。

彭州市白鹿镇领报修院。白鹿镇领报修院是由法国天主教传教士骆书雅和伯历山设计兴建的一所神学院，清光绪二十一年（1895年）动工修建，三十四年竣工。由于地处深山，群峰护卫，受风化影响小，领报修院曾经是四川地区保存较为完好的天主教教堂。地震中领报修院完全损坏，除第一层尚有部分廊柱挺立外，二层和三层全部倒塌；礼拜堂正面墙体残破，成为一片废墟。

甘堡藏寨。甘堡藏寨是理县甘堡乡的一个藏族村寨。寨子里是一幢幢用石头垒砌而成的碉楼、屋楼。石屋就地取材于河滩中的花岗石，切割加工成大小不一的石块，用当地黏土黏结垒成。石屋冬暖夏凉，不易风化，防火、防水。石屋一般二三层，下宽上窄，第一层养牲畜、堆杂物；第二层是客厅、厨房、卧室、客房；第三层屋顶平整，可晾晒、扬打粮食。有的藏居还有内、外阳台。石屋毗邻相连，高低错落排列成村落。屋与屋间有狭窄的巷道，宽的3米左右，窄的仅能并肩过两人。巷道路面全部用麻子石或者鹅卵石砌成，成为旅游人文景观（见图492）。汶川地震中，藏寨供水设施损坏22481米，损失588.33万元；供电设施损坏24347米，损失374.12万元；通信设施损坏16924米，损失103.85万元；景区房屋损坏1800间，损失5529.86万元；其他设施设备损失923.68万元；总计损失7519.84万元。

图492　震后的甘堡藏寨

（国家旅游局　提供）

黑虎羌寨。位于茂县西北的群山之中，先民“依山居止、垒石为室”，以狩猎为生，为抵御侵扰，筑起了石砌碉楼“邛笼”。汶川地震中，黑虎羌寨羌碉整体受损，古寨中11座羌碉顶部有不同程度的垮塌（见图493）。羌寨景区供水设施损坏15539米，损失486.4万元；供电设施损坏31071米，损失485.14万元；通信设施损坏31782米，损失195.63万元；景区公路损坏7.2公里，损失13278万元；景区房屋损坏632间，损失1979.18万元；其他设施设备也大量损坏，损失1122.49万元；总计损失17546.84万元。

甘肃省人文景区受损　甘肃省人文景区设施在汶川地震中损失4979.2万元。文县白水江动植物博物馆房屋损坏1500平方米，经济损失150万元；邱家坝动植物养殖场房屋部分损坏600平方米，完全损坏200平方米，经济损失30万元；文县景区公路多处塌方损毁，损失2636万

图 493　黑虎羌寨内黑虎羌碉整体受损，顶部有不同程度的垮塌

（国家旅游局　提供）

元。两当县两当兵变指挥部旧址受损，完全损坏 502 平方米，经济损失 390.2 万元；高山草甸 8 处山体滑坡，塌方 500 万立方米，路基坍塌 20 处，景区公路损坏 6.5 公里，经济损失 1023 万元。西和县路面坍塌、滑坡 11 处，公路损坏 22 公里，景区公路损坏 5 公里，经济损失 750 万元。

陕西省人文景区受损　陕西省很多古建筑在汶川地震中坍塌损坏，人文景区设施损失 12423 万元。宝鸡炎帝陵景区大殿、钟鼓楼及房屋 34 根柱子出现断裂，祭祀广场出现严重塌陷，经济损失 1235 万元。宝鸡钓鱼台景区文庙和上山道路受损严重，经济损失 238 万元。汉中市宁强县青木川景区魏氏新老宅院、辅仁中学礼堂等古建筑的屋脊、梁柱变形，墙体严重裂缝，屋内木板损毁，青石板地面出现多处裂缝，房屋共受损 535 间，墙面倒塌 87 处，经济损失 6856 万元。勉县武侯墓多处古建筑受损，办公楼受损，其他景区建筑设施损坏，损失 833 万元；武侯祠西辕门墙体坼裂，琴楼柱子移位，东西厢房、配殿山墙断裂，大殿墙体坼裂、木结构移位，拜殿山墙断裂，经济损失 459 万元。勉县马超墓祠大殿屋面下滑、局部坍塌，山门口附属建筑断裂、地基下沉，损失 282 万元。略阳县灵岩寺景区主体建筑损毁，成为危房，游览步道近 2 公里严重损坏，损失 832 万元；紫云宫、东门楼和南山塔塔身严重裂缝并倾斜，损失 750 万元；江神庙游览步道损坏 1 公里，景区文物建筑损毁，成为危房，损失 560 万元。南郑县红寺湖—南湖景区房屋损坏 84 间、2200 平方米，围墙倒塌 90 米，损失 378 万元。

第二节　旅游企业与管理机构受损

汶川特大地震给四川、甘肃、陕西、重庆四省（市）的旅游产业造成 121.66 亿元的巨大损失，其中旅游企业损失 120.4 亿元、旅游管理机构损失 1.26 亿元。

一 旅游企业受损[①]

汶川地震给四川、甘肃、陕西、重庆四省（市）旅游企业造成120.4亿元的巨大损失。其中，四川省旅游企业损失119.58亿元，甘肃省旅游企业损失5781.3万元，陕西省旅游企业损失2201万元，重庆市旅游企业损失230万元。

四川省受地震影响的旅行社总计141家，损失4327.87万元。重灾市州共计受损103家，包括成都市受损44家，其中完全受损22家、中度受损14家、轻度受损8家；德阳市受损19家，其中完全受损8家、中度受损7家、轻度受损4家；绵阳市受损27家，其中完全受损26家、中度受损1家；广元市受损13家，全部为轻度受损。主要受灾市州旅行社损坏办公用房1382间、损失1765.62万元，损坏车辆36辆、损失846万元，其他设施设备损坏818件（套）、损失1569.44万元，总计损失4181.06万元（见表256）。全省10余个优秀旅游城市、43个旅游城镇受损严重。

四川省主要受灾市（州）旅行社损失情况统计表

表256

市（州）	办公用房		车　辆		其他设施设备		小计（万元）
	数量（间）	金额（万元）	数量（辆）	金额（万元）	数量（件、套）	金额（万元）	
成　都	—	—	—	—	1	12.00	12.00
德　阳	56	163.00	2	5.00	238	121.00	289.00
绵　阳	916	277.80	—	—	116	97.94	375.74
广　元	62	23.60	—	—	56	7.84	31.44
雅　安	58	32.92	8	57.00	87	5.08	95.00
阿　坝	248	1244.00	26	784.00	264	1318.00	3346.00
遂　宁	1	0.80	—	—	15	3.08	3.88
南　充	37	13.50	—	—	41	4.50	18.00
眉　山	4	10.00	—	—	—	—	10.00
合　计	1382	1765.62	36	846.00	818	1569.44	4181.06

地震中，宾馆、饭店遭到严重破坏。四川省星级饭店、社会旅馆以及农家乐在内的旅游接待设施共损失96.9亿元，其中重灾市州宾馆饭店损失96.4亿元。宾馆、饭店受损客房169422间、损失620102.09万元，供水设施受损1868.64千米、损失39812万元，供电设施受损3233.95千米、损失47957万元，通信设施受损524.36千米、损失5175万元，车辆受损31辆、损失609万元，其他设施设备受损100115个、损失255082.96万元（见表257）。

四川省旅游咨询中心受损412个、损失32837.5万元，旅游购物商店受损4779个、损失98601万元，自驾车服务设施受损2109个、损失30035万元，其他设施设备受损2036个、损失61091.5万元，总计损失222565万元（见表258）。

---

① 旅游企业损失含建筑物、基础设施、生活附属设施和设备设施损失。

四川省宾馆饭店损失情况统计表

表 257

市（州）	客房		供水设施		供电设施		通信设施		车辆		宾馆其他设施设备		小计（万元）
	数量（间）	金额（万元）	长度（千米）	金额（万元）	长度（千米）	金额（万元）	长度（千米）	金额（万元）	数量（辆）	金额（万元）	数量（个）	金额（万元）	
成都	44119	143374.66	157.00	1499.60	448.30	3394.20	311.50	93.45	31	609.00	17662	60491.13	209462.04
德阳	12349	55285.00	21.46	21.00	28.63	20.00	17.00	0.00	—	—	78947	69596.00	124922.00
绵阳	6813	59862.15	72.87	11418.37	165.68	13431.92	6.40	4302.30	—	—	532	30325.18	119339.92
广元	1400	3210.00	6.30	972.00		651.00	—	354.08	—	—	45	9268.17	14455.25
雅安	2086	3026.08	2.96	257.20	3.00	640.00	2.00	300.00	—	—	157	1666.32	5889.60
阿坝	101110	353886.70	1599.13	25351.61	2579.82	29606.63	182.35	54.70	—	—	951	81386.04	490285.68
自贡	—	—	—	—	—	—	—	—	—	—	5	32.00	32.00
遂宁	31	1.20	0.04	2.00	2.10	8.10	—	—	—	—	20	124.70	136.00
内江	300	96.50	0.01	0.50	0.01	0.50	—	—	—	—	400	149.00	246.50
乐山	43	14.90	0.80	4.45	1.40	3.00	1.08	3.00	—	—	116	563.05	588.40
南充	84	34.50	1.40	9.70	1.90	2.00	—	—	—	—	1002	38.80	85.00
宜宾	58	26.10	0.03	8.00	0.01	4.00	—	—	—	—	10	20.00	58.10
广安	10	8.00	—	—	—	—	—	—	—	—	68	72.00	80.00
达州	30	147.50	0.11	2.04	0.10	2.76	0.07	0.80	—	—	15	58.30	211.40
巴中	169	313.44	4.30	7.00	2.00	4.40	0.60	1.80	—	—	113	35.76	362.40
眉山	693	593.36	1.80	200.00	0.30	110.00	3.20	8.00	—	—	2	1208.64	2120.00
资阳	81	214.00	0.43	59.00	0.70	78.00	0.16	57.00	—	—	70	47.87	455.87
甘孜	46	8.00	—	—	—	—	—	—	—	—	—	—	8.00
合计	169422	620102.09	1868.64	39812.47	3233.95	47956.51	524.36	5175.13	31	609.00	100115	255082.96	968738.16

四川省其他旅游企业设施损失情况统计表

表 258

市（州）	受损城镇（个）	旅游咨询中心		旅游购物商店		自驾车服务设施		其他设施设备		小计（万元）
		数量（个）	金额（万元）	数量（个）	金额（万元）	数量（个）	金额（万元）	数量（个）	金额（万元）	
成都	7	190	2765	84	2610	1	10	449	1728	7113
德阳	13	182	23380	687	92311	234	28900	407	57560	202151
绵阳	6	29	6400	3987	2780	1811	1045	655	831	11056
广元	5	1	30	4	800	3	80	19	800	1710
内江	2	2	40	0	0	0	0	0	0	40
乐山	1	0	0	1	28	0	0	0	0	28
南充	1	1	180	0	0	0	0	3	37	217
广安	4	3	2.5	3	60	0	0	12	35.5	98
巴中	2	0	0	13	10	0	0	0	0	10
资阳	1	4	40	0	2	60	0	0	0	42
甘孜	1	0	0	0	0	0	0	491	100	100
合计	43	412	32837.5	4779	98601	2109	30035	2036	61091.5	222565

甘肃省宾馆和“农家乐”受损共计5781.3万元。陇南市武都区8家宾馆及80户“农家乐”受损11684平方米，损失751万元。文县“农家乐”受损7500平方米，损失450万元；3家宾馆损毁房屋14689平方米，严重损毁2210平方米，损失1720万元。康县旅游宾馆饭店、“农家乐”损毁房屋450平方米及配套服务设施，损失450万元。徽县“农家乐”房屋损毁126间3400平方米，损失546万元。成县4家宾馆损毁房屋2.5万平方米，损失1699万元。两当县损毁宾馆房屋29间，“农家乐”房屋1800平方米，损失135万元。西和县损毁宾馆建筑物及“农家乐”房屋650平方米，损失30.3万元。

陕西省2家旅行社受损，损失5.5万元。11家宾馆饭店受损，损失919.5万元。多处“农家乐”受损，经济损失1276万元，其中略阳县“农家乐”11.2公里游道受到破坏，15间房屋1000平方米倒塌、24间房屋2100平方米成为危房，游乐设施严重受损，损失566万元；羌盛庄园游览步道损坏1公里，5间房屋500平方米倒塌、15间房屋1500平方米成为危房，羌族风情活动展示厅严重受损，损失530万元；宁强县22处农家乐、160余间房屋严重受损，损失180万元。

重庆市旅游控股集团有限公司、渝北区龙兴古镇设施受损，损失230万元。

二　旅游管理机构受损

汶川地震造成四川、甘肃、陕西、重庆四省（市）旅游管理机构经济损失达12583.14万元。其中，四川省21个市（州）旅游局受灾，损失共计11769.14万元（见表259）；甘肃省旅游局损失50万元；陕西省旅游局损失364万元；重庆市旅游局损失400万元。

据统计，四川省21个市（州）旅游局办公用房受损4105间、损失5589.09万元，车辆受损56

辆、损失 1282.2 万元，其他设备受损 1228 件、损失 4897.85 万元，总计损失 11769.14 万元。其中，成都市受损旅游局损坏办公用房 113 间、损失 84 万元，损坏车辆 1 辆、损失 5 万元，其他设施设备损失 11 万元，总计损失 100 万元。德阳市受损旅游局 7 个，包括旌阳区文化旅游体育局、罗江县旅游局、什邡市旅游局、中江县文化体育旅游局、绵竹市旅游局、广汉市旅游局、德阳市旅游局，共计损坏办公用房 234 间，损失 650.5 万元；损坏车辆 1 辆，损失 30 万元；损坏其他设施设备 218 件，损失 87.5 万元；全市总计损失 768 万元。绵阳市受损旅游局 4 个，包括江油市旅游局、梓潼县旅游局、北川羌族自治县旅游局、绵阳市旅游局，共计损坏办公用房 189 间，损失 1832 万元；损坏车辆 4 辆，损失 57 万元；损坏其他设施设备 300 件，损失 491 万元；全市总计损失 2380 万元。广元市受损旅游局 8 个，包括广元市、剑阁县、苍溪县、旺苍县、青川县、利州区、元坝区、朝天区旅游局，损坏办公用房 320 间，损失 1440.56 万元；其他设施设备损失 145 万元；全市总计损失 1585.56 万元。

四川省旅游管理机构损失情况统计表

表 259

市（州）	办公用房		车　辆		其他设施设备		小计（万元）
	数量（间）	金额（万元）	数量（辆）	金额（万元）	数量（件）	金额（万元）	
成　都	113	84.00	1	5.00	93	11.00	100.00
德　阳	234	650.50	1	30.00	218	87.50	768.00
绵　阳	189	1832.00	4	57.00	300	491.00	2380.00
广　元	320	1440.56	—	—	45	145.00	1585.56
阿　坝	3081	1205.50	44	1162.00	535	4148.00	6515.50
内　江	2	10.00	—	—	—	—	10.00
乐　山	9	3.20	3	17.20	8	2.50	22.90
南　充	61	176.00	1	3.00	7	4.00	183.00
宜　宾	40	108.65	2	8.00	12	7.80	124.45
达　州	9	36.00	—	—	—	—	36.00
巴　中	—	—	—	—	9	0.45	0.45
眉　山	7	3.40	—	—	1	0.60	4.00
凉　山	40	39.28	—	—	—	—	39.28
合　计	4105	5589.09	56	1282.20	1228	4897.85	11769.14

甘肃省的陇南市武都区旅游局办公用房受损严重，需恢复重建业务用房，造成经济损失 50 万元。

陕西省各旅游局因灾经济损失共计 364 万元。其中，勉县职工住房、办公楼倒塌，损失 148 万元。宁强县办公楼断裂、移位，损坏 14 间、280 平方米，损失 50 万元；职工住房断裂、移位、塌陷，损坏 30 间、1000 平方米，损失 100 万元。略阳县办公楼断裂、损坏 4 间、120 平方米，损失 20 万元；职工住房断裂、移位、倾斜、损坏 9 间、148 平方米，损失 46 万元。

重庆市的綦江县旅游局、忠县旅游局、酉阳土家族苗族自治县旅游局受损，损失 400 万元。

第四章　建筑业和房地产业受损

汶川特大地震给四川、陕西等灾区的建筑业和房地产业造成 49.01 亿元的巨大经济损失，其中建筑业损失 33.72 亿元、房地产业损失 15.29 亿元。从区域上看，四川省损失 48.28 亿元，陕西省损失 0.65 亿元。

第一节　建筑业受损

汶川特大地震对灾区的建筑企业造成 33.72 亿元的经济损失。其中，建筑勘察企业受损 0.09 亿元，建筑设计企业受损 0.22 亿元，建筑监理企业受损 0.15 亿元，建筑施工企业受损 32.41 亿元，其他建筑企业受损 0.85 亿元。

一　建筑勘察企业受损

成都市、德阳市、广元市、绵阳市的 24 家建筑勘察企业在汶川地震中受损，直接经济损失 878.5 万元（见表 260），其中建筑物受损 9310 平方米、设备损失 109 万元、在建项目损失 44 万元。

都江堰市勘察测绘有限责任公司办公楼及附属设施受到严重损坏，屋顶开裂渗水，承重墙开裂，围墙倒塌，大门损坏，院坝地面开裂，水沟盖板垮塌；全站仪 2 台、绘图仪 1 台损坏，造成直接经济损失 36 万元。

四川省部分灾区建筑勘察企业地震损失情况统计表

表 260

地 区	企业受损（家）	建筑物受损（平方米）			设备损失（万元）	在建项目损失（万元）	小计（万元）
		严 重	中 等	轻 微			
成 都	1	—	—	—	36	—	36
德 阳	9	73	121	2527	29	44	576.5
广 元	3	80	—	1201	44	—	36
绵 阳	11	1000	4308	—	—	—	230
合 计	24	1153	4429	3728	109	44	878.5

说明：表中成都、广元、绵阳在建项目损失、绵阳设备损失缺统计资料，但损失情况已包含于“小计”中

二 建筑设计企业受损

成都市、德阳市、广元市、绵阳市的 83 家建筑设计企业在汶川地震中受损，直接经济损失 2237.2 万元（见表 261），其中建筑物受损 36456.7 平方米、设备损失 285.9 万元、在建项目损失 170 万元。

四川省部分灾区建筑设计企业地震损失情况统计表

表 261

地 区	企业受损（家）	建筑物受损（平方米）			设备损失（万元）	在建项目损失（万元）	小计（万元）
		严 重	中 等	轻 微			
成 都	1	1600	—	—	—	—	600
德 阳	25	—	3860	18705	24.4	—	537.5
广 元	3	840	—	—	—	—	37
绵 阳	54	2949.7	4202	4300	261.5	170	1062.7
合 计	83	5389.7	8062	23005	285.9	170	2237.2

说明：设备损失、在建项目损失缺统计资料，但损失情况已包含于“小计”中

四川省古建筑设计研究院办公综合楼及商铺用房 1600 平方米严重受损，制图设备几乎全部损失，办公家具、地勘机具等设备砸坏、散失，工作瘫痪，造成直接经济损失 600 万元。

三 建筑监理企业受损

成都市、德阳市、绵阳市的 29 家建筑监理企业在汶川地震中受损，直接经济损失 1554.8 万

元（见表 262），其中建筑物受损 22662 平方米、设备损失 21.87 万元。

四川省部分灾区建筑监理企业地震损失情况统计表

表 262

市（州）	企业受损（家）			建筑物受损（平方米）	设备损失（万元）	小计（万元）
	严　重	中　等	轻　微			
成　都	2	—	1015	—	—	114
德　阳	18	1500	760	14352	6	402.8
绵　阳	9	370	1637	3028	15.87	1038
合　计	29	1870	3412	17380	21.87	1554.8

说明：只有设备经济损失，建筑物无经济受损统计资料，但总经济损失已包含于“小计”中

都江堰市诚信建设监理有限公司钢混结构办公楼中度受损，受损面积 678.64 平方米；办公设备、设施损毁，直接经济损失 84 万元。

都江堰市曙光建设监理有限公司框架结构办公楼中度受损，受损面积 337 平方米，直接经济损失约 30 万元。

四　建筑施工企业受损

汶川地震给灾区的建筑施工企业共造成 32.41 亿元的直接经济损失。其中，中国铁道建筑总公司、中国铁路工程总公司和中国葛洲坝集团公司 3 家中央企业直接经济损失 7.81 亿元（见表 263）；中冶集团所属的多家公司不同程度受损；成都市、德阳市、广元市、绵阳市、南充市、雅安市的 428 家施工企业在地震中受损，直接经济损失 24.6 亿元。

中央建筑施工企业受损情况统计表

表 263　　单位：万元

企业名称	房屋损失	设备物资损失	在建工程	小　计
中国铁道建筑总公司	—	1900	4223	6123
中国铁路工程总公司	19722	1736	9140	30598
中国葛洲坝集团公司	6109	24734	10549	41392
合　　计	25831	28370	23912	78113

中国铁建是遭受汶川地震破坏最严重的中央企业之一，所属 1 个二级子公司、7 个三级子公司，以及分布在成都及周边地区的 112 个在建工程项目遭受严重损失。其中，分布在汶川县映秀

图494　中国铁建十三局都汶公路项目部5层楼遭地震破坏只剩下2层
（四川省地方志编委会　提供）

镇、汶川、都江堰、茂县、理县、平武、青川、绵阳等重灾地区的16个项目损失惨重，主要涉及中国铁建所属的中铁十二、十三、十五、十六、十八、十九、二十、二十一、二十二、二十三局集团公司。地震中，中国铁建在四川省境内的单位住房、厂房及在建工程项目都不同程度地受到破坏，有600间房屋倒塌、2688间房屋损坏。地处地震中心的中铁十三局集团都汶高速公路H合同段项目部的5层楼房倒塌只剩下2层（见图494）。位于都江堰市龙池镇、距离映秀镇仅4公里的中铁十二局集团都汶高速公路项目部的两层小楼全部毁坏。

中国铁建的在建工程项目在地震中受到不同程度的破坏，震中区域尤为严重。其中，中铁十三局集团在建项目遭受严重经济损失，3个在建工程项目路基塌方约46170平方米、隧道遭受破坏约3873米，仅都汶公路项目就有7座桥梁受损。中铁十二局集团都汶公路项目部已完工的路基边仰坡、中桥、隧道等在建工程损毁（见图495），造成经济损失1574万元；宁棋高速公路项目部施工的隧道、路基边仰坡、桥涵等在建工程受到严重破坏，工期被迫推迟，造成经济损失2649万元。

位于都江堰市龙池镇和汶川县映秀镇的中铁二十一局集团三公司都汶公路G、L合同段项目部，因地震导致隧道塌方，塌方体堵死整个隧道，隧道二衬及仰拱多处严重变形、开裂、下塌、错台，局部错台高达70厘米以上，左线1号塌方段上方的山体地表塌陷。

据中铁十三、十一局集团统计，地震造成在建工程项目通信、电力设施遭受严重破坏。中铁十三局集团在川、渝的11个项目部共毁坏通信线路、光缆7700米，损毁通信电杆、变压器、其他设备设施137台（套）。地震导致位于都江堰市的中铁十一局集团电务公司广通项目部的成都至都江堰48公里管道线路受损，都江堰、映秀、汶川、茂县通信架空杆路全部损坏。地震中机械设备遭到不同程度损毁，共损毁（报废）机器设备1931台（套），其中中铁十三局集团都

图 495　中铁十三局都汶公路项目部正在施工的隧道被地震严重破坏

（四川省地方志编委会　提供）

汶公路、柳坪水电站、阴坪引水隧洞和毛儿盖水电站 4 个项目的 109 台（套）各类车辆、风机、空压机、喷浆机、挖掘机、装载机、搅拌机等工程设备损毁，造成经济损失 600 多万元。位于都江堰市龙池镇的中铁二十一局都汶公路 G 合同段项目部机械设备毁坏，造成经济损失 1300 万元。

中国中铁在地震中直接经济损失 3.06 亿元，其中设备、设施损失 1736 万元；办公用房损失 3253 万元；在建工程项目损失 9140 万元；生活基地损失 16469 万元，其中 4118 户约 3 万平方米职工住房倒塌或成为危房，比较严重的有中铁八局 1345 户、中铁二局 641 户、中铁电气化局 696 户、中铁隧道集团 417 户、中铁五局 362 户、中铁宝工 153 户、中铁一局 150 户、中铁三局 148 户、中铁四局 94 户、中铁大桥局 93 户、中铁六局 19 户。

中国葛洲坝集团公司厂房、住房在地震中遭受严重破坏，厂房及生产设施损失 4680.65 万元，设备损失 14362.14 万元，住房损失 1428.45 万元；地震中物资材料损失 10371.6 万元，施工工程损失 10549.11 万元。

中冶集团所属中冶成工建设有限公司在四川省内的 43 个项目部和钢构、混凝土分公司全部停工停产。公司钢瓶什邡分厂 4400 余平方米的生产车间、办公场所全部损毁；钢构车间支撑梁变形，办公楼墙面、收缩缝开裂；两级公司办公楼出现墙面裂缝、收缩缝开裂，部分外墙瓷砖脱落，电脑、办公桌椅柜等办公设施和办公用品被毁。中冶集团中冶建工有限公司重庆市大渡口区中冶建工安装公司所属大坪山设备主厂房墙体裂缝、整体向外倾斜，受损厂房 18 间。中冶建工钢构公司制作二车间 2 号、3 号厂房和公司综合办公楼 B 幢屋面瓦塌落和破损、墙体裂缝，受损厂房 5 间、办公用房 112 间。中冶集团所属中冶赛迪工程技术有限公司总承包的攀长钢高强度机械和高速铁路用钢棒材连轧生产线易地技改工程遭受较大程度的破坏。工程水处理变电所、加热炉风机房、水处理集中泵站、热水泵站、污泥处理间、高压水除磷泵站、主电室及主厂房地坪等工程均受到不同程度损伤；主厂房钢结构A、B、C列柱间支撑、加热炉机械设备、电气、筑炉、加热炉烟囱耐火砖局部垮塌；主轧线设备不同程度沉降、偏移，电气设备不同程度损坏，部分电气柜柜门脱落，与之相连的电气设备及线路损坏；各个柜体都出现不同程度的扭曲现象，柜体之间出现移位；变压器出现不同程度移位，底座槽钢有变形现象；高压水除鳞泵房配电柜移位；水处理系统设备、区域管线、电气照明、灯具等受到不同程度损坏。中冶集团所属中冶实久建设有限公司都江堰钢构厂电控系统严重受损，行车滑触线断裂、脱落，屋面系统变形、松动，厂房柱子有轻微变形和下沉，办公楼出现裂缝；郫县钢构厂、青白江钢构厂电控系统受损，行车滑触线断裂、脱落，屋面系统变形、松动，办公楼出现裂缝。郫县搅拌站搅拌塔楼倾斜，塔架变形，两台90型主机受损，料仓大棚松动、变形，无法投入生产。温江搅拌站部分设施轻度受损。都江堰疗养院宾馆大楼（9000平方米）和糖尿病专科医院大楼（3800平方米）及所有设备、办公设施严重受损，无法经营；成都大厦每层楼都出现大面积裂缝。

阿坝藏族羌族自治州、成都市、德阳市、广元市、绵阳市、南充市、雅安市的428家施工企业在地震中受损，直接经济损失246107万元，其中建筑物受损1064321平方米、设备损失12644.3万元、在建项目损失183999.5万元（见表264）。

四川省部分灾区建筑施工企业地震损失情况统计表

表264

市（州）	企业受损（个）	建筑物受损（平方米）			设备损失（万元）	在建项目损失（万元）	小计（万元）
		严重	中等	轻微			
阿　坝	14	8300	10500	100000	—	12010	16550
成　都	6	—	—	—	—	—	4000
德　阳	197	41800	95030	91696	1736.3	7739.3	15082.3
广　元	76	96950	10980	236222	1428	1385	160919
绵　阳	116	19560	215808	122782	8892.7	162000	46436.8
南　充	7	—	718	—	400	258.2	1376
雅　安	12	6399	7576	—	187.3	607	1742.9
合　计	428	173009	340612	550700	12644.3	183999.5	246107

成都光大建设集团有限公司是一家国家批准的房屋建筑工程总承包一级施工企业。汶川地震中，公司在汶川县的各工程项目损毁施工设备、建筑材料、周转材料、办公设备、设施等造成直接经济损失1300万元，在茂县的工程项目直接经济损失850万元，在黑水县的直接经济损失150万元，在都江堰市的直接经济损失1500万元，其他小工程和公司办公楼、办公设备、设施损失约250万元，公司损失总计超过4000万元。

都江堰市发展建筑工程有限责任公司总计损失4228万元，其中办公楼受损2300平方米、损失570万元，设备、设施及库房物资受损98万元，龙池镇云华村都汶高速安置点项目损失138.45万元，阿坝铝厂水池及附属工程经济损失95万元，在建的枫尚领寓、和谐家园、工业集中发展区办公楼、银海花园六期、银海金岸、幸福家园安置房一期、茂县"畅馨苑"房改房工程、芒城新居工程一标段、地博顺园等工程受损面积总计289010平方米，直接经济损失3326.55万元（见表265）。

都江堰市发展建筑工程有限责任公司在建项目地震损失情况统计表

表265

在建项目名称	面积（平方米）	结构类型	破坏等级	经济损失（万元）
枫尚领寓	41000	框　架	轻　微	22.7
和谐家园	25900	框　架	轻　微	123.1
工业集中发展区办公楼	3500	框　架	中　度	110
银海花园六期	3800	砖　混	轻　微	15.2
银海金岸	69810	框　架	轻　微	133.64
幸福家园安置房一期	56000	砖　混	轻　微	2921.91
茂县"畅馨苑"房改房工程	20000	砖　混	中　度	
芒城新居工程一标段	45000	砖　混	轻　微	
地博顺园	24000	框　架	轻　微	
合　计	289010			3326.55

都江堰建设工程有限责任公司在地震中直接经济损失1207.8万元，其中办公楼损毁1200平方米，租赁站损毁1500平方米，经济损失445万元；办公设备损失44.8万元；库存物资损失708万元；其他损失10万元。都江堰市实强建设有限责任公司砖混结构办公楼及宿舍1800平方米严重破坏不能使用，在建工程汶川板子沟电站及蜂窝煤厂严重破坏，直接经济损失900万元。都江堰市宏达建设（集团）有限公司损失一幢250平方米库房，办公楼破损，损失大量钢管、扣件，造成直接经济损失121万元。都江堰市市政工程有限责任公司办公楼垮塌，库房严重损毁，造成直接经济损失80万元。

德阳弘扬建设发展有限公司在地震中遭受直接经济损失1153万元。其中，企业所属办公楼、营业用房及库房均为砖混结构，2180平方米严重破损，2.87万平方米受到中等程度破坏，挖掘机、农用车、架管、钢模等全被掩埋；电子仪器、电脑等设备和办公用品损毁，损失达793万元；在建的西南卫生院1967平方米框架结构倒塌严重破损，华盛西苑砖混结构4800平方米旌阳区公安分局综合楼大面积破损，弘扬安居苑围墙1000米倒塌严重，绵竹市3000平方米砖混结构廉租房严重损毁，几处在建项目直接经济损失360万元。四川华霖建筑工程有限公司在重灾区内承建的蓥华山旅游公司住宅楼框架结构4500平方米破坏严重，造成直接经济损失350万元。罗江县兴发建设发展有限公司办公室砖混结构700平方米中等破坏，在建阳光丽景工程底框、砖混结构1.36万平方米轻微破坏。

绵阳市兴绵建设有限公司所属框混结构建筑西科大7号、9号楼在地震中有25648平方米受损；框架结构金菊大厦15290平方米，南河公寓18118平方米，主要为填充墙体震裂，装饰遭受破坏，造成直接经济损失134万元。绵阳市文辰建筑工程有限责任公司所属建筑文泉·龙汇花园内外墙粉水花岗石、文化石、瓷砖脱落，造成经济损失200万元；在建项目文泉·翠满庭工程塔吊被震断，工程区域砖混结构建筑物1500平方米、框架结构砖砌体2.5万平方米受到中等程度破坏、经济损失177万元，公司总计遭受直接经济损失377万元。绵阳高新建设开发有限公司温州商贸三期住宅楼受地震影响，1362平方米宿舍地基沉降、房屋拉裂，在建菩提寺统建房工程4.9万平方米砖混结构轻微损毁，造成直接经济损失79万元。四川展鹏建设有限公司电脑等办公设备损坏，损失5万元；在建的长虹PDP项目框架结构11755平方米、新华劳教所项目框架结构1.2万平方米受损严重，直接经济损失450万元。绵阳市东辰建筑工程有限公司办公室隔墙倒塌，办公设备受损；企业所属新世界520平方米框架结构房屋遭受中等程度破坏，在建阳光清华A区别墅区2.62万平方米框架结构房屋受损，直接经济损失430万元。极重灾区北川羌族自治县的建筑业受损情况特别严重，全县5家建筑企业经济损失1.5亿元，企业房屋15276平方米全部倒塌及严重破损，机械设备80101台（套）全部损毁，损失6893.36万元。地震造成北川在建的25个工程项目、3.68万平方米全部损毁，损失950万元。

位于南充市的阆中海达建筑工程有限责任公司，其所属南池中学南池职业技术学校受损2.59万平方米，七里新区房产200平方米砖木结构受到中等破坏，古城三期搬迁房G标段1.86万平方米、海达阆水广场1.35万平方米砖混结构建筑受到中等程度破坏，直接经济损失478万元。四川省阆中恒远建筑工程有限责任公司阆中市华兰小区1号楼一层梁柱断裂，东坛井柱外墙砖脱落，普贤街8号、16号楼外墙砖脱落，柱子有裂痕，直接经济损失180万元。阆中明星建筑工程有限责任公司组建的金海棠一期工程框混结构1.86万平方米、汉城家园工程砖混结构1.5万平方米遭受地震破坏，直接经济损失103.2万元。

雅安市汉源县力志建筑有限公司企业所属房屋垮塌，直接经济损失610万元。汉源建筑总公司职工住宅严重受损660平方米，办公楼及住宅中等程度受损5460平方米，部分电脑摔坏，造成直接经济损失278万元。汉源桥梁工程建筑有限公司办公楼和宿舍楼受损，2套拱架轻度受损，造成直接经济损失85万元。汉源县安乐建筑工程有限公司遭受损失100.4万元，其中办公楼和宿舍中度损失616平方米、严重损失139平方米，经济损失38.9万元；损坏施工设备挖掘机1台、装载机2台、运输车5辆、办公设备电脑3台，损失61.5万元。汉源县城市建设开发有限公司遭受损失550万元。

五　其他建筑企业受损

德阳市、绵阳市的18家其他建筑企业在地震中受损，直接经济损失8546.6万元（见表266），其中建筑物受损40767平方米、设备损失66万元、在建项目损失169万元。

德阳市、绵阳市其他建筑企业损失情况统计表

表 266

地　区	企业受损（家）	建筑物受损（平方米）			设备损失（万元）	在建项目损失（万元）	小计（万元）
		严　重	中　等	轻　微			
德　阳	12	—	2150	18480	—	—	898
绵　阳	6	20137	—	—	66	169	7648.6
合　计	18	20137	2150	18480	66	169	8546.6

说明：建筑物经济损失无统计资料，但总经济损失已包含于“小计”中

绵阳市森威建筑工程有限公司江油奔箭水泥厂宿舍损失严重，6020 平方米砖混结构职工宿舍成为危房，生产区烟囱倒塌，提升机房和部分库房破裂，部分设施受损，直接经济损失 1500 万元。

四川天府防火材料有限公司直接经济损失 1075 万元。其中，2200 平方米的办公楼 5 层框架式结构完全损毁；两处车间完全损毁，一处为 2 层框架结构、1000 平方米，另一处为普通砖混结构、500 平方米，直接经济损失 500 万元。中轻度受损车间框架结构两处、1800 平方米；原材料库房普通砖混结构、800 平方米；厂区围墙 1500 米全部倒塌，直接经济损失 100 万元。地震造成办公设备设施、试验及检测设施设备和生产设备损失 225 万元，其中受损严重的两个车间的生产线全部报废。地震中原材料及成品损失较大，达 250 万元。

第二节　房地产业受损

汶川特大地震给四川省、陕西省的房地产业造成 15.29 亿元的直接经济损失，其中四川省 14.64 亿元、陕西省 0.65 亿元。

在四川省房地产业损失的 14.64 亿元中，房地产开发企业受损 143664.24 万元，物业管理企业受损 2206.3 万元，房地产中介服务企业受损 477 万元。

在陕西省房地产业损失的 6450.9 万元中，宝鸡市损失 2408.9 万元、西安市 2822 万元、汉中市 790 万元、咸阳市 430 万元。

一　房地产开发企业受损

阿坝藏族羌族自治州、成都市、德阳市、广元市、泸州市、绵阳市、雅安市的 184 家房地产开发企业在地震中直接经济损失 143664.24 万元（见表 267），其中建筑物受损 1330748 平方米、

设备损失 20906.53 万元、在建项目损失 91871.31 万元。

四川省部分灾区房地产开发企业地震损失情况统计表

表 267

市（州）	企业受损（家）	建筑物受损（平方米）			设备损失（万元）	在建项目损失（万元）	小计（万元）
		严重	中等	轻微			
阿　坝	2	14280	14230	—	1880 台套	9000	11000
成　都	39	76478	169005	402258	12456	43374.8	55830.8
德　阳	39	18669	180404	156148	1478	7165.6	16575
广　元	56	—	—	—	4000	12000	16000
泸　州	6	—	—	—	50	270	320
绵　阳	38	62700	39083	185093	2899.53	19970.91	43035.44
雅　安	4	5400	5900	1100	23	90	903
合　计	184	177527	408622	744599	20906.53	91871.31	143664.24

说明：建筑物经济损失无统计资料，有的经济损失包含于“小计”中

在地震中，绵阳市兴龙（隆）房地产有限开发公司所属砖混结构建筑 4000 余平方米、在建砖混结构建筑 2.57 万平方米完全破坏，直接经济损失 8000 余万元。绵阳市兴宇实业有限公司所属砖混结构建筑 5000 余平方米、在建砖混结构建筑 1.8 万平方米完全破坏，造成直接经济损失 7000 余万元。绵阳西成建工集团有限公司在江油的房地产开发项目和在绵阳城区、安县、北川等地的在建工程遭到不同程度的破坏，其中房屋倒塌 3100 平方米，主体裂缝 7500 平方米，轻微裂缝 42340 平方米，机械设备损坏、丢失 39 台；在建工程北川沙窝子大桥项目，机械设备及物资在瞬间全部消失。集团下属的凯南宾馆房屋全部成为危房，平政市场、钢材市场围墙倒塌，营业房屋严重受损，市场各类设施遭到严重破坏，洗浴中心房屋、设施损坏严重。地震共造成该公司直接经济损失 2637 万元。

在地震中，雅安市汉源实力房地产开发有限责任公司房屋垮塌，直接经济损失 250 万元。

受汶川地震影响，陕西省房地产企业损失 6450.9 万元，其中宝鸡市 2408.9 万元、西安市 2822 万元、汉中市 790 万元、咸阳市 430 万元。西安市碑林、新城、雁塔、莲湖、灞桥、未央等城六区建筑工地 49 台塔吊部分机件弯曲变形，2 台塔吊倾倒，20 台塔吊严重受损，37 项工程的填充墙开裂，2 项工程的外墙面砖脱落，1 项工程的外墙裂缝。

二　物业管理企业受损

成都市、德阳市、广元市、泸州市、绵阳市的 195 家物业管理企业在地震中受损，直接经济损失 2206.3 万元（见表 268），其中设备损失 1771 万元。

四川省部分灾区物业管理企业地震损失情况统计表

表 268

地　区	企业受损（家）	建筑物受损（平方米）			设备损失（万元）	在建项目损失（万元）	小计（万元）
		严　重	中　等	轻　微			
成　都	51	400	—	—	50	—	411.3
德　阳	13	1000	3000	500	20	—	80
广　元	74	—	—	—	1480	—	1480
泸　州	2	—	—	—	6	9	15
绵　阳	55	—	—	—	215	5	220
合　计	195	—	—	—	1771	—	2206.3

说明：建筑物经济损失无统计资料，但其经济损失已包含于“小计”中

成都市 2 家物业管理企业受损，造成直接经济损失 11.3 万元。其中，四川博通物业管理有限责任公司办公、工作设备受损；四川正源实业有限公司电脑损坏，3 个服务项目的消防系统损坏。都江堰市 49 家物业管理企业受损，经济损失合计 400 万元。

三　房地产中介服务企业受损

成都市、德阳市、广元市、绵阳市的 209 家房地产中介服务企业在地震中受损，直接经济损失 477 万元，其中建筑物受损 355 平方米、设备损失 232 万元、在建项目损失 109 万元。

成都市有 2 家房地产中介服务机构在地震中受损，直接经济损失 130 万元。成都古堰房地产评估咨询有限公司钢混结构办公楼严重破坏 80 平方米，办公设备不同程度损坏，直接经济损失 80 万元。成都泰达房地产经济咨询有限公司开源大厦框架结构 230 平方米破坏严重，办公设备不同程度损坏，直接经济损失 50 万元。

广元市 22 家房地产中介服务机构受损，直接经济损失 110 万元。

绵阳市 183 家房地产中介服务机构受损，设备损失 120 万元，在建项目损失 109 万元，直接经济损失 229 万元。

德阳市 2 家房地产中介服务机构受损，建筑物轻微受损 45 平方米，设备损失 2 万元，直接经济损失 8 万元。

第十篇

党政机关和社会事业单位设施受损

汶川特大地震给国家机关和社会事业领域的公共设施造成巨大损失，据民政部等四部委9月4日灾损校核报告，川、甘、陕三省地震受灾地区社会事业直接经济损失合计268.15亿元（不含房屋类损失），其中四川省236亿元、甘肃省21.39亿元、陕西省10.77亿元。

汶川地震对受灾地区国家机关与社会事业设施造成的灾情，主要有如下特点：

其一，学校、医院受损数量大、损失惨重。地震造成51个极重灾和重灾县（市、区）的7444所学校遭受严重破坏，占其学校总数12546所的59%，其中损毁义务教育阶段学校6688所、完全中学147所、普通高中48所、中等职业学校129所、幼儿园365所、特殊教育学校16所及高等学校23所（包括分校和校区），损毁其他教育机构（含教师进修学校、教育事业单位）28所（个），涉及在校学生314万人。地震使四川、甘肃、陕西三省的18663个卫生机构遭受损失，其中损毁医院555所、疾病预防控制中心160所、妇幼保健院176所、乡镇卫生院3386所、村卫生室及其他卫生机构14386个。

其二，广播电视等基础设施遭受毁灭性损害。四川、甘肃、陕西、重庆、云南五省（市）损毁有线网络长度7.27万公里、无线发射转播台（站）1345个、“村村通”设备1.56万套、有线前端设备2.41万个。其中，四川省广播电台、电视台房屋受损59.49万平方米、设备受损3.65万台（套），有线网络长度6.78万公里，无线发射转播台（站）1268个，“村村通”设备1.36万套，有线前端设备1.3万个。

其三，文化和科学技术系统的损失大。成德绵（成都—德阳—绵阳）城市圈文化产业和科学技术发达。作为重灾地区的成都、德阳、绵阳、广元、阿坝、雅安六市（州），在四川省新闻出版业中占有十分重要的地位。辖区内有各类出版单位413家，占全省的85%；印刷复制企业4089家，占全省44%；出版物批发企业190家，占全省88%。2007年末，6个市（州）新闻出版业总资产达到216.79亿元，约占全省的70%；实现销售收入154亿元，约占全省的68%。地震造成四川省新闻出版系统毁损房屋86.21万平方米、设备器材74621件（套）、出版物84.05万册；使四川省3990个文化机构受损，面积达55.77万平方米。地震还造成四川、甘肃、陕西、重庆四省（市）共73家中央和省级科研单位受损，科研用房倒塌面积共计12万平方米，危房面积达101万平方米。

其四，体育场馆缺乏应急避难场所功能，导致体育设施受损加剧。由于体育场馆地势开阔，容量较大，灾区各地所有田径场和部分未成危房的体育馆在第一时间都成了受灾群众的避难场所、灾后居民安置点及救灾前线指挥所、医疗救治点、救灾物资中转站以及空中交通平台。但体育场馆普遍缺乏应急避难场所功能，使得体育场馆设施除因地震直接损毁外，损耗加剧。如建于2005年的绵阳市体育馆，建筑面积2.4万平方米，总投资1.6亿元。汶川地震发生后，自5月12日至6月29日，共接纳安置受灾群众与救援人员50余万人次，高峰时期每天人流量在7万人以上。由于搭建安置帐篷、设立各项救助工作点等，该馆主体建筑设施、设备被毁，受损面积6500平方米，经济损失1070万元。

第一章　党政机关和政法系统设施受损

汶川特大地震使四川省的成都、德阳、绵阳、广元、阿坝、雅安6个市（州）及所属县（市、区）的国家机关和甘肃省的8个重灾县（区）、陕西省的4个重灾县（区）的国家机关设施遭受严重破坏，并使国家机关行使其职责的能力受到不同程度的影响。据民政部等四部委9月4日灾情校核报告，川、甘、陕三省国家机关直接经济损失53.57亿元（不含房屋类损失），其中四川省损失44.76亿元、甘肃省4.01亿元、陕西省4.8亿元。

第一节　党政机关设施受损

一　党政领导机关设施受损

四川省党政领导机关设施受损　四川省39个极重灾和重灾县（市、区）的党政领导机关设施严重受损。都江堰市党政领导机关房屋损毁1.11万平方米，损坏1.07万平方米。德阳市旌阳区党政领导机关房屋损毁13.2万平方米，设备损毁3934台（件）。绵阳市委、市人大常委会、市政府、市政协因灾直接经济损失7907.2万元，其中损毁的房屋面积39264平方米，直接经济损失7443.6万元；设备损毁811台（套），直接经济损失464.6万元（见表269）。地震造成北川羌族自治县县委的综合楼、办公楼、礼堂及档案楼，共计4500平方米办公场所及办公室

绵阳市党政领导机关设施受损情况统计表

表 269

单　位	房屋受损		设备受损		小计（万元）
	面积（平方米）	金额（万元）	数量（台/套）	金额（万元）	
绵阳市委	18580	2972.8	713	411.6	3384.4
绵阳市人大常委会	7819	1955	23	21	1976
绵阳市政府	7786	1245.8	40	15.0	1260.8
绵阳市政协	5079	1270	35	17	1286
合　计	39264	7443.6	811	464.6	7907.2

内的所有办公设施、设备全部损毁（见图 496）；县委大院内 2 万平方米职工宿舍楼损毁，直接经济损失 6000 万元。县人大常委会机关办公楼、会议室全部倒塌，所有办公设施损毁；职工住房 7200 平方米被夷为平地，直接经济损失 1225 万元。县政府办公楼和沿街办公用房损失惨重，具有浓郁羌族风格的 6 层政府办公楼和政府大门牌坊顷刻间轰然垮塌，沿街办公、住宿楼全部倒塌。县政协机关 2500 平方米的办公楼和 40 套 4000 余平方米的职工宿舍全部垮塌；办公设备、档案、文史资料被埋于废墟之中，经济损失 2120 万元。全县历史资料受到严重损坏，县委办公室所属档案室收藏的 1991—2008 年的档案 800 余卷，县委组织部干部档案 5000 余卷，县档案局所藏的各类档案数 8.5 万余卷（册）（包括民国时期档案），除被部队抢救出档案资料 4 万多卷（册）外，其余均在地震中毁灭。广元市党政领导机关房屋受损 173.5 万平方米，设备受损 22.67 万台（件）。其中，元坝区党政领导机关房屋损毁 14.27 万平方米，设备损毁 2287 台（件），直

图 496　完全损毁的北川县委办公楼

接经济损失 1.72 亿元。阿坝藏族羌族自治州州委办公大楼在地震中出现部分裂缝；汶川县委、黑水县委办公楼中度受损；茂县、理县、松潘、小金、九寨沟、金川及马尔康 7 个县的县委办公楼及住宿楼受损面积共计 1.88 万平方米；汶川、茂县、九寨沟、马尔康等县委办公设备、设施损毁 583.6 万元。州人大常委会受损房屋 4200 平方米，直接经济损失 330 万元；13 个县人大常委会大机关受损房屋 9610 平方米，直接经济损失 816.5 万元；损失办公设备设施 130 台，直接经济损失 164.32 万元；受损车 4 辆，直接经济损失 74 万元。州、县政府机关办公楼、住宿楼受损 73789.6 平方米，直接经济损失 5689.26 万元；损毁办公设备设施 589 台，直接经济损失 579.1 万元；受损车 7 辆，直接经济损失 228.36 万元。汶川、茂县、理县、松潘、金川、小金、九寨沟 7 个县政协机关设施损毁 9430.24 平方米，直接经济损失 694.47 万元；办公设备损毁，直接经济损失 916.11 万元；车辆受损 75 万元。

甘肃省与陕西省党政领导机关设施受损 甘肃省的陇南市、甘南藏族自治州、天水市麦积区、平凉市、白银市党政领导机关设施受损严重。陇南市党政领导机关物品受损 1988.28 万元、公用设施受损 9614.68 万元；甘南藏族自治州党政领导机关设施受损 497 万元；天水市麦积区党政领导机关设施受损 2662.2 万元。

陕西省 4 个地震重灾县（区）的党政领导机关设施在地震中不同程度受损。其中，宁强县党政领导机关房屋受损 1707 间（损毁 210 间、中等破坏 622 间、轻微破坏 875 间），设备受损 384 件，经济损失 5439 万元；略阳县党政领导机关房屋受损 579 间（损毁 197 间、轻微破坏 382 间），设备受损 110 件，经济损失 1036 万元；勉县党政领导机关房屋受损 13760 平方米（损毁 9400 平方米、中等破坏 4360 平方米），经济损失 1150 万元；宝鸡市陈仓区党政领导机关房屋受损 437 间（损毁 48 间、中等破坏 195 间、轻微破坏 194 间），设备受损 334 件，经济损失 1042.3 万元。

二　政府部门设施受损

四川省政府部门设施受损 四川省税务部门直接经济损失 16.6 亿元。其中，国税系统经济损失 8.25 亿元，包括办公用房 5.23 亿元、办公设备 0.24 亿元、职工住房 2.78 亿元；地税系统经济损失 8.35 亿元，包括办公用房 3.17 亿元、办公设备 0.34 亿元、职工住房 4.84 亿元。

四川省教育行政部门、教育事业单位（含教师进修学校）倒塌办公及附属用房面积 3.7 万平方米，直接经济损失 1.05 亿元（包括办公用房及生活用房 7482 万元、仪器设备及图书资料 1922 万元、附属设施 1138 万元）；受轻度破坏需要维修加固的房屋 4 万平方米。

四川省体育部门办公用房受损面积 53589 平方米，直接经济损失 5664.18 万元；办公设备受损 769.14 万元。1983 年 4 月建成的汶川县文化体育局办公综合楼，建筑面积 3800 平方米，墙体严重垮塌，震后被鉴定为危房，经济损失 456 万元；办公设备受损 329 万元。1990 年 6 月建成的绵竹市文化体育局办公楼为砖木结构，建筑面积 2006 平方米，楼房多处严重垮塌，经济损失 240.72 万元；办公设备受损 12 万元。1987 年建成的青川县文化体育局办公楼建筑面积 1600 平方米，5 层楼房垮塌至一层，整栋楼房成为废墟（见图 497），办公设施设备全部毁坏，经济损失 232 万元。

都江堰市移民办公室办公楼1500平方米中等受损，计生局办公楼6763平方米中等受损，粮食局办公楼1000平方米严重受损，文广新局办公楼2000平方米严重受损。

德阳市各县（市、区）政府部门房屋受损面积236.4万平方米，受损设备107025台（件）。其中，绵竹市房屋受损面积68.6万平方米，受损设备52100台（件）；什邡市房屋受损面积56万平方米，受损设备41287台（件）；旌阳区房屋受损面积35.48万平方米，受损设备5166台（件）；罗江县房屋受损面积8.55万平方米，受损设备3349台（件）；中江县房屋受损面积45.68万平方米，受损设备4422台（件）；广汉市房屋受损面积2.21万平方米，受损设备701台（件）。

图497　青川县文化体育局受损的办公楼

绵阳市共有112个单位和部门的房屋、设施设备受损，其中房屋受损面积35.41万平方米，设备受损5190台（件）。北川羌族自治县同在县政府综合楼办公的县人事局、县发展改革和经济商务局、县科技局、县国土资源局、县招商局、县民宗局、县扶贫局、县物价局、县安全生产办公室（安监局）、县财金办、县农办、县史志办、县文化旅游局等单位所有办公室的办公设施、设备损毁。安县县委统战部、县民宗局、县台办办公用房和办公设施受损，县妇女联合会在县行政大楼的3间150平方米的办公室严重受损。

阿坝藏族羌族自治州民政局房屋受损面积1800平方米，设备受损损失99.6万元。全州13个县民政局机关倒塌房屋3000平方米，损毁房屋19804平方米，设备受损损失285万元，财政系统设施设备损失严重。

甘肃省与陕西省政府部门设施受损　甘肃省税务部门直接经济损失3.36亿元，其中国税系统损失2.26亿元，包括办公用房1.34亿元、办公设备350万元、职工住房0.89亿元；地税系统损失1.1亿元，包括办公用房1.02亿元、办公设备230万元、职工住房539万元。陇南市教育行政部门办公用房与生活用房受损面积11050平方米，其中武都区教育局行政办公用房损毁1120平方米；文县教育局办公楼受损面积2510平方米；两当县教育局办公楼受损面积600平方米，生活用房受损面积1720平方米；宕昌县教育局办公楼受损面积528平方米，另有312平方米土木结构办公用房倒塌或濒于倒塌；礼县教育局行政办公用房2000多平方米成为危房；徽县教育局经济损失143.78万元；康县教育局行政办公用房损毁660平方米，职工住宅受损面积1600平方米。甘肃省体育部门办公用房受损面积10890平方米，经济损失1089.3万元，办公设备受损141.78万元；震前刚刚投入使用的舟曲县文化体育局办公楼，部分墙体开裂，裂缝宽达1～2厘米，受损面积675平方米，经济损失40.5万元；办公设备受损5.4万元。天水市畜牧局780平方米办公用房受损，市农业局办公楼890平方米受损。

陕西省税务部门直接经济损失2.56亿元，其中国税系统损失2.23亿元（办公用房2.01亿元、办公设备474万元、职工住房0.17亿元），地税系统损失0.33亿元。汉中市教育行政部门房屋受损面积1.3万平方米。宝鸡市教育行政部门房屋受损面积8100平方米，直接经济损失150.7万元。安康市教育行政部门房屋受损面积3114平方米，直接经济损失180万元。陕西省体育部门办公用房受损面积1880平方米，经济损失216万元，办公设备受损31万元。

此外，重庆市税务部门直接经济损失1327万元，其中国税系统损失800万元，地税系统损失527万元。

三　损毁典型事例

广元市国家机关受损　广元市市级国家机关在2008年共有91个行政单位，包括89个党政机关、直属事业单位和法院、检察院，均在汶川地震中遭受不同程度的损失。办公用房受损面积19.42万平方米，直接经济损失3.43亿元；电脑、打印机等办公设备损毁7324台（套），直接经济损失7573万元。其中，办公用房完全损毁的有市体育局、市总工会、市信访办等，损毁面积8845平方米，经济损失225.4万元；办公用房严重受损的有市财政局、市旅游局、市商务局、市农业局、市无线电管理办、市广播电视局、市国土局、市经委以及民盟、农工、民革、九三、民进、民建等民主党派，受损面积36145.94平方米，经济损失2934.15万元；办公用房中度受损的有市工商联、市水电农机局、市电子办、市重点办、市环保局、市畜牧食品局、市劳动局、市社保局、市就业局、市残联、市供销社、市地震局、市教育局、市出入境检验检疫局、市中小企业局等单位和部门，受损面积39013.66平方米，经济损失9091.3万元；办公用房轻度受损的有市委综合大楼（含市委办、市纪委、市委组织部等16个单位）、市政府综合楼（含市政府办、市人事局、市科技局等19个单位）、市政协、市卫生局、市委组织部档案用房、市粮食局、市人大常委会、市审计局、市委政法委、市民政局、市规划和建设局、市台办、市国资委、市白龙湖管理局、市交通局、市林业局等，受损面积55445平方米，经济损失1.25亿元。地震使广元市国家机关各个部门的设施受到不同程度的破坏，并使20多个部门在震后不能正常行使其职能。

安县县政府办公大楼受损　绵阳市是汶川地震的重灾地区，而安县是该市仅次于北川羌族自治县的极重灾县。安县县委党史研究室、方志办公室主任张清儒记述了地震给灾区国家党政机关造成的悲惨景象："猛然间，强震开始了。办公室墙体突然剧烈地摇摆起来，砖墙、窗户嘎嘎作响，6层楼高、200多米长的巨大环形办公大楼像婴儿的摇篮，左右晃动，又像是大海中一只小船在巨浪中上下颠簸，此时我根本站立不稳，手撑着墙壁走到办公室门口，只听见办公室里唏唏哗哗掉落东西声，又看见三楼县政府办公室工作人员10余人扶着楼梯，一个接着一个跑下来。我左右摇晃，脚无定准，像喝醉了酒一样，只能偏偏倒倒地小跑，两脚踩在地面上，像没有力气一样。地面有时是软的，有时脚刚刚落地，一股力量将你弹出去，人会不由自主地向前猛然抬腿。此时，大地震动声、砖墙撕裂声、玻璃窗的破碎声、水泥块砸地声、人群的脚步声响成一片，使人们不由自主地心惊肉颤，好像这座雄伟的办公大楼马上就要坍塌下来似的。从办公楼二层跑到一层，就像一次艰难的长途跋涉，又好似这楼梯如变魔法似的无限延伸，使求生的人们始终跑不到尽头，生与死就在这一瞬间。我高一脚低一脚也不知跑了多久，才跑到一层信访局玻璃门前。这时，大地又一次更大发怒抖动，猛然一股力量将我弹向关着的那扇玻璃门上，只听'砰'的一声，头面的右侧狠狠撞在玻璃门上，随即玻璃门一个反作用力，将我弹了个仰面朝天躺倒在地，只听哗啦啦的一声响，我撞上的那扇本已破碎的玻璃门垮了一地。我只觉得右眼上方额头一热，鲜血顺着右眼、面颊流了下来。大地和办公楼还在不停地使劲摇晃，我硬从满是玻璃碎片的地上撑了起来，摇摇晃晃地从大楼一层门口跑下五六级台阶到大楼前面的草坪花台旁。此时，看见办公楼前草坪路上，黑压压一片上班的人群站在一起，望着巨大的环形办公楼议论纷纷。接着，余震又发生了，我看见办公楼东西摇摆，中间两条约 10 多厘米宽的沉降缝张开又合上，像拉手风琴一样。据后来在大楼对面公厕负责卫生的张老太婆说，大震的时候，她亲眼看见县政府这座巨型办公大楼像风吹树枝一样左右摇晃。"大楼最终没有倒塌，大大减轻了安县党政机关的人员伤亡和财产损失。而与安县相邻的北川羌族自治县党政机关遭受了毁灭性的灾难，县委、县人大常委会、县政府及县政协机关的办公楼、办公楼内的所有办公设施、设备全部损毁。震后，幸存的北川羌族自治县党政机关领导班子人员不得不转移到安县安昌镇办公。

第二节　政法系统设施受损

一　法院系统设施受损

四川省法院系统有 20 个中级法院、150 个基层法院及 169 个人民法庭在地震中受损，其中成都、德阳、绵阳、广元、阿坝、雅安 6 个市（州）中级法院及所属的 51 个县（市、区）基层法院受损严重。四川省高级人民法院直接经济损失 315 万元，20 个中级法院经济损失严重，包括成都市中级法院及所属辖区 21 个法院、德阳市中级法院及所属辖区 7 个法院、绵阳市中级法院及所属辖区 12 个法院、广元市中级法院及所属辖区 8 个法院、阿坝藏族羌族自治州中级法院及所属辖区 14 个法院、雅安市中级法院及所属辖区 9 个法院、遂宁市中级法院及所属辖区 6 个法院、内江市中级法院及所属辖区 6 个法院、乐山市中级法院及所属辖区 12 个法院、南充市中级法院及所属辖区 10 个法院、眉山市中级法院及所属辖区 7 个法院、达州市中级法院及所属辖区 8 个法院、广安市中级法院及所属辖区 6 个法院、巴中市中级法院及所属辖区 5 个法院、资阳市中级法院及所属辖区5个法院、自贡市中级法院及所属辖区7个法院、宜宾市中级法院及所属辖区4个法院、泸州市中级法院及所属辖区6个法院、甘孜藏族自治州中级法院及所属辖区5个法院、凉山彝族自治州中级法院及所属辖区11个法院受损。四川省法院系统有31人遇难，77人受伤，其中8人重伤。

房屋受损 四川省法院系统损毁房屋46.61万平方米，危房17.16万平方米，围墙垮塌56931米。其中，四川省高级人民法院办公及业务用房损毁8120平方米，20个受灾中级法院办公及业务用房损毁72251平方米，危房面积15820平方米，围墙垮塌1430米；150个受灾基层法院办公及业务用房损毁385736平方米，危房155806平方米，围墙垮塌55501米。

地震时，北川县城东西两侧山向县城崩塌，其中的王家岩山压向县法院，把县法院与正在上班的所有干警全部埋在山石下，冲出的瓦砾在数十米外的街上形成4层楼高的废墟（见图498）。北川、青川2个基层人民法院和汶川县法院的绵虒、卧龙、漩口（见图499）、映秀法庭，青川县法院的关庄、沙州、竹园、青溪法庭，苍溪县法院的东溪法庭，仪陇县法院的永乐法庭，阆中市法院的柏垭法庭11个人民法庭审判办公楼全部垮塌。广元市中级法院和汶川、北川、青川、茂县、彭州、理县、利州、朝天、梓潼、游仙、涪城、阆中、盐亭、元坝、大邑、汉源、名山及内江市市中区法院19个基层法院审判综合楼经鉴定为危房。北川、青川、汉源的法院干警住房垮塌。阿坝中院、甘孜中院及江油、朝天、大英、南部、高坪、康定、泸定、丹巴、九龙、雅江、甘孜11个县（市、区）基层法院地基塌陷、墙体倾斜，成为危房。

图498 北川羌族自治县法院成为一片废墟

图 499 正在修建的汶川县漩口人民法庭严重受损

设备受损 四川省法院系统共损毁警车 331 辆、通信网络 930 套、办公设备 8400 台（件）、其他装备 2200 件，直接经济损失 13093.6 万元。其中，高级法院损失 60 万元，20 个中级法院损失 1633.8 万元，150 个基层法院损失 11399.8 万元。

二 检察机关设施受损

房屋受损 四川省检察机关办公办案、技术用房受损 64.8 万平方米（垮塌或危房 9.41 万平方米），住宅房屋受损 30.81 万平方米。其中，成都市检察部门办公用房受损 12.76 万平方米，住宅用房受损 4.87 万平方米；绵阳市检察部门办公用房受损 6.6 万平方米，住宅用房受损 6.2 万平方米；德阳市检察部门办公用房受损 4.48 万平方米，住宅用房受损 3.67 万平方米；广元市检察部门办公用房受损 3.13 万平方米，住宅用房受损 1.94 万平方米；阿坝藏族羌族自治州检察部门办公用房受损 3.68 万平方米，住宅用房受损 4.56 万平方米；雅安市检察部门办公用房受损 3.09 万平方米，住宅用房受损 2.49 万平方米。

设备受损 四川省检察机关设备受损共计 3291 台（含车辆受损 108 辆）。其中，成都市检察机关车辆受损 4 辆，办公设备受损 450 件；绵阳市检察机关车辆受损 56 辆，办公设备受损 838 件；德阳市检察机关车辆受损 2 辆，办公设备受损 449 件；广元市检察机关车辆受损 4 辆，办公设备受损 448 件；阿坝藏族羌族自治州检察机关车辆受损 34 辆，办公设备受损 772 件；雅安市检察机关车辆受损 8 辆，办公设备受损 226 件。

三　公安部门设施受损

四川省有20个市（州）公安部门不同程度受损，其中成都、德阳、绵阳、广元、阿坝、雅安等6个市（州）的43个县级公安部门受损严重。公安部门有29人遇难、288人受伤、30人失踪。

四川省公安厅办公业务用房受损4.6万平方米，市州公安部门办公业务用房损失8.69万平方米，县级公安部门办公业务用房受损63.75万平方米。部分市、县公安部门受损情况见表270。

四川省部分公安部门受损情况一览表

表270　　单位：个

市（州）	县（市、区）	受损派出所数量	受损情况
成都	都江堰	12	办公楼严重损坏，成危房，不能使用；派出所房屋60%成危房
	彭州	12	办公楼严重损坏，成危房，不能使用；派出所房屋60%成危房
	崇州	12	办公楼成危房不能使用，派出所房屋50%成危房
	大邑	9	办公楼主体受损，4个所队房屋严重受损
	郫县	12	7个所队办公楼主体受损，部分成危房
	邛崃	12	办公大楼受损，30%基层所队房屋受损
德阳	什邡	17	办公楼受损，9个所队房屋倒塌，32个所队房屋成危房
	绵竹	25	办公楼受损，4个所队房屋倒塌，18个所队房屋成危房
	旌阳	16	房屋受到不同程度的损毁
	广汉	23	
	罗江	7	
	中江	24	
绵阳	北川	11	办公楼倒塌，90%的基层所队房屋已不能使用
	平武	11	办公楼成危房不能使用，派出所房屋80%成危房
	安县	13	办公楼严重受损，已不能使用，基层所队房屋80%成危房
	江油	29	办公楼成危房不能使用，派出所房屋70%成危房
	涪城	15	房屋受到不同程度的损毁
	游仙	17	
	梓潼	12	
	盐亭	12	
	三台	30	
	高新	2	

续表 270　　单位：个

市（州）	县（市、区）	受损派出所数量	受　损　情　况
广　元	青　川	9	办公楼垮塌，基层所队房屋全部成危房
	剑　阁	12	办公楼成危房不能使用，派出所房屋 50% 成危房
	利　州	13	办公楼受损，派出所房屋 40% 成危房
	朝　天	6	房屋受到不同程度的损毁
	苍　溪	12	
	元　坝	7	
	旺　苍	12	
雅　安	汉　源	8	办公楼成危房不能使用，派出所房屋 70% 成危房
	石　棉	7	房屋受到不同程度的损毁
	天　全	6	
	雨　城	14	
	宝　兴	4	
阿　坝	汶　川	7	办公楼成危房不能使用，基层所队房屋全部受损，不能使用
	理　县	6	办公楼受损，基层所队房屋 80% 成危房
	茂　县	7	
	黑　水	4	
	松　潘	10	
	小　金	9	房屋受到不同程度的损毁
	九寨沟	10	
	马尔康	7	
	金　川	6	

都江堰市看守所、崇州市看守所房屋成危房，不能继续使用。德阳市强制戒毒所房屋成危房，什邡、绵竹看守所和拘留所房屋成危房，不能继续使用。绵阳市公安局强制戒毒所房屋成危房，安县公安局看守所部分垮塌，成危房；北川看守所房屋全部垮塌；平武看守所房屋成危房，不能继续使用。青川、剑阁看守所和拘留所房屋成危房，不能继续使用。汉源看守所、拘留所和强制戒毒所房屋成危房，不能继续使用。汶川、理县、金川、松潘看守所和拘留所房屋成危房，不能继续使用。

四　司法行政系统设施受损

司法行政机关设施受损　房屋方面，四川、甘肃、陕西、重庆、云南五省（市）司法机关

图 500　北川羌族自治县司法局与法律援助中心办公楼倒塌

（包括四川司法警官学院）房屋受损面积共计 20.83 万平方米，其中四川省 17.02 万平方米、甘肃省 2.56 万平方米、陕西省 0.7 万平方米、重庆市 0.04 万平方米、云南省 0.51 万平方米。

绵阳市 6 个县（市）司法局办公楼严重受损，其中北川羌族自治县司法局办公楼倒塌（见图 500）。广元市司法局危房面积 2696 平方米。阿坝藏族羌族自治州司法局及所属机构办公楼受损 19923 平方米。成都市司法局房屋受损 2674 平方米。德阳市司法局办公楼有 200 间房屋严重受损。

设备方面，四川、甘肃、云南三省司法行政机关共计 9961 件设备受损，其中四川省 8389 件、甘肃省 1381 件、云南省 191 件。按设备类型计，公用车辆 167 辆、办公电器 4071 台、通信设备 248 件、文件资料柜 1291 个、办公桌椅 3376 张、其他设备 808 件受损。

绵阳市各县（市、区）司法局基础设施严重受损，其中警车 12 辆、办公桌椅 1337 套、复印机 17 台、打印机 36 台、办公电器 312 件（套）损毁。

地震造成茂县司法局 60 余册司法行政档案材料中残缺 12 册，导致部分司法行政业务工作无资料记载和备案。

监狱、劳教所受损　房屋方面，地震灾区有 56 个监狱、20 个劳教场所及管理机构不同程度受损。房屋受损 149.08 万平方米，其中四川省监狱、劳教所受损 131.87 万平方米，占受损面积总量的 88%；甘肃省监狱、劳教所受损 8.73 万平方米；陕西省与重庆市监狱、劳教所受损分别为 1.71 万平方米与 6.77 万平方米。

阿坝监狱 4270 间房屋遭到破坏，受损 7.69 万平方米；监狱的基础设施受损严重，损毁监管围墙 4162 米、岗楼 9 座、电网 791 米、监控设备 1 台，生产用设备、供水管道、供电管道、办公与职工家属生活用公共设施、武警用设施等受损2052万元。崇州监狱遭受山体大面积滑坡和泥石流，造成144幢4353间房屋受损，面积7.84万平方米。天水监狱有34幢4473间房屋遭到破坏，面积6.7万平方米。

设备方面，四川、甘肃、陕西三省监狱、劳教所受损设备3251件。其中，四川省监狱、劳教所设备受损3135件，占到受损设备总数的96%；甘肃省监狱、劳教所设备受损110件；陕西省监狱、劳教所设备受损6件。按设备类型计，公用车辆5辆、办公电器852台、通信设备1714件、文件资料柜199个、办公桌椅311张、其他设备170件受损。

服刑人员伤亡方面，地震造成四川省的阿坝、崇州、广元、川北、德阳、新源、雅安、成都、绵阳、达州、川南、川中监狱及女子监狱、成都病犯监狱，甘肃省的武都监狱，以及陕西省的汉江、安康监狱等17个监狱的服刑人员死亡2人、重伤15人、轻伤141人。

律师、公证业设施受损　律师事务所、公证处非司法行政部门，却是在司法部门依法监督指导下进行法律服务的执业机构、证明机构，故将其受损情况一并记于此。

房屋方面，四川、甘肃、陕西、重庆、云南五省（市）律师、公证业房屋受损面积共计1.53万平方米。其中，四川省律师、公证业房屋受损面积8000平方米，占受损面积总量的52%；甘肃省律师、公证业房屋受损面积5400平方米；陕西省、重庆市及云南省律师、公证业房屋受损面积分别为300平方米、1000平方米及600平方米。

设备方面，四川、甘肃、云南三省律师、公证业设备受损共计885件。其中，四川省律师、公证业设备受损729件，占受损设备总数的82%；甘肃省律师、公证业设备受损135件，占受损设备总数的15%；云南省律师、公证业设备受损21件。按设备类型计，公用车辆19辆、办公电器208台、通信设备62件、文件资料柜124个、办公桌椅371张、其他设备101件受损。

都江堰市公证处、彭州市公证处、蒲江县公证处、崇州市公证处、龙泉公证处等7个公证处电脑等办公设施损坏严重，部分档案柜等垮毁，直接经济损失123万元。受损最严重的都江堰市公证处损坏电脑10台、办公桌12张、办公椅80张、档案柜等其他办公设施200余套。

档案资料方面，位于广元市的四川秦兴律师事务所，自2001年建所以来80%的案卷卷宗被损毁。

第二章　教育设施受损

汶川特大地震使灾区教育系统遭受巨大破坏，据民政部等四部委 9 月 4 日灾损校核报告，川、甘、陕三省受灾地区教育系统直接经济损失 46.76 亿元（不含房屋类损失），其中四川省损失 40.74 亿元、甘肃省 5.41 亿元、陕西省 0.61 亿元。

第一节　各级各类学校受损概况

处于汶川特大地震重灾地区的 51 个县（市、区），震前共有各级各类学校 12546 所（含教学点、附设教学班），在校学生 353 万人。其中，义务教育阶段学校 8080 所，在校学生 227 万人；完全中学 156 所，在校学生 40 万人；普通高中 52 所，在校学生 12 万人；中等职业学校 209 所，在校学生 26 万人；高等学校 23 所（包括分校和校区），在校学生 18 万人；特殊教育学校 24 所，在校学生 0.1 万人；幼儿园 4002 所，在园幼儿 30 万人（见表 271）。

地震造成重灾地区的 51 个县（市、区）的 7444 所学校遭到严重破坏，占学校总数 12546 所的 59%。地震中损毁校舍面积总计 1955 万平方米，占灾区校舍总面积的 71.69%，其中倒塌与成为危房的校舍 933 万平方米，占灾区校舍总面积的 34.21%；受损校舍 1022 万平方米，占 37.48%。

地震损毁完全中学 147 所，损毁校舍面积总计 264 万平方米，占灾区校舍总面积的 70.03%，其中倒塌与危房校舍 108 万平方米、占灾区校舍总面积的 28.64%，受损校舍 156 万平方米、占 41.38%。损毁普通高中 48 所，损毁校舍面积总计 84 万平方米、占灾区校舍总面积的 65.63%，其中倒塌与成为危房的校舍 23 万平方米、占灾区校舍总面积的 17.97%，受损校舍 61

万平方米、占 47.66%。损毁中等职业学校 129 所，损毁校舍面积总计 171 万平方米、占灾区校舍总面积的 71.55%，其中倒塌与危房校舍 92 万平方米、占灾区校舍总面积的 38.49%，受损校舍 79 万平方米、占 33.05%。损毁幼儿园 365 所，损毁园舍面积总计 33 万平方米，占园舍总面积的 31.43%，其中倒塌与危房园舍 19 万平方米、占园舍总面积的 18.1%，受损园舍 14 万平方米、占园舍总面积的 13.33%。损毁特殊教育学校 16 所，损毁校舍面积总计 2 万平方米、占校舍总面积的 66.67%，其中倒塌与危房校舍 1 万平方米、占校舍面积的 33.33%，受损校舍 1 万平方米、占 33.33%。23 所高等学校（包括分校和校区）遭到破坏，损毁校舍面积总计 396 万平方米，占灾区高校总面积的 76.74%，其中倒塌与危房校舍 78 万平方米、占灾区高校总面积的 15.12%，受损校舍 318 万平方米、占 61.63%。损毁其他教育机构（含教师进修学校、教育事业单位）28 所（个），倒塌与危房校舍 3 万平方米、受损校舍 3 万平方米。

四川省的 39 个极重灾和重灾县（市、区）有 4675 所学校在地震中遭到严重破坏。其中，义务教育阶段学校 4007 所、完全中学 115 所、普通高中 34 所、中等职业学校 109 所、高等教育学校 22 所、特殊教育学校 14 所、幼儿园 346 所，民办教育、广播电视、远程教育等其他教育机构损毁 28 所。倒塌与危房校舍 821 万平方米，受损校舍 950 万平方米，损毁校舍面积总计 1771 万平方米。北川羌族自治县有 69 所学校遭到严重破坏、占全县 71 所学校的 97.18%，倒塌与危房校舍面积 15.37 万平方米、占其校舍总面积的 99.42%，灾损校舍价值 2.31 亿元；此外，损失教学仪器设备及图书资料价值 575 万元，损失学校附属设施等价值 288 万元。汶川县有 100 所学校（含阿坝师范高等专科学校）遭受严重破坏，占全县 117 所学校的 85.47%；倒塌与危房校舍 38.7 万平方米、占其校舍总面积的 99.05%，损失教学仪器设备及图书资料价值 5200 万元，损毁体育场地折合 1.03 亿元。青川县有 153 所学校遭受严重破坏，占全县 217 所学校的 70.51%；倒塌与危房校舍 28.09 万平方米，占其校舍总面积的 96.66%。

甘肃省 8 个重灾县（区）有 2029 所学校在地震中遭到严重破坏。其中，义务教育阶段学校 1968 所、完全中学 26 所、普通高中学校 4 所、中等职业学校 13 所、高等教育学校 1 所、特殊教育学校 1 所、幼儿园 16 所，倒塌与危房校舍 90 万平方米，受损校舍 40 万平方米，损毁校舍面积总计 130 万平方米。

陕西省 4 个重灾县（区）有 740 所学校在地震中遭到严重破坏。其中，义务教育阶段学校 713 所、完全中学 6 所、普通高中学校 10 所、中等职业学校 7 所、特殊教育学校 1 所、幼儿园 3 所，倒塌与危房校舍 22 万平方米，受损校舍 32 万平方米，损毁校舍总计 54 万平方米（见表 272）。

重庆市梁平县、荣昌县、合川区等区（县）在地震灾害中有 1798 所学校校舍遭到损毁，倒塌与危房校舍 65.43 万平方米，受损校舍 191.31 万平方米。全市普通中小学因灾损毁教学仪器设备 5743 套（台、件），损毁图书 1.76 万册。

云南省昭通市有 450 所学校在地震中不同程度受损。灾损校舍 31.18 万平方米，灾损教学仪器 64 台（套、件）、电脑 16 台。

汶川特大地震重灾地区学校震前基本情况统计表

表 271

类别	原有情况（统计范围：不包括新建学校）									
	学校数（所）	在校生（万人）	办学条件总量				生均办学条件			
			占地面积（万平方米）	校舍面积（万平方米）	教学仪器设备值（万元）	图书（万册）	生均占地面积（平方米/生）	生均校舍面积（平方米/生）	生均教学仪器设备值（元/生）	生均图书（册/生）
重灾地区 合计（51个县市区）	12546	353	6145	2727	466407	4663	17.4	7.7	1321	13.2
义务教育	8080	227	3769	1360	61012	2412	16.6	6.0	269	10.6
完全中学	156	40	779	377	31851	494	19.6	9.5	803	12.5
普通高中	52	12	245	128	8415	206	20.0	10.4	686	16.8
中等职业	209	26	496	239	26309	345	18.9	9.1	1004	13.2
高等教育	23	18	699	516	338820	1102	39.3	29.0	19060	62.0
特殊教育	24	0.1	7	3	—	1	47.8	22.2	—	5.7
幼儿园	4002	30	150	105	—	103	5.0	3.5	—	3.4
四川省 小计（39个县市区）	8859	287	5130	2380	328539	3853	17.9	8.3	1144	13.4
义务教育	5018	176	2982	1111	51107	1789	16.9	6.3	290	10.1
完全中学	119	34	694	342	29548	434	20.7	10.2	882	12.9
普通高中	35	9	181	98	6692	158	20.3	11.0	747	17.6
中等职业	178	24	449	220	23775	305	19.0	9.3	1007	12.9
高等教育	22	17	677	506	217417	1071	38.9	29.1	12505	61.6
特殊教育	22	0.1	6	3	—	1	45.2	20.7	—	6.7
幼儿园	3465	27	141	100	—	96	5.2	3.7	—	3.5

续表 271

类别	原有情况（统计范围：不包括新建学校）									
	学校数（所）	在校生（万人）	办学条件总量				生均办学条件			
			占地面积（万平方米）	校舍面积（万平方米）	教学仪器设备值（万元）	图书（万册）	生均占地面积（平方米/生）	生均校舍面积（平方米/生）	生均教学仪器设备值（元/生）	生均图书（册/生）
甘肃省 小计（8个县区）	2478	41	540	184	128001	382	13.3	4.5	3150	9.4
义务教育	2209	33	424	135	4023	278	13.0	4.2	124	8.5
完全中学	27	5	62	25	1850	44	13.0	5.4	389	9.2
普通高中	4	1	10	6	435	12	12.1	7.1	514	14.4
中等职业	16	1	17	5	291	13	20.5	6.4	347	16.0
高等教育	1	0.4	22	10	121403	32	56.6	24.9	311050	81.0
特殊教育	1	0.01	0.2	0.1	—		32.4	21.3		
幼儿园	220	1	4	3	—	3	3.1	2.2		2.2
陕西省 小计（4个县区）	1209	25	475	163	9867	428	18.9	6.5	392	17.0
义务教育	853	18	362	114	5882	345	20.0	6.3	325	19.1
完全中学	10	1	24	9	454	16	17.2	6.6	330	11.9
普通高中	13	2	54	23	1288	36	21.8	9.4	524	14.7
中等职业	15	2	29	14	2243	26	16.5	7.7	1278	15.0
高等教育										
特殊教育	1	0	1	1	—	—	74.8	35.2		
幼儿园	317	1	6	3	—	4	3.8	2.0		3.0

汶川特大地震重灾地区学校灾损情况统计表

表 272

类别	受灾情况							
	涉及学校数		涉及在校生		倒塌与危房校舍面积		受损校舍面积	
	（所）	（%）	（万人）	（%）	（万平方米）	（%）	（万平方米）	（%）
重灾地区合计（51 个县市区）	7444	59	314	89	933	34	1022	37
义务教育	6688	83	214	94	609	45	391	29
完全中学	147	94	39	98	108	29	156	41
普通高中	48	92	12	96	23	18	61	48
中等职业	129	62	23	89	92	38	79	33
高等教育	23	100	17.8	100	78	15	318	62
特殊教育	16	67	0.1	80	1	35	1	24
幼儿园	365	9	7	25	19	18	14	14
其　他	28	—	1	—	3	—	3	—
四川省小计（39 个县市区）	4675	53	255	89	821	34	950	40
义务教育	4007	80	167	95	516.4	46	339	31
完全中学	115	97	33	99	94.7	28	146	43
普通高中	34	97	9	96	20.5	21	56	57
中等职业	109	61	21	89	88.8	40	75	34
高等教育	22	100	17	100	78.2	15	317	63
特殊教育	14	64	0.1	77	1.1	40	1	30
幼儿园	346	10	7	—	18.2	18	14	14
其　他	28	—	1	—	3	—	3	—
甘肃省小计（8 个县区）	2029	82	39	96	90	49	40	22
义务教育	1968	89	31.5322	97	73.6501	55	27.726	21
完全中学	26	96	4.6696	98	10.9496	43	8.2985	33
普通高中	4	100	0.846	100	2.3512	39	1.0785	18
中等职业	13	81	0.9462	113	1.8162	34	1.812	34
高等教育	1	100	0.3903	100	—	—	0.7887	8
特殊教育	1	100	0.0057	100	0.1125	93	—	—
幼儿园	16	7	0.4646	37	1.2339	45	0.22	8

续表 272

类　　别	受　灾　情　况							
	涉及学校数		涉及在校生		倒塌与危房校舍面积		受损校舍面积	
	（所）	（%）	（万人）	（%）	（万平方米）	（%）	（万平方米）	（%）
陕西省 小计（4个县区）	740	61	20	79	22	14	32	20
义务教育	713	84	15.4	85	18.5	16	23.9	21
完全中学	6	60	0.9	66	1.9	21	1.5	16
普通高中	10	77	2.3	93	0.6	2	4.0	17
中等职业	7	47	1.3	73	1.0	7	2.9	21
高等教育	—	—	—	—	—	—	—	—
特殊教育	1	100	0.02	100	—	—	0.01	1
幼儿园	3	1	0.1	5	0.0	1	0.2	5

说明：资料来自教育部发展规划司灾损情况统计表

第二节　幼儿园设施受损

一　教育及辅助用房受损

汶川地震中，四川省39个重灾县有346所幼儿园遭损毁，倒塌与危房园舍18.2万平方米，受损教育及辅助用园舍14万平方米，影响到7万名幼儿的生活学习，直接经济损失3.84亿元。

甘肃省有16所幼儿园受到损毁，受损教育及辅助用园舍1.45万平方米，影响到0.47万名幼儿的生活学习，直接经济损失1616万元。

陕西省有3所幼儿园受到损毁，受损教育及辅助用园舍0.2万平方米，影响到1000名幼儿的生活学习，直接经济损失260万元。

重庆市有42所幼儿园受灾，损坏教育及辅助用园舍4.64万平方米，影响到1.52万名幼儿的生活学习，直接经济损失2439.04万元。

云南省有5所幼儿园受灾，损毁教育及辅助用园舍0.79万平方米，影响到0.31万名幼儿的生活学习，直接经济损失331.01万元。

二　活动场所与教育设备、图书资料受损

地震造成四川、重庆、云南三省（市）393所幼儿园的活动室、户外活动场地、游戏及体育

活动场地、沙地、动物饲养角、种植园等活动场所与附属设施遭到严重损毁，直接经济损失 4677 万元。其中，四川省的 346 所幼儿园损毁各类活动场地 5.48 万平方米，直接经济损失 433 万元；数万件室内外活动器材及附属设施遭到严重破坏，直接经济损失 3519 万元。

地震使四川、甘肃、陕西、重庆、云南五省（市）412 所幼儿园近 10 万件（套）的床、桌椅、玩具架、卫生用具、教具（含自制教具）、玩具（含自制玩具）、图书、乐器等遭到损毁，直接经济损失 2256 万元（见表 273）。

五省（市）灾区幼儿园设施受损情况统计表

表 273

省份	受损情况				经济损失				
	受灾幼儿园（所）	在园学生（万人）	倒塌面积（万平方米）	受损面积（万平方米）	园舍（万元）	仪器设备图书（万元）	活动场地（万元）	附属设施（万元）	小计（万元）
四川	346	7	18.2	14	38372	1812	433	3392	44009
陕西	3	0.1	—	0.2	257	3	—	—	260
甘肃	16	0.47	1.23	0.22	1616	13	—	127	1756
重庆	42	1.52	—	4.64	2439.04	319	215	400	3373.04
云南	5	0.31	—	0.79	331.01	109	45	65	550.01
合计	412	9.4	19.43	19.85	43015.05	2256	693	3984	49948.05

三　损毁典型事例

北川羌族自治县直属机关幼儿园遭受空前的毁灭性灾难。地震发生时，突然间玻璃抖动，地面剧烈摇晃，幼儿园教学楼转眼之间开始整体下沉。随后，后山的王家岩发生大面积滑坡，几乎将幼儿园全部压埋。教学楼在泥土中被迅速推移，到地震结束时，教学楼已被推移到 100 米之外的原县商业局位置。一位地震时在教学楼里的幸存老师，震后从原县商业局位置通过自救出来，幼儿园全被 10 多米深的泥土压埋。地震造成 311 名幼儿、19 名教职工遇难，房屋倒塌 4200 平方米，毁坏教学仪器设备 34 台，毁坏课桌凳 600 套，毁坏图书 2000 册，直接经济损失 605 万元（见图 501）。

图 501　地震后的北川羌族自治县直属机关幼儿园废墟

第三节　中小学设施受损

一　教学及辅助用房受损

四川省 10 个极重灾县（市）、29 个重灾县（市、区）的 5172 所普通中小学中有 4156 所受灾，占学校总数的 80.36%。209 万名中小学生的学习和生活受到影响，占学生总数的 95.4%。倒塌与危房校舍面积 631.59 万平方米，受损校舍面积 541.21 万平方米，分别占原校舍面积的 40.7% 和 34.88%。

成都市 19 个县（市、区）74.4% 的中小学计 1086 所，校舍不同程度受损，总计 421.2 万平方米，直接经济损失 27.2 亿元。都江堰市 96 所中小学有 80 所遭到损毁，占全市学校数的 83.33%；涉及学生 4.76 万人，占全市学生数的 88.67%；倒塌与成为危房校舍 33 万平方米、受损校舍 6 万平方米，图 502 所示为都江堰市新建小学垮塌现场，教学楼已成废墟。汶川县 95 所中小学有 91 所遭到损毁，占全县中小学校的 95%；18.99 万平方米的校舍 99% 倒塌或成为危房，5.37 万名学生的学习生活遭受严重影响，直接经济损失 2.83 亿元。北川羌族自治县 67 所中小学中有 66 所遭到严重损毁，14.73 万平方米的校舍倒塌或成为危房，直接经济损失 2.2 亿元。广元市损毁校舍 169.8 万平方米，其中倒塌校舍 147.71 万平方米；危房校舍 76.31 万平方米，受损校舍 787.78 万平方米。青川县受灾中小学 154 所，有 53 所学校的校舍垮塌，严重损毁的中小学 19 所；倒塌校舍 9.22 万平方米，危房校舍 20 万平方米（参见图 503 ~ 504）。德阳市受灾中小学 774 所，倒塌校舍面积 50 万平方米，成为危房 120 万平方米。绵竹市 102 所中小学全部受灾，43.19 万平方米的校舍 76.41% 倒塌或成为危房，直接经济损失 4.93 亿元。什邡市有 79 所中小学受灾，倒塌与危房校舍 28 万平方米，占全市校舍面积的 78.87%；受损校舍 7 万平方米，占全市校舍面积的 19.72%。崇州市有 66 所中小学受灾，占全市中小学的 81.48%；倒塌与危房校舍 17 万平方米，受损校舍 22 万平方米，分别占全市校舍的 33.89% 和 43.86%。江油市 158 所中小学中有 157 所受灾，倒塌与危房校舍面积 15 万平方米，受损校舍面积 41 万

图 502　都江堰市新建小学垮塌现场

图 503　地震前后的青川县关庄中学教学楼

平方米，分别占全市中小学校舍的 26.74% 和 73.1%。旺苍县中小学有 85% 以上校舍受到不同程度的损毁，损毁校舍 40.92 万平方米。

甘肃省 8 个重灾县（区）的 2240 所普通中小学中有 1998 所受灾，占学校总数的 89.2%；37.05 万名中小学生的学习和生活受到影响，占学生总数的 96.58%；倒塌与危房校舍 86.95 万平方米，受损校舍 37.11 万平方米，分别占校舍总面积的 52.23% 和 22.29%。

陕西省 4 个重灾县（区）的 876 所普通中小学中有 729 所受灾，占学校总数的 83.22%；18.63 万名中小学生的学习和生活受到影响，占学生总数的 84.88%；倒塌与危房校舍 21.01 万平方米，受损校舍 29.35 万平方米，分别占校舍总面积的 14.4% 和 20.12%。

重庆市有 1731 所普通中小学的 2233 栋教学及辅助用房成为危房，0.15 万平方米校舍倒塌，202.65 万平方米校舍成为危房。

云南省有 249 所普通中小学受灾，6.93 万名中小学生的学习和生活受到影响，16.09 万平方米的教学及辅助用房成为危房。

图 504　倒塌的青川县木鱼中学宿舍

二 活动场所、实验设备、图书资料受损

地震使四川、甘肃、陕西、重庆、云南五省（市）8812 所中小学的艺术教育馆（场）、图书馆（室）、体育馆（室）、篮球场、足球场、排球场、乒乓球台等文体活动场所、附属设施遭受严重破坏。其中，四川、甘肃、陕西三省 51 个极重灾和重灾县（市、区）的 6883 所中小学损毁的各类活动场地，直接经济损失 3.85 亿元。

四川省 10 个极重灾县（市）、29 个重灾县（市、区）中小学损毁各类教学实验设备、图书、现代远程教育设备价值 6.63 亿元，其中义务教育学校 4.82 亿元、完全中学 1.53 亿元、普通高中 2855 万元。

甘肃省 8 个重灾县（区）中小学损毁各类教学实验设备、图书、现代远程教育设备价值 1.32 亿元，其中义务教育学校 9158 万元、完全中学 3772 万元、普通高中 285 万元。

陕西省 4 个重灾县（区）中小学损毁各类教学实验设备、图书、现代远程教育设备价值 1368 万元，其中义务教育学校 1102 万元、完全中学 88 万元、普通高中 178 万元。

重庆市因灾损毁教学仪器设备 5743 套（台、件）、课桌凳 6248 套、图书 1.76 万册。

三 特殊教育学校受损

灾区 10 个极重灾县（市）、41 个重灾县（市、区）中有 16 所特殊教育学校受灾，其中四川省 14 所、甘肃省 1 所、陕西省 1 所，涉及学生 1189 人，倒塌与危房校舍 1.16 万平方米，受损校舍 1.01 万平方米，教学仪器设备、图书、体育场地和附属设施严重受损。

四 损毁典型事例

北川中学受损 北川中学是北川羌族自治县唯一的一所高中。学校由本部和新区两部分构成。本部在任家坪，占地 62484 平方米，校舍建筑面积 36921.85 平方米；新区即原来的曲山镇初级中学，位于老县城茅坝新区的景家山

图 505 震后北川中学新教学楼由 5 层变为 3 层

图 506　北川中学新区遗址

脚，建筑面积 3000 余平方米。地震前，全校有 47 个教学班、2793 名学生、197 名教职工。地震使北川中学本部 1997 年投入使用的教学办公综合楼（共 5 层）全部垮塌，成为一堆废墟；1978 年建成的旧教学楼（共 3 层）屋顶坍塌，屋内的间隔墙大部倒塌；2002 年投入使用的新教学楼（共 5 层）一二层坍塌，只剩下上面严重破损的三至五层（见图 505）。有近 8000 平方米的教学楼全部坍塌、损毁；3000 多平方米的教学楼部分垮塌；建筑面积 1.3 万平方米、能容纳 2000 余人住宿的学生公寓，3000 平方米的学生食堂和近千平方米的教工食堂严重损坏；学校所有教学设施、设备全被埋于废墟之中；6 幢近万平方米的教职工宿舍损坏严重；新建标准田径运动场纵向裂开一条半米多宽的口子，四周用石料砌成的堡坎多处损毁。

在新校区初中部，地震发生后大约十几秒钟，景家山突然大面积崩塌，整个校区被垮塌的山体完全压埋，只有操场上的一个篮球架和旗杆还露在外面（见图506）。在校学生和教职工 154 人遇难。

地震共造成北川中学 733 名学生、40 名在职教职工和 8 名退休教职工遇难，300 余名学生受伤，虽经治疗，伤残学生仍达百余人。地震使 45 名学生沦为孤儿，314 名学生家庭沦为单亲；因房屋倒塌、财产损毁，导致 1500 余名学生家庭赤贫。地震使历经几十年才发展起来的校园毁于一旦，给学校造成的直接经济损失上亿元。北川中学幸存师生不得不转移到绵阳，开始长达两年多的临时安置就读。

汶川县映秀小学受损　映秀小学震前是一所功能齐全、环境优美的完全小学，学生 473 名、教职工 47 名。有教室 16 间、教师办公室 8 间，计算机教室、实验室、多媒体教室、会议室各 1 间，学生宿舍 12 间，教师宿舍 6 套。有 2 个标准篮球场、150 米环跑的学生运动场和室外器械运动区。有学生食堂、餐厅等学生服务设施。学校设施设备能够满足实施初等义务教育的需要。

一名幸存的映秀小学老师这样记下了当时的地震情景："2008 年 5 月 12 日 14 时 28 分，映秀小学校园内的琅琅书声被大地的轰鸣无情掩盖，全校 520 名师生在此时还没有意识到一场特大的灭顶之灾已经悄然降临！短短的几秒钟，大地开始剧烈地抖动，楼房已经毫无规律地摇晃……我当时正在学校综合楼二层的校长办公室，大地刚刚颤动的时候，已经站立不稳的我顿感一丝不祥。我飞速冲出办公室，大声地朝着办公区和教学楼的方向呼喊：‘地震了，大家快跑啊！’谭校长也着急地喊：‘地震了，快跑。’此时，大楼已经摇晃得特别厉害了，我都不记得自己是如何到达一层的，只知道自己糊里糊涂地就重重地摔飞出去了，我试图爬起来，但是根本做不到。谭校长也摔倒了，但是他努力地站起来冲向操场里正在上体育课的孩子们。他一手搂住一个孩子，并朝着孩子们大喊：‘不要慌，孩子们，全部趴下！’大地肆意地吼叫着、抖动着，如此剧烈的抖动让人窒息，让人感觉到趴在地上都无济于事，大地被撕开一道又一道狰狞的裂缝就出现在身下，耳朵里充满了大地巨大的轰鸣声，眼前却是昏黄一片，什么都看不清了，鼻孔里全是异样的味道，‘恐惧’这个词，其实在当时人们的脑海里根本就来不及出现！也不知道过了多长时间，大地停止了抖动，我从地上爬起来，模糊中，我发现教学楼、综合楼、宿舍楼都已经不复存在了，变成了一堆堆废墟！谭校长和我冲到教学楼前，面对垮塌的教学楼，眼泪夺眶而出。谭校长痛苦地呼喊：‘我的孩子们啊，我对不起你们啊！’谭校长立即安排未受伤的男老师进入教学楼废墟救人。到处都是孩子们悲惨的哭声和令人心痛的呼救声，能看到的缝隙中，有的孩子努力探出头，用近乎绝望而又满怀希望的眼神看着外面的世界，有的孩子则伸出血淋淋的小手使劲地摇晃。而此时，无情的余震一次次袭来，但是，谁也没有跑出废墟，大家心中只有一个信念，那就是尽快地救出被困的孩子们！”

在汶川地震中，映秀小学 222 名学生遇难、3 名失踪，27 名教职工遇难。

第四节　中等职业学校设施受损

一　教学及辅助用房受损

四川省有 109 所中等职业学校受灾，占 39 个极重灾和重灾县（市、区）中等职业教育学校的 61%；地震中倒塌与成为危房校舍 88.8 万平方米，受损校舍 75 万平方米。广元市有 16 所中等职业教育学校受损，其中青川职中、剑阁职中、利州中专、广元师范、四川核工业工程学校等受灾最重；全市中职学校受损校舍面积 27.75 万平方米，垮塌校舍 4664 平方米，形成危房 7.78 万平方米，毁坏其他建筑 3.83 万平方米。

甘肃省有 13 所中等职业教育学校受损，占 8 个重灾县（区）中等职业教育学校的 81%；倒塌与危房校舍 1.82 万平方米，受损校舍 1.81 万平方米。

陕西省有 7 所中等职业教育学校受损，占 4 个重灾县（区）中等职业教育学校的 47%；倒塌与危房校舍 1 万平方米，受损校舍 2.9 万平方米，分别占重灾县（区）中等职业教育学校校舍的 7% 和 21%。

重庆市有 12 所中等职业教育学校受损，受灾学生 1.51 万人，受损校舍 3.7 万平方米。云南省有 6 所中等职业教育学校受损，受灾学生 0.53 万人，受损校舍 0.61 万平方米。

二　活动场馆、实习场所、实验设备、图书资料受损

地震造成四川省 39 个极重灾和重灾县（市、区）109 所中等职业学校体育活动场地受损，直接经济损失 1212 万元。重庆市受灾县损坏运动场地 2000 余平方米，经济损失 541 万元。四川省、甘肃省、陕西省 51 个极重灾和重灾县（市、区）129 所中等职业教育学校的实习实训场所受损，直接经济损失 1.02 亿元，其中四川省 9773.5 万元、甘肃省 456.71 万元、陕西省 18.5 万元。

地震造成四川、甘肃、陕西的 129 所中等职业教育学校数十万件（套、册）教学实验设备、图书资料受损，直接经济损失 1.06 亿元，其中四川省 9995.6 万元、陕西省 26 万元、甘肃省 450 万元。重庆市损毁教学仪器设备 1000 余套（件）、实习实训仪器设备 1000 余套（件），价值 158.6 万元。

第五节　高等学校设施受损

一　教学及辅助用房、生活用房受损

四川省有 77 所高等教育学校不同程度受灾，受灾高校占四川高校总数的 69%，涉及在校学生 77 万人，占在校学生总数的 68%；倒塌与危房校舍 121.6 万平方米、占高校校舍总面积的 4%，受损校舍 1029 万平方米、占高校校舍总面积的 37%。其中，位于绵阳市的西南科技大学、阿坝师范高等专科学校的损失惨重，四川建筑职业技术学院损失 7151 万元（校舍损失 6787 万元），四川工程职业技术学院损失 5800 万元（校舍损失 5722 万元）。

甘肃省有 8 所高等教育学校在地震中受灾，其中陇南市 2 所、甘南藏族自治州 1 所、定西市 1 所、平凉市 1 所、省直高校 3 所；倒塌与成为危房 4583 平方米，校舍受损 11.59 万平方米。陕西省有 4 所高等教育学校受灾，其中宝鸡市 3 所学校校舍受损，形成危房 1.89 万平方米；安康市 1 所高等学校受灾，校舍受损 1.88 万平方米。重庆市有 7 所高等学校受灾，形成危房 3.2 万平方米。

二　活动场馆、教学实验设备与图书受损

阿坝师范高等专科学校拥有体操馆、标准田径场、游泳池、足球场、网球场、篮球场、排球场等全新高标准运动场馆，并配备有先进的体育运动设施和比赛使用设备。学校所有的文体活动场馆在地震中全部毁坏，包括损毁音乐楼 1401 平方米、美术楼 1427 平方米、艺术体操馆 1163 平方米、练功房 1 万平方米、图书馆 2713 平方米、田径运动场 3 万平方米、钢结构灯光篮球场

1275平方米、塑胶灯光篮球场2502平方米、游泳池1.65万平方米、学生活动综合楼1600平方米。

西南科技大学震前有仪器设备3.96万台（件），地震中仪器设备受损12805台（件），直接经济损失5238.7万元（见表274）。

西南科技大学教学仪器设备受损情况统计表

表274

损失项目	损失数量（台、套、件）	经济损失（万元）
普通教学仪器设备	2905	2135.2
大型仪器设备	53	2615
网络及多媒体教学设备	1016	360
阅览室书架、课桌椅	8334	120
学生公寓及教室电视、饮水机等	497	8.5
合　计	12805	5238.7

四川工程职业技术学院各类仪器设备受损56件，直接经济损失77万元。

甘肃省受灾高校损坏仪器设备价值229.56万元。

西南科技大学图书资料在地震中受损17.15万册、价值94.5万元。其中，数字化图书（因部分网络硬盘受损导致信息丢失）15万册、价值30万元，普通图书2.15万册、价值64.5万元。

甘肃省高校受损图书4.5万册。

三　广播电视、远程教育设施受损

四川省的阿坝、绵阳、德阳、广元等市级广播电视大学及所属青川、绵竹、什邡、江油、马尔康等县级广播电视大学分校的校舍严重受损，省校和大多数县级电大分校的教学点遭受不同程度的损失，受损校舍24.5万平方米、占校舍总面积的46.5%。其中，倒塌与危房校舍5.5万平方米，报废和重度受损的设备1403台（套）。广元市电大系统校舍受灾严重，倒塌校舍4993平方米，受损房屋30581平方米，形成危房9063平方米。

甘肃广播电视大学陇南分校、水电部五局工作站、甘南分校、天水分校、平凉分校及其所属工作站不同程度受灾。陇南分校办公楼墙体多处裂缝，地基下沉，受损2750平方米，直接经济损失560万元；60余台电脑、主控机房交换机、3台服务器、校园网光纤等设备受损，直接经济损失150万元。水电部五局工作站直接经济损失918万元，教学楼地基下沉、墙体多处裂缝，损失约716万元；226台电脑、2项电气智能平台损坏，损失122万元。甘南分校及所属工作站直接经济损失52.4万元，分校教学楼楼顶、墙体多处裂缝成为危房，损失约40万元；多媒体教室损毁，2台服务器、12台电脑、4台接收天线、2台投影仪损坏，损失约12.4万元。天水分校办公楼、教学楼墙体裂缝，部分天花板震落，地基下沉，35米围墙倒塌，经济损失66万元。平凉分校及所属工作站经济损失21万元。崇信县工作站经济损失10万元。泾川县工作站经济损失1万元。

第三章 医疗卫生设施受损

汶川特大地震使川、甘、陕三省卫生系统的公共设施严重受损。据民政部等四部委9月4日灾损校核报告，川、甘、陕三省卫生系统直接经济损失17.34亿元（不含房屋类损失），其中四川省15.9亿元、甘肃省0.96亿元、陕西省0.49亿元。

四川省10243个卫生机构受损，其中包括211个综合医院、70个专科医院、118个中医院、113个疾病预防控制中心、114个妇幼保健院、83个卫生执法监督机构、2336个乡镇卫生院、6941个村卫生室、47个社区卫生站及210个其他卫生机构。卫生机构业务用房受损660.2万平方米（倒塌与危房241.49万平方米），设备受损55997台（件）。其中，四川省10个极重灾县（市）医疗卫生机构业务用房或全部倒塌，或绝大部分倒塌，或成为必须拆除的危房，设备全部或几乎全部损毁；29个重灾县（市、区）医疗卫生机构房屋和设备损毁比较严重，29%的业务用房倒塌或成为必须拆除的危房，50%的设备损坏。

甘肃省卫生系统有7134个医疗卫生机构受损，房屋受损124.64万平方米，其中倒塌房屋7.08万平方米、严重毁坏（不可修复）房屋63.99万平方米、中度破坏（需加固）32.45万平方米、轻度损坏（可维修）21.12万平方米。设备受损2888台（件）。受损机构按级别划分，省级机构7个、市级机构49个、县级机构197个、乡级机构759个、村卫生室6122个。受损机构按机构类别划分，医院69个、中医院42个、妇幼保健机构40个、卫生监督机构36个、疾病预防控制中心37个、卫生学校6个、中心血站2个、乡镇卫生院759个、村卫生室6122个、其他机构21个。

陕西省卫生系统有1286个医疗卫生机构受损，业务用房受损59.52万平方米，其中倒塌房屋4338平方米、严重受损185285平方米、中度受损254778平方米、轻度受损150807平方米，设备受损1192台（件）。受损机构中县医院26个、县中医院19个、县妇幼保健机构22个、县疾病预防控制中心10个、县卫生监督所7个、乡镇卫生院291个、村卫生室911个。

第一节　医疗和妇幼保健机构设施受损

一　医疗机构设施受损

四川省医疗机构设施受损　成都市医疗系统受损机构 451 个，房屋受损 86.7 万平方米（包括倒塌 2.5 万平方米、危房 24.2 万平方米、受损 60 万平方米），医疗设备损毁、损坏共计 2825 台（件）。其中，都江堰市市属医疗卫生机构房屋受损面积 10 万平方米（倒塌 1.15 万平方米、危房 7.8 万平方米、轻度受损 1.12 万平方米）；彭州市有 32 家公立医疗卫生机构和 164 家村卫生站不同程度受损，房屋垮塌 7300 平方米，危房 3.06 万平方米，受损 7.95 万平方米，仪器设备损坏 1478 台件；大邑县医疗卫生机构共倒塌房屋 95 间（2212 平方米），危房 528 间（12535.2 平方米），受损房屋 1881 间（51191.5 平方米），设备损坏 207 台（件）；邛崃市医疗卫生机构房屋受损 78099 平方米。成都市卫生系统人员死亡 47 人、受伤 105 人，其中都江堰市市属医疗卫生机构卫生人员死亡 45 人、受伤 37 人。

都江堰市中医院是国家二级甲等中医院，是都江堰市中医药临床、教学、科研基地。该院于 2000 年 9 月获联合国儿童基金会、世界卫生组织、卫生部“爱婴医院”称号，2000 年 10 月获四川省示范中医医院称号。在汶川地震中，这座 1996 年竣工的 6 层钢筋混凝土大楼轰然倒塌（见图 507），整个大楼从地震开始到倒塌历时仅 12 秒钟，便成了一片十几米高的残垣断壁，裸露的钢筋和电线四处可见，约 200 名病人和医护人员被压埋在废墟下。

图 507　因地震垮塌的都江堰市中医院

绵阳市医疗卫生系统有2831个医疗机构受灾，倒塌和损毁房屋4.2万间（142.6万平方米），设备受损2.54万台（件），药品损失2924万元。各县级医院受损情况见表275。

绵阳市各县级医院受损情况统计表

表275

医院名称	房屋受灾面积（平方米）	设备损坏（台/件）	药品损失（万元）	经济损失（万元）
绵阳市人民医院（涪城区）	35746	148	—	6129.95
江油市人民医院	42000	75	25	11430
江油市中医院	20443	122	40	6614.75
三台县人民医院	20660	174	2.72	5531.2
三台县中医院	17072.82	33	35.8	2730.7
盐亭县人民医院	22500	25	28	3624.6
盐亭县肿瘤医院	3600	5	15	1030
盐亭县中医院	4200	3	10	675
安县人民医院	21089	254	25	6067
安县中医院	11500	59	46	3198
梓潼县人民医院	21689	17	85	3368.68
梓潼县中医院	14234	48	62.5	2444.88
平武县人民医院	9320	1619	410	4051.4
平武县中医院	4327	456	230	1932.64
北川羌族自治县人民医院	24000	697	340	11685
北川羌族自治县中医院	4560	460	130	2764.2

北川羌族自治县人民医院是二级乙等医院，损失极为惨重（见图508），其中房屋损毁2.4万平方米、设备损坏697台（件）、药品损失340万元，经济损失总计11685万元。一位幸存的医务人员描述地震发生时的场景说："正是上下班交接的时候，上班的已经来了，下班的却还没有走。医生正在病房查看病员，在做交接工作；手术室的医生已开始做着手术。突然，楼房剧烈晃动，玻璃窗噼里啪啦碎裂。一些护士正一手拿液体一手拉病员，一些医生正在楼道里疏散病人。然而，眼看手术灯就要砸在病人身上，眼看楼板就要垮掉，眼看病人就要跌倒，眼看……什么都来不及了，他们只好趴在病人身上，他们只好推开病人，他们只好……轰然一声，7层楼的建筑顷刻之间变成一片废墟，近百名同事和几百名病员及家属全都被埋在十几米高的废墟下，仅几名同事跑出。大地静了几秒，随之而来的是更大的震动！后面的山体滑坡，让原本十几米高的废墟转眼间变成几十米高，这使得后来的救援工作几乎一无所获。"这所医院的门诊部、住院部、办公楼在地震中全部垮塌，并被王家岩滑坡整体淹埋。医务人员183人中104人遇难，退休职工23

图508　地震后成为一片废墟的北川羌族自治县人民医院

人遇难、28人受伤。

德阳市医疗卫生系统有955个医疗机构受灾，包括综合医院10所、中医院7所、妇幼保健院6所、疾病控制中心7所、卫生执法监督所7个、精神卫生院2所、乡镇卫生院123所、村卫生站779个，其他医疗卫生机构14个。其中绵竹市有191家医疗机构遭到破坏，倒塌和损坏业务用房7019间（14.5万平方米），损坏设备12052台（件），设备、器械及药品受损金额18597万元。

什邡市人民医院行政大楼及辅助用房墙体破裂，二、三层楼间移位；住院大楼严重损坏，已不能使用；刚投入使用的门诊医技大楼也受到不同程度的破坏。医院房屋受损达98054平方米，地震造成门诊医技大楼中央空调系统、电子显示屏、监控系统、语音广播等设施及部分医疗设备受到严重损坏，设施设备损失5500万元。医院药品损失10余万元。

什邡市第二人民医院内科、行政大楼倾斜，倾斜角度达15度，墙壁多处裂缝；外科大楼各层墙体均有开裂，手术室设备全部毁损；放射科CT、磁共振等大型设备均有不同程度毁损。什邡市中医院业务及办公用房整体倾斜，部分墙体裂陷，基础设施毁坏，绝大多数医疗、办公设备受损，部分医疗设备、药品、办公设备毁损。

广元市医疗卫生系统有1262个医疗机构受灾，受损面积90.95万平方米，设备受损1.11万台（件），其中青川、利州、旺苍、剑阁、苍溪、元坝、朝天7个重灾县（区）的卫生机构遭受严重损毁。

广元市中心医院业务用房受损58916平方米，医疗设备损失109万元。市第一医院业务用房受损68361平方米，医疗设备损失195万元，公共设施损失119万元，药品器械损失8.5万元。市第二医院房屋受损27778平方米，医疗设备损失301.5万元，药品损失11.9万元，其他损失24.4万元。市第三医院外科住院楼的顶楼与塔楼垮塌，房屋受灾23856平方米，CT、X光机、B超、彩超、呼吸机、麻醉机等45台（件）医疗设备损失664万元。市中医院业务用房受损6086平方米，63台（件）医疗设备受损，药品损失7万余元。

图 509　垮塌的青川县中医院门诊部及职工住宿楼

青川县医疗卫生机构业务用房受损 90016 平方米（参见图 509），设备损毁 6597 台（件），药品器械损失 927 万元。

阿坝藏族羌族自治州医疗卫生系统有 676 个医疗机构受灾，房屋受损 22.29 万平方米，设备受损 3738 台（件），直接经济损失 23557.48 万元（见表 276）。

阿坝藏族羌族自治州医疗卫生机构受损情况统计表

表 276

县　份	类别	机构受损数（个）	设备受损情况		房屋受损情况	
			数量（台）	金额（万元）	面积（平方米）	金额（万元）
汶　川	县	6	735	653.87	32733.9	1670.6
	乡	11	382	289.32	19454.71	2557.7
	村	107	395	25.58	3111	323
理　县	县	5	30	50	10800	1080
	乡	13	25	20	3730	373
	村	72	—	—	2880	288
茂　县	县	9	1665	828.14	23734.68	2135.41
	乡	23	77	23.26	11855.3	646.32
松　潘	县	6	61	169	12955	2205
	乡	23	65	27.5	8485	659
	村	20	0	0	600	30
小　金	县	6	45	16	10824	1673
	乡	21	106	15	12006	1327.81
	村	107	—	—	2140	160.5

续表 276

县　份	类别	机构受损数（个）	设备受损情况		房屋受损情况	
			数量（台）	金额（万元）	面积（平方米）	金额（万元）
黑　水	县	3	102	199.16	7188	1100
	乡	16	50	32	4630	682
	村	124	0	0	3175	219.48
九寨沟	县	4	0	0	31021	2400.5
	乡	18	0	0	18279.6	1344.33
	村	82	0	0	3330	333
合　计		676	3738	2348.83	222933.19	21208.65

雅安市医疗卫生系统有 245 个医疗机构受灾，受灾面积 29.05 万平方米，设备损坏 2288 台（件）。其中，9 个市级综合医院房屋倒塌和损坏面积 10.29 万平方米，设备受损 1549 台（件）；6 个市级中医院房屋倒塌和损坏 2.65 万平方米，设备受损 47 台（件），经济损失 2822.71 万元；110 个乡镇卫生院房屋倒塌损坏 96578 平方米，设备受损 127 台（件）。

甘肃省和陕西省医疗机构设施受损　甘肃省有 69 个综合医院、42 个中医院、759 个乡镇卫生院和 6122 个村卫生室不同程度受损。其中，陇南市医疗卫生系统有 1385 个机构受损，包括倒塌房屋 13.9 万平方米、严重破坏 2.2 万平方米、中度破坏 12.12 万平方米、轻度破坏 3.04 万平方米；损失医疗设备 3423 台（件）。天水市医疗卫生系统有 206 个机构受损，房屋倒塌 3.81 万平方米；危房 19.77 万平方米，设备受损 30 台（件）。

陕西省有 26 个县医院、19 个中医院、291 个乡镇卫生院和 911 个村卫生室不同程度受损。其中，宝鸡市 282 个医疗卫生机构受损，房屋受损 18.1 万平方米（倒塌房屋 1571 平方米、危房 17.9 万平方米），仪器设备损失 205 台（件）；陈仓区有 38 个医疗卫生机构受损，房屋受损 64580 平方米，医疗设备受损 596 台（件）。汉中市的宁强县有 15 个乡镇以上医疗卫生机构不同程度受损，医疗业务用房受损 3.25 万平方米；略阳县医疗卫生机构房屋受损 2.85 万平方米，设备受损 175 台（件）；勉县卫生系统有 33 家医疗单位房屋损毁，医疗设备受损 78 台（件）。

二　妇幼保健机构设施受损

四川省妇幼保健机构设施受损　四川省遭到严重破坏的省、市级妇幼保健院 13 个、县级妇幼保健院 101 个，房屋受损面积 23.2 万平方米，设备受损 1610 台（件），直接经济损失 3.67 亿元。

成都市有 20 个妇幼保健机构受损，房屋受损面积 6.46 万平方米，设备受损 237 台（件），经济损失 7144 万元。

绵阳市10个妇幼保健机构受损，房屋受损2.88万平方米，设备受损305台（件），药品损失56万元，经济损失总计9416.83万元（见表277）。其中，北川羌族自治县妇幼保健院房屋受损2160平方米，2004年建成的妇幼保健院在地震中像个火柴盒般被挤扁（见图510）；设备损坏53台（件），药品损失20万元，经济损失总计1144.2万元。

绵阳市妇幼保健院受损情况统计表

表277

保健院	房屋受损面积（平方米）	设备损坏（台/件）	药品损失（万元）	经济损失总计（万元）
绵阳市妇幼保健院	6500	40	—	2341.11
涪城区妇幼保健院	1029	7	—	176.92
游仙区妇幼保健院	2409	32	—	838.6
江油市妇幼保健院	3000	22	—	1014
三台县妇幼保健院	3200	43	—	584.7
盐亭县妇幼保健院	2500	12	—	506
安县妇幼保健院	2600	26	2.8	932.8
梓潼县妇幼保健院	2830	17	20	827.5
平武县妇幼保健院	2600	53	13.2	1051
北川羌族自治县妇幼保健院	2160	53	20	1144.2

德阳市6个妇幼保健机构受损，受损房屋面积24461平方米、受损设备146台（件），直接经济损失5158万元。其中，什邡市妇幼保健院房屋、设备等严重受损，房屋受损1万平方米，包

图510 地震后的北川羌族自治县妇幼保健院

括业务用房5400平方米；住院部房屋墙面多处出现严重裂缝，5楼手术室大梁出现裂缝，门诊儿保科及医学美容科墙面出现严重裂缝，二至五层的框梁多处出现裂缝，整幢楼倾斜；医院设备受到严重损坏，包括阴道镜、红外线乳腺诊断仪、便携式B超、监护仪、微量元素检测仪、酶标仪、多功能麻醉机、半自动生化仪、DP9900B超及住院部电梯等28台（部），设备（包括器械）损失120.9万元，药品损失18.5万元。医院经济损失总计283.2万元。

广元市7个妇幼保健机构受损，受损房屋面积16230平方米、受损设备321台（件），直接经济损失3055万元。其中，青川县妇幼保健院业务综合楼严重受损，墙面、地面多处开裂，墙砖脱落，水管爆裂，部分医疗设备和药品被损坏。

阿坝藏族羌族自治州13个妇幼保健机构受损，受损房屋面积22424平方米、受损设备180台（件），直接经济损失5534万元。其中，汶川县妇幼保健院受损3500平方米，损失设备64台（包括汽车2辆）、药品及库存物资38件，全县妇幼卫生监测工作陷入瘫痪状态。

雅安市有7个妇幼保健院受损，房屋受损面积13255平方米，设备受损299台（件），直接经济损失1477万元。

甘肃省和陕西省妇幼保健机构设施受损　甘肃省有40个妇幼保健机构设施受损。陕西省有22个妇幼保健机构受损，其中，宝鸡市10个妇幼保健院受损，房屋受损15110平方米，仪器设备损失2台（件）；陈仓区妇幼保健院房屋、设施严重受损，被鉴定为D级危房，需异地重建。汉中市宁强县妇幼保健院综合业务楼875平方米在地震中受损，被鉴定为D级危房；勉县妇幼机构受损，形成D级危房1050平方米。

第二节　疾病控制和卫生监督机构设施受损

一　疾控机构设施受损

四川省疾控机构设施受损　四川省共有15个省、市级疾病预防控制中心、98个县级以下疾病预防控制中心设施受损，房屋受损26.5万平方米，设备受损2027万台。疾控系统中的结核病防治机构设备受损严重，有10个县（区）结核病防治所的主要设备（X光机、显微镜、计算机）遭到损毁，22个结核病防治所的部分设备损毁（其中X光机损毁15台、显微镜损毁14台、计算机损毁24台），8个结核病防治所药品全毁，9个结核病防治所的资料受损，10个结核病防治所的基础设施受损。

成都市17个疾病预防控制机构受损，受损房屋面积80977平方米、受损设备126台（件），直接经济损失5352万元。都江堰市疾病预防控制中心大楼部分房间、基础设施、仪器设备、网络系统、办公设备均受到不同程度损毁。地震造成常规防病工作全面瘫痪，传染病监测体系破坏，传染病疫情报告不能进行，计划免疫冷链运转中断，其他疾病控制工作如结核病、艾滋病、地方病、慢性病等监测防治工作全面停止。成都市青白江区疾控中心业务综合楼严重损坏，被鉴定为D级危房，经济损失712万元。

德阳市7个疾病预防控制机构受损，受损房屋面积20881平方米、受损设备189台（件），直接经济损失4317万元。什邡市疾病预防控制中心房屋倒塌和损坏4700平方米，经济损失1295万元。皮肤病防治院房屋倒塌和损坏1700平方米，经济损失455万元。

绵阳市10个疾病预防控制机构受损，受损房屋面积35924平方米、受损设备662台（件），直接经济损失8194万元。

广元市8个疾病预防控制机构受损，受损房屋面积28417平方米、受损设备422台（件），直接经济损失4509万元；广元市疾控中心实验及业务办公用房损坏严重，市疾控中心实验室的主要检测设备原子吸收仪、气相色谱仪、分光光度计、分析天平等损坏。地震前市疾控中心承担的检测检验项目有381个，震后只能做50余个简单项目，检测能力只有15%。青川县疾控中心垮塌与危房1600平方米，经济损失400万元；损失医疗设备65台（件），经济损失25万元，疫苗、药品价值20万元。

阿坝藏族羌族自治州13个疾病预防控制机构受损，受损房屋面积38935平方米、受损设备354台（件），直接经济损失9737万元。松潘县疾控中心办公大楼墙体裂缝，成为危房；马尔康县疾控中心业务楼1180平方米、住宿楼1117平方米成为危房；汶川县疾控中心房屋倒塌和损坏2201平方米，设备受损79台（件），经济损失783万元。

雅安市9个疾病预防控制机构受损，受损房屋面积20409平方米，受损设备92台（件），直接经济损失1902万元。

甘肃省和陕西省疾控机构设施受损 甘肃省有37个疾病预防控制中心设施受损。陕西省有10个县级疾病预防控制中心受损。宝鸡市6个疾控中心受损，房屋受损面积7241平方米，设备受损41台（件），药品及其他损失5万元；陈仓区疾控中心成为C级危屋。

二 卫生监督机构设施受损

四川省卫生监督机构设施受损 四川省有12个省、市级卫生执法监督机构与72个县级卫生执法监督机构受损，房屋受损7.48万平方米，设备受损659台。

成都市16个卫生执法监督机构受损，受损房屋面积2.05万平方米、设备受损38台（件）。都江堰市卫生执法监督所办公楼垮塌（见图511）。

德阳市有7个卫生监督机构受损，受损房屋面积8810平方米、受损设备29台（件），直接经济损失2126万元。什邡市卫生执法监督所业务用房主体承重墙多处裂缝，存在严重安全隐患；设备损坏7件。

绵阳市有9个卫生监督机构受损，受损房屋面积8305平方米、受损设备247台（件），直接经济损失3351万元。剑阁县卫生执法监督所房屋受损2300平方米，受损等级程度为B级；设备、设施损坏92台（套）。

广元市7个卫生监督机构受损，受损房屋面积6273平方米，受损设备195台（件），直接经

图 511 地震中垮塌的都江堰市卫生执法监督所办公楼

济损失 896 万元。

阿坝藏族羌族自治州有 9 个卫生行政监督机构受损，房屋受损面积 7140 平方米，设备损坏 67 台（件），直接经济损失 2115 万元。

雅安市有 5 个卫生监督机构受损，受损房屋面积 5518 平方米，设备受损 27 台（件），直接经济损失 367 万元。

此外，绵阳市红十字中心血站房屋受损 2500 平方米，设备损坏 26 台（件），直接经济损失 295.34 万元。雅安市中心血站房屋倒塌损坏 200 平方米、直接经济损失 60 万元，紧急救援中心房屋倒塌 800 平方米、设备受损 2 台（件）、直接经济损失 1.3 万元（房屋损失 0.6 万元、设备损失 0.7 万元）。阿坝藏族羌族自治州中心血站汶川采血屋成为危房。

甘肃省和陕西省卫生监督机构设施受损 甘肃省有 36 个卫生监督机构设施受损。甘肃省卫生监督机构使用的大多是建于 20 世纪六七十年代的土木结构房屋，在地震中受损严重。陇南、甘南、平凉、白银等市（州）卫生监督所及省卫生监督所房屋严重损毁。陇南市卫生局卫生监督所办公楼主体框架严重变形，省卫生厅卫生监督所、白银市卫生局卫生监督所办公楼出现大面积裂缝，已无法开展工作。

陕西省受灾地区有 15 个县级卫生监督机构受损。其中，宝鸡市 4 个卫生监督所受损，房屋受损面积 3824 平方米。

第四章　文化体育设施受损

汶川特大地震给文化体育部门造成的灾害主要包括文化、新闻出版、广播电视、体育等部门及提供社会服务的各类场馆、文化传媒设施设备和文化体育业务用房等的损毁。

地震使四川省3990个文化机构受损，面积55.77万平方米。地震给成都、德阳、绵阳、广元、阿坝、雅安的18个重灾县（市、区）广播电视基础设施造成重大损害，广播电视业务用房倒塌或严重毁损成为危房，广播电视设备设施严重损坏，大部分广播电视台面临停播，广播电视信号传输中断，工作无法正常开展。地震给四川、甘肃、陕西三省的体育事业造成严重破坏。极重灾区与重灾区体育部门109.3万平方米受灾，51个极重灾和重灾县（市、区）中半数以上的体育部门办公用房倒塌和严重受损；体育比赛场馆设施损坏54.63万平方米，体育训练设施损毁40.9万平方米。

据民政部等四部委9月4日灾损校核报告，川、甘、陕三省受灾地区文化系统直接经济损失27.24亿元，其中四川省25.9亿元、甘肃省0.88亿元、陕西省0.46亿元；三省广播通信设施直接经济损失28.43亿元，其中四川省24.8亿元、甘肃省2.81亿元、陕西省8200万元；三省体育系统直接经济损失26.58亿元，其中四川省23.4亿元、甘肃省1.86亿元、陕西省1.32亿元；宗教系统直接经济损失16.2亿元，全部在四川省。

第一节　文化设施受损

汶川特大地震造成四川省3990个文化机构受损，受损面积55.77万平方米。39个极重灾和重灾县（市、区）的文化市场执法办公机构损毁面积9094平方米，直接经济损失1535.74万元。

甘肃省的陇南、甘南、天水、庆阳、定西、白银、武威等市（州）的45个县（市、区）所属文化单位的文化设施、设备不同程度受损。

一　群艺馆、文化馆（站）设施受损

四川省群艺馆、文化馆设施受损　四川省有5个县文化馆、5个影剧院、418个乡镇综合文化站整体垮塌；33个县文化馆、418个乡镇综合文化站、5个剧团、51个影剧院（剧场）遭到损毁，成为危房；51个文化馆、587个乡镇综合文化站、71个影剧院（剧场）、30个文化信息资源共享工程县级支中心、275个基层服务点遭到破坏。损毁设备60194台（件、套）、图书346.7万册。

遭受破坏的市、县文化馆倒塌与成为危房面积61124平方米，损毁设备价值共计1323万元。其中，成都市9个市、县文化馆倒塌与危房16903平方米，损毁设备111万元；德阳市4个市、县文化馆倒塌与危房8060平方米，损毁设备92万元；绵阳市8个市、县文化馆倒塌与危房12926平方米，损毁设备330万元；广元市7个市、县文化馆倒塌与危房7064平方米，损毁设备665万元；阿坝藏族羌族自治州7个州、县文化馆倒塌与危房10743平方米，损毁设备98万元；雅安市5个市、县文化馆倒塌与危房2554平方米，损毁设备27万元。此外，遂宁市的大英县文化馆危房1500平方米、内江市东兴区文化馆危房1374平方米。

66个市、县所属的乡镇综合文化站倒塌及成为危房面积共计84677平方米，其中成都市23330平方米、德阳市12050平方米、绵阳市30350平方米、广元市5498平方米、阿坝藏族羌族自治州6732平方米、雅安市2119平方米、其他市（州）4598平方米。

甘肃省群艺馆、文化馆设施受损　陇南市武都区文化中心、成县文化馆与宣传文化中心、康县文化馆、文县文化馆、西和县文化馆、徽县文化馆等不同程度受损。甘南藏族自治州有18个乡（镇）文化站受损，其中舟曲县文化馆投入使用不久的新办公楼受损面积1500平方米。天水市2个文化馆与19个文化站设施受损，受损面积4673平方米，直接经济损失1343.75万元。平凉市3个文化馆、15个文化站（室）、34个乡村舞台不同程度受损。定西市4个文化综合楼和14个文化站受损，受损面积11311平方米。庆阳市23个县（区）、乡镇文化馆（站）不同程度受损。

陕西省群艺馆、文化馆设施受损　安康市汉滨区8个文化站房屋受损，受损面积1080平方米；石泉县文化馆办公楼整体倾斜，直接经济损失150万元。汉中市的市艺术馆、汉台区文化馆、南郑县文化馆、城固县文化图书馆、洋县文化馆、勉县文化馆、略阳县文化馆、宁强县宣传文化中心、佛坪县文化馆、留坝县文化馆不同程度受损。宝鸡市艺术馆危房250平方米，直接经济损失4万元。渭南市文化服务站大楼多处裂缝，墙皮脱落。咸阳市的淳化县文化馆地基下沉，多处裂缝。商洛市文化馆大楼地基下沉，墙体多处裂缝，直接经济损失50万元。

重庆市群艺馆、文化馆设施受损　重庆市有10个文化馆（含重庆市群众艺术馆）房屋，323个乡镇综合文化站设施设备不同程度受损。

云南省群艺馆、文化馆设施受损　昭通市的盐津县文化馆受到严重破坏，直接经济损失290

万元；绥江县文化馆、中城镇文体站、南岸镇文体站、板栗乡文体站、新滩镇文体站、会仪镇文体站等不同程度受损；永善县文化馆、茂林镇文化站、马楠苗族彝族乡文化站不同程度损坏；巧家县多个文化站受损，经济损失18万元。大理白族自治州的鹤庆县多个文化馆房屋不同程度受损，受损面积3890平方米。

二 图书馆设施受损

四川省图书馆设施受损 四川省有29个县级图书馆遭到破坏（见表278），其中4个县级图书馆整体垮塌。

四川省图书馆设施受损情况统计表

表278

单 位	倒塌及危房面积（平方米）	设备受损情况	
		数量（个）	金额（万元）
北川羌族自治县图书馆	920	160	37
汶川县图书馆	894	286	56
青川县图书馆	1700	62	55
绵竹市图书馆	3008	664	36
什邡市图书馆	2560	11	2
都江堰市图书馆	500	70	90
平武县图书馆	1505	931	87
安县图书馆	2636	312	125
江油市图书馆	1419	430	62
彭州市图书馆	—	40	70
茂县图书馆	500	146	20
松潘县图书馆	—	17	16
小金县图书馆	200	7	4
黑水县图书馆	500	—	—
汉源县图书馆	1437	60	31
崇州市图书馆	3000	60	98
剑阁县图书馆	—	606	230
广元市朝天区图书馆	1500	22	37

续表 278

单　　位	倒塌及危房面积（平方米）	设备受损情况	
		数量（个）	金额（万元）
梓潼县图书馆	820	92	24
苍溪县图书馆	1000	—	—
盐亭县图书馆	—	220	64
三台县图书馆	1230	200	100
旺苍县图书馆	—	24	2
广元市元坝区图书馆	—	120	40
大邑县图书馆	2000	5	10
名山县图书馆	600	—	—
成都市青白江区图书馆	600	—	—
新津县图书馆	1200	—	—
渠县图书馆	1353	—	—
合　　计	31082	4545	1296

甘肃省图书馆设施受损　陇南市的礼县图书馆、康县图书馆、徽县图书馆不同程度受损。天水市 5 个图书馆受损 2107 平方米，直接经济损失 94.66 万元。平凉市 2 个图书馆受损 1905 平方米。定西市的临洮县图书馆地基下沉，受损 1200 平方米；渭源县图书馆经济损失 20 万元。庆阳市 5 个图书馆不同程度受损。

陕西省图书馆设施受损　安康市的石泉县图书馆经济损失 80 万元，平利县图书馆经济损失 35 万元。汉中市的南郑县图书馆经济损失 7 万元，勉县图书馆经济损失 30 万元，略阳县图书馆经济损失 68 万元，西乡县文化图书馆经济损失 15 万元，佛坪县图书馆经济损失 8 万元。宝鸡市图书馆有危房 55 间，损毁书架 200 套，直接经济损失 85 万元。咸阳市的乾县图书馆有 5 间危房。

重庆市图书馆设施受损　重庆市有 10 个图书馆房屋受损，直接经济损失 255 万元。

云南省图书馆设施受损　昭通市的昭阳区图书馆经济损失 20 万元；大关县图书馆墙面撕裂，房顶严重受损；绥江县图书馆大楼主体结构受损，顶楼板面撕裂渗透水，墙面受损；水富县图书馆经济损失 50 万元；鲁甸县图书馆主楼墙壁严重震裂。

三　博物馆设施受损

甘肃省有 49 座博物馆文物库房、展厅和办公、管理用房损坏，其中 7 座博物馆文物库房和展厅严重受损，42 座博物馆文物库房、展厅及管理、办公用房轻度受损（见表 279）。

甘肃省博物馆受损情况一览表

表 279

单　　位	受　损　情　况	受损评估等级
陇南市武都区博物馆	文物库房重度受损	B
成县博物馆	文物库房与陈列展厅墙体严重开裂，屋顶濒临坍塌	B
文县博物馆	文物库房地基下陷，墙体严重开裂	B
宕昌县博物馆	文物库房地基下陷，墙体严重开裂，屋顶濒临坍塌	B
康县博物馆	文物库房地基下陷，屋顶濒临坍塌，墙体严重开裂	B
西和县博物馆	文物库房地基下陷，承重梁和墙体开裂	C
礼县博物馆	文物库房地基下陷，承重梁和墙体严重开裂	B
徽县博物馆	文物库房承重梁和墙体开裂	C
两当县博物馆	文物库房地基下陷，墙体严重开裂	B
甘南藏族自治州博物馆	文物库房墙体大面积裂缝	C
临潭县博物馆	文物库房与陈列展厅墙体大面积裂缝	C
舟曲县博物馆	文物库房地基下沉，墙体严重开裂	C
迭部县博物馆	文物库房墙体大面积裂缝	C
玛曲县博物馆	文物库房墙体严重开裂	C
碌曲县博物馆	文物库房墙体严重开裂	C
天水市博物馆	陈列展厅屋面和墙体严重开裂	C
麦积区博物馆	文物库房墙体大面积裂缝	C
清水县博物馆	陈列展厅地基下沉，屋面和墙体严重开裂	C
秦安县博物馆	文物库房墙体大面积裂缝	C
甘谷县博物馆	文物库房墙体大面积裂缝	C
武山县博物馆	文物库房墙体大面积裂缝	C
张家川回族自治县博物馆	文物库房墙体严重开裂	C
庆阳市博物馆	文物库房与陈列展厅墙体大面积裂缝	C
西峰区博物馆	陈列展厅部分坍塌（5 孔窑洞）	C
庆城县博物馆	陈列展厅墙体大面积裂缝	C
正宁县博物馆	文物库房墙体大面积裂缝	C
宁县博物馆	文物库房墙体大面积裂缝	C
镇原县博物馆	文物库房墙体大面积裂缝	C
平凉市博物馆	陈列展厅地基下沉，墙体严重开裂	C
崆峒区博物馆	陈列展厅地基下沉，墙体严重开裂	C
泾川县博物馆	文物库房墙体大面积裂缝	C
灵台县博物馆	文物库房墙体严重开裂	C
崇信县博物馆	文物库房轻度受损，陈列展厅轻度受损	C
华亭县博物馆	文物库房轻度受损，陈列展厅轻度受损	C
庄浪县博物馆	文物库房地基下沉，墙体裂缝	C

续表 279

单　位	受 损 情 况	受损评估等级
静宁县博物馆	文物库房墙体大面积裂缝	C
定西市博物馆	文物库房承重梁和墙体严重开裂	C
安定区博物馆	文物库房与陈列展厅地基下沉，墙体裂缝	C
通渭县博物馆	文物库房与陈列展厅大面积裂缝	C
陇西县博物馆	文物库房与陈列展厅墙体大面积裂缝	C
渭源县博物馆	文物库房与陈列展厅墙体大面积裂缝	C
临洮县博物馆	文物库房与陈列展厅墙体严重开裂	C
漳县博物馆	文物库房与陈列展厅墙体大面积裂缝	C
岷县博物馆	文物库房墙体严重开裂	C
康乐县博物馆	文物库房地基下沉，墙体严重开裂	C
会宁县博物馆	文物库房、陈列展厅墙体大面积裂缝	C
会宁红军长征胜利纪念馆	陈列展厅地基下沉，墙体裂缝	C
靖远县博物馆	文物库房墙体大面积裂缝	C
武威市博物馆	陈列展厅屋面和墙体出现开裂	C

说明：评估等级，A 类——完全损毁，B 类——严重受损，C 类——轻微受损

云南省昭通市昭阳区博物馆文物库房严重受损，直接经济损失 18 万元。昭通市文物所库房受损，直接经济损失 20 万元。镇雄县文物库房受损，直接经济损失 8 万元。

第二节　新闻出版业设施受损

汶川特大地震造成四川省新闻出版系统 63 人死亡、23 人失踪；20 个市（州）及所属县（市、区）新闻出版行政部门、部分图书、报刊、音像电子出版单位和印刷复制、出版物批发零售企业的办公、生产、营业用房和设施设备，以及农家书屋等不同程度受损。地震同时造成甘肃省的陇南、甘南、天水等 10 个市（州）以及陕西省的汉中、宝鸡等市的新闻出版单位不同程度受损。

一　四川省新闻出版业设施受损

成都、德阳、绵阳、广元、阿坝、雅安六市（州）新闻出版业，在四川省相关行业中占有十分重要的地位。震前六市（州）辖区内有各类出版单位 413 家，占全省的 85%；印刷复制企业

4089家，占全省44%；出版物批发企业190家，占全省88%；零售门店2215个，占全省35%；农家书屋921个。2007年末，六地新闻出版业总资产达216.79亿元，约占全省70%；实现销售收入154亿元，约占全省68%。地震造成六市（州）新闻出版系统房屋毁损86.21万平方米，其中38个新闻出版行政部门损毁房屋4.28万平方米（见表280）；损毁设备器材74621件（套）、工作车辆53辆、出版物84.05万册。地震使六市（州）新闻出版公共服务体系遭到严重破坏，基层新华书店、农家书屋、地方党报、行政监管服务系统及办公用房、设施设备几乎全部损毁。新闻出版信息系统大面积瘫痪，出版物市场监管一时难以开展。

四川省部分新闻出版行政单位业务用房受损情况统计表

表280

单　位	业务用房面积（平方米）	受损情况		单　位	业务用房面积（平方米）	受损情况	
		倒塌及危房面积（平方米）	可维修加固利用面积（平方米）			倒塌及危房面积（平方米）	可维修加固利用面积（平方米）
汶川县局	350	350	0	黑水县局	300	150	150
北川县局	800	800	0	崇州市局	300	0	300
绵竹市局	3147	280	2867	剑阁县局	1200	0	1200
什邡市局	660	660	0	三台县局	1500	0	1000
青川县局	1380	1380	0	阆中市局	791	20	771
茂县局	320	320	0	盐亭县局	450	450	—
安县局	180	180	0	松潘县局	450	60	390
都江堰市局	4000	4000	0	苍溪县局	1800	1000	800
平武县局	400	375	25	芦山县局	500	0	500
彭州市局	1500	600	900	中江县局	800	800	0
理县局	210	210	0	元坝区局	960	0	960
江油市局	1658	1658	0	大邑县局	360	360	0
利州区局	200	0	200	宝兴县局	200	200	0
朝天区局	500	500	0	南江县局	400	80	320
旺苍县局	2419	2419	0	汉源县局	750	750	0
梓潼县局	2500	0	2500	石棉县局	5498	0	5498
游仙区局	1310	500	810	绵阳市局	2560	0	2560
旌阳区局	350	0	350	广元市局	2103	2103	0
小金县局	280	0	280	合　计	43286	20205	22581
罗江县局	200	0	200				

地震损毁农家书屋393个，损毁房屋面积11790平方米、设备设施3930台（件、套）、出版物58.95万册。地震对20个市（州）、87个县（市、区）新华书店造成严重的人员伤亡和重大的财产损失，直接经济损失5.19亿元，在39个受灾严重的县（市、区）中，共有24人死亡、6人受伤。此外，受灾严重的5个市、县约1.04亿元应收账款存在无法收回的风险。39个受灾严重的县（市、区）中有11个重灾县（市、区）和7个少数民族地区基层新华书店垮塌或严重损毁，其他受灾市、县的新华书店门市店、库房和办公楼也不同程度受损。

地震造成绵阳日报社、绵阳晚报社房屋损毁9100平方米，设施设备受损196件（台、套）。德阳日报社房屋受损3000平方米，设施设备受损72件（台、套）。广元日报社采编用房受损面积3120平方米，设备受损199台（套）。

四川省印刷企业生产用房倒塌与危房面积11.14万平方米，损坏面积14.35万平方米，造成印刷产业发展停滞，一些急需印制的出版物无法正常印制。全省各类出版物零售书店（不含新华书店、邮政）房屋受损面积1.67万平方米，设备设施损坏7239台（套）。地震使绵竹年画基地、藏族祥巴（版画）基地、羌绣基地遭受严重损失。绵竹年画基地生产用房和设备全部毁损。北川羌族自治县羌绣基地生产用房500平方米全毁，直接经济损失120万元（房屋100万元、设备20万元）。汶川县藏族祥巴（版画）创作生产基地全部瘫痪。

二　甘肃省新闻出版业设施受损

地震造成陇南市、甘南藏族自治州、天水市新闻出版行政管理部门、部分报刊出版单位、印刷复制和出版物批发零售企业的办公、生产、生活、营业用房和设施设备，以及农家书屋等受到不同程度损坏。陇南、甘南、天水等10个市（州）共1286个农家书屋受损，受损面积45010平方米，直接经济损失1270.85万元。县新华书店及县以下网点经营门市店、教材库房、管理用房损坏56处，受损面积56239平方米。陇南日报社办公楼受损严重，墙体严重裂缝面积达6000平方米。陇南和甘南新闻出版行政管理和“扫黄打非”部门共计损毁房屋6961平方米。陇南市11家民营印刷企业生产用房受损面积2875平方米，印刷设备损坏23台（套）。民营出版物零售书店180处，受损面积7650平方米。

三　陕西省新闻出版业设施受损

地震造成陕西省新闻出版业损失严重，其中汉中市、宝鸡市损失尤为严重。陕西省有30处农家书屋损毁1500平方米，直接经济损失120万元。宁强县、略阳县、勉县及宝鸡市陈仓区的各级新华书店营业、办公、仓储设施及其他财产不同程度受损，受损面积11342平方米，直接经济损失549.1万元。全省新闻出版、版权行政管理机构房屋受损1600平方米，直接经济损失140万元。

第三节　广播电视设施受损

汶川特大地震给四川、甘肃、陕西三省的51个极重灾和重灾县（市、区）中的18个县（市、区）广播电视基础设施造成毁灭性损害。广播电视业务用房倒塌或严重毁损成为危房，广播电视设备设施严重损坏，大部分广播电视台临时停播，广播电视信号传输中断，工作无法正常开展；其他33个县（市、区）广播电视基础设施严重损毁，业务用房大多成为危房，广播电视设备设施严重损坏，部分播出临时中断。据民政部等四部委9月4日灾损校核报告，川、甘、陕三省地震受灾地区广播通信设施直接经济损失28.43亿元，其中四川省24.8亿元、甘肃省2.81亿元、陕西省8200万元。

地震使广电总局无线局位于陕西省的594台的9部发射机分别停播2～36分钟；总局监测中心成都监测台设备损坏严重，经抢修于5月13日9时恢复正常监测任务。四川地球站微波信号源中断，节目上行未受影响。距成都18公里的四川520中波发射台因两路外电中断，广播节目中断播出。广安市华蓥山高山站微波信号源中断，转播的电视和调频节目中断。绵竹市因停电和发射塔被震坏，广播电台、电视台停播。由于四川省部分光缆干线网中断，导致成都、宜宾、绵阳、甘孜、攀枝花等市（州）有线电视网的省级节目信号源中断，这些网络立即改为通过卫星接收中央和省级信号，使当地有线网播出正常；省干网成都至汶川、马尔康链中断；南充市蓬溪环网节点中断，由于有环网保护，未造成节目停播。截至5月14日8时，国干网四川境内德阳、绵阳、成都机房相继断电，影响中央电视台节目下传和四川新闻回传173分钟，影响四川监测网业务17小时34分钟。都江堰市所有广播电视系统瘫痪，新津县信号中断1小时50分，大邑县有线停播6小时、无线停播18小时，新都区10个频道停播2个多小时，龙泉驿区有线停播1小时30分，青白江区电视台停播，武侯区有线停播。绵阳市部分县级广电局（台）办公及播出楼房垮塌，广播电视设施严重瘫痪，其中北川、平武、江油、安县四县（市）全部瘫痪，停止播出。

一　广播电台、电视台设施设备受损

四川省广播电台、电视台办公基础设施损毁59.49万平方米。其中，成都市广播影视办公用房、机房受损190466平方米；绵阳市广播电台、电视台（含市、县广播电视台）毁损业务用房36813平方米；阿坝藏族羌族自治州州级广播电台、电视台业务用房毁损4000平方米，县级业务用房毁损31243.43平方米；广元市广电系统损毁房屋51388平方米；德阳市广播电影电视局用房、市网络公司有线电视前端机房毁损；雅安市广电系统损毁房屋13900平方米；甘孜藏族自治州广播电影电视局业务用房、自贡市广播电视大楼损毁；内江市广播影视系统毁损房屋3918.3平方米。

四川省各种专业设备损毁共36485台（件、套）。其中，成都市61个广播电视台（站）设备设施毁损 12205 台（件、套）；绵阳市广播电台、电视台（含市、县广播电视台）毁损设备 2630 台（件、套）；阿坝藏族羌族自治州州级广播电台、电视台设备受损 28 台（件、套），县级专业设备受损 12815 件（套）；广元市广播电台、电视台共毁损各类设备 1346 台（套）；德阳市广播电视系统设备设施受损；雅安市广播电视摄录编播设备损毁严重；遂宁市广播电台、电视台，广安市广播电影电视局广播电台、电视台，自贡市广播电影电视局用房不同程度受损。

甘肃省 34 个广播电视台设备设施受损，其中陇南市 11 个、甘南藏族自治州 3 个、天水市 6 个、庆阳市 6 个、平凉市 4 个、定西市 4 个。

陕西省广电中心大楼受损损失 1070.5 万元，汉中市广播电影电视系统设备设施受损损失 935 万元，宝鸡市广播电影电视系统设备设施受损损失 1712.3 万元，咸阳市广播电视系统的乾县、礼泉县、彬县、旬邑县和市电台电视台的广播影视设备设施受到不同程度毁损，安康市广播电影电视系统房屋受损面积 947 平方米。

二　广播电视发射、转播、监测设施设备受损

四川省的“西新工程”5 个发射台（站）、“无线覆盖工程”13 个转播台以及四川广电集团 25 个台（站）的广播电视传输网络和设备严重损毁。全省 21 个市（州）广播电视系统受损的台站（包括市县广播电视台、差转台和乡镇广播电视站）有 1268 个，其中 6 个重灾市（州）有 923 个。由于发射天线倒塌，有线广播电视光纤干线的损毁等，重灾地区原有的广播电视综合覆盖率由震前的 95.9% 和 97.1% 下降到 40% 左右。四川省唯一的一座大功率中短波发射台（520 台）因地震造成供电系统瘫痪，严重影响了广播电视信号在灾区的覆盖。绵阳市无线广播电视发射、转播、监测台（站）设施设备业务用房受损 2400 平方米，损毁设备 482 台（件、套）。阿坝藏族羌族自治州广播电视发射台严重受损，经济损失 1482.8 万元。广元市无线广播电视发射、转播、监测台（站）设施设备损毁，倒塌广播电视发射站（台）9 座。德阳市发射台（站）设施严重毁损，经济损失 4032 万元。雅安市天全发射站机房塌陷 10 厘米，机房内发射台及各差转站发射机、供配电系统、天馈系统等受损严重，无法投入使用；雨城区广播电视播出中心、高山台站设备严重损坏，经济损失 248 万元。自贡市广播电视发射塔塔体开裂，经济损失 70 万元。

甘肃省有 46 个无线广播电视发射台（站）与 5 个监测台设备设施受损。其中，陇南市 22 个无线广播电视发射台（站）与 1 个监测台设备设施受损，甘南藏族自治州 1 个无线广播电视发射台（站）设备设施受损，天水市 9 个无线广播电视发射台（站）与 1 个监测台设备设施受损，庆阳市 6 个无线广播电视发射台（站）设备设施受损，平凉市 4 个无线广播电视发射台（站）与 2 个监测台设备设施受损，定西市 3 个无线广播电视发射台（站）设备设施受损，临夏回族自治州 1 个监测台设备设施受损，兰州市 1 个无线广播电视发射台（站）设备设施受损。

陕西省的省发射塔电梯损坏 2 部。西安市电台新闻广播网铁塔倾斜，兰田广播电视台发射塔倾斜，户县电视台电视发射塔塔基产生裂痕，塔顶明显倾斜。宝鸡市电台西关发射台、美仑大酒店顶部调频发射台、千阳县广播电视发射台、陈仓区方山塬广播电视发射台及麟游县崔木发射台等受损。安康市的汉阴县广播电视发射台的转播台 80 米电视发射塔倾斜。汉中市的南郑县广电

发射塔倒塌，损毁设备72台（套）；勉县广播电视发射塔扭曲倾斜，损毁制作播出设备等22台（套）。咸阳市广播电台和电视台发射塔2座倾斜，乾县发射塔倾斜。渭南市电视台广播电视发射塔严重倾斜，富平县广播发射塔与楼顶连接处出现裂缝。

三　有线电视传输覆盖网络设施设备受损

成都市有线电视传输覆盖网络共有9000余公里光纤线路和7000余公里电缆断裂受损，1.2万多根杆路断倒，1300多个光节点损坏。绵阳市毁损有线电视HFC网络长度25708公里，损毁设备15594台（件、套）。阿坝藏族羌族自治州有线电视传输覆盖网络损毁电杆81340根、电缆7206公里、放大器5386台、光设备1217台、光缆2376.56公里、钢绞线1163公里。广元市广电系统共毁损电杆27502根、电缆15036公里、放大器14324台、光设备2648台（套）、光缆2716公里、钢绞线1047公里。德阳市损失杆路7656公里；绵竹市广播电视网络陷于瘫痪；什邡市的山区和沿山区有线电视网络完全损毁，损毁设备设施9000台（套）。雅安市的天全县一级光干线网络断杆70根，倒杆135根，断缆11处31公里；雨城区广播电视网络传输杆路155公里遭到损坏。甘孜藏族自治州有线电视网络9.5公里受损。内江市广播影视系统毁损电杆266根、电缆（含光缆）31公里、放大器84台、光接收机1台、光发射机2台。

甘肃省有线网络受损3721.03公里，223个微波站的设备设施与52261个卫星接收设备受损。其中，陇南市有线网络受损2776.1公里，1个微波站的设备设施与50743个卫星接收设备受损；甘南藏族自治州有线网络受损10公里，22个卫星接收设备受损；天水市有线网络受损787.32公里，21个微波站的设备设施与1490个卫星接收设备受损；庆阳市有线网络受损15.81公里；平凉市有线网络受损4.8公里，6个卫星接收设备受损；定西市有线网络受损56.5公里，1个微波站的设备设施受损；临夏回族自治州有线网络受损70.5公里，200个微波站的设备设施受损。

陕西省广电网络系统网络线路损毁1060.43公里，网络设备损毁4488台（套），微波站及设备损毁179台（套），卫星接收设备损毁71台（套）。其中，省网络公司295公里有线电视网损坏，微波站15座受损，机房80间受损。宝鸡市陈仓区、太白县和安康市有线电视传输覆盖网络不同程度受损。安康市损毁广播电视线路33杆公里。

四　广播电视有线前端设施设备受损

成都市广播电视有线电视总前端、各播出机房和传输线路受损，无线发射一度停播；都江堰市广播电视工作基本处于瘫痪状态；彭州市广播电视设施设备基本不能使用。绵阳市有线电视前端损毁设备6589台（件、套）。汶川县、茂县、理县前端设施设备全部毁损，青川县广播电视局有线前端设施设备全部毁损。德阳市、遂宁市、甘孜藏族自治州有线前端设施设备不同程度损失。雅安市广播电视前端及网络设施设备、光机等设施设备受损。

甘肃省有线网络设备受损4290个。其中，陇南市有线网络设备受损3176个，甘南藏族自治州有线网络设备受损38个，天水市有线网络设备受损880个，庆阳市有线网络设备受损189个，白银市有线网络设备受损7个。

陕西省的汉中、宝鸡、安康等市有线电视网络办公设施设备受损面积8863平方米。石泉县广播电视有线前端设施设备受损。

五　乡镇广播电视设施设备受损

四川省的阿坝、绵阳、德阳、成都、广元、雅安等17个市（州）127个县（市、区）的254个乡（镇）广播电视系统损失严重，灾区农村已初具规模的广播电视公共服务体系遭到破坏。其中，绵阳市166个乡镇广电站完全损毁，91个乡镇广电站严重受损，业务用房毁损40020平方米。阿坝藏族自治州的汶川县13个乡镇广播站房屋遭到严重破坏，映秀镇房屋全部倒塌，设备全部损毁；茂县9个乡镇广播站设备全部损毁；理县13个乡镇广播电视站房屋1200平方米全部成危房；松潘县25个乡镇广电站遭到严重破坏。广元市共有193个乡镇广播站受损15679平方米。其中，青川县乡镇广播电视站4000平方米业务用房垮塌，36个乡镇电视站停播；剑阁县5个乡镇广电站房屋倒塌，20个站房成为危房，26个站房严重受损；旺苍县22个乡镇广电站业务用房严重毁损；朝天区20个乡镇广电站设施设备基本损毁；利州区10个乡镇广电站房屋倒塌，8个站房严重受损；元坝区12个乡镇站成为危房。德阳市91个乡镇广播站设备设施毁损。射洪县22个乡镇广播电视设备设施毁损。

四川省广播电视"村村通"工程受到严重损坏，毁坏13634个"村村通"工程建设点设备设施。其中，绵阳市2000年以来已完成广播电视行政村通、50户以上自然村通、20户以上自然村通，有50%以上工程毁损。阿坝藏族羌族自治州"村村通"广播电视工程损毁575个。广元市广播电视"村村通"工程建设点毁损819个。绵竹市有1123个自然村全部返盲。遂宁市广播电视"村村通"光纤缆线损坏164公里。汉源县、广安市"村村通"工程设备设施损坏。

甘肃省广播电视"村村通"工程设备受损1193套，其中陇南市813套、甘南藏族自治州17套、天水市360套、庆阳市3套。

陕西省石泉县6个乡镇广电站不同程度受损；千阳县11个乡镇广电站不同程度受损，有5个乡镇站无法正常转播；汉阴县18个"村村通"点的房屋和设备受到不同程度损失；宝鸡市陈仓区、周至县"村村通"工程不同程度受损。

六　电影设施设备受损

绵阳市各县（市、区）电影发行机构房屋垮塌1050平方米，成危房的600平方米，设备受损损失180万元，车辆受损损失10.6万元。成都电影公司办公大楼震后被鉴定为危房；都江堰市、大邑县电影公司办公楼垮塌；彭州市、崇州市等8个县（市、区）电影公司办公楼、办公设备、放映设备不同程度受损。

成都市区内多家电影院房屋不同程度受损。绵阳市97家县级影院和乡镇影院遭受重大损失，垮塌房屋15675平方米，危房86923平方米，设备损失660万元，车辆损失7.9万元。阿坝藏族羌族自治州电影院受损8324.53平方米，设备受损219件（套）。广元市27家影剧院毁损（全毁的4家、部分毁损的23家），损毁面积达67320平方米。绵阳市流动电影放映设备毁损。剑阁县损坏16毫米放映机35台、发电机1台、农村电影服务车1辆。苍溪县损坏“2131”流动放映车1辆，40套16毫米移动放映设备损坏。

甘肃省有18家电影院不同程度受损，流动电影放映设备受损14.01万元。其中，陇南市6家电影院受损，流动电影放映设备受损7.6万元；甘南藏族自治州2家电影院受损，流动电影放映设备受损1万元；天水市5家电影院受损，流动电影放映设备受损5.41万元；庆阳市1家电影院受损；定西市3家电影院受损；白银市1家电影院受损。

第四节　体育设施受损

汶川特大地震造成灾区的公共体育设施严重损毁193万平方米。按受灾程度统计，极重灾和重灾县（市、区）公共体育设施损毁105万平方米，一般灾区损毁面积61万平方米，影响地区损毁27万平方米。按受灾地区统计，四川省损毁面积130万平方米，甘肃省损毁27万平方米，陕西省损毁9万平方米，重庆市损毁27万平方米，云南省损毁0.26万平方米。据民政部等四部委2008年9月4日灾损校核报告，川、甘、陕三省受灾地区体育系统直接经济损失26.58亿元，其中四川省23.4亿元、甘肃省1.86亿元、陕西省1.32亿元。

极重灾和重灾县（市、区）体育设施受灾情况见表281。

极重灾和重灾县（市、区）体育设施受灾情况统计表

表281

县（市、区）	受灾设施名称	受灾设施数量（个）	受灾面积（平方米）	受损情况	结构形式
汶川	体育比赛场馆设施	—	8980	倒塌	钢混
	群众体育场地、设施	27	800	倒塌、严重受损	钢混
	体育训练场地、设施	—	7100	倒塌	钢混
北川	体育比赛场馆设施	—	23000	倒塌	钢混
	群众体育场地、设施	7	2000	倒塌、严重受损	钢混
	体育训练场地、设施	—	1700	倒塌	砖混
绵竹	体育比赛场馆设施	—	97730	倒塌	钢混
	群众体育场地、设施	74	3900	倒塌、严重受损	钢混
	体育训练场地、设施	—	7460	倒塌	钢混

续表 281

县（市、区）	受灾设施名称	受灾设施数量（个）	受灾面积（平方米）	受损情况	结构形式
什　邡	体育比赛场馆设施	—	18069	严重受损	钢混
	群众体育场地、设施	61	1500	倒塌、严重受损	钢混
	体育训练场地、设施	—	32491	倒塌、严重受损	钢混
青　川	体育比赛场馆设施	—	7500	严重受损	钢混
	群众体育场地、设施	18	5500	倒塌、严重受损	钢混
	体育训练场地、设施	—	28000	严重受损	钢混、砖混
茂　县	体育比赛场馆设施	—	11475	倒塌	钢混
	群众体育场地、设施	18	—	严重受损	—
	体育训练场地、设施	—	11130	倒塌	钢混
安　县	体育比赛场馆设施	—	1800	严重受损	钢混
	群众体育场地、设施	11	1300	严重受损、一般受损	钢混
	体育训练场地、设施	—	3279	倒塌、严重受损	钢混、砖混
都江堰	体育比赛场馆设施	—	38500	严重受损	钢混
	群众体育场地、设施	31	1500	严重受损	钢混
	体育训练场地、设施	—	1370	严重受损	钢混
平　武	体育比赛场馆设施	—	0	—	—
	群众体育场地、设施	7	8157	严重受损、一般受损	—
	体育训练场地、设施	—	9182	严重受损、一般受损	钢混、砖混
彭　州	体育比赛场馆设施	—	15000	严重受损	钢混
	群众体育场地、设施	17	—	严重受损	—
	体育训练场地、设施	—	13900	严重受损	钢混、砖混
理　县	体育比赛场馆设施	—	5417	倒塌	砖混
	群众体育场地、设施	9	—	严重受损	—
	体育训练场地、设施	—	6583	倒塌	砖混
江　油	体育比赛场馆设施	—	7445	严重受损	钢混
	群众体育场地、设施	4	1600	倒塌、严重受损、一般受损	钢混
	体育训练场地、设施	—	6000	倒塌	钢混
利　州	体育比赛场馆设施	—	79200	严重受损	钢混
	群众体育场地、设施	15	—	严重受损	—
	体育训练场地、设施	—	27000	严重受损	钢混、砖混
朝　天	体育比赛场馆设施	—	0	—	—
	群众体育场地、设施	21	9000	严重受损	钢混
	体育训练场地、设施	—	19750	严重受损	钢混、砖混

续表 281

县（市、区）	受灾设施名称	受灾设施数量（个）	受灾面积（平方米）	受损情况	结构形式
旺　苍	体育比赛场馆设施	—	9000	严重受损	—
	群众体育场地、设施	18	—	严重受损	—
	体育训练场地、设施	—	29500	严重受损	钢混、砖混
梓　潼	体育比赛场馆设施	—	892	倒塌、严重受损	钢混
	群众体育场地、设施	6	—	严重受损	—
	体育训练场地、设施	—	1357	严重受损	钢混
游　仙	体育比赛场馆设施	—	0	—	—
	群众体育场地、设施	11	—	一般损坏	—
	体育训练场地、设施	—	140	严重受损	砖混
旌　阳	体育比赛场馆设施	—	4560	严重受损	钢混
	群众体育场地、设施	7	2000	一般受损	—
	体育训练场地、设施	—	5236	严重受损、一般受损	钢混、砖混
小　金	体育比赛场馆设施	—	2833	倒塌	砖混
	群众体育场地、设施	6	—	严重受损、一般受损	—
	体育训练场地、设施	—	2875	倒塌	砖混
涪　城	体育比赛场馆设施	—	15083	一般损坏	钢混
	群众体育场地、设施	2	—	一般受损	—
	体育训练场地、设施	—	21820	一般损坏	钢混、砖混
罗　江	体育比赛场馆设施	—	700	一般损坏	钢混
	群众体育场地、设施	7	1008	严重受损、一般受损	砖混
	体育训练场地、设施	—	1000	一般损坏	砖混
黑　水	体育比赛场馆设施	—	0	—	—
	群众体育场地、设施	5	—	严重受损	—
	体育训练场地、设施	—	3292	倒塌	砖混
崇　州	体育比赛场馆设施	—	15000	严重受损	钢混
	群众体育场地、设施	14	—	严重受损	—
	体育训练场地、设施	—	13900	严重受损	钢混、砖混
剑　阁	体育比赛场馆设施	—	6000	严重受损	钢混
	群众体育场地、设施	10	3000	严重受损	钢混
	体育训练场地、设施	—	43750	严重受损	钢混、砖混
三　台	体育比赛场馆设施	—	10530	严重受损	钢混
	群众体育场地、设施	12	7600	倒塌、严重受损	钢混
	体育训练场地、设施	—	6500	倒塌	钢混、砖混

续表 281

县（市、区）	受灾设施名称	受灾设施数量（个）	受灾面积（平方米）	受损情况	结构形式
阆　中	体育比赛场馆设施	—	26000	一般损坏	砖混
	群众体育场地、设施	9	—	一般受损	—
	体育训练场地、设施	—	4000	严重受损	砖混
盐　亭	体育比赛场馆设施	—	3175	一般损坏	钢混
	群众体育场地、设施	—	700	一般受损	钢混
	体育训练场地、设施	—	219	严重受损	钢混
松　潘	体育比赛场馆设施	—	0	—	—
	群众体育场地、设施	5	—	严重受损、一般受损	—
苍　溪	体育比赛场馆设施	—	9000	严重受损	钢混
	群众体育场地、设施	10	—	严重受损	—
	体育训练场地、设施	—	40000	严重受损	钢混、砖混
芦　山	体育比赛场馆设施	—	0	—	—
	群众体育场地、设施	—	1900	一般受损	砖混
	体育训练场地、设施	—	300	一般受损	砖混
中　江	体育比赛场馆设施	—	760	倒塌	钢混
	群众体育场地、设施	14	—	严重受损	—
	体育训练场地、设施	—	800	倒塌	钢混
元　坝	体育比赛场馆设施	—	6000	严重受损	钢混
	群众体育场地、设施	12	—	—	—
	体育训练场地、设施	—	22750	严重受损	钢混、砖混
大　邑	体育比赛场馆设施	—	20000	严重受损	钢混
	群众体育场地、设施	8	4000	严重受损	钢混
	体育训练场地、设施	—	13900	严重受损	钢混、砖混
宝　兴	体育比赛场馆设施	—	1000	一般损坏	砖混
	群众体育场地、设施	10	—	一般受损	—
	体育训练场地、设施	—	850	一般损坏	砖混
南　江	体育比赛场馆设施	—	3500	严重受损	钢混
	群众体育场地、设施	8	1500	严重受损、一般受损	钢混
	体育训练场地、设施	—	400	严重受损	砖混
广　汉	体育比赛场馆设施	—	4350	严重受损	钢混
	群众体育场地、设施	12	—	严重受损	—
	体育训练场地、设施	—	6550	严重受损	钢混

续表 281

县（市、区）	受灾设施名称	受灾设施数量（个）	受灾面积（平方米）	受损情况	结构形式
汉　源	体育比赛场馆设施	—	3650	严重受损	砖混
	群众体育场地、设施	2	800	倒塌、严重受损	砖混
	体育训练场地、设施	—	3022	严重受损	砖混
石　棉	体育比赛场馆设施	—	2000	一般损坏	钢混
	群众体育场地、设施	—	300	一般损坏	砖混
	体育训练场地、设施	—	0	—	—
九寨沟	体育比赛场馆设施	—	0	—	—
	群众体育场地、设施	5	—	严重受损	—
	体育训练场地、设施	—	2286	一般损坏	砖混
四川省小计		513	915606	—	—
文　县	体育比赛场馆设施	—	5200	严重受损	钢混
	群众体育场地、设施	11	—	一般受损	—
	体育训练场地、设施	—	4050	倒塌、一般受损	钢混、砖混
武　都	体育比赛场馆设施	—	3000	严重受损	钢混
	群众体育场地、设施	28	800	严重受损、一般受损	—
	体育训练场地、设施	—	3600	倒塌、一般受损	钢混、砖混
康　县	体育比赛场馆设施	—	9000	严重受损	钢混
	群众体育场地、设施	13	—	一般受损	—
	体育训练场地、设施	—	9000	倒塌	钢混、砖混
成　县	体育比赛场馆设施	—	20000	严重受损	钢混
	群众体育场地、设施	12	—	一般受损	—
	体育训练场地、设施	—	2500	倒塌、一般受损	钢混、砖混
徽　县	体育比赛场馆设施	—	3500	倒塌	钢混
	群众体育场地、设施	14	—	一般受损	—
	体育训练场地、设施	—	1890	倒塌	钢混、砖混
西　和	体育比赛场馆设施	—	5000	倒塌	钢混
	体育训练场地、设施	—	1000	倒塌	钢混、砖混
两　当	体育比赛场馆设施	—	12000	倒塌	钢混
	群众体育场地、设施	6	—	一般受损	—
	体育训练场地、设施	—	780	倒塌	钢混、砖混
舟　曲	体育比赛场馆设施	—	0	—	—
	群众体育场地、设施	—	0	—	—
	体育训练场地、设施	—	675	一般受损	砖混

续表 281

县（市、区）	受灾设施名称	受灾设施数量（个）	受灾面积（平方米）	受损情况	结构形式
甘肃省小计		84	81995	—	—
宁强	体育比赛场馆设施	—	19000	倒塌	钢混
	群众体育场地、设施	32	6060	严重受损	钢混
	体育训练场地、设施	—	5260	倒塌	钢混
略阳	体育比赛场馆设施	—	9406	倒塌	钢混
	群众体育场地、设施	31	—	严重受损	—
	体育训练场地、设施	—	2075	倒塌	钢混、砖混
勉县	体育比赛场馆设施	—	2000	严重受损	砖混
	群众体育场地、设施	—	0	—	—
	体育训练场地、设施	—	2640	严重受损	砖混
陈仓	体育比赛场馆设施	—	0	—	—
	群众体育场地、设施	18	—	一般受损	—
	体育训练场地、设施	—	8000	严重受损	钢混、砖混
陕西省小计		81	54441	—	—
合计		678	1052042	—	—

一 体育比赛设施受损

体育比赛设施指有观众座席、能举行正式比赛的标准场馆。四川、甘肃、陕西三省处于极重灾区、重灾区的体育比赛场馆设施因地震严重破坏，损坏面积达 54.63 万平方米。按受灾地区统计，四川省损毁 45.82 万平方米，甘肃省损毁 5.77 万平方米，陕西省损毁 3.04 万平方米。按受灾程度统计，倒塌、无法使用的 20 万平方米，占受损面积的 36.61%；严重损毁、可修复使用的为 29.83 万平方米，占损毁面积的 54.61%；一般损毁、可修复使用的为 4.8 万平方米，占损毁面积的 8.78%。地震造成北川、绵竹、什邡、青川、茂县、都江堰、广元等地区体育比赛场馆设施完全损毁。

都江堰市体育场受损 都江堰市体育场为完成建设工程总量 30% 的在建体育场，已完成地基及一层看台施工。地震造成看台裂缝。震后几小时在此搭建国务院抗震救灾前线临时指挥部。5 月 13 日 7 时，国务院总理温家宝到指挥部主持召开国务院抗震救灾总指挥部第 2 次会议、部署抗震救灾工作。都江堰市地处通往汶川县的必经之路上，独特的地理位置使都江堰市体育场成为四川省抗震救灾指挥部、成都市抗震救灾指挥部、抗震救灾阿坝前线指挥中心、中国地震局、公安部、济南军区、成都军区、武警总队、消防总队、中国移动应急中心、国家电网应急中心、中国电信应急中心、救灾药品供应中心等单位的总部基地。

汶川县威州体育场受损 威州体育场建筑面积为9600平方米，为六跑道煤渣地面，中间为草坪，成为汶川大型活动中心和锻炼身体的休闲场地。地震造成地面开裂，裂缝宽30厘米、长1米多，场地共有裂缝100余处，地面多处成波浪形鼓包，场地完全损毁。在震后救灾过程中，利用体育场地势开阔、容量较大的优势，转换场馆功能，在第一时间全部开放，成为受灾群众的避难场所、灾后居民安置点、救灾前线指挥所、医疗救治点，在抢险救灾中发挥了重要作用。

北川羌族自治县体育场受损 占地4.51万平方米，为8条跑道标准田径场的北川羌族自治县体育场在地震中完全损毁，被山体垮塌的乱石砸毁，后因不断的余震，山石、泥石流淹埋了场地，场地全部毁坏（见图512）。北川羌族自治县龙王滩体育场在地震中被垮塌山体压埋，全部毁坏。

图512 被地震损毁的北川羌族自治县体育场

绵阳市九洲体育馆受损 位于绵阳市涪城区的九洲体育馆，建筑面积2.4万平方米，是承办各类大型室内赛事、集会及演出的重要场所，举办过2005年第十三届世界拳击锦标赛。地震造成九洲体育馆主体建筑墙体多处开裂，钢结构顶棚受损，顶棚与墙体结合处墙体破损漏光，多处卷帘门扭曲变形、馆内部分木质地板变形、部分玻璃幕墙粉碎破裂，馆内机电设备受损。地震后九洲体育馆安置了大量受灾群众，最多时达5万余人。

绵阳市南河体育中心受损 位于绵阳市涪城区的南河体育中心占地3.6万平方米，可容纳观众3万人，用于承办各类大型体育赛事、集会、演出，向市民开放开展各种全民健身活动，举办过第四届全国农民运动会、第二届全国体育大会、全国足球甲级联赛等重要赛事及数十次大型文艺演出。地震中，东西看台上方挑棚被震损，看台通道墙体震裂15处，步梯多处震裂，一二层伸缩缝受损26处，辅房墙体震裂31处，玻璃门窗毁损800平方米，LED电脑显示屏系统、音控系统、安保监控系统、足球草坪喷洒（灌）系统、给排水系统、供电系统以及 4 套灯柱照明系统受震损坏。

什邡体育馆受损　什邡体育馆为钢混结构，钢网架层盖，总建筑面积 5400 平方米，观众席位 3000 座，为该市体育文化活动中心。地震中，体育馆南北挑台屋面整体拉裂，四角钢架承重墙因地震时网架摆动戳了 4 个洞。南面楼屋与主柱衔接处有明显裂痕。馆内穹顶大型钢架多处焊缝错位、断裂，网架部分球节点断裂，支座焊接松动。看台暗牛腿处出现裂缝，有斜向剪切破坏趋势，看台房顶混凝土屋面整体下沉，挡水墙破坏，网架钢杆件穿越外墙处砌体破坏，二、三层连接梁出现横向贯通性裂缝，裂缝宽 0.3 ~ 0.5 毫米，体育馆隐患严重。附属设施吸音板、电子显示屏、电路、灯具损坏，大门损坏，玻璃幕墙大面积损坏，11 个卫生间排污管、化粪池全部毁损。

二　群众体育设施受损

群众体育设施主要包括全民健身活动场馆、全民健身路径工程、农民体育健身工程、篮球场及网球场等。四川、甘肃、陕西三省处于极重灾区、重灾区的群众体育设施损毁严重，损毁面积 6.5 万平方米。损毁全民健身路径 425 条，损毁农民体育健身工程 253 个，共计经济损失 1.36 亿元。按受灾地区统计，四川省损毁 5.81 万平方米，经济损失 1.18 亿元；甘肃省损毁 800 平方米，经济损失 0.04 亿元；陕西省损毁 6100 平方米，经济损失 0.14 亿元。按受灾程度统计，完全损毁、无法使用的为 2.22 万平方米，占受损面积的 34.19%；严重损毁、可修复使用的为 3.68 万平方米，占损毁面积的 56.71%；一般损毁、可修复使用的为 0.59 万平方米，占损毁面积的 9.10%。青川、安县、都江堰、德阳、罗江、汉源、石棉、陇南、成县、宁强等地全民健身设施损毁严重。

全民健身活动场馆受损　青川县游泳池分母、子二池。地震震垮了池壁和附属设施，后又被泥石流淹埋，全部损毁。受损面积 4000 平方米。

安县灯光球场为水泥地面标准球场，四周设 6 级观众席，可容纳 1500 名观众。每天都有群众在此锻炼，每逢有比赛，整个球场座无虚席。地震中，球场地面拉裂，四面墙体整体出现裂缝，看台部分垮塌，经鉴定损毁严重，停止使用。受损面积 1000 平方米。

德阳市网球馆建筑面积 3100 平方米，地震中地面裂缝，拦球挂网损坏。后被设为德阳市救灾物资仓库，堆放、搬运物资，大量人员进入，造成网球场地面受损 2000 平方米。

罗江县文化体育中心拥有室内外健身场地 5100 平方米，室内有健身房、羽毛球馆、乒乓球室等，室外南侧安装了罗江县首条 22 件（套）器材的全民健身路径，有露天标准篮球场和非标准篮球场各 1 个、标准游泳池 1 个，常年向公众开放。地震中，室内健身场馆墙体开裂多处，房顶预制构件有部分轻微错位，门窗受挤压变形难以开启，经鉴定需维修加固。游泳池堡坎塌陷，泳池与地表开裂口宽 5 厘米、长 13 米，泳池内出现大量裂缝、部分池壁垮塌，泳池周边地面沉降导致直径 20 厘米的铸铁进水管道被挤压扭断错位，泳池完全损毁，损毁面积 1008 平方米。

汉源县体育健身中心为4层楼房，建筑面积800平方米。该楼房在地震中整体垮塌，器械损失。

陇南市武都区武都游泳池面积 5985 平方米，地震震垮了池壁，池底地基下陷，无法使用，受损面积 800 平方米。

宁强县全民健身活动中心，墙体在地震中变形、裂缝，被鉴定为严重受损，受损面积5260平方米。

全民健身路径工程受损 全民健身路径工程受损425条。遍布城乡的全民健身路径是最贴近群众的健身器械，半数以上在地震中损毁。2008年3月，苍溪县在县城滨江路边安装了5条全民健身路径，有健身器材70件，每天有200余人在此锻炼、休闲。地震中，篮球架焊接部分断裂，三人骑马器、太空漫步机、定位扭腰器、秋千等焊接处断裂或扭曲变形，地面出现不同程度的裂痕。震后，大量群众以此为避难场所，以器械为支点搭建帐篷，在地面打桩，损毁面积900平方米。

康县南街社区健身路径，建筑面积1800平方米，修建健身路径2条，安装健身器材21件。每天在此锻炼、休闲健身的群众有600余人。地震造成水泥场地多处裂缝，15件健身器材变形，1副篮球架倒塌，健身路径完全损毁。

农民体育健身工程受损 农民体育健身工程受损253个。农民体育健身工程是农村最重要的体育设施，地震时接受避难群众，灾区绝大部分农民体育健身工程严重受损。北川羌族自治县擂鼓镇胜利村农民体育健身工程，为全村2000余人提供了锻炼场所，深受农民的喜爱。地震中被垮塌山石压埋，受损面积667平方米。梓潼县于2008年3月建成6处农民体育健身工程，建成后，为2万余人提供了锻炼场所。地震造成场地裂口、鼓包，篮球架倒塌，乒乓球桌脚架变形、桌面滑落损毁。后为安置受灾群众，搭建板房，建临时厕所等，场地设施严重损毁。6处农民体育健身工程受损面积7200平方米。

社会兴办体育设施受损 灾区社会投资兴建和经营的体育设施较少，但受损情况依然严重。都江堰市大成旅游发展有限公司经营的虹口漂流基地，距都江堰市18公里。其天然漂流河道具有险、奇、幽、峻的独特魅力，2002年国家体育总局水上运动中心授予虹口漂流“西部第一漂”的称号。地震中，漂流基地遭到严重损毁。因两侧山体滑坡严重，久红码头被山石及河水淹没，全部损毁、消失；沙坪码头至久红码头河道完全损坏；高原至观凤沟河道、观凤沟至庙坝河道、庙坝至沙坪河道部分损毁。

成县毕家山矿业有限责任公司游泳馆总建筑面积2860平方米，有一个25×25（米）标准短池、25×15（米）浅池及附属设施。地震造成游泳馆东侧墙体移位10多厘米，两侧楼梯裂缝2米多，墙体多处裂缝，总长度60多米，裂缝宽度约为1厘米；游泳馆室内外装饰全部损毁。

略阳县铁路工人俱乐部经营场地1500平方米，地震导致顶棚钢架松动、屋顶漏雨，致使俱乐部篮球场600平方米的木地板被雨水长期浸泡，损毁严重；台球桌被灯具、吊顶等落物砸坏。

三　业余体育训练设施受损

极重灾和重灾县（市、区）各级业余体育学校训练设施受到不同程度破坏，后备人才培养功能严重丧失。业余体育训练设施主要包括训练场馆和运动员生活设施等其他配套用房。北川羌族自治县乒乓球训练馆、茂县业余体校训练场馆、绵阳市游泳池、三台县少年儿童业余体校室内综合体育训练馆、安县业余体校乒乓球馆、广汉市业余体校训练馆、彭州市体育中心训练馆及甘肃省的康县体育场等业余训练设施受损严重。极重灾和重灾县（市、区）体育训练设施受灾总面积44.09万平方米，其中四川省39.94万平方米、甘肃省2.35万平方米、陕西省1.8万平方米。

北川羌族自治县乒乓球训练馆建筑面积1000平方米，地震中，训练场馆被王家岩垮塌的岩石、泥土压埋。

茂县业余体校训练场馆总面积1.03万平方米，地震中，训练场馆全部倒塌。

绵阳市游泳池是绵阳市体校游泳训练基地。地震中，游泳池底部防水层震裂，热水系统及循环系统震坏。该游泳池位于南河体育中心，在接收安置受灾群众期间，为解决万余名受灾群众的洗澡问题，被改造为临时洗澡点，在游泳池壁上钻孔安装水管和86个淋浴头，游泳池大面积损坏，受损面积约1800平方米。

三台县少年儿童业余体校有室内综合体育训练场、标准足球赛场及400米8条跑道标准田径场，地震中，训练馆、业务用房墙体多处裂缝，结构柱断裂，经鉴定需维修加固。受损面积6240平方米。

广汉市业余体校位于广汉市体育中心，培养了多名国家级优秀运动员。震前开展田径、射箭、篮球、网球等项目训练，有100余名训练学生。地震中损毁5650平方米。

彭州市体育中心训练馆，地震中场馆结构柱断裂，被鉴定为危房，受损面积1.35万平方米；业务用房墙体多处裂缝，运动员宿舍墙体多处裂缝，受损面积400平方米。

康县体育场占地面积2.5万平方米，内有300米跑道6条，地震中训练场地、业务用房多处裂缝，器材库房倒塌，受损面积2100平方米。

青川县业余体校配套设施建筑面积1000平方米。地震中运动员食堂垮塌，办公用房墙体开裂，裂缝达5 ~ 7厘米，房顶垮塌，训练器械和其他设施设备全部毁坏。

德阳市业余体校运动员宿舍为5层砖混结构楼房，地震中部分垮塌，鉴定为危房，受损面积3636平方米。

勉县三集中少儿体校纳入九年制义务教育，建筑面积1440平方米。地震使体校校舍地基下沉，墙体多处裂缝，被鉴定为危房。

第五章　科技部门设施受损

汶川特大地震造成科技、气象、地震、水文及环保等部门严重受损，灾害主要包括科技业务用房与设施设备受损、观测环境与科研基地受损及科技计划项目受损。据民政部等四部委 9 月 4 日灾损校核报告，川、甘、陕三省受灾地区科技系统直接经济损失 5.91 亿元，其中四川省 5.8 亿元、甘肃省 0.1 亿元、陕西省 0.01 亿元；环保系统三省直接经济损失 26.18 亿元，其中四川省 25.4 亿元、甘肃省 0.38 亿元、陕西省 0.4 亿元；地震系统三省直接经济损失 0.87 亿元，其中四川省 0.4 亿元、甘肃省 0.47 亿元；气象系统三省直接经济损失 4.88 亿元，其中四川省 4.3 亿元、甘肃省 0.18 亿元、陕西省 0.4 亿元。上述损失中均不含房屋类损失。

第一节　科研设施受损

汶川特大地震造成四川、甘肃、陕西、重庆四省（市）共 73 家中央和省级科研单位受损，科研用房倒塌 12.1 万平方米，危房 101 万平方米。其中，工作受较大影响的有 22 家，工作基本瘫痪的有 2 家。地震造成 73 家科研单位科研用房、大型科研基础设施、科研仪器设备破坏与损失。四省（市）相关单位共有 20 项大型科研基础设施受损，其中四川省 14 项、重庆市 4 项、甘肃省和陕西省各 1 项。

汶川地震使中科院系统的成都分院、兰州分院、西安分院所属的相关机构，以及植物研究所（本部位于北京）的华西亚高山植物园所属机构的房屋设施、仪器设备等受到不同程度的损害。其中，成都分院光电技术研究所受损严重，科研生产厂房受损面积 69583 平方米；研究生教学楼受损面积 2346 平方米；高精仪器设备受损 37 台 / 套（12 台 / 套已无法修复）。

一　房屋与基础设施受损

科技部所属和省属科研单位房屋与基础设施受损　地震造成科技部所属的四川、甘肃、陕西、重庆四省（市）的73家中央和省级科研单位受损，其中四川省有43家单位受损，包括7家受较大影响，2家工作基本瘫痪；甘肃省有21家单位受损；陕西省有1家工作受较大影响；重庆市有8家单位轻度受损。四省（市）相关单位科研用房倒塌12.1万平方米，危房101万平方米。其中，四川省倒塌119228平方米，危房903598平方米；甘肃省倒塌1796平方米，危房73711.6平方米；陕西省危房19228平方米；重庆市危房13040平方米。

中科院所属机构房屋与基础设施受损　中科院成都分院研究生公寓及研究生宿舍、教育大楼、劳动服务公司办公楼、设计所小楼与综合楼不同程度受损。成都分院幼儿园新楼的旋转楼梯受力柱倾斜、损坏。

成都山地灾害与环境研究所两幢科研楼不同程度受损，其中科研综合楼的大多数房间的填充墙发生横向或纵向裂缝与横向裂纹，模拟实验厅东山墙明显向外倾斜。

成都生物研究所科研大楼、综合楼、植化楼、标本馆等不同程度受损。位于什邡市的高新生物技术试验示范基地大部分建筑物、构筑物都出现损伤。

光电技术研究所的精密机械加工和质量控制楼、光束实验室、自适应实验室、新装校厂房、铸造车间、钣金厂房等受到不同程度损坏，受损面积69583平方米。研究生教学楼受损2346平方米。

成都有机化学有限公司旧实验大楼、分析测试中心大楼、新实验大楼及综合大楼墙体和地面均有不同程度的裂缝。成都中科唯实仪器有限责任公司的主楼、副楼、机房不同程度受损。

中科院国家科学图书馆成都分馆的华西坝园区书库楼、阅览楼、网络计算机房受损。华阳万安书库园区大、小书库楼不同程度受损。

位于四川盆地中北部的盐亭紫色土农业生态试验站1号综合生活实验楼观测用房受损；径流小区损坏32处，共50个观测池受到损坏。

距泸定县城60公里的贡嘎山高山生态系统观测试验站，其位于1600米基地站监测办公用房屋面坍塌、房梁断裂，综合楼屋面受损；其位于3000米的生态站综合楼屋顶破损，观测场防雷设施严重受损。忠县的8个野外径流实验场发生滑移。

位于茂县的山地生态系统定位研究站的综合楼、实验室、野外观测房及实验大楼受到不同程度损坏。

中科院植物所华西亚高山植物园本部综合办公楼（面积1488平方米）完全损毁，二、三层整体垮塌，一层严重受损；职工和学生宿舍楼（面积287平方米）完全损毁，建筑物整体垮塌；职工食堂与车库损毁；工作用房（面积362平方米）屋顶全部损毁，供电系统全面瘫痪；杜鹃专类园的龙池基地所有办公、生活、实验及供电设施用房（面积1403平方米）全部倒塌。1号苗圃（1公顷）被山体滑坡整体覆盖并形成小堰塞湖，损失杜鹃花苗木4万株，涉及野生杜鹃品种50种。

中科院兰州分院所属兰州近代物理研究所科研区5号楼、6号楼实验室局部受损；兰州化学物理研究所的1号、6号、7号、13号楼局部受损；中科院国家科学图书馆兰州分馆的科研综合楼楼内墙体和吊顶出现40多处裂缝，需要修复的墙面和吊顶约2000平方米；位于皋兰的生态与农业综合试验站的专家公寓，地震后整体地基不均匀下陷，墙体严重裂缝，整体框架断裂，房屋濒临倒塌；位于平凉的雷电与雹暴试验站生活水塔倒塌，部分给水管道损坏，站内单层配电室、发电机房、库房等建筑墙体开裂，部分主支柱倾斜，已无法使用。

中科院西安分院办公楼、科技产业楼存在不同程度的损坏，墙体出现裂缝，粉刷层脱落，室内墙壁部分受损脱皮，办公房屋顶多处裂缝。

二　科研仪器设备受损

科技部所属和省属科研单位科研仪器设备受损　科技部所属的四川、甘肃、陕西、重庆四省（市）相关单位科研仪器设备有821台（套）受损，其中50万元至200万元的科研仪器设备受损799台（套），200万元以上的科研仪器设备受损22台（套）。四川省共有815台（套）大型科研仪器受损，直接经济损失2.6亿元，占仪器设备原值的68%。科研仪器设备损失超过500万元的单位有8家，其中西南科技大学、中国电子科技集团第29所两家单位的仪器设备损失超过5000万元；四川大学、电子科技大学、四川省林业科学研究院3家单位的仪器设备损失超过1000万元。

四川、甘肃、陕西、重庆四省（市）共有48家研究试验基地受损。四川省有38家受损，包括21家重点实验室、2家工程中心、6家分析测试中心、1家野外台站、8家其他类试验基地，经济损失1.15亿元。甘肃省有4家受损，经济损失780万元。陕西省有3家受损，经济损失220万元。重庆市有3家受损，经济损失115万元。48家受损基地中，工作受到较大影响的基地有25家，包括8家国家重点实验室，即中科院光电技术研究所微细加工光学技术国家重点实验室、空气动力学国家重点实验室、电子科技大学电子薄膜与集成器件国家重点实验室、成都理工大学油气藏地质及开发工程国家重点实验室、地质灾害防治与地质环境保护国家重点实验室、四川大学高分子材料工程国家重点实验室、水力学与山区河流开发保护国家重点实验室、口腔疾病研究国家重点实验室及桥梁工程结构动力国家重点实验室；3家国家工程技术中心，即四川大学国家生物医学材料工程技术研究中心、国家烟气脱硫工程技术研究中心、国家山区公路工程技术研究中心；以及2家教育部重点实验室、1家教育部工程中心、1家国家林业局重点实验室以及10家省属各类研究基地（见表282）。

灾区四省（市）研究试验基地受损情况统计表

表 282

研究实验基地名称	依 托 单 位	科研用房损失（万元）	大型科研基础设施损失（万元）	科研仪器设备损失（万元）
核废物与环境安全国防重点学科实验室	西南科技大学	1000	0	1480
固体废物处理与资源化省部共建教育部重点实验室	西南科技大学	1000	0	900
微细加工光学技术国家重点实验室	中国科学院光电技术研究所	50	450	675
四川卧龙亚高山暗针叶林生态系统定位研究站	四川省林业科学研究院	158	225.2	266.8
国家林业局四川森林生态与资源环境重点实验室	四川省林业科学研究院	150	300	160
有机氟材料四川省重点实验室	中昊晨光化工研究院	140	80	200
中药材标准化教育部重点实验室	成都中医药大学	25	20	16
中药品种资源研究与开发四川省高校重点实验室	成都中医药大学	10	5	6
中药药剂四川省高校重点实验室	成都中医药大学	15	5	8
中药中心四川省高校重点实验室	成都中医药大学	5	1	5
岩原鲤原种场	四川省农业科学院	89	302	0
油气藏地质及开发工程国家重点实验室	成都理工大学	暂未评估	0	189.2
地质灾害防治与地质环境保护国家重点实验室	成都理工大学	75	0	16.95
电子薄膜与集成器件国家重点实验室	电子科技大学	3	0	530
高分子材料工程国家重点实验室	四川大学	0	0	331
水力学与山区河流开发保护国家重点试验室	四川大学	0	0	300
四川大学分析测试中心	四川大学	0	0	477
口腔疾病研究国家重点实验室	四川大学	10	0	18.9
靶向药物与释药系统教育部重点实验室	四川大学	0	0	5
国家生物医学材料工程技术研究中心	四川大学	0	15	147
国家烟气脱硫工程技术研究中心	四川大学、中国工程物理研究院环保工程研究中心等	285	170	120

续表 282

研究实验基地名称	依托单位	科研用房损失（万元）	大型科研基础设施损失（万元）	科研仪器设备损失（万元）
南方丘区节水农业研究四川省重点实验室	四川省农业科学院	15	3	2
保密通信国防科技重点实验室	中国电子科技集团公司第三十研究所	41	0	10
成都中医药大学基础医学实验中心	成都中医药大学	0	10	250
中药药效物质基础系统研究及评价四川省高校重点实验室	成都中医药大学	15	5	8
中药药理学四川省高校重点实验室	成都中医药大学	15	5	8
西部中药材综合开发利用教育部工程中心	成都中医药大学	25	20	16
视觉生理实验室（国家中医药管理局三级科研实验室）、眼科与中医药视功能保护实验室（四川省重点实验室）	成都中医药大学	1	0	10
水稻区域技术创新中心、油菜原种扩繁基地、植物新品种保护 DUS 测试成都分中心	四川省农业科学院	63	10	5
茶叶国家区试基地	四川省农业科学院	151	46	256
磨盘山灌溉试验基地	四川省水利科学研究院	26	30	0
863 软件专业孵化器四川基础华西园区	四川省计算机研究院	34.72	0	16.6
峨眉山生物资源实验站	四川省自然资源科学研究院	4	15	0
什邡科研基地	四川省自然资源科学研究院	40	10	0
都江堰猕猴桃产业化基地	四川省自然资源科学研究院	3	0	0
国家林业局产品质量检验检测中心（成都）	四川省林业科学研究院	100	0	180
农业部沼气产品质量监督检验测试中心	农业部沼气科学研究所	50	0	50
四川省水利地方电子建筑安装工程质量检测中心武都站	四川省水利科学研究院	20	41.5	0
甘肃省陇南市武都区黄家坝工业研发基地（筹）	陇南市武都区科技局	310	—	—
甘肃省徽县伏家镇农业高新技术试验研究基地	徽县科技局	260	—	—

续表 282

研究实验基地名称	依 托 单 位	科研用房损失（万元）	大型科研基础设施损失（万元）	科研仪器设备损失（万元）
甘肃省成县店村农业高新技术试验研究基地（筹）	成县科技局	210	—	—
陕西省工业自动化重点实验室	陕西省教育厅	40	—	—
陕西省资源生物重点实验室	陕西省教育厅	—	180	78
桥梁工程结构动力国家重点实验室	招商局集团	20	—	—
国家山区公路工程技术研究中心	招商局集团	—	95	—
重庆市养猪科学实验室、重庆市养猪工程技术中心	重庆市农业局	32	3	25
合 计		4490.72	2046.7	6766.45

中科院所属机构科研仪器设备受损 中科院成都山地灾害与环境研究所的 ORTEC N 型高纯锗伽马探测系统在运行中遭地震破坏，液氮传输装置脱离主机掉落地面损坏，价值 1.4 万元。研究所网络信息中心 2 台服务器受损，磁盘陈列柜中的 12 块硬盘损坏。

光电技术研究所受损仪器设备 37 台（套），包括三坐标测量机、表面粗糙度仪、金刚石车床、GI-3P 非球面研磨机、扫描式红外热像仪与凝视式红外热像仪各 1 台、光功率计、自准直仪、先光中心分析天平、袖珍表面粗糙度仪、质控楼花岗石方尺、5 台电脑及显示器等，在地震中受到严重损坏。地震还导致高温拼接炉、高温成形炉、高低温交变湿热试验箱、集成电路测试仪、分离器件测试仪等科研生产检验设备不同程度损坏。此外，数控龙门铣床、热膨胀测试仪、真空高温炉、WYKO 干涉仪、RC8 匀胶机、高真空镀膜系统、椭圆偏振仪、金属喷镀机、反应离子刻蚀（RIE）、磁控溅射台、PGI1240 轮廓仪、VECCO 三维轮廓仪、大口径镀膜机等也遭受不同程度的损坏。

成都有机化学有限公司分析测试中心受损仪器设备 19 台，包括透射电镜、四园单晶 X 射线衍射仪、X- 光电子能谱仪、原子吸收光谱仪、元素分析仪、红外分析仪、等离子发射光谱、液相色谱、气相色谱、微量分析天平等，经济损失 1460 万元。此外，研究室室内仪器设备经济损失 161.3 万元，其中核磁共振波谱仪价值 85 万元。

紫色土农业生态试验站的 1 台天平、1 台显微镜、1 个二次净水器、1 个模拟降雨控制器以及 1 套干湿沉降自动采集仪损毁。

山地生态系统定位研究站损坏仪器设备包括有机碳 / 氮测定仪 1 台、自动定氮仪 1 台、纯水机 1 台、紫外可见分光光度计 1 台、火焰分光光度计 1 台、人工气候箱 3 台、除湿机 4 台及台式计算机 2 台等。

中科院植物所华西亚高山植物园实验设备大部分损毁，包括电脑 10 台、照相机 3 部、摄像机 1 部、投影仪 1 台、超净工作台 4 台、植物标本柜 100 个、空调 5 台、冰箱和低温冰箱 4 台、实验台 4 套、组培架 30 套、70 千伏安变电设施 1 套、全部化学试剂与药品及实验器皿等。

中科院兰州分院近代物理研究所受损仪器设备包括 CSR 真空系统的 3 台涡轮分子泵、6 台溅射离子泵开关电源，BUMP 磁铁中的陶瓷真空室和 Kicker 装置中的陶瓷件部分被震裂漏气，部分密封面漏气；高频系统大功率电子管 TH537 和 TH571B 的陶瓷与金属焊接处真空漏气；陶瓷谐振电容器焊接处真空漏气。地震造成正在测量使用的进口激光跟踪仪器部分损坏，使测量精度大大降低，不能继续使用。

三　科技计划项目受损

四川、甘肃两省共有 52 项国家主体科技计划项目（课题）受到影响，其中科技支撑计划项目受影响最大，共有 34 项。受影响的 52 项中，农业相关领域有 9 项，资源环境领域有 15 项，生物医药领域有 15 项，先进制造领域有 7 项，新材料领域有 4 项，信息领域有 2 项（见表 283）。

影响农业相关领域项目完成的原因，主要是受灾地区奶牛场等建设设施与养殖户严重受损；影响生物医药领域项目完成的原因，主要是受灾地区动物试验地与实验材料和设备严重受损；影响资源环境领域项目完成的原因，主要是受灾地区发生大量山体崩塌、滑坡、泥石流等；其他原因还有承担课题的医务人员承担了灾区繁重的防疫和医疗工作、试验区道路破坏交通中断、科研观测设施破坏、科研成本大幅增加等。

川、甘两省受地震影响的科技计划项目统计表

表 283　　单位：项

类　别	农业	资源环境	生物医药	先进制造	新材料	信息	小计
科技支撑计划项目	7	12	12	2	1	0	34
“863”计划项目	2	1	1	2	3	2	11
“973”计划项目	0	2	0	3	0	0	5
科技基础条件平台	0	0	2	0	0	0	2
合　计	9	15	15	7	4	2	52

说明：领域划分主要参照“863”计划和支撑计划的相关设定

第二节　气象设施受损

汶川特大地震给四川、甘肃、陕西三省气象部门业务办公用房、职工生活用房、附属设施等基础设施造成灾难性破坏。四川省气象部门房屋损坏 19.57 万平方米，甘肃省气象部门房屋损坏

3.03万平方米，陕西省气象部门房屋损坏4.58万平方米。相应附属基础设施（供水管线、供电线路、供气管道、道路、围墙、观测场护坡堡坎等）破坏严重，三省气象观测机构的仪器设备损失极为严重，造成观测业务、信息接收与发送一度中断。

一　房屋与基础设施受损

四川省气象部门房屋与基础设施受损　四川省的成都、德阳、绵阳、广元、阿坝、雅安6个市（州）气象局下辖的汶川、理县、北川、平武、青川、都江堰、茂县、绵竹、安县、江油、汉源等县（市）气象局的12个气象台站灾情严重。全省气象部门房屋受损面积共计195662平方米，其中损毁需重建的房屋面积为52123平方米，需加固维修的房屋面积为143539平方米。供水管线损坏18051米，供电线路损坏21993米，供气管道损坏4748米，道路受损8670米，围墙垮塌25585米，观测场护坡堡坎损坏52259立方米。

成都市气象局及所属各县（市、区）气象局房屋受损面积68548平方米，其中被鉴定为D级危房需拆除重建的面积为5828平方米，需加固维修的房屋面积为62720平方米。供水管线损坏2470米，供电线路损坏2210米，供气管道损坏500米，道路受损790米，围墙垮塌3700米，观测场护坡堡坎损坏870立方米。

德阳市气象局及所属各县（市、区）气象局房屋受损面积11892平方米，其中被鉴定为D级危房需拆除重建的面积为7588平方米，需加固维修的房屋面积为4304平方米，尤其是德阳市气象台预报室损毁严重，已无法开展工作。供水管线损坏840米，供电线路损坏1800米，道路受损140米，围墙垮塌1364米，观测场护坡堡坎损坏900立方米。

绵阳市气象局及所属各县（市、区）气象局房屋受损面积28908平方米，其中被鉴定为D级危房需拆除重建的面积为17353平方米，需加固维修的房屋面积为11555平方米，尤其是北川羌族自治县气象局房屋彻底损毁（见图513）。供水管线损坏4510米，供电线路损坏5280米，道路受损2185米，围墙垮塌4730米，观测场护坡堡坎损坏12640立方米，供气管道损坏2740米。

图513　北川羌族自治县气象局房屋彻底损毁

广元市气象局及所属各县（区）气象局房屋受损13569平方米，其中被鉴定为D级危房需拆除重建的7860平方米，需加固维修的5709平方米。供水管线损坏600米，供电线路损坏1020米，道路受损660米，围墙垮塌

2130 米，观测场护坡堡坎损坏 5950 立方米，供气管道损坏 900 米。

阿坝藏族羌族自治州气象局及其所属县气象局房屋受损 15020 平方米，其中被鉴定为 D 级危房需拆除重建的 6594 平方米，需加固维修的 8426 平方米。供水管线损坏 2850 米，供电线路损坏 4090 米，道路受损 2230 米，围墙垮塌 4320 米，观测场护坡堡坎损坏 9259 立方米。

雅安市气象局大部分建筑物墙体均出现严重裂缝，房屋受损 10737 平方米，其中 245 平方米需重新修建，10492 平方米需加固维修。供水管线损坏 870 米，供电线路损坏 3380 米，围墙垮塌 1630 米，观测场护坡堡坎损坏 2108 立方米。

甘肃省气象部门房屋与基础设施受损 甘肃省的陇南、天水、平凉、庆阳、定西、甘南、临夏、兰州、白银等市（州）气象局及其所属的 46 个气象台站均遭受不同程度的损失，特别是临近四川的陇南市气象局及其所属 7 个县（区）气象站和甘南藏族自治州舟曲县气象站受损严重。全省气象部门房屋受损 30285 平方米，其中损毁需重建的 11052 平方米，需加固的 3606 平方米，需维修的 15627 平方米。供水管线损坏 1280 米，供电线路损坏 7450 米，供气管道损坏 1246 米，道路受损 230 米，围墙垮塌 1545 米，观测场护坡堡坎损坏 2180 立方米。

陇南市气象局及所属各县（区）气象局房屋受损 12222 平方米，其中有 9882 平方米经鉴定为严重危楼，需拆除重建，1906 平方米需加固，434 平方米需维修。附属设施破坏严重，供水管线损坏 1053 米，供电线路损坏 6950 米，供气管道损坏 366 米，道路受损 100 米，围墙垮塌 885 米，观测场护坡堡坎损坏 1535 立方米。

甘南藏族自治州气象局及所属各县（区）气象局房屋受损 1452 平方米，其中有 430 平方米经鉴定为 D 级危房，需要拆除重建，1022 平方米需加固维修后使用。供水管线损坏 110 米，道路受损 100 米，围墙垮塌 350 米，观测场护坡堡坎损坏 180 立方米。

天水市气象局及所属各县（区）气象局房屋受损 8198 平方米，其中有 240 平方米经鉴定为 D 级危房，需要拆除重建，7958 平方米需加固维修。供电线路损坏 500 米，供气管道受损 881 米，围墙垮塌 140 米，观测场护坡堡坎损坏 335 立方米。

平凉市气象局及所属各县（区）气象局房屋受损 2170 平方米，其中有 500 平方米经鉴定为 D 级危房，需要拆除重建，1670 平方米需加固维修。供水管线损坏 120 米，道路损坏 30 米，围墙垮塌 170 米，观测场护坡堡坎损坏 30 立方米。

庆阳市气象局及所属各县（区）气象局房屋受损2446平方米，观测场护坡堡坎损坏40立方米。

陕西省气象部门房屋与基础设施受损 陕西省气象部门房屋受损 45790 平方米，其中被鉴定为 D 级危房需重建的 5329 平方米，需加固维修的 40461 平方米。供水管线损坏 9014 米，供电线路损坏 5028 米，供气管道损坏 400 米，道路受损 10134 米，围墙垮塌 8198 米，观测场护坡堡坎损坏 5630 立方米。陕西省气象局办公用房受损面积 6740 平方米，需加固维修后才能使用。

汉中市气象局及所属各县（区）气象局房屋受损 11714 平方米，其中被鉴定为 D 级危房需拆除重建的 3679 平方米，需加固维修的 8035 平方米。供水管线损坏 1748 米，道路受损 5754 米，围墙垮塌 2916 米，观测场护坡堡坎损坏 1190 立方米，供电线路损坏 1250 米，供气管道损坏 400 米。

宝鸡市气象局及所属各县（区）气象局房屋受损 10632 平方米，其中被鉴定为 D 级危房需拆除重建的为 1450 平方米，需加固维修的房屋面积为 9182 平方米。供水管线损坏 3010 米，道路受损1120米，围墙垮塌915米，观测场护坡堡坎损坏692立方米，供电线路损坏674米。

西安市气象局及所属各县（区）气象局房屋受损4152平方米，供水管线损坏1300米，道路受损160米，围墙垮塌392米，观测场护坡堡坎损坏170立方米，供电线路损坏300米。

渭南市气象局及所属各县（区）气象局房屋受损5640平方米，其中被鉴定为D级危房需拆除重建的800平方米，需加固维修的房屋为4840平方米。供水管线损坏780米，道路受损100米，围墙垮塌610米，观测场护坡堡坎损坏180立方米，供电线路损坏886米。

商洛市气象局及所属各县（区）气象局房屋受损3574平方米，其中鉴定为D级危房需拆除重建的为390平方米，需加固维修的房屋为3184平方米。供水管线损坏425米，道路受损1250米，围墙垮塌964米，观测场护坡堡坎损坏736立方米。

安康市气象局及所属各县（区）气象局房屋受损1321平方米，供水管线损坏580米，道路受损384米，围墙垮塌856米，观测场护坡堡坎损坏2402立方米，供电线路损坏1364米。

咸阳市气象局及所属各县（市、区）气象局房屋受损1075平方米，供水管线损坏1051米，道路受损846米，围墙垮塌955米，观测场护坡堡坎损坏180立方米，供电线路损坏332米。

铜川市气象局及所属各县（区）气象局房屋受损750平方米，道路受损520平方米，围墙垮塌540米，供电线路损坏100米。

榆林市气象局及所属各县（区）气象局房屋受损192平方米，供水管线受损120米，围墙垮塌50米，观测场护坡堡坎损坏80立方米，供电线路损坏122米。

二　气象观测仪器及办公设备受损

四川省气象部门观测仪器及办公设备受损　汶川地震造成四川省气象部门观测仪器设备损毁严重。其中，损毁各类地面探测设备110套（件），直接经济损失556万元；有610套自动气象站系统受损，直接经济损失3480万元；有3套多普勒天气雷达设备受损，直接经济损失1500万元。四川省气象部门的市、县网络有24台交换机、1套KVM系统、34个路由器损坏；省气象局核心交换机模块和18台系统服务器损坏，1套文件共享存储系统和2部卫星电话损坏，网络信息运行监控系统上的5台计算机损坏，中规模站1套接收系统和2套接入防火墙损坏；全省6套9210卫星单收站系统（含DVB-S系统）损坏；广元等市气象局视频会商系统、“12121”天气预报自动应答系统受损。

地震毁损业务与办公用计算机208台及与之配套的打印机、UPS电源等，大量其他办公设备受损，直接经济损失2448万元。受损的其他设备中还包括空调550台、发电机41台、变压器13台、各种车辆60辆及摄像机、数码照相机、传真机、观测场割草机、烘干机等相关设备，直接经济损失1883万元。

甘肃省气象部门观测仪器及办公设备受损　地震使甘肃省气象部门损毁各类地面探测设备13套（件），受损的办公设备中包括远程视频会商系统、业务用实景监控设备及应急发电机设备，直接经济损失65万元；有6套自动气象站系统受损，直接经济损失34.2万元。地震造成天水市气象雷达站主机房内雷达速调管、波导系统、俯仰驱动分机、UPS电源、示波器、调制机柜、发射机柜等设备15套（件）受损，直接经济损失500万元。受灾严重的陇南市气象部门共计损毁计算机19台及配套打印设备、空调15台、其他办公设备232套（件），经济损失约1556万元。甘南藏族自治州气象部门共损毁计算机3台及配套打印设备、空调2台、其他办公设备12套（件），经济损失约73万元。天水市气象部门共损毁计算机5台及配套打印设备、其他办公设备10套（件），经济损失约72万元。平凉市气象部门共损毁计算机3台及配套打印设备、其他办公设备2套，经济损失约43万元。

陕西省气象部门观测仪器及办公设备受损 地震损毁陕西省气象部门各类地面探测设备包括风杆28个、百叶箱25个、EL型风向风速仪22个、手持便携式风向风速仪17个、通风干湿表31个、温湿度自记仪31个、气压表22个、雨量筒24个。有21个县（区）气象局的21套自动气象站与88套区域自动气象站受损。汉中、宝鸡、安康、西安四市气象局新一代天气雷达配套设备PUP终端损坏。旬邑县人工影响天气办公室711气象雷达主机和终端机柜损坏。29个县（区）气象局共损坏12台网络交换机、6台路由器、6台服务器、20台计算机。陕西省气象局和西安市气象局各损坏1套视频会商系统；42个县（区）气象局共计损坏计算机96台、打印机设备45台、UPS电源16套、空调24台，损坏80千瓦发电机2台、5千瓦发电机9台。

第三节 地震设施受损

汶川特大地震使四川省地震部门办公与地震观测业务用房受损27725万平方米；有28个市、县级防震减灾机构地震观测业务用房遭受严重破坏或倒塌；有84个地震监测台（点）设施在地震中受损，受损面积10057平方米；仪器设备受损102台（套）。甘肃省地震部门办公用房受损面积10032平方米，直接经济损失1024.5万元，办公设备受损190台（套），监测用房受损面积4356平方米，观测设备受损12台（套）。陕西省地震部门有14个台（点）设施在地震中受损。

一 房屋与基础设施受损

四川省地震部门房屋与基础设施受损 四川省地震局办公大楼墙体和楼层之间、裙楼与主楼连接处出现明显裂缝；地震测绘工程院办公楼、家属楼出现裂缝；地震地质勘查中心双流综合办公楼多处裂缝，电工房屋顶裂缝；地震仪器研究所办公综合楼屋顶破坏，顶楼已无法使用，楼体墙面多处裂缝；应急救援物资仓库办公楼、家属楼墙面、屋顶、门窗与墙体连接处出现多处裂缝。

四川省有28个市、县级防震减灾机构办公与地震观测业务用房遭受严重破坏或倒塌，直接经济损失3028.8万元（见表284）；另有47个市、县级防震减灾机构办公与地震观测业务用房不同程度受损，直接经济损失636.9万元。

四川省28个市、县级防震减灾机构受灾情况统计表

表284

单　　位	受 灾 情 况	经济损失（万元）
松潘县防震减灾局	600平方米办公楼成危房，电磁仪损坏，无法使用	56
九寨沟县防震减灾局	1200平方米办公楼成危房，损坏仪器3台	119.5
茂县防震减灾局	1450平方米办公楼成危房，损坏仪器4台、应急车1辆	293
汶川县防震减灾局	1650平方米办公楼成危房，损坏仪器7台	311
理县防震减灾局	900平方米办公楼成危房，损坏仪器2台	154.5
黑水县防震减灾局	1200平方米办公楼成危房，损坏仪器1台	135
壤塘县防震减灾局	650平方米办公楼严重破坏，摆房破坏	65
都江堰市防震减灾局	办公用房垮塌，都江堰地震台倒塌，2台仪器受损	107
汉源县地震办公室	办公用房为危房，5台电脑、办公设施遭到破坏	85
北川羌族自治县地震办公室	办公楼倒毁，深井1口、仪器7套毁坏，人员死亡2名	430
平武县地震办公室	900平方米办公楼严重损坏，仪器3套严重损坏	230
江油市地震办公室	办公楼严重损坏，仪器5台严重损坏	65
安县地震办公室	办公楼严重损坏，地下流体取样点、仪器3套被毁	90
游仙区地震办公室	办公室及办公设施严重受损	15
绵阳市防震减灾局	办公楼及办公设施严重受损	80
德阳市防震减灾局	办公楼及办公设施受损	60
旌阳区地震办公室	办公楼及办公设施受损	15
中江县地震办公室	办公楼及办公设施受损	56
罗江县地震办公室	办公楼及办公设施受损	12
什邡市防震减灾局	办公楼严重破坏成危房，办公设施严重受损	182
绵竹市防震减灾局	办公楼严重破坏成危房，办公设施严重受损	178
广汉市地震办公室	办公楼及办公设施严重受损	8
青川县地震办公室	办公楼成危房，监测仪器严重受损，地震应急车辆损坏	150
剑阁县地震办公室	办公楼成危房，电脑3台、空调3台、传真机1部损坏	18
朝天区地震办公室	办公房严重受损，电脑、空调、电话、传真机、电网、水网严重受损	42
利州区地震办公室	办公房严重受损，电脑、空调、电网、水网受损严重	7.2
元坝区地震办公室	办公房成危房，电脑、空调、传真、电网、水网严重受损	8
旺苍县地震办公室	办公房成危房，电脑、传真机、电网、水网严重受损	56.6

甘肃省地震部门房屋与基础设施受损　甘肃省地震部门办公与地震观测业务用房受损10032平方米，办公设备受损190台（套）。其中，陇南市、县两级地震局房屋受损4025平方米，甘南州、县两级地震局房屋受损1630平方米，天水市、县两级地震局房屋受损1990平方米，直接经济损失163万元。

二　地震监测仪器及办公设备受损

四川省地震部门监测仪器及办公设备受损　四川省有83个地震台（点）和1个流动队的监测设施在地震中受损。仪器设备受损102台（套），其中强震观测仪39套、测震仪13套、形变观测仪17套、地下流体观测仪21套、电磁波观测仪1套、水准测量仪1套、扼流圈天线1套、电脑8台，流动观测损毁汽车1辆。观测山洞垮塌3个。

甘肃省地震部门监测仪器及办公设备受损　甘肃省有13个地震台（点）的监测设施在地震中受损，房屋受损4356平方米，经济损失519万元；仪器设备受损12台（套），经济损失33万元。其中，陇南中心台房屋受损面积1905平方米、仪器设备受损7台（套），汉王台房屋受损564平方米、倒塌院墙560米、仪器设备受损1台（套），两水台房屋受损360平方米、仪器设备受损2台（套），成县台房屋受损460平方米、仪器设备受损1台（套），五里铺台房屋受损540平方米、仪器设备受损1台（套）。

陕西省地震部门监测仪器及办公设备受损　陕西省有14个地震台（点）设施在地震中受损。略阳、勉县、汉中、宝鸡、商南、上王及太白7个地震台的房屋设施受损。乾陵、安康、宁陕、西安4个地震台用于形变观测的垂直摆倾斜仪被震坏，泾阳、周至、西安3个地震台的地磁仪吊丝被震断。

第四节　水文设施受损

水文观测，即通过布设水文站网，利用水文仪器设施对江、河、湖泊、水库、渠道、地下水等的水位、流量、流速、降雨（雪）、蒸发、泥沙、冰凌、墒情、水质等水文要素进行观测。汶川特大地震造成四川、甘肃、陕西、重庆、云南五省（市）和长江水利委员会、黄河水利委员会两个流域机构的大量水文测报设施设备受损。

一　四川省水文观测设施受损

四川省有14个水文机构、1个水文巡测基地、132个水文站、430个雨量站遭受不同程度的损失。受损最严重的水文测站主要集中在阿坝、成都、德阳、绵阳、广元等市（州）的地震重灾区，这些地区水文基础设施基本毁损，山体垮塌滑坡、河道受阻，通讯、交通、供水、供电全部中断，其中都江堰、汉王场、北川等水文站受到毁灭性的破坏。受损设施包括36790平方米的水文站房、66座缆道、43个测井、665平方米观测场和观测道路、4720米报讯线路等水文测报基础设施。有263套水文测验设备、252套报汛设备、71套水质设备、949套办公设备在地震中受损。

成都市水文局所属都江堰水文站，遭受山体崩塌冲击，房屋倒塌，设备全部损毁。紧靠该站上游的杨柳坪水文站，后山巨石滚落而下，站房遭毁。

德阳市水文局所属汉旺镇的汉旺水文站，属国家重点报汛站，受灾严重，站房全部震裂，观测场被毁，缆道房受损，无法使用。

绵阳市水文局所属北川水文站的办公房倾斜垮塌，所有观测、测验、通信设备全部遭毁。

阿坝藏族羌族自治州水文局水电线路受损 2300 米，办公设施受损 225 套（台），巡测车受损 2 辆，11 个水文测站、2 个水位站损毁，损毁缆道 10 座、自记水位测井 17 座。5 个雨量站点遭到不同程度毁坏。办公及生产用房损毁 2387 平方米，住房损毁 6272 平方米。

雅安市水文局机关办公楼墙体多处出现裂缝，室内天花板、地板、贵重仪器设备受损。水文局所属朱巴、道孚、泸定水文站的围墙垮塌，缆道房震裂；大泥口、流沙河、安顺场、天全水文站的浮标房、楼梯、过道、厨房出现裂缝或垮塌；多营坪水文站缆道房、测验缆道受损。

二　甘肃省水文观测设施受损

甘肃省有 17 个水文站、陇南水环境监测分中心及陇南、武都 2 个水文基地遭到严重破坏。14108 平方米办公楼、仓库、观测房等不同程度受损，损毁测验、化验及办公设备 109 台（套）。

三　陕西省水文观测设施受损

陕西省有 4 个水文机构、1 个水文勘测队和 32 个水文站不同程度受损。33 处生产生活用房、12 处观测道路、11 处护岸、17 处围墙出现裂缝、坍塌，15 处供水管道、19 处供电设施遭到毁损中断。生产生活用房 22947 平方米受损，损毁观测道路 2910 米、护岸 1810 米、供水管道 2545 米、供电设施 19 台（套）、围墙 3890 米。损毁水位设施设备 83 台（套）、流量设施设备 72 台（套）、水情报信设备 60 台（套）、水环境监测仪器设备 97 台（套）。

汉中市水文局所属宁强县铁锁关水文站、略阳县略阳水文站、留坝县江口水文站、勉县茶店水文站和武侯镇水文站、西乡县西乡水文站、城固县升仙村水文站、南郑县江西营水文站等受损严重。

宝鸡市水文局所属凤县凤州水文站，陈仓区朱园水文站、林家村水文站和拓石水文站，以及渭滨区益门水文站、眉县魏家堡水文站、千阳县千阳水文站、周至县黑峪口水文站等受损严重。房屋出现地基沉陷、墙体开裂、屋顶渗漏等损坏，水文设施设备损毁，测验、报讯通信及水质监测等仪器不同程度损坏。

西安市水文局所属的高桥水文站、秦渡镇水文站、马渡王水文站、张家山水文站，商洛水文局的竹林关水文站、板桥水文站、柞水水文站、镇柞勘测队等不同程度受损。

安康市水文局所属的安康水文站、恒口水文站、高滩水文站、蜀河水文站、马池水文站等不同程度受损。

延安市水文局所属的交口河水文站、张村驿水文站、黄陵水文站受损较为严重。

四　重庆、云南等省（市）及其他单位水文观测设施受损

重庆市有50个水文站（点）受损，损坏房屋8405平方米，478台（套）设备损坏，直接经济损失6243万元。

云南省有19个水文站（点）受损，损坏房屋4562平方米、设备51台（套），直接经济损失1000万元。

长江水利委员会有20个水文站受到重创，水文测验设施设备损毁严重，8座缆道、63项测验基础设施、15台（套）测验设备、40余处报汛设施受到不同程度损毁，11562平方米生产生活用房成为危房，直接经济损失2740.4万元。

黄河水利委员会下属的7个水文站、1个水文基地不同程度受损，损坏设备34套、站房1490平方米，直接经济损失670万元。

第五节　环保设施受损

汶川特大地震使四川省环保系统房屋受损10.92万平方米，直接经济损失约8亿元；执法车辆受损199辆，直接经济损失3297.3万元；仪器设备受损9521台（套），直接经济损失5.81亿元；灾区城镇污水处理设施受损90处，直接经济损失3.18亿元；城镇生活垃圾处理设施受损309处，直接经济损失1.46亿元；企业污染治理设施受损1132处，直接经济损失13.49亿元。甘肃省环保系统房屋受损1.27万平方米，其中陇南市8583平方米、定西市1974平方米、临夏回族自治州300平方米、庆阳市1505平方米、天水市310平方米。

一　房屋与基础设施受损

四川省环保系统房屋受损面积10.92万平方米，直接经济损失约8亿元。其中，成都市环保部门房屋受损面积3.38万平方米，直接经济损失7430.4万元；绵阳市环保部门房屋受损2.47万平方米，直接经济损失5434.5万元；德阳市环保部门房屋受损1.82万平方米，直接经济损失3995.1万元；广元市环保部门房屋受损1.25万平方米，直接经济损失2752.6万元；阿坝藏族羌族自治州环保部门房屋受损1.13万平方米，直接经济损失2493.4万元；雅安市环保部门房屋受损8735.8平方米，直接经济损失1921.9万元。

广元市环保部门办公用房损毁10470平方米，业务用房（监测实验室）损毁1800平方米。其中，市环保局新建的5500平方米环保监察与监测执法业务用房出现多条裂缝，部分墙体爆裂脱落。

甘肃省环保系统房屋受损1.27万平方米，其中陇南市8583平方米、定西市1974平方米、临夏回族自治州300平方米、庆阳市1505平方米、天水市310平方米。

陕西省的宝鸡市环保部门3400平方米房屋受损，汉中市环保部门有1000平方米办公用房不同程度受损。

重庆市环保系统房屋设施受损，直接经济损失20.5万元。

云南省环保系统房屋设施受损，直接经济损失120万元。

二　仪器与设备受损

四川省环保系统仪器设备共计受损9521台（套），直接经济损失5.81亿元。其中，环保局办公仪器设备受损1622台（套），直接经济损失1838万元；监测仪器设备受损4382台（套），直接经济损失3.5亿元；监察仪器设备受损2748台（套），直接经济损失1.93亿元；信息仪器设备受损769台（套），直接经济损失1877.9万元。

四川省环保车辆受损199辆；甘肃省环保车辆受损8辆；陕西省环保部门损毁执法车10辆；重庆市环保部门环境监测设施受损5套；云南省环保部门仪器设备受损，损失17万元。

三　环保污染治理设施受损

污染治理设施受损包括污水处理厂遭受破坏，大气脱硫、除尘设施遭受破坏，工业企业废水处理设施遭受破坏，危险化学品储存、防护设施破坏及环境监测设施破坏等。

四川灾区城镇污水处理设施受损90处，城镇生活垃圾处理设施受损309处，企业污染治理设施受损1132处。其中，企业废水处理设施受损452处，企业垃圾处理设施受损517处，企业大气处理设施受损517处，企业固体废物处理设施受损163处。

甘肃省的陇南市大气污染防治设施（除尘、脱硫装置）损坏11台（套），工业企业废水处理设施4台（套）损坏。庆阳市有4个医院污水处理设施受损，2座尾矿库溃坝。成县10座尾矿库发生不同程度裂纹。康县5座尾矿库坝体及排泄渠道受到不同程度损坏。天水市秦州区污水处理厂损坏严重，天虹化工有限责任公司污水处理站严重受损。文县、临夏回族自治州环境监测站各有1座污染源自动监控系统损毁。庆阳市、临夏回族自治州各有1座空气质量自动监测站损坏。陇南市环境监测仪器设备损毁21台（套）。甘南藏族自治州损坏环境监测设备及实验仪器44台。

陕西省的西安亨通光华制药污水处理站、宝鸡市十里铺污水厂、礼泉县城市污水处理厂不同程度受损。宁强县金属锌粉厂、岐山县圣龙纸业及化学工业公司大气脱硫与除尘设施不同程度受损。户县渭丰纸业有限公司、国维淀粉厂，岐山县蔡家坡圣龙纸业、兴隆纸厂、华祥食品集团公司、科达特种纸业公司，以及武功县东方纸业集团公司等工业企业废水处理设施不同程度受损。

重庆市环保相关设施受损，直接经济损失573.5万元。云南省永善县水泥厂除尘设施局部受损，直接经济损失20万元。

第六章 人力资源和社会保障等设施受损

人力资源和社会保障设施受损范围包括人力资源和社会保障部门所属的就业服务机构、人才服务机构、社会保险经办机构、乡镇街道劳动保障服务机构、社区村劳动保障服务机构，社会福利事业所属的福利院、敬老院、各级计划生育服务机构（市级计划生育服务机构、县级计划生育服务机构、乡镇中心服务站、乡镇普通服务站）、殡仪馆及殡仪服务站，以及粮食储备设施的粮食仓库、植物油库及配套设施、管理场所和加工厂房等。

汶川特大地震给人力资源和社会保障公共服务设施、社会福利设施带来灾难性的破坏。四川省有20个市（州）的142个县（市、区）的12482个计划生育服务机构遭受不同程度的破坏。地震造成四川、甘肃、陕西三省粮食储备设施受损，其中四川省有25075座仓库受损，仓容850万吨；甘肃省有543座仓库受损，仓容49.9万吨；陕西省损坏仓容43.62万吨。

据民政部等四部委9月4日灾损校核报告，地震造成四川、甘肃、陕西三省社会福利系统直接经济损失5.96亿元（不含房屋类损失，下同），其中四川省5.4亿元、甘肃省3400万元、陕西省2200万元；造成三省计生系统直接经济损失8.23亿元，其中四川省3亿元、甘肃省3.99亿元、陕西省1.24亿元。

第一节 人力资源和社会保障公共服务设施受损

一 四川省人力资源和社会保障公共服务设施受损

在汶川地震中，四川省17个市（州）的70个县（市、区）的人力资源和社会保障公共服务设施受损，受灾严重的有阿坝、绵阳、德阳、广元、成都、雅安、南充、巴中等市（州），其中10个极重灾县（市）尤为严重，损失巨大。地震导致四川省人力资源和社会保障部门房屋受损33.08万平方米，其中完全损毁面积26.2万平方米（见表285）。四川省人力资源和社会保障部门信息系统计算机损失3354台，存储设备损失184台，直接经济损失13351.8万元。地震造成技工学校课桌、椅、电脑、车床、电焊机等教学设施设备受损18585台（套）。

四川省人力资源和社会保障部门房屋受损情况统计表

表285

机构类别	建筑面积（平方米）		
	震前面积	部分受损面积	完全损毁面积
就业服务机构	72068	16943	48995
人才服务机构	80296	13320	66976
街道（乡镇）劳动保障平台	88385	14819	65966
社区劳动保障平台	32250	4449	9992
社会保险经办服务设施	89753	19784	69589
合　　计	362752	69315	261518

德阳市人力资源和社会保障部门损失严重。其中，绵竹市人力资源和社会保障部门（含就业局）办公楼顶层垮塌，约8000平方米的大楼成为危房；什邡市人力资源和社会保障部门（含就业局）办公楼出现裂纹；广汉市人力资源和社会保障部门（含就业局）办公楼出现较大裂纹，约6000平方米的大楼成为危房。德阳市劳动局办公楼出现裂纹，部分楼层需修复；全市人力资源和社会保障部门的计算机、服务器、空调等办公设备毁坏严重。

绵阳市人事局、编办机关办公楼房出现严重裂缝，人才中心办公楼和招聘大厅多处损毁，军培中心房体出现多处裂缝。北川、平武、安县等人力资源和社会保障部门灾情惨重。北川的办公房屋全部倒塌。平武县人事局、编办办公楼、办公设备全部毁坏。安县人事局、编办办公楼损坏严重，无法继续使用。全市人力资源和社会保障部门的计算机、服务器、空调等办公设备损坏严重。

广元市人才市场办公楼和招聘大厅（面积2000平方米）全部垮塌。利州区人事局和人才交流服务大厅的房屋严重受损，无法使用。

二　甘肃省人力资源和社会保障公共服务设施受损

汶川地震造成甘肃省的陇南、天水、平凉、庆阳、甘南、兰州等市（州）人力资源和社会保障部门受损。

陇南市人力资源和社会保障公共服务设施受损集中在武都区、文县、康县、成县、徽县、西和县、两当县。特别是陇南市劳动和社会保障局办公室墙面裂缝成为危房；人力资源市场有620平方米墙面严重开裂、剥落，成为危房。文县人力资源市场、社会保险服务大厅、劳动保障事务所，成县劳动保障局、劳务办，徽县社保局办公场所等严重受损，成为危房。

平凉市劳动保障局围墙倒塌，培训教室、锅炉房成为危房，天水市劳动保障局与天水市技工学校房屋受损面积2832平方米，平凉市劳动保障部门房屋受损面积475平方米。崆峒区劳动和社会保障局办公楼严重裂缝。

庆阳市劳动和社会保障局办公楼裂缝。镇原县社会保险中心办公室裂缝，成为危楼。庆城县就业服务局、社会保险局和6个社区劳动保障平台办公场地及设施不同程度受损。华池县8个社区劳务工作站房屋裂缝，劳动就业培训中心教室倒塌，社保中心2栋办公楼多处裂缝。

天水市劳动和社会保障局办公楼裂缝，受损面积1008平方米。天水市技工学校教学楼、学生宿舍、食堂等出现裂缝，受损面积1824平方米。秦州区劳动保障局办公大楼受损面积390平方米。清水县劳动保障办公楼裂缝。

甘南藏族自治州舟曲、迭部、临潭3个县的劳动和社会保障局受地震影响不同程度受损。

三　陕西省人力资源和社会保障公共服务设施受损

汶川地震造成陕西省的宁强县、略阳县、勉县和宝鸡市陈仓区4个重灾县（区）人力资源和社会保障公共服务场所受损面积10909平方米（完全损毁9160平方米、部分受损1749平方米）。其中，就业服务机构场所（含社会保险经办服务设施）完全损毁9个，受损面积6365平方米；人才服务机构完全损毁8个，受损面积1475平方米；街道（乡镇）社区劳动保障工作平台完全损毁20个，受损面积1320平方米，部分受损26个，受损面积1749平方米。3所技工学校的服务场所完全损毁，受损面积4212平方米，部分受损面积3600平方米。

汉中市12个劳动和社会保障局机关、12个市县公共就业服务机构和25个社会保险业务经办机构的办公用房受损。全市257个乡（镇）、街道和社区基层劳动保障机构中有近三分之二的房屋需要维修加固，30余个基层劳动保障机构的办公用房被确定为危房，9所技工学校的近4000平方米房屋不同程度受损。

位于宝鸡市陈仓区的宝鸡铁路司机学校是国家重点职业院校，学校教学楼、办公楼、学生宿舍、餐厅、实习场所、库房等均受到不同程度的破坏。

四　重庆市人力资源和社会保障公共服务设施受损

重庆市人力资源和社会保障部门的公共服务设施受灾集中在梁平、大足、潼南三县。梁平县劳动和社会保障局因供电线路短路，致使计算机等办公设备受损；文化镇社会保障服务所办公用房受损严重，礼让镇社会保障服务大厅严重受损。大足县就业局办公楼和大足县劳动技校校舍墙体裂纹；龙水镇、万古镇社会保障服务大厅部分垮塌。潼南县人力社保局大楼2～6楼出现裂纹，原600平方米旧办公楼倒塌，计算机等设备损毁20台（套），花岩镇、米心镇社保所400平方米办公楼倒塌。

第二节　社会福利与计划生育设施受损

一　四川省社会福利与计划生育设施受损

四川省部分市、县各类社会服务机构的房屋、设施设备严重损毁。因灾造成44所社会福利院、儿童福利院、精神病院倒塌、损毁；总计倒塌、损毁房屋建筑面积15万平方米，损毁设备价值4500万元，国办社会福利机构设施设备直接经济损失3.5亿元。

德阳市旌阳区震前有社会福利院（含敬老院、儿童福利院）11个，建筑面积12750平方米，有床位610个。地震中倒塌与危房面积6600平方米，损坏4300平方米，受损面积占85%；设备受损170台（件、套）。全区散居“五保户”有1033户受损，倒塌房屋2211间，面积34682平方米。

四川省有20个市（州）的142个县（市、区）计划生育机构遭到不同程度的破坏。其中，各级人口和计划生育行政机构受损644个，房屋倒塌28126平方米，危房80564平方米，损坏86008.3平方米，设备受损27525件；各级计划生育服务机构受损12482个（包括市级计划生育服务机构15个、县级计划生育服务机构128个、乡镇中心服务站671个、乡镇普通服务站980个、村服务室10670个、宣传培训机构18个），倒塌及危房面积43.98万平方米，损坏39.49万平方米，设备受损33031件。39个重灾县（市、区）9556个计划生育服务机构受损，占总数的77%；业务用房倒塌及危房面积31.1万平方米，占总面积的71%；损坏18.3万平方米，占总面积的46%；损毁设备28405件，占总数的86%。地震期间，重灾区和极重灾区的计划生育服务无法正常进行，全省1514.7万名育龄妇女的计划生育、优生优育和生殖健康服务受到影响。

二　甘肃省社会福利与计划生育设施受损

甘肃省陇南、甘南、天水、平凉、庆阳、定西、白银、武威8个市（州）社会福利系统受损。其中，敬老院损坏181座，面积94859平方米；福利院损坏31座，面积60987.8平方米。

陇南精神病院门诊综合办公楼出现严重断梁、瓷砖脱落，精神病院南楼儿童福利院、控制病区出现地面塌陷、断梁、墙体开裂，部分建筑成为危房，全院房屋受损面积1800平方米。

天水社会福利院住宅楼多处裂缝。天水市救助管理站依山修建的11孔窑洞出现裂缝，1300平方米的办公楼裂缝。

平凉市7个社会福利机构8420平方米设施损毁（严重损毁2620平方米），社会福利院的3层康复教学楼及老人、残疾人和孤儿住房多处出现裂缝，成为危房。灵台县中台镇老年公寓严重损毁；农村“五保”供养设施损坏27122平方米，其中倒塌480平方米，严重损毁7322平方米。

定西市安定区救助站地基塌陷，墙体裂缝。临洮县、漳县和岷县3所社会福利院、31所农村敬老院受损，7292 平方米房屋倒塌或成为危房。

武威市社会福利院楼房地基塌陷，墙体开裂，成为危房。

甘南藏族自治州舟曲县峰迭乡水泉孤老孤残孤儿人员供养点房屋损毁 108 平方米；迭部县旺藏乡“五保”集中供养点楼房成为危房；临潭县 1 所敬老院房屋裂缝，屋顶损坏严重。

庆阳市有 34 所农村敬老院的 856 间房屋受损，其中严重破坏 420 间。

甘肃省殡仪馆设施受损。其中，陇南市武都区殡仪馆房屋地面、墙体严重裂缝，火化烟囱裂缝，围墙倒塌。天水市殡仪馆建筑多处裂缝、塌陷，受损面积 1800 平方米。平凉市崆峒、泾川、灵台、庄浪、静宁 5 个县（区）殡仪馆和殡仪服务站的服务设施损坏，倒塌房屋面积 940 平方米，严重损毁 2340 平方米，损坏 1400 平方米。庆阳市西峰区殡仪馆烟囱及围墙倒塌。

陇南、甘南、天水、平凉、定西等市（州）人口计划生育部门的办公用房和设备损坏、信息网络局部瘫痪。44 个县（市、区）人口局（计划生育服务站）、134 个乡镇计生办（服务所）、955 个村计生服务室受损严重。计划生育行政办公用房受损 2610 间，技术服务房屋受损 23396 间，计划生育行政办公、技术服务、信息系统设备受损 15007 件。

三　陕西省社会福利与计划生育设施受损

陕西省西安、宝鸡、铜川、商洛、安康、汉中、渭南、榆林、咸阳 9 个市社会福利系统受损，直接经济损失 11002.56 万元。其中，敬老院损坏 141 座，面积 39880 平方米，经济损失 3190.4 万元；殡仪馆损坏 23 座，面积 7124.86 平方米，经济损失 1270.28 万元；救助站损坏 21 座，面积 6340 平方米，经济损失 903.16 万元；军供站损坏 4 座，面积 12226 平方米，经济损失 1587.12 万元；军干所损坏 83 座，面积 1260 平方米，经济损失 677.8 万元；烈士陵园损坏 23 座，面积 7075 平方米，经济损失 630.6 万元。

陕西省计划生育部门 34 个县站、569 个乡镇服务站不同程度受损。房屋倒塌及毁损 52427 平方米，一般性损坏 28324 平方米，设备受损 3431 件，设备损失金额 0.33 亿元。

第三节　粮食储备设施受损

一　四川省粮食储备设施受损

四川省 616 个粮食企业不同程度受损，其中 278 家严重受损。地震损毁仓库 25075 座，仓容 850 万吨（其中完全坍塌或严重受损难以修复仓库 5146 座，仓容 91.4 万吨），占全省有效仓容的 72.96%。军供网点 118 个受损，其中严重受损 16 个。地震共造成粮油损失 9 万吨。

成都市粮食仓库受损 2753 座，仓容 97.7 万吨，粮油损失 1.52 万吨，受损办公楼 57021 平方米。

广元市损坏损毁粮食仓库2800多间，损失粮食989吨，损坏油罐19个，容量305吨，垮塌堡坎40871米，损毁道路和晒场90801平方米。

南充市粮食仓库受损2273间、18954平方米，仓库堡坎受损8002平方米，道路和晒场受损9899平方米，罩棚和货棚受损18105平方米。

达州市粮食仓房、办公用房、职工宿舍不同程度受损，粮油损失494吨。

资阳市粮食仓房与油罐、附属设施、办公楼及其他设备不同程度受损。

广安市粮食仓库受损486座、仓容153250吨，房屋受损5901平方米，围墙受损850平方米，堡坎受损750平方米。

二　甘肃省粮食储备设施受损

汶川地震造成陇南、甘南、天水、平凉、庆阳、定西、白银、临夏、武威、兰州10个市（州）受灾。甘肃省受灾仓库543座、仓容49.9万吨，粮仓附属设施、办公楼受损。

天水市有55个粮食企业、149项资产不同程度受损。清水县、秦安县、甘谷县、武山县、张家川回族自治县、麦积区、秦州区等地部分储备库、办公楼、粮油购销站、粮油批发市场等受到损坏。天水市第一、第二、第四粮库，天水市军粮特需供应站1号、2号军粮站和天水市粮食局局机关办公楼受到不同程度损坏。

陇南市粮食仓储企业中，11个县（区）的粮食储备库的工业企业、粮油市场、办公楼、职工住宅均遭到不同程度损坏。

甘南藏族自治州的舟曲、迭部、卓尼、临潭四县受灾严重，舟曲县穗丰粮食购销公司大川粮站的6栋粮库，纵横墙都出现竖向裂缝，墙体砖柱截面出现水平裂缝。

定西市有11个粮食储备库不同程度受损。漳县陈家嘴粮管所粮仓严重损毁2栋，受损面积1200平方米；草滩乡粮管所粮库严重损毁3栋，受损面积1890平方米；城关粮管所粮库严重损毁2栋，无法继续使用。

地震造成平凉市粮食机构危仓92栋、危房469间。

庆阳市所辖8个县（区）粮食局和市直粮食单位受到不同程度损坏。

白银市会宁、景泰、靖远三县粮食机构仓房及设施设备损失严重。会宁县粮食总公司白塬粮管所库房整体下陷；刘寨粮管所砖木结构库房裂缝报废；郭城粮管所库房裂缝10间，倒塌2处。

临夏回族自治州粮油购销有限公司1号、2号、3号、4号、5号粮库均出现不同程度的仓房承重结构移位、墙体裂缝和倾斜，仓房地坪发生不同程度的塌陷。临夏市部分仓房设施受损。

武威市国有粮食企业的部分仓房设施受损。凉州区粮食局高坝粮站1～3号土圆仓整体倒塌，9栋砖圆仓出现不同程度裂缝，受损面积6024平方米。凉州区有26栋仓房不同程度受损。天祝藏族自治县粮食局52栋仓房、古浪县粮食局8栋粮库、民勤县粮食局22个仓房、武威市粮油储备库有限公司12栋仓房、武威市第二粮油储备库1～4号仓库等不同程度受损。

兰州市皋兰县什川粮管所1号、2号仓墙体严重倾斜。榆中县粮食局库房墙体出现2300平方米面积裂的缝，圈梁断裂。花庄粮库3栋库房受损严重，地基下沉，墙体裂缝。小西坪粮库12

栋苏式仓地基下沉，墙体裂缝。地震造成兰州市粮食系统经济损失763万元。

甘肃省粮食局直属库有20个仓不同程度受损，经济损失665.59万元。

三　陕西省粮食储备设施受损

陕西省粮食系统倒塌粮食仓房201间，受损3413间，损坏仓容43.24万吨，占有效仓容的7.9%；388间加工车间不同程度受损，受损面积14149平方米；加工设备22台（套）受损；297栋办公楼不同程度受到损坏，受损面积100891平方米。

宝鸡市粮食系统受损仓储777间，倒塌23间，损坏仓容10.13万吨；受损加工车间153间，面积4750平方米；受损加工设备1台；受损办公楼53栋，面积46893平方米；受损围墙4750米、水塔9座、烟囱17个。

汉中市粮食系统受损仓储1942间，倒塌174间，损坏仓容14.8万吨；受损加工车间219间，面积8869平方米；受损加工设备21台；受损办公楼168栋，面积23148平方米；受损围墙6292米、水塔12座、烟囱11个。

西安市粮食系统受损仓储96间，倒塌2间，损坏仓容5.62万吨；受损加工车间2间，面积220平方米；受损办公楼32栋，面积2万平方米；受损围墙1018米、水塔4座、烟囱1个。

安康市粮食系统受损仓储278间，损坏仓容5.18万吨；受损加工车间14间，面积310平方米；受损办公楼11栋，面积5200平方米；受损围墙140米、水塔1座。

铜川市粮食系统受损仓储147间，损坏仓容2.58万吨；办公楼受损面积600平方米。

渭南市粮食系统受损仓储7间，损坏仓容1.1万吨；受损围墙448米、水塔2座。

咸阳市粮食系统受损仓储22间，损坏仓容2.3万吨；办公楼受损面积5050平方米。

商洛市粮食系统受损仓储144间，倒塌2间，损坏仓容1.53万吨；围墙受损127米。

第十一篇

文化遗产受损

汶川特大地震灾区所在区域是中华文明的重要发祥地之一，区内的岷江、嘉陵江、汉江、渭河诸流域，从远古至今的各种物质文化遗产与非物质文化遗产极为丰富。

地震对灾区各地文化遗产的破坏，主要表现在对国家、省、市、县各级文物保护单位文物建筑的破坏，对各地馆藏文物的损坏，对各种非物质文化遗产的损坏。

地震灾区受损的文化遗产数量之多、灾情之重、分布地区之广，都是史无前例的。受损的各级文物保护单位将近 1300 处，其中世界文化遗产 2 处、全国重点文物保护单位 120 处、省级文物保护单位 278 处、县（市）级文物保护单位近 900 处；受损的馆藏文物 4204 件（套），其中三级以上珍贵文物 481 件；受损的非物质文化遗产名录项目 709 项，其中国家级项目 47 项、省级项目 93 项、市州级项目 569 项。

受损的文化遗产广布于四川、甘肃、陕西、重庆、云南五省（市）的 130 个县（市、区），南到云南省绥江县，北到甘肃省庆阳市西峰区；东到陕西省西安市雁塔区，西到四川省马尔康县。南北约 800 公里，东西约 700 公里。

文化遗产受损情况最重的是四川省的汶川、茂县、都江堰、彭州、绵竹、什邡、北川、平武、安县、青川等极重灾县（市）。四川、甘肃、陕西等省 41 个重灾县（市、区）受损情况较重。四川、甘肃、陕西、重庆、云南等省（市）的一般灾区受损情况较轻。

根据民政部等四部委 9 月 4 日灾损校核报告，川、甘、陕三省地震灾区文化遗产直接经济损失合计 89.66 亿元，其中四川省 84.2 亿元、甘肃省 3.95 亿元、陕西省 1.51 亿元。

第一章　文物保护单位受损

四川、甘肃、陕西、重庆、云南等灾区共有 120 处全国重点文物保护单位、278 处省级文物保护单位、近 900 处市县级文物保护单位在地震中受损，受损的文物建筑包括古建筑、古遗址、古墓葬、石窟寺及石刻、近现代重要史迹及代表性建筑。其中，极重灾区 10 个县（市）和重灾区 41 县个（市、区）受损的各级文物保护单位最多、灾情最为严重，有些遭到毁灭性的破坏，如全国重点文物保护单位都江堰二王庙建筑群、彭州领报修院、江油云岩寺、汶川姜维城遗址等均大面积坍塌或严重破坏；一般灾区的各级文物保护单位受损则相对较轻，多为建筑墙体开裂、局部坍塌、屋面瓦松动、脱落、地基局部下陷等，个别文物保护单位严重震毁，则是由于年久失修的缘故。

第一节　全国重点文物保护单位受损

汶川特大地震中受损的全国重点文物保护单位合计 120 处，其中四川省 79 处（93 个）、甘肃省 20 处、陕西省 18 处、重庆市 3 处。

一　四川灾区全国重点文物保护单位受损

四川省有全国重点文物保护单位 128 处，受损的 79 处（93 个），占 61.7%，其中极重灾区 8 处（18 个）、重灾区 23 处（24 个）、一般灾区 48 处（51 个）。

极重灾区全国重点文物保护单位受损　极重灾区有 8 处（18 个）全国重点文物保护单位受损（见表 286）。

极重灾县（市）受损的全国重点文物保护单位一览表

表 286

文物名称	产生时代	所在地	国务院公布年份、批次	受损程度
营盘山遗址与姜维城遗址	新石器时代至明代	茂县、汶川	2006 年第六批	极重
都江堰—青城山	战国（秦）至清代	都江堰	1982 年第二批（2002 年都江堰与青城山一起列入世界遗产名录）	极重
彭州佛塔	宋代	彭州	2006 年第六批	较重
平武报恩寺	明代	平武	1996 年第四批	较重
直波碉楼（含阿坝羌寨碉楼群的布瓦黄土碉、黑虎碉群、桃坪羌寨）	明至清代	汶川、茂县、理县、马尔康	2001 年第五批（阿坝羌寨碉楼群 2006 年第六批归入）	较重
领报修院	清代	彭州	2006 年第六批	极重
剑南春“天益老号”酒坊遗址	清初至民国	绵竹	2006 年第六批	较重
阿坝红军长征遗迹（含红一、四方面军会师遗址、芦花会议会址、两河口会议会址、沙窝会议会址、毛儿盖会议会址、三元桥红军石刻标语群、红军长征纪念碑碑园）	1935 年（红军长征纪念碑碑园 1990 年建成）	茂县、黑水、小金、松潘、马尔康、若尔盖	2006 年第六批	较重

说明：1. 第一批至第六批的公布日期分别为 1961 年 3 月 4 日、1982 年 2 月 23 日、1988 年 1 月 13 日、1996 年 11 月 20 日、2001 年 6 月 25 日、2006 年 5 月 25 日

2. 理县、马尔康、黑水、小金、松潘等县的全国重点文物保护单位因与极重灾县汶川、茂县的全国重点文物保护单位包含在一起，故在此一并记述

营盘山遗址与姜维城遗址。营盘山遗址位于茂县凤仪镇岷江东南岸二级台地上，总面积近 15 万平方米。2000 年发现，出土大量的陶器、玉器、石器、骨器等遗物，年代距今约 5300 ~ 4800 年，是迄今发现的岷江上游地区新石器时代最早、面积最大、出土遗存最为丰富的古文化遗址。地震造成营盘山遗址台地东、北部边缘出现山体滑坡，部分垮塌。

姜维城遗址位于汶川县威州镇西北部岷江与杂谷脑河交汇处的岷江东岸缓坡台地上，面积 6 万余平方米，分布着新石器时代彩陶文化遗址、汉代夯土城墙、明代石砌城墙以及各时代墓葬群，是岷江上游地区占地面积大、文化内涵丰富、文化遗存保存较为完好的遗址。传说蜀汉大将军姜维曾在汶川一带驻防，故将现存古城墙命名为姜维城。地震造成遗址东面山坡上的点将台垮塌（见图 514），只残存台基；汉代汶川郡夯土城址全部垮塌，只残存墙基；

图 514　被震毁的姜维城遗址点将台

沿姜维城台地北面边坡及玉垒山修建的城墙、明代威州城片石城墙全部垮塌；威州民族师范学校附小左旁的城墙基本无存，只残存墙基；威州民族师范学校山边的城墙，仅存部分残墙；县幼儿园山边的城墙，基本无存，只残存墙基；台地周边多处发生严重断裂，最宽处达 20 厘米，最长处达百余米。

都江堰—青城山。2002 年被列入《世界遗产名录》，国家级重点风景名胜区，年接待国内外游客数百万人次，旅游综合收入数十亿元，占地区生产总值的一半以上。

都江堰水利工程位于都江堰市灌口镇西北岷江上。工程初创于古蜀国开明王朝时期，由秦国蜀郡太守李冰率众完成于秦昭王五十一年（公元前 256 年）。由鱼嘴、飞沙堰和宝瓶口三部分组成，鱼嘴为都江堰水利工程之首，是一条长约 3000 米、最宽处达 300 米的分水堤，将岷江分为内、外两江。丰水季，内江分水四成，外江分水六成，以排泄洪水；枯水季，内江分水六成，用于灌溉农田，外江分水四成。由于该水利工程的存在，2000 多年来，成都平原成为旱涝保收、不知饥馑的“天府之国”。1949 年能灌溉 14 个县的 18.67 万公顷农田，20 世纪末以来能灌溉 36 个县的 66.67 万余公顷农田。地震造成鱼嘴浅表层局部裂缝纵贯，宝瓶口、飞沙堰、百丈堤、内外金刚堤、人字堤等都基本完好，没有明显残损，都江堰水利工程整体受损较轻。

地震使都江堰水利工程的附属文物建筑二王庙、伏龙观、安澜桥、离堆、玉垒关、凤栖窝、斗犀台等无一完好，倒塌和严重破损的文物建筑面积共 32.13 万平方米，中等破损的 25 万平方米；景区各种基础设施（道路、桥梁、供水、排水、供气、照明、环境卫生等）也遭受不同程度损坏，不能正常接待游客。

二王庙建筑群（见图 515 ~ 522）位于岷江东岸的玉垒山麓，为李冰父子的祀庙，始建于南北朝，初名崇德祠。宋代以后，李冰父子被敕封为王，遂易名二王庙。现存建筑系清代重建。地震造成二王庙古建筑受损面积达 6000 平方米，大山门（戏楼）、戏楼厢房、52 级梯步、“水利图”

图 515 被严重震损的二王庙大门

图 516　二王庙大殿堆积的废墟

图 517　严重损坏的秦堰楼

图 518　被震塌的戏楼

图 519　被震塌的字库

图 520　被震倒的六字诀照壁

图 521　倾斜欲倒的“金堤重镇”

图 522　被震塌的二王庙东苑部分

照壁、三官殿、疏江亭、东西客堂、字库等全部垮塌；秦堰楼损毁严重，地面塌陷，大殿、二殿基础下沉、拉裂，瓦作、挡土墙结构受损，木构架倾斜，梁架歪闪，屋顶变形，屋面下滑；东山门、下西山门、乐楼、观澜亭及石刻、土地庙、灵官楼、上西山门、堰功堂、丁公祠、铁龙殿、祖堂、圣母殿、老君殿、茶楼等挡土墙严重垮塌，瓦作受损，屋面下滑，部分梁架歪斜、墙体倒塌。附近山体局部崩塌，并出现滑坡，有潜在地质灾害隐患。

伏龙观建筑群位于都江堰离堆北端，创建年代不详，宋初改今名。传说李冰父子治水时曾制服岷江孽龙，将其锁于离堆下伏龙潭中，后人依此立祠祭祀，北宋初改名伏龙观。现有殿宇三重，系清朝重修，建筑面积 1149.14 平方米。建筑群楼台亭阁巍峨矗立，布局紧凑，顺山势逐级升高，最高处为观澜亭，登临亭上，可远眺索桥、鱼嘴及西岭雪峰。观中文物甚多，正殿中的李冰圆雕石像为东汉时期制作，像高 2.9 米、重 4.5 吨。

地震造成老王殿（一殿）梁架歪斜，屋面损坏，露椽落瓦，正脊断裂、局部塌陷，柱头移位（见图 523）；铁佛殿（二殿）屋面、脊饰、挡土墙结构受损；一殿和二殿之间的配房垮塌，地面开裂（约 8 平方米）下沉，室内局部损毁；玉皇殿（三殿）及观澜亭屋面受损、砖柱断裂；重廊、船房等建筑屋面、脊饰受损；监控、防雷、消防、照明等系统均受损。受损面积共达 1800 平方米。

禹王宫位于玉垒山，建筑总面积 886 平方米。地震造成屋面全部损毁，柱子破损移位，主体结构倾斜，墙体开裂、垮塌。

玉垒关位于玉垒山，建筑面积 92 平方米。地震造成城垛垮塌约 40 米，城楼屋面全部受损，建筑主体移位；地面开裂，城墙出现较大裂缝。

城隍庙位于玉垒山，建筑总面积 3000 平方米。地震造成屋面全部损坏，主体结构部分倾斜，柱子部分开裂、移位，泥塑人像开裂，装饰构件脱落，墙面、围墙开裂。

十龙殿和灵官殿位于玉垒山，建筑总面积 900 平方米。地震造成屋面损毁，屋架严重倾斜。

安澜桥古名珠浦桥，又名索桥、夫妻桥。由清代邑人何先德夫妇捐资修建，在二王庙前岷江上。始建于宋朝前，明末毁于战火，清嘉庆朝重修。桥体震前大修过，地震后总体完好，仅有局部移

图 523　伏龙观内被震落的碎瓦，李冰雕像歪斜

地震造成真武宫山门屋面损坏，梁架歪斜，柱足位移，殿堂、厢房屋面瓦不同程度损毁。

飞仙观位于至青城山后山公路响水洞处，建筑面积4600平方米。地震造成小青瓦屋面、内外装饰部分损坏，墙体、堡坎、围墙出现裂缝，门口承重柱破裂。建筑物受损面积354平方米。

赤诚阁牌坊位于青城山新山门至老山门公路中间，建筑面积50平方米。地震造成龙脊、爪角部分损毁，照明系统损坏，小青瓦屋面及内外装饰部分损坏。

天然图画位于青城山前山，建筑面积2300平方米。地震造成墙体裂缝，小青瓦屋面、内外装饰部分损坏；建筑部分倾斜，后厅堡坎垮塌约2米。

五洞天与接仙桥局部震塌80平方米。

普照寺坐落在青城外山。原寺明末毁于兵燹，清康熙年间（1662—1722年）恢复，乾隆中期扩建。地震造成藏经楼屋面损毁，照壁倒塌（见图526）。文物受损面积1046平方米。

彭州佛塔。彭州市境内现存佛塔7座，震前保存较好的有正觉寺塔、镇国寺塔、云居院塔。

正觉寺塔位于红岩镇红塔村，建于北宋天圣元年（1023年）。塔为方形13级密檐式砖塔，通高27.54米。砖砌须弥座式基座。塔外檐由菱角牙子砖和叠涩砖构成。内有3层塔室，砖砌圆柱、斗栱上承覆斗状藻井。地震造成塔体四面正中央均出现裂缝，贯穿整个塔体，塔体南面严重垮塌，塔身内5层塔室垮塌4层，各层塔檐均有垮塌。

镇国寺塔位于彭州市隆丰镇，建于北宋仁宗至和元年至嘉祐五年（1054—1060年）。塔为方形13级密檐式砖塔，通高28.34米。檐下原有佛、菩萨、宝塔、孔雀和飞天等浮雕，现部分脱落。内有塔室5层，沿攀登道可至顶层。地震造成塔基受损，塔身整体向西北倾斜，塔体第一层南面及藻井出现裂缝，塔体第10～13层南面垮塌，第11～13层西北角塔檐垮塌（见图527）。

图526 屋面被震毁、照壁被震塌的普照寺

图527 震后镇国寺塔严重倾斜

云居院塔位于敖平镇西，建于北宋大观元年（1107 年），因云居院而得名。塔为方形 13 级密檐式砖塔，通高 20.86 米，自下而上逐级内收。地震造成塔基部分砖块脱落，塔身和塔基局部出现裂缝；塔体第一层南北两面出现粉碎性交叉斜裂缝。塔体受损面积约 500 平方米。

平武报恩寺。坐落在平武县龙安镇东北角，始建于明正统五年（1440 年），天顺四年（1460 年）竣工。东西长 278 米、南北宽 100 米，分为前、中、后三进院落，是一座完整的佛教建筑群和优美的艺术宫殿，占地面积 2.78 万平方米，建筑面积 3518 平方米。全寺所有木构件均为楠木，大慈殿内供奉的楠木观音像高 8 米，有 104 只手，精美绝伦。

图 528　肢体被震断的报恩寺泥塑神像

地震造成山门、正脊 3 处断裂，屋面大部分瓦件、脊饰、吻兽松动、移位、脱落；墙体垮塌，墙面彩绘全部损毁；哼将、哈将、三头六臂、四头八臂神像部分损坏（图 528）。钟楼下檐整体下塌 5 ~ 20 厘米，西北方翼角裂缝宽约 3 ~ 5 厘米，钟楼东面下檐屋面垮塌 3.15 平方米，北面下檐屋面垮塌 0.2 平方米。天王殿屋顶脊梁北面正吻剑柄、后南（北）面垂脊垮塌，脊兽脱落损毁，正脊、前后檐口严重变形；南方增长天王、东方持国天王、西方广目天王、北方多闻天王后墙垮塌，壁画损毁。华严藏东山墙檐柱与中柱内墙体等处垮塌，多处墙体倾斜裂缝。大悲殿西南面下檐翼角走兽及仙人脱落损毁，墙体多处开裂，千手观音手持法器脱落 6 件，石香炉部分损毁脱落。大雄宝殿墙体多处开裂、倾斜，墙体壁画多处脱落。万佛阁台基下沉，墙体多处开裂，壁画脱落；屋面部分瓦件损毁，脊饰、吻兽松动、移位，檐口、正脊、戗脊变形；如来神像右手食指断裂下坠，十大弟子手掌裂缝的有 4 个。转轮藏殿的山墙垮塌，功德碑顶震断（见图 529）。古建筑受损合计 3518 平方米。

图 529　报恩寺被震断的功德碑顶

直波碉楼。有两座碉楼，坐落于马尔康县松岗镇直波村，建于清乾隆年间（1736—1795年）。北碉楼位于山腰，6层，通高24.7米。南碉楼位于村内，7层，通高29米。碉楼平面外为八角形，内为圆形（内径8米），用石砌筑，墙厚0.9米左右，自下至上作收分状。两座碉楼顶部震塌，碉体破损，均成危碉（见图530～531）。

图530 震后的直波碉楼

图531 被震毁的碉楼底部

布瓦黄土碉。位于汶川县威州镇北2000米的布瓦山上，有土碉楼、石碉楼，共48座，依山势南北分布在大布瓦、小布瓦、龙山、大帕依、小帕依、太子坟等自然村落，东西长4000米、南北宽3000米，海拔1970～2510米。土、石碉楼的基础均用石片砌成，土碉墙体采用夯土版筑。碉体采取逐渐收分，下大上小，以降低重心；墙体内使用丁字材、木筋等横向拉接，墙角使用“过江石”和错口叠压夯筑，以增加墙体的稳定性。碉内置木质楼架，顶置罩楼，檐口有带斗栱木质建筑以蔽风雨。底部辟门一道，每层四面墙体正中开“T”形小窗。碉楼平面均为四角形，高18～20余米不等，底边长4.5米、宽6.4米，墙厚0.74米。碉楼群构成完整防御体系，平时贮藏粮草，战时瞭望射击。碉楼历经民国22年（1933年）8月叠溪$7^{1}/_{2}$级地震与1976年8月松潘—平武7.2级地震，仍保存完好。汶川地震造成1号土碉顶部垮塌2层，顶部墙面崩裂外突，碉体有多道纵向贯通性裂缝；2号土碉顶部垮塌，碉身中部以上严重开裂；3号土碉顶部3层垮塌，碉体崩裂成块状；5号土碉垮塌2层，顶部墙面裂缝严重，呈随时垮塌之势；8号土碉顶部垮塌，中部以上均有严重裂缝；10号土碉顶部3层垮塌；4 号石碉垮塌过半，残存碉体有多道贯通性纵向裂缝，东墙垮塌成“V”字形；5 号石碉顶部垮塌，东墙中部垮塌成一洞，碉体有多道贯通性纵向裂缝；另有两座石碉，仅存碉基。村内大部分民居墙体震裂或垮塌，处于黄土碉核心地带的 30 户民居中，受损严重的 13 户、较重的 12 户、较轻的 5 户（见图 532）。

黑虎碉群。位于茂县黑虎乡鹰嘴河寨，寨子坐落在南北走向的山脊上，山脊长约280米、宽约 20 ~ 60 米，西面为悬崖，悬崖下为鹰嘴河；东面为缓坡地，海拔 2727 米。共有碉楼 7 座，其中四角碉楼 2 座、六角碉楼 2 座、八角碉楼 2 座、十二角碉楼 1 座。碉楼群周围有羌族民居和宗教场所、祭塔、废弃的建筑遗址。碉楼、祭塔与民居、建筑遗址，构成别具一格的古老羌寨。地震中，碉群大多墙体震裂，或原有裂缝增宽拉长，内部木结构震塌；6 座碉楼顶部震塌，其中一座立于岩石之上的碉楼整体垮塌（见图 533）。

桃坪羌寨。位于理县桃坪乡，海拔 1500 米，南临杂谷脑河及国道 317 线，西北紧靠增头小河。村寨依山而起，以碉楼为核心附建民居，二者均用石木构筑，合为城堡式建筑，各个单体建筑之间皆以巷道相连接；又从山上引来泉水，通过暗渠流入家家户户。民居建筑高大、宽敞，一般为 2 ~ 5 层，底层作畜圈，二层为居室，三、四层作库房，五层房顶晾晒粮食。村寨占地约 4 公顷，地震前有居民 96 户、500 余人。地震中，整个村寨约 10% 的民居倒塌，20% 的民居墙体局部倒塌，其余的多数墙体震裂、外鼓、梁柱歪斜移位，成为危房（见图 534）。其中，具有一定文物价值的 53 户民居，受损严重的 3 户、较重的 19 户、较轻的 21 户、无损的 10 户。1 号碉楼与 3 号碉楼顶部震塌，碉身

图 532　被震毁的布瓦寨土碉

图 533　被震落的碉楼石块壅塞巷道

图 534　被震毁的桃坪羌寨民居

多处纵向震裂，与碉楼连为一体的民居墙体及屋面震裂；2 号碉楼受损较轻，较为完好，但与碉楼相连的民居轻微倾斜、房面及墙体开裂；村寨山脚下有多道裂缝，部分地面下陷。

领报修院。俗称“上书院”，位于彭州市白鹿镇回水村。清光绪二十一年（1895年）动工兴建，光绪三十四年竣工。民国 21 年（1932 年）改为神哲学院。领报修院为中西结合的典型建筑，有两楼一底的四合院前厅、两侧两层厢房和礼拜堂，其外部结构为西式，木质花瓶式栏杆，中层用砖砌四瓣梅花栏杆，通天方形砖柱，须弥座柱础，内部装饰豪华典雅、富丽堂皇。地震造成整个建筑二三层砖木结构全部垮塌，底层砖结构整体开裂、变形，仅残存礼拜堂东立面（见图 535 ～ 536）；地面出现多条裂缝，院后山体滑坡。

剑南春“天益老号”酒坊遗址。位于绵竹市棋盘街，遗址面积为 1.2 万平方米，2004 年发现并发掘了 800 平方米。遗址展现了传统酿酒工艺的完整流程；遗址整条街“前店后坊”的格局完整清晰，全面反映了清末民初时期独具特色的手工业城市的经济状况。地震造成遗址古建筑、墙体部分垮塌，直接经济损失 332 万元。

阿坝红军长征遗迹。红一、四方面军会师遗址，包括达维会师桥和原懋功县城天主教堂两部分。达维会师桥位于小金县达维乡东 1000 米的沃日河上，天主教堂位于美兴镇政府街小金县委大院内。地震造成会师桥桥墩开裂，多处变形；桥面移位，桥栏脱榫、桥板部分脱落；天主教堂正殿墙体多处裂缝，部分瓦件、天花板脱落，屋脊变形，厢房整体倾斜、歪斜。

两河口会议会址位于小金县城北 70 公里处两河口乡的关帝庙。民国 24 年（1935 年）6 月

图 535 震前的领报修院礼拜堂

图 536 震后的领报修院礼拜堂

26—28 日，中共中央在此召开政治局扩大会议。地震造成正殿、后殿墙体大面积开裂，梁架歪斜移位，屋面瓦件整体下滑。

芦花会议会址位于黑水县芦花镇泽盖村芦花中学内。民国 24 年（1935 年）7 月 21 日，中共中央在此召开政治局会议。地震造成墙体多处裂缝，屋脊变形，房屋整体倾斜。

沙窝会议会址。民国 24 年 8 月 4—6 日，中共中央在松潘县毛儿盖区下八寨乡沙窝村召开政治局会议。地震造成会址整个房体倾斜，梁柱歪斜，墙体多处裂缝，缝隙宽 1 ~ 4 厘米；房顶沙板、石板部分滑落。

毛儿盖会议会址位于松潘县毛儿盖区上八寨乡索花喇嘛庙。民国 24 年 8 月 20 日，中共中央在此召开政治局扩大会议。地震造成会址东墙、北墙通体裂缝，一、二层房梁自西向东移位 4 ~ 6 厘米，受损面积 1050 平方米。

三元桥红军石刻标语群，在茂县土门乡三元桥。民国 23 年（1934 年）4 月 26 日红军进入茂县境，5 月 15 日进入县城，9 月全部撤离。在此期间，红军刻下了“打倒军阀、解放番夷人民”等革命口号。地震造成三元桥踏步石松动、移位。

红军长征纪念碑碑园位于松潘县川主寺镇元宝山，占地面积 19.27 万平方米，由主碑、大型花岗石群雕、陈列室三大部分组成。1990 年 8 月落成，邓小平题写碑园名。地震造成游人中心二层东面墙体通体裂缝，北墙裂缝由底部延伸至顶部；纪念馆东墙上部裂缝长达 5 米，南墙裂缝自东向西贯通整个墙面。

重灾区全国重点文物保护单位受损 四川省重灾县（市、区）有23处（24个）全国重点文物保护单位受损（见表287）。

四川省重灾区受损的全国重点文物保护单位一览表

表287

文物名称	产生时代	所在地	国务院公布年份、批次	受损程度
三星堆遗址	新石器时代至周代	广汉	1988年第三批	较重
剑门蜀道遗址	战国以来	剑阁	2006年第六批	较轻
平阳府君阙	东汉	绵阳游仙	1961年第一批	较重
塔梁子崖墓群	东汉	中江	2006年第六批	较重
郪江崖墓群	东汉	三台	1996年第四批	较重
樊敏阙及石刻	东汉	芦山	1988年第三批	较轻
皇泽寺摩崖造像	南北朝至唐代	广元利州	1961年第一批	较重
广元千佛崖摩崖造像	北魏至清代	广元利州	1961年第一批	较重
玉台山石塔	唐代	阆中	2006年第六批	较轻
云岩寺	南宋至清代	江油	1988年第三批	极重
永安寺	元至清代	阆中	2001年第五批	较轻
五龙庙文昌阁	元代	阆中	2001年第五批	较轻
青龙寺大殿	元代	芦山	2006年第六批	较轻
平襄楼	元代	芦山	2006年第六批	较轻
七曲山大庙	元至清代	梓潼	1996年第四批	较重
松潘古城墙	明代	松潘	2001年第五批	较重
觉苑寺	明至清代	剑阁	2001年第五批	较重
德阳文庙	清代	德阳	2001年第五批	较重
张桓侯祠	清代	阆中	1996年第四批	较重
庞统祠墓	清代	罗江	2006年第六批	较重
罨画池	清代	崇州	2001年第五批	较重
泸定桥（含红军强渡大渡河遗址）	清代、民国24年	泸定、石棉	1961年第一批（2006年第六批红军强渡大渡河遗址归入）	较轻
大邑刘氏庄园	民国	大邑	1996年第四批	较重

三星堆遗址。位于广汉市西北7公里的鸭子河南岸，是新石器时代至商、周的古蜀文化遗址，总面积达17平方公里。遗址内发掘出房址40余座，出土了大量精美的石器、陶器、玉器、

金器、青铜器。地震造成月亮湾城墙遗址等多处震裂，有的垮塌（见图537）；三星堆博物馆展馆（建筑面积1.2万平方米）出入口鸟头装饰断裂、脱落，砸裂玻璃亮顶；部分工作间墙体受震开裂；展厅部分墙体装饰脱落；二展馆外墙、临展厅顶部立墙、游客中心房屋顶部立墙震裂，有的垮塌。

图537　部分被震塌的三星堆月亮湾城城墙遗址

剑门蜀道遗址。剑门蜀道又称金牛古道，为战国以来的官驿大道。在广元市境内，始于川陕交界的七盘关，含明月峡栈道、飞仙阁栈道、利州古渡遗址、蜀汉重镇昭化古城、剑门关、翠云廊等，纵贯剑阁县全境，止于梓潼县演武乡，全程100余公里。其中有至今保护完好的8600余株千年行道树古柏与青石板路，其道路交通设施，如拦马墙、门槛石、饮马槽以及接待过往官员住宿、歇脚、换马的驿亭、邮铺等一应俱全。此外，尚存朝天关、飞仙关、葭萌关（亦名天雄关）、剑门关等4处古关遗址和小剑古城、汉德城、苦竹寨等城址，剑溪桥、石垭桥、清凉桥和武功桥4座古桥，以及护险砭（拦马墙）、门槛石等设施。明月峡古栈道遗址保存较为完整，栈道遗址长500余米，分布着上千个栈孔，栈孔分上、中、下3排，上排孔用于搭防雨棚，中排孔用于架木作栈，供人马通行，下排孔用于插柱支撑栈道。地震造成明月峡老虎嘴山体垮塌2万余立方米，形成危岩10多处，古栈道部分损毁，交通中断（见图538）。

图538　部分被震坏的明月峡古栈道

平阳府君阙。位于绵阳市游仙区仙人桥，建于东汉末期，是中国迄今保存最完整的双出石阙。南阙高5.45米、宽4.05米，北阙高5.29米、宽4.05米。双阙皆有主阙和副阙，为仿木结构建筑。阙身上有各种古朴生动的雕刻图像。地震造成南、北两阙的主阙和子阙位移，阙身扭曲、错位，裂缝达5厘米以上，部分构件破裂、脱落损毁。

塔梁子崖墓群。位于中江县民主乡玉江北岸山梁上，2002年9—11月，当地文物部门对其中的9座崖墓进行了抢救性发掘。这些崖墓由墓道、墓门、主室、甬道、侧室、棺床、壁龛、灶台等组成，有单室、双室、多室等形制，以多室墓为主。墓中有壁画、墨书榜题、仿木建筑形式的雕刻、画像雕刻等。地震造成崖墓严重塌方，墓室、券拱、藻井严重受损，彩绘、壁画脱落，急需抢救。

郪江崖墓群。位于三台县郪江镇附近的河湾山崖间，遗存有数千座崖墓，以东汉墓为主。很多墓内有圆雕、浮雕、线刻、画像、彩绘等装饰，反映了汉代的世俗观念与社会风貌。地震造成柏林坡墓群多处发生崩塌，崖墓内的仿木结构建筑雕刻垮塌；坟台嘴墓群多座崖墓垮塌，圆雕、斗拱、立柱震裂。

樊敏阙及石刻。位于芦山县沫东乡黎明村，是东汉巴郡太守樊敏墓的地面建筑遗存，建于建安十年（205 年）。地震造成阙身震裂。

皇泽寺摩崖造像。位于广元市城西 1000 米嘉陵江西岸。旧名乌奴寺，武则天称帝后捐资助寺，并“赐寺刻其真容”，遂更名为皇泽寺，后为武则天祀庙。摩崖造像始凿于北朝晚期，盛于唐代，现存窟龛 52 个、造像 1203 尊，主要有中心柱窟、五佛窟、大佛窟、则天真容圆雕像等。地震造成南、北两段山体大面积滑坡，总计长 1000 米，威胁摩崖造像及寺庙建筑（见图 539）；危石坠落，大佛楼、五佛亭、蚕桑亭、观景亭、大殿、山门、钟鼓楼、武氏家庙等建筑部分墙体开裂，榫卯错位，挑梁断裂，房脊断裂，瓦件滑落，栏杆折断；寺内地面大面积塌陷，踏步变形，多处道路损坏；文物库房被大量落石和泥沙壅塞成为危房；保护性建筑的墙体及榫卯断裂，大面积油漆脱落；游人接待中心地面大面积塌陷，墙体及挑梁断裂，室内外装饰严重损坏，成为危房。

图 539　皇泽寺附近的山体滑坡

广元千佛崖摩崖造像（含观音岩摩崖造像）。位于广元市城北 5000 米嘉陵江东。始凿于北魏晚期，隋、唐、宋、元、明各代均有凿建，以唐代居多。现有龛窟 848 个、造像 7000 余尊，南北绵延 388.8 米，造像面积 800 平方米，建筑面积 480 平方米，有历代题记 130 余条。地震造成山体滑坡，崖体开裂，部分石刻造像产生裂隙；北大佛下壁一尊 30 厘米左右的小菩萨雕像脱落摔碎。

玉台山石塔。位于阆中市玉台镇北玉台山山腰，为覆钵式喇嘛塔。塔身为上大下小长圆柱体，高 8.6 米，无论从哪个角度看都是“斜”的。塔基为四方形，塔刹为六方柱，由石雕八力士举着，塔顶为一焰纹状圆石。石塔的人物造型、装饰及塔身造型带有明显的唐代特征。地震造成塔刹掉落、损坏，塔身变形。

云岩寺。位于江油市武都镇窦圌山上。始建于唐代，清代多次重修。寺中飞天藏建于南宋淳熙八年（1181 年），是四川省现存最古老的木结构建筑；殿内的转轮经藏高 105 米、直径 72 米、自重 6 吨，可自由转动；经藏分 3 层，藏身有大小木雕人像 200 个，姿态各异，工艺精美。地震造成飞天藏两侧山墙、后墙垮塌约 250 平方米，屋面瓦部分滑落；东岳殿（建于清康熙七年至十一年）全部震塌（面积约 200 平方米）；窦真殿（建于清雍正三年）整体震塌（面积约 50 平方米）；超然亭（建于清雍正五年）整体震塌；天王殿（建于清雍正五年）屋面瓦部分滑落，屋檐部分垮塌，殿内塑像垮塌，两侧山墙全部垮塌（约 65 平方米）（见图 540）；大雄殿（建于清雍正十三年）屋面脊饰垮塌，三面墙体垮塌约 200 平方米，塑像裂缝、倾斜；山门（重建于清乾隆八年），屋面垮塌 15 平方米，飞檐部分垮塌，临时加固件倒落 1 根；春台（建于民国 11 年）、玉皇殿（1985 年重建）、娘娘殿（建于 1992 年，面积约 40 平方米）等整体震塌（见图 541）；财神殿塑像垮塌、屋面瓦部分滑落；鲁班殿四面墙体垮塌，屋面部分受损；十王殿墙体垮塌 350 平方米，屋面垮塌 200 平方米；百味皇林（建于 1992 年）多处房檐倒塌，石碑倒塌，塑像倒塌。此外，地震破坏了窦圌山文物保护区内岩体结构的稳定性，发生多处倾倒型崩塌、滑移型崩塌、山体滑坡，不少岩体已呈现塌落之势。

图 540　山墙被震塌、塑像毁坏的云岩寺天王殿

图 541　被震塌的云岩寺玉皇殿

永安寺。在阆中市水观镇三村黄泥岗上。始建于唐，后代多有重修。现存大殿建于元至顺四年（1333 年），其他建筑皆为明清建造；占地面积约 1.3 公顷，建筑面积 1200 平方米。地震造成山门、大殿屋面损毁，屋脊断裂、塌陷。

五龙庙文昌阁。位于阆中市河楼乡白虎村。元至正三年（1343 年）建庙，现仅存文昌阁，建筑面积 100 平方米。地震造成墙体开裂。

青龙寺大殿。位于芦山县龙门乡青龙场。大殿为寺存的唯一建筑，建于元代，明代嘉靖、崇祯年间曾予维修。大殿坐西向东，面阔、进深均为 3 间，平面呈方形，通长 15.3 米，建筑面积 234 平方米。大殿年久失修，局部残损严重。地震使其雪上加霜，造成椽檩断裂，梁柱歪斜，斗拱移位，屋面瓦震脱滑落，墙体震裂面积达 50 平方米。

平襄楼。位于芦山县芦阳镇南街汉姜侯祠内，建于北宋，元代重建，为纪念蜀国平襄侯姜维而建。占地 202 平方米，通高 14 米，5 开间、三重檐歇山顶，施五铺作斗栱，主体建筑保存完整。地震造成楼体倾斜，二层楼板震裂多处，东面墙体震裂，裂缝纵长 2 米，多处屋面瓦震落，斗拱移位严重。

图542　部分墙体被震塌的七曲山大庙桂香殿

七曲山大庙。位于梓潼县城北9000米的七曲山脊上，始建于晋，元、明、清三代多次扩建，占地面积3万平方米，大庙主祭文昌帝君。现有殿宇亭阁23座，建筑面积6000平方米，展现了元、明、清各代的建筑风格；其中，盘陀石殿年代最早（建于元代）。庙内有明代壁画、彩绘430余平方米。大庙保护区面积51万平方米，有古柏2万余株。地震造成桂香殿、关圣殿、寞真殿、灵官殿、文昌正殿、家庆堂、望水亭等或建筑墙体爆裂、垮塌、倾斜、变形，或柱基下沉（见图542）；天尊殿和两配殿四面墙体全部垮塌，存放于殿内的乾隆时期的文昌大轿被砸坏，殿内泥塑像全部毁坏；灵官殿隔墙倒塌；桂香殿部分墙体垮塌；多处屋顶塌陷、屋面倾斜、瓦件脱落；元、明、清三代文物、壁画、阴鹭文石碑等严重损坏；保护古柏的堡坎垮塌；经济损失34115万元。七曲山大庙不同结构建筑受损数据见表288。

七曲山大庙景区受损情况统计表

表288　　单位：平方米

结构类型	房屋倒塌和严重破损	中等破损	轻微破损
砖混结构	510	5120	1200
土木石结构	3130	2380	—
钢结构	—	400	—
合　计	3640	7900	1200

说明：另有6处堡坎损毁，围墙垮塌400米

松潘古城墙。位于松潘县进安镇。始建于唐代，后经明代多次扩建。现存城墙总长6.2公里、高12.5米、厚31.5米。墙身用青砖砌成，内夯土石，以糯米、石灰、桐油熬制的灰浆勾缝，异常坚固。古城有门7道，各城门以大块平行六面条石拱圈，顶部呈半圆形，城门基石上有各种浮雕图案。地震造成东门城楼南侧城墙顶面塌陷100平方米，塌陷深度1 ~ 25厘米不等；北门城楼西侧临爬山城墙段城墙开裂塌陷，塌陷面积1200平方米，塌陷深度1 ~ 30厘米不等；西门城楼东、西墙体裂缝严重，裂缝由底部到顶部，城墙顶面塌陷500平方米，多处开裂；南门瓮城南面西侧墙体开裂，受损200平方米。

觉苑寺。位于剑阁县武连镇。始建于唐代，毁于元末，明代重建，占地面积3200平方米，并改名普济寺，清代复称觉苑寺。大雄宝殿集中了唐、宋、元、明的建筑法式和佛教壁画。地震造成观音殿严重倾斜，成为危房；天王殿墙体裂缝，屋面瓦脱落；西厢房墙体裂缝，东厢房整体移位。

德阳文庙。坐落在德阳市文庙街，始建于南宋，明洪武元年（1368年）迁建今址，毁于明末，清顺治十八年（1661年）重建，道光至咸丰年间大修。文庙建筑规模宏大，占地2.8万多平方米，为四川省保存较完整、规模最大的文庙建筑群。地震造成11处古建筑严重损坏：万仞宫墙墙体震裂，大面积脱落，琉璃屋脊震毁，黄色琉璃瓦大面积脱落，宝顶破裂、缺损，左侧翼角与两侧脊兽完全损毁；道冠古今屋脊毁坏，右上角鸱尾断落，屋面小青瓦大面积脱落，墙体开裂；德配天地宝顶与右上角鸱吻全毁，屋脊严重缺损；戟门屋脊部分脊饰严重损毁右上翼板材开裂；大成殿墙体开裂，部分翼角损毁，望板脱落；礼乐亭宝顶全毁，重檐琉璃瓦攒尖顶严重损毁；御碑亭西侧下檐小青瓦大面积脱落；乡贤祠屋面宝顶全毁，后檐两侧翼角严重损毁；万花楼栏杆、撑弓、吊瓜、门窗全毁，楼板断裂，墙体脱落，整体欲倒；更冠亭屋脊严重损毁，屋面青瓦大面积脱落，椽皮裸露；棂星门石牌坊表层石材严重脱落，牌楼右上角石柱震裂，裂缝长过30厘米。此外，东西厢房、文物库房屋脊损毁，小青瓦大面积脱落，椽皮裸露，随时有垮塌危险。

张桓侯祠。俗称张飞庙，在阆中市城西街。蜀汉章武元年（221年），张飞奉命率师出征东吴时，被部将所杀，追谥“桓侯”，葬于阆中，墓前建庙立阙。现存祠为清代建筑。地震造成整个建筑倾斜，木构架脱榫、断裂，屋脊断裂、塌陷，屋面瓦大面积脱落、漏雨，墙体严重开裂、垮塌（见图543）。

图543　张桓侯祠部分山墙被震塌

庞统祠墓。位于罗江县白马关镇，为东汉建安十九年（214年）庞统中流矢卒后，刘备所建。后来墓、祠均毁，清康熙三十年（1691年）复建，为三进四合院。祠内存有庞统及诸葛亮雕塑像，历代匾联、碑刻、字画等。地震造成墓园石门倒毁，栖凤殿、二师殿屋脊、椽檩断裂，屋面大面积滑落，房瓦损毁，墙体开裂；墙门移位、垮塌；围墙垮塌 240 米，挂镜台严重裂口；受损建筑面积 1370 平方米，直接经济损失 2365 万元。

罨画池。位于崇州市崇阳镇大东街南侧，占地面积 3.41 万平方米，始建于唐初，现存清代建筑 5950 平方米。是集园林、祠庙为一体的古建筑群，包括罨画池、文庙、陆游祠三部分。地震造成四相堂屋面溜瓦约 60 平方米；东亭梁柱整体移位达 5 厘米以上（见图 544 ~ 545）；陆游祠放翁堂屋面大面积溜瓦，过厅前云墙出现裂缝、长 3 米，荟萃园木柱亦出现裂缝；文庙尊经阁西侧屋面溜瓦约 10 平方米，屋脊有 2 处裂缝；启圣殿东侧墙体裂缝约 0.3 米，东庑多处墙体裂缝；大成殿翘角断裂，论语廊屋脊垮塌、溜瓦；棂星门右侧墙角出现裂缝 0.2 米；泮池两侧厢房屋脊垮塌、屋面溜瓦 70 平方米；宫墙万仞龙脊断裂 9 米。文物受损面积 1830 平方米。

图 544　屋脊垮塌、屋面损坏的罨画池

图 545　罨画池立柱移位

泸定桥。位于泸定县城西，横跨大渡河，东接县城。为铁索桥，桥长 101.6 米、宽 2.8 米，建成于清康熙四十九年（1710 年）。民国 24 年（1935 年）5 月 29 日，中国工农红军夺取泸定桥。地震造成铁链下滑；纪念馆墙体多处裂缝，屋瓦脱落，柱子多处松动，檐口脱落。

红军强渡大渡河遗址。位于石棉县安顺场。民国 24 年 5 月 25 日，红军先遣队红一团 17 名勇士从南岸渡口驾驶一只小船成功渡过大渡河，击溃敌人 1 个营，占领了北岸渡口。中华人民共和国成立后，建有红军强渡大渡河纪念碑。现存红军指挥所、沙湾渡口和水东门炮台等。地震造成指挥所楼房墙体开裂、严重倾斜，木质构件和楼层隔板出现断裂，屋顶漏雨严重，墙体黏合物被冲刷干净；红军纪念馆墙体震裂。

大邑刘氏庄园。位于大邑县安仁镇，由刘文彩五兄弟公馆和一处祖居组成，有房屋 545 间，占地面积 7 万平方米，建筑面积 2.1 万平方米。庄园建筑既有中国封建豪门府邸遗风，又有西方城堡特色。地震造成老公馆内部分房屋、老公馆后面过道大门、雕刻馆等建筑屋面青瓦脱落、房檩脱榫，局部建筑出现地基下沉造成水平裂纹，多处砖构建筑出现竖向裂口，部分墙体倾斜，门墙顶部多处坍塌。受损面积 827 平方米。

一般灾区全国重点文物保护单位受损 四川一般灾区县（市、区）有48处（51个）全国重点文物保护单位受损（见表289）。

四川省一般灾区受损的全国重点文物保护单位一览表

表289

文物名称	产生时代	所在地	国务院公布年份、批次	受损程度
城坝遗址	春秋战国	渠县	2006年第六批	较轻
严道城址	战国（秦）至汉代	荥经	2006年第六批	较轻
渠县汉阙	东汉	渠县	2001年第五批蒲家湾汉阙、王家坪汉阙、赵家村汉阙等并入1961年第一批冯焕阙、沈府君阙	较重
高颐墓阙及石刻	东汉	雅安雨城	1961年第一批	较轻
瑞峰崖墓群	汉代	青神县	2006年第六批	较轻
武侯祠	西晋末年	成都武侯	1961年第一批	较轻
蒲江石窟	南北朝至清代	蒲江	2006年第六批	较轻
南龛摩崖造像（含水宁寺摩崖造像、西龛、北龛摩崖造像）	隋至清代	巴中巴州	1988年第三批（2001年第五批水宁寺摩崖造像、西龛、北龛摩崖造像归入）	较重
通江千佛岩石窟	唐代	通江	2006年第六批	较重
乐山大佛	唐代	乐山市中	1982年第二批	较轻
荣县大佛石窟	唐代	荣县	2006年第六批	较轻
邛崃石窟石笋寺摩崖造像	唐至宋代	邛崃	2006年第六批	较轻
丹巴古碉群	唐至清代	丹巴	2006年第六批	较重
安岳石窟	唐至清代	安岳	2006年第六批（与第三批卧佛院摩崖造像合并）	较重
王建墓	五代十国（前蜀）	成都金牛	1961年第一批	较轻
石塔寺石塔	南宋	邛崃	2001年第五批	较轻
安丙家族墓地	南宋	华蓥	2001年第五批	较轻
淮口瑞光塔	宋代	金堂	2006年第六批	较轻
鹫峰寺塔	宋代	蓬溪	2006年第六批	较轻
广德寺	宋至清代	遂宁船山	2006年第六批	较重
圣德寺塔	宋代	简阳	2006年第六批	较轻
大庙飞来殿	宋至元代	峨眉山	1988年第三批	较轻
富顺文庙	宋至清代	富顺	2001年第五批	较轻
醴峰观	元至民国	南部	2006年第六批	较轻
眉山报恩寺	元至清代	眉山东坡	2006年第六批	较轻
观音寺	明至清代	新津	2001年第五批	较轻

续表 289

文物名称	产生时代	所在地	国务院公布年份、批次	受损程度
杨升庵祠及桂湖	明至清代	成都新都	1996 年第四批	较重
开善寺正殿	明代	荥经	2006 年第六批	较轻
宝梵寺	明至清代	蓬溪	2006 年第六批	较重
峨眉山古建筑群	明至清代	峨眉山	2006 年第六批（与第一批峨眉山圣寿万年寺铜铁佛像合并）	较轻
犍为文庙	明至清代	犍为	2006 年第六批	较轻
夕佳山民居	明至民国	江安	1996 年第四批	较轻
真武山古建筑群	明至清代	宜宾翠屏	1996 年第四批	较轻
龙脑桥	明代	泸县	1996 年第四批	较轻
资中文庙、武庙	明至清代	资中	2006 年第六批	较重
杜甫草堂	清代	成都青羊	1961 年第一批	较轻
宝光寺	清代	成都新都	2001 年第五批	较轻
洛带会馆	清代	成都龙泉驿	2006 年第六批	较轻
三苏祠	清代	眉山东坡	2006 年第六批	较轻
陈子昂读书台	清代	射洪	2006 年第六批	较轻
西秦会馆	清代	自贡大安	1988 年第三批	较轻
吴玉章故居	清代	荣县	2006 年第六批	较重
朱德故居	清代	仪陇	1988 年第三批	较重
郭沫若故居	清代	乐山沙湾	2006 年第六批	较轻
陈毅故居	清代	乐至	2006 年第六批	较轻
卓克基土司官寨	民国	马尔康	1988 年第三批	较轻
红四方面军总指挥部旧址	民国 21—23 年	通江	1988 年第三批	较重
红军石刻标语群	民国 22—23 年	通江	2006 年第六批	较重

城坝遗址。位于渠县土溪镇天府村。西汉在此设宕渠县，其后屡为州、郡、县治，东晋末逐渐荒废。地震造成城墙多处裂缝，部分砌石震落；部分文化层被冲击、扰乱，断面已显露于外；部分遗迹、遗物遭到破坏。

严道城址。位于荥经县六合乡古城村。由主城和子城组成，城址周围有多处春秋战国墓葬群。地震造成城址博物馆展厅和库房墙体开裂。

渠县汉阙。分布在渠县土溪镇、岩峰镇、青神乡境内，包括冯焕阙、沈府君阙、蒲家湾汉阙、王家坪汉阙、赵家村汉阙等 5 处。地震造成冯焕阙楼部、枋子层松动、移位；赵家村东无铭阙阙体倾斜，阙体构件之间松动、移位，雕饰脱落、掉块；赵家村西无铭阙阙体倾斜较大，阙体与楼部连接处缝隙加大，雕饰脱落。

高颐墓阙及石刻。位于雅安市雨城区北郊镇，是东汉益州太守高颐（姚桥镇人）墓的地面建筑遗存，建于东汉建安十四年（209 年）。地震造成墓阙基础开裂，碑亭和围墙受损。

瑞峰崖墓群。位于青神县瑞峰镇，海拔 378 ～ 416.5 米。崖墓依山势而凿，在约 1.5 平方公里内存有 469 座墓葬。地震造成部分墓室岩层开裂、脱落。

武侯祠。位于成都市武侯区，成汉李雄为纪念蜀汉丞相诸葛亮而建，原在城内，后迁到刘备昭烈庙旁，明初并入昭烈庙。占地面积55440平方米，现存殿宇系清康熙十一年（1672年）重建，建筑面积 1.2 万平方米。地震造成殿宇屋脊部分断裂、脊饰脱落，屋面小青瓦滑落，檐口脱落，墙体开裂、墙面剥落，惠陵（刘备）墓碑、券拱开裂，香炉、展品移位，木构架脱榫、拉裂。

蒲江石窟。由飞仙阁摩崖造像和龙拖湾摩崖造像组成。前者位于蒲江县朝阳湖镇二郎潭两岸山崖上，共 92 龛、777 尊造像，最早造像为唐永昌元年（689 年）。后者位于蒲江县鹤山镇古佛山，有南北朝至唐、宋造像 10 龛 80 尊，有西凉嘉兴元年（417 年）摩崖题名碑 1 通、唐代观音像、释迦像及宋代释迦像等。地震造成亭子柱基、梁裂缝，挡板破损，看护房瓦脱落，屋面青瓦脱落。

南龛摩崖造像（含水宁寺摩崖造像、西龛、北龛摩崖造像）。南龛摩崖造像位于巴中市城南化成山上，始建于隋。水宁寺摩崖造像位于巴中市巴州区水宁寺镇，西龛摩崖造像位于巴中市城西西华山顶，北龛摩崖造像位于巴中市城北苏山山麓。地震造成南龛山体垮塌，地基塌陷，堡坎裂隙达 10 余厘米；墙体开裂 2 ～ 5 厘米，墙面、门柱倾斜，屋面瓦大面积脱落、漏雨，木构架脱榫、断裂，栏杆断裂。

通江千佛岩石窟。位于通江县城西郊，古称巴王庙，是成汉、初唐、武周皇室显贵发愿祭祀的地方。地震造成整个崖体滑坡，保护建筑严重倾斜，造像失稳。

乐山大佛。坐落于乐山市市中区南岷江、青衣江、大渡河合流处，依凌云山栖鸾峰断崖凿成的一尊弥勒佛坐像，故又名凌云大佛。唐名僧海通于开元元年（713 年）起开凿，至贞元十九年（803 年）完成。大佛临江而坐，脚踏江岸，头与山齐，通高71米，正所谓“山是一尊佛、佛是一座山”。地震造成大佛附属古建筑凌云寺藏经楼墙体开裂，大雄宝殿报身佛背左下部脱落；乌尤寺景云亭基座三面震裂，最宽裂缝达 5 厘米，钟亭博脊裂缝，地面下沉；青衣别岛上楼台建筑翘角脱落。

荣县大佛石窟。位于荣县县城东郊，刻于唐代，佛像通高 36.67 米，是世界第一大释迦牟尼佛。大佛寺唐代名开化寺，毁于明末，清嘉庆年间重建，称大佛禅寺。地震造成翘角断裂，屋面瓦滑落，围墙垮塌。

邛崃石窟。位于邛崃市，包括大同乡石笋寺摩崖石刻、临邛镇磐陀寺摩崖造像、花置寺摩崖造像等，其佛教石刻艺术体现了唐代中、晚期的不同风格。地震造成石笋寺屋顶瓦片部分脱落，殿内一泥塑佛像部分损坏。

丹巴古碉群。分布于丹巴县境内 15 个乡（镇）181 个行政村，现存古碉 562 座。地震造成 45 座碉楼（占总数的 8%）受到不同程度的破坏，有的碉身震裂，碉顶震塌，损坏较重。

安岳石窟。散布于安岳县各乡镇，开凿年代从唐宋延续至明清。石窟内容丰富，规模宏大，艺术精湛。地震造成紫竹观音窟泥塑造像开裂；孔雀洞的经目塔尖掉落甩碎，三、四层的攒尖砸坏；文殊师利窟一尊摩崖造像头部震落摔碎；木门寺无际禅师亭顶部的一尊石刻吉祥物震落、摔碎，亭子多处震裂、错位；茗山寺所有木结构穿斗保护房椽、檩断裂、错位；毗卢洞千佛窟保护房柱、椽、檩严重错位和断裂。

王建墓。位于成都市金牛区永陵东路，是前蜀王建陵墓，史称永陵。墓于民国29年（1940年）被发现，20世纪60年代多次修葺。地震造成墓顶开裂，墓室棺床、油缸移位，彩绘脱落，石灰层剥离，藏品损坏。

石塔寺石塔。位于邛崃市高何街道高兴村石塔寺内，建于南宋乾道五年至八年（1169—1172年），13层密檐式，通高17.8米。地震造成塔顶开裂。

安丙家族墓地。位于华蓥市双河镇昭勋村晶然山麓，是南宋四川宣抚使、少师安丙和族人墓地，建于南宋嘉定十六年（1223年）。1996年对墓地进行了抢救性发掘，出土了一批珍贵文物。地震造成墓地堡坎开裂、滑坡，横梁震断，步行道断裂震塌。

淮口瑞光塔。位于金堂县淮口镇外蛇山上，俗称白塔。创建于东晋，南宋绍兴十八年（1148年）重修。塔方形、13级、楼阁式砖塔，通高33米。地震造成二至五层塔体裂缝2～3厘米，塔檐砖松脱掉落严重，塔身整体倾斜3～5厘米。

鹫峰寺塔。位于蓬溪县城人民医院内，因其通体洁白如雪，俗称“白塔”。塔建于南宋嘉泰四年（1204年），为楼阁式四方形砖石塔，塔身共13层，高36米。地震造成塔身开裂、倾斜，外墙粉饰震落。

广德寺。位于遂宁市船山区卧龙山，建于唐初，原名石佛寺，明正德年间（1506—1521年）敕赐为“广德寺”。寺里现存六宝：开山济善塔、宋代九龙碑、宋真宗钦敕的观音珠宝印、明武宗敕赐的广德禅寺玉印、明代圣旨坊、缅甸玉佛。地震造成屋面严重损坏，垂脊多处断裂；大雄殿屋顶的天王像和屋脊上的龙头像震落，屋顶正中的净瓶明显歪斜；法堂外墙震裂；善济塔上3层偏移，塔表面粉水部分震落；各殿堂屋面瓦震掉。

圣德寺塔。位于简阳市城南，建成于南宋嘉泰四年（1204年）。明嘉靖年间（1522—1566年）维修时将塔身涂成灰白色，俗称白塔。塔为砖石仿木结构、13级，通高37.9米。塔内回廊两壁及券顶有百余幅宋人佛像壁画。地震造成塔顶掉落，掉落的砖块打破塔体并损坏四周的附属物；塔东面第12、13级和北面第13级塔檐震塌，塔角的16只风铃震落5只；垂带式梯踏崩裂；塔内第3层壁面震裂（见图546）。

图546 塔顶被震落、塔身倾斜的简阳市圣德寺塔

大庙飞来殿。位于峨眉山市城北飞来岗，为元代木结构建筑。占地面积2万平方米，建筑面积2120平方米。地震造成屋面瓦滑落，风火墙倒塌。

富顺文庙。位于富顺县富世镇解放街153号。始建于北宋庆历四年（1044年），元、明、清各代均有修葺、改建。占地0.67公顷，建筑面积2817平方米，建筑兼有南北风格。地震造成崇圣祠脊梁倾斜，大成门房屋震裂，围墙倾斜、开裂。

醴峰观。位于南部县丘垭乡金星村大铜锣山（即皇后山）梁，建于元成宗大德十一年（1307 年）。地震造成屋瓦震落、透亮，侧墙局部震塌。

眉山报恩寺。位于眉山市东坡区永寿镇高丰村，始建于唐。现存建筑为元泰定四年（1327 年）重建，清乾隆二十六年（1761 年）增修，占地 635 平方米。地震造成建筑墙体开裂，屋面瓦脱落、透亮。

观音寺。位于新津县城南。始建于南宋淳熙年间，毁于元末，现存建筑为明、清所建，建筑面积 1532 平方米。地震造成山门房顶正脊中宝瓶损毁，房檐瓦当打烂，观音殿进门右后方转角处有一悬塑小罗汉垮塌，观音殿两旁清代建筑瓦顶滑落。受损面积 104 平方米。

杨升庵祠及桂湖。位于成都市新都区桂湖中路。明代著名学者和文学家杨慎故居，后改宅为祠，毁于明末，清代重修。祠内收存历代名家书法碑刻百余通以及明清善本古籍、巴蜀青铜器、汉画像砖、名人字画等文物万余件。地震造成湖心楼、平远楼等房顶屋脊与小青瓦分离、滑落。受损面积 2880 平方米。

开善寺正殿。位于荥经县严道镇民主路。建于明成化十七年（1481 年）。正殿面阔、进深各 3 间，均为 14.55 米，单檐歇山顶，梁架结构完好。地震造成屋面瓦脱落，梁架松动。

宝梵寺。位于蓬溪县宝梵镇境内。始建于北宋，初称罗汉院。宋治平元年（1064 年）敕赐为“宝梵寺”。明景泰元年（1450 年）重建，建筑面积 1852 平方米。大雄宝殿内有壁画 87 幅、181.5 平方米。地震造成大雄殿内墙壁严重损坏，壁画墙壁断裂、护墙开裂，裂缝很大，有倒塌之险；天王殿垂脊震断，屋面青瓦震落；地面下沉。

峨眉山古建筑群。位于峨眉山市城区西南峨眉山上。山上寺庙始建于东汉，后历代续有增修，极盛时有大小寺庙近百座。中华人民共和国成立后曾对重点寺庙报国寺、万年寺、圣积寺等进行过大规模修葺。

报国寺位于峨眉山麓，始建于明万历年间（1573—1620 年），原名会宗堂，清康熙时重修，改今名，并御题“报国寺”匾额。地震造成佛像颈部断裂。

万年寺距报国寺约 15 公里。建于东晋，明万历中敕改圣寿万年寺。现有殿宇两重，为 1953 年重建。地震造成砖殿内小佛像掉落、损毁，窗壁开裂；屋面瓦片滑落，水管破裂。

地震造成峨眉山古建筑群中的圣积寺铜塔塔刹掉落。

犍为文庙。位于犍为县玉津镇南街 297 号，始建于北宋，重建于明洪武四年（1371 年），建筑面积 3443 平方米，建筑兼有南北风格，规模居全国第四、四川省第一。地震造成房柱错位，墙体开裂，屋面瓦脱落。

夕佳山民居。位于江安县夕佳山镇坝上村。始建于明万历四十年（1612 年），清代、民国屡有修缮。有房屋 123 间，建筑面积万余平方米，是国内保存较完整的民居建筑群。地震造成房屋裂缝，围墙及石护栏部分垮塌。

真武山古建筑群。位于宜宾市城北真武山上，是以明清道观为主，佛堂为辅，集楼、殿、坊、桥、池、洞、台于一身的大型建筑群。地震造成无量殿 4 间厢房裂缝，地基堡坎下沉。

龙脑桥。位于泸县县城北约 5 公里。为明洪武十一年至三十一年（1378—1389 年）修建，为

13孔石桥，高5米、长54米、宽1.9米。中间8个桥墩安置石雕龙头，其余桥墩上安置大小不一的狮、象、麒麟等动物石雕。地震造成桥板、桥墩开裂、错位。

资中文庙、武庙。位于资中市文庙街。文庙始建于北宋雍熙年间（984—987年），建筑面积3446平方米。武庙建于明嘉靖年间（1522—1566年）。地震造成文庙建筑的脊饰、华表、大成门整体严重倾斜，古建筑抬梁、檩子不同程度受损；武庙的风火墙震裂、倾斜，三义祠、东西厢房成为危房。

杜甫草堂。位于成都市青羊区浣花溪畔，为唐朝诗人杜甫避难成都时的居所。始建于北宋元丰年间（1078—1085年），现存建筑为清嘉庆十六年（1811年）重修，建筑面积2.2万平方米。地震造成房屋屋脊断裂、脊饰脱落，屋面小青瓦滑落，围墙、山墙开裂，东方丈、东院落建筑垮塌10间，椽、檩变形、起翘、脱榫、断裂，展品移位、受损。

宝光寺。位于成都市新都区原县城北。始建于东汉，原名大石寺，唐末改名宝光寺，明末毁于战火，清代重建，建筑面积2万余平方米。全寺建筑保存完好，展现了中国佛教禅院的完整风貌。地震造成七佛殿、大雄宝殿、藏经楼等屋面青瓦滑落；五观堂、戒堂等建筑屋面脊饰垮塌严重；舍利宝塔（13层、密檐式实心塔）塔身多处震裂，塔身正面中间裂纹从基座延伸到塔顶，七层至塔顶与之下的塔身明显歪斜错位；罗汉堂内部分佛像断裂、脱落；西花园后侧围墙整体垮塌。

洛带会馆。位于成都市龙泉驿区洛带镇，包括广东会馆、湖广会馆、江西会馆、川北会馆。会馆建筑群既反映移入民原籍的建筑风貌，又有川派建筑特色。地震造成广东会馆烽火墙、山墙倾斜、开裂，券拱部分垮塌，屋脊、正檩开裂，屋面小青瓦大面积滑落，垂脊断裂脱落；江西会馆屋顶灰筒瓦大面积滑落，烽火墙垮塌；川北会馆屋顶灰筒瓦滑落，山墙裂缝；湖广会馆部分构件松动脱落。受损面积770平方米。

三苏祠。位于眉山市中心城区纱縠行南街，是北宋著名文学家苏洵、苏轼、苏辙父子的故居，原为约0.33公顷的庭院，元代改宅为祠，毁于明末，清康熙四年（1665年）在原址重建。现占地面积6.5万平方米，是一座富有四川特色的古典式园林建筑。祠内珍藏和陈列着5000余件有关三苏的文献和文物。地震造成房屋墙体开裂，屋脊、廊柱断裂，屋面瓦脱落、透亮。

陈子昂读书台。位于射洪县城北金华山上，是初唐诗人陈子昂青年时代读书的地方，原名读书堂，或称陈公学堂。初建于唐大历年间（766—779年），现存建筑为清代所建。地震造成泥墙开裂、起鼓、剥落，屋脊开裂，柱子移位、倾斜、开裂，屋瓦移动、滑落。

西秦会馆。位于自贡市大安区，又名关帝庙，俗称陕西庙。清乾隆年间由陕西盐商耗银5万两，历时16年建成，占地3000余平方米。1959年辟为盐业历史博物馆。地震造成金墉阁、贲鼓阁和武圣宫等8处屋顶垮塌，飞檐断裂、坍塌，梁柱移位，梁架开裂，木构架脱榫、断榫。

吴玉章故居。位于荣县双石镇蔡家堰村。经1988年修葺后，故居占地1.55万平方米，总建筑面积1050平方米。展室11间，陈列文物珍品1000多件。地震造成陈列馆墙体开裂、倾斜，屋面严重损坏，回廊墙体倾斜，梁架结构严重变形。

朱德故居。位于仪陇县马鞍镇。朱德，四川仪陇人，是中华人民共和国的主要创建人和领导人之一。故居建于清嘉庆末年，占地面积3637平方米，建筑面积236平方米。朱德从9岁起，在此居住了13年。地震造成房屋墙体开裂、垮塌，屋瓦震落，檩、梁脱榫、断榫。

郭沫若故居。位于乐山市沙湾区沫水街中段，这里是郭沫若诞生和少年时代生活、学习的地方。故居建于清咸丰年间（1851—1861年），共有大小房舍36间，建筑面积1108平方米。1981年11月16日郭沫若诞辰90周年时对外开放。地震造成屋面琉璃瓦变形、脱落。

陈毅故居。位于乐至县劳动镇正沟湾。故居建于清乾隆初年，占地6050平方米。陈毅元帅于清光绪二十七年（1901年）8月26日诞生于此。故居于1980年对外开放。地震造成屋面震坏，陈列馆围墙震裂欲倒，值班室房屋檩子、屋瓦震坏三分之一。

卓克基土司官寨。位于马尔康县卓克基镇西索村山上，海拔2700米以上。卓克基土司是清乾隆十三年（1748年）由朝廷授封的，次年颁给“长官司”印信。现存建筑是民国26—30年（1937—1941年）重建的，建筑面积1400平方米。地震造成楼体石墙震裂、脱落，东楼四层沉降，木结构松动、移位。

红四方面军总指挥部旧址。位于通江县城。民国21年（1932年）春，红四方面军攻占通江，总指挥部设在文庙内。地震造成地面裂缝，房屋墙体震裂、倾斜，受损严重。

红军石刻标语群。通江县境内遍布红军石刻标语，数量多，规模大，内容丰富，保存完整。其中以“赤化全川”最大，刻在沙溪镇景家塬村海拔800米的红云崖上，崖高25.9米，字高5.9米、宽4.9米，笔画宽0.8～0.9米、深0.3米。地震造成“赤化全川”标语崖体裂隙加大。

二　甘肃灾区全国重点文物保护单位受损

甘肃省有20处全国重点文物保护单位受损，其中重灾区1处、一般灾区19处。

重灾区全国重点文物保护单位受损　《新修白水路记》摩崖石刻，位于徽县大河店乡大石碑村徽白公路东侧悬崖上。开凿于北宋嘉祐二年（1057年），通高2.8米、宽1.83米。刻文详述了白水路的修建和变迁情况，是研究北宋书法演变、川陕交通要道兴废的重要资料。地震造成石刻严重损坏，岩体移动、下沉，石刻表面裂缝加宽、加深，裂隙范围约1000平方米；保护亭局部地基下沉、侧倾，屋顶残破、变形。

一般灾区全国重点文物保护单位受损　甘肃一般灾区受损的全国重点文物保护单位有19处（见表290）。

甘肃省一般灾区受损的全国重点文物保护单位一览表

表290

文物名称	产生时代	所在地	国务院公布年份、批次	受损程度
大地湾遗址	新石器时代	秦安	1988年第三批	较轻
大堡山遗址及墓群	秦国早期	礼县	2001年第五批	较重
麦积山石窟	十六国至隋代	天水麦积	1961年第一批（2006年第六批仙人崖石窟归入）	较轻
水帘洞—大像山石窟	十六国至明代	武山、甘谷	2001年第五批	较轻
云崖寺石窟群	北魏	庄浪	2006年第六批	较轻

续表 290

文物名称	产生时代	所在地	国务院公布年份、批次	受损程度
木梯寺石窟	南北朝至元代	武山	2006 年第六批	较重
南石窟寺	北魏至唐代	泾川	1988 年第三批	较轻
王母宫石窟	南北朝	泾川	2006 年第六批	较轻
玉泉观	元至清代	天水秦州	2006 年第六批	较重
武康王庙	元至清代	崇信	2001 年第五批	较轻
伏羲庙	明代	天水秦州	2001 年第五批	较轻
后街清真寺	明至清代	天水秦州	2006 年第六批	较重
胡氏古民居	明至清代	天水秦州	2001 年第五批	较轻
秦安文庙	明至清代	秦安	2006 年第六批	较轻
延恩寺塔	明代	平凉城区	2006 年第六批	较轻
罗川赵氏石坊	明代	正宁	2006 年第六批	较轻
会宁红军会师旧址	民国	会宁	1996 年第四批	较轻
俄界会议会址	民国	迭部	2006 年第六批	较重
哈达铺会议旧址	民国	宕昌	2001 年第五批	较重

大地湾遗址。位于秦安县五营乡邵店村东，是新石器时代聚落遗址，距今 7800 ~ 4800 年。地震造成遗址局部坍塌，围墙震裂，地基下陷；保护大厅震裂、屋顶严重损坏；遗址重点保护区内崖面坍塌、滑坡 20 余处，面积约 403 平方米。

大堡山遗址及墓群。位于礼县城东西汉水南北两岸，是秦国早期的秦公墓地，以大堡子山墓区为中心，墓地总面积约 18 平方公里。地震造成大堡子山二级台地东部、东北部、西南部山体塌方，总面积 5000 平方米，土方量约 3200 立方米。

麦积山石窟。位于天水市麦积区麦积镇南 5000 米处，一峰崛起，高 150 余米，状如麦垛，故名麦积山。石窟始建于十六国后秦，北魏、西魏、北周、隋代均有增修，与敦煌莫高窟、洛阳龙门石窟、大同云冈石窟并称为中国四大石窟。唐开元二十二年（734 年）天水发生 7 级地震，崖面中间塌毁，窟群遂被分成东崖、西崖。现存历代洞窟 194 个（东崖 54 个、西崖 140 个），石雕像、泥塑像 7730 余尊，壁画 1300 平方米。此次地震造成 5 号窟（牛儿堂）中龛右壁菩萨左臂肘部局部破裂，右龛主佛右手扭曲、位移；133 窟 9 号龛主佛右手腕部移位，一些佛像倾斜欲倒；壁画局部开裂，受损面积 5 平方米；窟区中、东、西 3 个值班房均出现细微裂隙。

仙人崖石窟。位于天水市麦积区麦积镇境内，国务院 2006 年第六批全国重点文物保护单位将其归入麦积山石窟。由南崖华严寺、东崖水莲寺、西崖灵应寺及玉皇顶、宝盖山及献珠山组成。石窟始凿于北魏景明年间（500—503 年），后历代多有增凿。现存大型洞窟 11 个、摩崖小龛近千个。殿内及摩崖共有佛、道、儒造像 197 尊，壁画 320 平方米。地震造成西崖大雄宝殿、喇嘛楼、毗卢殿、磨针殿、罗汉堂等多处殿宇立柱、斗拱不同程度错位，殿宇墙体与木架结构结合处分离，殿宇内墙壁开裂。东崖罗汉堂两尊塑像严重倾斜，前堂后殿接缝处开裂、错位。玉皇顶燃灯殿墙体严重开裂、外鼓变形，殿内椽木断裂，殿宇屋顶房脊、脊兽震塌，人字屋顶结合部位分离，横椽折断，殿宇倾斜欲倒。玉皇殿墙基裂缝，墙体外鼓多处倾斜、开裂；殿内壁画损坏24平方米；殿顶脊兽震倒，殿宇严重变形，土木结合部位与墙体分离，有倒塌的危险。南崖千佛崖岩体接引佛悬塑造像与岩体结合部位分离，悬塑造像松动，有脱离岩体的可能。喇嘛楼右侧墙体震裂，旋梯栈道松动。毗卢殿殿内墙壁震裂。石窟屋面受损面积600平方米。

水帘洞—大像山石窟。包括水帘洞石窟和大像山石窟。水帘洞石窟位于武山县榆盘乡钟楼湾村鲁班峡中。始建于十六国后秦时期（384—417年）。现存水帘洞、千佛洞、大佛崖、显圣池等。水帘洞高30米、宽50米、深20余米，洞内有大面积壁画和浮塑塔。地震造成岩体移位，墙体开裂，部分建筑台基塌陷，屋顶局部变形，古建筑及壁画受损3354平方米；山体裂隙加大，落石砸毁窟檐约260平方米；直接经济损失181万元。大像山石窟位于甘谷县城西文旗山上，现存洞窟22个，多为禅窟。地震造成伏羲殿太昊宫山门房脊毁坏长约50厘米，山门斜坡与正脊裂缝长21厘米；百子洞内僧房地面裂缝；文昌阁损坏较严重，落霞岩与文昌阁山门（孝友门）正中裂开、墙砖松动，地基塌陷、裂开；南僧房房脊裂缝，南墙裂缝加宽；屋面变形，受损面积450平方米。

云崖寺石窟群。位于庄浪县韩店镇东南陇山深处。始建于北魏，有云崖寺、朱林寺、红崖寺、大寺、西寺、乔阳寺、金瓦寺、佛沟门寺等多处石窟。地震造成云崖寺石窟第二层观音殿右侧整体垮塌45平方米；8号窟顶岩体开裂，部分岩体坍塌；陈家洞石窟岩体坍塌；唐代残塔震裂。

木梯寺石窟。位于武山县马力镇杨坪村石渭山上。洞窟开在距山基200米的悬崖峭壁上，横跨九梁十沟，长500米。始建于北魏，后经历代重修。现存洞窟和殿阁19个、塑像80余尊、壁画234幅，总面积400多平方米。地震造成山体滑坡3000立方米，石窟受损面积460平方米；3号窟前殿与后窟裂开分离，前殿倾斜；4号窟基础台阶塌陷；12号窟前殿与后窟连接处裂开；13号窟木柱断裂，基础台阶塌陷，木构件榫卯松动；14号窟侧墙与木柱裂开；18号窟左侧基础山墙垮塌，屋顶受损；石窟间的防护栏共有32米震落悬崖下。直接经济损失193万元。

南石窟寺。位于泾川县城东泾河北岸。北魏永平三年（510年）始凿，现存5窟。地震造成1号窟洞原坍塌洞口增大，洞窟顶部有山石震落。

王母宫石窟。位于泾川县城关镇西，建于北魏永平三年。石窟依山开凿，呈长方形，高12米。窟内现存造像百余尊，窟外为清代重修的依山楼阁。地震造成楼阁外檐柱倾斜增大，裂缝增加，窟内多处土层剥落，窟顶漏雨。

玉泉观。俗称城北寺，在天水市秦州区天靖山麓。建于元大德三年（1299年），明、清时重建。观内有“玉泉仙洞”、历代碑石55方、石碣11方，其中元碑5方、石碣11方，明碑9方；有树龄在1000～1500年的古树7株、500～900年的古树20株，属于国家一级保护的21株。地震造成玉皇殿玉皇阁整体向东倾斜，正殿后檐瓦当、滴水部分摔落；东配殿正脊断裂、全塌，屋面全毁；西配殿有5处较大裂缝，地基开裂，玉泉井六角亭濒临倒塌；三清殿等5座建筑正脊全塌，屋面全毁，梁架歪斜，墙体裂缝；雷祖殿墙体开裂，局部坍塌；全观屋面严重受损约840平方米。

武康王庙。位于崇信县城东街，俗称城隍庙，为奉祀唐代武康郡王李元谅而建。现存建筑为明、清时修建，占地3337平方米。地震造成基础坍塌，大殿、拜殿墙体裂缝，屋面变形，受损面积约100平方米；围墙崩塌约1200平方米。

伏羲庙。又名太昊宫，位于天水市秦州区伏羲路，俗称人祖庙。创建于元至正七年（1347年），明、清屡次修葺，主体建筑为明代建造，占地面积1.3万平方米，是甘肃境内唯一保存下来的明代官式木构建筑。地震造成过街牌坊、大门、宫门、仪门、先天殿、太极殿、隋唐屏风石棺床、戏楼、来鹤轩、忠义祠、乐善院等不同程度损坏，多为建筑构件接合处开裂、外倾，屋面瓦松动、移位，正脊倾斜、垂脊断裂，立柱柱脚错动移位，墙体裂缝宽数厘米、最宽近10厘米、最长达4米，部分墙皮脱落，地基下沉。

后街清真寺。位于天水市秦州区人民西路，始建于元，明、清数次扩建重修，占地1731平方米，建筑面积1200平方米。主体建筑礼拜大殿，系明代重建、扩建，是甘肃省最大的清真寺，寺内存有明清碑刻、楹联、匾额及手写经卷等文物。地震造成礼拜大殿向西南倾斜，部分梁架断裂，兽脊倾倒，瓦当滴水、锚头大部分松动、破碎、震落；墙体开裂，有多处构件裂缝，前后殿交接处整排柱向西南倾斜，山花墙外倾，平枋、立枋花板等与柱脱榫拉开，前后殿外纵横墙裂缝，大殿西南边围墙外倾，有倒塌危险；屋面多处塌陷，受损面积240平方米。

胡氏古民居。位于天水市秦州区，是秦州举人、山西按察副使胡来缙的家宅。建于明嘉靖年间（1522—1566年），清代重修大门和厢房。现存房屋8座26间，占地面积2350平方米，是甘肃省内保存最完整的高官私宅。地震造成房屋墙体倾斜、开裂，屋面局部变形，受损面积约200平方米。

秦安文庙。位于秦安县兴国镇新华街东，占地面积3200平方米。建于元大德元年（1297年），明、清重修。有大成殿、崇圣祠、乡贤祠、名宦祠、临街牌坊等，是保存较好的元明时期木构建筑。地震造成墙体倾斜，屋面和墙体多处开裂，最大裂缝达15厘米，梁架歪斜，木梁榫卯大部分脱裂，地基出现不同程度裂缝、下陷，屋脊构件掉落，屋面受损面积260平方米。

延恩寺塔。位于平凉市城区，建于明代。地震造成塔体一至五层不同程度裂缝，地基砖和第一层下半部砖体严重渗水、碱化。

罗川赵氏石坊。位于正宁县罗川城中心，共3座，即恩宠坊、天官坊、清官坊，建于明万历末年。恩宠坊为明吏部稽勋司郎中赵邦清为其嫡母刘氏、生母高氏所立，天官坊和清官坊系当地府县官绅为赵邦清所立。石坊各高约10米、宽约20米，全以红砂岩料凿磨镶砌而成，通体雕饰人、禽、兽、山、水、云、树、花、庭院等。地震造成天官坊坊脊损毁三分之一,一二层吻饰损毁，构件开裂、坠落；恩宠坊第二道石质横梁断裂；3座石坊均发生不同程度歪斜。

会宁红军会师旧址。位于会宁县城。民国25年（1936年）10月，中国工农红军第一、二、四方面军在会宁会师，标志长征胜利结束。地震造成会师楼（西津门城楼改称）2楼墙体开裂，裂缝长3米；会师纪念塔（建于1986年）10层、11层开裂；城墙裂缝长30米；受损面积约260平方米。

俄界会议会址。位于迭部县达拉乡高吉村。民国24年（1935年）9月12日，中共中央政治局在这里召开会议，做出了《关于张国焘同志错误的决定》，发出了《为执行北上抗日告同志书》。红军司令部、毛泽东居室及会址均保存完整。地震造成会址建筑主体倾斜，后墙墙体开裂、局部坍塌，屋面受损面积160平方米。

哈达铺会议旧址。位于宕昌县哈达铺镇“中国工农红军长征第一街”的两旁，占地面积2.1万余平方米，建筑面积6131平方米。为清末民初西北山区的典型建筑，保存完整。地震造成哈达铺游击队司令部旧址（建筑面积 402.78 平方米）受损（见图 547）；红三十军军部旧址（建筑面积 824.86 平方米）局部坍塌；红军干部会议会址、红一方面军司令部旧址、毛泽东和张闻天住室、新展厅等地基塌陷、局部裂缝、门柱移位。文物保护范围内 35 户民居（共 2625 平方米）全部被震毁（见图 548）。

图 547　被震坏的哈达铺游击队司令部旧址

图 548　文物保护区范围内被震毁的民房

三　陕西灾区全国重点文物保护单位受损

陕西省有 18 处全国重点文物保护单位受损，其中重灾区 2 处、一般灾区 16 处。

重灾区全国重点文物保护单位受损　武侯墓。位于勉县城南的定军山下，是三国蜀汉丞相诸葛亮的墓园，建于蜀汉景耀六年（263 年）。现存献殿、大殿等建筑 54 间，多为明、清时修建，占地 21.33 余公顷。墓园有 54 株古柏和护墓双桂，双桂传为修墓时所植。1996 年国务院公布为第四批全国重点文物保护单位。地震造成大殿神龛后墙倾斜，壁画受损；南北厢房后背墙、后坟亭两侧耳房墙体开裂，局部地基下陷，屋面瓦松动；门外照壁顶部震落；内外围墙多处裂缝（见图 549）。

灵岩寺摩崖。位于略阳县城南 3.5 公里嘉陵江畔、文玉山西坡。建于唐开元年间（713—741 年），历代多有修葺。寺内藏有汉代以来的碑碣 200 余通，其中汉代书法名碑《郙阁颂》是汉灵帝建宁五年（172 年）的一方摩崖石刻，为纪念汉武都太守李翕修剑阁栈道而刻，为标准的汉隶、八分。2006 年 6 月被国务院公布为第六批全国重点文物保护单位。地震造成金刚殿背墙倒塌约 2 米，望江楼屋面较大面积瓦件滑落出

图 549　武侯墓被震裂的围墙

图 550　灵岩寺金刚殿被震塌的背墙部分

图 551　被震裂的灵岩寺城池遇贼碑

檐，山体滚落的巨石击毁寺院入口石雕栏杆约 6 米以及新修复的嘉陵栈道，寺藏三级文物“城池遇贼碑”被震裂为数块（见图 550 ～ 551）。

一般灾区全国重点文物保护单位受损　陕西一般灾区受损的全国重点文物保护单位有 16 处（见表 291）。

陕西省一般灾区受损的全国重点文物保护单位一览表

表 291

文物名称	产生时代	所在地	国务院公布年份、批次	受损程度
阿房宫遗址	秦代	西安	1961 年第一批	轻微
蔡伦墓	东汉	洋县	2006 年第六批	较轻
大雁塔	唐代	西安雁塔	1961 年第一批	轻微
八云塔	唐代	周至	2001 年第五批	较轻
昭陵	唐代	礼泉	1961 年第一批	轻微
乾陵	唐代	乾县	1961 年第一批	轻微
昭仁寺大殿	唐代	长武	1988 年第三批	轻微
大秦寺塔	唐代	周至	2006 年第六批	较重
太平寺塔	宋代	岐山	2006 年第六批	轻微
周公庙	清代	岐山	2006 年第六批	轻微
扶风城隍庙	明代	扶风	2006 年第六批	轻微
张良庙	明至清代	留坝	2006 年第六批	较轻
西安城墙	明代	西安城区	1961 年第一批	轻微
西安钟楼、鼓楼	明至清代	西安城区	1996 年第四批	轻微
西安城隍庙	明至清代	西安莲湖	2001 年第五批	轻微
北五省会馆	清代	紫阳	2006 年第六批	较轻

阿房宫遗址。位于西安市未央区三桥街道南阿房村，始建于秦始皇三十五年（前 212 年）。总面积约 8 平方公里。地震中轻微受损。

蔡伦墓。位于洋县龙亭镇。墓冢高 7 米，墓前现存石碑 3 通，正中真书“汉龙亭侯蔡伦之墓”。蔡伦字敬仲，桂阳（今湖南郴州）人，官至尚方令。他改进造纸技术，造出的纸时称“蔡侯纸”。死后葬于此，后代遂于墓前修建纪念祠。现祠为明清建筑。地震造成墓前大门脊檐垮塌，部分建筑屋脊倒塌，配殿顶部塌陷，拜殿、献殿、翠花门墙体开裂，部分围墙倒塌或震裂。

大雁塔。位于西安市雁塔路南端，初建于唐永徽三年（652 年），武周长安元年（701 年）重建。历代均有维修。现存仿木楼阁式砖塔，7 层，高 64 米。地震中轻微受损。

八云塔。位于周至县城西南小土原上，建于唐景龙二年（708 年），砖木结构密檐式空心塔，方形，原为 13 层，现存 11 层，高约 36 米。地震造成塔基南北侧裂开，两条横向裂隙长 30 厘米；塔与塔基之间裂开；塔体一层四面均有纵、横裂缝，其中东墙局部砖块碎裂脱落，南墙斗拱处呈纵向裂纹数条，最长 120 厘米；一、二层塔檐多有震裂，并有砖块震落；一层北侧石踏步、门券洞两侧及顶部、塔内南北墙均多处裂缝，以拐角处为甚，长约 1 米；西墙顺楼梯而上，裂缝长达 5 米。

乾陵。位于乾县城北梁山上，为唐高宗李治与女皇武则天的合葬墓，陵墓依山开凿，海拔 1047 米。陵园分为内城、外城。陵园周围约 40 公里内均为皇亲贵戚、朝廷重臣的陪葬墓。地震造成陵园内城朱雀门外石刻均有不同程度损伤，其中以无字碑较为严重，碑身原有裂纹增宽，碑基座沉降，碑身倾斜。玄武门外东列石刻中第二匹石仗马身及四腿新增多道裂隙，基座向北严重倾斜。乾陵东乳峰土阙北面西侧顶部裂隙加大。陪葬墓永泰公主墓地宫保护层多处开裂，中部下陷，地宫内多处壁画脱落。

昭陵。位于礼泉县东北九嵕山上，是唐太宗李世民的陵墓。陵墓背依主峰（海拔 1188 米）凿山而建。陵区东西 12 公里、南北 10 公里，松柏苍郁，古称“柏城”。地震造成陵园轻微受损。

昭仁寺大殿。位于长武县城内东街，建于唐贞观二年（628 年），是唐太宗为纪念在长武浅水原大战中阵亡的将士而建。地震造成大殿轻微受损。

大秦寺塔。位于周至县塔峪村，原名“镇仙宝塔”，建于大唐贞观年间（627—649 年）。塔平面八角形，7 层，高约 28 米。地震造成大秦寺房屋全部变成危房，塔体轻微受损。

太平寺塔。位于岐山县城关中学院内。建于宋代元祐三年（1088 年），后寺毁塔存，为八角 8 层仿木建筑结构的阁楼式砖塔，通高 30 余米。地震造成塔体一层多处损伤，塔身八面均震裂，裂缝最宽 3 ~ 4 厘米；东面塔壁底部向外倾斜 6 ~ 8 厘米，南、北券洞正中上方亦有竖向裂缝。经检测，塔身向东偏北倾斜，偏离正轴心 4 度，塔顶偏移 1.82 米，有倒塌的危险（见图 552）。

图 552　被震斜的太平寺塔塔身

周公庙。位于岐山县西北凤凰山下，建于唐初，是纪念周公姬旦等西周历史人物的祠堂，占地面积60公顷，现存清代建筑30多座。地震造成周公正献殿彩绘、壁画涂料多处裂开、脱落，西山墙与后檐墙之间裂缝较大，献殿角柱与檐檩脱卯；八卦亭柱子倾斜；姜嫄正殿梁与柱子脱卯，东西山墙裂缝；周八士八帅殿东山墙南端裂缝；老君洞顶部多处裂缝，壁画多处脱落。

扶风城隍庙。位于扶风县城东大街。建于明洪武三年（1370年），是关中西部保存较完整的古建筑群，占地6668平方米。地震造成山门东西两侧的围墙裂开，献殿西山墙裂开5处，东西配殿檐口多处塌陷，牌坊西山墙、东配殿南山墙和寝殿西山墙均不同程度震裂。

张良庙。位于留坝县留侯镇茶店子村。为祭祀西汉开国功臣张良的祠庙，又称“汉张留侯祠”。传为汉代所建，历代都有重建和扩建，现存建筑为清康熙年间重建，是全国所有祭祀张良的祠庙中规模最大、保存最为完整的。有楼、殿、亭、阁、廊、榭共156间，以及碑刻39通、摩崖题字51块、匾额50多面、楹联40余幅、古树10棵，占地面积1.42万平方米。地震造成五云楼梁架倾斜，局部脱榫，墙体开裂，屋瓦松动下滑；大殿、东华殿屋脊断裂，兽头瓦件震落；地面多处裂缝，碑廊地面下陷致墙体倾斜；部分门窗变形；庙院外围墙震倒近150米；授书楼基座多处震裂。

西安城墙。建于明洪武七年至十一年（1374—1378年），呈正方形，周长13.7公里，是国内保存最为完整、规模最大的古代城垣建筑。历代多次修缮。现存城墙高12米、底宽15～18米、顶宽12～14米；墙顶上筑有内外女墙，外女墙有垛口5984个；城外壁筑马面98个。地震造成安定门城楼西南角挑檐裂缝长1米，箭楼南、北山墙竖向裂缝分别长1.5米、1米，月城东楼裂缝长2米，尚德门过车洞裂缝，近年新增建城垣连接段有砖块震落。

西安钟楼、鼓楼。钟楼位于西安市中心，建于明洪武十七年（1384年），万历十年（1582年）重修，楼基座正方形，楼高36米。鼓楼在钟楼西，西大街北侧。建于明洪武十三年（1380年），清代重修，面阔7间，进深3间，楼座长方形，青砖砌筑，楼高33米，是国内规模最大的明代钟、鼓楼。地震造成钟楼2楼槛窗、槛墙及楼梯斗拱部位裂缝严重，部分椽子脱位；鼓楼槛墙和地面多处裂缝。

西安城隍庙。坐落在西安市西大街中段北侧，建于明洪武二十年（1387年），后历代屡次修葺。地震中轻微受损。

北五省会馆。位于紫阳县向阳镇任河与汉江交汇处，是陕南保存比较完整的清代建筑，其石刻、木雕蕴涵深厚的历史文化和艺术价值，约300平方米的建筑壁画保存完整。地震造成会馆东城门楼墙体局部开裂，椽檩断裂，筒瓦脱落；江西会馆屋面垮塌百余平方米，墙倒16米，建筑壁画损坏。

四　重庆灾区全国重点文物保护单位受损

重庆市受损的全国重点文物保护单位有3处。

钓鱼城遗址。坐落在合川区钓鱼城山上，1996年国务院公布为第四批全国重点文物保护单位。地震造成护国寺、新东门城楼屋面受损约70%，山门墙体裂隙、倾斜，寺内条石墙面多处裂缝，僧房墙壁抹灰脱落；藏经阁楼木板壁、窗多处开裂；药师殿屋面的桷子抖松、屋面瓦抖乱，多处出现漏洞；始关门、水军码头墙体爆裂，宽5米、高2.3米，裂缝最长2米、最宽10厘米；始关门城门洞口顶部震裂、破碎，碎石掉落，沿缝隙渗水，整个城门砌体已呈垮塌之势。

杨氏民居。在潼南县双江镇，占地5400平方米、建筑面积达2060平方米，有三进院落、大小房厅51间。建筑以高浮雕、透雕手法雕刻的历史戏剧人物、花卉图案最为精致。2006年5月国务院公布为第六批全国重点文物保护单位。地震造成门洞轻微受损，外围墙开裂严重，中堂、卧室等多处开裂，部分墙体变形外凸，绣花楼梁榫头位移，隔断墙开裂，客厅屋瓦脱落。

中国西部科学院旧址。在北碚区文星湾42号，现为重庆自然博物馆北碚陈列馆。中国西部科学院是中国第一家民办科学院。民国19年（1930年）秋，爱国实业家卢作孚在其乡村建设实验区北碚创办。旧址主体建筑有惠宇楼、地质楼、卢作孚旧居和地磁测点碑等。2006年5月国务院公布为全国重点文物保护单位。地震造成惠宇楼多处墙体、屋顶裂缝，部分屋瓦、房檐震落；地质楼、卢作孚旧居墙体、房顶裂缝，屋面部分脱落。

第二节　省级文物保护单位受损

汶川特大地震灾区省级文物保护单位受损共278处，其中四川灾区192处，占69.1%。极重灾区18处，全在四川省；重灾区94处，其中四川省67处、甘肃省11处、陕西省16处；一般灾区166处，其中四川省107处、甘肃省25处、陕西省27处、重庆市6处、云南省1处。

一　四川灾区省级文物保护单位受损

四川省受损的省级文物保护单位192处，其中极重灾区18处、重灾区67处、一般灾区107处。

极重灾区省级文物保护单位受损　极重灾区有9个县（市）的18处省级文物保护单位受损（见表292）。

四川省极重灾区受损的省级文物保护单位一览表

表292

文物名称	产生时代	所在地	受损程度
左封县城遗址	唐代	茂县	较重
叠溪点将台摩崖造像	唐代	茂县	较重
慧剑寺	宋至清代	什邡	较重
祥符寺	宋代	绵竹	较重
龙居寺	元至清代	什邡	较重
平武城墙	明代	平武	较重
豆叩寺	明代	平武	较重

续表 292

文物名称	产生时代	所在地	受损程度
开禧寺	明代	安县	较重
永平堡	明代	北川	较重
法藏寺	明至清代	彭州	较重
太平桥	清代	安县	较重
姊妹桥	清代	安县	较重
飞鸣禅院	清代	安县	较重
文星塔	清代	安县	极重
回龙寺	清代	平武	较重
昭忠祠	清代	平武	较重
奎光塔	清代	都江堰	较轻
马岭山红军战场遗址	民国	汶川	极重

祥符寺。位于绵竹市区，建于隋唐，初名华严寺，宋真宗大中祥符年间（1008—1016年）扩建增修后改今名。1986年重修，占地2.33公顷，震前建筑保存完好。寺内供奉有两尊缅甸玉佛、清乾隆年间和日本大正年间（1912—1926年）的两套大藏经、明太祖御赐僧官碑、张三丰塑像及所留墨宝、历代文人题赠的诗词书画。地震造成山门、药师佛殿、大雄宝殿、藏经楼、玉佛殿、祖师殿、客堂、罗汉堂、僧侣宿舍等屋面青瓦滑落、透亮；木构架脱榫、断榫，面积达2200平方米，经济损失约321万元。

图553　被震倒的什邡市龙居寺照壁

龙居寺。位于什邡市湔氐镇，建于隋大业年间（605—617年），元至清代多次修缮。石木结构的建筑依山就势，为复四合院不完全对称形布局。占地面积23450平方米，建筑面积4200平方米，有廊房252间。地震造成照壁、围墙、房屋山墙多处震塌，总长达200米（见图553）；多处石柱、木柱移位，屋脊多处断裂，中堆、脊兽倒塌，屋瓦几乎全部震掉，屋基、顶棚、窗格、木刻、石刻等均有较大程度破坏。

图554　部分被震塌的平武城墙

平武城墙。位于平武县龙安镇箭楼山南麓蟠龙坝上。建于明代，清代多次修缮。4座古城门墙仅存西门通远城墙。地震造成城墙、城门裂缝百余处，100余米墙段爆裂，30余米坍塌（见图554）。

图 555　被震落的法藏寺大门顶部

法藏寺。位于彭州市永定乡凤鸣村，建于唐末，初名弥陀庵，明永乐四年（1406 年）始改今名。清康熙四十二年（1703 年）扩建成七重殿宇，占地面积 20 余公顷。现存建筑不到清代的三分之一。地震造成大部分房屋倾斜，部分屋面塌陷、破裂，柱子移位，墙体裂缝，墙基下沉（见图 555）。

奎光塔。位于都江堰市城西岷江畔，建于唐代，清道光十一年（1831 年）重建。是当地士绅为点缀风景集资兴建，与佛教无关。塔平面呈六角形，17 层，双筒砖砌结构（每块砖上均刻有楷体清字），外形似密檐式，实际为楼阁式，通高 52.67 米。人可拾级盘旋上至第 7 层，以上 10 层中空。地震造成塔体西南侧和东北侧产生贯通裂缝，从第 5 层直至塔顶；两组裂缝从第 10 层延伸至塔体内部并连通起来，将塔体分割为南北两部分，裂缝最宽处达 15 厘米；7 ~ 14 层塔体西北侧和东南侧出现贯通裂缝；7 ~ 12 层部分砖体破碎、坍塌；10 层与 11 层塔体上下错位，最大错距 7 厘米；塔体 9 层东北角、10 层东北角、15 层东南角，外倾距离最大达 8 厘米，有垮塌之势（见图 556）。另外，附属建筑奎星阁顶部震塌；普照寺中普同塔震塌，仅存底层（见图 557）。

图 556　奎光塔塔体被震裂

图 557　普照寺中普同塔上部被震塌

图 558　马岭山红军战场遗址被震塌的连指挥部

马岭山红军战场遗址。位于汶川县草坡乡足湾村，民国 24 年（1935 年）红军长征到此，曾与国民党军队血战。地震造成徐向前指挥部、营指挥部、连指挥部、红军庙完全垮塌（见图 558）；赵团长墓、梅营长墓严重损毁；红军战壕遗址部分垮塌；山王庙红军合葬墓已完全垮塌；遗址所属的足湾村民房绝大部分垮塌，未垮塌者亦属危房。

重灾区省级文物保护单位受损　四川重灾区有 24 个县（市、区）的 67 处省级文物保护单位受损（见表 293）。

四川省重灾区受损的省级文物保护单位一览表

表 293

文物名称	产生时代	所在地	受损程度
雒城遗址	汉代	广汉	较轻
赵子龙祠墓	蜀汉	大邑	较重
姜维墓	蜀汉	芦山	较轻
琴泉寺	北周至南宋	三台	较轻
碧水寺	唐代	绵阳	较轻
房湖	唐至明代	广汉	较重
临江寺	唐代	苍溪	较重
云台观	南宋至清代	三台	较重
广汉文庙	宋代	广汉	较重
姜孝祠姜公坟	宋至清代	德阳旌阳	较重
北塔	宋至清代	中江	较重
龙护舍利塔	元至清代	德阳旌阳	较重
尊胜寺	明代	三台	较重
龙居寺	明代	广汉	较轻
东塔	明代	三台	较重
南塔	明代	中江	较轻
崇霞宝塔	明代	苍溪	极重
靖夷堡	明代	松潘	较重
鱼泉寺	明代	绵阳	较轻
马鞍寺	明代	绵阳	较重
钟鼓楼古建区	明至民国	剑阁	较重
大安寺	明至清代	广元朝天	较重

续表 293

文物名称	产生时代	所在地	受损程度
昭化古城墙	明代	广元元坝	较轻
巴巴寺	清代	阆中	较轻
观音寺	清代	苍溪	较重
剑州白塔	清代	剑阁	极重
李白故居	清至现代	江油	较重
龙门书院	清代	广元元坝	较轻
红军胜利纪念碑	民国	江油	较轻
长赤县苏维埃政府旧址	清代	南江	较重
寻乐书	清代	苍溪	较轻
柳桥石牌坊	清代	广元元坝	较轻
杨遇春宫保府	清代	崇州	较重
中共川陕省委党校旧址	清代	通江	较重
邓池沟天主教堂	清代	宝兴	较重
九襄石牌坊	清代	汉源	较轻
陈家大院	清代	崇州	较轻
考棚	清代	广元元坝	较轻
华光楼	清代	阆中	轻微
结斯喇嘛寺	清代	小金	较重
笔塔	清代	盐亭	极重
李杜祠	清代	绵阳	较重
贞孝节烈总坊	清代	梓潼	较轻
奎星阁	清代	罗江	较轻
清溪文庙	清代	汉源	较轻
沃日土司官寨碉及经堂	清代至民国	小金	较重
甘堡藏寨	清代	理县	较重
筹边楼	清代	理县	较重
杂谷土司碉群	清代	理县	较重
河西普照寺	清代	江油	较重
鹤鸣山道教造像	不详	剑阁	较轻
蓝池庙	不详	三台	较轻
禹王宫帝主庙	不详	中江	较轻
麒麟街民居	不详	崇州	较重
黄氏宗祠	民国	崇州	较轻
汪家楼	民国	阆中	较重
王佑木故居	民国	江油	较轻
太公红军山	民国	广元元坝	较重

续表 293

文物名称	产生时代	所在地	受损程度
红军文化园	2004 年	广元利州	较轻
木门会议旧址	民国	旺苍	较轻
红军城遗址	民国	旺苍	较轻
巴山游击队指挥部旧址	民国	南江	较轻
中共阆南县委旧址	民国	阆中	较轻
薛城门洞红军石刻标语	民国	理县	较重
怡心园	民国	广元元坝	较轻
猛固桥	民国	小金	轻微

赵子龙祠墓。位于大邑县晋原镇东门锦屏山麓。蜀汉后主刘禅敕葬赵云于成都锦屏山之东，建立庙堂，四时享祭。地震造成前殿、大殿、因山阁、小沧洲、毡荷亭等屋脊梁枋断裂下坠、青瓦脱落，结构严重倾斜，前殿、大殿均成危房。受损面积 3560 平方米。

房湖。位于广汉市雒城镇房湖公园内，为唐丞相房琯于上元元年（760 年）出任汉州刺史时凿建。湖边有房琯遗物房公石、文庙棂星门、石刻 200 多幅、明末张献忠的《圣谕碑》。地震造成多处景点严重破坏，湖岸堡坎石条开裂，部分塌陷；附属建筑屋顶筒瓦部分滑落，屋檐扭曲变形；棂星门 4 根立柱倒塌；地面下陷。

广汉文庙。位于广汉市古雒城南隅，建于北宋。地震造成棂星门 4 根望柱变形，莲花宝顶断裂坠落毁损，建筑整体倾斜，濒临倒塌，庑殿式屋顶受损，抱鼓石与石牌坊开裂，望柱及宝顶构件脱落损毁（见图 559）；大成殿撑拱震裂，东南侧翼角角尖震落、损毁，西北侧翼角震裂；东庑屋脊部分脱落、变形，屋檐扭曲变形，山墙墙体严重受损，石柱严重倾斜，濒临倒塌；戟门屋脊震裂，墙体与屋脊错位开裂，墙体倾斜。乡贤祠墙体多处裂缝，整体建筑濒临倒塌。字库北侧石柱断裂，塔身倾斜达 15 度。

图 559　被严重震坏的广汉文庙棂星门

北塔。位于中江县凯江镇北塔山顶，建于北宋熙宁六年（1073 年），清代曾进行维修。塔方形，13 层，密檐式，实心砖塔，通高 24 米。北塔是四川境内唯一具有宋、辽风格的古塔。地震造成 10 层以上全部垮塌，塔心室严重毁坏，残存塔身西面震出一条贯穿性裂缝，塔檐近半残缺，52 个檐角有 24 个全毁、4 个半残、7 个略残。

龙护舍利塔。位于德阳市旌阳区孝泉镇北，建成于元至正十三年（1353年），是四川省境内唯一一座元代砖塔。光绪四年（1878年）曾维修一次。塔平面方形，密檐式，13层，高28米。地震造成自塔底到塔顶出现南北向贯穿裂缝，越高的部位裂缝越大，最宽10厘米；各层券窗破坏严重，外部9～11层塔檐大面积塌落，将塔基围栏砸毁；墙壁变形，表层脱落，塔四周围墙倒塌数十米。附属文物（明代藏经楼）也出现墙体裂缝，青瓦滑落，檩子、椽子断裂，围墙垮塌。直接经济损失约713万元。

图560　5层以上被震塌的三台东塔

东塔。位于三台县东塔镇，建成于明万历三十一年（1603年），平面为六角形，9层。塔身震塌三分之一，残存塔身多处震裂，塔基歪斜（见图560）。

大安寺。位于广元市朝天区小安乡小安村。建于唐贞观年间（627—649年），初名圆通寺，明代重修，清代改称大安寺。建筑面积4000多平方米。地震造成地基松动，墙体全部垮塌，梁柱部分断裂，屋面大部损毁，主体建筑向北倾斜30度（见图561）。

图561　震后倾斜欲倒的大安寺墙

李白故居。在江油市青莲镇，包括太白祠、陇西院、粉竹楼、李白衣冠冢、李月园墓、名贤祠、文昌宫、牛雪樵德政坊、陕西会馆等建筑。太白祠祠堂大门损坏，地震造成瓦屋面毁坏，部分梁柱错位、倾斜、倒塌。太白祠蜀风堂，整体震塌。太白祠连廊、太白祠厢房，墙体和柱头震裂。太白碑林因地震造成部分碑体移位，碑面脱落（见图562～563）。李白衣冠冢墓石部分震裂、垮塌，墓碑倾斜。名贤祠全部震塌。文昌宫，部分梁柱错位、倾斜、倒塌。陕西会馆，建于清代，穿斗式结构。瓦屋面震毁，部分梁柱错位、倾斜、倒塌。法华渡，始建于唐代。中度震坏。漫坡渡，始建于唐代，震毁殆尽，仅存遗址。洗墨池，始建于唐代，1963年重建。地震造成部分栏杆倾斜、坍塌。古桂树，栽于清乾隆四十二年（1777年）。震后枝叶凋零，濒临死亡。

图 562　院墙震塌、屋面毁坏的太白祠

图 563　震后的粉竹楼

李杜祠。位于绵阳市游仙区富乐山东、芙蓉溪南，建于清光绪二十六年（1900 年），是国内仅存的李白、杜甫合祀的纪念地。地震造成所有歇山顶、悬山顶的屋脊，或坍塌，或震裂，瓦屋面损坏、小青瓦脱落，筒瓦屋面错位、下滑；厢房木结构屋架受损，吊顶被砸，砖墙不同程度开裂，部分墙体错位、坍塌，墙面大片脱落；东津牌坊开裂 10 处，八字形门楼上部垮塌，主楼两侧两条裂缝，最宽近 20 厘米；石刻门枋上的石构件错位，摇摇欲坠；仙圣堂墙体、塑像震裂，屋顶脊饰部分垮塌；问鱼舫基础受损，玻璃震碎。

图 564　民房多数被震坏的甘堡藏寨

甘堡藏寨。位于理县甘堡乡，建于清代。地震造成村寨内的民房多数垮塌，少数未垮塌的民房墙体开裂外鼓，梁柱歪斜；守备衙署全部倒塌，成为废墟（见图 564）。

图 565　部分墙体被震塌的筹边楼

筹边楼。位于理县薛城镇南沟，建于清代。地震造成西边基础墙体及一层主体墙体垮塌宽度为 9 米，基础至一层墙体顶部垮塌高度为 14 米，基础墙体厚 4 米左右，整个基础工程垮塌量约为 500 多立方米；墙体垮塌致使筹边楼主体倾斜，3 根柱子悬空，1 根柱子顶部檩口折断（见图 565）。

一般灾区省级文物保护单位受损　四川一般灾区有 49 个县（市、区）的 107 处省级文物保护单位受损（见表 294）。

四川省一般灾区省级文物保护单位受损情况一览表

表 294

文物名称	所在地	受　损　情　况
安宁御碑亭	金川	穿斗式梁架向北倾斜，部分瓦件脱落，两翼垮塌
曾达关碉	金川	顶部震塌 2 米多，中上部震裂，碉体向西倾斜，岌岌可危；东碉顶部震塌，残存碉体上半部震裂，基础两侧裂缝
观音庙	金川	僧人住房震塌 3 间，约 90 平方米；寺庙部分墙体震裂
红军革命纪念建筑群	金川	大部分建筑主体震裂，屋顶 80% 青瓦震掉；绥靖县委旧址主体建筑倾斜，部分墙体裂缝
西索民居	马尔康	房屋震裂，损坏严重
草登寺	马尔康	数十座僧房墙体震裂，佛塔墙体裂缝增长、增宽
陈家桅杆	成都温江	后照壁震塌，大花厅照壁震裂，“恩沐九霄”牌匾震落，砸毁古家具，部分房屋倾斜，墙体开裂，瓦屋面脱落、漏雨，木地板遭水浸。受损面积约 500 平方米
回澜塔	邛崃	宝顶震斜，外墙震裂，大悲庵大殿、配房屋面损坏，屋顶小青瓦大部分脱落
兴福寺	邛崃	部分建筑构件震断 , 屋面损坏
永乐寺	邛崃	屋面瓦大部分震落
文君井	邛崃	陈列厅屋顶领脊震断，屋面小青瓦大部分脱落
新繁东湖	成都新都	冰玉轩、三贤堂、沈家祠等部分屋面瓦滑落，月波廊、瑞莲阁等木构件倾斜、错位，公园正门牌坊上部垮塌，珍珠船背面的围墙倒塌，怀李堂建筑吊顶垮塌，《王懿荣游东湖诗》碑座断裂、倒塌，望雪楼墙垛开裂、松动。受损面积 2000 平方米
龙藏寺	成都新都	经堂屋面部分震塌，四合院、潜西精舍、弥勒殿、毗卢殿、白云精舍及妙音阁等屋脊损坏、屋面瓦下滑，六角亭等古建筑木柱断裂、倾斜，受损面积 4800 平方米
大慈寺	成都市东风路一段	多处房瓦滑落，客堂裂缝
基督教青年会	成都市春熙路北段	屋瓦滑落，形成破洞，3 楼多处墙壁裂缝，受损面积 512 平方米
尹昌衡公馆	成都市王家坝街 4 号	门框震裂，部分房瓦松落，房屋漏雨严重
李劼人故居	成都市东郊沙河堡	展厅和办公室房顶瓦大面积滑落，房屋漏雨
黄鹤楼	新津	二层屋脊震塌，筒瓦震裂、滑落
纯阳观	新津	部分古建筑震裂、倾塌，忠亭四周小品廊房房脊与忠亭廊房山墙震塌；孝亭部分鳌角震塌，四周廊房房檐多处断裂、下塌；忠亭、孝亭及 88 间小品廊房和整个纯阳观古建筑沟瓦、脊瓦下滑、漏雨
大佛寺摩崖造像	蒲江	瓦面大面积震落
白云盐井遗址	蒲江	看护房瓦脱落 1.5 万余片
河沙寺大雄宝殿	蒲江	屋顶脊震塌
魏了翁墓	蒲江	附属房屋顶瓦震落，受损面积 300 平方米

续表 294

文物名称	所在地	受损情况
石经寺	成都龙泉驿	山门、大雄宝殿、毘庐殿、三圣殿、祖师殿、宗喀巴大师殿等建筑屋面瓦大面积滑落，屋顶脊断裂，受损面积205平方米
北周文王碑	成都龙泉驿	石佛殿屋面瓦大面积滑落，屋脊断裂；地面沉陷，泥墙垮塌
田氏支祠	成都龙泉驿	主体建筑屋面瓦大面积滑落，脊饰大多破损，中花倒塌，墙体开裂
唯仁山庄	成都龙泉驿	屋面瓦大面积震落，受损面积240平方米
彭大将军专祠	成都青白江	部分屋面瓦震松、滑动，墙体裂缝
绣川书院	成都青白江	屋面瓦震松、滑落
云顶山遗址	金堂	石城南城门至方炮台城墙沉陷，岗亭至圆炮台城墙严重倾斜，部分坍塌
五凤镇关圣宫	金堂	房架震脱移位，脊翘断裂，厢房屋面瓦掉落
白马泉	雅安雨城	墙体震裂、倾斜
观音阁	雅安雨城	整体建筑倾斜，屋面瓦部分滑落，梁架斗拱松动
蒙顶山古建筑群	名山	灵泉院牌坊屋脊震落摔毁，牌坊主体变形；茶史博物馆结构松动，墙体震裂，屋面瓦震落，屋顶变形，严重漏雨；永兴寺大雄宝殿结构变形，藏经楼裂缝；千佛寺墙体震裂，屋顶破坏严重；部分石雕破损；净居庵石牌坊损毁严重，房屋倒塌
名山文庙	名山	大成殿、崇圣祠、廊庑屋顶青瓦震落严重；棂星门塌陷，构建脱落损毁；墙体、立柱震裂
水月寺	名山	墙体震裂、倾斜，天花板震落，房顶震裂
西湖胜境石牌坊	天全	构件接头脱位，抱固石移位，接点互相挤压，大量石片脱落
太湖寺	荥经	屋面瓦震落，梁架松动
魁星楼	巴中巴州	墙体震裂、倾斜，屋面瓦脱落、下滑，木构架脱落
雷铺天将军墓	巴中	墓前石狮震倒，雀替脱落，牌坊严重倾斜（见图566）
川陕省巴中特别市委旧址	巴中巴州	木构架震脱，屋面瓦脱落、下滑
渠县文庙	渠县	仪门屋面震塌；琉璃瓦、脊饰震落；西庑殿整体向西倾斜，东庑殿向东倾斜；檩、檐、椽等木构件松动、移位；大成殿八角形藻井多处木枋断裂
宏文校“工”字楼	宣汉	天花板震落，墙体震裂
姚氏宗祠	宣汉	屋面瓦震落、破损，漏雨
宝泉塔	开江	基础严重下沉，塔室、塔顶震裂多处、漏雨
万寿宫	南充高坪	屋顶局部震塌，部分椽子断裂
无量宝塔	南充高坪	塔身震裂，四层以上轻微倾斜
永安寺	南部	大殿侧墙局部震塌
神坝砖塔	南部	地基沉陷，塔身严重倾斜

续表 294

文物名称	所在地	受　损　情　况
太蓬山摩崖造像及石刻	南部	岩体震裂，岩裂面积约 15 平方米；最大岩裂宽约 25 厘米，长约 5 米，深约 1 米
广安白塔	广安城区	墙体震裂多处
冲相寺	广安城区	屋面瓦震落、透亮
观音寺	武胜	屋面瓦震落、透亮，屋脊震断
岳池白塔	岳池	一至五层塔檐震断、垮塌，塔身倾斜
褒先寺	华蓥	屋面震塌 300 平方米
寂光寺	大英	屋面瓦滑落，屋顶整体震裂
高峰山古建筑群	蓬溪	大部分屋面瓦震落，屋脊、屋檩、穿枋、柱础震断移位；石碑震倒、断裂；柱头移位，墙壁倒塌；基础下沉
奎塔	蓬溪	塔面筒瓦震断、下滑严重，二、三层 3 扇花窗震掉
半月山大佛	资阳雁江	山顶石块震落，砸坏栏杆；山体滑坡，道路垮塌；大佛前方平台横向震裂、下塌，石阶震断
庵堂寺摩崖造像	安岳	部分椽、檩震断、错位；瓦砾震落、摔碎
道林寺	安岳	整个建筑向外倾斜约 30 度
磐若寺	内江东兴	抬梁震塌
东岳庙	资中	墙体震裂、倾斜，基础下沉；台楼、枋、梁松动；戏台整体倾斜
盐神庙	资中	风火墙震裂、倾斜，部分倒塌，正殿木构件损坏
王家祠	资中	左厢房部分震塌
甘露寺	资中	西厢房墙体震裂、倾斜
唐明渡双塔	资中	白塔的一、二层震裂
重龙山永庆寺及木牌坊	资中	玉虚宫震裂、严重倾斜；牌坊严重损坏
罗泉会议会址	资中	墙体震裂，屋面瓦滑落
威远白塔	威远	塔栏杆震毁，基础沉降，危及塔身
胡驭垓烈士墓	威远	基础沉降，建筑主体和堡坎裂缝、倾斜
静宁寺	威远	堡坎震裂，墙体震裂、垮塌，屋面青瓦大面积脱落，木构架脱榫、断裂，一处庭院震塌（见图 567）
梓潼宫	彭山	正脊、垂脊震裂，部分筒瓦震落，正面木结构、斗拱脱榫、断榫，装饰构件震落，左外柱、穿斗移位
丹棱白塔	丹棱	塔体震裂、倾斜，飞檐口断裂
曾家园	洪雅	墙体震裂，屋面瓦震落
修文塔	洪雅	墙体震裂，屋面瓦震落
周家祠	洪雅	墙体震裂，屋面瓦震落

续表 294

文物名称	所在地	受 损 情 况
五龙祠	洪雅	墙体震裂，屋面瓦震落
中岩寺	青神	墙体震裂、倾斜，屋瓦震落、漏雨
乐山文庙及老霄顶古建筑群	乐山城区	屋面瓦震脱、位移，灵官楼屋脊宝顶倾斜
嘉州古城墙	乐山城区	城墙震塌长 3 米，长 20 米的城垛位移、城墙的填充物下沉，兴发门城垛位移
宋氏祠堂	乐山城区	戏台屋脊及中堂正脊震裂
罗城古建筑群	犍为	街道木柱倾斜，屋面瓦滑落
雷畅故居	井研	围墙震塌 3 米，正门屋檐及天井四周屋檐受损严重，屋面瓦滑落
吉成井盐作坊	自贡大安	围墙震倒；建筑木结构脱榫、断榫，梁、檩断裂、垮塌，建筑严重倾斜；天车倾斜（见图 568）
夏洞寺	自贡大安	墙体震塌，部分屋面瓦滑落，厢房顶、柱、后院左厢房屋顶变形
凉高山牌坊群	自贡大安	王氏牌坊顶部石刻震落
陈家祠堂	自贡贡井	楼道震垮，墙体变形，屋面瓦滑落，厢房屋顶变形
军政府旧址	荣县	吊顶震落，梁、柱、檐损坏，屋面损坏严重
镇南塔	荣县	堡坎震裂
翠屏书院	宜宾翠屏	屋面瓦滑落，正殿前两侧钟鼓亭严重倾斜
东山白塔	宜宾翠屏	塔身震斜
七星山黑塔	宜宾翠屏	塔身震斜
朱家民居	宜宾	6 间房屋 137 平方米损坏，成为危房
禹帝宫	屏山	正脊宝顶最上一级震落，牌坊上部断裂、倾斜
万寿寺	屏山	屋脊多处震裂，屋面及墙体损坏
万寿观	屏山	屋脊、屋面、墙体震裂
朱德旧居	南溪	屋面瓦震落，木构件移位
南溪古城墙	南溪	锦江门西段 70 米城墙震裂、倾斜
冠英街民居	江安	墙体两侧震裂，中堆错位
国立剧专	江安	陈列馆屋面椽子震裂，屋面瓦震落，展室房屋倾斜
北京寺	珙县	危房面积约 1100 平方米
玉壶井碑刻	筠连	碑座、围栏震裂
玉蟾山摩崖造像	泸县	崖体多处震裂
圆通寺	泸县	数间房屋震毁，墙体震裂，脊梁歪脱，建筑倾斜
屈氏庄园	泸县	墙体震裂，脊梁歪脱，房顶震塌，建筑倾斜
地震碑林	西昌	墙体震裂，梁、檩震断，檐口震塌

图 566 震后的雷铺天将军墓（局部）

图 567 被震毁的静宁寺房屋

图 568 被震毁的吉成井盐作坊

二 甘肃灾区省级文物保护单位受损

甘肃灾区受损的省级文物保护单位 36 处，其中重灾区有 7 个县（区）的 11 处省级文物保护单位受损（见表 295），一般灾区有 15 个县（区）的 25 处省级文物保护单位受损（见表 296）。

甘肃省重灾区省级文物保护单位受损情况一览表

表 295

文物名称	所在地	受 损 情 况
吴挺墓及吴挺碑	陇南武都	墙体震裂、坍塌，碑亭基础下陷，碑亭歪斜，屋面多处塌陷，受损面积 60 平方米，脊兽震落
万象洞石刻题记	陇南武都	部分碑刻倾倒，个别碑刻断裂，护栏和标示牌损毁
福津广严院	陇南武都	山门整体震塌，大殿墙体部分垮塌；屋顶严重损坏面积 650 平方米

续表 295

文物名称	所在地	受 损 情 况
文昌楼	文县	东面护坡大面积坍塌，基础开裂，梁架歪闪，楼体倾斜，屋面严重损坏 210 平方米
白马关古城址	康县	城墙震裂 14 处、长 160 米，石砌墙、砖墙破碎脱落，门楼墙体震裂，城楼塌毁 400 平方米
平洛龙凤桥	康县	桥基松动、垮塌，桥身倾斜变形，两侧墙体坍塌，主体倾斜、错位，桥顶瓦面塌陷、散落，面积 200 平方米
栗川白塔	徽县	塔体震裂、错位、倾斜，大量构件坠落、损毁，受损面积 200 平方米
吴玠墓碑	徽县	墓体外围垮塌，墓碑倾斜；碑亭基础下陷、歪斜，脊件塌落；五贤祠墙体大面积裂缝，梁架变形；受损面积 40 平方米
梓潼文昌帝君庙	宕昌	前后大殿、东西厢房、过庭、戏楼等 15 间房屋震裂，钟、鼓楼损毁；屋面塌陷，瓦件散落，受损面积 120 平方米；管理用房倒塌，围墙断裂
两当文庙大成殿	两当	墙体震裂、倾斜，墙基下陷，屋面塌陷面积 60 平方米
华年古城址	舟曲	墙体震裂、坍塌，面积 15 平方米

甘肃省一般灾区省级文物保护单位受损情况一览表

表 296

文物名称	所在地	受 损 情 况
叶儿遗址	卓尼	遗址坍塌、滑坡面积 5000 平方米
洮洲卫城	临潭	城墙多处震裂，部分震塌，受损面积 920 平方米；烽火台震裂
连腾霄故居	天水秦州	部分房屋屋脊震塌，屋顶变形、塌落，墙体裂缝、局部震塌
哈锐故居	天水秦州	部分房屋墙体震裂，屋面塌陷变形
张庆麟故居	天水秦州	个别墙体震裂、错位，屋面塌陷
冯国瑞故居	天水秦州	墙体震裂，屋面局部损坏
石作瑞故居	天水秦州	墙体震裂，屋面局部损坏
赵充国陵园	清水	围墙局部震塌，直接经济损失 10 万元
马家塬遗址及墓群	张家川	墓坑墓壁多处震裂，马车车体、车轮震裂、脱落，山体滑坡，直接经济损失 130 万元
武山官寺	武山	燃灯佛殿木构架歪斜，墙体开裂，屋脊跌落。管理用房墙体裂缝，屋面瓦损坏，局部塌毁；地基局部塌陷（见图 569）
华盖寺石窟	甘谷	北侧山体大面积滑坡，石窟失稳
蔡家寺	甘谷	大殿墙体震裂、倾斜，梁架歪斜，建筑整体倾斜
泾川城隍庙	泾川	墙体震裂、倾斜，后檐翼角塌落，梁架歪闪，屋面塌陷变形，地基下沉

续表 296

文物名称	所在地	受　损　情　况
静宁清真寺	静宁	墙体多处震裂，地基下陷，屋面横木错位，勾连脱离，屋面瓦大部分错位
静宁文庙	静宁	墙体震裂，房屋檩、椽错位，屋面瓦部分震落；戟门、厢房、学宫损坏严重
石拱寺石窟	华亭	8 号窟南壁震裂，裂缝贯穿佛龛雕像；11 号窟南壁震裂，裂缝横穿佛龛；围墙震裂
政平书房	宁县	正房基础坍陷，梁架歪斜，屋顶损坏严重，墙体开裂、倾斜；其他屋面均多处塌陷；围墙倒塌
肖金塔	庆阳西峰	一层塔身震裂，南北两面中部错位；塔基坍陷，塔身倾斜加大
石崆寺石窟	镇原	8 号窟与 11 号窟南壁震裂，裂缝贯穿佛龛雕像；屋檐震裂，部分岩体失稳，排水渠震裂
玉山寺石窟	镇原	岩体震裂，局部坍塌
慈云寺钟楼	庆阳西峰	墙体震裂，局部坍塌
周旧邦木坊	庆阳西峰	柱体、梁架震斜
宝塔寺	庆阳西峰	天王殿顶筒瓦震脱严重，4 个角子震坏，殿内顶部开洞多处，东围墙震倒
榜罗镇会议旧址	通渭	墙体震裂，屋面损坏
御制大崇教寺碑	岷县	墙体震裂，屋面损坏

图 569　武山官寺被震毁的房屋

三 陕西灾区省级文物保护单位受损

陕西省有43处省级文物保护单位受损，其中重灾区宁强、略阳、勉县三县的16处省级文物保护单位受损（见表297），一般灾区有18个县（区）的27处省级文物保护单位受损（见表298）。

陕西省重灾区省级文物保护单位受损情况一览表

表297

文物名称	所在地	受 损 情 况
青木川古建筑	宁强	长800多米的明代古街“回龙场”严重破坏，许多老宅坍塌；魏辅唐宅院部分屋脊和墙面开裂、坍塌
九台观	宁强	房屋柱斜房倾，墙裂瓦坠
阳平关清真寺	宁强	房屋柱斜房倾，墙裂瓦坠
秀峰寺	宁强	房屋或柱斜房倾，或墙裂瓦坠
江神庙	略阳	戏楼、过殿、后殿、厢房墙体多处震裂、倾斜；围墙局部倾斜、坍塌，屋面瓦大面积破碎、滑落
紫云宫	略阳	主体建筑严重倾斜，屋面及屋顶脊饰全部损毁，墙体坍塌，木构件脱落
略阳东门城楼	略阳	房屋柱斜房倾，墙裂瓦坠
老爷岭道观	略阳	房屋柱斜房倾，墙裂瓦坠
白水江清真寺	略阳	房屋柱斜房倾，墙裂瓦坠
武侯祠	勉县	西辕门墙体震裂，屋面瓦滑落；琴楼柱子倾斜；东过门墙体塌坠；大殿、配殿、拜殿墙体震裂；殿内多方碑石前倾；多处围墙震裂
城隍庙	勉县	房屋柱斜房倾，墙裂瓦坠
观音寺	勉县	房屋柱斜房倾，墙裂瓦坠
天灯寺	勉县	房屋柱斜房倾，墙裂瓦坠
黄沙三元宫道观	勉县	房屋柱斜房倾，墙裂瓦坠
旗杆山道观	勉县	房屋柱斜房倾，墙裂瓦坠
青羊驿镇三官堂	勉县	道观房屋柱斜房倾，墙裂瓦坠

陕西省一般灾区省级文物保护单位受损情况一览表

表 298

文物名称	所在地	受损情况
圣水寺	南郑	大殿墙体震裂，屋脊倾斜，附属建筑屋面瓦震落；围墙震塌
拜将台	汉中汉台	围墙震塌
天台山古建筑	汉中	建筑柱斜房倾，墙裂瓦坠
万寿寺	汉中	建筑柱斜房倾，墙裂瓦坠
兴隆寺	汉中	建筑柱斜房倾，墙裂瓦坠
仙隐清真寺与团结清真寺	汉中	建筑柱斜房倾，墙裂瓦坠
泛水泉道观	汉中	建筑柱斜房倾，墙裂瓦坠
洞阳宫道观	城固	建筑柱斜房倾，墙裂瓦坠
太极山道观	城固	建筑柱斜房倾，墙裂瓦坠
午子观	西乡	朝圣门砖拱券门裂缝贯通，地面开裂下陷；围墙多处震裂；拜殿屋脊、前檐震落；祖师殿、观音殿、药王殿等墙体震裂，屋面瓦破损
智果寺	洋县	建筑柱斜房倾，墙裂瓦坠
良马寺	洋县	建筑柱斜房倾，墙裂瓦坠
延良寺	洋县	建筑柱斜房倾，墙裂瓦坠
何氏民居	佛坪	建筑柱斜房倾，墙裂瓦坠
诸葛亮庙	岐山	山门木结构震裂 4 处；献殿正脊震落，瓦件损坏；山墙外倾；正殿木构架移位；落星亭木构件松动，整体倾斜
寿圣寺卢舍那铁佛	麟游	佛殿东山墙震倒，西山墙震裂，前檐前倾
张载祠	眉县	建筑柱斜房倾，墙裂瓦坠
宝鸡金台观	宝鸡金台	建筑柱斜房倾，墙裂瓦坠
杨虎城纪念馆	西安莲湖	建筑柱斜房倾，墙裂瓦坠
宝庆寺塔	西安碑林	塔体裂缝
佛坪厅故城	周至	建筑柱斜房倾，墙裂瓦坠
马厂民居	周至	建筑柱斜房倾，墙裂瓦坠
北塔	兴平	塔体裂缝
万缘寺	礼泉	建筑柱斜房倾，墙裂瓦坠
城隍庙	宁陕	建筑柱斜房倾，墙裂瓦坠
禹王宫	石泉	建筑柱斜房倾，墙裂瓦坠
三沈故居	汉阴	建筑柱斜房倾，墙裂瓦坠

四 重庆、云南灾区省级文物保护单位受损

重庆市有6处省级文物保护单位受损（见表299）。

重庆灾区省级文物保护单位受损情况一览表

表299

文物名称	所在地	受损情况
文峰塔	合川	塔刹震断，部分构件震落，砸坏塔下民居；塔体严重倾斜
宝城寺	荣昌	藏经楼二层屋顶局部震塌，屋檐滴水和瓦当多处震掉；后殿墙体两处装板震塌，檐口瓦当部分震掉
路孔古镇书院	荣昌	两间清代建筑震塌
朝元寺牌坊	璧山	部分构件脱落
杨闇公旧居	潼南	朝门脊震断、瓦脱落，青石栏杆震裂、位移，多处墙体震裂，墙面剥落，屋面损坏、垮塌
龙兴寺	潼南	殿内一幅壁画震落损毁，屋面瓦掀翻，建筑严重倾斜

云南灾区有东汉崖墓群1处省级文物保护单位受损。东汉崖墓群位于水富县向家坝镇乌龟湾。墓体震塌，文物保护单位标志碑震断。

第三节 县级文物保护单位受损

各地灾区县级文物保护单位受损数量众多，四川灾区多达800余处，甘肃灾区40处，陕西灾区8处，重庆灾区15处，云南灾区6处。有受损资料的共126处。

一 四川灾区县级文物保护单位受损

四川灾区有800多处县级文物保护单位受损，有受损资料的仅98处，其中极重灾区24

图570 震塌的茂州城墙

处、重灾区51处、一般灾区23处。

极重灾区县级文物保护单位受损　四川极重灾区中的6个县（市）的24处县级文物保护单位有受损资料，受损情况见表300。

四川省极重灾区县级文物保护单位受损情况一览表

表300

文物名称	所在地	受损情况
克枯栈道	汶川	部分路基垮塌或下沉，部分路段被山体滑坡压埋
郭竹铺石牌坊红军石刻标语	汶川	石牌坊仿木歇山式屋檐断裂，栏额与屋檐间支柱脱落，石柱略有歪斜
茂州城遗址	茂县	城门墙体震裂、垮塌30米；门洞内基础条石震裂；券拱开裂，顶部木梁断裂（见图570）
三溪寺、双忠祠	绵竹	双忠祠山门、拜殿墓碑、厢房、启圣殿损毁，经济损失477万元
严仙观	绵竹	全部垮塌
广化院	绵竹	全部垮塌
回澜塔	绵竹	全部垮塌
云悟寺	绵竹	全部垮塌
吉祥寺	绵竹	全部垮塌
九龙寺	绵竹	全部垮塌
香山寺	绵竹	全部垮塌
天主堂	绵竹	全部垮塌，绵竹市合计受损面积为12925平方米，经济损失3819.75万元
李调元墓	安县	墓冢多处震裂，结构严重受损，墓碑严重倾斜
魁星楼	安县	全部垮塌
接龙桥	安县	全部垮塌
天主教堂	安县	多处垮塌
东火神庙	安县	70%建筑震塌，残存房屋成为危房
都江堰文庙	都江堰	万仞宫墙完全震倒，屋面瓦顶部分震落（见图571）
兴隆桥	都江堰	廊顶面瓦部分震落，廊内结构完好
懋功寺	都江堰	屋面震塌，受损面积823平方米；基础沉陷，墙体严重歪斜，木构架倾斜
三昧水牌坊	彭州	局部震塌
涌华寺	彭州	墙体、木构架、屋面严重震垮，受损面积1894平方米，基础沉陷
龙兴寺舍利宝塔	彭州	砖砌塔体局部震塌，受损面积434平方米
磁峰窑址	彭州	震损面积325平方米

图 571　被震垮的都江堰文庙万仞宫墙

重灾区县级文物保护单位有受损　四川重灾区的 9 个县（市、区）的 51 处县级文物保护单位有受损资料，受损情况见表 301。

四川重灾区县级文物保护单位受损情况一览表

表 301

文物名称	所在地	受　损　情　况
小金清真寺	小金	前殿、后殿墙体局部开裂
川王宫	广汉	正殿屋面震成波浪状，屋瓦移位，椽子掉悬
益兰祠	广汉	寝殿屋脊顶饰震落、屋面瓦脱落，偏殿屋脊震断，山门屋脊垮塌、山墙震裂、厢房屋脊损坏
金雁湖	广汉	华表震裂，景观桥轻微断裂，树木倾斜
万佛寺	罗江	万佛寺、宝峰寺、天台寺、南塔寺等建筑震塌 62 处，震裂 370 余处，直接经济损失 185 万余元
宝峰寺	罗江	
天台寺	罗江	
南塔寺	罗江	
何家大院	罗江	横墙破损，屋脊破裂
景乐宫	罗江	侧墙破损，屋脊破裂，部分木结构破坏
纹江书院	罗江	屋脊震裂，墙体震坏

续表 301

文物名称	所在地	受 损 情 况
五世同堂院	罗江	屋顶严重震毁，墙体震倒
李调元纪念馆	罗江	房屋中堆宝顶震断、墙面震裂、立柱倾斜、飞檐震垮，山门损坏，屋瓦下滑，直接经济损失 120 万元
中国·罗江现代诗歌博物馆	罗江	展厅、多功能厅天花板及支架震塌，展览墙震倒，落地玻璃墙多处损坏，直接损失 165 万余元
观音岩	罗江	围墙震倒 820 米，11 间房屋成为危房；鹡鸰寺房屋垮塌 6 间，5 间成为危房，直接经济损失120万元；景区公路路基塌方、路面损毁，直接经济损失 564 万元
乾元山风景名胜区	罗江	朝阳洞全部震塌，洞口被埋，建筑被泥石流卷走。金光洞洞口严重震坏，道观、山门等震塌。蓥华顶道观、银光洞中等受损。哪吒肉身坟被泥石流冲毁。旅游公路毁坏，人行步道被落石压埋
凌云塔	绵阳游仙	塔尖至塔中部震毁；附属建筑震塌或严重破损
文风塔	绵阳游仙	塔顶震落，塔身、塔门震裂
反风塔	绵阳游仙	塔体震裂 7 处，附属建筑中等或轻微破损
蒲家烈女牌坊	绵阳游仙	牌坊北边一拱震塌
富乐山公园	绵阳游仙	亭、榭、廊、阁屋面瓦大面积脱落，墙体裂缝，柱子断裂
宝川塔	绵阳涪城	塔体震裂，塔身微倾，塔基松动
天泉记碑	绵阳涪城	碑身断为三截，残存碑身严重倾斜，经济损失约 10 万元
西山观	绵阳涪城	所有建筑脊式震塌、断裂，部分柱子断裂，墙体震裂，博封板脱落，子云亭字库顶部脱落、坠地，第二层开裂错位、漏雨
南塔	绵阳涪城	塔顶震塌、塔刹震落
拱辰塔	绵阳涪城	塔身严重倾斜，经济损失约 100 万元
张仲奇五世同堂坊	绵阳涪城	坊刹一、二层左翘角震落、损毁，其余构件松动，经济损失约 15 万元
青霞石刻造像	绵阳涪城	附属房屋震塌 100 平方米，经济损失约 10 万元
肖杨氏节孝坊	绵阳涪城	坊体多处损毁，经济损失约 100 万元
李琦百岁坊	绵阳涪城	部分构件震松，三层左翘角震落损毁；经济损失约 15 万元
石桥铺双牌坊	绵阳涪城	部分构件震裂、脱落
吴绍典孝义坊	绵阳涪城	部分构件震松，一层左翘角震落损毁，经济损失 15 万元
唐陈氏节孝坊	绵阳涪城	抱鼓震塌，很多构件脱榫、位移，部分脱落
仙云观	绵阳涪城	屋面、屋脊震塌，部分柱子震裂、倾斜，部分基础下沉，承重墙震裂、倾斜，塑像严重破坏
恭候祠	绵阳涪城	局部屋面震塌，部分柱子断裂，陈列装饰破坏
凤尾湖	绵阳涪城	门楼、景点建筑严重损坏，少数柱子震裂、倾斜，部分基础下沉
玉女泉	绵阳涪城	景点建筑严重损坏，少数柱子震裂、倾斜，部分基础下沉
罗汉寺	大邑	屋面震塌，受损面积 84 平方米，木构架倾斜
佛子岩	大邑	震损面积 78 平方米

续表 301

文物名称	所在地	受损情况
虎辟泉摩崖造像	大邑	震损造像面积 160 平方米
川王宫	大邑	屋面损坏面积 1526 平方米，基础沉陷，墙体严重歪斜，木构架倾斜
朝阳村字库	崇州	砖砌塔体震塌，受损面积 276 平方米
昙云寺	崇州	屋面损坏面积 939 平方米；墙体歪斜，木构架严重倾斜
王国英故居	崇州	屋面损坏面积 210 平方米；墙体歪斜，木构架严重倾斜
怀远回澜塔	崇州	砖砌塔体损坏面积 400 平方米
崇阳酒窖遗址	崇州	震损面积 175 平方米
元通天主教堂	崇州	屋面损坏面积 284 平方米；墙体歪斜，木构架倾斜
来雁塔	广元	七至十三层完全震塌，六层垮塌一半，仅残留五层以下
飞云寺	广元	房屋墙壁震塌，立柱倾斜，梯步毁坏（见图 572）
阆中白塔	阆中	塔体拦腰震断，六层以上震塌（见图 573）
赵进士院	广元	屋脊震毁，屋面残破，房屋构件塌落（见图 574）

图 572　震后的广元飞云寺

图 573　震后的阆中白塔

图 574　震后的广元赵进士院房屋

一般灾区县级文物保护单位受损　四川一般灾区的10个县（市、区）的23处县级文物保护单位受损（见表302）。

四川省一般灾区县级文物保护单位受损情况一览表

表302

文物名称	所在地	受　损　情　况
成都古城墙	成都市区	墙体损坏面积55平方米
海屋	邛崃	屋面损坏面积605平方米，墙体歪斜，木构架倾斜
宁宅	邛崃	屋面损坏面积631平方米，墙体歪斜，木构架倾斜
磐陀寺大殿	邛崃	屋面损坏面积1263平方米，基础沉陷，墙体严重歪斜，木构架倾斜
天台山石牌坊及照壁	邛崃	倾斜、垮塌，震损面积921平方米
兴贤塔	邛崃	局部倾斜、垮塌，震损面积658平方米
郫县文庙	郫县	墙体、木构架倾斜，屋面损坏面积552平方米
梁家大院	郫县	墙体、木构架倾斜，屋面损坏面积667平方米
鱼凫王墓	成都温江	墓冢震损面积160平方米
胡家大院	新津	木构架倾斜，屋面损坏面积167平方米
老子庙	新津	木构架倾斜，屋面损坏面积110平方米
龙泉寺摩崖造像	蒲江	震损面积315平方米，墙体、木构架倾斜
天齐院唐碑	蒲江	院屋面损坏面积50平方米，墙体、木构架倾斜
太清观	蒲江	墙体、木构架倾斜，屋面损坏面积132平方米
青白江文庙	成都青白江	墙体、木构架严重倾斜，屋面损坏面积1673平方米
青白江武庙	成都青白江	墙体严重歪斜，木构架倾斜，屋面损坏面积1342平方米
大成殿	金堂	木构架倾斜，屋面损坏面积250平方米
土桥南华宫	金堂	木构架倾斜，屋面损坏面积210平方米
禹王宫	金堂	木构架倾斜，屋面损坏面积236平方米
正心堂	金堂	木构架倾斜，屋面损坏面积210平方米
苏家湾天主教堂	金堂	木构架倾斜，屋面损坏面积264平方米
燃灯寺	成都龙泉驿	墙体、木构架倾斜，屋面损坏面积513平方米
金马红白塔	简阳	塔体震裂，塔檐震断

二　甘肃、陕西、重庆、云南灾区县级文物保护单位受损

甘肃灾区县级文物保护单位受损　甘肃灾区有40处受损，其中重灾区有7个县（区）的19处县级文物保护单位受损，9处有具体受损资料（见表303）；一般灾区有7个县（区）的21处县级文物保护单位受损，8处有受损资料（见表304）。

甘肃省重灾区县级文物保护单位受损情况一览表

表 303

文物名称	所在地	受 损 情 况
文昌宫	文县	主要建筑构件震裂、折断，屋面坍塌（见图 575）
观音楼	文县	楼体地基下陷，梁架歪斜，屋面损毁
抗日楼	文县	地基下陷，墙体开裂，屋面损毁，楼体倾斜，成为危楼（见图 576）
合作化桥	文县	桥基石条震断、错位，桥身倾斜，山体坠石砸毁部分桥面和桥身，严重损坏
水帘洞红女祠	陇南武都	山体滑坡和坠石，梁架歪斜、屋面严重损坏
谈家院古民居	陇南武都	大门震倒，其余建筑墙体震裂，梁架歪斜，部分建筑结构件劈裂、折断，屋面多处塌陷（见图 577）
堡子坪—马家坪墓群	陇南武都	不同程度受损
北城垣遗址	舟曲	墙体震裂、坍塌面积 15 平方米
上翠号古民居	舟曲	多处墙体震裂，损坏面积 200 平方米

甘肃省一般灾区的县级文物保护单位受损一览表

表 304

文物名称	所在地	受 损 情 况
石门石窟古建筑群	天水麦积	祖师殿屋面瓦震坏 85% 以上，屋脊塌陷，殿梁移位，廊柱震裂；三官殿屋面瓦震坏 85% 以上，木椽震断，殿顶塌陷、漏雨，殿梁移位；殿外墙体与殿顶接合处错位，部分墙皮脱落；直接经济损失 114 万元
龙槐寺	天水麦积	局部震塌，墙体震裂，塑像倾斜，壁画脱落；石灯地基下陷，灯体震裂；围墙、水窖、管理用房塌毁；直接经济损失 21 万元
观儿下古建	武山	4 座古建筑中 3 座严重损坏，碑庭和中间庭门房脊、挑头与墙体开裂
四门西川魁星阁	武山	墙体震裂，屋面瓦震落，檐柱移位
上关街古建筑群	秦安	112 间房屋约 1904 平方米严重震损，地基下陷，房屋倾斜，梁架歪斜，墙体裂缝，最宽处 30 厘米；直接经济损失 90.24 万元
盘龙寺大雄宝殿	秦安	屋面和墙体多处震裂、前倾，前檐瓦片和檐板震落，梁架歪斜，部分木梁榫卯脱裂；厢房严重损坏；直接经济损失 33.8 万元
疙瘩庙	灵台	中门洞城墙局部震塌，门洞裂缝，戏楼前檐震塌，山墙裂缝，玉皇楼顶层南墙外倾，回廊围栏震倒，角柱移位，碑房倾斜，古灵台基下陷，多处裂缝，上院 2 间平房震塌，碑廊 3 层震塌，直接经济损失 86 万元
紫荆山古建筑群	庄浪	北城墙震塌 20 米，玉皇楼、文昌楼屋顶脊兽震落摔碎，财神殿、法王殿、祖师殿、文物陈列室震裂

图 575　被震坏的文昌宫

图 576　屋面被震坏、楼体倾斜的文县抗日楼

图 577　梁架被震斜的陇南武都谈家院古民居

陕西灾区县级文物保护单位受损　陕西重灾区有 1 处县级文物保护单位受损，即宁强县西城门城墙裂缝；一般灾区有 7 处县级文物保护单位受损，即宝鸡市渭滨区普明寺、宝光寺，周至县天台寺、万寿宫、栖真亭，西安市万寿寺塔、英浸礼会礼拜堂等，均轻微受损。

重庆灾区县级文物保护单位受损　重庆灾区有 7 个县（区）的 15 处县级文物保护单位受损（见表 305）。

重庆市县级文物保护单位受损情况一览表

表 305

文物名称	所在地	受 损 情 况
八角亭	合川	亭面局部被震塌，数处漏洞，翼角震断，建筑整体倾斜
庆佛寺大殿	合川	多处翼角被震断，大殿后壁右侧上层翼角断裂宽达 10 余厘米
塔园寺	永川	石塔震斜
陈子庄旧居	永川	烟囱被震塌，房屋倾斜，瓦片震落
板桥古街	永川	烟囱被震塌，房屋倾斜，瓦片震落
金轮寺山门	永川	烟囱被震塌，房屋倾斜，瓦片震落
朝阳观	永川	烟囱被震塌，房屋倾斜，瓦片震落
李氏旧居	双桥	墙体被震裂，部分坍塌
雅　舍	北碚	后墙山体局部被震塌
清凉亭	北碚	墙体被震裂
晏阳初旧居	北碚	墙体被震裂
真原堂	荣昌	钟楼表面被震裂，附属建筑面灰脱落
禹王观戏台	璧山	严重垮塌
狮子桥及其牌坊	璧山	桥、坊被震裂，严重倾斜
天香塔	梁平	塔体三层以上至塔顶被震裂，裂口 10 厘米左右

云南灾区县级文物保护单位受损 云南灾区绥江县有玉皇观、凌家祠堂、文物宫、凌家院子、曾家院子、凌家大院等 6 处市县级文物保护单位受损，或建筑屋面震塌，或墙体震裂，或结构受损，合计经济损失约 46 万元。

此外，甘肃省天水市麦积卦台山、风都庙祖师殿、凤凰山东岳庙，武山县等地还有 30 处一般文物单位受损，有受损资料的只有 3 处，即麦积区卦台山建筑墙体震裂，梁柱移位，壁画损毁；午门、钟楼裂缝，脊兽震落；戏楼裂缝，脊梁一角倾斜，梁柱移位；院墙震裂、坍塌；直接经济损失 400 万元。

第二章　馆藏文物受损

汶川特大地震灾区馆藏文物损坏4204件（包括三级以上的珍贵文物481件、一般文物3723件），其中四川灾区馆藏文物损坏3262件（含三级以上珍贵文物281件），占受损文物总数的77.6%；甘肃灾区、陕西灾区、重庆灾区等馆藏文物受损数量合计，仅占损坏文物总数的22.4%。

第一节　馆藏珍贵文物受损

汶川特大地震灾区馆藏三级以上珍贵文物共损坏481件，其中四川灾区281件、甘肃灾区100件、陕西灾区99件、重庆灾区1件。

一　四川灾区馆藏珍贵文物受损

四川灾区馆藏三级以上珍贵文物损坏281件，其中极重灾区84件、重灾区148件、一般灾区49件；按文物级别分，损坏一级文物7件、二级文物8件、三级文物266件（见表306）。

茂县羌族博物馆馆藏珍贵文物受损40件，其中一级文物1件、二级文物1件、三级文物38件（见表307）。

汶川县文物管理所馆藏珍贵文物受损18件，其中一级文物1件、三级文物17件（见表308）。

都江堰市文物管理所馆藏珍贵文物受损6件，全为三级文物（见表309）。

四川灾区馆藏三级以上珍贵文物损坏情况一览表

表 306

灾　区	受损单位	损坏件数（件）	灾　区	受损单位	损坏件数（件）
极重灾区（84 件）	茂县羌族博物馆	40（一级 1 件、二级 1 件）	重灾区（148 件）	三台县文物管理所	1
	汶川县文物管理所	18（一级 1 件）		旺苍县文物管理所	1
	彭州市博物馆	10（一级 5 件、二级 2 件）		宝兴县文物管理所	1
	都江堰市文物管理所	6	一般灾区（49 件）	邛崃市文物局	20
	绵竹市文物管理所	5		成都博物馆	10
	什邡市博物馆	5		成都市新都区文管所	5
重灾区（148 件）	大邑县博物馆	99（二级 5 件）		成都武侯祠博物馆	4
	崇州市文物管理所	13		成都市青白江区文管所	3
	广汉市文物管理所	10		成都永陵博物馆	2
	汉源县文物管理所	9		新津县文管所	1
	苍溪县文物管理所	5		成都市温江区文管所	1
	广汉三星堆博物馆	4		双流县文管所	1
	江油市博物馆和文物管理所	3		蒲江县文管所	1
	绵阳市博物馆	2		成都市龙泉驿区博物馆	1

说明：未注明级别的均为三级文物

茂县羌族博物馆馆藏珍贵文物受损情况一览表

表 307

文物名称	件数	产生时代	质地	受损情况	文物名称	件数	产生时代	质地	受损情况
陶双耳簋	1	战国	陶	局部破碎	三乳钉罐	1	西汉	陶	局部破碎
环形捉手敦形器	1	战国	青铜	局部破碎	陶灯盏	1	东汉	陶	局部破碎
双耳罐	7	战国	陶	局部破碎	陶鸭	1	东汉	陶	局部破碎
单耳罐	3	战国	陶	局部破碎	小陶罐	11	汉	陶	局部破碎
单耳杯	2	战国	陶	局部破碎	陶罐	1	汉	陶	局部破碎
陶罐	3	战国	陶	局部破碎	小陶杯	1	汉	陶	局部破碎
单耳小陶壶	1	战国	陶	局部破碎	单耳杯	1	汉	陶	局部破碎
陶钵	1	战国	陶	局部破碎	青瓷碗	1	宋	瓷	局部破碎
双耳罐	3	西汉	陶	局部破碎					

说明：除战国陶双耳簋为一级文物、环形捉手敦形器为二级文物外，其余均为三级文物

汶川县文物管理所馆藏珍贵文物受损情况一览表

表 308

文物名称	件数	产生时代	质地	受损情况	文物名称	件数	产生时代	质地	受损情况
瓦寺差役碑	1	清	石	摔成 7 块	陶豆	2	西汉	陶	足残
双耳陶罐	5	西汉	陶	口沿崩缺	陶豆	1	西汉	陶	严重残损
平底陶罐	1	西汉	陶	口沿轻度破裂	绳纹环底陶钵	1	西汉	陶	口沿崩缺
陶豆	3	西汉	陶	口沿崩缺	陶碗	1	西汉	陶	残破
陶豆	1	西汉	陶	口残	绳纹环底陶釜	2	西汉	陶	严重残损

说明：除清瓦寺差役碑为一级文物外，其余均为三级文物

都江堰市文物管理所馆藏珍贵文物受损情况一览表

表 309

文物名称	产生时代	质地	受损情况
谷仓罐（代盖）	明代	陶	无法修复
谷仓罐	明代	陶	口、腹部损坏
酱釉四系坛	明代	陶	口沿损坏
青花山水图将军坛	清代	瓷	腹部损坏
彩瓷渔翁	清代	瓷	头断、口部损坏
马祖寺骰贤和尚尸骨坛	近代	陶	腹部断裂

说明：全部为三级文物

二　甘肃灾区馆藏珍贵文物受损

甘肃灾区馆藏珍贵文物损坏 100 件（一级文物 7 件、二级文物 18 件、三级文物 75 件），其中完全损毁 35 件（二级文物 4 件、三级文物 31 件）。受损情况见表 310。

按受灾地区统计，重灾区陇南市受损数量最多，共 92 件，其中一级文物 6 件、二级文物 18 件、三级文物 68 件。一般灾区共损坏 8 件，即天水市 6 件（一级文物 1 件、三级文物 5 件）、定西市 2 件三级文物。

甘肃灾区馆藏珍贵文物受损情况一览表

表 310

文物名称	数量（件）	时代	等级	质地	受损情况
青铜锥盉	1	周代	一	青铜	盖部虎熊连接处断裂
青铜对凤纹方壶	1	周代	一	青铜	虎足断裂
青铜甑	1	周代	一	青铜	一足断裂
隋唐贴金彩绘屏风式石棺床	1	隋唐	一	石	床板和屏风鼓起；原裂缝扩大；固定角铁框架变形
胶胎瓷碗	1	宋代	一	瓷	破碎
绿釉陶武士俑	1	宋代	一	陶	残破
绿釉陶俑	1	宋代	一	陶	颈部断裂
双耳罐	1	寺洼文化	二	陶	破碎
陶灶	1	齐家文化	二	陶	甑有裂纹
陶豆	1	齐家文化	二	陶	破碎
陶釜	1	周代	二	陶	口沿残破
陶翁	1	周代	二	陶	口沿残破
茧形壶	1	汉代	二	陶	腹部破裂
陶罐	2	汉代	二	陶	口沿残破，腹部有裂纹
火炮	1	宋代	二	铁	铁锈震落
小青瓷回纹碗	1	宋代	二	瓷	口沿残破
灰瓷碗	1	宋代	二	瓷	完全破碎
孩儿碗	1	宋代	二	瓷	破碎
孩儿碗	1	宋代	二	瓷	破裂两块
瓷盖碗	2	宋代	二	瓷	口沿残破
刻花影青瓷碗	1	宋代	二	瓷	破碎
梅瓶	1	宋代	二	瓷	破碎
武士俑雕刻砖	1	宋代	二	陶	腿部残破
小单耳罐	1	寺洼文化	三	陶	完全破碎
双耳罐	6	寺洼文化	三	陶	完全破碎
陶豆	1	寺洼文化	三	陶	震残
大口尊	1	寺洼文化	三	陶	口颈残
陶鬲	1	齐家文化	三	陶	口沿残破、一足破损、腹部有裂纹
双耳彩陶瓶	1	齐家文化	三	陶	碎裂
双耳罐	1	齐家文化	三	陶	完全破碎
三系罐	1	齐家文化	三	陶	完全破碎
红陶瓷	1	齐家文化	三	陶	摔裂两半

续表 310

文物名称	数量（件）	时代	等级	质地	受损情况
单耳罐	2	马家窑文化	三	陶	完全破碎
双耳罐	1	马家窑文化	三	陶	完全破碎
青铜盘	1	春秋	三	青铜	一立耳断裂
灰陶茧形壶	1	战国	三	陶	碎为 4 块
青铜马	1	秦代	三	青铜	原修复粘接处摔裂为两半
陶灶	1	汉代	三	陶	完全破碎
陶壶	1	汉代	三	陶	完全破碎
盖罐	7	汉代	三	陶	完全破碎
盖罐	1	汉代	三	陶	口沿有裂纹
陶罐	2	汉代	三	陶	完全破碎
陶罐	1	汉代	三	陶	口残
陶罐	9	汉代	三	陶	口沿残破，腹部有裂纹
小单耳罐	1	汉代	三	陶	完全破碎
扁盖罐	1	汉代	三	陶	完全破碎
高领罐	2	汉代	三	陶	完全破碎
撇口罐	2	汉代	三	陶	完全破碎
小陶壶	1	汉代	三	陶	有裂纹
陶仓	1	汉代	三	陶	有裂纹
铁锄	1	汉代	三	铁	铁锈震落
铜钫	1	西汉	三	铜	腹部凹陷
小白瓷碗	1	唐代	三	瓷	裂纹
浅青色花叶纹假圈足盏	1	宋代	三	瓷	口沿破碎为 3 片
影青菊瓣刿花桶状碗	1	宋代	三	瓷	整体破碎为 3 片
影青绿壁碗	1	宋代	三	瓷	震裂
素面葵瓣油绿盘	1	宋代	三	瓷	口沿破损
青瓷方碟	1	宋代	三	瓷	震残
虎皮斑瓷碗	2	宋代	三	瓷	裂纹
黑瓷罐	1	宋代	三	瓷	裂纹
褐瓷尊	1	宋代	三	瓷	口残、两条裂纹
瓷瓶	1	宋代	三	瓷	破碎
耀州窑瓷碗	2	宋代	三	瓷	裂纹
耀州窑青釉碗	1	宋代	三	瓷	破碎为 3 片
单耳褐瓷罐	1	宋代	三	瓷	腹部残缺

续表 310

文物名称	数量（件）	时代	等级	质地	受损情况
双耳青瓷罐	1	宋代	三	瓷	耳残
单彩壶	1	宋代	三	瓷	破碎
黑釉兔毫盏	1	宋代	三	瓷	摔碎为 5 片
画像砖	1	宋代	三	砖	碎为 3 块
画像砖	1	宋代	三	砖	碎裂为 4 块
雕刻砖	1	宋代	三	陶	砖体断裂、残缺
祖庆墓志碑	1	宋代	三	石	碎裂为 5 块
酱釉牡丹纹瓶	1	金代	三	瓷	口颈部摔裂

三　陕西灾区馆藏珍贵文物受损

陕西灾区馆藏珍贵文物损坏 99 件（一级文物 11 件、二级文物 31 件、三级文物 57 件）。其中，重灾区宝鸡市陈仓区博物馆损坏 40 件（二级文物 10 件、三级文物 30 件），一般灾区礼泉县昭陵博物馆损坏 31 件（一级文物 7 件、二级文物 6 件、三级文物 18 件）。

严重损坏的珍贵文物有 21 件。其中，新石器时代齿纹陶壶 1 件，破碎；仰韶时期齿纹陶罐 1 件，破碎；秦大型陶仓 1 件，顶盖、底部破损，器壁多处裂缝；汉绿釉孔雀陶灯 1 件，碎为数块（见图 578 ~ 579）；南朝部曲陶俑 1 件，左腿断裂两处，左脚残损；唐三彩牵马俑 1 件，头、身断裂为三部分；唐粉彩骆驼 1 件，方座板及两后腿震倒摔成碎

图 578　震前的汉绿釉孔雀陶灯

图 579　被震坏的汉绿釉孔雀陶灯

片；唐男骑马俑1件，俑身、马尾断开；唐三彩胡人俑1件；唐三彩女立俑1件；彩绘武官俑1件；男拱手立俑7件；男立俑1件；女立俑1件；蓝彩女立俑1件；人俑均从颈部断裂，个别腿部或头部亦破碎。

四　重庆灾区馆藏珍贵文物受损

江津区一件三级文物——清代陶蟹形笔洗（纵26厘米、横15厘米、高9.5厘米、口径8厘米）受损，两支蟹脚震断。

第二节　馆藏一般文物受损

四川灾区馆藏一般文物受损2981件，甘肃灾区受损534件，陕西灾区受损208件，合计受损3723件。

一　四川灾区馆藏一般文物受损

各市县文物部门馆藏战国以来的一般文物（质地多为陶、瓷，少数为石、铜、银）共受损2981件（包括未定级文物），陶、瓷文物大多破碎，石、铜文物多遭断裂，银质文物多为变形。

极重灾区馆藏一般文物受损2293件，重灾区受损488件，一般灾区受损200件（见表311）。

四川灾区馆藏一般文物受损情况一览表

表311

灾　区	受　损　单　位	损坏件数（件）	灾　区	受　损　单　位	损坏件数（件）
极重灾区	茂县羌族博物馆	973	重灾区	汉源县文物管理所	204
	北川羌族自治县文物管理所	807		三台县文物管理所	105
	汶川县文物管理所	390		盐亭县文物管理所	67
	彭州市博物馆	50		江油市博物馆	58
	安县文物管理所	40		崇州市文物管理所	24
	什邡市博物馆	15		考古所三星堆工作站	12
	都江堰市文物局	14		宝兴县文物管理所	10
	绵竹市文物管理所	4		旺苍县文物管理所	8

续表 311

灾　区	受　损　单　位	损坏件数（件）	灾　区	受　损　单　位	损坏件数（件）
一般灾区	邛崃市文物局	55	一般灾区	成都市青白江区文物管理所	7
	成都金沙遗址博物馆	34		成都市新都区文物管理所	3
	成都隋唐遗址博物馆	30		成都市温江区文物管理所	3
	成都博物馆	18		成都永陵博物馆	2
	双流县文物管理所	13		成都杜甫草堂博物馆	2
	成都明蜀王陵博物馆	12		蒲江县文物管理所	2
	金堂县文物管理所	11		新津县文物管理所	1
	成都武侯祠博物馆	7			

二　甘肃灾区馆藏一般文物受损

甘肃灾区各市县文物部门馆藏一般文物共受损 534 件（包括未定级文物 77 件），其中完全毁坏 255 件（包括未定级文物 5 件）。此外，天水市民间经营的成纪博物馆有 57 件馆藏文物损坏（文物收购价 366 万元），包括春秋夔龙纹甗 1 件、夔龙纹 1 件、三角云纹壶 1 件；西汉甗 1 件、汉代绿釉博山炉 1 件；北魏石刻五尊造像碑 1 件、马厂类型彩陶 7 件；汉代、唐代彩绘灰陶乐舞俑、武俑 12 件；宋代三彩透雕人物塔楼 1 件、耀州窑刻花碗 4 件、黑釉折瓣花尊 1 件、绿釉陶磨坊 1 件、青釉俑龙瓶 1 件、吉州窑玳瑁盏 1 件、窑变葫芦瓶 1 件、黑釉执壶 1 件；唐代茶叶釉罐 1 件、彩绘灰陶女俑 1 件；清代玉雕笔筒 1 件、五彩胆瓶 1 件、青花瓷罐 1 件、釜 1 件、和田玉雕双欢俑挂件 1 件；两晋、唐、宋、元、明、清瓷器 14 件。

三　陕西灾区馆藏一般文物受损

图 580　宝鸡市陈仓区文物库房被震落摔破的一般文物

陕西灾区各地文物部门馆藏一般文物共受损 208 件（完全破碎的 16 件）。其中，重灾区宝鸡市陈仓区博物馆受损 160 件（见图 580），一般灾区礼泉县昭陵博物馆受损 9 件。

此外，受损部门还有 9 个。其中，重灾区 2 个，即宁强县博物馆、略阳灵岩寺博物馆；一般灾区 7 个，即陕西历史博物馆、陕西省考古研究院、汉阳陵博物馆、宝鸡市青铜器博物馆、陇县博物馆、咸阳市博物馆、长武县博物馆。

第三章　非物质文化遗产受损

汶川特大地震对灾区非物质文化遗产的损坏，主要表现在：非物质文化遗产赖以存在的生态环境被破坏；非物质文化遗产的基础设施、传习场所遭破坏；非物质文化遗产的珍贵实物和资料遭损坏；非物质文化遗产的代表性传承人或遇难，或受伤，或财产遭受损失。

极重灾区和重灾区的汶川、茂县、北川、松潘、黑水、理县及其周边地区是藏族、羌族等少数民族的聚居区，藏族、羌族文化赖以存在的生态环境遭到严重破坏，藏族、羌族非物质文化遗产的载体——大批传统藏族、羌族民居被震毁，藏族、羌族非物质文化遗产的珍贵实物和资料遭到损坏，代表性传承人有的受伤、有的财产遭受损失。

灾区内各地汉民族的非物质文化遗产也遭到了不同程度的损坏。国家级非物质文化遗产名录项目受损 47 项，省级非物质文化遗产名录项目受损 93 项，市州级非物质文化遗产名录项目受损 569 项，三者合计受损 709 项。这些项目的传习场所遭到破坏，数以千万计的实物、文字、图片、音像资料损失、损坏，一些代表性传承人或伤亡，或家庭财产受损，传承活动中断、甚至终止。

第一节　国家级非物质文化遗产受损

列入国家级非物质文化遗产名录中的项目有 47 项受损，其中四川灾区 23 项、甘肃灾区 11 项、陕西灾区 8 项、重庆灾区 5 项。

一　四川灾区国家级非物质文化遗产受损

四川灾区有23项国家级非物质文化遗产名录项目的4357件珍贵实物、272.9万文字资料、2873幅图片、881盒（碟）音像资料受损（见表312），有1名代表性传承人在地震时受伤。

四川灾区国家级非物质文化遗产名录项目受损情况统计表

表312

项目名称	珍贵实物（件）	文字资料（万字）	图片（幅）	音像资料（盒、碟）	项目名称	珍贵实物（件）	文字资料（万字）	图片（幅）	音像资料（盒、碟）
羌族多声部民歌（松潘）	—	—	—	20	绵竹木版年画	980	—	56	25
硗碛多声部民歌	—	20	100	120	麻柳刺绣（广元）	—	40	500	100
南坪曲子（九寨沟）	36	—	—	—	白花石刻（广元）	3	—	—	—
川北薅草锣鼓	14	40	180	62	汶川羌绣	1000	4	20	8
青城洞清音乐	—	50	125	30	理县羌绣	500	3.5	40	7
羊皮鼓舞（汶川、茂县）	12	—	2	20	茂县羌绣	450	3	54	9
㑇舞（九寨沟）	73	—	—	—	北川羌绣	1000	12	120	20
卡斯达温（黑水）	10	15	37	26	北川羌年	57	20	500	100
博巴森根（理县）	26	4.3	9	2	汶川羌年	64	15	450	96
瓦尔俄足（汶川、理县、茂县）	—	3.5	23	5	茂县羌年	75	6	30	50
马奈锅庄（金川）	—	1	20	20	理县羌年	42	3.6	7	1
青林口高抬戏	15	30	600	180	合　　计	4357	272.9	2873	881

二　甘肃灾区国家级非物质文化遗产受损

甘肃灾区有11项国家级非物质文化遗产名录项目受损，其中4项在重灾区、7项在一般灾区。

重灾区国家级非物质文化遗产受损　文县铁楼乡的麦贡山、入贡山、旧寨、案板低、强曲、铁楼寨、枕头坝、草河坝、寨科桥、阳朵山、大坝、迭堡寨等12个自然村寨和石鸡坝乡、天池乡等地是文县傩舞—白马“池哥昼”的主要传习场所。地震造成传习场所千余户古宅与雕楼 60% 坍塌、40% 成为危楼，不可居住；白马人原生态文化区域遭到严重毁坏；白马“池哥昼”所用祖传面具、服饰、乐器、道具等损坏 500 多件，文献资料、曲谱、唱词丢失约 1100 册；代表性传承人余杨富在地震中过世；文县非遗中心管理电脑等办公设施受损严重。

陇南市武都区“高山戏”发祥地鱼龙村，房屋受损，重要资料、剧本及其道具失踪；主要传承人生活困难；非遗中心管理电脑等办公设施受损严重，价值约 60 余万元。

陇南市乞巧节的重要表演场地和相关资料受损，非遗中心管理电脑等办公设施受损严重。

舟曲县“多地舞”艺术团传习场所排练厅墙体严重受损，不能使用；祭祀物品、服饰等也遭损坏。

一般灾区国家级非物质文化遗产受损 卓尼县洮砚制作技艺，原材料产地喇嘛崖山体大面积滑坡，原始洮砚矿洞震塌堵塞，洮砚成品、半成品被压埋、破损。

卓尼县巴郎鼓舞活动场所震成危房，藏王故里纪念大殿中柱倾斜；部分原始曲谱、道具、服饰等基本用具不同程度震损。

天水市太昊伏羲祭典传习场所先天殿、太极殿、宫门、仪门等均有损坏，或梁架移位，或墙体裂缝、倾斜，或屋面破损；明清时期祭祀文卷、祭祀物品、服饰等损坏，直接经济损失 100 余万元。

天水雕漆艺术传习场所震塌 350 平方米，70 平方米墙体裂缝，楼顶轻体板掉落；天水飞天雕漆工艺家具有限责任公司展品库房、接待大厅、6 个加工车间墙体震裂，成为危房，直接经济损失 200 余万元；雕漆髹饰技艺部分珍贵展品震碎，修复费用估算 500 余万元。

武山县滩歌镇旋鼓舞传习场所 80% 受灾，建于明清时期的旋鼓舞舞台地基下沉，墙体震裂，20 余个演出村排练场所损坏，直接经济损失 200 余万元；80 余面明清时期旋鼓舞鼓具、幡、套路图严重损坏，直接经济损失 100 余万元。

秦安小曲 9 个传习场所中，5 个严重损坏，房脊多处裂缝，宽达 10 厘米，部分房脊坍塌，墙体震裂、严重倾斜，已不能使用，直接经济损失 100 余万元；秦安小曲曲谱、乐器也受到不同程度损坏，直接经济损失 50 余万元。

道教音乐主要传习场所古建筑震塌，部分围墙震裂、坍塌；“龙门”“华山”两派最集中的传习场所清水泰山庙、庞公庵等部分严重震裂，已成危房，直接经济损失 150 余万元；清水道教音乐经卷损坏 150 余卷，道服、道场法器、北斗七星剑、大幡、排幡、忏幡、预告幡等严重损坏，直接经济损失 90 余万元。

三 陕西灾区国家级非物质文化遗产受损

陕西灾区受损的国家级非物质文化遗产名录项目共 8 项，均在一般灾区，汉中市和宝鸡市各有 4 项；损失实物资料合计 104 件，传习场所损坏面积 20740 平方米，代表性传承人 11 名或受伤，或家庭财产受损（见表 313）。

陕西灾区国家级非物质文化遗产名录项目受损情况统计表

表 313

项目名称	损失实物资料（件）	场所损坏面积（平方米）	代表性传承人（人）	项目名称	损失实物资料（件）	场所损坏面积（平方米）	代表性传承人（人）
汉调桄桄	12	180	3	宝鸡民间社火	6	720	2
洋县悬台社火	12	720	1	凤翔木版年画	42	2220	2
洋县杆架花烟火	16	1560	1	凤翔泥塑	2	3720	2
镇巴民歌	14	720	—	合　计	104	20740	11
宝鸡炎帝陵祭奠	—	10900	—				

四　重庆灾区国家级非物质文化遗产受损

重庆灾区有 5 项国家级非物质文化遗产名录项目受损。

铜梁龙舞。国家级代表性传承人黄廷炎居住的楼房震裂，裂缝较大。

荣昌夏布。8 间作坊震裂，裂缝较大。

梁山灯戏。责任保护单位梁平县文化馆馆舍办公楼多处震裂，剧场两边廊道装饰板严重垮塌；展演厅内多处震裂、漏雨，顶棚装饰板随时有垮塌危险。

梁平癞子锣鼓。传承基地礼让镇小学传承班的教学楼整体垮塌，教学设备和部分乐器震坏；国家级代表性传承人刘官胜家房屋左侧震塌，另有多处开裂。

梁平竹帘。梁平县城内 3 家竹帘作坊房屋多处震裂。

第二节　省级非物质文化遗产受损

列入省级非物质文化遗产名录中的项目有 93 项受损，其中四川灾区 34 项、甘肃灾区 34 项、陕西灾区 20 项、重庆灾区 5 项。

一　四川灾区省级非物质文化遗产受损

四川灾区省级非物质文化遗产名录中有 34 项 1760 件珍贵实物、269.4 万字的文字资料、2294 幅图片、819 盒（碟）音像资料受损（见表 314）；有 8 名代表性传承人在地震中受伤。

四川灾区省级非物质文化遗产名录项目受损情况统计表

表 314

项目名称	珍贵实物（件）	文字资料（万字）	图片（幅）	音像资料（盒、碟）	项目名称	珍贵实物（件）	文字资料（万字）	图片（幅）	音像资料（盒、碟）
羌族多声部民歌（茂县）	—	7	34	45	重华烟火架	16	20	51	16
阿尔麦多声部	4	6	32	36	道明竹编	500	—	65	15
羌族口弦	36	5	40	36	青神竹编编织技艺	35	—	—	—
仓山大乐	—	1.5	30	35	桂花土陶烧造技艺	600	—	—	—
达尔嘎锅庄	—	1.1	24	10	中江手工挂面制作工艺	4	35	7	—
马尔锅庄	—	—	110	25	德阳潮扇制作技艺	37	—	—	—
哈玛（战神舞）	6	2	40	10	蒙山茶传统制作技艺	18	—	69	42
白马跳槽盖	—	—	25	15	道明竹编记忆	50	—	42	12
李家耍锣鼓	—	20	300	80	剑南春酒传统酿造技艺	80	3	45	15
白龙花灯	24	20	210	86	潼川豆豉制作技艺	20	1	32	5
盐亭桃子龙	22	7	50	17	苏布士	3	10	104	20
巴中皮影	48	—	46	36	文昌出巡	—	20	80	18
旺苍端公戏	150	4	60	10	硗碛“上九节”	23	10	29	12
许家湾12花灯戏	20	0.8	30	5	广汉宝宝节	—	—	5	6
射箭提阳戏	43	1	23	3	环山鸡节	—	2	48	15
唤马剪纸	—	50	50	10	广元女儿节	—	7	35	10
雾山石刻	20	20	500	160	合　计	1760	269.4	2294	819
黎渊石刻	1	16	78	14					

二　甘肃灾区省级非物质文化遗产受损

甘肃灾区有 34 项省级非物质文化遗产名录项目受损，其中重灾区 16 项（陇南 13 项、甘南 3 项）、一般灾区 18 项（甘南 3 项、天水 15 项）。

重灾区省级非物质文化遗产受损　陇南市玉垒花灯戏、春官歌演唱、影子腔等项目表演场地和相关资料、道具损坏严重，重要传承人住房需要重建。锣鼓草、木笼歌、毛山歌、唢呐演奏、两当号子、高山剧、河池小曲等项目相关资料、道具损坏严重。寺台造纸术、武都木雕、竹篮寨泥塑等项目手工作坊在地震中损坏。

舟曲县织锦带民间作坊（个人投资），西南墙面震裂，裂缝宽8厘米，已成危房；部分织锦带被掩埋。巴寨潮水节文化生态区山体滑坡，面积约1.5平方公里，生态遭到严重破坏；部分原始曲谱、道具、服饰等基本用具损坏。采花节文化生态区山体滑坡约8平方公里，道路堵塞，交通瘫痪；部分服饰损坏。

一般灾区省级非物质文化遗产受损 迭部县“尕巴舞”演艺厅东南墙面倾斜，横梁移位，成为严重危房；部分原始曲谱、道具、服饰等基本用具不同程度受到损坏。迭部、舟曲青稞酒酿造技艺主要传习场所青稞酒厂厂房部分震塌，酿酒工具损失惨重。

临潭县新城花儿会主要传习场所城隍庙墙体、围墙多处大面积震裂，部分原始曲谱、道具、服饰等基本用具损坏。

秦州鞭杆舞传习场所围墙局部震塌38平方米，墙体震裂262平方米。秦州夹板舞传习场所五祖七真殿墙体震裂1302平方米；三清殿正脊吻兽震落，房基受损。秦州小曲传习场所墙体震裂1502平方米。秦州唢呐艺术传习场所房屋震塌。天水鸿盛社屋顶震裂，裂缝长5米。天水木雕传习场所墙体震裂。天水竹雕传习场所墙体、楼板震裂46平方米。天水皮影戏传习场所严重损坏，墙体大面积震裂。天水竹雕等11项传习场所直接经济损失180余万元；部分珍贵实物受损，估算价值700万元左右。

武山夜光杯雕传习场所地基下沉，墙体震裂。

女娲祭祀仪式传习场所中度损坏，女娲神祠大殿廊檐震裂，裂缝宽达5厘米；女娲洞体部分坍塌、祭祀广场舞台震裂。

秦安麦竿编技艺传习窑洞部分崖体震松，部分崖体坍塌。

甘谷脊兽制作技艺传习场所与甘谷道情传习场所墙体震裂，地基塌陷。

清水剪纸传习场所部分严重震裂，部分墙体震塌，地基下陷，成为危房。

张家川花儿传习场所墙体震裂，脊瓦部分脱落，部分地基下沉。

三 陕西灾区省级非物质文化遗产受损

陕西灾区有20项省级非物质文化遗产名录项目受损，其中重灾区3项、一般灾区17项。

重灾区省级非物质文化遗产受损 陕西重灾区受损的3项省级非物质文化遗产名录项目共损失40件实物资料，损坏传习场所1980平方米。其中，宁强核桃馍制作技术传习场所损坏900平方米，损坏实物15件；勉县武侯墓清明祭传习场所损坏720平方米，损坏实物15件；陈仓姜马察回音传习场所损坏360平方米，损坏实物10件，1名代表性传承人受伤。

一般灾区省级非物质文化遗产受损 陕西一般灾区17项省级非物质文化遗产名录项目受损（见表315）。

陕西省一般灾区省级非物质文化遗产名录项目受损情况统计表

表 315

项目名称	损失实物资料（件）	场所损坏（平方米）	受伤代表性传承人数（人）	项目名称	损失实物资料（件）	场所损坏（平方米）	受伤代表性传承人数（人）
汉中端公戏	15	780	1	民间舞蹈《高跷赶》	7	1380	1
洋县佛教音乐	15	660	2	岐山转鼓	20	420	1
南郑春倌说春	15	360	2	岐山臊子面	26	120	1
洋县谢村黄酒酿造	15	660	1	灯盏头碗碗腔	14	300	1
洋县传统造纸技艺	15	360	1	八打棍保护项目	16	180	1
镇巴渔鼓	15	840	1	西山酒歌	20	300	1
汉中曲子	15	72	1	社火脸谱绘制技艺	22	420	1
威风锣鼓	35	840	—	陇州社火	38	2260	1
眉县下河寨道情	10	660	1	合　　计	313	10612	18

四　重庆灾区省级非物质文化遗产受损

重庆灾区有 5 项省级非物质文化遗产名录项目受损。

铜梁县龙灯彩扎工艺。多家从事龙灯彩扎的个体企业厂房墙壁震裂，裂缝较大。

荣昌陶器。康熙年间的“夏兴窑”上的瓦全部震塌，遗迹损坏严重。

蓝印花布制作技艺。梁平县礼让镇的蓝氏作坊震裂多处。

土法造纸技艺。梁平县七星镇造纸老作坊墙壁震裂多处，左侧屋顶瓦片脱落。

梁平双桂堂庙会。双桂堂多处殿宇震裂，罗汉堂损坏严重，成为危房，五百泥塑罗汉像震裂、损坏。

第三节　市、县级非物质文化遗产受损

汶川特大地震灾区列入市、县级非物质文化遗产名录中的项目有 569 项受损，其中四川灾区 268 项、甘肃灾区 240 项、陕西灾区 50 项、重庆灾区 11 项。

一　四川灾区市、县级非物质文化遗产受损

四川灾区市（州）级非物质文化遗产名录项目有118项受损，30名代表性传承人受伤。

县级非物质文化遗产名录项目有150项受损，66名代表性传承人受伤，数名失踪；在羌族社会中享有很高地位的民间文化传承人中的“释比”也有伤亡。

66个非物质文化遗产专题博物馆受损面积合计59458平方米；21个民俗博物馆受损面积合计16068平方米；325个传习所受损面积合计8623.45平方米。其中，极重灾区内的北川羌族民俗博物馆全部倒塌，大量珍贵实物和普查资料被废墟掩埋；颇具影响的绵竹年画传习所被夷为平地，茂县羌族博物馆、绵竹年画博物馆等成为危险建筑。

被掩埋、损坏的非物质文化遗产珍贵实物达14369件、文字资料1774万字、图片24444幅、音像资料9497盒（碟）。

二　甘肃灾区市、县级非物质文化遗产受损

甘肃重灾区陇南市市、县级非物质文化遗产名录项目有48项受损；一般灾区有192项受损，其中甘南藏族自治州149项、天水市43项。

重灾区市、县级非物质文化遗产受损　陇南市受损的48项市、县级非物质文化遗产名录项目为：阶州唱书、“天池”的传说、“石鸡泪”的传说、大筒子演奏、洋汤号子、三弦弹唱、花儿、说唱《老虎赶洮牛》、仇池山歌、羊皮鼓舞、傩舞十二相（十二生肖）、舞龙、霸王鞭、梅园神舞、康南花鼓、木偶戏、三仓灯戏、碧口评书、土琵琶弹唱、根书、白马面具彩绘、农民画、转灯、刺绣、剪纸、氐族家谱绘制、栗亭砚雕刻制作工艺、陶瓷烧制工艺、民间乐器制作工艺、咂竿酒制作技艺、香醋酿造工艺、罐罐酒酿造工艺、民间造纸工艺、铸铧工艺、皮影制作工艺、大桥松香制作工艺、金徽酒酿造工艺、红川酒酿造工艺、“二脑壳”酒酿造工艺、点高山、高台社火、迎喜神、白马藏族婚礼、白马藏族服饰、洋灯、民间婚俗—插戴、“女婚男嫁”婚俗、抢快等。

这些项目的传习场所房屋与制作工具损坏很多，经济损失约3000万元；许多珍贵实物如二胡、板胡、古筝、扬琴等乐器严重损坏；乞巧民俗实物等被震损，估算价值25万元；部分陶瓷工艺品损坏；许多相关资料和道具受损严重；项目传承人多数受伤，其家中房屋基本坍塌，一度居无定所，缺粮断水，精神状态十分脆弱，甚至丧失生活信心，传承活动无法进行，发展更面临困难。

非物质文化遗产保护中心的电脑、照相机、录像机等专用设备震坏很多，共损坏台式电脑287台、笔记本电脑57台、复印机32台、打印机251台、照相机64架、摄像器材47套、文件资料柜308组，估算价值350万元。

一般灾区市、县级非物质文化遗产受损　甘南藏族自治州市、县级非物质文化遗产名录项目有149项的部分实物受损；100名传承人家中房屋、生活用品等受损；非物质文化遗产保护工作机构的电脑等办公设备被震坏。

天水市市、县级非物质文化遗产名录项目有 43 项受损（见表 316）。

天水市市、县级非物质文化遗产名录项目受损情况一览表

表 316

项 目 名 称	传习场所受损情况
秦州山歌	墙体裂缝，瓦片掉落
天水呱呱制作技术	墙体裂缝
天水罐罐茶制作技艺	墙体裂缝
天水打梭游戏	墙体裂缝
天水明光仙制作技艺	房脊断裂，墙面裂缝，瓦片掉落
天水面鱼制作技艺	墙体裂缝
天水地毯制作技艺	墙体裂缝
天水猪油盒制作技艺	墙体裂缝
玉泉观上九会	房脊严重受损，地基下沉，墙体多处裂缝
天水面皮制作技艺	墙体多处裂缝
天水风筝制作技艺	墙皮脱落，墙面出现裂缝
伏羲祭奠	先天殿、东西朝房、午门、钟鼓楼墙体开裂，廊柱移位，地基下沉
安家棍术	墙体大面积裂缝
麦积挂面	墙体大面积裂缝
麦积饴糖制作技艺	墙体大面积裂缝
麦积高台	墙体大面积裂缝
凤凰山民间祭祀	大殿、阎王殿、娘娘庙、钟楼、墙体裂缝，屋顶瓦片、脊兽损毁
新阳婚嫁礼仪	墙体大面积裂缝
武山秧歌	墙体大面积裂缝
武山翻子拳	墙体大面积裂缝
武山鸳鸯玉雕	墙体大面积裂缝
武山柳编技艺	墙体大面积裂缝
天水木雕工艺（武山）	墙体大面积裂缝
武山砖雕技艺	墙体大面积裂缝
武山水磨制作技艺	墙体大面积裂缝
武山高台	墙体大面积裂缝
武山水帘洞庙会	墙体大面积裂缝
秦安陶器烧制技艺	北房屋脊倒塌、墙体裂缝、瓦片跌落
甘谷麻鞋	墙体裂缝、地基坍塌
甘谷刺绣	墙体裂缝、地基坍塌
甘谷宫灯制作	墙体裂缝、地基坍塌
甘谷荷包	墙体裂缝、地基坍塌

续表 316

项目名称	传习场所受损情况
甘谷木雕	墙体裂缝、地基坍塌
甘谷唢呐艺术	墙体裂缝、地基坍塌
甘谷砖雕技艺	墙体裂缝、地基坍塌
甘谷泥塑技艺	墙体裂缝、地基坍塌
甘谷剪纸技艺	墙体裂缝、地基坍塌
甘谷酥圈圈制作技艺	墙体裂缝、地基坍塌
甘谷小曲	墙体裂缝、地基坍塌
清水民间故事	主要传习场所坍塌
清水轩辕鼓舞	部分传承人居所坍塌或严重裂缝
清水捏脊技艺	部分遍体裂缝
张家川回族口弦	墙体出现裂缝、脊瓦部分有不同程度脱落、部分地基下沉

这些项目的传习场所成为危房，不能开展传习活动，直接经济损失 200 余万元；珍贵实物受损，估算价值 1500 余万元；还有部分文字资料需要修复、复制，估算费用在 300 余万元左右；有 18 位项目传承人在地震时受轻伤，有 226 人家中房屋损坏，直接经济损失 50 余万元。

非物质文化遗产保护工作设备、电脑等严重损坏，经济损失 90 余万元。

三　陕西灾区市、县级非物质文化遗产受损

陕西重灾区有 3 项市级非物质文化遗产名录项目受损；一般灾区有 18 项市级非物质文化遗产名录项目受损，29 项县级非物质文化遗产名录项目受损；合计受损项目 50 项。

重灾区市、县级非物质文化遗产受损　3 项市级非物质文化遗产名录项目共损失实物资料 34 件，损坏传习场所面积 3360 平方米，21 名普通传承人或受伤，或家庭财产受损。

勉县对鼓。损失实物资料 15 件，传习场所损坏面积 1260 平方米，10 名普通传承人或受伤或家庭财产受损。

勉县五龙节。损失实物资料 10 件，传习场所损坏面积 1080 平方米，6 名普通传承人或受伤或家庭财产受损。

勉县板凳龙。损失实物资料 9 件，传习场所损坏面积 1020 平方米，5 名普通传承人或受伤或家庭财产受损。

一般灾区市、县级非物质文化遗产受损　18 项市级非物质文化遗产名录项目受损（见表 317）。29 项县级非物质文化遗产名录项目受损（见表 318），其中前 28 项属汉中市、最后 1 项属宝鸡市。

陕西省一般灾区市级非物质文化遗产名录项目受损情况统计表

表 317

项目名称	损失实物资料（件）	场所损坏面积（平方米）	受伤普通传承人数（人）	项目名称	损失实物资料（件）	场所损坏面积（平方米）	受伤普通传承人数（人）
洋县仗头木偶	81	120	—	汉中巴山乡村知客司礼仪	—	—	—
洋县皮影	12	720	10	龙亭蔡伦造纸传说	13	60	—
南郑协税高跷社火	16	1920	20	城固架花刺绣	2	60	3
洋县黄家营土布纺	4	60	2	城固泥塑	7	60	—
洋县黄安泥塑技艺	13	60	5	五花石浮雕镶嵌工艺	14	60	2
张氏摩崖石刻拓印技艺	4	60	—	西乡县贯溪地围子	6	420	6
上元观红豆腐制作技艺	4	60	2	西乡县打锣镲	9	600	9
西乡牛肉干制作技艺	4	60	2	腰椎间盘整复手法	8	60	1
汉台区龙舞道具制作工艺	3	60	3	合计	215	4500	65
城固地母庙会	15	60	—				

陕西省一般灾区县级非物质文化遗产名录项目受损情况统计表

表 318

项目名称	损失实物资料（件）	场所损坏面积（平方米）	受伤普通传承人数（人）	项目名称	损失实物资料（件）	场所损坏面积（平方米）	受伤普通传承人数（人）
城固斗山庙会	3	60	—	洋县黄金峡船工号子	6	180	3
城固面皮	25	600	10	洋县龙亭地社火	5	60	—
城固二鬼打架	30	120	—	洋县舞龙	5	60	—
城固水兽舞	30	60	—	洋县瓦子沟狮子舞	5	60	—
城固狮子舞	30	60	—	洋县高跷	5	60	—
城固地社火	30	60	—	洋县木版年画	20	60	1
城固磨影子	30	60	—	洋县剪纸	22	60	1
城固采莲船	30	60	—	洋县马畅曲子	5	60	—
城固拉驴上板桥	30	60	—	洋县华阳水磨房	10	60	1
城固彩龙	30	60	—	洋县华阳大水车	6	60	1
洋县民间歌谣	5	60	1	洋县华阳手工藤	20	60	1
洋县民间谚语	6	60	—	洋县纸坊枣糕馍	—	—	—
洋县民间故事	4	60	—	洋县龙亭蔡家皮	13	60	1
洋县华阳民歌	5	300	5	扶风三霄庙会	10	260	10
洋县桑溪孝歌	5	300	5	合计	425	3080	40

四　重庆灾区县级非物质文化遗产受损

重庆灾区有11项县级非物质文化遗产名录项目受损（见表319）。

重庆灾区县级非物质文化遗产名录项目受损一览表

表319

项目名称	受损情况
铜梁木匾工艺	保护单位重庆庹氏书画艺术馆馆舍多间房屋震裂
福果亢家班道场音乐	保护单位铜梁县文化馆馆舍多处震裂
铜梁金钱板	代表性传承人何代科的房屋震裂，裂缝较大
荣昌尝新	代表性传承人高明江、何邦辉的房屋震裂，裂缝较大
道场绘画	保护单位荣昌县文化馆馆舍多处震裂
荣昌根雕	多家个体根雕工艺企业厂房震裂，裂缝较大
梁平竹雕	个体户作坊的房屋震裂
梁平土陶技艺	多处土陶作坊房屋墙壁、房顶震裂，裂缝最长7米
礼让豆筋制作技艺	梁平县礼让镇多家豆筋加工厂厂房震裂，裂缝较大
袁驿豆干制作技艺	梁平县袁驿镇多家豆干制作厂厂房震裂，裂缝较大
乐都高台毛狮子	保护单位梁平县新盛镇文化服务中心房屋多处震裂

第十二篇

军事设施受损

汶川特大地震在给灾区群众的生命财产造成巨大损失的同时，也给解放军和武警部队驻灾区单位带来同样的灾害，营房建筑受损面积约709.28万平方米，营区内道路、供电、供水系统，通信线路，护坡、围墙等设施损毁严重，工作科研设施设备均受到不同程度的破坏。

第一章　解放军驻军设施受损

汶川特大地震灾区驻军部队设施受损，涉及四川、甘肃、陕西、重庆四省（市），驻灾区的团以上单位中，有 399 个单位的基础设施受到不同程度损毁。受损的基础设施中，营房损毁最为严重，其他设施如指挥防护、通信、训练、科研试验、生产维修、库房、医疗设施以及营区的道路、供电、供水、护坡、挡墙、围墙等附属设施设备损毁也十分严重，其中受损通信线路 584 公里、道路 161 公里、供电线路 316 公里。

第一节　营房及附属设施受损

驻汶川特大地震灾区部队共有 6213771 平方米营房受损，其中倒塌 162452 平方米、严重破坏 1158798 平方米、中等程度破坏 1839547 平方米、轻微损坏 3052974 平方米。地处龙门山断裂带极重灾区的部队，尤其是 63820 部队、77113 部队、77118 部队等单位损失严重，受损营房面积分别占单位营房面积的 82%、98%、100%。灾区人武部、预备役部队受损营房达 30.8 万平方米。

一　成都军区营房受损

成都军区机关及所属部队、直属部队受损营房共 3873343 平方米，其中倒塌 69 栋、53724 平方米，严重损坏 488 栋、645804 平方米。营房附属设施也损毁严重，15 座水塔倒塌或开裂倾斜。位于重灾地区的部队营房围墙、大门大部分垮塌、断裂倾斜，供电、供水、通信系统损坏严重，营区内道路也受到不同程度破坏。77118 部队营房倒塌 5 栋，严重损坏 25 栋，中度和轻度损坏 17

栋，受损营房面积达营房总面积的100%。德阳军分区10栋建筑受损，其中倒塌2栋、严重损坏1栋、中等程度损坏5栋、轻微损坏2栋，总面积达11820平方米。绵阳军分区34栋建筑遭到严重破坏，面积约11556平方米。地处极重灾区的北川羌族自治县人武部8栋建筑约8980平方米全部倒塌；汶川县人武部6栋建筑约9131平方米全部遭严重损坏。川藏兵站部及所属单位，营房受损面积达181917平方米。

二　兰州军区营房受损

兰州军区此次受灾的部队和军事单位主要集中在甘肃省的陇南、天水地区，陕西省只有少数军事单位营房受损。受损营房总面积达443886平方米，其中倒塌1356平方米、严重损坏107783平方米。陇南军分区机关及其所属9个县（区）人武部营房遭受不同程度损失，其中军分区机关和文县、康县、西和县人武部受损较为严重。军分区办公楼、公寓楼墙体均出现裂缝，其他5栋建筑均出现墙体开裂、地基下陷、屋顶瓦片大面积脱落等现象。文县人武部的办公楼、民兵训练基地楼、仓库值班房、职工生活区的6栋建筑约1085平方米受损严重。康县人武部机关办公楼楼体左侧倾斜变形，屋脊移位，楼内屋顶多处塌陷，墙体开裂。西和县人武部的民兵训练基地楼和5栋干部职工宿舍平房受损严重。文县、康县、西和县人武部的房屋均成为危房。天水军分区机关办公楼、军分区领导和退休干部楼、干部职工家属楼均受到不同程度的破坏，有的成为危楼；机关车库平房倒塌，民兵武器库围墙倒塌130多米，3号库房墙体开裂。军分区所属7个县（区）人武部办公楼都受到不同程度的损坏。

三　科研单位营房及设施受损

地震给位于重灾区的63820部队造成巨大破坏，营房、通信、交通、供电、供水、供气等基础设施损毁严重。据统计，共有563栋房屋受损，面积约66.4万平方米。其中，倒塌89栋，约9.4万平方米；严重损坏157栋，约13.8万平方米；中等程度损坏80栋，约10.3万平方米；轻微损坏237栋、32.9万平方米。部队受损最严重的下属单位倒塌建筑约6.8万平方米，严重破坏2.3万平方米。另外，营区内道路严重受损约4.08万平方米，桥梁损毁3座，通信线路受损451公里，高低压供电线路106.6公里遭破坏。科研试验设施也受损严重，大量试验设备器材损毁，估算科研设施设备经济损失约10.94亿元。

四　其他驻军单位营房受损

驻灾区的海军、空军、第二炮兵、总参谋部、总后勤部、总装备部等所属单位的营房建筑，在地震中也受到不同程度破坏。海军装备部重庆军事代表局驻成都、绵阳、雅安等地的10个军事代表室位于重灾地区，15个工作点共有64间房屋损坏。空军所属单位营房受损456408平方米，其中倒塌6380平方米、严重损坏63124平方米。第二炮兵所属单位营房受损476903平方米，其中严重损坏 21856 平方米。总参谋部所属单位营房受损 288814 平方米，其中倒塌 6963 平方米、严重损坏 177196 平方米。总后勤部所属单位营房受损 9386 平方米，其中严重损坏 4900 平方米。总装备部所属单位营房受损 664851 平方米，其中倒塌 94029 平方米、严重损坏 138135 平方米。

第二节　保障服务设施受损

汶川特大地震给驻灾区部队的训练保障、联勤保障和装备保障设施设备造成极大破坏，范围涉及各类训练设施、场地、仓库、油库、生产、维修、医院、疗养院、干休所等设施，受损面积约 1249550 平方米。

一　训练保障设施受损

成都军区综合训练基地 1 栋教学楼，约 2000 平方米严重受损。78098 部队 15 栋建筑受损，其中严重损坏 14 栋约 1.57 万平方米，训练场地和相关设施也受到不同程度损坏。78168 部队军区通信训练大队 7 栋建筑受损，其中中等程度损坏 6 栋，约 13575 平方米。78606 部队 79 栋建筑受不同程度损坏，其中倒塌 2 栋、严重损坏 13 栋、中等程度损坏 38 栋、轻微损坏 26 栋，总面积 68733 平方米。川藏兵站部司机训练大队 11 栋建筑受损，其中中等程度损坏 7 栋，面积 5005 平方米。军区司令部训练基地 28 栋建筑受损，其中中等程度损坏 11 栋、约 5274 平方米；射击场 17 栋建筑受损，其中中等程度损坏 3 栋、约 3550 平方米。重庆警备区教导大队军官训练中心 1 栋建筑轻微损坏，约 2200 平方米。

二　各类库房设施受损

灾区范围内部队所属各类仓库也受到不同程度损坏，包括各类器材库、武器弹药库、油料库、档案库等。78438 部队所属成都油库江油分库 17 栋建筑受损，其中倒塌 2 栋、严重损坏 3 栋、中等程度损坏 3 栋、轻微损坏 9 栋，总面积 129734 平方米；弹药库 11 栋建筑受损，其中严重损坏 9 栋，约 7604 平方米；药材仓库 9 栋建筑受损，其中严重损坏 3 栋，约 4106 平方米；武器库 12 栋建筑受损，其中 5 栋属中等程度损坏，约 40720 平方米。四川省军区所属的成都民兵武器仓库 12 栋建筑受损，其中严重破坏 1 栋，约 1880 平方米。军区装甲兵器材库 20 栋建筑受损，总面积达 27861 平方米。川藏兵站部所属某汽车团，111 栋建筑受损，面积约 7 万平方米；油库 16 栋建筑受损，其中 8 栋属中等程度损坏。军区军需仓库 21 栋建筑受损，其中严重损坏 2 栋、中等程度损坏 8 栋、轻微损坏 11 栋，总面积达 21814 平方米；综合仓库 19 栋建筑受损，约 66210 平方米。军区联勤部营房部所属营房图档库 2 栋建筑中等程度损坏，约 6805 平方米。甘肃省军区所属陇南军分区9座民兵武器装备仓库受到不同程度损坏，文县、成县、康县、西和县民兵武器装备库严重受损。

三　修理生产设施受损

位于灾区的成都军区所属修理、生产及工程管理等单位设施在地震中受到不同程度损坏。军区通信装备技术修理所9栋建筑受损，其中严重损坏2栋，约6854平方米。78638部队营房、车间受损17栋，其中倒塌1栋、严重损坏3栋、中等程度损坏12栋、轻微损坏1栋，总面积达19154平方米。军区装备部所属78618部队16栋建筑受损，其中严重损坏4栋、中等程度损坏12栋，总面积10352平方米。军区联勤部副食品加工二站37栋建筑倒塌，约15102平方米。78606部队印刷所，厂房、设备、原材料和职工宿舍几乎全部损毁，直接经济损失1600余万元。联勤部生产基地园艺场24栋建筑严重受损，约6098平方米。军区工程质量监督站3栋建筑受损，其中严重损坏1栋、中等程度损坏1栋、轻微损坏1栋，总面积达1.57万平方米。军区司令部生产基地15栋建筑受损，其中中等程度损坏14栋，约4981平方米。乐山军分区修械所11栋建筑受损，其中倒塌1栋、中等程度损坏2栋、轻微损坏8栋，总面积20759平方米。

四　部队医院、疗养院、干休所设施受损

地震给位于灾区范围的部队所属4所医院、1所疗养院、26个干休所造成不同程度的损失。位于成都的成都军区总医院、第452医院，雅安的第37医院，乐山的第42医院等部队医疗单位，在地震中都受到不同程度破坏。其中，成都军区总医院1栋建筑倒塌，50栋建筑中等程度损坏，面积约164683平方米；第37医院2栋建筑严重损坏，6栋建筑中等程度损坏，总面积约7256平方米；位于都江堰的峨眉疗养院都江堰分院13栋建筑严重损坏、3栋建筑中等程度损坏、9栋建筑轻微损坏，总面积达33964平方米。西藏军区驻成都办事处所属的新津门诊部20栋建筑中等程度损坏，约19344平方米。位于成都、绵阳、乐山、雅安、南充、涪陵等地的军区、省军区和军分区所属的26个干休所，共有6栋建筑受到严重损坏、54栋建筑中等程度损坏、18栋建筑轻微损坏，总面积290241平方米。

第二章　武警部队设施受损

驻汶川特大地震灾区的武警四川、甘肃、陕西、重庆、云南总队及8740部队，武警黄金、森林、水电、交通部队的指挥机关、部队营房、训练基础场地和各种设备遭受严重损毁，经济损失巨大。据统计，直接经济损失79475万元，其中营房设施受损面积878993平方米、损失69139万元，基础设施受损238421延长米、损失6593万元，各类设备受损2416台（件）、损失3743万元。

第一节　营房及附属设施受损

驻汶川特大地震灾区武警部队的指挥机关和营区营房受损面积共878993平方米，经济损失69139万元，占总经济损失的87%。35个总队、支队指挥机关营房受损面积为406168平方米，占营房受损总面积的46.2%；营区营房受损面积472825平方米，占营房受损总面积的53.8%。

一　指挥机关营房受损

武警四川省总队及下辖阿坝、绵阳、成都、德阳、广元支队两级指挥机关营房受损面积69713平方米，经济损失13819万元。

武警甘肃省总队两级指挥机关受损面积6538平方米，经济损失726万元。

武警陕西省总队两级指挥机关营房受损面积30755平方米，经济损失826.3万元。

武警重庆市总队两级指挥机关营房受损面积26799平方米，经济损失508万元。

武警8740部队的营区分布在南充、内江、广元、阆中4个城市，有103栋营房不同程度受损，受损营房面积109440平方米，其中遭破坏需拆除营房22栋、16478平方米，经济损失4005万元。

武警黄金部队第三总队驻成都、第二总队驻西安营区均受到不同程度破坏，受损面积 71749 平方米，经济损失 1145 万元。

武警森林部队四川总队阿坝支队、攀枝花支队机关营房受损 8400 平方米，经济损失 581 万元。

武警水电部队第三总队机关及第九、十、十一支队营房受损面积 70712 平方米、倒塌 200 平方米，损失 3516.02 万元。

武警交通部队第一总队驻成都、驻江油营区营房及附属配套设施受到不同程度损坏。有些楼房的梁、柱、墙等承重构件出现较大裂缝，中等程度以上受损面积 12062 平方米、经济损失 2510.9 万元，轻度受损面积 38010.7 平方米、经济损失 1000 万元。

二　营区营房受损

武警四川省总队所属阿坝、绵阳、德阳、成都、广元、雅安支队 6 个单位 219 栋营房不同程度受损，面积 258337 平方米，经济损失 3.1181 亿元。

武警甘肃省总队所属白银、天水、庆阳、平凉、陇南支队的营房均受到不同程度损坏，受损面积 23352 平方米，经济损失 1304 万元。

武警陕西省总队有 13 个单位营房不同程度遭受地震损坏，驻关中和陕南地区部队营房及设施损坏较为严重，主要包括汉中、安康、宝鸡和西安等市。地震严重损坏建筑物 19 栋、建筑面积 12579 平方米，造成危房 12 栋、建筑面积 18353 平方米，共损坏建筑物围墙等 38 处、建筑面积 74652 平方米。另外，生活及营房附属设施损失折合 502 万元。

武警重庆市总队营区受损面积 14836 平方米，经济损失 298 万元。

武警云南省总队昭通支队所属绥江、永善、水富 3 个县中队营房及执勤目标不同程度受损，面积 1900 平方米，经济损失 108 万元。

武警森林部队四川总队多栋楼房的承重构件出现裂缝，属严重损坏，受损面积 1.44 万平方米，经济损失 1393 万元。

第二节　保障服务设施设备受损

汶川特大地震灾区武警部队训练保障设施、基础设施和各类设备不同程度受损，其中训练保障设施涉及 336 个中队的训练场，经济损失 2990 万元；道路、通讯等营区基础设施受损 238421 延长米，经济损失 6593 万元；各类设备受损 2419 台（件），经济损失 3743 万元。

一　训练保障设施受损

武警部队有 5 个省级总队和 4 个警种指挥部，共涉及 336 个中队的训练场地、设施不同程度受损。其中，损毁严重的有 64 个中队，经济损失 1280 万元；比较严重的有 70 个中队，经济损失 700 万元；一般损坏的有 202 个中队，经济损失 1010 万元。

武警四川省总队 3 个基层中队的训练设施严重损毁，多个基层中队的训练设施轻微受损，经济损失 830 万元。

武警甘肃省总队庆阳市支队镇原县中队训练场地基下陷、铁围栏变形损坏，经济损失 6 万元。

驻内江市的武警 8742 部队射击场护坡滑坡 300 米，经济损失 10 万元。

武警黄金部队第三总队第十二支队阳山矿区第一、第二中队操场地面裂缝、沉降，经济损失 8 万元。

武警森林部队四川总队阿坝支队 6 个基层单位的训练场地的地基不同程度下陷、沉降，经济损失 50 万元。

武警交通部队第一总队江油射击场受损，经济损失 13 万元。

二　营区基础设施受损

武警四川省总队 5 个指挥机关基础设施受损 28750 延长米，经济损失 810 万元。

武警陕西省总队两级指挥机关，损坏基础设施 12665 延长米，经济损失 91 万元。

武警重庆市总队两级指挥机关，损坏基础设施 2850 延长米，经济损失 117 万元。

武警 8740 部队营区分布在南充、内江、广元、阆中等城市，损坏基础设施 5900 延长米，经济损失 649 万元。

武警黄金部队第三总队驻成都、第二总队驻西安营区，损坏基础设施 640 延长米，经济损失 19 万元。

武警森林部队四川总队 2 个指挥机关，损坏基础设施 2420 延长米，经济损失 62 万元。

武警水电部队第三总队机关及第九、第十、第十一支队，基础设施中挡土墙护坡损坏 1000 延长米，供水管线受损 340 延长米，供电管线受损 820 延长米，经济损失 75.1 万元。

武警交通部队第一总队驻成都、驻江油营区，损坏基础设施 1.84 万延长米，经济损失 469 万元。

三　各类设备受损

武警四川省总队 5 个指挥机关损坏设备 23 台，经济损失 790 万元。

武警甘肃省总队两级指挥机关损坏设备 5 台，经济损失 35 万元。

武警陕西省总队两级指挥机关损坏设备 2 台，经济损失 80 万元。

武警重庆市总队两级指挥机关损坏设备 4 台（件），经济损失 4 万元。

武警 8740 部队损坏设备 661 台（件），经济损失 310 万元。

武警黄金部队第三总队驻成都、第二总队驻西安营区各损坏设备 2 台，经济损失共计 50 万元。

武警水电部队第三总队机关及第九、第十、第十一支队设备各受损 2 台，经济损失共计 14.5 万元。

武警交通部队第一总队驻成都、驻江油营区损坏设备 966 台（件），经济损失 1334 万元。

除以上统计，还有各类受损设备 746 台（件），经济损失 1125.5 万元。

文献辑存

中国地震局、科学技术部、国土资源部关于成立国家汶川地震专家委员会的请示

（中震发〔2008〕72号）

国务院抗震救灾总指挥部：

根据国务院抗震救灾总指挥部第九次工作会议决定和温家宝总理重要指示精神，在中国地震局、科学技术部、国土资源部、中国科学院、中国工程院、教育部、发改委、水利部、环境保护部、建设部、中国气象局等十一个相关部门推荐专家的基础上，中国地震局、科学技术部和国土资源部三部门研究提出了国家汶川地震专家委员会名单（见附件），并建议：

一、专家委员会主任由马宗晋院士担任，副主任由许志琴院士和史培军教授担任。

二、专家委员会下设办公室，由中国地震局、科学技术部和国土资源部三个部门相关人员组成，专家委员会办公室设在中国地震局。

以上建议妥否，请批示。

附件：国家汶川地震专家委员会名单（共30名）

二OO八年五月二十日

附件

国家汶川地震专家委员会名单（共30名）

姓　名	年龄	职　称	专　业	工作单位	工 作 经 历
马宗晋	75	院　士	构造地质	中国地震局地质研究所	中国地震局地质研究所名誉所长，国家减灾委员会专家委员会主任。主要从事地质构造、区域构造和全球构造的基础性研究，在地震预报、自然灾害综合减灾、石油勘探等领域作出较大贡献
许志琴	67	院　士	大陆动力学	中国地质科学院地质研究所	长期从事构造地质学研究，建立了西部主要造山带的变形构造框架，提出划分青藏高原结构新方案和青藏高原形成的深部动力学新模式。现任“973”项目“大陆板块会聚边界的地幔动力学与现代地壳作用”首席科学家，曾任中国大陆科学钻探工程首席科学家
史培军	49	教　授	灾害学	北京师范大学	北京师范大学常务副校长，国家减灾委员会专家委员会副主任。主要从事自然地理学、资源开发与减灾方面的教学与科研工作
以下按专家姓氏笔画排序					
王业耀	43	研究员	水环境与生态	中国环境科学研究院	中国环境科学研究院副院长，曾参与松花江水污染控制等多起环境污染与生态破坏事件的调查处理
刘小汉	60	研究员	地质学	中科院青藏高原研究所	长期从事构造地质领域的研究工作，在东秦岭、大别山、三江地区、五台山、天山、西准噶尔和南极地质考察研究等方面作出有成效的贡献，是我国南极科学研究骨干之一，极地地质研究领域学术带头人
刘光鼎	79	院　士	地球物理	中科院地质与地球物理研究所	长期领导中国沿海地质地球物理调查工作，完成“中国海地质构造及含油气性研究”，主编《中国海地质地球物理系列图》（1∶200 万）及专著《中国海地质地球物理特征》，系统总结了中国大地构造宏观格架
吴忠良	45	研究员	地震学	中国地震局地球物理研究所	中国地震局地球物理研究所所长，中国地震学会副理事长，国际地震与地球内部物理学协会主席，主要从事地震学、地球内部物理学等方面的研究工作，承担过多项国家自然基金课题和“973”项目课题
吴树仁	52	研究员	工程地质	中国地质科学院地质力学研究所	中国工程地质专业委员会委员，国际工程与环境地质协会委员。主要从事活动断层、地壳稳定性评价和地质灾害预测评价等方面的研究
张　强	45	正研高工	气　候	中国气象局国家气象中心	长期从事气候影响评估及决策气象服务工作，承担长江三峡工程生态与环境监测分析、降水诱发地质灾害指标研究、城市规划大气环境评估等项目
张国民	66	研究员	地震预测	中国地震局地震预测研究所	我国地震预报工作领域资深专家，曾任中国地震局分析预报中心副主任。参加过邢台地震、河间地震、唐山地震等大震的现场考察、震后地震趋势和震情分析预报等研究

姓　名	年龄	职　称	专　业	工作单位	工 作 经 历
张岳桥	45	研究员	构造地质	中国地质科学院地质力学研究所	主持或参与“中国东西部地貌边界带新构造运动及其对环境分异的影响”“华南武夷—诸广—武功地区加里东期构造作用和大陆动力学演化”“活动构造与地质环境集成”等相关项目
张培震	53	研究员	地震地质	中国地震局地质研究所	美国麻省理工学院博士毕业后归国，主要从事地震地质、新构造以及地震动力学等方面的研究工作，现任中国地震局地质研究所所长，并担任“973”项目“活动地块边界带动力过程与强震预测”首席科学家
杨秀敏	66	院　士	土木工程	总参谋部工程兵第四设计研究院	在触地爆炸效应的研究过程中最先完成爆炸成坑和地冲击波传播的数值模拟，建立了预测城市灾害的分析模型
苏经宇	53	研究员	工程抗震	北京工业大学抗震减灾所	参加相关工程抗震规范的编制；主持编制若干城市的抗震防灾规划；从事工程隔震减震研究与推广
陈厚群	76	院　士	土木结构工程	中国水利水电科学研究院抗震所	在混凝土坝的抗震加固理论研究和解决重大工程的抗震关键问题方面作出贡献，解决了新丰江、二滩、小浪底等重大工程的抗震问题
陈祖煜	65	院　士	水电工程	中国水利水电科学研究院	兼任中国土木工程学会土力学及岩土工程分会副理事长，提出了楔体稳定分析的广域解。曾任三峡、小浪底、李家峡、东风、宝珠寺、徐村、紫坪铺等大型水利工程的安全鉴定专家组成员
周福霖	69	院　士	抗灾与防护工程	广州大学工程抗震研究中心	联合国工业发展组织隔震技术顾问，中国建筑学会抗震减灾研究会常务理事，全国高校建筑工程专业指导委员会委员。主要从事土木工程结构、结构抗震领域的研究。曾主持多项国家级科技项目的研究
欧进萍	49	院　士	结构工程	大连理工大学	大连理工大学校长。建立了结构模糊随机振动的理论，发展了结构抗风和抗震的动力可靠分析方法，提出了钢筋混凝土结构的地震损伤分析和设计方法等
姚振兴	69	院　士	地震学	中科院地质与地球物理研究所	长期从事地震波的理论和应用研究。系统地解决了为宽频带地震波波形研究进行正演模拟的多项难题，完成了利用地震波估计爆炸当量的新方法；并提出了完整的近场强地面运动预测的理论地震学方法
赵文津	77	院　士	勘探地球物理	中国地质科学院	现任中美国际合作项目“喜马拉雅及青藏高原深剖面和综合研究”中方首席科学家。长期致力于矿产勘查、勘查技术发展及地壳深部探测的开创性工作；近年来致力于李四光的地质力学理论和方法的研究与发展

姓　名	年龄	职　称	专　业	工作单位	工 作 经 历
倪四道	38	教　授	地球物理	中国科学技术大学	长江学者特聘教授，获国家杰出青年科学基金资助。在利用地震波信息探测地球深部状态和变化的研究方向上做出了突出的成果
殷跃平	48	研究员	地质力学	中国地质调查局	工程地质和地质灾害防治知名专家，享受国务院政府特殊津贴。长期从事地质灾害防治和重大工程选址工作，在生产实践、科研、技术管理等领域做出了显著成绩
高孟潭	51	研究员	地震工程	中国地震局地球物理研究所	中国地震局地球物理研究所副所长。主要从事工程地震与地震区划方法、地震区划编图、地震危险性评定和地震中长期预报理论和应用研究，现担任国家科技支撑项目“地震灾害防御与应急救援技术”首席科学家
彭苏萍	49	院　士	地质灾害	中国矿业大学	主要从事工程地质和工程物探领域的教学与科研工作，在地质灾害源探测与地质灾害预测方面有突出的贡献。担任过国家中长期科学和技术发展规划“公共安全专题组”副组长
董树文	54	研究员	构造地质	中国地质科学院	中国地质科学院副院长，长期从事构造地质、深部地质和地质力学研究。研究大别山碰撞造山带变形与深部探测
谢礼立	69	院　士	土木工程	中国地震局工程力学研究所	中国地震局工程力学研究所名誉所长，中国地震工程联合会会长，国际地震工程学会副主席。一直从事地震工程与城市减灾研究，是中国强震观测与分析领域的奠基人之一
廖椿庭	66	研究员	岩石力学	中国地质科学院地质力学研究所	主持我国早期地应力地震预报监测站的创建和研究工作。组织开展青藏高原铁路沿线主要隧道区的应力作用特征研究。主持完成多项国家级科技项目
熊　熊	43	研究员	大地测量	中科院测量与地球物理研究所	主要从事大地测量和地球物理的跨学科交叉研究。对印度板块与欧亚大陆碰撞过程产生的各种地质特征和高原的构造演化过程及其动力学机制进行了系统研究
滕吉文	74	院　士	地球物理	中科院地质与地球物理研究所	长期从事岩石圈物理学研究。率先在青藏高原开展深部地震探测和综合地球物理场研究。在造山带与盆地的深层动力过程，东亚大陆动力学和地震各向异性等研究领域均取得了重要的新进展
颜丹平	44	教　授	构造地质	中国地质大学	1991年以来一直在龙门山及松潘—阿坝地区从事构造研究，承担过多项国家自然科学基金项目、地矿部重点公关项目和国际合作项目

关于商请支持国家汶川地震专家委员会现场工作的函

（中震发〔2008〕74号）

四川省人民政府：

5月22日，国务院抗震救灾总指挥部成立了汶川地震专家委员会，为抗震救灾提供支持，对受灾群众的安置和灾后重建提供建议，为总指挥部决策提供科学依据。根据“国家汶川地震专家委员会成立会议纪要”（国阅〔2008〕53号），专家委员会在总指挥部领导下开展工作，其办公室设在中国地震局，由中国地震局、科技部、国土资源部三个部门相关人员组成，要尽快研究制定专家委员会的具体工作方案，明确目标，分解任务，并迅速派专家赴灾区开展实地调研。

目前，专家委员会已经研究制定出具体工作方案，并分解为强余震、南北带地震构造、地震机理、灾害评估、次生灾害和灾区重建等6个工作组开展工作，拟于5月26日—7月28日期间分赴灾区开展实地调研和科学考察。

请你省人民政府及地震考察工作区所在地人民政府对调研和考察工作在信息资料、交通、安全、食宿等方面给予协助支持。

附件：国家汶川地震专家委员会成员名单

二〇〇八年五月二十四日

附件

国家汶川地震专家委员会成员名单

工作组	姓　名	职　称	工 作 单 位	备　注
	马宗晋	院　士	中国地震局地质研究所	主　任
强余震	张国民	研究员	中国地震局地震预测研究所	组　长
	吴忠良	研究员	中国地震局地球物理研究所	副组长
	刘小汉	研究员	中科院青藏高原研究所	

工作组	姓　名	职　称	工 作 单 位	备　注
南北带地震构造	张培震	研究员	中国地震局地质研究所	组　长
	张岳桥	研究员	中国地质科学院地质力学研究所	副组长
	颜丹平	教　授	中国地质大学	
地震机理	许志琴	院　士	中国地质科学院地质研究所	副主任，组长
	滕吉文	院　士	中科院地质与地球物理研究所	副组长
	刘光鼎	院　士	中科院地质与地球物理研究所	
	赵文津	院　士	中国地质科学院	
	姚振兴	院　士	中科院地质与地球物理研究所	
	廖椿庭	研究员	中国地质科学院地质力学研究所	
	董树文	研究员	中国地质科学院	
灾害评估	史培军	教　授	北京师范大学	副主任，组长
	高孟潭	研究员	中国地震局地球物理研究所	副组长
	彭苏萍	院　士	中国矿业大学	
	熊　熊	研究员	中科院测量与地球物理研究所	
	倪四道	教　授	中国科学技术大学	
次生灾害	陈祖煜	院　士	中国水利水电科学研究院	组　长
	殷跃平	研究员	中国地质调查局	副组长
	陈厚群	院　士	中国水利水电科学研究院抗震所	
	吴树仁	研究员	中国地质科学院地质力学研究所	
	张　强	正研高工	中国气象局国家气象中心	
	王业耀	研究员	中国环科院	
灾区重建	杨秀敏	院　士	总参谋部工程兵第四设计研究院	组　长
	苏经宇	研究员	北京工业大学抗震减灾所	副组长
	谢礼立	院　士	中国地震局工程力学研究所	
	周福霖	院　士	广州大学工程抗震研究中心	
	欧进萍	院　士	大连理工大学	

极重灾县（市）与重灾县（市、区）简况

一、极重灾县（市）

根据《汶川地震灾害范围评估结果》，极重灾区共10个县（市），均在四川省，包括汶川县、北川羌族自治县、绵竹市、什邡市、青川县、茂县、安县、都江堰市、平武县、彭州市。各县（市）震前简况分别如下：

汶川县

位于阿坝藏族羌族自治州境域东南部，周边与小金、理县、茂县、宝兴、芦山、大邑、崇州、都江堰、彭州接壤。人口11万，面积4083平方公里。地处高山峡谷地带，地势由西北向东南倾斜，境内峰峦叠嶂，河谷深幽。主要山脉有邛崃山。主要河流有岷江、烧汤河、二河等。交通方面，国道213线与317线交会于境内，省道303线连接国道。资源有煤、铁、金刚砂、方解石等矿藏。森林广布，有云杉、冷杉、桦等林木。有大熊猫、羚牛、川金丝猴等珍稀动物。产天麻、虫草、贝母等中药材。风景名胜有四姑娘山国家级风景名胜区、国家地质公园、卧龙国家级自然保护区、红军烈士纪念馆等。

北川羌族自治县

位于绵阳市西偏北，东靠江油，北邻平武、松潘，西连茂县，南接安县。人口16万，面积2869平方公里。地处川西北高原东部山地。地形以山地为主，地势西高东低，东南有少量丘陵。主要河流有湔江、青片河、白草河等。交通方面，省道302、105、205线在县境东南部交会，与县乡道相接连通各乡镇。

绵竹市

位于德阳市西北部，东靠旌阳、罗江，北邻安县、茂县，西和西南与什邡接壤。人口51万，面积1245平方公里。地势西北高、东南低，西北部为山区，东南部为平原，山地、平原过渡明显。主要山脉有茶坪山。主要河流有绵远河、金河、清水河、射水河、人民渠等。交通方面，德天支线铁路连接宝成铁路；新增绵德高速路，省道105线纵贯市境东南部，县乡公路构成网络。风景名胜有云湖国家森林公园、三溪寺、绵竹年画博物馆、诸葛双忠祠、欢乐谷等。土特产品有绵竹年画、剑南春酒、松花皮蛋、橘片冻糖、玉泉板鸭、绵竹烟叶等。

什邡市

位于德阳市西部，周边与旌阳、绵竹、彭州、广汉、茂县接壤。人口43万，面积863平方公里。地处四川盆地西北缘。西北部为龙门山山地。地势由西北向东南倾斜，地貌为山地、丘陵、平坝。主要河流有石亭江、鸭子河、金河等。交通方面，广岳支线铁路过境；省道105、106线在市境相会，与县乡公路相连成网。风景名胜有罗汉寺、龙居寺、蓥华山、西部惊奇欢乐谷等。土特产品有什邡晒烟、什邡板鸭、马井挂面、什邡山荣花、什邡大蒜等。风味小吃有牛肉荞面、肥肠粉、叶儿粑、三合泥、豌豆煎糕等。

青川县

位于广元市西北部，东靠朝天、利州，北邻陕西、甘肃，西连平武，南接江油、剑阁。人口25万，面积3269平方公里。地处四川盆地北缘秦巴山区、摩天岭与龙门山交接的中山地带，境内大部为中山、低山，地势西北高、东南低。主要山脉有摩天岭、龙门山。主要河流有白龙江、清竹江等。境内有宝成铁路过境设站，京昆高速公路、国道212线、省道105线与县乡公路构成交通主干网络。矿产有锌、铜、铁、锰、硫、岩金、沙金、石英岩、煤、水晶、蛇纹岩、石灰石、天然沥青等。珍稀动物有大熊猫、川金丝猴、羚牛、绿尾虹雉。珍稀植物有珙桐、连香树、箭竹丛、杜鹃等。产天麻、党参、贝母等中药材。农作物有玉米、小麦、薯类、豆类。工业有采金、玻璃、糠醛、制药等厂矿。风景名胜有唐家河国家级自然保护区、白龙湖风景名胜区、安乐寺等。土特产品有黑木耳（青川县为全国木耳生产基地县之一）、香菇、核桃、板栗、油桐、蕨菜、中药材等。

茂县

位于阿坝藏族羌族自治州境域东南部。人口11万，面积4075平方公里。地处川西北丘状高原山地，地势西部高东南低，高山峡谷鳞次栉比。主要河流有岷江、黑水河等。交通有国道231线纵贯县境，省道302线与国道相连，构成纵横公路交通主干网。资源有磷、铝、硫铁、沙金、石灰石等矿藏。西北部森林广布，树种多松、杉、桦、青冈。有大熊猫、豹、绿尾虹雉等野生动物。风景名胜有碧海串珠、叠溪—松坪沟、叠溪古城遗址等。土特产品有花椒、苹果、麝香、贝母、芸豆、核桃、生漆、羌族刺绣等。风味小吃有烧馍馍、洋芋糍粑、酥油茶、烤羊、青稞酒等。

安县

位于绵阳市西部，东靠江油、涪城，北邻北川、茂县，西连绵竹，南接罗江。人口51万，面积1404平方公里。地处龙门山中段，地势以丘陵、山地为主，由西北向东南倾斜，东南部多为丘陵。主要河流湖泊有安昌河、白水河水库等。交通有省道105线纵贯县境，县乡公路纵横交织，连接成网。资源有煤、石灰石、重晶石及硫铁矿。西北部有原始林区分布，多松、杉、柏及竹丛。珍稀动物有大熊猫、小熊猫、川金丝猴、羚牛等。为省商品粮基地县之一。风景名胜有千佛山国家森林公园、安县国家地质公园、罗浮山、白水湖、龙泉砾宫、喇叭洞、香果树等。土特产品有矿泉水、枣皮、棕片、银杏、魔芋等。

都江堰市

位于成都市西北部，东靠温江、郫县、彭州，北、西邻汶川，南连崇州。人口61万，面积1208平方公里。地处茶坪山以东、岷江中上游的出山口。地势西、北部高，东南部低，境内高山、中山、低山、丘陵和平原呈典型的阶梯状分布。主要河流有岷江、白沙河、泰安河、蒲阳河、柏条河等。交通有成灌高速公路、国道213线和317线、省道106线，交织成网；有成汶支线铁路连接宝成线。主要矿藏有煤、铁、石灰石、花岗石、沙金等。为中国中药材黄檗、杜仲、厚朴、川芎的主产地之一。主要树种有杉、松、柏、樟及珍稀品种银杏、珙桐等。有大熊猫、川金丝猴、羚牛等珍稀动物。工业以电力、建材、皮革、食品、造纸、电子等为主；农业主产稻谷、小麦、玉米、油菜籽等。风景名胜有都江堰、青城山、龙溪—虹口、灵岩寺、二王庙等。土特产品有中华猕猴桃、青城茶及藤编、玉雕等。

平武县

位于绵阳市北部，周边与江油、甘肃、九寨沟、松潘、青川、北川接壤。人口 19 万，面积 5974 平方公里。地处四川盆地北缘、秦巴山地西南。地势由西北向东南倾斜，并由高山向中山、低山过渡，主要山脉有岷山，主要河流有涪江、夺补河、平通河等。交通以公路为主，省道 205、105 线相会境内，北通九寨沟、南达北川，并与县乡公路连接，构成网络。矿产有金、钨、铁、锰等。盛产天麻、麝香、贝母、当归等中药材。有大熊猫、羚牛、川金丝猴、小熊猫等珍稀动物及冷杉、云杉等保护植物。风景名胜有王朗国家级自然保护区、报恩寺、蜀汉江油关故址等。

彭州市

位于成都平原西北部，东靠什邡、广汉，北邻茂县、汶川，西接都江堰，南连郫县、新都。人口 79 万，面积 1420 平方公里。北部依龙门山南段分支，中部多低山丘陵，南为成都平原之一部，山地面积约占 50%。主要河流有湔江、鸭子河、土溪河等。交通有成彭高速公路，省道 105、106 线过境，成汶铁路于境内和彭白铁路相接。资源有铁、铜、金、石棉、天然气、煤、花岗石、蛇纹石等矿藏。多松、杉、柏树等，森林覆盖率 23%。产烟叶及中药材川芎。为省粮、油主产地之一。农作物以水稻、小麦、油菜、玉米为主。工业有采煤、水泥、机械、陶瓷等厂矿。风景名胜有龙门山、白水河、九峰山、云居塔、丹景山、白鹿顶、正觉寺塔等。土特产品有龙门山矿泉水、界牌慈姑、新兴麻梨、彭州柚、隆丰蒜薹、天彭烧酒、胡子兔、九尺板鸭、彭州黄鸡等。

二、重灾县（市、区）

重灾县（市、区）共 41 个，其中四川省 29 个、甘肃省 8 个、陕西省 4 个。其震前简况见下表：

重灾县（市、区）简况一览表

省	县（市、区）	人口（万人）	面积（平方公里）	简　况
四川省	理　县	5	4318	交通有国道 317 线，由西北到东部穿越县境，为公路交通主干。资源有黄金、铅锌、石油、大理石等矿藏。原始森林广布。有豹、麝、川金丝猴、羚牛等野生动物。产虫草、鹿茸、麝香、天麻、黄芪、羌活等中药材。风景名胜有宝殿寺庙、桑登寺庙、禅丹寺庙、筹边楼、古尔沟温泉、桃坪羌寨等
	江油市	88	2720	宝成铁路、京昆高速公路斜贯市境，省道 205、302 线相会境内，县乡公路连接成网。风景名胜有江油国家地质公园、窦圌山、李白故里、太白洞、金光洞、佛爷洞、乾元山—白龙宫、山王庙、东塔、李白纪念馆、观雾山、南塔等。土特产品有中坝附片、黄檗、雾山石砚、黄花、麦冬等

省	县（市、区）	人口（万人）	面积（平方公里）	简　况
四川省	广元市利州区	47	1482	宝成、广旺铁路穿越过境。京昆高速公路，国道108、212线构成公路交通主干。盘龙机场位于境内，嘉陵江可通航。资源有金、煤、天然气、铁、大理石、石灰石及铝矿。多松、柏、杉、栎等树种。北部林区有豹、麝、锦鸡等野生动物。盛产川乌、杜仲、泡参、天麻等中药材。风景名胜有天台国家森林公园、皇泽寺、千佛崖、志公寺、高庙驿遗址等。土特产品有木耳、生漆、核桃、桐油、花生等
	广元市朝天区	21	1618	宝成铁路纵贯区境，京昆高速公路、国道108线斜贯境内，与各县乡道交织成网。矿藏资源有铁、锰、铜、高岭土、石灰石、大理石等。有松、柏、青、桐等林木，产黑木耳、核桃、柿饼、山桐子、生漆、桐油、棬子及中药材杜仲、黄白、天麻等。土特产品有厚朴、川芎、木耳、棕片、核桃、桐油等
	旺苍县	45	2976	广旺铁路、省道202线横贯东西。东河可通木船。矿产有煤、铁、大理石等。有松、柏、青、桦等树种及红豆杉、秦岭冷杉等珍稀植物。北部林区有苏门羚、麝、毛冠鹿、锦鸡等野生动物。产桐油、木耳、茶叶及天麻、党参等中药材。风景名胜有鼓城山—七里峡、木门寺、鼓城山森林公园等。土特产品有杜仲、天麻、木耳、生漆、核桃、桐油、茶叶等
	梓潼县	38	1438	国道108线与省道302线交叉斜贯县境，连通县乡公路构成交通网络。资源有天然气、石油、盐卤等矿产资源。有松、柏、桤等树种。风景名胜有七曲山国家森林公园、卧龙山千佛崖、西崖寺、珍珠湖、杨公阙、马鞍寺等。土特产品有蚕茧、桔梗、白芍、梓潼酥饼、梓潼片粉、棉花、篾席等
	绵阳市游仙区	53	973	宝成电气化铁路、京昆高速公路纵贯西部，国道108线斜贯区境中部，县乡公路与之连接，构成交通网络。风景名胜有汉平阳府君阙、富乐山风景区、仙海风景区等
	德阳市旌阳区	65	648	京昆高速公路、宝成铁路、国道108线纵贯区境，有德天铁路支线与宝成铁路相接。省道106线横穿过境。风景名胜有上庸长阙、古绵竹遗址、四川文化娱乐城、齐家堰风景区、舍利塔等。土特产品有天府花生、德阳酱油、盐水蘑菇、猪鬃、肠衣、羽毛、冻兔、土陶、桔梗等
	小金县	8	5571	交通相对闭塞，省道210、303线纵横穿越全境。资源有铜、铝、铁、大理石等矿藏。森林多杉、桦、栎等树种。有川金丝猴、羚牛、绿尾虹雉等珍稀动物。风景名胜有四姑娘山国家级自然保护区、红军长征两河口会议旧址等
	绵阳市涪城区	66	597	宝成铁路、京昆高速公路、国道108线、省道205线纵横区境。南郊机场有航班通北京、上海等地。涪江通航运。风景名胜有子云亭、南湖公园、洞天公园、蒋琬墓、玉女泉等。土特产品有麦冬、红麻、蚕茧等

省	县（市、区）	人口（万人）	面积（平方公里）	简　况
四川省	罗江县	24	448	宝成铁路、京昆高速公路、国道108线穿越县境，连通县乡道构成网络。风景名胜有庞统祠墓、万佛寺、观音岩石刻等。土特产品有罗江冻兔、罗江豆鸡、天府花生、金花梨等
	黑水县	6	4154	省道302线斜贯县境，县乡公路与之相接，通往各乡镇。风景名胜有雅克夏国家森林公园、卡龙沟、俄太基、俄太妹、达古冰川、红军峡、哈姆湖等
	崇州市	67	1090	境内交通以公路为主，成温邛高速公路、国道318线和省道106线穿境而过。风景名胜有九龙沟、白塔湖、翠英园、罨画池、鸡冠山森林公园、鞍子河自然保护区等
	剑阁县	68	3204	宝成铁路、京昆高速公路穿越北端，国道108线斜贯西北部，省道302线过境南部，县乡公路交织成网。资源有天然气、膨润土等矿藏，为九省晒烟生产基地县之一。风景名胜有剑门蜀道、剑门关国家森林公园、鹤鸣山石刻、翠云廊、觉苑寺、邓艾父子墓、抄手铺遗址。土特产品有鳖、剑阁手杖、树根雕、剑门火腿、核桃、木耳、天麻、剑阁柴胡
	三台县	147	2661	地处川西北水陆要道，省道101、205线相会境内，县乡公路构成网络。涪江可常年通航木船。资源有天然气、膨润土等矿。树种多松、桉、桑。为中药材麦冬产区。风景名胜有云台山、琴泉寺、翠湖公园、东山公园、郪江汉墓群、北塔、唐碑等。土特产品有蚕茧、麦冬、蓑草、红麻、晒烟、竹编、潼川豆豉、棉花、柑橘等
	阆中市	87	1877	国道212线和省道302线纵横穿越市境，构成公路交通主干。嘉陵江航运通广元、重庆。资源有石油、天然气等。松、杉、油桐林广布，为全国桐油基地县之一。产川芎、沙参、半夏等中药材。风景名胜有锦屏风景区、大佛寺、巴巴寺、阆中江南、蚕丝观等。土特产品有茶叶、橄榄油、柑橘、银杏、丝绸、皮革、东河桐油、白蜡等
	盐亭县	61	1645	省道101线横穿县境，县乡公路与之相连接构成网络。梓江可常年通木船。资源有天然气、膨润土等。树种有柏、桉、桤木及油桐。丘陵地带广植蓑草。风景名胜有高山国家森林公园、文同墓、潺亭、笔塔、猫耳洞庙、千手观音、花牌坊、王弼墓等。土特产品有松花蛋、蚕茧、衰草、玉龙桃片等
	松潘县	7	8486	国道213线斜贯南北，省道301线与国道相接，构成公路交通主干。九寨黄龙机场有航班通成都、重庆、昆明、西安等地。风景名胜有黄龙世界遗产、风景名胜区、国家地质公园、雪宝顶国家级自然保护区、牟尼沟、毛儿盖会议会址等
	苍溪县	78	2330	国道212线纵贯南北，县乡公路交织连接成网，嘉陵江可通航。资源有天然气、石油、沙金等矿藏。为全国桐油生产基地之一和省蜡虫及猕猴桃生产基地县。产川芎、沙参等中药材。风景名胜有临江寺、红军强渡嘉陵江口等。土特产品有雪梨、猕猴桃、脆香甜柚、沙参

省	县（市、区）	人口（万人）	面积（平方公里）	简　况
四川省	芦山县	12	1364	国道318线、省道210线穿过南部。资源有煤、铁、铝、铜、钾盐、花岗石等矿。有银杏、红豆、珙桐等珍贵树种和大熊猫、苏门羚、小熊猫等野生动物。产茶叶、生漆、棕片和大黄、厚朴、黄檗、贝母等中药材。风景名胜有樊敏碑阙、姜庆楼、王晖石棺等。土特产品有竹笋、布氏哲罗鲑（猫子鱼）等
	中江县	142	2063	沪蓉高速公路、达成铁路穿过南部。省道101、106线纵横境内，相会于县城。有黄继光纪念馆、仓山飞鸟古迹、广福铜山古迹等。有竹扇、菊花石传统工艺品，以产手工挂面著称，以及白芍、丹参等中药材
	广元市元坝区	24	1435	广旺铁路、京昆高速公路分别穿过东北部、西北部。国道212线纵贯区境，省道202线与之相连。嘉陵江可通航。有煤、石灰石矿藏，西部嘉陵江沿岸有沙金。有柏、马尾松、青、油桐、棬棕等林木，产三七、天麻等中药材。风景名胜有昭化古镇、红军山、鲍三娘墓等。土特产品有黄花、魔芋、生漆、核桃、雪梨、黑木耳、茶叶、柿子等
	大邑县	51	1327	成温邛高速公路、国道318线过境，省道106线连接县城，与县乡公路交织成网。风景名胜有西岭雪山、刘氏庄园、药师山石窟、静惠山公园、高堂寺、雾中山、花水湾温泉、西岭等
	宝兴县	6	3114	境内交通闭塞，省道210线纵贯南北。多原始森林，有珙桐、云杉、香樟、连香树、银杏、四川红杉等珍稀树种以及大熊猫、川金丝猴、羚牛、金钱豹、麝、血雉等保护动物。产麝香、鹿茸、贝母等中药材。风景名胜有世界遗产大熊猫栖息地、蜂桶寨国家级自然保护区、夹金山国家森林公园、赶羊沟、宝顶佛光、泥巴沟、金波崖峡、灵关峡等
	南江县	66	3383	省道101线纵贯县境，与省道202线在境内交会，构成公路交通主干网。广旺铁路通达沙河镇。资源有煤、铁、铅、锌、石墨、石棉等矿藏。有松、杉、柏、冷杉、银杏、红豆杉、楠等珍稀树种。有金猫、云豹、猕猴等野生动物。为国家肉羊、商品牛和省生漆、油橄榄生产基地县。产天麻、党参、麝香等中药材。风景名胜有光雾山风景名胜区、米仓山国家级自然保护区、国家森林公园等。土特产品有天麻、黄连、党参、首乌、羌活、麦冬等
	广汉市	59	551	京昆高速公路、宝成铁路、国道108线斜贯中部，广岳支线铁路与宝成线相接。为省粮食、油菜、生猪生产基地和全国农业现代化综合科学实验基地之一。农作物以水稻、小麦、油菜、花生为主。风景名胜有广汉三星堆博物馆、龙居寺、房湖公园等。土特产品有广汉缠丝兔、连山柚子等
	汉源县	32	2388	成昆铁路穿过东部，国道108线、省道306线纵横交会成交通主干。大渡河部分河段可通航。风景名胜有西溪溶洞、宜东峡口、富林文化遗址、九襄石牌坊、红军标语纪念地等。土特产品有牛膝、汉源花椒、金花梨、芸豆等

省	县（市、区）	人口（万人）	面积（平方公里）	简　况
四川省	石棉县	12	2678	国道108线斜贯县境，与省道211线相会县城，构成交通主干。矿产有大理石、煤、铁、金、红花岗石、石棉等，其中石棉储量居全国之冠。风景名胜有田湾河、红军强渡大渡河遗址、安顺场渡口、翼王亭等。土特产品有虫草、贝母、天麻、鹿茸、当归等
	九寨沟县	6	5286	交通以公路为主，省道205、301线连通县乡公路，构成网络。矿藏有煤、铜、铁、大理石等。森林茂密，有红豆杉、连香树等珍贵树种和大熊猫、金丝猴等珍稀动物。产当归、羌活、大黄、党参、虫草、天麻等中药材。风景名胜有九寨沟世界遗产、风景名胜区、国家级自然保护区、国家森林公园。土特产品有柿、苹果、核桃等
甘肃省	文　县	25	4994	国道212线过境，东峪口—南坪公路可通九寨沟国家级风景名胜区。矿产有煤、铁、铜、铅、锌、金、磷、硫黄、重晶石等。药材有党参、当归、大黄、贝母、冬虫夏草等，以“纹党”质佳驰名。产薇菜、蕨菜、桐油、核桃仁。南部林区为熊猫、川金丝猴、羚羊、麝、蓝马鸡等珍稀动物栖息地，已辟为白水江自然保护区。风景名胜有白水江国家级自然保护区、天池国家森林公园、三国古战场遗址、锦屏山。土特产品有核桃、花椒、茶叶和纹党
	陇南市武都区	56	4683	国道212线、省道205、206、208线通过境内。河床落差大，水力资源丰富，可以发电及放运木材。山地森林覆盖率为23%，树种有松、杉、椴、桦、栎等。野生药材资源比较丰富。珍稀动物有川金丝猴、大熊猫、羚羊、大鲵等。矿产有铁、煤、大理石、石膏等。风景名胜有朝阳洞、水帘洞、万象洞、二郎庙等。土特产品有油橄榄、大红袍花椒、天麻、甜柿
	康　县	20	2958	省道205、307线过境。山区药材资源丰富，有天麻、杜仲、当归、熊胆、麝香等。林区为落叶、阔叶与针叶混交林，树种有栎、桦、松、油桐等。矿产有金、铜、铁、水晶石及石灰石等。风景名胜有白云山、阳坝梅园沟、青林沟等
	成　县	26	1701	省道205、218线相交境内。矿产资源十分丰富，铅、锌、金、铁、铜、镍、大理石等为主要矿藏，其中尤以铅、锌矿为最，品位高，利开采。风景名胜有鸡峰山国家森林公园、西峡颂摩崖石刻
	徽　县	22	2722	宝成铁路和国道316线、省道205线过境。矿产有铁、汞、铅、锌、萤石、大理石。水力资源丰富。盛产核桃、板栗、花椒等。风景名胜有小陇山国家级自然保护区
	西和县	41	1861	省道218线纵穿县境，与县乡公路连接，通往各乡镇。金属矿产有铅、锌、锑等。农作物有冬小麦、玉米、马铃薯、水稻、棉花等。产胡麻、药材。工业有采矿、水泥、化工、农机、面粉及食品加工等厂矿。风景名胜有仇池国故址、云华山、八佛崖、九眼泉。土特产品有黄芪、半夏、党参、草编工艺品

省	县（市、区）	人口（万人）	面积（平方公里）	简　况
甘肃省	两当县	5	1374	宝成铁路斜穿县境，国道316线横穿县境。有丰富的矿产资源，有煤、铅、锌、汞、大理石、石灰石、陶土等。农作物有冬小麦、玉米、豆类等。产生漆、木耳、核桃、板栗、花椒、蜂蜜及多种药材。有采煤、陶瓷、农机修造等厂矿及竹、藤纺织业等。风景名胜有灵宫峡自然保护区
	舟曲县	14	3010	省道313线自西北斜穿县境，与国道212线相交。境内森林资源丰富，为省主要林区之一。矿藏有煤、铁、锰、锑等。盛产纹党、当归、黄芪、天麻等中药材。风景名胜有大峡沟、沙滩国家森林公园、翠峰山等
陕西省	宁强县	34	3243	境内交通以公路为主，京昆高速、国道108线贯通南北，有阳安、宝成两条铁路通过境内，基本实现村村通公路。资源有连香树、杜仲、银杏、鹅掌楸、黄檗、厚朴等珍稀植物。矿石储量丰富。风景名胜有红石梁森林公园、皤冢山摩崖题刻、龙门洞碑刻、阳平关、三泉龙门洞旅游风景区、华严寺。土特产品有茶叶、木耳、香菇、核桃、柿子、桐油、生漆、西洋参
	略阳县	20	2831	境内交通以公路为主，省道309线、宝成铁路纵贯县境，各乡镇都有县乡道相通。风景名胜有灵岩寺
	勉　县	42	2406	境内交通以公路为主，阳安铁路、京昆高速、国道108线横贯全境，还有省道309线穿过，各乡镇都有县乡道贯通。风景名胜有武侯祠、马超墓祠、紫柏山自然保护区
	宝鸡市陈仓区	60	2517	陇海铁路在境内长143公里。连霍高速公路从区南过境，宝鸡至天水高速公路已全线通车。有西宝北线、西宝南线，另有宝平（凉）、宝太（白）、宝千（阳）等干支线公路。机械制造、建筑建材、医药化工、食品饮料、电子电器为工业五大支柱产业。风景名胜有钓鱼台、鸡峰山、吴山风景区、鸭限岭遗址、伐鱼村遗址。土特产品有辣椒、党参、杜仲、黄芪、麝香

说明：以上资料摘自《中国分省系列地图集·四川省地图集》，星球地图出版社2009年6月第1版

编纂始末

为全面、客观、系统地记述汶川特大地震灾害、抗震救灾及灾后恢复重建，2008年11月6日，汶川特大地震抗震救灾志编纂委员会成立大会暨第一次全体会议召开，正式启动了《汶川特大地震抗震救灾志》的编纂工作。《汶川特大地震抗震救灾志》共11个分卷。按照汶川特大地震抗震救灾志编纂委员会的要求和分工，《汶川特大地震抗震救灾志·地震灾害志》（以下简称《地震灾害志》）由中国地震局牵头组织编纂。

中国地震局高度重视《地震灾害志》的编纂工作，2009年1月组建了以局长陈建民为主任的《地震灾害志》编纂委员会，并发出《关于成立〈汶川特大地震抗震救灾志·地震灾害志〉编纂委员会的通知》。6月15日，编委会根据工作需要，发出《关于商请补充〈汶川特大地震抗震救灾志·地震灾害志〉分卷编委会成员单位的函》，对编委会成员进行了补充。

扩充后的编委会成员单位有发展改革委、教育部、科技部、工业和信息化部、公安部、民政部、司法部、国土资源部、环境保护部、城乡建设部、交通运输部、铁道部、水利部、农业部、商务部、文化部、卫生部、国资委、人力资源社会保障部、体育总局、广电总局、中国人民银行、证监会、银监会、保监会、国家旅游局、国家林业局、国家邮政局、国家文物局、国家粮食局、中国民航局、国家烟草专卖局、新闻出版总署、解放军军事志指导小组办公室、武警部队司令部作战勤务部、国防科技工业局、中国科学院、中国气象局、电力规划设计总院、中国地震局、四川省地震局、甘肃省地震局、陕西省地震局等43个。

中国地震局为分卷的编纂工作提供经费保障，中国地震局地质研究所为编纂工作室提供了各方面的条件保障并承担财务管理工作，保证了分卷编纂工作顺利进行。

2009年4月27日，中国地震局发出《关于印发〈汶川特大地震抗震救灾志·地震灾害志〉编纂委员会办公室、总纂、副总纂、编纂工作室组成人员的通知》，正式成立编纂委员会办公室和编纂工作室，明确由中国地震局副局长赵和平为编委会办公室主任，何永年为编纂室主任、总纂，王玉秀任副主任并与那燕同志协助总纂处理工作室日常工作。

在分卷编委会办公室领导下、在全志办及方志专家指导下，编纂室正式开始组织实施分卷的编纂工作。首先，编纂室研究制定了《地震灾害志》编纂方案和篇目大纲。

编委会于2009年5月21日发出《关于印发〈汶川特大地震抗震救灾志·地震灾害志〉篇目的函》，广泛征求各参编单位的意见。6月23日，编纂室组织召开了《地震灾害志》篇目设计和资料征集工作会议，对篇目大纲初稿进行了讨论和修改。

编纂室在篇目大纲基本确定后，根据新的篇目确定了各篇的负责人和主要编写人员（见卷前编写人员名录）。

收集资料是本卷编纂的基础工作，为尽快、尽早完成资料收集工作，2009 年 7 月 7 日，中国地震局发出《关于印发〈汶川特大地震抗震救灾志·地震灾害志〉资料收集工作有关注意事项的通知》，明确要求在资料收集工作中要确保资料的完整性、系统性和准确性。在收集资料工作中遇到了不少困难，有些必要的资料依靠有关单位收集不上来，影响了工作进度。为此，2010 年，在四川省地方志编纂委员会和四川省地震局的大力支持下，何永年先后两次带领编纂人员到四川灾区收集资料，解决了编纂工作的无米之炊。

在资料收集工作基本完成后，编纂室组织了对编纂人员的培训，请方志专家讲授志书编写的基本知识和注意事项；同时，组织部分编写人员先对较为完整的资料进行“志稿”试写，对试写稿进行点评，总结经验后又组织编写人员进行各篇“志稿”试写。试写稿完成后，编纂室多次邀请方志专家和地震专家对志稿进行研讨，专家们从体例、结构、内容和行文规范等方面提出许多建设性意见。根据专家点评意见，编纂室组织对志稿进行认真修改。

2011 年 5 月 23 日，编纂室组织方志专家和地震专家对志稿进行了初审。之后，根据专家组的意见和建议，编纂室再次对初审稿进行修改，并由何永年进行通审和定稿。12 月，志稿提交全志办进行审阅，全志办委托方志专家梅森负责对志稿进行审读和通稿，拟定了本卷的编纂说明、明确了数据的用法，最后形成初审后的修改稿。随后，将初审修改稿分篇返回给各篇负责人，再次进行审读修改，再由编纂室和总纂审定后上报全志办。

2012 年 4 月初，编纂室将出版社第一次排出的清样分送各有关部委和省（区、市）审阅，并征求意见。全志办还委托江苏省地方志办公室的陈华对分卷进行通读，并对数据进行全面核对。在此基础上，编纂室对志稿进行修改，形成复审稿，并将复审稿送复审组审阅。7 月 13 日，编委会组织召开复审会议，志稿通过复审。会后，编纂室按照复审意见，再次对志稿进行修改。2012 年 9 月、11 月，编纂室人员参加了全志办组织的两次审读和修改，同时解决了此卷与其他分卷的重复、交叉以及有关数据问题，最后提交终审志稿。

在分卷编纂工作中，中国地震局领导和有关司（室）自始至终给予了高度关注和支持，在资料收集、资料长编编写、志稿编纂、审查验收等各个阶段，局长陈建民、副局长赵和平等局领导和有关司（室）领导多次听取汇报，进行指导，及时解决工作中遇到的问题。

在分卷编纂工作中，各承编单位积极配合，认真收集及时提供资料、编写资料长编和志稿，保证了分卷的编纂进程。为本分卷提供资料的单位及工作人员见卷前参与编写、提供资料人员名录。图片除已署名的外，其他均由各承编单位提供或网上下载，有的原作者已无法查找。在此，谨向所有提供资料、数据、图片的单位和个人，表示衷心感谢。

在分卷编纂工作中，全志办副主任邱新立和全志办专家组成员罗保平、齐家璐、周慧、姜昆阳、梅森、张东升，地震系统专家马文乔、薄景山、袁一凡、杨军等，在编纂培训、篇目设计、资料收集、志稿编写、分卷统稿和修改等过程中，先后给予了热情的指导和帮助。

需要说明的是，编纂《地震灾害志》，尽管编纂人员花了很大工夫，对重要数据、史实进行多方面的核实，但由于水平所限、缺乏经验，志书中难免还存在这样那样的疏漏和不足，恳请读者批评指正。

《汶川特大地震抗震救灾志·地震灾害志》
编纂委员会办公室
二〇一三年二月

汶川特大地震抗震救灾志　卷四　地震灾害志

编　　者：《汶川特大地震抗震救灾志》编纂委员会
责任编辑：何明忠

出 版 人：冀祥德
出 版 者：方志出版社
地址　北京市朝阳区潘家园东里 9 号（国家方志馆 4 层）
邮编　100021
网址　http://www.fzph.org
发　　行：方志出版社发行中心
电话　（010）67110500
经　　销：各地新华书店
设　　计：北京古涧文化艺术传播有限公司
排　　版：北京中文天地文化艺术有限公司
印　　刷：北京华联印刷有限公司

开　　本：889 × 1194　　1/16
印　　张：61.25
字　　数：1564 千字
版　　次：2015 年 8 月第 1 版　2015 年 8 月第 1 次印刷
印　　数：0001 ～ 5000 册

ISBN　978-7-5144-1221-5　　**定价：**998.00 元
审 图 号：川 S（2015）14 号

· 版权所有　翻印必究 ·